Salzburger Kulturlexikon

www.residenzverlag.at

Herstellungsorganisation: Blüml & Kaindl, Salzburg
Satz und Gestaltung: Hermann Resch, Salzburg
Druck und Bindung: Colordruck, Helminger & Co, Salzburg
ISBN 3-7017-1129-1

Wir danken dem ERSTE-Salzburger Sparkasse-Kulturfonds und der STADT SALZBURG für die Unterstützung des Projekts.

Salzburger Kulturlexikon

Adolf Haslinger
Peter Mittermayr (Hg.)

Residenz Verlag

Bild links:

Blick auf Franziskanerkirche und Dom in Salzburg

(Clemens M. Hutter, Salzburg)

Satellitenaufnahme Land Salzburg mit Landesgrenzen
(Geospace, Salzburg)

Die Firma Geospace vertritt die wesentlichen Satellitenbetreiber in Österreich und liefert Aufnahmen der ganzen Welt in Form von Bildern, Karten oder in ausgewählter Form für die verschiedensten Fachbereiche wie Land- und Forstwirtschaft, Umweltschutz, Fremdenverkehr, etc.
(*beckel@geospace.co.at*)

Vorwort

Auch Lexika haben ihre Lebenszeit; sie können in die Jahre kommen. Da aber verläßliche Aktualität ihre oberste Maxime sein soll, müssen sie immer wieder neu gemacht werden.
Das neue »Salzburger Kulturlexikon« von 2001 kann und wird wesentliches Faktenmaterial bis zum Redaktionsschluß einbringen. Beinahe eineinhalb Jahrzehnte neuer künstlerischer, wissenschaftlicher und kultureller Tatsachen und Ereignisse kommen seit der Erstauflage von 1987 dazu. Das Land Salzburg ist einer der ältesten Kulturräume auf dem Boden des heutigen Österreich. Als einziges österreichisches Bundesland bildete Salzburg einige Jahrhunderte lang einen selbständigen Staat, und als einziges der geistlichen Fürstentümer des römisch-deutschen Reiches blieb es bis heute ein eigenes Land. Generationen von Salzburg-Kennern haben in zahlreichen Publikationen eben diese besondere kulturhistorische Rolle Salzburgs gründlich erforscht.
Noch immer ist die Konzeption unseres »Salzburger Kulturlexikons« überzeugend: Es ist für den Fachmann und den Laien eine reiche Informationsquelle über das kulturelle Salzburg.
Der Kulturbegriff, der diesem Regionallexikon zugrunde liegt, umfaßt das künstlerische und wissenschaftliche Schaffen und Wirken im Raum Salzburg. Diesen Darstellungsbereich haben die Herausgeber durch folgende Sachgebiete abgesteckt: Architektur, bildende Kunst, Literatur, Musik, Theater, Volkskultur und Wissenschaft. Der Begriff »Salzburg« gilt in Umfang und Bedeutung seines jeweiligen historischen Kontextes, denn gegenwärtiges und vergangenes Kulturleben sind hier gleichermaßen bedacht.
Die schwierige Lexikonarbeit hat uns gezeigt, daß in unserer heutigen Informationsgesellschaft die Bedeutung des menschlichen Wissens bei jeder Aufgabe neu zu bestimmen ist. Von Leibnizens »Kunststück« – das gesamte menschliche Wissen einer Zeit im Kopf eines einzelnen – kann man heute nicht einmal mehr träumen. Die Medien überhäufen uns täglich mit Informationsschutt aus aller Welt. Der Rahmen des »Allgemeinwissens« aber ist abhängig von Zeit und Raum. Wissen veraltet rasch, wie ein Blick ins bürgerliche Konversationslexikon beweist. Der Raum, in dem man lebt, bestimmt notwendigerweise den Wissensstand durch regionale und thematische Modifikation. Der Wissensstoff über Salzburg wird hier von unserer aktuellen Zeit aus geboten. Der Bezug zu Salzburg hat die Auswahl der Informationen bestimmt.
Das »Image« Salzburgs in Kunst und Kultur wird nicht von der Fülle der Künstler und Kulturschaffenden des Landes oder von seinen Glanzzeiten, etwa der Barockepoche, geprägt, sondern von wenigen Großen. Wolfgang Amadeus Mozart und die Festspiele haben die Sicht auf die übrige Kulturlandschaft verstellt, wenn die Landeshauptstadt nur noch als »Mozartstadt« oder »Festspielstadt« etikettiert wird.

Die Herausgeber beabsichtigen mit dieser Neuauflage des bewährten »Salzburger Kulturlexikons« auch diese und andere Salzburg-Klischees abzubauen. Wer identifiziert schon beispielsweise Christian Doppler, den Entdecker eines für die Astronomie und die moderne Luftfahrt wegweisenden Effekts, oder Hans Makart, der einer ganzen Stilepoche den Namen gab, mit ihrer Salzburger Heimat? All das aber kommt hier zur Sprache und wird in Bild- und Textinformation dargestellt.
Der besondere Bezug zu Salzburg prägt die einzelnen, alphabetisch gereihten Artikel über schöpferische Persönlichkeiten, Bauwerke, Objekte, Themen und historische Entwicklungszüge dieses geistigen, gesellschaftlichen und geschichtlichen Raumes.
Bei großen Künstlern wie Johann Wolfgang von Goethe oder Richard Wagner haben wir, oft aus Gründen der Kuriosität, auch einen marginalen Salzburg-Bezug dokumentiert. Lebende Personen konnten aus einsichtigen Gründen nur in sehr beschränktem Umfang und in Anlehnung an die einschlägige internationale Fachliteratur berücksichtigt werden. Bei den einzelnen Artikeln ist knapp Fachliteratur verzeichnet, die bei Interesse ins vertiefende Studium führen kann.
Das »Salzburger Kulturlexikon« will nicht provinziell sein, es will aber mit selbstbewußtem Nachdruck die spezielle Strahlkraft dieser kulturellen Provinz Salzburg in ihrem wahrlich vielfältigen Reichtum präsentieren.

Die Herausgeber

Architektur und bildende Kunst

Die Besonderheit der geographischen Lage und das reiche Vorkommen von Bodenschätzen (unter anderem Salz und Kupfer) machten das Gebiet des heutigen Bundeslandes Salzburg seit dem Neolithikum zu einem bedeutenden Siedlungs- und Kulturraum. Gold und Silber, Bergkristall und Halbedelsteine sowie Untersberger und Adneter Marmor blieben durch alle Epochen Grundlagen für bodenständige Erzeugnisse der Plastik und des Kunsthandwerks.
Die Besonderheit der politischen Situation als geistliches Reichsfürstentum, das weit über die heutigen Landesgrenzen hinausreichte, prägte seit dem frühen Mittelalter das Kunst- und Kulturleben besonders der Haupt- und Residenzstadt. Auftraggeber in allen Bereichen der Kunst waren hier (und auch für die bedeutendsten Leistungen im Land, wie zum Beispiel den vorromanischen Bau von St. Hippolyt in Zell am See oder die Wallfahrtskirche Maria Kirchenthal) in erster Linie der Erzbischof als Landesherr, das Domkapitel, die Klöster, dann erst ein nichteingesessener, wenig machtvoller Adel und ein sich nur allmählich emanzipierendes Bürgertum.

St. Hippolyt
Maria Kirchenthal

Der »Vereinheitlichungswille«, »der wandhafte Charakter der Salzburger Architektur« zeigten sich nicht nur in den wenigen Adelspalästen in ihrer kubischen Blockhaftigkeit und reizvollen Eintönigkeit, sondern vor allem in den Bürgerhäusern, »deren Individualität unterdrückt erscheint und gerade noch in den Laubenhöfen sich äußert« (Franz Fuhrmann).

Die Säkularisierung des Erzstiftes im Jahre 1803 – seit 1816 gehört das Gebiet, vermindert um Randgebiete, endgültig zu Österreich – und die Degradierung der einstigen Residenzstadt zu einer von Linz abhängigen Kreisstadt brachten auf allen Gebieten der Kunst zunächst eine Stagnation (»Gras auf Salzburgs Plätzen«). Doch gerade in dieser Zeit wurden die Stadt Salzburg und die benachbarte Alpenregion zum Anziehungspunkt der Romantiker und frühen Realisten, und das enge Verbundensein der alten Bauwerke mit der umgebenden Natur wird Thema zahlreicher künstlerischer Darstellungen. Als es galt, die Verbringung von Salzburger Kulturgut in das als »Verein des vaterländischen Museums für Österreich ob der Enns mit Inbegriff des Herzogthums Salzburg« gegründete spätere Landesmuseum im benachbarten Linz zu verhindern, gründete Vinzenz Maria Süß im Jahre 1834 ein Salzburger Museum, um »... alles dasjenige von dem, was zur Kenntnis unseres Landes führt ... für immer zu bewahren«.

1834 Gründung des Salzburger Museums

Erst 1850 wurde Salzburg zu einem eigenen Kronland und erhielt elf Jahre später eine selbständige Landesvertretung. Am 4.1.1860 hat Se. k. k. Apost. Majestät »die Auflassung des fortifikatorischen Rayons der Festung Salzburg

Bild links: Walther Kölbl, Salzburg, Öl, 1911

allergnädigst zu bewilligen geruht« und anläßlich der fünfzigjährigen Zugehörigkeit des Landes zu Österreich schenkte der Kaiser am 26. 4. 1866 der Stadt das Gebiet des Festungsgürtels zwischen Schloß Mirabell und Kapuzinerberg. Damit waren die Vorbedingungen für die Entwicklung Salzburgs zur Landeshauptstadt und »Saison-Stadt« geschaffen.

Es gibt Epochen in der Kunstgeschichte Salzburgs, in denen Werke entstanden sind – sei es von ausländischen oder auch einheimischen Künstlern und Kunsthandwerkern –, die sich durchaus mit Höhepunkten der internationalen Kunstentwicklung messen können.

Kelten am Dürrnberg

Vom 6. bis zum 3. Jh. v. Chr. erlebte das Gebiet des Dürrnbergs aufgrund der reichen Salzvorkommen einen glanzvollen Höhepunkt keltischer Kulturentfaltung und wurde ein führendes Zentrum der Latène-Kultur in den Ostalpen. 15 v. Chr. wurde Salzburg in das römische Weltreich einbezogen und als politischer und kultureller Mittelpunkt Juvavum gegründet. Hier ansässige Werkstätten schufen mit einheimischen Gesteinen eine auf österreichischem Gebiet unvergleichliche Vielfalt an Mosaiken. Obwohl für das frühe und hohe Mittelalter nur ganz wenige Zeugnisse erhalten sind oder durch die Mittelalter-Archäologie nachgewiesen werden können, dokumentieren die schriftlichen Quellen für diese Jahrhunderte einen Höhepunkt der Kunst in Salzburg und den dazugehörigen Gebieten.

Dombauten

Die Dombauten des 8. bis 13. Jahrhunderts mit ihrer überlieferten Ausstattung durch Wandmalereien, Glasfenster und zahlreiche Altäre, die sich sicher mit den zeitgenössischen messen konnten, bedingten ebenso wie die Klosterkirchen von St. Peter und Nonnberg eine Fülle von Künstlern und Handwerkern, die schon im 9. Jahrhundert bis in die Missionsgebiete von Karantanien und Pannonien Kirchen errichteten. Neben den teilweise ergrabenen Grundrissen bezeugen wenige, aber eindrucksvolle Reste von Wandmalereien auf dem Nonnberg, aber auch in Lambach oder Frauenwörth das große Können der damaligen Meister, die sogar bis ins Gebirge nach Mariapfarr oder Weißpriach weiterwirkten.

Wahrhaft Höchstleistungen von europäischem Rang erbrachte aber die Buchmalerei von den ersten Beispielen aus karolingischer bis zu den Werken der staufischen Zeit. Mit dem Erstarken des Bürgertums im späten Mittelalter kamen neue Auftraggeber mit neuen Ideen hinzu.

Zentrum der »Schönen Madonnen«

Bedeutung erlangte Salzburg um 1400 als ein Zentrum der »Schönen Madonnen«. Der Hallenchor der Pfarr-(heute Franziskaner-)kirche von Hans von Burghausen und Stephan Krumenauer ist das reifste Werk süddeutscher Bürgergotik. In der Nachfolge bewies Peter Harperger mit seiner Kirche St. Leonhard ob Tamsweg, in der auch beachtliche Reste der ehemaligen Ausstattung, vor allem die Glasfenster, erhalten sind, sein großes Können. In der Stadt Salzburg hinterließen namhafte Künstler, wie Konrad Laib und Michael Pacher, Meisterwerke, die leider nur noch in Fragmenten erhalten sind. Besondere Bedeutung hat im 15. und 16.

Jahrhundert die Steinplastik, vor allem mit den figürlichen Grabplatten, die fast alle bei der Zerstörung des alten Münsters und des Domfriedhofs verlorengegangen sind. Wenigstens haben sich Fragmente des Kaiserdenkmals von Hans Valkenauer im Salzburger Museum erhalten. Auch die Buchmalerei leistete in ihrer letzten Phase noch Beachtliches.

Buchmalerei

Im Bereich des Kunstgewerbes traten in der Spätgotik Goldschmiede und Seidensticker mit bedeutenden Produktionen liturgischer Bestimmung hervor. Damals schuf der namentlich bekannte Petrus Pistator beachtliche Kirchenmöbel für den Lungau.

Erzbischof Wolf Dietrich begann aus dem mittelalterlichen Salzburg das »deutsche Rom« zu machen. Italienische Baukünstler, Stukkateure, Maler wurden berufen und mit den wichtigsten Aufgaben betraut. Der Aufenthalt Vincenzo Scamozzis im Winter 1603/04 in Salzburg fällt zusammen mit dem Beginn der großen Stadtregulierung, die um den begonnenen Domneubau die großen Plätze und den Straßenzug Kapitelgasse–Hofstallgasse und Griesgasse entstehen lassen sollte. Neuerungen auf dem Gebiet der Altarbaukunst wurden von Hans Waldburger nach Salzburg gebracht. Unter den am Hof tätigen ausländischen und einheimischen Kunsthandwerkern treten die Goldschmiede mit Meisterwerken hervor, die Glanzpunkte der heute zum Großteil im Palazzo Pitti in Florenz verwahrten erzbischöflichen Schatzkammer darstellten. Wandernde Nürnberger Hafner gaben den auf einer langen Tradition fußenden Werkstätten in Stadt und Land Salzburg (Prunkofen auf der Festung Hohensalzburg, 1501) einen neuen Aufschwung, so daß Salzburg neben Nürnberg in der 2. Hälfte des 16. Jahrhunderts mit der Strobl-Werkstatt als ein Zentrum deutscher Hafnerkunst gelten kann. Die Tradition der handwerklichen Hafnerkunst setzt sich im ausgehenden 17. Jahrhundert mit der Werkstatt des Thomas Obermillner in einer Geschirrproduktion fort und mündet schließlich im 18. Jahrhundert in den Riedenburger Manufakturen mit Weißgeschirren (Sammelbegriff: »Salzburger Fayencen«).

Salzburg als das »deutsche Rom«

»Salzburger Fayencen«

Der 1612–46 unter den Erzbischöfen Markus Sittikus und Paris Lodron tätige Hofbaumeister Santino Solari verwirklichte, was Wolf Dietrich zum Teil initiiert hatte: den neuen Dom, die Villa Suburbana in Hellbrunn, die Fürstenresidenz, die Universität. Er schuf außerdem die Befestigungsanlagen um die Stadt und an den Grenzen des Erzstiftes. Guidobald Graf Thun berief Giovanni Antonio Daria zur Vollendung des Dombezirkes. Dieser besorgte auch die technische Planung des großartigen, von einem namentlich nicht Bekannten geschaffenen, Guidobalds Generosität verherrlichenden Residenzbrunnens. Mit dem von Erzbischof Max Gandolf Graf Kuenburg berufenen Gaspare Zuccalli zieht der italienische Hochbarock in Salzburg ein. Zuccalli mußte noch vor Vollendung seiner Arbeiten an der Kajetanerkirche Johann Bernhard Fischer von Erlach weichen, den der neue Erzbischof Johann Ernst Graf Thun nach Entlassung aller »wälschen« Künstler nach Salzburg holte. Mit den zahlreichen Stiftungsbauten des Erzbischofs hat Fischer nicht nur Meisterwerke des

Barockstadt

deutschen Hochbarock geschaffen, sondern dem Stadtbild Salzburgs auch die feinsten Akzente verliehen. Neben ihm wirkten der große Freskant Johann Michael Rottmayr und die Bildhauer Michael Bernhard Mandl und Ottavio Mosto. Erzbischof Franz Anton Fürst von Harrach zog Fischers Rivalen Lucas von Hildebrandt mit Georg Raphael Donner für den Ausbau von Schloß Mirabell und die Neugestaltung der Residenz heran.

Mit dem ausgehenden Barock war die große Bautätigkeit der Erzbischöfe in Salzburg beendet. Unter Sigismund Graf Schrattenbach wurde eine imposante technische Leistung – das Neutor durch den Mönchsberg – ausgeführt und von den Brüdern Hagenauer künstlerisch gestaltet. Die fast durchgängige Neufassadierung der Bürgerhäuser durch den Baumeister Johann Georg Laschenzky war die letzte bestimmende bauliche Aktion des ausgehenden 18. Jahrhunderts. Am 30. 4. 1818 legte ein Brand einen Großteil der Neustadt von der Linzer Gasse bis zum Schloß Mirabell in Asche.

Gründung des Kunstvereins 1844

Das einheimische Kunstleben erfuhr erst mit der Gründung des Kunstvereins 1844 einen Aufschwung, dessen wichtigste Exponenten, wie Fischbach, Pezolt oder Mayburger, einem spätromantischen Idealismus verhaftet waren. In diesem Klima wurzelte auch der junge Makart. Bis weit ins 20. Jahrhundert spielte sich die Malerei fast ausschließlich auf salonkünstlerischem Niveau ab.

Mit der Salzachregulierung 1851, der Eröffnung der Kaiserin-Elisabeth Westbahn 1860 und der Schleifung der aufgelassenen Basteien seit 1866 waren die Voraussetzungen für ein neues Stadterweiterungskonzept geschaffen, das im Sinne der Gründerzeit nach den Plänen von Rudolf Bayer und Carl von Schwarz realisiert wurde. Für die architektonische Weiterentwicklung war die zunehmende Bedeutung des Erholungs- und Kulturtourismus wichtig. Eine frühe Sonderentwicklung erfuhr das Gasteiner Tal mit seiner Tradition als Kurort. Salzburg stand zunächst im Einflußbereich Bayerns, aber auch Wiener und Tiroler Architekten waren hier tätig. In den 20er und 30er Jahren des 20. Jahrhunderts entwickelte sich ein ausgeprägter Lokalstil (Geppert, Deininger, Knoll). Damals begann auch Clemens Holzmeister seine Arbeiten für Salzburg.

Gruppe »Der Wassermann«

1918 war es mit der Gruppe »Der Wassermann« zu einer secessionsähnlichen Bewegung gekommen, wobei der Anstoß von auswärts kam. Das übermächtige Vorbild Faistauers – zu Lebzeiten der österreichische Künstler mit der größten internationalen Reputation – und sein Bekenntnis zum Provinzialismus wirkten sich für die Salzburger Kunst eher retardierend aus. Einzig Georg Jung bewahrte sich Weltoffenheit und gelangte Ende der 40er Jahre aus eigenen Voraussetzungen zur Abstraktion. Wie alle Künstler, die Progressives aufzunehmen versuchten, blieb er in Salzburg ein kaum registrierter Außenseiter.

Nach 1945 prägten die Architekten der Vorkriegsgeneration das Erscheinungsbild (Richard Bandian, Josef Becvar, S. Karl Huber, Otto Prossinger,

Fidelius Schmid u.a.). Langsam – beginnend in den 50er Jahren – konnte eine neue, nach dem Krieg ausgebildete Architektengeneration Fuß fassen. Bei Konrad Wachsmann an der Internationalen Sommerakademie (1956-60) erhielt der Salzburger Architekt Gerhard Garstenauer wichtige Anregungen, wie auch Friedrich Kurrent und Johannes Spalt, die diese als »Arbeitsgruppe 4« mit Wilhelm Holzbauer bei dem Kolleg St. Josef in Aigen, einem Markstein in der österreichischen Moderne, umsetzen konnten. Die Tätigkeit des niederländischen Architekten und Stadtplaners Jacob Berend Bakema an der Sommerakademie (1965-69, 1973-75) als zweiter wichtiger Impuls für die Architekturdiskussion Österreichs blieb in Salzburg ohne Folgen. In der Malerei ergab für die Zeit nach 1945 die Parteiung der Künstler in die Gefolgschaft des »melancholischen Poeten« Peiffer Watenphul einerseits und des »abstrakten Klassizisten« Slavi Soucek andererseits eine relativ überschaubare Situation, wogegen der Einfluß des »Sommergastes« Kokoschka sehr gering blieb. Da beiden Kontrahenten auch wieder ein Grundzug mediterraner Kultiviertheit gemeinsam war, erreichten die Positionskämpfe zwischen Gegenständlichen und Abstrakten bei weitem nicht die Vehemenz wie in vergleichbaren Städten, das Versöhnende, Extreme zurücknehmende Element prägt auch heute noch die Szene.

»Arbeitsgruppe 4«

Internationale Sommerakademie

Monika Oberhammer, Norbert Mayr,
Nikolaus Schaffer, Christa Svoboda, Lore Telsnig

Archäologie

Die Geburtsstunde der archäologischen Forschung im Land Salzburg schlug am 9. August 1815. An diesem Tag begann die neugegründete Bayerische Akademie der Wissenschaften – damals gehörte Salzburg zu Bayern – mit großangelegten Grabungen im Bereich des römischen Gutshofes in Loig (nahe dem heutigen Flughafen). Ausgelöst wurden die Untersuchungen durch die Entdeckung eines Mosaikbodens seitens ortsansässiger Landwirte. Die Grabungen legten Teile des zentralen Wohngebäudes sowie den Ostflügel der Villa frei. In 15 Räumen wurden Mosaikböden angetroffen. Durch die Übergabe Salzburgs an Österreich im Jahre 1816 unterblieb die Fortsetzung der Forschungsarbeiten, die Mosaiken wurden 1821 gehoben und auf dem Wasserweg nach Wien gebracht. Das berühmte Mosaik mit Darstellungen aus der Theseussage ist heute in der Antikenabteilung des Kunsthistorischen Museums zu bewundern, der Verbleib der übrigen ornamentalen Mosaiken ist großteils unbekannt.

1815 großangelegte Grabungen im Bereich des römischen Gutshofes in Loig

Die Bayerische Akademie führte 1815 noch eine Testgrabung im Bereich des römischen Gräberfeldes am Bürglstein durch, das um 1800 entdeckt worden war. Das Gräberfeld lag dem Gesetz entsprechend außerhalb der Stadt Juvavum, an der nach Süden führenden Reichsstraße. Die Testgrabungen förderten einige Brandgräber mit Ton- und Steinurnen zutage. Noch in demselben Jahr begann der Grundeigentümer, der Kunstgärtner Joseph Rosenegger, mit der Ausbeutung des Gräberfeldes. Bei den Grabungen Roseneggers in den Jahren 1815-26 und 1833-35 dürften etwa 200 Brandgräber des 1.-3. Jhs. aufgedeckt worden sein (die Grabungen sind nicht dokumentiert). Das Fundmaterial wurde von König Ludwig I. von Bayern erworben und nach München gebracht. Die durch Kriegseinwirkung stark verminderten Fundbestände vom Bürglstein sind heute auf mehrere Münchner Museen aufgeteilt. Im Jahre 1837 hat der Kaufmann und Gastwirt Wilhelm Balde das Gut Bürglstein erworben. Er setzte die Ausbeutung des römischen Gräberfeldes noch bis 1848 fort. Auch diese Grabungen sind nicht dokumentiert, die Funde konnten 1852 vom SMCA angekauft werden.

Gräberfeld am Bürglstein

In den wirtschaftlich schwierigen Jahren nach den Napoleonischen Kriegen ist eine weitere große Ausgrabung in Salzburg durchgeführt worden: 1817 hat Louis Grenier unter der Patronanz des Fürsten Schwarzenberg auf den sogenannten Kohlerfeldern in Glas einen Trakt des Herrenhauses einer großen Villenanlage mit rund 23 x 23 m Seitenlänge aufgedeckt. Von den elf Räumen dieses Gebäudeteils waren vier mit ornamentalen Mosaikböden geschmückt. Diese Mosaiken verblieben an Ort und Stelle (heute vermutlich zerstört durch die Feldbestellung). Bei der Fortsetzung der Grabungsarbeiten in Glas seitens der Gesellschaft für Salzburger Landeskunde 1869 wurde ein weiteres Wohngebäude freigelegt.

Grabungsarbeiten in Glas

Bild links:
Schnabelkanne vom Dürrnberg, Bronze, 2. Hälfte 5. Jh. v. Chr. (SMCA)

Die erste archäologische Grabung im Bereich der Salzburger Altstadt erfolgte im Jahre 1840. Bei den Fundierungsarbeiten für die Errichtung des Mozart-Denkmals war man auf guterhaltene Baureste aus römischer Zeit gestoßen. Um großangelegte Grabungen zu ermöglichen, wurde die Aufstellung des Denkmals um ein Jahr verschoben. Die Untersuchungen, die sich auf eine Fläche von rund 400 qm erstreckten, förderten Teilbereiche von zwei reich ausgestatteten Stadtvillen zutage. Die Räume waren großteils mit Wandmalerei und Mosaiken geschmückt. Besonderes Aufsehen erregte der Mosaikboden eines vermutlich als Atrium dienenden Raumes mit 7,60 x 6,80 m Innenlichte. In der Randzone des Mosaiks war die Inschrift eingelassen: Hic habitat [............] nihil intret mali. Das dritte Wort der ersten Zeile war zerstört, man ergänzte »felicitas«, »Hier wohnt das Glück, nichts Böses möge eintreten«. Es erscheint jedoch auch denkbar, daß anstelle von »felicitas« ein Personenname eingefügt war. Unmittelbar unter dem »Felicitasmosaik« wurde ein weiterer reich geschmückter Boden mit Darstellungen sportlicher Wettkämpfe angetroffen. Die Mosaike vom Mozartplatz werden im SMCA verwahrt.

Römische Stadtvillen am Mozartplatz

Nicht nur die Relikte der Römerzeit, sondern auch jene der prähistorischen Perioden fanden das Interesse der damals noch jungen archäologischen Wissenschaft. Berichte über die Bergung keltischer Gräber am Dürrnberg reichen in das Jahr 1823 zurück. Angespornt durch die großartigen Erfolge im benachbarten Hallstatt hat man im Verlauf des 19. Jhs. auch am Dürrnberg mehrmals Grabungen durchgeführt, allerdings mit nur geringem Erfolg. Das Interesse galt anfänglich nur den Grabfunden mit ihren Beigaben, die Erforschung von Siedlungen setzte erst am Ende des 19. Jhs. ein.

Keltische Gräber am Dürrnberg

Erste prähistorische Siedlung am Götschenberg

Der steil aufragende Götschenberg am Eingang des Mühlbachtales bei Bischofshofen mit seinen guterhaltenen Befestigungsanlagen war die erste prähistorische Siedlung in Salzburg, die archäologisch untersucht wurde (1879). Die Grabungen durch den Bergverwalter Johann Pirchl bestätigten den vermuteten Zusammenhang dieser Siedlung mit dem prähistorischen Kupfererzbergbau.

Prähistorische Bergbauanlagen am Mitterberg

Die Erforschung des prähistorischen Bergbaus nahm von Salzburg seinen Ausgang, und zwar weltweit gesehen. In den Bergbauanlagen am Mitterberg hat man in der 2. Hälfte des 19. Jhs. wiederholt prähistorische Abbaukammern aufgeschlossen. Durch die konservierende Wirkung des Kupfers und den Luftabschluß blieben organische Materialien über Jahrtausende vorzüglich erhalten; z. B. Werkzeuge, Rüstholz etc. Durch die Zusammenarbeit zwischen dem vorerwähnten Bergverwalter der Mitterberger Kupfergewerkschaft, Johann Pirchl, und dem Begründer der österreichischen Urgeschichtsforschung, Matthäus Much, wurde dieser Forschungszweig ins Leben gerufen und wurden erste Resultate publiziert.
Auch im Salzbergwerk Dürrnberg hat man in der 2. Hälfte des 19. Jhs. den Funden im »Heidengebirge« größeres Augenmerk geschenkt. Die Erhaltungsbedingungen im Salzbergwerk sind noch günstiger als jene in den Kupferbergwerken. Die Untertagefunde vom Dürrnberg wie auch vom Mitterberg gelangten in das SMCA, sie zählen zum wertvollsten

Inventar der Archäologischen Sammlung. Georg Kyrle hat 1913 bzw. 1918 alle bis dahin bekannten Bergbaufunde aus Salzburg zusammengestellt und in vorzüglichen Abbildungen vorgelegt. Seine Publikation bildet heute noch die Grundlage für jede Beschäftigung mit prähistorischen Bergbaufragen. Die Bergbauforschung wurde von Ernst Preuschen ab ca. 1930 fortgeführt, seit 1968 beschäftigt sich Clemens Eibner mit Problemen des prähistorischen Kupfererzbergbaus in den Salzburger Gebirgsgauen.

Mit Bergbaufragen der Bronzezeit hat sich auch Olivier Klose (1860-1933) auseinandergesetzt, er hat mehrere Schmelzplätze untersucht. Klose unterrichtete Latein und Geschichte am Gymnasium in Salzburg, neben seinem Schuldienst entwickelte er eine sehr fruchtbare Forschungstätigkeit als Archäologe. Sein Interesse galt vor allem den römischen Bodendenkmälern, er bezog jedoch auch die vorrömischen Epochen in seine Untersuchungen mit ein. Von 1906 bis 1933 betreute er die »Antikensammlung« des SMCA. Wichtige Ergebnisse erreichte er u. a. bei der Freilegung römischer Gebäudereste in Kemeting bei Bergheim sowie in der Kellau bei Kuchl (1907 und 1912). Er war auch an der Untersuchung zahlreicher Grabhügel der Hallstattzeit im Salzburger Alpenvorland beteiligt. Von 1928 bis 1932 öffnete er 16 Hügelgräber am Dürrnberg. Der größte Erfolg stellte sich erst im letzten von ihm geöffneten Grab ein, er fand die einzigartige Schnabelkanne aus Bronze (1932).

»Antikensammlung« des Salzburger Museums Carolino Augusteum

Schnabelkanne aus Bronze

Um 1910 begann eine neue Forschungsära, als sich der junge Bauingenieur Martin Hell (1885-1975) für die älteste Geschichte Salzburgs zu interessieren begann. Er war als Techniker im Dienst des Landes Salzburg tätig, seine gesamte Freizeit widmete er jedoch der archäologischen Erforschung des Bundeslandes Salzburg. Sein Hauptaugenmerk richtete er zeit seines Lebens auf Fragen der ältesten Siedlungsgeschichte. Die prähistorischen Niederlassungen auf dem Rainberg und am Hellbrunnerberg in der Stadt Salzburg bildeten Schwerpunkte seiner Forschungsarbeit. Im Lauf seiner rund 70 Jahre andauernden Tätigkeit hat Hell eine unglaubliche Fülle an Funden und Fakten zusammengetragen. Durch intensive Geländebegehungen konnte er rund 100 Siedlungsstätten neu entdecken, so z. B. am Falkenstein bei Krimml, am Klinglberg in St. Veit, am Brandstattbühel bei Schwarzach und am Hochgitzen in der Gemeinde Bergheim. Im Zuge des Wiederaufbaus der bombenzerstörten Gebäude nach dem 2. Weltkrieg hat Martin Hell auch eine Fülle von Beobachtungen zur Baugeschichte der Römerstadt Juvavum gesammelt. Ein weiterer Schwerpunkt seiner Forschungsarbeit war dem Dürrnberg bei Hallein gewidmet. Er hat diesen bedeutenden Fundplatz immer wieder aufgesucht und eine große Zahl von Funden aus diversen Bodenaufschlüssen geborgen. In rund 500 wissenschaftlichen Publikationen informierte Martin Hell die Fachwelt über seine Forschungsergebnisse. Die Verluste an archäologischem Fundgut durch die kriegsbedingte Zerstörung des Museumsgebäudes im Jahr 1944 hielten sich in Grenzen, da die wertvollsten Bestände bereits vorher ausgelagert worden waren. Zahlreiche Funde konnten aus dem Schutt der Bombenruine wieder geborgen werden.

Neue Forschungsära Martin Hell

Ab 1952 lag die Leitung der Archäologischen Abteilung des Salzburger Museums Carolino Augusteum in Händen von Kurt Willvonseder, von 1954 bis zu seinem Ableben 1968 übernahm er auch die Direktion des Hauses. In seine Ära fällt die Wiedererrichtung des bombenzerstörten Museumsgebäudes. Willvonseder hat eine Reihe wichtiger Studien zur Urgeschichte unseres Raumes veröffentlicht, er ist jedoch selbst nicht archäologisch tätig gewesen.

Domgrabungen

Das bedeutendste Forschungsprojekt der Nachkriegszeit in Salzburg bildeten die »Domgrabungen«. Die Untersuchungen im Bereich des Residenzplatzes (1956-58) und des Domplatzes (1966/67) gewährten Einblick in die Baugeschichte der mittelalterlichen Dome sowie in die römerzeitliche Verbauung des Areals. Die Grabungen leitete anfänglich Gilbert Trathnigg, ab 1957 zeichnete Hermann Vetters verantwortlich. Die freigelegten und konservierten Baureste sind zum Teil im Grabungsmuseum unter dem Domplatz sowie in der Krypta des Domes zu besichtigen. Die Ergebnisse der Untersuchungen wurden in mehreren Vorberichten bekannt gemacht, die abschließende Auswertung der Grabungen steht jedoch noch aus.

Georgenberg bei Kuchl

Der Georgenberg bei Kuchl wurde 1962/63 im Rahmen eines Forschungsprojektes durch das Institut für Vor- und Frühgeschichte der Universität München und das Österreichische Archäologische Institut archäologisch erforscht (Grabungsleitung: Norbert Walke und Herma Stiglitz). Die Untersuchungen erstreckten sich auf die Georgskirche und ihre Umgebung sowie auf die Randbefestigung der Felshöhe. Dabei gelangen der Nachweis prähistorischer und spätantiker Besiedlung sowie die Auffindung von Fundamenten einer frühchristlichen Kirche mit halbrunder Priesterbank an der Stelle des heutigen Gotteshauses.

Im Jahre 1949 begann Ernst Penninger, Kustos des Städtischen Museums in Hallein, mit Grabungen und Fundbergungen auf dem Dürrnberg bei Hallein – anfänglich noch unter Anleitung von Martin Hell, sehr bald schon in eigener Verantwortung. Diese Grabungen gestalteten sich sehr erfolgreich, alljährlich wurden keltische Gräber aufgedeckt. Höhepunkt seiner Tätigkeit war die Auffindung eines ungestörten »Fürstengrabes« des 5. Jhs. v. Chr. mit außerordentlich reichen Beigaben im Jahre 1959. Aufgrund des enormen Fundzuwachses wurde das Städtische Museum

Keltenmuseum

Hallein im Jahre 1970 in »Keltenmuseum« umbenannt und in neue Räumlichkeiten übersiedelt. Der Bau einer neuen Straße auf den Dürrnberg in den Jahren 1978-82, die das Fundgebiet des Dürrnberges auf eine Länge von rund 1,5 km durchschneidet, stellte die Archäologen vor eine fast unlösbare Aufgabe. An diesen Rettungsgrabungen waren neben dem Keltenmuseum auch das Bundesdenkmalamt Wien, das SMCA sowie Archäologen aus der BRD und aus Australien beteiligt. Der Erfolg dieser Grabungen sowie die 1. Salzburger Landesausstellung 1980 im Keltenmuseum Hallein zum Thema »Die Kelten in Mitteleuropa« haben sehr wesentlich dazu beigetragen, den Dürrnberg international als Zentrum keltischer Kunst und Kultur bekannt zu machen. Die Notwendigkeit einer geordneten wissenschaftlichen Betreuung des Dürrnberges führte 1985 zur Gründung des »Österreichischen Forschungszentrums Dürrnberg« mit Sitz am Keltenmuseum Hallein. Die Leitung dieser Institution wurde Kurt Zeller übertragen. Das Forschungszentrum Dürrnberg nimmt die Aufgaben der systematischen Erforschung dieses Fundplatzes wie auch der Bodendenkmalpflege wahr. Alljährliche Grabungen haben seither sehr wesentlich zur Vermehrung des Kenntnisstandes beigetragen. Ein großangelegtes interdisziplinäres Forschungsprojekt der Universität Marburg a. d. Lahn – in Zusammenarbeit mit dem Österreichischen Forschungszentrum Dürrnberg – untersucht seit 1989 prähistorische Arbeitsmethoden und Abbautechniken im Salzbergwerk Dürrnberg (Grabungsleitung: Thomas Stöllner). Auch dabei konnte bereits eine Vielzahl an Funden und Befunden sichergestellt werden.

Österreichisches Forschungszentrum Dürrnberg

Die archäologische Forschung sowie die Aufgaben der Bodendenkmalpflege in Stadt und Land Salzburg werden seit 1970 durch die Archäologische Abteilung des SMCA wahrgenommen (mit Ausnahme des Dürrnberges). 1985 wurde dem Leiter der Abteilung, Fritz Moosleitner, auch die Funktion des Landesarchäologen übertragen. Die Tätigkeit beschränkt sich fast ausschließlich auf »Rettungsgrabungen«: auf die Freilegung von Bodendenkmälern, die durch Baumaßnahmen oder Erdarbeiten gefährdet sind. Schwerpunkte bildeten die Freilegung eines großen Brandgräberfeldes der Hallstattzeit in Uttendorf im Pinzgau mit rund 450 Bestattungen (1975-90), eines Gräberfeldes der späten Bronzezeit in Obereching mit rund 150 Urnenbestattungen (1979-83) und eines Gräberfeldes der Bronze- und Eisenzeit in Salzburg-Maxglan mit rund 380 Brandgräbern (1992/93). Im Bereich der Siedlungsarchäologie sind vor allem die Untersuchungen auf der Pongauer Burg in Bischofshofen (1982-86) und am Bürgkogel bei Kaprun (1991-93) zu erwähnen. In Zusammenarbeit mit der Universität Salzburg (Norbert Heger) wurde 1979 die Forschungsarbeit im Bereich des großen römischen Gutshofes in Loig wiederaufgenommen und – mit Unterbrechung – bis 1998 fortgesetzt. Dabei konnten einige Nebengebäude der Villa – Kornspeicher, Werkstätten und Stallungen – sowie eine Tempelanlage aufgedeckt werden.

Brandgräberfeld der Hallstattzeit in Uttendorf

Die archäologische Forschungsarbeit des Salzburger Museums Carolino Augusteum erstreckte sich auf einige weitere römische Gutshöfe, die Grabungsleitung lag jeweils in Händen von Eva Maria Feldinger. Im Zuge der Anlage eines Gewerbegebietes in Pfongau, Gem. Neumarkt am Wallersee, konnten 1988/89 die Fundamente von vier Gebäuden freigelegt werden, die zu einem ausgedehnten römischen Gutshof gehörten. In Hof-Elsenwang gelang 1990/91 die Aufdeckung des Badegebäudes einer römischen Villenanlage mit Warm-, Lau- und Kaltbad sowie Ruhe- und Umkleideraum. Ein weiteres großartiges Badegebäude einer Villa mit 170 qm Nutzfläche konnte im Jahr 2000 in Morzg bei Salzburg untersucht werden, es umfaßte neben den vorerwähnten Räumlichkeiten auch ein rundes Schwitzbad (sudatorium) mit 8 m Durchmesser. Nicht unerwähnt soll die teilweise Freilegung des Herrenhauses eines Gutshofes in Saalfelden-Wiesersberg im Jahr 1989 und 1998 bleiben. Dabei konnten gut erhaltene Fragmente eines Deckenfreskos aufgefunden werden, das zu den qualitätsvollsten Zeugnissen römischer Malerei in Österreich gehört.

Fundbergungen und Rettungsgrabungen in der Salzburger Altstadt

Alljährlich wurden auch in der Salzburger Altstadt – in Zusammenhang mit Baumaßnahmen – Fundbergungen und Rettungsgrabungen durchgeführt. Erwähnt seien die Grabungen im Hof der Alten Universität (1970/71), im Toskanatrakt der Residenz (1985-87), im Hof des Hauses Kapitelgasse 4 (1988/89) und im Neugebäude der Residenz (2000), die vor allem Einblicke in den Beginn der römischen Besiedlung sowie in die Wohn- und Arbeitswelt der römischen Handwerker vermittelten.

Die Grabungen in der Salzburger Altstadt erstreckten sich nicht nur auf römische, sondern auch auf mittelalterliche und frühneuzeitliche Baureste. Die Freilegung von Senkgruben des 13.-19. Jhs. – so z. B. im Hof des Toskanatraktes (1986), im Zipfer Bierhaus (1991) und im Schatz-Durchhaus (1994) – erbrachten riesige Mengen an Funden, vor allem Keramik, Glas und Holzgegenstände (Grabungsleitung: Willfried Kovacsovics). Nicht unerwähnt soll die archäologische Erforschung der

Festung Hohensalzburg

Festung Hohensalzburg bleiben, die 1993 in Angriff genommen wurde und seither alljährlich fortgeführt wird (Grabungsleitung: Wilfried Kovacsovics). Neben der Entdeckung prähistorischer und römerzeitlicher Siedlungsspuren ist vor allem die Auffindung der romanischen Burgkapelle von Bedeutung. Die in der Auffüllung des Kapellenraumes entdeckten Bruchstücke von farbigem Wandverputz zählen zu den qualitätvollsten Zeugnissen hochmittelalterlicher Wandmalerei in Salzburg, sie stammen aus dem 11. und 12. Jh.

Kirchengrabungen

Die »Kirchengrabungen« stellen einen relativ jungen Zweig innerhalb der archäologischen Wissenschaft dar. Erst vor zwei bis drei Jahrzehnten hat man erkannt, daß unsere Pfarr- und Filialkirchen wichtige Quellen zur Lokalgeschichte darstellen, die Baugeschichte einer Kirche spiegelt in der Regel die Entwicklung der zugehörigen Siedlung wider. Durch Grabungen kann die Baugeschichte geklärt werden. Rund 40 Kirchen sind bisher im Land Salzburg archäologisch erforscht (Grabungsleitung: Eva Maria Feldinger und Fritz Moosleitner). In einigen Kirchen – z. B. in Anthering, Hallwang, Thalgau, Pfongau und Liefering – konnte die Bauentwicklung bis in die Zeit des hl. Rupert zurückverfolgt werden. Auch viele Kirchen in den Gebirgsgauen erwiesen sich als wesentlich älter als bisher angenommen, so z. B. Rauris und Piesendorf (9. Jh.). Besonders erfolgreich gestalteten sich die Grabungen in der Pfarrkirche zum hl. Maximilian in Bischofshofen (1998/99). Unter dem bestehenden Gotteshaus des 15. Jhs. konnten die gut erhaltenen Mauerreste einer spätkarolingischen Klosterkirche aufgefunden werden. Der dreischiffige Bau mit Querschiff und quadratischem Altarraum läßt sich in die Zeit um 900 datieren. Darunter liegen spärliche Fundamentreste eines gemauerten Vorgängerbaus, der vermutlich aus der Zeit des Bischofs Virgil stammt.

Neben dem SMCA und der Landesarchäologie waren in den letzten Jahrzehnten im Rahmen von Forschungsprojekten auch auswärtige Institutionen in Stadt und Land Salzburg tätig. An erster Stelle sind die seit

1980 andauernden Grabungen im Bereich der Erzabtei St. Peter zu nennen, die vom Österreichischen Archäologischen Institut getragen werden (Grabungsleitung: Stefan Karwiese). Diese Untersuchungen gewährten Einblicke in die römerzeitliche Verbauung des Areals sowie in die Baugeschichte der Kirchen und Kapellen von St. Peter.

Grabungen im Bereich Erzabtei St. Peter

Der vorerwähnte Götschenberg bei Bischofshofen wurde vom Institut für Ur- und Frühgeschichte der Universität Innsbruck (Grabungsleitung: Andreas Lippert) in den Jahren 1979 bis 1987 eingehend untersucht. Zwischen 1983 und 1996 hat Andreas Lippert auch das große Gräberfeld der späten Bronze- und Hallstattzeit am Pestfriedhof in Bischofshofen aufgedeckt, rund 550 gut ausgestattete Brandgräber, großteils mit Steinkisten, konnten gefunden werden. Weiters ist die Grabung der Universität Southampton in Zusammenarbeit mit österreichischen Partnern im Bereich der frühbronzezeitlichen Höhensiedlung am Klinglberg bei St. Veit zu nennen (1985-88, Grabungsleitung: Stephen Shennan).

Gräberfeld am Pestfriedhof in Bischofshofen

Die Erforschung des mittelalterlichen und frühneuzeitlichen Goldbergbaus in den Tauerntälern war das Ziel eines großen interdisziplinären Forschungsprojektes, das 1995 angelaufen ist. Der Schwerpunkt des Projektes lag im Bereich der Archäologie, erforscht wurden Berghäuser und Aufbereitungsanlagen im Bockhartseegebiet sowie eine Schmelzhütte im Angertal (Grabungsleitung: Brigitte Cech).

Erforschung des Goldbergbaus in den Tauerntälern

Ein weiteres Forschungsvorhaben ist dem prähistorischen Kupferbergbau gewidmet. Im Rahmen einer von der Österreichischen Akademie der Wissenschaften geförderten Projektes sollen die seit 1994 von Clemens Eibner im Bereich der Bergbauanlagen am Einödberg bei St. Johann i. Pg. durchgeführten Untersuchungen fortgeführt und intensiviert werden.

Fritz Moosleitner

Literatur

Musik und Architektur formen stärker das Bild Salzburgs als die Literatur. In mancher Salzburger Geschichtsepoche gewinnen aber Autoren und ihre literarischen Werke überregionale Bedeutung. Allerdings gibt es auch große Epochen der deutschsprachigen Literatur, an denen Salzburg nur bescheiden mitwirkte.
Als auf Bestreben Karls des Großen 798 Salzburg unter Bischof Arn(o) zum Erzbistum erhoben wurde, verlieh das dem Gebiet politisch, geistlich und kulturell eine Führungsposition. Das karolingische Schrifttum hatte hier aber kaum zu nennenswerten eigenständigen Dichtungen geführt.
Erst aus der Literatur des späten Mittelalters ragt überregional der sogenannte »Mönch von Salzburg« hervor, der als Dichter und Komponist geistliche und weltliche Lieder schuf. Der kunstsinnige Erzbischof Pilgrim von Puchheim (1365-1396) ernannte ihn zum Hofdichter. Vielleicht verbarg sich auch der Erzbischof selbst hinter dem Pseudonym.

»Mönch von Salzburg«

Der Humanismus in Salzburg verband sich mit dem Katholizismus, Stätten seiner Pflege waren die Klöster. Aber selbst Kardinal Matthäus Lang (1519-1540) gelang es trotz seiner europäischen Kontakte nicht, Salzburg besondere literarische Bedeutung zu verschaffen. Wohl spielte man Schuldramen an der Domschule; wohl gründete man die erste Salzburger Buchdruckerei, die Hans Sachsens »Lobspruch auf Salzburg« (1550) druckte; wohl erschienen da auch die Schriften des Naturforschers und Arztes Paracelsus (1493-1541); trotz allem entstand aber in Salzburg keine humanistische Literatur von überregionaler Bedeutung.
Dies gelang erst im Zeitalter des Barock, in dem Salzburgs literarische und theatralische Kultur weit über die Grenzen des Landes hinausstrahlte. Vor allem die Erzbischöfe Wolf Dietrich (1587-1612) und Paris Lodron (1619-1653) schufen durch ihren landesfürstlichen Absolutismus die künstlerischen und politischen Voraussetzungen für eine repräsentative Barockliteratur.
Die Theatertradition der Benediktineruniversität (1622-1778) reichte über den Barockzeitraum hinaus in das deutsche Rokoko und die Aufklärung hinein. Ihr lateinisches Drama war neben dem fürsterzbischöflichen Hoftheater (Residenz und Hellbrunner Steintheater) und dem Volkstheater (Saalfeldner Passion, biblische Spiele der Halleiner und Oberndorfer Salzachschiffer) die bestimmende Form des Barocktheaters. Hauptträger dieses Bildungstheaters waren die heimische Universität, ihre Professoren (als Dichter und Regisseure) und ihre Studierenden (als Schauspieler). Über 370 verschiedene Stücke von 47 namentlich bekannten Dichtern sind uns als aufgeführt bezeugt, von etwa einem Drittel sind die Texte überliefert. Unter den Dichtern sind Otto Aicher (1628-1705), der Lehrer Abrahams a Sancta Clara, und Simon Rettenbacher (1636-1705) die bekanntesten. Unter Erzbischof Sigismund von Schrattenbach (1753-1771) löste die heitere Form des Singspiels die Barocktragödie zum Teil ab.

Theatertradition der Benediktineruniversität

Bild links: Georg Trakl, Selbstbildnis, Öl, 1913 (Georg-Trakl-Forschungs- und Gedenkstätte)

Florian Reichssiegels deutsches Singspiel »Hochzeit auf der Alm« hat Bernhard Paumgartner neu herausgegeben. Das letzte nachweisbare Spiel war 1778 eine Bearbeitung von Klopstocks »Abels Tod«, wie Reichssiegels Singspiel mit Musik von Michael Haydn.

Die Theateraufführungen fanden als repräsentative öffentliche Semester- und Jahresschlußfeiern der Universität oder bei hohen Festen (Fürstenbesuchen) statt. Den lateinischen Stücken wurden schon bald komische deutsche Zwischenspiele eingefügt; die Narrenfigur darin trägt Lungauer Bauerntracht. Diesen regionalen bäuerlichen Hanswurst hat Joseph Anton Stranitzky (1676-1726), der selbst in Salzburg gespielt haben soll, in die Wiener Volkskomödie gebracht.

Narrenfigur in Lungauer Bauerntracht

Die barocke Predigt wurde besonders von den Kapuzinern gepflegt, die Wolf Dietrich anstelle der Jesuiten ins Land gerufen hatte. Der Lyriker und Predigtschriftsteller Procopius von Templin, der volkstümliche deutsche Marienlieder schrieb, ist der bekannteste.

Barocke Predigt

Im Zeitalter der Aufklärung bestimmten drei Akzente die Literatur Salzburgs: 1. die philosophisch-politisch-pädagogischen Reforminteressen der Salzburger Aufklärer, 2. die daraus erwachsende Publizistik und 3. das Jugendschrifttum.

In den letzten Jahrzehnten des Fürsterzbistums setzte Erzbischof Hieronymus Colloredo (1772-1803) hier josephinische Gedanken durch. Die Salzburger Gebildeten und Gelehrten wandten sich einhellig gegen den Obskurantismus und artikulierten diese ihre Meinung so, daß man sogar von einer »Salzburger Aufklärung« spricht, die durch publizistische Tätigkeit weit in den süddeutschen Raum hinauswirkte. Ihre führende Persönlichkeit war der Redakteur Lorenz Hübner (1751-1807), den der Erzbischof aus München berufen hatte, damit er die »Salzburger Staatszeitung« effektvoll reformiere. Überregionale Wirkung erreichte die »Oberdeutsche Staatszeitung« und später die ebenfalls von L. Hübner herausgegebene »Oberdeutsche Allgemeine Litteratur-Zeitung« (1788-1811). Vom katholischen Standpunkt aus wurden hier die deutschsprachigen Neuerscheinungen auf philosophisch-historischem, theologischem, naturwissenschaftlichem und nicht zuletzt literarischem Gebiet rezensiert. Daß die Kritiker auch vor Geistesgrößen wie Goethe und Schiller wenig Respekt zeigten, bestätigt die Antwort der beiden Dichter in ihrem Xenienalmanach: »Seht auch, wie ihr in Salzburg den groben Fäusten entschlüpfet/die Berenices Haar striegeln mit eisernem Kamm.«

Lorenz Hübner

»Oberdeutsche Allgemeine Litteratur-Zeitung«

Obwohl der Aufklärer Lorenz Hübner, der zwischen Aufklärung und Romantik stehende Reformpädagoge Franz Michael Vierthaler und andere selbst Dramen und erzählende Werke publizierten, wirkte die Salzburger Dichtung nicht über den engeren Raum hinaus. Der Jugendlektüre widmeten sich die Aufklärer auch in Salzburg, besonders zu nennen sind Ägid Jais mit seinem »Lesebuch für meine Schüler zur Bildung ihres Herzens« (Salzburg 1784) und eine Bearbeitung von Rochows »Kinderfreund« (1774). Diese Tradition der Jugendschriftstellerei setzte sich hier ins folgende Jahrhundert hinein fort. P. Heinrich Schwarz gründete im Jahre 1850 eine christliche Kinderzeitung, sie war als erste Jugendzeitschrift Österreichs unter dem Einfluß des deutschen Kinderbuchautors Christoph Schmid entstanden.

Klassik und Romantik haben sich in der Salzburger Dichtung nachhaltig niedergeschlagen; die von Franz Michael Vierthaler geleitete »Literatur-Zeitung von Salzburg« (später »Süddeutschlands pragmatische Annalen der Literatur und Kultur«) machte der hieher übersiedelte Naturphilosoph Johann Jakob Wagner zu einer Publikation der Romantik. Sie vermittelte den Lesern die neue romantische Poesie und die Philosophie Schellings. Joseph Mohr und Franz Gruber schrieben das Weihnachtslied »Stille Nacht, heilige Nacht«, das heute weltbekannt ist.

Franz Michael Vierthaler »Literatur-Zeitung von Salzburg«

Der Realismus brachte wieder wenig mehr als regionale Schriftstellerei mit üblichem Heimatbezug. Dichtung in Salzburger Mundart, die bis heute lebhaft gepflegt wird, schrieben Sylvester Wagner und August Radnitzky, der »Fink von Mattsee«; beide hat der Oberösterreicher Franz Stelzhamer angeregt und beeinflußt.

Dichtung in Salzburger Mundart

Wenn Salzburg auch im 19. Jahrhundert keine besondere literarische Bedeutung erlangte, so lebten doch hier immer wieder Persönlichkeiten, die mit der Literatur ihrer Zeit Kontakte hatten und Autoren einluden. Ab 1870 war dies Julius Alexander Schindler, der sich als Autor Julius von der Traun nannte. Als Politiker des liberalen Bürgertums zog er sich auf Schloß Leopoldskron zurück, seiner Einladung folgten Theodor Storm, Adolf Wilbrandt, Franz Stelzhamer und andere; mit Friedrich Hebbel und Paul Heyse stand er in Briefverkehr, Ferdinand Sauters verstreute Gedichte gab er in einer ersten Sammlung (1855) heraus. In diese Zeit fällt auch, als eine Art Spätfrucht der lokalen Romantik, die Gründung der »Gesellschaft für Salzburger Landeskunde« im Jahr 1860.

Um die Jahrhundertwende dachte man in Salzburg literarisch ziemlich traditionell, man betrachtete die Moderne skeptisch. Dieser Kontrast zwischen den modernen Künstlern und der konservativen Salzburger Bevölkerung akzentuiert immer wieder die örtliche Kunst- und Literaturentwicklung. Das bezeugt das Schicksal verschiedener Künstlervereinigungen, wie »Pan« (1897 gegründet), »Der Wassermann« (1918 gegründet), »Sonderbund österreichischer Künstler in Salzburg« und »Literarische Gesellschaft«. In der »Pan«-Runde saß neben Hans Seebach-Demel, Heinrich von Schullern, Irma von Troll-Borostyáni und anderen ein schweigsamer Jüngling: Georg Trakl (1887-1914), seine visionären Dichtungen sind deutsche Weltliteratur.

Künstlervereinigungen, u. a. »Pan«

Georg Trakl

Nach dem Krieg produzierten Karl Heinrich Waggerl (1897-1973), Georg Rendl (1903-1972) und Georg Eberl (1893-1975) hier noch traditionelle Literatur und fanden ihr Publikum. Waggerl war, trotz seiner Nähe zum Nationalsozialismus, der erfolgreichste unter ihnen. Den »Nachholbedarf« an deutschsprachiger Exilliteratur und internationaler zeitgenössischer Moderne stillte Ernst Schönwiese mit seiner Zeitschrift »Das Silberboot« (1946), die Texte von Hermann Broch, Robert Musil, Franz Kafka, auch von Theodor Kramer und Ernst Waldinger brachte.

Thomas Bernhard

Die Salzburger Kriegs- und Nachkriegszeit thematisierte Thomas Bernhard (1931-1989), der Kindheit und Jugendjahre hier bei seinem Großvater, dem Staatspreisträger von 1937, Johannes Freumbichler (1881-1949), verlebte: »Die Erforschung der eigenen Herkunft bleibt das Lebensthema Thomas Bernhards« (Hans Höller). Die Uraufführungen seiner Dramen von 1972 bis 1986 bei den Festspielen bilden Glanzpunkte der österreichischen Theatergeschichte. Die Konstituierung der »Internationalen Thomas-Bernhard-Gesellschaft« (ITBG) 1999 in Salzburg läßt neue Aktivitäten zur Verbreitung seines Werkes für die Zukunft erwarten.

Die kreative Rezeption zeitgenössischer Literatur, die in Salzburg in den späten 60er und frühen 70er Jahren begann, förderten und bewirkten: der ORF Salzburg unter Intendant Rudolf Bayr (1919-1990) und Hörspielabteilungsleiter Klaus Gmeiner – die Universität mit ihrer die Gegenwartsliteratur betonenden Germanistik durch Professoren wie Walter Weiss, Adolf Haslinger, Josef Donnenberg und Karlheinz Rossbacher – die Gründung der »Leselampe« 1967 durch Josef Donnenberg und die Literaturzeitschrift »Salz« (1975 ff.) – das zunehmend durch Werke österreichischer Autoren angereicherte Literaturprogramm des Residenz Verlages – die Aktivitäten des Otto Müller Verlages – die »Rauriser Literaturtage«, gegründet 1971 von Erwin Gimmelsberger – und manch andere Aktivität in diesem literarisch-künstlerischen Umfeld. Dadurch stieg das Interesse an Gegenwartsliteratur gewaltig an. Lesungen fast aller bekannten Autorinnen und Autoren deutscher Sprache luden zur persönlichen Begegnung und weiteren Beschäftigung mit diesen Künstlern ein.

»Literatur und Kritik«

»Protokolle«

Bedeutsam für die Salzburger Literaturszene sind zwei überregionale Zeitschriften: »Literatur und Kritik« (1966 ff.) im Salzburger Otto Müller Verlag und die »Protokolle« (1966-1997), deren Herausgeber Otto Breicha von 1977 bis 1997 das Salzburger Rupertinum leitete. Während die »Protokolle« eigenwillig ein enorm anregendes Single-Dasein führten, entfachte das Herausgeberteam von »Literatur und Kritik« eine überregionale Literaturdebatte. Die junge Generation forderte von Kurt Klinger (Redakteur von 1979-1990) Mitwirkung und Änderungen. Ihrem Wortführer Karl-Markus Gauß samt Team gelang es bald nach Übernahme der Redaktion, den Ruf »als eine der bedeutendsten Kulturzeitschriften des deutschsprachigen Raums« wieder herzustellen (Renate Langer).

Salzburger Literaturzeitschriften

Die regionalen Salzburger Literaturzeitschriften sind »Salz« (1975 ff.) »Projekt-IL« (1975-1980), »Antenne« (1977-1980), »erostepost« (1987 ff.) und »Prolit« (1988-1993). Sie haben verschiedene Absichten, aber ähnliche Abnehmer und bieten jungen Autoren frühe Chancen zur Veröffentlichung.

»Georg-Trakl-Preis für Lyrik«

Charakteristisch für die Salzburger Literaturgeschichte seit 1945 sind folgende Phänomene, die der Gegenwartsliteratur Bedeutung und Publikumswirkung verschafften: Der 1952 zum 65. Geburtstag Georg Trakls vom Land Salzburg gestiftete »Georg-Trakl-Preis für Lyrik« förderte die »Neubelebung der heimischen Literaturszene im Geiste der Moderne« (Hildemar Holl). Seit 1954 wechseln Landespreis und Bundespreis einander ab.

»Rauriser Literaturtage«

Die »Rauriser Literaturtage« sind mit Lesungen, Autorenbegegnungen, Diskussionen, Seminaren und Literaturpreisen ein überregional akzeptiertes Ereignis im ländlichen Raum. Erwin Gimmelsberger hat sie 1971 gegründet, ausgebaut und bis 1987 geleitet. Nach Franz Mayrhofer (1988-89) übernahm 1990 Brita Steinwendtner die Leitung und gab dem Programm durch thematische Akzente neuen Schwung .

»Literaturhaus Salzburg«

In der Stadt ist das aktivste literarische Zentrum das »Literaturhaus Salzburg« im historischen »Eizenbergerhof« geworden. Seit 1991 entfaltet es, unter der Leitung von Tomas Friedmann, vielfältige Veranstaltungsaktivitäten. Diese bringen, gemeinsam mit allen Salzburger Literatureinrichtungen, der zeitgenössischen Literatur ein wachsendes Publikum.

Der Residenz Verlag war der Hauptinitiator für die Etablierung der zeitgenössischen Literatur in Salzburg. Seine Autoren brachten literarisches Leben hieher: Peter Handke lebte während der Gymnasialzeit seiner Tochter von 1979 bis 1988 auf dem Mönchsberg. H. C. Artmann, Peter Rosei u. a. schrieben jahrelang hier. Neue Autoren debütierten, wie Alois Brandstetter 1972 mit dem Erzählband »Die Überwindung der Blitzangst«, Franz Innerhofer 1974 mit dem Roman »Schöne Tage«, der viel Aufsehen erregte. Ein zeitgenössisches Buch, das auch ländliche Schichten zum Lesen fiktionaler Literatur bewegte. Daß der Verlag bemerkenswerten Rang im deutschsprachigen Raum erreichte, haben Rudolf Bayr, der Freund und Berater des Verlegers Wolfgang Schaffler, und, nachdem Schaffler den Residenz Verlag an den Bundesverlag verkauft hat, sein Nachfolger Jochen Jung bewirkt.

»Salzburger Literaturarchiv«

Der vielfältigen Dokumentation Salzburger Literatur dient das »Salzburger Literaturarchiv«. 1977 von Adolf Haslinger gegründet, wurde es 1996 eine Stiftung. Diese verwahrt Autographen von Gerhard Amanshauser über Thomas Bernhard und von Peter Handke bis zu Stefan Zweig.

Heute gehen die kräftigsten Impulse zum gegenwärtigen literarischen Leben vom Literaturhaus aus. Hier sammelt sich auch die neue Generation der Salzburger Schriftsteller: Neben Walter Kappacher, Christine Haidegger, Christian Wallner, Karl-Markus Gauß, Georg Schmid, Catarina Carsten sind dies u. a. Christoph W. Aigner, Max Blaeulich, Christoph Janacs, Ludwig Laher, Dorothea Macheiner, Walter Müller, Fritz Popp, Gudrun Seidenauer, Wilfried Steiner, Wolfgang Wenger und O. P. Zier.

Adolf Haslinger

Musik

Aus der geographischen Lage des Erzbistums Salzburg ergab sich schon in frühmittelalterlicher Zeit ein kultureller Austausch mit Italien. Darüber hinaus ist für die erste geistige Blütezeit Salzburgs unter Bischof Arn(o) (785-821) auch der Kontakt mit dem Gelehrtenkreis um Karl den Großen, ebenso mit den Klöstern Metz und St. Gallen, für die kulturelle Physiognomie Salzburgs bedeutungsvoll geworden.

Frühe Kirchenmusikpflege

Im Stift St. Peter, dessen Äbte bis 987 zugleich die Metropoliten Salzburgs waren, bestand schon früh eine vorbildliche Kirchenmusikpflege. Auch Orgelbau und Orgelspiel waren bereits bekannt, da um das Jahr 870 Papst Johann VIII. eine Orgel und einen Organisten aus der Salzburger Kirchenprovinz Freising erbat. Umgekehrt wurde 100 Jahre später ein Musiklehrer aus dem Kloster St. Gallen an die Salzburger Domschule berufen. Das Volk beteiligte sich an der Liturgie, sang das »Kyrie eleison«, die Litanei, auch bereits deutsche Lieder zur Predigt und bei außerliturgischen Feiern – etwa bei Prozessionen –, während die Schola die lateinischen Gesänge intonierte.

Mönch von Salzburg

Im Gefolge Erzbischof Eberhards II. (um 1230) begegnen mit Neidhard(t) von Reuental und 1424, am Hof Erzbischof Eberhards III., mit Oswald von Wolkenstein zwei der bedeutendsten Minnesänger. Den Abschluß der höfischen Kunst in Salzburg bildet die sagenumwobene Gestalt des Mönchs – eine Münchner Handschrift nennt ihn Hermann, Mönch von Salzburg. Wir wissen kaum etwas über ihn, doch sind 49 geistliche und 57 weltliche Lieder von ihm erhalten, die bereits den Keim des Volksliedes in sich tragen. Die Beliebtheit dieser Lieder wird durch mehr als 80 Handschriften belegt.

Neben der im wesentlichen einstimmigen Kunst geistlicher und weltlicher Lieder wurde am Hof Erzbischof Pilgrims auch die mehrstimmige Musik gepflegt: 1393 stiftete Pilgrim dafür eine Kantorei in der nach ihm benannten Pilgrimskapelle im Münster.

Salzburger Kantorei

Paul Hofhaimer

Erzbischof Gregor Schenk ließ nach dem Dombrand 1383 im Jahr 1399 eine neue große Orgel errichten, ein weiterer Neubau erfolgte um die Mitte des 15. Jh.s. Zu dieser Zeit tauchen erstmals die Namen besoldeter Instrumentalisten in Berichten auf und unter Erzbischof Matthäus Lang (1519-40) hatte die Salzburger Kantorei bereits überregionale Bedeutung durch ihre berühmten Mitglieder Heinrich Finck und Paul Hofhaimer. Hofhaimer stammte aus Radstadt; er trat schon früh in die Dienste der Kaiser Friedrich III. und Maximilian I., kehrte aber nach Maximilians Tod (1519) nach Salzburg zurück und wurde hier Hoforganist. Er war der große Lied- und Orgelmeister seiner Zeit und hat eine ganze Generation von Schülern ausgebildet. Hofhaimers Wohnhaus in der Pfeifergasse, dem alten Quartier der Stadtpfeifer, ist noch erhalten.

Bild links: Wolfgang Amadeus Mozart am Klavier, unvollendetes Ölbildnis von Joseph Lange, Wien, 1789 (Internationale Stiftung Mozarteum, Salzburg)

Die Regierung Erzbischof Wolf Dietrichs (1587-1612) veränderte das Antlitz der Stadt: Aus dem mittelalterlichen Salzburg wollte der Fürst eine moderne Stadt nach römischem Vorbild schaffen. Bereits 1591 hatte Wolf Dietrich anstelle der Kantorei die fürsterzbischöfliche Hofkapelle gegründet. Damit war bis zur Säkularisation, also für mehr als 200 Jahre, die Grundlage einheimischer Musikpflege geschaffen. 1597 kam mit der fürstlichen Chormusik die Dommusik dazu – insgesamt in beiden Ensembles die stattliche Zahl von 70 bis 80 Musikern.

Fürsterzbischöfliche Hofkapelle

Wolf Dietrichs Nachfolger, Erzbischof Markus Sittikus (1612-19), war dagegen ein großer Liebhaber des Theaters. In der Residenz ließ er eine moderne Verwandlungsbühne nach Florentiner Muster einrichten, und der Chronist Stainhauser berichtet von zahlreichen Opern- und Schauspielaufführungen. In Hellbrunn ließ Markus Sittikus das Steintheater, das erste Naturtheater auf deutschem Boden, errichten. 1617 gründete er, unter Mitwirkung des Benediktinerordens, ein Gymnasium, das später, nach seiner Erhebung zur Universität, die bedeutendste Pflegestätte des süddeutschen Ordenstheaters bildete.

Steintheater in Hellbrunn

Unter Erzbischof Paris Lodron (1619-53) wurde die Weihe des neuerbauten Domes 1628 zum großen Ereignis. Domkapellmeister Stefano Bernardi komponierte zu diesem Anlaß ein zwölfchöriges Tedeum, an dessen Aufführung 400 Musiker mitgewirkt haben sollen. Leider ist dieses Werk nicht auf uns gekommen.

Bis zur Mitte des 19. Jh.s bot der Dom einzigartige Voraussetzungen für die Pflege der Kirchenmusik: Musiziert wurde auf vier Emporen im Kuppelraum, ein fünftes Ensemble war im Presbyterium postiert. Erst mit der sinfonischen Kirchenmusik verlegte man im 19. Jh. das Ensemble der Dommusik auf die Westempore zur 1703 erbauten großen Orgel.

Dommusik

1622 wurde das Benediktinergymnasium zur Universität erhoben, und bald entwickelte sich auf Hochschulboden eine bedeutende Theaterkultur. Zwei Säle standen zur Verfügung: die Aula Academica, die maschinell aufs beste eingerichtet war und heute noch als Konzertsaal verwendet wird, und die kleine Aula. Gespielt wurde vor allem im Fasching, an den Weihnachts- und Osterfeiertagen und zum Schluß des Schuljahres, wo die Prämien während der sogenannten »Finalkomödie« auf offener Szene verteilt wurden.

Georg Muffat und Heinrich Ignaz Franz Biber

Um die Wende vom 17. zum 18. Jh. erlebte die Musik in Salzburg eine in ihrer Tragweite noch nicht völlig gewürdigte Blütezeit, parallel zu den architektonischen Schöpfungen des großen Barock-Baumeisters Johann Bernhard Fischer von Erlach in Salzburg: Sie ist verbunden mit den Namen Georg Muffat und Heinrich Ignaz Franz Biber. Muffat stammte aus Savoyen, hatte in Paris bei Lully studiert, ehe ihn Erzbischof Max Gandolf als Hoforganisten nach Salzburg berief und ihm die Möglichkeit bot, 1681/82 in Rom bei Corelli und Pasquini weitere Studien zu betreiben. Biber war gebürtiger Böhme und ein ebenso hervorragender Geigenvirtuose wie Komponist. Berühmt sind seine Mysteriensonaten und seine programmatische Ensemblemusik. Beim Domjubiläum 1974 und dem »Festival Pfingsten Barock« 1998 wurde seine große 53stimmige Messe wiederaufgeführt, die vermutlich 1682 zur 1100-Jahr-Feier des Erzstiftes entstand und lange für ein Werk von Orazio Benevoli gehalten worden war. Bibers Sohn, Carl Heinrich, wurde 1743 zum Hofkapellmeister bestellt, in dem Jahr, in dem der junge Augsburger Student Leopold Mozart als vierter Violinist am Salzburger Hof angestellt wurde. Neben und nach Carl Biber waren noch eine Reihe weiterer trefflicher Musiker vor Mozart in Salzburg tätig: Johann Ernst Eberlin als Kapellmeister, Anton Cajetan Adlgasser und Matthäus Gugl als Organisten und schließlich Johann Michael Haydn als Konzertmeister.

Die Salzburger Barockfürsten hatten inzwischen neue Aufführungsstätten geschaffen: Erzbischof Johann Ernst Thun hatte 1694 die Felsenreitschule mit ihren Felsenarkaden für Komödien, Tierhetzen, Turniere und Pferderennen aus dem Mönchsbergfelsen schlagen lassen, Franz Anton Fürst Harrach ließ das Naturtheater beim Schloß Mirabell, das älteste Heckentheater im deutschen Raum, errichten.

Leopold Mozart

Nach dem Tod Eberlins wurde Leopold Mozart 1762 zum Vizekapellmeister bestellt – die Hofkapellmeisterstelle blieb bis zur Auflösung der Hofmusik (1805) jedoch Italienern vorbehalten.

W. A. Mozart

Am 27. 1. 1756 wurde Leopold Mozart sein großer Sohn Wolfgang Amadeus geboren; ein Mädchen, Maria Anna, »Nannerl«, war fünf Jahre früher zur Welt gekommen. Beide Kinder zeigten schon früh großes musikalisches Talent, Wolfgang begann bereits im fünften Lebensjahr zu komponieren. Auf Konzertreisen lernte er die Musikzentren Europas kennen; diese Reisen haben die Basis zur umfassenden Universalität seiner Musik gelegt, wahrscheinlich aber auch seine Gesundheit untergraben und zu seinem frühen Ende beigetragen. Zwischen den Reisen studierte Wolfgang unter Anleitung des Vaters in Salzburg, mit kaum 14 Jahren hat das Genie des Knaben bereits höchst individuelle Werke geschaffen. Neben dem Vater verdankte Mozart viel dem Vorbild Johann Michael Haydns. Haydn war 1763 als Hofmusiker nach Salzburg berufen worden und blieb hier bis zu seinem Tod 1806. Er wurde der wichtigste Kirchenmusiker Salzburgs, und zum Vorbild für eine Generation von Komponisten des 19. Jahrhunderts, so auch für Franz Xaver Gruber und sein »Stille Nacht«, das bekannteste aller Weihnachtslieder. Auf dem Gebiet der weltlichen Musik wurde Haydn mit seinen Männerquartetten, die er für seine Freundesrunde im Peterskeller und in Arnsdorf schrieb, zum Ahnherrn des Männerchorwesens.

Johann Michael Haydn

Solange Erzbischof Sigismund regierte, konnten die Mozarts ihre Reiseurlaube ohne Beschränkung genießen, nicht mehr jedoch unter Erzbischof Hieronymus Colloredo, der auf Einhaltung der Dienstverpflichtungen bestand. 1781 kam es zum endgültigen Bruch. Nur noch einmal, im Herbst 1783, besuchte Mozart Salzburg und brachte hier am 25. 10. in der Stiftskirche St. Peter seine Große Messe in c-Moll zur Aufführung. Danach hat er Salzburg nie mehr gesehen. 1787 starb der Vater, einsam geworden und dem Sohn entfremdet. Die Werke, die Mozarts Ruhm begründeten, seine großen Opern, Sinfonien, Konzerte und Kammermusikwerke, sind in Wien entstanden. Es wäre aber ungerecht, deswegen von den Arbeiten der Salzburger Zeit gering zu denken: neben großartiger Kirchenmusik, darunter die »Krönungsmesse« und die »Vesperae solennes de confessore« mit dem berühmten »Laudate Dominum«, entstanden in Salzburg die Violinkonzerte, die Salzburger Sinfonien und zahlreiche Divertimenti und Serenaden.

Für Opern hatte der sparsame Erzbischof Colloredo kein Verständnis mehr. 1776 verbot er die bühnenmäßigen Aufführungen der Universität, ebenso die geistlichen Volksspiele und Gebräuche wie Grablegung und Palmprozession. Im Sinne der modernen Aufklärungsideen wollte er Theater allen Schichten der Bevölkerung zugänglich machen. Dazu ließ er das alte Ballhaus am Mirabellgarten, das Erzbischof Paris Lodron hatte erbauen lassen, zu einem Hoftheater umgestalten. 1775 wurde das neue Haus eröffnet. 1893 wurde der heutige Bau im üblichen »Rokokostil« der ausklingenden Gründerzeit, mit 900 Sitzplätzen, erbaut.

1775 Eröffnung des Hoftheaters

Im Zuge der Franzosenkriege verließ Erzbischof Colloredo Salzburg, das Fürstentum wurde säkularisiert, die Hofkapelle aufgelöst; Salzburg sank für Jahrzehnte in Bedeutungslosigkeit zurück. Einige talentierte Schüler Michael Haydns – der junge Carl Maria von Weber, der Klaviervirtuose Joseph Wölfl und der bekannte Dirigent Sigismund Neukomm – verließen Salzburg und machten Karriere in den Musikzentren Europas. Erst gegen Mitte des 19. Jh.s besserte sich mit der wirtschaftlichen auch die kulturelle Lage Salzburgs; letztere vor allem durch die Gründung von »Dom-Musikverein und Mozarteum« 1841. Dadurch wurde die Dommusik wieder auf eine künstlerische Basis gestellt. Auch in anderen Kirchen der Stadt besorgten die Musiker des Vereins den Dienst und an der Musikschule Mozarteum wurde der künstlerische Nachwuchs herangebildet. Das Bürgertum übernahm die kulturelle Initiative, Liebhabervereinigungen vokaler und instrumentaler Art entstanden und formierten sich in Liedertafeln und Vereinen.

Gründung von »Dom-Musikverein und Mozarteum« 1841

Mozart-Denkmal

Am 4. 9. 1842 wurde das Mozart-Denkmal enthüllt, Michael Haydn hatte sein Denkmal schon 20 Jahre früher in der Stiftskirche St. Peter erhalten. Constanze Mozart-Nissen war bereits tot, doch die beiden Söhne, der Staatsbeamte Karl Mozart und der Musiker Franz Xaver Wolfgang Mozart, kamen zu diesem Anlaß nach Salzburg. Acht Salzburger Musikfeste folgten 1877-1910 diesem Anlaß mit Konzerten und Opernaufführungen im Landestheater.

Mozarteum

1880 übernahm die Internationale Stiftung Mozarteum die Musikschule des Dom-Musikvereins – ein Ereignis besonderer Bedeutung für die weitere Entwicklung des Salzburger Musiklebens. Es gelang, die Mozart-Verehrer der Welt in zahlreichen örtlichen Mozart-Gemeinden mit dem Mozarteum als Mittelpunkt wirksam zusammenzuschließen. 1914 war der Neubau des Mozarteums in der Schwarzstraße fertiggestellt, die Musikschule wurde in den Rang eines Konservatoriums, 1953 zur Akademie, 1970 zur Musikhochschule und 1998 zur Universität erhoben.

Trotz der Kriegsjahre wurden immer wieder Pläne zur Errichtung eines Festspielhauses verfolgt, 1917 die Salzburger Festspielhausgemeinde gegründet und ein Kreis bedeutender Künstler – Richard Strauss, Max

Reinhardt, Franz Schalk, Alfred Roller und Hugo von Hofmannsthal – dafür gewonnen. Die Erstaufführung des »Jedermann« auf dem Domplatz im August 1920, in einer Zeit der Lebensmittelknappheit und der beginnenden Inflation, markiert den Beginn der Salzburger Festspiele. Die Aufführungen des »Jedermann« wurden bereits im folgenden Jahr fortgesetzt, dazu kamen Orchester- und Kammerkonzerte, die erste Serenade in der Residenz und das Mozart-Requiem im Dom. 1922 inszenierte Max Reinhardt das »Große Welttheater«, Richard Strauss und Franz Schalk dirigierten vier Mozart-Opern. 1925 war der Bau des Festpielhauses abgeschlossen, 1960 wurde das neue Große Festspielhaus mit einer Aufführung des »Rosenkavalier« glanzvoll eröffnet.

1920 Beginn der Salzburger Festspiele

Nach 1920 begann sich auch das Mozarteum-Orchester zu konsolidieren; es setzte sich aus Lehrkräften des Mozarteums, Absolventen und dem ständigen Theaterorchester zusammen. Daneben konstituierte sich ein eigenes Mozart-Orchester für die Wiedergabe speziell Mozartscher Werke als Vorläufer der heutigen Camerata Academica mit ihrem langjährigen Leiter Bernhard Paumgartner. Als wichtigstes Element der heimischen Musikkultur verdient die lebendige Pflege der geistlichen Musik in den Kirchen der Stadt besondere Erwähnung: Bei den gottesdienstlichen Aufführungen stand und steht hier das Repertoire der Instrumentalmessen der Brüder Haydn, von Mozart, Beethoven, Schubert und Bruckner im Zentrum.

Mozarteum-Orchester

Das Musikleben Salzburgs ist mit der raschen Entwicklung der Stadt, nicht zuletzt durch den künstlerischen Anstoß der Festspiele, lebhaft und anspruchsvoll geworden. Das Sommerfestival wird seit 1956 durch die Mozartwoche im Jänner, seit 1970 von der »Szene«, vom Festival »Zeitfluß« und vom »Fest in Hellbrunn« ergänzt. Den Herbst eröffnen die »Salzburger Kulturtage«, die Vorweihnachtszeit das Salzburger Adventsingen und »Gang durch den Advent«, den »musikalischen Frühling« die Salzburger Schloßkonzerte mit Kammermusik in der Residenz und im Schloß Mirabell. Sie haben den Anstoß zur Gründung zahlreicher Salzburger Kammermusikensembles gegeben. Herbert von Karajan initiierte im Großen Festspielhaus die Osterfestspiele und die Pfingstkonzerte. Internationale Stiftung Mozarteum und Salzburger Kulturvereinigung, Bach-Gesellschaft, das Mozarteum, die »Musikalische Jugend«, Kulturvereinigungen in den Salzburger Gauen, Bildungswerke, die »Aspekte Salzburg« und die Camerata Academica bieten auch während des Jahres ein reichhaltiges musikalisches Angebot. Jüngere Ensembles, wie Salzburger Bach-Chor und Salzburger Barockensemble, das Österreichische Ensemble für Neue Musik, das Hofhaimer-Consort Salzburg und das Volksmusikensemble Tobi Reiser, haben zusätzlich neue Programme und Aufführungsorte erschlossen. Auch die Freunde der Jazz-, Pop- und Folkmusik kommen in Stadt und Land auf ihre Rechnung. Die zahlreichen Musikveranstalter, -ausübenden und -liebhaber geben dem kulturellen Leben Salzburgs jene unverwechselbare Note, die zur verpflichtenden Auszeichnung »Musikstadt« führte.

Salzburg als Musikstadt

Gerhard Walterskirchen

Volkskultur

Salzburg wird oft als Brücke zwischen dem bayerischen und dem inner-österreichischen Raum sowie als Kulturtransformator (Kurt Conrad) von Süd nach Nord bezeichnet. Über die Alpenübergänge und durch die inneralpinen Quer- und Längstäler des Landes gingen von alters her wesentliche Handelswege, Kulturbewegungen und Migrationen. Bedeutsam für die Ausbildung eigenständiger Kulturformen waren aber die politische Situation des bis 1803 reichsunmittelbaren Fürstentums und der hohe Anteil abgeschiedener inneralpiner Täler. Die besonderen Erwerbssituationen des geistlichen Fürstentums (geringe weltliche Beamtenschaft, der Mangel einer Volluniversität, eine zahlenmäßig geringe, doch reiche Kaufmannschaft, und ein bedeutender Stand an privilegierten Bergleuten) ergab andere Kulturbewegungen in der Bevölkerung als in Ländern mit mehr Beamtentum. Das kulturhistorische Netzwerk rief viele regional- und lokaltypische Gestaltungsformen des Fest- und Alltagslebens der verschiedenen Gruppierungen in der Gesellschaft hervor. Bereits vor der Wende zum 20. Jahrhundert einsetzende Pflegebestrebungen und stetes kulturpolitisches Bemühen ließen im 20. Jahrhundert das entstehen, was in unserer Zeit als eigenständige »Salzburger Volkskultur« bezeichnet wird. Alle diese Verhaltensweisen, Sitten und Bräuche, Normen und Rituale entsprechen dem Bedürfnis der Menschen nach lokaler und sozialer Absicherung, Selbstdarstellung und Identifikation. Sie verorten die Menschen in ihrer Umwelt, dienen der »Sicherung der Sicherheit«, ermöglichen kreative Mitgestaltung der Kultur im überschaubaren Umkreis und gewährleisten Beheimatung und Geborgenheit.

»Salzburger Volkskultur«

Volkskunde versteht sich heute als synchrone Kulturgeschichtsschreibung, als multiperspektivische Ethnologie der Umgangsweisen, sie ist die Wissenschaft vom Leben der Menschen in soziokulturellen Prozessen, von Menschen als Überlieferern und Neugestaltern ihrer Kultur. Sie fragt nach der Entstehung kultureller Äußerungen, nach deren Verbreitung, Wandlung und Veränderung. Sie erforscht die Arten der Aneignung, Umformung und Verarbeitung von Kultur nach der jeweiligen Notwendigkeit einzelner Gruppen, Regionen und Ethnien.

Durch die jahrhundertelange fürsterzbischöfliche Regierung fehlt in der Salzburger Volks- und Alltagskultur weitgehend das stadtbürgerliche Element, das bei weltlichen Regierungen über die Frauen der Regierungsbeamten und deren Bedienstete weite Kreise ins Umland zog (Kleidung, Nahrung, Sitten). Salzburger Volkskultur war vom Bauern- und Handwerkerstand geprägt. Zu Ende des 19. Jh.s entstand im Zuge der Industrialisierung und Landflucht auch eine Arbeiterkultur, die einerseits Hand in Hand mit dem neu aufkommenden Vereinswesen ging und durch Sport, Alpinismus und Bildungsbestrebungen geprägt war und andererseits ihren Ausdruck in Trachtenerhaltungsvereinen fand. Durch

Bauern- und Handwerkerstand

Bild links: ein „Aufhaber“ – ein Helfer für den Träger – zwischen zwei Samson-Riesen (Lucia Luidold, Salzburg)

den frühen Kontakt zum adeligen Sommerfrischentourismus des 19. Jh.s und dem großbürgerlichen Festspieltourismus der 1920er Jahre angestoßen, setzte in Salzburg früh die Heimatschutz- und Heimatpflegebewegung ein. Sie erneuerte viele bereits im Verschwinden begriffene Trachten, Bräuche und Sitten zu Beginn unseres Jahrhunderts. Daraus entwickelte sich die internalisierte, reichhaltige »Salzburger Volkskultur« der Gegenwart. Für das späte 19. und das 20. Jh. gilt insgesamt, daß die Bestrebungen, spezifische Standeskulturen auch über die ständische Gesellschaft hinaus zu erhalten oder neu zu formieren, stets politisch, gesellschaftspolitisch und sozialökonomisch geprägt waren. Sie waren im wesentlichen Durchgangsstationen zu einer multiplen Gesellschaft, in der sich unterschiedliche Gruppenkulturen frei entfalten und wandeln. Die einzelnen Stichwörter in diesem Band zeichnen weder den alten »volkskundlichen Kanon« von Sitte und Brauch im Jahres- und Lebenslauf, von Haus und Hof, Nahrung und Kleidung, Volksmusik usw. nach, welcher sich zwischen Aufklärungzeit und 19. Jh. herausbildete und alle nicht dem bildungsbürgerlichen Standard der Zeit entsprechenden Merkmale stadtferner Gebiete als »typisch« regional, bzw. national, ethnographisch erfaßte, noch nennen sie gegenwärtige Erscheinungen der Alltags- und Gruppenkultur, wie es Aufgabe einer modernen kulturwissenschaftlichen Volkskunde (Europäische Ethnologie/Vergleichende Kulturwissenschaft) wäre. Sie stellen in erster Linie phänomenologisch jene Erscheinungen und Persönlichkeiten vor, die zur sogenannten gegenwärtigen »Salzburger Volkskultur« zählen oder wesentlich an deren Ausbildung mitwirkten. Diese »Salzburger Volkskultur« des 20. Jh.s ist nicht mehr jene abgrenzende und verpflichtende hierarchische Standeskultur der ständischen Gesellschaft vorindustrieller Zeit, die jedem einzelnen durch geschriebenes wie Gewohnheitsrecht Normen, Sitten, Verhaltensweisen und geziemende Sachgüter nach Rang und Stand vorgab. Sie ist heute frei gewähltes Mittel regionaler, religiöser und sozialer Identifikation. In einer Zeit simultanen Rollenverhaltens ist »Volkskultur« Bestandteil multiplexer kultureller Identität. Die gegenwärtige »Volkskultur« ist daher Landes- bzw. Gruppenkultur von bewußt traditionsbewahrendem und stilisierendem Charakter; ebenso ist sie Teil des international geschätzten »Salzburger Flair«. Daher ist sie heute auch nicht mehr unabdingbarer Bestandteil des Arbeits- und Alltagslebens, sondern Teil der Fest- und Freizeitkultur. Ein großer Teil der Salzburger nimmt an den vielfältigen Brauchveranstaltungen des Jahres als Privatperson oder Vereinsmitglied aktiv oder passiv teil.

Heimatschutz- und Heimatpflegebewegung

Zahlreiche Brauchtumsveranstaltungen

Die wissenschaftliche Beschäftigung mit den Inhalten der Volkskunde hat in Salzburg eine relativ kurze Geschichte. Das Fach selbst ist ja im wesentlichen im 19. Jh. aus verschiedenen Linien romantischer und nationaler Vergangenheitssuche wie sozioökonomischen Reform- und Stabilitätsbestrebungen entstanden und erst zu Beginn des 20. Jh.s als Wissenschaft universitär begründet worden. In Salzburg bestand zwischen 1934 und 1938 ein Institut für religiöse Volkskunde an der Theologischen Fakultät der Universität, das vom NS-Regime gesperrt und geplündert wurde. Hanns Koren verfaßte dort seine beiden programmatischen Schriften, in denen er gegen eine nationale Instrumentalisierung und geschichtslose Mythisierung der Volkskunde und ihrer Forschungsbereiche auftrat und auf die prägende Funktion der katholischen Kirche, auf volkstümliche Alltagswelt, Lebensgestaltung und Weltanschauung hinwies. Von 1938 bis 1945 bestanden verschiedene Forschungsinstitutionen des NS-Regimes (dem sogenannten »Amt Rosenberg« des Reichsleiters Alfred Rosenberg sowie dem »Ahnenerbe der SS Heinrich Himmler« zugehörig) in Salzburg. Sie arbeiteten all jenen Vereinigungen zu, die die Bevölkerung erfaßten und im Sinne des Regimes fortbildeten und indoktrinierten. Volkskunde und Volkskultur wurden als »Volkstums- und Brauchtumspflege« weitreichend ideologisiert und mißbraucht. Im Sinne der Ideologie wurden einzelne Bräuche und Gestaltungsformen als vermeintlich nachwirkender »germanischer Mythos« aufgewertet und andere als »christlich-humanistisch überformt und entwurzelt« abgewertet. Die Menschen wurden nicht mehr als Gestalter ihrer Kultur, sondern als »Träger von Brauchtum« – einer linear und unverändert fortdauernden »Funktion des Mythos« – gesehen. Nach 1945 galt vieles, was im Nationalsozialismus erlernt und gefördert worden war, vielen dennoch als Gegenpol dieses Regimes und wurde dem neuen Österreich-Bewußtsein identifikatorisch einverleibt. Volkskunde als Wissenschaft existierte in Salzburg nicht mehr. Erst 1983 wurde das Salzburger Landesinstitut für Volkskunde als Archiv und Forschungsinstitut der Landesregierung begründet. Neben einer umfangreichen wissenschaftlichen Fachbibliothek und einem Archiv mit bedeutenden Nachlässen zur Personen- und Wissenschaftsgeschichte des Faches (speziell zu dessen Instrumentalisierung zur Zeit des Nationalsozialismus) enhält es auch das Archiv des Österreichischen Volkskundeatlas sowie viele private Nachlässe zur Volks- und Alltagskultur des Landes. Die stete kritische Aufarbeitung dieser Nachlässe und die Bearbeitung historischer Sammlungen dient der Darstellung der Geschichte wie einzelner Persönlichkeiten des Faches und ihrer Einordnung in die österreichische Wissenschaftsgeschichte nach den Erkenntnissen der heutigen Zeit. Vielfach bedeutet diese kritische Aufarbeitung auch die Aufgabe von Wertungen und Begründungen, die nicht mehr den heutigen Erkenntnissen des Faches entsprechen – hier kommen dem Salzburger Landesinstitut für Volkskunde wichtige didaktische Mittlerfunktionen zwischen Wissenschaft und populärer »Pflegearbeit« zu. Die Herausgabe der »Salzburger Beiträge zur Volkskunde« und die Veranstaltung von Vorträgen und Tagungen ermöglicht die Erforschung und Dokumentation einzelner Bereiche der sogenannten »Volkskultur« als gewachsenes und ständig sich wandelndes soziokulturelles Netzwerk unterschiedlicher, zeitlich und gesellschaftlich bedingter Gruppenkulturen von hohem Integrations- und Symbolwert.

1934-1938 Institut für religiöse Volkskunde

1983 Gründung des Salzburger Landesinstituts für Volkskunde als Archiv und Forschungsinstitut

Herausgabe der »Salzburger Beiträge zur Volkskunde«

Von großem Interesse für die Salzburger Volkskunde sind jene historischen Quellen, die das Alltagsleben vergangener Zeiten schildern. In den Schriften des Paracelsus, in Predigtsammlungen und Verordnungen, in Mirakelbüchern und Nachlaßinventaren, in Gerichtsakten und Rechnungsbüchern werden die Lebensbedingungen, Sehnsüchte, Wünsche und Meinungen der »kleinen Leute« sichtbar – wenn auch oft aus dem Blickwinkel der jeweiligen Oberschicht. Die Aufklärungszeit mit ihrem Willen zu Reform und sozialer Verbesserung brachte auch in Salzburg bedeutende Quellen für die Volkskunde hervor. Die statistischen Erhebungen und Verordnungen, die unter Erzbischof Hieronymus Colloredo eine Blüte erlebten, die statistisch-topographischen Reiseberichte und Landesbeschreibungen des 18. und 19. Jh.s schildern all das, was den Gebildeten jener Zeit als typisch für den »Nationalcharakter«, manchmal als romantisch-nostalgisch oder kurios, meist als verbesserungswürdig und verachtenswert, »heidnisch, als eines Christenmenschen unwürdig« erschien; sie stellen daher eine Art »Kuriositätenschau«, nicht aber die Gesamtheit des Alltagslebens dar. Das Ergebnis dieses »fremden Blicks« prägte ja deutlich das, was frühe Volkskundler, viel mehr aber noch Vereine und Pfleger als »Volkskultur« verstanden und erneuerten. Verschollen ist das Naturalienkabinett des Freiherrn von Moll, das auch eine vaterländische Sammlung von Trachten, Spielen, Bräuchen etc. enthielt.

Statistisch-topographische Reiseberichte und Landesbeschreibungen des 18. und 19. Jh.s

Von bildungsbürgerlichem Stolz und regionaler Identifikation kündet die Gründung der Gesellschaft für Salzburger Landeskunde im Jahre 1860, die der Ethnographie in den Anfangsjahren besonderes Augenmerk schenkte. In diesem Sinne sind auch die Beschreibungen der Salzburger Volkskultur im Band 1899 »Oberösterreich und Salzburg« der »Österreichisch-ungarischen Monarchie in Wort und Bild«, dem sogenannten »Kronprinzenwerk« Erzherzog Rudolfs, zu verstehen. Franz Zillners Darstellungen darin sind von großem Wert, stellen sie doch häufig dem Erscheinungsbild vor dem Revolutionsjahr 1848 die danach eingetretenen Veränderungen gegenüber. Im Zuge der zentralen Sammlungsbestrebungen des Staates begannen in Salzburg zu Ende des 19. Jh.s Aufzeichnungen vor allem im Bereich Volksmusik. Ihnen stehen heute solche der zweiten Hälfte des 20. Jh.s gegenüber, die in Zusammenarbeit des Salzburger mit dem Österreichischen Volksliedwerk aufgenommen wurden.

Aufzeichnungen im Bereich Volksmusik

Seit der Mitte des 19. Jh.s beschäftigten sich großbürgerliche Vereine spielerisch mit der Welt der »Älpler«, also mit für sie fremden Lebensäußerungen der unteren Schichten in entlegenen Tälern. Ab den 1890er Jahren suchten am Vorbild Bayerns die neuentstehenden »Gebirgstrachtenerhaltungsvereine« nach Salzburger Trachten und Bräuchen. 1911 wurde, angeregt durch den Verein für Heimatschutz und Denkmalpflege und den großbürgerlichen Verein »Alpinia«, die »Landeskommission betreffend die Förderung und Hebung der Salzburger Eigenart in Tracht, Sitten und Gebräuchen« begründet. Sie verband drei wesentliche Ziele,

1911 Gründung der »Landeskommission betreffend die Förderung und Hebung der Salzburger Eigenart in Tracht, Sitten und Gebräuchen«

nämlich die Aufzeichnung, Bewahrung und Erneuerung typischer Salzburger Erscheinungen, den Einsatz dieser Güter zum Nutzen des Fremdenverkehrs und die Stützung der Salzburger Wirtschaft durch den Erhalt des Kleingewerbes und technisch veralteter Techniken der händischen Erzeugung. So arbeitete die Kommission aufs engste mit Gewerbeförderung und Kunstgewerbebewegung zusammen. Die Denkmalpflegeidee wurde damit auf Güter des Alltags, auf Verhaltensweisen, Sitten und Bräuche übertragen. Auch kulturpolitische und didaktische Interessen, Empfehlungen und Absolutsetzungen entzogen künftig viele der bewerteten Erscheinungen ihrem steten Wandel. Die um die Jahrhundertwende nach bayerischem Vorbild in großer Zahl aufkommenden »Erhaltungs-« und »Brauchtumsvereine« des Kleinbürgertums und der vom Lande weichenden Bevölkerung ließen eine eigene Sparte von »gepflegter Volkskultur« entstehen.

Im Sinne der frühen kulturgeschichtlichen Museen wurden auch in Salzburg im Rahmen des Salzburger Museum Carolino Augusteum »nationale Altertümer« gesammelt, darunter viele Zeugnisse der Sachkultur und Ästhetik unterer Bevölkerungsschichten. Karl Adrian förderte ab 1911 die volkskundliche Sammlung und stellte sie in der Art einer zeittypischen gewerblichen Vorbildsammlung, als »Altsalzburger Bauernmuseum«, 1924 im Monatsschlößl in Hellbrunn auf. Mit dem Salzburger Freilichtmuseum, den Salzburger Heimatmuseen (heute als Orts-, Regional- und Spezialmuseen bezeichnet) und Denkmalhöfen werden Ausschnitte vergangener Alltagskultur der unterschiedlichen Stände erhalten.

Monatsschlößl in Hellbrunn
Salzburger Freilichtmuseum

Im Jahre 1930 wurden Fragebögen des »Atlas zur Deutschen Volkskunde« auch in Salzburg versandt; sie befinden sich heute am Institut für Europäische Ethnologie der Universität Innsbruck, während die Fragebögen zum »Österreichischen Volkskundeatlas« (Aufnahmen 1960er Jahre) am Salzburger Landesinstitut für Volkskunde zu finden sind.

Ulrike Kammerhofer-Aggermann

Wissenschaft und Technik

Daß Salzburg nicht nur in der Kunst, sondern auch im Bereich von Wissenschaft und Technik überregionale Leistungen erbrachte, mag manchen Leser zunächst überraschen. Tatsächlich aber hat die Salzburger Wissenschaft eine sehr lange Tradition aufzuweisen, die bis in das Frühmittelalter zurückreicht und vor allem von den Stichwörtern Annalistik und Historiographie geprägt wird.

St. Peter und Nonnberg

Auch die großen Stifte des Landes, wie St. Peter und Nonnberg, reihen sich würdig in diese reichhaltige und vielseitige Wissenschaftspflege ein. In vielen Bereichen zeigt sich eine Kontinuität der Wissenschaft von den Anfängen bis in die Gegenwart; besonders im Schulwesen reicht der Bogen von der Peters- und Domschule über das Gymnasium bis zu den modernen Realschulen und bis zum Werkschulheim Felbertal. Auch die zeitgenössische Erwachsenenbildung von der Volkshochschule über das Auditorium Academicum bis zu den heute leider nicht mehr existierenden Landessymposien und zu den Landesausstellungen gehört in diesen Zusammenhang.

Alte Salzburger Universität

Vielfach wird Wissenschaft und ihre Pflege mit einer einzigen Institution assoziiert: mit der Universität. Sicher hat die Salzburger Hohe Schule sehr viel zu diesem Kulturbereich beigetragen, man hüte sich aber, von Einmaligkeiten zu sprechen. Die alte Salzburger Universität, 1622 von Erzbischof Paris Lodron gegründet und 1810 von den Bayern aufgelöst, hatte nicht nur eine Reihe berühmter Schüler aufzuweisen, sondern auch viele namhafte Lehrerpersönlichkeiten angezogen, von denen hier nur Anselm Desing, Corbinian Gärtner oder der Ballonflieger Ulrich Schiegg erwähnt werden sollen. Diese für den süddeutschen Raum untypische, weil von Benediktinern und nicht von Jesuiten geleitete Universität hat sich vor allem um die Theologie, um die Jurisprudenz und um die Geschichtswissenschaft große Verdienste erworben und viel zur überregionalen Bedeutung Salzburgs in der frühen Neuzeit beigetragen. Auch die heutige Alma Mater, nach jahrzehntelangen Bemühungen 1962 wiedererrichtet, setzt dieses Niveau fort.

Volksbildung im Sinne des aufklärerischen Ideals

Einer der absoluten Höhepunkte Salzburger Wissenschaftspflege ist im Zeitalter der Aufklärung zu sehen. Die Regierungszeit des Erzbischofs Hieronymus Colloredo (1772-1803) brachte eine jahrzehntelange geistige Blüte, die vor allem eine breite Volksbildung im Sinne des aufklärerischen Ideals zum Ziel hatte und so das Lehrerseminar und das Schulwesen schlechthin mehr als die Universität in den Mittelpunkt stellte. Zu keiner Zeit hat es in Salzburg so viele geistig bedeutende Männer als Zeitgenossen gegeben wie damals: Franz Thaddäus von Kleimayrn, den Verfasser der »Juvavia«, einer Verfassungs- und Verwaltungsgeschichte des Erzstiftes, den Naturforscher Karl Ehrenbert Freiherr von Moll, der schon damals ein Natur- und Volkskundemuseum anlegte, den bekannten Pädagogen Franz Michael Vierthaler, den Historiker Judas Thaddäus Zauner,

Bild links: Moserbodensperre der Tauernkraftwerke, Kaprun (Clemens M. Hutter, Salzburg)

den Journalisten Lorenz Hübner, den Reiseschriftsteller und Philanthropen Friedrich Graf Spaur, den Arzt Johann Jakob Hartenkeil und andere mehr.

1860 Gründung der Gesellschaft für Salzburger Landeskunde

Einen ähnlichen geistigen Aufschwung erlebte Salzburg in der 2. Hälfte des 19. Jh.s in der sogenannten »Gründerzeit«, als es galt, die durch politische Umstände verursachten Einbußen, auch im wissenschaftlichen Bereich, wie sie napoleonische Wirren und Vormärz verursacht hatten, zu kompensieren. Mittelpunkt dieser kulturellen Bemühungen, die sich bis ins 20. Jh. hinzogen, war die Beschäftigung mit der Geschichte des Landes Salzburg und seiner Menschen. So wurde 1860 die Gesellschaft für Salzburger Landeskunde gegründet, so wurde die Salzburger Geschichtswissenschaft, die seit Eugippius eine lange Tradition im Lande aufwies, neuerlich durch die Forschungen eines Hans Widmann oder Franz Valentin Zillner entscheidend befruchtet. Zentren dieser außeruniversitären Wissenschaftlichkeit bildeten aber in zunehmendem Maße Institutionen wie das Landesarchiv und das von Eduard Paul Tratz gegründete Haus der Natur.

Paracelsus

Christian Doppler

Großglockner-Hochalpenstraße

Hand in Hand damit ging ein allgemeiner Aufschwung der Naturwissenschaften und der Technik, ein Gebiet, auf dem für viele der Name Paracelsus als Synonym steht. Tatsächlich sind aber die Salzburger Leistungen in diesem Bereich viel reichhaltiger und vielschichtiger. Erkenntnisse eines Christian Doppler machten Salzburg ebenso bekannt wie etwa die Straßenbauten eines Franz Wallack, dessen Großglockner-Hochalpenstraße den Ansprüchen des zukunftsträchtigen Massentourismus mit den Mitteln der Technik Rechnung trug. Auch die neuen Eisenbahnlinien der Tauern- und Westbahn oder auch die Gaisberg-Zahnradbahn können als Zeichen des neuen technisch-wissenschaftlichen Aufschwungs in Salzburg gelten.

Technische Meisterleistungen haben in Salzburg ebenfalls eine sehr lange Tradition, gilt doch der Almkanal als eine der hervorragenden Leistungen des Hochmittelalters. Auch im Bergbau wurde Großes vollbracht und mit dem Abbau von Edelmetallen und vor allem Salz durch Jahrhunderte die Wirtschaft gestärkt.

Schließlich fallen in den Bereich der Wissenschaft und Technik noch zwei Stichwörter, die sich nicht ausschließlich, aber zu einem Großteil mit Kultur befassen und viele Bereiche des menschlichen Daseins mitgestalten: Filme aus und über Salzburg und die Salzburger Presse.

Mögen die Beiträge zu Wissenschaft und Technik dazu dienen, die Kenntnisse über das Salzburger Kulturleben von den Anfängen bis zur Gegenwart um die eine oder andere Nuance zu bereichern.

Reinhard R. Heinisch

Lexikonteil

Abraham a Sancta Clara (eigentlich: Johann Ulrich Megerle), * Kreenheinstetten bei Meßkirch (Baden) 2. 7. 1644, † Wien 1. 12. 1709, Barockprediger, Barockdichter. Sohn eines leibeigenen Bauern und Gastwirts. 1656-59 bei den Jesuiten in Ingolstadt, 1659-62 im Salzburger Benediktinergymnasium. Einer seiner wichtigsten Lehrer war Otto Aicher (1628-1705), der als Rhetorikprof. zwölf lat. Benediktinerdramen und eine Barockpoetik schrieb, nach der seine Schüler lernen mußten. 1662-66 Augustiner-Barfüßer in Maria Brunn bei Wien. Wegen der Türkengefahr Studium in Prag und Ferrara. 1665 Rückkehr nach Wien, seit 1672 Sonntagsprediger. 1677 Subprior und Hofprediger (»Kaiserlicher Prediger«). 1680-83 Prior in Wien. Drei Reisen in Ordensangelegenheiten nach Rom (1686, 1689, 1692). 1690 Provinzial der dt.-böhmischen Ordensprovinz. Seit 1695 wieder in Wien. Türkenbedrohung und Pestepidemie machten A. zum Volksschriftsteller: »Merk's Wien: Auff auff, ihr Christen« (1683). Außerordentliche Predigerbegabung, sprachschöpferisch, phantasievoll und oft derb witzig.

Lit.: F. M. Eybl: Abraham a Sancta Clara. Vom Prediger zum Schriftsteller, Tübingen 1992. – A. Haslinger: A. a. S. C. Gedanken zum 325. Geburtstag eines Barockdichters, in: ÖGL 13, 1969, S. 399 ff.

A.Has.

Achleitner, Friedrich, * Schalchen (OÖ.) 23. 5. 1930, Architekturkritiker, Schriftsteller. Besuch der →Staatsgewerbeschule in Salzburg (gemeinsam mit Johann Gsteu, W. →Holzbauer, F. →Kurrent, Leitner). Besuch von Wachsmann-Seminaren bei der →Intern. Sommerakademie. Nach dem Architekturstudium Mitglied der »Wiener Gruppe« der Schriftsteller H. C. →Artmann, Konrad Bayer, Gerhard Rühm und Oswald Wiener, 1959 Gedichtband »hosn rosn baa« gemeinsam mit H. C. Artmann und G. Rühm (Vorwort von Heimito v. Doderer). »Österreichische Architektur im 20. Jh.« 4 Bde. Vorarlberg, Tirol, Salzburg, OÖ. A. ist Prof. und Vorstand der Lehrkanzel für Geschichte und Theorie der Architektur an der Hochschule für angewandte Kunst in Wien. 1984 Österreichischer Staatspreis. 1983-88 Mitglied des →Gestaltungsbeirates für Salzburg.

Lit. (zum Schriftsteller F. A.): M. Mixner: F. Achleitner. In: KLG. *A.Has.*

Adlgasser, Anton Cajetan, * Inzell (Bayern) 1. 10. 1729, † Salzburg 22. 12. 1777, Komponist und Organist. Schüler und Schwiegersohn von J. E. →Eberlin, 1750-77 Domorganist in Salzburg und Organist an der Dreifaltigkeitskirche. 1760-77 Klavierlehrer am →Kapellhaus. Bes. geschätzt waren seine kirchenmusikalischen Werke, sein Orgelspiel und sein Accompagnement. Nach Studien in Italien schrieb er eine Oper (»La Nitteti«, 1766), Oratorien in der Tradition Eberlins (1767 zusammen mit dem elfjährigen W. A. →Mozart und M. →Haydn »Die Schuldigkeit des ersten Gebots«), Schuldramen, Sinfonien, ein Klavierkonzert und Klaviersonaten. Im Brief vom 22. 12. 1777 schildert L. →Mozart den Tod, den A. nach einem Schlaganfall während der Vesper im Dom fand.

Lit.: W. Rainer: Das Instrumentalwerk A. C. A.s. Diss. Innsbruck 1964. – C. Schneider: Die Oratorien und Schuldramen A. C. A.s. In: StMw 18, 1931.

G.W.

Adlhart, Jakob, * München 1. 4. 1898, † Hallein 12. 8. 1985, Bildhauer. Von Jugend auf im väterlichen Werkstattbetrieb tätig, zuerst im Grödnertal, ab 1909 in Hallein. Durch seinen ersten Lehrer Alois Zwerger lernte er die breite Stilpalette historisierenden Kopierens kennen, setzte sich aber auch mit der Secession auseinander. 1920 übernahm er die Leitung der »Halleiner Werkstätte für kirchliche Kunst und Kunstgewerbe« und studierte zwei Jahre bei Anton Hanak in Wien. Unter seinem Einfluß erfüllte A. die alpenländische Schnitztradition mit expressionistischer Vehemenz. Sein Kolossalkruzifix in →St. Peter (1925) erregte wegen seiner rustikalen Ekstatik ungeheures Aufsehen. Z. T. in Zusammenarbeit mit C. →Holzmeister (Kleines →Festspielhaus) fand A. auch zu verhalteneren Ausdrucksformen. Das Spätwerk verbindet herbe Oberflächengestaltung mit archaisierenden Tendenzen und verläßt kaum den Aktionsraum eines holzschnittartig verknappten Reliefstils. Erwähnt seien die Chorgestühle der Dome von Salzburg (1957), Eisenstadt (1965) und Speyer (1969), zahlreiche Kreuzwege, Altargestaltungen, Gnadenstühle und Denkmäler – allein in Salzburg ca. 30 Bildwerke.

Lit.: Salzburg Archiv. Bd. 1, 1986, S. 5-16. – A. Hahnl: Der Bildhauer J. A. Salzburg 1980. – Das Salzburger Jahr 1973/74 und 1978/79. *N.Sch.*

Adneter Marmor →Marmor

Adrian, Karl, * Salzburg 17. 2. 1861, † Salzburg 14. 10. 1949, Schulrat, Heimatforscher. Ehrenamtlich kulturhistorisch und kulturpolitisch tätig. Gründungsmitglied des Vereins für →Heimatschutz und Denkmalpflege in Salzburg (1908) und des Landesausschusses »betreffend Förderung und Hebung der Salzburger Eigenart in Tracht, Sitten und Gebräuchen« (1910/11). Als Ehrenkustos des →SMCA (1904-42)

Karl Adrian (SLIVK)

erstellte er ab 1904 aus dessen Beständen eine erste volkskundliche Sammlung und richtete sie 1924 im →Monatsschlößl in Hellbrunn als »Altsalzburger Bauernmuseum« ein. Ab 1928 korrespondierendes Mitglied der Wiener Anthropologischen Gesellschaft, ab 1937 des Bundesdenkmalamtes. Mitglied des Vereins für Volkskunde in Berlin (1903) und des Vereins für Österreichische Volkskunde in Wien (1896) sowie des Vereins für Volkskunst und Volkskunde in München. A. brachte Ideen der Volkskunde nach Salzburg. Karl Weinholds Maxime »Aufzeichnen in Wort und Bild« wurde für ihn zum Ausgangspunkt einer zukünftigen Heimatpflege. Er regte in der Landeskommission die Aufnahme aller noch bestehenden Äußerungen der Volkskultur durch Lehrerschaft und Gemeindesekretäre an und legte zusammenfassende Berichte darüber dem Landtag vor. A. entwarf die vom Land getragene Erforschung, Förderung und Pflege der Volkskultur. Stabile gesellschaftliche Ordnung und patriotische Verankerung, die Förderung der Kleingewerbetreibenden sowie die Unterstützung des Tourismus gehörten zu seinen Zielen. Die beiden Weltkriege ließen nur eine ansatzweise Verwirklichung von Adrians Ideen zu. Hg. von Schulwandkarten und Atlanten sowie volks- und heimatkundlichen Arbeiten. Als Berater von Heimatvereinen regte A. viele Braucherneuerungen an.

Lit.: U. Kammerhofer-Aggermann: Die Anfänge der Salzburger Heimatwerks- und Heimatpflegeidee. In: Volkskunde und Brauchtumspflege im Nationalsozialismus in Salzburg, hg. von W. Haas (=SBzVK 8), 1996, S. 81-120. – F. Prodinger: Karl Adrian †. Nachruf. In: ÖZV 55, 1950, S. 175 ff. – F. Prodinger: Karl Adrian †. In: MGSLK 90, 1950, S. 174 ff.

U.K.

Adventsingen, Salzburger, vorweihnachtliches Singen, Musizieren und Spielen im Großen →Festspielhaus. 1946 von T. →Reiser als neue Form im kleinen Rahmen begründet, erlebte großen Zustrom von Sängern und Musikanten. 1950 erste öffentliche Veranstaltung im Kaisersaal der →Residenz unter dem Ehrenschutz des Landeshauptmanns, in Zusammenarbeit mit Salzburger →Heimatwerk und Referat Salzburger Heimatpflege bzw. →Volkskultur. Seit 1950 Einbau von Spielszenen und Bräuchen (Klöckler, Tanzperchten, Sternsinger; Wilde Jagd ab 1977) und Lesungen (Texte von Anette Thoma); ab 1952 Aufführungen in der Aula der →Universität mit Lesungen von K. H. →Waggerl. In dieser Zeit wurden Herbergssuche und Hirtenspiel fixe Bestandteile, die, gemeinsam mit den Texten Waggerls, für die Ausbildung des A. zum neuen und vorbildhaften Genre sorgten, das bis heute weithin Nachahmung gefunden hat. Seit 1960 im Großen Festspielhaus aufgeführt. Wechselnde Mitwirkung verschiedener Volksliedchöre (zuletzt Salzburger Volksliedchor unter Harald Dengg). Nach dem Tod T. Reisers übernahm Tobias Reiser jun. (2. 12. 1946–18. 12. 1999) die künstlerische Gesamtleitung (und den Text; bis 1999) und führte, neben der alten Form, auch Neuerungen ein. Seit 1978 zieht sich ein Hirtenspiel als Leitmotiv durchs Programm, seit 1979 gestaltet Siegwulf Turek das Bühnenbild, Tänzer und Schauspieler kamen dazu. Seit 1980 entwickelte sich das Adventsingen mit Kompositionen von Tobias Reiser, W. →Keller, Clemens Vereno u. a. zum »Szenischen Oratorium«. Diese Versuche, das A. in stärkerer Verschränkung von Volksmusik, Neukompositionen und Schauspiel zu gestalten, sind als Anpassung an die gegenwärtigen Bedürfnisse der Vermittlung des Weihnachtsgeschehens zu sehen und nehmen gleichzeitig den didaktischen Charakter historischer Nikolaus- und Adventspiele, wie sie zwischen dem 16. und 18. Jh. im Alpenraum gebräuchlich waren, in neuer Form auf. Sie begannen 1986 mit »A Liacht is aufkemman«, 1989 folgte »Als bliebe es ein Traum«. Beispielhaft ist »Es ward der Engel Gabriel . . .« (1996) zu nennen, bei dem, neben den tragenden Gruppen wie dem Salzburger Volksliedchor (seit 1950 mitwirkend) oder dem Salzburger Dreigesang, u. a. auch Mitglieder der Theatergruppen »m2 Kulturexpress Neukirchen« und »Die Karawane« Salzburg sowie das Collegium Musicum Salzburg unter Albert Angelberger und Studierende des Mozarteums mitwirkten. Das A. fand Zustrom von Besuchern aus aller Welt, 1997 besuchten 40.000 Besucher 17 Aufführungen. Die Veranstaltungen werden als Compact Disc veröffentlicht. Die »szenischen Oratorien« blieben bei vielen nicht ohne Kritik, denn das Salzburger Adventsingen war bereits seit den 1960er Jahren, obwohl ohne historische Tradition, zum Vorbild für alpenländisches Adventsingen weit über das Land hinaus geworden. 1984 wurde der »Verein der Freunde des Salzburger Adventsingens« begründet, der seit 1987 zu den größten privaten Förderern der Volkskultur im Land Salzburg zählt. Seit 1992 vergibt der Verein den »Tobi-Reiser-Preis« für besondere Leistungen auf dem Gebiet der Volkskultur (1. Preisträger: 1992 Wastl Fanderl posthum). Seit 1991 verleiht der Verein ein Ehrenzeichen für die Volkskultur, den »Stern von Bethlehem«, und veranstaltet seit 1992 für seine Mitglieder eine Matinee als Rahmen für die Begegnung von Künstlern und Publikum.

Lit.: T. Reiser: Salzburger Adventsingen. Salzburg 1976, Neubearbeitung 1997. – T. Reiser, K. Vössing (Hg.): Das Salzburger Adventsingen. Salzburg 1984.

U.K.

Ager, Klaus, * Salzburg 10. 5. 1946, Komponist. Studierte in Salzburg am →Mozarteum und an der →Univ. und in Paris bei Olivier Messiaen und Pierre Schaeffer. Seit 1973 Lehrtätigkeit am Mozarteum, 1995-2000 Rektor; Gründer und Leiter des Österr. Ensembles für →Neue Musik (1975-85) und der →Aspekte Salzburg. 1981-94 Präsident der Europäischen Konferenz der Veranstalter Neuer Musik. Aufbau eines Studios für elektronische Musik, Aufführungen bei europ. Festivals für Neue Musik. Seine Werkliste umfaßt Orchestermusik, Chorwerke, Kammermusik, elektronische Musik und Computermusik.

Lit.: B. Günther: Lexikon zeitgenössischer Musik aus Österreich. Wien 1997.

G.W.

»Ahnenerbe« →Volkskunde

Aicher, Anton, * Feldbach (Stm.) 5. 4. 1859, † Salzburg 5. 2. 1930, Bildhauer. Wurde 1881 Schüler von Hellmer und Zumbusch in Wien, die ihn 1884 als Lehrer an die Salzburger →Staatsgewerbeschule empfahlen. Nach seiner Pensionierung war er unermüdlich für den künstlerischen und organisatorischen Aufbau seines Salzburger →Marionettentheaters tätig, dessen Welterfolg er 1913 mit einer Aufführung von →Mozarts »Bastien und Bastienne« einleitete. Dieser durch die Münchner Puppenspiele angeregten Bühnenschöpfung verdankt A. größere Bekanntheit als seinen traditionalistischen, gelegentlich rokokohaften Schnitzereien und Plastiken.

Lit.: Allg. Künstlerlexikon. Bd. 1, Leipzig 1983. – Chronik, 4. 4. 1929. – SV, 3. 4. 1919. – ÖBL. – Schmidt.

N.Sch.

Aichinger, Ilse, * Wien 1. 11. 1921, Dichterin. Kindheit mit der Zwillingsschwester Helga in Linz, Gymnasium in Wien, 1939 Matura, als »Halbjüdin« durfte A. nicht studieren. Der Vater, Nationalsozialist, trennte sich von der Mutter, die ihren Beruf als Ärztin ausübte. Die Schwester ging zur Tante nach England, A. blieb bei ihrer Mutter. Nach 1945 etliche Semester Studium der Medizin in Wien, dann Lektorin des S. Fischer Verlages; dort erschien 1948 ihr für die österr. Nachkriegsliteratur thematisch und formal wichtiger Roman »Die größere Hoffnung«. Hans Weigel schrieb einen Essay mit dem Titel »Es begann mit Ilse Aichinger«. Ihr »Aufruf zum Mißtrauen« erschien in Otto Basils Zeitschrift »Plan« (1946). A. erregte 1952 bei der Tagung der »Gruppe 47« in Niendorf an der Ostsee Aufsehen, als sie ihre »Spiegelgeschichte« las und den Preis der Gruppe 47 erhielt. 1953 heiratete sie G. →Eich, 1963-84 lebte sie in Großgmain bei Salzburg. A. schrieb Lyrik, Kurzprosa, Szenen und Hörspiele; meta-

Ilse Aichinger

phorische und assoziative Texte, deren Poesie logisch und rational schwer zu interpretieren ist. Salzburg war für A. seit ihrer Kindheit ein wichtiger Bezugspunkt: »Man hat von jedem Ort ein bestimmtes Bild ... Erlebt man aber diesen Ort alle Tage, so nimmt man Abschied von diesem Bild.« So war Salzburg für sie, während sie im nahen Großgmain lebte, auch der Alltagsort mit allen Ämtern, in denen man zu tun hat. Die Alltagserfahrung von Salzburg ist für A. ein immer auch literarisch mitgeformtes Erlebnis. G. →Trakl war ihr der »Eröffner zu dem, was man Lyrik nennt. Er war der erste, und er blieb es auch.« Viele Literaturpreise, u. a. Großer Österreichischer Staatspreis für Literatur 1995, Literaturpreis der Salzburger Wirtschaft 1981.

Lit.: S. Moser (Hg.): I. Aichinger. Leben und Werk. Frankfurt/M. 1995. – K. Bartsch (Hg.): I. Aichinger. Graz 1993 (=Dossier, 5). – I. Aichinger: Werke in 8 Bänden. Hg. v. R. Reichensperger, Frankfurt/M. 1991 ff. – H. F. Schafroth: I. Aichinger. In: KLG.

A.Has.

Aigen, Kolleg St. Josef der Kongregation der Missionare vom kostbaren Blut. Erbaut 1961-64 von der →»Arbeitsgruppe 4«. Einer der wichtigsten Bauten der österr. Architektur seit 1945, zukunftweisend durch die Integration von Grundrißorganisation, symbolischer Lage der Kapelle mit »Kreuzgang«, kalkulierter Lichtführung, Konstruktion und Farbe, durch Überwindung der Vorherrschaft des »Konstruktiven« bei Stahlbauten.

Lit.: F. Achleitner: Aufforderung zum Vertrauen. In: O. Breicha, G. Fritsch (Hg.): Aufforderung zum Mißtrauen, Salzburg 1967.

M.O.

Aigner, Christoph Wilhelm, * Wels 18. 11. 1954, lebt in Salzburg und in der Toskana, Schriftsteller, Übersetzer. 1979-84 Journalist. Erhielt für seine Lyrik zahlreiche Preise, darunter 1982 den »Förderungspreis des →Trakl-Preises«, Meraner Lyrikpreis (1993). A. gab 1981 die Anthologie »Kein schöner Land. 50 Autoren über Stadt und Land Salzburg« heraus und gründete 1985 den Verlag »Salzburger Edition« (1993 eingestellt). Werke (Auswahl): »Katzenspur« (Ged., 1985), »Weiterleben« (Ged., 1988), »Anti Amor« (Erz., 1994), »Mensch. Verwandlungen« (1999). »Engel der Dichtung. Eine Lesereise.« (2000). A. übertrug 1995 die weltliche Dichtung des →Mönchs von Salzburg ins Neuhochdeutsche.

Lit: M. Kussmann: C. W. Aigner. In: KLG.

H.H.

Aigner Park, einer der wichtigsten Ausgangspunkte für die künstlerische Entdeckung Salzburgs. Der vom Gießbach durchflossene Park erstreckt sich am östlichen Stadtrand hinter dem Schloß Aigen, in die Ausläufer des Gaisbergs übergreifend. Wegen der »innigsten Verbindung der Kunst mit der Natur« in der Reiseliteratur des späten 18. und des 19. Jh.s als eine der interessantesten Sehenswürdigkeiten Salzburgs empfohlen, nicht nur von Kaisern, Königen und Fürsten, sondern auch von Malern und Dichtern als »Zauber-Park«, »Salzburgs Eden« schwärmerisch bewundert; M. →Haydn komponierte ein vierstimmiges Lied »An den Hain von Aigen« (Text von F. Graf →Spaur). Der Herrensitz Aigen wurde 1402 zum ersten Mal als Besitz des Domkapitels erwähnt; 1524 wurde zum ersten Mal die Heilkraft des Aigner Wassers gerühmt; 1680 für die Badegäste ein Gasthaus errichtet; 1727 kaufte Franz Josef Waldherr (seit 1729 »von Badamberg«) Gut und Wildbad und schuf die erste Parkanlage; der 1775 folgende Besitzer, General-Einnehmer-Amtsadjunkt Basil Optatus von Amann, vergrößerte die Badeanlagen und fügte der Naturszenerie »Gegenstände des Nachdenkens und der Empfindung« ein: Denkmäler, Altäre, Grotten,

Franz Seraph Güntherr nach Ferdinand Runk, „Die Kanzel im Aigner Park", um 1815 (SMCA)

Wege, Brücken, eine Einsiedelei, ein Bauernhäuschen, künstliche Ruinen, einen Grabhügel; maßgeblich an der Gestaltung mitbeteiligt war Joseph Ernest Gilowsky von Urasowa († 1789); Zusammenkünfte der →Illuminatenloge »Apollo«; unter dem nachmaligen Besitzer Ernst Fürst →Schwarzenberg (seit 1804) wurde die »Natürlichkeit« des Parkes durch den Maler Ferdinand Runk und den Kunstgärtner Joseph Rosenegger (1767-1846, →Bürglstein) ins »Heroische« gesteigert, und zwar durch zahlreiche neue Aus- und Rundblicke, deren berühmtester die »Kanzel« ist. All dies ließ der →Stadtverein 1955-71 größtenteils wiederherstellen.

Lit.: I. Harlander: Der Park in Aigen. Salzburg, Diss. 2001. – ÖKT, Bd. 11, S. 10 ff. – E. Ziegeleder (Hg.): Naturpark Aigen (Schriftenreihe des Stadtvereins Salzburg, H. 5). Salzburg 1975.

M.O

Akademisches Gymnasium →Allgemeinbildende Höhere Schulen

Allgemeinbildende Höhere Schulen (AHS) haben die Aufgabe, den Schülern eine umfassende und vertiefte Allgemeinbildung zu vermitteln und sie zugleich zur Hochschulreife (Matura) zu führen. Seit dem Schuljahr 1989/90 gibt es im Land Salzburg folgende Formen:

Gymnasium: am Rainberg, trat das Erbe der →»Schola Sancti Petri« an, der Stiftsschule der Erzabtei →St. Peter, reicht bis ins frühe Mittelalter zurück. 1617 von Eb. →Markus Sittikus neu gegründet, führte bis in die Mitte des 19. Jh.s den Titel »Akademisches Gymnasium«. Aus ihm gingen bedeutende Persönlichkeiten hervor: →Abraham a Sancta Clara, F.→Stelzhamer, H.→Bahr, G.→Trakl, H. v. →Karajan, C. →Doppler, Kardinal J. →Katschthaler, Th. →Bernhard. Mit Entschließung des Bundesministers für Unterricht vom 22. 6. 1964 wurde der Schule der Titel »Akademisches Gymnasium« wieder verliehen.

Realgymnasium: vermittelt eine umfassende Allgemeinbildung; Hochschulreife. Ausbildungsdauer: acht Jahre. Besonderheiten: Die Schüler lernen ab der 1. Klasse eine und ab der 5. Klasse eine zweite Fremdsprache, entweder Latein oder eine lebende Fremdsprache. Es gibt mehr mathematischen und naturwissenschaftlichen Unterricht als im Gymnasium.

Realschule: neuer Schultyp Mitte des 19. Jh.s. Betonung von Naturwissenschaften und Technik; 1851 Eröffnung in Salzburg im

Kollegiengebäude; 1874 neues Gebäude am Hanuschplatz; 1930/31 Erweiterung um Realgymnasium; 1969/70 Ende des Schultyps »Realschule«; 1970/71 Übersiedlung in die Akademiestraße (s. oben, Realgymnasium).
Wirtschaftskundliches Realgymnasium: vermittelt eine umfassende Allgemeinbildung für Mädchen und Knaben; Vorbildung auf wirtschaftlich-sozialem Gebiet, Erlangen der Hochschulreife. Ausbildungsdauer: acht Jahre. Die Schüler lernen wie am Realgymnasium (s. d.) ab der 1. Klasse eine und ab der 5. Klasse eine zweite Fremdsprache, entweder Latein oder eine lebende Fremdsprache. Im Unterschied zu den anderen AHS-Formen gibt es in der Unterstufe verstärkten Unterricht in Technischem oder Textilem Werken sowie Chemie. In der Oberstufe erfolgt ein verstärkter Unterricht in Geographie und Wirtschaftskunde, Psychologie und Philosophie (mit Praktikum), Biologie und Umweltkunde sowie zusätzlich Haushaltsökonomie und Ernährungslehre.
Sonderformen der AHS im Bundesland Salzburg:
Bundeserziehungsanstalten (BEA), staatliche Erziehungsheime mit AHS. Die ersten Schulen dieser Art gingen aus den ehemaligen Kadettenschulen und Offizierstöchterinstituten hervor. Sie dienten der Begabtenförderung, indem sie talentierten Kindern aus allen Schichten der Bevölkerung eine höhere Bildung ermöglichten. Die internen SchülerInnen leben im Heim in kleinen Gruppen, Familien genannnt, und werden von Erziehern, die zugleich ihre Lehrer sind, betreut. Die BEA Saalfelden wurde im Schuljahr 1956/57 errichtet. Die Schulaufsicht über die BEA wird unmittelbar vom Bundesministerium für Bildung, Wissenschaft und Kultur ausgeübt. 1962 erfolgte die Umbenennung in »Höhere Internatsschule des Bundes«. Sie wird als Gymnasium für Knaben und Mädchen und als Realgymnasium mit besonderer Berücksichtigung der sportlichen Ausbildung für Knaben geführt. Höhere Internatsschulen sind AHS, die organisatorisch mit einem Schülerheim verbunden sind. Die Schüler werden nach einem einheitlichen Erziehungsplan unterrichtet und erzieherisch betreut.
Werkschulheim Felbertal: 1951 im Felbertal gegründet, seit 1964 in Ebenau. Werkschulheime sind Varianten Höherer Internatsschulen. Neben dem Lehrplan der AHS wird auch ein Lehrberuf erlernt; die Ausbildung dauert daher neun Jahre. Die Verbindung von Theorie und Praxis ist ein pädagogisches Grundprinzip der Ausbildung und soll zu einer harmonischen Persönlichkeitsentwicklung beitragen. AHS Form Gymnasium, Englisch ab der 1. Klasse, Latein ab der 3. bis einschließlich 6. oder 7. Klasse, Französisch ab 7. Klasse möglich. Ab der 5. Klasse handwerkliche Ausbildung zum Gesellen in Elektronik oder Schlosserei oder Tischlerei. →Musisches Gymnasium.

H.O.

Almásy, Graf Ladislaus E. (László Ede Almásy), * Bernstein (Burgenland) 22. 8. 1895, † Salzburg 22. 3. 1951, Offizier, Expeditionsgeograph. A. stammte aus einer alten, begüterten ungarischen Adelsfamilie, Schulbildung in Köszeg/Güns (Ungarn), in Graz und in Eastbourne, Südengland, anschließend Maschinenbaustudium in London. Im 1. Weltkrieg zuerst österr. Husarenoffizier, dann Marineflieger und Fluglehrer. Autorennfahrer, Werksfahrer, Verkaufsleiter der Firma Steyr und Pilot. Kam 1925 zum ersten Mal zur Erprobung neuer Fahrzeugtypen nach Ägypten und in die Libysche Wüste. A. setzte für seine Forschungstätigkeit in der Wüste Kraftfahrzeuge und Flugzeuge ein. Durch die Wiederentdeckung der seit der Antike verschollenen Oase Zarzura sowie durch die Entdeckung prähistorischer Felszeichnungen, darunter die berühmten Darstellungen schwimmender Menschen, erwarb er sich große wissenschaftliche Verdienste. Im 2. Weltkrieg wurde A. – obwohl ungarischer Staatsbürger – dem Stab Erwin Rommels beim Deutschen Afrika-Korps zugeteilt. Er war der eigentliche »Wüstenfuchs«, der die deutschen Fernspähtrupps geschickt einsetzte und deutsche Spione bis in das Niltal lotste. Von den Beduinen erhielt er wegen seiner besonderen Kenntnisse über das Leben in der Wüste den Ehrennamen »Abu Ramla« (Vater des Sandes). Die ägyptische Regierung ernannte ihn zum ersten Direktor des ägyptischen Wüstenmuseums. Er konnte diese Stelle aber nicht antreten, weil er in Salzburg überraschend an der Amöbenruhr erkrankte und verstarb. Sein Grab befindet sich auf dem Salzburger Kommunalfriedhof. Einem großen Publikum wurde A. durch den Kultfilm »Der englische

Patient« bekannt, der seine Lebensgeschichte erzählt. Das Salzburger →Haus der Natur gedachte in der großen Ausstellung »Die Wüste lebt« des 50. Todestages des ungewöhnlichen Forschungsreisenden.

Lit.: L. E. Almásy: Schwimmer in der Wüste. Auf der Suche nach der Oase Zarzura, m. e. Vorw. v. R. Schrott, Innsbruck, 3. Aufl. 1998.

H.H.

Almkanal, Stollendurchschlag durch den Mönchsberg zur Wasserversorgung der Stadt, 1137-43 von Domkapitel und Stift →St. Peter unter dem Baumeister Albert durchgeführt, bis heute in Betrieb, 370 m lang, 0,8-1,0 m breit und 1,5-2,2 m hoch, eine technische Meisterleistung des Hochmittelalters. Ende des 13. Jh.s Durchstichstrecke zur Alm (Königsseeache) hergestellt, im 15. Jh. Errichtung zahlreicher weiterer Almbrunnleitungen. Neben der agrarischen Nutzung erlangte der A. seit dem Spätmittelalter immer größere wirtschaftliche Bedeutung als Energiequelle für Getreide-, Schleif- und Papiermühlen, für Lodenwalkereien, Sägen, Wäschereien und Walzmühlen im Bereich der Altstadt. Die Stiftsmühle von St. Peter und die Kühlanlage des →Festspielhauses wurden mit Almwasser betrieben.

Lit.: H. Dopsch: Der Almkanal – eine Pionierleistung europäischer Bautechnik. Ausstellungskat. St. Peter 1982, S. 117 ff.

R.R.H.

Alpinia, »Touristen-Geselligkeits-Club Alpinia«, gegründet 1891 (Gründungsfoto in Jägertracht), aufgelöst 1939-45, seither schwindende Bedeutung. Mitglieder stammten aus der bürgerlichen Gesellschaft, dem Adel, der Landesregierung. Brauch-, Volkstanz- und Trachtenpflege wurden als Gesellschaftsspiel, zu karitativen Zwecken, in Verbindung mit den Pflegebestrebungen der Heimatschutzbewegung zwischen 1908 und 1938 betrieben, Trachtenfestzüge und Brauchvorführungen zu Stadt- und Landesfesten und während der Festspielzeit durchgeführt. Ab 1900 gehörte die Erhaltung der Volkstracht zu den wesentlichen Interessen. 1912 Schaffung der Alpiniatracht mit kniekurzer Lederhose und langer Lodenhose. Ab 1901 Obmann August Neubauer. Enge Zusammenarbeit mit K. →Adrian und der Landeskommission. →Brauchtumsvereine.

Lit.: U. Kammerhofer-Aggermann: Die Anfänge der Salzburger Heimatwerks- und Heimatpflegeidee. In: Volkskunde und Brauchtumspflege im Nationalsozialismus in Salzburg, hg. von W. Haas (=SBzVK 8), Salzburg 1996, S. 83.

U.K.

Alt, Rudolf von →Landschaftsmalerei

Altmann, Adolf Abraham, * Hundsdorf (Slowakei) 8. 9. 1879, † Auschwitz 1944, Rabbiner, Schriftsteller. Nach dem Besuch der Rabbinerschule in Preßburg studierte A. Geschichte, Philosophie und Literatur in Bern. A. betätigte sich als Prediger, Journalist und Schriftsteller und trat als Anhänger der religiös-zionistischen Bewegung hervor. 1907 übernahm er als Rabbiner die Filialgemeinde Salzburg der Linzer Israelitischen Kultusgemeinde und erreichte 1911 deren Erhebung zur selbständigen Kultusgemeinde. 1914 übernahm A. das Rabbinat in Meran und diente während des Ersten Weltkrieges als Feldrabbiner in der österreichisch-ungarischen Armee. 1919 übernahm er abermals das Salzburger Rabbinat. 1920 wurde A. zum Oberrabbiner von Trier berufen. 1938 mußte er nach den Niederlanden emigrieren, 1944 wurde er nach Theresienstadt und Auschwitz deportiert. A. trat als Talmudist, Philosoph, Dramatiker und Historiker hervor und verfaßte u. a. »Geschichte der Juden in Stadt und Land Salzburg« (Bd. 1, 1913; Bd. 2, 1930; Reprint Salzburg 1990).

Lit.: M. Feingold (Hg.): Ein ewiges Dennoch, 125 Jahre Juden in Salzburg. Wien-Köln-Weimar 1993. – A. Altmann: A. A. (1879-1944), A Filial Memoir, in: Yearbook of the Leo-Baeck-Institute 26, 1981, S. 145 ff. – A. Altmann: A. A., in: A. H. Gold: Geschichte der Juden in Österreich, Ein Gedenkbuch, 1971, S. 79 ff. – DBE.

Th.W.

Altstadterhaltungsgesetz 1980, Salzburger, LGBl. 50/1980, LGBl. 50/1980, i. d. F. LGBl. 77/1995, Novelle des A. 1967, des ersten Gesetzeswerkes dieser Art in Österreich, regelt Erhaltung und Pflege der historischen Altstadt von Salzburg und stellt das wegen seines einzigartigen, für die Salzburger Bautradition charakteristischen Gepräges bedeutsame Gebiet unter Schutz. Dazu gehören: die Altstadt, der Mönchsberg, Festungsberg, Teile des Kapuzinerberges, Innerer und Äußerer Stein, Bürglstein, die Neustadt mit dem Schloß →Mirabell, Teile der Riedenburg, Mülln und Nonntal. Das A. regelt die Erhaltung der charakteristischen Bauten in diesem Schutzgebiet und legt die äußere Gestalt von Neubauten sowie den Verwendungszweck von Bauten fest. Die nach § 9 A. erlassene Salzburger Altstadterhaltungsverordnung 1982 legt zahlreiche Details fest, z. B. die Gestaltung der Fassaden, Fenster, Dächer, des Erdgeschoßbereiches, Form und Größe von Reklameaufschriften, Markisen, Beleuchtungen etc. Mit dem A. wurde eine Sachverständigenkommission eingerichtet, außerdem der »Salzburger Altstadterhaltungsfonds« errichtet. Mit Fondsgeldern werden Liegenschaftseigentümern Mehrkosten, die aus der Einhaltung der Bestimmungen des A. erwachsen, ersetzt, daneben kann der Fonds Baumaßnahmen zur Erhaltung charakteristischer Bauten im Schutzgebiet fördern. 1995 erfolgte eine wesentliche Ausweitung des Schutzgebietes (Schutzzone II) über die Kernzone hinaus; neu einbezogen wurden Gebiete der Neustadt und der inneren Riedenburg.

Lit.: K. Straub: Entwicklung und Aspekte zum Salzburger Altstadterhaltungsgesetz. In: Bastei 49, 2000, Folge 3, S. 3 ff.

Altstadtuniversität. Seit der Wiedererrichtung der →Univ. 1962 hatten oder haben alle Fakultäten mit Raumproblemen zu kämpfen und waren oder sind in langfristigen oder vorübergehenden Provisorien untergebracht. Die Theologische Fakultät, die als einzige die 1810 erfolgte Schließung der Universität überlebt hatte, befindet sich nach wie vor im alten Universitätsgebäude (dem sog. Studiengebäude) zwischen Kollegien- (Universitäts-) kirche, Universitätsplatz und Hofstallgasse. 1618 wurde für das unter Eb. →Markus Sittikus gegründete Gymnasium der Grundstein gelegt, 1622 wurde es zur Univ. erhoben, 1631 der Mittelflügel mit der Aula vollendet (1778 von W. →Hagenauer umgestaltet), 1655 bzw. 1663 mit dem Anbau der Kreuzkapelle der Bau vollendet. 1970-79 durch das Architekturbüro →Prossinger/Windisch für die Theol. Fakultät und die ebenfalls hier untergebrachte Univ.-Bibl. adaptiert.

Die Naturwissenschaftliche Fakultät erhielt einen von der Arbeitsgemeinschaft der Architekten →Holzbauer und Ekhard, Hübner, Ladstätter, Marschalek 1978-86 errichteten Neubau, eine stark reduzierte Variante der 1973 als Gesamtuniv. projektierten »Campus-Universität Freisaal«.

Für die Juridische Fakultät wurde 1986-92 von den Architekten G. →Garstenauer und →Prossinger/Windisch der sog. Toskanatrakt der Residenz adaptiert. Dabei brachten archäologische Grabungen bedeutsame Fundstücke v. a. aus der Renaissance zutage, sorgsame Restaurierungsarbeiten in den historischen Räumen nicht nur originale Stuckdecken, Türen und Kachelöfen, sondern v. a. kostbare Fresken aus der Zeit 1605-09, die von der fürstlichen Ausstattung der Residenz z. Zt. →Wolf Dietrichs Zeugnis geben: in der Sala terrena, dem Verbindungstrakt zwischen südlichem und nördlichem Gartenhof, und in der »Landkartengalerie« im Ostflügel um den nördlichen Gartenhof, einer Salzburger Variante der vatikanischen »Galleria delle Carte Geografiche«.

1978 wurde endgültig beschlossen, auch die Geisteswissenschaftliche Fakultät (mit Ausnahme der Sprachwissenschaften) und die zentralen Einrichtungen (Rektorat und Verwaltung) in der Altstadt unterzubringen.

1985-87 wurden durch Arch. F. Fonatsch Räumlichkeiten im Südflügel des Max-Gandolphischen Neugebäudes der →Residenz für das Inst. für Kunstgeschichte adaptiert, wobei nicht nur im wesentlichen die Wiederherstellung der ursprünglichen Raumeinteilung gelang, sondern auch die alte Hofbibl. im 1. Obergeschoß des Westflügels sorgsam restauriert wurde; sie wird seither für festliche Anlässe der gesamten Univ. genutzt.

1986-88 wurde die ehem. →Gewerbeschule am Rudolfskai durch das Architekturbüro Prossinger/Windisch für die neu benannten Gesellschaftswissenschaften adaptiert und erweitert. 1994 wurde die Adaptierung der sog. Kapitelhäuser abgeschlossen, eines Ensembles aus dem Anfang des 17. Jh.s, bestehend aus: dem Kapitelhaus und der ehem. Domdechantei im Süden der Kapitelgasse, adaptiert durch die Architekten Prossinger/Windisch bzw. F. Kaschl für Rektorat und Verwaltung, und dem Firmian-Salm-Kanonikalhof im Norden der Kapitelgasse, gestaltet durch Architekt F. Fonatsch für Teile der Juridischen Fakultät, wobei im wiederentdeckten Wappensaal mit einem Wappenfries der Domherren eine Fachbibl. eingerichtet wurde. 1997 erfolgte die Zusammenführung der Altertumswissenschaften in den von F. Fonatsch renovierten Räumen (vom Keller- bis zum ersten Obergeschoß) um den Haupthof der →Residenz. Die letzte Baustufe betraf das Haus Kaigasse 17, adaptiert durch Arch. F. Lorenz für die Forschungsinst. Rechtspsychologie und Organisationspsychologie und das Inst. für Kirchenrecht. Damit sind die Arbeiten für die Altstadtuniv. vorläufig abgeschlossen.

Lit.: Kapitelhäuser. Baudokumentation der Landesbaudirektion, Bd. 34 (1997): Umbau Alte Residenz. – Barockberichte 5 und 6 (1992): Der sog. Toskanatrakt. Studien und Betrachtungen zur Ausstattung der Salzburger Residenz. – Schriftenreihe des Landespressebüros (Serie »Baudokumentation Universität und Ersatzbauten«), 1989 (Bd. 9). – Das Neugebäude, 1990 (Bd. 10). – Institutsgebäude für Gesellschaftswissenschaften, 1993 (Bd. 11). – Toskanatrakt der Residenz, 1994, Studiengebäude, 1995 (Bd. 12).

M.O.

Amanshauser, Gerhard, * Salzburg 2. 1. 1928, Schriftsteller. Realschule in Salzburg. Studien an der Technischen Hochschule in Graz. 1949-53 Studium der Germanistik und Anglistik an den Univ. Wien und Marburg/Lahn. A. lebt als freier Schriftsteller in Salzburg. Mehrere Literaturpreise, darunter →Trakl-Anerkennungspreis (1952), →Rauriser Literaturpreis (1973) und Literaturpreis der Salzburger Wirtschaft (1985). Viele Lesereisen, auch nach Peking, wo A. einen Chinesischkurs besuchte (»Der-Ohne-Namen-See. Chinesische Impressionen«, Zürich 1988). A. vertritt eine mittlere Position in der Literatur zwischen Tradition und Innovation: »Meine drei Autoritäten: Poe, Baudelaire, Nietzsche sind Ausgestoßene, Feinde der Gesellschaft, Gegner nivellierender Massenbewegungen und Parteienkämpfe . . . ich will sie einmal die geistigen Künstler nennen.« Wie seine Vorbilder ist auch A. ein Außenseiter, Deserteur und Beobachter der Gesellschaft, in der er lebt. Seine Herkunft, seine Heimatstadt, ja seine Wohnstätte auf dem Festungsberg werden kritisch gesehen in den Texten: »Terrassenbuch«, »Salzburger Marginalien« (beide im Band: »Ärgernisse eines Zauberers«, 1973), »Schloß mit späten Gästen« (1975) und vor allem in seiner Autobiographie »Grenzen« (1977). »Mansardenbuch« (1999). A. denkt logisch wie ein Mathematiker, formuliert präzise wie ein Naturwissenschaftler, seine Sprache aber ist die eines Humoristen und Satirikers. In diesem Sinne ist der Salzburger A. auch ein wichtiger Salzburg-Kritiker. Ehrendoktor der Univ. Salzburg (1993). Im Salzburger →Literaturarchiv liegen Manuskripte von G. A. Werkausgabe im Verlag Bibliothek der Provinz, Weitra, 1997 ff. (Farbabb. S. 369)

Gerhard Amanshauser

Lit.: K. Millner: G. Amanshauser: Reflexionsprosa und Poetik. Diss. Salzburg 1996. – G. Amanshauser: Gegen-Sätze. Hg. v. J. Donnenberg, Salzburg 1993. – A. Thuswaldner: G. Amanshauser. In: KLG.

A.Has.

Amende, Ferdinand Sigmund, get. 21. 10. 1656, † Salzburg 9. 4. 1731, Goldschmied. »Hochfürstlich salzburgischer Cammerdiener und Hofgoldarbeiter«, Bürgerrecht und Mitglied der Goldschmiedezunft seit 8. 10. 1692. Verfertigte 1697 im Auftrag von Eb. Johann Ernst Graf Thun die sog. »Pretiosenmonstranz« mit 1792 Diamanten, 24 Smaragden, 405 Rubinen, 16 Saphiren und anderen Steinen. A. war Sohn des Hofgoldschmieds Mathias A. († 1663), der wiederum Sohn des Innsbrucker Goldschmieds Christoph A. (später Hofgoldschmied in Wien) war. Joseph A., Sohn des Ferdinand Sigmund A., Goldschmiedemeister 1708 († 2. 6. 1719 in Salzburg), arbeitete die kostbar mit Rubinen besetzte Kreuzpartikel-Monstranz für die Bürgerspitalskirche (heute im →SMCA), 1710 von Eb. Franz Anton Fürst von Harrach in Auftrag gegeben. (Farbabb. S. 337)

Lit.: Ch. Svoboda: Ad majorem sancta crucis venerationem. In: SMCA: Kunstwerk des Monats, Salzburg 1997. – F. Wagner: Gold und Silber. Salzburg 1984.

Ch.S.

Améry, Jean (eigentlich: Hans Mayer), * Wien 31. 10. 1912, † Salzburg 16./17. 10. 1978, Schriftsteller. Während einer Lesereise beging A. in einem Salzburger Hotel Selbstmord durch Schlafmittel. Über den von ihm bedeutsam so bezeichneten »Weg ins Freie« hatte er 1976 ein Buch geschrieben: »Hand an sich legen. Diskurs über den Freitod«. Er wurde in einem Ehrengrab auf dem Zentralfriedhof der Stadt Wien beigesetzt.

Lit.: I. Heidelberger-Leonard, H. Höller (Hg.): J. A., der Schriftsteller. Stuttgart 2000. – E. Pulver: J. Améry. In: KLG. – S. Steiner (Hg.): J. A. Basel 1996. – A. Unterwegs nach Oudenaarde. Bearbeitet von F. Pfäfflin (Marbacher Magazin 24/1982 für die Ausstellung 1982/83 im Schiller-Nationalmuseum).

A.Has.

Amselsingen, größtes und traditionsreichstes Sänger- und Musikantentreffen Salzburgs, findet seit 1971 alle zwei Jahre in Bischofshofen statt. 1960 vom Bischofshofner Arzt Cassio Castelpietra und von Bürgermeister Hermann Wielandner als volksmusikalischer Wettbewerb gegründet, folgte auf regelmäßige Ostersingen im Sinne der →Brauchtumspflege in Bischofshofen. Die besten Gruppen erhielten als Preis eine »Silberne Amsel«. 1971 übernahm Harald Dengg die musikalische Leitung; seither wird das A. ohne Wettbewerbscharakter als Treffen von Sängern und Musikanten sowie zur Dokumentation des jeweiligen Standes der Volksmusik durchgeführt.

R.A.

Andree-Eysn, Marie, * Horn (NÖ.) 11. 11. 1847, † Berchtesgaden 13. 1. 1929, Volkskundlerin. In ihrer Jugend Übersiedlung nach Salzburg, sie lebte dann mit ihrem Mann, dem Ethnographen Richard Andree, in München; Kronprinz Ruprecht von Bayern stellte ihr das »Brandholzlehen« bei Berchtesgaden als Alterssitz zur Verfügung. Bedeutendste Vertreterin volkskundlicher Forschung in Salzburg um die Wende vom 19. zum 20. Jh. Ihr Hauptwerk »Volkskundliches aus dem bayrisch-österreichischen Alpengebiet« (1910) gehörte zu den Leitbildern der vergleichenden Ethnographie jener Zeit. Sie besaß eine einzigartige, weltbekannte Sammlung von Votiven und Weihegaben, deren Bedeutung für die Volkskunde sie als erste erkannt hat. Die Sammlung war Grundlage für das Werk ihres Mannes: »Votive und Weihegaben des katholischen Volkes in Süddeutschland« (1904). Sie schenkte den größten Teil dieser Sammlung dem heutigen Museum für dt. Volkskunde, Berlin.

R.A., U.K.

Angerer, E. Tony, * Aschbach (NÖ.) 27. 10. 1884, † Salzburg 4. 5. 1950, Maler. Lernte bei R. Bacher an der Wiener Akad. der bildenden Künste, war zunächst in Gmunden, seit 1916 an der →Staatsgewerbeschule in Salzburg tätig. A.s. Vorliebe gehörte der Darstellung der Salzburger Tracht, für die er eine spezielle Tempera-Pastell-Technik entwickelte. Neben dem dokumentarischen Wert sind seine seit 1916 entstandenen Trachtenbilder, die sich heute großteils im →SMCA befinden, durch effektvolle Stilisierung und eigenwilliges Kolorit von hohem dekorativen Reiz. Zusammen mit F. K. →Ginzkey publizierte er 1934 die Broschüre »Salzburg, sein Volk und seine Trachten«. In ähnlicher Manier malte er bäuerliche Interieurs, Salzburger Stadtansichten und Persönlichkeiten (F. K. →Ginzkey, E. →Gehbe, LH F. →Rehrl, J. →Messner u. a.). Plakatentwürfe (u. a. für das Salzburger →Marionettentheater). (Farbabb. S. 360)

Lit.: Saur: Allg. Künstlerlexikon. Bd. 4, 1992. – Österr. Kunst, Oktober 1933, S. 28 f. – Schmidt. – Bergland 13, 1931, Nr. 8, S. 28.

N.Sch.

Anif, Schloß, neben dem 1817 von Feldmarschall Karl Philipp Fürst Wrede erworbenen, unter dessen Sohn Karl Theodor 1842-43 umgebauten Schloß Hüttenstein (am Fuß des Schafberges oberhalb des Krottensees bei St. Gilgen) einziges Beispiel romantischer Schloßarchitektur in Salzburg. Beide von bayerischen Bauherrn, die im Sinne der Romantik selbst starken Einfluß auf die Gestaltung nahmen. Anif ist durch »die künstlerische Begabung des Bauherrn und seinen eingesetzten Reichtum«, aber auch durch seine Lage in einem kleinen See, der es »von der erdhaften Fundamentierung befreit«, am Rande des Alpenvorlandes, vor der ansteigenden Gebirgskulisse, besonders eindrucksvoll. Um 1520 in einer Liste der landesherrlichen Burgen genannt, 1689 Umbau zur Sommerresidenz durch Eb. →Johann Ernst Graf Thun, 1693-1814 Sommersitz der Fürstbischöfe von Chiemsee. Um 1800 wurde der englische Park mit einigen frühromantisch-empfindsamen Denkmälern angelegt. 1837 erwarb es Alois Graf

Arco-Steppberg und baute es mit dem Berchtesgadener Salinenkondukteur Mennas Schönauer, von 1840 bis 1848 mit dem »Architekten« Heinrich Schönauer zu einem romantisch-historistischen Schloß im Stil der Neogotik um, die Kapelle wurde 1851 fertiggestellt. An der Nordwestecke der Nymphensaal (heute Bildersaal), in dem urspr. Ludwig Schwanthalers »Nymphe« aufgestellt war (seit 1906 in der offenen Loggia), die »wohl als Schlüsselfigur für das Verständnis von Schloß Anif aufgefaßt werden kann« (Steinitz). Die nahezu vollständig erhaltene Innenausstattung wurde zum größten Teil nach engl.

Leopold Rottmann nach Georg Pezolt, „Schloß Anif", um 1850

Vorbild von einheimischen und Münchner Künstlern und Handwerkern angefertigt. Heute im Besitz der Grafen Moy.

Lit.: W. v. Kalnein: Schloß Anif. Ein Denkmal bayerischer Romantik in Salzburg, Salzburg 1988. – W. Steinitz: Bayern und der romantische Schloßbau in Salzburg. In: Historismus und Schloßbau, hg. v. R. Wagner-Rieger u. W. Krause, München 1975.

M.O.

Ang(k)löckeln, Adventankünden, →Weihnachtsbräuche, nicht zu verwechseln mit Glöcklern, einer Schönperchtenvariante, die am Abend vor Dreikönig, 6. Jänner, dem Perchtenabend, auftritt, →Perchten, und Klöcken, einer Form des →Aperschnalzens. Die Oberndorfer Anglöckler oder Adventsänger wurden 1925 vom Lehrer Rasp eingeführt, nahmen aber einen alten Heischebrauch der Schiffleute auf. Drehkrippe aus dem 18. Jh. im →SMCA erhalten.

U.K.

Annahof (Höhere Bundeslehranstalt für Frauenberufe). 1875 wurde an der staatlichen Werkmeisterschule (→Gewerbeschule) ein Elementar- und Freihandzeichenunterricht für Frauen eingerichtet, der 1887 zu einem kunstgewerblichen Fachunterricht erweitert wurde. 1908 wurde an der k.k. Staatsgewerbeschule eine eigene Abteilung als Frauengewerbeschule für Mädchen errichtet, die eine Fachausbildung in Wäschewarenerzeugung und Damenkleidermachen vermittelte. 1938 wurde ihr eine hauswirtschaftliche Abteilung als dreijährige Lehranstalt für wirtschaftliche Frauenberufe angeschlossen. Seit dem Schuljahr 1949/50 ist sie eine vierjährige Hauswirtschaftsschule, später höhere Abteilung für wirtschaftliche Frauenberufe. Sie schloß mit einer Berufsbefähigungsprüfung, ohne Hochschulberechtigung. Diese wurde mit der Umstellung auf einen fünfjährigen Lehrgang ab 1959 erworben. Die Umbenennung in »Höhere Bundeslehranstalt und Bundesfachschule für wirtschaftliche Berufe und Bundesfachschule für Mode und Bekleidung« erfolgte 1985 (→Berufsbildende Höhere Schulen). Am A. wird als Besonderheit ein Lehrgang für »Trachtenschneiderei« abgehalten. Die Bezeichnung »Annahof« geht auf die Besitzer Anton und Anna Hofmann zurück, die 1887 das 1848 erbaute Gebäude erwarben.

H.O.

Annalen, Salzburger →Annalistik

Annalen, Mattseer →Gold, Christian

Annalistik, literarisch anspruchslose Gattung der Historiographie, die in der Eintragung wichtiger Ereignisse in den Ostertafeln wurzelt und sich durch strenge Chronologie und knappe Form auszeichnet. Die Anregung zur ältesten Salzburger A. ging vermutlich schon von Bischof →Virgil aus. Allerdings ist die ältere A. (725-829, fortgesetzt bis 842/956) verloren. Die ältesten erhaltenen Bruchstücke einer Salzburger A. stammen aus der Zeit Eb. →Arn(o)s, der 797 einen Codex von St. Amand nach Salzburg brachte, in dessen Ostertafeln Notizen aus lokalen Annalen übertragen wurden (Annales Iuvavenses maiores). Auf einer leeren Seite wurden später (wahrscheinlich 816) Annalen für die Jahre 742 bis 805 eingefügt (Annales Iuvavenses minores). Erst 1921

entdeckte E. →Klebel in einem in Admont erhaltenen Codex um 1150 eingetragene annalistische Exzerpte für die Jahre 725-957 und in ihnen eine Ableitung aus den Salzburger Annalen des 9. Jhs. Es handelt sich um eine Kompilation alter fränkischer Annalen mit Salzburger Eigennachrichten aus dem 9. Jh. und Primärnachrichten aus dem 10. Jh. Diese als »Annales Iuvavenses maximi« edierten Salzburger Annalen enthalten einige wichtige Daten wie die Nennung Wiens 881, Preßburg als Ort der Ungarnschlacht von 907 und die Nachricht vom Königtum des Bayernherzogs Arnulf 919.
Im 12. Jh. wurde in →St. Peter neuerlich ein Annalencodex angelegt. Die »Annales sancti Rudberti Salisburgenses« (von 1195 bis 1286) reichen in verschiedenen Fortsetzungen bis 1327 bzw. 1398. An die A. des Spätmittelalters (s. a. Mattseer Annalen des Christian →Gold) schließen im 15. Jh. große Salzburger Chroniken (→Geschichtsschreibung) an.

Lit.: A. Beihammer: Die alpenländische Annalengruppe (AGS) und ihre Quellen. In: MIÖG 106, Wien-München 1998, S. 253 ff. – F. Hermann: Wissenschaft und Bildung. In: Geschichte I/2, S. 1071 ff. – A. Lhotsky: Quellenkunde zur mittelalterlichen Geschichte Österreichs. In: MIÖG Erg.-Bd. 19, Graz-Köln 1963, S. 145 ff. – H. Bresslau: Die ältere Salzburger Annalistik. Abhandlungen der Preußischen Akad. der Wissenschaften, phil-hist. Klasse 2, Berlin 1923.

P.F.K.

Anthaller, Franz, * Salzburg 30. 11. 1821, † Salzburg 16. 3. 1905, Priester, Pädagoge. Nach dem Studium der Theologie wurde A. 1844 zum Priester geweiht und kam 1858 als Katechet an die Normalhauptschule und Präparandie, die spätere Lehrerbildungsanstalt. Gleichzeitig wurde er als Professor für Katechetik und Methodik an die Theologische Fakultät in Salzburg berufen. Er engagierte sich für das Reichsvolksschulgesetz und die verlängerte achtjährige Schulpflicht, wirkte u. a. als Sekretär des Salzburger →Kunstvereins und als Generalpräses des katholischen Gesellenvereins und war Mitglied des Salzburger Stadtschulrats.
A. trat mit zahlreichen Publikationen zu Schulfragen und zur Salzburger Landesgeschichte hervor, u. a. »Christentum, Confession und Schule« (1870), »Zur Geschichte der Lehrerbildung und Normalschule in Salzburg« (1876), »Franz Michael Vierthaler, der Salzburger Pädagoge« (1880), »Zur Geschichte der Rupertusfrage und deren Lösung« (1885), »Zur Geschichte der Lehrerbildung und des Volksschulwesens in Salzburg« (1886 u. 1895), »Zur Geschichte der Lehrerbildungsanstalt« (1890).

Lit.: F. A. in: MGSLK 45, 1905, S. 23 f. – F. A. in: Zeitschrift des Salzburger Lehrer-Vereines, 21, 1891, S. 138 ff.

Th.W.

Antiphonar von St. Peter (Codex Vindobonensis Series Nova 2700), eine der wichtigsten liturgischen Handschriften des MA. in Salzburg, entstand um das Jahr 1160 unter Abt Heinrich I. von →St. Peter, dem späteren Bischof von Gurk, und enthält mit Ausnahme der Hymnen alle Gesänge, die der Mönchschor für den Gesang der täglichen Gottesdienste im Benediktinerkloster St. Peter benötigte. Dazu gehören: ein Graduale mit dem »Proprium« (Introitus, Graduale, Alleluja, Offertorium und Communio), ein Kyriale mit dem »Ordinarium« (Kyrie, Gloria, Sanctus, Agnus) ohne Credo und ein Sequentiar (Sequenzen, d. h. Reimdichtungen, die an bestimmten Festen nach dem Alleluja vorgetragen wurden). Für den Gesang des Stundengebets enthält der Codex die Antiphonen (Kehrverse) der Psalmen und die Responsorien (Antwortgesänge) der Lesungen. Hinzu kommen ein Festkalender, die Lesungen (Prophetien) für den Karsamstag, ein Kollektar (Sammlung von liturgischen Gebeten) und die Capitula (Kurzlesungen im Stundengebet). Die Gesänge sind in adiastematischen Neumen notiert, das sind kurzschriftartige Zeichen, die den ungefähren Melodieverlauf wiedergeben. Bestimmte Sonderzeichen geben aber Halb- und Ganztonschritte wieder und beweisen so die Existenz chromatischer Töne im mittelalterlichen Choral. In kunsthistorischer Hinsicht stellt das A. mit seinen prächtigen Deckfarbenbildern und Miniaturen, die einen zweifachen Bilderzyklus im Ablauf des Kirchenjahres bilden, sowie mit seinen kunstvollen Initialen und reichen Ornamentierungen ein großartiges Zeugnis romanischer →Buchmalerei in Salzburg dar. Das A. befindet sich seit 1937 in der Österr. Nationalbibliothek in Wien.

Lit.: St. Engels: Das A. v. St. P. in Salzburg. Beiträge zur Geschichte der Kirchenmusik 2, Paderborn 1994. – Das A. von St. Peter. Vollständige Faksimile-Ausgabe im

Originalformat. – F. Unterkircher, O. Demus: Kommentarband zur Faksimile-Ausgabe. Graz 1974.

St.E.

Aperschnalzen, Lärmbrauch zur ausgehenden Winterszeit (vom Stephanitag bis zum Faschingsdienstag): mit einer »Goaßl« (Peitsche mit kurzem Stiel und einer 3-6 m langen geflochtenen Schnur) wird mit Geschicklichkeit und großer Kraft mit beiden Händen so laut wie möglich in einem ganz bestimmten Rhythmus geschnalzt (geknallt). Bes. Ausprägung im bayerisch-salzburgischen Grenzraum entlang der Saalach und Salzach, ähnliche Formen im Pongau (Klöcken), in Nord- und Südtirol und in der Schweiz. Geschicklichkeitsspiel, Faschingsbrauch und Vertreibung des Winters, Wecken des Frühlings (aper: ahd. apir; vom Schnee befreit) mischen sich darin. Bis vor wenigen Jahren auf die Gegend um Salzburg und den Rupertiwinkel beschränkt, breitet sich dieser Brauch mit großer Schauwirkung neuerdings aus. Alljährlich treffen sich an einem Sonntag in der Faschingszeit Hunderte von Aperschnalzern an einem bestimmten, jedoch stets wechselnden Ort zum Wettkampf (sog. Rupertigau-Preisschnalzen), wobei in Passen (Gruppen zu sieben, neun oder elf Schnalzern) mit rund 1000 Teilnehmern geschnalzt wird; in einem Umkreis von rund 8 km zu hören.

Lit.: H. Roth: Das Aperschnalzen. In: Schönere Heimat. Erbe und Auftrag 75, H. 1, München 1986, S. 277 ff. – K. Zinnburg: 25 Jahre Schnalzervereinigung »Rupertiwinkel«. In: SH 6, H. 1, 1982, S. 95 ff. – M. Becker: Das Salzburger Aperschnalzen. In: SH 1, H. 1, 1977, S. 59 ff.

R.A., U.K.

Arbeiterbildungsvereine, frühe Organisationsform der politisch erwachenden Arbeiterschaft des 19. Jh.s. 1867 erste Gründung in Salzburg durch die Handwerksgesellen der Landeshauptstadt und unter der Patronanz angesehener liberaler Bürger. Nach dem Prinzip der genossenschaftlichen Selbsthilfe wurden Schreiben, Rechnen, Zeichnen und Turnen unterrichtet. Selbstformulierte Zielsetzung: »Durch geistige Aufklärung zur Selbstentwicklung fähig machen.« Später Verknüpfung der geistigen und sozialen Emanzipation mit der Forderung nach dem allgemeinen Wahlrecht und zunehmend sozialdemokratische Ausrichtung. Die Grenzen des städtischen Handwerks überschreitend, entstanden gegen Ende des Jh.s Arbeiterbildungsvereine auch im Milieu der Bergarbeiter (Dienten), IndustriearbeiterInnen (Hallein) und der Eisenbahner (Bischofshofen).

I.B.

»Arbeitsgruppe 4«, 1952-64 bestehende Arbeitsgemeinschaft der Architekten W. →Holzbauer, F. Kurrent (* Hintersee/Salzburg 1931), Otto Leitner (* Unterach am Attersee 1931, nur kurzfristig Mitglied) und Johannes Spalt (* Gmunden 1920). Gemeinsames Studium in der Meisterklasse von C. →Holzmeister an der Akad. der bildenden Künste in Wien. Geprägt durch die Persönlichkeit des Lehrers, durch die Auseinandersetzung mit der klassischen Moderne, durch die Begegnung mit Konrad →Wachsmann, der 1956-60 an der Intern. →Sommerakad. lehrte und zu dem viele aus der jüngeren Architektengeneration pilgerten. Die A. 4 machte zuerst durch einige Wettbewerbserfolge auf sich aufmerksam. Bauten in Salzburg: 1953-56 die Pfarrkirche →Parsch und 1960-64 das Kolleg St. Josef in →Aigen.

Lit.: O. Breicha, G. Fritsch (Hg.): Aufforderung zum Mißtrauen. Salzburg 1967.

M.O.

Architektur →»Arbeitsgruppe 4«, →Initiative Architektur, →Forellenwegsiedlung, →Gestaltungsbeirat, →Stadtentwicklung

Architekturpreis des Landes Salzburg, wird seit 1976 »zur Förderung und Anerkennung beispielgebender Leistungen auf dem Gebiete der Architektur« (Statut) von der Salzburger Landesregierung vergeben. Die Jury hat hohen architektonisch-künstlerischen Wert, Übereinstimmung von Funktion und Form sowie sorgfältige technische und künstlerische Durchbildung einzufordern. Die Vergabe für Bauten aller Sparten erfolgte alle drei bis fünf Jahre und ist seit 2000 alle zwei Jahre vorgesehen. Erhalten haben ihn u. a. Bauten von L. →Welzenbacher, G. →Garstenauer, W. →Deininger, W. →Holzbauer.

Lit.: Initiative Architektur (Hg.): Architekturpreis des Landes Salzburg. Salzburg 2000.

N.M.

Architekturreform, →Stadtentwicklung. In den 70er Jahren riefen großflächige Baulandausweisungen im Zuge des 1970 vom Ge-

Diplom-Meisterklasse C. Holzmeister 1952 (Leitner, Spalt, Forsthuber, Kurrent, Holzmeister, Stohl, Lackner, Kateschafka)

meinderat beschlossenen »Stadtentwicklungsmodells« Bürgerinitiativen auf den Plan. Die Leitbilder des Wiederaufbaus mit seinem parteienübergreifenden Bekenntnis zu Wirtschaftswachstum und unbegrenzter Wohlstandssteigerung wurden in Frage gestellt. Die aus den Bürgerinitiativen entstandene Bürgerliste zog 1977 in den Salzburger Gemeinderat ein. Zur Erhaltung der besonderen Qualität Salzburgs als Symbiose von Stadt und Landschaft (H. →Sedlmayr) entstand das sogenannte »Salzburg Projekt« als strukturelles Maßnahmenbündel: Neben der »Altstadtinitiative« als Maßnahme gegen die Zerstörung der historischen Bausubstanz und zur Wiederbelebung des historischen Zentrums sowie dem verkehrspolitischen Ziel- und Maßnahmenkonzept entstand die 1986 vom Gemeinderat »feierlich« beschlossene Grünlanddeklaration als wichtiger Schritt gegen eine weitere Zersiedelung der Salzburger Kulturlandschaft, sowie die sogen. »Architekturreform«: Ziel war die Konkretisierung des »Entwurfs einer europäischen Stadt«. Der Initiator Stadtrat Johannes Voggenhuber (Bürgerliste, 1982-87) etablierte 1983 dazu den ersten →Gestaltungsbeirat als Medium der Architekturbegutachtung. Die Strukturen der Nachkriegsjahrzehnte mit der »Zweckgemeinschaft Wohnbauträger–Architekt–Politiker« sollten zerschlagen und der Bürger zum Bauherrn seiner Stadt gemacht werden. F. →Achleitner tradierte anhand der Architektur des 20. Jhs. in Salzburg die These, daß die besten Projekte in einer Auseinandersetzung fremder Kräfte von →Scamozzi bis → Holzmeister mit dem Genius loci entstanden waren. Daran wollte die A. mit der Einladung europäischer Stararchitekten anschließen, →Forellenwegsiedlung. In der Folge entstanden ab 1984 eine beachtliche Zahl bedeutender Bauwerke von ausländischen bzw. auswärtigen Architekten. Für die ansässige Architektenschaft, die keineswegs pauschal Teil der »Zweckgemeinschaft« war, konnte die neue, durchaus autoritäre Vorgangsweise die Erschütterung langer Bauherren-Architektenbeziehungen bedeuten. Eine wichtige Leistung der A. bestand darin, die Architekturdiskussion öffentlich zu machen und zu kultivieren.

Lit.: R. Höllbacher: Das Ende eines Paradigmas? Architektur von 1980 bis zur Gegenwart, in: E. Hanisch, R. Kriechbaumer: Salzburg (Geschichte der Bundesländer seit 1945), Wien–Köln–Weimar 1997. – J. Voggenhuber: Berichte an den Souverän. Salzburg: Der Bürger und seine Stadt, Salzburg 1988. – D. Steiner (Hg.): Das Salzburg-Projekt. Wien 1986. – O. Kapfinger: Salzburg setzt »Grundsteine«. In: Bauwelt 1986, H. 47, S. 1786-89.

N.M.

Archiv der Erzabtei St. Peter. Stiftsbibliothek, Musikalienarchiv. Archiv, gegründet 987 nach der Trennung von Abtei und Erzbistum. Bestände: Urkunden (ca 5000 Nummern von 1005 bis 20. Jh.), buchförmige Archivalien 891 Num., älteste Hs. A 1 →Verbrüderungsbuch 784, Akten (2787 Num. 15.-20. Jh.), Registratur: neue Akten (ca. 300 Num. 19.-20. Jh.), Urbarien, Zehent- u. Stiftbücher, Weistümer, Noteln, Kopialbücher (1342 Num.), Karten und Risse (ca 700 Num.), Fotosammlung (ca. 2000 Stück). Stiftsbibliothek, gegr. unter Eb. →Arn(o), Bestände: Hs. (Pergament- und Papierhs. 846 Num. vor 1600 und 443 Num. nach 1600), Inkunabeln (862 Num. u. 29 Einblattdrucke), Frühdrucke (ca. 2400 Titel), Antiquiora (ca. 80 000 Vol.), Novissima (ca. 40 000 Vol.), Karten- u. Atlantensammlung (ca. 5000), Graphiksammlung (ca. 2800 Num.), Andachtsbilder (Sammlung P. Gregor Reitlechner OSB), Salzburger Fürsten- und Hofkalender (Sammlung P. Josef v. Straßer OSB), Musikalienarchiv. Mit der Auflösung des stiftseigenen Chores und des Orchesters 1923 entstand das Musikalienarchiv St. Peter. Seit den 70er Jahren wird an einem wissenschaftlichen Kat. gearbeitet. Das Musikalienarchiv gliedert sich in zwei Teile: Musikhs. (ca. 6000 Titel, Hauptbestände erworben von 1750 bis 1920) und die Musikdrucke (ca. 10000 Titel, 1520 bis Gegenwart). Die Sammlung ist ein historisches Dokument für die Verbindung bedeutender Musiker mit dem Stift und der Pflege geistlicher und weltlicher Musik im Kloster. Die drei Institutionen befinden sich in →St. Peter, Klosterbezirk Mühlenhof.

H.O.

Archiv der Stadt Salzburg, wiedergegründet im Jahr 1988. 1899 hatte die Stadt ihr Archiv im Rathaus aufgelöst und alle vom städtischen Bediensteten L. →Pezolt geordneten älteren Akten, Bürgerbücher, Ratsprotokolle und Rechnungsbücher (bis 1865) dem Museum zur Aufbewahrung übergeben. Schon im Jahre 1849 waren die städtischen Urkunden dem Museum überlassen worden. Der Plan der Wiedereinrichtung eines eigenen Stadtarchivs im Jahr 1944 scheiterte in den Wirren des Kriegsendes. Das Stadtarchiv im →SMCA konnte wegen Raummangels kaum Akten aus der städtischen Zentralregistratur übernehmen, weshalb viel wertvolles Archivgut verlorenging. Erst 1987 wurde auf Drängen der Universität Salzburg mit den Vorbereitungen der Wiedergründung eines Stadtarchivs begonnen, das 1988 in der Fürbergstraße 47 eröffnet werden konnte. 1994 wurden die älteren Archivalien aus dem Museum übernommen. Somit verfügt das Archiv der Stadt Salzburg heute über ein Historisches Archiv, die Zentralregistratur des Magistrats, eine zeitgeschichtliche Dokumentation mit Foto-, Plakat-, Plan- und Schrifttumsammlung, beherbergt Nachlässe und die städtische Urkundensammlung. Seit 1989 gibt das Archiv der Stadt Salzburg eine eigene Schriftenreihe heraus. Ein Neubau in der Glockengasse ist in Planung.

Lit.: E. Marx: Das neue Archiv der Stadt Salzburg. In: Pro Civitate Austriae 12, Linz 1990.

E.M.

Archiv des Salzburger Landesinstituts für Volkskunde, enthält das Archiv zum Österreichischen Volkskundeatlas, den wissenschaftlichen Nachlaß von Univ.-Prof. Dr. R. →Wolfram und Teilnachlässe der Volkskundler Karl Haiding und Karl von Spieß, der drei in der NS-Zeit führenden Volkskundler aus Österreich. Es ist damit wesentlicher Punkt der kritisch zu durchleuchtenden Wissenschafts- und Zeitgeschichte der Volkskunde. Daneben sind Legate von Salzburger Heimatforschern (I. →Peter, R. →Treuer), des Malers Ernst Schrom, der Fotografin Erika Groth-Schmachtenberger sowie eine Fülle von heimatkundlichen Ein-

H. C. Artmann (Maria Ziegelböck)

zelbelegen vorhanden, die kritischer Bearbeitung harren.

U.K.

Archive, →Archiv der Erzabtei St. Peter, →Archiv des Salzburger Landesinstituts für Volkskunde, →Archiv der Stadt Salzburg, →Konsistorialarchiv, →Landesarchiv, →Universitätsarchiv.

ARGE Nonntal, Kulturgelände Nonntal →Kulturinitiativen

Arn(o), * um 740, † Salzburg 24. 1. 821, (Erz-) Bischof von Salzburg 785(98)-821. Aus bayerischem Hochadel stammend, 758 in Freising tradiert, 765-76 dort Diakon und dann Priester. Um 778 trat er in das fränkische Kloster Saint-Amand-les-Eaux ein (Abt 782 bis vor 808). 785 wurde er auf Wunsch Karls des Großen als Nachfolger →Virgils Bischof von Salzburg. A. stand in Kontakt mit dem Gelehrtenkreis um Karl den Großen (Alkuin) und sowohl beim König als auch bei Tassilo III. in hohem Ansehen. Als Sendbote wurde er von Karl mit wichtigen Missionen betraut und 798 auf dessen ausdrücklichen Wunsch Eb. und Metropolit der neu geschaffenen bayerischen Kirchenprovinz. A. hielt zahlreiche Metropolitansynoden ab und ermöglichte nach dem Sturz Tassilos III. die reibungslose Eingliederung der bayerischen Kirche in das Frankenreich. Für das Salzburger Missionsgebiet (seit

811 Draugrenze gegen Aquileia) setzte er einen eigenen Bischof ein. In Salzburg förderte A. →Petersschule und Bibliothek und ließ die ältesten überlieferten Annalen (→Annalistik) und das älteste Gesamtverzeichnis des Salzburger Kirchenbesitzes (→Notitia Arnonis von 790) anlegen sowie nach 798 die Frühgeschichte Salzburgs einschließlich der Schenkungen in den →Breves Notitiae (kurzen Aufzeichnungen) dokumentieren.

Lit.: H. Wolfram: A. von Salzburg und Karl der Große. In: H. Dopsch, P. F. Kramml, A. St. Weiß (Hg.): 1200 Jahre Erzbistum Salzburg, MGSLK Erg.-Bd. 18 = Salzburg Studien 1, Salzburg 1999, S. 21 ff. – H. Wolfram: A. von Salzburg (785/98-821). Salzburgs erster Erzbischof. In: Lebensbilder Salzburger Erzbischöfe aus zwölf Jahrhunderten, hg. v. P. F. Kramml, A. St. Weiß, Salzburg Archiv 24, Salzburg 1998, S. 9 ff. – H. Dopsch: Die Zeit der Karolinger und Ottonen. In: Geschichte Salzburgs I/1, S. 157 ff.

P.F.K.

Artmann, Hans Carl, * Wien-Breitensee 12. 6. 1921, † Wien 4. 12. 2000, Dichter, Übersetzer. Lebte seit 1974 in Salzburg. Im Nachkriegs-Wien war A. zum bekannten Künstler-Typus geworden. Er ist einer der wichtigsten Anreger und Schöpfer von progressiver Kunst in Österreich nach 1945. Mitglied der legendären »Wiener Gruppe« (1952-58), der auch F. →Achleitner, Konrad Bayer, Gerhard Rühm und Oswald Wiener angehörten. A.s literarische Karriere begann mit dem großen Erfolg seiner surrealistisch-makabren Dialektgedichte »med ana schwoazzn dintn« (1958), mit denen die neuere Dialektdichtung anfing. A. schrieb surrealistische, sprachexperimentelle Dramen und Gedichte, dem Barock nachempfundene Schwänke, Diarien und die Autobiographie »Nachrichten aus Nord und Süd«, 1978. Viele Literaturpreise, darunter der Große Österreichische Staatspreis (1974), das Ehrenkreuz für Wissenschaft und Kunst (1986) und der Büchnerpreis (1997). Auch Stadt und Land Salzburg ehrten A.: Verleihung des Ringes der Stadt Salzburg (1981), Preis für Literatur des Landes Salzburg (1981), Rauriser Bürgerpreis (1981), Literaturpreis der Stadt Salzburg (1989), Ehrenbecher des Landes Salzburg (1991). Ehrendoktor der Universität Salzburg (1991). A. verkörperte den Poeten in einer modernen, rationalen Welt. Seine Texte »weisen über dieses besondere Leben hinaus, übertreffen dessen Wirklichkeit durch das noch Wirklichere: die Poesie. Nichts anderes wollte und will A. zeit seines Lebens« (J. Jung). Werke: Gesammelte Prosa. 4 Bde. (RV 1997)

Lit.: G. Fuchs, R. Wischenbart (Hg.): H. C. A. Graz 1992 (=Dossier 3). – Artmann, H. C. Dichter. Hg. v. J. Jung. Salzburg 1986. – Pose, Possen und Poesie. Zum Werk H. C. A.s. Hg. v. J. Donnenberg, Stuttgart 1981.

A.Has.

Aspekte Salzburg, Festival für Neue Musik unter der Leitung von K. →Ager. Im Mai 1977 fand in Salzburg zum ersten Mal ein Festival für Neue Musik unter dem Titel »Aspekte Salzburg« statt. Ziel der Veranstaltungsreihe war es, über intern. Entwicklungen der Gegenwartsmusik zu informieren. Der Erfolg ermutigte die Initiatoren zu konsequenter Weiterarbeit. Der bald gegründete Verein »Aspekte Salzburg« organisiert seither jährlich ein Festival für Neue Musik, an dem intern. renommierte Interpreten und Komponisten (u. a. John Cage, George Crumb u. Mauricio Kagel) teilnehmen. Zusätzlich zum Festival werden von den A. S. während des Jahres Konzerte mit Neuer und außereurop. Musik veranstaltet, um diesen Musikbereichen in Salzburg ein eigenes Forum zu bieten.

W.G.

Asper, Hans Conrad, * Zürich um 1588, † Konstanz 1666, Bildhauer. Aus einer Maler- und Bildhauerfamilie, ging aus Glaubensgründen nach Konstanz und wirkte aufgrund einer Berufung durch Eb. →Markus Sittikus, der vor seiner Wahl Dompropst in Konstanz war, 1615-27 in Salzburg. Später war er als Zeugmeister in Konstanz und als Festungsbaumeister am bayerischen Hof tätig. Sein Salzburger Wirken wurde erst 1892 mit der Auffindung des signierten Tumbadeckels für Valentin Helbmegg (Sebastiansfriedhof) wiederentdeckt; mit seiner grausigen Nüchternheit scheint dieses Werk ebenso wie die »Weiß'sche Grabstätte« (um 1622) noch der Welt der Holbeinschen Totentänze anzugehören. Ein Pendant blühenden Lebens dazu, jedoch von nicht minder emblemhafter Ausdrucksstrenge ist sein »Hl. Sebastian« vom ehem. Linzer Tor (um 1618). Unter S. →Solaris Oberleitung schuf A. den Fassadenschmuck der Gnadenkapelle in Einsiedeln (1615-28), auch unter den Meistern der Hellbrunner Gartenskulpturen darf man ihn vermuten. Eine weitere bedeutende Anregung für die Salzburger Sepulkralkunst gab er mit seinem Marmorepitaph für Eb. Markus Sittikus im →Dom. Aus A.s Werken spricht eine leidenschaftslos-kühle, renaissancehaft-abstrakte Gesinnung, die, mit feinem Oberflächensinn verbunden, repräsentativ für das Salzburger Frühbarock ist. (Farbabb. S. 343)

Lit.: Saur: Allg. Künstlerlexikon. Bd. 5, 1992. – F. Wagner: Zur Gartenplastik von Schloß Hellbrunn. In: AMK 58/59, 1962, S. 21. – K. Feuchtmayer: Hans Waldburgers Verhältnis zu H. K. A. In: Münchner Jb. 1924, S. 266. – R. Guby: Über die Tätigkeit des Bildhauers H. K. A. in Salzburg. In: MGSLK 56, 1916, S. 55. – Pretzell.

N.Sch.

Aßlinger, Hans (Lebensdaten unbekannt), Steinbildhauer, Mitte des 16. Jh.s am bayerischen Hof in München tätig, als der beste »Contrafeier« genannt. Schuf 1559 das Grabmal für Eb. Michael von Kuenburg im alten →Dom (zerstört). Ihm zugeschrieben der Marmoraltar von 1561 mit dem Kuenburgwappen und Reliefs aus Kelheimer Stein aus dem alten Dom, heute in der Scheitelkapelle des Chors der →Franziskanerkirche, eines der wenigen Werke in Renaissanceformen in Salzburg. Weiters ein Relief des hl. Virgil im →SMCA aus Kehlheimer Stein, der dazugehörige hl. Rupert durch Bomben zerstört.

Lit.: L. Telsnig: St. Virgil und St. Rupert. In: SMCA, Kunstwerk des Monats, August 1998. – Allgem. Künstlerlexikon, Hg. Günther Meissner, Leipzig 1983. – Martin, S. 80.

L.T.

Assmayr, Ignaz, * Salzburg 11. 2. 1790, † Wien 31. 8. 1862, Komponist, Hofkapellmeister in Wien. Erhielt ersten Gesangsunterricht beim Hofsänger Thaddäus Gerl; Klavier-, Orgel- und Generalbaßspiel lehrten ihn M. →Haydn und Andreas Brunmayr. 1808 Organist im Stift →St. Peter, dem er sich zeitlebens, wie zahlreiche Schenkungen von Kompositionen beweisen, verbunden fühlte. 1815 wandte er sich nach Wien, wo er Schüler Salieris wurde und mit F. →Schubert befreundet war. Seit 1823 Mitglied der kais. Hofkapelle, wurde in der Nachfolge seines Gönners Joseph Eybler 1846 zum Hofkapellmeister ernannt. 1824-46 war er außerdem Regens chori an der Schottenkirche in Wien. A. war u. a. Ehrenmitglied der Gesellschaft der Musikfreunde in Wien und im →Dom-Musikverein und Mozarteum. Sein musikalisches Schaffen, zunächst ganz im Geschmack der vormärzlichen Musiksalons

Hans Aßlinger, Altar in der Franziskanerkirche, 1561 (SMCA)

gehalten, konzentrierte sich seit etwa 1830 auf Kirchenmusik und weist starke Einflüsse W. A. →Mozarts und M. Haydns auf.

Lit.: G. A. Pichler: Biographien salzburgischer Tonkünstler. Salzburg 1845.

E.H.

Auditorium Academicum, 1953 von Sepp Domandl im Rahmen der Salzburger →Volkshochschule gegründet, Vorträge ausschließlich von Univ.-Professoren und -Dozenten aller Fachrichtungen. Das A. A. wurde 1997 eingestellt.

H.O.

Auer, Albert, * Landshut 27. 1. 1891, † Flüeli (Schweiz) 20. 3. 1973, Theologe. A. trat zunächst in die Benediktinerabtei St. Emmaus in Prag ein. Als diese 1919 aufgehoben wurde, übersiedelte er nach Neresheim. 1921 wurde er zum Priester geweiht. Anschließend studierte er in München und Berlin. Nach seiner Habilitation in Pädagogik wurde er an die Katholische Fakultät in Salzburg berufen. In den Jahren 1940-45, in denen die Katholische Fakultät suspendiert war, hielt A. theologische Vorträge in der Kollegienkirche. 1945 nahm er die Lehrtätigkeit an der Katholischen Fakultät wieder auf.

Lit.: Th. Michels: P. A. A. (1891-1973). In: Jb. der Universität Salzburg 1971/72-73/74, S. 155 ff. – B. Schwarz: Für die Freunde von Albert Auer OSB zum Gedächtnis. – R. Marcic (Hg.): Gottesbild–Rechtsbild–Staatsbild. FS. für P. Albert Auer, in: Salzburger Jb. für Philosophie 5/6, 1961/62.

Th.W.

Aufklärung, eine das ausgehende 17. und das 18. Jh. beherrschende Geistesbewegung, die von den westeuropäischen Ländern ausging (Locke, Hume, Voltaire) und nach Vernunft, Ordnung, Fortschritt, Toleranz, Rationalisierung der Religion u. a. strebte. Unter starker Betonung der Naturwissenschaften wollte die A. zu einer vernünftigen Lebensweise erziehen, durch gesteigerte Geistesbildung sollten das allgemeine Wohl und die Glückseligkeit der Menschen erreicht werden. Besonders beeinflußt wurden die Geschichtswissenschaft, die Pädagogik, das Rechtsleben und die Kirchenpolitik im Sinne des Staatskirchentums. Höhepunkt der A. in Salzburg auf fast allen erwähnten Gebieten ist die Regierungszeit von Eb. →Hieronymus Celloredo (1772-1803). Aus der Menge bedeutender Salzburger Aufklärer ragen der Jurist F. Th. von →Kleimayrn, der Naturforscher K. E. Freiherr von →Moll, der Pädagoge F. M. →Vierthaler, der Historiker J. Th. →Zauner, der Journalist L. →Hübner, der Reiseschriftsteller und Philanthrop F. Graf →Spaur und der Arzt J. J. →Hartenkeil heraus.

Lit.: H. Wagner: Die Aufklärung im Erzstift Salzburg. Salzburger Universitätsreden, H. 26, Salzburg-München 1968. – F. Valjavec: Geschichte der abendländischen Aufklärung. Wien-München 1961. *R.R.H.*

Auslandskultur,

Italienisch-österreichischer Kulturverein, Società Dante Alighieri Salzburg: Die Società Dante Alighieri ist ein weltweites Netz von Kulturvereinen mit dem Zweck der Pflege und Verbreitung der italienischen Sprache und Kultur. Die Società Dante Alighieri Salzburg ist ein gemeinnütziger Kulturverein, der in dieser Tradition wirkt und seinen Mitgliedern folgendes anbietet: kulturelle Veranstaltungen mit Literatur, Theater, Film, Kunst und Musik aus Italien; Vorträge über italienische Kultur und aktuelle Themen, Feste, Sprach- und Kulturreisen; Italienischkurse.

Österreichisch-amerikanische Gesellschaft, Austro-American Society: 1947 mit dem Ziel gegründet, die kulturellen und wirtschaftlichen Beziehungen zwischen Österreich und den USA und die wechselseitige Aufklärung über Land und Leute zu vertiefen. Angebote: Herausgabe des monatlichen Newsletters »Tuesday Talkers«, Vorträge, Filmnachmittage, Führungen, Kulturkreis, Thanksgiving Dinner, 4th of July Barbecue, Christmas Party.

Österreichisch-irische Vereinigung: gegründet 1987, dient dem Zweck, die gegenseitigen Beziehungen zwischen Österreich und Irland, insbesondere auf kulturellem, sozialem, wirtschaftlichem und kommerziellem Gebiet, zu intensivieren. Es werden Vorträge, Dia-Schauen, Tänze, Lesungen und Ausflüge veranstaltet.

Österreichisch-polnische Gesellschaft: Zweigstelle Salzburg, wurde 1969 zu dem Zweck gegründet, das Wissen über Polen zu verbreiten und die kulturellen, wirtschaftlichen und menschlichen Beziehungen zwischen Polen und Salzburg zu fördern.

Österreichisch-sowjetische Gesellschaft (ÖSG): Nach dem Krieg wurden in allen österreichischen Bundesländern Landesgruppen der ÖSG mit dem Ziel gegründet, den gegenseitigen Informationsaustauch auf kulturellem und wissenschaftlichem Gebiet zu fördern. Nach dem Zerfall der Sowjetunion hat sich die ÖSG 1995 aufgelöst. Das reiche Archivmaterial, Bücher und Filme befinden sich im Depot des →Archivs derStadt Salzburg.

Salzburgisch-litauische Gesellschaft, 1991 gegründet, mit dem Zweck, aufbauend auf der bestehenden Partnerschaft zwischen Litauen und Salzburg die Beziehungen zwischen beiden Ländern zu fördern und insbesondere beim Aufbau von neuen Kontakten und Projekten mitzuwirken. Sitz des Vereins ist Salzburg.

H.O.

Ausleger, Geschäfts- oder Hauszeichen. An einem kunstvoll verzierten – eigentlichen – »Ausleger«, im rechten Winkel von der Hausmauer abstehend, hängt oder steht das eisengeschmiedete und bemalte oder vergoldete Wirtshausschild oder der Hinweis auf eine besondere Lokalität im Haus. Die massiven Tafeln oder durchsichtig gearbeiteten »Schilder« und Zeichen sind beidansichtig und können auch aus Holz geschnitzt sein. Die schönsten Beispiele des 18., 19. und beginnenden 20. Jh.s finden sich in der Salzburger Getreidegasse.

Ch.S.

Autorengruppe, Salzburger, gegründet 1981, berufspolitischer Zusammenschluß Salzburger Schriftsteller. Teilorganisation der Interessengemeinschaft österr. Autoren (IG), vertritt z. Zt. 35 Kollegen. Mitbegründet von G. →Foidl (1. Obmann bis Jänner 1982). Ihr gehören u. a. an: Dorothea →Bruck (†), Ch. →Haidegger (Obfrau seit 1988), Margot Koller (Obfrau 1986-88), Ludwig →Laher (Obmann 1982-86), Dorothea →Macheiner, Alf Schneditz, O. P. →Zier. Mehrere Anthologien, zuletzt: »Querzulesen – 15 Jahre Salzburger Autorengruppe«, Salzburg 1997.

H.H.

Bach, Otto, * Wien 9. 2. 1833, † Unterwaltersdorf (NÖ.) 3. 7. 1893, Komponist und Dirigent. Studierte in Wien bei Simon Sechter, in Berlin und Leipzig, bewarb sich gemeinsam mit A. →Bruckner um die künstlerische Leitung des →Dom-Musikvereins und Mozarteums, wurde Bruckner vorgezogen und blieb bis zur Auflösung des Vereins in dieser Funktion. 1880 übersiedelte er nach Wien und übernahm die Kirchenmusik an der Votivkirche. Vorzüglicher Dirigent, als Komponist von Opern, Kirchenmusik, Sinfonien, Kammermusik und Chorliedern konventionell.

Lit.: C. Schneider: Geschichte der Musik in Salzburg. Salzburg 1935.

G.W.

Bach-Gesellschaft, Salzburger, gegründet 1976 mit dem Anliegen, das Bachsche Werk auf professionellem Niveau aufzuführen. Vorsitzender und künstlerischer Leiter: Albert Hartinger. 1977 Gründung des Bach-Orchesters (Konzertmeisterin Anita Mitterer) und, aus dessen Stimmführern, des Salzburger Barockensembles, 1983 Gründung des Salzburger →Bachchores (Leiter Howard Arman), 1987 Gründung des Collegium Vocale. In zahlreichen Konzerten bisher Aufführung von über 600 Werken, davon mehr als 100 Werke von Bach, u. a. mit führenden Ensembles und Solisten, wie dem Concentus musicus Wien, der Musica antiqua Köln und Gustav Leonhardt. Neben Bach bes. Pflege des Salzburger Barock (H. I. F. →Biber, A. →Caldara, G. →Muffat) und von Komponisten, die mit Salzburg in Verbindung stehen. Seit 1980 eigene Konzertreihe »Für Kinder und Kenner« (Gesprächskonzerte), Durchführung von »Bach-Tagen«, 1985 und 2000 »Bach-Fest«.

G.W.

Bachchor, Salzburger, Vokalensemble, 1983 von Howard Arman gegründet und seither geleitet; das Repertoire umfaßt die großen Chorwerke aus Barock und Klassik. Zusammenarbeit mit Instrumentalensembles für Alte Musik, u. a. Concerto Köln und Orchester Sol sol la sol. Mitwirkung bei den Salzburger →Festspielen, den Festwochen Innsbruck und der Salzburger →Mozartwoche. *G.W.*

Bachmayr, Anton, * Landberg bei Vöcklamarkt 25. 3. 1904, † Salzburg 22. 4. 1993, Maler und Zeichner. Ausbildung in München und Wien. Fresko-Mitarbeiter A. →Faistauers in Salzburg und Weidlingau. Seit 1952 in St. Jakob am Thurn ansässig. 1962 begann mit den »Metamorphosen» des Ovid seine über 2500 Blätter umfassende Auseinandersetzung mit Themen der Weltliteratur. Es entstanden – unter besonderer Betonung der phantastischen und skurrilen Seiten – graphische Illustrationszyklen zu →Trakl, Poe, Hoffmann, →Goethe, Rabelais, Diderot, Kazantzakis, zum Buch Esther sowie Werken von Hans Henkel und E. →Gimmelsberger. In den drei letzten Lebensjahren schuf er farbige Illustrationsfolgen zu Cervantes, Gogol und zum Neuen Testament. Bekannt wurde B. auch durch zarte Blumen- und Landschaftsaquarelle und seine Tätigkeit als Restaurator.

Lit.: Ausstellungskat. »Spuren». 50 Jahre Berufsvereinigung bildender Künstler, Salzburg 1995, S. 16 ff. – W. Richter (Hg.): A. B. Salzburg 1993. – Saur: Allg. Künstlerlexikon. Bd. 6, 1992. – A. B. Graphische Zyklen. Salzburg 1981. – Schmidt.

N.Sch.

Bachsfall →Bischofshofen

Backhaus, Wilhelm, * Leipzig 26. 3. 1884, † Villach 5. 7. 1969, Pianist. Studierte am Konservatorium Leipzig, seit 1899 bei Eugen d'Albert in Frankfurt/Main. Seit 1900 Konzerttätigkeit, 1905 Rubinstein-Preisträger in Paris. Bedeutender Interpret, vor allem der Werke von Beethoven und →Brahms. Verbrachte seine letzten Lebensjahre in Salzburg, gab in den Jahren 1953-68 mehrere Soloabende im Rahmen der Salzburger →Festspiele, vor allem mit Sonaten von L. v. Beethoven. Ein Teil seines musikal. Nachlasses wird am Forschungsinst. f. Salzb. Musikgeschichte und am Mozarteum verwahrt.

Lit.: J. Kaiser: Große Pianisten in unserer Zeit. München [3]1977.

G.W.

Bäder. Das medizinische Interesse des 19. Jh.s an der Balneologie reaktivierte auch im Land Salzburg alte Bäder und erschloß neue (neben den im folgenden beschriebenen u. a. Bad Abtenau, Burgwies bei Stuhlfelden, Bad Fusch, Bad Leogang und St. Martin bei Lofer), so daß

Badgastein, historische Fotografie

der renommierte Wiener Arzt H. →Wallmann in seiner Abhandlung über »Die Heilquellen und Torfbäder des Herzogthumes Salzburg« (1862) über 60 Orte nennen konnte, in denen Badeanstalten, Wandelbahnen, Brunnenhäuser, Kursalons und Unterkunftsmöglichkeiten eingerichtet waren, die nicht nur von Einheimischen, sondern auch von Fremden frequentiert wurden, »wenn auch das Land Salzburg nur eine Heilquelle besitzt, welche einen weltberühmten Ruf hat«, Badgastein (ehem. Warmes Bad, Bad in der Gastein, Wildbadgastein; →Gastein). Die heißen, radonhältigen Quellen sind wohl schon seit der Römerzeit bekannt; ältester Wirtschaftszweig ist der →Goldbergbau in Böckstein. Heilbadbetrieb urk. seit Mitte des 14. Jh.s. Theophrastus →Paracelsus nennt die Quellen »Gottes eigene Composita«. Ende des 16. Jh.s waren sie bereits so stark besucht, daß die wenigen primitiven Unterkünfte nicht ausreichten. Der moderne Badebetrieb begann, als Eb. →Hieronymus Colloredo 1789-94 durch W. →Hagenauer das Badeschloß errichten ließ. 1826 folgte das neue Straubinger-Haus und 1830 die Villa Erzherzog Johanns am Fuß des Stubnerkogels. Das »Wildbad wird zum Weltbad«, zum Treffpunkt der großen Welt; Künstler, Politiker, Monarchen machten Gastein zum Schauplatz der Geschichte (1865 Vertrag von Gastein). Die noch heute das Ortsbild prägende Bausubstanz stammt aus der Zeit um die Jahrhundertwende. Einen wichtigen Impuls gab der Bau der →Tauernbahn 1901-09. Seit 1880 beherrschte die Baufirma A. →Comini fast 40 Jahre lang das Baugeschehen. Die zweite Welle gesteigerter Bautätigkeit nach dem 1. Weltkrieg in den Jahren 1926-32 stand unter der Dominanz der Baufirma F. →Franzmair. In den 60er Jahren setzte G. →Garstenauer mit dem Felsenbad und dem Kur- und Kongreßzentrum dominante Akzente. Die Faszination des Ortes liegt im Kontrast zwischen dem alpinen, wildromantischen natürlichen Ambiente und einer großstädtischen Architektur, historistischen Hotelpalästen mit vier bis fünf Untergeschossen – »eine der reinsten architektonischen und städtebaulichen Selbstdarstellungen der Monarchie« (Achleitner).

Hofgastein verdankt seine Entwicklung zum Kurort der Initiative L. →Pyrkers und Erzherzog Johanns. Sie ließen 1828-30 eine Thermalwasserleitung vom Wildbad zu dem zwei Wegstunden entfernten Hofgastein legen. Der Ort hat von seiner Baustruktur her den Charakter eines Haufendorfes erhalten. 1970-74 Kurzentrum und Thermalhallenbad von Rüdiger Stelzer und Walter Hutter.

Aigen war um 1800 nach Gastein das meistbesuchte Bad im Salzburgischen (→Aigner Park).

Die warmen Quellen am Großarlbach bei Stegenwacht im Bezirk St. Johann i. P. geben Zeugnis, wie sehr das heilende Bad mit Mythos und Volksglauben verbunden ist. Nach zweieinhalbstündiger Kletterei erreichte man ein an die Felswand angebautes Badehüttchen. Des starken Zuspruchs (im Winter 1708/09 besuchten oft 100 Menschen täglich die Quellen) und des gefährlichen Anmarsches wegen trug man sich immer wieder mit dem Gedanken, den Anweg zu sichern oder die Quellen abzuleiten.

Die Stadt Salzburg begann im 19. Jh. von den reichen Torfvorkommen in den Mooren um den Untersberg zu profitieren: es entstanden die Torfkuranstalten Marienbad (seit 1828), Ludwigsbad (seit 1841) und Hafnerbad an der

Moosstraße, Bethsaida oder Kreuzbrücken-Torfbad (seit 1827) in der Riedenburg, Schlammbad (seit 1850) in Mülln. Im Sinne der Entwicklung Salzburgs zur »Saisonstadt« befaßte man sich im Rahmen der Stadterweiterung (→Stadtentwicklung) auch mit der Kurhausfrage. 1861 erwog man die Anlage eines Solebades am rechten Salzachufer oberhalb der Karolinenbrücke, die Sole sollte aus Hallein zugeleitet werden. 1866-68 wurde das Actien-Badehaus am Mirabellgarten errichtet; der als Einheit damit von →Bayer und Thienemann geplante »Cursalon« erst 1871-73. Im Laufe der Zeit folgten viele interessante Neubauprojekte, u. a. von Fellner & Helmer, Fr. Ohmann, M. Fabiani, P. Behrens, C. →Holzmeister, J. Hoffmann. Nach der Zerstörung des alten Kurhauses im 2. Weltkrieg errichtete man 1953-57 eine neue →Kur- und Kongreßanlage, bestehend aus: Kongreßhaus (Arch. M. Fellerer, E. Wörle, O. →Prossinger, F. Cevela), Parkhotel Mirabell (Arch. M. Fellerer, E. Wörle, F. Hasenöhrl), Paracelsusbad (Arch. J. Hawranek), Kurmittelhaus (Arch. H. Rehrl). 1983-84 anstelle des Parkhotels das Sheraton-Salzburg (Arch.-Büro Achammer–Tritthart–Fröhlich). 1976 wurde in Vigaun/Hallein eine Thermalquelle mit glaubersalzhaltigem Sulfatwasser entdeckt, später von Architekt Rudolf Scheicher ein Kurzentrum gestaltet, das 1985 eröffnet wurde.

Lit.: Achleitner 1980. – H. v. Zimburg: Die Geschichte Gasteins und des Gasteiner Tales. Wien 1948. – O. Kunz: Projektierte unausgeführte Monumentalbauten in Salzburg in den letzten 60 Jahren. In: SV, Jubiläumsausgabe 1930. – H. Wallmann: Die Heilquellen und Torfbäder des Herzogthumes Salzburg. Wien 1862.

M.O.

Bahn →Bauten des Verkehrs

Bahr, Hermann, * Linz 19. 7. 1863, † München 15. 1. 1934, Schriftsteller, Kulturkritiker, Redner. B. verbrachte seine Schulzeit in Salzburg (1878-81). Er besuchte das Gymnasium und wohnte bei seinen Großeltern. »Salzburg übte einen nachhaltigen Einfluß auf ihn aus« (D. G. Daviau), vor allem der benediktinische Humanismus und die barocke Verkörperung österr. Kultur und Architektur in dieser Stadt. B.s Maturarede über den »Wert der Arbeit« löste mit folgendem Grundgedanken 1881 einen Skandal aus: »Die Aristokratie der Geburt hat ihre Bedeutung eingebüßt, an ihre Stelle ist

Hermann Bahr (ÖNB)

die Aristokratie des Geldes getreten, an ihre Stelle wird die Aristokratie der Arbeit treten« (»Selbstbildnis« S. 99). 1912-22 wohnte B. im Schloß Arenberg (Gedenktafel), das er zu einem gastlichen Treffpunkt für Künstler und Intellektuelle machte. Enger Kontakt und reger Gedankenaustausch auf langen Spaziergängen mit S. →Zweig sind belegt. B. schrieb viel über Salzburg; dazu vor allem seinen Essay »Salzburg« (1914, Neuaufl. 1948), seine Autobiographie »Selbstbildnis« (1923) und seine Tagebücher aus jener Zeit (Ausgabe der Tagebücher Wien 1994 ff., hg. v. M. Csáky). Ein Grundgedanke kehrt immer wieder: »Salzburg wirkt rein italienisch.« Es ist »sozusagen durchkomponiert«. B. trat entschieden für die Verwirklichung der Festspielidee in Salzburg ein. 1922 übersiedelte B. wegen einer Verpflichtung seiner Frau A. →Bahr-Mildenburg nach München. Dort starb er am 15. 1. 1934 nach längerer Krankheit an Arteriosklerose, das Familiengrab befindet sich auf dem Salzburger Kommunalfriedhof. Die Salzburger →Univ.-Bibl. besitzt als sogenannte »Bahr-Bibliothek« einen Teil seines literarischen Nachlasses. B. war einer der sensibelsten Anreger und Verfechter neuer kulturell-literarischer Strömungen. B. kehrte gegen Ende seines Lebens zur altösterr. kath. Bildungstradition zurück.

Lit.: H. B. und Rußland. Ausst. und Symposion, Salzburg 1998. – L. Mayerhofer: H. Bahr – Mittler der europäischen Moderne. Ausst., Linz 1998. – C. Sippl: H. Bahr u. Rußland. Ausst., Salzburg 1997. – D. Messner: Die Hermann-Bahr-Stiftung in Salzburg. In: Hermann-Bahr-Symposion, Bericht, hg. v. M. Dietrich. Linz 1987, S. 185-189. – D. G. Daviau: Der Mann von übermorgen. H. B. (1863-1934). Wien 1984. – A. Schmidt: Stellung und Beitrag H.B.s zur Festspielidee in Salzburg. In: Das Salzburg-Buch, hg. v. M. Kaindl-Hönig, Salzburg 1964. – H. Kindermann: H. B. Ein Leben für das europ. Theater. Graz-Köln 1954.

A.Has.

Bahr-Mildenburg, Anna, * Wien 29. 11. 1872, † Wien 27. 1. 1947, Opernsängerin. Erhielt ihre Ausbildung in Wien bei R. →Papier-Paumgartner. 1908-17 gefeiertes Mitglied der Wiener Hofoper, vor allem in Wagner- und Strauss-Partien; auch bedeutendes schauspielerisches Talent. Ehefrau von H. →Bahr. Gastierte bei den Salzburger →Festspielen 1922-27 in H. v. →Hofmannsthals »Salzburger Großem Welttheater« und unterrichtete 1929 an der Intern. →Sommerakad. Mozarteum. 1921 publizierte sie ihre »Erinnerungen«.

Lit.: P. Stefan: A. B.-M. Wien 1922.

G.W.

Bajuwarische Grabfunde. Von der um die Mitte des 6. Jh. einsetzenden Landnahme der Bajuwaren zeugen zahlreiche Reihenfriedhöfe im Salzburger Alpenvorland, z. B. in Liefering, Siezenheim, Bergheim, und Oberndorf. Die bedeutendsten Grabbeigaben dieser Periode stammen aus Untereching, Gem. St. Georgen bei Salzburg, erwähnt seien goldene Anhänger einer Halskette sowie Halsschmuck aus Glasperlen. Ein Gedenkstein an der Fundstelle erinnert an die Aufdeckung von rund 30 Gräbern in den Jahren 1894/95 und 1931. Neue Funde im benachbarten Rupertiwinkel sowie in Untereching beweisen, daß vor dem Eintreffen der Bajuwaren mit der Zuwanderung von kleinen Gruppen von Langobarden und Alemannen zu rechnen ist (1. Hälfte des 6. Jh.). Erst die zweite Generation germanischer Zuwanderer ist anhand der Grabbeigaben als bajuwarisch anzusprechen. Die bajuwarische Landnahme im Frühmittelalter spiegelt sich auch in den Ortsnamen auf »-ing» und »-ham».

Lit.: Archäologie beiderseits der Salzach, Salzburg 1996.

F.M.

Bakema, Jacob Berend, * Groningen (Niederlande) 8. 3. 1914, † Rotterdam 20. 2. 1981, holländischer Architekt und Stadtplaner, 1963-80 außerordentlicher Professor an der Technischen Universität Delft, 1965-69 sowie 1973-75 Gastprofessor an der Internationalen →Sommerakademie in Salzburg. B. demonstrierte – zumeist am »Planungsproblem Salzburg« – eine städtebauliche Methode, die der österreichischen Architekturdiskussion neue Impulse gab (Teilnehmer M. Alder, W. Dreibholz, G. Feuerstein, K. Frey, A. Krischanitz, O. Häuselmayer, G. Nalbach und A. Wimmer). Anstelle des üblichen Entwerfens von einzelnen Gebäuden verstand B. Städtebau als Vernetzung und Überlagerung unterschiedlicher Lebensbereiche und forderte differenzierte Abstufungen zwischen öffentlichem, halböffentlichem und privatem Raum.

Lit.: N. Mayr: Urbanistik an der Salzburger Sommerakademie. In: Internationale Sommerakademie für bildende Kunst (Hg.), Nach dem Salz. Die Pernerinsel, Aufzeichungen für eine Zukunft, Salzburg 1999. – Jacob B. Bakema: Lernen – Lehren – Leben. In: Ina Stegen, Das schönste Atelier der Welt, 25 Jahre Internationale Sommerakademie für bildende Kunst, Salzburg 1978, S. 72-76.

N.M.

Baldachinaltar. Schöpfer des sog. »Pinzgauer Baldachinaltares« ist der Mittersiller Tischler Georg Mayr (ca. 1709-ca. 1730). Der B. ist aus reichem seitlichem Beiwerk und einem den Altar umfangenden geschnitzten Baldachin zusammengesetzt. Außerhalb des Pinzgaus Beispiele für B. in Tweng (Lungau) und Brunneck/Golling, Aufhausen und Schwarzenbach.

Lit.: Martin, S. 187.

Ch.S.

Baldauf, Hans, auch Paldauf(f), Steinbildhauer Vielleicht der 1446 im Salzburger Bürgerbuch genannte Meister Hans, Schnitzer, aus Mühldorf (Bayern), ab 1459 in Passau nachweisbar. Von B. 1456-58 das Grabmal für Eb. Sigmund von Volkersdorf und ein Ziborium über dem Altar der Kolomanskapelle im alten →Dom (beides zerstört). Ihm zugeschrieben das Hochgrab des Bischofs Sylvester Phlieger von Chiemsee von 1453 mit der lebensgroßen Figur des Verstorbenen in der Dekanatskirche von Bischofshofen, das einzige erhaltene ma. Hochgrab im Land Salzburg (→Grabmal).

Lit.: W. Czerny: Spätgotische Grabplatten und Epitaphien in der Diözese Salzburg von Hans Paldauf und

Hans Eybenstock. In: ÖZKD, Wien 1993, H. 1/2, S. 27 ff. (mit Lit.) – ÖKT, Bd. 23.

L.T.

Baldauf, Simon Thaddäus, * Klosterau bei Eger 1677, † Salzburg 1753, Tischler. 1713 Aufnahmeansuchen in Salzburg; Hoftischler; heiratete 1711 die Witwe des Hoftischlers Kölbl. B. spezialisierte sich auf furnierte und eingelegte Arbeiten, auch Boulle-Technik. Ausstattung der Domherrensakristei im Salzburger →Dom, »Egerer-Schränkchen«, ehem. Ausstattung von Schloß →Mirabell (durch Stadtbrand vernichtet).

Lit.: F. Wagner: S. B.s Schränke in der Salzburger Domherrensakristei. In: AMK 158, 1978.

Ch.S.

Ballett im Sinne von Bühnentanz findet sich in Salzburg spätestens seit Bestehen des Universitätstheaters (→Theater der Benediktineruniv.), ab 1617. Kleinere szenische Tanzaufführungen sollen jedoch bereits in den »Schulmeisterkomödien« des 16. und beginnenden 17. Jh.s stattgefunden haben. Ein erster authentischer Beleg für B.-Szenen im Rahmen des Univ.-Theaters findet sich in der Perioche (Programmheft mit Inhaltsangabe) zu Johann Jakob Preysings »Quirinus« (1644). Auch die Opernlibretti zu G. →Muffats »Plutone« (1687), H. I. F. →Bibers »Alessandro« und »Chi la dura la vince« (1689/90), die uns aus dem 17. Jh. erhalten sind, geben Auskunft über die in der Regel am Aktschluß befindlichen B. Im Verlauf des 18. Jh.s finden sich in den Programmheften des Univ.-Theaters (→Theater d. Benediktineruniv.) immer ausführlichere Berichte über szenische Tanzdarbietungen, die teils in die Handlung integriert, teils intermezzoartig zwischen die einzelnen Akte eingefügt waren. Bei diesen z. T. recht umfangreichen B.-Szenen handelt es sich zumeist um Szenen idyllisch-pastoralen Charakters, Commedia-dell'arte-Szenen oder um choreographische Kampfszenen und Spiele. Tanz zählte im Erziehungskonzept des Barock zu den wichtigsten Übungen zur Körperertüchtigung. Die Tanzmeisterdynastien Bastier, Reinalto und Speckner betreuten das Univ.-Theater während des 17. und 18. Jh.s. Die Musik zu den in der 2. H. des 18. Jh.s bes. beliebten B.-Pantomimen stammt u. a. von M. →Haydn.
Gegen Ende des 18. Jh.s brachten die im Hoftheater (→Theater) gastierenden Theatertruppen das zu dieser Zeit aktuelle B.-Repertoire nach Salzburg. So wurden beispielsweise 1781 durch die Schikanedersche Truppe 27 B., 1786/87 durch die Feldersche Truppe 13 B. aufgeführt.
Während des gesamten 19. Jh.s waren in Salzburg keinerlei nennenswerte B.-Aktivitäten zu verzeichnen. Erst 1901/02 fanden zwei beachtenswerte Gastspiele – eines davon mit Tänzern der Wiener Hofoper – im Salzburger Stadttheater statt. Eine fest engagierte B.-Kompagnie, die Oper, Operette und Schauspiel betreut und gelegentlich eigene B.-Abende gestaltet, gibt es allerdings erst seit April 1940 am Salzburger Stadt- bzw. Landestheater (→Theater) (erste Leiterin: Hanna Kammer). Im 20. Jh. erfolgt B.-Pflege jedoch auch im Rahmen der Salzburger →Festspiele. Dabei ist zwischen eigenständigen B.-Produktionen und Einbezug von B. in Oper und Schauspiel zu unterscheiden. In der Ära →Reinhardt wurde der Bühnentanz teils in Form von Solotanzabenden, gelegentlich aber auch als wichtiger Bestandteil von Opern- bzw. Schauspielaufführungen in das Programm integriert. Namen wie Tamara Karsavina (1921), Grete Wiesenthal (1928, 1930), Tilly Losch und Harald Kreutzberg (1927) garantierten hohes Niveau. Der große B.-Reformator Serge Diaghilew kam allerdings nur als Festspielgast wenige Wochen vor seinem Tod (Venedig, 19. 8. 1929) nach Salzburg. Ab 1931 begann sich mit der Verpflichtung von Margarete Wallmann eine eigenständige Salzburger B.-Kultur zu entwickeln. Vielversprechende Ansätze wurden jedoch durch den Krieg unterbrochen und fanden danach nicht die entsprechende Förderung. So blieb Wallmanns »Das Jüngste Gericht« (1931) die bislang einzige echte Tanz-Eigenproduktion der Festspiele.
Die Nachkriegsära wurde ausschließlich von Gastchoreographen und ihren Kompagnien geprägt: Georges Balanchine (1956, 1965), Maurice Béjart (1962) und Kurt Jooss (1968) seien hier als bedeutendste Protagonisten genannt. In den 70er Jahren drohte aber auch dieser Quell zu versiegen. Erst 1983 griff John Neumeier den fast verlorenen Faden wieder auf, zunächst mit einem Gastspiel des Wiener Staatsopernballetts, das bereits in früheren Jahren regelmäßig bei den Festspielen zu Gast

Richard Bandian, Entwurf eines Salzburger Bauerngehöftes, um 1925

gewesen war, dann 1984/85 mit seiner eigenen Kompagnie, dem Hamburger Staatsopernballett. Der Festspielsommer 1986 führte schließlich Maurice Béjart wieder nach Salzburg. – Eine B.-Stadt war und ist Salzburg dennoch nicht, obwohl eine der größten Tanzsammlungen der Welt, die →Derra de Moroda Dance Archives, hier beheimatet ist.

Lit.: S. Dahms: Ballett in Salzburg. Ein Rückblick als Herausforderung, in: Bühne der Welt. Glanzvolles Salzburg, Bayreuth 1985. – J. Kaut: Die Salzburger Festspiele. 1920-81. Mit einem Verzeichnis der aufgeführten Werke und der Künstler des Theaters und der Musik, zusammengestellt von H. Jaklitsch, Salzburg 1982. – S. Dahms: Tanz und »Turnierspiel« im Musiktheater des Salzburger Hochbarocks. In: ÖMZ 33, 1978, S. 512 ff. – R. Pflanzl: Blick auf die Ballettszene. In: FS. 200 Jahre Landestheater Salzburg, Salzburg 1975, S. 56 ff.

S.D.

Bandian, Richard, * Preßburg 23. 1. 1898, † Salzburg 17. 1. 1979, Architekt. Absolvent der →Staatsgewerbeschule in Salzburg, Meisterschule von Peter Behrens an der Wiener Akad., dessen Mitarbeiter beim Kolleg →St. Peter in Salzburg; selbständiger Architekt in Salzburg, Mitarbeiter der Baufirma Crozzoli. Interessante, dem Expressionismus verpflichtete Entwürfe und Projekte für verschiedene Bauaufgaben. In seinen ausgeführten Werken eher zum Rationalismus tendierend: 1928-32 Reihenhäuser am Josef-Mayburger-Kai 12-20, 1931-32 Diakonissen-Krankenhaus; Adaptierungen und Inneneinrichtungen.

M.O.

Barockmuseum, Salzburger, Sammlung Rossacher, wurde 1973 in der Orangerie des Mirabellgartens eröffnet. Grundstock ist die von Kurt und Else →Rossacher zusammengetragene und 1970 gestiftete Sammlung von Entwürfen (d. h. Zeichnungen, Ölskizzen, Bildhauermodelle als kleinformatige Vorstufen für großformatige Gemälde, Fresken, Statuen) europäischer Kunst des 17. und 18. Jh.s (G. Bernini, L. Giordano, P. P. Rubens, J. M. →Rottmayr, M. Günther, M. Zürn). Schwerpunkt der Sonderausstellungen sind die barocke Handzeichnung sowie Dokumentationen zu Restaurierungen und altem Handwerk. Das Barockmuseum ist Herausgeber der Barockberichte.

Lit.: Salzburger Barockmuseum. Sammlung Rossacher. Gesamtkat., bearb. v. K. Rossacher, Salzburg 1983.

M.O.

Batliner-Institut, DDr.-Herbert-Batliner-Europainstitut in Salzburg, Forschungsinstitut für europäische Politik und Geschichte, Depositar-Bibliothek der Vereinten Nationen, Depositar-Bibliothek des Europarates. Am 23. Jänner 1995 erfolgte der Beschluß zur Gründung des Europainstituts in Salzburg und am 21. Juli 1997 war die Eröffnung. Wegbereiter war Senator Professor DDr. Herbert Batliner aus Vaduz, daher hat die Generalversammlung am 20. Dezember 1996 einstimmig die Namensgebung auf »DDr.-Herbert-Batliner-Europainstitut« beschlossen. Aufgaben dieser außeruniversitären Forschungseinrichtung sind: Betrieb des Dr.-H.-B.-E. als Forschungsinstitut für europäische Politik und Geschichte; Erforschung des Weges Österreichs in die Europäische Union, der europäischen Integration, der europäischen Politik und Geschichte, der Stellung der Religion; Aufbau und Betrieb einer entsprechenden Fachbibliothek; Publikation von Forschungsergebnissen; Durchführung wissenschaftlicher Fachtagungen. Das Europainstitut hat vom Europarat den Status einer »Deposit library of the Council of Europe« und 1996 von den UN den Status einer »Deposit library of the United Nations« zuerkannt bekommen.

Baudenkmäler der Technik und Industrie →Bauten des Berg- und Hüttenwesens, →Bauten des Verkehrs, →Bauten des Wasserwesens, →Industrie- und Fabriksbauten.

Lit.: M. Fischer u. a.: Historische Wirtschaftsarchitektur in Salzburg. Salzburg 1997. – W. Schobersberger: Bauten der Technik und Industrie in Stadt und Land Salzburg (zwischen 1860 und 1938 anhand ausgewählter Objekte). Diss. Salzburg 1996. – W. Schlegel: einschlägige Ortsartikel. In: Dehio-Handbuch Bd. Salzburg, Wien 1986. – M. Wehdorn: Baudenkmäler der Technik und Industrie in Österreich. Wien-Köln-Graz 1984.

M.O.

Baudisch-Wittke, Gudrun, * Pöls/Judenburg 17. 4. 1907, † Salzburg 16. 10. 1982, Keramikerin, Bildhauerin, Malerin. 1922-26 Studium der Bildhauerei und Keramik an der Kunstgewerbeschule in Graz, 1926-30 Mitarbeit in der Wiener Werkstätte. Schon in den 30er Jahren holte C. →Holzmeister die junge Keramikerin nach Ankara, wo sie die baukünstlerische Arbeit am Palais Atatürks übernahm. 1946 gründete B. die Werkstätte »Keramik Hallstatt«, in deren Kunsttöpferei Originale und Serien entstanden, gleichzeitig lieferte sie Entwürfe für Formen und Dekore an die »Gmundner Keramik«. Damit verbunden ist die Gründung der künstlerischen »Gruppe H« (H für Hallstatt und Hohenberg, den Besitzer der Gmundner Keramikfabrik). Ab 1960 hatte sie Wohnung und Atelier in der Stadt Salzburg, ab 1969 auch ein Verkaufslokal. 1959-66 entstanden in Zusammenarbeit mit Holzmeister der keramische Raumschmuck des Großen →Festspielhauses sowie Arbeiten im Hotel Gablerbräu und im Hotel Österreichischer Hof. 1977 bis zu ihrem Tod wirkte B. in Salzburg B. entwarf auch den »Alpendollar« (1-Schilling-Münze) von 1935.

Lit.: O. Wutzel: G. B. Linz 1980.

Ch.S.

Bauer, Günther, * Bregenz 12. 10. 1928, Schauspieler, Regisseur, Schriftsteller und Hochschullehrer. Nach dem Diplom für Schauspiel und Regie am →Mozarteum Studium der Theaterwissenschaft, Germanistik und Kunst-

Gudrun Baudisch, Kaffee- und Mokkaservice, Keramik, schwarz-braune Engobe, weiße Innenglasur, Hallstatt, um 1930 (SMCA)

geschichte. Engagements als Schauspieler und Dramaturg in Salzburg, Wien und Göttingen, bei den Salzburger →Festspielen, in Bregenz und Bad Hersfeld, als Regisseur am Theater der Jugend in Wien, in Graz, Berlin und Frankfurt. 1971-97 Prof. für Schauspiel, 1983-91 Rektor der Hochschule Mozarteum, seit 1990 Leiter des Inst. für Spielforschung und Spielpädagogik. B. ist künstlerischer Leiter des Salzburger Kinder- und Jugendtheaters, Autor zahlreicher Kinder- und Jugendstücke und Hörspiele, wissenschaftlicher Arbeiten, Librettist, Generalsekretär des PEN-Clubs Salzburg 1978-96, seit 1996 Präsident.

G.W.

Bauernmöbel. Unter dem Begriff »Bauernmöbel« subsumiert man die wegen ihrer aufwendigen ästhetischen Ausgestaltung erhaltenen Möbel des gehobenen Bauern- und mittleren Bürgerstandes, der Pfleger, Geistlichen und des niederen Adels auf dem Lande. Diese Prunkmöbel – oft Hochzeits- oder Amtsantrittsgeschenke – wurden seit dem 19. Jh. von Personen aus dem Umkreis der Erneuerung des Kunstgewerbes sowie der Altertumskunde gesammelt und dienten Künstlern als Vorbild. In ihnen wollte man »naive Kunst«

der Bauern und Hirten sowie Relikte älterer Stufen der europäischen Kultur entdecken. Der Sommerfrischentourismus des 19. Jh.s und die Heimatschutzbewegung verstärkten das Interesse an diesen Produktionen. Von dieser Personengruppe wurden sie »Bauernkunst« und »Bauernmöbel« benannt und meist in Sammlungen (etwa die Goldegger Pflegerstube im →SMCA) oder andere Milieus disloziert. Erst die von der sogenannten Münchner Schule der historischen Quellenforschung ausgehenden volkskundlichen Forschungen zur Handwerks-, Vertriebs- und Stilgeschichte seit der Mitte des 20. Jh.s zeigten, daß auch diese Stücke in handwerklicher Tradition, unter vielfältigen stilistischen Einflüssen und marktorientiert, entstanden waren. Einfache Möbel des bäuerlichen Standes verschwanden im Zuge der Industrialisierung und fanden im 19. Jh. kein Sammlerinteresse.

Nachlaß- und Übergabsinventare zeigen, daß etwa im 17. Jh. auch in den rauchfreien Stuben der Salzburger Bauernhäuser wenig Mobiliar vorhanden war. Vielfach waren es einfache, ungeschmückte, tatsächlich mobile Zweckmöbel. Auch der simultane und wertende Gebrauch der Alltagsgüter ist zu beachten, so daß sich oft älteste Möbelformen als Dachboden- und Kellerbehältnisse erhalten haben bzw. ältere Stücke übermalt und überarbeitet wurden. Im 17. Jh. etwa finden sich im Bauernhaus Schränke nur in geringer Anzahl und oft einfachster Ausführung. Meist besaß das Bauernpaar einen Schrank im Schlafraum. Alle weiteren Personen hatten eine Gewandtruhe, die bei weichenden Kindern oder Dienstboten den gesamten Besitz enthielt. Auch alle Gerätschaften des täglichen Gebrauchs wurden im wesentlichen in Truhen und auf offenen Borden bzw. an Wandhaken aufbewahrt. Die Türen der Kästen bzw. die Deckel der Truhen aus einfachen Bauernhäusern enthalten auf der Innenseite oft, mit Mehlbrei eingeklebt, wesentliche Lebenserinnerungen und Besitztümer der BesitzerInnen, wie Sterbezettel, Militärentlassungsscheine, Heiligenbilder und Liebesbriefe. In der Wohnstube, dem Hauptwohn- und Arbeitsraum, dominierten die wandfeste Bank und der Kastentisch sowie einzelne Stühle unterschiedlicher Qualität und Machart. Ein wandfester kleiner Schrank für besondere Kostbarkeiten, Arzneien und die Bibel war meist im Wohn- und Schlafraum vorhanden. Daneben wiesen die Arbeitsmöbel, von denen vergleichsweise wenige erhalten sind, eine große, zweckentsprechende Vielfalt auf.

Die sogenannten »Bauernmöbel« wurden von Tischlern und Zimmerleuten zwischen dem 16. und 19. Jh., der Zeit der stärksten ständischen und regionalen Differenzierung, in einer Fülle von Formen und Stilgruppen gefertigt. Die Bemalung der Salzburger B. zeigt Einflüsse des überreichen bayerischen Stils ebenso wie des einfacheren innerösterr. Möbels. Ausgeprägte Eigenheiten weisen die Lungauer und Pinzgauer B. auf. Um 1700 begann die Grundierung der Möbel mit Farbe (warmes Braun und Ochsenblutrot), darauf Bemalung mit pflanzlichen Motiven und perspektivischen Landschaften. Die Bemalung folgt stets der architektonischen Form und täuscht oft kostbarere Materialien und Techniken vor (Marmorierung, Furniermalerei, Intarsie durch aufgeklebte Stiche). An der Wende vom 18. zum 19. Jh. tauchen üppigere Malereien auf blaugrünem und blaugrauem Grund auf, die gleichzeitig Stilelemente von Renaissance bis Empire vereinen (etwa Mobiliar des J. Scherndanner, 1813, heute →Monatsschlößl). Im Bereich der Marmorbrüche finden sich Tische mit Marmorplatten (→Marmor), die Tische des Adels aus der Renaissance weiterführen. Die Möbel des stadtfernen Lungaus werden durch den rotbraunen Grundton und einen strengen, herben Stil charakterisiert. Im Pinzgau entstanden neben den reich bemalten B. des 19. Jh.s (etwa die »Vogelkästen«) zwischen dem 17. und 19. Jh. großteils aus Zirbenholz getischlerte und geschnitzte Blankholzmöbel städtischen Charakters, die den Frankfurter Schränken vergleichbar sind. Neben Truhen und Betten fallen zweitürige Schränke mit zwei Sockelladen auf, deren Rahmungen aus flachen, gedrehten Lisenen bestehen. Eine Werkstatt in Saalfelden, die Pflegerschlösser, Pfarrhöfe, Brauhäuser und »Bauernkönige« belieferte, ist wenig erforscht. Die Werkstatt Hacksteiner in Rauris arbeitete für die Sakristei der Pfarrkirche wie für Haushalte. Ornamente, Blüten, Ranken, Metallstempelmotive, selten religiöse Darstellungen kennzeichnen diese Produktion. Schmidt sieht Vorbilder in protestantischen Reichsstädten und hält das Fortleben solcher Blankholzmöbel und die Ablehnung des katholischen, farbenfrohen Barockstils für ein Kennzeichen des Kryptoprotestantismus in Salzburg. Während der Rekatholisierung wurden viele dieser Pinzgauer Möbel mit religiösen Motiven überarbeitet. Bereits im 19. Jh. entstand im Umkreis der Gewerbeerneuerung die »Bauernstube« als städtischer Heimatstil (die Geschäftseinrichtung August Neubauers 1913, Steingasse 18, im »heimatlichen Stile« war eine Novität), ab 1946 schuf Harriet Walderdorff mit der Einrichtung des Hotel »Goldener Hirsch« einen gehobenen Salzburger Einrichtungsstil. Seit den 1960er Jahren entwickelte sich speziell über das Gastgewerbe ein tourismusorientierter »alpiner Einrichtungsstil«, der lange Zeit prägend blieb.

Lit.: U. Kammerhofer, I. Froschauer: Das Alltagsleben in vergangenen Jahrhunderten. In: Golling. Geschichte einer Salzburger Marktgemeinde, hg. von R. Hoffmann, E. Urbanek, Golling 1991, S. 446-469. – L. Schmidt: Bauernmöbel aus Süddeutschland, Österreich und der Schweiz. Wien [2]1977. – N. Watteck: Geschnitzte Pinzgauer Zirbenholzmöbel. In: AMK 17, 1972, Nr. 122. – F. Prodinger: Salzburger Volkskultur. Schriftenreihe des SMCA Nr. 4, 1963.

U.K.

Baumann, Hans, * Rothenburg ob der Tauber um 1510, † Würzburg 1570, Schriftsteller, Chronist und Buchdrucker. Schul- und Univ.-Besuch in Erfurt. Nach Studienabbruch Erlernung des Buchdruckerberufs. Nahm 1546 im Dienst des Herzogs von Alba am Schmalkaldischen Krieg teil. 1548 kam er mit dem Administrator des Erzstiftes, Herzog Ernst von Bayern, nach Salzburg und errichtete mit dessen Unterstützung die erste Druckerei des Landes (→Verlagswesen). Bis 1557 brachte er neun Drucke heraus, darunter H. →Sachs' »Lobspruch auf Salzburg« (1550). Ab 1562 war B. fürstbischöflicher Hofbuchdrucker in Würzburg. Er verfaßte 1561 eine »Chronica« von Salzburg, die außer der eigentlichen Chronik (einer Kompilation mit eigenen Zügen für die jüngste Zeit) eine geographische und topographische Landeskunde von Salzburg enthält (heute in der Münchener Staatsbibl.).

Lit.: J. Benzing: H. B. In: NDB, Bd. I, S. 652 ff. – E. v. Fritsch: Das Endergebnis der Baumannforschung. In: SMusBl. 18, 1939, Nr. 6, Sp. 1 ff. – M. C. Trdán: Beiträge zur Kenntnis der salzburgischen Chronistik des 16. Jh.s. In: MGSLK 54, 1914, S. 148 ff.

P.F.K.

Bäumer, Eduard, * Castellaun im Hunsrück 14. 5. 1892, † (Verkehrsunfall) München 21. 1. 1977, Maler. Nach Studium in Frankfurt, Kriegsdienst und ersten nachhaltigen Italien-Eindrücken emigrierte er 1933 nach Salzburg. 1943 Berufs- und Malverbot wegen seiner jüdischen Frau, 1947-63 Prof. an der Akad. für angewandte Kunst in Wien, 1959 entdeckte er die Küstenstadt Tropea (Kalabrien) für sich, wo er fortan alljährlich längere Zeit verbrachte. Unter dem Eindruck des Bauhauses (Itten) entstanden vor dem Krieg poetisch-kubistische Städtebilder und Stilleben. Der späte B. kam auf der Suche nach der mediterranen Urheimat und dem einfachen Leben zu immer lapidareren Umsetzungen von landschaftlichem Erleben. Netzartig verstrebte Linien und leuchtende Farbflecken bilden ein vibrierendes Muster, ohne das Naturvorbild ganz zu verlassen, und werden zu Bausteinen kindlich-elementarer Harmonie. Auch B.'s Frau Valerie (* Wien, † Salzburg 1982) war eine begabte Malerin. (Farbabb. S. 375)

Lit.: Ausstellungskat. Neue Sachlichkeit in Österreich. Kunstforum Bank Austria, Wien 1995. – A. Bäumer (Hg.): E. B. Salzburg 1992. – W. Mrazek u. a.: E. B. Salzburg 1977. – Schmidt. – Gugg.

N.Sch.

Baumgartner, Eduard, * Hallein 10. 3. 1870, † Salzburg 4. 11. 1948, Lehrer, Schriftsteller, Landtagsabgeordneter. Nach Lehrtätigkeit in Saalfelden und Rauris wurde B. Bürgerschuldirektor in Salzburg. Er engagierte sich im Salzburger Lehrerverein und gab die »Zeitschrift des Salzburger Landeslehrervereines« heraus. 1919 wurde er für die Sozialdemokraten in den Salzburger Landtag gewählt, dem er bis zu dessen Auflösung im Februar 1934 angehörte. B. war freier Mitarbeiter der sozialdemokratischen »Salzburger Wacht«, in der er sich in mehreren Artikeln mit der Frühgeschichte der Arbeiterbewegung befaßte. Neben der Geschichte der Arbeiterbewegung setzte er sich mit Werken wie »Wie Salzburg wieder katholisch wurde« (1931) kritisch mit der Geschichte der katholischen Kirche auseinander. »Salzburg, Ein Führer durch die Geschichte der Stadt und ihrer Bewohner« (2 Bde., 1921) wurde viel beachtet.

Lit.: J. Kaut: Der steinige Weg, Geschichte der sozialistischen Bewegung in Salzburg, [2]1982, S. 257 f.

Th.W.

Baumwollverarbeitung →Hausindustrie

Bauten des Berg- und Hüttenwesens haben sich erhalten in: Böckstein bei Badgastein, als Zentrum des →Goldbergbaus eine Bergwerkssiedlung, einheitlich nach Plänen von 1741 und 1745 angelegt, 1764 vollendet; Bundschuh, eine Hochofenanlage zur Eisenverhüttung von 1839-62; Hallein, die Salinengebäude auf der Pernerinsel, Sudpfannentrakt nach Auflassung der alten Pfannhäuser am Gries 1854-62 neu erbaut; Hüttschlag-Wolfau im Großarltal Knappenhäuser des Kupfer- und Schwefelkiesbergbaus; Mauterndorf-Hammer die Ruine des Hammerwerkes und Drahtzuges für die Verarbeitung des Eisens aus Bundschuh, ein Kalkofen; Muhr, oberhalb der Einmündung des Rotgüldenbaches die Reste der Schmelzhütte, Brennöfen, des Giftturms für den Arsenikbergbau; Ramingstein-Kendlbruck, Hochofenanlage zur Eisenverhüttung, Mitte 18. Jh.; Rauris, als Verwaltungszentrum des Goldbergbaus im Spätmittelalter sowie im 18. Jh., Gewerkenhäuser; Kolm-Saigurn/Rauris, am »Neubau« in ca. 2100 m Höhe Anlagen des Goldabbaus, →Bergbau.

Lit.: W. Schlegel: einschlägige Artikel in Dehio-Handbuch, Bd. Salzburg. Wien 1986. – G. Ammerer: Bauwerke im Salzburger Raurisertal als Zeugen einer »Goldenen Vergangenheit«. In: ÖZKD 37, 1983, S. 31 ff., s. auch →Baudenkmäler der Technik und Industrie.

M.O.

Bauten des Verkehrs. Bereits in prähistorischer Zeit führte das reiche Vorkommen von Bodenschätzen zu einem Warenverkehr, dessen Wege die Anfänge der Verkehrserschließung des Landes darstellen. Die →Römerstraßen, die bald nach der Besetzung Noricums aus militärischen Gründen gebaut wurden, folgten oft älteren Wegen (→Saumwege). Im MA. war die Bedeutung Salzburgs als »Paßstaat« groß, da hier seit dem 14. Jh. die einzigen Übergänge die Alpen querten, die nicht in der Hand der Habsburger waren. Die Handelszentren in Oberdeutschland und Böhmen waren mit Venedig durch ein »Paßsystem« (»Tauern«) über die Alpen verbunden. Unter Eb. →Leonhard von Keutschach wurden die Straßen ins Rauriser Tal, der Saumweg über den Radstädter Tauern und den Katschberg zu Fahrstraßen ausgebaut. Eb. →Matthäus Lang eröffnete um 1535 die Fahrstraße durch die Klamm nach →Gastein und eine andere entlang der Mur von Tamsweg nach Ramingstein an die

Das stillgelegte Strubklamm-Kraftwerk bei Adnet

steirische Grenze. Besondere Verdienste um den Ausbau der Straßen, der der Erschließung der Gebirgstäler mit ihrem Gewinn abwerfenden →Bergbau galt, erwarb sich Eb. Johann Jakob von Kuen-Belasy. Eb. →Wolf Dietrich legte für den Transport von Eisen und Salz die »Salzkammergutstraße« an. Gegen 1700 erreichte die Kenntnis des fundamentierten Straßenbaus Salzburg; um diese Zeit waren die Hauptstraßenzüge vorhanden. Historische Wachtanlagen, Mautstellen, Einkehrhäuser sind nur noch wenige erhalten (z. B. Alte Wacht an der Straße nach Großarl, Tauernhaus im Seidlwinkeltal in Rauris).
Die bedeutendsten Straßenbauten der neueren Zeit sind in erster Linie LH. F. →Rehrl zu danken. 1929 wurde die →Gaisbergstraße, urspr. als Rennstrecke konzipiert, eröffnet, 1935 die →Großglockner-Hochalpenstraße, die faszinierende Meisterleistung F. →Wallacks, die eine seltene Symbiose von Technik und Natur erreicht, eine »vorbildliche Darstellung und Interpretation eines hochalpinen Landschaftsraumes« (Achleitner). 1938-42 wurde die »Reichsautobahn« von Westen kommend bis Eugendorf und Anif fertiggestellt; 1954 wurde der Bau in Richtung Mondsee wieder aufgenommen. 1962 Fertigstellung der Gerlosstraße, 1967 Felbertauernstraße, 1975 Scheitelstrecke der Tauernautobahn. Bemerkenswerte Brückenbauten sind die Salzachbrücke Oberndorf-Laufen 1902-03, der Mozartsteg in Salzburg 1903, die Eisenbeton-Bogenbrücke St. Johann i. P. 1914/15, der Knoten Gigerach am Eingang zum Gasteiner Tal.
Ein ebenso alter Verkehrsweg wie die Straße ist die Salzach, sie war von der Mündung in den Inn bis Hallein schiffbar. Der Transport

Rudolf Bayr (RV)

des Salzes vom →Dürrnberg erfolgte bis in die Mitte des 19. Jh.s ausschließlich auf dem Wasserweg (dann auf dem Schienenweg). Die Anlegeplätze der Schiffe nannte man »Lände«; sie lagen zumeist an der strömungsabgewandten Seite einer Flußschlinge, wo flache Schotterbänke das Ufer bildeten (»am Gries«). Seit 1854 gab es Versuche, eine Dampfschiffahrt einzurichten (1857 Dampfboot »Prinz Otto«).
1860 erreichte die Kaiserin-Elisabeth-→Westbahn Salzburg, hier Anschluß an die Strecke München – Salzburg, 1871 Strecke Salzburg-Hallein, 1875 Gebirgsstrecke Hallein-Wörgl und Bischofshofen-Selzthal. Von größter Bedeutung für die Nord-Süd-Verbindung war die →Tauernbahn (1905 bis Badgastein, 1909 Tauerntunnel). Seit 1926 planmäßiger Flugverkehr in Salzburg-Maxglan.
→Gaisbergstraße, →Gaisberg-Zahnradbahn, →Großglockner-Hochalpenstraße, →Ischlerbahn, →Schafbergbahn, →Tauernbahn, →Westbahn.

Lit.: R. Hykysch: Die Bahnhöfe im Land Salzburg. Diss. Salzburg 1989; s. auch →Baudenkmäler der Technik und Industrie. – F. Koller: Die Salzachschiffahrt bis zum 16. Jh. In: MGSLK 123, 1983, S. 1 ff. – A. Mueller: Die Eisenbahnen in Salzburg. Geschichte der Schienen- und Seilbahnen, Salzburg 1979. – A. Wagner: Salzburger Straßennetz (Schriftenreihe des Landespressebüros Nr. 43). Salzburg 1979; s. auch →Baudenkmäler der Technik und Industrie.

M.O.

Bauten des Wasserwesens umfassen das breite Band von Regulierungs- und Uferschutzbauten, vom einfachen Wehr bis hin zu großen Stauanlagen (z. B. Kraftwerk Eichetmühle 1898, Kraftwerk Badgastein 1914, Kraftwerk Strubklamm/Gem. Adnet 1920/25, Kraftwerksgruppe Glockner-Kaprun 1938-55, eine der imposantesten Anlagen Österreichs; Wasserleitungen mit Quellfassungen (z. B. das Nutz- und Abwassersystem des →Almkanals 1137-1143, Fürstenbrunner Wasserleitung), historische Holztriftanlagen mit den typischen »Klausen« (z. B. Muck-Klause 1792 und Fischbach-Klause/Gem. Unken 1864, Schoberweißbach-Klause/Gem. Lofer 1860) bis zu hölzernen Druckrohrleitungen (z. B. in Madling/Ramingstein) oder bis zu den wasserbetriebenen →Kugelmühlen am Fuß des Untersbergs.

Lit.: W. Schlegel: Industriearchäologie – ein neues Aufgabengebiet. In: Das Salzburger Jahr 1985/86. – Ders.: einschlägige Artikel in: Dehio-Handbuch, Bd. Salzburg. Wien 1986; s. auch →Baudenkmäler der Technik und Industrie.

M.O.

Bayer, Franz Xaver Rudolf, * Wien 20. 2. 1825, † Dresden 4. 7. 1878, k. k. Baurat und Architekt. Studium an der Akad. der bildenden Künste in Wien, arbeitete zunächst im Dienst des General-Inspektors der Staatsbahnen, Karl Ritter von Ghega, dann unter Moriz Löhr, gemeinsam mit Patzelt und O. Thienemann; 1861 Stadterweiterungsplan für Salzburg (→Stadtentwicklung).

Lit.: J. Melms: Franz Rudolf Bayer. Ein österreichischer Architekt des Historismus, Diplomarbeit Salzburg 1994.

M.O.

Bayr, Rudolf, * Linz 22. 5. 1919, † Salzburg 17. 10. 1990, Schriftsteller, Übersetzer, ORF-Intendant, Gourmet. Gymnasium in Linz. Studium der Philosophie, Ästhetik, Germanistik und Musikgeschichte an der Univ. Wien. Diss.: »Zur Problematik des künstlerischen Übersetzens«. Dr. phil. 1943. Theater- und Literaturkritiker in Wien. Ab 1955 Leiter der Literatur- und Hörspielabteilung von Radio Salzburg. Leiter der Hauptabteilung Kultur des ORF in Wien 1971-75. Intendant des ORF-Studios Salzburg 1975-84. PEN-Mitglied seit 1967. Viele Literaturpreise und kulinarische Preise (Premio Europa a Tavola, 1984; Gourmet des Jahres, 1984). Als ORF-Intendant war B. ein großer Förderer literarischer Talente. Mitwirkung an den →Rauriser Literaturtagen. Bei den Salzburger →Festspielen wurden 1965 Sophokles' »König Ödipus« und »Ödipus auf Kolonos« aufgeführt (Übersetzung: R. B., Regie: Gustav Rudolf Sellner, Bühnenbild: Fritz Wotruba, Musik:

Ernst Krenek). B. schrieb Gedichte, Erzählungen, Hörspiele und Essays; seine Sprachform ist von Ironie und pointierter Gedankenführung geprägt. Wichtige Werke: »Die Eiben von Sammezzano«, Essays (1984), »Ein Loch im Lehm«, Erz. (1981), »Der Betrachter«, Roman (1978), »Die Schattenuhr«, Erzählungen (1976). B. schrieb eines der ersten Bücher über »K. H. →Waggerl, der Dichter und sein Werk«, 1947.

Lit.: R.B.: Ich habe nichts als mich. Auswahl. Hg. v. B. Steinwendtner, Salzburg 1999.

A.Has.

Bebel, August, * Köln-Deutz 22. 2. 1840, † Passugg (Schweiz) 13. 8. 1913, Drechsler, dt. sozialdemokratischer Politiker, mit Karl Liebknecht Begründer der dt. Sozialdemokratischen Arbeiterpartei (1869). B. arbeitete 1859/60 in Salzburg als Drechslergeselle in einer Werkstatt im Schatz-Durchhaus (Getreidegasse). Er war hier als Protestant Mitglied des Katholischen Gesellenvereins und Zeitzeuge von Arbeiterkultur und Salzburger →Kulturkampf.

R.R.H.

Becvar, Josef, * Wien 19. 10. 1907 † Wien 20. 9. 1984, Architekt. 1931 Absolvent der Meisterklasse Peter Behrens an der Akademie der bildenden Künste Wien, seit 1933 selbständig. 1967 Verleihung des Titels Professor. Der vorwiegend in Wien und seit 1946 auch in Salzburg tätige B. war ein planerisch und politisch hochaktiver, technisch und organisatorisch kreativer Akteur der drei Nachkriegsjahrzehnte. Das Bürogebäude der Assicurazioni Generali anstelle der zerbombten Hälfte von →Mozarts Wohnhaus am Makartplatz – überdimensioniert und das Stadtbild beeinträchtigend (1951-52, abgebrochen 1994) der Griesgassen–Durchbruch – eine moderat moderne, funktionstüchtige Architektur (1952-54) –, der umstrittene sogen. »Mississippidampfer« am Hanuschplatz – moderne Architektur mit städtischem Lebensgefühl (1954, abgebrochen 1974) –, der Fordhof – eine städtebaulich bemerkenswerte Großform (St. Julien-Straße/ Ecke Rainerstraße 1952-54) – und das elegante Hotel →Europa inmitten einer ebenfalls von B. stammenden, ökonomisch ausgereizten Bahnhofsbebauung (1956-57) zeigen das breite Spektrum unterschiedlicher Qualität.

Lit.: N. Mayr: Kein Schandfleck mehr. In: SN, 20. 2. 1999, S. 9. – G. Plasser: Der Griesgassen-Durchbruch. In: E. Marx (Hg.), Befreit und besetzt, Salzburg-München 1996, S. 127-32.

N.M.

Bekk, Adolf, * Baden 16. 6. 1831, † Bad Gastein 18. 9. 1906, Pädagoge, Schriftsteller. B. studierte an den Universitäten Leipzig, Wien, Graz, Jena und München Medizin und Philosophie. B. unterrichtete zunächst an Mittelschulen in Wien, dann an der Lehrerbildungsanstalt in St. Pölten. 1870 wurde er an die Lehrerbildungsanstalt in Salzburg versetzt, deren Direktor er 1871 wurde. B. organisierte während der Ferien Fortbildungskurse für Volksschullehrer und Privatkurse zur Ausbildung von Lehrerinnen. 1873 leitete er die Unterrichtssektion der Wiener Weltausstellung. Der unter dem Einfluß Emanuel Geibels entstandene Gedichtband mit dem Titel »Ranken« erlebte drei Auflagen. Weiters publizierte B. u. a.: »Shakespeare« (1864, Neuaufl. 1902); »Shakespeare und Homer» (1865); »Die Verteidiger Wiens und die Türkenkriege« (1883). Für Nagl-Zeidlers »Deutsch-Österreichische Literaturgeschichte« verfaßte B. einen Artikel über die ältere deutsche Literatur Salzburgs.

Lit.: H. Widmann: Dr. A. B. In: MGSLK 46, 1906, S. 606 ff. – ÖBL.

Th.W.

Benediktiner, nach der Regel des hl. Benedikt v. Nursia († 547) lebende Mönchsgemeinschaften, als deren Geburtsstunde die Gründung des Klosters Monte Cassino (529) gilt. Verbleiben im Heimatkloster, Abkehr vom weltlichen Leben zum Streben nach Vollkommenheit und Gehorsam unter dem Abt sind die Maximen der B.-Regel, die sich in Bayern nach 739 gegen iro-fränkische Mischformen durchsetzen konnte, so daß am Ende des 9. Jh.s die meisten Klöster der Salzburger Erzdiözese B.-Klöster waren. Reichskloster- und Hirsauer Reform im Hoch-MA. sowie die Melker Reform des 15. Jh.s brachten dem Orden neue Impulse. Im gesamten MA. nahmen die B. durch ihren reichen Besitz eine Sonderstellung und die führende Rolle auf kulturellem und politischem Gebiet ein. Sie waren bedeutendster Träger der kath. Barockkultur und der Salzburger →Univ. (B.-Univ.). Seit dem Trienter Konzil in Kongregationen zusammengeschlossen (Salzburger Kongregation), erlebten die B. nach Josefinismus und Französischer Revolution

seit der Mitte des 19. Jh.s eine neue Aufwärtsentwicklung. 1893 wurden alle Kongregationen zu einer Konföderation unter einem in Rom residierenden Abtprimas zusammengefaßt.
Diesem ältesten noch bestehenden abendländischen Mönchsorden gehören in Salzburg (als Mitglieder der österr. Kongregation) heute außer dem intern. Studienkolleg St. Benedikt am Kloster →St. Peter (erbaut 1924/26) drei Klöster an: die Erzabtei St. Peter, wo sich die B.-Regel Ende des 9. Jh.s durchsetzte, die Abtei →Michaelbeuern, die auf eine Mönchszelle des 8. Jh.s oder das salzburgische Eigenkloster Otting (westlich Waging) zurückgeht und in der 2. H. des 11. Jh.s erneuert und lebensfähig ausgestattet wurde, sowie das B.innenkloster →Nonnberg (gegründet 712/15 vom hl. →Rupert), das älteste noch heute bestehende Frauenkloster im dt. Sprachraum, wo seit Eb. →Konrad I. konsequent die B.-Regel befolgt wird. Frauenkonvente existierten auch in Michaelbeuern und in St. Peter, das mit den sogenannten Petersfrauen vom 12. Jh. bis 1583 ein Doppelkloster bildete. Vom 9. bis Anfang des 11. Jh.s lebten auch die Mönche →Mattsees nach der B.-Regel. Salzburgische B.-Eigenklöster waren zudem im heutigen Bayern: Otting (8. Jh.), Herrenchiemsee (ab 11. Jh. Kollegiatstift), Gars und Au am Inn (später Augustiner-Chorherrenstifte), Seeon (ab 1201) sowie temporär die Frauenklöster Frauenchiemsee (Weihe 782) und das nur 909 belegte Traunsee (Altmünster) in OÖ. Auch Raitenhaslach (Zisterze 1143/46) war möglicherweise eine B.-Zelle des 8./9. Jh.s. 1074 errichtete Eb. →Gebhard als Eigenkloster das steirische Admont, das von St. Peter besiedelt wurde. Filialklöster von St. Peter waren die Kärntner Propstei Wieting und das Kloster Neumarkt an der Rott, das nach St. Veit verlegt und 1255 unabhängig wurde.

Lit.: H. Dopsch: Klöster und Stifte. In: Geschichte I/2, S. 1002 ff. – J. Neuhardt (Hg.): 1500 Jahre St. Benedikt, Patron Europas. Kat. Graz 1980. – H. Tausch (Hg.): Benediktinisches Mönchtum in Österreich. Wien 1949.

P.F.K.

Benediktinertheater →Theater der Benediktineruniversität

Benevoli, Orazio, * Rom 19. 4. 1605, † Rom 17. 6. 1672, Komponist. Bis 1975 galt er als Autor der berühmten 53stimmigen »Missa Salisburgensis«, deren überdimensionale Partitur (82x57 cm) als einzigartiges Dokument Salzburger Musikgeschichte ins →SMCA gelangte, nachdem sie in den 70er Jahren des 19. Jh.s bei einem Salzburger Gewürzkrämer entdeckt worden war. B. soll sie angeblich als Auftragswerk für die Feierlichkeiten zur Einweihung der Salzburger →Domkirche im Jahre 1628 komponiert haben. Inzwischen konnte durch quellenkritische und analytische Untersuchungen hinlänglich nachgewiesen werden, daß B. keinesfalls als Komponist und auch nicht als Schreiber der Partitur in Erwägung zu ziehen ist, sondern daß das Werk, aus Messe und gleichbesetzter Motette bestehend, 1682 für die 1100-Jahr-Feier der Gründung des Erzstiftes Salzburg durch den hl. →Rupert von H. I. F. →Biber komponiert wurde.

Lit.: E. Hintermaier: »Missa Salisburgensis«. Neue Erkenntnisse über Entstehung, Autor und Zweckbestimmung, in: Musicologica Austriaca I, 1975.

E.H.

Bentele (Pendele, Bendele), Salzburger Uhrmacherfamilie des 18. Jh.s. Franz B. (* 1741) erneuerte 1782 die Domuhr; er hatte mit seinem Sohn Johann die Aufsicht über die Uhren im →Dom und im Schloß →Mirabell, über die übrigen Stadtuhren sowie das →Glockenspiel. Johann B., einer der angesehensten Salzburger Uhrmacher, erhielt 1769 die Großuhrengerechtsame von seinem Vetter Jakob. Zahlreiche Uhren seiner Werkstatt sind erhalten: 1780 Kirchenuhr von →St. Peter, 1802 Rathaus-Turmuhr, daneben viele Repetier-, Stock-, Pendel- und Reiseuhren sowie mathematische Instrumente. Johann B. (* 1771) ging als Uhrmachergeselle nach München.

Ch.S.

Berchtenabend →Perchten

Berchthold zu Sonnenburg →Mozart, Maria Anna Walburga Ignatia (»Nannerl«)

Bergbau. Die Anfänge des Salzburger B.s reichen in prähistorische Zeit zurück (→Bergbau, prähistorischer). Im MA. bildete der B. die Grundlage der Wirtschaft des Landes. Die Eb. hatten ihre lokalen Bergrechte ausgebaut und 1199 das königliche Regal, in Bergen und Flüssen nach Bodenschätzen zu suchen und diese zu heben, bestätigt bekommen.

Nachrichten über das Goldwaschen (bes. Salzach) liegen ab dem 8. Jh. vor. Bergmännischer Erzabbau wurde ab dem 13. Jh. betrieben (Eisen-B. in Dienten, Flachau, im Lammertal; Goldabbau bei St. Michael im Lungau). Um 1340 setzten Gold-, Silber- und Kupfer-B. in Gastein und Rauris, den bedeutendsten Bergbauen des Landes, ein (→Goldbergbau, →Bauten des Berg- und Hüttenwesens). Kleinere Kupferbergbaue wurden im Großarltal, bei Mühlbach, Leogang, Thumersbach und im Brixental betrieben, Gold und Silber wurden auch im Murwinkel, Silber um Ramingstein abgebaut. Im Bergbaugebiet Rotgülden/Murwinkel wurde Arsenkies gewonnen (zudem Eisen- und Edelmetall-B. in den salzburgischen Gebieten Tirols und Kärntens). Der Erz-B. wurde vom Salzburger Eb. durch eine entsprechende Wirtschaftspolitik (etwa Subventionen für Edelmetalle im 14./15. Jh.) gefördert; Bergordnungen wurden erlassen, die älteste – ein Markstein in der Geschichte des europ. Bergrechts – 1342 für Gastein und Rauris. Die Erzbergwerke wurden von Gewerken (Besitzern von B.-Anteilen), im 13./14. Jh. meist Talbewohner mit geringem Kapital, erschlossen. Ab dem 15. Jh. wurden wegen hoher Investitionen (Bergbaue über 2500 m) kapitalkräftige Gewerken, wie die Fugger, →Weitmoser, Zott und Straßer, benötigt. Die Bergknappen, die dem Bergmeister oder Bergrichter unterstellt waren, hatten eine wöchentliche Arbeitszeit von 44 Stunden; auch auswärtige Facharbeiter standen im Einsatz.

Die Einnahmen der Eb. aus dem Erz-B., bestehend aus 1/9 Gewinnbeteiligung, jedem 10. Kübel des geförderten Erzes (Fron) und dem Gewinn aus dem Wechsel oder Gefälle, machten seit dem 15. Jh. neben dem Salz den größten Aktivposten des Landes aus. Zur Blütezeit des B. (ca. 1500-90) zählte Salzburg zu den drei größten Edellmetallproduzenten und somit zu den reichsten Ländern des Reichs. Die absolute Edelmetallspitzenproduktion wurde 1557 mit 2954 Mark Gold und 9689 Mark Silber (1 Mark = 281 Gramm) erreicht. Nach einer in den 60er Jahren des 16. Jh.s einsetzenden rückläufigen Entwicklung (Preisverfall, ungünstige Lagerstättenverhältnisse) gaben die Gewerken ihre Unternehmertätigkeit auf, und die Edelmetallbergbaue gingen auf den Eb. über (Anfang 17. Jh.). Auch der Buntmetall- und Eisen-B. wurde verstaatlicht, so daß ab dem 17. Jh. der Metall-B. ohne Rücksicht auf Rentabilität als staatlicher Monopolbetrieb geführt wurde.

Im 18. Jh. verzeichnete die Montanindustrie einen leichten Aufschwung (Eisenwerk Werfen, Messinghütten in Ebenau und Oberalm). Nach dem Verlust der Salzburger Eigenstaatlichkeit (Ende des Münzwesens) wurden bis 1875 alle noch verbliebenen Bergwerke stillgelegt oder an private Gewerken verkauft. Viele Betriebe schlossen in der Zeit der Weltwirtschaftskrise. Das wieder in Betrieb genommene Eisenwerk Sulzau-Werfen (→Ofenplatten) baute bis 1961 eigene Erzvorkommen ab, der Leoganger Magnesit-B. (seit 1936) wurde 1970, der 1941 reaktivierte Kupfer-B. Mitterberg 1977 eingestellt – Salzburgs Erzlagerstätten für traditionelle Metalle hatten sich erschöpft. Der 1977 eröffnete Wolframbergbau am Felbertauern wurde 1993 vorerst eingestellt, einige Jahre später wieder aufgenommen.

Verblieben ist der Abbau von Naturstein (Marmor in Adnet und am Untersberg, Diabas in Saalfelden), Zementmergel (Werk Leube in Gartenau) und Gips (Werk Moldan in Kuchl/Golling).

Der ma. Salz-B. des Landes geht auf Anteile →Ruperts an der Saline Reichenhall (Bayern) zurück, wo Salzburg die führende Rolle an die Wittelsbacher verlor. Kleinere Salinen wurden nach der (Wieder-)Entdeckung des →Dürrnberger Salzvorkommens (um 1190) eingestellt. Die Saline Hallein-Dürrnberg wurde durch bergbaumäßige Salzgewinnung unter Tage (Technik der Zisterzienser, Laugverfahren), rationelle Großsiedepfannen und günstige Verkehrsbedingungen (Salzach bzw. Tauernübergänge) sowie gezielte wirtschaftspolitische Maßnahmen Eb. →Eberhards II. (Dumping, Valorisation) binnen 30 Jahren zur bedeutendsten des Ostalpenraums und blieb dies bis zum 16. Jh. Der Eb. konnte alle Rechte seiner Mitsieder (Klöster →St. Peter, →Nonnberg, Salem, Raitenhaslach, Salzburger Domkapitel und Adelige) an sich bringen, so daß das Halleiner Salzwesen ab 1530 salzburgisches Staatsmonopol war. Nach einer österr. Einfuhrsperre einigte sich Salzburg 1594 und 1611/12 in Salzverträgen mit seinem zweiten Konkurrenten Bayern, dem das Salz zu festem Preis abgegeben und der gewinnbringende

Weiterverkauf überlassen werden mußte (bis 1809). 1829 schloß Österreich die »Salinenkonvention« mit Bayern ab (die Salzlagerstätte des Dürrnbergs liegt zu 70 Prozent auf bayer. Boden). 1862 wurde ein zentrales Salinenwerk auf der Halleiner Pernerinsel (Salzach) errichtet, 1871 der Salztransport auf der Salzach eingestellt. Teilstillegungen nach dem 1. Weltkrieg. Neubedarf von Sole und Salz als Grundstoffe moderner Industrien (Zellulose, Chemieprodukte und Kunststoffe); 1952 Errichtung einer modernen Salzsudhütte. Seit 1978 sind die Österr. Salinen, deren Salzmonopol durch den Beitritt Österreichs zur Europäischen Union gefallen ist, eine Aktiengesellschaft. Im Zuge einer kontinuierlichen Konzentration der Sole- und Salzgewinnung auf die Bergbaue Altaussee, Bad Ischl und Hallstatt sowie die Saline Ebensee wurden nach anderen Produktionsstätten im Jahr 1989 auch der Salzbergbau Dürrnberg und die Saline Hallein stillgelegt. Die Bergbautradition wird durch das Schaubergwerk Bad Dürrnberg, eine Besucherattraktion mit 200 000 Besuchern im Jahr 1990, weitergeführt. →Bauten des Berg- und Hüttenwesens

Lit.: Schatzkammer Hohe Tauern. 2000 Jahre Goldbergbau, München-Salzburg 2000. – Salz. Kat. der Salzburger Landesausst. in Hallein. Salzburg 1994. – F. Gruber, K. H. Ludwig: Der Metallbergbau. In: Geschichte Salzburgs II/4, Salzburg 1991, S. 2595 ff. – J. F. Schatteiner: Der Salzbergbau Dürrnberg und die Saline Hallein. In: Geschichte Salzburgs II/4, Salzburg 1991, S. 2631 ff. – F. Gruber, K. H. Ludwig: Salzburger Bergbaugeschichte. Salzburg-München 1982. – F. Koller: Die Wirtschaft. In: Geschichte I/1, S. 629 ff., bes. S. 633 ff. – G. Treffer: Weißes Gold. 3000 Jahre Salz in Österreich, Wien-München-Zürich-New York 1981. – H. Klein: Die Saline in Mittelalter und Neuzeit. In: Halleiner Heimatbuch, Leoben 1954, S. 62 ff.

P.F.K.

Bergbau, prähistorischer. Bereits in der Bronze- und Eisenzeit erlangte das Gebiet des Landes Salzburg aufgrund der Bodenschätze überregionale Bedeutung. Kupfererze finden sich in der Grauwackenzone, bes. im Bereich von Bischofshofen-Mühlbach sowie im oberen Salzach- und Saalachtal (Gegend von Mittersill bzw. Viehhofen). Die Anfänge der Kupfergewinnung im Salzburger Land reichen in die späte Jungsteinzeit, in das 3. Jt. v. Chr. zurück, die Blütezeit des Kupferbergbaus fällt in die Bronzezeit (2. Jt. v. Chr.). Etwa um 800 v. Chr. scheint der Bergbau im Gebiet von Bischofshofen zum Erliegen gekommen zu sein, im oberen Salzachtal hat man auch noch in der Hallstattzeit (ca. 750-500 v. Chr.) nach Kupfer geschürft. Der Bergbau hat tiefe Spuren im Gelände hinterlassen; Einsturzfurchen und -trichter, sog. Pingen, sowie ausgedehnte Halden zeugen vom Umfang der Bergbautätigkeit. Den Erzgängen folgend sind bronzezeitliche Bergleute bis 190 m tief in den Berg vorgedrungen. Das gewonnene Erz wurde in kleinen Schachtöfen verhüttet, im Gebiet von Bischofshofen-Mühlbach sind bisher etwa 200 prähistorische Schmelzplätze bekannt geworden. Der Kupferbergbau hatte eine sehr dichte Besiedlung der inneralpinen Täler zur Folge, die Siedlungen lagen vorwiegend auf natürlich geschützten Anhöhen, z. B. am Götschenberg bei →Bischofshofen.

Der Salzbergbau am →Dürrnberg bei Hallein setzte etwa um 600 v. Chr. ein. Im Zuge der neuzeitlichen Salzgewinnung stieß man in Tiefen bis zu 240 m unter Gelände auf Spuren prähistorischer Bergleute. Der Salzbergbau bildete die wirtschaftliche Grundlage für den Wohlstand der keltischen Bevölkerung des Dürrnbergs. In römischer Zeit kam die Salzgewinnung zum Erliegen, erst im MA. wurde der Abbau wieder aufgenommen (→Bergbau). Die Verhüttung von Eisenerz ist im Land Salzburg für die 2. H. des 1. Jt.s v. Chr. mehrfach belegt (Walchen, Uttendorf). Das notwendige Rohmaterial scheint man durch Erzlese, z. B. aus dem Geschiebe von Bächen, und nicht auf bergmännische Weise gewonnen zu haben.

Lit.: C. Eibner: Der Bergbau im Herzen des Pongaues. In: Bischofshofen, 5000 Jahre Geschichte und Kultur, Bischofshofen 1984, S. 46 ff. – E. Penninger: Der Salzbergbau auf dem Dürrnberg. In: Die Kelten in Mitteleuropa, Salzburg 1980, S. 182 ff.

F.M.

Berger, Hans, * Wals 20. 4. 1846, † Wals 20. 3. 1929, Maler. J. →Mayburger ebnete dem Bauernsohn den Weg an die Münchner Akad., in der Malklasse Pilotys wurde ihm eine glänzende Zukunft prophezeit. Nach 1870 war B. auf Einladung seines Freundes H. →Makart, der ihm einen eigenen Raum in seinem Atelier zur Verfügung stellte, in Wien. 1878 verließ er fluchtartig Wien und suchte, geistig umnachtet, in seinem Elternhaus Schutz, das er nicht mehr verließ. In diesem Dämmerzustand schuf er unentwegt Gemälde und Zeichnungen (Porträts, Mönche, romantische Szenen), die nur mehr einen schwachen Abglanz seines ursprünglichen Talents vermitteln. 1919 erinnerte man sich des »lebendig Toten« mit einer Ausstellung im Künstlerhaus. Mit Vorliebe malte er die heimatliche Landschaft des Walserfeldes.

Lit.: Saur: Allg. Künstlerlexikon. Bd. 9, 1994. – SMusBl. 47, Nr. 3, 1986, S. 32. – Fuhrmann-Land. – SV, 22. 2. 1929 u. 3. 7. 1919. – Schmidt.

N.Sch.

Bergkristall. Die Salzburger Fundorte für z. T. Riesen-Bergkristalle liegen im Rauriser, Kapruner und Gasteiner Tal. Die von Sennen und Steinsuchern gefundenen Kristalle mußten bei den Pflegschaften (gegen Bezahlung) abgeliefert werden. Seit 1665 wurden sie in der eb. →Kristallmühle in Salzburg zu Gefäßen, Lustern und Schmuck (Amulette und Diamantersatz) verarbeitet.

Lit.: H. Ebner: Bergkristallverarbeitung in Salzburg. Diplomarbeit Salzburg 1990.

Ch.S.

Bergler (Pergler), Joseph d. Ä., * Windisch-Matrei im Pustertal (damals bei Salzburg) 1718, † Passau 9. 6. 1788, Bildhauer. Galt als begabtester Schüler J. A. →Pfaffingers, mit dem er u. a. die Kreuzwegstationen auf dem Kapuzinerberg ausführte. 1750 erhielt er aus den Händen Maria Theresias den 1. Preis der Akad. in Wien. Nach seiner Verheiratung zog er wieder nach Salzburg, wo jedoch die Künstlerkollegen seine Konkurrenz zu verhindern wußten. Seine Rokokoauffassung stand im Gegensatz zur strengeren Haltung J. B. →Hagenauers. Lediglich Aufträge des Domherrn Joseph Maria Graf Thun hielten ihn hier fest. B. folgte seinem Gönner 1754 nach Gurk und wurde nach dessen Wahl zum Bischof von Passau 1762 Hofstatuarius. Der vielseitige B. arbeitete in Holz, Stein, Stuck, Metall, Elfenbein, Alabaster und Wachs und hat auch Altarblätter für Kärntner Kirchen gemalt.

Lit.: ÖBL. – Pillwein. – Saur: Allg. Künstlerlexikon. Bd. 9, 1994. – Schmidt. *N.Sch.*

Bergler (Pergler), Joseph d. J., * Salzburg 1. 5. 1753, † Prag 25. 6. 1829, Maler und Radierer, Sohn dv. J. →Bergler d. Ä. Bei seinem zehnjährigen Italienaufenthalt wurde er zunächst von dem Troger-Schüler Martin Knoller in Mailand, danach von den deutsch-römischen Klassizisten geprägt. B. wirkte 1786-1800 wieder in Passau und wurde 1800 an die neugegründete Prager Akad. berufen, wo J. v. Führich sein namhaftester Schüler war. Große Produktion von Porträts, Kirchen- und Historienbildern, deren stilistische Bandbreite von der duftigen Spätbarockmanier zu einem verbürgerlichten Klassizismus führt.

Lit.: Saur: Allg. Künstlerlexikon. Bd. 9, 1994. – A. Rohrmoser in: In Salzburg geboren, S. 95. – ÖBL. – G. Schäffer: Passauer Barockmaler. In: Ostbairische Grenzmarken, Passau 1988, S. 79 ff. – Schmidt.

N.Sch.

Bernardi, Stefano, * Verona 1577, † Verona 1637, Komponist des Frühbarock. Besuch der Accolitenschule zu Verona; 1602 Musiker der Accademia Filarmonica, dort 1606 Kapellmeister, 1607-11 Studien in Rom und erste Veröffentlichungen. 1611 Domkapellmeister zu Verona, Fortsetzung der Tätigkeit an der Accademia. 1610-21 erschienen zahlreiche Publikationen weltlicher und geistlicher Musik. 1622-24 Kapellmeister von Erzherzog Karl Joseph, Bischof von Breslau und Brixen. Ob er nach dessen Tod (1624) sofort mit dem Salzburger Hof in Verbindung trat oder zunächst in Oslavany (Mähren) tätig war, ist unbekannt. Spätestens 1627 war B., Doktor beider Rechte, nachweislich nach Salzburg gekommen. Als Magister capellae erhielt er eine Pfründe der angesehenen Schneeherren-Stiftung. 1628 leitete B. bei der Einweihung des →Doms die Musik, die von zahlreichen Musikern auf allen Marmorbalkonen des Innenraums ausgeführt wurde. Es ist anzunehmen, daß B. damals auch die Festmusik komponierte, zumal O. →Benevolis legendäre Festmesse zu 53 Stimmen, früher als Auftragswerk für die Domweihe angesehen, inzwischen H. I. F. →Biber zugeschrieben und für die Säkularfeier 1682 in Anspruch genommen wird.
1632 empfing B. die Priesterweihe. 1634 refundierte er sein Stiftungskapital aus dem Schneeherren-Fonds und kehrte nach Verona zurück, wo er 1637 starb. Der Salzburger Verleger Gregor Kürner veröffentlichte 1634 B.s letzte Sammlung von geistlichen Kompositionen »Encomia sacra«. Die große Anzahl von B.s Publikationen und wiederholte Neuauflagen belegen Ansehen und Hochschätzung seiner Kompositionen. Noch stark vom römischen vokalpolyphonen Stil des 16.

Jh.s geprägt, greifen sie nur zögernd die revolutionären Ideen der »seconda prattica« auf. B.s Beitrag für das kirchenmusikalische Repertoire des neuerbauten Doms im nicht konzertierenden Stil ist in drei umfangreichen, Eb. →Paris Lodron gewidmeten Chorbüchern im Salzburger Dommusikarchiv erhalten.

Lit.: K. A. Rosenthal: St. B.s Kirchenwerke. In: StMW XV, 1928.

E.H.

Bernhard, Thomas, * Heerlen bei Maastricht (Holland) 9. 2. 1931, † Gmunden 12. 2. 1989. Schriftsteller. Seine Mutter ist die Tochter des Schriftstellers J. →Freumbichler, der Vater Alois Zuckerstätter, ein Bauernsohn aus Henndorf († 1943 in Frankfurt/ Oder). Seine Kindheit verlebte B. bei seinen Großeltern in Wien und ab 1937 in Seekirchen am Wallersee. Mit dem Großvater war er auch Gast bei C. →Zuckmayer in der »Wiesmühl« in Henndorf. 1943-44 lebte B. in einem Internat in Salzburg, 1945-46 im Johanneum in der Schrannengasse. Im ersten Band seiner Jugendautobiographie »Die Ursache. Eine Andeutung« (1975) stellte B. die Erlebnisse im nationalsozialistischen wie im kath. Schülerheim künstlerisch dar. Das Humanistische Gymnasium verließ er 1947, um bei einem Lebensmittelhändler in Lehen eine Kaufmannslehre zu beginnen (vgl. »Der Keller. Eine Entziehung«, 1976). Im feuchten Keller des Geschäfts holte er sich eine Rippenfellentzündung, 1949 eine Lungenentzündung und erhielt die »Letzte Ölung«. Zur gleichen Zeit starb sein Großvater (11. 2. 1949). Ergreifend beschreibt B. diese Grenzsituation in »Der Atem. Eine Entscheidung« (1977). Der Großvater war die formende Persönlichkeit seiner Jugend gewesen. Er hatte auf langen Spaziergängen die musische Entwicklung des Enkels gefördert und war ihm zum Künstler-Vorbild geworden. 1950 starb seine Mutter. »In der Lungenheilstätte Grafenhof (1950-51) begann ich, immer den Tod vor Augen, zu schreiben. Daran wurde ich vielleicht wieder hergestellt« (Lebenslauf 1954). Die weiteren Bände seiner Jugendautobiographie sind »Die Kälte. Eine Isolation« (1981), als Schilderung des Aufenthaltes in Grafenhof, und »Ein Kind« (1982), als Erzählung seiner frühesten Kindheit. B.s längst vergessene literarische Erstlinge sind in Salzburger Zeitungen erschienen:

Thomas Bernhard

»Das rote Licht« im SV v. 19. 6. 1950 (Pseud.: Thomas Fabian) und »Vor eines Dichters Grab« im SV v. 12. 7. 1950 (Pseud.: Niklas van Heerlen). Ab 1952 veröffentlichte B. unter seinem bürgerlichen Namen, so z. B. mehrere Lyrikbände im Otto Müller Verlag. 1952 begann er ein Gesang- und Schauspiel-Studium am →Mozarteum, das er 1957 mit einer (verschollenen) Arbeit über Artaud und →Brecht abschloß. Neben dem Studium schrieb er Gerichtsreportagen und andere Beiträge für das sozialistische »Demokratische Volksblatt« in Salzburg. Seit 1957 lebte B. als freier Schriftsteller, seit 1965 wohnte er auf einem Bauernhof in Ohlsdorf (OÖ.).

Daß vor allem »Die Ursache« sowohl Liebe für Salzburg als auch Haß gegen Salzburg enthält, hat die Kritik bald erkannt. B. empfindet vor allem die Unvereinbarkeit von höchster architektonischer Schönheit und enger Kleinbürgermentalität. Salzburg ist ihm ein »Todesmuseum«, das die Entwicklung junger Menschen behindert: »Meine Heimatstadt ist in Wirklichkeit eine Todeskrankheit.« Diese Salzburg-Beschimpfung hat zwei Seiten: die Betroffenheit der Salzburger über B.s Behauptungen und die Bewunderung dieser Bücher durch Nicht-Salzburger. Ernst Wendt trifft den Kern, wenn er meint, daß sich hinter der »grausamen, nichts verschonenden Vergangenheitsbewältigung, dem wütenden verletzten Autor womöglich unbewußt, auch eine Liebeserklärung verberge«. Und weiter: »Ich wüßte nicht, wo in der dt. Literatur das Angstklima der Bombennächte so nachdrücklich und wahrhaftig beschrieben worden wäre« wie hier (»Die Zeit« v. 29. 8. 1975). Diese Bücher stellen B. in die Reihe großer Salzburg-

Kritiker, zu denen auch W. A. →Mozart und G. →Trakl gehören.
Ab 1969 schrieb B. in dichter Folge auch Dramen. Seine Zusammenarbeit mit den Salzburger →Festspielen begann mit der einmaligen (Ur-)Aufführung des Stückes »Der Ignorant und der Wahnsinnige« (29. 7. 1972). Das nicht gelöschte Notlicht in der letzten Szene führte zum Streit zwischen Regisseur und Festspieldirektion. Es gab keine weiteren Aufführungen mehr; der ORF hatte die Inszenierung jedoch aufgezeichnet (Regie: Claus Peymann, den »Doktor« spielte Bruno Ganz). 1974, nach der Versöhnung zwischen B. und J. →Kaut, wurde die Komödie »Die Macht der Gewohnheit« im Landestheater uraufgeführt (Regie: Dieter Dorn, den »Garibaldi« spielte Bernhard Minetti). Spannungen zwischen B. und den Festspielen störten nochmals die weitere Zusammenarbeit. Auf eine mißverständliche Pressenotiz reagierte B. mit einem offenen Brief in der Hamburger Wochenzeitung »Die Zeit«: »Ich brauche die Festspiele nicht.« 1980 bot B. diesen Festspielen trotzdem wieder ein neues Stück an, das 1981 uraufgeführt wurde: »Am Ziel« (Regie: C. Peymann, die Hauptrolle spielte Marianne Hoppe). Inzwischen hatte sich die Beziehung zwischen B. und den Festspielen eingespielt: 1985 kam die Uraufführung des Stücks »Der Theatermacher« (Regie: C. Peymann, die Titelrolle spielte Traugott Buhre). Das Stück verarbeitete u. a. den Notlichtskandal von 1972. Schließlich folgte 1986 die Uraufführung von »Ritter, Dene, Voss«. Die Namen von drei Schauspielern aus dem Bochumer Ensemble bilden den Titel; die Anspielungen und Zitate auf Ludwig und Paul Wittgenstein verdichten das dramatische Spiel, in dem die Schauspieler einmal sich selbst, dann historische Figuren und schließlich fiktive Personen in einem spielen. Der Beitrag B.s und P. →Handkes zur Geschichte der Festspiele beweist die Wirksamkeit der dramatischen Gegenwartsliteratur in eben diesem Spielplan.
Der Alleinerbe und Halbbruder Th. B.s, Dr. Peter Fabjan, gründete 1998 die Th.-B.-Privatstiftung in Wien. Dem Stiftungsrat gehören neben Peter Fabjan noch Wendelin Schmidt-Dengler und Jean-Marie Winkler an. Ein zwölfköpfiger Beirat unterstützt die Stiftung. Diese gründete wiederum die Internationale Th.-B.-Gesellschaft. Die konstituierende Versammlung fand am 11. 2. 1999 in Salzburg statt. Präsident: Adolf Haslinger, Vizepräsident: Peter Fabjan, Generalsekretär: Raimund Fellinger. Das Th.-B.-Archiv befindet sich in Gmunden.

Lit.: M. Mittermayer, S. Veits-Falk (Hg.): Th. B. und Salzburg. Salzburg 2001. – J. Hoell: Th. B. München 2000. – M. Mittermayer: Th. B. Stuttgart 1995 (= Sammlung Metzler SM 291). – H. Höller: Th. B. Reinbek b. Hamburg 1993 (= rm 504). – R. K. Habringer: Th. B. als Journalist. Dokumentation eines Frühwerks, Magisterarbeit, Salzburg 1984. – J. Dittmer (Hg.): Th. B. Werkgeschichte. Frankfurt/M. 1981.

A.Has.

Bertoleto, Andrea, aus dem Verna Vallis, Diözese Como (Geburtsdatum unbekannt), † Salzburg 1596, Hofbaumeister Eb. →Wolf Dietrichs, ein »Welscher, der auch ganz wohl deutsch reden könne«, 1595-1600 Sebastiansfriedhof (→Friedhöfe) nach dem Vorbild eines ital. Campo Santo.

Lit.: Kat. der Wolf-Dietrich-Ausstellung Salzburg 1987. – F. Martin: Wolf Dietrichs Bautätigkeit. In: MGSLK LI, 1911, S. 233 ff.

M.O.

Berufsbildende Höhere Schulen (BHS) vermitteln eine höhere allgemeine und fachliche Bildung, die zur Ausübung eines gehobenen Berufs befähigt, führen zur Hochschulreife. Aufgrund des Berufsausbildungsgesetzes ersetzen sie die Lehrabschlußprüfung und ersetzen oder verkürzen die Lehrzeit für mehrere Lehrberufe.
Handelsakademie: vermittelt eine höhere kaufmännische Bildung für alle Zweige der Wirtschaft und des öffentlichen Dienstes. Ausbildungsdauer: fünf Jahre. Salzburg bekam als letzte Landeshauptstadt 1938 eine HAK.
Höhere Lehranstalt für alpenländische Landwirtschaft (Elixhausen-Ursprung): Befähigung zur Ausübung einer gehobenen Berufstätigkeit auf dem Gebiet der Landwirtschaft. Zweiter Ausbildungszweig: Befähigung zur Ausübung einer gehobenen Berufstätigkeit in den Bereichen Umweltschutz, Umwelttechnik, Umweltsicherung. Ausbildungsdauer: fünf Jahre; Abschluß: Reife- und Diplomprüfung. Hochschulberechtigung, Anwartschaft auf den Ingenieurtitel.
Höhere Lehranstalt für Mode und Bekleidungstechnik (Hallein): vermittelt eine

Allgemeinbildung auf dem Niveau der Hochschulreife unter fachspezifischem Einsatz von Englisch und Französisch und eine berufsspezifische kaufmännische Ausbildung sowie die für die Bekleidungswirtschaft praxisrelevanten Kenntnisse und Fertigkeiten.
Höhere Lehranstalt für Tourismus (Kleßheim, Bad Hofgastein, Bischofshofen): Die Schüler werden in allen Bereichen der Tourismuswirtschaft ausgebildet. Sie sind befähigt, nach Abschluß der Schule und nach mehrjähriger Berufspraxis leitende Positionen im Hotel- und Gastgewerbe, im Reisebürowesen, in Kurdirektionen sowie in der Tourismusverwaltung und Tourismuswerbung einzunehmen. Hochschulberechtigung.
Höhere Lehranstalt für wirtschaftliche Berufe: Erwerb einer umfassenden Allgemeinbildung als Voraussetzung für ein Studium an Hochschulen, Universitäten und Akademien und Vermittlung von Kenntnissen und Fertigkeiten, die zur Ausübung von gehobenen Berufen in den Bereichen Wirtschaft, Verwaltung, Tourismus und Ernährung befähigen.
Höhere technische Lehranstalt für Bautechnik, Hoch- oder Tiefbau: Heranbildung mittlerer Führungskräfte für das Baugewerbe und die Bauindustrie. Ausbildungsdauer: fünf Jahre; Hochschulberechtigung. Die Reifeprüfung ersetzt nach dreijähriger Berufspraxis die Meister- und Unternehmerprüfung für zugeordnete Handwerke.
Höhere technische Lehranstalt für Betriebsmanagement Holzwirtschaft (Kuchl): vermittelt ein technisches und betriebswirtschaftliches Wissen für eine gehobene Berufstätigkeit in der Holzwirtschaft. Ausbildungsdauer: fünf Jahre; Hochschulberechtigung.
Höhere technische Lehranstalt für Elektronik und Technische Informatik: Ingenieurausbildung für den Bereich der Nachrichtentechnik, der industriellen Elektronik und technischen Informatik. Ausbildungsdauer fünf Jahre; Hochschulreife. Die Reifeprüfung ersetzt nach dreijähriger Berufspraxis die Meisterprüfung und Unternehmerprüfung.
Höhere technische Lehranstalt für Maschineningenieurwesen, Maschinen- und Anlagentechnik oder Umwelttechnik: Ausbildungsziel: Vermittlung von Wissen über Berechnung und Konstruktion von Maschinen und Anlagen. Ausbildungsdauer: fünf Jahre; Hochschulreife.
Höhere technische Lehranstalt für Wirtschaftsingenieurwesen: vermittelt moderne Fertigungsverfahren für Maschinenbau und EDV-gestützte Konstruktionen und Arbeitsplanung, Betriebsführung mit Controlling sowie Qualitätsmanagement. Ausbildungsdauer: fünf Jahre; Hochschulreife. Anwartschaft auf den Ingenieurtitel.
Höhere technische Bundeslehranstalt →Gewerbeschule.

H.O.

Berufsförderungsinstitut (BFI) der Kammer für Arbeiter und Angestellte für Salzburg. Das BFI ist eine berufsbezogene Aus- und Weiterbildungseinrichtung für Arbeitnehmerinnen und Arbeitnehmer. Oberstes Ziel ist die Herstellung, Erhaltung und Verbesserung der Chancen von Arbeitnehmern auf dem sich laufend verändernden Arbeitsmarkt. Jedes Semester erscheint ein Programmkatalog mit ca. 500 Kursen und Lehrgängen in Stadt und Land Salzburg.

H.O.

Berufsvereinigung bildender Künstler Österreichs, Landesverband Salzburg. 1945 gegründete Standes- und Interessenvertretung, die zunächst personell und organisatorisch stark mit dem Kunstverein verknüpft war. Neben dem Kampf um die soziale Besserstellung konnte seit 1961 die Ausstellungstätigkeit intensiviert werden. Bis 1968 standen hierfür Räumlichkeiten in der Schwarzstraße (»Galerie im Mirabell-Casino«) zur Verfügung, später fanden die Ausstellungen im Zwerglgarten-Pavillon statt. Zu den vordringlichsten Anliegen zählte auch die Berücksichtigung der bildenden Künstler bei öffentlichen Bauaufträgen. Nach einem Intermezzo im Haus Kaigasse 6 fand die Suche nach einem geeigneten Standquartier 1992 mit dem Bezug der historischen Berchthold-Villa im Nonntal ein Ende. Mit der 2001 abgeschlossenen Adaptierung stehen außer den Büro- und Ausstellungsräumen und der Druckwerkstatt auch Seminar- und Arbeitsräume zur Verfügung. Präsidenten der B. waren 1945-60 R. →Funke, 1960-66 und 1969-75 der Bildhauer Lois Lidauer, 1966-69 der Maler und Graphiker Karlmann Müller, 1975-84 K. →Weiser, 1984-87 der Maler und Designer Volker Uiberreither, 1987-90 die Bildhauerin Veva Toncic-Treuberg,

1990-2000 wiederum Volker Uiberreither, dem 2001 die Malerin Ines Höllwarth folgte. Derzeit hat die B. 270 Mitglieder, der Ausstellungsschwerpunkt liegt bei thematisch gebundenen, spartenübergreifenden Ausstellungen. Austauschbeziehungen bestehen mit Litauen, Dänemark und Trient.

Lit.: Ausstellungskat. »Spuren« – 50 Jahre B. Salzburg 1995. – Ausstellungskat. Karl Weiser und seine Freunde. Salzburg 1992.

N.Sch.

Biber, Heinrich Ignaz Franz, * Wartenberg (Böhmen) 12. 8. 1644, † Salzburg 1. 5. 1704, Komponist und Violinvirtuose. Musikalische Ausbildung vermutl. in Reichenberg, Prag, Dresden und Wien bei Antonio Bertali und Johann Heinrich Schmelzer (Violine und Komposition), 1668 Mitglied der bischöflichen Kapelle zu Olmütz und Kremsier. Damals entstanden die frühesten bekannten Kompositionen B.s, ein »Salve Regina à 2«, eine Reihe von Sonaten, darunter die bekannte »Sonata Violino Solo representativa« und die »Balletti Lamentabili«. Unter ungeklärten Umständen verließ B. 1670 seine Stellung, trat in die Dienste des Salzburger Eb. Max Gandolf, zunächst als Hofviolinist, und schrieb in dieser Funktion die »Serenade à 5«, die »Battaglia«, die »Sonata S. Polycarpi à 9«, die »Pauernkirchfahrt«, den »Musikalischen Tafeldienst« und an Kirchenwerken die »Vesperae à 32« und die »Missa Christi Resurgentis«. Die berühmten »Mysterien-Sonaten« für Violine und B. c. dürften dagegen z. T. bereits in Kremsier entstanden, doch erst in Salzburg für den Druck zusammengestellt worden sein. 1677 wurde B. mit der Neuorganisation des →Kapellhauses betraut, 1678 zum Vizekapellmeister und schließlich 1684 zum Hofkapellmeister ernannt. In diesen Funktionen komponierte er für den Salzburger Hof Tafelmusik mit der Sammlung »Mensa sonora«, Kammer- und Kirchensonaten im »Fidicinium Sacro-Profanum« und als Gipfel der Geigenliteratur des 17. Jh.s die »Sonatae Violino Solo«, die er vor Kaiser Leopold I. spielte. Zur 1100-Jahr-Feier des Erzstiftes Salzburg schuf B. mit großer Wahrscheinlichkeit jene 53stimmige Messe, bekannt als »Missa Salisburgensis«, die bis in unsere Zeit O. →Benevoli zugeschrieben wurde. Für höfische und universitäre Feiern komponierte B. zumindest zwei Opern, eine dreiaktige Kantate und 13 Schuldramen, erhalten ist jedoch nur die Partitur der Oper »Chi la dura la vince« (um 1690). Aus seinen letzten Lebensjahren ist überwiegend Kirchenmusik erhalten, zwei Requiem-Kompositionen, Vespern, die »Missa Alleluja«, die »Missa S. Henrici«, die »Missa ex B« und die »Missa Bruxellensis«. 1690 wurde B. von Kaiser Leopold I. in den Adelsstand erhoben. Noch zu seinen Lebzeiten wurde er vom Lexikographen Wolfgang Caspar Printz zu den berühmtesten Komponisten des 17. Jh.s gezählt. Zweifellos ist B. einer der wichtigsten Vertreter der Instrumentalmusik vor Bach.

Lit.: Kongreßbericht »H. F. Biber. Kirchen- und Instrumentalmusik«. Salzburg 1997. – Kat. der Ausstellung »Musik und Kultur im hochbarocken Salzburg«. Studien und Quellen, Salzburg 1994. – E. Hintermaier: Missa Salisburgensis. Neue Erkenntnisse über Entstehung, Autor und Zweckbestimmung, in: Musicologica Austriaca I, Wien 1977. – P. Nettl: H. F. B. von Bibern. In: StMw 24, 1960. – C. Schneider: F. H. B. als Opernkomponist. In: AfMw 8, 1926. *G.W.*

Biber von Bibern, Carl Heinrich, * Salzburg 4. 9. 1681, † Salzburg 19. 11. 1749, salzburgischer Hofkapellmeister. Violinunterricht bei seinem Vater, H. I. F. →Biber; 1704 Romreise; im selben Jahr nach dem Tod des Vaters Anstellung als Hofviolinist und Kammerdiener; 1714 Vizekapellmeister, 1743, als Nachfolger M. S. →Biechtelers, Hofkapellmeister in eb. Diensten. B. schrieb vorwiegend geistliche Musik, darunter ca. 20 Messen und zahlreiche Kirchensonaten, womit er gemeinsam mit seinem Amtsvorgänger Biechteler ein der Praxis der Wiener Hofmusikkapelle nachempfundenes kirchenmusikalisches Repertoire anlegte. Mit Ausnahme einer Bühnenmusik für das Univ.-Theater (→Theater der Benediktineruniv.) (zu »Constantia Clodoaldi coronata«, 1735) lassen sich dramatische Werke (zwei Serenate und ein Oratorium) nur anhand von Libretti nachweisen. Die damalige Isolation des Erzstifts zwischen den Machtpolen Österreich und Bayern brachte mit sich, daß nur wenige Werke B.s außerhalb Salzburgs überliefert sind. Der Großteil seiner erhaltenen Kompositionen wird im Salzburger Dommusikarchiv aufbewahrt.

Lit.: E. Hintermaier: Die Salzburger Hofkapelle von 1700-1806. Diss. Salzburg 1972. – C. A. Rosenthal: Zur Stilistik der Salzburger Kirchenmusik von 1600 bis 1730. In: StMw 17, 1930.

Th.H.

Biberg, bedeutende prähistorische Höhensiedlung am Westrand des Saalfeldener Beckens. Die Felshöhe war von der Mitte des 2. Jt.s v. Chr. an bewohnt, die Blütezeit der Siedlung fällt in das 2. und 1. Jh. v. Chr. In diesem Zeitabschnitt siedelte der keltische Stamm der Ambisonten im Bereich des Pinzgaus, ihr Stammeszentrum wird am Biberg vermutet. Der Biberg ist von 1927 an durch einen Steinbruchbetrieb (Diabasabbau) fast vollständig abgetragen worden. Es fanden keine systematischen Untersuchungen statt, einiges Fundmaterial wurde bei Erdarbeiten in Zusammenhang mit dem Steinbruchbetrieb aufgesammelt (aufbewahrt im →SMCA). Bedeutendstes Fundstück: »Hirsch vom Biberg«, Bronzefigur eines liegenden Hirsches aus dem 1. Jh. v. Chr.

Lit.: F. Moosleitner: Das Saalfeldener Becken in vor- und frühgeschichtlicher Zeit. In: Leobener Grüne Hefte 170, 1977, S. 27 ff.

F.M.

Bibliotheken →Universitätsbibliothek

Biechteler, Matthias Siegmund, * Leibnitz (Stm.) 1668 (?), † Salzburg 27. 8. 1743, salzburgischer Hofkapellmeister. Seit 1688 Mitglied der Salzburger →Hofmusikkapelle; 1690 Lehrer der →Domkapellknaben; 1703 Vizekapellmeister, 1706 zum Hofkapellmeister bestellt. Durch Kaiser Karl VI. 1724 in den Adelsstand erhoben (von Greiffenthal), 1726 von Eb. Franz Anton zum »Truchseß« ernannt. Während B.s Amtszeit vollzog sich ein grundlegender Wandel des am Salzburger Dom gepflegten kirchenmusikalischen Repertoires, welches der Praxis der Wiener Hofmusikkapelle angeglichen wurde. Im sog. »Reichsstil« war für die verschiedenen Sonn- und Feiertage je nach dem Rang des Kirchenfestes und seiner kalendarischen Stellung Vokalmusik im A-capella-Stil oder mit Instrumentalbegleitung vorgesehen, nur zu den kirchlichen Hochfesten wurden auch Trompeten und Pauken eingesetzt. Um diesen Ansprüchen zu genügen, komponierte B. selbst eine Vielzahl von Werken, die einesteils der barocken Tradition verpflichtet sind, andernteils den besonderen aufführungspraktischen Gegebenheiten der Metropolitankirche (Musikemporen in der Vierung unter der Kuppel) Rechnung tragen. Erhalten sind 23 Messen (darunter zwei »in contrapuncto«), vier Requiems, 38 Motetten, neun Kirchensonaten und weitere kleinere kirchenmusikalische Kompositionen. Ferner schrieb B. Werke für Laute sowie drei Opern, die ebenso wie seine 36 Bühnenmusiken für das Univ.-Theater (→Theater der Benediktineruniv.) mit einer Ausnahme (zu »Libertas Romana feliciter captiva«, 1735) verschollen sind.

Lit.: Th. Hochradner: M. S. B. Leben und Werk. Diss. Salzburg 1991. – E. Hintermaier: Die Salzburger Hofkapelle von 1700-1806. Diss. Salzburg 1972. – C. A. Rosenthal: Zur Stilistik der Salzburger Kirchenmusik von 1600 bis 1730. In: StMw 17, 1930.

Th.H.

Bildungshaus St. Virgil, Haus der Erwachsenenbildung, 1968-76 nach Plänen von W. →Holzbauer unter den Ebb. A. →Rohracher, E. Macheiner und K. Berg aus Mitteln der Erzdiözese erbaut, bietet eigene Kurse und Fremdveranstaltungen aus den verschiedensten Bereichen an.

R.R.H.

Bildungswerk, Katholisches, Salzburger. 1946 gegründet als Einrichtung der Katholischen Aktion, seit 1957 mit Vereinsstatus. Ziele: Förderung von Lebenswissen und Handlungskompetenz aus biblisch-christlichen Wurzeln. Sinnerfahrung ermöglichen, Lebensfreude wecken, Angst verringern, ungerechte Strukturen aufdecken, Solidarität fördern, Gemeinschaft erfahren lassen. Inhaltliche Schwerpunkte: Lebensorientierung, Spiritualität, Glaube, Ehe, Familie, Partnerschaft, Erziehung, Frauenbildung, Persönlichkeitsentwicklung, Selbsterfahrung, Kommunikation, gesellschaftlich-soziales Engagement, Dritte Welt, Ökologie, Umwelt, Gesundheit, Kreativität, Freizeitgestaltung, musische Bildung. Information: Programmzeitung »Treffpunkt«, dreimal jährlich, Berichtband »Internationale Pädagogische Werktagung«, jährlich.

H.O.

Bildungswerk, Salzburger. 1956 als Verein gegründet, eine offene Plattform der Erwachsenenbildung in Stadt und Land Salzburg, überparteilich und konfessionell nicht gebunden. In rund 110 Gemeinden des Landes Salzburg gibt es ein örtliches B. Das Bildungsangebot wird von ehrenamtlichen Bildungswerkleiterinnen und -leitern mit ihren Teams eigenständig geplant. So hat jede Gemeinde ihr eigenes, unverwechselbares Erwachsenenbildungsprogramm. Die Arbeitsschwerpunkte des S. Bs sind Dorf- und Stadterneuerung, Elternbildung, Europa, Entwicklungszusammenarbeit, Bildungswochen, Medienpädagogik, Seniorenbildung, Ausstellungen und kulturelle Veranstaltungen.

H.O.

Billinger, Richard, * Sankt Marienkirchen (OÖ.) 20. 7. 1890, † Linz 7. 6. 1965, Dramatiker, Schriftsteller. Bauernsohn. Gymnasium in Linz und Ried im Innkreis, kurze Zeit Seemann in Kiel, Philosophiestudium in Kiel, Innsbruck und Wien. Wurde von H. v. →Hofmannsthal und M. →Mell gefördert. Lebte als freier Schriftsteller in Berlin, München, Wien und später in Niederpöcking am Starnberger See. B.s Dichtungen behandeln Stoffe aus dem bäuerlichen Leben mit mystisch-symbolischen Tendenzen, sein Werk »sperrt sich in seiner Exzentrizität«, es geradlinig auf zeitgenössische politische Entwicklungen zu beziehen.
B. war in den 20er und 30er Jahren oft in Henndorf am Wallersee; auf B.s Empfehlung hin kaufte C. →Zuckmayer 1926 die »Wiesmühl« in Henndorf. Dort traf B. auch Ö. v. →Horváth. B. verkehrte auch in der Mönchsberg-Villa A. →Grasmayrs. Die Salzburger →Festspiele brachten 1928 die Uraufführung von B.s Drama »Das Perchtenspiel, Tanz- und Zauberspiel vom törichten Bauern, von der Windsbraut und den Heiligen«, mit Grete Wiesenthal als Perchtin, Ferdinand und Anna Exl als Peter und Magd. Regie führte Eduard Köck. Hofmannsthal, der gemeinsam mit M. Mell und dem Maler A. →Faistauer an der Entstehung des Stückes Anteil genommen hatte, schrieb nach der Aufführung an Mell: »Das Experiment mit dem ›Perchtenspiel‹ ist in Salzburg auch recht wohl gelungen, darüber freue ich mich auch herzlich, es ist doch alles von dem Unsrigen – und hilft einem leben.«

Lit.: K. Müller: Probleme männlicher Identität bei Billinger. Homosexualität und Literatur während der NS-Zeit, in: U. Baur (Hg.): Macht, Literatur, Krieg. Österreichische Literatur im Nationalsozialismus, Wien 1998, S. 246-273. – H. v. Hofmannsthal – M. Mell: Briefwechsel. Hg. v. M. Dietrich u. H. Kindermann. Heidelberg 1982. – F. Aspetsberger: Billinger & Co. Oder das »Bauernland Oberdonau«. In: Das größere Österreich, hg. v. K. Sotriffer, Wien 1982, S. 321 ff.

H.H.

Bindertanz →Volkstanz

Birkle, Albert, * Berlin 21. 4. 1900, † Salzburg 29. 1. 1986, Maler. Als sich B. 1932 in Salzburg ansiedelte, konnte er bereits auf ein bemerkenswertes Frühwerk verweisen. Das Berlin der 20er Jahre formte ihn zum engagierten Künstler vom Schlage eines Dix, Grosz und Beckmann. B. prangerte Arbeiterelend, Großstadtlaster und Entmenschung an, indem er sie – typisch für seine Stellung zwischen Expressionismus und Neuer Sachlichkeit – ins Phantastische, Spuk- und Zerrbildhafte überzeichnete und vielfach in einen direkten Bezug zur christlichen Passion stellte. Die »Große Kreuzigung«, in ihrer expressiven Deformation an Spätmittelalterliches (Grünewald) anschließend, erregte schon 1922 großes Aufsehen. Auch im Porträt äußerte sich die Ambivalenz zwischen stechendem Pathos und dumpfem Fatalismus in grotesker Physiognomik. Gewissermaßen antithetisch zu den Straßenbildern malte B. Landschaften von nicht minder übersteigerter Idyllik. Der oftmals durchbrechende unheilvolle Unterton milderte sich in den folgenden Jahren in Richtung »Heimatkunst«. Nach dem Krieg fand B. eine neue Form künstlerischen Engagements im sakralen Glasfenster, das bei ihm vereinzelt in die 30er Jahre zurückreicht. Beginnend mit der Salzburger Blasiuskirche (1947-50) schuf er Fensterzyklen u. a. in Graz, Konstanz und Washington und tauschte damit seine koloristisch eher verhaltene, von filigraner Präzision geprägte Malweise gegen kräftige Stilisierung und intensive Leuchtkraft ein. Besonders eindringliche Wirkung erzielte er in der von ihm bevorzugten Dalle-Betonglastechnik.
Gleichzeitig entstand ein umfangreiches zeichnerisches Werk, dessen zeitkritische Schärfe und anklägerisches Pathos vielfach ins Bizarre, Apokalyptische überspannt ist. Ab ca. 1975, als sein malerisches Frühwerk wiederentdeckt wurde, widmete sich B. wieder stärker der Ölmalerei, die stilistisch im Zeichen eines unbändigen »Altersexpressionismus« steht. (Farbabb. S. 364)

Lit.: Ausstellungskat. SMCA 2001 u. 1980. – R. Zimmermann: Expressiver Realismus. Malerei der verschollenen Generation, München 1994. – S. Kraker: A. B. Diss. Innsbruck 1992. – R. Pfefferkorn: A. B. Leben und Werk. Hamburg 1983.

N.Sch.

Bischofreiter, Martin, * Mariapfarr (Salzburg) 28. 4. 1762, † Salzburg 27. 8. 1845, Benediktiner und Chorregent. Trat 1786 in das Kloster →St. Peter ein, verwaltete das Musikalienarchiv, besaß aber auch eine eigene Musikaliensammlung mit theoretischen Werken, Kirchenmusik, Singspielen und Instrumentalwerken, die nach seinem Tod in den Besitz des Klosters überging. Von J. M. →Haydn, dessen »Partitur-Fundament« B. 1833 edierte, erhielt er Kompositionsunterricht. 1822 legte er ein umfassendes Musikalienverzeichnis der St. Petrischen Bestände auf 321 Seiten an. B. war ein eifriger Kopist für das Archiv und gab seinen Mitbrüdern Unterricht im Klavier- und Orgelspiel.

Lit.: M. H. Schmid: Die Musikaliensammlung der Erzabtei St. Peter in Salzburg. Salzburg 1970.

G.W.

Bischofshofen. Frühe Siedlungsspuren. Das Gebiet um Bischofshofen ist reich an archäologischen Funden. Auf der Felshöhe des Götschenberges am Eingang des Mühlbachtales konnten Siedlungsreste der Jungsteinzeit (Mondseekultur) sowie der Frühbronzezeit aufgefunden werden. Funde gleicher Zeitstellung liegen vom Sinnhubschlößl vor. Eine weitere befestigte Niederlassung der Bronzezeit wurde im Bereich der Burgruine Bachsfall untersucht. Diese frühen Siedlungsspuren stehen mit Bergbau auf Kupfererz in Zusammenhang. Diese drei Höhensiedlungen waren auch in der Eisenzeit bewohnt, ein ausgedehnter Friedhof der frühen Eisenzeit mit reichen Beigaben wurde im Bereich des sog. Pestfriedhofes aufgedeckt. Römische Siedlungsreste und Grabdenkmäler stammen aus dem Ortszentrum von Bischofshofen. In der Spätantike (4.-6. Jh.) bevorzugte man wieder die natürlich geschützten Anhöhen als Siedlungsplätze (Bachsfall, Götschenberg). 711/12 gründete der hl. Rupert in Bischofshofen ein Kloster, die Maximilianszelle, die im Bereich der heutigen Pfarrkirche zu suchen ist. Nach Zerstörung durch benachbarte Slawen wurde die Kirche von Bischof Virgil Mitte des 8. Jhs. wieder errichtet. Um 900 hat man Kirche und Kloster nochmals von Grund auf erneuert. Um 1450 mußte diese Kirche einem Neubau weichen, Teile der Klosteranlagen blieben bis heute erhalten (Kastenhof). Im 12. Jh. errichteten die »Herrn von Pongau» auf dem Fels über dem Gainfeld-Wasserfall ihre Burg, die bereits im 13. Jh. durch Brand zerstört und aufgelassen worden ist (die Reste der Burg wurden 1982-86 freigelegt und konserviert). Eine kleinere Burganlage wurde um 1100 auf dem Götschenberg angelegt, auch sie hat das 13. Jh. nicht überdauert.

Lit.: A. Lippert: Der Götschenberg bei Bischofshofen. Mitt. d. prähist. Kommission der Österr. Akad. der Wissensch. 27, 1992. – F. Moosleitner: Bischofshofen in ur- und frühgeschichtlicher Zeit. In: Bischofshofen, 5000 Jahre Geschichte und Kultur, Bischofshofen 1984, S. 9 ff.

F.M.

Blaas, Erna (geb. Schrems), * Kirchdorf/Krems (OÖ.) 19. 2. 1895, † Salzburg 8. 9. 1990, Lehrerin, vorwiegend Lyrikerin. Lebte seit dem frühen Tod ihres Mannes Erich B. (Arzt in Mauerkirchen, OÖ.) in Salzburg. Erwies sich in zahlreichen Gedichtbänden (u. a. »Abendliche Flöte«, 1955; »Der Garten Mirabell«, 1960; »Durch Bilder und Zeichen«, 1961; »Schattenlicht« 1969) als Meisterin der Form. Prosa. »Verwandlungen«, Erzählungen und Berichte (1978). Oft mythische Inhalte (Mutterschaft, Heimat), auch religiöse Themen (Madonna). Wegen ihrer Mitwirkung im NS-Kulturbetrieb Verbot ihrer Werke 1945-48. →Trakl-Preis 1957.

Lit.: Kosch, 1. Bd. 1968, Sp. 543 f. – K. Müller: Zäsuren ohne Folgen. Salzburg 1990, zu E. Blaas S. 267-270.

H.H.

Blaeulich, Max (eigentlich Christian Weinek), * 16. 4. 1952, lebt in Salzburg. Schriftsteller, Maler, Antiquar. Studium der Kunstgeschichte und Germanistik in Salzburg. Wiederentdecker des Werkes von Emil →Szittya. Herausgeber der »Edition Traumreiter«, in der bisher Werke von René Altmann, H. C. →Artmann und Hertha Kräftner neu aufgelegt wurden, und der »Zerrissmuss-Publikationen«, beides im Klagenfurter Wieser Verlag. Blaeulichs Werk ist wesentlich vom Surrealismus beeinflußt. Werke u. a.: »Viktor« (Erz., 1992), »Der umgekippte Sessel« (Erz., 1993), »Bukarester Geschichten« (Prosa, 1994), »Trauerkabinen« (Dramolett, 1998).

H.H.

Blasmusik. Derzeit existieren im Salzburger Landesverband »Pro Blasmusik« (Gründung 1954) 148 Musikkapellen mit 6000 MusikerInnen in sechs Bezirksverbänden. Das Salzburger Landesblasorchester untersteht dem Landeskapellmeister Johann Ebner. 2000 wurde das Pongauer Bezirksblasorchester begründet. Die Ausbildung der MusikerInnen erfolgt heute großteils im Rahmen des Landesmusikschulwerkes, die Fortbildung über den Österreichischen Blasmusikverband. Der Leistungssteigerung wie der Kommunikation dienen Marschmusikwettbewerbe, Konzertwertungsspiele, Kompositionswettbewerbe und der Jahrtag. Blasmusikkapellen sind nicht nur eingetragene Vereine, sondern auch wesentliche Faktoren im regionalen Fest- und Alltagsleben (Gestaltung von Prozessionen, Kirchen-, Dorf- und Landesfesten, Geburtstagen und Hochzeiten, Platzkonzerten etc.). Viele Mitglieder der B. spielen gleichzeitig in lokalen Kleingruppen als Tanzlmusiker, Turmbläser bzw. in Jazz- und Pop-Formationen.

Heute sehen sich die Blasmusikverbände gerne als Nachfolger der erzbischöflichen Hof- und Gardemusik, der Stadtpfeifer und Hoftrompeter, der Bürgermusiken wie der →Hofmusikkapelle und stellen so ihre Vorstellungen von Authentizität und Historizität dar. Eine enge Beziehung zur österreichischen Militärmusik ist offensichtlich. So führen auch Kapellen in Salzburg noch veränderte Lyraformen als Relikte des 1868 geschaffenen Lyra-Abzeichens der österr. Militärmusikkapellen oder die Kapellen von Göriach und Lessach (Lungau) den ab 1860 in der österr. Militärmusik unüblichen Schellenbaum. Auch die große, »türkische«, Trommel ist vielfach üblich.

Zu Beginn des 19. Jh.s kam es durch die neu bzw. fortentwickelten Blechblasinstrumente zu Gründungen von Militärmusikkapellen, deren Repertoire sich mit den neuen Instrumenten erweiterte und diese zu Elementen der städtischen Feiergestaltung und Unterhaltung werden ließ. Nach der Einverleibung des Fürsterzbistums in die Habsburger Monarchie wurde 1817 das Infanterie-Regiment (seit 1852 IR. Erzherzog Rainer) Nr. 59 nach Salzburg verlegt (der Rainer-Marsch von H. →Schmid wird vielfach als zweite Landeshymne verstanden). 1851 Neuorganisation der österr. Militärmusik zu nach Instrumenten und Marschordnung normierten Regimentskapellen von 48 Musikern (Neuordnungen 1900 und nach 1945). An deren Vorbild entwickelten sich ab den 1870er Jahren (das Staatsgrundgesetz von 1867 gestattete zivile Zusammenschlüsse; 1868 Einführung der dreijährigen allgemeinen Wehrpflicht und dadurch Fluktuation der Musiker) auch zivile Bauern-, Bürger-, Schützen- und Vereinsmusiken. Die Zeller Bürgermusik von 1878 entspricht etwa diesem Vorbild. Aus dieser Tradition stammt auch die von einem Tier gezogene Trommel der Musikkapelle Mattsee. Frühe Salzburger Gründungen: 1872 Saalfelden, 1881 Saalbach, u. a. 1890 stellte die Bramberger Musikkapelle sogar ein Streichorchester auf.

Anfangs waren die zivilen Blasmusikkapellen uneinheitlich und ab 1900 oft in uniformähnlichen Gewändern gekleidet. Bereits mit dem frühen Tourismus der ersten Jahrzehnte des 20. Jh.s, besonders aber ab den 1960er Jahren erfolgten Neueinkleidungen in regionalen bzw. stilisierten Trachten.

Lit.: K. Birsak: Blasmusik. Salzburg 1999. – K. Birsak, M. König: Das große Salzburger Blasmusikbuch. Wien 1983. – H. Hinterstoisser: Kleine Geschichte der Blasmusik. Zell am See 1982.

U.K.

Blechinger, Edmund, * Salzburg 15. 7. 1922, † Salzburg 23. 2. 1989, Maler und Graphiker. Restaurator und Kunsthistoriker, seit 1955 Kustos, 1974-84 Direktor der →Residenzgalerie, malte vorwiegend auf konstruktiv-klaren Bildbau und zurückhaltende Farbakkorde bedachte Städtebilder.

Lit.: Saur: Allg. Künstlerlexikon. Bd 11, 1995. – Ausstellungskat. »Spuren«. 50 Jahre Berufsvereinigung bildender Künstler, Salzburg 1995, S. 16 ff. – SN, 28. 2. 1989. – E. Köller in: AMK 93, 1967, S. 28. – Schmidt – Gugg.

N.Sch.

Blühnbach, Bez. St. Johann/Pg. Seit der Mitte des 8. Jh.s herrschaftliches Jagdrevier. Ab 1603 errichteten Eb. →Wolf-Dietrich und Nachfolger auf dem Gelände ein Jagdschloß samt Nebengebäuden und Kapelle. Anfang des 20. Jh.s ließ Erzherzog Franz Ferdinand das Ensemble durch den Wiener Hofburg-Architekten Ludwig Baumann im Sinne von Denkmal-, Heimat- und Landschaftsschutz umgestalten und erweitern.

Lit.: M. K. Aschaber: Blühnbach als Idee eines herrschaftlichen Jagdsitzes. Dokumentation der Baugeschichte unter Berücksichtigung des Heimatschutz- und Denkmalschutzgedankens zu Beginn des 20. Jh.s, Diplomarbeit Salzburg 1994.

M.O.

Bocksberger, Hans d. Ä., * Mondsee (?) um 1510, † Salzburg (?) vor 1569, Maler. Sohn des Ulrich →B. 1536 »maler von Saltzburg« genannt. 1546 Erwerb zweier Häuser auf dem Mönchsberg (heute Edmundsburg). In den folgenden Jahren für die Habsburger in Prag und Innsbruck und für den Landshuter und Münchner Hof tätig, dazwischen immer wieder in Salzburg. Ausbildung wohl beim Vater, in Italien vervollkommnet, als Vertreter des Manierismus einer der ersten neuen Architekturmaler im salzburgisch-bayerischen Raum, hier in großem Ansehen.

Werke: 1536 Ausmalung des Rittersaales im Schloß Goldegg, im gleichen Jahr Ausmalung der Hofkapelle im Schloß Neuburg a.d. Donau mit reformatorischer Ikonographie und illusionistisch-plastischer Darstellung, frühestes Zeugnis protestantischer Monumentalmalerei. 1542/43 als der bestbezahlte Maler in der Landshuter Stadtresidenz, Gewölbeausmalung des Italienischen Saals (Persönlichkeiten des Altertums und Fries »Kindltriumph«, Einfluß durch Giulio Romanos Malereien im Palazzo del Te in Mantua). Weiters Ausmalung des dortigen Kapellenganges, darunter auch die Darstellung des →»Jünglings vom Magdalensberg«, damals noch auf der →Festung Hohensalzburg. Im Apollozimmer außer der Decke in den Gewölbezwickeln Monatsdarstellungen mit bäuerlichen und höfischen Szenen, für den September die Reiherbeize vor einer Stadtvedute von Salzburg. Zugeschrieben: die Wandmalereien im Schloß Freisaal in Salzburg (→Wandmalerei), 1558 datiert, mit dem »Einritt« des neugewählten Eb. Michael von Kuenburg.

Lit.: Saur: Allg. Künstlerlexikon. Bd. 12, 1996, S. 51 f. – H. Kronthaler: Die Ausstattung der Landshuter Stadtresidenz unter Herzog Ludwig X (1536-43). In: Schrift 21 aus dem Inst. für Kunstgesch. der Univ. München, München 1987. – M. Goering: Die Malerfamilie Bocksberger. In: Münchner Jb. der bildenden Kunst, NF Bd. VII, 1930, S. 185 ff.

L.T.

Bocksberger, Ulrich (Lebensdaten unbekannt), Maler und Faßmaler. Lebte zuerst in Mondsee. 1490 laut Baubuch des Klosters →Nonnberg Zahlung für eine Tafel. 1529 als »maister Ulrich Pockhsperger maler wohnhafft zu Saltzpurg« genannt. Einzig erhaltenes Werk die gemalten Flügelaußenseiten und die Fassung des Abtenauer Altars des A. →Lackner von 1518 (laut einer überlieferten Inschrift auf dem Altar). Drei Szenen aus der Blasiuslegende und ein Kirchenvater, absolute Stilentsprechung zur Plastik. Malerische Auffassung, Farben in weichen Übergängen, Figuren im atmosphärischen Landschaftsraum eingebunden.

Lit.: Saur: Allg. Künstlerlexikon. Bd. 12, 1996, S. 53. – Das Mondseeland. Geschichte und Kultur, Linz 1981, S. 382.

L.T.

Karl Böhm (Foto Ellinger)

Boenike (Bönike), Johann Michael, * Würzburg 10. 1. 1734, † Salzburg zw. 24. u. 31. 5. 1811, Dr., Konsistorialrat und Ratgeber Eb. →Hieronymus Colloredos (1772). Nach einer Tätigkeit als Landpfarrer im Bistum Würzburg kam B. nach Salzburg und war hier wesentlich an der Abfassung des berühmten Hirtenbriefs Eb. Colloredos beteiligt (29. 6. 1782), der sich in 52 Artikeln mit Fragen der Religion und des Gottesdienstes im Sinne der →Aufklärung befaßte und u. a. dem deutschen Kirchenlied einen besonderen Stellenwert zuwies. B. arbeitete auch am Text der Emser Punktation mit (1786), eine gegen den Papst gerichtete Erklärung der Ebb. von Mainz, Trier, Köln und Salzburg u. a. über die Autonomie in ihren Diözesen und die Abschaffung der päpstlichen Exekution und Nuntiaturen.

Lit.: ADB 3. Nachdruck Berlin 1967, S. 123.

R.R.H.

Böhm, Karl, * Graz 28. 8. 1894, † Salzburg 14. 8. 1981, Dirigent. Studierte Rechtswissenschaft in Graz (1919 Promotion), Musik am Konservatorium und in Wien bei Eusebius Mandyzsewski; 1921 holte ihn B. →Walter als 1. Kapellmeister und Mitarbeiter an die

Münchner Staatsoper. 1938 dirigierte er zum ersten Mal bei den Salzburger →Festspielen, bei denen er sich dann vor allem den Opern →Mozarts, R. →Strauss' und Werken anderer, zeitgenössischer Komponisten widmete, insgesamt stand er in Salzburg 338mal am Pult; 1943-45 und 1954-56 war B. Direktor der Wiener Staatsoper; ab 1957 ausschließlich als Gastdirigent tätig. Schriften: »Begegnung mit Richard Strauss« (1964), Autobiographie »Ich erinnere mich ganz genau« (1968).

Lit.: F. Endler: K. B. – ein Dirigentenleben. Hamburg 1981. – E. Werba: K. B. und die Salzburger Festspiele. In: ÖMZ 19, 1964.

B.L.

Bohr, Roland von, * Wien 7. 4. 1899, † München 25. 2. 1982, Bildhauer. Kindheit in St. Petersburg, ausgebildet in Wien (Hanak), Hallein (→Adlhart) und München (Wackerle). B. ließ sich auf Empfehlung H. →Bahrs 1924 in Salzburg nieder, wo er sieben allegorische Figuren aus Eichenholz für C. →Holzmeisters →Festspielhaus (1926) und diverse Bauplastik (Erkerreliefs am Kieselhaus) schuf. Seit 1935 in München, im Alter wieder Atelier im Salzburger →Künstlerhaus. Von einem gotisierenden Expressionismus ausgehend, bestimmte das Streben nach impressiver Belebung eines klassischen Figurenideals sein Schaffen, das intim beseelte Kleinplastiken und Bildnisköpfe ebenso umfaßt wie Kirchentüren und -figuren, Brunnen sowie monumentale Freilandskulpturen in Deutschland, Schweden und der Schweiz. (Farbabb. S. 359)

Lit.: Saur: Allg. Künstlerlexikon. Bd. 12, 1996. – Gugg. – SN, 3. 3. 1982. – Ausstellungskat. R.B. Kulturamt der Stadt Salzburg 1980. – Kunst in Österreich. Leoben 1934, S. 82 ff. – Bergland, Jg. 8, Innsbruck 1926, Heft 3, S. 45.

N.Sch.

Boltzmann-Institut für Gesellschafts- und Kulturgeschichte, Einrichtung der »Ludwig-Boltzmann-Gesellschaft. Verein zur Förderung der wissenschaftlichen Forschung in Österreich«, benannt nach Ludwig Boltzmann, Physiker des 19. Jh.s. Insgesamt betreibt diese mehr als 120 Institute und Forschungsstellen, sieben in Salzburg. Die inhaltlichen Schwerpunkte liegen im humanmedizinischen, naturwissenschaftlichen sowie im sozial- und geisteswissenschaftlichen Bereich. Das Salzburger B. I. wurde 1983 als Teil eines Institutsverbandes gegründet, der auch die Universitätsstandorte Linz und Graz umfaßt. Forschungsschwerpunkte: Sozial- und Kulturgeschichte der Arbeit, Frauen- und Geschlechtergeschichte, Zeitgeschichte und Erinnerungskulturen (Oral History), Migrationsforschung. Das B. I. steht in Forschungskooperation mit dem →Karl-Steinocher-Fonds.

Bonamico, Pietro →Guetfreund, Peter

Böndl →Tracht

Bönike, Johann Michael →Boenike

Borneman, Ernest, * Berlin 12. 4. 1915, † Scharten (OÖ.) 4. 6. 1995, Sexualforscher, Schriftsteller, Komponist. B. trat 1931 dem »Reichsverband für proletarische Sexualpolitik« des Psychoanalytikers Wilhelm Reich bei und emigrierte 1933 nach England, wo er bei Erich von Hornbostel ein Studium der Musikethnologie begann. Es folgten Studien in Sozialanthropologie, Sexualwissenschaft, Archäologie und Psychoanalyse. 1937 erschien der Roman »The Face of the Cutting Room Floor«. Seinen Lebensunterhalt verdiente B. als Jazzmusiker und als Autor für Rundfunk und Fernsehen. 1954 wurde seine Jazzoper »Four o'Clock in the Morning Blues« durch die BBC uraufgeführt. Nach einem Aufenthalt in Kanada arbeitete B. für das »Freie Fernsehen« bzw. das ZDF. Von 1974 bis 1985 las er am Psychologischen Institut der Universität Salzburg über »Soziale Kulturpsychopathologie«. 1975 erschien »Das Patriarchat, Ursprung und Zukunft unseres Gesellschaftssystems«. »Lexikon der Liebe« und »Sex im Volksmund« wurden Bestseller. Sein Engagement für die Einführung des Sexualkundebuches »Sachen suchen 3« als Schulbuch führte 1976 in Salzburg zu heftigen Debatten.

Lit.: J. Ch. Aigner: Ohne Liebe kein Leben. Zum Tod E. B.s, in: Werkblatt 33, 1995, S. 7-13. – SN, 7. 6. 1995. – E. B.: Die Urszene. Eine wissenschaftliche Autobiographie, 1977. – DBE.

Th.W.

Borromäum. 1847 wurde das erzbischöfliche Privatgymnasium B. von Erzbischof Friedrich Fürst von →Schwarzenberg als Bildungsstätte für den Nachwuchs des geistlichen Standes der Erzdiözese im Paris Lodronschen Primogeniturgebäude in der Dreifaltigkeitsgasse gegründet. 1912 erfolgte die Übersiedlung in den von Erzbischof Balthasar Kaltner errichteten Neubau nach Parsch. 1938 wurde die Schule aufgehoben und das Gebäude für den Reichsnährstand als Michael-Gaismayer-Hof beschlagnahmt. Nach dem 2. Weltkrieg wurde das Borromäum seinem ursprünglichen Zweck wieder zugeführt. Heute öffentliches Gymnasium mit Internat und Tagesheim.

H.O.

Borten, leonische, lyonische Drähte, Spitzen, Waren. Spitzen und Gewirke aus Metallfäden unterschiedlicher Qualität, die aus Messing etc. hergestellt wurden und bis ins 19. Jh. als Luxuswaren galten. Zwei Begriffserklärungen: 1. weil über Venedig verschifft und mit dem (Ausfuhr-) Löwenstempel versehen. 2. nach dem Herstellungszentrum Lyon. Produktion seit der Spätantike, Verbreitung über Italien im 16. Jh. nach Lyon. Seit dem 15. Jh. in wasserbetriebenen Mühlen produziert, großteils aus Silber bzw. vergoldetem Silber, seit dem 16. Jh. aus vergoldetem Kupfer; seit dem 19. Jh. maschinell aus billigeren Metallen durch das Gewerbe der Edeldrahtzieher, das »Leonische Gewerbe«, hergestellt. Seit dem 19. Jh. Surrogate aus billigen Vergoldungstechniken (galvanisch, Goldchlorid und Feuervergoldung) und goldgefärbten Baumwollfäden. Weiterverarbeitung der Fäden durch Bortenwirker (bedeutendes Zentrum Sachsen; seit dem 19. Jh. Massenproduktion am Jacquardwebstuhl möglich). Ab dem 19. Jh. Erzeugung auch in Nürnberg und Wien. Verwendung der Borten für Prunkgewänder, Raumtextilien, Ornate, Reliquien, kirchliche und weltliche Requisiten. Die Regelschwestern in Hallein (ab 1744, Schule ab 1758) verfertigten u. a. goldene und silberne Tressen und bestickten Meßgewänder.

Lit.: B. Rawitzer: Leonische Drahtwaren und Gespinste (Veröffentlichungen zur Volkskunde und Kulturgesch. 29). Bayr. BIIVK und Bayr. Nat. Mus., Würzburg 1988, S. 5-6 und 16-24. – M. Beckh: Die Nürnberger echte und leonische Gold- und Silberdrahtindustrie (Statistische u. nationalökonomische Abhandlungen 9). Diss. München 1917, S. 7. – Vierthaler: Wanderungen 1, S. 78.

U.K.

Botanischer Garten, auf dem Gelände des ehem. Frauengartens, 1780 vom Salzburger Kaufmann und Pflanzenhändler Anton Ranftl gepachtet und seit damals mit Unterbrechungen in Betrieb. 1850 auf eine Größe von 4500 qm angewachsen; 1881 ging die Leitung des Gartens an E. →Fugger über, unter ihm waren 2140 salzburgische Pflanzenarten, 1888 sämtliche Arten der Salzburger Flora vertreten. In der Zwischenkriegszeit verfiel der Garten mit seinen Glashäusern, in den Kriegsjahren diente er als Lagerplatz für Ruinenschutt. Im Zuge der Adaptierungsarbeiten an den Gebäuden der →Univ. wurde der nunmehrige »Wilhelm-Furtwängler-Garten« neu gestaltet, mit Schiller-Denkmal und modernen Plastiken, u. a. von F. Wotruba und G. →Manzù. Heute befindet sich ein B. beim Neubau der Naturwissenschaftlichen Fakultät der →Universität in Freisaal.

Lit.: C. Gärtner: Der botanische Garten in Salzburg. In: Kulturgut der Heimat, H. 7, Salzburg 1978.

R.R.H.

Brack, Wenzeslaus, * Meißen/Elbe um 1450, † Salzburg 31. 10. 1495, Arzt und Frühhumanist. Studierte in Leipzig und Basel und war 1483 Rektor der Domschule in Konstanz. Anschließend Medizinstudium, u. a. in Wien. B. verfaßte ein gedrucktes Wörterbuch (bis 1500 zwölf Aufl.) und eine Grammatik. 1492/93 war er Leibarzt Kaiser Friedrichs III. und 1495 des Salzburg Eb. →Leonhard von Keutschach. Begraben in →St. Peter.

Lit.: P. F. Kramml: Der Frühhumanist und kaiserliche sowie salzburgisch-erzbischöfliche Leibarzt W. B. In: Salzburg Archiv 1, 1986, S. 17-39.

P.F.K.

Brahms, Johannes, * Hamburg 7. 5. 1833, † Wien 3. 4. 1897, Komponist. Verbrachte im August 1870 einige Tage in Salzburg, um sein Streichquartett a-Moll (op. 51/2) mit J. →Joachim »durchzunehmen«; 1878 besuchte er, gemeinsam mit C. →Schumann, J. Joachim in Salzburg. Damals begann auch die Brahms-Rezeption in Salzburg: die Salzburger Erstaufführung des »Schicksalsliedes« durch die Salzburger →Liedertafel (1877). 1890 dirigierte J. F. →Hummel erstmals die 3. Sinfonie, 1895 das »Deutsche Requiem«.

Lit.: M. Kalbeck: J. B. Wien 1904/14.

G.W.

Brandauer, Karoline, * Adnet 16. 3. 1925, † Oberndorf (Salzburg) 15. 3. 1989, Lyrikerin →Trakl-

Anerkennungs-Preis 1957, Gedichtband »Vor einem Haselzweig«, 1984.

H.H.

Brandauer, Kuno, * Hellbrunn bei Salzburg 27. 5. 1895, † Salzburg 17. 4. 1980, Beamter, Heimatforscher, Heimatpfleger. Frühes Interesse für Heimatkunde und Brauchtumspflege. Sohn des Gastwirtes Leopold Brandauer (1865-1947), der mit K. →Adrian ab 1911 in der Landeskommission für die Erhaltung und Erneuerung der Salzburger Trachten und Bräuche wirkte. Mit dem Volksmusikanten G. →Windhofer (1887-1964) und dem Gastwirt Franz Obereder entwickelte er schrittweise die Salzburger Heimatpflegeidee; ab 1908 Gründung zahlreicher Vereine. 1908 gründeten Leopold B. und Hans Tiator den »Ersten Österreichischen Reichsverband für Alpine, Volks- und Gebirgs-Trachten-Erhaltungsvereine«, der ab 1912 eine österreichweite Monatsschrift herausgab. B. prägte diesen Verband nachhaltig. Bereits früh vertrat der Verband deutschnationale und schließlich nationalsozialistische Ideen. 1926 kam es zur Gründung des »Landesverbandes der Trachten-, Schützenvereine und Musikkapellen«, dessen Obmann der Ehrenpräsident und frühere Präsident der Salzburger →»Alpinia«, August Neubauer (1870-1950) – ebenfalls ein wichtiger Mann in der Landeskommission von 1911 – war. Dem Landesverband stand ab 1932 B. vor, der österreichweit die Trachtenvereinsbewegung, ihre Aktivitäten und Werthaltungen prägte. 1935 gab der Landesverband die erste »Salzburger Trachtenmappe« heraus (auch an den Ausgaben 1942 und 1962 arbeitete B. maßgeblich mit). 1938 wurde B. Leiter der »Fachschaft Brauchtumspflege« im NS-Kulturamt, Gau Salzburg, die Vereine wurden aufgelöst und übergeführt. Am 3. 6. 1939 wurde der »Gauverband der Heimat- und Trachtenvereine im Reichsgau Salzburg« begründet, er unterstand bis zur Gründung des →Heimatwerkes der »Lehr- und Forschungsstätte für germanisch-deutsche Volkskunde« (gegr. 1938, R. →Wolfram). 1942 wurde B., der ab 1922 in regem Kontakt zur späteren Leiterin der »Mittelstelle Deutsche Tracht« der Gauarbeitsgemeinschaft für deutsche Volkskunde, Gertraud Pesendorfer, stand, Mitbegründer und Leiter (mit dem Gauleiter Gustav Scheel) des »Heimatwerk Salzburg. Gemeinschaft für Volks- und Brauchtumspflege«, das dem Gauleiter und Reichsstatthalter direkt unterstand. So wurde er zur zentralen Figur der »praktischen Volkstumsarbeit«, dem wesentlichen »Kampfmittel im Sinne politisch-weltanschaulicher Klärungen« (Otto Schmidt). B. wirkte eng mit T. →Reiser zusammen. Auch Dr. Helmut Amanshauser, Leiter der Gauarbeitsgemeinschaft für deutsche Volkskunde und Hauptstellenleiter im Gauschulungsamt (seit 1938), wirkte mit ideologisierenden Aufsätzen am Heimatwerk mit.
1946 wurde das Heimatwerk von der Landesregierung reaktiviert. Aus ihm ging 1948 die »Dienststelle für Salzburger Heimatpflege« (→Volkskultur) unter Leitung B.s (bis 1960) hervor, die mit der Führung der wiedererrichteten Landesverbände (bis 1997) betraut war. B. zeichnet für viele →Trachtenerneuerungen, Verbandsgründungen, die Wiederaufnahme von Bräuchen verantwortlich. 1961 wurde nach dieser charismatischen Persönlichkeit die Kuno-Brandauer-Medaille als höchste Auszeichnung der Landesverbände geschaffen, 1982 wurde ihm ein Denkmal auf der Monikahöhe errichtet, eine Straße in Salzburg ist nach ihm benannt.

Lit.: G. Kerschbaumer: Rekonstruktion und Dokumentation. In: Volkskunde und Brauchtumspflege im Nationalsozialismus in Salzburg, hg. von W. Haas (=SBzVK 8), Salzburg 1996, S. 255-359; ebenda, Kammerhofer, S. 97-101. – Trachten nicht für jedermann? (=SBzVK 6), hg. von U. Kammerhofer-Aggermann u. a., Salzburg 1993. – M. Martischnig: Nekr. In: MGSLK 120/121, 1980/81, S. 729 ff.

U.K.

Brandts-Buys, Jan, * Zutphen (Holland) 12. 9. 1868, † Salzburg 8. 12. 1933, Komponist. Entstammte einer bekannten Musikerfamilie; Studium am Raff-Konservatorium in Frankfurt/Main, Pianist und Organist, von J. →Brahms geschätzt, intern. Erfolg mit der Oper »Die Schneider von Schönau« (1916) mit mehr als 1000 Aufführungen. Lebte seit 1928 in Salzburg, wo viele seiner Werke (meist durch B. →Paumgartner) aufgeführt wurden. In Salzburg komponierte B.-B. u. a. die »Salzburger Serenade«. Er schrieb Opern, Klavierkonzerte, sinfonische Dichtungen, Kammermusik, Lieder, Klavier- und Orgelwerke.

Lit.: G. Verhey, G. Schlimme van Brunswijk: J. B.-B. Zutphen 1980.

G.W.

Bräuche stellen aus Sitten und Normen erwachsene, gemeinschaftsbezogene wie gemeinschaftsbildende, ritualisierte Handlungen von großer Signalwirkung dar. Sitten und Bräuche, Normen und Rituale entsprechen dem Bedürfnis der Menschen nach lokaler und sozialer Vergemeinschaftung und Absicherung, Selbstdarstellung (z. B. →Volkstanz, dort Zunfttänze, Bindertanz, Schwerttanz) und Identifikation. Bräuche dienen der Unterteilung des Jahres (→Osterbräuche, →Weihnachtsbräuche) wie des einzelnen Menschenlebens (u. a. Geburt, Erstkommunion, Hochzeit, Begräbnis), sie heben besondere Ereignisse hervor und tun sie öffentlich kund (z. B. Jubiläen, Arbeitsende, Hochzeitslader), sie dienen der Kennzeichnung von Übergängen (z. B. Schulabschluß, Polterabend) und Statusveränderungen (z. B. Inauguration, Metzgersprung), sie regeln das Verhalten im Ausnahmefall (z. B. Faschingsbräuche, →Perchten) und geben Formen der sozialen Sanktion vor (Philippeln in der Nacht vor dem 1. Mai, Rügebräuche vor der Hochzeit). Zwischen dem 16. und dem 19. Jh. entwickelten sich differenzierte Ausdrucksformen schichtenspezifischer, religionsbezogener wie regionaler Kultur, die mit der Zunahme der Alphabetisierung, der Medien, der Kommunikation und Mobilität sowie mit dem Ende der Ständegesellschaft wieder zurückgingen und sich aneinander anglichen. Alles das, was von diesen kulturellen Gestaltungsformen im Zuge der Aufklärung, der Romantik und der romantisch-nationalen Strömungen im 19. Jh. aufgezeichnet wurde, dient seit der Wende zu unserem Jahrhundert der »Braucherneuerung« und →»Brauchtumspflege« und wurde für vielfältige Redefinitionen verwendet. Damit wurden Handlungsmuster, die im jeweiligen Welt- und Gesellschaftsverständnis verankert waren, die durch die Kulturdimensionen Zeit, Raum und gesellschaftliche Gruppe definierbar waren, zu neuen, weitgehend statischen Gestaltungsformen, die Geschichtlichkeit betonen. Viele Salzburger B. werden in dieser Form heute von »Salzburger →Volkskultur«, →Brauchtumsvereinen und einzelnen Gruppierungen öffentlich weitergeführt. Viele Sitten und Bräuche haben sich aber auch in weiten Kreisen der Bevölkerung erhalten bzw. lebendig weiterentwickelt (u. a. Patenpflichten, Taufgestaltung, Anklöckeln etc.).

Die Brauchtumspflege- und Erneuerungsbewegungen in unserem Jh. haben vielfach vergessen lassen, daß neben den organisierten öffentlichen Schaubräuchen eine Fülle von Sitten und Bräuchen im Alltag existierte und existiert, die den Ausübenden selbstverständlich und unverzichtbar erscheinen und damit Ausdruck ihrer Kultur sind. Dazu gehören etwa die Sitten des Grüßens und der Gastfreundschaft, des Essens, der Begehung von Festen, der Nachbarschaftshilfe, des Schenkens, des Hausbaues und Umzuges, etc. Vielfach wechseln solche Formen mit der Änderung wirtschaftlicher und politischer Lebensbedingungen, sie erleben Innovationen und Akkulturationen (räumliche wie zeitliche Übertragungen) ebenso wie laufende Um- und Neudeutungen. Öffentliche Bräuche, die durch kulturpolitische Pflege eine Stilisierung und Fixierung im Jahreslauf erfahren haben, werden gesondert unter ihrem Namen aufgeführt. Daneben sind der 1981 wiederbelebte Metzgersprung in der Stadt und das Fahnenschwingen der Metzger als Relikte einstiger Zunftbräuche, die Georgiritte am 23. April etwa in Sommerholz, Eugendorf, St. Georgen und Thomatal zu nennen, zu denen oft Reiterspiele (Kranzlstechen) gehören, die Sonnwendfeuer, die Almfeste am Jakobitag, 25. 7., die Almabtriebe im Herbst, die Erntedankfeste, die Gräberbesuche und Patengeschenke zu Allerheiligen oder das Kasmandlfahren am Vorabend von Martini im Lungau. Touristische Initiativen schließen sich oft an bestehende Bräuche an oder richten neue nach dem Bedürfnis der Gegenwart ein.
→Osterbräuche, →Weihnachtsbräuche.

Lit.: M. Becker: Salzburger Brauchtum. In: H. Dopsch, H. Spatzenegger (Hg.): Geschichte Salzburgs, S. 1825-1852. – K. Adrian: Von Salzburger Sitt' und Brauch. Wien 1924.

U.K.

Brauchtumspflege, wurde in den 1930er Jahren zum Begriff für den in der Heimatschutzbewegung (K. →Adrian) entwickelten Gedanken, neben der Denkmalpflege auch nichtmaterielle kulturelle Erscheinungen aus ihrem natürlichen Wandel herauszuheben, sie zu erhalten und zu pflegen und damit Interessen der Gewerbeförderung, Volksbildung und des Fremdenverkehrs zu verbinden. Der Begriff wurde im Umkreis der Erhaltungs- und

Unkener Stelzentanz, aufgenommen in Zell am See 1937 (Erika Groth-Schmachtenberger, SLIVK)

→Brauchtumsvereine zu einem Schlagwort, mit dem sich der Erhalt einer für besser erachteten regionalen (im Nationalsozialismus dann rassischen), weitgehend ländlichen Kultur verband (K. →Brandauer). Erste Ansätze einer organisierten Brauchtumspflege bewirkte in Salzburg die 1910/11 begründete »Landeskommission betreffend Förderung und Hebung der Salzburger Eigenart in Tracht, Sitten und Gebräuchen«, die 1910-18 und 1922-38 existierte. Ihre Gründung geht auf Bestrebungen des Vereines für Heimatschutz in Salzburg (1908 begr.), besonders auf den Leiter der Fachabteilung IV, K.→Adrian, der Gesellschaft für Salzburger Landeskunde, der Volkstrachten, Erhaltungs-Vereine (besonders der Gastwirt und Vereinsgründer Leopold Brandauer, 1865-1947), der →Alpinia (der Lederhosenerzeuger August Neubauer), des Edelweißclub u. a. zurück. Bereits in den ersten Jahren bewirkte sie die Erfassung von noch vorhandenen Trachten, Sitten und Bräuchen sowie Ansätze zu deren Dokumentation. Die Arbeiten dieser Kommission sind verschollen, Ergebnisse sind in Einzelaufsätzen und den Landtagsprotokollen erhalten. Damit begannen die »Modegestaltung der Volkstrachten« (1912) und »Schutz und Pflege von Sitte, Tracht, Gebräuchen, Sprache und Volkslied« (1913). Die Darstellungen jener Zeit zeigen, daß in den vergangenen zwei Jahrzehnten bereits viele Bräuche vergessen und einige bereits an bayerischen Vereinsvorbildern »wiedererneuert« worden waren. Ab 1922 war mit der Brauchtumspflege der Vereine vielfach auch ein Rassen- und Klassenkampf im Sinne des Nationalsozialismus verbunden. Im NS wurde B. in Verbindung mit »Volkstumspflege« zum Mittel der Indoktrination.

Nach dem 2. Weltkrieg wurde B. zum Inhalt der Heimatpflegeorganisationen der Vereine wie Länder (→Volkskultur), sie diente der Reorganisation des Österreich-Bewußtseins und erhielt Raum in Schulbüchern, Erwachsenenbildung und öffentlicher Selbstdarstellung der Länder und Gemeinden. Zwischen 1960 und den 1980er Jahren nahm B. häufig kritische Positionen gegenüber dem Einsatz von Bräuchen zu touristischen Zwecken ein. Seit den 1980er Jahren ist der Begriff aufgrund seiner mehrfachen zeitgeschichtlichen Belastung weitgehend im Verschwinden begriffen, denn →Brauchtumsvereine und »Salzburger →Volkskultur« verstehen sich heute als weiterführende Gestalter einer auf Traditionen beruhenden regionalen Kultur und nicht als Träger absolut gesetzter historischer Formen. So entwickelten sich die gegenwärtig üblichen Begriffe Volkskultur und Regionalkultur für eine in der Tradition fußende, wandelbare Fest- und Alltagskultur breiter Bevölkerungsschichten, die tätige Mitgestaltung ermöglicht und in kleinen Gruppierungen zu einem Konsens im Bezug auf den Sinn des Lebens führt.

Lit.: Volkskunde und Brauchtumspflege im Nationalsozialismus in Salzburg (=SBzVK 8), hg. v. W. Haas, Salzburg 1996. – H. Dengg, R. Floimair (Hg.): 100 Jahre Brauchtumspflege. Salzburger Landesfest 1990 (Landespressebüro, Sonderpublikation 90), Salzburg 1990.

U.K.

Brauchtumsvereine entstanden seit der Mitte des 19. Jh.s am Beispiel großbürgerlicher Gesellschafts- und Kulturvereine, die sich im Zuge des Historismus auch der exotisch und pittoresk erscheinenden »Nationalkultur« und »Nationalcostume« stadtferner heimischer Regionen spielerisch annahmen. Sie nahmen um die Jahrhundertwende Ideen der Nationalökonomie und des Heimatschutzes auf und frönten der Laienethnographie. Für Salzburg sind die 1870 gegründete, mäßig deutschnationale Sektion Salzburg des »Alpenvereins« und der 1882 gegr., gemäßigt liberale »Touristen Club« mit seinen Kostümbällen und Festzügen zu nennen. 1881 entstand der mittelbürgerliche »Geselligkeitsclub Edelweiß«, der als erster eine Vereinstracht mit Lederhose, Lodenrock und Federhut hatte. Die 1891 gegr. großbürgerliche →»Alpinia« arbeitete eng mit der Landeskommission (K. →Adrian) zusammen und trug zur Rekonstruktion von Salzburger Tracht und Bräuchen erheblich bei. Ihre Trachtenfestzüge und Bauernhochzeiten trugen zur Ausbildung des exklusiven Salzburger Flairs der ersten Festspieljahre bei. Prägende Persönlichkeiten waren der Vorstand und Gerbermeister August Neubauer, Schulrat K. →Adrian, der Kammersänger R. →Mayr, dessen Bruder, der Bühnenkostümbildner Carl Mayr, der Bankier Richard Spängler u. v. a. Daneben bildeten sich am bayerischen Vorbild zwischen 1880 und 1913 viele kleinbürgerliche Trachtenerhaltungsvereine mit geselligen und gesellschaftspolitischen Interessen aus. Sie ermöglichten vielen Abwanderern vom Lande soziale Einbindung und ein neues, standesähnliches Selbstbewußtsein. Die Heimatschutzbewegung und schließlich der Ständestaat förderten solche Vereinsbildungen indirekt, da sie darin eine Rekonstruktion der ständischen Gesellschaft sahen. 1908 schlossen sich diese Vereine zum »1. Österreichischen Reichsverband der Volks- und Gebirgs-Trachten-Erhaltungsvereine« mit Sitz in Salzburg (1939 Auflösung; 1939-45 NS-Gauverband, 1948 Wiederbegründung als Landestrachtenverband; K. →Brandauer) zusammen, der ab 1912 eine gleichnamige Monatschrift herausgab und für Österreich meinungsbildend wurde. 1926 gründeten 25 Mitgliedsvereine den Salzburger Landes-Trachtenverband.

Bereits in den 1920er Jahren wurde die »Trachtensache« im Reichs- wie im Landesverband zum Fanal eines biologistischen und politischen Kulturkampfes, der im Ausschluß der sozialistischen »Arbeitertrachtler« und der Forderung nach einem Verbot des Trachtentragens für Juden (das 1938 für Salzburg tatsächlich erlassen wurde) gipfelte. Zu den tragenden Persönlichkeiten des Reichsverbandes in Salzburg zählten Hans Tiator, K. Brandauer, Cassio Castelpietra (→Amselsingen), Franz Obereder und Toni Blum. Der 1939 errichtete »Gauverband der Heimat- und Trachtenvereine im Reichsgau Salzburg« wurde weitgehend im Sinne des Nationalsozialismus instrumentalisiert.

Ab 1948 nahmen sich die Vereine im »Landstrachtenverband Salzburg« der Erhaltung und Pflege von Brauchtum, Tracht und Volksmusik an und fungierten als Träger lokaler kultureller Bestrebungen. Der Verein »Jung Alpenland« in Salzburg etwa führt im Umkreis der →»Alpinia« entstandene Erneuerungen weiter. 1968 Umbenennung in »Landesverband der Salzburger Heimatvereinigungen«. Sein Veranstaltungs- und Probenzentrum ist der Lainerhof. Bis 1997 war der jeweilige Leiter des Referates Salzburger Heimatpflege (seit 1989 →Volkskultur benannt) auch Landesobmann des Verbandes. 1945 erfolgten die Gründung des Landesverbandes der Blasmusikkapellen und der Zusammenschluß der historischen Schützenkompanien. Die B. umfaßten 1998 über 315 Heimatvereinigungen mit 10 500 Mitgliedern, 99 Schützenkorporationen mit 5307 Mitgliedern, 145 Musikkapellen mit 6274 Mitgliedern und 215 Volkslied- bzw. -musikgruppen und -chöre mit 1800 Mitgliedern. Enger Kontakt besteht zu den über 60 Salzburger →Heimatmuseen und den Museumsvereinen, die im Arbeitskreis »Salzburger Heimatsammlungen« zusammengeschlossen sind. 1997 wurden 2400 Feste von diesen Vereinen mitgetragen.

Von 797 Kulturvereinigungen in Salzburg (1998) sind 347 Kultur- und Religionsvereine nicht im Landesverband der Heimatvereinigungen in Salzburg. Auch ihr Ziel ist die Fortführung von Traditionen, die Ausgestaltung von Festen, die Ausbildung von historischem Wir-Bewußtsein. Dazu gehören etwa die von E. →Markl begründete Salzburger Bürgergarde in der Stadt Salzburg, die als Ehrengarde bei Festlichkeiten fungiert oder (u. a.) den 1982 eingerichteten Georgikirtag auf der Festung Hohensalzburg feiert. In den letzten Jahren entstanden aus gewerblicher und touristischer Initiative vielerlei Vereine (speziell Perchtenpassen), die Bedürfnisse der touristischen und Freizeitgesellschaft nach konsumierbarer »Authentizität« bedienen. Dagegen entstanden in den Kulturvereinen am Land viele Initiativen der Auseinandersetzung mit den Inhalten der Brauchtumsvereine und der gegenwartsbezogenen Veränderung von Lebensbedürfnissen, Ausdrucksformen und Bräuchen.

Lit.: U. Kammerhofer-Aggermann: Die Anfänge der Salzburger Heimatwerks- und Heimatpflegeidee. In: Volkskunde und Brauchtumspflege im Nationalsozialismus in Salzburg, hg. v. W. Haas (=SBzVK 8), Salzburg 1996, S. 81-120. – G. Kerschbaumer: Organisiertes Heimatbrauchtum in Salzburg. Ebenda, S. 121-132. – U. Kammerhofer-Aggermann: Volk in Tracht ist Macht. In: M. Feingold (Hg.): Ein ewiges Dennoch, 150 Jahre Juden in Salzburg, Salzburg 1993, S. 177-190. – Trachten nicht für jedermann? (=SBzVK 6), hg. v. U. Kammerhofer-Aggermann u. a. Salzburg 1993. – H. Haas: Zu den Anfängen der Salzburger Brauchtumspflege. Ländliches Brauchtum in der Stadt. In: 100 Jahre Brauchtumspflege (=Schriftenreihe des Landespressebüros, Sonderpublikation 90), S. 9-25.

U.K.

Brauereien →Industrie- und Fabriksbauten, →Gaststätten

Braumann, Franz, * Huttich bei Seekirchen 2. 12. 1910, lebt in Köstendorf, Lehrer, Schriftsteller, Prof. h.c.. Als Bauernsohn aufgewachsen, trat B. als 20jähriger in die Salzburger Lehrerbildungsanstalt ein. Förderung durch Josef Georg Oberkofler und A. →Grasmayr, Bekanntschaft mit J. →Freumbichler, R. →Billinger, G. →Rendl u. a. Damals bereits erste Veröffentlichungen (u. a. »Gesang über den Äckern«, Gedichte, 1933). B. ließ sich als Volksschuldirektor vorzeitig pensionieren, um als freier Schriftsteller arbeiten zu können. Zahlreiche Romane, vor allem aus dem bäuerlichen Lebenskreis, Sach- und Jugendbücher, Biographien (u. a. »Franz Stelzhamer. Leben und Dichtung«, 1972), Sagenbände, Gedichte und Reiseberichte. Ausgedehnte Reisen in alle Teile der Erde. B.s Buch »Ein Mann bezwingt die Not«, Lebensroman Friedrich Wilhelm Raiffeisens, 1959, wurde in viele Sprachen übersetzt, darunter ins Japanische und in Suaheli, es erreichte eine Gesamtauflage von über 300 000 Exemplaren. 1958 Österr. Staatspreis für Jugendliteratur, 1968 →Trakl-Preis.

Lit.: Kürschner 1998. – Kosch, 1. Bd., Sp. 903 ff.

H.H.

Brecht, Bert(olt), * Augsburg 10. 2. 1898, † Berlin (Ost) 14. 8. 1956, dt. Schriftsteller. B. lernte durch den Bühnenbildner Caspar Neher 1948 den österr. Komponisten G. v. →Einem kennen. Neher schuf das Bühnenbild zu Einems Oper »Dantons Tod« (Uraufführung 1947 bei den Salzburger →Festspielen). V. Einem setzte sich als Direktoriumsmitglied für die Neubelebung der Salzburger Festspiele ein; dafür wollte er B. gewinnen, den er Anfang 1948 in Meilen bei Zürich traf. B. war nach dem Gespräch bereit, »seine Stücke für die Salzburger Festspiele zur Verfügung zu stellen« und wollte selbst dort mitarbeiten. V. Einem verschaffte B. Papiere; B. war dann tatsächlich am 17. und 18. 10. 1948 in Salzburg. V. Einem und B. besprachen verschiedene Pläne für Salzburg, B. reiste dann über Prag nach Berlin weiter, um an der Inszenierung der »Mutter Courage« zu arbeiten. Anfang März 1949 traf v. Einem B. in Zürich; dieser war noch immer an der Theaterarbeit in Salzburg interessiert und erwog, dafür ein »Festspiel« zu schreiben. B. schlug v. Einem vor, ihm einen »österreichischen« Paß zu besorgen (B.s Frau, Helene Weigel, war gebürtige Wienerin). Als Wohnort gaben sie an: Salzburg, Mönchsberg 17, wo v. Einem wohnte (1979 zog P. →Handke dort ein). Vom 29. bis 31. 8. 1949 war B. wieder in Salzburg, um die Paßangelegenheit voranzutreiben und sein »Salzburger-Totentanz«-Projekt zu besprechen. B. hat nur wenige Szenen des »Salzburger Totentanzes« ausgearbeitet. Am 6. 8. 1949 erschien in der »Presse« eine Notiz, daß B. »als Theaterleiter im Sowjetsektor Berlins« arbeite. B. schrieb am 12. 10. 1949 an v. Einem: »Nach wie vor habe ich vor, als meinen ständigen Wohnsitz Salzburg zu betrachten und mir einen künstlerischen Aufgabenkreis in Österreich zu verschaffen. Im Augenblick arbeite ich an einem Festspiel für die Salzburger Festspiele.« Nach einem relativ raschen Aktenweg zwischen den Ministerien wurde am 12. 4. 1950 von der Salzburger Landesregierung unter der Zahl 3949/LAD/50 die »Urkunde über die Verleihung der Staatsbürgerschaft« ausgestellt. Auch Helene Weigel erhielt die österr. Staatsbürgerschaft. Im Herbst 1951 meldeten mehrere Zeitungen die Verleihung der österr. Staatsbürgerschaft an B. Das löste einen »kulturpolitischen Skandal ersten Ranges aus« (K. Palm). Die Presse suchte vor allem nach den Schuldigen: »Ob man nicht jetzt doch den Festspielausschuß von Einem oder dem anderen säubern müßte?« (SN, 13. 10. 1951). In der Kuratoriumssitzung vom 31. 10. 1951 wurde G. v. Einem seiner Funktion als Direktoriumsmitglied der Salzburger Festspiele enthoben. B. behielt die österr. Staatsbürgerschaft bis zu seinem Tod. Am 28. 7. 1986 brachte die »Sommerszene« im Petersbrunnhof die szenische Montage »Salzburger Totentanz«, gestaltet von Kurt Palm, die Figur des B. spielte Michael Degen.

Lit: K. Palm: Vom Boykott zur Anerkennung. Brecht und Österreich, Wien-München 1983.

A.Has.

Breicha, Otto, * Wien 26. 7. 1932, Kunsthistoriker, Publizist. Leiter des →Rupertinums von 1983 bis 1998. Zahlreiche Essays und Beiträge in Kunstbänden, Katalogen, Zeitschriften, Anthologien und Zeitungen. Von 1969-74 Hg. der Zeitschrift »ver sacrum«, gemeinsam mit Hilde Spiel und Georg Eisler. Umfangreiche Herausgebertätigkeit, z. B. »Aufforderung zum Mißtrauen«, Salzburg 1967. Hg. der Zeitschrift »protokolle« gemeinsam mit Gerhard Fritsch (1966-69). B. stellte die »protokolle«, Zeitschrift für Literatur und Kunst (1966-97), mit dem Band »Schlußstrich« ein.

Lit.: Katalog-Lexikon.

A.Has.

Breiter, Herbert, * Landeshut (Schlesien) 21. 2. 1927, † Salzburg 9. 10. 1999, Maler und Graphiker. Lebte seit Kriegsende in Salzburg, Autodidakt, gefördert von M. →Peiffer Watenphul und Caspar Neher, Atelier- und Lebensgemeinschaft mit A. →Muthspiel. Der »poetische Realismus« der damals entstandenen Bilder nahm durch bewußte Reduktionen immer formelhaftere Züge an. B.s karge Stilleben und Salzburger Dachlandschaften, die eine absolute Ausgewogenheit anvisieren, seine idealtypischen Bilder vom Süden, die immergleiche Bausteine variieren, verbreiten eine Magie der Monotonie, die auf große Breitenwirkung stößt. Entsprechend der gewollten Gleichförmigkeit der Kompositionen und verschleierten Farben verändert sich auch der Motivkreis kaum. Bevorzugte Landschaften seiner Bilder sind die Toskana, Dalmatien, Kreta, Mani und die Südsteiermark. Vor allem durch seine reichhaltige druckgraphische Produktion als Radierer und Lithograph wurde B. zu einem der bekanntesten Salzburger Künstler. (Farbabb. S. 371)

Berta Thoma, Bildnis Anton Breitner, 1925 (SMCA)

Lit.: H. B. Momente der Dauer. Salzburg 1997 (mit einem Essay von K.-M. Gauß). – SN, 22. 2. 1997. – Saur: Allg. Künstlerlexikon. Bd. 14, 1996. – Gugg. – R. Schmücking: H. B. Werkverz. der Druckgraphik 1965-80, Braunschweig 1980. – O. Breicha (Hg.): Der Art Club in Österreich. Wien 1980.

N.Sch.

Breitinger, Friedrich,* Salzburg 12. 8. 1887, † Salzburg 13. 12. 1966, Mozartforscher. Studierte an den Univ. Wien, Lausanne und Graz Sprachwissenschaft und Anglistik (Promotion 1914), war in Salzburg in verschiedenen Funktionen tätig, erwarb sich große Verdienste als Organisator der Salzburger Kriegsgefangenenfürsorge und als Salzburg- und Mozartforscher. Seine Notizen zu W. A. →Mozart und Salzburg zur Zeit Mozarts füllen 14 Bände und acht Notizbücher und bilden eine wichtige Quelle für die Mozartforschung.

Lit.: F. Prodinger (Hg.): Mozartiana. Erhebungen von F. B., Salzburg 1992.

G.W.

Breitner, Anton, * Wien 18. 3. 1858, † Mattsee 3. 6. 1928, Privatgelehrter, Schriftsteller. Studierte

Landwirtschaft, war für das →SMCA tätig, seit 1885 in Mattsee. B. verehrte den Schriftsteller Joseph Viktor v. Scheffel (»Trompeter von Säckingen«, 1854) glühend, ihm errichtete er in seiner Mattseer Villa ein »Scheffel-Museum«, außerdem gründete er einen »Scheffel-Bund in Österreich«. B.s historischer Heimatroman »Diemut. Ein historisches Landschaftsbild aus Salzburg« (1894) lehnt sich eng an Scheffel an. B. war der Literaturtradition des 19. Jh.s verbunden, die Moderne lehnte er ab. Er gehörte zu den erbittertsten Gegnern H. →Bahrs. In seiner Literaturzeitschrift (»Die Literaturbilder des fin de siècle, Randglossen zur deutschen Literaturgeschichte«, 1896-1906) erweist er sich als »kämpferischer Kulturkonservativer« (U. Fleischer). Nachlaß im Stadtarchiv Salzburg.

Lit.: A. Breitner. In: G. Steiner: Literaturbilder. Salzburgs Geschichte in literarischen Porträts, Salzburg 1998, S. 63-79. – Hanisch/Fleischer, S. 132 ff. – Kosch, 3. Aufl. Bd. 1, Sp. 1021.

H.H.

Breitner, Burghard (Pseud.: Bruno Sturm), * Mattsee 10. 6. 1884, † Innsbruck 28. 3. 1956, Chirurg, Schriftsteller. Sohn A. →Breitners. Er studierte Medizin in Graz, Kiel und Wien. Schiffsarzt, Teilnehmer am Balkankrieg 1913 (Bulgarien), Assistent von A. Freiherr v. Eiselsberg in Wien, vom Herbst 1914 bis 1920 in russ. Kriegsgefangenschaft. Seine aufopfernde Arbeit als Arzt unter den Gefangenen trug ihm den ehrenden Beinamen »Engel von Sibirien« ein (»Unverwundet gefangen. Aus meinem sibirischen Tagebuch«, 1921). 1901 verfaßte er das naturalistische Drama »Will's tagen?«, 1912 eine Schrift gegen Otto Weininger sowie weitere literarische und medizinische Werke. 1932 Univ.-Prof. in Innsbruck. B. kandidierte 1951 für den VdU (»Verband der Unabhängigen«) für das Amt des Bundespräsidenten und errang einen Achtungserfolg. Ehrenbürger von Mattsee, zahlreicher österr. Landgemeinden und der Stadt Salzburg. Selbstbiographie »Hand an zwei Pflügen« (1959).

Lit.: M. Handler: Der Teilnachlaß von B. Breitner. Wien, Bibliothekar. Hausarbeit 1999. – Hanisch/Fleischer, S. 141 f. – Kosch, Bd. 1, Sp. 1021 f.

H.H.

Brendel, Walter L., * Ludwigshafen/Rhein 12. 8. 1923, Maler. Studierte nach dem Krieg in München bei K. Caspar und begann 1948 mit abstrakter Malerei. B. lebt seit 1944 am Chiemsee und hat seit 1974 ein Atelier im Salzburger →Künstlerhaus. Er gelangt seit den 60er Jahren in seinen Buchstaben- und Materialbildern sowie dadaistisch angehauchten Collagen zu einer ästhetisch verfeinerten eigenständigen Form des Skripturalismus bzw. Lettrismus.

Lit.: Ausstellungskat. W. L. B. Werke von 1948-96, Schloß Puchheim b. Linz 1997. – Saur: Allg. Künstlerlexikon. Bd. 14, 1996. – Ausstellungskat. W. L. B. Werke von 1944-49, Hambacher Schloß 1994. – Ausstellungskat. W. B. Werke von 1955-56, Salzburg-Ludwigshafen 1993. – Ausstellungskat. W. L. B. Werke von 1983-93, Kunstverein Paderborn 1993. – Ausstellungskat. Galerie Kremer-Tengelmann. Gelsenkirchen 1986.

N.Sch.

Brenno →Stuck

Bresgen, Cesar, * Florenz 16. 10. 1913, † Salzburg 6. 4. 1988, Komponist u. Hochschullehrer. Studium u. a. bei Joseph Haas in München. Tätigkeit als Organist und Komponist, 1936-38 beim Bayerischen Rundfunk. 1939 Aufbau und Leitung der »Musikschule für Jugend und Volk« (HJ-Musikabteilung am →Mozarteum) in Salzburg, Prof. für Komposition am Mozarteum. Kontakte zu A. v. →Webern in Mittersill. B. schrieb musikdramatische Werke, Märchenopern, u. a. »Der Igel als Bräutigam« (1949), »Brüderlein Hund« (1954), »Der Mann im Mond« (1958), Chorwerke, Konzerte, Kammermusik und Lieder. Unter dem Einfluß der musikalischen Jugendbewegung zahlreiche Ausgaben und Sätze europäischer Volkslieder und Kinderlieder; Lehrbücher über Improvisation, Rhythmus und Satzlehre.

Lit.: I. Schmid-Reiter: Das musikdramatische Werk C. Bresgens. Diss. Wien 1989. – C. Bresgen: Mittersill 1945. Ein Weg zu A. v. Webern, Wien 1983. – R. Lück: C. B. Österr. Komponisten der Gegenwart, Bd. 21, Wien 1974.

G.W.

Brettenthaler, Josef, * Salzburg 29. 8. 1907, † Salzburg 15. 11. 1993, Pädagoge, Schriftsteller und Heimatforscher. Lehrer, zuletzt Direktor an verschiedenen Salzburger Volks- und Hauptschulen. Verfasser zahlreicher heimatkundlicher Bücher über Stadt und Land Salzburg sowie mehrerer Ortschroniken. Herausgeber des »Großen Salzburger Sagenbuches« und von »Salzburgs Synchronik« (1987). B. verfaßte eine große Zahl pädagogischer Lehrbehelfe, wirkte in der Erwachsenenbildung und vermittelte in mehr als 500 Radiosendungen die Geschichte und landeskundlichen Besonderheiten Salzburgs (»Salzburger Raritätenkammerl«, 1986-93). Als Schriftsteller gelang ihm 1953 mit dem Roman »Barbara – Kupfer vom ewigen Schneeberg« der Durchbruch. Zudem verfaßte er vielgelesene Jugendliteratur. Selbsterlebte Geschichte ist in seine »Salzburger Altstadtgeschichten« (1976) eingeflossen.

Lit.: R. R. Heinisch: J. B. zum 85. Geburtstag. In: Salzburg Archiv 14, 1992, S. 7 ff.

P.F.K.

Breves Notitiae, »kurze Aufzeichnungen« über die Frühgeschichte Salzburgs einschließlich der Schenkungen an die Salzburger Kirche, nach 798. Die Erhebung Salzburgs zum Erzbistum im Jahr 798 bot für Erzb. →Arn(o) den Anlaß, die Besitzungen seiner Kirche nach der →Notitia Arnonis in einem zweiten, wesentlich ausführlicher gefaßten Güterverzeichnis festzuhalten, das auch die reichen Schenkungen des bayerischen Adels dokumentierte. Zudem sollte durch den breit ausgeschmückten Bericht über das Wirken des hl. →Rupert das Alter und Ansehen der Salzburger Kirche erhöht und ihre Erhebung zur geistlichen Metropole Bayerns zusätzlich begründet werden. In der vorangestellten Rupert-Legende wird der Salzburger Gründerheilige durch die Taufe Herzog Theodos zum »Apostel der Bayern« hochstilisiert, und er erscheint bereits als erster Bischof von Salzburg (→Geschichtsschreibung). Unter den eigenständigen Nachrichten der B. N. ist der ausführliche Bericht über die Gründung der Maximilianszelle in Bischofshofen hervorzuheben. Die B. N. wurden unter Heranziehung damals noch vorhandener Schenkungsurkunden und Traditionsnotizen erstellt und enthalten Zusätze, die bis in die ersten Jahrzehnte des 9. Jh.s reichen. Vier Hs. sind erhalten, die älteste, ein Pergamentcodex vom Ende des 12. Jh.s (ursprünglich Admont), wurde erst im Jahr 1915 aufgefunden.

Lit.: H. Dopsch: Schriftliche Quellen zur Geschichte des heiligen Rupert. In: Hl. Rupert von Salzburg 696-1996, Ausstellungskat. Salzburg 1996, S. 39 ff. – F. Lošek: Notitia Arnonis und Breves Notitiae. Die Salzburger Güterverzeichnisse aus der Zeit um 800: Sprachlich-historische Einleitung, Text und Übersetzung, in: MGSLK 130, 1990, S. 5 ff. – H. Dopsch: Die ältesten Salzburger Güterverzeichnisse und die Frage der Gemeindejubiläen. In: Salzburg Archiv 10, 1990, S. 25 ff.

P.F.K.

Bruck, Dorothea (Pseud. f. Dorothea Bruckmayer), * Linz-Land 21. 12. 1930, † Salzburg 25. 9. 1997, Lyrikerin, Dramatikerin. U. a. »Unterwegs – Daheim« (Ged., 1989). Literarischer Nachlaß im Salzburger →Literaturarchiv.

H.H.

Brücken →Bauten des Verkehrs

Bruckner, Anton, * Ansfelden (OÖ.) 4. 9. 1824, † Wien 11. 10. 1896, Komponist. Bewarb sich in Salzburg zweimal (1861 und 1868) vergeblich um die Stelle eines Direktors von →Dom-Musikverein und Mozarteum. 1856 maß er sich im Wettspiel mit R. Führer an der →Domorgel, 1861 dirigierte er sein siebenstimmiges »Ave Maria« im →Kapellhaus, 1870 wurde die Messe in d-Moll in Anwesenheit des Komponisten im Dom aufgeführt, 1891 Salzburger Erstaufführung der III. Sinfonie.

Lit.: G. Walterskirchen: B. in Salzburg – Bruckner-Erstaufführungen in Salzburg. In: Mitteilungsblatt der Intern. Bruckner-Gesellschaft Nr. 16, 1979.

G.W.

Brunetti-Pisano, August, * St. Gilgen 24. 10. 1870, † Salzburg 1. 9. 1943, Komponist. Studierte am →Mozarteum bei J. F. →Hummel und an der Münchner Akad. bei Joseph Rheinberger, unterrichtete in Salzburg, u. a. Klavierlehrer von G. →Trakl und seiner Schwester Grete. Schrieb (wenig erfolgreiche) Opern im spätromantischen Stil (»Peter Schlemihl«, »Das klagende Lied«), Orchesterwerke, Chöre, Lieder und Klavierwerke. Enge Freundschaft mit dem Salzburger Schriftsteller B. →Breitner, Mitbegründer der Salzburger Literatur- und Kunstgesellschaft →»Pan«. Umfangreicher Nachlaß im →SMCA.

Lit.: E. Wertheimer: Von. A. B.-P., dem Künstler und Menschen. In: Salzburg. Ein literarisches Sammelwerk, Salzburg 1913.

G.W.

Brunnen. Bis zum 12. Jh. deckten (Regen-)Zisternen, Tief-B. und wenige Quellen den Wasserbedarf. Domkapitel und →St. Peter wurden ab dem 12. Jh. durch Mönchsbergstollen (→Almkanal) aus verschiedenen Wasserläufen versorgt. Spätromanisches B.-

Haus in St. Peter, dazugehöriges (?) Becken heute inmitten des Petersfriedhofs. Mit Wasserrecht von 1335 eigener Almkanalzweig der Stadt. Nach einer Seuche erste Quellleitung vom Gersberg für den ältesten nachweisbaren »Laufbrunnen«, 1488 dem hl. Florian geweiht. 1548 Stadtbrunnhaus; Pumpwerk versorgte mehrere öffentliche B., einige Hausanschlüsse, doch noch keine repräsentative B.-Anlage. Tiefe Festungszisterne des Eb. →Leonhard von Keutschach 1502 (Inschrift mit Kostenangabe) wegen drohender Unruhen, dort auch die Regenzisterne des Eb. →Matthäus Lang (1539) eines venezianischen B.-Meisters, ältestes B.-Denkmal Salzburgs mit künstlerischem Anspruch, Spätgotik mit Renaissance-Ornament.
Eb. →Wolf Dietrich veränderte durch Platzöffnungen den Stadtgrundriß völlig, seinem Stadtbild entsprechend wären Vorhaben kunstvoller B. denkbar, eine schöne B.-Nische vom Garten »Dietrichsruh« hat sich erhalten. Um 1600 weist der intime Aktäons-B. (→SMCA) auf die Blüte des Augsburger Brunnenmanierismus; vielleicht im Zusammenhang der Lustorte Wolf Dietrichs. Ebenso unklar ist die urspr. Aufstellung des Susanna-B. (Mirabellgarten, Anfang 17. Jh., Umkreis H. →Waldburger?). Unter Eb. →Markus Sittikus Herkules-B. in der →Residenz als Allegorie der Herrschertugend. Vielfältige B. Kunst mit verschlüsselter Programmatik in →Hellbrunn, oft verändert, besonders reichliche Vexierwässer und Automaten, Betonung von Durchsichtigkeit und Feinheit der Wasserspiele (Sternweiher), Grotten-B. im »Style rustique« (u. a. »Germaul«). Als städtisches Marktzeichen über dem Fischkalter-B.: wappenhaltender, borstiger →»Wilder Mann« um 1620 in Treibarbeit. Sein höfischer Antipode in gleicher Technik ist ein Pegasus, Zeichen fürstlicher Noblesse (um 1660 von M. Röckh nach C. Gras), wohl urspr. im Marstall, dann als Bekrönung der Pferdeschwemme am Kapitelplatz unter Eb. Guidobald. Guidobalds Generosität sollte auch durch eines der bemerkenswertesten B.-Werke der Zeit, den Residenz-B., verherrlicht werden (1656/61), befriedigende Wasserzufuhr erst 1679/80; Aufbau manieristisch, barock in der Dynamik; der vermutl. ital. Künstler nach Name und Stil unbelegbar; Anwendung von Bernini-Motiven. Bei elementarer Unmittelbarkeit Fülle von Sinnschichten durch Topoi des Fürstenlobs. Wohl als eine Versöhnungsgeste ist die Stiftung eines Konventsgarten-B. (von Christoph Lusime, 1664) für St. Peter durch Eb. Guidobald zu sehen. 1667 erhielt Kloster →Nonnberg einen Erentrudis-B. (B. →Opstal zugeschrieben). 1673 errichtete Opstal den Fischkalter-B. mit reuigem Petrus im St.-Peter-Hof als Geschenk Eb. Max Gandolfs. Erinnerungen an den Bergsturz 1669 verbinden sich mit dem Marien-B. im Gries (1692 von Hans Schwälbl) unter Eb. →Johann Ernst Thun. Der Gegensatz von B.-Bild und schroffer Felswand wird noch mehr gesteigert bei der Marstallschwemme. Die urspr. auf →Fischers v. Erlach Marstallportal ausgerichtete Pferdebändigergruppe signierte M. B. →Mandl 1695; unter Eb. →Leopold Anton Firmian Umgestaltung durch F. →Danreiter, 1732. Im selben Jahr (Chronogramm!) wird auch Eb. Guidobalds Kapitelschwemme völlig erneuert: B.-Anlage mit Neptun (sign. J. A. →Pfaffinger) in szenographischer Wirkung vor dem Festungsberg. Die Bedeutung des Pferdes in der eb. Hofhaltung als das Edelmut verkörpernde Tier zeigt beispielhaft ein Roßgranter des Marstalls (heute →Festspielhaus), 1700, von Andreas Götzinger.
Ungewöhnliche Verklammerung von Garten- und B.-Skulptur bei den Figuren Ottavio Mostos (1690) um das Springbrunnenbassin in Mirabell. Vor dem Schloß ab 1705 Pferdeschwemme, 1818 zerstört, deren Reste (Einhörner, Löwen, stets neu verwendeter Pegasus) jetzt im Garten sind. Löwe-Einhorn-Heraldik als Verbindung von Land und Fürst zeigt auch der Stadt-B. von 1696, urspr. am Platzl, jetzt am Äußeren Stein. Städtischer Haupt-B. war seit jeher der Floriani-B. am Alten Markt (reiches Ziergitter 1583, Becken 1687, Schutzpatron von J. A. →Pfaffinger 1734). Putto-B. in der Vorstadt Mülln 1727 von Sebastian Stumpfögger.
Verlorene Stadt-B. (nur die Skulpturen sind erhalten): Michaels-B. (Michael als Seelenwäger, um 1720) bei der Michaelskirche, Fischkalter-B. am Löchlbogen mit Immaculata (17./18. Jh.).
Ebenso wie die schönen Weihwasserbecken und Sakristei-B. für die Kirchen sind schmucke Hof- und (Wirts-)Haus-B., meist als Wand-B., ab dem 17. Jh. für Salzburg charakteristisch. Hervorzuheben: Langenhof-B., Löwenkopf-B. an der Fischhalle (aus dem Kaiviertel), B. im Gasthaus Krimpelstätter, im Treppensockel

der Fassade von St. Erhard (alle 2. H. 17. Jh.), sowie Petrus-B. im Priesterhaus der Dreifaltigkeitskirche (1741 von J. A. Pfaffinger nach Domfigur M. B. Mandls); Denkmal-B. (1806) Kaigasse.

Nach der Salzachregulierung wurde 1867 die Promenade am Franz-Josephs-Kai mit einer antikisierenden Quellnymphe aus Eisenguß geschmückt.

Die technische Erschließung des Untersberger Fürsten-B. durch die Druckwasserleitung 1875 sicherte die Wasserversorgung Salzburgs.

Bedeutsam für die Kultur der eb. Stadt war immer die christliche »Brunnen-des-Lebens«-Metaphorik. Im Zeichen dieser Tradition steht der Rupertus-B. von St. Peter: Sockel 1926 von J. →Adlhart, Rupertus (!) vom ehem. Virgiltor 1627, Becken 1694.

Neuere Beispiele: Trakl-B. von T. →Schneider-Manzell (1957) im Finanzamt der Stadt (Domdechantei) nach dem Gedicht »Elis«, und Papageno-B. von H. →Heger, 1960.

Lit.: ÖKT, Bd. 11 u. 13. – B. Kutschera: Alte und neue Brunnen in Salzburg. Salzburg 1980. – U. Nefzger: Salzburg und seine Brunnen. Salzburg-Wien 1980. – S. Hiller: Triumph des Pferdes. Zur Ikonologie der Salzburger Pferdeschwemmen, in: Barock in Salzburg,. FS. f. Hans Sedlmayr, Salzburg 1977.

U.N.

Buchdruck →Baumann, Hans, →Verlagswesen

Buchmalerei. Salzburg war mit seinen Klöstern (→St. Peter, Domkloster, →Nonnberg, Petersfrauen) ein bedeutendes Zentrum der B., die Zuordnung der erhaltenen Denkmäler an die einzelnen Skriptorien ist noch im Gange. In den reichen Beständen der Bibliotheken von St. Peter, dem Nonnberg und der →Univ. Salzburg fehlen leider die wertvollsten Stücke. Bedeutendste Werke: das Cutbercht-Evangeliar (Wien, Österr. Nationalbibl.), Ende des 8. Jh.s, von einem Angelsachsen wohl in Salzburg geschrieben und gemalt, Verbindung von irisch-angelsächs. Ornamentik mit spätantiker Menschendarstellung. (Unter Eb. →Arn(o) wurden hier 150 Bücher geschrieben.) Weiters das Perikopenbuch des Kustos Perhtold (New York, Morgan Library), um 1060-80, die bedeutendste Handschrift der Zeit mit 21 Darstellungen aus dem Leben Christi mit deutlich byzantinischem Einfluß. Aus der gleichen Tradition kommt die älteste Salzburger Bibel, die sogenannte Waltherbibel (→Michaelbeuern), 1130/40. Weitere Höhepunkte hochromanischer B. des 12. Jh.s das Perikopenbuch vom Nonnberg (München, Bayer. Staatsbibl.) mit 56 Miniaturen und das →Antiphonar von St. Peter (Wien, Österr. Nationalbibl.), um 1160, mit ganzseitigen Deckfarbenbildern und besten Federzeichnungen. Auch das Totenbuch des Domstifts um 1150 zeigt diesen neuen Federzeichnungsstil. Aus dem Skriptorium der Petersfrauen kommt ein Graduale Anfang 13. Jh. Im 14. Jh. weniger B., ein Beispiel für die mehr volkstümliche Zeichenkunst dieser Zeit ist die Armenbibel von St. Peter. Im 15. Jh. schrieben und illuminierten Künstler aus dem Laienstand: die »Grillinger-Bibel« (München, Bayer. Staatsbibl.), 1428-30, aus einer Werkstatt, die auch ein Missale für St. Peter angefertigt hat. Hier sind die Bilder innerhalb der Initialen, dazu ornamentale Randzierate (böhmischer und Wiener Einfluß). Für den großen Bücherliebhaber Eb. Bernhard von Rohr arbeitete Ulrich Schreier 1469 eine dt. Bibel (Graz, Univ.-Bibl.), Schreiber war Erasmus Stratter; 1481 ein fünfbändiges Prachtmissale (München, Bayer. Staatsbibl.), illuminiert von Berthold Furtmayer und Ulrich Schreier. Mit Aufkommen des Buchdrucks erlosch die B. (Farbabb. S. 332)

Lit.: H. Schaber: Salzburger Buchmalerei unter Bischof Virgil (746/47-749-784), Diss. Salzburg 1998. – P. Wind: Aus der Schreibschule von St. Peter vom Anfang des 11. Jh.s bis Anfang des 14. Jh.s. In: Hl. Rupert von Salzburg, Salzburg 1996. – J. Apfelthaler: Zur mittelalterlichen Buchmalerei in der Abtei St. Peter. In: Hl. Rupert von Salzburg, Salzburg 1996 (mit Lit.).

L.T.

Büchsenmacher. Bevor die B. ihr Gewerbe ausübten, unterstand das Schmieden und Gießen von Geschützen den Büchsenmeistern. Der kriegerische Eb. →Pilgrim von Puchheim holte 1378 Jakob von Toran als ersten Büchsenmeister nach Salzburg. Neben ihm (bis 1396 nachweisbar) arbeiteten u. a. in Salzburg: Gregor Chriech und Georg »der getaufte Jud« (wahrscheinlich ident mit dem 1395 genannten Büchsenmeister in Hallein), sowie Walther von Arle. 1411 setzte mit Konrad Pilling wieder eine regelmäßige Reihe Salzburger Büchsenmeister ein (der wichtigste war Erhard von Zabern zwischen 1427 und 1495). Eb. Johann Jakob versuchte 1564 ohne Erfolg, in der Riedenburg eine Geschützgießerei einzurichten. Seit 1569 übten die B. ihr bürgerliches Gewerbe, zunächst der Schlosserinnung angeschlossen, in Salzburg aus. Ihre Kunden waren Bürger und Bauern, da die Waffen für die Armee großteils noch aus Suhl in Thüringen beschafft wurden. 1633 errichtete Eb. →Paris Lodron eine Rohrschmiede in Ebenau, wo bereits ein Messingwerk und ein Eisenhammer bestanden. P. →Klett und seine drei Söhne, aus einer der bedeutendsten Suhler B.-Familien stammend, übernahmen die Schmiede. Ende der 80er Jahre kam es wegen Absatzschwierigkeiten zur Schließung der Werkstatt. Drei Generationen Klett erzeugten in Ebenau Musketen, Karabiner, Pistolen etc. als Massenware, doch auch kunstvolle Einzelstücke. Von Anfang des 18. Jh.s bis zum Ende des Erzstiftes gab es vier B. in der Stadt Salzburg, zu Mitte des 17. Jh.s waren es nur zwei gewesen. Unter Eb. Sigismund Schrattenbach wurde der hier tätige Martin Gizl als »Hofmechanikus und Stücklieutnant«, Eisenschneider und Medailleur genannt. B.-Meister hatten auch im Land Salzburg, in Bischofshofen, St. Johann, Lend und Plainfeld, ihren Sitz. Die Industrialisierung brachte das Ende vieler Werkstätten. Bis heute werden im Volksmund Väter von Töchtern doppeldeutig als »Büchsenmacher« bezeichnet.

Lit.: H. Klein: Büchsenmeister und Büchsenmacher in Salzburg. In: MGSLK 112, 1972/73, S. 106 ff. – O. Seefeldner: Die bgl. Büchsenmacher im Lande Salzburg. In: SMusBl. 12, 1933.

Ch.S.

Bundeserziehungsanstalten (BEA) →Allgemeinbildende Höhere Schulen

Bürgergarde →Brauchtumsvereine

Bürgerhaus. Urspr. waren in Salzburg Fürsten- und Bürgerstadt getrennt. Steinbauten ersetzten ab dem 12. Jh. die bis dahin üblichen Holzbauten. Raumnot führte zur Mehrgeschossigkeit, dadurch die tiefen, engen Gassen der heutigen Altstadt. Im 16. Jh. Höhepunkt der bürgerlichen Bautätigkeit. Typische Merkmale sind: Grabendach (Satteldächer mit hohlkehlverzierten Steinmauern als Abschluß, ähnlich wie in vielen Inn-Salzach-Städten), Hofgestaltung mit offenen Arkaden, die bes. bei »Durchgangshäusern« beiderseits der Getreidegasse schön zu sehen sind. Beliebtes Baumaterial war →Marmor in Rot und Weiß (bei Säulen, Pfeilern, Pflastersteinen, Stiegenstufen, Fenstergewänden, Haus- und Wohnungstürstöcken) und Konglomerat. Schöne Beispiele aus der Renaissance und dem Rokoko. Ausstattungsmerkmale sind z. B. der aus Kacheln aufgebaute Sesselherd, der den »offenen Herd« verdrängt hat, Holzdecken mit bemalten Pfosten in großen Räumen oder im Vorhaus (Stiegenhaus), kleine Hausbrunnen, Eisengitter, die die Vorhäuser der einzelnen Geschosse abschlossen, Gitter an Fenstern und Oberlichten von Türen, Lichtnischen. Eine salzburgische Eigenheit: die Fenstergröße nimmt von den unteren zu den oberen Stockwerken ab, die obersten Fensteröffnungen oft rund oder oval (»Ochsenaugen«, barocker Einfluß). Besondere Salzburger Besitzanteilform: die B. konnten nach Stockwerken erworben werden (Stockwerkseigentum: »Böden«), oft auch mehrere Häuser in einem Besitz. B. wurden und werden als Geschäfts- wie auch als Wohnhäuser genützt.

Lit.: F. Prodinger: Vom Salzburger Bürgerhaus. In: Unser Salzburg, Salzburg 1985, S. 290 ff. – A. Schmiedbauer: Das alte Salzburger Bürgerhaus. In: Jb. für Hausforschung, Bd. 28, Detmold 1978, S. 51 ff.

Bürgerspital →Spitäler

Bürglstein, kleine Felserhebung an der rechten Salzachseite in der Stadt Salzburg. Am Fuße des Hügels Gräberfeld der Römerstadt →Juvavum. Erste Testgrabungen im Jahre 1815 durch Bernhard Stark, Konservator des Königl. Antiquariums in München. Von 1815 an hat der Inhaber des »Gutes Bürglstein«, Joseph Rosenegger, Kunstgärtner zu Salzburg, das Gräberfeld systematisch ausgebeutet, die reichen Funde erregten großes Aufsehen. König Ludwig von Bayern hat die Sammlung 1833 und 1837 erworben, Teile davon sind, aufgeteilt auf mehrere Museen, in München erhalten. Die Sammlung umfaßt neben den Originalfunden auch zahlreiche Fälschungen. Wer die Fälschungen hergestellt hat, ist bis heute unklar, der Auftraggeber war sicherlich Joseph Rosenegger.

In den 40er Jahren des 19. Jh.s fanden nochmals Grabungen am Bürglstein statt, die Funde konnten vom →SMCA erworben werden.

Lit.: H. Lange: Römische Terrakotten aus Salzburg. Schriftenreihe des SMCA 9, 1990 (mit einem Beitrag von N. Heger).

F.M.

Buschbeck, Erhard, * Salzburg 6. 1. 1889, † Wien 2. 11. 1960, Schriftsteller, Dramaturg. Mitschüler, Freund und Förderer G. →Trakls. B. besuchte wie dieser das k. k. humanistische Staatsgymnasium in Salzburg. 1909-14 Jusstudium in Wien. 1912-13 Leiter des »Akad. Verbandes« und Mitherausgeber der Zeitschrift »Der Ruf«. H. →Bahr nahm seinen »Jünger« B. mit nach Wien. 1918-60 Dramaturg und in leitenden Stellungen am Burgtheater, um das er sich sehr verdient machte. Bekanntschaft mit O. →Kokoschka, Freundschaft mit Arnold Schönberg. B. war einer der wichtigsten Freunde, Briefpartner und literarischen Vertrauten G. Trakls, er war früh von Trakls Genialität überzeugt und gab dessen Gedichtband »Aus goldenem Kelch« (1939) heraus. B. schrieb mehrmals über Trakl: »Georg Trakl« (1917), »Georg Trakl. Ein Requiem« (1917), »Georg Trakls Werdejahre«, in: »Erinnerungen an Georg Trakl« (1926, Neuausgabe 1959), B. schrieb den ersten expressionistischen »Wolfdietrich-Roman« (1919). Buschbecks Trakl-Nachlaß befindet sich in der →Trakl-Forschungs- und Gedenkstätte. Weitere Werke B.s: »Die Dampftramway oder Meine alten Tanten reisen um die Welt (Ein Salzburger Familienidyll)«, 1946; »Mimus Austriacus«. Aus dem nachgelassenen Werk hg. von L. v. Tobisch, 1962.

Lit.: E. Buschbeck: Ersehnte Weite. Hg. v. H. Weichselbaum, Salzburg 2000 (= Sbg. Bibliothek, 6). – H. Weichselbaum: Georg Trakl. Biographie. Salzburg 1994. – L. Tobisch v. Labotyn: E. B. In: Neue österr. Biographie, Bd. 21, Wien-München 1982, S. 87 ff. – L. v. Ficker: E. B. In: Denkzettel und Danksagungen, 1967. – F. Braun: Der verborgene Dichter. In: Wort in der Zeit 12, 1962.

H.H.

Cäcilienverein, Organisation zur Erneuerung der Kirchenmusik, 1868 von Franz Xaver Witt als Allgemeiner C. (ACV) gegründet und 1870 durch päpstliches Breve bestätigt. Durch Bildung von regelmäßig probenden Kirchenchören sollte eine Reform der Kirchenmusik erzielt werden. 1871 wurden die Statuten des österr. C. bestätigt, ab 1872 kam es auch in Salzburg zu zahlreichen Kirchenchorgründungen. Primär sollten Gregorianischer Choral, mehrstimmige Kirchenmusik gemäß den kirchlichen Vorschriften und volkssprachliches Kirchenlied gepflegt, die instrumentale Kirchenmusik dagegen eingeschränkt werden. In Salzburg fand der C. im späteren Eb. J. →Katschthaler einen tatkräftigen Förderer, der in der »Kirchenmusikalischen Vierteljahresschrift« der cäcilianischen Idee zur Verbreitung verhalf, doch nicht verhindern konnte, daß ein Gegenverein gegründet wurde und sich zahlreiche Mitglieder vom C. abwandten. Heute pflegt der ACV wieder Kirchenmusik in allen ihren Erscheinungsformen. Sein bleibendes Verdienst besteht in der Gründung von Kirchenmusikschulen und -verlagen.

Lit.: J. Trummer (Hg.): Kirchenchöre Österreichs. Graz 1987. – K. G. Fellerer: Geschichte der kath. Kirchenmusik. Kassel 1972.

G.W.

Caldara, Antonio, * Venedig um 1670, † Wien 28. 12. 1736, Komponist. C., einer der produktivsten ital. Komponisten (ca. 3400 Werke) zwischen Spätbarock und Frühklassik, hat die Salzburger Operngeschichte der Vor-Mozartzeit entscheidend geprägt. Ausbildung und erste Anstellungen als Komponist und Instrumentalist an San Marco in Venedig, Mantua, Rom, hier 1709-16 im Hause Ruspoli. Ab 1716 war C. kais. Vizekapellmeister in Wien. Erste Berührung mit Salzburg auf der Rückreise von Wien im Juni 1712, vermutl., um Beziehungen zu Eb. Franz Anton Harrach anzuknüpfen; erneuter Aufenthalt in Salzburg im Frühsommer 1716. Resultat dieser Beziehung sind musikdramatische Auftragskompositionen für den Salzburger Hof (zehn Opern und zumindest zwei Oratorien) zwischen 1716 und 1726, z. B. das Dramma pastorale »Dafne«, 1717 im Gartentheater von Schloß →Mirabell (Wiederaufführung beim →Fest in Hellbrunn 1971).

Lit.: U. Kirkendale: A. C. Sein Leben und seine venezianisch-römischen Oratorien, Graz-Köln 1966.

S.D.

Camerata Academica des Mozarteums Salzburg, Kammerorchester, 1952 von B. →Paumgartner gegründet, vereinigte Lehrer, Absolventen und Studenten der damaligen Akad. →Mozarteum, um einen spezifischen Mozartstil zu erarbeiten. Zahlreiche Konzerte, Tourneen und prämiierte Aufnahmen, u. a. sämtliche Mozart-Klavierkonzerte mit Géza Anda. Bis 1971 Gestaltung der →Mozart-Matineen der Salzburger →Festspiele. Nach dem Tod Paumgartners war das Ensemble einige Jahre ohne künstlerischen Leiter, 1975 übernahm Antonio Janigro die Leitung, 1978 S. →Végh, 1997 Roger Norrington. Heute setzt sich die C. aus Absolventen der Meisterklasse von S. Végh zusammen und ist international gefragt als künstlerisch hervorragendes Kammerorchester.

G.W.

Camus, Albert, * Mondovi, Algerien 7. 11. 1913, † Lourmarin, Frankreich, 4. 1. 1960. Schriftsteller, Nobelpreisträger (1957). Im Jahre 1936 besuchte C. mit seiner ersten Frau Simone Salzburg. Er sah den »Jedermann« und besuchte die Mozart-Gedenkstätten. Salzburg war ein Wendepunkt in seinem Leben. Seine Ehe ging hier in die Brüche, und das Erlebnis seines Salzburg-Aufenthaltes hatte maßgeblichen Einfluß auf sein literarisches Werk, u. a. auf »Der Fremde« (Erz.) und den Roman »Der erste Mensch«.

Lit.: P. Mittermayr: A. Camus in Salzburg. In: Unser Land, SLZ 12, 1997.

P.M.

Canaval di Moneta, Gustav Adolf, * Linz 5. 8. 1898, † Salzburg 16. 11. 1959, Journalist. Nach mehreren Studienversuchen in Wien absolvierte er das Studium der Staatswissenschaften und Nationalökonomie in Graz, arbeitete ab 1934 als Redakteur bei der kämpferischen Heimwehrzeitschrift »Sturm über Österreich« und ging dann zum antinationalsozialistischen Boulevardblatt »Telegraf«. Unter der NS-Herrschaft 1938-45 in den Konzentrationslagern Flossenbürg und Dachau. Am 23. Oktober 1945 erhielt C. gemeinsam mit dem Druckereidirektor Max Dasch von den amerikanischen Besatzern das sogenannte »Permit

No. 1« für die Herausgabe einer Tageszeitung (»Salzburger Nachrichten«). C. wurde der erste Chefredakteur und trat unbeirrt für eine Versöhnungspolitik mit den ehemaligen Nationalsozialisten ein. Er gründete einen eigenen »Verband zur Wahrung der Staatsbürgerrechte« zur Förderung der Demokratiegesinnung und prägte bis zu seinem Tod als Herausgeber – gemeinsam mit Max Dasch – den Kurs der »Salzburger Nachrichten«.

Lit.: J. Pupp: In memoriam Dr. Gustav Adolf Canaval. Salzburg 1965.

E.M.

Carsten, Catarina, * Magdeburg 23. 4. 1920, Schriftstellerin und Journalistin. 1945-64 in Süddeutschland, lebt seit 1964 in Puch bei Salzburg. Schreibt seit 1975 vor allem Lyrik, Erzählungen, Hör- und Fernsehspiele. Rauriser Bürgerpreis für Literatur 1977, Alma-Johanna-Koenig-Preis 1977, Rauriser Marktschreiberin 1984 (→Rauriser Literaturtage). 1988-95 Präsidentin des Salzburger PEN-Clubs. Ihr kommerziell erfolgreichstes Buch ist »Der Fall Ottillinger« (1983), in dem sie die willkürliche Verschleppung der jungen österreichischen Ministerialbeamtin M. Ottillinger im Jahr 1948 nach Rußland aufarbeitet. Weitere Werke u.a.: »Das Tal vor meinem Fenster. Arbeitsbericht des 1. Marktschreibers von Rauris« (Salzburg 1997); »Hungermusik. Ein autobiograph. Skizzenbuch ohne Ende« (1997); »Das Beste von der Welt. Kindergeschichten für Erwachsene« (1998); »Im Labyrinth der tausend Wirklichkeiten« (Ged., 1999).

Lit.: K. Müller: Porträt Catarina Carsten. In: Salz 26 (2000), H. 101, S. 43-51. – Kürschner, 1998. – Katalog-Lexikon, Tl. 1.

H.H.

Caruso, Igor, * Tiraspol (Rußland) 4. 2. 1914, † Salzburg 28. 6. 1981, Psychotherapeut. C. studierte Psychologie und Pädagogik an der Universität Löwen, anschließend am Reichsinstitut für Psychotherapie und Psychologische Forschung. Er arbeitete als Psychotherapeut in Wien und Innsbruck, wo er das erste Ambulatorium für Psychotherapie an einer Universität gründete. Es folgten zahlreiche Gastprofessuren u. a. in Madrid, São Paulo und Bogotá. 1947 gründete C. den Wiener Arbeitskreis für Tiefenpsychologie. 1967 wurde er als Honorarprofessor nach Salzburg berufen und war von 1972 bis 1979 ordentlicher Professor für Psychologie (mit besonderer Berücksichtigung der Klinischen und Sozialpsychologie) am Institut für Psychologie der Universität Salzburg. Die Diskussion um seine Nachfolge führte zu heftigen hochschulpolitischen Konflikten und schließlich 1983 zur Gründung der »Werkstatt für Gesellschafts- und Psychoanalyse«. In Salzburg schrieb C. u. a. »Die Trennung der Liebenden. Eine Phänomenologie des Todes« (1968), »Soziale Aspekte der Psychoanalyse« (1972).

Lit.: M. Amerbauer: Die Bibliothek der Werkstatt für Gesellschafts- und Psychoanalyse. In: Mitteilungen der Vereinigung österr. Bibliothekarinnen und Bibliothekare 51, 1998. - SN, 29. 6. 1981. - Jb. der Univ. Salzburg 1971/72, S. 175 f.

Th. W.

Castello, Elia, * Mellide am Luganer See (?) um 1572, † Salzburg 23. 1. 1602, »im Alter von 30 Jahren«. Bildhauer, Stukkator, Mosaikkünstler, Architekt. C. war seit 1597 Hofbaumeister unter Eb. →Wolf Dietrich; architektonischer Entwurf (?) sowie mosaizierte keramische und stuckierte Innendekoration der 1597-1603 vom Eb. als sein Mausoleum errichteten Gabrielskapelle im Sebastiansfriedhof. (Die Idee für die buntglasierten keramischen Wandfliesen soll vom Eb. selbst stammen, Ausführung durch den Hafnermeister H. Khop (→Kapp), sie bedeutet den Anfang einer neuen Blüte der →Hafnerkunst in Salzburg.) C. schuf ferner die farbige Stuckdekoration der Prunkräume (im Ständesaal, 1602 datiert) an Nord- und Westseite des Piano nobile des von Wolf Dietrich ab 1588 errichteten »Neubaus«.

Lit.: Kat. der Wolf-Dietrich-Ausstellung. Salzburg 1987. – J. Graf Moy: Beiträge zur Geschichte des »Neubaues« in Salzburg. In: MGSLK 109, 1969, S. 185 ff. – ÖKT, Bd. 9, S. 134 ff.

M.O.

Ceconi, Baumeister- und Architektenfamilie, die das gründerzeitliche Stadtbild Salzburgs entscheidend geprägt hat. Die 1863-1932 bestehende Baufirma zählte um die Jahrhundertwende zu den ersten der Alpenländer, die meisten Baumaterialien wurden selbst hergestellt: Konglomeratsteinbruch auf dem →Rainberg, Ziegelei in Hallwang, Kalkwerk in Grödig, Gipswerk in Scheffau, Entwicklung von Kanalröhren und Kaminen aus Steinzement, Bildhauerwerkstatt, Großtischlerei. Unter ihrer Bauleitung, teilweise auch nach ihrer Planung entstanden Ein- und Mehrfamilienhäuser, öffentliche Bauten, Industriebauten in allen Teilen der Stadt und des Landes Salzburg, vor allem in den im Zuge der Stadterweiterung (→Stadtentwicklung) seit 1860 aufstrebenden Stadtteilen Andräviertel, Schallmoos, Elisabethvorstadt, am Gisela-, Elisabeth-, Rudolfskai.

Valentin C., * Dogna (Friaul) 30. 12. 1823, † Salzburg 17. 8. 1888, Vater des Jakob, kam 1857 als Maurermeister mit seinen Saisonarbeitern nach Salzburg, 1863 Gründung einer Baufirma, Ausführung von Wohn- und Geschäftshäusern 1864 Grand Hotel de l'Europe (Arch. Lang aus Baden-Baden), 1864 Kirche in Guggenthal, 1873 Faberhäuser (Arch. Franz Sonnleitner).

Jakob C., * Gemona (Friaul) 23. 8. 1857, † Salzburg 21. 6. 1922, Sohn des Valentin. Studium bei Heinrich v. Ferstel in Wien, seit 1884 Kompagnon in der Baufirma, nach des Vaters Tod deren Leiter, 1881-1882, 1901-1906 Bazargebäude, 1898 Andräkirche (Arch. J. →Wessiken), 1900 Andräschule (Arch. Stadtbauamt), seit den 90er Jahren Villen am Giselakai und Rudolfskai, 1898-1907 Sternbrauerei in der Riedenburg, 1898 Infanteriekaserne in Lehen.

Karl C., * Salzburg 9. 3. 1884, † Salzburg 16. 12. 1946, Sohn des Jakob. Studium an der Technischen Hochschule Wien, durch Kriegsdienst und Gefangenschaft schwer beeinträchtigt, 1922 Übernahme der Baufirma, die er bereits 1932 liquidieren lassen mußte.

Lit.: W. Schobersberger: Bauten der Technik und Industrie in Stadt und Land Salzburg (zwischen 1860 und 1938 anhand ausgewählter Objekte). Diss. Salzburg 1996. – Dies.: Der Bazar. Ein Bautyp des 19. Jahrhunderts in Salzburg, Diplomarbeit Salzburg 1990. – W. Schobersberger: Baumeister einer Epoche. Das gründerzeitliche Wirken der Baumeister und Architektenfamilie C. in Stadt und Land Salzburg, in: MGSLK 125, 1985, S. 703 ff.

M.O.

Cetto, Johann Baptist, * Mainz 1671, † Tittmoning 1738, Wachs- und Gipsbossierer. Aus Mainz in das ehem. salzburgische Tittmoning zugewandert und dort seit 1706 nachweisbar. Er fertigte zarte, mit der Nadel skulptierte Wachsarbeiten (Krippen, historische Szenen nach graphischen Vorlagen, z. B. nach →Fischers v. Erlach »Historischer Architektur«). Sein Sohn Nikolaus Engelbert C. (* Salzburg 1713, † Tittmoning 1746) lernte das Wachsbossieren beim Vater und übernahm auch

Claviorganum von Valentin Zeiß, 1639 (SMCA)

dessen Technik mit dem kulissenmäßigen Bühnenaufbau der Darstellungen, z. T. unter Verwendung natürlichen Materials (in Wachs getauchte Äste etc.).

Lit.: Kat. Köstlich altes Wachsgebild. Dommuseum Salzburg 1977, S. 21 ff.

Ch.S.

Christbaum →Weihnachtsbräuche

Christkindlmarkt →Märkte

Christuskirche, evangelische Kirche in der Stadt Salzburg. 1861 kaufte die evangelische Gemeinde aufgrund des Erlasses des Protestantenpatents (→Evangelische Kirche) das Grundstück im neu gewonnenen Gelände für die Stadterweiterung am rechten Salzachufer, 1863-67 entstand der schlichte Backsteinbau mit Einturmfassade, Baumeister war der ortansässige Presbyter Jakob Götz. 1952 wurden die durch Bombenangriffe zerstörten Fenster im Chor durch neue, von A. →Birkle entworfene und gefertigte ersetzt.

Lit.: G. Ottner: Kirchenführer. Salzburg 1992.

M.O.

Chroniken →Geschichtsschreibung

Claviorganum (Orgelklavier), ein Musikinstrument, das ein besaitetes Tasteninstrument mit Orgelpfeifen kombiniert und über dieselbe Klaviatur spielbar macht. In Salzburger Sammlungen sind vier C. erhalten, die die Geschichte dieses Instruments in einzigartiger Weise dokumentieren: 1. im →Dommuseum Salzburg, ab 1999 in der Erzabtei →St. Peter, ein C. von Josua Pock (1591) mit der Kombination Spinett-Regal-Orgel, das älteste noch spielbare C., 2. im →SMCA ein C. von Valentin Zeiß (1639) mit der Kombination Cembalo (zwei Register) und Orgelpositiv (drei Register), 3. ebenfalls im SMCA ein C. von Michael Bogner (1787) mit der Kombination Tafelklavier-Orgelpositiv, 4. im P.-Singer-Museum des Franziskanerklosters das »Pansymphonikum« des P. P. →Singer (1845) mit der Kombination Harmonium (42 Register) und Pianino.

Lit.: G. Walterskirchen: Instrumentum mire suavitatis. In: Gedenkschrift Rudolf Reuter, Kassel 1990.

G.W.

Colloredo →Hieronymus Graf Colloredo

Comini, Angelo, * Artegna (Friaul) 13. 9. 1839, † Artegna 16. 5. 1916, Baumeister. Seit 1850 in Österreich. Hilfsarbeiter und Maurer bei V. →Ceconi; die Zusammenarbeit mit J. →Wessiken brachte ihn nach Badgastein (→Bäder) wo er ab 1880 fast 40 Jahre lang das Baugeschehen beherrschte. Er entwarf selbst oder beschäftigte als Planer in seinem Büro namhafte Architekten: mit J. Wessiken Hotel Elisabethhof (1880-82), Villa Dr. Schider (1881-83), Jagdschloß Czernin (1882-84, nach Brand 1902), Hotel Weismayr (1886-88), Kurkasino (1888-89) und Wandelbahn (1899-1901); mit Ludwig Tischler Gasteinerhof (1892-93), mit Matthäus Schlager Grand Hotel de l'Europe (1907-09), mit Karl Pirich Böcksteinerhof; mit Paul Geppert das Naturdunstbad (1913-14), selbständig Kurhaus Salzburgerhof (1889-91), Hotel Imperial (1893-95), den Kaiserhof an der Kaiser-Wilhelm-Promenade (1899-1901). Er adaptierte Straßen und Geländeprofile in Badgastein, errichtete die Hochbauten der →Tauernbahn (1901-09) im ganzen Gasteiner Tal. Die Baufirma hieß ab 1910 Comini & Co, ab 1927 Detona & Swittalek.

Lit.: L. Krisch: Angelo Comini. Der bedeutendste Baumeister in der Geschichte Bad Gasteins, in: MGSLK 137 (1997).

M.O.

Kurt Conrad vor dem Bauernpeterhaus im Salzburger Freilichtmuseum, ca. 1992 (Salzburger Freilichtmuseum)

Conrad, Kurt, * Salzburg 27. 12. 1919, † Salzburg 1. 5. 1994, Volkskundler, bedeutender österr. Hausforscher. Gründer und Direktor (1979-1988) des Salzburger →Freilichtmuseums in Großgmain. Rege wissenschaftliche und volksbildende Tätigkeit in den Bereichen Natur- und Landschaftsschutz, Volkskunde, Kulturgeschichte. Mitarbeit am Salzburg-Atlas Egon Lendls und am Österreichischen Volkskundeatlas. Korrespondierendes Mitglied der Gesellschaft für Hausforschung. Ab 1965 Lehrbeauftragter für Volkskunde am Inst. f. Geographie der Univ. Salzburg, ab 1979 Honorarprofessor für Siedlungsgeographie, 1982-94 Vorstand der Ges. f. Sbg. Lk. Zahlreiche Ehrungen und Auszeichnungen.

Lit.: R.R. Heinisch: Kurt Conrad. In: MGSLK 135, 1995, S. 860-865. – K. Conrad: Die Landschaft als Spiegelbild der Volkskultur (=Sonderband 13, MGSLK), Salzburg 1990.

U.K.

Conversio Bagoariorum et Carantanorum, Denkschrift. Der »Libellus de Conversio Bagoariorum et Carantanorum«, die »Schrift über die Bekehrung der Bayern und Karantanen«, wurde im Jahr 870, wahrscheinlich vom Sbger.

Eb. Adalram persönlich, als Denkschrift verfaßt, um im Streit mit dem Slawenlehrer Methodius die Berechtigung der Salzburger Ansprüche auf altes Missionsgebiet nachzuweisen. Das erste Kapitel dieser Kg. Ludwig dem Deutschen vorgelegten Denkschrift enthält eine auf die verlorene Urvita zurückgehende Fassung der Lebensgeschichte des hl. →Rupert, die einige wertvolle eigenständige Details bringt (→Geschichtsschreibung).

Lit.: H. Dopsch: Schriftliche Quellen zur Geschichte des heiligen Rupert. In: Hl. Rupert von Salzburg 696-1996, Ausstellungskat. Salzburg 1996, S. 39 ff. – H. Wolfram: Salzburg, Bayern, Österreich. Die Conversio Bagoariorum et Carantanorum und die Quellen ihrer Zeit, MIÖG Erg.-Bd. 31, Wien-München 1995. – H. Wolfram: Conversio Bagoariorum et Carantanorum. Das Weißbuch der Salzburger Kirche über die erfolgreiche Mission in Karantanien und Pannonien, Graz 1979.

P.F.K.

Cornelius, Peter, * Mainz 24. 12. 1824, † Mainz 26. 10. 1874, Komponist und Dichter. Befreundet mit R. →Wagner und Franz Liszt, der 1858 die Uraufführung von C.'s Hauptwerk, »Der Barbier von Bagdad«, dirigierte. C. wohnte von 8. 8. bis 30. 9. 1862 in Salzburg (Gedenktafel Nonntaler Hauptstr. 20), vollendete während dieser Zeit den 3. Akt seiner Oper »Der Cid« und komponierte drei Vokalduette, darunter »Ich bin dein« (op. 6, Nr. 3), drei Sololieder und ein »Ave Maria« für die Tochter seines Freundes F. v. →Hilleprandt und widmete dem →Dom-Musikverein sein achtstimmiges Pater noster; nahm u. a. mit Robert Franz am 7. dt. →Künstlerfest in Salzburg teil.

Lit.: R. Chraska: P. C. und Salzburg. Diplomarbeit Salzburg 1990.

G.W.

Croce, Johann Nepomuk Della (eigentlich: Prosper, manchmal auch Johann Pietro), * (getauft) Pressano bei Trient 7. 8. 1736, † Linz 4. 3. 1819, Maler. Schüler seines Onkels P. A. →Lorenzoni, kam 19jährig nach Burghausen, wo er 1756 die Malergerechtigkeit erwarb und zum gefragtesten Porträtisten zwischen den Bischofsstädten Passau und Salzburg und den Verwaltungsorten München und Linz aufstieg. Neben Historien- und Altarbildern sowie Fresken im südbayerisch-oberösterreichischen Raum soll er an die 5000 Bildnisse, darunter das berühmte Gemälde der musizierenden Familie →Mozart (1781), geschaffen haben, an denen sich der Übergang vom Spätbarock zum Klassizismus ablesen läßt.

Lit.: Saur: Allg. Künstlerlexikon. Bd. 22, 1999. – D. Goerge: J. N. d. C. Burghausen 1998 (Burghauser Geschichtsblätter, 50. Folge). – R. Kaltenbrunner: Ikonographie und Erzählstil in den Fresken J. N. d. C.s. Diplomarbeit Salzburg 1988 (auch: Kunstjahrbuch der Stadt Linz 1990/91, S. 9-74). – Kat. Burghausen 1986. – SMusBl. 47, 1986, H. 3, S. 26 f.

N.Sch.

Cucullae, Raststation an der Römerstraße von →Juvavum/Salzburg nach dem Süden, ca. 1 km südlich des Marktes Kuchl, in dessen Namen die antike Bezeichnung fortlebt. Die als flache Erhebungen kenntlichen Ruinen der Straßenstation sind bisher nicht archäologisch erforscht. Die spätantike Siedlung gleichen Namens lag auf dem nahen Georgenberg. Durch die Lebensbeschreibung des hl. Severin (→Eugippius) sind in Cucullis (spätantike Form des Namens) für die 2. H. des 5. Jh.s eine christliche Gemeinde und ein Gotteshaus bezeugt.

Lit.: Heger/JahrSMCA, S. 57 ff. u. 157 ff.

F.M.

Cyrenius, Marie, * Lochstedt (Altmark) 14. 8. 1872, † Klosterneuburg 30. 3. 1959, Malerin und Kunstgewerblerin. Schülerin der Wiener Kunstgewerbeschule sowie am Bauhaus in Weimar (1919/20), spezialisierte sich auf Emailmalerei und betrieb in der Zwischenkriegszeit eine Werkstatt in Salzburg, die nach ihrem Weggang nach Wien (1937) von Klara Kuthe-Tarnay (1894-1981) weitergeführt wurde. Ihre Emailbilder (Salzburger Häuser, Verkündigung Ausritt zur Jagd) und Emails auf Messing- und Silberdosen kosten die verfließenden Farbwirkungen mit fabulierender Poesie aus. (Farbabb. S. 360)

Lit.: Saur: Allg. Künstlerlexikon. Bd. 23, 1999. – S. Plakolm-Forsthuber: Künstlerinnen in Österreich 1897-1938. Wien 1994. – B. Wally. – L. Prähauser: Kunst in Salzburg. In: Kunst in Österreich, Leoben 1934, S. 82 ff. – Schmidt.

N.Sch.

Dahn, Felix, * Hamburg 9. 2. 1834, † Breslau 3. 1. 1912, Jurist, Historiker, Univ.-Prof. in Königsberg, Schriftsteller. Erfolgreichster Vertreter des sog. »Professorenromans«. D. besuchte vom »Weltkurort« Badgastein aus jedes Jahr die »Salzburger Ferialkurse« des dt.-nationalen Salzburger Hochschul-Vereins (→Hochschulferialkurse). D. war in Salzburg eine bekannte Persönlichkeit. 1882 schrieb er den Roman »Felicitas«, dessen Handlung er »in die Zeit der Eroberung →Juvavums (Salzburg) durch die Germanen verlegte«. Für das in »Bärenfellen« abgehaltene Germanenfest in Morzg (1910) verfaßte er den Prolog. D.s literarischer Deutschnationalismus fand auch in Salzburg breite Anerkennung.

Lit.: F. Dahn. In: G. Steiner, Literaturbilder, Salzburgs Geschichte in literarischen Porträts. Salzburg 1998, S. 34-49. – Hanisch/Fleischer, S. 130 f. – F. Martini: F. D. In: NDB, Bd. 3, 482 ff.

H.H.

Danreiter, Franz Anton, get. Salzburg 9. 12. 1695, † Salzburg 17. 2. 1760, Hofgärtner, Zeichner, Architekt. Studienreisen nach Dresden und Frankreich. Seit 1728 Inspektor aller Salzburger Hofgärten. Die spätbarocke Anlage des Mirabellgartens (→Mirabell) und die Veränderung des Hellbrunner Gartens (→Hellbrunn) gehen auf ihn zurück. Am Umbau der St.-Sebastians-Kirche und vermutl. der Pferdeschwemmen am Siegmundsplatz und vor dem Mirabellschloß und des Robinighofes war er führend beteiligt. Nach seinen Vorzeichnungen wurden vier Salzburger Prospektserien von verschiedenen Kupferstechern in Augsburg gestochen. Zahlreiche Handzeichnungen (Gartengrundrisse) im →SMCA.

Lit.: A. Schnitzler-Sekyra: Franz Anton Danreiter (1695-1760). Diss. Salzburg 1995. – F. A. Danreiter: Salzburger Vedutenwerk in vier Teilen aus der Zeit um 1730. Erläutert und mit einem Nachwort von Dieter Messner, Dortmund 1982. – S. Hiller: Triumph des Pferdes. In: FS. H. Sedlmayr, Salzburg 1977. – Fuhrmann-Stadt.

M.O.

Daria (Dario), Giovanni Antonio (Geburtsort und -datum unbekannt), † St. Florian (OÖ.) 8. 3. 1702, Architekt und Bildhauer. 1659-75 in Salzburg nachweisbar, von Eb. Guidobald Thun (als Hofbaumeister?) zur Vollendung des Dombezirkes herangezogen; D. ist der Schöpfer der Dombögen und Galerien (vollendet 1663), die wie marmorne Scharniere den

C. Remshart nach Franz Anton Danreiter, „Die Neptunsgrotte im Park von Hellbrunn", Kupferstich, um 1730 (SMCA)

→Dom bzw. die Domfassade mit der →Residenz und dem 1658 eingefügten Konventstrakt von →St. Peter verbinden und mit der dreibogigen Durchfahrt aus der Zeit →Wolf Dietrichs den Domplatz zu einem geschlossenen Innenhof (Atrium) für den Dom machen. Vor 1660 technische Planung des Residenzbrunnens; Eb. Max Gandolf ließ von ihm 1670 Kapellenaltäre des Doms und 1674 den Süd- und Westflügel des Neubaues um den großen Hof ausbauen, 1671-74 Wallfahrtskirche Maria Plain, 1670 Langhaus der Stiftskirche von Seekirchen.

Lit.: A. Hahnl: Zur Bau- und Kunstgeschichte des Plainer Heiligtums. In: FS. Maria Plain 1674-1974, Salzburg 1974. – S. Hiller: Nobilitas und religio. Zur Baugeschichte und Bedeutung der Dombögen. In: Dommuseum zu Salzburg, Salzburg 1974. – F. Pirckmayer: Notizen zur Bau- und Kunstgeschichte Salzburgs X. G. A. D. In: MGSLK 43, 1903.

M.O.

Dawidowicz, Anton, * Wien 30. 9. 1910, † Wels 25. 6. 1993, Musikpädagoge, Organologe und Domkapellmeister. Studium in Wien (Schul- und Kirchenmusik, Musikwissenschaft), Tätigkeit als Musikerzieher in Lienz, seit 1939 in Salzburg an der Lehrerbildungsanstalt, 1961-70 Fachinspektor für Musikerziehung, Vorstand der Abteilung Musikerziehung am →Mozarteum. 1969-86 Domkapellmeister in Salzburg. Initiator des Vereins »Freunde der Salzburger Dommusik«. Gründer und Leiter des Kinderchors bei Radio Salzburg und des Salzburger (Lehrer-) Singkreises, Hg. des österr. Schulliederbuches »Komm, sing mit«, Autor musikpädagogischer Werke (»Lehren und Lernen«, »Musik im Unterricht«), kompositorische Tätigkeit (Chor- und Kirchenmusik).

Lit.: G. Zukriegel: A. D. In: Singende Kirche 40, 1993.

G.W.

Deininger, Wunibald, * Wien 5. 3. 1879, † Salzburg 28. 8. 1963, Architekt. 1899-1902 Schüler Otto Wagners, große Projekte in Wien (gemeinsam mit seinem Vater Julius D.) und in Mährisch Ostrau. Selbständiger Architekt in Salzburg. 1919-31 Fachvorstand der Abteilung für Hochbau an der →Gewerbeschule Salzburg, 1933-35 Dekan der Fakultät für Architektur an der Technischen Hochschule Graz. 1919/20 Wohnhausanlage »Hirschenwiese« (Plainstraße 8-10, Lessingstraße 1-3) – »Salzburger Vorwegnahme der späteren Wiener Entwicklung im Gemeindebau« (Achleitner), 1922 →Festspielhausprojekt, gemeinsam mit Flesch und M. →Knoll, 1926 Druck- und Verlagshaus R. Kiesel – »Schlüsselbau der Salzburger Moderne« (Achleitner) – und Verwirklichung eines innerstädtischen Großprojektes, das die Verbindung von Repräsentation und Zweck gelöst hat (1981 posthum dafür Architekturpreis des Landes Salzburg), 1927/28, 1931 Salzburger Rettungsheim mit Museum der Rettungsgesellschaft, 1928 Kurhausprojekt, gemeinsam mit Knoll, 1930 Sanatorium Wehrle (verändert), um 1930 Polizeikaserne (verändert), Einfamilienhäuser.

Lit.: S. Greger: Wunibald Deininger (1879-1963): Ein Architekt zwischen Tradition und Moderne. Diss. Salzburg 1989. – Achleitner 1980. – M. Pozzetto: Die Schule Otto Wagners 1894-1912. Wien 1980. – O. Kunz: Die Buch- und Kunstdruckerei R. Kiesel zu Salzburg – ein moderner graphischer Großbetrieb. In: Bergland X, 1928, Nr. 8.

M.O.

Deißinger, Hans, * Mies (Sudetenland) 19. 7. 1890, † Salzburg 28. 2. 1986, Schriftsteller. Gymnasium in Mies. Studium der Germanistik und klassischen Philologie in Wien. Die Dissertation über den Salzburger Lyriker F. →Sauter führte D. 1913 erstmals nach Salzburg. Ab Herbst 1918 Prof. an der →Staatsgewerbeschule in Salzburg. 1936 frühzeitiger Ruhestand, dann freier Schriftsteller in Anthering. Lyrik: »Erde, wir lassen dich nicht« (1932), »Zeichen im Abend« (1961), Prosa: »Alpennovelle« (1938, Neufassung 1950), »Der Menschenhai« (1939), »Salzburger Sagen« (1944), »Das Zaubermal« (1952), →Trakl-Anerkennungspreis. Der literarische Nachlaß D.s liegt im Salzburger →Literaturarchiv.

H.H.

Della Croce →Croce

Demel, Hans (Pseud.: Hans Seebach), * Salzburg 27. 11. 1872, † Salzburg 7. 3. 1932, Lehrer, Schriftsteller. »Typus des fortschrittlichen, antiklerikalen Lehrers und Provinzliteraten« (Hanisch). Als sozialkritischer Dramatiker war D. ein begeisterter Anhänger des Naturalismus in der Nachfolge Gerhart Hauptmanns und Karl Schönherrs. So thematisiert sein Stück »Bauernrechte« (Uraufführung 1899 in Salzburg) den Kampf zwischen Fortschritt und Tradition in einem alpinen Dorf. Einen handfesten Theaterskandal brachte D.s Stück »Glockenspielkinder« (Uraufführung 7. 2. 1904), in dem der Autor die Salzburger als Banausen karikierte. Sein Stück »Junggeselle« wurde 1909 von der Zensur verboten. Durch solche dramatische Satiren wurde D. zum Bürgerschreck von Salzburg. Er war Mitbegründer der Salzburger Literatur- und Kunstgesellschaft →»Pan«, leitete 1898/99 die alpenländisch-konservative Zeitschrift »Alpenheim« (1896 in St. Johann/Pongau gegründet) und versuchte, ohne Erfolg, sie »zum Mittelpunkt der österr. Provinzliteratur zu machen« (Hanisch). Als Mitarbeiter gewann D. auch den späteren Trakl-Freund Ludwig v. Ficker. D. hatte G. →Trakl gekannt. 1926 schrieb er in einem Brief an L. v. Ficker: ». . . ich habe seinerzeit sehr viel mit Trakl verkehrt, sind uns aber nie so recht nahe gekommen, denn alle, die wir in Salzburg damals waren, haben sein Wesen nicht verstanden und sahen in ihm einen merkwürdigen, querulanten Menschen. Von seiner dichterischen Begabung waren wir überzeugt, nur sahen wir in ihm einen unerquicklichen Sturm und Drang. Daß dieser Sturm und Drang bereits Erfüllung war, erkannten wir leider nicht« (zit. n. Hanisch, S. 140). Diese Äußerung dürfte nicht nur eine individuelle Ansicht, sondern eine in Salzburg damals verbreitete gewesen sein. D.s Eintreten für die »moderne« Literatur stieß in Salzburg durchwegs auf große Widerstände, so daß ihm seine Stücke wenig Erfolg brachten. Nach 1913 schrieb er vor allem Kasperlstücke und Märchen für A. →Aichers Salzburger →Marionettentheater, die dort sehr erfolgreich waren. D. lebte bis zu seinem Tode als pensionierter Bürgerschuldirektor in Salzburg.

Lit.: Kosch, Bd. 3, Sp. 72f. – Hanisch/Fleischer, S. 140 ff. – K. Schoßleitner: Zum 50. Geburtstag Hans Seebachs. In: Salzburger Wacht, 25. 11. 1922.

H.H.

Demel, Karl, * Kuttenberg (Böhmen) 7. 2. 1858, † Graz 6. 9. 1915, Architekt. Studium bei Heinrich v. Ferstel, 1895-1913 Lehrer an der →Gewerbeschule Salzburg, 1892 historistische Restaurierung des Johannesschlößls auf dem Mönchsberg, 1892-93 Aussichtsturm und Café Winkler auf dem Mönchsberg, Kirche St. Joseph, Hotels Bristol und Mirabell.

Lit.: Thieme-Becker 9.

M.O.

Michael Dengg (SLIVK)

Dengg, Harald →Volkskultur, →Volksmusik

Dengg, Michael, * Mauterndorf 28. 3. 1879, † Mauterndorf 18. 3. 1974, Heimatforscher und Schriftsteller. Keuschlersohn aus dem Lungau, gesuchter Backofenmaurer bis ins Friaulische. Lernte aus nächster Nähe Land und Leute kennen, die sein schriftstellerisches Talent anregten. Schrieb u. a. Sagen und Geschichten, über Volksbräuche, Heimatkunde und über den Lungauer Dialekt, die teilweise Quellenwert besitzen. Einige seiner Werke erlebten mehrere Auflagen (z. B. »Lungauer Volksleben«, »Lungauer Volkssagen«, »Mauterndorf. Ein Führer durch den Markt und Umgebung«).

Lit.: W. Gappmayer: Zum Gedenken an den 10. Todestag und 105. Geburtstag von M. D. In: SH 8, H. 2, 1984, S. 129 ff. – K. Conrad: M. D., Nachruf. In: MGSLK 115, 1975, S. 421.

R.A.

Dengg, Otto, * Ried im Zillertal 21. 1. 1879, † Salzburg 2. 12. 1957, Lehrer, Musiker, Volksliedsammler, Imker. Sammelte, in loser Anbindung an das Österr. Volksliedunternehmen, im ganzen Land Lieder, veröffentlichte zunächst im Eigenverlag, manchmal in Auflagen von weit über 10 000 Stück, die er billig absetzen konnte und die dadurch weite Verbreitung fanden. Vorzug seiner Sammlung ist, daß sie keine Auswahl, sondern einen Überblick über das vor und nach dem 1. Weltkrieg in Salzburg Gesungene darstellt. D.

Denkmalhof Arlerhof in Abtenau (SLIVK)

vererbte seine Musikbegeisterung in seiner reichverzweigten Familie. →Volksmusik.

R.A.

Dengg, Sepp, * Abtenau 15. 8. 1910, Lehrer, Chorleiter, Volksliedkomponist. Begründete 1950 den Salzburger Volksliedchor (seit 1968 von seinem Neffen Harald Dengg geleitet), der eine tragende Säule des Salzburger →Adventsingens bildet, weiters den »Taxhamer Frauensingkreis« neben anderen Volksliedchören sowie mit seinen Brüdern Adolf, Erich und Otto den bekannten »Pongauer Viergesang«. →Volksmusik.

U.K.

Denkmalhof. Erhaltenswerte Bauernhöfe, die am urspr. Standort als Museum über Lebens-, Arbeits- und Bauweise ihrer Bewohner Auskunft geben und primäre Informationsquelle sind. Die Denkmalhöfe sind als →Heimatmuseen erfaßt.

R.A., U.K.

Derra de Moroda, Friderica, * Preßburg 2. 6. 1897, † Salzburg 19. 6. 1978, Tänzerin, Choreographin, Tanzpädagogin, Tanzforscherin griech.-ungar. Herkunft. Vor allem in London und Berlin als Tänzerin und Choreographin tätig; ab 1952 Leitung einer privaten Ballettschule in Salzburg; zahlreiche Ämter und Ehrungen, u. a. Officer of the British Empire, Goldenes Verdienstzeichen des Landes Salzburg; 1977 Dr. h. c. der →Univ. Salzburg. 1977 übergab D. ihre Tanzsammlung – eine der bedeutendsten privaten Tanzsammlungen der Welt – der Univ. Salzburg. Seit 1978 sind die Derra de Moroda Dance Archives am Inst. für Musikwissenschaft der Univ. Salzburg öffentlich zugänglich.

Lit.: S. Dahms, St. Schroedter (Hg.): Der Tanz – ein Leben. In memoriam F. D. de M., FS. Salzburg 1997.

S.D.

Desing, Anselm, * Amberg 15. 3. 1699, † Ensdorf (Oberpfalz) 1773. 1735-44 Prof. für Geschichte und Moralphilosophie an der →Univ. Salzburg, eine der profiliertesten Persönlichkeiten der alten Univ. Verfasser von rund 50 Werken über juristische, historische, geographische und philologische Probleme, u. a. einer »Reichsgeschichte von dem alten freien Teutschlande« (Augsburg 1768 ff.) und eines hs. Verzeichnisses der Handschriften der domkapitlischen Bibl. in Salzburg (1740).

Lit.: ADB 5. Nachdruck Berlin 1968, S. 73 f.

R.R.H.

Diabelli, Anton, * Mattsee 5. 9. 1781, † Wien 8. 4. 1858, Komponist und Musikverleger. Seit 1790 als Kapellknabe Schüler M. →Haydns, nach 1803 Musiklehrer in Wien (Klavier und Gitarre), seit 1818 als (geschäftstüchtiger) Verleger (u. a. der Werke F. →Schuberts) tätig. Schrieb Opern, Kirchen- und Kammermusik, zahlreiche Werke für den Klavierunterricht, Bearbeitungen, Potpourris, Lieder und Chöre. Sein Name wurde vor allem durch Beethovens 33 Variationen über einen Walzer von D., die »Pastoralmesse« und die Klavierstücke für Kinder berühmt.

Lit.: G. Walterskirchen: A. D. – Komponist, Pädagoge, Musikverleger. In: SMusBl. 48, 1987.

G.W.

Diesel, Matthias, get. Bernried am Starnberger See 5. 2. 1675, † München 11. 3. 1752, Gartenarchitekt und Zeichner. 1706-10 Studium in Frankreich und anderen Ländern Europas; 1713-17 in salzburgischem Dienst als hf. Kammerdiener und Hofgarteninspektor. Hier mit der Gestaltung des Gartens des Schlosses →Mirabell, vielleicht auch derer von Fronburg, Röcklbrunn, →Hellbrunn betraut, jedenfalls sind sie in sein 1717 mit zwei Fortsetzungen erschienenes Stichwerk »Erlustierende Augenweide in Vorstellung Herrlicher Garten und

Der Salzburger Dom, Kupferstichradierung von Melchior Küsel, um 1675

Lustgebäude« aufgenommen. 1718 von Kurfürst Max Emanuel als »Ingenieur bei den Hof- und Lustgärten« nach München berufen.

Lit.: A. Hahnl: Zum Salzburger Werk des M. Di(e)sel. In: Von österreichischer Kunst, Klagenfurt 1983. – Fuhrmann-Stadt.

M.O.

Dimai, Rudolf, * Innsbruck 17. 5. 1899, † Salzburg 16. 1. 1986, Maler. Seit 1902 in Salzburg, 1918-26 an der Akad. der bildenden Künste in Wien bei J. Jungwirth und K. Sterrer, 1926-61 im Lehrberuf, 1942/43 Fronteinsatz in Tunesien, 1943-46 Kriegsgefangenschaft in Colorado (USA), Nachlaß im →SMCA. D.s Anliegen, Atmosphäre spontan in farbliche Leuchtkraft zu bannen, verwirklicht er fast ausschließlich im Medium der Wasserfarbe, das in Blumenstilleben, Strandszenen und Reisebildern aus allen Ländern Südeuropas immer fließender und durchlässiger gehandhabt wird.

Lit.: SN, 14. 5. 1994 und 20. 1. 1986. – Kat. Galerie über dem Café Mozart, Salzburg 1985. – Gugg. – Schmidt.

N.Sch.

Dom, älteste Bischofskirche des heutigen Österreich, die erste nachweisbare an dieser Stelle, 774 vom hl. →Virgil geweiht, vermutl. über der »formosa ecclesia« des hl. Rupert. Der heutige Frühbarockbau 1614-28 von S. →Solari. Mächtige Doppelturmfassade aus weißem Marmor, der übrige Bau in →Nagelfluh. Das Innere ein Kapellensaal mit Oratorien im Langhaus, daran eine helle Dreikonchen-Ostpartie mit Vierungskuppel. Einheitliche Stuckdekoration durch ital. Stukkateure (G. Bassarino u. a.). Gewölbemalereien von A. →Mascagni und Ignazio Solari (Sohn von S. Solari), die 1944 durch Bomben zerstörten Teile (Kuppel und Gewölbe des Ostteils) rekonstruiert. Christologisches Programm, in den Querarmen Franziskus- bzw. Marienzyklus. Die Deckenbilder der Seitenkapellen von Ludwig Glötzle ab 1881. Einheitliche Marmoraltäre, in den Seitenkapellen gegen Ende des 17. Jh.s. Die Hauptbilder von Mascagni und Solari. Grabdenkmäler der Eb. des 17. und 18. Jh.s. in den drei Ostkonchen (→Grabmal). Zeitgenössische Werke: Kanzel von T. →Schneider-Manzell und die Domtore von Schneider-Manzell, G. →Manzù und Mataré. Die ursprünglich barocken Orgeln auf Sängertribünen an den Vierungspfeilern, 1859 entfernt, wurden 1990/91 nach alten Vorbildern wiedererrichtet. Domgrabungen 1956-58 und 1966/67 deckten Vorgängerbauten auf: der Bau des 8. Jh.s dreischiffig, 66 m Länge, mit einer innen kleeblattförmigen Apsis. Um 1000 Verlängerung des Langhauses nach Westen, Ver-

Taufbecken im Dom, 1321 (SMCA)

größerung der Ostpartie und Chorkrypta. 1127 hohe Westtürme. Der Neubau von 1181 (unter Beibehaltung der Westtürme) mit 110 m Länge hatte einen reichgegliederten Ostteil mit Querschiff, Vierungskuppel und Querschifftürmen, darunter eine dreischiffige Krypta. Langhaus vermutlich dreischiffig mit Kapellenreihe im Norden und einem Kreuzgangflügel im Süden. Eine Ansicht des Inneren gibt eine Architekturzeichnung von Albrecht Altdorfer in der Univ. Bibl. Erlangen (mündl. Mitteilung von Fritz Moosleitner). Dieser Bau, in der Gotik mit Kapellen, Altären, Marmorgrabmälern der Eb. ausgestattet, wurde unter Eb. →Wolf Dietrich 1598, nach einem Brand, abgebrochen und unter seinen Nachfolgern Eb. →Markus Sittikus und →Paris Lodron der heutige Bau errichtet. Teile der ma. Kirchen in der Krypta unter der Vierung bzw. im Domgrabungsmuseum zu sehen.

Lit.: W. Lippmann: Der Salzburger Dom 1598-1630. Weimar 1999. – J. Neuhardt, A. Hahnl, I. Wallentin u. a.: Der Dom zu Salzburg. In: Österr. Ingenieur- und Architekturzeitschrift, H. 12, 1995. – J. Neuhardt: Der Dom zu Salzburg, Bd. 78 der Reihe »Große Kunstführer«, München 1980 (mit Lit.).

L.T.

Domchor, Salzburger. Bis ins 19. Jh. wurde die Figuralmusik am →Dom von besoldeten Hofmusikern getragen, Eb. →Pilgrim hatte 1393 die Kantorei begründet, Eb. →Wolf Dietrich 1597 die »fürstliche Chormusik« reorganisiert, die bis zur Auflösung der →Hofmusikkapelle bestand. Im 19. Jh. übernahm der →Dom-Musikverein die Kirchenmusik am Dom und an anderen Kirchen der Stadt, die Oberstimmen wurden jedoch im Dom nach wie vor von den →Domkapellknaben gesungen. Erst als nach dem 1. Weltkrieg das →Kapellhaus schließen mußte und keine Sängerknaben mehr ausgebildet wurden, begann Domkapellmeister Franz Xaver Gruber 1922 mit dem Aufbau des D. als Laienchor; unter Domkapellmeister J. →Messner wirkte der D. 1927-1969 regelmäßig bei den geistlichen Konzerten im Rahmen der Salzburger →Festspiele mit. Unter den Domkapellmeistern A. →Davidowicz und Janos Czifra Ausweitung des Repertoires und der Konzerttätigkeit. Der D. gestaltet an allen Sonn- und Feiertagen des Jahres das Hochamt im Salzburger Dom und wird seit 1974 vom »Verein der Freunde der Salzburger Dommusik« materiell und ideell unterstützt.

G.W.

Domgrabungsmuseum →SMCA

Domkapellknaben, Sängerknaben an der Salzburger Domkirche, 1393 von Eb. →Pilgrim II. gegründet mit der Aufgabe, täglich im →Dom mit sechs Kaplänen »die Messe löblich zu singen«. 1432 erhielten sie durch Stiftung das »Predigerhaus«, 1613 das spätere →Kapellhaus als Wohn- und Unterrichtsstätte und damit geregelten Vokal- und Instrumentalunterricht von führenden Hofmusikern, im 19. Jh. von Mitgliedern des →Dom-Musikvereins und der Musikschule Mozarteum. Anläßlich des 1200-Jahr-Jubiläums des Salzburger Domes 1974 Wiederbegründung der Kapellknaben durch Domkapellmeister A. →Dawidowicz. Seither unter Leitung von Josef Bogensberger Gestaltung zahlreicher Gottesdienste im Dom und in anderen Kirchen der Stadt und des Landes Salzburg; Konzerte, auch im Ausland.

Lit.: J. Peregrinus: Geschichte der salzburgischen Dom-Sängerknaben oder schlechthin des Kapellhauses. In: MGSLK 28, 1888, und 29, 1889.

G.W.

Domkapellmeister →Dom-Musikverein

Dommuseum und alte eb. Kunst- und Wunderkammer, eröffnet 1974 in den Domoratorien und in den südlichen Dombögen (von Eb. Guidobald Thun angelegte »Lange oder Große Galerie bey Hof«, die nicht mehr zum Museum gehören). Konstituiert sich aus drei Bereichen: den Restbeständen des →Domschatzes, den Restbeständen der eb. Kunst- und Wunderkammer, präsentiert in neun Schränken und sieben Repositorien der alten Ausstattung; Kunstwerken von Rang aus dem Bereich der Erzdiözese, die aus Sicherheitsgründen nicht mehr an ihrem urspr. Standort belassen werden können. Die Sonderausstellungen sind vornehmlich kunst- und kirchengeschichtlichen Themen des Erzbistums Salzburg gewidmet.

Lit.: Kat. Dommuseum und alte erzbischöfliche Kunst- und Wunderkammer zu Salzburg, [2]1981.

M.O.

Dom-Musikverein und Mozarteum. Zur Hebung

und Wiederbelebung der an einem Tiefpunkt angelangten Kirchenmusik gründete Kardinal und Eb. Friedrich Fürst Schwarzenberg 1840 den »Dom-Musikverein«, dem als »musikalische Lehr- und Übungsanstalt« zur Heranbildung des Nachwuchses eine Musikschule, das »Mozarteum«, angeschlossen wurde, »um dem großen Meister der Tonkunst, Mozart, in seiner Vaterstadt nicht nur ein ehernes Standbild, sondern auch ein lebendiges ... und in hohem Grade nützliches Denkmal zu setzen«. Vom Kaiser bestätigt, nahm der Verein 1841 seine Tätigkeit auf, die in erster Linie darin bestand, an 14 Kirchen der Stadt den Musikdienst zu versehen. Die künstlerische Leitung des Vereins, um die sich – erfolglos – zweimal A. →Bruckner bewarb, lag ab 1841 bei A. →Taux, ab 1861 bei H. →Schläger und ab 1868 bei O. →Bach. Als Direktoren des Mozarteums trugen sie nicht nur Verantwortung für die Ausbildung des Nachwuchses, sondern traten auch mit der »Kapelle des Dom-Musikvereines und Mozarteums«, die sich überwiegend aus dem Lehrkörper der Schule zusammensetzte, jährlich mehrmals in Konzerten an die Öffentlichkeit. Ab 1855 zeigten sich erste Tendenzen, die auf eine Verselbständigung des »Mozarteums« abzielten. Nur durch die Person des an der Vereinsgründung maßgeblich beteiligten Sekretärs, F. Edler v. →Hilleprandt und durch die Entschlossenheit von Eb. Maximilian v. Tarnóczy konnte dies zunächst verhindert werden. Besonders hartnäckig verfolgte jedoch die 1869 gegründete »Internationale Mozartstiftung« das Ziel einer Fusion mit einem selbständigen »Mozarteum«, um u. a. eine Hochschule für Musik in Mozarts Geburtsstadt errichten und ein Mozart-Haus erbauen zu können. Nachdem 1880 in zahlreichen Verhandlungen Einigkeit erzielt werden konnte, kam es am 1. 1. 1881 zur juridischen Auflösung des Vereins.

Der Verein war 1844 bzw. 1856 durch das Vermächtnis der Söhne W. A. →Mozarts in den Besitz einer einzigartigen Sammlung von Mozartiana gekommen, die nicht nur den größten Teil der Mozartschen Familienkorrespondenz und der erhaltenen Skizzen und Fragmente W. A. Mozarts, sondern auch dessen Originalinstrumente und die Familienbildnisse umfaßte. Zahlreiche Legate hatten diese reiche Sammlung im Laufe der 40 Jahre vergrößert. Anläßlich der Trennung wurde im November 1880 auch der nunmehr recht ansehnliche Musikalienbestand des Vereins einer Teilung unterzogen, wobei die Internationale Stiftung Mozarteum (ISM) für sich neben aller »Profanmusik« in erster Linie die »Relicte des Mozart-Kultes« in Anspruch nahm. Letztere waren im sogenannten »Mozart-Archiv« zusammengetragen worden, um dessen Bestand sich besonders der Vereinsarchivar Franz Xaver Jelinek und L. Ritter v. →Köchel große Verdienste erworben hatten. Dem Dom-Musikverein verblieben die Kirchenmusikalien und das gesamte Vereinsarchiv (heute im Konsistorialarchiv der Erzdiözese).

Der Dom-Musikverein, der nach der Trennung als eigener Verein weiterbestand, widmete sich nunmehr ganz der Pflege der Kirchenmusik, insbesondere an der Domkirche, und unterhielt für seinen Nachwuchs eine eigene Dom-Musikschule. Nachdem sich bereits nach dem 1. Weltkrieg erste Auflösungserscheinungen bemerkbar gemacht hatten, wurde der Verein schließlich 1941 im Zuge der Aufhebung kirchlicher Vereine durch die Behörde liquidiert. Als Domchordirektoren wirkten in seiner 60jährigen Geschichte J. →Hupfauf (bis 1889), Heinrich Hübl (prov. bis 1892), H. →Spies (bis 1920), Franz Xaver Gruber, ein Enkel des Komponisten von →»Stille Nacht« (bis 1926), und J. →Messner, der bis 1969 die Dommusik als Domkapellmeister leitete. In dessen Nachfolge versah A. →Dawidowicz bis 1986 dieses Amt, seit 1987 ist Janos Czifra Leiter der Dommusik. 1974 kam es zur Gründung des Vereins der »Freunde der Salzburger Dommusik«, die die Aufgaben und Ziele des ehem. »Dom-Musikvereins« aufgriffen und weiterzuführen trachten. Unter J. Messner war die Dommusik im Rahmen der Salzburger →Festspiele mit Kirchenkonzerten zeitweise stark engagiert.

Auch die »Freunde der Salzburger Dommusik« sind bestrebt, diese Tradition während des Festspielsommers durch Kirchenkonzerte in der Domkirche weiterzuführen.

Die 1880 aus »Mozarteum« und »Internationale Mozartstiftung« neu konstituierte »Internationale Stiftung Mozarteum« (ISM) trat unter ihrem ersten Präsidenten, Baron Carl von Sterneck, bald weit über die Grenzen des Landes hinaus in Erscheinung und entfaltet seither vielseitige Aktivitäten. So wurde zunächst die Musikschule →»Mozarteum«, die 1914 in den Rang eines Konservatoriums erhoben wurde, in besonderer Weise gefördert. Direktoren der Schule waren u. a. bis 1908 J. F. →Hummel und seit 1917 B. →Paumgartner. Von 1877 bis 1910 veranstaltete man acht Musikfeste unter Beteiligung hervorragender Interpreten, gleichsam eine Vorstufe der Festspiele. 1914 wurde in der Schwarzstraße nach vierjähriger Bauzeit das Mozarthaus (»Mozarteum«) eröffnet. Neben einer im Salzburger Kulturleben fest verankerten Konzertorganisation (seit 1917; seit 1956 →Mozartwoche) unterhält die ISM heute nicht nur die beiden Mozartgedenkstätten (→Mozarts Geburtshaus und →Mozarts Wohnhaus), ein Mozart-Archiv und eine umfangreiche Bibl., sondern fördert auch durch die Gründung des »Zentralinstituts für Mozartforschung« (1931) und die Herausgabe der »Neuen Mozart Ausgabe« (NMA, neue Ausgabe sämtlicher Werke W. A. Mozarts) die intern. Erforschung von Leben und Werk des Genius loci.

Lit.: Bürgerliche Musikkultur im 19. Jh. in Salzburg. Symposionsbericht, Salzburg 1981.

E.H.

Domorgel, erbaut 1703 von Ch. →Egedacher (II/24). Erweiterungsbauten 1705 und 1718 (III/42) durch J. Ch. →Egedacher, 1842-45 durch L. →Mooser (III/60), 1880-83 Umbau und Erweiterung durch M. →Mauracher d. Ä. (IV/70), 1911-13 durch M. →Mauracher d. J. (IV/101, pneumatisch), 1958 elektrische Traktur durch Dreher & Reinisch. Neubau 1988 durch Metzler & Söhne, Zürich-Dietikon (III/58) im historischen Gehäuse mit neuem Rückpositiv.

Lit.: Festschrift zur Weihe der großen neuen Orgel im Salzburger Dom. Salzburg 1988.

G.W.

Domschatz, in seinen Anfängen sicher weit zurückreichend, sein Umfang durch große Verluste heute eher bescheiden: 1167 Plünderung bei Reichsacht, daher keine Edelmetallstücke vor 1200 erhalten. Ständiges Einschmelzen (z. B. zahlreiche ma. Büstenreliquiare und der 112 kg schwere Silberaltar des Eb. Burkhard von Weißpriach), dazu Ablieferungen. Als wichtigste Stücke noch vorhanden: Staurothek, 12. Jh. (erst im 15. Jh. nach Salzburg gekommen), zwei Mitren des 12. Jh.s, Hostientaube aus Limoges, 13. Jh., sogenannter »Rupertuskelch« und Reiseflasche des hl. →Rupertus, 13. Jh. nach älteren Vorbildern. Aus dem späten MA. das Legatenkreuz von 1499 und ein Meßkelch mit ungar. Drahtemail. Eb. →Wolf Dietrich ließ neue kirchliche Geräte für seinen Dombau anfertigen: Scheibenmonstranz, Ciborium und Missale-Einband in Silber mit Goldemail von H. →Karl. Aus dem Ende des 17. Jh.s Monstranz und Kelch von Eb. Max Gandolf und als Höhepunkt die Pretiosenmonstranz, reich mit Diamanten und Edelsteinen verziert, von F. → Amende, 1697 (→Goldschmiede). Bemerkenswert noch die vergoldete Reisekapelle (Kelch, Lavabo usw.) von Eb. →Hieronymus Colloredo und der klassizistische Kelch von Valadier, 1803 von Kurfürst Ferdinand gestiftet. Ergänzt wird der D. durch prächtige Kaseln und andere Paramente.

Lit.: Kat. Der Domschatz von Salzburg. Hg. J. Neuhardt, München-Zürich 1992. – Kat. Dommuseum zu Salzburg. Hg. J. Neuhardt, Salzburg 1981. – K. Rossacher: Die erzstiftlichen Schatzkammern um 1800 und ihre Geschichte. In: Salzburgs alte Schatzkammer, Salzburg 1967, S. 13 ff.

L.T.

Domschule, Schule des Salzburger Domkapitels, die wohl noch nicht unter Bischof →Virgil gegründet wurde, sondern erst nach 987 (Trennung von Bistum und Peterskloster) neben die →Petersschule trat. In den Wirren des Investiturstreits geschlossen, unter Eb. →Konrad I. (1106-47) wiedereröffnet, unter seinem Nachfolger Eberhard I. wieder stark frequentiert. Einen weiteren Aufschwung erlebte die D. unter Eb. →Eberhard II., der 1233 zwei neue Personalstellen (Domscholastikus und Kantor) schuf, doch wurde bald ein meist aus dem Lehrorden der Dominikaner berufener Domschulmeister zum eigentlichen Lehrer. Zum Bildungsniveau im 14. Jh. gibt es keine Quellen. Neue Schulen und die Universitäten zogen die Studierenden an (etwa ein Drittel der Salzburger Domherren des Spätmittelalters absolvierte auswärtige Studien), wodurch die D. zur Vorbereitungsschule wurde. Dennoch behauptete sie sich – nur 1521 und 1553 wegen der Pest länger geschlossen – gegen die Konkurrenz der neuen Poetenschule des J. →Mulinus und erhielt 1529/30 ein neues Schulgebäude beim Domkreuzgang. Letztendlich konnten aber weder die neue humanistische Schulordnung von 1565 noch die Reformen →Wolf Dietrichs (Beschränkung des

Bettelstudententums) die den Anforderungen nicht mehr genügende D. retten. Sie wurde 1617 im Zuge der Vorbereitungen der Gründung der →Univ.gemeinsam mit der Petersschule aufgehoben.

Lit.: F. Hermann: Wissenschaft und Bildung. In: Geschichte I/2, S. 1071 ff. – J. Stockinger: Die ehemalige Domschule und das akademische Gymnasium zu Salzburg. In: Jb. des Akad. Gymnasiums 1973/74, S. 3 ff. – H. Spies: Geschichte der Domschule zu Salzburg. In: MGSLK 78, 1938, S. 1 ff.

P.F.K.

Donauschwäbisches Kulturzentrum, gegründet am 20. Mai 1989 zur Herausgabe und Förderung von einschlägigem Schrifttum, Sammlung von Publikationen und Archivmaterial für die »Donauschwäbische Bibliothek« bzw. das »Donauschwäbische Zentralarchiv«, Aufbau und Betreuung eines Museums über das Ansiedlungswerk in Südosteuropa und die Eingliederung der Donauschwaben in Österreich nach dem 2. Weltkrieg, Veranstaltungen und Vorträge. 1989 wurde vom D. K. die 1956 gegründete »Haus der Donauschwaben Ges. m.b. H.« wie auch das 1964 errichtete »Haus der Donauschwaben« in Salzburg, Friedensstraße 14 übernommen. Im Haus der Donauschwaben sind untergebracht: Zentralberatungsstelle der Volksdeutschen Gruppe Süd (gegr. 1948), Verein Salzburger Donauschwaben (gegr. 1951), Verband Katholischer Donauschwäbischer Akademiker und Hochschüler, Wochenschrift »Neuland« (gegr. 1948), Verein Franztaler Ortsgemeinschaft (gegr. 1975), Donauschwäbische Bibliothek (ca. 15000 Titel)

H.O.

Donner, Georg Raphael, * Eßlingen (NÖ.) 24. 5. 1693, † Wien 15. 2. 1741, Bildhauer. Eb. Franz Anton Harrach, für den D. einen Altar in der Schloßkapelle zu Aschach gearbeitet hatte, berief ihn 1725 nach Salzburg. Entwurf und z. T. eigenhändige Ausführung (Nischenfigur des Paris, Putten) der Marmortreppe von Schloß →Mirabell beschäftigten ihn bis Ostern 1727. Gleichzeitig wurde D. zur Herstellung von Prägestöcken für die erzbischöfliche →Münze herangezogen. Anläßlich der Wahl des Eb. →Leopold Anton v. Firmian arbeitete er eine goldene Schaumünze. Um eine dauernde Anstellung bemühte er sich jedoch vergeblich, auch sein Projekt einer Messingfabrik für Galanteriewaren fand keinen Anklang, und nachdem auch sein Antrag auf den Titel eines Hofbildhauers abschlägig beschieden worden war, verließ er in der ersten Jahreshälfte 1728 Salzburg. In Preßburg begann seine bedeutendste Schaffensphase.

Lit.: Ausstellungskat. G. R. D. Österr. Galerie Wien 1993. – K. Roll: G. R. D.s Tätigkeit als Stempelschneider in Salzburg. In: SMusBl. 2, 1923, Nr. 4. – F. Martin: Zu G. R. D.s Tätigkeit als Stempelschneider in Salzburg. In: Kunstchronik und Kunstmarkt 55, NF 31, 1919, H. 11, S. 215.

N.Sch.

Doppelbauer, Josef Friedrich, * Wels 5. 8. 1918, † Salzburg 16. 1. 1989, Komponist, Organist und Musikpädagoge. Musikalische Ausbildung an den Musikhochschulen Graz und Salzburg. 1947-57 Chorleiter und Organist in Wels, 1957-60 Theorielehrer am Bruckner-Konservatorium Linz, seit 1960 Prof. für Tonsatz, Komposition und Orgel am →Mozarteum. Schrieb Werke für Orchester, Kammermusik, Chor- und Orgelwerke in durch modale Elemente erweiterter Tonalität, verfaßte zahlreiche Aufsätze zu Fragen der Kirchenmusik und das Lehrbuch »Der Choralsatz« (1979). 1986 Ehrendoktorat des Istituto pontificio di musica sacra in Rom.

Lit.: M. Tunger: J. F. D. Leben und Werk. Regensburg 1994.

G.W.

Doppler, Christian Andreas, * Salzburg 29. 11. 1803, † Venedig 17. 3. 1853, Naturforscher. Nach Studien der Mathematik, Mechanik und Physik in Wien arbeitete D. 1829-33 als Assistent für höhere Mathematik am Wiener Polytechnischen Institut und wurde 1835 Mathematikprof. an der Realschule in Prag, erhielt hier 1837 eine Professur am Technischen Institut, wurde 1847 Bergrat und Prof. an der Bergakademie in Schemnitz (Oberungarn, heute Slowakei). Mitglied der Akad. der Wissenschaften in Wien und Ehrendoktor der Univ. Prag, 1850 Univ.-Prof. in Wien. D.s große wissenschaftliche Leistung ist eine als »Dopplersches Prinzip« bekannt gewordene Entdeckung im physikalischen Elementarverhalten der Natur. Zum Gedenken an Werk und Wirken D.s wurde im Jahr 1987 der Christian-Doppler Fonds gegründet. U. a. gibt es einen Christian-Doppler-Schauraum im →Haus der Natur sowie die Christian-Doppler-Forschungs- und Gedenkstätte in seinem

Christian Doppler

Geburtshaus Makartplatz 1. Christian Doppler fungiert als Namensgeber u. a. für: Christian-Doppler-Gymnasium, Salzburg; Christian-Doppler-Klinik, Salzburg; Christian-Doppler-Forschungsgesellschaft, Wien (gegr. 1989, Forschungsvolumen 2001: 72 Mio. öS.).

Lit.: C. D., Leben und Werk. Schriftenreihe des Landespressebüros, Salzburg 1988. – E. Kunz: Ch. D. Zur Feier seines hundertsten Geburtstages, in: MGSLK 44, 1904, S. 257 ff.

P.M.

Dorf- und Stadterneuerung →Haus und Hof

Dostal, Nico (Nicolaus Josef Michael), * Korneuburg 27. 11. 1895, † Salzburg, 27. 10. 1981, Komponist. Befaßte sich nach dem Studium der Kirchenmusik intensiv mit den Gattungen der Unterhaltungsmusik, wirkte als Kapellmeister an den Theatern St. Pölten, Salzburg und Berlin, fand über Schlager- und Filmmusik den Weg zur Operette: Sein Erstling »Clivia« brachte ihm 1933 den Durchbruch, »Die Vielgeliebte« (1935), »Die ungarische Hochzeit« (1939), »Manina« (1942), »Zirkusblut« (1950), »Dr. Eisenbart« (1952) und »Rhapsodie der Liebe« (1963) waren ebenso erfolgreich wie das Kammermusical »So macht man Karriere« (1961). Melodien wie »Ich bin verliebt«, »Am Manzanares«, »Ein Walzer zu zweien« und »Märchentraum der Liebe« machten D. weltweit bekannt. Seit 1954 lebte er in Salzburg.

Lit.: N. D.: Ans Ende deiner Träume kommst du nie. Berichte – Bekenntnisse – Betrachtungen. Innsbruck 1982. – P. Merz: N. D. Letzter der großen Operettenkomponisten. In: Österr. Autorenzeitung 24, 1981.

G.W.

D'Outrepont, Josef Servatius von, * Malmédy (Belgien) 21. 11. 1776, † Würzburg 7. 5. 1845, Arzt. D'O. studierte Medizin in Mainz, Würzburg und Halle, wo er 1798 promovierte. Nach einer Ausbildung in Geburtshilfe bei Johann Lucas Boer in Wien wurde er von Kaiser Josef II. zur Weiterbildung nach Paris geschickt. 1799 übersiedelte er nach Salzburg, wo er zum Mitarbeiter Johann Jakob von →Hartenkeils avancierte. 1804 wurde d'O. zum außerordentlichen Professor für »Diätik, Hebammenkunst, Manual- und Instrumental-Geburtshilfe für Chirurgen« berufen. Ab 1804 leitete er auch die Salzburger Hebammenschule, im selben Jahr wurde er zusätzlich Mitglied des Salzburger Medizinalrates. Bedeutung erlangte d'O. durch sein Engagement für die Pockenimpfung. Mit mehreren Publikationen machte er sich um die medizinische Volksaufklärung verdient: u. a. »Gemeinfaßliche Belehrung für das Landvolk« (1802). Nach Auflösung der Universität 1811 wirkte d'O. an der landärztlichen Schule und leitete das geburtshilfliche Klinikum. 1816 übersiedelte er zunächst nach München und dann nach Würzburg, wo er der Hebammenschule vorstand.
1810 zählte d'O. zu den Gründungsmitgliedern des →Lese- und Geselligkeitsvereins »Museum«.

Lit.: A. St. Weiß: Joseph Servatius von d'Outrepont. In: Salzburg Archiv 20, 1995, S. 169 ff. – G. Burckhard: Joseph Servatius von d'Outrepont. Jena 1913.

Th.W.

Drobny Franz, * Wien 1. 12. 1863, † Graz 8. 12. 1924, Architekt. Studium an der Technischen Hochschule Wien. 1889-1902 im Stadtbauamt Salzburg. Bauten: 1891-93 Andräschule, 1893/95 ehem. Leichenhalle (heute Verwaltung) am Kommunalfriedhof, 1896 Müllner Volksschule, 1896/98 Versorgungshaus (städt. Altersheim), Villenbauten, 1897/1900 →Staatsgewerbeschule. 1902-13 Stadtbaudirektor in Karlsbad, seit 1913 Prof. an der Technischen Hochschule Graz. 1906 erschien sein Buch »Vom Wesen und von der Bedingtheit der Kunst. Betrachtungen und Gedanken« in Salzburg.

Lit.: Nachruf in: SV, 10. 12. 1924.

M.O.

Nico Dostal (Meyer-Press)

Dückher von Hasslau, zu Urstein und Winckl, Franz, * Innsbruck 27. 9. 1609, † Salzburg 14. 10. 1671, Beamter und Chronist. Nach einem kurzen Studium an der Salzburger →Univ. findet sich D. ab 1631 in München und nach der Flucht vor den Schweden ab 1640 in Salzburger Diensten, wo er 1651 Pfleger von Werfen wurde. Ihm ist die interessante »Saltzburgische Chronica« (1666) zu verdanken, die die Geschichte Salzburgs von den Anfängen bis zu Eb. Guidobald Graf Thun beinhaltet.

Lit.: R. Wagner: F. D. v. H., sein Leben, sein Werk und seine Zeit (1609-1671). Nachwort zum Neudruck der »Saltzburgischen Chronica«, Graz 1979.

R.R.H.

Dulamans Vröudenton, Ensemble für Alte Musik, 1982 gegründet. Neben mittelalterlicher und irischer Musik breites Repertoire mit Tanzmusik aus acht Jahrhunderten und Volkslieder des 16. und 17. Jh., Neuvertonungen von Minneliedern und neue Kompositionen im Stil der fahrenden Spielleute. Zahlreiche Konzerte im In- und Ausland.

G.W.

Dult →Märkte

Duncan-Schule. Die Amerikanerin Isadora Duncan (1878-1927), Hauptanregerin des Freien Ausdruckstanzes um die Jahrhundertwende in Europa, sah eine ihrer Hauptaufgaben in einer harmonischen Bewegungserziehung, die Physis und Psyche als Ganzheit begreift. Das gemeinsam mit ihrer Schwester Elizabeth D. (1874-1948) ins Leben gerufene Schulwerk – die erste D.-Schule wurde 1904 in Berlin-Grunewald eröffnet – wurde von Elizabeth D. und dem Tanzpädagogen Max Merz systematisch weitergeführt. 1911 eröffnete Elizabeth D. eine D.-Schule in Darmstadt-Mathildenhöhe; diese übersiedelte 1925 nach Salzburg, wo sie bis 1933 in Schloß Kleßheim bestand. 1926-29 leitete hier E. G. →Klien (1900-57), die Hauptvertreterin des Wiener Kinetismus, den Zeichenunterricht.

S.D., N.Sch.

Durach, Johann Baptist, * Wangen (Allgäu) 24. 12. 1724, † Passau 7. 2. 1793, Maler. Der Salzburger Domherr Philipp Karl Graf Seinsheim nahm den vielversprechenden Jüngling zu sich und ließ ihn in Bologna studieren, dessen Maltradition seinen schon klassizistisch abgekühlten Stil prägte. 1753 kam er wieder nach Salzburg, heiratete die Tochter des Miniaturenmalers Kelz und wurde 1781 an den Hof des Passauer Fürstbischofs berufen. Drei Bilder im →SMCA. (Farbabb. S. 347)

Lit.: Thieme-Becker. – Pillwein. – Ausstellungskat. Salzburg zur Zeit der Mozart. SMCA 1991, S. 192, 199.

N.Sch.

Dürlinger, Josef, * 2. 10. 1805 Limberg bei Zell am See, † 23. 4. 1867 Salzburg, Priester und Schriftsteller. D. war 17 Jahre Seelsorger in verschiedenen Pfarreien, bevor er sich aus gesundheitlichen Gründen von dieser Tätigkeit zurückzog und ganz der Geschichtsforschung widmete. Die letzten sechs Lebensjahre verbrachte er im Kloster →St. Peter. Er verfaßte zahlreiche landeskundliche Darstellungen, besonders über den Pinzgau (»Hausbuch des Pinzgaues«, 1866) und gab das »Historisch-statistische Handbuch der Erzdiözese Salzburg« heraus. Das bereits in die Druckerei eingelieferte »Historisch-statistische Handbuch von Pongau« erschien 1867, kurz nach dem Tod D.s.

Lit.: A. Steinhauser: Nekr. J. D. In: Salzburger Zeitung, 29. 4. 1867, Nr. 97. – Nekr. in: MGSLK 7, 1867, S. XI f.

P.F.K.

Dürrnberg, bedeutendster archäologischer Fundort des Landes Salzburg, Zentrum →keltischer Kunst und Kultur. Der Name bezeichnet eine stark gegliederte, zum Salzachtal hin abfallende Hochfläche westlich der Stadt Hallein. Die Überreste von Siedlungen und Gewerbebauten sowie die Friedhöfe aus prähistorischer Zeit bedecken eine Fläche von rund 1,5 qkm. Die Salzlager des D. bildeten die wirtschaftliche Grundlage für die intensive Besiedlung. Spuren menschlicher Anwesenheit reichen bis in das 4. Jt. v. Chr. zurück. In der Frühzeit konnte Salz nur in geringen Mengen aus saurem Wasser einiger Quellen gewonnen werden. Der bergmännische Abbau des Salzes und die damit verbundene Entwicklung des D. zu einem industriellen Zentrum setzte um 600 v. Chr. ein. Rings um den Hahnrainkopf, die höchste Erhebung des D., liegen die prähistorischen Grubeneingänge; sie sind teilweise heute noch durch Abraumhalden erkennbar, ebenso durch Furchen und Trichter, die durch Versturz der Schächte entstanden sind. Anfänglich lagen die Wohnstätten und Friedhöfe der Bergleute in der Nachbarschaft der Gruben, allmählich breitete sich die Besiedlung über die ganze Fläche des D. aus. Etwa um 500 v. Chr. wurde am Ramsaukopf eine befestigte Höhensiedlung angelegt, die als Fürstensitz, als Burg der »Salzherren«, gedeutet wird. Im kleinen Ramsautal zu Füßen dieser Burg waren Handwerksbetriebe angesiedelt. Bronze- und Eisenschmiede, Gerberei, Drechslerei und die Erzeugung von Schmuck aus Glas und Sapropelit ließen sich nachweisen. Auch auf der Hochfläche des Mosersteines waren Wohnbauten und Werkstätten situiert. Die Gräberfelder wurden durchwegs in steilem, nicht für Siedlungszwecke geeignetem Gelände angelegt, die Toten in der Regel unverbrannt in hölzernen Grabkammern beerdigt, Brandbestattung ist jedoch ebenfalls belegt. Die Blütezeit des Salzbergbaues fällt in das 5. bis 3. Jh. v. Chr. Etwa um 100 v. Chr. scheint der Salzbergbau stark an Bedeutung verloren zu haben. Der Ramsaukopf wurde verlassen, ebenso die Siedlung im Ramsautal. In römischer Zeit kam der Salzbergbau vollständig zum Erliegen (Österr. →Forschungszentrum Dürrnberg). (Farbabb. S. 16)

Lit.: Der Dürrnberg bei Hallein. In: Die Kelten in Mitteleuropa, Salzburg 1980, S. 150 ff.

F.M.

Dürrnberger Schwerttanz, Salzburger Standestanz, urk. erstmals 1586 erwähnt, wurde bis 1989 ausschließlich von Bergknappen des Dürrnbergs bei Hallein getanzt, seither Verein. Schwerttänze (30 historische in Österreich, elf in Salzburg nachgewiesen) entstanden wie die Zunfttänze in der Renaissance und erhielten im 19. Jh. belebende und umwertende Impulse. Das Schwert war Bestandteil der Knappentracht und wird verbindendes Requisit im Kettentanz. Seit dem 19. Jh. werden die Figuren (im 19. Jh. 12, heute 16) als Szenen der Arbeit »unter Tage« gedeutet, doch stellen sie Variationen der Reigenführung und des Umgangs mit dem Requisit dar. Der Gasteiner Schwerttanz wurde 1979 in Böckstein durch den Verein wiederbelebt. Der Lungauer Russentanz dürfte ein später mißverstandener Schwerttanz der Bergleute sein. Er wurde nicht von weißrussischen Bergleuten eingeführt, wie die Legende erzählt. Die weiß-roten Uniformen, Säbel und Lanzen der Tänzer legen eine Fehldeutung der eb. salzburgischen Knappenuniform nahe, Form und Requisiten entsprechen den Standestänzen. Heute wird der Tanz vom Verein der →Vereinigten aufgeführt. →Volkstanz.

Lit.: J. F. Schatteiner: Der Schwerttanz – Geschichte, Verein und Aufführungspraxis. In: Bergbau. Alltag und Identität der Dürrnberger Bergknappen und Halleiner Salinenarbeiter in Geschichte und Gegenwart, hg. v. U. Kammerhofer-Aggermann (SBzVK 10), Salzburg 1998, S. 233-306. – I. Peter: Salzburger Tänze. Salzburg 1975.

U.K.

Eberhard II. von Regensberg * (Geburtsort unbekannt) um 1170, † Friesach 1. 12. 1246, Eb. von Salzburg 1200-46. Edelfreier Abstammung (Thurgau), 1190 im Konstanzer Domkapitel, 1196 Bischof von Brixen. Durch die staufische Partei gegen den Widerstand des Papstes nach Salzburg transferiert, anerkannte er erst nach der Ermordung Philipps von Schwaben den Welfen Otto IV. und blieb nach einem in Gefangenschaft (1210) erzwungenen Eid einige Jahre neutral. Ab 1213 war E. konsequenter und wichtigster Parteigänger des Staufers Friedrich II. und griff als letzter Salzburger Eb. in die europ. Politik ein (daher 1240 gebannt; sein Leichnam blieb bis 1288 unbestattet in Altenmarkt). Als Metropolit ermöglichte er einen gewaltigen materiellen und kulturellen Aufschwung Salzburgs. Die Selbständigkeitsbestrebungen Gurks wurden abgewehrt und mit Chiemsee (1215/16), Seckau (1218) und Lavant (1228) weitere Salzburger Eigenbistümer errichtet. E. setzte gezielte wirtschaftspolitische Maßnahmen (Förderung der Saline Hallein und des Fernhandels; Städteausbau) und beseitigte im Rahmen seiner Kirchenpolitik zahlreiche Vogteien. Mit kais. Unterstützung gelang es, durch planmäßige Erwerbungen ein großes, geschlossenes Herrschaftsgebiet aufzubauen und somit die Grundlage für das spätere Land Salzburg und die weltliche Herrschaft der Eb. zu schaffen. E. gilt als bedeutendster Salzburger Kirchenfürst des MA.

Lit.: H. Koller: E. II. In: Lexikon des Mittelalters 3, München-Zürich 1985, S. 1521 f. – H. Dopsch: Salzburg im Hochmittelalter. In: Geschichte I/1, S. 308 ff. – Ch. Stöllinger: Eb. E. II. v. Salzburg. Diss. Wien 1972.

P.F.K.

Eberhard, Otto, * Hall in Tirol 22. 5. 1875, † Salzburg 26. 5. 1960, Volksliedsammler. Lehrerausbildung und erste Berufsjahre in Tirol, erste Liedaufzeichnungen in Waidring. 1900 Übersiedlung nach Maishofen, dann Saalfelden, Sammlung von Volksliedern im Pinzgau. Über die staatliche Kommission »Das Volkslied in Österreich«, ab 1918 Österr. Volksliedunternehmen, Arbeitsausschuß für das Salzburger Volkslied und den Salzburger Landestrachtenverband enge Verbindung zu J. Pommer (Lieder der Blattl-Familie), R. Zoder, F. F. Kohl, C. →Rotter (ab 1918 Flachgauer und Tennengauer Aufzeichnungen). Gab 1933 gemeinsam mit C. Rotter »Salzburgische Bauernlieder« als 7. Bd. der »Kleinen Quellenausgabe« des Österr. Volksliedunternehmens heraus. Zwischen 1933 und 1938 Veranstaltung von Sängertreffen und -wettbewerben mit T. →Reiser und K. →Brandauer mit Anschlußtendenzen. 1938-45 Stv. Leiter des Gauausschusses im Ostmärkischen Volksliedunternehmen des Nationalsozialismus 1938-45 viele Veranstaltungen und Hackbrettkurse, auch gemeinsam mit dem Volksliedpfleger des Reichsnährstandes T. Reiser. →Volksliedwerk.

Lit.: G. Kerschbaumer: Organisiertes Heimatbrauchtum in Salzburg. In: Volkskunde und Brauchtumspflege im Nationalsozialismus in Salzburg, hg. v. W. Haas (=SBzVK 8), Salzburg 1996, S. 124 ff. – Ders.: Rekonstruktion und Dokumentation. In: ebenda, S. 278-293. – Th. Hochradner: Bibliographie zur Volksmusik im Lande Salzburg. Salzburg 1990. – R. Pietsch: Die Volksmusik im Lande Salzburg II. Wien 1990.

U.K.

Eberl, Georg, * Piesendorf 17. 12. 1893, † Salzburg 20. 3. 1975, Bauernknecht, Eisenbahner, Volksbildner; Schriftsteller in der Tradition Peter Roseggers, Prof. h. c. Seine autobiographischen Romane »Ich war ein lediges Kind« (1952), »Als ich Jungknecht war« (1953) und »Als ich Eisenbahner wurde« (1971) schildern die soziale Welt des Dorfes und die Eisenbahner-Arbeit vor dem 1. Weltkrieg sehr genau. Befreundet mit C. →Zuckmayer und G. →Rendl. Neuausgabe seiner Werke in der Reihe »Salzburger Bibliothek«.

Lit.: G. Eberl: Ich war ein lediges Kind. Hg. u. m. e. Nachwort v. S. Hetz. Salzburg 1997 (= Sbg. Bibliothek, 5). – G. Eberl: Die bessere Heimat. Hg. v. S. Hetz, m. e. Nachwort v. H. Holl, Salzburg 1993 (= Sbg. Bibliothek, 1).

H.H.

Eberl, Sebastian →Mödlhammer, Paul

Eberlin, Johann Ernst, * Jettingen (Schwaben) get. 27. 3. 1702, † Salzburg 21. 6. 1762, salzburgischer Hofkapellmeister. Gymnasiumbesuch in Augsburg, 1721 Beginn von Studien an der →Univ. Salzburg, doch kein Abschluß; 1726 Anstellung als Hoforganist; 1749 folgte er C. H. →Biber als Hofkapellmeister; 1754 wurde ihm für seine Verdienste der Titel eines eb. »Truchseß« verliehen. Unter den Schülern erlangte besonders sein späterer Schwiegersohn A. C. →Adlgasser Bedeutung. E. galt als Meister des kontrapunktischen Satzes, doch zeigte sich W. A. →Mozart später über seine Kunstfertigkeit im Vergleich zu Händel und Bach enttäuscht (Brief vom 20. April 1782). Mit zahlreichen Kompositionen, in denen sich spätbarockes und rokokohaftes Idiom verbinden, deckte E. ein weites Feld von Gattungen ab. Nachhaltig prägte er das Salzburger Musikgeschehen zwischen 1740 und 1762, wobei er sich den lokalen Konventionen nicht vorbehaltlos anschloß. Mittels rhetorischer Figuren, die E. im Gegensatz zu seinen Vorgängern verstärkt heranzog, erhielten seine Vokalwerke, namentlich im A-capella-Stil, eine dramatischere Gestalt. Nord- und mitteldeutsche Einflüsse zeigen sich auch, wenn in den Passionsoratorien in der Verwendung der gebundenen Rede für die Schilderung des biblischen Geschehens eine überraschende Nähe zum deutschen evangelischen Oratorium deutlich wird. E. schrieb dramatische Werke (der Großteil dieser Werke ist verloren), darunter 21 Oratorien, 61 Bühnenmusiken für das Univ.-Theater (→Theater der Benediktineruniv.) und drei Opern, weiters ca. 70 Messen, etliche kleinere kirchenmusikalische Werke und Werke für Tasteninstrumente. Die »Toccate e Fughe per l´Organo« wurden zu seinen Lebzeiten gedruckt (1747). Überdies komponierte E. Musikstücke für das Orgelwerk des →Mechanischen Theaters in →Hellbrunn und, wie auch L. →Mozart, für das Hornwerk auf der →Festung Hohensalzburg (→Salzburger Stier).

Lit.: E. Neumayr: Die Propriumsvertonungen J. E. Eberlins (1702-1762). 2 Bde., Diss. Salzburg 1997. – H. Schuler: Mozarts Salzburger Freunde und Bekannte. Wilhelmshaven 1996. – M. H. Schmid: Mozart und die Salzburger Tradition. Tutzing 1976. – M. Schneider-Cuvay: Die Instrumentalwerke J. E. Eberlins. Diss. Salzburg 1975.

Th.H.

Ebner, Franz Anton (Geburtsort unbekannt) * um 1698, † Salzburg 31. 8. 1756, Maler. Sechs Jahre bei M. Altomonte in Wien, 1720 bei Solimena in Neapel, anschließend in Rom bei S. Concha und in Venedig. Seit 1727 eb. Hofmaler in Salzburg, wurde gemeinsam mit A. →Rensi für Malereien im →Dom (»Kreuzigung« in der Sakristei) und Schloß →Leopoldskron (»Hochzeit der Atalante« im Festsaal, »Hl. Rupert« in der Kapelle) herangezogen. Weiters malte er die seither oft erneuerten dekorativen Pferdebilder an der Hofstallschwemme (→Brunnen), Altarbilder für Maria Alm und St. Georgen.

Helmut Eder (Elfriede Lindner)

Lit.: G. Heinz: Die Salzburger Barockmalerei im 18. Jh. Prüfungsarbeit f. d. Inst. f. österr. Geschichtsforschung, Wien 1950. – Martin. – Thieme-Becker.

N.Sch.

Edelsteinschneider. Für Salzburg um 1500 sind die beiden Namen Hans Sutter und Peter Lochinger bekannt, die auch an Kleinplastiken gearbeitet haben. Um 1719 wurde Johann Kajetan Windtner als Rubin- und Edelsteinschleifer in Salzburg tätig. Sind zur Zeit der Spätgotik vorwiegend Muscheln, Perlmutter, Gagat oder Steatit von E. verarbeitet worden, so bearbeiteten seit 1775 die eb. Edelstein-, Kristall- und Glasschleifereien auch das im Lande vorkommende Rohmaterial (→Bergkristall, Zillertaler Granaten, Smaragde aus dem Habachtal etc.)

Ch.S.

Eder, Helmut, * Linz 26. 12. 1916, Komponist und Dirigent. Schüler von C. →Orff und Johann Nepomuk David. 1948 Lehrer für Chorerziehung und Komposition am Bruckner-Konservatorium Linz, Leiter des David-Chores Eferding und des Kammerchores des Bruckner-Konservatoriums. 1959 gründete er in Linz das erste elektronische Studio und organisierte eine Konzertreihe mit Neuer Musik. 1967 bis

1987 Prof. für Komposition am →Mozarteum. In seinen Kompositionen zeigt sich, ausgehend von strenger Kontrapunktik und Linearität, eine Entwicklung über Dodekaphonie wieder zur Tonalität unter Einbeziehung von Mikrointervallen und aleatorischen Techniken. E. komponierte Opern (u. a. »Oedipus« 1960, »Die weiße Frau« 1968, »Der Aufstand« 1976, »Georges Dandin oder Der betrogene Ehemann« 1979), Ballette, Kirchenmusik, Sinfonien, Konzerte, Kammermusik, Klavier- und Orgelwerke, Chöre und Lieder. Seine Werke werden bei allen bedeutenden europ. Musikfestivals aufgeführt. Von E. stammt ein geglückter Versuch der Instrumentierung der nicht vollendeten c-Moll-Messe von W. A. →Mozart (1984). Für die Konzertreihen der →ISM und der →Mozartwoche gestaltete E. die Programme.

Lit.: G. Gruber, G. Kraus: H. E. Wien 1987. – H. E. bei Doblinger. Ein kommentiertes Verzeichnis, erstellt von H. Vogg, Wien-München 1986.

G.W.

Egedacher, Orgelmacherfamilie. Mitglieder waren durch drei Generationen in Salzburg tätig: 1. Christoph E. 1673-1706, 2. Johann Christoph E. 1707-47, 3. Johann Rochus E. 1747-85. Sie bauten zahlreiche gerühmte Orgeln im süddt.-österr. Raum, u. a. in Regensburg (St. Emmeram 1669), Augustinerklosterkirche Salzburg-Mülln (1679), Maria Plain (1682), Benediktbeuern (1686), Erhard-Kirche Salzburg-Nonntal (1688), Kajetaner-Kirche Salzburg (1697, noch erhalten), Klosterkirche Waldsassen (1698/99), Salzburger →Dom (1702/03, Erweiterungsbauten 1705 und 1718), Stuhlfelden (1706, teilweise erhalten), Universitätskirche Salzburg (1708), Stiftskirche →Mattsee (1710), St. Veit/Pongau (1714), Stiftskirche Salem (1714/16), Wallfahrtskirche Kirchenthal (1716), Pfarrkirche Brixen (1739), Thalgau (1750).

Lit.: G. Walterskirchen: Orgeln und Orgelbauer in Salzburg vom Mittelalter bis zur Gegenwart. Diss. Salzburg 1982.

G.W.

Eggler, Axel, * Genf 30. 9. 1901, † Großgmain 15. 2. 1977, Maler. Wuchs in St. Petersburg auf, wo sein Vater Hoffotograf war, begann 22jährig mit ersten Malversuchen als Autodidakt, verdiente sich seit 1929 als Übersetzer in München seinen Lebensunterhalt, erst ab 1958 konnte er sich ausschließlich der Malerei widmen. In der Abgeschiedenheit des Großgmainer Ateliers entstanden kleinformatige, geheimnisvoll versponnene Bilder, die ganz nebenbei Parallelen zu Klee, den Surrealisten und der Art brut aufweisen. Märchenhafte Folklore, Ironie und Magie durchdringen sich in schwebenden Konfigurationen, über denen eine verzaubernde Patina der Erinnerung zu liegen scheint, die aus der vielschichtigen Materialbehandlung resultiert.

Lit.: Ausstellungskat. Galerie Räbener. Luzern 1965. – Gugg.

N.Sch.

Ehrenberger, Ludwig (Lutz), *Graz 14. 3. 1878, † Saalfelden 30. 11. 1950, Plakatkünstler, Werbe- und Illustrationszeichner. Künstlerische Ausbildung an der Wiener Akad. und an der Münchner Kunstgewerbeschule, dort Mitarbeiter der illustrierten Zeitschrift »Der Komet«, 1913-29 als Redakteur der »Lustigen Blätter« in Berlin, dann wieder vorwiegend in München. 1904 Bau eines Ateliers, 1906 auch einer Jugendstilvilla nach eigenem Entwurf in Saalfelden-Ramseiden (originalgetreu erhalten), wo er seit dem 2. Weltkrieg ausschließlich lebte. Überaus versiert, kommerziell erfolgreich und stilistisch wandlungsfähig, schuf E. Film- und Fremdenverkehrsplakate, entwarf Reklamen für Firmen wie »4711 Kölnisch Wasser« und Shell, zeichnete für illustrierte Blätter wie »UHU«, »Elegante Welt« und »Simplicissimus« und schuf Buchillustrationen; Zyklus »Das trunkene Lied« nach Nietzsche (1920); bekannt vor allem als Spezialist für das frivole Genre (»Ehrenberger-Album« 1922); nach 1938 auch NS-Propagandagemälde. E. arbeitete auch unter den Pseudonymen Henri Sebastien und Böckenyi. Nachlaß im Heimatmuseum Saalfelden.

Lit.: Chronik Saalfelden. 2. Bd., Saalfelden 1992, S. 561. – Weltkunst Jg. 62, 1992, Heft 14, S. 1905. – Die Bühne, Wien 1931, Heft 316, S. 10 ff. – Vollmer.

N.Sch.

Ehrenpforten. Das Erzstift Salzburg nahm unter den Fürstentümern des Heiligen Römischen Reiches im Bereich barocker Festkultur religiöser und profaner Art eine hervorragende Stelle ein. Die erste E., die einem Eb. bei seinem Einzug in die Stadt errichtet wurde, war für →Markus Sittikus am 6. 10. 1612 von der Stadtgemeinde aufgestellt worden. Unter die-

Ehrenpforte des Domkapitels anläßl. der Durchreise der Braut König Josephs I., Wilhelmine Amalia von Braunschweig, 1699

sem Eb. wurde auch die feierliche Verehrung der Reliquien der Salzburger Heiligen wieder eingeführt; es gab »trionfi« zur Fronleichnamsprozession, während der Fastnacht, am Karfreitag. Die feierliche Domweihe im Jahr 1628 gab Anlaß zu großen Festlichkeiten: Fünf E., Trionfi, Feuerwerk. Leopold I. war der erste Kaiser, dem bei seiner Durchreise im Jahr 1665 in Salzburg eine E. errichtet wurde. Während der franz. Verwaltung des Landes 1806-09 erhielt auch Napoleon zur Feier seines Namenstages Festdekorationen.

Lit.: W. Steinitz: Ehrenpforten, Festgerüste und Trionfi. In: Barock in Salzburg, FS. f. Hans Sedlmayr, Salzburg 1977.
M.O.

Eich, Clemens, * Rosenheim/Bayern 22. 5. 1954, † Wien 22. 2. 1998, Schriftsteller, Übersetzer, Schauspieler. Sohn von I. →Aichinger und G. →Eich, aufgewachsen in Großgmain bei Salzburg. Nach der Schaupielschule in Zürich (1974-76) Engagements u. a. in Frankfurt/M. und am Theater in der Josefstadt, Wien. Danach Verlagslektor. 1980 Gedichtband: »Aufstehn und gehn«, 1987 Erzählband »Zwanzig nach drei«, 1995 »Das steinerne Meer« (Roman), 1999 aus dem Nachlaß »Aufzeichnungen aus Georgien«. Sein Grab befindet sich auf dem Kommunalfriedhof Salzburg.

Lit.: Kürschner 1998.– Katalog-Lexikon.
H.H.

Eich, Günter, * Lebus an der Oder 1. 2. 1907, † Großgmain 20. 12. 1972, Schriftsteller. Studium der Rechtswissenschaft und Sinologie, seit 1932 Schriftsteller, Soldat im 2. Weltkrieg. 1953 heiratete er I. →Aichinger. Seit 1963 in Großgmain. Bedeutender Lyriker, Prosaist und vor allem Hörspieldichter. Die Gemeinde Rauris stiftete einen Günter-Eich-Preis, der 1984 erstmals an I. Aichinger verliehen wurde. E. ist auf dem Friedhof in Großgmain begraben.

Lit.: R. Post-Adams: G. Eich. In: KLG.
A.Has.

Eigl, Josef,* Murau (Stm.) 23. 12. 1850, † Salzburg 25. 6. 1915, Bauingenieur. Durch seine berufliche Tätigkeit bes. im Pinzgau großes Verständnis für den Holzbau des Gebirgslandes und dessen Zweckmäßigkeit und Schönheit. Bemühungen um Wiederbelebung des alten Holzbaustils, wovon u. a. sein Buch »Salzburger Gebirgshaus« (1893) zeugt.

Einem, Gottfried von, * Bern 24. 1. 1918, † Oberdürnbach (NÖ.) 12. 7. 1996, Komponist. Schüler von P. →Hindemith und Boris Blacher. 1938 Korrepetitor an der Staatsoper Berlin und musikalischer Assistent bei den Bayreuther Festspielen, seit 1944 an der Staatsoper Dresden. 1965 Prof. für Komposition an der Hochschule für Musik und darstellende Kunst in Wien. Als Komponist vertrat E. eine gemäßigte Moderne. Seine ersten großen Erfolge waren die Ballettmusik »Prinzessin Turandot« (UA Dresden 1944) und die Oper »Dantons Tod« (UA 1947 bei den Salzburger →Festspielen). Weitere Bühnenerfolge brachten die Opern »Der Prozeß« (UA Salzburger Festspiele 1953) und »Der Besuch der alten Dame« (UA Wien 1971); auch seine Ballettmusiken, sinfonischen Werke, die Kammermusik, Chorwerke und Lieder haben intern. Resonanz erfahren. 1948 wurde E. als Direktionsmitglied in das Salzburger Festspielkomitee berufen, 1951 wegen der »Affäre →Brecht« entlassen. Als Präsident der Gesellschaft der Autoren, Komponisten und Musikverleger (AKM) setzte sich E. maßgeblich für den

Urheberschutz ein. Schriften: »Komponist im Turm« (1963), »Komponist und Gesellschaft« (1967), »Ich hab' unendlich viel erlebt« (1995).

Lit.: K. Breitner, L. Theiner, L. Vogel: Beiträge zur österr. Musik der Gegenwart. Dokumente zu Leben und Werk zeitgenössischer Komponisten, Tutzing 1992, S. 165-192. – D. Hartmann; G. v. E. Wien 1967.

G.W.

Einstein, Albert, * Ulm 14. 3. 1879, † Princeton/USA 18. 4. 1955, Physiker, Nobelpreisträger (1921). Die erste Tagung, die der junge E. besuchte, fand in Salzburg statt. In der Zeit vom 20. bis 24. September 1909 trafen sich rund 1300 Gelehrte der naturwissenschaftlichen und medizinischen Disziplinen des deutschen Sprachraums zur 81. Versammlung der im Jahre 1822 gegründeten »Gesellschaft deutscher Naturforscher und Ärzte«. E. sprach am 21. September 1909 im Gebäude der Andräschule zum Thema »Über die neuen Umwandlungen, welche unsere Anschauungen über die Natur des Lichts erfahren haben.« E. trug zum erstenmal seine »Spezielle Relativitätstheorie« und das »Quantenproblem« vor. Er stellte fest, daß jede wissenschaftliche Erkenntnis technische Anwendungen zur Folge haben könnte. Das Paradebeispiel dafür ist heute E.s Formel »$E=mc^2$« und die darauf beruhende Nutzung der Kernenergie. Im Anschluß daran fand eine Diskussion statt, die von Max Planck geleitet wurde. Unter den rund 100 Zuhörern befanden sich berühmte Wissenschafter wie Max Born, Lise Meitner und Max Laue. E.s Vortrag in Salzburg stellte nach Ansicht des aus Österreich stammenden Physikers Wolfgang Pauli (Nobelpreisträger 1945) einen Wendepunkt in der Entwicklung der theoretischen Physik dar.

Lit.: P. M. in »Unser Land«, SLZ 15, 1997.

P.M.

Einzinger, Erwin, * Kirchdorf, OÖ. 13. 5. 1955, Schriftsteller, Mittelschullehrer. Nach dem Gymnasium in Linz studierte E. in Salzburg Anglistik und Amerikanistik. 1974-79 Mitarbeiter an den Salzburger Literaturzeitschriften »Projekt-IL« und »Salz«. Er lebt heute als AHS-Lehrer in Micheldorf. E. erhielt u. a. 1977 den Förderpreis des Georg-→Trakl-Preises, 1984 den →Rauriser Literaturpreis und 1996 den →Literaturpreis der Salzburger Wirtschaft. Seine Werke erscheinen im Salzburger Residenz Verlag. Darunter: »Das wilde Brot« (1995). Ms. E.s liegen im Salzburger →Literaturarchiv.

Lit.: Chr. Grond: E. Einzinger. In: KLG.

A.Has.

Eisenhütte. Von großer Bedeutung für Salzburg war das Eisenwerk in Werfen, das sein Rohmaterial von den Bergwerken am Eingang des Blühnbachtales und von einem kleineren in Dienten am Hochkönig bezog (→Bergbau). Zuerst wurden eiserne Geschütze und Geschützkugeln erzeugt, sogar Tirol bestellte 1483 seine eisernen Schlangenbüchsen bei Hans Plattner in Werfen. Im 16. Jh. verfügte das Werk über einen weiten Abnehmerkreis und war nun speziell als Zentrum des dt. Ofengusses bekannt. Die gußeisernen →Ofenplatten wurden im offenen Herdguß hergestellt. Im Lungau gab es in Ramingstein seit dem 15. Jh. eine E., die 1830 stillgelegt wurde; in Bundschuh bestand die Eisenverhüttung seit dem 14. Jh., die Produktion wurde 1885 eingestellt. Die Verarbeitung fand in dem urk. erstmals 1554 erwähnten Hammerwerk bei Mauterndorf statt; 1880 stillgelegt.

Lit.: E. Egg: Gußeiserne Ofenplatten. In: JahrSMCA 1959, S. 109 ff.

Ch.S.

Eisenschneider →Stempelschneider

Eisl, Josef Andrä →Mödlhammer, Paul

Eismann (eigentlich Eisenmann), Johann Anton, * Land Salzburg um 1620, † Venedig um 1700, Maler. Arbeitete für den Münchner Hof, 1644 erstmals in Venedig belegt, 1650 in Rom faßbar, wo er künstlerisch entscheidende Eindrücke empfängt, anschließend wieder längere Zeit jenseits der Alpen (Wien) tätig, seit 1685 wieder ständig in Venedig. Zusammen mit seinem Adoptivsohn Carlo Brisighella soll er sich auch in Salzburg aufgehalten haben, was durch eine große Salzburg-Ansicht im SMCA erhärtet wird. Als Landschaftsmaler (»Pittor celebre paesista di Salisburg«) schloß er sich mit Erfolg der romantisch-pittoresken Richtung des Neapolitaners Salvatore Rosa an. Seine effektvoll gemalten Seestücke, Schlachtenszenen und Ruinenlandschaften mit kleinfiguriger Staffage waren in den barocken

Einzug der Salzburger Exulanten in Augsburg, Aquarell, 1732 (SLIVK)

Gemäldesammlungen – auch jener der Salzburger Erzbischöfe – oft sehr zahlreich vertreten, blieben aber für die Salzburger Malerei ohne Einfluß. Dagegen war E. für die Entwicklung der venezianischen Vedute von Bedeutung. (Farbabb. S. 344/45)

Lit.: »Das Kunstwerk des Monats« (August 1996), SMCA. – G. Adriani: Deutsche Malerei im 17. Jahrhundert. Köln 1977. – E. A. Safarik: J. A. E. In: Saggi e Memorie di Storia dell'Arte. Bd. 10, Venedig 1976, S. 63-78. – G. Heinz: Die Salzburger Malerei des 17. Jh.s und die Werke des J. M. Rottmayr. Diss. Wien 1950.

N.Sch.

Ekmelische Musik, Ergebnis der Untersuchung und Systematisierung von Mikrotönen, seit 1970 am →Mozarteum von F. →Richter-Herf und R. →Maedel entwickelt. Die Grundlage bildet eine sechsfache Unterteilung des Halbtons, eine Oktave wird daher in 72 temperierte Töne geteilt. Durch die Erweiterung des Tonsystems sollen neuartige Tonfolgen und Akkorde erzielt werden. Seit 1989 leitet Horst Peter Hesse das Richter-Herf-Institut für Musikalische Grundlagenforschung.

Lit.: R. Maedel, F. Richter-Herf: Ekmelische Musik. Innsbruck 1983.

G.W.

Elisabethbühne →Theaterinitiativen

Emigranten, protestantische. Die Reformation hatte auch im Erzstift Salzburg Anhänger gefunden. Bereits im 16. Jh. verließen einzelne Evangelische das Land. 1684 wurden über 600 Personen ohne ihre minderjährigen Kinder aus dem Defereggental vertrieben, ebenso 1686 ca. 70 Dürrnberger Knappen, deren bekanntester J. →Schaitberger war. Von ihm stammt das Lied »Ich bin ein armer Exulant«, das zum Trost- und Wanderlied der Salzburger Protestanten wurde. Unter Eb. →Leopold Anton Firmian kam es nach dem Emigrationspatent 1731 zur Auswanderung von rund 20 000 Protestanten, vornehmlich aus dem

Pongau. König Friedrich Wilhelm I. von Preußen gewährte ihnen durch sein Einwanderungspatent 1732 Aufnahme in Ostpreußen, wo die Salzburger mithalfen, das fast menschenleere Land zu kultivieren. Der Wegzug vieler begüterter Bauern wirkte sich auf die Finanzlage des Erzstiftes äußerst ungünstig aus; zahlreiche Höfe verfielen. Nachkommen der E. leben heute in Deutschland, in den Niederlanden und in den USA; die Salzburger Landesregierung hat für sie die Patenschaft übernommen. Gedenktafel für die E. auf dem →Dürrnberg bei Hallein (Predigtstuhl). Durch die nach dem 2. Weltkrieg nach Salzburg gekommenen evang. →Vertriebenen hat sich die Zahl der Protestanten in Salzburg wieder auf den Bestand von 1731/32 erhöht.

Lit.: Reformation, Emigration. Protestanten in Salzburg, Ausstellungskat. Schloß Goldegg, 1981.

R.R.H.

Engels, Lisl (geb. Cech), *Wien, 16. 3. 1916, Malerin. Privatschülerin bei Robin C. Andersen, daneben Besuch der Kunstgewerbeschule, 1938 in der Meisterklasse von F. Andri an der Wiener Akademie, 1939 Heirat mit dem Architekten Erich Engels. 1942 Bekanntschaft mit Franz Wiegele und enge Kontakte zum Nötscher Kreis, seit 1947 in Salzburg, 1974 Bezug eines Bauernhauses in der Nähe des Fuschlsees. Temperamentvoller Duktus und expressive Farbgebung in Landschaft, Stilleben und Porträt.

Lit.: B. Wally. – L. E. Aus dem Leben und Schaffen einer Malerin. Eigenverlag o. J. (1987). – Gugg.

N.Sch.

Engelsberger-Drioli, Trude, * Salzburg 21. 9. 1920, † Salzburg 23. 1. 1986, Malerin. Abgebrochenes Studium an der Wiener Akad., Autodidaktin, Mitglied der »Salzburger Gruppe«. Die karge Eindringlichkeit, knappe Gestensprache und verhangene Farbigkeit, mit denen sie einige wenige Grundmotive – Menschen unter Bäumen, einsame Frauen auf verschlungenen Parkwegen in stumme Tätigkeiten versunken – abwandelte, lassen ihre Bilder wie Ikonen der Stille, Melancholie und Abgeschiedenheit erscheinen. Ihre früheren Arbeiten bedienen sich einer vertrauteren Poesie des Naiven und sind manchmal von mythologischen Reminiszenzen belebt. (Farbabb. S. 368)

Lit.: B. Wally. – SN, 25. 1. 1986. – Gugg. – T. E., Bilder. Salzburg 1982.

N.Sch.

Engl, Johann Evangelist, * Salzburg 13. 7. 1835, † Salzburg 18. 5. 1921, Pädagoge und Musikschriftsteller. Jahrelange Lehrtätigkeit, 1870-99 ehrenamtlicher Sekretär des →Mozarteums, 1881-99 Inspektor der Musikschule, 1893 Archivar und Administrator des Mozart-Museums der Stiftung →Mozarteum (→Dom-Musikverein) und Redakteur der Jahresberichte. E. verfaßte zahlreiche Studien zu Themen der Musikgeschichte in Salzburg, allein mehr als 60 Mozart-Beiträge.

Lit.: MGSLK 61, 1921.

G.W.

Enk von der Burg, Karl Maria, * Salzburg 1. 1. 1800, † Salzburg 21. 10. 1885, Pädagoge, Schulinspektor. E. studierte in Graz und Wien und wurde 1829 Humanitätslehrer in Vinkovce, wirkte ab 1834 am Gymnasium in Iglau, dessen Direktor er 1849 wurde. 1850-71 war er Gymnasialinspektor für Niederösterreich, 1852-54 Direktor der wissenschaftlichen Gymnasial-Prüfungs-Kommission. E. machte sich 1848 um die Reform der Mittelschulen verdient u. publizierte zahlreiche pädagogische Abhandlungen, u. a.: »Briefe zur Gymnasialreform« (1848).

Lit.: Die Feier des vierzigjährigen Dienstjubiläums des k.k. Landes-Schul-Inspectors K. M. E. v. B., Wien 1870. – K. M. E. v. B. In: MGSLK 25, 1885, S. 121 f. – ÖBL.

Th.W.

Enzinger, Anton, (Geburtsort unbekannt) * um 1683, † Salzburg 14. 5. 1768, Maler. Seit 1746 als Kammerportier in eb. Diensten, Schöpfer von meist kleinformatigen Tierstücken, die auf den Salzburger Schlössern häufig anzutreffen waren.

Lit.: Thieme-Becker. – Martin. – Pillwein.

N.Sch.

Erben, Wilhelm, * Salzburg 3. 12. 1864, † Graz 7. 4. 1933, Historiker. Nach dem Studium der Geschichte in Wien und der Absolvierung des Inst. für österr. Geschichtsforschung arbeitete E. am Wiener Heeresmuseum, wurde 1903 Ordinarius in Innsbruck und 1916 in Graz, 1932 als erster Salzburger nach Ch. →Doppler wirkliches Mitglied der Akad. der Wissenschaften in

Wien. E. forschte vor allem im Bereich der Urkundenlehre und wurde zum Anreger der Herausgabe des Salzburger Urkundenbuches (1898 ff.).

Lit.: F. Martin: Nekr. In: MGSLK 73, 1953, S. 153 ff.

R.R.H.

Erbhof. E.-Gesetz seit 1933, wiederverlautbart 1947. Jedem Anwesen mit Wohnhaus, das landwirtschaftlich genutzt wird und eine Familie ausreichend versorgen kann sowie 200 Jahre lang im Mannesstamm (nur in Salzburg auch im weiblichen Stamm) vererbt wurde, kann auf Antrag des Eigentümers von der Salzburger Landesregierung das Prädikat »Erbhof« verliehen werden; dies wird im Grundbuch eingetragen. Das Prädikat soll das Festhalten an ererbtem bäuerlichem Besitz fördern. Die Zahl der E. wächst ständig, die Untersuchungen hierfür führt das Salzburger →Landesarchiv durch.

Lit.: Die Ehre Erbhof. Analyse einer jungen Tradition, hg. v. A. Dworsky u. H. Schider (Landespressebüro, Sonderpublikation 26), Salzburg 1980.

R.A.

Erentrudis hl., * Worms 7. Jh., † Salzburg um 720-30, erste Äbtissin des Klosters →Nonnberg. Nichte des hl. →Rupert, entstammte wie dieser dem hochadeligen Geschlecht der Rupertiner und wuchs in der Gegend von Worms auf. Ihr Onkel rief sie nach Salzburg und setzte sie als erste Äbtissin des 713-15 auf der südöstlichen Terrasse des heutigen Festungsberges, dem damaligen »Castellum superius«, errichteten Frauenklosters Nonnberg ein. E. starb im Alter von etwa 55 Jahren an einem 30. 6. unbekannten Jahres. Sie wurde schon bald nach ihrem Tod als Heilige verehrt (urkundlich 788). Ihre Reliquien wurden vermutlich am 4. 9. 1024 in die neue Krypta übertragen und ruhen heute in einem Büstenreliquiar von 1318. Eine erste Lebensbeschreibung der hl. E. wurde am Anfang des 14. Jh.s vom Nonnberger Kaplan Caesarius verfaßt. Sie ist neben dem hl. Rupert und dem hl. →Virgil die dritte Landes- und Diözesanpatronin Salzburgs (Fest am 30. 6.) und Kirchenpatronin der 1961 errichteten Stadtpfarrkirche Salzburg-Herrnau.

Lit.: F. Holböck: Die Heiligen Salzburgs. Salzburg-München 1996, S. 49-53. – H. Dopsch: E. In: LThK, Bd. 3, ³1995, Sp. 752. – P. Karner: Die heilige Erentrud, Äbtissin von Nonnberg. In: Ders.: Austria Sancta, Die Heiligen und Seligen Salzburgs, Wien 1913, S. 46-54.

P.F.K.

Ertl, Leo, * Wien 28. 9. 1910, † Salzburg 30. 1. 1987, Musiker, Komponist, Musiklehrer. Musikstudium in Wien und Salzburg, seit 1956 in Salzburg. Landeskapellmeister des Salzburger Blasmusikverbandes (1954-84), ehrenamtlicher Bundeskapellmeister (1959-77), Direktor der Salzburger Volks-Musikschulen (→Musikschulwerk) und Musikreferent im Bundesministerium für Landesverteidigung, Militärkapellmeister. Begründete die traditionellen Bläser- und Kapellmeisterkurse in Oberalm, schuf weitere Ausbildungsmöglichkeiten für Kapellmeister und Jungbläser. Komposition und Gestaltung des Salzburger →Fackeltanzes. Trug entscheidend zum großen Aufschwung und Ansehen der Salzburger →Blasmusik bei.

Lit.: H. Dengg: Dank an Prof. L. E. In: SH 8, 1984, H. 2, S. 117 ff.

R.A.

Erwachsenenbildung →Auditorium Academicum, →Bildungshaus St. Virgil, Berufsförderungsinstitut der Kammer für Arbeiter und Angestellte (BFI), →Hochschulwochen, Institut für →Erwachsenenbildung, →Bildungswerk, Katholisches, →Bildungswerk, Salzburger, →Volkshochschule, Volkswirtschaftliche Gesellschaft Salzburg, →Wirtschaftsförderungsinstitut (WIFI) der Wirtschaftskammer Salzburg

Erwachsenenbildung, Institut für. Das 1960 gegründete Inst. hat die Aufgabe, wissenschaftliche Publikationen und Untersuchungen zur Erwachsenenbildung zu fördern. Es ist eine Servicestelle für Erwachsenenbildung mit Bildungsberatung, einer Fachbibl. von etwa 5000 Bänden sowie Seminaren und Tagungen.

R.R.H.

Esinger, Adele, * Salzburg 3. 12. 1844, † Salzburg 6. 1. 1923, Malerin. Schwester der Pianistin und letzten Liszt-Schülerin Hermine E. (1852-1939), Schülerin von F. →Zeller und B. →Weinmann in Salzburg, A. Waagen in Berchtesgaden, W. Schirmer und H. Gude in Stuttgart und Karlsruhe. Als sich A. →Hansch in Salzburg niederließ, wurde sie seine Schülerin und Anhängerin während seiner Differenzen mit dem →Kunstverein. Sie wirkte auch als Schauspielerin im Münchener Akad. Verein sowie als

Schauspiellehrerin und war mit der Frauenkämpferin I. →Troll-Borostyáni befreundet. Ihre intimen Landschaften behaupten sich durchaus im Rahmen der zeitgenössischen Freilicht- und Frauenmalerei, im Alter malte sie hauptsächlich Rosenstilleben.

Lit.: 150 Jahre Salzburger Kunstverein – Kunst und Öffentlichkeit. Salzburg 1994. – B. Wally. – SV, 18. 1. und 14. 2. 1923. – Thieme-Becker.

N.Sch.

Essinger, Hans, * Mödling 3. 12. 1900, † Wien 24. 5. 1977, Mittelschullehrer, Maler, Schüler der Symbolisten Jettmar und Sterrer. 1940 Verfahren wegen »entarteter Kunst«. Vielfache Auszeichnungen. E. verbrachte Sommer- und Winterferien der 1920er und 1930er Jahre auf dem Eibinghof in Saalbach, auf den er 1945 als entlassener, verwundeter Kriegsgefangener als Knecht zurückkam. Über 100 seiner zwischen Symbolismus und abbildendem Realismus wechselnden Aquarell- und Temperabilder stellen Höfe und Wirtschaftsgebäude des Glemmtales dar und waren für E. Wesensschau einer exemplarischen Landschaft, persönliche Brechungen der Realität. Für die Haus- und Gerätekunde Salzburgs sind die Bilder von großem dokumentarischen Wert.

Lit.: Erinnerungen an den Eibinghof. Ein Saalbacher Bauernhaus in Bildern von Hans Essinger. Mit Beiträgen von G. Wolfram, K. Conrad, E. Heller, hg. v. U. Kammerhofer-Aggermann (=SBzVK Sonderband 1), Salzburg 1989.

U.K.

Ethofer, Theodor Josef, * Wien 29. 12. 1849, † Baden bei Wien 24. 8. 1915, Maler. Ab 1865 Akad.-Studium in Wien (K. Wurzinger), 1872/73 als Schüler und Begleiter Pettenkofens in Venedig, Neapel und Sizilien unterwegs, 1873-83 in Rom, wo ihn v. a. Fortuny und Favretto beeinflußten. E. fand seine pittoresken Alltagsmotive vornehmlich in der Gegend von Subiaco, Olevano und Frascati, ihr genrehafter Zuschnitt wird durch differenzierte Licht- und Farbbehandlung veredelt. Nachdem er vergeblich in München Fuß zu fassen versucht hatte, ließ er sich 1898 in Salzburg nieder. In seinem Atelier im Künstlerhaus unterwies er zahlreiche Schüler (u. a. Sylvia Pachta, Adele Ortenau, H. v. →Pausinger, Hans Fink, Lino Vesco, Ferd. Mühlbacher, R. v. →Wittek). E., der sich gern mit dem Odium des aristokratischen

Theodor Josef Ethofer, um 1905 (SMCA)

Weltmannes umgab, wurde zum Chronisten des Salzburger Gesellschaftslebens in den Kaffeehäusern und Biergärten. Sein nerviger Salon-Impressionismus nahm immer mehr skizzenhaft-lockeren Duktus an und verschmähte auch nicht die modisch-dekorative Note der Jahrhundertwende. Das gilt vor allem für seine koloristisch brillanten Porträts und die vielfach reproduzierten Trachtenfiguren der Salzburger Gaue. E. beschickte viele internationale Kunstausstellungen und war häufig auf Reisen (Südtirol, Paris, Spanien, Korfu, Ägypten), seine letzte Studienreise führte ihn 1914 nach Griechenland und Istanbul. (Farbabb. S. 357)

Lit.: Ausstellungskat. T. E. SMCA 1999. – M. Fitzthum: T. J. E. Diss. Salzburg 1988. – Thieme-Becker.

N.Sch.

Etrich, Ignaz (genannt Igo E.), * Oberaltstadt bei Trautenau 25. 12. 1879, † Salzburg 4. 2. 1967, Flugzeugkonstrukteur. Entwickelte zusammen mit F. Wels aus dem Gleitflugzeug O. Lilienthals ein Motorflugzeug, das äußerlich einer Taube im Gleitflug ähnelt (E.- Taube); es wurde ab 1910 von E. Rumpler unter der Bezeichnung Etrich-Rumpler-Taube gebaut.

Lit.: Im Flug über Salzburg. Igo Etrich und der Beginn des Flugwesens in Salzburg, Schriftenreihe des Landespressebüros, Salzburg 1993.

Eugippius →Geschichtsschreibung, →Severin

Europa, Europe →Hotel Europa

Evangelische Kirche. Erstmals nach der Emigration von 1731/32 setzten die Salzburger Protestanten 1835 eine regelmäßige Seelsorge durch, die dem Pfarrer Overbeck von Attersee anvertraut wurde. 1843 fand in Salzburg die erste evangelische Trauung statt, 1844 die erste Taufe. Mit dem Protestantenpatent Kaiser Franz Josephs wurde 1861 die Gleichberechtigung für die Evangelischen in der gesamten Monarchie eingeführt. Der erste Pfarrer von Salzburg, Heinrich Aumüller, betreute einen Pfarrsprengel, der von Braunau bis zum Arlberg reichte. Die evangelische Pfarrgemeinde Salzburg wurde am 29. März 1863 selbständig, im gleichen Jahr wurde der Grundstein für die neue Kirche in der Schwarzstraße an der Salzach gelegt, die 1867 eingeweiht wurde (→Christuskirche); 1869 wurde die evangelische Schule eröffnet. Bis zum 2. Weltkrieg erreichte die Salzburger evangelische Gemeinde rund 6000 Mitglieder, die Zahl wurde durch die zahlreichen Heimatvertriebenen aus dem Osten und Südosten mehr als verdoppelt, heute hat sie mit über 20 000 den Stand vor der Emigration des 18. Jh. wieder erreicht. 1966 erhielt die evangelische Diözese Salzburg-Tirol einen eigenen Superintendenten (Emil Sturm, seit 1995 Luise Müller), im Bundesland Salzburg existieren vier selbständige Gemeinden (Salzburg, Hallein, Zell am See und Gastein).

Lit.: Reformation–Emigration. Protestanten in Salzburg, Ausstellungskat. Goldegg, Salzburg 1981.

R.R.H.

Fabriksbauten →Industrie- und Fabriksbauten

Fachschule Hallein. Im Zuge der kunstgewerblichen Reformbewegung R. v. Eitelbergers, die Spezialschulen für die einzelnen Berufszweige in den Kronländern vorsah, als erste Lehranstalt ihrer Art in Österreich 1871 eröffnet. Zunächst bescheidene Holzschnitzereischule (Vorläufer seit 1844), 1876 durch Abteilungen für Bau- und Möbeltischlerei (mit Meisterklassen), 1896 für Drechslerei, Zimmerei und Steinmetzerei zu einem handwerklichen Bildungszentrum erweitert. Neubau 1908; in das alte Gebäude zog die konkurrierende »Halleiner Werkstätte für kirchliche Kunst und Kunstgewerbe« J. →Adlharts d. Ä. ein. Nach dem 2. Weltkrieg als Bundesfachschule für Holz-, Metall- und Steinbearbeitung weitergeführt.

Lit.: FS. 1951 und 1971. – Halleiner Heimatbuch 1954, S. 111 ff.

Fackeltanz. Seit 1952 wird als Auftakt zu den Salzburger →Festspielen am Vorabend der offiziellen Eröffnung der großangelegte »Salzburger Fackeltanz« rund um den Residenzbrunnen aufgeführt. Feierlich-zeremonieller Begrüßungstanz mit bes. Reverenzerweisung dem österr. Staatsoberhaupt gegenüber. Es tanzen rund 80 Paare in Salzburger →Tracht, großzügige Choreographie in Verbindung mit einer Begleitmusik, in der Mozartweisen reich vertreten sind (Zusammenstellung und Orchestrierung von L. →Ertl). Der Fackeltanz wurde den weltlichen und religiösen, figurenreichen Aufzügen und Geleiten mit Fackelträgern und Fackelreigen am eb. Hof und an der →Univ., die sich in den gesamteuropäischen Kulturrahmen einfügen, nachempfunden. Hauptträger des F. ist die Brauchtumsgruppe »Jung Alpenland«.

Lit.: I. Peter: Der Salzburger F. Zur Geschichte eines Tanzes, Schriftenreihe der SH, Bd. 1, 1979.

R.A.

Faistauer, Anton, * St. Martin/Lofer 14. 2. 1887, † Wien 13. 2. 1930, Maler. Von der Anerkennung, die ihn wie kaum einen zweiten österr. Maler seiner Zeit begleitete, und vom festlichen Wohllaut seiner Kunst, der ihn zum »Maler des schönen Daseins« stempelte, sollte man nicht auf ein unproblematisches Selbstverständnis des Künstlers und Menschen F. schließen. Der Verfechter einer schöpferi-

Fackeltanz (Referat Salzburger Volkskultur)

schen »Mitte« war sich seiner ausgleichenden Sendung mit heroischer Gewissenhaftigkeit bewußt. Sein persönlicher Zwiespalt zwischen bäuerlicher Herkunft und weltmännischen Ambitionen nährte in ihm einen Kulturpessimismus, der ihn den Anschluß an die großen Koloristen der Vergangenheit suchen ließ. Schon als Wortführer der aufbrechenden österr. Moderne war F. der gemäßigtste unter Kollegen wie Schiele, Kolig und Wiegele, mit denen zusammen er 1909 aus Protest gegen den antiquierten Lehrbetrieb die Wiener Akad. verließ und die »Neukunstgruppe« organisierte. Vom Farbensensualismus Manets und Cézannes angetan, überwand er den ornamentalen Linearismus der Secession rasch. Unter dem Eindruck von Tizian und El Greco fand er gegen 1912 zu einer in dunklen, schweren Farben schwelgenden Malweise, deren »expressionistische« Spannungen ab 1916 in einen harmonischen Ausgleich von rein leuchtenden Valeurs, fülligem Farbauftrag und sanften Konturen mündeten. Die sinnliche Kraft der Farbe hob seine Städtebilder, Stilleben und Darstellungen des Weiblichen in eine abgeklärte, gesättigte Daseinsform. Nach

Anton Faistauer (SMCA)

dem Krieg war F. – er lebte inzwischen wieder in seinem Heimatort Maishofen und arbeitete an dem »Großen Salzburger Votivaltar« (→Rupertinum) – erneut kunstpolitisch und organisatorisch aktiv, so etwa für den →»Wassermann« und den →»Sonderbund«. 1919 gab er mit seinem Vortrag »Ist Salzburg eine Kunststadt?« weitblickende Anregungen, 1920 übersiedelte er in die Stadt. In seinem 1923 erschienenen Buch »Neue Malerei in Österreich« bezog er Position gegen Intellektualismus und Traditionsverlust, denen er den humanen Kolorismus eines Kolig, Wiegele und →Kokoschka entgegenhielt. Seinen Wunsch, die Malerei wieder an monumentale Aufgaben zu binden, konnte er sich 1922 mit der Ausmalung der Pfarrkirche Morzg erfüllen. Seine Freskierung des Festspielhausfoyers (1926) mit einem weitgespannten allegorischen Programm, die bewußt an die ital. Tre- und Quattrocentisten anschließt, machte F. zum weltberühmten Mann. 1927 zog er nach Wien. Spätestens jetzt begann der Wille zur zeichnerischen Durchklärung und tektonischen Festigung, verbunden mit einem idealisierenden Menschenbild, die Vormacht der Farbe zu brechen. Ihre aufgehellte Sprödigkeit verbindet sich mit der gehärteten Form oft nur mehr zu vordergründiger Opulenz, so in dem neobarocken Deckenfresko von Weidlingau (heute in der Hochschule →Mozarteum). Weniger mit den manchmal ins Modische verflachenden Porträts als mit den letzten italienischen Städtebildern erreichte F. nochmals einen malerischen Höhepunkt. (Farbabb. S. 358)

Lit.: 150 Jahre Salzburger Kunstverein – Kunst und Öffentlichkeit. Salzburg 1994. – Ausstellungskat. A. F. SMCA 1987. – C. O. Ennen in: Kindlers Malereilexikon. Taschenbuchausgabe München 1982. – F. Fuhrmann: A. F. Salzburg 1972. – A. Roessler, Der Maler A. F. Wien 1947.
N.Sch.

Faistenberger. In Kitzbühel ansässige Künstlerfamilie des 16.-18. Jh., die in einigen ihrer Mitglieder für den süddeutschen Raum Bedeutung erlangte. Für Salzburg war die Tätigkeit der Brüder Benedikt I. (Bildhauer, * Kitzbühel 1621, † Kitzbühel 1693) und Wilhelm (Maler, * Kitzbühel 1623, † Salzburg um 1690) von Belang. Fast alle Kirchen im Pinzgau wurden von diesem Gespann während der Barockisierungswelle im Zeitraum zwischen 1660 und 1686 neu ausgestattet (u. a. Alm, Lenzing, Zell am See, Walchen, St. Martin, Mittersill, Heuberg, Gerling, Schwarzenbach). Während Benedikts Sohn Andreas II. (* Kitzbühel 1647, † München 1736) mit seinen sakralen Bildwerken in Bayern bedeutsame Spuren hinterließ, wurde Wilhelms Sohn Anton (* Salzburg 8. 11. 1663, † Wien 20. 9. 1708) einer der beliebtesten Landschaftsmaler seiner Zeit. Seine in Venedig und Rom geprägte eklektizistisch-idealisierende Auffassung zeigt neben dem antikisierenden Charakter der architektonischen und figuralen Staffage – letztere meist von fremder Hand – auch Ansätze zu unmittelbarer Naturschilderung. Im Spätwerk tritt die Suggestion momentaner Ereignishaftigkeit in den Vordergrund. Einen weniger bedeutenden Nachfolger fand er in seinem Sohn Josef (* Salzburg um 1675, † Salzburg 30. 8. 1724).

Lit.: G. Brucher (Hg.): Die Kunst des Barock in Österreich. Salzburg 1994, S. 359 f. – E. Baum: Kat. des österr. Barockmuseums im Unteren Belvedere. Band 1, Wien 1980. – I. Strnad(-Friesen): Anton und Josef F. Diss. Innsbruck 1964 (Auszug in: Mitteilungen des Vereins für vergleichende Kunstforschung, 20. Jg., Wien 1967/8, S. 38 ff.) – Thieme-Becker. – Pretzell.
N.Sch.

Faltner, Leopold, * Salzburg 7. 7. 1889, † Salzburg 2. 3. 1983, Pädagoge. Nach seiner Ausbildung an der Lehrerbildungsanstalt in Salzburg ab 1909

Lehrer in Gnigl und Oberndorf, dann Bürgerschullehrer in Maxglan und Salzburg. 1914 wurde F. an die Lehrerbildungsanstalt berufen, der er bis 1954 angehörte. Er publizierte zahlreiche Schulbücher und Abhandlungen über pädagogische und methodische Fragen.

Lit.: J. Aigner: Aus dem Leben und Wirken L. F. In: Schule heute. Zeitschrift des christlichen Landeslehrervereines für Salzburg, März 1981. – L. F.: Siebzig Jahre erlebte Methodik und Pädagogik. Lebenserinnerungen, Salzburg 1967.

Th.W.

Faltstuhl, nach seinem Standort auch als »Nonnberger Faldistorium« bezeichnet; Klappstuhl, dessen Ledersitz an einem Holzgestänge montiert ist und von zwei scherenförmig in einer Nabe beweglichen Standbeinen gespannt wird. Diese stammen aus dem 15. Jh., die kostbaren Aufsätze und Intarsien aus Walroßbein jedoch von einem älteren Stuhl des 12. Jh.s. Liturgisches Möbel für die Äbtissin des Benediktinerinnenklosters →Nonnberg.

Lit.: H. Fillitz, M. Pippal: Schatzkunst. Salzburg 1987, S. 284 ff. – W. Mersmann: Der F. vom Nonnberg in Salzburg. Salzburg 1985.

Ch.S.

Fatschenkindl, Christkindl-Figur in der Tradition der italienischen Bambini Gesù und des spätmittelalterlichen Kindelwiegens in den Frauenklöstern. Salzburger Ausprägung in Form eines barocken Wickelkindes mit konischem Körper (Holz, Wachs, Gips, Stroh), der mit Fa(t)schen aus Brokat oder Spitzen umwickelt ist. Der Kopf ist meist aus →Wachs bossiert, teils hat er eingesetzte Glasaugen und Echthaarperücke. Vorläufer ist vermutlich das um 1600 entstandene Münchner Augustinerkindl, das weite Verbreitung fand. Auch der »Himmlische Bräutigam«, ein sitzendes, kostbar bekleidetes Jesulein, das 1704 mit der Novizin Anna Ernestine von Thun (Nichte des Eb.) auf den Nonnberg kam, wirkte wohl als Vorbild. Die bis heute kunstgewerblich nachgebildete Ausprägung stammt aus dem 18. Jh., das F. liegt auf einem Polster in einer Kastenvitrine. Beispiele in Klosterarbeit aus dem 19. Jh. erhalten. F. wurden in Salzburg in Wohnräumen und im Kirchenraum in der Weihnachtszeit anstelle einer →Krippe aufgestellt.

Lit.: N. Gockerell: Il Bambino Gesù. Italienische Jesuskindfiguren aus drei Jahrhunderten, Bayerisches Nationalmuseum München 1997, S. 32f, 42ff, 80-87.

U.K.

Faust, Johann, Doktor, Schwarzkünstler, Alchimist, literarische Figur. In Wirklichkeit wahrscheinlich: Georg Faust, * Knittlingen (Württemberg) oder Helmstadt im Kraichgau um 1480, † viell. Staufen im Breisgau 1536 oder 1539. In der berühmten »Historia von D. Johann Fausten«, die der Frankfurter Buchdrucker Johann Spies 1587 veröffentlichte, heißt das 45. Kapitel »Wie D. Faustus mit seiner Bursch in deß Bischoffen von Saltzburg Keller gefahren«. F. wird dort mit seiner Zechrunde von des Bischofs Kellermeister überrascht. Als er wieder wegfliegt, setzt er den Kellermeister auf den Wipfel einer hohen Tanne. Der Weinkeller des Salzburger Eb. galt als auserlesen und war überregional bekannt. F.s Weinreise nach Salzburg wurde mehrmals zum Thema literarischer Werke und bildlicher Darstellungen. U. a. verarbeitete Ludwig Bechstein diese Episode in einem Romanzenzyklus (1833). Am 14. 7. 1982 wurde im Peterskeller in Salzburg ein Symposion zu diesem Thema als »Faust-Tag« gefeiert.

Lit.: E. M. Brockhoff, U. Müller (Hg.): Dr. Johann Fausts Luftfahrt in den Bischofskeller zu Salzburg. Salzburg 1985.

A.Has.

Fayence →Keramik, →Moser, →Obermillner, →Pisotti, →Weißgeschirr

Felsbilder. Im Bereich der Salzburger Kalkalpen, vor allem im Tennen- und Hagengebirge sowie im Raum Lofer, sind zahlreiche Felsritzungen aufgefunden worden. Es handelt sich z. T. um einfache Bilder von Tieren und Menschen, in der Mehrzahl jedoch um abstrakte Zeichen und Symbole, deren Bedeutung zumeist unklar ist. Nur einige wenige Felsritzungen lassen sich in prähistorische Zeit datieren, so z. B. ein menschlicher Kopf mit Hirschgeweih, zweifellos eine Darstellung des keltischen Hirschgotts Cernunus (gefunden in der Umgebung von Lofer). Die Mehrzahl der Ritzzeichnungen an Felswänden und Halbhöhlen stammt aus dem MA. und aus der Neuzeit. Einige Bilder lassen sich mit den Franzosenkriegen des Jahres 1809 in Verbindung bringen, so z. B. das Bild eines frz. Soldaten, das am Ofenauerberg bei Golling entdeckt wurde.

Lit.: E. Burgstaller: Felsbilder in Österreich. Linz 1972.

F.M.

Fest in Hellbrunn. Im Sommer 1970 verwirklichte die »Gesellschaft Hellbrunn« (Gründer: Martha Weiser, C. →Holzmeister, B. →Paumgartner, F. →Welz) die Idee von B. Paumgartner, erstmals nach barockem höfischem Vorbild ein Fest in Schloß und Park →Hellbrunn mit nahezu 40 Veranstaltungen – Oper, Ballett, Pantomime, Theater, Kabarett, Rezitation, Ensemble- und Solomusik, Reitvorführung und abschließendem Feuerwerk – abzuhalten. Seither jährliche »Neuinszenierung« mit variablem Programm unter der künstlerischen Leitung von B. Paumgartner, H. →Graf, O. F. →Schuh, Paul Angerer, E. →Märzendorfer, Gerhard Tötschinger und Peter Busse. Seit 1997 wird das F. von der Konzertagentur Steinschaden und Hiller, wieder nach dem Gründungskonzept, ausgerichtet. In den 90er Jahren nachlassendes Publikumsinteresse, Neubeginn 1998 durch die »Salzburger Konzertgesellschaft«.

Lit.: G. Tötschinger: Hellbrunn. Ein Fest. München 1987.

G.W.

Festspiele. Die Musikfeste des 19. und beginnenden 20. Jh.s bildeten die Basis für den sich langsam konkretisierenden F.-Gedanken. Signalwirkung hatte das erste Mozart-Musikfest anläßlich der Enthüllung von Ludwig Schwanthalers Mozart-Denkmal im September 1842, ebenso die festlich begangene Feier von →Mozarts 100. Geburtstag im Jänner und September 1856. Die während der 2. H. des 19. Jh.s in lockerer Folge veranstalteten Musikfeste (1877, 1879, 1891) nahmen zusehends festspielmäßige Züge an – dies vor allem unter dem Eindruck des sich in Bayreuth realisierenden F.-Gedankens R. →Wagners. Neben dem immer reichhaltigeren Konzertprogramm gab es nun auch vereinzelt Aufführungen von Mozart-Opern, zumeist als Gastspiele der Wiener Hofoper. Regelrechte F. von zweiwöchiger Dauer fanden 1906 zu Mozarts 150. Geburtstag statt. Ein Wiener Hofopern-Gastspiel mit »Figaro« unter G. →Mahler sowie L. →Lehmanns »Don-Giovanni«-Produktion, daneben Konzerte, u. a. mit den →Wiener Philharmonikern unter R. →Strauss, deuteten bereits programmatisch auf künftige Schwerpunktsetzungen der F. hin. Der Ausbruch des 1. Weltkriegs unterbrach nur vorübergehend die in Gang gekommene Entwicklung. Promotoren der F.-Idee waren während dieser Zeit vor allem der Salzburger F. →Gehmacher und der Wiener Musikschriftsteller Heinrich Damisch, der auch ein erstes Festspielprogramm formulierte.

„Jedermann"-Montage, ca. 1930 (ASF)

1917 wurde die Salzburger Festspielhaus-Gemeinde gegründet, zunächst in Wien, dann auch in Salzburg. M. →Reinhardt, unterstützt von H. v. →Hofmannsthal, entwarf ein Exposé für die Salzburger F. Kaiser Karl I. gab, kurz vor Ende der Monarchie, seine Zustimmung, »österreichische, den Hoftheatern verbundene F. in Salzburg unter Reinhardts Leitung einzurichten«. Die Salzburger Festspielhaus-Gemeinde berief im August 1918 einen Kunstrat, dem zuerst M. Reinhardt, R. Strauss, Franz Schalk, bald auch H. v. Hofmannsthal und A. →Roller angehörten. Hofmannsthal veröffentlichte 1919 seinen »Aufruf zum Salzburger Festspielplan« und stellte in einem »Programm« Oper und Schauspiel ins Zentrum der Festspielidee.

De facto begonnen haben die Salzburger F. mit der denkwürdigen Aufführung von H. v. Hofmannsthals »Jedermann« am 22. 8. 1920, die M. Reinhardt genial vor dem Dom inszenierte.

Nachkriegsnot, Inflation und Provinzialismus gefährdeten in den ersten Jahren die Entwicklung der F. Nennenswerte Erfolge waren

Szene aus „Fidelio", 1958 (ASF)

damals vorwiegend Schauspiel-Inszenierungen M. Reinhardts: 1922 die Uraufführung von H. v. Hofmannsthals »Salzburger Großem Welttheater« in der Kollegienkirche (Karl Kraus pointiert darüber: »Ehre sei Gott in der Höhe der Preise«), 1923 Molières »Der eingebildete Kranke«, zuerst im Schloß →Leopoldskron, dann im Stadttheater. 1925 wurde das von Eduard Hütter provisorisch adaptierte →Festspielhaus zum Schauplatz von H. v. Hofmannsthals »Salzburger Welttheater«, Karl Vollmoellers »Das Mirakel« und M. →Mells »Das Apostelspiel«. Durch die dominierende Persönlichkeit M. Reinhardts und aufgrund ökonomischer Gegebenheiten lag der Schwerpunkt der Programmgestaltung zu Beginn der F. auf dem Schauspiel, verschob sich aber im Verlauf der Geschichte immer mehr auf die Oper. 1926 wurde das Festspielhaus von C. →Holzmeister umgebaut, der den Stadtsaal mit einbezog; A. →Faistauer malte seine Fresken im Foyer. LH. F. →Rehrl half den F. in den nächsten Jahren finanziell; 1928 setzte er »ein Landesgesetz über einen Fonds zur Förderung des Fremdenverkehrs« durch, der zur Finanzierung der F. beitrug (s. dann 1936: Landesgesetz zum Schutze der Salzburger F., LGBl. Nr. 51/1936). Als sich die F. allmählich zu erholen begannen, kamen die Auswirkungen der Weltwirtschaftskrise 1929 und die politischen Einflüsse (1933 die sogenannte 1000-Mark-Sperre; 1934 der Mord an Bundeskanzler Engelbert Dollfuß und der zunehmende Einfluß Hitler-Deutschlands). So kam 1934 R. Strauss erst nach Widerständen an seinem 70. Geburtstag zu seiner »Elektra« nach Salzburg.

A. →Toscanini dirigierte 1936 R. Wagners »Die Meistersinger von Nürnberg«, die er nicht mehr in Bayreuth dirigieren wollte. Reinhardts berühmte »Faust«-Inszenierung wurde von 1933 bis 1937 in der Felsenreitschule gespielt. Der neuerliche Festspielhaus-Umbau durch C. Holzmeister war bis Sommer 1937 fertig. Ab 1938 herrschten andere Gesetze und kamen andere Künstler. Schließlich kam es 1944 nur noch zu einer Generalprobe für die geplante Uraufführung von Strauss' »Danae«.

Der Wiederbeginn der F. nach dem 2. Weltkrieg fand mit H. v. Hofmannsthals »Der Tor

Szene aus „Ariadne auf Naxos", 1964 (ASF)

und der Tod« (14. 8. 1945 im Mozarteum) statt. Die gesamte Geschichte der F. bis 1990 kann im »Verzeichnis der Werke und der Künstler des Theaters und der Musik bei den Salzburger Festspielen 1920-1990« von Hans Jaklitsch nachgelesen werden; dort ist das Geschehen lückenlos dokumentiert und durch Register erschlossen. Hier können nur einzelne Höhepunkte der Theatergeschichte und der Musikgeschichte bei den F. hervorgehoben werden.

Folgende Leitlinien haben sich im Verlauf der F.-Geschichte als bestimmend erwiesen: Priorität kommt dem Opernschaffen Mozarts zu, unmittelbar gefolgt von R. Strauss' musikdramatischem Werk, sodann soll den großen Opern der Weltliteratur, vor allem Beethovens »Fidelio«, den Opern Glucks und →Webers ein entsprechender Rahmen geboten werden; als wichtigstes Novum der Nachkriegs-F. werden Uraufführungen zeitgenössischer Opern in das operndramaturgische Konzept aufgenommen.

Erste Opernaufführungen fanden im Rahmen der dritten F. statt. Bei diesen 1922 aufgeführten vier Mozart-Opern – »Don Giovanni«, »Così fan tutte«, »Die Hochzeit des Figaro« und »Die Entführung aus dem Serail« – unter den Dirigenten F. Schalk und R. Strauss handelte es sich, wie zumeist in den ersten F.-Sommern, um Gastspiele der Wiener Staatsoper. Mozarts »italienische« Opern gelangten dabei zunächst in dt. Übersetzung zur Aufführung, bis B. →Walter ab 1934 dazu überging, die Werke in der ital. Originalfassung zu spielen und z. T. mit führenden ital. Sängern zu besetzen. Unter den drei Da-Ponte-Opern nimmt »Figaro« eine Spitzenstellung ein: Das Werk stand bislang während mehr als 40 F.-Sommern – unter Dirigenten wie →Krauss, →Böhm, →Furtwängler, Knappertsbusch, →Karajan und in Inszenierungen von Wallerstein, Felsenstein, →Schuh, Sellner, Rennert und Ponnelle – auf dem Programm. Ähnliches gilt für »Così fan tutte«; ansonsten eher unterschätzt und lange im Schatten der anderen großen Mozart-Opern stehend, rangiert dieses Werk in Salzburg – was die Aufführungszahlen betrifft – noch vor »Don Giovanni«. Besonders hervorzuheben sind die legendäre Schuh-Neher-Inszenierung von »Così« unter K. Böhm im Hof der Residenz und jene von Günther Rennert bzw. Michael Hampe, die dem Werk jahrelang einen festen Platz im F.-Programm sicherten. »Don Giovanni«, in Salzburg durch bedeutende Sängerpersönlichkeiten wie Ezio Pinza, Mariano Stabile, Paul Schöffler, Hans Hotter, Tito Gobbi, Cesare Siepi, Nicolai Ghiaurov interpretiert, hatte unter den Dirigenten B. Walter, Hans Knappertsbusch, W. Furtwängler, Dimitri Mitropoulos, H. v. Karajan festspielmäßige musikalische und in Inszenierungen Lothar Wallersteins und Karl Heinz Martins in den Bühnenbildern Oskar Strnads sowie in H. →Grafs Inszenierung in der Felsenreitschule mit C. Holzmeisters »Don-Giovanni-Stadt« (1953) stilbildende Wirkung. Ähnliches gilt für »Die Entführung aus dem Serail«, deren vielbeachtete Inszenierung durch G. →Strehler (1965) bis heute als mustergültig anerkannt wird. Spät fand »Die Zauberflöte« ihren Platz im F.-Programm. Nach der umstrittenen Inszenierung L. Wallersteins (1928) wurde erst mit der Inszenierung Hans Wildermanns (1937) und unter der musikalischen Leitung A. Toscaninis der Bann gebrochen. Vielbeachtete Inszenierungen der Nachkriegs-F. – etwa H. Grafs szenische Realisierung in der Felsenreitschule 1955 in der Ausstattung O. →Kokoschkas und Jean-Pierre Ponnelles Inszenierung von 1978 – sichern dem Werk eine zentrale Position im Repertoire.

Spät ins Programm aufgenommen und dann verhältnismäßig selten gespielt wurden »Idomeneo« (erstmals 1951; Dirigent Georg Solti, Inszenierung Josef Gielen, Ausstattung C. →Neher) und vor allem »Titus« (erstmals 1949). Während der Präsidentschaft von B. →Paumgartner (1960 bis 1971) kam es zur Einbeziehung von Mozarts Jugendopern in

Szene aus „Der Ignorant und der Wahnsinnige", 1972 (ASF)

das Programm: »La finta semplice« (1960), »Die Gärtnerin aus Liebe« (1963), »Lucio Silla« (1964), »Ascanio in Alba« (1967), »Zaide« (1968), »Bastien und Bastienne« (1969) und »Mitridate« (1971).

Als erste Oper R. Strauss' gelangte 1926 »Ariadne auf Naxos« bei den F. zur Aufführung (Dirigenten: R. Strauss und C. Krauss). Erst in der Nachkriegsära der F. wurde dieses Werk in Inszenierungen J. Gielens, G. Rennerts und Dieter Dorns, jeweils unter dem Dirigenten K. Böhm, zu einer speziellen F.-Attraktion. »Der Rosenkavalier«, der sich in Salzburg besonderer Beliebtheit erfreut, stand 1929 (C. Krauss/L. Wallerstein/A. Roller) auf dem Programm. 1960 wurde mit dieser Oper das neue »Große Festspielhaus« eröffnet. Dirigent dieser Gala-Aufführung war H. v. Karajan (Inszenierung Rudolf Hartmann, Ausstattung Teo Otto/Erni Kniepert). Die 1944 für die Salzburger F. geplante Uraufführung der Strauss-Oper »Die Liebe der Danae« mußte kriegsbedingt abgesagt werden und wurde erst nach dem Tod des Komponisten 1952 unter C. Krauss realisiert. Mit wenigen Ausnahmen sind die meisten Strauss-Opern mehr oder weniger oft auf dem Spielplan zu finden: »Die Frau ohne Schatten« (ab 1932), »Die ägyptische Helena« (1933/34), »Elektra« (ab 1934), »Arabella« (ab 1942), »Capriccio« (1950, 1985/86/87), »Die schweigsame Frau« (1959), »Salome« (1977/78).

Von den großen Standardopern der Weltliteratur hat vor allem Beethovens »Fidelio« einen festen Platz im F.-Repertoire und erreichte unter Dirigenten wie F. Schalk, R. Strauss, C. Krauss, A. Toscanini, H. Knappertsbusch, W. Furtwängler, H. v. Karajan und K. Böhm neben den Opern Mozarts und Strauss' »Rosenkavalier« die höchsten Aufführungszahlen. Glucks Opern »Orpheus und Eurydike« und »Iphigenie in Aulis« waren vor allem während der ersten Phase der F. häufiger auf dem Programm zu finden. O. F. Schuhs Inszenierung von »Orpheus und Eurydike« 1948, unter der Stabführung H. v. Karajans, war die erste Opernaufführung in der Felsenreitschule. Auch C. M. v. Webers »Freischütz«, »Euryanthe« und »Oberon« fanden sich hauptsächlich in der Zwischenkriegszeit auf dem Programm, während Giuseppe Verdis Opern vor allem in den F. der Nachkriegszeit zunehmend aufgeführt wurden. Mit Ausnahme der legendären »Falstaff«-Aufführungen der 30er Jahre unter A. Toscanini und mit M. Stabile in der Titelpartie stammen alle weiteren Verdi-Inszenierungen aus der Nachkriegszeit: »Otello« (1951 Furtwängler/Graf/Hlawa, 1970 Karajan/Schneider-Siemssen), »Don Carlos« (1958 Karajan/Gründgens/Neher, ab 1975 Karajan/Schneider-Siemssen), außerdem wiederum »Falstaff« (ab 1957), »Simone Boccanegra« (1961), »Troubadour« (1962), »Macbeth« (1964) und »Aida« (1979), meist unter der musikalischen und szenischen Leitung H. v. Karajans und in der Ausstattung G. →Schneider-Siemssens. In den 30er Jahren

Szene aus „Die Zauberflöte", 1978 (ASF)

erlebten auch Wagners »Tristan« unter B. Walter (1933-36) und »Die Meistersinger von Nürnberg« unter A. Toscanini (1936/37; 1938 Furtwängler) glanzvolle Aufführungen. – Im übrigen finden sich Publikumslieblinge wie Rossinis »Barbier von Sevilla«, Donizettis »Don Pasquale«, Bizets »Carmen« und Offenbachs »Hoffmanns Erzählungen« ebenso wie ausgesprochene Opernraritäten – etwa H. →Wolfs »Corregidor« und Mussorgskijs »Boris Godunow« – im Repertoire. Opernhistorische Kostbarkeiten wie Emilio de'Cavalieris »Rappresentatione di Anima e di Corpo« (1968-73), Händels »Jephtha« und »Saul«, Joseph Haydns »Die Welt auf dem Mond« sowie das Opernwerk Monteverdis wurden in mehr oder weniger glücklichen Realisationen gezeigt.
Das Opernschaffen unseres Jahrhunderts ist mit Alban Bergs »Wozzeck«, H. →Pfitzners »Palestrina«, Bela Bartóks »Herzog Blaubarts Burg«, Benjamin Brittens »Raub der Lukrezia«, vor allem aber durch die in der Nachkriegszeit einsetzende Serie von Welturaufführungen repräsentiert: 1947 »Dantons Tod« von G. v. →Einem, 1948 »Der Zaubertrank« (szenische UA) von Frank Martin, 1949 »Antigonae« von C. →Orff, 1952 »Die Liebe der Danae« von R. Strauss, 1953 »Der Prozeß« von G. v. Einem, 1954 »Penelope« von R. →Liebermann, 1955 »Irische Legende« von Werner Egk, 1957 »Die Schule der Frauen« von R. Liebermann, 1958 »Vanessa« von Samuel Barber (europ. Erstaufführung), 1959 »Julietta« von Heimo Erbse, 1960 »Mysterium von der Geburt des Herrn« von F. Martin (szenische Uraufführung), 1961 »Das Bergwerk zu Falun« von Rudolf Wagner-Régeny, 1966 »Die Bassariden« von H. W. →Henze, 1973 »De temporum fine comoedia«, Orffs letztes szenisches Werk, 1981 »Baal« von Friedrich Cerha, 1984 »Un Re in ascolto« von Luciano Berio, 1986 »Die schwarze Maske« von Krzysztof Penderecki, 1987 »Fürst von Salzburg – Wolf Dietrich« von G. →Wimberger. Die F.-UA der 80er Jahre entstanden zumeist als Koproduktionen mit der Wiener Staatsoper. Die musikalische Leitung durch Dirigenten von Weltruf (Mitropoulos, Karajan, Böhm, Fricsay, Dorati, v. Dohnanyi, Maazel u. a.) sowie die szenische Realisierung durch Regisseure und Bühnenbildner wie Schuh/Neher, Sellner/Sanjust, Friedrich/Schneider-Siemssen, Schenk/ Langenfass sicherten diesen Werken ein Optimum an Attraktivität und

Szene aus „Die Riesen vom Berge", 1994 (ASF, Abisag Tullmann)

die entsprechende festspielmäßige Rezeption. Die UA von Dramen und Opern bei den F. bereichern das bekannte Repertoire, indem sie betont Neues in den Bereich der Tradition setzen. Neben der klassischen UA von H. v. Hofmannsthals »Salzburger Großem Welttheater« (1922) und der Serie von fünf →Bernhard-Stücken zwischen 1972 und 1986 sind Autoren mit ein bis zwei Werken vertreten: Zwei UA von F. →Hochwälder: »Donnerstag«, 1959 (Regie: O. F. Schuh, den Wondrak spielte Helmut Qualtinger) und »Lazaretti oder Der Säbeltiger«, 1975 (Regie: Michael Kehlmann, Leopold Rudolf als Lazaretti). Dieter Fortes »Cenodoxus« (1972) nach Jakob Bidermann stand in der Tradition der in Salzburg gepflegten Barocklinie, brachte aber nicht den erwarteten Erfolg. »Der Tod eines Jägers« (1977) von Rolf Hochhuth (Regie: Ernst Haeusserman) brachte schauspielerischen Erfolg für Bernhard Wicki (Jäger) und Curd Jürgens (Autor). Erfolg und intern. Aufmerksamkeit erzielte P. →Handkes dramatisches Gedicht »Über die Dörfer«, das Wim Wenders 1982 in der Felsenreitschule inszenierte, es wurde in gekürzter Fassung gleich mehrmals

nachgespielt. Neben den UA sind theatergeschichtlich die dt. Erstaufführungen zu beachten: z. T. als Beitrag der Salzburger F. zum Europa Studio: Eugene O'Neill: »Alle Reichtümer der Welt« (1965), »Fast ein Poet« (1957) und »Hughie« (1960); Leo Lehmann: »Der Ostwind« (1967); Archibald Macleish: »Spiel um Job« (1958).
Höhepunkte des Sprechtheaters bei den F., teils aber auch aufregende Zeiten nach 1945 sind mit den Namen G. Strehler, Th. Bernhard und in anderer Weise mit O. F. Schuh verbunden.
Konzerte (instrumental/vokal; geistlich/weltlich) spielten bereits bei den Musikfesten des 19. und beginnenden 20. Jh.s eine wesentliche Rolle. Sie sind auch von Anbeginn im Spielplan der F. konzeptionell verankert. Bereits im zweiten Festspielsommer (1921) standen Orchesterkonzerte, Kammerkonzerte, Serenaden und Konzerte mit geistlicher Musik auf dem Programm. Ab 1925 kamen Liederabende, ab 1926 Solistenkonzerte hinzu. Waren die Orchesterkonzerte zunächst fast ausschließlich eine Domäne der →Wiener Philharmoniker, so traten gegen Ende der 50er Jahre auch bekannte ausländische Konzertvereinigungen, wie vor allem die Berliner Philharmoniker, daneben auch das Concertgebouw-Orchester, die Staatskapelle Dresden etc. hinzu. Kammer- und Solistenkonzerte bzw. Liederabende wurden bereits in der Anfangsphase der F. zu einem beliebten Forum intern. Kammermusikvereinigungen und renommierter Instrumental- und Vokalsolisten. Die →Mozart-Serenaden, für die B. Paumgartner bereits in den 20er Jahren reizvolle Aufführungsorte (Felsenreitschule, Residenz) erprobte, sowie die von Paumgartner 1949 initiierten →Mozart-Matineen sind die eigentlichen Spezifika des F.-Konzertsommers. Das →Mozarteum-Orchester sowie die von Paumgartner gegründete →Camerata Academica sind Hauptträger dieser Veranstaltungen. Auch die Konzerte geistlicher Musik, in Salzburgs Kirchen, im Mozarteum oder in der Aula Academica aufgeführt, sind meist eine Domäne Salzburger Musikvereinigungen (Mozarteum-Orchester, Domchor) mit auswärtigen und heimischen Sängern als Solisten.
Das Konzertrepertoire ist neben der Mozartpflege der großen klassischen und romantischen Konzertliteratur verpflichtet. Daneben bieten die F. – wenn auch in vergleichsweise bescheidenem Rahmen – ein Forum für die gemäßigte Moderne, gelegentlich sogar für das Experiment. Im Verlauf der F.-Geschichte tritt die Dirigentenpersönlichkeit immer mehr ins Zentrum des Interesses, ein Faktum, das bereits mit der Gründung der F. vorprogrammiert zu sein scheint; gehörten doch so bedeutende Dirigentenpersönlichkeiten wie F. Schalk und R. Strauss dem Kunstrat der Gründungsjahre an. Zu ihnen traten noch in der ersten Phase der F. B. Walter, A. Toscanini, W. Furtwängler, C. Krauss, H. Knappertsbusch und Josef Krips. Nach dem 2. Weltkrieg wurden die F. musikalisch geprägt von Persönlichkeiten wie K. Böhm, W. Furtwängler, H. Knappertsbusch, D. Mitropoulos, Ferenc Fricsay und schließlich H. v. Karajan, dessen eigentliche Ära in Salzburg nach Eröffnung des Großen Festspielhauses (1960) begann.
Während der Präsidentschaft Albert Mosers (ab 1983) und des ihm zur Seite stehenden Direktoriums (vor allem H. v. Karajan sowie u. a. Boy Gobert, Michael Hampe, Ernst Haeusserman, Otto Schenk, Heinrich Wiesmüller, G. Wimberger) wurde nicht nur die

Szene aus „The Rake's Progress", 1996 (ASF, Ruth Walz)

Pflege des klassischen Opernrepertoires, insbes. basierend auf dem Schaffen Mozarts und Strauss', sondern auch die bereits zur Tradition gewordene Pflege zeitgenössischen Musiktheaters fortgesetzt, etwa mit den Werken L. Berios, L. Nonos, K. Pendereckis sowie der Salzburger Komponisten G. Wimberger und H. →Eder. Auf dem Schauspielsektor standen neben Klassikeraufführungen auch UA von Werken Th. Bernhards und Peter Handkes auf dem Programm. Auch internationale Ballettensembles setzten spezielle Akzente, z. B. mit John Neumeiers Matthäuspassion auf dem Domplatz sowie einem Gastspiel der Martha Graham Dance Company New York. Werke von A. Schönberg, E. Krenek und E. Canetti markierten den Spielplan des österreichischen »Bedenkjahres« 1988. Die Zusammenarbeit mit anderen Salzburger Institutionen umfaßte Koproduktionen mit den →Osterfestspielen, der Internationalen Stiftung →Mozarteum, der →Sommerakademie und dem Salzburger Landestheater.

Im Jahre 1988 legte H. v. Karajan seine Funktion im Direktorium zurück. Sein Tod am 16. 7. 1989, elf Tage vor Beginn der Festspielsaison dieses Jahres, markierte das Ende einer Ära, in der die Salzburger F. nicht nur auf kultureller Ebene, sondern auch im intern. Gesellschaftsleben zum Top-Ereignis avanciert waren. Am 20. 10. 1989 beschloß das Kuratorium der Salzburger F. eine umfassende Reform und setzte mit der Berufung von Dr. Hans Landesmann, Dr. Gérard Mortier und Dr. Heinrich Wiesmüller in das Direktorium entsprechende Akzente. Neue Weichen stellte auch ein Kuratoriumsbeschluß des Jahres 1990 mit dem Votum für eine langfristige Zusammenarbeit mit internationalen Firmen als Sponsoren.

Das überaus reichhaltige Mozartprogramm des Mozartjahres 1991 (200. Todesjahr) umfaßte u. a. insgesamt sieben Mozartopern und John Neumeiers Requiem-Choreographie in der Felsenreitschule. Ab Herbst 1991 nahm das neubestellte Direktorium seine Arbeit auf: Gérard Mortier wurde künstlerischer Leiter, Hans Landesmann fungierte als organisatorisch-kaufmännischer Leiter und Konzertreferent, Heinrich Wiesmüller wurde zum Präsidenten bestellt. Peter Stein übernahm die Leitung des Bereichs Schauspiel.

In den folgenden Jahren boten die Gedenkjahre für Claudio Monteverdi (1993) und Igor Strawinksy (1994) jeweils Anlaß zu programmatischen Schwerpunktbildungen. Zunehmend gewann neben dem traditionellen Repertoire das zeitgenössische Kunstschaffen an Bedeutung. Aufführungen zeitgenössischer Musik werden seither in Kooperation mit dem Kulturverein →»Zeitfluß« erfolgreich realisiert. Auftragswerke für Musik und bildende Kunst erfahren Förderung durch privates Sponsoring. Zu den diversen Brüchen mit der Vergangenheit zählt z. B. der Einsatz der »Camerata Academica« als Opernorchester (ab 1993), eine traditionsgemäß den Wiener Philharmonikern zukommende Aufgabe. Neue Einrichtungen, die die »Reform-Ära« im besonderen Maße kennzeichnen, sind Jugendabonnements und Einführungsveranstaltungen.

Szene aus „St. François d'Assise", 1992 (ASF, Ablsag Tüllmann)

Die Ära Mortier begann im Festspielsommer 1992 mit programmatischen Akzentsetzungen: Peter Stein startete in der Felsenreitschule seinen Shakespeare-Römerdramenzyklus mit »Julius Cäsar«, Peter Sellars inszenierte Olivier Messiaens »Saint François d'Assise« (Dirigent Esa Pekka Salonen). Luc Bondy inszenierte und Christoph von

Festspielhaus (ASF, Oskar Anrather)

Dohnány dirigierte »Salome« von Richard Strauss, Claudio Abado dirigierte Janáčeks »Aus einem Totenhaus«. Die Oper des 20. Jh.s war fortan einer der wesentlichsten Programmschwerpunkte der neuen Ära, wobei es erstaunlicherweise gelang, das Interesse des großen Publikums konstant zu steigern. So konnte etwa im Jahr 1998 mit Aufführungen von Janáčeks »Katja Kabanowa«, Weills »Aufstieg und Fall der Stadt Mahagonny« und Messiaens »Saint François d´Assise« an insgesamt 17 Abenden mit stetig wachsenden Zuschauerzahlen geradezu eine Begeisterung für die Oper des 20. Jh.s registriert werden, und man konnte es sich sogar leisten, im Jahr 1999 die F. mit einer Opernuraufführung zu eröffnen, mit Luciano Berios eigens für die Felsenreitschule komponierter azione musicale »Cronaca del Luogo«; außerdem zeigte sich die zunehmende Etablierung zeitgenössischen Musiktheaters auch in der überaus positiven Aufnahme der Uraufführung von Kaija Saariahos erster Oper »L'amour de loin« (Libretto Amin Maalout) 2000 in der Felsenreitschule.

Gedenkjahre, wie etwa das Monteverdi-Jahr 1993 u. a. mit einer vielbeachteten Aufführung von »L'incoronazione di Poppea« (Harnoncourt/Flimm), wie auch spezielle Schwerpunktsetzungen, etwa 1994 mit einer Strawinsky-Retrospektive mit »The Rake's Progress« (Cambreling/Mussbach), »Geschichte vom Soldaten« und »Oedipus Rex«, boten die Möglichkeit zu sinnvoller dramaturgischer Strukturierung. In diese Richtung wiesen auch spezielle Themensetzungen, wie »Faust« und »Don Juan« im Jahr 1999 (Aufführungen u. a. von »Don Giovanni«, Bergs »Lulu«, Busonis »Doktor Faust« und Berlioz' »Damnation de Faust«), oder »Troja und die Liebe« im Jahr 2000 (Berlioz, »Les Troyens«). Die Fixpunkte Mozart und Strauss blieben bei alledem fester Bestandteil der Festspieldramaturgie, wenngleich auch sie zumeist einem regietheatralen Neuerungskonzept unterworfen wurden, das Diskussionsstoff bot.

In der Leitung des Schauspiels erfolgte im Herbst 1997 die Ablöse Peter Steins durch Ivan Nagel, der vor allem mit der UA von Elfriede Jelineks »er nichts als er« neue Akzente zu setzen schien, dennoch nach kurzer Zeit auf eigenen Wunsch durch Frank Baumbauer abgelöst wurde, dessen Tätigkeit 1999 mit dem aufsehenerregenden Shakespeare-Marathon

»Schlachten« (Tom Lanoye und Luk Perceval) und Christoph Marthalers Schauspielregie-Debüt bei den F. mit Horváths »Zur schönen Aussicht« begann.
Während Mortiers Ära wurde zeitgenössische Musik auch im Konzertprogramm nicht nur zu einer festen, sondern geradezu zentralen Größe. Auftragswerke für Musik, aber auch bildende Kunst erfuhren großzügige Förderung durch privates Sponsoring. Spezielle Schwerpunkte im Konzertleben wie »Pierre Boulez zu Gast« (1999), das Komponisten-Porträt »Wolfgang Rihm« (2000) setzten Zeichen und zeugten für die Konsequenz des Grundkonzepts Mortiers, während dessen Ära auch personell generell Kontinuität herrschte; lediglich im Jahr 1995 gab es einen personellen Wechsel an der Präsidiumsspitze: Helga Rabl-Stadler löste Heinrich Wiesmüller als Präsidentin der Festspiele ab.
Zu den kreativen Neuerungen der Ära zählt auch die Erschließung neuer Spielstätten wie etwa der Perner-Insel Hallein durch Reaktivierung einer alten Industriehalle sowie des in unmittelbarer Nachbarschaft der Festspielhäuser gelegenen Schüttkastens als Kommunikationszentrum (Eröffnung am 28. März 1996), in dem auch Archiv- und Ausstellungsräumlichkeiten sowie ein den aktuellen Erfordernissen entsprechendes Kartenbüro und Probenräumlichkeiten untergebracht wurden.
Trotz einer mitunter kritischen Aufnahme innovativer Akzentuierungen auf unterschiedlichsten Ebenen des kulturellen Spektrums haben die F. auf vielfältige Weise ihre Attraktivität erfolgreich unter Beweis gestellt.

Lit.: M. P. Steinberg: Ursprung und Ideologie der Salzburger Festspiele 1890-1938. Salzburg-München 2000. – U. Kalchmair (Hg.): Salzburger Festpiele vor und hinter den Kulissen. Salzburg 1998. – H. Jaklitsch: Die Salzburger Festspiele. Verzeichnis der Werke und der Künstler 1920-1990, Salzburg-Wien 1991. – F. Willnauer (Hg.): Salzburger Festspiele 1983-1991. Bilanz. Salzburg 1991. – E. Fuhrich, G. Prossnitz: Die Salzburger Festspiele 1920-1945. Salzburg-Wien 1990. – H. Schmidhuber: Das Naheverhältnis von bildender und darstellender Kunst. Bühnenbilder der Salzburger Festspiele, Diss. Salzburg 1987. – J. Kaut: Die Salzburger Festspiele. 1920-1981. 1982.
S.D.

Festspielhäuser. 1887 anläßlich der 100-Jahr-Feier der ersten Aufführung des »Don Juan« Idee zu einem Mozart-F. 1890 Projekt von Fellner & Helmer, Wien, für den Mönchsberg; monumentaler Bau in barockisierten Renaissanceformen, Fassungsraum 1500 Personen, großdimensionierte Bühne. 1899 Projekt von Siegfried Sitte, 1918 Projekt M. →Knoll für das ansteigende Gelände des →Bürglsteins mit Hauptachse zur Altstadt. 1920/21 Projekte Hans Poelzig, Berlin-Charlottenburg, situiert im Süden des Parks von →Hellbrunn auf einer natürlichen Terrasse, hochgetürmter elliptischer Kegel, der mit dem kleineren Massiv eines Kammerspieltheaters durch ein Arkadengeflecht verbunden werden sollte; außen schraubenartig nach oben führende Treppenanlage; 1922 Grundsteinlegung. 1922 Projekt →Deininger-Flesch-Knoll, Salzburg, für den Park von Hellbrunn auf einem natürlichen Plateau; Großes und Kleines Haus mit Arkadengängen verbunden; Rückwand der Bühne des Großen Hauses entfernbar, so daß die freie Natur den Hintergrund des Spieles bilden kann; die Fassade des Kleinen Hauses als Hintergrund für Freilichtaufführungen verwendbar. 1924 erhielt der Landeskonservator Eduard Hütter den Auftrag, die 1840 im Bereich des ehem. eb. Marstalles errichtete ärarische Reithalle für ein F. zu adaptieren. Mit geringsten Mitteln schuf er eine »Mysterienbühne« mit steinerner »gotischer« Bühnenöffnung, die ohne Vorhang in den Zuschauerraum überging. 1926 erhielt C. →Holzmeister von LH. F. →Rehrl den Auftrag, dieses erste F. umzubauen; Mitarbeiter waren u. a. A. →Faistauer und Anton Kolig; ehem. Winterreitschule als Pausenraum miteinbezogen. 1937 den Forderungen A. →Toscaninis nach einer »Verwandlungsbühne« gemäß neuerlicher Umbau durch Holzmeister; Drehung um 180°, neues Bühnenhaus gegen →St. Peter »als ausbrechende Bastion des Mönchsberges« behandelt, zusammen mit der neuen Mönchsbergstiege und dem neu gebildeten Toscaninihof eine »willkommene Gelegenheit, sich mit dem Felsen in ›plastischer Architektur‹ auseinanderzusetzen« (Holzmeister). J. →Adlhart gestaltete Bühnenportal und Stiegenbrüstung. 1939 erhielt der Zuschauerraum durch den Reichsbühnenbildner Benno von Arendt pseudobarocken Charakter. 1941/42 zahlreiche Projekte für einen neuen Festspielbezirk auf dem Kapuzinerberg von O. →Strohmayr und O. →Reitter. 1950 Projekt von C. Holzmeister für ein Haus der →Musik-Olympiade auf dem Mönchsberg, für ein F. auf dem

Rosenhügel im Mirabellgarten. 1953 Idee von C. Holzmeister und H. →Graf zu einem Festspielbezirk. 1956-60 Bau des neuen (Großen) F. für Oper, Schauspiel und Konzert auf dem Platz des ehem. Hofmarstalltraktes, »das die historische Tiefenbühne zum ersten Mal durch ein ingeniöses System der veränderlichen Portalbreite und der Einbeziehung der Vorbühnenzone mit der mittelalterlichen Breitbühne und sogar andeutungsweise mit der antiken Rundbühne verbindet« (Achleitner). 1961 Projekt von Holzmeister für den Umbau des alten (Kleinen) F. in ein intimes Mozart-F. 1962-63 Durchführung des Umbaus durch Hans Hofmann und Erich Engels nach eigenen Plänen. Ab 1977 Projekte von Holzmeister für den Umbau des alten (Kleinen) Festspielhauses, es sollte in einen »Marktplatz verwandelt werden, der sich von der Bühne her aufbaut«: »die Verschmelzung von Wirklichkeit und Spiel-Architektur als Inszenierung der Welt« (Achleitner). Das Kuratorium der Salzburger Festspiele beschließt am 2. 4. 2001 die Ausschreibung für den Umbau des Kleinen Festspielhauses zu einem »Haus für Mozart«.

Lit.: N. Mayr: Ein Nazi-Obdach für Mozart. Umbau des Festspielhauses und des Theaters in Salzburg 1937-1939, in: J. Tabor (Hg.): Kunst und Diktatur, Baden 1994, S. 430-441. – F. Fuhrmann: Der Salzburger Festspielbezirk, Gestalt und Baugeschichte. In: Bühne der Welt – Glanzvolles Salzburg, Bayreuth 1985. – Achleitner 1980. – Das Neue Festspielhaus. In: SV, 26. 7. 1960. – O. Kunz: Projektierte unausgeführte Monumentalbauten in Salzburg in den letzten sechzig Jahren. In: SV, Jubiläumsausgabe 1930, S. 17 ff.

M.O.

Festspielreden.

1964 Salvador de Madariaga: *Lob Salzburgs*
1965 Gabriel Marcel: *Die Musik als Heimat der Seele*
1966 Clemens →Holzmeister: *Bauwerk der Festspiele*
1967 Bernhard →Paumgartner: *Die Aufgabe Salzburgs*
1968 Wystan Hugh Auden: *Worte und Noten*
1969 Pietro Quaroni: *Festspiele und Massenmedien*
1970 Carl →Zuckmayer: *Über die musische Bestimmung des Menschen*
1971 Helmuth Plessner: *Das Geheimnis des Schauspielers*
1972 Eugène Ionesco: *Die bedrohte Kultur*
1973 Giorgio →Strehler: *Max Reinhardt und heute*
1974 Oscar Fritz →Schuh: *Zum 100. Geburtstag Hugo von Hofmannsthals*
1975 Carl Friedrich von Weizsäcker: *Die geheimnisvolle Wirklichkeit des Schönen*
1976 Heinz Politzer: *Musikerlöste Dämonie*
1977 Leopold Sédar Senghor: *Österreich als Ausdruck der Weltkultur*
1978 Josef Klaus: *Salzburger Weltoffenheit*
1979 Karl Popper: *Schöpferische Selbstkritik in Wissenschaft und Kunst*
1980 Wolfgang Hildesheimer: *Was sagt Musik aus?*
1981 Hans Georg Gadamer: *Das Alte und das Neue*
1982 Hermann J. Abs: *Mäzenatentum als Verpflichtung und Beglückung*
1983 Leo Gabriel: *Sprache und Gespräch: Schöpferische Weltgestaltung*
1984 Gerd Bacher: *Die Beifallsgesellschaft und ihre Medien*
1985 Jeanne Hersch: *Der Widerspruch in der Musik*
1986 Clemens-August Andreae: *Kunstwerke zwischen Ästhetik und Ökonomik*
1987 Kurt Hübner: *Festspiele als mythisches Ereignis*
1988 Peter Hanák: *Schöpferische Kraft und Pluralität in der mitteleuropäischen Kultur*
1989 Maurice Schumann: *1789-1791. Vom aufsteigenden Licht einer Revolution zum Erlöschen eines Genies*
1990 Václav Havel
1991 Wolfgang Rihm: *Was »sagt« Musik?*
1992 S. H. Tenzin Gyatso: *Menschliches Mitgefühl und universelle Verantwortung: eine Grundlage des Glücks und des Friedens*
1993 Árpád Göncz
1994 George Steiner: *Der Europa-Mythos*
1995 Nikolaus Harnoncourt: *Was ist Wahrheit? Oder Zeitgeist und Mode*
1996 Claudio Magris: *Utopie und Entzauberung*
1997 Christoph Ransmayr: *Die dritte Luft oder Eine Bühne am Meer*
1998 Kardinal Franz König
1999 Barbara Frischmuth: *Das Heimliche und das Unheimliche. Von den Asylanten der Literatur*
2000 Jakob Kellenberger

Lit.: H. Waitzbauer: Festlicher Sommer. Das gesellschaftliche Ambiente der Festspiele von 1920 bis heute. Festreden seit 1964, hg. v. R. Floimair. Salzburg 1997 (=Schriftenreihe des Landespressebüros, Serie »Salzburg Diskussionen« Bd. 136).

H.H.

Festung Hohensalzburg, stark befestigte ma. Burganlage der Eb. auf dem Dolomitstock über der Stadt, bestehend aus zahlreichen Gebäuden um mehrere Innenhöfe. Erste Befestigung 1077 (Investiturstreit), dann Ausbau durch 600 Jahre. Bis 1465 Ringmauer ohne Türme, gemauerter Palas des 12. Jh.s. Großartiger Ausbau der F. unter Eb. →Leonhard von Keutschach um 1500 und Eb. →Paris Lodron im Dreißigjährigen Krieg. Letzter großer fortifikatorischer Bau ist die Kuenburgbastei, 1681. Neben den vielen Nutzbauten (ehem. Kasernen, Arsenale, Getreidekasten usw.) als Hauptbau der »Hohe Stock«, nochmals durch eine innere Ringmauer mit Türmen geschützt. Hier in zwei Stockwerken die ehem. Wohn- und Repräsentationsräume der Eb. Im 2. Stock wurden bei bautechnischen Untersuchungen sechsteilige Fensterarkaden mit Bemalung aus der 2. H. des 12. Jh.s freigelegt, die zu einer Halle gehörten. Freskenreste des 13. Jh.s (profan-höfische Szenen), dazu die schweren Balkendecken auf skulptierten Marmorkonsolen und reiche Marmorportale vom E. des 15. Jh.s sind Zeugnisse der reichen mittelalterlichen Wohnkultur (heute hier das Festungsmuseum). Im 3. Stock die Fürstenzimmer mit getäfelten Wänden in überaus reichem, vergoldetem Schnitzwerk der späten Gotik, auch der Kachelofen der »Goldenen →Stube« von 1501, ein Hauptwerk der →Keramik. Im Schloßhof die Georgskirche mit ihren Marmorreliefs und dem Denkmal Eb. Leonhards von Keutschach, 1515 von H. →Valkenauer, bemerkenswert. Archäologische Grabungen 1993-96 erbrachten den Nachweis einer vorgeschichtlichen und römerzeitlichen Besiedlung des Burgberges. Weiters wurden im sog. Stockhaus die Reste einer bislang unbekannten roman. Burgkapelle des späten 11. bzw. frühen 12. Jh.s gefunden. Sie hatte eine Empore und war zur Gänze mit →Wandmalerei und reicher Stuckornamentik ausgestattet. Die Freskenbruchstücke im Stil der Fresken der Stiftskirche →Nonnberg oder der Abteikirche Frauenwörth im Chiemsee, die unterste der drei Malschichten datiert in die Gründerzeit der F. unter Eb. →Gebhard, Ende des 11. Jh.s.

Lit.: W. K. Kovacsovics: Zu den Grabungen auf der Festung Hohensalzburg. In: SMusBl V, 1997, S. 4 f. – W. Schlegel: Festung Hohensalzburg. Ein Führer durch Bauwerk, Geschichte und Kunst, Salzburg 1983. – 900 Jahre Festung Hohensalzburg. Hg. v. E. Zwink, Salzburg 1977 (mit Lit.).

L.T.

Festungskonzerte, Salzburger, kammermusikalische Veranstaltungsreihe im Fürstensaal der →Festung Hohensalzburg; findet seit 1979 in den Monaten März bis Oktober statt. Mit den zusätzlichen Mozart-Aufführungen im Wappensaal und den Weihnachts- und Neujahrskonzerten werden pro Jahr mehr als 200 Konzerte veranstaltet.

G.W.

Fiala, Fa. Die Töpferei- und Keramik-Fabrik F. in Radstadt ist aus der seit dem MA. bestehenden Hafnerei hervorgegangen (→Radstädter Keramik). 1852 heiratete der Hafner Franz F. (* 1826) Anna Schaidreiter, die Tochter des ortsansässigen Ziegelbrenners Melchior Schaidreiter, und brachte das darniederliegende Geschäft zur Blüte. Verwendung alter Kachelmodel für Öfen, weiters Vasen, Figuren und Ziergegenstände. Ignaz F. (1875-1958) übernahm 1900 die Hafnerei vom Vater (»Radstadt Pongau JF«, im März 1933 »Großer Preis« bei Ausstellungen in London und Toulouse) und baute die Werkstatt aus. Nach ihm leitete sein Sohn Franz die Firma bis zur Stillegung. Vor dem 2. Weltkrieg Vermietung einer Werkstatt mit Brennofen an L. →Miller, der dort seine →»Radstädter Kunstkeramik« produzierte.

Ch.S.

Fiala, Karl, * Wien 4. 6. 1899, † Salzburg 5. 12. 1986, Lehrer. Durch H. Wopfner Anregung zu kulturgeschichtlicher Sammeltätigkeit. 1938-45 Leiter der Salzburger Dienststelle im »Gauamt für Rassenpolitik« in der »Dienststelle Alfred Rosenberg«, der das »Amt Volkskunde und Feiergestaltung«, das »Amt Weltanschauliche Information«, die »Reichslehrgemeinschaft« und verschiedene »Gauämter« und »Mittelstellen« angehörten, die zur Gründung der ideologischen Parteihochschule führen sollten. F. war mit der »Durchführung volkssippenkundlicher Gesamterfassungen« betraut. Ihm war die »Arbeitsgemeinschaft für Sippenforschung und Sippenpflege« unterstellt, der auch die Schulung des NS-Lehrerbundes und die Anlage von »Dorfsippenbüchern« oblagen F.s Aufzeichnungen zu Mundart und Etymologie, Namensforschung, Bitt-, Gruß- und Segensformeln, Familien- und Hofgeschichte,

Aktie der Salzburger Kunstfilmindustrie

Geräte- und Arbeitskunde blieben auch nach 1945 diesen Intentionen verhaftet.

Lit.: G. Kerschbaumer: Organisiertes Heimatbrauchtum in Salzburg. In: Volkskunde und Brauchtumspflege im Nationalsozialismus in Salzburg, hg. v. W. Haas (=SBzVK, 8), Salzburg 1996, S. 121-133. – Ders.: Rekonstruktion und Dokumentation. In: ebda, S. 266-293. – M. Martischnig: Ein Leben für die Salzburger Heimat. In: Zeitschrift des österr. Lehrerverbandes 29, F. 3, Wien 1979, S. 6 ff.

U.K.

Fickler, Johann Baptist, * Backnang (Württemberg) 24. 5. 1533, † München 1610, Rechtsgelehrter und Chronist. Ausbildung in Freiburg/Breisgau, Würzburg und als Jurastudent in Ingolstadt (1551-55). Trat 1559 als Sekretär in salzburgische Dienste, wurde Rat des Hofrates und 1585 eb. Protonotar. Er war Salzburger Reichstagsgesandter und nahm 1562-64 am Trienter Konzil teil, wo er seine »Acta Concilii Tridentini« verfaßte. 1565 juristisches Doktorat in Bologna (Doktorvater war der spätere Papst Gregor XIII.). 1588 trat er in bayerische Dienste über. F. war umfassend und humanistisch gebildet, besaß eine reiche Bibliothek und verfaßte zahlreiche juristische und theologische Traktate. Seine bekannteste literarische Arbeit war die Beschreibung des bayerischen Münzkabinetts. Auf V. →Reitgärtler aufbauend, verfaßte er 1588 seine »Salzburgische Chronik«, die auch zeitgenössische Berichte aus seiner Salzburger Dienstzeit enthält.

Lit.: Bosls Bayerische Biographie. Regensburg 1983, S. 202. – J. Steinruck: J. B. F. Ein Laie im Dienste der Gegenreformation. In: Reformationsgeschichtliche Studien und Texte 89, Münster 1965. – M. C. Trdán: Beiträge zur Kenntnis der salzburgischen Chronistik des 16. Jh.s. In: MGSLK 54, 1914, S. 135 ff., hier S. 142 ff.

P.F.K.

Filmgeschichte, Salzburger. Mit einer Zahl von rund 250 Kinospielfilmen, die in 100 Jahren Filmgeschichte im Salzburger Land entstanden, reichte die Bedeutung Salzburgs als Filmschauplatz zeitweilig an Filmmetropolen wie Paris oder Berlin heran, wo im Jahr 1895 die ersten Filme vorgeführt wurden. Zuvor hatten Salzburger z.T. Bedeutendes zur Entwicklung der Filmtechnik beigetragen: S. →Stampfer, Professor am Salzburger Lyceum, entdeckte mit dem »Stroboskopen« (1833) die technische Grundlage des Films (weiterentwickelt von Ch. →Doppler) und schuf, 100 Jahre vor Walt Disney, die ersten Zeichentrickfiguren der Welt. Als einer der wichtigsten Konstrukteure ging August Arnold (* Werfen 12. 9. 1898, † München 17. 4. 1983) in die Geschichte ein. Er entwickelte die ARRIFLEX 35-Filmkamera (1937) und gründete die Firma »ARRI« in München, heute eine der größten Filmtechnikfirmen der Welt. 1967 wurde seinen Entwicklungen der »Oscar« verliehen.

Die Anfänge Salzburgs als Filmdrehort gehen bis ins Jahr 1911 zurück: die »Österreichisch-Ungarische Kinoindustrie« kurbelte einen »Kulturkurzfilm« über die Dampfbootfahrt auf dem Zeller See, und um 1919/1920 entstanden die ersten drei Spielfilme, darunter der Titel »Alpentragödie«, in der Gebirgswelt der Hohen Tauern. Künstlerisch bemerkenswert ist die Verfilmung der Theodor-Storm-Novelle »Ein Fest auf Haderslevhuus« (1921) auf der →Festung Hohensalzburg. Zur gleichen Zeit fiel mit der Gründung der »Salzburger Kunstfilm-Industrie AG« die Startklappe für die heimische Produktion von Filmen. Einer der maßgeblichen Betreiber war der Filmregisseur Rudolf Oppelt (* Wien 22. 5. 1893, † Salzburg 29. 3. 1971), der auf dem Gelände des Mitgründers und Brauereibesitzers Heinrich Kiener in Salzburg-Maxglan das damals größte Filmatelier Österreichs mit 700 qm Nutzfläche, Garderoben, Entwicklungs- und Kopieranstalt und 5000 qm Freigelände errichtete (das noch heute unverändert bestehende Studio ist eines der ältesten Filmateliers der Welt). Im Sommer 1921 entstand der einzige Spielfilm der Firma, »Die Tragödie des Carlo Prinetti« (Buch: R. Oppelt, Hauptdarsteller Stummfilmstar Alphons Fryland) in Salzburg, ein turbulentes Drama um einen Halleiner Salinenarbeiter. 1925 ging das Unternehmen samt den Wiener Filialbetrieben (unter anderem

einem Filmverleih) infolge der Inflation und des Bankenkrachs unter.
W. A. →Mozart widmete man anläßlich dessen 165. Geburtstages die stumme Filmbiographie »Mozarts Leben, Lieben und Leiden« (1921). Mit der Entwicklung der Lichttonaufnahme, basierend auf dem Berliner »Tri-Ergon-Verfahren« von Dr. Guido Bagier (nach 1945 ein Filmpionier Salzburgs), zog Ende der 20er Jahre der Ton ins Kino ein. In einem »Sprechfilm« der ersten Stunde, »Liebling der Götter« (1930), gewinnt ein strapazierter Tenor, gespielt von Emil Jannings (* 23. 7. 1884, † Strobl a. W. 2. 1. 1950), am Wolfgangsee seine Stimme zurück. Jannings, der erste Oscarpreisträger der Geschichte (1928), lebte und arbeitete von 1926 bis zu seinem Tod in Salzburg.
Von den Filmen bis 1938 sind historisch bedeutsam: »Im Weißen Rössl« (1935), als trachtenschwelgendes Manifest vaterländischer Gesinnung ganz nach dem Geschmack des Ständestaates; »Das unsterbliche Lied« (1934), gedreht von der NS-Bewegung nahestehenden Produzenten als eine Pseudobiographie des Stille-Nacht- Komponisten F. X. →Gruber bereits voll versteckter Anschlußpropaganda; sowie der in St. Gilgen gedrehte, von Protesten der Amtskirche begleitete Film »Der Pfarrer von Kirchfeld« (1937) mit Hans Jaray unter der Regie der Filmpioniere Jakob und Luise Fleck, die wenig später emigrieren mußten. Ihr Schicksal teilte der von 1926 bis 1938 in Henndorf arbeitende C. →Zuckmayer, dessen dort entstandene erfolgreiche Theaterstücke (»Katharina Knie«, »Der Hauptmann von Köpenick«) mehrfach verfilmt wurden und der sich als Drehbuchautor unter anderem für Alexander Korda einen Namen machte (»Rembrandt«, 1939, »Escape Me Never«, 1935, R: Paul Czinner, weiters: »Der blaue Engel«). Neben Jannings war Zuckmayer mit dem deutschen Schauspieler Werner Krauss befreundet, der von 1925 bis 1959 in Scharfling lebte und in anerkannten deutschen Filmklassikern, aber auch in dem Propagandafilm »Jud Süß« Hauptrollen verkörperte. Der seit 1912 für den Film tätige M. →Reinhardt, der noch 1936 Filmfestspiele in Salzburg etablieren wollte, darf an dieser Stelle nicht vergessen werden.
In der NS-Zeit wies die gelenkte Filmindustrie Salzburg einen nur scheinbar unpolitischen »Bummelplatz der deutschen Seele« als hüb-

Werbung für „Die Tragödie des Carlo Prinetti"

sche Kulisse für Schwänke und Urlaubskomödien zu (»Beates Flitterwoche«, 1940, »Saison in Salzburg«, 1943). Die immerhin zwei Dutzend Filme in der Zeit von 1938 bis 1945 sollten dieses Image Salzburgs im Film bis in die 60er Jahre prägen (begleitet von der personellen Kontinuität der Filmschaffenden vor und nach 1945). Aufschlußreich ist »Der kleine Grenzverkehr« (1943), ein Film nach der literarischen Vorlage des verfemten Autors Erich →Kästner über die Zeit der 1000-Mark-Sperre in Salzburg. Der Stoff wurde von Goebbels dazu mißbraucht, das Druckmittel der Zwangskaution und den »Anschluß« zu rechtfertigen und die Unterschiede zwischen Deutschen und Österreichern zu verwischen bzw. auf sprachliche Kuriosa zu reduzieren. Mit fortschreitendem Krieg entfernte sich die aufgezwungene »Kraft durch Freude«-Idylle Salzburgs im NS-Film von der Realität – bis zur Groteske: »Musik in Salzburg« (1944) gaukelte noch einen luxuriösen, vom Bombenkrieg völlig unberührten Festspielbetrieb vor. Bedroht von Zwangsrekrutierungen, flüchteten »Durchhaltefilmer« kurz vor Kriegsende ins Land: Die Komödien »Ein Mann gehört ins Haus« (Drehort Zell am See), »Wie ein Dieb in der Nacht« (Badgastein) und »Liebesheirat« (St. Gilgen) retteten 1945 das Leben der Mitarbeiter von Filmteams, sahen aber nicht mehr das Licht der Leinwand. »Dreimal

Komödie« wurde sogar erst dann abgebrochen, als amerikanische Panzer in die Stadt rollten.
Von der Lähmung der Filmstadt Wien – dort verhinderte die Zonenteilung vorerst jede Filmproduktion – profitierte Salzburg beim Wiederaufbau der österreichischen Filmindustrie. Dr. Guido Bagier, Musikwissenschaftler, Erfinder des Tonfilmverfahrens und von 1928 bis 1932 Geschäftsführer der größten deutschen Filmfirma »TOBIS«, wurde von Eugen Sharin, Leiter der Film-Sektion der amerikanischen ISB (»Information Services Branch«), als Administrator des beschlagnahmten und in Guggenthal eingelagerten deutschen Filmgutes in den USFA-Zonen eingesetzt. Mit dem Geld der Reichsfilmkammer und Geräten der »Wien-Film« hatte Bagier die Mittel zur Wiedergründung der österreichischen Filmproduktion in der Hand. Unter mehreren 1946/47 in Salzburg entstandenen Filmfirmen war Bagiers »Österreichische-Film-Gesellschaft m.b.H.«, kurz »ÖFA« (für: »Atelier«), die erfolgreichste; sie befand sich zur Gänze im Besitz der Wiener Creditanstalt-Bankverein. Mit »Maresi« (1948, R.: Hans Thimig, D.: Maria Schell in ihrer ersten Hauptrolle) nahm die ÖFA ihren Produktionsbetrieb auf. Rasch wuchs die Filmfirma unter Bagier und dem Filmkaufmann Walter Trimmel mit 170 Mitarbeitern zum drittgrößten Unternehmen in der Stadt Salzburg heran. Anfänglich wurden Bühne und Stadtsaal des Festspielhauses als Filmatelier genutzt, z. B. für den erfolgreichen Film »Vagabunden« (1949, mit Paula Wessely und Attila Hörbiger). 1949 übersiedelte die ÖFA in ein umgebautes Bauerngut im Stadtteil Parsch, wo zwei Aufnahmehallen, ein Synchronstudio, Schneideräume und Werkstätten Platz fanden. Das Studio an der Kreuzbergpromenade (Nr. 3) war bis 1977 Zentrum der Salzburger Filmproduktion und das »Klein-Hollywood« des florierenden Heimatfilm-Genres. Der erste Film in Parsch hieß »Kleiner Schwindel am Wolfgangsee« (1949, R.: Franz Antel), zugleich der erste von vielen unkritischen Unterhaltungsfilmen der Nachkriegsjahre. Unter Bagiers Nachfolger, Dr. Manfred Benatzky, und – ab 1954 (in Sub-Pacht der »Wien-Film«) unter Führung des CA-Filmabteilungsleiters Dr. Alfred Lehr (* Wien 12. 10. 1924) – (co)produzierte die ÖFA bis 1962 in Parsch rund 55 Filme (davon 26 im Filialatelier Thiersee/Tirol), die in zwei Dutzend Länder verkauft wurden. Die erfolgreichsten Titel lauteten »Weißes Gold« (1949), »Eva erbt das Paradies« (1951) und »Hengst Maestoso Austria« (1956).
Salzburg war bis Mitte der 60er Jahre das meistgenutzte Freilicht-Filmstudio des »Heimatfilms« im deutschsprachigen Europa. Lustspielspezialisten wie Franz Antel, die Brüder Hubert, Ernst, Franz und Georg Marischka und andere drehten in rund 300 Drehorten über 100 Filme in Salzburg, die die Romantik der 30er Jahre und den »Wien(er) Film-Stil« fortführten. Kennzeichnend für dieses Genre sind die strikte Einordnung in den Moralkanon der 50er Jahre, die Instrumentalisierung der Natur als Nutzobjekt für Freizeit und Fremdenverkehr und die völlige Ausblendung der NS-Geschichte und des Nachkriegsalltags.
Für den »Touristen-Film« »Rendezvous im Salzkammergut« (1948) mußte das Film-Hotel in St. Gilgen vor Drehbeginn erst aufwendig saniert werden, die Schauspieler nächtigten im Polizeiarrest. Die auch heute noch unglaubliche Zahl von fast 1,4 Millionen Besuchern dieses Films macht das Ausmaß der Idyllen- und Harmoniesucht der kriegsverwundeten Seelen deutlich. Das Aufrichten von hübschen Fassaden vor zerstörten Städten, Nachkriegselend und Heimkehrerschicksal wurde rasch als Methode begriffen. So wurde die ewig lächelnde Film-Welt des »deutschen Lustspielstandards« auch schnell zum Geschäft: der Film stellte sich in den Dienst des aufblühenden Seen-Ferientourismus (Stichwort »Urlaubsreise im Kinosessel«), vor allem am Wolfgangsee und Zeller See, zumal der (in Filmabkommen kontingentierte) Hauptexportmarkt Deutschland war. Peter Alexander, Hans Moser, Waltraut Haas und Maria Andergast waren die umschwärmten Stars des Trivialfilms österreichischer Machart und Salzburger Provenienz.
Der »Berg-Film« und der »Bauern«-Film bauten hingegen zum Teil auf »Blut-und-Boden«-Motiven auf: »Der Sonnblick ruft« (1949) nach dem Drehbuch des als Autor eines NS-Euthanasie-Films bekanntgewordenen Eberhard Frowein sieht die Weiterführung der Wetterwarte im Sturm als Metapher für bedingungslose Pflichterfüllung. Der »Berg« wurde als mythisch überhöhter, mit einem

Eigenleben ausgestatteter Riese aufgeladen, der nur wenige Eingeweihte in seinen Bann schlägt. Das Ende der Dämonisierung der Natur stellt die Regierungspropaganda um das Symbol des Wiederaufbaus, das Kraftwerk Kaprun, dar. Endet in »Weißes Gold« (1948) der Konflikt um die Opferung eines Hofes zugunsten des Kraftwerks noch mit einem Kompromiß, so muß in »Das Lied von Kaprun« (1955) die Tradition dem Fortschritt weichen – ein Sinnbild für die Rebellion der Söhne (meist in Person von Kraftwerksingenieuren) gegen das unsäglich schwere Erbe der Väter (in der Rolle der Bergbauern). Literaturverfilmungen, wie das Heimkehrerdrama »Nach dem Sturm« (1949) und »Der Seelenbräu« (1950) nach C. →Zuckmayer oder K. H. →Waggerls »Das Jahr des Herrn« (1950) blieben Ausnahmen. Im städtischen Ambiente demaskiert sich der konservative Wertekatalog der 50er-Jahre-Gesellschaft, indem er einmal Coca Cola und Rock'n'Roll als »Gift« pubertärer Wunschträume deklariert (»Der erste Kuß«, 1951) oder die Ehe als unerschütterliche Institution zementiert (»Das letzte Rezept«, 1951, mit dem O.W. Fischer seinen schauspielerischen Durchbruch feierte). »Förster-Filme« mit den Stars Rudolf Lenz und Anita Gutwell bedienten sich stereotyper Rollenbilder in einer synthetischen Landschaft (»Die Sennerin von St. Kathrein«, 1955, einer der erfolgreichsten Nachkriegsfilme).

Amerikanische Großproduktionen wie der Festspielfilm »Interlude« (1958) des Melodramatikers Douglas Sirk oder »The Devil Makes Three« (1954), in dem Musicalstar Gene Kelly als Besatzungssoldat die Wiedererrichtung des Dritten Reichs durch Neonazis im Nachkriegs-Salzburg verhindert, bereiteten die Stellung Salzburgs als begehrte Kulisse für die internationale Filmwelt auf. Einen bislang unübertroffenen Höhepunkt feierte diese in der Musicalverfilmung »The →Sound of Music« (1964) durch Robert Wise. 1961 hatte erstmals der 1956 von Wolfgang Liebeneiner gedrehte deutsche Film »Die Trappfamilie« nach der wahren Geschichte der Salzburger Emigrantenfamilie von Maria und Georg von Trapp überraschend das amerikanische Kino erobert. Einige Bauten steuerte der renomierte Salzburger Filmarchitekt Wilhelm Schatz bei. 1965 erhielt das umjubelte Singspiel mit Julie Andrews und Christopher Plummer in den Hauptrollen fünf Oscars; es zählt heute zu den beliebtesten Streifen der Filmgeschichte.

Die Getreidegasse wurde nun zeitweilig zum Sunset Boulevard – Blake Edwards ließ Natalie Wood, Jack Lemmon und Tony Curtis um den Domplatz rasen (»The Great Race«, 1965), die legendären Beatles filmten in Obertauern (»Help!«, 1965), Rock Hudson und Claudia Cardinale bummelten durch die Altstadt (»A Fine Pair«, 1968), und Clint Eastwood und Richard Burton sprengten Burg Hohenwerfen in die Luft (»Where Eagles Dare«, 1969). Ein Mann wollte der durch das TV verschärften Kinokrise in Salzburg mit guten Drehbüchern und Literaturverfilmungen österreichischer Autoren entgegenhalten: Otto Dürer (* Wien 2. 10. 1910, † Wien 24. 1. 1994). Dürer produzierte mit Paula Wessely deren größte Nachkriegserfolge und leitete die »Vienna-Film«. Sein »Jedermann« (1961) wurde für den Auslands-Oscar nominiert. 1962 gründete Dürer die »Dürer-Filmproduktion Salzburg«, pachtete die heruntergewirtschafteten ÖFA-Ateliers in Parsch und investierte 10 Mio. Schilling in eine neuerrichtete Synchronfilmhalle, Garderoben, ein Tonstudio und modernes Gerät. Hier entstanden bis 1977 rund 50 Kino- und Fernsehfilme, darunter Eigenproduktionen wie »Elf Jahre und ein Tag« (1963) mit Bernhard Wicki, »Der Lügner und die Nonne« (1967) mit Heidelinde Weis und »Der Weibsteufel« (1966), ein beachtliches Werk nach der Vorlage von Karl Schönherr. Dürers Versuch, in Salzburg nach der Idee M. →Reinhardts ein internationales Filmfestival zu etablieren, war ebensowenig von Erfolg gekrönt wie die vorübergehende Leitung der maroden »Wien-Film« (1970-73). Um den Betrieb zu halten, ließ er in den Siebzigern Sexfilmer in sein Studio. 1976 bemühte sich Landeshauptmann H. →Lechner noch, Carlo Ponti für die Studio-Rettung zu gewinnen – vergebens. Dürer zog sich nach Wien zurück – verbittert vor allem deswegen, weil das Land Salzburg die Firma des international bekannten tschechischen Exilregisseurs Vojtech Jasny (* Kelc 30. 11. 1925) namens »Filmstudio Salzburg GesmbH« favorisiert hatte. Dieser hatte, ungetrübt von marktwirtschaftlichen Erfordernissen, den Zweiteiler »Mein seliger Onkel/Die Rückkehr des alten Herrn« (1976) vertragswidrig nicht mit Mozarteumsstudenten, sondern mit Profis

gedreht. Der wegen seiner spröden Konzeption »unspielbare« Film verschwand nach wenigen Aufführungen für immer im Archiv. Die dadurch aufgehäuften Schulden von 10 Mio. Schilling schluckte das Land Salzburg bei der Auflösung der Gesellschaft (1979). An der vertanen Chance, Salzburgs Film eine Heimstätte zu geben, leidet Salzburgs Film noch heute.
Auch der Kommerzfilm lag völlig darnieder: Unter Titeln wie »Hexen – geschändet und zu Tode gequält« (1972), gefilmt in den düsteren Kulissen des Schlosses Moosham im Lungau, ergoß sich ein Blutschwall in den Kinosaal. »Grimms Märchen von lüsternen Pärchen« (1969) spannte als erster von einem Dutzend Sexfilmen den Bogen von einer dümmlichen Sexposse (»Alpenglühn im Dirndlrock«, 1974) bis hin zur Pornographie
Musik spielt zwar im Image Salzburgs eine gewichtige Rolle – so wurde nicht nur die Biographie von Walzerkönig Johann Strauß (»The Great Waltz«, 1970), sondern auch das Musical »The Slipper and the Rose« (1975) mit Richard Chamberlain verfilmt; überraschend ist, daß Salzburg in einem anderen Genre, dem Spionage-Film, dutzendfach einen »Tummelplatz für Geheimagenten« abgab: etwa in »Diplomatic Courier« (1953), »Salzburg Connection« (1970), eine wirre Agentenstory um Nazi-Kollaborateure (mit Barry Newman sowie Klaus Maria Brandauer in dessen erster Filmrolle), »The Odessa File« (1973), »Uranium Conspiracy« (1978) – Mossad-Agenten dringen in eine Salzburger Atombombenfabrik ein – und »Hopscotch« (1980), in dem Walter Matthau (als CIA-Pensionist) mit seinen Memoiren einen Agentenkrieg auslöst. Zeitkritisches kommt mit wenigen Ausnahmen (»Der Mann im Schilf«, 1978, über den Putschversuch 1934) aus dem Ausland: »Before Winter Comes« (1969, mit John Hurt und David Niven), gefilmt in Abtenau, hinterfragt die Auslieferungspolitik der Briten im Jahr 1945. »The Second Victory« (1985) rechnet mit Nazischuld und Mitläufertum in Badgastein unmittelbar nach Kriegsende ab.
Durch verschiedene Faktoren begünstigt – vor allem durch das Filmförderungsgesetz von 1980 – konnte sich in den 80er und 90er Jahren eine kleine Filmkultur entwickeln, die vor allem durch die in Salzburg aktiven Filmregisseure Wolfram Paulus (* Großarl 1957) und Reinhard Schwabenitzky (* Bucheben 1947), darüber hinaus auch durch Erhard Riedelsperger (* Hallein 1960), Bernd Neuburger (* Salzburg 1948), Peter Keglevich (* Salzburg 1950), Titus Leber (* Zell am See 1951), Michael Cencig (* Radstadt 1960), Käthe Kratz (* Salzburg 1947) und Florian Flicker (* Salzburg 1965) repräsentiert wird. Mit »Heidenlöcher« (1985), seinem Erstling über die authentische Geschichte eines Deserteurs in einem kleinen Gebirgsort, zog Wolfram Paulus die Aufmerksamkeit der Filmwelt auf sich; er erhielt dafür u. a. den deutschen Bundesfilmpreis 1986. In »Nachsaison« (1988) zeichnet Paulus – als radikale Antithese zur idyllisierenden Welt des klassischen Heimatfilms – ein behutsames Porträt eines sozialen Absteigers in einem sterbenden Kurort (Badgastein). Das Genre der österreichischen Komödie erfolgreich wiederbelebt hat Reinhard Schwabenitzky (Autor, Regisseur und Produzent der »Star-Film Salzburg« GesmbH), dessen Filme mit einer Mischung aus Situationskomik, Wortwitz und einem festen »Stab« von Publikumslieblingen Besucherrekorde brechen konnten und zahlreiche Auszeichnungen erhielten (z. B. »Ilona und Kurti«, 1991, »Verlassen Sie bitte Ihren Mann«, 1993, »Hannah«, 1996).
Diese neueren Arbeiten können jedoch nicht kaschieren, daß der Drehort Salzburg seit den 90er Jahren international nicht mehr attraktiv ist. Dies ist mit dem Verzicht auf ein Drehortmarketing, wie es andere Städte längst praktizieren, und der »Ablehnung« von Filmdreharbeiten durch Natur-, Denkmalschutz und Bürokratie zu erklären (z. B. bei »Amadeus« 1983, »Shining Through« 1990, »Wolfgang« 1991, »The Living Daylights« 1992, »The Three Musketeers« 1993, »Seven Years in Tibet« 1997).
Dabei bieten sich gerade Salzburger Stoffe von Weltinteresse zur zeitgemäßen filmischen Umsetzung an: Verfilmungen des »Jedermann«-Stoffes sind beinahe 40 Jahre alt (»Jedermann« 1961, »Begegnung in Salzburg« 1962). Das Leben W. A. →Mozarts in Salzburg wurde in den bisherigen Verfilmungen nur kurz gestreift (»Wen die Götter lieben«, 1942, mit Hans Holt, »Reich mir die Hand mein Leben«, 1955, mit Oskar Werner), Miloš Formans »Amadeus« (1983) entstand zur Gänze in Prag. Die Entstehungsgeschichte des weltbekannten Stille-Nacht-Liedes wurde 1988 in einer blutrünstigen Actionverfilmung

mit Salzburgs Kulisse kolportagehaft verstümmelt (»Silent Night«). In beiden Fällen – »Mozart« und »Stille Nacht« – sind Neuverfilmungen für das Kino seit langem geplant (z. B. zum Mozartjahr 2006).

Lit.: Ch. Strasser: Klein Hollywood aus Schutt und Asche – Film und Kino in Salzburg 1945 bis 1955. In: Salzburg 1945-1955, Zerstörung und Wiederaufbau, Jahresschrift des SMCA 40/41, Salzburg 1995. – Ch. Strasser: Die Kinematographie im Land Salzburg (1895-1938). In: R. Floimair (Hg.): Hundert Jahre Film 1895-1995, Salzburger Film- und Fotopioniere, Schriftenreihe des Landespressebüros, Salzburg 1994. – Ch. Strasser: The Sound of Klein-Hollywood. Filmproduktion in Salzburg – Salzburg im Film, Wien-St.Johann/Pg. 1993. – Ch. Strasser: Filmstadt Salzburg – oder doch nur abgenutzte Kulisse? In: Informationszentrum der Landeshauptstadt Salzburg (Hg.): Salzburg – Podium der Filmkultur, Bd. 8, Salzburg 1992.

Ch.St.

Filz, Fidelis (Michael), O. S. B., * Passau 12. 4. 1777, † Michaelbeuern 19. 2. 1854, Historiker. F. legte 1798 in Michaelbeuern die Profeß ab, erhielt 1800 die Priesterweihe und war danach 1805-35 Professor der allgemeinen Weltgeschichte und der Philosophie am Salzburger Gymnasium und Lyzeum. 1835-43 Prior und Administrator des ehem. Augustiner-Eremitenklosters Mülln. Danach kehrte er als Prior nach Michaelbeuern zurück und versah dort auch die Ämter des Bibliothekars und Novizenmeisters. In seinen umfangreichen Forschungen beschäftigte er sich mit Themen der Salzburger, österreichischen und bayerischen Landeskunde. Als »Haushistoriker« des Klosters Michaelbeuern brachte er 1833 die »Geschichte des salzburgischen Benediktinen-Stiftes Michaelbeuern« heraus. Er hinterließ zahlreiche unveröffentliche Ms. F. war Mitglied zahlreicher wissenschaftlicher Institutionen, u. a. der Bayerischen Akademie der Wissenschaften und der Akademie der Wissenschaften in Wien.

Lit.: ÖBL 1, Wien ²1993, S. 315 f.

P.F.K.

Filzmooser Kindl. Gnadenbild der Wallfahrtskirche von Filzmoos, »gnadenreiches Jesukindlein« aus dem 15. Jh., bekleidete Holzstatuette (45 cm hoch) nach dem Vorbild des Prager Jesuleins. Segnet mit einem Glöckchen in der Rechten, trägt die Weltkugel in der Linken. Seit Anfang 16. Jh. nachgewiesener Wallfahrtsbetrieb, der sich 1732 nach der großen Protestantenvertreibung verstärkte.

Franz Schauer nach Lactanz Firmian, „Selbstporträt des Grafen Lactanz Firmian", Radierung, um 1750 (SMCA)

Gebetserhörungen und Wundertaten (Heilungen, gute Sterbestunde) des Gnadenbildes ab 1705 aufgezeichnet. Zahlreiche Nachbildungen zur Hausverehrung wurden in Salzburg und im Ennstal sehr verehrt, die Mirakelbücher fanden im 18. und 19. Jh. weite Verbreitung. →Gnadenbild, →Wallfahrt.

Lit.: M. Jäger: Ausführliche Beschreibung der Wallfahrt zum gnadenreichen Jesukindlein in Filzmoos. Salzburg (1912) 1937 (1874 1.) – G. Gugitz: Österreichs Gnadenstätten in Kult und Brauch. Bd. 5, Oberösterreich und Salzburg, Wien 1958, S. 161. – S. Wicha: »O heiliges Kindl in Filzmoos hilf«. Eine ikonographische Untersuchung der Filzmooser Votivbilder als Paradigma der Volksfrömmigkeit, Diplomarbeit 1989.

U.K.

Finck, Heinrich, * Bamberg (?) 1445, † Wien 9. 6. 1527, Komponist. Seit 1519 im Dienst von Eb. →Matthäus Lang in Salzburg und Komponist des Domkapitels. Da ihm das Hofleben nicht behagte, zog er sich 1524 in das Schottenkloster Wien zurück und baute eine Kantorei auf, 1527 übernahm er die Stelle des Hofkapellmeisters in Wien. Bereits zu seinen Lebzeiten wurde F. als »musicus excellentissimus« bezeichnet, der alle Formen der geistlichen und weltlichen Musik seiner Zeit beherrschte. Die 112 von ihm überlieferten Kompositionen – Messen, Motetten und deutsche Liedsätze – stellen nur einen Bruchteil seines Schaffens dar. Seine bedeutendsten Schüler waren Arnold v. Bruck, Stephan Mahu und Thomas Stoltzer.

Lit.: L. Hoffmann-Erbrecht: H. F. – musicus excellentissimus. Köln 1982.

G.W.

Fingerlos, Matthäus, * Unternberg (Lungau) 6. 9. 1748, † Salzburg 12. 12. 1817, Priester und Aufklärungsphilosoph. 1788 von Eb. →Hieronymus Colloredo zum Regens des →Priesterseminars bestellt. F. ist die grundlegende Neuordnung dieser Anstalt im Sinne der →Aufklärung zu verdanken, die die Philosophie Kants, eigene Schriften im Sinne der Vernunft und die Pädagogik F. M. →Vierthalers einarbeitete. Ein Konflikt mit der →Univ. und Intrigen veranlaßten F. zum Übertritt in bayerische Dienste.

Lit.: J. Kamintius in: In Salzburg geboren, S. 83 ff.

R.R.H.

Firmian, Franz Lactanz Graf von, * Trient 29. 1. 1709, † Nogaredo 6. 3. 1786, Sammler und Malerdilettant. Nach dem Tod des Eb. →Leopold Anton, seines Onkels, fiel ihm 1744 Schloß →Leopoldskron zu, wo er eine umfangreiche Sammlung von Kunst- und Naturobjekten mit leidenschaftlichem Eifer zusammentrug, aber auch selbst malte und modellierte. Nebenbei bekleidete er die Stelle eines Obersthofmeisters und Musikinspektors am Salzburger Hof. Seine lebhaften Bildnisköpfe der Hofgesellschaft, aber auch von Bediensteten, haben die für das späte Rokoko typische püppchenhafte Anmut. Von 508 erwähnten kleinen Kreideporträts, die teilweise vom Grafen selbst bzw. von C. →Schneeweis und F. Schauer radiert wurden, besitzt das →SMCA einen Restbestand. Die Sammlung samt ihrer Galerie von Gemälden und Selbstportäts der bedeutendsten Meister wurde 1839 in alle Welt verschleudert.

Lit.: Weltkunst Jg. 61, 1991, Nr. 14. – Ausstellungskat. Salzburg zur Zeit der Mozart. SMCA 1991, S. 101 f., 195 f., 204. – Ch. W. Thomsen: Leopoldskron. Siegen 1983. – G. Pezolt: Salzburg und seine Angränzungen. Salzburg 1849, Text zu Tf. 24. – Thieme-Becker. – Wurzbach. – Pillwein.

N.Sch.

Fischbach, August, * Wien 7. 3. 1828, † München 2. 2. 1860, Maler und Zeichner. Unterricht bei seinem Vater Johann →F., mit dem er 1840 nach Salzburg kam, und bei dem Historienmaler J. B. Berdellé in München. Seine volkstümlichen, historischen und religiösen Genrebilder (z. B. »Die erste Kommunion«, »Lektion bei der Großmutter«, »Der Allerseelentag«) unterscheiden sich von denen des Vaters durch eine kühlere und zugleich sentimentalere Auffassung.

Lit.: Thieme-Becker. – Mayer-Matsies: Johann F. Im Anhang Nekr. A. F. München 1872.

N.Sch.

Fischbach, Johann, * Grafenegg bei Krems 5. 4. 1797, † München 19. 6. 1871, Maler. Sohn eines Gräflich Breunerschen Haushofmeisters, studierte an der Wiener Akademie, die ihm 1821 den Großen Preis für eine »ideale Landschaft« verlieh und ihn als Assistenten seines Lehrers Joseph Mössmer beschäftigte. 1840 ließ sich F. in Salzburg nieder und befruchtete hier das Kunstleben nachhaltig. So hatte er bei der Gründung des →Kunstvereins führenden Anteil und unterhielt eine »Kleine Akademie«, an der u. a. J. →Mayburger, Johann Makart Vater (1815-1849) und dessen Schwager Johann Rüssemayer (1817-1849) teilnahmen und an der auch der Knabe H. →Makart seine ersten Talentproben ablegte. Populär wurde F. durch seine im Stahlstich reproduzierten »Malerischen Ansichten von Salzburg und Oberösterreich«. 1851 erfüllte sich F. den Wunsch nach einem idyllischen Landleben und errichtete sich ein Schweizerhaus im Aigner Tal bei Salzburg. Der Tod seines begabten Sohnes August →F. verleidete ihm jedoch dieses Domizil. Sein letztes Lebensjahrzehnt verbrachte er, von der dortigen Künstlerschaft hochverehrt, in München.

F. ist eine der sympathischsten Verkörperungen des österr. Biedermeiers, sein ausgeglichenes, sanftes Naturell vermittelt zwischen den Extremen idealistischer und realistischer Auffassung. Mit einem Fuß steht er noch in der Romantik, deren Seelenlage sich bei ihm vollends ins Gemütvolle, Träumerische und Behagliche mäßigt. Den krassen Realismus eines Waldmüller bekämpft er entschieden, er ist mehr mit Schwind und Richter verwandt, andererseits werden seine Wolkenstudien oft mit denen Adalbert Stifters verwechselt. Die ersehnte Eintracht zwischen Mensch und Natur glaubt er in der »heilen

Philipp Jakob Leidenhofer nach Johann Friedrich Pereth, „Erzbischof Johann Ernst Thun und seine Stiftungen", vor 1699

Welt« des Bäuerlichen noch unmittelbar vorhanden. Die malerische Sensibilität, mit der er seiner schwärmerischen Liebe zu Wald und Hochgebirge und zum Landvolk, den Fischern, Jägern, Sennerinnen und Hirten, Ausdruck verleiht, bewahrt seine Bilder vor der Glätte der Salonmalerei, deren Themenpalette F. schon ausschöpft, von der Ritterromantik bis zu den rastenden Schmugglern bei Alpenglühen. Seine poetischen Qualitäten kommen im kleinen Format, und hier wieder in Zeichnung und Aquarell, am schönsten zur Geltung. (Farbabb. S. 353)

Lit.: J. F., Malerische Ansichten (Faksimileausgabe). Salzburg 1998. – Ausstellungskat. J. F. SMCA 1989. – Meisterwerke, Tfn. 52, 53. – Feuchtmüller-Mrazek: Biedermeier in Österreich. Wien 1963. – J. Leisching in: SMusBl. 9, 1930, Nr. 2. – Mayer-Matsies: J. F. München 1872.

N.Sch.

Fischer von Erlach, Johann Bernhard, get. Graz 20. 7. 1656, † Wien 5. 4. 1723, Architekt, Bildhauer, Medailleur. Seit 1687 kaiserl. Hofarchitekt, 1689 Architekturlehrer des Kronprinzen Joseph, 1705 Oberinspektor der Hofgebäude. In Salzburg dürfte F. bereits seit 1690 für Eb. →Johann Ernst Graf Thun tätig gewesen sein, dieser Dienst endete erst mit dem Tod des Eb. F.s Berufung erfolgte wohl vor allem deshalb, weil der Eb., aus Abneigung gegen »wälsche« Künstler, den seit den 80er Jahren am Salzburger Hof tätigen G. →Zuccalli entlassen hatte. Die zahlreichen Stiftungsbauten des Eb. gaben F. Gelegenheit, die verschiedensten Bauaufgaben durchzuführen und Salzburg ein neues Gesicht und wichtige städtebauliche Akzente zu verleihen: wahrscheinlich im Herbst 1689 Gesamt-»Abriß« für den Mirabellgarten, außerdem Entwürfe für die Blumenschlangen-, Bacchanten- und Meeresgöttervase, 1693-95 Fassade des Hofmarstalles, der sich davor bis zum Mönchsbergfelsen ausbreitende Platz mit der Pferdeschwemme und die Felsenreitschule, 1694-97 Schneckenstiege im nördlichen Turm des Domes, 1694-1702 Dreifaltigkeitskirche, welche mit dem Priesterhaus im Norden und dem Virgilianum im Süden eine geschlossene Platzwand bildet, 1696-1701 Wallfahrtskirche Maria Kirchenthal bei Lofer (→Pinzgauer Dom), 1696-1707 Universitäts-(Kollegien-) Kirche, der Immaculata Conceptio und den Patronen der vier Fakultäten der →Univ. geweiht, mit ihrer großartigen Schauseite das Stadtbild Salzburgs bestimmend, vor 1695-1704 Johannes-Spital und -Kirche, 1699-1705 Ursulinenkirche, auf engstem Raum zwischen Mönchsbergwand und Salzach, barocker Platzprospekt an der Gabelung zweier Straßen, deren einer das Klostergebäude (1707-26) folgt, ab 1700 Schloß Kleßheim (ab 1709 abweichend von F.s Plänen weitergeführt) 1709/10 Hochaltar der →Franziskanerkirche unter Einbeziehung des Gnadenbildes aus dem gotischen Wandelaltar von M. →Pacher. F. hielt sich jedes Jahr einige Male für kurze Zeit in Salzburg auf, um die Arbeiten – wie vertraglich festgelegt – zu überwachen. Ein Stichwerk sollte die vom Eb. gestifteten Bauten, die zum größten Teil von F. stammten, verherrlichen, die Ausführung wurde durch den Tod des Eb. unterbrochen. Der Nachfolger, Eb. Franz Anton Harrach, ließ

F. zwar noch die Innendekoration von Kleßheim vollenden, verzichtete aber dann auf seine Dienste und zog seinen Rivalen J. L. v. →Hildebrandt heran.

Lit.: H. Sedlmayr. J. B. F. v. E. Neuausgabe mit einem Vorwort von Hermann Bauer, Stuttgart 1997. – Th. Zaunschirm: Ansichten vom Aufbau der Salzburger Universitätskirche. In: FS. f. F. Fuhrmann: Von österreichischer Kunst, Klagenfurt 1983. – H. Sedlmayr: J. B. F. v. E. Wien [2]1976. – H. Aurenhammer: Kat. der F.-v.-E.-Ausstellung. Graz-Wien-Salzburg 1956/57.

M.O.

Flögel, Karl, * Troppau (Schlesien) 1816, † Salzburg 20. 4. 1858, Arzt, Sänger und Chorleiter. Nach dem Medizinstudium Dozent für Psychiatrie an der Univ. Wien, seit 1849 Arzt in Salzburg. Neben seiner Praxis engagierte sich F. im Gesellschaftsleben der Stadt: er war Solist bei Konzerten der →Liedertafel, pflegte den Quartettgesang, gründete die Singakademie – einen gemischten Chor zur Pflege des Volks- und Chorlieds – und leitete (mit Unterbrechungen) 1850-58 die Salzburger Liedertafel, für die er eigenhändig 200 der beliebtesten Chöre kopierte. Mit der Singakademie wirkte er bei Konzerten des →Mozarteums mit, leitete mehrere Salzburger Erstaufführungen, u. a. mit Werken von Heinrich Schnaubelt, H. →Schläger und O. →Bach. Zur Weiterbildung seiner Sänger gründete er einen Privat-Leseverein und vermachte seine wertvolle Sammlung von Chorwerken (579 Kompositionen) der Liedertafel. Sein Andenken wurde durch die Vereinigung »Flögelwarte« bewahrt.

Lit.: J. Ev. Engl: Gedenkbuch der Salzburger Liedertafel. Salzburg 1872.

G.W.

Florey, Gerhard, * Oberleschen (Schlesien) 22. 12. 1897, † Salzburg 29. 8. 1996, evangel. Pfarrer und Kirchenhistoriker. Nach dem Studium der Theologie in Leipzig kam F. 1923 als Vikar nach Salzburg, wo er sich vor allem dem Verein →»Salzbund« widmete und sich große Verdienste um die Nachkommen der →Emigranten von 1731/32 erwarb. Die Tragik dieser Ereignisse hat F. zur wissenschaftlich-historischen Beschäftigung mit diesem Problemkreis geführt, deren Ergebnis in kleineren Aufsätzen und im Buch »Geschichte der Salzburger Protestanten und ihrer Emigration 1731/32« (1977) vorliegt. Höhepunkt der wissenschaftlichen Tätigkeit F.'s war zweifellos das Jubiläumsjahr 1981 mit der Mitarbeit an der zweiten Salzburger →Landesausstellung in Goldegg über die Emigration, Leistungen, die mit dem Titel eines »Korrespondierenden Mitglieds« der Gesellschaft für Salzburger →Landeskunde honoriert wurden.

Lit.: R. R. Heinisch: Nekr. G. F. In: MGSLK 137, 1997, S. 467 ff.

R.R.H.

Florey, Hans, *Salzburg 21. 3. 1931, Maler. 1949-1956 Studium an der Akademie der bildenden Künste (bei S. Pauser) und an der Akademie für Musik und darstellende Kunst (bei H. Reznicek) in Wien, seit 1964 Hochschulprofessor für Flöte in Graz, beschäftigt sich seit 1958 mit der Tropenlehre J. M. Hauers und den verschiedenen Farbenlehren, lebt in Abersee. F. erforscht mit einem dem Formenrepertoire geometrisch-konstruktiven Gestaltens entlehnten Vokabular die Wechselbeziehungen zwischen bildender Kunst und Musik, die Korrespondenz von Zahl, Farbe und Klang als Spiegel absoluter Harmonie.

Lit.: P. Weibel (Hg.): Jenseits von Kunst. Graz 1997, S. 124. – Ausstellungskat. H. F. Neue Galerie Graz 1976.

N.Sch.

Flurformen sind neben →Haus und Hof die augenfälligsten Merkmale der bäuerlichen Kulturlandschaft; sie hängen mit der Besiedlungsgeschichte und den Naturgegebenheiten eines Landes zusammen und geben Auskunft über Ackergerät, Anbaumethoden, Besitzverhältnisse und Erbsitten. F. hielten sich unverändert über Jahrhunderte, ja über Jahrtausende, bis zum Einbruch des technischen Zeitalters mit seinen Flurzusammenlegungen (»Kommassierungen«). In Salzburg überwiegen neben Mischformen die Einödflur und damit die Streusiedlung, das Einzelhofgebiet (→Siedlungsformen). Es handelt sich um große Rodegebiete, die nach dem Jahr 1000 besiedelt wurden; die letzten Erschließungen der Alpentäler erfolgten im beginnenden Spätmittelalter. Die Einödflur ist die Rode-Kolonisationsform des Hochmittelalters, im Gebirge, auch im Zu- und Ausbausiedlungsraum des Vorlandes anzutreffen. Die nächstgrößere Flurform ist die Blockflur, die neben der blockartigen Streifenflur Talränder

Flurformen: Misttragen mittels Seilzug am Steilhang, Rauris 1943 (SLIVK, Erika Groth-Schmachtenberger)

der Flüsse und Beckenlandschaften im Gebirge sowie einzelne Terrassen und die Moränenlandschaft im Alpenvorland einnimmt; im Saalfeldner Becken, Salzachtal zwischen Golling und Salzburg bis zum Zusammenfluß von Salzach und Saalach großfeldrig, kleinfeldriger und streifiger auf den Schuttkegeln im Pongauer und Pinzgauer Salzachtal. Sonderformen der Blockflur im Lungau: am Westrand des Taurachbeckens bes. kleinfeldrig und zerklüftet, teils quadratisch, teils rechteckig (»Fleckerlteppich«); beruht vermutl. auf älterer slawischer Besiedlung bzw. auf Besitzzersplitterung. Die Verteilung der großflächigen Blockflur läßt sich historisch mit der bajuwarischen Besiedlung in Zusammenhang bringen; somit würde die Blockflur ältesten dauernd besiedelten Boden darstellen. Geringer Anteil an Gewannfluren, fast nur Vorkommen von Streifenfluren (lange, parallele Grundstücksstreifen, planmäßig aneinandergereiht); zeitlich schwer einzuordnen, gehen meist auf Ortsvergrößerung bzw. auf Teilung alter oder zusätzlich gerodeter Flächen zurück (Wals, Siezenheim). Vielfach Übergang von Gewann- und Blockflur, etwa um den Wallersee, um Thalgau und um die Trumer Seen.

Umgang und Einschätzung der Natur werden wesentlich vom jeweiligen Kulturverständnis des Menschen geprägt. So zählt heute die Erhaltung wesentlicher Formen historischer Kulturlandschaften über deren wirtschaftliche Bedingtheit hinaus zu den kulturellen Leistungen der Gegenwart. Natur- und Landschaftsschutz sowie die Anlage von Nationalparks, die Erhaltung von Streuwiesen, mäandrierenden Bächen, Aulandschaften oder Bergmähdern etwa, zählen dazu.

Lit.: K. Conrad: Blockfluren im Lungau. In: Das Salzburger Jahr 1982/83, S. 52 f. – E. Tomasi: Historische Flurformen. In: ÖVA, 6. Liefg., 1. Teil, Wien 1977. – A. Klaar: Flurformen. Das Salzburger Flurbild, in: Salzburg-Atlas, hg. v. E. Lendl, Salzburg 1955, S. 44 f.

U.K., K.C.†

Flurumritt, Relikt der Reitergruppen in den kirchlichen Bitt- und Segensprozessionen, die sich aus der Tradition des antiken Umgehens schutzwürdiger Lebensräume und deren Grenzen zur Segensbannung entwickelt hatten. Im Zuge der →Aufklärung Verbot von Umritten und Reitprozessionen durch Eb. →Hieronymus Colloredo. In den letzten Jahrzehnten Neugründung solcher Flurumritte mit Flur- und Pferdesegnung, u. a. Untereching, Gries im Pinzgau, Thomatal, Eugendorf-Kirchberg und Neumarkt-Sommerholz. Die Reiterheiligen St. Georg und St. Leonhard werden oft als Statue mitgeführt oder von Reitern figuriert. Häufig sind die F. Anlaß für Volksfeste mit Festzügen und Kranzlstechen.

U.K

Foidl Gerold, * Lienz (Osttirol) 28. 4. 1938, † Salzburg (Sonderkrankenhaus Grafenhof) 29. 3. 1982, Zollbeamter, Schriftsteller. Als Kind 1945 Zeuge des Kosakenmassakers an der Drau, nach Handelsschule in Lienz Zollbeamter in Reutte und Innsbruck, Bekanntschaft mit dem Dramatiker Felix Mitterer. Anfang der 70er Jahre Niederlassung in Salzburg, 1978 Griechenlandreise, 1978/79 Mexikoreise. Seit 1980 Lungenkrebs, 1981 Obmann der von ihm mitbegründeten »Salzburger →Autorengruppe«. F.s erster Roman »Der Richtsaal. Ein Hergang« (1978) ist eine Abrechnung mit seiner freudlosen Kindheit, sein zweites Buch, »Scheinbare Nähe« (1985), aus F.s Nachlaß von P. →Handke ediert, kreist um F.s vermeintliches Scheitern als Schriftsteller und um das Bewußtsein des baldigen Sterbens. F.'s Nachlaß wird von der Salzburger Autorin D. →Macheiner verwaltet.

Lit.: G. Foidl: Werkausgabe. Hg. v. D. Macheiner, Innsbruck 1998 ff.

A.Has.

Forellenwegsiedlung. Eines der letzten Stadterweiterungsprojekte in der äußersten Peripherie Salzburgs (Liefering), wurde 1983-90 errichtet und in Tagespolitik wie Fachwelt kontroversiell diskutiert (304 Wohnungen, rund 1000 Menschen). Von Bürgerlisten-Stadtrat Johannes Voggenhuber bald nach Übernahme des Planungsressorts als Modellbauvorhaben der sogenannten »Architekturreform« initiiert, sollte es die Struktur des sozialen Wohnbaus mit der »Zweckgemeinschaft Wohnbauträger–Architekt–Politiker« unter Zuhilfenahme auswärtiger Architekturgrößen reformieren. Dem vom →Gestaltungsbeirat geforderten besonderen Augenmerk auf die städtebauliche Qualität entsprach beim 1984 durchgeführten Gutachterverfahren das rigide Konzept von Oswald M. Ungers (Köln) am besten, dessen Überarbeitung zum Masterplan für Bebauungen von sieben Architektenteams wurde. Die international publizierte F. bereicherte die österreichische Debatte um den adäquaten Wohnbau an der Peripherie und gab der Salzburger Wohnbaudiskussion einen Impuls. Die nach graphischen Gesichtspunkten angeordneten Plätze und Gassen sollten eine »zeitgemäße Interpretation der Salzburger Altstadt« darstellen, konnten aber nur bedingt zur Aufwertung des Wohnumfeldes und des öffentlichen Raumes beitragen. Diese aufgesetzte »Urbanität« mischte sich bei der Ausführung mit einem stärkeren Gartenstadtcharakter. Die Forellenwegsiedlung stellt sich heute als funktionierende Gemeinschaft aus Mietern und Eigentümern (je 50 Prozent) dar. Zum hohen Identitätswert der Siedlung tragen das ambitionierte Bewohnerservice sowie die vielen Vereine und Initiativen wesentlich bei.

Lit.: R. Gutmann: Gemeinsam planen und wohnen. Salzburg 1990. – D. Steiner (Hg.): Das Salzburg-Projekt. Entwurf einer europäischen Stadt. Wien 1986. – Ch. Hackelsberger: Tot schon vor Lebzeiten. In: Bauwelt 1985, S. 169-173. – O. Uhl, J. Weber, Gutachten »Forellenweg«. Salzburg-Karlsruhe 1984.

N.M.

Forschungsinstitut Gastein-Tauernregion. Institution der Österr. Akad. der Wissenschaften, eröffnet am 29. 6. 1936 mit dem Ziel, die Grundlagen der Heilwirkung des Gasteiner Wassers wissenschaftlich und systematisch zu erforschen. Die Initiative dazu ging vom Wiener Chemiker und Industriellen Emmerich Granichstaedten aus, eine besondere Förderung erfolgte durch LH. F. →Rehrl. Die wissenschaftliche Leitung des Instituts lag 37 Jahre lang in den Händen von Ferdinand Scheminzky (1899-1973). Heute werden folgende Projekte gefördert: Erforschung der Gasteiner Kurmittel, Hochgebirgsökologie, Pistenforschung, Waldbau.

Lit.: H. Adam: Forschung in Gastein. Zum 50. Jubiläum des Forschungsinstituts am 29. Juni, in: SN, 28./29. 6. 1986.

R.R.H.

Forschungszentrum, Internationales (IFZ), für Grundfragen der Wissenschaften, wurde am 5. 8. 1961 feierlich eingeweiht; am 19. 4. 1964 erfolgte die kanonische Errichtung. Das IFZ wurde mit der Absicht gegründet, eine »Forschungsstätte auf der als selbstverständlich vorausgesetzten Glaubensbasis zu schaffen, in der die Einheit bzw. Integration der Wissenschaften in kontinuierlicher, streng wissenschaftlicher Arbeit erstrebt wird«. Derzeit besteht das IFZ aus den Instituten für Religionswissenschaften und Ostkirchliche Theologie, Politische Wissenschaft, Wissenschaftstheorie, Kirchliche Zeitgeschichte und Medienpädagogik. Langjähriger Präsident der Institution war Th. →Michels.

Forschungszentrum Dürrnberg, Österreichisches. Der von verschiedenen Körperschaften getragene Verein (Hallein, Keltenmuseum) hat die Aufgabe, die wissenschaftliche Erforschung und Betreuung der archäologischen Fundstellen im Bereich des →Dürrnberges durchzuführen, die Fundobjekte zu restaurieren, zu archivieren, wissenschaftlich zu bearbeiten und zu publizieren, während die Präsentation dem →Keltenmuseum vorbehalten bleibt.

R.R.H.

Fotografie. Über die Erfindung der Daguerreotypie, deren Bekanntgabe am 19. 8. 1839 vor der Akad. der Wissenschaften in Paris allgemein als die Geburtsstunde der F. bezeichnet

Franz Segl, „Karl Mozart", Fotografie, 1856

wird, berichtete die »Salzburger Zeitung« bereits am 28. 1. 1839. Die ersten Daguerreotypien verfertigte in Salzburg 1840 der Magister pharmaciae Johann Joseph Schgör, Angestellter der Hofapotheke, dann Apotheker in Hallein und 1845 Bürgermeister von Hallein. Er fotografierte »die Facade des Neubaues mit dem Glockenspielthurme, die oberen, über die übrigen Gebäude hervorragenden Stockwerke des k. k. Residenzschlosses Mirabell und das Kapuziner-Kloster«. Durchreisende Daguerreotypisten ließen sich kurzzeitig in Salzburg nieder und warben in Salzburger Zeitungen für ihre Porträtaufnahmen. 1858 eröffnete der Dommusikus Franz Segl das erste glasgedeckte Atelier in der Kaigasse Nr. 170. Von den zahlreichen nachfolgenden Fotoateliers war wohl Baldi & →Würthle das bedeutendste und langlebigste. Seit 1863 in der Villa Baldi in der Riedenburg; 1866 Übersiedlung in das neue Haus in der Schwarzstraße Nr. 9 (später Nr. 11); nicht nur für Porträtaufnahmen konsultiert, sondern berühmt für seine Weitwinkel-Landschaftsaufnahmen und Städtebilder. Baldi schied aus der Firma aus, und Würthle verband sich mit seinem Schwager, dem Chemiker Spinnhirn. 1874-92 hieß die Firma Würthle & Spinnhirn, ab 1892, nach dem Tod Spinnhirns, Würthle & Sohn. 1904 wurde das Atelier an die Fotografen Bertel & Pietzner verkauft. Der Landschaftsverlag blieb im Familienbesitz, die Zentrale wurde nach Wien verlegt, 1908 wurden beide Betriebe getrennt. 1909 ging das Fotoatelier an Carl Ellinger, 1922 an A. →Steinhart über. Das Archiv Ellinger (1920-79) und das Archiv Anny Madner (1945-79) befinden sich mit über 100 000 Negativen von Festspielaufnahmen in der →Max-Reinhardt-Forschungs- und Gedenkstätte. In den 30er Jahren fotografierte der Amateurfotograf und Arbeiter des Aluminiumwerkes Lend, Fritz Macho (1899-1974), bemerkenswerte Bilder seiner alltäglichen Umgebung. Ein wichtiger Pressefotograf und Chronist der Ereignisse in Salzburg – u. a. Dokumentation der Bombenschäden – ist Franz Krieger (* 1914). Stefan →Kruckenhauser hat mit seinem Buch »Verborgene Schönheit« (1938) und anderen Büchern neue Richtlinien der Landschafts- und Architekturfotografie gesetzt. 1879 wurde an der (Staats-) →Gewerbeschule eine Abteilung für Fotografie und Reproduktionsverfahren eingerichtet, Leiter war der Chemiker und Fotograf Anton Czurda, Voigtländer bot der neuen Anstalt kostenlos die benötigten Objektive an. Die Abteilung (Vorläufer der Lehr- und Versuchsanstalt für Fotografie und Reproduktionsverfahren in Wien) wurde 1886 wieder geschlossen. 1893 Gründung des »Clubs der Amateurphotographen Salzburg«. 1974 wurde am Salzburg College in Leopoldskron von Doug Stuart ein Studienprogramm für künstlerische Fotografie eingerichtet, das von intern. renommierten Fotografen geleitet wird, seit 1975 steht auch eine College-Gallery zur Verfügung. 1975 erwarb das Land Oberösterreich die intern. bekannte »Photogeschichtliche Sammlung Hans Frank«, zuletzt in Salzburg im Schloß Arenberg untergebracht, und präsentiert sie im Marmorschlößl in Bad Ischl als »Photomuseum des Landes Oberösterreich«. 1981 gründeten die jungen Salzburger Fotografen Kurt Kaindl, Michael Mauracher u. a. den »Verein zur Förderung der Autorenfotografie« und eröffneten die Galerie Fotohof zur Präsentation zeitgenössischer Fotografie und für die Herausgabe von Editionen und Buchpublikationen zu diesem Thema. Das →Rupertinum verfügt in Österreich über die einzige große Sammlung österreichischer Autorenfotografen seit 1945.

Dokumentationsfotosammlung bei: Altstadtamt – Archiv Pressefoto Oskar Anrather – Archiv Pressefoto Richard Fuchs (u. a. Sammlung Baldi-Würthle) – Archiv der Salzburger →Festspiele (Dokumentation von Proben und Aufführungen seit 1920, Schnappschüsse, Sammlung Foto Ellinger, Sammlung Foto Anny Madner) – Archiv der Stadt Salzburg (u. a. Archiv der Salzburger Stadtwerke, Archiv Josef Kettenheumer) – →SMCA – Konsistorialarchiv – Landesarchiv (u. a. Sammlung Johann Barth, Sammlung Laszlo Vuray, Sammlung Jurischek) – Landesbildstelle – Stiftsarchiv →St. Peter.

Lit.: W. Morath (Hg.): Kronland Salzburg. Historische Fotografien von 1850 bis 1918 aus der Sammlung des SMCA, Begleitband zur Sonderausstellung im SMCA 30, 6.-1. 10. 2000. – I. Stegen: Salzburg – eine Chance für die künstlerische Fotografie. In: Oberösterreich 32, 1982, H. 4, S. 51 ff. – H. Frank: Die alten Salzburger Photographen. In: MGSLK 105, 1965, S. 189 ff., und 106, 1966, S. 355 ff.

M.O.

Franziskanerkirche, gehört zu den ältesten Kirchen der Stadt. Im 8. Jh. hier eine Tauf- und Synodalkirche. 1139-1635 Stadtpfarrkirche, seit 1592 Ordenskirche der Franziskaner. Vom ursprünglichen Bau nichts bekannt. Heute ein Kompendium abendländischer Kirchenbaustile. Spätromanisches basilikales Langhaus 1223 geweiht, mit späteren Emporeneinbauten. Aus dem 13. Jh. auch noch das reiche Südportal. Im Osten ein beeindruckender Hallenumgangschor mit Kapellenkranz, ab 1408 von →Hans von Burghausen errichtet. Wahrscheinlich urspr. ein kompletter Neubau der Kirche als sechsjochige Halle geplant, noch vor dem Tod des Hans von Burghausen (1432) die Beibehaltung des älteren Langhauses beschlossen und der neue Ostteil in Anlehnung an einen Zentralraum (Mittelstütze) gestaltet, ein Höhepunkt spätgotischer Architektur. Als Nachfolger und Vollender des Baus S. →Krumenauer. Die Porträts der beiden Baumeister unter den Fresken des C. →Laib. Der Turm 1486-98 errichtet, Helm 1670 barockisiert, 1866/67 durch Wessiken regotisiert. Vom großartigen Hochaltar M. →Pachers, 1495-98, blieb nur die Marienfigur im heutigen Hochaltar erhalten. Unter Eb. →Wolf Dietrich Einbau eines Oratoriums im Chor in Form einer Renaissance-Palastfassade, 1606. Unter ihm auch Beginn der Barockisierung der Chorkapellen, die sich das ganze 17. Jh. hinzieht (in der SW-Kapelle Bilder von J. M. →Rottmayr). Imposanter Hochaltar nach Entwurf von J. B. →Fischer von Erlach, 1708. Im Langhaus noch zwei neoromanische Altäre des 19. Jh.s, der Volksaltar anläßlich der Generalrestaurierung 1983/84.

Lit.: F. Fuhrmann: Der Chor der F. in Salzburg und sein »Maßgrund«. In: Wiener Jb. für Kunstgesch. XLVI/XLVII, 1993/94, S. 195 ff. (mit Lit.). – F. Wagner: Der Hochaltar der Salzburger F. In: Das Salzburger Jahr 1989, S. 42 ff. – Ders.: Die Säule, die die Kirche trägt. In: AMK 1985, H. 198/199, S. 17 ff.

L.T.

Franzmair, Franz, * Vöcklabruck, 27. 2. 1901, † Salzburg 13. 5. 1988, Baumeister. Ausbildung an der →Gewerbeschule Salzburg, 1926 Gründung einer Baufirma in Badgastein (→Bäder), die hier die zweite Welle gesteigerter Bautätigkeit in den Jahren 1926-32 bestimmte. Zusammenarbeit mit vielen renommierten Architekten, allen voran S. K. →Huber, der den Umbau der Hotels Gruberhaus und Moser, des Kurhauses Gisela leitete, die Neubauten Pension Sonnwendhof, Zentralgarage und Ökonomiegebäude des Hotels Bellevue durchführte; Richard Berndl, der das Hotel Elisabethhof umgestaltete, das Hotel Bellevue (1926/29) errichtete; F. →Schmid, der das Hotel Savoy, Carl Witzmann, der das Kino Meran baute. Die Firma F. verwirklichte auch nach dem 2. Weltkrieg noch zahlreiche Projekte, so 1967/68 das Felsenbad nach dem Entwurf von G. →Garstenauer.

Lit.: Moderner Hotelbau in Badgastein. Bauten der Firma F. F. Badgastein. Mit einem Vorwort von K. Mühlmann, München-Wien 1932.

M.O.

Frautragen, Adventbrauch, der auf Ignatius von Loyola zurückgeht und in der Gegenreformation zur Förderung der Marienverehrung entstand. In Salzburg werden Bilder der Maria Gravida, der Maria, die übers Gebirge geht, bzw. der Herbergssuche tageweise – von der Kirche ausgehend – im Advent von Haus zu Haus getragen, an einem Ehrenplatz aufgestellt; dort wird eine gemeinsame Andacht verrichtet. Die Trägerinnen des Bildes werden oft beschenkt. In Salzburg sind im Pinzgau und Pongau (bes. zw. Paß Lueg und Bruck, Gasteinertal) und Lungau zahlreiche »Frautragbilder« (»Frautafeln«) aus dem 18. und 19. Jh. erhalten. Unter Eb. →Hieronymus Colloredo erfolgten Verbote wegen nächtlicher Umtriebe der Bevölkerung. Um 1900 erhielt das Frautragen, vom Münchner Servitinnenorden ausgehend, neue Impulse. In Oberndorf entwickelte sich im Zuge der Brauchtumspflege in den 1920er Jahren eine neue Form. Seit den 1950er Jahren wird es von den katholischen Pfarren und der »Legio Mariae« gefördert.

Lit.: U. Kammerhofer-Aggermann: Sie fanden keinen Platz in der Herberge. In: Herbergsuche, Falter der Pfarre Lehen, Salzburg 1998. – M. Becker: Das Frautragen. In: SH 10, H. 3, 1986, S. 59 ff. – E. Hutter: Das Frautragen im Lande Salzburg anhand bildlicher Zeugnisse. In: SH 10, H. 3, 1986, S. 69 ff.

U.K.

Freilichtmuseum, Salzburger, in Großgmain am Nordfuß des Untersberges in einem 50 ha großen, mit Streuwiesen durchsetzten Waldgelände gelegen. Sammlungsschwerpunkt: bäuerliche Wohn- und Wirtschaftsgebäude aus allen Salzburger Hauslandschaften (→Haus und Hof) vom 16. bis ins 20. Jh. mit Hausrat und Arbeitsgeräten. Museumsgründung 21. 12. 1978, Beginn der Aufschließungs- und Bauarbeiten März 1979, Eröffnung 29. 9. 1984, Gründer und 1. Direktor K. →Conrad. 1998 umfaßte das F. 59 historische Gebäude. Rechtsträger ist seit 1. 1. 1986 das Land Salzburg. Dem F. kommen wichtige didaktische Aufgaben zu. Sonderausstellungen, Mund- und Handwerkertage ergänzen u. a. das Angebot. Bedeutsam ist die Sachgütersammlung im Speichergebäude, an deren wissenschaftlicher Erschließung, ebenso wie an den Hausgeschichten, gearbeitet wird. Das als Wirtschaft betriebene Salettl erhöht den Wert des F. als Erholungsgelände. 1996 Österreichischer Museumspreis.

Lit.: K. Conrad: Führer durch das Salzburger Freilichtmuseum. 4. erw. Aufl. mit einem Botanischen Anhang von Walter Strobl (Veröffentlichungen des SFM, Bd. 1), Salzburg 1984.

U.K.

Freisauff, Rudolf von, * Wien 21. 5. 1848, † Salzburg 10. 2. 1916, Redakteur und Schriftsteller. Entstammte der in den Adelsstand erhobenen, später verarmten Salzburger Handelsfamilie Freisauff von Neudegg. Zunächst freier Schriftsteller, 1875-80 bei der »Salzburger Zeitung«, 1880-1916 Redakteur, zuletzt Chefredakteur des »Salzburger Volksblattes«. F. publizierte Novellen und Gedichte in Zeitun-

Johannes Freumbichler (Thomas-Bernhard-Nachlaßverwaltung)

gen und Unterhaltungsblättern und verfaßte zahlreiche Bücher, u. a. zur Geschichte des Salzburger Theaters und der Fürstenbrunner Wasserleitung. Einen besonderen Namen als Sammler Salzburger Sagen hat er sich durch sein 1880 erschienenes, über 650 Seiten starkes Buch »Salzburger Volkssagen« gemacht. Als geachteter Reiseschriftsteller verfaßte er zahlreiche Fremdenführer, die als Standardwerke hohe Auflagen erlebten, in andere Sprachen übersetzt und noch Jahrezehnte nach seinem Tod nachgedruckt wurden. Der überzeugte Liberale wirkte auch am politischen und kulturellen Leben der Stadt aktiv mit und zählte zu den profiliertesten Salzburger Persönlichkeiten des ausgehenden 19. Jhs. Zeitlebens von finanziellen Sorgen begleitet, schied er infolge einer »gewollten Medizinalvergiftung« aus dem Leben.

Lit.: P. F. Kramml: Nachwort. In: R. v. F.: Aus Salzburgs Sagenschatz. Nachdruck, Salzburg Archiv 15, Salzburg 1993, Anh. S. 3 ff. – H. Glaser: Das Salzburger Zeitungswesen. T. 1. In: MGSLK 96, 1956, S. 155 f. – R. F. v. Neudegg. In: SV 46. Jg., 10. 2. 1916, S. 1.

P.F.K.

Freud, Sigmund, * Freiberg (heute Příbor, Nordmähren) 6. 5. 1856, † London 23. 9. 1939, Begründer der Psychoanalyse. Der erste internationale Kongreß für Psychoanalyse – von C. G. Jung in seiner Einladung bereits »I. Congreß für Freud'sche Psychologie« genannt – fand am 21. April 1908 in Salzburg statt. Die Anwesenheitsliste des Salzburger Kongresses im Hotel Bristol am Makartplatz führt 38 Teil-

nehmer an, unter ihnen jenes Dreigestirn, das forthin die Weiterentwicklung der Psychoanalyse wesentlich bestimmen sollte: C. G. Jung, Zürich, Sandor Ferenczi, Budapest, und Alfred Adler, Wien. Nach Einschätzung von C. G. Jung lieferte die Bilanz des Salzburger Kongresses »ein sehr gutes Resultat, so daß man daraus auf den Erfolg unserer Jahrbücher schließen darf«. In der Tat gewann dieser Kongreß auch dadurch nachhaltige Bedeutung, daß hier die erste der Psychoanalyse gewidmete Zeitschrift gegründet wurde. Es war das im März 1909 erstmals erschienene »Jahrbuch für psychoanalytische und psychopathologische Forschungen«.
Auch später weilte F. häufig in Salzburg; neben der Landeshauptstadt besuchte er v. a. das Salzkammergut und war mehrfach zur Kur in Gastein.

Lit.: P. Mittermayr in: »Unser Land«, SLZ 9, 1997.

P.M.

Freudlsperger, Hermann, * Salzburg 6. 7. 1887, † Tokio 13. 10. 1956, Maler. Studierte (als Mitschüler A. →Faistauers) an der Wiener Kunstakademie, wanderte 24jährig nach Tokio aus, wo er hauptsächlich als Bildnismaler – auch für den japanischen Hof – und Akademielehrer wirkte.

Lit. : SV, 17. 11. 1956, 8. 8. 1953.

N.Sch.

Freumbichler, Johannes, * Henndorf am Wallersee 22. 10. 1881, † Salzburg 11. 2. 1949, Schriftsteller. Sohn eines Gemischtwarenhändlers, Realschule in Salzburg, Technikum in Ilmenau (Thüringen). Aufenthalte in Basel, Meran, München und Wien. Eine Gönnerin ermöglichte dem Lungenkranken Aufenthalte und Genesung in Südtirol. 1913-34 in Wien, 1935-39 Seekirchen, 1939-46 Traunstein, 1946-49 Salzburg. Früh begann er zu schreiben; der literarische Erfolg kam spät. C. →Zuckmayer half ihm, den Salzburger Bauernroman »Philomena Ellenhub«, für den er 1937 den Großen Österreichischen Staatspreis erhielt, bei Zsolnay zu veröffentlichen. Die »Geschichten aus dem Salzburgischen« (1938) sowie die Atmosphäre und die Figuren seines Bauernromans entstammen szenisch und typologisch heimatlicher Erfahrung. Dasselbe gilt für die Erzählung »Die Reise nach Waldprechting« (1942) und die Mundartgedichte des posthum veröffentlichten Bandes »Rosmarin und Nelken« (1952). F. war Großvater und Erzieher von Th. →Bernhard. Ehrengrab auf dem Friedhof Maxglan. Sein literarischer Nachlaß befindet sich im Thomas-Bernhard-Archiv in Gmunden.

Lit.: Th. Bernhard – J. F. – Hedwig Stavianicek. Bilder, Dokumente, Essays. Hg. v. M. Mittermayer, Linz 1999 (= »Rampe« Extra). – Th. Bernhard: Ein Kind. Salzburg 1982. – F. Aspetsberger: J. F.s Bauernroman »Philomena Ellenhub«. In: ÖGL 23, 1979, S. 279 ff.

A.Has.

Freunde der Festspiele →Verein der Freunde der Salzburger Festspiele

Freunde der Salzburger Geschichte, Verein. Gegründet 1980 unter Mitwirkung von K. →Brandauer. Informiert durch Vorträge, Führungen und Veröffentlichungen über die Geschichte, Kunst und Kultur Salzburgs. Publikationsorgane sind die Schriftenreihen »Salzburg Archiv« und »Salzburg Studien« (seit 1986 bzw. 1999) und die Zeitung »Landesgeschichte aktuell« (seit 1992). Die Sektion »Salzburger Numismatische Gesellschaft« (gegr. 1989) hat sich die Erforschung der Salzburger Münzgeschichte (→Numismatik) zur Aufgabe gemacht (eigene Schriftenreihe). Die Sektion »Freunde des Stadtarchivs« (gegr. 1995) unterstützt die Sammeltätigkeit des →Archivs der Stadt Salzburg.

P.F.K.

Frey Alexander Moritz, * München 29. 3. 1881, † Zürich 24. 1. 1957, dt. Schriftsteller. Jugend in München und Mannheim, Jusstudium, lebte in München. Seit der Jahrhundertwende mit Th. und H. →Mann befreundet. Beeinflußt von Hauff und E. T. A. Hoffmann, »behext« von E. A. Poe, zählt F. zu den wichtigsten Vertretern der phantastischen Literatur unseres Jh.s. Im 1. Weltkrieg Sanitätsunteroffizier im Regimentsstab des 16. bayerischen Reserve-Inf. Reg., dem Adolf Hitler als Melder angehörte. Wegen dieser »Kriegskameradschaft« wiederholt aufgefordert, sich der »nationalsozialistischen Bewegung« anzuschließen. F. sagte ab und schuf sich dadurch Feinde. Bis 1930 13 Buchpublikationen, darunter der pazifistische Roman »Die Pflasterkästen«, 1929. 1933 Emigration nach Salzburg. Hier befreundet und bekannt mit A. →Grasmayr, Felix Braun, L. →Praehauser, den Malern W. →Kaufmann und E. →Bäumer.

F.s Briefe an Thomas Mann sind die wichtigste Quelle seiner Exiljahre in Salzburg. F. warnte Th. Mann davor, sich in Wien niederzulassen. Nach 1936 wurde F. von der Salzburger politischen Polizei schikaniert. Hier schrieb er den umfangreichen, bisher unveröffentlichten Roman »Der Gefallene steht auf«. 1938 Emigration in die Schweiz und Entzug der dt. Staatsbürgerschaft. Unterstützung durch Vermittlung Th. Manns. Kurz vor Kriegsende veröffentlichte F. den Roman »Hölle und Himmel«, einen literarisch hochwertigen Schlüsselroman über Salzburg in der Zeit zwischen 1933-38. Obwohl sich Th. Mann für F. weiter einsetzte, geriet er bereits zu Lebzeiten in Vergessenheit. Erst in jüngster Zeit beginnt sich dieses Bild etwas zu ändern. (Farbabb. S. 365)

Lit.: E. Früh: A. M. Frey in Österreich (1933-1938) und J. D. Sauerländer. Wien 2000 (= Noch Mehr, März 2000). – K. Hoffmann-Walbeck: A. M. F. (Allegorische) Phantastik u. Groteske als Mittel der Zeitkritik. Frankfurt-Bern 1984. – A. M. F.: Hölle und Himmel. Mit einem Nachwort v. H. A. Walter, Neudruck Hildesheim 1984.

H.H.

Frey, Carl von, * Salzburg 2. 6. 1826, † Berlin 24. 7. 1896, Maler. Kaufmann und Kunstfreund, richtete sich 1863 auf dem Mönchsberg in einem umgebauten Befestigungsturm ein romantisches Domizil ein, wo er der Sammelleidenschaft und – seit 1869 – der Malerei nachging. Seine Salzburg-Veduten und Landschaften folgen J. →Fischbachs Vorbild. In späteren Jahren beschäftigte er sich auch mit der Fotografie. F.s. Sohn Max (* Salzburg 16. 11. 1852, † Würzburg 25. 1. 1932), Professor für Physiologie in Leipzig, Zürich und ab 1899 in Würzburg, wurde durch Forschungen über die anatomischen und sinnesphysiologischen Grundlagen der Schmerzempfindung bekannt. Seine Ergebnisse auf dem Gebiet der Hautsinne sind, zusammen mit den hiefür eigens entwickelten Reizapparaten, noch heute fest mit seinem Namen verbunden.

Lit.: H. Münzel: Max v. F. Würzburger medizinhistorische Forschungen, Band 53, 1992. – MGSLK 36, 1896, S. 427.

N.Sch.

Friedhöfe. Die ältesten christlichen Begräbnisstätten der Stadt sind die der Klöster →St. Peter und →Nonnberg. Sie dienten zunächst nur den Bewohnern der Klöster und ihrer Bezirke. Der Friedhof von St. Peter mit der 1485-91 errichteten gotischen Margarethenkapelle ist heute von den an drei Seiten umlaufenden Arkaden (1615-28) bestimmt. Durch seine Lage am Fuß des Festungsberges und sein »malerisches« Terrain, das immer wieder neue Blickwinkel eröffnet, wurde er zu einem bevorzugten Thema der Malerei und Dichtung des 19. Jh.s. Bedeutende Persönlichkeiten sind hier beerdigt: S. →Solari, W. und L. →Hagenauer, Sigmund Haffner, M. →Haydn, →Mozarts Schwester Nannerl. Der älteste allgemeine Friedhof war der Stadtfriedhof bei St. Michael, der zum »Domfriedhof« wurde, als im 12. Jh. das Pfarrecht auf die Liebfrauenkirche überging. Als Eb. →Wolf Dietrich den Domfriedhof aufhob, ließ er am Rande der Stadt, aber noch innerhalb der Stadtmauern, bei St. Sebastian durch A. →Bertoleto den alten bestehenden Friedhof nach dem Vorbild eines italienischen Campo Santo erweitern und mit Arkaden umfassen und in dessen Mitte sein eigenes Mausoleum von E. →Castello errichten. Begräbnisstätte großer Persönlichkeiten: Elia Castello, Th. →Paracelsus, L. und C. →Mozart. Die Vorstädte, wie Mülln, Nonntal, auch das St.-Johanns-Spital, hatten eigene Friedhöfe. 1809 wurde der Militärfriedhof in Thumegg als Hain angelegt, 1879 der Kommunalfriedhof in Gneis, 1893 der jüdische Friedhof in Aigen (1938 zerstört, seit 1945 wiederbelegt). Flüchtlings- und sogenannte »Russenfriedhöfe« u. a. in Anif (1. Weltkrieg, Flüchtlings- und Kriegsgefangenenlager Grödig) und St. Johann im Pongau (2. Weltkrieg, Kriegsgefangenenlager).

Lit.: M. Gretzschel: Historische Friedhöfe in Deutschland, Österreich und der Schweiz. München 1996. – C. Dorn, A. Lindenthaler: Der Friedhof zu St. Peter in Salzburg. Salzburg 1982. – E. Ziegeleder: 100 Jahre Kommunalfriedhof 1879-1979. Salzburg 1980. – K. Dorn: Der F. zum Hl. Sebastian in Salzburg. Salzburg 1969. – F. Martin: Salzburger Friedhöfe. In: Bergland 11, XIX, 1937. – F. Martin: Der alte Domfriedhof. In: MGSLK 76, 1936.

M.O.

Frieß, Simeon, 1675 bis 1719 nachweisbar, »Hoffbildhauer bey der alten Mintz wonhafft«. Begann seine Tätigkeit, als J. →Gerold seine letzten Werke schuf, arbeitete dann neben W. →Weißenkirchner und war ein Menschenalter lang in Stadt und Land Salzburg allein führend. Seine Kunst steht im Schatten von M. Guggenbichler in Mondsee, dessen »ausländischer« Konkurrenz er sich nur mit Hilfe von eb. Einsprüchen erwehren konnte, und von Th.

Schwanthaler in Ried, den er nachahmte. Neben beachtlichen Einzelleistungen (Skulpturen des Hochaltares der →Franziskanerkirche) stehen Arbeiten, die offensichtlich von Werkstattgehilfen stammen.

Lit.: J. Ramharter: Der Bildhauer Jakob Gerold und die Salzburger Plastik um die Mitte des 17. Jh.s. Diss. Wien 1985. – Pretzell.

N.Sch.

Frischenschlager, Friedrich, * Groß-St. Florian (Stm.) 7. 9. 1885, † Salzburg 15. 7. 1970, Komponist. Musikstudien in Graz und Berlin, Kompositionsschüler von Engelbert Humperdinck. 1918-1945 Theorie- und Kompositionslehrer am →Mozarteum, Schriftleiter der Mozarteums-Mitteilungen, Chordirigent. Schrieb erfolgreiche Kinderopern in der Tradition Humperdincks, eine dt. Messe, Orchesterwerke, Kantaten, Chöre, Kammermusik und Lieder.

G.W.

Frueauf, Rueland d. Ä., * Obernberg am Inn (?) um 1440/45, † Passau 1507, Maler. Ausbildung wohl in Salzburg Vorbild C. →Laib. Monumental gebildete Figuren, Bildraum auf Minimum reduziert, stark plastische Durchbildung. 1470-78 mehrmals in den Rechnungsbüchern von →St. Peter in Salzburg erwähnt. 1480 Mitglied der »Alten Bürger Bruderschaft« in Salzburg, im selben Jahr Bürger von Passau. 1484 Gutachten für den Hochaltar der Stadtpfarrkirche von Salzburg. Werke: Großes Altarwerk mit Szenen der Passion und des Marienlebens für Salzburg, Ruela ... signiert, 1490 und 1491 datiert, Tafeln heute in der Österr. Galerie in Wien. Regensburger Altar für die Ulrichskirche in Regensburg um 1480 (heute Stadtmuseum Regensburg). (Farbabb. S. 334)

Lit.: V. Liedke: Marginalien zum Leben R. F. d. Ä. Maler in Passau und Salzburg. In: Ars Bavarica, Bd. 43/44. München 1986, S. 72 ff. – E. M. Zimmermann: Studien zum Frueaufproblem. Phil. Diss. Wien 1975. – A. Rohrmoser: R. F. d. Ä. In: Spätgotik in Salzburg, Die Malerei, Salzburg 1972, S. 119 ff. (mit Lit.).

L.T.

Frueauf, Rueland d. J., * wahrscheinlich Salzburg um 1470-80, † Passau (?) nach 1545, Maler. Sohn des älteren R. →Frueauf. Ausbildung und Mitarbeit in der Werkstatt des →Meisters von Großgmain. Spätestens 1497 Bürger von Passau. Fortschrittlich in Landschafts- und Architekturzeichnung, stimmungsvolle Natur-

Friedhof St. Peter (Inge Morath, Edition Fotohof)

auffassung führt zum Donaustil. Werke: Die Rückseiten der Tafeln und Christus und die Madonna des Großgmainer Altars, 1496; Kreuzigung in Klosterneuburg, dort weiters Johannesaltar, 1498/99, Täfelchen der Leopoldslegende, 1505; »Hl. Leopold«, 1507; »Hl. Anna selbdritt«, 1508 (Wien, Österr. Galerie).

Lit.: A. Rohrmoser: R. F. d. J. In: Spätgotik in Salzburg. Die Malerei, Salzburg 1972, S. 132 ff. (mit Lit.)

L.T.

Fugger, Eberhard, * Salzburg 3. 1. 1842, † Salzburg 21. 8. 1919, Realschulprof. Seit 1877 Mitglied des Verwaltungsrates des →SMCA und Leiter der mineralogisch-geologischen Sammlungen, 1902 Leiter des Museums, das durch ihn einen immensen Aufschwung nahm und in einem neuen Gebäude die Sammlungen ordnen konnte, zu denen auch großzügige Schenkungen F.s zählten. Seit 1881 war er Kustos des →Botanischen Gartens und der botanischen Sammlungen, seit 1884 mit meteorologischen Beobachtungen in der Station Salzburg betraut, 1896 wurde F. Erdbebenreferent für das Land Salzburg. 1888-1918 Vorstand der Gesellschaft für Salzburger →Landeskunde, F. verfaßte zahlreiche Arbeiten, u. a. über »Die Mineralien des Herzogtums Salzburg« (1878); vergeblich bemühte er sich um die Rettung des Linzer Tores. F. war auch Mitglied der Salzburger →Liedertafel und des Vereins für Höhlenkunde.

Lit.: E. Pillwein: Nekr.. In: MGSLK 59, 1919, S. 65 ff.

R.R.H.

Fuhrmann, Franz, * Zell am See 31. 8. 1916, Kunsthistoriker. 1937-43 Studium in Wien (bei Sedlmayr, Oettinger u. a.). Absolvent des Instituts für österr. Geschichtsforschung (1941). 1948-68 Kustos des →SMCA, 1969-86 Univ.-Prof. für Österreichische Kunstgeschichte an der Universität Salzburg. Lebt in Salzburg. Publikationen: Salzburg in alten Ansichten – Die Stadt (1963, 1981), – Das Land (1980), Anton Faistauer (1972), Anton Steinhart (1975). Schriftenverzeichnis (G. Plasser) in: MGSLK (1996).

Lit.: Festschrift für Franz Fuhrmann: Von Österreichischer Kunst, Hg. Institut für Kunstgeschichte der Universität Salzburg, Klagenfurt o. J. [1983].

M.O.

Funke-Elbstadt, Rigobert von, * Komotau (Böhmen) 14. 11. 1891, † Salzburg 8. 7. 1960, Maler. Studium in Wien und Prag, 1915 Übersiedlung nach Salzburg, wo er beim →»Wassermann« ausstellte und bis 1945 als Kunsterzieher geschätzt war. 1945-54 Leiter des bombenzerstörten →SMCA, außerdem Präsident des →Kunstvereins. Beim ersten Luftangriff Verlust alles bis dahin Geschaffenen. Erhalten blieben lediglich das bemerkenswerte expressionistische Selbstbildnis von 1915 sowie einige Mappen mit Zeichnungen und Aquarellen.

Lit.: Kat. R. F. SMCA 1970. – MGSLK 101, 1961, S. 343.

N.Sch.

Fürstaller, Joseph Jakob, * Gerling bei Saalfelden 21. 1. 1730, † Bramberg 14. 4. 1775, Lehrer und Geograph. Nach einer abenteuerlichen Jugend – drei Jahre in Rom und Neapel – wurde F. 1755 Lehrer in Kaprun und anschließend in Bramberg. Hier schuf er mehrere Kartenwerke über das Erzstift Salzburg sowie seit 1766 einen großen Erdglobus, der später in der Kleinen Aula der Salzburger →Univ. Aufstellung fand.

Lit.: F. Prillinger in: In Salzburg geboren. S. 66 ff. – F. Martin in: MGSLK 1951, S. 124

N.Sch.

Furtwängler, Wilhelm, * Berlin 25. 1. 1886, † Ebersteinburg/Baden-Baden 30. 11. 1954, Dirigent und Komponist. Als Nachfolger von Arthur Nikisch war er 1922-28 Chefdirigent des Gewandhausorchesters Leipzig und Gastdirigent zahlreicher europ. und amerik. Spitzenorchester, mit denen er ausgedehnte Tourneen unternahm. Die dauerhafteste Bindung bestand zu den Berliner Philharmonikern, die er 1922-45 sowie 1947-54, zuletzt als Dirigent auf Lebenszeit, leitete. Seit Juli 1947 bestand eine ähnlich enge Bindung auch zu den →Wiener Philharmonikern.

F. gab sein Debüt bei den Salzburger →Festspielen 1937 mit einem Orchesterkonzert der Wiener Philharmoniker; 1938 folgte als Opernproduktion »Die Meistersinger von Nürnberg«. In den Kriegsjahren 1939-44 kam es zu keiner weiteren Zusammenarbeit mit den Festspielen, doch 1947, nach einem Freispruch in einem gegen F. angestrengten Entnazifizierungsverfahren, nahm er zunächst die Tradition der Orchesterkonzerte wieder auf. In den folgenden Jahren wurde das sommerliche Festspielgeschehen wesentlich von ihm bestimmt. Vor allem seine Opernproduktionen prägten den Salzburger Aufführungsstil. F. teilte in diesen Jahren die künstlerische Leitung der Salzburger Festspiele mit K. →Böhm und B. →Paumgartner, und es gelang ihm, hervorragende Sänger zu einem stilistisch überzeugenden Ensemble zu verbinden (Irmgard Seefried, Elisabeth Schwarzkopf, Lisa Della Casa, Elisabeth Grümmer, Anton Dermota, Cesare Siepi u. a.). Im sinfonischen Bereich nahm er vor allem als Interpret von Beethoven, →Brahms und →Bruckner einen hervorragenden Rang ein. Er war einer der bedeutendsten Vertreter eines betont subjektivistischen Interpretationsstils. Seine romantisch-philosophische Einstellung und verinnerlichte Deutung der von ihm interpretierten Werke hat ihm den Beinamen eines »Taktstockmystikers« eingetragen. Ein Großteil von F.s Salzburger Produktionen ist auf Schallplatten erhalten. Als bes. interessantes Dokument seines Salzburger Wirkens gilt Fred Zinnemanns Verfilmung der »Don-Giovanni«-Produktion in der Felsenreitschule (Dekorationen C. →Holzmeister, Cesare Siepi in der Titelpartie). Schriften: u. a. »Ton und Wort«, Aufsätze und Vorträge 1918-54 (1954), »Der Musiker und sein Publikum«, hg. v. M. Hürlimann (1955), »Nachgelassene Schriften«, hg. von S. Brockhaus (1956).

Lit.: E. Furtwängler: Über W. F. Wiesbaden 1979. – W. F. Dokumente, Berichte und Bilder, Aufzeichnungen, hg. von K. Hocker. Berlin 1968. – G. Rech: Musik in Salzburg. In: Die Salzburger Festspiele, Salzburg 1960. – F. K. Prieberg: Kraftprobe. W. F. im Dritten Reich, Wiesbaden 1986.

J.F.

Gaelle, Meingosus, * Buch (Oberfranken) 16. 6. 1752, † Maria Plain (Salzburg) 4. 2. 1816, Theologe und Komponist. Studierte an der Benediktineruniv. Salzburg, empfing 1777 die Priesterweihe und war danach Lehrer für Philosophie und Mathematik am Lyzeum des Klosters Weingarten. 1806 wurde er Prof. für Dogmatik und Kirchengeschichte an der →Univ. Salzburg, nach Aufhebung der Univ. Superior der Wallfahrtskirche Maria Plain. In Salzburg hatte er enge Kontakte zum Stift →St. Peter und zu M. →Haydn. Schrieb Gelegenheitskompositionen, Kirchenmusik, eine Sammlung von Liedern, Chöre, Kammermusik und zahlreiche Bearbeitungen von Werken Haydns, →Mozarts und Beethovens. Sie geben Aufschluß über die klösterliche Musikpraxis zu Beginn des 19. Jh.s.

Lit.: R. Faber: Die Musikaliensammlung des P. M. G. Diplomarbeit Tübingen 1985.

G.W.

Gaisbergstraße, zur Förderung des Fremdenverkehrs und zur Senkung der Arbeitslosigkeit auf Initiative von LH. F. →Rehrl 1928/29 in einer Gesamtlänge von 8,9 km gebaute Straße auf den Salzburger Hausberg, auf der früher populäre Auto- und Radrennen stattfanden.

Lit.: F. Leitich, G. Müller: Der Gaisberg. Salzburgs Hausberg im Zeitgeschehen von zwei Jahrhunderten, MGSLK Erg. Bd. 16, Salzburg 1997. – F. Horner: Franz Rehrl und die Wirtschaftspolitik der Ersten Republik. In: Franz Rehrl, Landeshauptmann von Salzburg 1922-1938, hg. von W. Huber, Salzburg 1975, S. 117 ff.

R.R.H.

Gaisberg-Zahnradbahn. Baubeginn Juli 1886 unter Leitung von Ing. Schroeder, am 25. 5. 1887 feierliche Eröffnung. Schon in der ersten Saison wurden rund 40 000 Touristen auf den Gaisberg befördert. 1928 wurde die G. eingestellt und 1929 durch die →Gaisbergstraße ersetzt.

Lit.: F. Leitich, G. Müller: Der Gaisberg. Salzburgs Hausberg im Zeitgeschehen von zwei Jahrhunderten, MGSLK Erg. Bd. 16, Salzburg 1997. – M. W. Fischer: Zur Jahrhundertwende in Salzburg. Stadt und Land auf alten Photographien, Salzburg 1984, S. 196.

R.R.H.

Galerie Kunst der Gegenwart →Soucek, Slavi

Galerien. Im Sommer 1907 öffnete die Mayrische Buchhandlung am Ludwig-Viktor-Platz (heute Alter Markt) im ersten Stock einen Raum als Gelegenheit für kleinere ständige Ausstellungen, den »Kunstsalon Swatschek«. Vorläufer dieser ersten Salzburger Privatgalerie waren die Schaufenster-Präsentationen in Buch- bzw. Rahmenhandlungen. Dem Beispiel von Max Swatschek, der bis ca. 1927 Ausstellungen veranstaltete, folgte 1924 die Buchhandlung Mora mit einem recht ambitionierten Ausstellungsprogramm. Die Moderne im Gefolge des →»Wassermann« hatte sich im März 1921 mit der »Neuen Galerie«, die in einem Obergeschoß des Kaufhauses Schwarz am Alten Markt untergebracht war, eine permanente Ausstellungsmöglichkeit geschaffen, die bereits im Juli 1922 in die Villa Wittek (Schwarzstraße 7) übersiedelte und auch dort nur kurz existierte. Ab Sommer 1934 zeigte F. →Welz in der Sigmund-Haffner-Gasse 16 (zunächst im 3. Stock) ein engagiertes Ausstellungsprogramm mit österr. und europ. Gegenwartsmalerei (→Kokoschka, Klimt, Schiele, Gerstl, Kolig, →Steinhart, →Kubin, Egger).
Neben dem →Kunstverein veranstaltete während der Zwischenkriegszeit auch der Wirtschaftsverband bildender Künstler regelmäßige Ausstellungen, die im Künstlersaal von Schloß Mirabell stattfanden. Nach dem Krieg beschränkte sich das Ausstellungsleben zunächst auf das Künstlerhaus und den von →SMCA und städtischem Kulturamt gemeinsam bespielten Museumspavillon, das ehemalige Vogelhaus am Eingang in den Mirabellgarten, sowie als einzige Privatgalerie die Galerie Welz, die bald wieder an ihre tonangebende Rolle anschloß. Der Kunstverein erweiterte seine Ausstellungstätigkeit auf die ihm zwischen 1954 und 1973 zur Verfügung stehenden Räumlichkeiten in der →Residenz, wo auch die »Gesellschaft für Moderne Kunst« (MOKU) ihren Standort hatte. Auch die →»Berufsvereinigung bildender Künstler« wickelte zwischen 1961 und 1968 im damaligen Mirabellcasino (Hannibaltrakt) einen Galeriebetrieb ab, an den sie erst 1992 in ihrem Domizil in der Berchtoldvilla wieder anschließen konnte. Privatgalerien mit eigenständigem Profil sind erst gegen Ende der 60er Jahre zu registrieren (z. B. »Galerie in der Goldgasse«), zumeist kurzlebige Gründungen. Pionierarbeit auf dem Gebiet der zeitgenössischen Kunst leisteten die Galeristen Hans Widrich und Georg Armstorfer. Von den bestehenden Galerien ist am rangältesten neben

»Welz« die 1972 im Residenzhof eingerichtete »Galerie Academia« Mario Mauroners, die mit Studenteneditionen begann und heute auch international mit hochkarätiger Moderne renommiert. 1981 startete Siegfried Karrer an der Peripherie die »Galerie Weihergut«, die seit 1990 eine Dependance in der Linzergasse hat und sich um einen Mittelweg zwischen Publikumsfreundlichkeit und Risikofreude bemüht. 1984 nahm Ferdinand Altnöder seinen Galeriebetrieb auf, der auf klassische und allerjüngste österreichische Moderne zugeschnitten ist. Die benachbarte Galerie von Thomas Seywald, 1987 gegründet, zeigt vorzugsweise Graphik und Cartoons. Eine Erweiterung des Spektrums in Hinblick auf aktuelle amerikanische und europäische Trends brachte seit 1987 die »Galerie Thaddäus Ropac«. Im öffentlich geförderten Bereich widmen sich der Förderung junger Gegenwartskunst derzeit die »Galerie im Traklhaus«, die »Galerie 5020«, die »Galerie Eboran« und die »Galerie Fotohof«, die auf Fotografie und neue Medien spezialisiert ist. Aus dem ländlichen Raum sind die Galerie »Pro Arte« und das »Kunstforum Hallein« sowie die bereits seit 1967 bestehende »Galerie Zell am See« im Schloß Rosenberg erwähnenswert.

N.Sch.

Garstenauer, Gerhard, * Fusch 22. 1. 1925, lebt in Salzburg. Architekt. Studium an der Technischen Univ. Wien, seit 1954 selbständiger Architekt in Salzburg, 1956-60 Teilnahme an den Entwurfsseminaren von Konrad Wachsmann an der →Intern. Sommerakad. in Salzburg, 1967 Promotion an der TU Wien, 1980 Habilitation an der TU Graz. Im Salzburger Architekturgeschehen der 60er Jahre signalisiert G. nicht nur im Wohnbau (Haus Gänsbrunn, 1960-64, Wohnhochhaus, 1969-71, und Laubenganghaus Althofenstraße, 1962-64), sondern vor allem im Industriebau neue Wege. »Die Mercedeshalle, Siebenstädterstraße, und der Fahrzeugbau Meingast, Röcklbrunnstraße (beide 1960-62), stellen den Anfang der Auseinandersetzung mit dem Fertigteilbau dar, der später, etwa bei Ford Schmidt, Alpenstraße (1966-68), dem Mercedes-Benz-Zentralersatzteillager, Fasaneriestraße (1972-74), und beim ÖFAG-Neubau, Innsbrucker Bundesstraße (1972-74), auch zu beachtlichen architektonischen

Gerhard Garstenauer, Felsenbad in Badgastein, 1967/68

Ergebnissen führt.« G. beschäftigte sich auch mit verschiedenen urbanistischen Fragen: die Mönchsberggaragen gehen auf seinen Vorschlag zurück, 1976 Projekt für die Fußgängerzone, Vorschläge für die Schiffbarmachung der Salzach, Projekte für die Altstadt-→Univ. (Toskanatrakt, seit 1986 gemeinsam mit →Prossinger/Windisch), 1974 Adaptierung des Hauses Koller & Koller, 1982 Adaptierung des →Rupertinums. Für →Gastein (→Bäder) baute G. 1967-68 das Felsenbad Badgastein, 1976-78 das Solarbad Dorfgastein, 1968-74 das Kongreßzentrum Badgastein (Architekturpreis des Landes 1976), 1971-72 Stationen des Kreuzkogelsessellifts Sportgastein, 1971-72 Gondeln der Stubnerkogelseilbahn Badgastein (Staatspreis für Gute Form 1973).

Lit.: A. Großschädl: Eine Museumsachse für Salzburg. Ideen für eine Stadt von Gerhard Garstenauer. Diplomarbeit Salzburg 1997. – Achleitner 1980. – Kat. der Ausstellung G. G. 1968. Galerie Welz, Salzburg.

M.O.

Gärten. Die geistliche Residenzstadt auf natürlich eingeengtem Raum besaß bis Ende des 16. Jh.s keine künstlerisch nennenswerten Anlagen. Nicht einmal →St. Peter hatte im MA. einen Konventsgarten innerhalb der Klausur (erst ab 2. H. 17. Jh.). Kleine Nutzgärten mit Heil- und Zierpflanzen sind im ma. Stadtgebiet und an den Stadtbergen wahrscheinlich, Obstbaum- und Gemüsegärten außerhalb. Ausnahme war der Fron- oder Frauengarten der St.-Peters-Frauen zwischen Pfarrkirche (→Franziskanerkirche) und Bürgerspital: als Nutz- und Ziergarten, im Frühjahr bis Georgi (23. April) »zu Kurzweil« öffentlich. Ab 1598 eb. Baugrund (Marstall, Reitschulen, Kollegium),

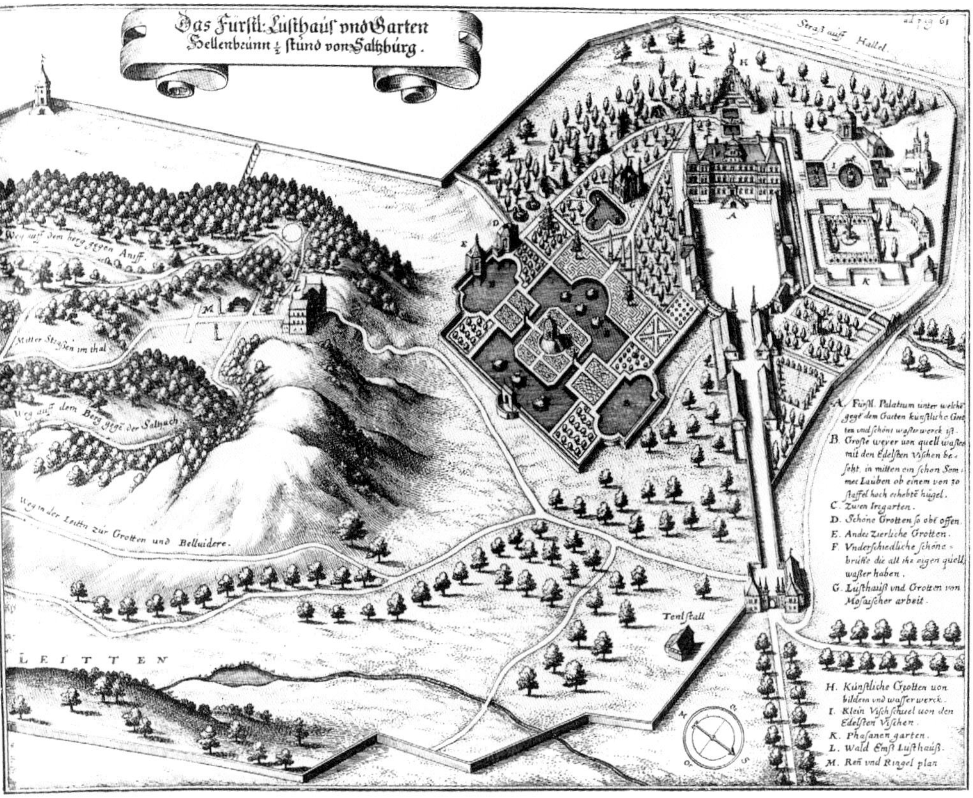

Matthäus Merian, Hellbrunn, nach 1644 (Oskar Anrather)

Reste als →Botanischer Garten im 18./19. Jh. (jetzt Furtwängler-Garten), mit schönem Gingkobaum Mitte 19. Jh. Erst mit Eb. →Wolf Dietrich Anfänge von Gartenkunst, an ital. Spätrenaissance orientiert. 1603 Planung des »Hannibal-Gartens« (heute Makartplatz) für den Neffen; unvollendet abgetragen. 1606/07 »Giardino segreto« (»Dietrichsruh«) für →Residenz nördlich der Franziskanerkirche mit Grotte, Vogelhaus, Statuen, 1788 abgetragen. Gleichzeitig »Altenau« für Salome Alt jenseits der Salzach als »stiller Port«: Belvedere mit Innen- und Außengarten; im Blickfeld Kontrastsetzung von Gartenkunst und Stadtlandschaft; später als »Mirabellgarten« ausgebaut.

→Hellbrunn entstand 1613-19 aus einem Wild-Garten, schon früh – 1421 – erwähnt, urspr. vergleichbar dem Sommersitz Eb. Kuen-Belasis (1560-86) in Rif. Der Hellbrunner Garten (verändert, wesentliche Teile erhalten) mit Wasserspielen und Automaten zitiert ital. Vorbilder. Exemplarisch salzburgische Eigenart: naturnahe, »wilde« Komponente (vgl. Steintheater); entsprechend die (nicht erhaltenen) Eremitorien als sakrale Ursprünglichkeit; andererseits mythologisch-pagane Scherze mit ernsten Antikenzitaten. Gemäßigter Ableger dieses Gartenstils war Petersbrunn zur Rekreation des St. Petrischen Konvents (ab 1635).

Als Salzburger Barockgarten wird Mirabell beispielhaft. Ab 1687 Gestaltung durch →Fischer v. Erlach, ab 1709/10 Änderungen durch L. v. →Hildebrandt, dann M. →Diesel (1721-27); endgültige Form durch F. A. →Danreiter um 1730. Die Gartenachse quer zur Schloßfassade steigert den Point-de-vue großartig zu Dom und Festung. Insgesamt unbesorgt um streng frz. Reglement, vielmehr durch bewegte Skulpturen (mitsamt grotesk-komischem »Zwerglgarten«), phantasievollen Vasen und Balustraden ital. Gestus: eigene Stilsynthese zu körperhafter süddt. Heiterkeit. Am Wiener »Kaiserstil« orientierte Eb. →Johann Ernst Graf

Thun das Fasanerieschloß Kleßheim (Fischer v. Erlach 1694 und 1700) und wählte eine ideale Ebene. Vom Schloßpark nichts original erhalten, doch Point-de-vue zielt auf Kapuzinerkloster, Salzburgs Lage als Fernbild fassend. Hübsche, moderate Anlagen bringt das 18. Jh. allenthalben, besonders bei den Ansitzen vor der Stadt: →Leopoldskron, Hellbrunner Villen, Röcklbrunn, Golden- und Blumenstein, Glanegg, Höfe im Gnigler Moos, am →Bürglstein u. a. Dies spiegelt sich in Lobpreisungen der Romantiker wider (Graf →Spaur 1834: »schönstes Bild eines wohlkultivirten... Gartens«; F. →Schubert 1825: »Garten... mit unzähligen Schlössern und Gütern«). Der Landschaftsgarten kommt salzburgischer Natur entgegen. Bedeutend: →Aigner Park, Minnesheim, Wolfegg. Fürst Hermann v. Pückler-Muskaus Phantasiepläne um Schloß Neuhaus (1849) scheiterten am fehlenden Kredit. »Zauberhafter« Inbegriff: das Wasserschloß →Anif als englisch-salzburgische Natursynthese (Park entstanden um 1800, 1840 umgestaltet) vor dem sagenumwobenen Untersberg. Ausläufer dieser Gartenkultur war der Itzlinger Besitz des Unternehmers C. v. →Schwarz, ab 1859 kunstbeflissen mit unzähligen Figuren ausstaffiert. Ambitioniert auch M. →Reinhardts Park in Leopoldskron Anfang des 20. Jh.s. Der Franz-Josephs-Park (1898), als Volksgarten aus Salzachauen gewonnen, bildet den Übergang zu demokratischen Bemühungen um »öffentliches Grün«.

Lit.: U. Nefzger: Die Gärten von St. Peter. In: AMK 1982, H. 180/181. – C. Gärtner: Der botanische Garten in Salzburg. Schriftenreihe des Stadtvereins 7, 1978. – F. Fuhrmann: Alte Gärten in Salzburg vom Barock zur Romantik (Schriftenreihe des SMCA Nr. 1). Salzburg 1958. – J. Leisching: Die Gärten Salzburgs. In: SMusBl. 3, 1925. – ÖKT, Bd. 13.

U.N.

Gärtner, Corbinian, * Schwaz (Tirol) 14. 6. 1751, † Salzburg 24. 5. 1824, Univ.-Prof. G. war Prof. des kanonischen Rechts, las über Diplomatik und dt. Privatrecht, wurde 1805 Hofgerichtsrat und 1807 der letzte Rektor der alten →Univ. Bedeutsam wurde er als Fortsetzer von →Zauners »Chronik von Salzburg«.

Lit.: ADB 8. Nachdruck Berlin 1968, S. 377.

R.R.H.

Gaßlgehen. Die »Liebe auf dem Lande« – einerseits die Brautschau der Bauern und Kleinbürger, andererseits das Sexualleben der armen Dienstboten ohne Heiratsmöglichkeit – hat eine Form des Liebeswerbens und Sexualverhaltens hervorgebracht, die durch reglementierte Abläufe und eine Fülle von »Gaßlreimen« gekennzeichnet ist. Dieses weit verbreitete Liebeswerben wurde in der Aufklärungszeit mehrfach gesetzlich verboten. Mit der Änderung der sozialen Verhältnisse erlebte es in den 1930er Jahren seinen letzten Niedergang. Bereits zum Ende des 19. Jh.s erfuhr es im folkloristisch-touristischen Milieu als »Fensterln« eine Umformung zum Klischee urigen Älplertums. Aus dieser Zeit datieren die ersten Postkarten, Theaterszenen etc., die Vorläufer der pornographischen Filme dieses Genres seit den 1960er Jahren wurden. Wissenschaftliche Dokumentation des Brauches und der Reime für den Pinzgau.

Lit.: I. Peter: Gaßlbrauch und Gaßlspruch in Österreich. Salzburg ²1981.

U.K.

Gasteiger, Jakob, * Salzburg 6. 9. 1953, Maler. Seit 1976 in Wien lebend, beschäftigt sich G. mit der Entwicklung von Oberflächenstrukturen stark pastoser Farbsubstanzen, die dem Bildträger objekthafte Züge verleihen. Ihre Raffinesse beziehen diese Bildkörper aus wechselnden Beleuchtungsverhältnissen, die das Beziehungsnetz von dichten Parallelrillen und Farbgraten betonen. G.s monochrome Arbeiten können als Dauerversuchsreihe mit einem einzigen haptisch-malerischen Motiv angesehen werden. Der Hang zum Meditativen und Mystischen ist bereits in den frühen enkaustischen Malereien mit ihren magisch schimmernden Zeichen angelegt. 1990 Faistauer-Preis des Landes Salzburg.

Lit: Ausstellungskat. J. G. Galerie nächst St. Stephan, Wien 2000. – Ausstellungskat. J. G. Zwischen Furchen und Graten. Wien 1991. – Ausstellungskat. Vier Künstler aus Salzburg. Trento 1983. – Gugg.

N.Sch.

Gastein nimmt vor allem wegen der Heilquellen und dem damit verbundenen Fremdenverkehr seit dem MA. unter allen Orten im Land Salzburg auch in kultureller Hinsicht eine Sonderstellung ein. Seit dem MA. beschäftigen sich zahlreiche medizinische Schriften (Hans Hartlieb, →Paracelsus) mit den weltberühmten Heilquellen und ihrer Wirkung.

Vielfältig ist die Bergbau-Literatur über den Gasteiner →Goldbergbau.
Der früheste literarische Hinweis (vor 1250) auf die Heilquellen dürfte das mhd. Gedicht »Ein Graserin aus Gastein« sein, das früher →Neidhart von Reuental zugeschrieben wurde.
Die älteste poetische Schilderung (1759) des Gasteiner Wasserfalls und auch ein Lob der alpinen Landschaft stammt von I. A. →Weiser.
Der aufklärerische Freimaurer und Schriftsteller Aloys Blumauer zeichnete 1785 ein satirisches Bild des Bades und der Gasteiner Bevölkerung.
F. →Grillparzer war erstmals 1818 auf Anraten seines Freundes L. →Pyrker zur Kur in G. 1819 machte Grillparzer in G. für mehrere Tage Station, am 26. 7. 1819 schrieb er sein berühmtes Gedicht »Abschied von Gastein« in das Gasteiner »Ehrenbuch«. Von 1681 bis ca. 1850 trugen sich u. a. die Schriftsteller in die sog. »Ehrenbücher« ein: Eduard v. Bauernfeld, Friedrich Halm, der Salzburger Mundartdichter A. →Radnitzky und der Orientalist Joseph v. Hammer-Purgstall. Diese »Ehrenbücher« sind eine kulturhistorisch wertvolle Quelle (10 Bde. in der Pfarre Badgastein, Mikrofilme im Salzburger →Landesarchiv).
1824 bat →Goethe einen Unbekannten um Mineralien aus G. Für 64 Einzelstücke bedankte er sich am 18. 12. 1824 beim Absender, dem Gasteiner Badearzt F. →Storch. L. Pyrker, als Dichter ein Freund Grillparzers und F. →Schuberts, kam 1817 zum ersten Mal nach G. Pyrker setzte sich für die 1828 errichtete Thermalwasserleitung nach Bad Hofgastein ein. Sie führte in sein Haus in Bad Hofgastein, das er später dem Staat schenkte.
Der Wiener Feuilletonist Daniel Spitzer (1835-93) schrieb u. a. ein Feuilleton über die Gasteiner Hoteliers-Dynastie Straubinger; Anastasius Grün (1806-76), der politische Lyriker, von dieser Gebirgslandschaft inspirierte politische Naturgedichte. Der russische Dichter Nikolai Gogol war 1842 und 1843 jeweils mehrere Monate in G.
Als Jagdbegleiter des Herzogs v. Coburg und von Erzherzog Johann kam der Reiseschriftsteller Friedrich Gerstäcker nach G., er widmete dem Ort ein umfangreiches Kapitel seines »Tagebuches« (1863).
Die Geschichte des Goldbergbaus, die Gewerken →Weitmoser, der Bauernkrieg und die Protestantenvertreibung bilden Themen historischer Romane. Protestantenvertreibung: E. →Rainalter, H. →Kirchsteiger; Bauernkrieg: F. W. Scherer; Großgewerken Weitmoser: F. →Löser im »Bergherrn von Gastein«.
Mit der neuen →Tauernbahn kam Peter Rosegger 1906 nach G., 1898 schrieb Ludwig Ganghofer in einem Gasteiner Hotel den Roman »Der laufende Berg«. H. →Bahr war wiederholt Kurgast in den 20er Jahren, dort traf er u. a. Alexander Roda Roda. Der poln.-österr. Dichter Thaddäus Rittner (1873-1921) starb dort und liegt auf dem Badgasteiner Friedhof begraben.
Th. →Mann war 1929, 1951 und 1952 zur Kur in G.. Er arbeitete 1951/52 dort an der Neufassung der »Bekenntnisse des Hochstaplers Felix Krull«. Der Salzburger Kulturjournalist Wolfgang Schneditz besuchte damals den Nobelpreisträger und lud ihn nach Salzburg ein.
Neben Shalom Asch, Erich Maria Remarque und Max Brod weilten auch Somerset Maugham und Conan Doyle (»Sherlock Holmes«) in Gastein. F. K. →Ginzkey mit 42 und Luis Trenker mit über 35 Kurbesuchen halten sicher Rekorde. M. →Reinhardt war 1916 Gast des Kurortes. E. →Lothar (1890-1974) und seine Frau Adrienne Gessner waren viele Jahre Gäste in G. Sein Roman »Verwandlung durch Liebe« (1951) spielt zum Teil dort. R. →Bayr lebte mit Unterbrechungen 1943-54 in Badgastein, mehrere Werke entstanden dort. In seinen »Erinnerungen eines dilettantischen Kuhhirten«, die das Leben auf einer Gasteiner Alm schildern, rechnet Bayr satirisch mit dem »einfachen Leben« ab. G. -Bezüge finden sich in Theodor Fontanes »Stechlin«, in Egon Cäsar Conte Cortis »Elisabeth«, in Herbert Rosendorfers »Eichkatzelried«, in Louis Bromfields »Mrs. Parkington« und jüngst in Hermann Burgers Roman »Die künstliche Mutter« und in seiner Erzählung »Die Wasserfallfinsternis von Badgastein«. Zwei Dichter unseres Jahrhunderts stammen aus G.: K. H. →Waggerl und die Traklpreisträgerin M. →Zittrauer.
→Bäder.

Lit.: F. Gruber: Gastein und die Literatur. Unveröff. Ms. Salzburg 1981.

H.H

Gaststätten. Salzburg hatte durch seine Lage im Schnittpunkt wichtiger Verkehrs- und Handelswege von alters her Bedarf an G., die Einkehr-, Verpflegungs-, Herbergs- und Einstellmöglichkeiten boten. (Leider ist die Forschung auf diesem Gebiet äußerst lückenhaft.) Zur Zeit Noricums ist auch hier der bekannte Typ gewerblicher G. des römischen Reiches anzunehmen. Im MA. nahmen sich zunächst Klöster und private Stiftungen der Beherbergung von Fremden an (→Spitäler). Bis zum 15. Jh. vollzog sich ein allmählicher Übergang zur gewerblich betriebenen Gastwirtschaft, in der Herberge und Verpflegung (zunächst nur Getränke) gewährt wurden. Aus den Trinkstuben (der Stände und Handwerkerzünfte) entwickelte sich das Wirtsgewerbe. Die in Salzburg seit Beginn des 16. Jh.s nachweisbare »Stadttrinkstube« am Waagplatz Nr. 3 war eine der Stadt gehörende Weinniederlage mit angeschlossenem Wirtshaus. Dort wurden die gemeinsamen Tafeln des Stadtrates gehalten, man feierte jährlich die Bürgeraufnahmen und die Jahrtage der Zünfte, akademische Akte fanden hier ihren Abschluß, und Theateraufführungen gingen in Szene. Merian lobt in seiner Topographie (1644) den Standard dieses Hauses, das sicher bis Ende des 18. Jh.s der erste Gasthof der Stadt blieb. Er wurde 1811 versteigert; unter dem Namen »Erzherzog Karl« führendes Hotel bis zur Jahrhundertwende. Der heimische Name für Trinkstube – der »Sitz« – hielt sich am längsten im »Mohrensitz« in der Judengasse (als Wirtshaus erstmals 1569 genannt). Er bezeichnet immer das zweitklassige Lokal neben dem vornehmeren Gastzimmer; geht ins MA. zurück, wo er oft der einzige Gastraum gewesen ist – ein Gelaß, das stets mit einem Weinkeller (»Grube«) in Verbindung stand (»Kellersitz«). Meist durfte in einem Haus nur jeweils ein Getränk ausgeschenkt werden: Met – das bevorzugte Getränk des germanischen Altertums und des frühen MA. – in Metschenken; die »Stadtmethstube« in der Getreidegasse existierte bis 1897. Wein dominierte in Salzburg bis in die frühe Neuzeit gegenüber dem noch wenig haltbaren Bier. Dieses wurde im frühen MA. in den Haushalten der Bürger oft »reihum« gebraut; bald von Klöstern, Hofbrauereien, privilegierten bürgerlichen Brauhäusern und im angeschlossenen Gasthof ausgeschenkt (→Industrie- und Fabriksbauten).

Die Wiege des Kaffeehauses ist in Salzburg die eb. Zuckerbäckerei und Konfektstube. Um 1705 erhielten Johann Georg Fritsch aus

Café Bazar (Oskar Anrather)

Böhmen und der Savoyarde Jean Fontaine die Konzession für ein »Cafegewölbe«. Die Fontainesche Konzession ging 1753 auf Anton Staiger über, der 1764 das Haus Alter Markt Nr. 9 erwarb; 1772 erhielt er die Erlaubnis für ein Billard. 1850 ging das Kaffeehaus an den Zuckerbäcker Karl Tomaselli, Sohn des berühmten Hoftenoristen Giuseppe →T., über. Das zweite Kaffeehaus in Salzburg war das »Gerlich'sche« in der Getreidegasse 24, seit 1751, das nächste seit 1778 das »Pechtlsche« (später Endres) in der Linzer Gasse 10, dann das »Waldmüller« in der unteren Getreidegasse und das »Gries« in der Kaigasse 1. Das »Bazar« ist ein Musterbeispiel eines Kaffeehauses der Gründerzeit, bestehend aus dem eigentlichen Bazargebäude (Schwarzstr. 1, Bauherr der Kunsthändler Anton Baldi) und dem Kaffeehaus (Schwarzstr. 3, Bauherr der Charcutier Johann Greiml, Architekten V. und J. →Ceconi, 1882 bzw. 1902/06).

Die Bedürfnisse des aufkommenden Tourismus erfüllte das nach engl.-amerik. Vorbild angelegte Hotel. Zur Zeit der Eröffnung der Eisenbahn 1860 gab es in der Stadt drei führende Häuser: »Goldenes Schiff« am Residenzplatz (heute Landes-Hypothekenbank), »Erzherzog Karl« am Waagplatz, »Zu den 3 Alliierten«, Ecke Hagenauerplatz/Getreidegasse; dessen Besitzer entschloß sich zu einem großzügigen Neubau neben dem Bahnhof – 1865 wurde das »Hotel de l'Europe« eröffnet, eines der schönsten und elegantesten Hotels der Monarchie (1907/08 von Max Fabiani erweitert); 1863/66 entstand der »Österreichische Hof«; aus einer Bierhalle in »florentinischem Stil« entstand 1864 das »Pitter«, das 1912/14 mit dem »Salzburger Volkskeller« ein wertvolles Ensemble der Wiener Werkstätte erhielt: die Ausstattung von Josef Hoffmann, die Wandmalereien – Szenen aus der Salzburger Sage und Geschichte – von Bertold Löffler. (Ein ähnliches Ensemble entstand 1929 im Hotel Bräu in Lofer: Bräusaal von C. →Holzmeister, Wandmalerei mit Darstellungen aus der Loferer Sage von Franz von Zülow.) 1862 Parkhotel Nelböck, 1894 »Mirabell«, »Elektrizitätshotel« (später Bristol). Auch in den neuen Kur- und Fremdenverkehrszentren des Landes (→Gastein, Zell a. S., Salzkammergut) entstanden neue Hotels (→Bäder).

Lit.: W. Müller: Café Bazar. Salzburg 1999. – A. Kapeller: Hotel de l'Europe. Salzburgs unvergessenes Grandhotel (Sonderband im Rahmen der Schriftenreihe des Stadtvereins Salzburg), Salzburg 1997. – W. Schobersberger: Vom Cafégewölbe zum Literatencafé. In: Salzburg Archiv 20, 1995, S. 321-358. – R. Klehr: Der Platzlkeller, In: Salzburg Archiv 10, 1990, S. 285-292. – G. Müller, M. Stenzel: Die Stadt Salzburg als Standort des Gastgewerbes. In: MGSLK 120/121, 1980/1981. – H. Ubell: Bertold Löfflers Wandmalereien im Salzburger Volkskeller. In: Kunst und Kunsthandwerk 1914, S. 65 ff.

M.O.

Gatti, Luigi, * Lazise (Gardasee) 7. 10. 1740, † Salzburg 1. 3. 1817, Komponist, Hofkapellmeister in Salzburg. Nach dem Besuch des Priesterseminars in Mantua zum Priester geweiht, entschied sich G. für die musikalische Laufbahn und trat 1768 in Mantua erstmals als Opernkomponist in Erscheinung. 1769 2. Kapellmeister der Mantuaner »Reale Accademia di Scienze, Littere e Belle Arti«, 1770 erste Begegnung mit W. A. →Mozart. Musikdramatische Erfolge brachten ihm 1771 die Vizekapellmeisterstelle an S. Barbara ein. Am Höhepunkt seines damaligen Wirkens – 1781 Aufführung des Pasticcios »Antigono« (zusammen mit Pasquale Anfossi) an der Scala – wurde er nach Salzburg berufen. 1782 provisorische, 1783 definitive Ernennung zum salzburgischen Hofkapellmeister. In Salzburg widmete sich G. in erster Linie der Kirchenmusik, ein umfangreicher Bestand an liturgischer Gebrauchsmusik blieb erhalten, vor allem Messen, Vespern, Litaneien und Offertorien. Unter den Instrumentalwerken finden sich sechs Sonaten für Violine und Viola, die offensichtlich für den persönlichen Gebrauch des Eb. bestimmt waren – bekanntlich hatte M. →Haydn 1783 Auftragswerke in der gleichen Besetzung zu liefern, wobei ihm W. A. Mozart hilfreich zur Hand ging. In seinen letzten Lebensjahren lebte G. zurückgezogen und mußte 1807 die Auflösung der Hofmusik vollziehen. Als Komponist war er mit drei musikalischen Stilepochen konfrontiert: mit der neapolitanischen Oper, dem klassischen Stil und schließlich mit Tendenzen der romantischen Schule, die sich in seinem letzten Werk, der Solokantate »Ino«, ankündigte.

Lit.: M. Gehmacher: L. G. Sein Leben und seine Oratorien. Diss. Wien 1959.

E.H.

Gauß, Karl-Markus, * Salzburg 14. 5. 1954, Schriftsteller, Essayist. Studium der Geschichte und Germanistik. Lebt in Salzburg. G. steht mit seinen Essays, die er in Sammelbänden publiziert, in einer österr. Tradition, die von Karl Kraus über Jean Améry zu ihm führt. Wenn der deutschsprachige Essay als vierte literarische Gattung zu Ehren kommt, so ist das besonders auch G. zu verdanken. Daß sein, in jedem Fall auch österreichkritisches, Schreiben internationale Anerkennung gewonnen hat, dafür zeugt etwa die Verleihung des »Charles-Veillon-Preises« (1997) an ihn, den vor ihm als einziger Österreicher nur Manès Sperber erhielt. Neben seinem essayistischen und literaturkritischen Schaffen u. a. in der »FAZ«, der »Zeit«, der »Neuen Zürcher Zeitung«, der »Presse« ist G. seit 1990 Herausgeber und moderner Umgestalter der Literaturzeitschrift »Literatur und Kritik«. Sein Interesse richtet sich vorwiegend auf Wechselwirkungen zwischen dem alten und dem neuen Österreich sowie auf Themen der Kultur- und Kunstkritik. Österreichischer Staatspreis für Kulturpublizistik 1995, Literaturpreis der Salzburger Wirtschaft 1998. Wichtige Publikationen: »Die sterbenden Europäer« (2001), »Rudolf Geist« (2000), »Der Mann, der ins Gefrierfach wollte« (1999), »Ins unentdeckte Österreich« (1998), »Das europäische Alphabet«(1997), »Ritter, Tod und Teufel« (1994), »Die Vernichtung Mitteleuropas« (1991), »Tinte ist bitter« (1988). Hg. der Werke Ernst Fischers (gemeinsam mit Ludwig Hartinger), Hugo Sonnenscheins, Ernst Waldingers und der Reihe »Bücher der Ränder«.

Lit.: B. Steinwendtner: K.-M. G. In: Salz, H. 95, April 1999, S. 44-47. – Kürschner 1998. – Katalog-Lexikon.

A.Has.

Gauverband der Heimatvereinigungen →Brauchtumsvereine

Gebhard, *(Geburtsort unbekannt) um 1020, † Hohenwerfen 15. 7. 1088, Eb. von Salzburg 1060-88. Nach Studium und Priesterweihe (1055) wirkte der dem schwäbischen Hochadel entstammende G. in der Hofkapelle Heinrichs III., ab 1058 als Kanzler. Ab 1060 Salzburger Eb. begann er bald nach seinem Regierungsantritt, nicht erst 1077, mit dem Bau starker Burgen (Hohensalzburg, Hohenwerfen) bzw. ließ bereits vorhandene Verteidigungsanlagen verstärken (Friesach). 1072 gründete er das Eigenbistum Gurk und zwei Jahre später das Benediktinerkloster Admont. Im Investiturstreit zählte G. zu den Führern der Adelsopposition gegen Heinrich IV. Er konnte sich in Salzburg, das mehrfach von Königstreuen verwüstet und geplündert wurde, nicht behaupten und ging 1077 für neun Jahre ins Exil nach Schwaben und später Sachsen. 1086 kehrte er nach Salzburg zurück und starb 1088 auf der Feste Hohenwerfen. Seine letzte Ruhestätte fand G. in der Abtei Admont, wo sich ein lokaler Kult entwickelte. Ein 1629 von Eb. →Paris Graf Lodron eingeleiteter Kanonisationsprozeß kam zu keinem Abschluß.

Lit.: H. Dopsch: G. (1060-1088). Weder Gregorianer noch Reformer, in: Lebensbilder Salzburger Erzbischöfe aus zwölf Jahrhunderten, hg. v. P. F. Kramml u. A. St. Weiß, Salzburg Archiv 24, Salzburg 1998, S. 41 ff. – H. Dopsch: Salzburg im Hochmittelalter. In: Geschichte I/1, S. 232 ff. – W. Steinböck: Eb. G. v. Salzburg. Wien-Salzburg 1972.

P.F.K.

Gebildbrot. Gebildbrote, sowohl freihand geformt wie aus Formen (Modeln) geschlagen, sind seit der Antike in allen backenden Kulturen als Festspeise und -geschenk nachgewiesen und vielfach bis heute erhalten. In Salzburg waren und sind Lebzelten, Springerle und Hefeteiggebäcke üblich, wobei heute oft nur die freihand geformten Waren als Gebildbrote bezeichnet und seit der NS-Zeit vielfach mit magisch-mythischen Bedeutungen belegt werden. Bekannt sind heute noch Osterfleck (Pinzgau) und Fastenbrezen (Lungau, Rupertiwinkel), Osterkranz, schmalzgebackene Formen zwischen Pfingsten und Erntedank meist in den Alpwirtschaftsgebieten, Kirtagsherzen und Lebzelt- und Zeilenmodel, Allerheiligenstriezel (ein Weiterleben des Haaropfers an die Verstorbenen, im Mittelalter christl. Seelenspende, dann Spende an die Gemeindearmen, schließlich Patengeschenk), Zopf-, Hirsch- und Hennenbrioche als Geschenk der Paten an die Kinder sowie als neue Formen Milchteig-Kramperl und -Osterhase. Gebildbrote sind teils Weiterentwicklungen älterer Kultgebäcke, teils ästhetische Sonderformen für Feste. Ihre Verteilung an Dienstboten, Spitalsinsassen, Austragbauern und Familienmitglieder war bis ins 19. Jh. von Bäckereien verpflichtend. In den letzten Jahren werden viele alte und neue Formen produziert. Reiche Belege im →SMCA und Rauriser Talmuseum. Im gebirgigen Westen Salzburgs haben sich ältere, figürliche Formen erhalten, im Osten herrscht der Striezel vor.

Lit.: R. Treuer: Pinzgauer Gebildbrote. In: SH 2, H. 3, 1978, S. 67 ff. – E. Burgstaller: Festtagsgebäcke. In: ÖVA, Kommentar, 1. Lfg. Wien 1959. – H. Koren: Die Spende. Graz 1956.

U.K.

Gehbe, Georg Eduard, * Meiningen 30. 3. 1845, † Salzburg 6. 3. 1920, Maler. Nach Studium in München und Wien sowie Aufenthalten in Berlin, Paris, Wien und Ungarn kam G. 1884 nach Salzburg, wo er zu einem Haupt der konservativen Künstlerschaft und zum bevorzugten Lieferanten der bürgerlichen Salons avancierte. Der in vielen Sparten versierte G. (Jagdbilder, Genre, Märchenkompositionen, Landschaften, Stilleben, Porträts) lockerte seinen spätgründerzeitlichen Realismus nach der Jahrhundertwende durch eine stimmungsträchtige Pastosität auf.

Lit.: Ausstellungskat. Salzburg 1905. SMCA 1995, S. 39 ff. – Thieme-Becker. – SV, 7. 3. 1920 u. 29. 3. 1915.

N.Sch.

Gehmacher, Friedrich, * Frankenmarkt (OÖ.) 16. 9. 1866, † Salzburg 24. 2. 1942, Jurist, Mitbegründer der Salzburger Festspielhausgemeinde. Nach seiner Berufung in das Kuratorium der Int. Stiftung →Mozarteum (ISM) übernahm G. die Internationale Mozart-Gemeinde als Vorstand und brachte in einer großangelegten Werbeaktion die Mittel zur Errichtung des Mozarthauses (Mozarteum) auf, das 1914 von der Stiftung und der Musikschule Mozarteum bezogen werden konnte. Seiner Initiative sind auch der Aufbau der Bibliotheca Mozartiana, die Errichtung des Zentralinstituts für Mozartforschung, der Erwerb von Mozarts Geburtshaus und die Anmietung von Räumen im Mozart-Wohnhaus durch die ISM zu verdanken. Mit Heinrich

Damisch organisierte er 1917 die Gründung der Salzburger Festspielhausgemeinde.

Lit.: R. Angermüller: Hundert Jahre Internationale Stiftung Mozarteum 1880-1980. Eine Chronik, Kassel 1980.

G.W.

Geldwesen. Das erste Münzgeld wurde in Salzburg durch keltische Stämme im 2. und 1. Jh. v. Chr. eingeführt; Münzfunde aus römischer Zeit belegen die Verwendung von Geld in Münzform aus edlem und unedlem Metall. Nach Abzug der Römer verlor das Münzgeld in den Alpenländern an Bedeutung, bis im 10. Jh. mit der Errichtung einer Münzstätte (→Münze) in Salzburg das Münzwesen seine eigentliche Bedeutung gewann. Kaiser Otto III. verlieh 996 dem Salzburger Eb. Hartwig das Münzrecht. Der heimische Bedarf an Münzen war gering, diese wurden eher für den Fernhandelsverkehr benötigt. Durch Eröffnung neuer Münzstätten (Laufen und Friesach) erhielt auch der heimische Münzgeldverkehr mehr Bedeutung. Im MA. wurden vorwiegend Denare und Pfennige geprägt (der Salzburger Pfennig vor allem im 12. und 13. Jh.; der Friesacher Pfennig als Gepräge der Salzburger Eb. auch im Lungau). Die Münzbilder sind vielfältig, ab dem 15. Jh. meist unter Verwendung des Salzburger Wappens. Für die Bezahlung größerer Beträge wurden Silbergußkuchen, auch größere Silber- und Goldmünzen verwendet (erster Goldgulden 1355). Dank der Förderung des →Gold- und Silberbergbaus in Gastein und Rauris durch Eb. →Leonhard von Keutschach wurde eine bessere Ausmünzung möglich. Mit der Verpachtung der Münzprägung an den Münzmeister Hans →Thenn am 13. 4. 1501 durch Eb. Leonhard von Keutschach begann für Salzburg das neuzeitliche Münzwesen. Eine neue Münzform, die »Klippe« (viereckige Gold- oder Silbermünze) entstand, daneben Schau- und Denkmünzen, die kein eigentliches Verkehrsgeld waren. Die drei Reichsmünzordnungen des dt. Reiches von 1524, 1551 und 1559 waren auch für Salzburg bedeutsam, setzten sich aber nur schwer durch. 1535 erfolgte der Beitritt des Salzburger Eb. zum Münzvertrag König Ferdinands mit den süddt. Münzherren. Seit 1568 wurden in Salzburg vor allem Gold- und Silbermünzen nach der 3. Reichsmünzordnung geprägt. Die Inflation der Kipper- und Wipperzeit (Kipper von kippen, abschneiden; Wipper von Wägen, Beschneiden des Silbergehalts), ausgelöst durch den Dreißigjährigen Krieg, brachte 1621/22 Schwierigkeiten auch im salzburgischen Münzwesen. Kippermünzen von schlechter Qualität überschwemmten das Land (1623 Herabsetzung des Kippertalers auf ein Viertel seines Nennwerts). 1681 Versuch einer Gesundung des Geldwesens durch den »Konterstempel« Eb. Max Gandolfs zur Kennzeichnung der guten Münzen. Da dies für die Bevölkerung mit einer Taxe verbunden war, blieb der Versuch erfolglos. 1683 wurde der »Leipziger Fuß« als Richtlinie für Gewicht und Metallgehalt der Münzen in Salzburg übernommen. Unter Eb. Sigismund von Schrattenbach erfolgte eine Verschlechterung der Scheidemünzen in den 50er Jahren des 18. Jh.s. 1776 prägte Eb. →Hieronymus Colloredo die ersten Kupferscheidemünzen. Das österr. Papiergeld zu Ende des 18. Jh.s und die politischen Ereignisse um 1800 schlugen sich negativ auf das Salzburger Münzwesen nieder.

Die Salzburger Münzstätte wurde unter bayerischer Herrschaft am 4. 12. 1810 geschlossen. Als Salzburg 1816 zu Österreich kam, wurde das österr. Geldwesen übernommen, doch galten weiterhin einige Salzburger Münzen. Erst 1857 wurden auch die letzten Salzburger Besonderheiten im Münzwesen beseitigt.

Besonderheiten in Salzburg: 1848 Notmünzen aus Messingblech in Hallein; Papiernotgeld mit Ansichten Salzburger Ortschaften nach dem 1. Weltkrieg; Bergwerksmarken, die z. T. als Lohn für Bergwerksbeschäftigte schon unter Eb. →Wolf Dietrich ausgegeben wurden, hatten Geldcharakter und waren bis gegen Mitte des 18. Jh.s in Gebrauch. →Numismatik.

Lit.: B. Koch: Kleine Salzburger Münz- und Geldgeschichte. In: Tagungsbericht d. 15. österr. Historikertages, Salzburg 1981, S. 319. – R. Landauer: Geld im alten Salzburg. Salzburg 1940. – G. Zeller: Des Erzstiftes Salzburg Münzrecht und Münzwesen. 1883.

Ch.S.

Gelinek, Moriz, * Hallein 30. 4. 1887, † Salzburg 24. 1. 1979, Eisenbahnpionier. Schon früh nach Ende des 1. Weltkriegs verfolgte G. die Idee der benzin- bzw. dieselelektrischen Kraftübertragung bei Lokomotiven. Die erste Lokomotive, eine Feldbahnlok, gebaut in den Jahren 1920/21, war für den Einsatz im Torfwerk

Lamprechtshausen/Bürmoos vorgesehen, weitere folgten. In der Folge meldete G. mehrere Patente an. Berühmt und in den späteren Jahren ausgezeichnet wurde G. für den Bau und Vertrieb von »Gebus«-Loks. Seine Patente erreichten Weltgeltung: 1931 etwa wurde das Gebus-System in 13 europäischen Ländern sowie in den USA durch Patente geschützt. Noch in den frühen 60er Jahren war das Aushängeschild der Deutschen Bundesbahn der »Fliegende Hamburger«, eine von G. entwickelte Lokomotive. Produktionsstätten gab es abwechselnd in Salzburg und in Wien. Im Laufe seines Berufslebens verlagerte G. jedoch seine Tätigkeit immer mehr auf die Planung von Werks- und Grubenlokomotiven, auf die Projektierung von Anlagen für die Erzeugung von Holzkohle und Holzkohlenbriketts sowie die Vergabe von Lizenzen des Gebus-Systems an Lokomotiv- und Waggonfabriken im In- und Ausland.

Lit.: M. Gelinek, H. Harrer: Schriftenreihe des Landespressebüros, Salzburg 1996.

P.M.

Georgenberg →Cucullae

Geppert, Paul d. Ä., * Wilten bei Innsbruck 29. 6. 1875, † Salzburg 23. 5. 1965, Architekt, »der aus der Heimatschutzbewegung kommt und in den 20er Jahren zu einem vereinfachten, aber kraftvollen ›Nutzstil‹ findet« (Achleitner). Studium in Innsbruck, Wien, Prag; 1904 Übersiedlung als selbständiger Architekt nach Salzburg; zunächst der sakralen Architektur, bes. deren Erhaltung zugewandt, später trat er vor allem durch seine Zweckbauten hervor, entwickelte einen eigenen Typus von Schulgebäuden, der sich vor allem in Golling (1908/09), Badgastein (1911), Ramingstein (1911/12), Hofgastein (1924/27), Bischofshofen (1928/30), Mariapfarr (1930) manifestiert; der »Sunhof« in der Mertensstraße 10-16, Salzburg (1912/13), gehört zu den Vorläufern des sozialen Wohnbaus. Die Erhaltung der baulichen Eigenart des Landes und des einheitlichen Ortsbildes waren ihm bes. Anliegen. »Wir wollen die Natur nicht von Spekulanten ausbeuten lassen« (1910). G. nahm immer wieder zu aktuellen städtebaulichen Problemen Stellung: 1922 Programm für die Entwicklung der Stadt Salzburg, Ausbau zur Garten- und Fremdenstadt. 1932/33 entstand das Gebäude der Wiener

Paul Geppert, Gebäude der Wiener Städtischen Versicherung, Salzburg (Norbert Mayr)

Städtischen Versicherung am Max-Ott-Platz mit großer städtebaulicher Bedeutung.

Lit.: Achleitner 1980. – O. Kunz: Von der Romantik zur neuen Sachlichkeit. Ein Stück alpenländische Baugeschichte an Hand der Werke des Architekten P. G., in: Bergland 16, 1934, Nr. 1. – F. Donat: P. G. Salzburg. München 1930.

M.O.

Gerold, Jakob, * Salzburg 1602, † zwischen 1677 und 1684, Bildhauer. Er trat 1616 in die Werkstatt seines Vormundes, des Bildhauers H. →Waldburger, ein und arbeitete an dessen Mondseer Hochaltar mit. Ab 1628 in Prag, kehrte er 1641 nach Salzburg zurück und nahm hier als Holzplastiker die wichtigste Stelle ein. G. führte mit einer gewissen bäuerlichen Urtümlichkeit den filigranen, flächigen Figurenstil Waldburgers in eine freiere, weniger frontale Gestaltung über. Einfacher Aufbau und geringe Variationsbreite an Gesten und Faltenschwüngen halten die räumlichen Entfaltungsmöglichkeiten noch in Grenzen. Die fortschrittlichsten Züge an seinem einzigen in der ursprünglichen Gestalt erhaltenen gebliebenen und beurkundeten Werk, dem Hochaltar von St. Leonhard bei Tamsweg (1658-61), gehen vermutlich auf die Mitarbeit Th. Schwanthalers zurück. Eine an spätgotische Vorbilder anschließende Ausdruckssteigerung der Gesichter zeigen am deutlichsten die mächtigen Figuren aus Köstendorf von 1664 (heute →Dommuseum). Die späten Altäre G.s (→Michaelbeuern, St. Margarethen/Lungau, Sommerholz, St. Leonhard, Seitenaltäre) weisen große Qualitätsschwankungen auf. »Seine

Figuren stehen mehr in der Tradition heimischer Schnitzkunst, als daß sie als typische Vertreter des Barock bezeichnet werden könnten« (Ramharter).

Lit.: J. Ramharter: Der Bildhauer J. G. und die Salzburger Plastik um die Mitte des 17. Jh.s. Diss. Wien 1985. – Pretzell.

N.Sch.

Geschichtsschreibung und G.forschung. Salzburg besitzt für die quellenarme Zeit des Frühmittelalters die bedeutendsten Werke der österr. Geschichtsschreibung (Historiographie). Schon der gelehrte Ire →Virgil regte die älteste Salzburger →Annalistik an. Auf ihn oder seinen Umkreis geht auch die älteste Fassung der Lebensbeschreibung des hl. →Rupert, die nicht erhaltene Urvita, zurück. Um 749 verfaßte Virgil eine Denkschrift über die Auseinandersetzung mit dem Bayernherzog um die Maximilianszelle in Bischofshofen und deren Ausstattungsgüter. Diese »Aufzeichnung Virgils« (Libellus Virgilii) bildet ein Kernstück der nach 798 angelegten →Breves Notitiae. Virgils Nachfolger →Arn(o) ließ die ältesten erhaltenen Salzburger Annalen, die als primitive Form der Historiographie bis um 1400 fortgesetzt wurden, und ein »Chronicon breve« aufzeichnen. Er legte das älteste Salzburger Güterverzeichnis (→Notitia Arnonis) an und hielt in den Breves Notitiae die Frühgeschichte Salzburgs einschließlich der Schenkungen an die Salzburger Kirche fest, um Salzburgs kirchlichen Vorrang zu dokumentieren. Von ca. 793 stammt auch die älteste bekannte Fassung der »Gesta Hrodberti«, der Schildung von Leben und Wirken des Salzburger Gründerheiligen Rupert. Dem Kreis um Eb. Liupramm (836-59) ist eine kurze hagiographische Schrift über die Überführung der Gebeine des hl. Hermetis nach Salzburg zu verdanken. Den Höhepunkt der Salzburger G. stellt die →»Conversio Bagoariorum et Carantanorum«, die Bekehrungsgeschichte der Bayern und Karantanen, dar. Diese Denkschrift auf urk. und annalistischer Grundlage wurde um 870 in Salzburg verfaßt, um im Streit mit dem Slawenapostel Methodius den Standpunkt der Salzburger Kirche und deren hervorragende Leistungen bei der Mission zu dokumentieren. Als einzige genaue schriftliche Quelle zur Missionstätigkeit gehört die Conversio zu den beispielhaften Quellen des 9. Jh.s. Politische Gründe führten im 10. Jh. zu einem Niedergang der Salzburger Historiographie (die Vita Eb. →Gebhards und die Leidensgeschichte Eb. Thiemos entstanden im steirischen Admont). Um 1170 verfaßte ein Salzburger Domherr für Eb. Adalbert II. eine Denkschrift über die Kämpfe des Kaisers gegen die Alexandriner (»Historia calamitatum ecclesiae Salisburgensis«) und eine Beschreibung des Lebens Eb. →Konrads I., die »Vita Chunradi«. Auch dessen Nachfolger Eberhard I. fand biographische Würdigung. Daneben entstanden im 12. Jh. anspruchslose Schriften und Legenden.

Abgesehen von der routinemäßig weitergeführten Annalistik wurden erst wieder im 15. Jh. mit einer späten Blüte der Universalgeschichte mit lokalem Einschlag (Salzburger Landeschroniken) hervorragende historiographische Leistungen erbracht. Neben einer anonymen Salzburger Weltchronik von ca. 1465 sind die großen Chroniken des J. →Serlinger und des →Benediktiners L. →Tornator zu nennen, die ein treffendes Bild des Landes und seiner geistlichen Führung, besonders des Hoflebens, zeichnen.

Eine große Anzahl von Chroniken (»Kleine Salzburger Chroniken«) entstanden im 16. Jh.: Ch. →Jordan wirkte als geschickter Kopist, und V. →Reitgärtler, J. B. →Fickler und der erste Salzburger Buchdrucker H. →Baumann (1588) verfaßten größere Chroniken. Nachdem 1519 erstmals in dt. Sprache eine kleine Chronik von Salzburg in Druck erschienen war, brachte W. →Hundt v. Sulzenmoos mit seiner äußerst gründlichen »Metropolis Salisburgensis« das zweite gedruckte Geschichtswerk über Salzburg heraus. Daneben entstanden im 16. Jh. auch zahlreiche kleinere Darstellungen einzelner Ereignisse oder bestimmter Orte in Salzburg, wie etwa die Beschreibung des Bauernaufstandes oder die »Gasteiner Chronik« von ca. 1540.

Der bedeutendste Salzburger Chronist des beginnenden 17. Jh.s und zugleich der für eineinhalb Jh.e letzte, der selbständig geforscht und Selbsterlebtes berichtet hat, war J. →Stainhauser (1570-1625). 1666 ließ F. →Dückher von Hasslau mit seiner »Saltzburgischen Chronica« die erste umfangreiche deutschsprachige Landeschronik (mit Kupferstichansichten) drucken; sie fand große Verbreitung. Die »Historia Salisburgensis« der Brüder →Mezger (1692) und die Chronik des J. B.

→Schlachtner bilden das Ende der Salzburger Landeschroniken. 1729 erschien M. →Hansiz' zweiter Band der »Germania Sacra«, das erste im modernen Sinn wissenschaftlich bedeutende Geschichtswerk über Salzburg.
An der alten Benediktineruniversität, an der Geschichte schon im 17. Jh. als Unterrichtsfach eingeführt worden war, entstand nach der gelehrten Arbeit der Gebrüder Me(t)zger mit der mehrbändigen »Chronik von Salzburg« des Juristen J. T. →Zauner, fortgesetzt vom letzten Rektor der Universität, C. →Gärtner, eine weitere bedeutende Landesgeschichte (11 Bde., 1796-1826). Leitender eb. Beamter war F. T. v. →Kleimayrn, dessen grundlegendes Werk »Juvavia« (1784) sich durch umfangreiches verarbeitetes Quellenmaterial auszeichnet. Die Aufhebung der Universität (1810) und das Ende der Eigenstaatlichkeit Salzburgs bedeuteten auch für das wissenschaftliche Leben einen schweren Rückschlag. In dieser Zeit verfaßte B. →Pillwein seine historischen Arbeiten. Von außen angeregt, einem schon 1844 ausgesprochenen Wunsch J. F. Böhmers folgend, verfaßte Andreas von Meiller, ein Mitarbeiter des Wiener Haus-, Hof- und Staatsarchivs, seine »Regesten zur Geschichte der Erzbischöfe von Salzburg 1106-1246« (1866).
Bald nach der Wiedererrichtung Salzburgs als selbständiges Kronland gab es neue Impulse. Besondere Bedeutung kam dabei der Gründung der Gesellschaft für Salzburger →Landeskunde 1860 zu, deren »Mitteilungen« sich zum wichtigsten Forum der Heimatforschung entwickelten. Treibende Kraft der Gesellschaft war der Salzburger Arzt F. V. →Zillner, dessen Hauptwerk, eine zweibändige Geschichte der Stadt Salzburg, für einzelne Bereiche der Stadtgeschichte bis heute grundlegend geblieben ist. Umfangreiche, zusammenfassende Darstellungen zur Landesgeschichte verfaßten der »vaterländische Geschichtsschreiber« G. A. →Pichler (»Salzburg's Landes-Geschichte«, 1865) sowie im Rahmen der »Deutschen Ländergeschichten« der Mittelschulprofessor H. →Widmann (3 Bde., 1907-14). Diese Werke konnten allerdings auf die wichtigsten quellenkritischen Editionen Salzburger Geschichtsquellen noch nicht zurückgreifen. Das von W. →Hauthaler begonnene und von F. →Martin fortgesetzte »Salzburger Urkundenbuch« für die Zeit von 790 bis 1246 bzw. 1343 war mit dem 4. Bd. erst 1933 abgeschlossen. Martin ließ diesem »Die Regesten der Erzbischöfe und des Domkapitels von Salzburg« (3 Bde., 1928-34) und seine »Salzburger Archivberichte« (1944-48) folgen. Die Landesgeschichte war zur fast ausschließlichen Domäne der jeweiligen Landesarchivare (F. →Martin, H. →Klein) geworden. Nach der (Wieder-)Errichtung der Universität kam 1964 das Historische Institut (heute Institut für Geschichte) als weitere tragende Säule hinzu. Der Landesgeschichte widmete sich vor allem der Lehrstuhl für Österreichische Geschichte von H. →Wagner. Besonderer Förderung erfreuten sich Landesbewußtsein und Landesgeschichte durch LH. Wilfried Haslauer (→Landesausstellungen, →Landessymposien sowie Publikationen des Landespressebüros). 1984 wurde ein eigener Lehrstuhl für »Vergleichende Landesgeschichte« errichtet, dessen Inhaber Heinz Dopsch auch für die 1981-91 in acht Teilen erschienene »Geschichte Salzburgs« hauptverantwortlich zeichnete. Im Rahmen dieses Handbuches wurde viele Bereiche der Salzburger Landesgeschichte erstmals umfassend aufgearbeitet. Auch durch die Vergabe von Dissertationen und Diplomarbeiten sowie von Forschungsprojekten wurden in den letzten Jahren wichtige Forschungslücken geschlossen.
Im Bereich der Regionalgeschichte hat sich der Schwerpunkt seit dem vorigen Jahrhundert von Publikationen über die Salzburger Gaue (I. →Kürsinger, J. →Dürlinger) auf die Orts- und Lokalgeschichte verlagert. Seit 1985 werden im Salzburger Landesarchiv regelmäßig Ortschronistenseminare abgehalten. Den organisatorischen Rahmen dafür bildet der 1990 errichtete »Arbeitskreis für Landesgeschichte« am Salzburger →Bildungswerk (neu konstituiert 1997 unter Leitung von Landesarchivar Fritz Koller). Zur Jahrtausendwende verfügte bereits beinahe jede Salzburger Gemeinde über ihre »Ortschronik«.

Lit. (umfassende Literaturangaben, da bisher kein Gesamtüberblick zur Thematik existiert): F. Koller: Die Salzburger Ortschronistenseminare. In: Scrinium 51, 1997, S. 27-32. – H. Dopsch: Heimatforschung in Salzburg. Eine Zwischenbilanz, in: Forum Heimatforschung, Ziele–Wege–Ergebnisse, Heft 1, München 1996, S. 15 ff. – H. Dopsch: Schriftliche Quellen zur Geschichte des hl. Rupert. In: Hl. Rupert von Salzburg 696-1996, Ausstellungskat., Salzburg 1996, S. 39 ff. – H. Dopsch: Probleme der Landes- und Regionalgeschichte am Beispiel Salzburgs. In: H. Wolfram, W. Pohl (Hg.): Probleme der Geschichte Österreichs und ihrer Darstellung,

Wien 1991, S. 193 ff. – A. Jungreithmayr: Die deutschen Handschriften des Mittelalters der Universitätsbibliothek Salzburg. Österr. Akad. der Wissenschaften, Phil.-Hist. Klasse, Denkschriften Bd. 196, Wien 1988. – H. Maschl: 20 Jahre Institut für Geschichte Salzburg 1964-1984. Salzburg 1984. – G. Hayer: Die deutschen Handschriften des Mittelalters der Erzabtei St. Peter zu Salzburg. Österr. Akad. der Wissenschaften, Phil.-Hist. Klasse, Denkschriften Bd. 154, Wien 1982. – F. Hermann: Wissenschaft und Bildung. In: Geschichte I/2, S. 1071 ff. – H. Wolfram: Conversio Bagoariorum et Carantanorum. Wien-Graz-Köln 1979. – R. Wagner: Salzburger Chronisten und Historiographen vom Ende des 15. bis zum Anfang des 18. Jh.s. In: Dückher, Saltzburgische Chronica 1666, Graz 1979, S. 30 ff. – A. Mühlböck: Die Pflege der Geschichte an der alten Universität. Wien-Salzburg 1973. – A. Lhotsky: Quellenkunde zur mittelalterlichen Geschichte Österreichs. MIÖG Erg. Bd. 19, Graz-Köln 1963. – M. C. Trdán: Beiträge zur Kenntnis der salzburgischen Chronistik des 16. Jh.s. In: MGSLK 54, 1914, S. 135 ff. – G. Scheibner: Beiträge zur salzburgischen Historiographie am Ausgange des Mittelalters. Salzburg 1911.

P.F.K.

Geschützgießer →Büchsenmacher, →Glocken und Glockengießer

Gesellschaft für Salzburger Landeskunde →Landeskunde, Salzburger

Gestaltungsbeirat. Überwiegend international besetztes Gremium zur Architekturbegutachtung für die Stadt Salzburg, entstanden im Rahmen der Architekturreform 1983 für Baueinreichungen größeren Ausmaßes. International beachtetes und anerkanntes Modell der Planungsbegutachtung und Vorbild für zahlreiche, ähnlich organisierte Einrichtungen in anderen Städten mit dem Ziel, die architektonische Kultur zu fördern und das Niveau der Gebrauchsarchitektur zu heben. (Erster Beirat mit Vorsitzendem W. →Holzbauer, Gino Valle, G. →Garstenauer, F. →Achleitner und O. →Breicha). Luigi Snozzis (Vorsitzender des zweiten Beirats) Diskurse zu zentralen Themen der Architektur besaßen für Fachwelt wie interessierte Öffentlichkeit die Qualität von Architekturseminaren. Die ca. alle zwei Jahren wechselnde Besetzung besteht aus fünf bis sechs Fachleuten. Während der Initiator Stadtrat Johannes Voggenhuber in den ersten beiden, von ihm politisch mitgetragenen Beiräten das die Geschichte Salzburgs begleitende »romanische Element« durch italienische Architekten vertreten haben wollte und jeweils ein architekturinteressierter Bürger der Stadt und ein Kunsthistoriker Platz fanden, wurden spätere Beiräte ausschließlich

Sitzung des Gestaltungsbeirats, 1985

aus Architekten (meist ohne Salzburger Beteiligung) mit unterschiedlichen Schwerpunktsetzungen zusammengestellt. Aus einem ursprünglich ehrenamtlichen Beirat, der sich für moderne Architektur in der Altstadt und die Hebung der Baukultur durch die konfliktreiche Förderung auswärtiger und ausländischer Architekten mittels Gutachterverfahren einsetzte, entwickelte sich eine mittlerweile gesetzlich verankerte Institution mit größerer Offenheit zu engagierten Vertretern einer herausgeforderten lokalen Architektenschaft. Die Tätigkeit des G. liegt außerhalb des mittlerweile erweiterten Altstadtschutzgebietes (Zone II seit 1995, Altstadterhaltungskommission).

Lit.: R. Höllbacher: Das Ende eines Paradigmas? Architektur von 1980 bis zur Gegenwart, in: E. Hanisch, R. Kriechbaumer: Salzburg (Geschichte der Bundesländer seit 1945), Wien-Köln-Weimar 1997. – J. Voggenhuber: Berichte an den Souverän. Salzburg: Der Bürger und seine Stadt, Salzburg 1988. – D. Steiner (Hg.): Das Salzburg-Projekt. Wien 1986.

N.M.

Gewerbefreiheit. Seit dem Gesetz vom 20. 12. 1859, das mit der Einführung der Gewerbevorschriften auch die G. brachte, und damit das Recht, jedes Gewerbe oder jeden Beruf auszuüben, verloren Zünfte ihren Zwang und ihre Bedeutung.

Ch.S.

Gewerbeschule (Höhere Technische Bundeslehranstalt). 1875 Eröffnung der provisorischen Staats-G. im 2. und 3. Stock des →SMCA als Gewerbliche Zeichen- und Modellierschule, Direktor war der Architekt C. →Sitte; 1876 Erhebung zur k. k. Staatsgewerbeschule; Vorläuferin war die G. des »Salzburger Gewerbevereins« unter der Leitung von G. →Pezolt, die aber 1873, mit dem Ende des Gewerbevereins, aufgelöst wurde. 1900 übersiedelte die k. k. Staats.-G. in das von F. →Drobny errichtete Gebäude am Rudolfskai (1908 große →Kaiser-Jubiläumsausstellung), ab 1913 Abschluß mit Reifeprüfung; 1920 Umbenennung in »Bundeslehranstalt für Hochbau, Elektrotechnik und Frauengewerbe in Salzburg«; 1945 Bundes-G. Salzburg mit den Abteilungen: Hochbau- und Elektroabteilung mit einer Höheren Abteilung und einer Fachrichtung Bauhandwerkerschule, Kunstgewerbliche Abteilung – Fachrichtung Keramik und Textil. Ende der 40er, Anfang der 50er Jahre besuchten u. a. F. →Achleitner, Johann Georg Gsteu, W. →Holzbauer, F. →Kurrent, Hans Puchhammer und Johannes Spalt die Hochbauabteilung, 1955/56 Erweiterung um Maschinenbauabteilung; 1962 wird die Höhere Abteilung zur »Höheren Technischen Bundeslehranstalt«; 1986 Übersiedlung nach Itzling. →Altstadtuniversität.

Lit.: FS. 100 Jahre Höhere Technische Bundeslehranstalt Salzburg 1876-1976.

Gewürzsträußl, aus aromatisch duftenden Gewürzen (u. a. Nelken, Muskat, Zimt, Vanille, Ingwer, Kümmel, Anissterne, Wacholder, Kaffeebohnen, Pignoli, Pfefferkörner) und Kunstblumen, die mit versilberten und vergoldeten Kupferdrähten, Metallfolien, Flitter und Glassteinchen in barocker Manier bebunden und verziert werden. Volksmedizinische und symbolische Bedeutung einst kostbarer exotischer Gewürze war vermutlich der Grund, daß man sie seit Anfang des 19. Jh.s als Blüten in Sträuße und kleine Bäumchen, die in Österreich und Süddeutschland gerne zur Hochzeit verschenkt wurden und werden, einband. Schwerpunkt dieses Brauches ist Salzburg, da an alter Nord-Süd-Handelsstraße gelegen (Handel u. a. mit Gewürzen).

Lit.: R. Acker: Salzburger Gewürzsträußl. In: SH 4, H. 2, 1980, S. 137 ff.

R.A.

Geyer, Johann Elias von, * 1717, † Salzburg 8. 10. 1790, Ingenieur. Nach dem Studium der Artillerie-, Militär- und Zivilkunst wurde G. 1744 in Salzburg als Ingenieur-Leutnant angestellt, wurde 1748 Stuckhauptmann und Kriegsrat, 1756 Hofkammerrat und Ingenieur-Obristwachtmeister und in den Salzburger Adelsstand erhoben. G. leitete 1764-1765 den Durchstich des Neutors (Siegmundstor), das am 26. 6. 1766 von Erzbischof Schrattenbach feierlich eröffnet wurde. Doch wurde es nicht zu einer riesigen Bastion ausgebaut; statt dessen wurden die Brüder W. und J. B. →Hagenauer mit der Ausgestaltung einer Triumphanlage beauftragt, was zur vertieften Feindschaft zwischen G. und den Hagenauer führte.

Lit.: C. Willomitzer: Geschichte des Baudienstes im Land Salzburg. In: Schriftenreihe des Landespressebüros 53, 1985, S. 44-57. – A. Hahnl: Das Neutor. In: Kulturgut der Heimat, Salzburg 1975.

A.H.

Gimmelsberger, Erwin, * Eberschwang (OÖ.) 8. 9. 1923, Schriftsteller, Journalist. Seit seinem dritten Lebensjahr in Salzburg. Ehemals Leiter der Salzburg-Redaktion der Austria Presse-Agentur (APA). Initiator der →Rauriser Literaturtage, die er 1971 gründete und bis 1987 leitete. Kulturpreis des Landes OÖ. für Lyrik 1976, Österr. Ehrenkreuz für Wissenschaft und Kunst, 1982, Rauriser Bürgerpreis 1985, Günter-→Eich-Preis der Rauriser Literaturtage, 1988. Mitglied des PEN-Clubs. Wichtige Veröffentlichungen: »Berichte für Doktor Simon« (1974), »Rauriser Texte«, Gedichte (1979), »Monolog aus zweiter Hand« (1981), Laufen gegen den Wind« (1983). »Träume über weißem Papier« (1986), Hg. des »Rauriser Lesebuches« (1986 und 1990).

Lit.: Katalog-Lexikon, S. 116.

A.Has

Ginzkey, Franz Karl, * Pola (Istrien) 8. 9. 1871, † Wien 11. 4. 1963, Offizier, Schriftsteller. Als junger Offizier u. a. auch in Salzburg beim Inf.-Reg. Nr. 59 (»Rainer«) stationiert (Erzählung »Wie ich Herr auf Hohensalzburg ward«), später in Wien im Militärgeographischen Inst. und im Kriegsarchiv. 1920 Pensionierung, freier Schriftsteller. 1919/20 Bemühungen (u. a. von S. →Zweig), G. als Landeskulturreferenten nach Salzburg zu holen. Bis 1923/24 lebte G. in Salzburg, dann auch in Wien. 1924 in das Kuratorium der Salzburger →Festspiele gewählt, vom Beginn der 20er Jahre bis 1933 Mitglied der »Montagsherren«-Runde »Kalkgrube« im Sternbräu in Salzburg. 1938 Übersiedlung nach Wien, ab 1944 Zweitwohnsitz Seewalchen am Attersee. Ab ca. 1925 alljährlich Kuraufenthalte in Badgastein. G. wurde in den frühen 20er Jahren Präsident der »Salzburger literarischen Gesellschaft«. Befreundet u. a. mit M. →Mell und S. Zweig, Bekanntschaft mit A. →Faistauer, C. →Zuckmayer und R. →Billinger. 1921 wandte sich der 23jährige K. H. →Waggerl nicht vergeblich mit der Bitte um Unterstützung an G. 1927/28 freundschaftliche Begegnung mit H. v. →Hofmannsthal, 1930 erschienen zum zehnjährigen Jubiläum des Hofmannsthalschen Stückes G.s »Terzinen zum Jedermann«. G. war Neuromantiker, vom Naturalismus und Expressionismus nicht beeinflußt. Er beherrschte die kleine Form (Gedicht, Spruch, Erzählung, Novelle) souveräner als den Roman. In einigen autobiographischen Werken schildert G. Salzburg: »Jakobus und die Frauen« (1908), »Der seltsame Soldat« (1925), »Der Heimatsucher« (1948). Von seinen zahlreichen Werken beziehen sich weiters auf Salzburg: »Alt Salzburger Bilder nach zehn Federzeichnungen« (gemeinsam mit U. →Seidl, 1922), »Das Antlitz Salzburgs« (1933), »Salzburg und das Salzkammergut« (1934). Im Roman »Prinz Tunora« (1934) erzählt G. die Hochstaplergeschichte des Salzburger Studenten Cajetan Treml, der als »Prinz Tunora von Strivali im Jonischen Meer« 1804 die Salzburger Behörden und Bürger zum Narren hielt. Ehrungen u. a.: Dr. h. c., Wappenring der Stadt Salzburg (1956). (Farbabb. S. 361)

Lit.: R. Hangler: Der Fall F. K. Ginzkey und Seewalchen. Eine Dokumentation, Vöcklabruck 1989. – K. Heydemann: Literatur und Markt. Werdegang und Durchsetzung eines durchschnittlichen Schriftstellers in Österreich 1891-1938, Der Fall F. K. G. Habil., Wien 1986.

H.H.

Glanner, Caspar, * Radstadt (?) 1515, † Salzburg (?) 1577, Organist und Komponist. Vermutlich Schüler von P. →Hofhaimer, danach als Sänger »bey Fürsten und Herrn gebraucht«, 1556-77 Hoforganist in Salzburg. Von ihm sind 49 mehrstimmige Liedsätze in zwei posthum erschienenen Drucken (München 1578 und 1580) überliefert, Beispiele aus der Blütezeit bürgerlichen häuslichen Musizierens.

Lit.: H. Spies: K. G., fürstlich-salzburgischer Organist. Salzburg 1895.

Glaser, Johann Karl, * Mährisch-Schönberg 15. 2. 1877, † Salzburg 12. 12. 1960, Buchdrucker, Zeitungsherausgeber. Als gelernter Buchdrucker trat er 1896 in die Druckerei des R. →Kiesel in Salzburg ein, heiratete dessen Tochter Karoline und übernahm nach dem Tode Kiesels die Leitung der Druckerei und die Herausgabe des »Salzburger Volksblatts«, war Mitbegründer des »Bergland-Verlages« (1929), Verfasser einer Geschichte der Salzburger Buchdrucker und des Zeitungswesens, kunstsinniger Sammler von Antiquitäten und Münzen.

Lit.: Nekr. in MGSLK 101, 1961.

E.M.

Glaserzeugung. Die erste Glashütte wurde 1702 als Gründung von Eb. →Johann Ernst Graf Thun »in der Eich« errichtet (Ortschaft Winkl, Gem. St. Gilgen, ehemals Hüttenstein). Die Notwendigkeit der Arbeitsbeschaffung, Verwendung der inländischen Holzabfälle sowie die Drosselung der Glaseinfuhr waren Ursachen der eb. Gründung (Import-Verbote erfolgten 1703 und 1705). Die Leitung der Hütte hatte vorerst Anton Fendt. Ab 1705 trugen die klaren Gläser ein rotes Herz als Hüttenzeichen. Der Verkauf der Scheiben, Trinkgläser, Spiegel und »Pettenkrallen« (Rosenkranzperlen) erfolgte im Land und erreichte darüber hinaus Ober- und Niederbayern, Österreich ober und unter der Enns, Böhmen und die Steiermark. Die unrentable Produktion wurde 1726 eingestellt und erst 1732 wieder aufgenommen.

Unter Johann Wolfgang Schmauß und dessen Sohn wurde die Glashütte ein Privatunternehmen und erreichte zwischen 1766 und 1795 ihre Blütezeit. 1779 gründeten Vater und Sohn eine zweite, kleinere Glashütte in Zinkenbach. Beide Hütten arbeiteten abwechselnd und erzeugten weißes, grünes, rotes, blaues und gelbgefärbtes Glas. Nach wechselnden Besitzern und einigen Konkursen wurde die Hütte von 1815 bis nachweislich 1839 als »Fürstl. Wredesche Glasfabrik« geführt.

1872 wurde in Bürmoos, nahe den Quarzsandlagern, die »Benedikthütte« errichtet, die nach einer kurzen Unterbrechung im Jahre 1880 gegen Ende der 80er Jahre wieder ihren Betrieb aufnahm; eingestellt 1929. In dem Roman »Die Glasbläser von Bürmoos« schildert G. →Rendl den Aufbau und den Niedergang der Glashütte.

Im ehem. Messinghammer in Oberalm in der 1. H. des 19. Jh.s Glas- und Mosaikerzeugung (ab Mitte des 19. Jh.s Marmorwerk). 1820 gründete Martin Strohmayer eine Glashütte in St. Michael, die 1867 eingestellt wurde.

Lit.: F. Lepperdinger: Gemeindesoziologie von Bürmoos. Salzburg 1971. – F. Martin: Die hochfürstlich salzburgische Glasfabrik. In: SMusBl. 2, 1923, Nr. 2.

Ch.S.

Glasmalerei. Die kirchliche Bedeutung Salzburgs bedingt seit früher Zeit die Herstellung von Glasfenstern, leider fast nichts erhalten, Zerstörungen durch Brände u. ä., zuletzt noch die »Modernisierung« der Barockzeit. Nach Quellen schon in der 1. H. des 12. Jh.s Glasfenster im →Dom, auch ein Künstlername »Erhardus Vitrarius« überliefert. Für den Dombau um 1200 sicher großartige Fenster anzunehmen, ebenso für die neue Ausstattung nach Brand 1386. Für die Stadtpfarr- (→Franziskaner-)kirche 1496 ein Hans Payr, Glaser, genannt, zweimalige Zahlungen für eine beträchtliche Anzahl von Scheiben. Aus den frühen Epochen nur Werke aus dem Salzburger Kunstkreis als Beispiele: Magdalenenscheibe aus Weitensfeld (Kärnten), jetzt im Diözesanmuseum in Klagenfurt ein selbständiges Einzelbild in feierlicher Frontalität und bester handwerklicher Ausführung (Beziehung zur gleichzeitigen →Buchmalerei). Für die früheste Gotik die Scheiben der Stadtpfarrkirche von Friesach (Kärnten) aus der dortigen Dominikanerkirche (»Kluge und Törichte Jungfrauen«) um 1280-90. Die Gestalten in einfacher Architekturrahmung, Versuch einer Individualisierung in Haltung und Ausdruck. Höhepunkt der erhaltenen G. in Salzburg die fast geschlossene Ausstattung der Wallfahrtskirche St. Leonhard bei Tamsweg 1430-50 in bester Qualität. Eine Besonderheit das »Goldfenster«, Chorfenster in allen Schattierungen von Gelb mit Blau. In Baldachingehäusen Stifter Eb. Johann II. von Reisberg, Wappen, Apostel, Heilige u. a. Unter den zahlreichen anderen Fenstern, meist mit Stiftern und Wappen, die Darstellung einer »Apostelmühle« interessant. Als Import aus dem Elsaß das schöne Chorfenster der Stiftskirche →Nonnberg von Peter Hemmel aus Andlau, eine Stiftung des Bürgermeisters Augustin Clanner 1480. Auch →St. Peter besaß Scheiben aus dieser Werkstatt (jetzt Darmstadt, Hessisches Landesmuseum). Nach Erlöschen der G. im 16. Jh. Wiederentdeckung erst im Historismus des 19. Jh.s. Ein sehr frühes Beispiel in der Pfarrkirche von Mittersill, Fenster von Johann Hauer und Franz Streißenberger, 1840 (Heilige und Stifter I. v. →Kürsinger). Auch von zeitgenössischen Künstlern in Stadt und Land neue G. (M. Bilger, A. →Birkle, J. Mikl, O. Beckmann, M. Weiler, J. Widmoser, L. Wildner-Eltz, R. Magnus). (Farbabb. S. 333)

Lit.: M. Kristan: Die Glasgemälde der Dekanatspfarrkirche in Mittersill in Salzburg. In: ÖZKD 1988, H. 1/2, S. 76 ff. (mit Lit.). – E. Bacher: Der Bildraum in der Glasmalerei des 14. Jh.s. In: Wiener Jb. für Kunstgesch. XXV/1972, S. 87 ff. (mit Lit.). – F. Kieslinger: Gotische Glasmalerei in Österreich bis 1450. Wien 1928, passim.

L.T.

Glocken und Glockengießer. Urspr. war die Kunst des Glockengießens der Geistlichkeit vorbehalten. Eb. Thiemo (1090-98) hatte den Glockenguß im Kloster Niederaltaich erlernt und nach Salzburg mitgebracht. Angeblich soll dann eine Unvorsichtigkeit der Mönche beim Glockenguß Grund für den Dombrand von 1127 gewesen sein. Als das Glockengießen zu einem gewerblich ausgeübten Handwerk wurde, schlossen sich die wenigen Salzburger Glockengießer vorerst der Zunft der Zinngießer, dann jener der Rotschmiede an. Seit dem 15. Jh. sind Zinn- und Glockengießer in Salzburg ansässig. Als erster wird Stephan Habel (1431 ehem. Glocke in Abtenau) genannt. Der ab 1440 tätige Meister Jörg, »Jörg Gloppicscher«, arbeitete auch für Tirol, OÖ. und Bayern. Seine größte Glocke hatte einen Durchmesser von 182 cm, seine tonreinste ist jene der Salzburger →Franziskanerkirche mit 2450 kg. Da der Glockenguß dieselbe Technik erfordert wie der Guß von Geschützen, wurden Glockengießer vielfach auch →Büchsenmacher und Stückgießer. Der kriegsbedingt geringe Bedarf des 16. Jh.s an Kirchenglocken wurde vorwiegend aus dem Ausland (München, Burghausen-Eisenhütte bei Teisendorf) gedeckt. Für Salzburg arbeitete auch das berühmte Geschlecht der Löffler: Alexander Löffler goß 1537 eine Glocke für Krimml, Hans Christoph Löffler 1568 die »Ahndl« für Schloß Werfen. Das 17. Jh. hatte viele eingeschmolzene Kirchenglocken zu erneuern und neu erbaute Kirchen zu bestücken; demnach ließen sich wieder mehr Glockengießer in Salzburg nieder. Hans Mencz kam aus Fulda, wurde 1596 Bürger und goß die Glocke für den Ratsturm; Jakob Lidl (1587-1647) kam 1617 nach Salzburg, sein Nachfolger Johann Eisenberger (1611-74) reiste aus Nürnberg zu und errichtete eine Gußhütte außerhalb der Vitalspforte neben dem Ballhaus (Nähe Makartplatz). Sein Sohn Benedikt (1651-1723) hatte eine Gießerei »bei der Schanz zu Mirabell«. Johann Hackhl (1704-50) aus NÖ. verlegte die Werkstatt vor das Linzer Tor in die heute danach benannte Glockengasse. Schließlich ist Johann Oberascher (1737-97) aus Gnigl zu nennen, der 83 bekannte Glocken goß (darunter das Geläute von Mondsee, größte Glocke 4383 kg). Er war der Begründer der heute noch tätigen Glockengießerfamilie Oberascher in Salzburg. Neben der Gerechtsame, die an das Haus Goldgasse 14 gebunden war, gab es in Salzburg noch eine zweite Werkstatt für Rotguß mit einer Gußhütte in der Schallmooser Hauptstraße 30, die besonders im 18. und 19. Jh. tätig war. Weiters eine dritte Werkstatt, die nur zeitweise arbeitete und in der auch Johann Nußpicker als Glocken- und Kanonengießer während der 60er und 80er Jahre des 17. Jh.s wirkte. Neben dem Zentrum Salzburg hatte Halleins Gußhaus in der Rechengasse lediglich untergeordnete Bedeutung. Als 1628 die beiden Domglocken zu gießen waren, holte Eb. →Paris Lodron Wolfgang Neidhart aus der Gußhütte zu Augsburg, also einen Ausländer, nach Salzburg, obwohl zwei tüchtige einheimische Glockengießer in Salzburg waren.

Lit.: P. A. Jungwirth OSB: Die Glocken und Glockengießer Salzburgs. In: MGSLK 75, 1935, S. 11 ff.

Ch.S.

Glockenspiel. Das täglich um 11 und um 18 Uhr erklingende G. im Salzburger Neugebäude war 1695 von Eb.→Johann Ernst Graf Thun über Mittelsmänner beim Antwerpener Glockengießer Melchior de Haze gekauft worden (35 Glocken mit Aufschrift »Melchior de Haze me fecit, 1688 und 1689«). Ihre Tonreihe umfaßt drei Oktaven mit allen Halbtönen. Eb. Thun erhöhte den Turm Eb. →Wolf Dietrichs um zwei Stockwerke und beauftragte den Salzburger Hofuhrmacher J. →Sauter, die Mechanik anzufertigen. Die Messingwalze entstand unter dem Büchsenmacher Franz Sulzer und dem →Glockengießer Benedikt Eisenberger. 1704 war die mechanische Spielwalze fertig, auch gab es die Möglichkeit eines Handbetriebs mittels Klaviatur. M. →Haydn werden 16 Manuskriptskizzen für das G. für Dezember 1798 bis Jänner 1799 zugeschrieben, doch sind keine Originalstücke von ihm erhalten. Die gespielten Mozart-Stücke sind Bearbeitungen aus dem 19. Jh. Betreuer des Glockenspiels: Familie Weiser (Karl →W., Erich Schmid).

Lit.: H. Spies: Geschichtliches über das Salzburger G. In: MGSLK 47, 1946, S. 49 ff.

Ch.S.

Glöckler. Sonderform der Maskenläufer im Salzkammergut (St. Gilgen, Strobl, Abersee, Weißenbach, von Ebensee OÖ. ausgehend) mit vielen europäischen Vergleichsformen zwischen Silvester und Aschermittwoch, also dem Fasching. Heute stellt sich die Frage, ob Bergleute und Salzschiffer zur Verbreitung dieses und ähnlicher Bräuche beigetragen haben. Ältere Formen und Varianten dieses Brauches, in dem sich Faschingstreiben, soziale

Das Glockenspiel

Kontrolle, Perchtentreiben und Gabensammeln (Heischebrauch) mischen, finden sich in Verboten und Aufzeichnungen der Aufklärungszeit. Wiederbelebungen seit dem 19. Jh., besonders zur Jahrhundertwende und in der NS-Zeit mit neuen Ausformungen und Deutungen. Heute laufen die G.-gruppen am sogenannten Berchtenabend, dem Vorabend des Dreikönigstages. Sie tragen weiße Leinenanzüge, Schellengürtel und große Lichtkappen und laufen in der Dunkelheit von Haus zu Haus, wo sie Reihentänze aufführen und Gaben erhalten. In der Stadt Salzburg wurden die Glöckler 1929 eingeführt, heute laufen G. von »Jung Alpenland«. Nicht zu verwechseln mit den →Anglöcklern (Adventkünder) und Klöckern (Peitschenknaller). →Perchten, →Weihnachtsbräuche.

U.K.

Gnadenbild. Der katholischen Kirche gelten – trotz heftigen Bilderstreits auf den Konzilen und Synoden zwischen 730 und 843 – Bilder als Mittel der sinnlichen Vergegenwärtigung, ihnen wird große Kraft und Wirkung zugeschrieben. Die »veron ikon«, wahren Abbilder, sind Vorläufer der G. G. entstanden zwischen Mittelalter (Holz- und Steinplastiken) und Barock (Plastiken und Bilder), jeweils mit einer Ursprungslegende, die oft den Ort für die Erbauung der Gnadenkirche als Beginn des Wallfahrtszustroms wies. In Salzburg finden sich als G. Darstellungen der Heiligen Dreifaltigkeit (Prielau bei Zell am See), christologische Motive (Mariathal, Mariapfarr: wundertätiges Kreuz in der Gruft, Saalbach, St. Blasius in Salzburg), Kindheit Jesu (Filzmoos, Maria Loreto), der gegeißelte Heiland (Oberalm: Nachbildung aus der Wieskirche, Kalvarienberg in Zell am See, Mittersill, Saalfelden). Marianische Gnadenbilder bilden die größte Gruppe, zu nennen sind u. a. jene der Spätgotik in Großgmain, Dürrnberg, Maria Alm, Maria Kirchenthal, Bramberg, Mariapfarr, Köstendorf, Krimml, Berndorf. Als G. verehrte Kopien berühmter G. finden sich u. a. in Kitzbühel, Thomatal, Rattenberg, Erl (Passauer Mariahilf-Bild), in Mülln, Strobl, Böckstein (Maria vom Guten Rat aus Genazzano), Nonnberg (Maria Einsiedeln), St. Peter (Mariazell), Loreto (Altötting). Kopien der Ährenkleidmadonna in St. Peter, Zell am See, Maria Sorg, Franziskanerkirche. Vesperbilder werden verehrt in Embach, Rattenberg, Salzburg-Gnigl. Neben den Leonhardwallfahrten in Tamsweg und Kundl werden St. Nikolaus in der Torren/Golling und St. Johannes der Täufer auf der Hohen Salve verehrt.

Von der Reliquiengestaltung als Effigies (Abbilder der Heiligen) ausgehend, entwickelte sich eine frühbarocke Tradition der Gestaltung von G. (Perücken, Spitzen-, Brokatkleider und Bortenschmuck, Votivschmuck) und (zunehmend auch privaten) Andachtsgegenständen. Nach einer ersten Hochblüte im 12. Jh. (mystische Versenkung) erfolgte eine zweite im Zuge der Gegenreformation. Die bilderstürmerischen Reformen der →Aufklärung führten zum vermehrten Einzug dieser Bildnisse in die Privathaushalte und damit zu deren ausgedehnter Produktion. Kopien und Nachempfindungen der G. auf Bildträgern aller Art (Statuetten, Behältnisse, Votivbilder, Druckgraphik) wu(e)rden in den Wallfahrtsorten als Andenken verkauft. Die Berührung mit dem G. wird oft durch ein Zertifikat ausgewiesen. Bildniskästchen in Klosterarbeit oder Holz- und Papierstaffage zählten im 18. und 19. Jh. zu den kostbaren und beliebten Stücken.

Im 17. Jh. entstand unter den Einflüssen der rauchfreien Stube, der oberschichtlichen Andachtsgegenstände und der gegenreformatorischen Frömmigkeit in kleinbürgerlichen und bäuerlichen Haushalten der sogenannte Herrgottswinkel über dem Tisch des Hauptwohnraums (Wohnstube, Wohnküche) und eine gezielte Produktion dafür. Dienstboten und weichende Erben besaßen meist nur Druckgraphik, die sie auf die Innenseiten ihrer Gewandtruhendeckel oder Kleiderschranktüren klebten. Neben den von G.ern ausgehenden Andachtsgegenständen erlangten Szenen aus dem Leben Jesu und Mariae (Geburt Christi, Tod und Kreuzigung), aus religiösen Schauspielen des Kirchenjahres (Hochzeit zu Kana, Ölbergszenen, Adam und Eva unter dem Paradiesbaum) und religiösen Lehrbeispielen (Arma Christi, schlafendes Jesukind am Kreuz) große Beliebtheit und Verbreitung. Ihre Verehrung war jener der G.er gleich. Bedeutendere Stücke wurden in Klosterwerkstätten oder von Künstlern im Auftrag derselben erzeugt, einfache Stücke von zunftfreien Handwerkern und in →Hausindustrie.

Lit.: W. Hartinger: Religion und Brauch. Darmstadt 1992, S. 74-99. – Salzburgs Wallfahrten in Kult und Brauch. Kat. Dommuseum Salzburg 1986. – A. Hahnl: Von Wachsbossierern in Salzburg. In: Köstlich altes Wachsgebild, Dommuseum Salzburg 1977, S. 55. – M. Brauneck: Religiöse Volkskunst. Köln 1978.

U.K.

Goeschl, Roland, * Salzburg 25. 11. 1932, Bildhauer. Erste Schulung bei Bruno Berger in Salzburg, Gesellenprüfung als Bildhauer. 1955 Besuch der →Sommerakademie bei G. →Manzù, 1956-1960 an der Akademie der bild.Künste in Wien bei F. Wotruba, dessen Assistent bis 1966, seit 1972 Prof. an der Technischen Universität Wien. Anfangs dem Figurenideal und Materialverständnis der Wotruba-Schule verpflichtet, deren Blockhaftigkeit er mit mugeligen, locker gegliederten Formelementen abwandelte, vertritt G. ein der plastischen Tradition entgegengesetztes Konzept, das die Trennlinie zur Architektur und Malerei aufhebt. Seine in den Signalfarben Rot-Blau-Gelb bemalten kubischen Bausteine sind weniger nach konstruktiven als nach optisch-dynamischen Gesichtspunkten formiert, sie streben weg vom Objekt zu farbskulpturaler Raumgestaltung, wollen in provokativer Spannung zur Stadtlandschaft erlebt werden.

Lit.: Ausstellungskat. Ingeborg G. Pluhar – R. G. 1963-1966. Österr. Galerie Wien 1994. – R. G. Blau-Rot-Gelb. Farbige Raumskulpturen. Rupertinum Salzburg 1988. – R. G. BauKunst. Neue Galerie am Landesmuseum Joanneum Graz 1979. – AMK Nr. 98, 13. Jg. 1968, S. 42.

N.Sch.

Goethe, Johann Wolfgang von, * Frankfurt/Main 28. 8. 1749, † Weimar 22. 3. 1832, Dichter, Jurist. G.s Beziehung zu Salzburg ist nur literarisch vermittelt. Im »Musenalmanach für das Jahr 1797« erschienen die in gemeinsamer Arbeit G.s mit Schiller entstandenen »Xenien« (Gastgeschenke), die sich gegen literarische Gegner richteten. Zwei der »Xenien« beziehen sich auf Salzburg: »Locken der Berenice Sehet auch, wie ihr in Salzburg den groben Fäusten entschlüpfet,/ Die Berenices Haar striegeln mit eisernem Kamm.«

»Salzach. Aus Juvaviens Bergen ström' ich, das Erzstift zu salzen/Lenke dann Bayern zu, wo es an Salze gebricht.«

»Locken der Berenice« bezieht sich auf die Dichtkunst; mit »den groben Fäusten« ist die von L. →Hübner geleitete →»Oberdeutsche Allgemeine Litteratur-Zeitung« (Salzburg 1788-1800, München bis 1811) gemeint, die manchmal recht rauhe Kritik geübt hat. Das zweite Distichon, »Salzach«, bezieht sich auf die Tatsache, daß Bayern am Ausgang des 18. Jh.s – anders als Salzburg – unter allen Reichsländern wegen des Mangels an geistigem Leben verrufen war.

G.s nach Homer gestaltetem Epos »Hermann und Dorothea«, 1797, liegt als Quelle eine erbauliche Anekdote zugrunde, die Gerhard Gottlieb Günther Göcking in seiner Schrift »Vollkommene Emigrationsgeschichte von denen aus dem Erzbistum Salzburg vertriebenen ... Lutheranern« (1734) überlieferte. G. hielt sich eng an die Vorlage, nach der die Salzburger Vertriebenen an Erfurt vorbeizogen. Die neugierigen Städter eilten hinaus, um die Flüchtlinge zu sehen und ihnen zu helfen. Auch das Vorbild für die Figur der Dorothea fand G. hier: eine junge Salzburgerin, die in der Fremde einen reichen Bräutigam fand. G. verlegte die historische Handlung (Protestantenvertreibung) in seine aktuelle Gegenwart (Flüchtlinge vor den frz. Revolutionsarmeen des Jahres 1796). 1824 bat G., der aus der wissenschaftlichen Literatur die Gasteiner Mineralien genau kannte, brieflich einen Unbekannten um die Übersendung bestimmter Mineralien nach Weimar. Am 22. 10. 1824 traf die Sendung von 64 Einzelstücken, auf die Goethe sehr stolz war, in Weimar ein. Am 18. 12. 1824 schrieb G. dem Absender der Mineralien, F. →Storch, einen Dankbrief: »Empfangen Sie also meinen wiederholten Dank und die Versicherung, daß unter den Gebirgsfolgen die ich besitze die Ihrige zu denjenigen gehört welche am meisten befriedigen. Dabey gewährt sie noch den besonderen Vortheil, daß die große Ähnlichkeit mit den Schweizer- und Savoyer-Gebirgen daraus hervorgeht und man also hiedurch auf die unwandelbare Consequenz der Natur abermals hingewiesen wird.«

Lit.: F. Gruber: Gastein und die Literatur. Unveröff. Ms. Salzburg 1981, S. 54 ff.

A.Has., H.H.

Gold, Christian, Abkömmling einer Passauer Bürgerfamilie, † 1388 Mattsee, Kanoniker und Chronist. Seit 1349 Chorherr in →Mattsee, 1355 Stiftscellerar und Pfarrer von Lochen. Stifter der Marienkapelle. Ab 1365 Dechant des Kollegiatstiftes. Verfasser der Mattseer Annalen (Annales Mattseenses), einer eigenartigen weltgeschichtlichen Kompilation mit antihabsburgischer Tendenz (→Annalistik). Wappengrabstein in der Stiftskirche.

Lit.: H. Spatzenegger: Zur 1200jährigen Geschichte des Stiftes Mattsee. In: FS. Mattsee 1977, S. 23. – A. Lhotsky: Quellenkunde zur mittelalterlichen Geschichte Österreichs. MIÖG Erg. Bd. 19, Graz-Köln 1963, S. 200 f.

P.F.K.

Aufzugshaus am Rauriser Goldberg (SMCA)

Gold, Josef, * Bruck im Pinzgau, 2. 2. 1840, † Salzburg 15. 5. 1922, Maler. Studierte 1861/62 bei Schwind in München, arbeitete dann in St. Johann und lebte seit 1870 in Salzburg als vielbeschäftigter Restaurator und Kirchenmaler, der seinem Nazarenertum bis weit ins 20. Jh. hinein treu blieb.

Lit.: H. Fuchs: Die österr. Maler des 19. Jh.s, Bd. 2. Wien 1973. – SV, 1. 2. 1940. – Thieme-Becker.

N.Sch.

Gold- und Silberbergbau. »Salzburg war auf Grund seiner Gold- und Silberbergwerke in fiskalischen Reichsanschlägen stets so hoch eingestuft wie die Kurfürstentümer.« 1523 hielt der Nürnberger Reichstag fest, daß besondere finanzwirtschaftliche Verhandlungen zu führen seien mit: Erzherzog Ferdinand von Tirol (Tiroler Silbergruben), dem Kurfürsten von Sachsen (Silber im Erzgebirge) und dem Eb. von Salzburg (Ludwig, S. 2). Bereits seit dem 14. Jh. wurden im Gasteiner Tal Edelmetalle abgebaut. Zu einem merkbaren Produktionsanstieg kam es aufgrund guter Organisation zuerst in den Lungauer Silberrevieren, dann erst in den Gasteiner und Rauriser Gebieten. Der Gold- und Silberbergbau in Gastein und Rauris wurde von privaten Gewerken betrieben, eine Fronabgabe wurde dem Landesfürsten hauptsächlich zur Vermünzung (→Geldwesen) übergeben. Da in der 2. H. des 15. Jh.s in Salzburg überhaupt nicht gemünzt wurde, ging die Edelmetallausbeute im Handel nach Venedig. Mit der Wiedereröffnung der Salzburger →Münze (Münzstätte) im Jahre 1500 durch Eb. →Leonhard von Keutschach ging der Gold- und Silberhandel in eb. Hand über, wurde aber verpachtet. Das aus Gastein und Rauris abgelieferte Gold (zuzüglich das Waschgold aus dem Lungau) genügte für die landeseigene Münzprägung in Gold, jedoch mußte trotz des Silbervorkommens um Ramingstein im Lungau Silber aus dem Ausland angekauft werden. Für die Lungauer Goldverhüttung ist Schellgaden (urk. seit 1354) zu nennen, das im 16. Jh. und zur Mitte des 18. Jh.s Aufschwünge verzeichnen konnte, 1818 aber eingestellt wurde. Unter Eb. Leonhard von Keutschach nahm der Edelmetallbergbau, der neben der Saline Hallein das Grundeinkommen der Eb. bedeutete, einen Aufschwung. Die größte Ausbeute wurde zur Mitte des 16. Jh.s erzielt. Auch die Gewerken

kamen zu gewaltigem Reichtum – eine der wenigen Großunternehmerfamilien waren die Gewerken →Weitmoser in Gastein.
Als der Edelmetallbergbau seine Bedeutung verlor, versuchte Eb. →Wolf Dietrich eine Sanierung, die aber erst seinem Nachfolger →Markus Sittikus gelang. Trotz mancher Zugeständnisse des Eb. verblieb aber die unbedingte Ablieferung der edlen Metalle an die »Pfennigstube« am Hof in Salzburg. Statt eines »Umgeldes«, einer Art Getränkesteuer (für den ihnen zugesprochenen Bierverkauf), wurden die Gewerken zu einer alljährlichen »Reichung« verpflichtet: das war ab 1602 eine goldene Kredenzschale. (Diese Reichungen erfolgten nachweislich bis 1613 und sind heute Teil der ehemals weltlichen Salzburger Schatzkammer im Palazzo Pitti in Florenz.) Im 17. Jh. – das letzte Aufblühen des Lungauer Bergbaus hatte schon zur Zeit Herzog Ernsts und unter dessen Fronschmelzer Maximilian Hueber stattgefunden – ging der Edelmetallbergbau in Gastein und Rauris durch Preisverfall des Goldes und durch die Schließung gewinnträchtiger Stollen infolge des Vorrückens der Gletscher zurück. Im 18. Jh. wurden in den Salzburger Bergwerken lediglich 10 Prozent der Ausbeute zur Blütezeit im 16. Jh. erreicht, und im 19. Jh. gab der Staat die Betriebe gänzlich auf. Im Rauriser Tal wurde Gold in Kolm-Saigurn abgebaut (urk. seit 1292), Verhüttung in Lend. Ab 1538 bedeutender Aufschwung unter Jakob Mayr, den Familien Zott, Strasser, Weitmoser. Ab 1830 letzte Blüte, Stillegung um 1900. Neben Gastein der bedeutendste Goldbergbau Salzburgs. →Bauten des Berg. und Hüttenwesens.

Lit.: K. H. Ludwig: Die Agricola-Zeit im Montangemälde. Düsseldorf 1979. – F. Pagitz: Unbekannte Quellen zum Niedergang des Goldbergbaues in Gastein und Rauris. In: MGSLK 107, 1967, S. 235 ff. – F. Strauss: Zur Geschichte des Lungauer Edelmetallbergbaues in der Mitte des 16. Jh.s. In: MGSLK 107, 1967, S. 169 ff.

Ch.S.

Goldegg. Schloß in der gleichnamigen Gemeinde, eine der größten Burganlagen des Salzburger Gebietes. Erbauung 1323 von Wulfing von G. urk. gesichert, im 16. Jh. Besitz des Christoph Graf, des erfolgreichen Verteidigers von →Radstadt, hier Pfleg- und Urbaramt, Pfleggericht bis 1854, dann Privatbesitz, seit 1973 Gemeindebesitz. Die alte, unregelmäßige Anlage des 14. Jh.s mit gemauertem Palas im 16. Jh. zur Vierflügelanlage mit Ecktürmen erweitert. Im 1. Stock des Palas noch die originalen Holzeinbauten des 14. Jh.s (urspr. nur ein Raum), Wände und Decke aus Bohlen, in hölzernen Säulen eingenutet, der Steinarchitektur nachgebildet. Um 1500 zwei weitere hölzerne Zimmer eingebaut. Im 2. Stock durch Christoph Graf der große Rittersaal mit der bedeutendsten profanen Monumentalausstattung der Renaissance in Salzburg, 1536 datiert. Decke, Nordwand und ein Teil der Fensternischen vertäfelt, mit Temperamalerei, die übrigen Wandteile mit Fresken bedeckt. Ein großartiges, wohl nicht ganz einheitliches Programm, das verschiedene Themenkreise vereinigt. Dominierend die Verbildlichung der Reichsidee an Decke und beiden Schmalwänden durch die 137 Wappen der Reichsstände im Quaternionensystem, vermehrt durch die der Eb. →Leonhard von Keutschach und →Matthäus Lang, des Salzburger Adels und der Familien Goldegg-Schernberg. Ein christlich-religiöser Themenkreis umfaßt Szenen und Gestalten des Alten und Neuen Testaments, dazu kommt noch ein ritterlich-höfischer mit Jagdszenen, Musikanten u. a., ergänzt durch allegorische Figuren und Motive in schwarzer Zeichnung auf grünem Untergrund. Die Künstlerfrage noch nicht gelöst, sicher eine Malergruppe, vielleicht im Umkreis Kaiser Maximilians I. oder aus Trient (Kastell Buonconsiglio), auch H. →Bocksberger d. Ä. wird genannt. Im Schloß ist auch das Pongauer Heimatmuseum untergebracht.

Lit.: F. Zaisberger: Der Rittersaal im Schloß Goldegg. Salzburg 1981 (mit Lit.).

L.T.

Goldschmiede. Erste Eintragung der Handwerksregeln und Zunftgewohnheiten: 19. 5. 1476 in das Stadtbuch Christian Reuters, Zunfttafel von 1763 zerstört (ehemals →SMCA). Als Punze steht »S« für Salzburg, Meister erst seit dem 15. Jh. namentlich bekannt. Hergestellt wurden vor allem: Altargerät, profaner Schmuck und Silbergeschirr, wovon infolge der kriegsbedingten Einschmelzungen von 1806/07 nur geringe Bestände erhalten blieben. G. waren nicht selten auch Bildbauer, Graphiker und →Edelsteinschneider, manchmal sogar Metallgießer (→Zinn, Messing, Bronze). Frühe Beispiele von hoher Qualität sind das »Grillinger Altärchen« in Mariapfarr, 1443, Stab von

Nonnberg und Stab von St. Peter, 1451 bzw. 1485, etc. Die Blütezeit der Salzburger G.-Kunst war die Regierungszeit des kunstsinnigen Eb. →Wolf Dietrich, der G. aus dem Ausland herbeiholte. Nachdem 1580 nur noch zwei G. in Salzburg verzeichnet waren (Sparmaßnahmen des Hofes vertrieben die auftragslosen Künstler und Handwerker), zählte man im Jahr 1587 bereits 95 G.! Von den unter Wolf Dietrich arbeitenden G. seien drei Namen genannt: Tobias Volckmer (1586 Bürger), der astronomische und geodätische Instrumente herstellte; Hermann Weber aus Köln (ab 1605 in Salzburg, † 1625) und H. →Karl, der zwischen 1599 und 1603 als Hofgoldschmied tätig war. Entstanden sind um 1600 und in den ersten Jahrzehnten des 17. Jh.s die kostbarsten G.-Arbeiten mit den Wappen der Eb. Wolf Dietrich und →Markus Sittikus, die als Bestand der weltlichen Schatzkammer letztlich nach Florenz gelangten (Tafelservice, Flasche, Schale, Schüssel). Die Schalen des Goldgeschirrs waren Teil der »Reichungen« aus Gastein, die von den Gewerken alljährlich bis 1613 geleistet werden mußten. Neben den Hof-G. arbeiteten auch »hofbefreite« Meister, die der Zunft nicht unterstanden; einem dieser G. darf die Dommonstranz von 1596 zugeschrieben werden. Im 17. Jh. gab es zwar keine regelrechte Hofwerkstätte (vieles wurde aus Augsburg importiert), doch ist immer noch die Hälfte aller erhaltenen kirchlichen Geräte in Salzburg entstanden. Zu Ende des Jh.s überwog wieder der Salzburger Anteil, dann übernahm Augsburg die Führung, wobei Juweliere und Silberhändler den Import durchführten Ferdinand Sigmund →Amende ist mit der Pretiosenmonstranz des Doms, 1697, und dem »Mezgerkelch« von St. Peter, 1699/1700, als Hofgoldschmied hervorzuheben, ebenso Hans Jakob Scheibsradt aus Konstanz (Meister 1653, †1701) mit Meßkelchen, Ziborien und Krügen sowie Frauengürteln für die 2. H. des 17. Jh.s. Zu Ende des 18. Jh.s sind nur noch zwei G.-Meister in Salzburg verzeichnet, es erfolgte auch kein weiterer Aufschwung des Handwerks mehr. Die G.-Familien →Reitsamer und →Scheibl sowie Koppenwallner sind für das 19. und 20. Jh. anzuführen.

Lit.: Gold und Silber. Kostbarkeiten aus Salzburg. Kat. Dommuseum, Salzburg 1984. – J. Graf Moy: Wolf Dietrichs Goldgeschirr und die Gewerken von Gastein und Rauris. In: MGSLK 107, 1967, S. 225 ff. – F. Martin: Die Urkunden der Goldschmiedelade in Salzburg, 1428-1780. In: Altes Kunsthandwerk, 1927, 1. Bd., 4. H., S. 147 ff.

Ch.S.

Gollinger Wasserfall (auch Schwarzbachfall), am Fuß des Hohen Gölls aus einer Felsenhöhle hervorbrechend und etwa 100 m in zwei Stufen zu Tal stürzend. An der Wende vom 18. zum 19. Jh. als eines der ersten »Naturdenkmäler« des Landes entdeckt und besucht, von Künstlern rezipiert. Von E. Fürst →Schwarzenberg, der auch den Naturpark in →Aigen ausgestalten ließ, wurde der G.W. für die Bevölkerung erschlossen. 1805 Marmorobelisk für den »Entdecker dieser erhabenen Naturszene, der sie durch Aufwendung von Mühe und Kosten für jedermann zugänglich machte ...«

Lit.: K. Conrad: Der Gollinger Wasserfall. In: Das Salzburger Jahr 1973/74, S. 52 ff.

M.O.

Grabmale. Der Reichtum an rotem und weißem →Marmor ist Ursache für die bedeutende G.-Kunst seit dem MA. →St. Peter besitzt den umfangreichsten Bestand an historischen G. vom späten 13. Jh. bis zum Biedermeier, auch →Nonnberg geschlossene Reihe der Äbtissinen-G., dazu die historischen →Friedhöfe St. Sebastian und St. Peter. Große Verluste durch Zerstörung des alten →Doms und des Domfriedhofs vor 1600, durch Quellen überlieferte Eb.-G.: 1410 für Eb. Eberhard III. von Meister Friedrich, 1456/58 für Eb. Sigmund von Volkersdorf von H. →Baldauf, um 1500 für Eb. →Leonhard von Keutschach von H. →Valkenauer, 1559 für Eb. Michael von Kuenburg von H. →Aßlinger. Die älteste Form ist eine einfache Platte im Boden mit Namen und Todesdatum (Äbtissin Wilbergis † 1235, Abt Dietmar † 1288). Im 14. Jh. kommt der Wappengrabstein auf, zuerst einfache Ritztechnik, dann immer stärkeres Relief, auch die Umschrift immer ausführlicher (Konrad Taufkind † 1382, Wolfgang Waldecker † 1391, Martin Reuter † 1416, alle St. Peter, Familie Wispach in Oberalm, 15. Jh.). Diese Form auch noch im 16. und 17. Jh. (Abt J. →Staupitz † 1524, Ruprecht Rotmaier † 1622). Zu dieser einfacheren seit Ende des 14. Jh.s die reiche Form des figürlichen G., Ganz- oder Halbfigur des Toten als Bodenplatte, später auch Deckplatte einer Tumba, endlich Platte an der Wand. Die frühen in Ritztechnik (Äbtissin Katharina von Schernberg † 1378, Abt Georg Waller † 1435). Das einzig erhaltene ma. Hochgrab im Land Salzburg ist die Tumba für Bischof Sylvester Phlieger von Chiemsee, † 1462, H. Baldauf zugeschrieben, in Bischofshofen. Die schönste figürliche Platte: Vitalis-G., um 1440/50, in St. Peter (wohl auch ehemals ein Hochgrab), weiters die schräge Platte am Rupertusgrab, 1444. Schon in Renaissanceformen das bedeutende Hochgrab für Hans Werner von Raitenau, 1593, von Veit Eschey in St. Peter. Wandplatten mit figürlicher Darstellung noch im 17. Jh.: Domprobst Wolkenstein-Rodenegg 1604/05 (St. Peter), Balthasar von Raunach † 1606 (Franziskanerkirche). Daneben seit dem späten MA. das Wandepitaph: religiöse Darstellung, der Verstorbene mit Familie, Inschrift. Im 18. Jh. wird daraus meist eine dekorierte Inschrifttafel (zahlreiche Beispiele). Für die Arkaden in St. Sebastian und St. Peter ab dem 17. Jh. der Gruftaltar im Portaltypus mit Bild oder Plastik (G. des E. →Castello u. a.). In diesem Typus auch die Erzbischofgräber im Dom mit dem Rundbild des Verstorbenen, Dekor: trauernde Putten, Totenköpfe, Fledermausflügel u. ä. Die G. des 18. und 19. Jh.s mit dem zeitgenössischen Dekor. Beachtenswert das G. M. →Haydns 1821 in St. Peter (Felssockel, Kreuz, Schädelurne, Notenblätter). Im Gräberfeld Statue eines römischen Kriegers für Major Ringelsheim 1825 von →F. Hitzl. Für die Blütezeit der G. von etwa 1360 bis 1500 sind starke Salzburger Einflüsse in der Stm., in Kärnten, OÖ. und Bayern nachgewiesen. (Farbabb. S. 331)

Lit.: W. Czerny: Spätgotische Grabplatten und Epitaphien in der Diözese Salzburg von Hans Paldauf und Hans Eybenstock. In: ÖZKD Wien 1993, H. 1/2, S. 27 ff. (mit Lit.). – F. Wagner: Zur Tätigkeit Veit Escheys als Hofbildhauer des Salzburger Erzbischofs Wolf Dietrich von Raitenau. In: AMK, 23. Jg., H. 159, S. 11 ff. – W. Czerny: Hans Valkenauer und die spätgotische Grabmalplastik in der Diözese Salzburg. Diss. Wien 1982 (mit Lit.).

L.T.

Graf, Hans, * Marchtrenk (OÖ.) 15. 2. 1949, Dirigent. Studium an der Musikhochschule Graz, bei Franco Ferrara in Siena und Arvid Jansons in Leningrad. Lehrer an der Musikhochschule Graz, danach Leiter des Iraqui Symphony Orchestra. 1979 1. Preis beim Karl-Böhm-Dirigentenwettbewerb in Salzburg. 1984-94 Chefdirigent des →Mozarteum-Orchesters Salzburg, mit dem er sämtliche Sinfonien W. A. →Mozarts einspielte. Gastdirigent an den Opernhäusern in Wien, München, Berlin und Paris, derzeit Chefdirigent des Calgary Philharmonic Orchestra und des Orchestre National de Bordeaux.

G.W.

Graf, Herbert, * Wien 10. 4. 1903, † Genf 5. 4. 1973, Opernregisseur. 1950-60 Chefregisseur an der Metropolitan Opera New York, 1960-63 Direktor der Oper Zürich, 1965 bis zu seinem Tod Intendant des Grand Théâtre Génève, ab 1969 auch Leiter des Centre lyrique international Génève. G.s erste Regiearbeiten für die →Festspiele: Mozarts »Entführung aus dem Serail« (1935), Wagners »Meistersinger« 1936, auf Einladung A. →Toscaninis, der aus politischen Gründen auf weitere Mitarbeit in Bayreuth verzichtet hatte. Für die Nachkriegsfestspiele schuf G. vor allem Inszenierungen von Mozart-Opern. G.s letzte bedeutende Arbeit für die Salzburger Festspiele war die Inszenierung der Kirchenoper »Rappresentatione di Anima e di Corpo« (1600) von Emilio de'Cavalieri in der Felsenreitschule bzw. Kollegienkirche, eine Inszenierung, die mit großem Erfolg von 1968 bis 1973 auf dem Spielplan stand. Nach dem Tod B. →Paumgartners übernahm G. die Leitung des →Festes in Hellbrunn (1971). Er ist Autor mehrerer Werke zur Praxis des Musiktheaters.

Lit.: H. Graf: Aus der Welt der Oper. Zürich 1951.

S.D.

Graser, Johann Baptist, * Eltmann (Franken) 11. 7. 1766, † Bayreuth 28. 2. 1841, Pädagoge, Priester. Nach dem Studium der Philosophie und Priesterweihe war G. als Präfekt am adeligen Knabeninstitut Julianeum in Würzburg tätig. 1792 wurde er Erzieher am Pageninstitut Virgilianum in Salzburg und 1804 als Professor für Philosophie und Pädagogik an die Universität Landshut berufen. Ab 1810 Regierungsschulrat in Bayreuth, wurde G. 1812 wegen seiner Heirat exkommuniziert. Beeinflußt von den Ideen der Aufklärung, vertrat er in »Divinität oder das Prinzip der wahren Menschenbildung« (1811 u. 1830) die Idee der Gottverähnlichung des Menschen als christliches Bildungsziel. G. machte sich um die Entwicklung einer Leselernmethode sowie um die Taubstummenbildung verdient. In Salzburg gab er das »Archiv für Volkserziehung durch Kirche und Staat« (1803-05) heraus und publizierte u. a. »Prüfung des katholisch practischen Religionsunterrichtes« (1800), »Moralisches Handbuch für Studirende« (1801), »Beobachtungen und Vorschläge über Erziehung in Schulen«, 2 Bde. (1804-05).

Lit.: B. Schön: Menschenbild und Menschenbildung nach J. B. Graser. Diss. München 1955. – H. F. Wagner: Biographien Salzburgischer Schulmänner. In: Zeitschrift des Salzburger Lehrer-Vereines, 9, 1879, S. 104 f. – A. K. Baader: Das gelehrte Baiern. Nürnberg 1804, S. 401. – DBE.
Th.W.

Grasmayr, Alois, * Hohenzell bei Ried im Innkreis 28. 3. 1876, † Salzburg 11. 3. 1955, Lehrer, Hotelier, Schriftsteller. Untergymnasium in Ried, Lehrerbildungsanstalt in Salzburg, Volksschullehrer. Fahrradreisen nach Skandinavien und Italien. Bedeutendes Vermögen durch Heirat einer Tochter der Wiener Großindustriellenfamilie Mautner Markhof. Hochzeitsreise nach Ägypten und in den Sudan. G. kaufte in Salzburg zwei Hotels (»Bristol« und »Stein«) und zwei Gasthöfe (»Blaue Gans« und »Sternbräu«). Befreundet u. a. mit Peter Rosegger, Gustav Frenssen, H. →Bahr. Zum literarisch-kulturellen Mönchsbergkreis in G.s Haus auf dem Mönchsberg zählten u. a. R. →Billinger, Felix Braun, S. →Zweig, Rudolf Pannwitz. Lebensfreundschaft mit L. →Praehauser. Als Pazifist im 2. Weltkrieg verfolgt. Vier Jahrzehnte widmete G. der Faustdichtung, vor allem Goethes Faust II. Einem Einführungsband »Homer, Bibel und Faust« sollte ein sechsbändiger Faust-Kommentar folgen, doch fand G. keinen Verleger für das großangelegte Werk. In der »Faustfibel« schuf er die Quintessenz aus den jahrelangen Vorarbeiten, doch vernichtete ein Bombenangriff Manuskript und Buch beim Verlag. G. ließ nun mit dem »Faustbüchl« eine Deutung des Goetheschen Faust, Teil I und II, in Mundart im Verlag »Das Silberboot« in Salzburg (1949) erscheinen. Damit sollte der Fauststoff wieder zu einem »Volksbuch« werden. Das Buch erreichte insgesamt nicht die von G. erhoffte Beachtung, obwohl es, zusammen mit den unveröffentlichten Schriften, den Autor als ernstzunehmenden Interpreten und Mythenforscher zeigt. Teile der Nachlässe von A. Grasmayr, seiner Frau Magda und seines Sohnes Klaus Grasmayr im Salzburger →Literaturarchiv.

Lit.: J. N. Aigner: Der Faust vom Mönchsberg. Erinnerungen an A. G., Salzburg 1984.
H.H.

Karikatur Alois Grasmayr von Oskar Laske, Federzeichnung, 1912 (SMCA)

Grassl, Herbert, * Laas (Südtirol) 27. 11. 1948, Komponist und Musikpädagoge. Studierte am →Mozarteum Musikpädagogik und Komposition bei C. →Bresgen: weitere Kurse bei B. →Schäffer und I. →Radauer (Computermusik); Mitinitiator der →Aspekte Salzburg. Leiter des »Österr. Ensembles für →Neue Musik« 1988-97, Präsident der IG Komponisten in Salzburg. Seit 1989 widmete sich G. verstärkt Open-air-Musikprojekten, u. a. auf einer Salzacharche, und Konzerten mit Klangmobilen Sein Werkverzeichnis umfaßt Bühnenwerke, Orchestermusik, Kammermusik, Vokal- und Computermusik.

Lit.: B. Günther: Lexikon zeitgenössischer Musik aus Österreich. Wien 1997.
G.W.

Greinwald, Thomas, * Gseng bei Abtenau 9. 1. 1821, † Wien 19. 10. 1875, Bildhauer. Als Tischlergeselle in der Werkstatt J. →Wessikens an der Ausgestaltung von Schloß →Anif beteiligt. Er konnte dank eines Stipendiums ab 1852 die Münchner Akad. unter L. Schwanthaler besuchen. Mehrere kais. Aufträge für das neuerbaute Arsenal in Wien (Standbilder der Feldherrn Radetzky und Montecuccoli, zwei Marmorreliefs der hl. Elisabeth) veranlaßten ihn, dort unter dürftigen, seinen Tod beschleunigenden Verhältnissen Quartier zu nehmen. Einige Gipsmodelle dieses »einzigen Salzburger Plastikers von Bedeutung« (Ginhart) am Übergang vom Klassizismus zum Historismus verwahrt die Erzabtei →St. Peter (»Barmherziger Samariter«, »Genoveva«, »Hl. Johannes«).

Lit.: F. Hüller: Zur Biographie Th. G.s, eines Salzburger Bildhauers der Spätromantik. In: MGSLK 103, 1963, S. 93. – Thieme-Becker. – Salzburger Landeszeitung 1875, Nr. 266.

N.Sch.

Grenier, Louis * Amiens 1733, † Salzburg 11. 6. 1811, Architekt. Studium der Zivil-, Militär- und Wasserbaukunst an der Pariser Akad. Zehn Jahre Zivilbaumeister in Prag, 1772 als Wasserbaumeister und Ingenieurkapitän nach Salzburg berufen, 1775 zum Hauptmann, Cameral- und Landschaftsarchitekten ernannt, 1784-86 Westfassade der Pfarrkirche Embach, 1785 Hochaltar der Blasiuskirche in Salzburg, 1788 Getreideschranne der Landschaft.

Lit.: Thieme-Becker 14, 1921.

M.O.

Grillparzer, Franz, * Wien 15. 1. 1791, † Wien 21. 1. 1872, Schriftsteller. G. war mehrmals in Badgastein auf Kur, erstmals auf Anraten seines Freundes L. →Pyrker 1818. Dabei entstand sein Gedicht »Abschied von Gastein«, das er aber erst 1819 ins Fremdenbuch von →Gastein eintrug. Für G. war W. A. →Mozart der größte Künstler aller Zeiten. Deshalb schrieb er ein langes Gedicht zur Enthüllung des Mozart-Denkmals am 4. 9. 1842, das allerdings erst am 24. 1. 1843 in der »Wiener Zeitung« unter dem Titel »Zu Mozarts Feier« veröffentlicht wurde. Auf seiner Deutschlandreise 1847 mit seinem Mündel Wilhelm Bogner kam G. nach Salzburg, um seinen hier ansässigen Bruder zu besuchen. Sie blieben vom 5. bis 7. 9. in der Stadt und reisten dann nach München weiter. Genaue Aufzeichnungen darüber in Bogners Reisebericht und in G.s Briefen (vor allem an Kathi Fröhlich vom 6. 9. 1847).

Lit.: A. Schininá: »Ich wäre tot, lebt' ich mit dieser Welt«. F. Grillparzer in seinen Tagebüchern. St. Ingbert 2000. – H. Politzer: F. Grillparzer oder das abgründige Biedermeier. Wien 1990.

A.Has.

Großglockner-Hochalpenstraße, technisch und landschaftlich vorbildlicher Straßenbau, erbaut 1930-35 von F. →Wallack, ein wirtschaftliches Großprojekt unter der Ägide von LH. F. →Rehrl, »Symbol für den Kampf gegen wirtschaftliche Not in der großen Depression der dreißiger Jahre«, heute eine Attraktion des Tourismus.

Lit.: F. Horner: Franz Rehrl und die Wirtschaftspolitik der Ersten Republik. In: Franz Rehrl, LH. von Salzburg 1922-1938, hg. von W. Huber, Salzburg 1975, S. 117 ff.

R.R.H.

Großglockner-Hochtor, keltisch-römisches Paßheiligtum. Am Scheitelpunkt des Saumweges über das Hochtor konnten 1995 Spuren eines Paßheiligtums entdeckt werden, Bruchstücke von rund 20 Bronzestatuetten wurden aufgefunden. Bereits 1933 hatte man unterhalb der Paßhöhe beim Südportal des Hochtortunnels eine Herkulesstatuette geborgen. Die Statuetten waren vermutlich in kleinen, aus Steinen geschichteten Schreinen aufgestellt, vor den Götterbildern hat man Münzopfer dargebracht, die aufgefundenen Opfermünzen umspannen den Zeitraum vom 2. Jh. v. Chr. bis ans Ende des 4. Jh. n. Chr., die Zerstörung des Paßheiligtums steht vermutlich mit dem Sieg des Christentums und dem Verbot heidnischer Kulte in Zusammenhang. (Farbabb. S. 330)

Lit.: Ausstellungskat. Kult der Vorzeit in den Alpen, Opfergaben–Opferplätze–Opferbrauchtum. Innsbruck 1997, Kat. Nr. 8.

F.M.

Gruber, Franz Xaver, * Unterweizberg (Innviertel) 25. 11. 1787, † Hallein 7. 6. 1863, Komponist und Organist, Lehrer und Chorregent. Versah neben dem Schuldienst in Arnsdorf (seit 1807) das Amt des Mesners und Organisten, 1816-29 den Kantor- und Organistendienst in Oberndorf und komponierte zu Weihnachten 1818 auf einen Text von J. →Mohr das Weihnachtslied →»Stille Nacht, heilige Nacht«. 1829 Lehrer in Berndorf, 1833-63 Chorregent und Organist an der Stadtpfarrkirche Hallein. Schrieb Kirchenmusik (lat. und dt. Messen, Vespern und Motetten). Zur Förderung und Erforschung seines Werkes wurde 1972 die →Stille-Nacht-Gesellschaft in Salzburg gegründet. Der Nachlaß befindet sich im →Keltenmuseum in Hallein.

Lit.: J. Mühlmann: F. X. Gruber. Salzburg 1966.

G.W.

Grüner, Anton, * Protivin, Bez. Pisek (Böhmen) 16. 9. 1850, † Salzburg 24. 4. 1906 Baumeister. Halbbruder von B. →Grüner, seit 1898 Mitglied der Baugenossenschaft der Stadt Salzburg, Ausführung zahlreicher Wohnbauten in der Neustadt.

Lit.: W. Schobersberger: Bauten der Technik und Industrie in Stadt und Land Salzburg (zwischen 1860 und 1938 anhand ausgewählter Objekte). Diss. Salzburg 1996.

M.O.

Grüner, Bruno, * Protivin, Bez. Pisek (Böhmen) 18. 4. 1871, † Salzburg 31. 8. 1933, Baumeister. Halbbruder von A. →Grüner, Absolvent der Staatsgewerbeschule Salzburg seit 1898 Mitglied der Baugenossenschaft der Stadt Salzburg, ab 1908 Stadtbaumeister in Salzburg. Planung und Ausführung zahlreicher Wohnbauten in der Neustadt

Lit.: s. A. →Grüner

M.O.

Guckh, Gordian (Geburtsdaten unbekannt), † Laufen vor 1545, Maler und Bildschnitzer in Laufen an der Salzach. Urk. 1506-38, 1513/14 und 1521/22 Bürgermeister von Laufen. Haupt einer großen Werkstatt, beschäftigte Schnitzer, Maler, Kistler und Vergolder. Zahlreiche kleinere Flügelaltäre, Entwürfe von G., Ausführung durch verschiedene Mitarbeiter. Die Altäre nach gleichem Typus: geschnitzte Schreinfiguren, die Flügel innen Reliefs, außen Malerei, nebeneinander gereihte Figuren, unten mit Namensstreifen, oben mit goldenen Ranken abgeschlossen.
Werke (urk.): Nonn bei Reichenhall, 1513 datiert; St. Koloman bei Tengling, 1515 datiert; St. Leonhard am Wonneberg (nur noch Tafeln erhalten), vor 1513 – alles Orte in Oberbayern. Zugeschrieben: hl. Hippolyt und hl. Florian in der Stadtpfarrkirche →Zell am See, um 1515, Nothelferaltar in Pfarrwerfen (Salzburg), um 1515; Surheimer Altar (jetzt Burgkapelle Burghausen/Salzach), 1524; Flügelaltärchen im Kloster →Nonnberg, um 1520; Flügelaltärchen von Gebertsham (OÖ.) und im Altersheim Oberndorf (Salzburg); Flügelaltar auf dem Streichen, 1524.

Lit.: J. Apfelthaler: Der Altar von Gebertsham. In: Kulturzeitschrift Oberösterreich 32, H. 4, 1982, S. 63 ff. (mit Lit.). – H. Roth: G. G. Leben und Werk eines Laufener Malers aus dem beginnenden 16. Jh., in: Jb. des Vereins für christliche Kunst 8, 1974, S. 34 ff. – I. Hausberger: Salzburger Tafelmalerei von 1500-1525/30. In: Spätgotik in Salzburg, Die Malerei, Salzburg 1972, S. 193 ff.

L.T.

Guetfreund (Bonamico), Peter (Pietro) * (Geburtsort unbekannt) um 1579, † Salzburg 1625 (?), Kapellmeister und Sänger. Seit 1602 Mitglied der Salzburger →Hofmusikkapelle, 1608-25 Hofkapellmeister und Inspektor des →Kapellhauses. In seiner posthum zusammengestellten Motettensammlung »Melos divinarum laudum« erweist er sich als bedeutender Vertreter des Salzburger Frühbarock.

Lit.: K. Rosenthal: Zur Stilistik der Salzburger Kirchenmusik 1600-1730. In: StMw 17, 1930.

G.W.

Guggenbichler, (Johann) Meinrad, getauft Stift Einsiedeln (Schweiz) 17. 4. 1649, † Mondsee 10. 5. 1723, Bildhauer. Führender Meister des Hochbarock im Alpenraum, ausgebildet vermutlich in Norditalien (Bergamo), um 1670 als Schnitzer in Stift St. Florian tätig, 1672 in Straßwalchen, wo er sein erstes großes Altarwerk schuf, stellte sein Schaffen fortan ausschließlich in den Dienst des Benediktinerstiftes Mondsee und betrieb dort (im got. Kreuzgang der Stiftskirche) als »Meister von Mansee« eine Werkstatt, die das Mondseeland und die angrenzenden Gebiete mit Altären und Einzelbildwerken (ausschließlich in Holz) versorgte. In Stadt und Land Salzburg stand die Plastik seit ca. 1690 gänzlich unter G.s. Einfluß, obwohl ihm selbst vom Erzstift als »Ausländer« aus Konkurrenzgründen Aufträge verwehrt wurden. Umso eifriger beschäftigten ihn die Salzburger Stifte, sodaß sich, beginnend mit den für die Entwicklung der Altarform bahnbrechenden Arbeiten in Irrsdorf (1682-92) und →Michaelbeuern (1690/91), dennoch eine Reihe bedeutender Zeugnisse seiner Kunst auf Salzburger Boden befindet (u. a. in Schleedorf, Faistenau, Eugendorf, Kirchberg bei Eugendorf). Heimische Bildhauer wie Simeon Frieß (ca. 1655-1725) und J. G. →Mohr, P. →Mödlhammer und J. A. →Pfaffinger machten sich G.s. Stil zu eigen, ohne seine unerhörte Empfindungstiefe und seinen Bewegungsreichtum zu erreichen. In seinen Altarschöpfungen tritt der traditionelle architektonische Aufbau gegenüber den plastischen Elementen zurück, die raumgreifenden, oft schwebenden Figuren werden im Sinne einer szenisch-dramatischen Aktion miteinander in Beziehung gesetzt. Im Alterswerk schwächt sich diese extrovertierte, zusammenbindende Bewegungstendenz wieder ab und bereitet sich das Rokoko vor. Größte Popularität bis hin zum Souvenirartikel erlangte G. mit seinen Putten und Engelsköpfen.

Lit.: B. Wied: M. G. Passau 1999. – G. Brucher (Hg.): Die Kunst des Barock in Österreich. Salzburg 1994, S. 142. – W. Lipp. In: Kat. Das Mondseeland, Linz 1981, S. 109-128. – H. Decker: in: Kat. Die Bildhauerfamilie Zürn, Linz 1979, S. 147-156. – Ders.: M. G. Wien 1949. – Propyläen Kunstgeschichte Bd. 9, Berlin 1970. – A. Mann: Über J. M. G. Diss. München 1932.

N.Sch.

Guggenthal, historisches Ensemble. Am Abhang des Gaisbergs gelegener Ort Guggenthal/ Gem. Koppl mit dem Gut Guggenthal. Erste urkundl. Erwähnung 1272. Das Verzeichnis der Besitzer des Gutes G. ist vielfältig. 1860 vom Ehepaar Georg und Elise Weickl, Weingroßhändler und Realitätenbesitzer aus Salzburg, erworben und zu einem gründerzeitlichen Industrieensemble erweitert. Zu den schon bestehenden »Wirtshausanwesen, Lindlbichlhof, Hufschmidhaus« kamen ab 1864 Bräuhaus, Villa, Kirche und Nebengebäude dazu. Entw. und Ausführung V. →Ceconi.

Lit.: W. Schobersberger: Bauten der Technik und Industrie in Stadt und Land Salzburg (zwischen 1860 und 1938 anhand ausgewählter Objekte). Diss. Salzburg 1996.

M.O.

Gugl, Matthäus, * Tichlowitz (Böhmen) (?) um 1683, † Salzburg 17. 4. 1721, Organist und Musiktheoretiker. Vermutl. Schüler von J. B. →Samber, seit 1705 Mitglied der Salzburger →Hofmusikkapelle und Lehrer am →Kapellhaus, 1717-21 Domorganist. Sein Lehrwerk »Fundamenta partiturae in compendio data« (Salzburg 1717) erschien in mehreren Auflagen und vermittelt die elementare Lehre des Generalbaßspiels. An Kompositionen sind von ihm Kirchenmusik und ein Zyklus von Orgelversetten erhalten.

Lit.: H. Federhofer: Ein Salzburger Theoretikerkreis. In: Acta musicologica 36, 1964.

G.W.

Güntherr, Franz Seraphim, * Salzburg 1787, † Salzburg 30. 12. 1846, Stecher, Radierer, zuletzt auch lithographischer Zeichner. Erlernte sein Handwerk 1802-07 in Augsburg und übte es als »Bildldrucker« an der Kapuzinerstiege aus. Er befriedigte mit kleinformatigen Ansichtenserien, Andachtsbildchen, Visitenkarten, Porträts, Uniformbildern etc., zum Teil nach eigenen Zeichnungen, eher bescheidene graphische Bedürfnisse seiner Zeit. Am wichtigsten sind seine um 1815 bei B. Hacker erschienenen neun Ansichten vom →Aigner Park nach Zeichnungen von Ferdinand Runk.

Lit.: Fuhrmann-Stadt. – Wurzbach.

N.Sch.

Gymnasium →Allgemeinbildende Höhere Schulen

Gymnasium der Herz-Jesu-Missionare in Salzburg Liefering. Zur Bildung und Erziehung von Mitgliedern der Ordensgemeinschaft der »Missionare vom Heiligsten Herzen Jesu« (MSC), 1854 in Issoudun gegründet, wurde im Jahre 1888 für den Bereich Österreich-Ungarn und Bayern diese Schule eröffnet. Aufgabe der MSC ist die innere und äußere Mission. Von 1938 bis 1945 war sie zwangsweise geschlossen, erst 1950 wurde sie dem Orden von der Besatzungsmacht zurückgegeben. Heute öffentlich-rechtliches Gymnasium mit Internat und Tagesheim. →Allgemeinbildende Höhere Schulen.

H.O.

Haarpfeil →Tracht

Hacker, Benedikt, * Metten (Niederbayern) 30. 5. 1769, † Salzburg (?) 2. 9. 1829, Komponist und Musikverleger. Kam 1783 nach Salzburg, wurde Schüler von M. →Haydn und L. →Mozart, seit 1786 Buchhändler, 1802 mit eigenem Musikverlag, in dem er zahlreiche Werke von M. Haydn veröffentlichte. Komponierte dt. Messen, Kantaten, Lieder und Männerquartette in der Tradition Haydns, verfaßte einen »Wegweiser ... der Stadt Salzburg und der Umgebung« (1824) und verlegte die ersten Salzburger Ansichtenserien.

Lit.: P. F. Kramml: B. H. Ein Salzburger Komponist und Verleger an der Zeitenwende, Salzburg 1987.

G.W.

Haebler, Ingrid, * Wien 20. 6. 1926, Pianistin. Studierte in Wien und am →Mozarteum bei H. →Scholz; debütierte im Alter von elf Jahren in Salzburg; mehrfache Preisträgerin bei Klavierwettbewerben (Genf, Paris, München), wurde vor allem als Interpretin der Werke von W. A. →Mozart, F. →Schubert und Robert Schumann bekannt; Duopartnerin des Geigers Henryk Szeryng. 1969-71 übernahm sie eine Klavierklasse am Mozarteum. Ihre Schallplattenaufnahmen wurden intern. ausgezeichnet.

Lit.: A. Paris: Lexikon der Interpreten klassischer Musik. Kassel 1992.

G.W.

Hafnerkunst. Im 16. und 17. Jh. war Salzburg neben Nürnberg ein Zentrum der H. im deutschsprachigen Raum. Das Vorkommen guter Tonerden (Zeller und Haunsberger Erde) begünstigte die Entstehung zahlreicher Werkstätten in der Stadt Salzburg und in Hallein. Der Prunkofen der →Festung Hohensalzburg von 1501 wird der künstlerisch hochstehenden Halleiner Zunft zugeschrieben. Mitte des 16. Jh.s begann unter dem Einfluß wandernder Nürnberger Hafnermeister in Salzburg ein neuerlicher Aufschwung der H. Bis zum Ende des Jh.s traten Th. und F. →Strobl mit bunt glasierten Ofen in den Vordergrund. Schon ab 1442 läßt sich eine Namensliste der Salzburger Hafner und Gesellen zusammenstellen, wobei auffällt, daß der Großteil der Hafnergesellen aus dem »Ausland«, d. h. Bayern, Schwaben und den habsburgischen Erblanden zugewandert war. Neben Ofenkacheln entstand in den Werkstätten der Steingasse – nahe der Salzach und damit dem benötigten Wasser – auch Gefäßkeramik wie Plutzer, Geschirr, Tintenzeug, Weihwassergefäße etc. Die Fliesenerzeugung der Salzburger Hafner brachte in der Zeit um 1600 Salzburg den Ruhm eines »deutschen Faenza« ein. G. Khops (→Kapp) leuchtende Fliesenverkleidungen der Gabrielskapelle im Sebastiansfriedhof (→Friedhöfe), des Badezimmers im Neugebäude und im Schloß →Hellbrunn belegen bedeutende Salzburger H. auf diesem Gebiet.

Die erste Hafnerordnung für die Stadt Salzburg entstand zwischen 1495 und 1505; Eb. Johann Jakob Kuen-Belasy erließ am 23. 8. 1578 eine weitere Hafnerordnung, die Leben, Ausbildung und Gewerbe regelte; es folgten die Hafnerordnungen von 1619, 1655 und 1755. Schutzpatron der Hafner ist der hl. Sebastian, jährlich wurden ein Zechmeister und zwei Geschworene Meister gewählt. Die Abgrenzung gegen OÖ. und speziell gegen die Konkurrenz aus dem Hausruck war streng, ein Verkauf z. B. von grünen oder schwarzen Öfen bei den beiden für »Ausländer« zugelassenen Jahrmärkten war verboten. Die Witwe nach einem Meister konnte noch ein Jahr den Betrieb selbständig weiterführen; sie heiratete dann zumeist den ersten Gesellen, um Gerechtsame und Haus zu behalten. Schon 1524 bestand ein »Häfenmarkt am Rinderholz«, dem »vorspringenden Bau« der →Residenz gegen den Marktplatz. 1627-42 war im →Rathaus ein Verkaufsladen für Irdenware eingerichtet. Die Grenzen in den Produktionen zwischen Hafnern und Keramikern sind stets fließend, so produzierte auch Th. →Obermillner zu Ende des 17. Jh.s vermutlich Öfen. Neben den Hafnerwerkstätten der Stadt Salzburg, die im wesentlichen bis ins späte 18. Jh. tätig waren, ist als Zentrum für das Land die Hafnerzeche von Hallein anzusehen, der die Zünfte von Radstadt, Mauterndorf, Tamsweg, Golling, St. Johann i. P., Grödig, Berchtesgaden und Laufen angehörten. Als bedeutende Werkstatt, die bis in unsere Zeit reicht, ist die in Radstadt beheimatete Hafnerei der Fa. →Fiala anzusehen; sie fußt auf einer jahrhundertealten Tradition.

Lit.: G. Ammerer: Salzburger Hafnerchronik. Salzburg 1987. – Chr. Svoboda: Alt-Salzburger Hafnerkunst. Kat. SMCA 1981. – R. Franz: Der Kachelofen. Graz 1969.

Ch.S.

Hagenauer, scheinen Anfang des 17. Jh.s als Müller und Bäcker in Hagenau (Oberbayern) auf. Paul H. (1647-1728) begründete als Bauer zu Straß (Pfarre Ainring, ehem. Erzstift Salzburg, heute Bayern) die Linie, aus der die drei Brüder Wolfgang →H., Johann Baptist →H. und Johann Georg →H. die künstlerische Laufbahn ergriffen, während Georg H. (1649-1736) die in der Stadt Salzburg ansässige Linie von Kaufleuten und Handelsherren begründete. Er erwarb das nachmalige →Mozartsche Geburtshaus, Getreidegasse 7.

Lit.: A. Hahnl: Die Brüder Wolfgang, Johann Baptist und Johann Georg Hagenauer. in: Ainring Heimatbuch, Ainring 1990, S. 330-389.

M.O.

Hagenauer, Johann Baptist, * Straß/Ainring 22. 6. 1732, † Wien 9. 9. 1810, Bildhauer. Lernte zuerst bei J. G. →Itzlfeldner in Tittmoning, dann bei J. Schletterer an der Wiener Akad., Italienreise. Ab 1764 in Salzburg, Einstellung als Hofstatuarius, Truchseß, Galerieinspektor durch Eb. Sigismund Schrattenbach. Beginn der Zusammenarbeit mit seinem Bruder Wolfgang →H., »eine den Klassizismus initiierende Begegnung« (Hahnl), schuf u. a. den Figuralschmuck für das Neutor und die Immaculata der Mariensäule am Domplatz. Nach dem Tod des Eb. 1771 verließ er Salzburg und arbeitete für den Münchner und Wiener Hof. 1774 Leiter der Bildhauerklasse an der Wiener Akad., 1779 übernahm er auch die »Erzverschneiderklasse«. 1791 gab er »Unterricht von der Proportion des Menschen etc.« heraus, außerdem 40 Hefte mit Ornamentstichen.

Lit.: A. Hahnl: Das Neutor. Schriftenreihe des Stadtvereins Salzburg, H. 6, 1977. – I. Wegleitner-Höfer: J. B. H. Diss. Wien 1952.

M.O.

Hagenauer, Johann Georg, * Straß/Ainring 1746, † Salzburg 6. 4. 1835, Baumeister. Praktizierte unter seinem Bruder Wolfgang →H. im →Hofbauamt Salzburg. Studium an der Wiener Akad. Wurde vom ehem. Domherrn von Salzburg und späteren Bischof von Gurk (seit 1772) Fürstbischof von Passau (ab 1783) Joseph Graf Auersperg zum Baudirektor ernannt und exportierte den Frühklassizismus nach Kärnten (1780 Schloß Zwischenwässern) und nach Passau (1783 Theater und Redoutensaal, 1784 Schloß Straß, 1790 Schloß Haiderhof, 1792 Schloß Freudenhain). 1803 wurde er als

Rosa Hagenauer-Barducci, Bildnis Johann Baptist Hagenauer, Öl, 1770/80 (SMCA)

Nachfolger seines Bruders Wolfgang H. Baudirektor des kurfürstlichen Kameralbauamtes in Salzburg.

Lit.: G. Brucher (Hg.): Die Kunst des Barock in Österreich. Salzburg 1994, S. 188. – M. Poch-Kalous: Wiener Plastik im 10. Jahrhundert. In: Geschichte der Stadt Wien, Neue Reihe VII, 1, Wien 1970. – A. Hahnl: Studien zu W. H. (1726-1801). Diss. Salzburg 1969.

M.O.

Hagenauer, Rosa * Florenz 1744, † Wien, 18. 1. 1786, Malerin. Geb. Barducci, heiratete am 26. 11. 1764 in Salzburg den Bildhauer →Johann Baptist H., der sie während eines Studienaufenthalts in Italien kennengelernt hatte, mit ihm seit 1774 ständig in Wien. Malte 1766 »Maria vom guten Rat« für den Hochaltar der Kirche Böckstein, 1772 das Porträt des Eb. Schrattenbach im Salzburger Dom; ganzfiguriges Porträt ihres Gatten im →SMCA. Aus den Briefen der Familie →Mozart erfahren wir über sie (»Madame Rosa«) mancherlei persönliche Details.

Lit.: L. Eltz-Hoffmann: Salzburger Frauen. Salzburg 1997, S. 37-41. – B. Wally. – Ausstellungskat. Salzburg zur Zeit der Mozart. SMCA 1991, S. 193. – O. E. Deutsch. In: Mitteilungen der Österr. Galerie, Jg. 8, 1964, S. 18 ff.

N.Sch.

Hagenauer, Wolfgang, * Straß/Ainring 16. 10. 1726, † Salzburg 16. 12. 1801, Architekt. Kam als Zimmermann nach Salzburg, ab 1755 Studium an der Wiener Akad., 1759 wieder in Salzburg, wurde hochfürstlicher Kammerdiener und Hofbauverwalter. Schon seine Kirchen von Itter (1762) und Buchbach (1763) zeigen die neuen Baugedanken des Klassizismus, die kubisch-geschlossene Gestaltung bei gleichzeitiger Reduktion barocker Formen. Seine Hauptwerke, gekennzeichnet durch einen »kompromißlosen Willen zur monumentalen Form«, schuf er gemeinsam mit seinem Bruder J. B. →H. nach dessen Rückkehr aus Italien 1764 bis zu dessen Abreise nach dem Tod des Eb. Sigismund Graf Schrattenbach 1771: seit 1766 Gestaltung des Neutors (Si(e)gmundstor, dem 1764 vom Hofbau-Commissarius J. E. v. →Geyer als Verbindung der Altstadt mit der Vorstadt Riedenburg durch den Mönchsberg gebrochenen Tunnel wurden riedenburgseitig ein Tor mit dem »Triumph des hl. Sigismund«, stadtseitig eines mit dem Bildnis des Eb. vorgelegt, der Tunnel sollte ein gotisches Gewölbe, das Vorwerk die Ruinen von →Juvavum darstellen, »das erste Ruinendenkmal in Österreich«); 1766-71 Mariensäule auf dem Domplatz, 1766-67 Turm der Kollegiatstiftskirche →Mattsee, 1769-75 Dekanatspfarrkirche Hallein. Dann verstärkte sich der Einfluß des Zopfstils, der im Entwurf für die Pfarrkirche Mattsee 1777 kulminiert.

Lit.: A. Hahnl: Studien zu W. H. (1726-1801). Diss. Salzburg 1969.

M.O.

Hagen-Quartett, Streichquartett, zunächst formiert aus Mitgliedern der Salzburger Musiker-Familie Hagen, die auch als Solisten auftreten. Heute in der Besetzung Lukas Hagen, Rainer Schmidt, Veronika Hagen und Clemens Hagen. Intern. Karriere seit dem Kammermusikfest Lockenhaus 1981. Mehrfach ausgezeichnet bei intern. Streichquartett-Wettbewerben (1982 Lockenhaus, Portsmouth, 1983 Evian, Bordeaux, Banff), 1984 Mozart-Interpretationspreis der Stadt Wien, Debüt bei den Salzburger →Festspielen, 1987 Grand Prix du Disque für die Schallplatteneinspielung der Quartette von Dvořák und Kodály.

Lit.: A. Paris: Lexikon der Interpreten klassischer Musik. Kassel 1992.

G.W.

Hager, Leopold, * Salzburg 6. 10. 1935, Dirigent. Musikalische Ausbildung am →Mozarteum u. a. bei B. →Paumgartner. Danach Theaterengagements in Mainz, Linz und Köln. 1965-68 GMD in Freiburg/Breisgau, 1968-81 Chefdirigent des →Mozarteum-Orchesters Salzburg. H. leitete außerordentlich erfolgreich die Aufführungen der Jugendopern W. A. →Mozarts in den →Mozartwochen 1975-83. Gastdirigent an den Opernhäusern in Wien, München, New York, London, Buenos Aires. Konzerte mit zahlreichen in- und ausländischen Orchestern, Schallplattenaufnahmen. H. ist derzeit Chefdirigent des Radio-Sinfonieorchesters Luxemburg.

Lit.: A. Paris: Lexikon der Interpreten klassischer Musik. Kassel 1992.

G.W.

Haidegger, Christina →Merz, Meta

Haidegger, Christine, * Dortmund 27. 2. 1942, Schriftstellerin; lebt in Salzburg. Nach Aufenthalten in England, Frankreich und Italien seit 1964 in Salzburg. Gründete 1974 die Autorengruppe PROJEKT-IL (IL = Ihre Literatur), 1975-80 Redakteurin, Verlegerin und Hg. der gleichnamigen Literaturzeitschrift. »Entzauberte Gesichte«, Lyrik (1976), »Zum Fenster hinaus. Eine Nachkriegskindheit«, Roman (1979) »aus der Perspektive eines überaufmerksamen kleinen Mädchens« erzählt. 1981 →Literaturpreis der Stadt Salzburg, 1984 Georg- →Rendl-Literaturpreis der Salzburger Kammer für Arbeiter und Angestellte (gemeinsam mit Otto Köhlmeier), Romanpreis 1985 des ORF und der Edition S der Österreichischen Staatsdruckerei für »Adam – Adam«, Kulturpreis des Landes Salzburg 1990. Weitere Werke: »Schöne Landschaft« (Kurzprosa, 1993), »Cajuns, Cola, Cadillac« (Reiseprosa, 1997). Vizepräsidentin der Grazer Autorenversammlung. Seit 1988 Obfrau der Salzburger →Autorengruppe. Verheiratet mit dem Schriftsteller und Kabarettisten Eberhard Haidegger. Verwaltet den Nachlaß von Meta →Merz.

Lit.: Kürschner 1998.– Katalog-Lexikon.

H.H.

Hammerle, Alois Josef, * Mils (Tirol) 17. 11. 1820, † Salzburg 12. 2. 1907, Bibliothekar und Schriftsteller. Zunächst Beamter in Innsbruck, 1856

Bibliothekar der Studienbibliothek in Salzburg, 1859-1889 Leiter der Studienbibliothek, Gemeinderat. H. verfaßte eine Reihe z. T. bruchstückhafter Schriften zur Musik und Geschichte in Salzburg, u. a. »Chronik des Gesanges und der Musik in Salzburg« (1874-1877), »Mozart und einige Zeitgenossen« (1877), »Neue Beiträge für salzburgische Geschichte, Literatur und Musik« (1877).

Lit.: MGSLK 47, 1907.

G.W.

Handelsakademie →Berufsbildende Höhere Schulen

Handke, Peter, * Griffen (Kärnten) 6. 12. 1942, Schriftsteller. Kindheit und Jugend in Kärnten, Jus-Studium in Graz. Mitte der 60er Jahre wurde H. zur literarischen Leitfigur der jungen Generation. Nach Aufenthalten in Deutschland und Paris lebte er von 1979 bis 1987 in Salzburg; seine Tochter besuchte das Akademische Gymnasium. Während dieser Zeit war H. als Schriftsteller und Übersetzer sehr produktiv. In seinen Prosawerken verbinden sich seit jeher die literarische Darstellung konkreter Örtlichkeit mit fiktionaler Topographie; das gilt auch für Salzburg; vielfältige Bezüge also zum Ort, an dem er wohnt: »Ich bin ein Orts-Schriftsteller«, sagt H. »Für mich sind die Orte ja die Räume, die Begrenzungen, die erst die Erlebnisse hervorbringen.« Sein Buch »Die Lehre der Sainte Victoire« schrieb er 1980 in Salzburg. In Analogie zum »Menschheitslehrer« Paul Cézanne erkennt H. sein künstlerisches Prinzip in der »Verwirklichung (›réalisation‹) des reinen schuldlosen Irdischen«, nämlich der schlichten Alltagsdinge. Das Schußkapitel dieses Buches heißt »Der große Wald«. Von einem Bild des Holländers Jacob van Ruisdael ausgehend, beschreibt H. eine Wanderung vom Mönchsberg in den Morzger Wald, und zwar als die einmalige Erzählung der oftmaligen Wiederholung des gleichen Weges.

Der Erzähler setzt Bilder aus verschiedenen Tagesstunden und Jahreszeiten und verwandelt damit diese Wanderung zu einem statischen »Sein in Frieden«. In Betrachtung eines Holzstoßes, der alltäglich und mythisch ist, gelingt dem Erzähler ein Augenblick der Ewigkeit, in dem er plötzlich den Zusammenhang

Peter Handke

mit allem in der Welt erlebt. Solche Epiphanie-Erlebnisse kehren in H.s Werken seit der »Stunde der wahren Empfindung« (1975) an zentraler Stelle wieder. »Die Kindergeschichte« (1981) schrieb H. im Frühjahr und Sommer 1980 in Salzburg. Es sollte nicht die konkrete Geschichte der Beziehung zwischen dem Vater P. H. und seiner Tochter A. sein, sondern die abstrahierte Geschichte zwischen dem »Erwachsenen« und dem »Kind«, aber eben deshalb individuell konkretisierbar für jeden Leser. H.s dramatisches Gedicht »Über die Dörfer« wurde bei den Salzburger →Festspielen uraufgeführt (Felsenreitschule 10. 8. 1982. Regie: Wim Wenders). Vorbild dafür war das klassische Drama der griechischen Antike mit seinen langen epischen Wechselreden. Autobiographisches ist ins Familienmodell verarbeitet. H. hat sich auch als Übersetzer mit der griechischen Tragödie befaßt. Seine Übertragung von Aischylos' »Prometheus gefesselt« wurde 1986 bei den Festspielen uraufgeführt (Regie: Klaus Michael Grüber. Titelrolle: Bruno Ganz). H. gelang dabei eine zeitgemäße, in hohem Maße sprechbare und verständliche Fassung des etwa zweitausend Jahre alten Textes. Eine andere Übersetzung wurde für H. als Arbeit in Salzburg besonders wichtig: Marguerite Duras' »La Maladie du

Mort« (dt.: »Die Krankheit Tod«). 1985 drehte H. den Film »Das Mal des Todes« nach seiner Übersetzung teilweise im Schloß Freisaal. H. führte Regie und spielte selbst als Sprecher mit; die Hauptrolle der jungen Frau spielte Marie Colbin, die seit Jahren in Salzburg ihren Wohnsitz hat. Zwei weitere Werke sind augenfällig mit Salzburger Erfahrungen H.s verbunden: »Der Chinese des Schmerzes« (1983), und »Nachmittag eines Schriftstellers« (1987). Die Geschichte des Lehrers Andreas Loser spielt in und um Salzburg, und H. verwendet die konkreten Ortsnamen: »Erst mit dem Chinesen des Schmerzes, zum erstenmal in meinem Leben, konnte ich Salzburg, Almkanal, Untersberg sagen« (Gamper, S. 141). Die Namen sind aber »eigentlich nur so leicht hingetupft« (Gamper, S. 143). Die Landschaft erschöpft sich funktionell nicht in Namensnennung und Beschreibung, H. verwandelt die Salzburger Schauplätze, die Anspielungen auf Topographie, Atmosphäre und Personen zu Themen. Der Hohe Staufen wird dem Erzähler etwa zum Menhir, zum Datumsstein, zum Maßstab der Jahreszeiten. Vor allem die südliche Ebene der Leopoldskroner Moorlandschaft mit dem Almkanal hat es ihm angetan. Als Schreibvorbild wählt er Vergils »Georgica«; daß Loser Lehrer für klassische Sprachen ist, setzt den literarischen Bezug bis zum »klassischen« Epilog. H.s »Nachmittag eines Schriftstellers« darf man nicht als Salzburg-Buch mißverstehen Die vertraute Topographie von Berg, Stadtmitte, Fluß, Brücke, Stadtrand und Umgebung ist nicht touristisch als Sehenswürdigkeit einzulösen. Sie ist auch von Eindrücken aus anderen Städten überlagert. Sie bildet den Ort für die vom Schriftsteller täglich erlebte, aber thematisch grundsätzliche Begegnung von Künstler und Gesellschaft, Künstler und Welt, Künstler und Natur. Es ist ein Buch, dem das Autobiographische als Zeit und Ort nur Färbung und Tönung gibt für die prinzipielle Problematik künstlerischen Schreibens. So steht seine Existenz als Schriftsteller/Künstler täglich zwischen Scheitern und Gelingen. Am 15. 4. 1986 erhielt H. den Salzburger →Literaturpreis. In seiner Dankesrede spricht er, nach Francis Ponge, von »der anderen Welt, der sprachlosen, erst zu entziffernden; der stummen Welt, seinem einzigen Vaterland«: »Und so sind mir Salzburg und seine Umgebung mit den Jahren auch an das Herz gewachsen: mittels der stummen Dinge und Orte, der alle die Launen und Zwischenfälle des Tages überdauernden friedlichen Menschensachen.« In seinem Roman »In einer dunklen Nacht ging ich aus meinem stillen Haus« (1997) spielt auch der Schauplatz Taxham mit sowie eine Figur eines Apothekers von Taxham. Seine fiktive Reise beginnt und endet in seinem Haus in Salzburg. Mehrere Prosastücke des Bandes »Noch einmal für Thukydides« (1996) beziehen Salzburgs Landschaft mit ein. Im Band »Am Felsfenster morgens« (1998) veröffentlicht H. seine Notizen und Reflexionen durch fünf Salzburger Jahre (1982-1987). Manuskripte H.s befinden sich im Salzburger →Literaturarchiv.

Lit.: A. Haslinger: P. H. Jugend eines Schriftstellers. 1992. – P. H.: Aber ich lebe nur von den Zwischenräumen. Ein Gespräch geführt von H. Gamper, Zürich 1987. – R. G. Renner: P. H. Stuttgart 1986. – P. H. v. R. Fellinger. Frankfurt/M. 1985 (suhrkamp taschenbuch 2004). – P. H. Die Arbeit am Glück. Von G. Melzer und J. Tükel. Königstein/Ts. 1985. – M. Mixner: P. H. Kronberg 1977.

A.Has.

Hans-Lechner-Forschungsgesellschaft. Die Dr.-Hans-Lechner-Forschungsgesellschaft wurde 1978 anläßlich des 65. Geburtstages von LH. a. D. Dipl.-Ing. DDr. Hans →Lechner gegründet. Als Aufgaben wurden ihr die Anregung, Förderung und Durchführung von wissenschaftlichen Studien und Arbeiten zur Erforschung der politischen Zeitgeschichte des Landes Salzburg übertragen. Zugleich wurde sie mit der Führung des Parteiarchivs der Salzburger ÖVP betraut. Ihr wissenschaftliches Interesse gilt daher vor allem dem christlich-demokratischen Gedankengut im Bundesland Salzburg. In zahlreichen Einzelpublikationen und in der Vereinszeitschrift »Salzburg. Geschichte & Politik« ist die Gesellschaft bemüht, diesem Auftrag gerecht zu werden.

H.O.

Hans von Burghausen, (Purkhauser, Purghauser), auch Stethaimer genannt, * Burghausen a. d. Salzach um 1350/60, † Landshut 10. 8. 1432, Baumeister und Steinmetz. Bedeutendster Meister der spätgotischen Baukunst im 1. D. des 15. Jh.s in Bayern, Haupt der Landshuter Bauschule. Seine Kunst aus der Parlerhütte kommend, Weiterführung der spätgotischen Hallenform zu großen Einheitsräumen mit Binnenchor und hochgezogenen Seitenkapellen in den eingezogenen Strebepfeilern. Die

Seitenschiffe der Hallenkirche um das Mittelschiff herumgezogen, Binnenchor mit Schlußpfeiler in der Mittelachse, gewölbe-einheitliche Lösung durch die Figuration zum richtungslos flutenden Raum. Erste Verwendung der Wandpfeiler zur Raumgliederung. Auf seinem Grabstein an St. Martin in Landshut (mit Porträtbüste) sind seine Hauptwerke angeführt: St. Martin in Landshut, Chor 1398 vollendet; Chor der Stadtpfarr-(→Franziskaner-)kirche in Salzburg, 1408 begonnen; St. Jakob in Straubing, um 1408-18; St. Nikolaus in Neuötting, 1410 ff.; Hl.-Geist-Spitalskirche in Landshut, 1407 begonnen; St. Jakob in Wasserburg, 1410 ff. In der Salzburger Franziskanerkirche wird das Bild des Steinmetzen in rotem Gewand mit grünem Hut am südöstlichen Chorpfeiler als Porträt des Hans von Burghausen angenommen. Nachwirkungen bei Hans Sever in Hall (Tirol), P. →Harperger, weiters bei der Spitalkirche in Meran und der Martinskirche in Amberg (Oberpfalz).

Lit.: H. G. Franz: Zum Problem des Weichen Stils in der gotischen Baukunst um 1400. In: Internationale Gotik in Mitteleuropa, Graz 1990, S. 324 f. – F. Kobler: Über den gegenwärtigen Forschungsstand zum Leben und Werk des Baumeisters. In: AMK 30, H. 198/199, 1985, S. 7 ff. (mit ausführl. Lit.-Verzeichnis). – V. Liedke: Hans Purkhauser, genannt Meister H. v. B., sein Neffe Hans Stethaimer und sein Sohn Stefan Purkhauser, die drei Baumeister an St. Martin in Landshut. In: Ars Bavarica, Bd. 35/36, München 1984, S. 1 ff. →Franziskanerkirche.

L.T.

Hansch, Anton, * Wien 24. 3. 1813, † Salzburg 8. 12. 1876, Maler. Repräsentant der traditionellen, mit ihrer Vorliebe für großartige Alpenszenerien vom Kaiserhaus bevorzugten österr. Landschaftsschule. Während H. in seinen im Lauf von 30 Jahren auf Wanderungen erarbeiteten Ölskizzen die Gebirgswelt systematisch zu erfassen suchte, dominiert in seinen vom Schweizer A. Calame beeinflußten größeren Formaten der idealistisch verklärende Blick. Bedingt durch den Verlust seines Vermögens beim Börsenkrach von 1873 übersiedelte H. 1874 von Wien nach Salzburg-Nonntal, wo sein plötzlicher Tod die beabsichtigte Gründung einer Landschaftsschule vereitelte. Grab am St. Petersfriedhof.

Lit.: G. Frodl: Wiener Malerei der Biedermeierzeit. Rosenheim 1987. – Ausstellungskat. Das Zeitalter Franz Josephs. Schloß Grafenegg 1984, S. 470. – Thieme-Becker.

N.Sch.

Hansiz, Markus, * Völkermarkt (Kärnten) 25. 4. 1683, † Wien 5. 9. 1766, Jesuit und Historiker (→Geschichtsschreibung). Initiator des Planes einer dt. Kirchengeschichte (Germania sacra) und einer Geschichte des Erzbistums Salzburg (Augsburg 1729 ff.). Bezüglich der Ankunft des hl. →Rupert in Salzburg wich H. von der Tradition des Jahres 582 (seit 1682 Jubiläen) ab und setzte sie richtig auf 696 fest.

Lit.: ADB 10. Nachdruck Berlin 1968, S. 541 f.

Hanswurst. Lungauer, Figur des Wiener Volkstheaters (Pulcinella, Pülcher), die die Tracht der Lungauer Sau- und Krautschneider aufnimmt. Vermutlich mit Bezug auf den bekannten Witz und die Bauernschläue der durch viele Nachbarländer ziehenden Wandergewerbetreibenden. Legendär verkörpert durch J. A. →Stranitzky, Schauspieler und Marionettenunternehmer, der 1712 das neugegründete Kärntnertortheater in Wien bespielte. Durch ihn erwuchs diese Figur des Mittelalters – verquickt mit dem Arlecchino der Commedia dell'arte und dem Pickelhäring der englischen Komödie – zu einer Institution des Wiener Volkstheaters. Erwähnung 1805 durch Graf →Spaur, der 1769 die Darstellung des H. durch den Schauspieler Gottfried Prehauser (Nachfolger Stranitzkys) im Wiener Hoftheater sah: damals bereits kurze rote Joppe, vielfärbiges Wams mit grünem Hosenträger und schwarze Hose (Trachtenform des frühen 18.Jh.s mit Relikten der Hanswurst-Kleidung). 1752 Hanswurst-Streit in Wien, Norma-Edikt Maria Theresias gegen das Extemporieren, das dem Weiterleben der Figur jedoch keinen Abbruch tat. Die Lungauer Hanswurst-Spiele führen diese Theaterfigur in Aufführungen fort. Der H. wurde zur Symbolfigur des 1976 wieder errichteten Rupertikirtages. →Märkte.

Lit.: O. Binder: »Es gibt ja noch mehr Leute meinesgleichen«. In: Die Zauberflöte. Programmheft Salzburger Landestheater 2000, S. 35 f. – Spaur: Reise durch Oberdeutschland. 2. Bd., Salzburg 1805, S. 98.

U.K.

Haringer, Jakob (eigentlich: Johann Franz H.) * Dresden 16. 3. 1898, † Zürich 5. 4. 1948, Lyriker. Pflicht- und Realschule in Salzburg und Traunstein, Schulabbruch, Lehrling, Gelegenheitsarbeiter. 1916 Soldat in Flandern, Lazarett, Sympathisant der Münchner Räterevolution

Nikolaus Harnoncourt (Yannick Coupannec)

1918/19, Haft. Gedichte in zahlreichen expressionistischen Publikationen. Erste Gedichtsammlung »Hain des Vergessens« (1919) im Dresdner Expressionistenkreis. Neben H. Hesse förderte ihn vor allem A. Döblin, er erreichte eine Werkausgabe beim G. Kiepenheuer-Verlag (1925). H. lebte als Vagant, Autorenkollegen unterstützten ihn. Gerhart-Hauptmann-Preis 1925 (nicht ausbezahlt), zweimal Kandidat des angesehenen Kleist-Preises. Ab 1929 gab H. die Zeitschrift »Die Einsiedelei. Ein Stundenblatt« heraus. Sein wütender Angriff auf den Literaturbetrieb, »Leichenhaus der Literatur oder über Goethe« (1929), und die drei Bände »Das Schnarchen Gottes« (1931) verschreckten viele Freunde. Zahlreiche Prozesse, u. a. wegen Gotteslästerung. Ende der 20er Jahre in Reichenhall, Morzg, Anif, Hellbrunn, Aigen; 1931 kaufte H. ein kleines Haus in Ebenau bei Salzburg. Sein Freund G. →Rendl vermittelte die Veröffentlichung der »Vermischten Schriften« (1935) im Salzburger Pustet Verlag. 1936 Ausbürgerung durch die Nationalsozialisten aus Deutschland, staatenlos. Befreundet mit dem Salzburger Maler J. →Schulz. März 1938 Flucht über Prag und Frankreich in die Schweiz, dort längere Zeit interniert, Hilfe durch angesehene Schweizer Familien. 1946 letzter Gedichtband »Das Fenster«. H.s Thema ist seine Person, sein Leben, der Verlust der Kindheit. Erst spät gelang ihm Distanz zur eigenen Biographie, die Gespanntheit und Aggressivität der expressionistischen Gedichte machte sehr musikalischen, ruhigen, auch volksliedhaften Gedichten Platz. Arnold Schönberg vertonte drei Gedichte H.s (op. 48), Peter Härtling, Ludwig Fels, Jürgen Serke u. a. setzten sich für H.s Werk ein. H. ist in F. →Hochwälders Märchendrama »Der verschwundene Mond« die Hauptfigur (UA bei den →Rauriser Literaturtagen 1985).

Lit.: J. H. Aber des Herzens verbrannte Mühle tröstet ein Vers. Ausgewählte Lyrik, Prosa und Briefe, hg. v. H. Holl, Nachwort v. W. Kirsten, Salzburg 1988. – J. H.: In die Dämmerung gesungen. Ausgew. Gedichte, hg. und Nachwort v. W. Kirsten, Berlin-Weimar 1982. – J. H.: Das Schnarchen Gottes und andere Gedichte. Hg. und Nachwort v. J. Serke, München 1979.

H.H.

Harnoncourt, Nikolaus, * Berlin 6. 12. 1929, Dirigent, Cellist und Pädagoge. Cello-Studium bei Paul Grümmer, seit 1948 an der Wiener Musikakad., 1952-69 Violoncellist im Orchester der Wiener Symphoniker, daneben intensive Beschäftigung mit Fragen der Aufführungspraxis Alter Musik und den spieltechnischen Möglichkeiten auf historischen Instrumenten. 1953 Gründung des »Concentus musicus Wien« als Spezialensemble für Alte Musik, Konzerte und Tourneen mit diesem Ensemble, zahlreiche Schallplattenaufnahmen, u. a. der Opern Monteverdis und der Kantaten Bachs. Seit 1972 Lehrtätigkeit am Inst. für Musikwissenschaft der →Univ. Salzburg und am →Mozarteum (Aufführungspraxis und historische Instrumentenkunde). Seit 1981 verstärkt Dirigententätigkeit, Aufführungen und Aufnahmen von Werken →Mozarts. Nach dem Monteverdi-Zyklus gemeinsam mit Jean-Pierre Ponnelle Mozart-Zyklus am Zürcher Opernhaus. Die Ergebnisse seiner langjährigen Beschäftigung mit Alter Musik faßte H. in seinen Büchern »Musik als Klangrede« (1982) und »Der musikalische Dialog« (1984) zusammen.

Lit.: A. Paris: Lexikon der Interpreten klassischer Musik. Kassel 1992. – M. Elste: N. H. In: Fanfare 13, 1990, S. 449-452.

G.W.

Harperger, Peter (Lebensdaten unbekannt), Baumeister. 1430 urk. »Meister Peter Harperger der mawrer«. Bauinschrift in St. Leonhard bei Tamsweg, 1433 datiert, »maister Petter Harperger von Saltzburg«, H. in ganzer Figur mit Winkelmaß dargestellt (Conrad →Laib). Bedeutendster Meister des 2. D. des 15. Jh.s in Salzburg. Herkunft aus der Schule des →Hans von Burghausen, vielleicht beim Bau des Chors der →Franziskanerkirche in Salzburg beschäftigt. Von ihm neue und folgenreiche Baugedanken: basilikaartiger Kapellensaal, Kapellen innerhalb der eingezogenen Wandpfeiler, sehr frühes Auftreten komplizierter Rippenfigurationen, in Erfindung und Ausführung hervorragend. Zugeschrieben: Pfarrkirche in Mülln, 1453 geweiht.

Lit.: A. Hahnl: Zwei gotische »Pawmeister« entdeckt. In: 525 Jahre Pfarrkirche Mülln, Salzburg 1978, S. 14 ff. – F. Pagitz: Zwei Beiträge über das Wirken Stephan Krumenauers in Salzburg. In: MGSLK 106, 1966, S. 143. – J. Büchner: Die spätgotische Wandpfeilerkirche in Bayern und Österreich. Nürnberg 1964, passim.

L.T.

Harta, Felix Albrecht, * Budapest 2. 7. 1884, † Salzburg 27. 11. 1967, Maler. Seine Ausbildungszeit in Wien, München (Habermann) und Paris stand im Zeichen von Secession und Impressionismus. Gegen Ende des 1. Weltkriegs nach Salzburg verschlagen, leitete H. hier als Hauptinitiator der Künstlervereinigung »Der →Wassermann« den überfälligen Anschluß an die moderne Kunstentwicklung in die Wege. Die durchaus gemäßigte Tendenz dieser »Palastrevolution«, die sich wie die gleichzeitig aufkeimende Festspielidee im Dienste humanistisch-europäischer Identitätsfindung verstand, bezeugen H.s eigene Werke am besten: ihr expressionistischer Gestus wird durch gedämpfte Palette und stimmungsvolle Beleuchtung in einer traditionsverbundenen Sphäre des Mystischen oder Arkadischen aufgefangen. Im üppigen Kolorismus und der dekorativen Kraft zeigen sich H.s Landschaften, Stilleben, Porträts und religiöse Bilder dem Barock innerlich verwandt. Seit 1924 wieder in Wien; 1939 mußte er nach England emigrieren. In der Bescheidenheit der Salzburger Nachkriegsverhältnisse, wohin er 1950 zurückkehrte, erlebte seine sinnenfreudig-pastose Malkultur eine Nachblüte. (Farbabb. S. 358)

Lit.: Ausstellungskat. »Spuren«. 50 Jahre Berufsvereinigung bildender Künstler, Salzburg 1995, S. 48 ff. – 150 Jahre Salzburger Kunstverein – Kunst und Öffentlichkeit. Salzburg 1994. – Ausstellungskat. F. A. H. »Galerie 16«, Wien 1994. – Ausstellungskat. Die verlorene Moderne. Der Künstlerbund Hagen 1900-1938, Österreichische Galerie Wien 1993. – E. Baumgartner: F. A. H. Diss. Salzburg 1991 (Auszug in: Salzburg Archiv, Bd. 14, Salzburg 1992, S. 289-318).

N.Sch.

Hartenkeil, Johann Jakob, * Mainz 28. 1. 1761, † Salzburg 7. 6. 1808, Arzt. Seit August 1787 Leibarzt bei Eb. →Hieronymus Colloredo, hielt Vorlesungen für Chirurgen und Hebammen, mußte sich mit Vorurteilen gegen seine medizinischen Reformen auseinandersetzen. 1790 begann H. mit der Herausgabe der »Medizinisch-chirurgischen Zeitung«, die über ausgezeichnete Mitarbeiter verfügte und weite Verbreitung fand. 1804 gründete er eine medizinisch-chirurgische Schule, deren Direktor er wurde.

Lit.: ADB 10. Nachdruck Berlin 1968, S. 649 f.

R.R.H.

Hartinger, Ingram, * Saalfelden, Salzburg 28. 12. 1949, Schriftsteller, Psychotherapeut, Studium der Romanistik und Psychologie in Salzburg, lebt seit 1980 in Klagenfurt. Mitbegründer der Autorengruppe »Transamazonica« in Salzburg (gemeinsam mit G. →Schmid und Alf Schneditz). »Schreiben über das Schreiben, in dem permanent die Wirksamkeit und der Sinn von Literatur auf die Probe gestellt werden, macht den Hauptteil der Arbeiten I. Hartingers aus« (Chr. Grond). Werke (Auswahl): »Schöner Schreiben. Prosa« (1986), »Unwirsch das Herz« (Ged., 1991), »Dies die Hand. Gedichte« (1997).

Lit.: Chr. Grond: I. Hartinger. In: KLG.

H.H.

Hartleben, Theodor Konrad, * Mainz 24. 6. 1770, † Mannheim 15. 6. 1827, Rechtswissenschafter. H. studierte zunächst Medizin in Mainz und Straßburg, dann Rechtswissenschaft in Gießen und Mainz. 1789 gründete er in Mainz den »Correspondierenden literarischen Cirkel«. Nach seiner Promotion verweilte er am Reichskammergericht in Wetzlar und wurde nach mehreren Stationen 1795 an die Universität Salzburg als Professor für Staatsrecht und Reichsprozeßrecht berufen. Im selben Jahr wurde er Mitglied der Akademie der Wissenschaften in München. 1800-01 war H. Polizeidirektor in Salzburg und Mitglied der Salzburger Zensurkommission. 1804 versuchte er vergeblich, in Salzburg einen Leseverein zu gründen. Im selben Jahr folgte er einem Ruf an die Universität Würzburg. Er war weiters in Freiburg/Br. und Durlach (Baden) tätig und wurde schließlich Kommissar der Rheinschiffahrt in Mainz. Er veröffentlichte u. a.: »Flüchtige Betrachtungen über den Gang der französischen Revolution« (1792), »Ueber die Wahl deutscher Reichsdeputirten zu Friedenunterhandlungen« (1797). Von 1802 bis 1804 gab H. von Salzburg aus die »Allgemeine

Deutsche Justiz- und Polizey-Fama« heraus, eine juristische Fachzeitschrift, welche überregionale Bedeutung erlangte.

Lit.: R. Stamm: Theodor Konrad Hartleben (1770-1827). In: Zeitschrift für Geschichte des Oberrheins 113, 1964, S. 45 ff. – Wurzbach. – M. Sattler: Collectaneen-Blätter zur Geschichte der ehemaligen Benediktiner-Universität Salzburg. Kempten 1890, S. 611 ff.

Th.W.

Haslauer-Bibliothek, Dr.-Wilfried-Haslauer-Bibliothek, Forschungsinstitut für politisch-historische Studien. 1992 wurde für Salzburg die Bibl. des Inst. für Erwachsenenbildung in Mattersburg mit ca. 25000 Büchern erworben. Die Bestände umfassen neben zeitgeschichtlichen und politikwissenschaftlichen Büchern auch wirtschaftswissenschaftliche und juristische Werke sowie eine historische Videothek. Aufgrund der großen Verdienste des früheren LH. von Salzburg Dr. Wilfried Haslauer und seiner besonderen Beziehung zu Büchern und zur Wissenschaft wurde ihm diese Bibl. kurz vor seinem Ableben gewidmet. Getragen wird die außeruniversitäre Forschungseinrichtung von einem Verein, der sowohl das Forschungsinst. für politisch-historische Studien als auch die Dr.-W.-H.-B. betreibt. Anläßlich der Errichtung der Dr.-W.-H.-B. wurde ein Forschungspreis auf dem Gebiet der österreichischen Zeitgeschichteforschung für junge Wissenschafter eingerichtet. Dieser alle zwei Jahre zu vergebende Preis ist mit öS 100 000.– dotiert. Weitere Zielsetzungen des Instituts sind wissenschaftliche Symposien und die sogenannten »Zeitgespräche« mit Wissenschaftern, Journalisten und Zeitzeugen, die über Zeitgeschichte geschrieben haben.

H.O.

Hauer, Karl (Pseudonym Lucianus), * Gmunden 29. 10. 1875, † Salzburg 17. 8. 1919, Volksschullehrer, Buchhändler und Antiquar, Essayist. H. gehörte der Salzburger Literatur- und Kunstgesellschaft →»Pan« an. 1897 erschien sein Buch »Entgleist und andere Geschichten« (Essays). Er gehörte zu den ersten (begeisterten) Lesern der »Fackel« von Karl Kraus. Von 1905-09 veröffentlichte er in der »Fackel« an Nietzsche orientierte Essays, »von gallischer Feinheit – und Frechheit geschrieben« (E. →Buschbeck), die Frank Wedekind schätzte. K. Kraus versuchte H. Arbeit zu vermitteln, 1907 übertrug er ihm die Auswahl und Korrektur seiner ersten Sammelbände. 1911 folgte H.s Essayband »Von den fröhlichen und unfröhlichen Menschen«. Seit Ende 1911 war H. mit G. →Trakl persönlich befreundet. Trakl widmete ihm das Gedicht »Allerseelen«. H. machte Trakl mit K. Kraus und Adolf Loos bekannt. 1913 kaufte H. mit Unterstützung von K. Kraus die Buchhandlung K. Tscheschlog in München, die er aber bald wieder verkaufte. 1915 vermittelte ihn K. Kraus als Lehrer an die Schwarzwaldschule in Wien, 1917 floh er nach Tirol, da er die Atmosphäre dieser Reformschule nicht mehr ertrug. H., der ebenso wie Trakl aus gutbürgerlichen Verhältnissen stammte (sein Vater betrieb in der Linzer Gasse eine große Bäckerei), »war der Bürgerschreck ..., ein Skeptiker und Zyniker von hartgeschliffener Intelligenz« (O. Basil). K. Kraus widmete dem Frühverstorbenen in der »Fackel« vom Jänner 1920 einen Nachruf.

Lit.: L. v. Ficker: Briefwechsel 1909-1914. Salzburg 1986, S. 336. – Hanisch/Fleischer, S. 139. – G. Trakl, HKA, Bd. 2, S. 766 f. – O. Basil: G. Trakl. Reinbek b. Hamburg 1965, S. 109 f.

H.H.

Haus der Donauschwaben →Donauschwäbisches Kulturzentrum

Haus der Natur, Museum für darstellende und angewandte Naturkunde. 1924 aus der naturgeschichtlichen Sammlung des →SMCA und der Privatsammlung von E. P. →Tratz hervorgegangen. In über 80 Schauräumen Ausstellungen über Tiere und Pflanzen heimischer und fremdländischer Lebensräume, Mineralien und Fossilien. Darstellungen aus den Bereichen Humanbiologie (u. a. Tibetschau; Kultur der Buschleute in der Kalahari; Indianer im Amazonasurwald), allgemeine Biologie, angewandte Biologie, Natur- und Umweltschutz, Geologie und Paläontologie, Weltraumhalle mit originalgroßer Mercury-Raumkapsel und lebensgroßer Darstellung der ersten Mondlandung; C. →Doppler-Ausstellungsraum, Biolabor für Kinder und Jugendliche, Reptilienzoo mit über 200 Tieren, Großaquarium mit 41 Schaubecken für Süßwasser- und Meerwassertiere aus Mitteleuropa, dem Mittelmeer und den Tropen (u. a. Haifütterung), lebende Insektenstaaten. Volkssternwarte am Voggenberg bei Bergheim. Angeschlossene Inst.: Nationalpark-Inst. und Forschungsstation am Großglockner; Inst. für Ökologie, Salzburg.

Lit.: E. Stüber: Haus der Natur: Salzburg – Austria. Ein Naturkundemuseum besonderer Art, Salzburg 1999.

Haus und Hof. Die bäuerlichen Haus- und Hofformen zählen zu den wesentlichen Merkmalen der Salzburger Kulturlandschaft. Unter Verwendung regionaler Baustoffe haben sich seit dem MA. aus bajuwarischem Bauerbe auf kelto-romanischer (Flachgau) und slawischer (Lungau) Grundlage je nach den wirtschaftlichen Bedürfnissen und klimatischen Gegebenheiten unter wechselnder Einwirkung von Traditionswanderungen aus benachbarten Siedlungsräumen und von obrigkeitlichen Anordnungen Hoftypen entwickelt, die in den Salzburger Gauen in mannigfachen Sonderformen zu Hauslandschaften zusammentreten. Diese gliedern sich in alpine und außeralpine Typen. Bei den Gehöftformen unterscheiden sich zwei große, sich vielfach überschneidende Formenkreise: Einhöfe (Hauptfunktionen des bäuerlichen Wirtschaftsbetriebes in einem Gebäude) und Gruppenhöfe (mehrere Gebäude für die unterschiedlichen betriebswirtschaftlichen Bedürfnisse), wobei die Trennung des Wohnhauses von den Stallscheunen streng eingehalten wird (Zwiehof). Besteht das Gehöft aus mehreren unregelmäßig auf der Hofstatt verteilten Gebäuden, handelt es sich um einen Haufenhof; reichen zwei Gebäude aus, so handelt es sich um einen Paarhof.

Zu den alpinen Einhöfen zählt der Flachgauer Einhof (klare Dreiteilung des Grundrisses: Haus-, Tennen- und Stallteil), dessen Kerngebiet im Moränenhügelland des Flachgaues und im Salzburger Becken gelegen ist und dessen entwicklungsgeschichtliche Vorstufe das Mondseer Rauchhaus darstellt, das einst eine sehr viel größere Hauslandschaft abdeckte und heute in ganz wenigen Resten noch die ursprüngliche Funktion des vom offenen Herd im Vorhaus ohne Schornstein frei aufsteigenden Rauches zur Nachtrocknung der Getreidegarben zeigt. Durch Stallerweiterung (bes. im 19. Jh.) in Form einer »Widerkehr« an einer oder beiden Traufseiten entsteht der Haken- oder T-Hof, der heute im Flachgau bei größeren Höfen mit entsprechendem Viehbestand überall vorherrscht. Nur noch selten ist der reine Blockbau (zimmermannstechnische Hochblüte der Holzbaukunst im 18. Jh.) anzutreffen, dafür der Mischbau oder reine Mauerbau, im Außenputz häufig mit Scherben- oder Schlackenornamenten verziert. Das ursprünglich flach geneigte Legschindel-Pfettendach wurde im 19. Jh. zu einem steilen Scharschindel-Schopfdach weiterentwickelt (bes. schöne Formen im Aberseegebiet). Die Einhöfe im nördlichen Tennengau haben im Gegensatz zu denen im Flachgau eine Hochtenne über dem Stall, die in Hanglagen von der Bergseite über eine Tennbrücke erreichbar ist. Im Umkreis der Adneter Marmorbrüche sind Tür- und Fenstergewände häufig aus rotem →Marmor. Im südlichen Tennengau, bes. im Abtenauer Becken, herrschen Paarhöfe in verschiedenen Varianten vor. Seit Ausgang des 18. Jh.s Vordringen eines steilen Schopfdaches, das zu Ende des 19. Jh.s häufig durch ein gewöhnliches Steildach ohne Schopf ersetzt wurde. Alpine Einhöfe gibt es im Mitterpinzgau entlang des Saalachquertales und vereinzelt im Lungau. Der alpine Einhof ist aus der Zusammenrückung ehemals getrennt stehender Wohn- und Wirtschaftsgebäude entstanden. Im Pinzgau trägt der alpine Einhof ein Flachdach, im Lungau ein Steildach – meist mit einem Schopf –, das gefügemäßig zu den Scherbalkendächern gehört.

Außeralpine Gruppenhöfe sind im Lamprechtshausener Dreieck nördlich des Haunsberges anzutreffen, sie sind als Dreiseit- und Vierseithöfe ausgebildet und stellen den Übergang zur großräumigen Hauslandschaft des Innviertler Vierseithofes dar. Alpine Gruppenhöfe sind als Haufen- oder Paarhöfe im ganzen Pongau und Pinzgau vertreten. Verbreitungsschwerpunkt im Bereich der Schieferalpen bzw. im Bereich der hochmittelalterlichen Waldrodungen; es sind Viehhöfe mit großen Stallungen und Futterhäusern. Charakteristisch für diese Hauslandschaft sind die vielen Heuschupfen auf Wiesen und Mähdern (bes. im Oberpinzgau), die vor der Trockenlegung der Talwiesen das Heu bis zum Abtransport im Winter auf gefrorenem Boden lagerten. Paarhöfe des Lungaus haben das für die gesamte südostalpine Hauslandschaft typische Steildach mit Schopf. Die ehemaligen Rauchstuben sind erst im 19. Jh. abgekommen. Charakteristisch für alle Lungauer Gehöfte sind die freistehenden, früher blockgezimmerten, seit dem 17. Jh. zumeist gemauerten und mit bunter Freskomalerei verzierten Getreidekästen.

Einzelne bes. schöne, alte und baugeschichtlich wertvolle Bauernhöfe werden am urspr. Standort als →Denkmalhöfe erhalten oder ins Salzburger →Freilichtmuseum übertragen.
Viele dieser Höfe zeigen heute Zu- und Umbauten unterschiedlicher Zeiten, die die wechselnden Notwendigkeiten und Gewohnheiten des Wirtschaftens, Wohnens und der Ästhetik dokumentieren. Daneben entstanden unter dem Einfluß der Sommerfrischenarchitektur des 19. Jh.s neue Bauformen auf dem Sektor des Einfamilien- und Hotelbaus. Die neuen Formen der sogenannten »Lederhosenarchitektur« der 2. Hälfte des 20. Jh.s prägen heute besonders die alpinen Teile Salzburgs durch eine spezielle und nur selten glückliche Selektion und Kombination historischer Details und Proportionen. Ein aus dem Landeskulturbeirat entstandener →Gestaltungsbeirat ist in den letzten Jahren beratend tätig, um zu zeitgemäßem regionalem Bauen zu führen. Die 1987 begründete »Dorf- und Stadterneuerung«, einst mit der Beratung der Fassaden- und Dorfplatzgestaltung betraut, hat ihren Aufgabenkreis zur »geistigen Dorferneuerung«, zur Gemeinde- und Regionalentwicklung erweitert. Heute stehen soziale, kulturelle, ökologische, gestalterische und raumordnungspolitische Aspekte im Zentrum der Arbeit. Enge Kontakte zu Denkmalpflege, Ortsbildschutz, Erwachsenenbildung und Kulturkatalogen (eine Bestandsaufnahme der Kultur- und Naturgüter der Gemeinden, EU-Projekt) sowie Fortbildungsveranstaltungen führen zur Gestaltung von Lebensräumen und Kommunikationszentren nach den Bedürfnissen der Bevölkerung. 42 Modellgemeinden sind daran beteiligt, vier Europäische Dorferneuerungspreise wurden damit errungen. Seit 1999 sind die Initiativen und Projekte im Internet abrufbar.

Lit.: K. Conrad: Führer durch das Salzburger Freilichtmuseum. Mit einem Botanischen Anhang von Walter Strobl, Bd. 3, Salzburg 1994. – Ders.: Die bäuerlichen Hauslandschaften Salzburgs. In: Dehio-Handbuch. Bd. 3, Salzburg-Wien 1986, S. XIV ff. – S. Greiderer: Haus und Hof in Salzburg. Wien 1925.

K.C.†, R.A., U.K.

Hauser, Franz, angebl. 1801-1864, Maler. Typischer Porträtist und Miniaturist des vormärzlichen Salzburg; er zeichnete auch für die Lithographie.

Lit.: R. Fuchs: Die österreichische Bildnisminiatur. Bd. 1, Wien 1981. – Thieme-Becker.

N.Sch.

Hausindustrie, auch Hausgewerbe, dezentrale Manufaktur, Verlagshandel, Volkskunst, war über Jahrhunderte (in Salzburg bedeutsam vom 17.-19. Jh.) arbeitsteilige, dezentrale Manufaktur, gebunden an den internationalen Verlagshandel. Teils wurden ganze Produktserien in arbeitsteiliger Heimarbeit von angelernten Kräften erzeugt (z. B. Hinterglasbilder, Holzspielwaren), teils wurden einzelne Produktionsphasen von Handwerkern und Manufakturbetrieben in Heimarbeit vergeben. H. diente dem Nebenerwerb, der wirtschaftlichen Absicherung weiter Teile der Bevölkerung (Bauern, Bergleute, Salinenarbeiter, lediger und verwitweter Frauen, Kleingewerbetreibender etc.). H. ging im Zuge der Industrialisierung zugrunde, erzeugte sie doch Güter des täglichen Bedarfs für untere Schichten, die von Handwerkern hergestellte Sachgüter nicht finanzieren konnten. Mit der Industrialisierung wurden viele dieser Güter (etwa Blechgefäße statt Binder- und Drechslerwaren aus Holz etc.) aus neuen Materialien billiger und zweckmäßiger erzeugt. Jene Sparten, in denen man im Zuge der Kunstgewerbe- und Volkskunstbewegung im 19. Jh. »nationale Hausindustrie« entdecken wollte bzw. welche gleichzeitig der nationalökonomischen Absicherung wirtschaftlich nicht aufschließbarer Gebiete dienten, wurden gefördert und schließlich (ab 1872 Jakob von Falke) als »Volkskunst« benannt. Der Volkskunst wurden Qualitäten originärer, naiver Kunst zugeschrieben. Damit war ein neues Genre des Kunstgewerbes geboren, das erst durch die Forschungen seit den 1960er Jahren von unwissenschaftlichen Bewertungen und Klassifizierungen befreit wurde. Der größte Teil der seit der Jahrhundertwende als »Volkskunst« gesammelten Objekte entstammt dem Herstellungskreis der Hausindustrie und ländlicher Handwerker und wurde in Serien, den Verwendungszwecken, der sozialen Ästhetik und den Weltbildern der Nutzergruppen entsprechend produziert.
Die Halleiner Baumwoll-, Holz- und Beinwarenmanufakturen (in Verbindung mit Berchtesgaden) wurden 1810 als im Verfall begriffen ausgewiesen. Die Baumwollverarbei-

tung und der Handel mit Baumwollwaren war 1620 von den Knappen des Halleiner Bergbaues eröffnet worden, als wichtiger Nebenerwerb für Knappen, Salzarbeiter und Kleinbauern. Im 18. Jh. beschäftigten 36 bürgerliche Fabrikanten 14 550 Personen und 1130 Knappen mit Stricken, Spinnen, Waschen, Färben, Streichen, Weben und Sticken, in Heimarbeit. Erzeugung von feinen Wirkwaren wie Wäsche, Strümpfe, Handschuhe, Westen. Die Salzlakenbeize führte zum berühmten Halleiner Reinweiß und die Indigo-Urinbeize zum Halleiner Blau. Im Jahre 1800 betrieben noch 18 Bürger den Verlagshandel und dezentrale Manufaktur, danach erfolgte der Niedergang. Die Rohmaterialien kamen aus Ägypten und Smyrna. 1758 gründete Eb. Sigismund von Schrattenbach im neuen Strafhaus (später Rochuskaserne Maxglan) eine Sockenstrickerei und Spinnerei zur Beschäftigung der umzuerziehenden Frauen, die bei Auflösung des Hauses erlosch. Als um 1800 die bäuerlichen Männerhosen und Frauenkleider lang wurden, erlebte die Baumwollmanufaktur die erste Einbuße, die billigen englischen Importwaren schädigten sie nachhaltig.
Die Holz- und Beinwarenmanufaktur (Handarbeitsnadeln, Büchsen, Kleinskulpturen) – möglicherweise wurden Holzrohlinge in Berchtesgaden und Gröden überarbeitet – brachte »Halleiner Tand in manches Land«. Neben den Holzgerätschaften erlangten die Spanschachteln, Krösendosen (von Chrisam, Taufgeschenke) und Kinderspielzeuge, die am längsten der industriellen Konkurenz standhielten, weltweite Berühmtheit. 1851 sind bei einem Halleiner Verleger 25 000 Dutzend »ordinären Spielzeugs« belegt, die teils als »Original Grödner Ware« bis nach Tunis verschickt und teils als Christbaumschmuck beworben wurden. Der Halleiner Verleger →Oedl bezog zur Mitte des 19. Jh.s auch Waren aus Berchtesgaden und Mondsee, er besaß eine Niederlassung an der Roßlände in Wien, bei der auch der Hof einkaufte. Der Transport geschah in Fässern auf dem Wasserweg über Salzach, Inn und Donau. Hampelmänner, Fahrzeuge, Tiere und Docken (Puppen in Form eines →Fatschenkindls) wurden in Serien in Grobschnitzerei erzeugt bzw. aus gedrechselten Reifen geschnitten und überarbeitet. Stücke dieser Produktion sind heute im Salzburger Spielzeugmuseum im Bürgerspital.
Die Marmorkugelerzeugung rund um den Untersberg – als Spielzeug wie als Schiffsballast – war Nebenerwerb der Forst- und Salinenarbeiter. In den 1920er Jahren blühte sie für touristische Zwecke wieder auf. Heute existiert auf Salzburger Boden noch eine private Kugelmühle in Fürstenbrunn, die für das Untersbergmuseum arbeitet.
1810 gingen auch die Tuchmachereien in Laufen und Tittmoning durch die geringe Mauteinhebung für Importe zugrunde. Unter 14 von J. E. →Koch-Sternfeld geforderten Reformmaßnahmen werden »Lehranstalten zur Hebung der Hausindustrie in gewissen Industriezweigen« und die »Errichtung einer Niederlage und Schaustellung in der Hauptstadt für inländische Kunst- Manufakturs- und Fabriksprodukte« gefordert. Die heute so berühmte »Lungauer Webe« aus Sauerfeld bei Tamsweg, eine bis zu 16-schäftige Woll-Jacquardwebe, dürfte mit einem Weber im 19. Jh. aus Tirol akkulturiert worden sein.
Mit der ersten Welle des Sommerfrischen- und schließlich des frühen Festspieltourismus fanden die letzten Erzeugnisse der Salzburger Hausindustrie – darunter gestrickte Strümpfe (großer Reichtum an Zugmaschen- und Lochmustermodeln) und Westen, Klöppelspitzen (→Spitzen), Hausleinen der Störweber, geflochtene Stroh- und Schilfpatschen aus dem Flachgau und Salzkammergut, Filzpatschen aus dem Gebirge, neben gewerblich erzeugten federkielgestickten Männergürteln, Stroh- und Filzhüten wie silbernem »Bauernschmuck«, etc. – großes Interesse bei Touristen und Alpinisten. Der Verein →Heimatschutz (K. →Adrian, A. →Prinzinger d. J.) in Verbindung mit dem Gewerbeförderungsverein veranstaltete daher ab 1908 Kurse und Ausstellungen, um diese Techniken wieder zu verbreiten. Neben der Förderung heimischer Kleingewerbe standen touristische Vermarktung und Identitätsbildung im Zentrum des Interesses. Auch die zunehmende Zahl der →Brauchtumsvereine garantierte nach 1950 den Absatz.
Während der NS-Zeit wurde durch das Heimatwerk die hausgewerbliche Produktion vieler Güter populärer bzw. ideologisch bewerteter Ästhetik sowohl für den Verkauf im Heimatwerk als auch über Dorfabende (Spinn- und Webstuben) gefördert. Oft stellte nach 1945 die Weiterführung dieser Produktion die erste Erwerbsmöglichkeit für die Bevölkerung

dar. So organisierte etwa K. H. →Wagggerl in Wagrain zwischen 1. 12. 1945 und 1948 eine Spielzeug-Hausindustrie, die bis nach Übersee exportierte.

Lit.: A. Kromas: Zur Alltags- und Festkultur der Salzburger Bergknappen. In: Bergbau. Alltag und Identität der Dürrnberger Bergknappen und Halleiner Salinenarbeiter in Geschichte und Gegenwart, hg. von U. Kammerhofer-Aggermann (=SBzVK 10), Salzburg 1998, S. 78. – G. Ammerer: Alles was sich rührt, beschäftigt sich mit Baumwollstricken. Bemerkungen zum Halleiner Wollverlag im 17. und 18. Jh., in: Salzburg Archiv, Salzburg 1986, Bd. 2, S. 173-178. – L. Schmidt: Volkskunst in Österreich. Wien 1966. – F. Prodinger: Salzburger Volkskultur. Schriftenreihe des SMCA 4, 1963. – J. Koch-Sternfeld: Salzburg und Berchtesgaden in historisch-statistisch-geographisch- und staatsökonomischen Beyträgen. Salzburg 1810, S. 85-92. – F. Spaur: Reisen durch Oberdeutschland. In Briefen an einen vertrauten Freund. 2/2. Bd., Passau 1805, S. 133 f.

U.K.

Hauthaler, P. Willibald (Kaspar), * Hainbach bei Nußdorf/Haunsberg 5. 1. 1843, † Salzburg 10. 12. 1922, Historiker und Abt. Besuchte das fe. Privatgymnasium Borromäum in Salzburg und trat 1862 in das Benediktinerkloster →St. Peter ein. 1866-69 studierte er in Salzburg Theologie und 1872-74 in Innsbruck bei Julius von Ficker und Karl Friedrich Stumpf-Brentano Geschichte und Geographie. Ab 1875 Lehrer, 1879-89/1897-1901 Direktor des Borromäums. 1901 wurde er Abt von St. Peter. H. entfaltete eine rege literarische Tätigkeit auf dem Gebiet der Salzburger Landesgeschichte (Höhepunkt 1897 im umfassenden Salzburg-Artikel in Wetzer-Weltes Kirchenlexikon) und edierte zahlreiche Geschichtsquellen. Er begründete das »Salzburger Urkundenbuch«, bearbeitete dessen 1. Band (erschienen ab 1898) und stellte F. →Martin für die beiden Folgebände sein Material zur Verfügung.

Lit.: F. Zaisberger: W. H. als Historiker. In: FS. St. Peter zu Salzburg 582-1982, Salzburg 1982, S. 335 ff. – F. Martin: Nachruf für Abt W. H. In: MGSLK 63, 1923, S. 1 ff.

P.F.K.

Haydn, Johann Michael * Rohrau (NÖ.) 14. 9. 1737, † Salzburg 10. 8. 1806, Komponist. Der »Salzburger Haydn«, fünf Jahre jüngerer Bruder von Joseph H., neben L. →Mozart († 1787) und (bis 1781) W. A. →Mozart maßgebliche Gestalt für die Musik in Salzburg in der 2. H. des 18. Jh.s. Ca. 1745, seinem Bruder Joseph folgend, Kapellknabe der »Cantorei« von St. Stephan in Wien. Ausbildung bei Domkapellmeister Georg Reutter d. J. Anfang der 1750er Jahre

J. M. Haydn, Kopie von S. Stief (Verlag St. Peter, Salzburg)

verließ H. das Kapellhaus, blieb aber in Wien. Aus dem Todesjahr der Mutter (1754) stammt die früheste uns bekannte Komposition H.s, die »Missa in honorem Sanctissimae Trinitatis«. Ein angeblicher Aufenthalt H.s in Temesvár 1754-57 ist nicht nachweisbar. Namentlich wird H. 1757 (bis 1762) als Mitglied des Großwardeiner Orchesters genannt, im Frühjahr 1760 als Kapellmeister des Bischofs Adam Graf Patachich. Neben vokal-instrumentaler Kirchenmusik entstanden zahlreiche Instrumentalwerke für verschiedene Besetzungen: Sinfonien, Solo-Konzerte (Violinkonzert B-Dur, Konzert für Viola und Orgel, ein verschollenes Hornkonzert), Kammermusik. Die überlieferten Werke des 20-25jährigen Komponisten sind den vergleichbaren Werken seines älteren Bruders ebenbürtig. Mitte 1762 ist H. in Wien, anschließend (zusammen mit Joseph) wegen Erbschaftsangelegenheiten in Rohrau, Weihnachten in Preßburg.

Schon vor der ersten namentlichen Erwähnung in Salzburg (24. 7. 1763) hatte H. Kontakt mit dem Hof von Eb. Sigismund Schrattenbach, vermutlich durch Lieferung von Kompositionen von Wien aus. H.s Protektor war Vinzenz Josef Graf Schrattenbach (Domherr 1762), ein Neffe des Eb. Im Anstellungsdekret

(14. 8. 1763) wird H. »als Hofmusicus und Concertmeister« die Offizierstafel gewährt, ein begehrtes Privileg, das L. und W. A. Mozart verwehrt blieb. 1768 heiratete er die »Hofsingerin« Maria Magdalena Lipp, Tochter des Domorganisten F. →Lipp. Das einzige Kind dieser Ehe starb nach einem Jahr. Als Wohnung diente dem Ehepaar H. das »St. Petrische Haus am Friedhof« (Ende 19. Jh. abgerissen für Talstation der Festungsbahn. Gedenktafel). 1773 wurde H. 1. Konzertmeister, 1777 (nach dem Tod →Adlgassers) Organist an der Dreifaltigkeitskirche, mit Dekret vom 30. 5. 1782 (als Nachfolger W. A. Mozarts) 1. Hof- und Domorganist und Lehrer am →Kapellhaus, bei gleichzeitiger Entlastung als Konzertmeister. Schwer enttäuschte ihn eine nur geringe Gehaltserhöhung durch die neue Regierung nach der Säkularisation, nachdem er ein ehrenvolles und lukratives Angebot des Fürsten Esterházy nach langem Zögern zugunsten Salzburgs abgelehnt hatte. Ansehen und Verehrung jedoch, die er in Salzburg genoß, vor allem als Lehrer und in einem großen Freundeskreis, beglückten ihn.

In der schon zwei Jahre nach seinem Tod erschienenen »Biographischen Skizze« wird H. der »vielleicht größte Tonsetzer« auf dem Gebiet der Kirchenmusik genannt und »die Herausgabe der vorzüglichsten Sparten unseres großen Meisters« gefordert, als Muster für »den ächten Kirchenstyl« zur »Vervollkommnung der musikalischen Welt«. F. →Schuberts Gedanken über den »ruhigen, klaren Geist« des »guten Haydn« angesichts des Haydn-Monuments in der Stiftskirche →St. Peter (1825) bringen diese Verehrung, die das 19. Jh. bewahrte, zum Ausdruck. Von seinen Zeitgenossen hat W. A. Mozart H. besonders geschätzt und viel von ihm gelernt, während L. Mozart zwar besondere Leistungen H.s anerkannte (z. B. die Hieronymus-Messe, Schauspielmusik zu Voltaires »Zaire«), ihn aber auch als eigenen Rivalen und Konkurrenten seines Sohnes ansah und in schlechtes Licht zu setzen versuchte. H.s Schaffen umfaßt mit 843 Nummern nahezu alle Bereiche der Musik seiner Zeit. Die großen und mittleren Formen der Kirchenmusik stehen deutlich im Vordergrund (38 Messen, 111 Gradualien, 53 Offertorien, 14 Litaneien, fünf Vespern). Einen breiten Raum nehmen seine Bühnen-(→Theater der Benediktineruniv.), Huldigungskompositionen (Applausus, Serenate teatrale) und Oratorien ein, während die ital. Opera seria und buffa ausgespart blieben. Mit Recht gilt er als Schöpfer der (oft irreführend als »Männerchöre« bezeichneten) Lieder für vier Männer- oder Frauenstimmen in solistischer Besetzung (ca. 50 Werke), bestimmt zum geselligen Musizieren im Freundes- und Schülerkreis, dem u. a. I. →Assmayr, A. →Diabelli, B. →Hacker, S. v. →Neukomm, Georg Schinn, E. Fürst →Schwarzenberg, C. M. v. →Weber und J. →Wölfl angehörten. H.s Instrumentalmusik (Sinfonien, Konzerte, Orchester-Serenaden, Tänze, Kammermusik) umfaßt mit 147 Werken nur ca. ein Sechstel des Gesamtschaffens. Die authentische Überlieferung der Werke (ca. vier Fünftel als datierte oder datierbare Autographen) kann als ungewöhnlich gut und zahlreich bezeichnet werden; mehrere frühe Kataloge (einige aus H.s Schülerkreis) erleichtern eine chronologische Ordnung. Mehrere seiner Werke sind (auch) unter dem Namen seines Bruders Joseph überliefert und umgekehrt.

1983 konstituierte sich in Salzburg eine »Johann-Michael-Haydn-Gesellschaft«, die sich der Musik in Salzburg in Geschichte und Gegenwart und im besonderen dem Leben, Werk und der Edition von Werken des »Salzburger Haydn« widmet. Eine »Johann-Michael-Haydn-Gedenkstätte« wurde 1984 in St. Peter (gegenüber der Stiftskirche) eröffnet, mit Tonbildschau und den 5-Uhr-Konzerten während der Sommermonate.

Lit.: Ch. H. Sherman: J. M. H. A Chronological Thematic Catalogue of his Works. New York 1993. – J. M. H. Sein Leben – sein Schaffen – seine Zeit. Eine Bildbiographie v. G. Croll u. K. Vössing, Wien 1987. – H. Jancik: M. H., ein vergessener Meister. Wien 1952.

G.C.

Haydn-Gedenkstätte →Haydn, Johann Michael

Hayek, Friedrich August von, * Wien 8. 5. 1899, † Freiburg 23. 3. 1992, Volkswirtschaftler. H. war 1931-50 Prof. an der London School of Economics, 1950-62 an der Univ. Chicago und dann an der Univ. Freiburg/Breisgau. 1970-74 folgte eine Gastprofessur an der →Univ. Salzburg, die ihn am 21. 6. 1974 zum Dr. jur. h. c. ernannte. Im gleichen Jahr erhielt H. gemeinsam mit Gunnar Myrdal den Nobelpreis für Wirtschaftswissenschaften.

R.R.H.

Heartfield, John (bürgerlicher Name Helmut Herzfeld), * Berlin 19. 6. 1891, † Berlin-Ost 26. 4. 1968, Künstler, Bühnenbildner, Fotomonteur, Gebrauchsgraphiker und Begründer der politischen Collage. In Aigen bei Salzburg fand 1896 H.s Vater, der sozialistische, wegen Gotteslästerung verfolgte Schriftsteller Franz Held, mit seiner Frau und den Kindern Helmut, Wieland und Hertha Zuflucht. Das vierte Kind Lotte wurde hier geboren. Nach dem Nervenzusammenbruch beider Eltern nahmen Ignaz und Clara Varnschein die alleingelassenen Kinder 1899 auf. Sie lebten bis 1905 in Salzburg. Dies und andere für H. als ältestes Kind besonders prägnante Ereignisse skizzierte Wieland →Herzfelde in seinem Buch »Immergrün. Merkwürdige Erlebnisse und Erfahrungen eines fröhlichen Waisenknaben«: »Diese vier Tage und Nächte der Verlorenheit haben sich unauslöschlich in die Züge meines Bruders eingegraben und die eigentümlichste Seite seines Wesens hervorgerufen: Er reagiert auf jegliches Leid, dessen Zeuge er wird, so heftig wie auf einen gegen ihn selbst gerichteten Angriff.« Ebenso beschreibt er H.s Zeit in der »Zwangserziehungsanstalt« Johanneum ca. 1904, in der – in ähnlichem Alter – Thomas →Bernhard 1943 lebte. (Th. Bernhard: »Die Ursache«, 1975). 1905 Buchhändlerlehre in Wiesbaden, Studium an den Kunstgewerbeschulen München und Berlin und Arbeit als Graphiker. 1916 Anglisierung des Namens aus Protest gegen offizielle Kriegshetze, 1917 Gründung des Malik-Verlages gemeinsam mit seinem Bruder. 1918 Mitglied der KPD. H. spielte eine Schlüsselrolle bei der Gründung der Berliner Dadaisten-Gruppe, für welche die Fotomontage als neues künstlerisches Ausdrucksmedium große Bedeutung gewann. Ausstattungsleiter und Bühnenbildner bei Erwin Piscator und Max →Reinhardt in Berlin. H. betrat mit seinem Freund George Grosz bei Buch- und Zeitschriftengestaltung typographisches Neuland. Daraus entstanden die politische Fotomontage für die Wochenzeitung AIZ (»Arbeiter Illustrierte Zeitung«) und Plakate, die während der Weimarer Republik und aus dem Prager Exil ab 1933 in hohen Auflagen im Kampf gegen Faschismus und Krieg eingesetzt wurden. 1938 Flucht über Paris nach London, wo sich H. weiterhin aktiv am Widerstand gegen das NS-Regime beteiligte. 1950 Übersiedlung in die DDR, eingeschränkte künstlerische Tätigkeit wegen des Vorurteils gegen die Fotomontage als »Formalismus«, 1956 Mitglied der Akademie der Künste, 1960 Professur an der Berliner Kunstakademie.

Fritz Hegenbart, „Verfolgung", Kohlezeichnung, 1922 (SMCA)

Lit.: N. Mayr: J. Heartfield und W. Herzfelde. In: SN, 29. 11. 1997. – Akademie der Künste zu Berlin u. a. (Hg.): John Heartfield. Köln 1991. – W. Herzfelde: John Heartfield. Dresden 1962.

N.M.

Hegenbart, Fritz, * Salzburg 15. 9. 1864, † Bayerisch Gmain 29. 10. 1943, Maler und Graphiker. Wuchs in Salzburg und Prag auf. Dort besuchte er, urspr. zum Musiker ausgebildet, 1886 die Akad., 1888/89 arbeitete er bei F. Kirchbach in München und Frankfurt. Später lebte er in Salzburg und München, 1907-10 in Darmstadt, wo ihm der Großherzog ein Atelier zur Verfügung stellte. H. entwickelte sich vom flotten Impressionisten (Salzburg-Aquarelle) zum symbolistischen Radierkünstler im Gefolge M. Klingers. Seine Vorliebe für heroische, rhythmisch bewegte Figurenkompositionen (Wasserträgerinnen, Stierbändiger, Rossezäumer, Tierimprovisationen) führte ihn zu einer Wandmalerei (in Tempera) und Holzrelief kombinierenden Raumkunst, die H. v. Marées' Intentionen mit den Mitteln spätsecessionistischer Flächenstilisierung folgt. Bekannt war H. vor allem durch seine Illustrationen in Büchern und Zeitschriften (»Fliegende Blätter«, »Jugend«).

Lit.: ÖBL. – Thieme-Becker. – A. Roessler: F. H. Wien o. J. (1913).

N.Sch.

Heger, Hilde, * St. Johann i. P. 26. 2. 1899, † Salzburg 10. 7. 1998, bildende Künstlerin, Keramikerin. Volontierte nach der Matura in der Salzburger Porzellanfirma Stockhammer, studierte 1921-24 an der Wiener Kunstgewerbeschule bei Schufinsky, Cizek, Powolny und Böhm, anschließend Mitarbeit im Atelier Vally Wieselthier in Wien und im Atelier Martiny in Radstadt, in Scheibbs und in Krummnußbaum, wo sie das Hafnerhandwerk erlernte. Ab 1929 freischaffende Künstlerin in Salzburg, ab 1935 in einem Atelier im Künstlerhaus (→Kunstverein). H. trat vor allem als Bildhauerin mit Bronze-Brunnenfiguren in der Stadt Salzburg (Papageno-Brunnen 1961), als Landschaftsmalerin (Aquarelle) und als Keramikerin mit über 240 Porträtköpfen (u. a. O. →Kokoschka 1954, B. →Paumgartner 1967) und Tierstudien hervor. Vor allem ihre figurale Tonplastik ist auch im kleinen Format von starkem Bewegungsausdruck und porträthafter Sicherheit geprägt. Österr. Staatspreis 1934, Silbernes Verdienstzeichen des Landes Salzburg 1984, Österr. Ehrenkreuz für Kunst und Wissenschaft 1986. Seit 1997 gibt es einen Hilde-Heger-Frauenkunstpreis.

Lit.: H. Fraueneder: Weiblichkeit und Kunst. In: 150 Jahre Salzburger Kunstverein, Salzburg 1994, S. 78 ff. – M. Lindenau: H. H. In: ebd. S. 264. – M. Lindenau: H. H. Diplomarbeit Salzburg 1992. – Kat. H. H. Galerie über dem Café Mozart, Salzburg 1984. – L. Eltz-Hoffmann: Salzburger Frauen. Salzburg 1967, S. 141-147. – A. Gugg.

Ch.S.

Heilmann, Anton Paul, * Neumarkt am Wallersee 30. 5. 1850, † Mödling 21. 7. 1912, Maler. Besuchte die Wiener Akad. unter Lichtenfels und arbeitete im Atelier der Hoftheatermaler Brioschi, Burghart und Kautzky. Als Dekorationsmaler für verschiedene Ausstellungen tätig, widmete sich H. in seinen meisterhaften Aquarellen vor allem der Hochgebirgswelt, illustrierte für alpine Zeitschriften und gab »Heilmann's alpine Zeichenstudien« heraus.

Lit.: Thieme-Becker. – SV, 23. 7. 1912.

N.Sch.

Heimatmuseen, Lokal- und Regionalsammlungen, die das Natur- und Kulturinventar eines begrenzten, als Heimat erlebten Raumes teils in Schwerpunkten in seiner kulturhistorischen Bedingtheit, teils identifikatorisch taxativ darstellen. H. befinden sich in Privat-, Vereins- oder Gemeindebesitz. Sie fungieren vielfach als Bildungseinrichtungen, Kommunikationszentren (Bildungswochen, Lesungen, Konzerte, Diskussionen) und Touristenattraktion. Die H. werden vom Salzburger Bildungswerk mit dem Arbeitskreis Salzburger H. (Leiter A. Watteck bis 1999, seither Friederike Zaisberger) und von den Salzburger Heimatvereinigungen (Projekt elektronische Datenerfassung, D. Bittricher) betreut, ihnen steht ein Restaurator (A. Kloiber) zur Verfügung.
1998 gab es fast 70 H., zu denen auch die →Denkmalhöfe gezählt werden (H. ohne Gründungsjahrzahl sind derzeit in Entstehung bzw. Ersterfassung): Abtenau (Denkmalhof »Arlerhof«, gegr. 1982), Altenmarkt (Heimatmuseum, 1958; Altes Bruderhaus, 1970; Dechanthofstadl, 1980), Adnet (Marmormuseum, 1992), Annaberg (Denkmalhof »Gererhof«, 1982), Arnsdorf (Franz-Xaver-Gruber-Museum, 1959), Badgastein (Gasteiner Museum, 1936/1974), Böckstein (Montanmuseum Alt Böckstein als Ensembleschutz von neun Gebäuden, 1977, Montanmuseum Hohe Tauern, 1981/1985), Bramberg (Wilhelmgut, 1961), Bundschuh (Schmelzofenanlage, 1984), Eben i. Pg. (Tauernstraßenmuseum, 1990), Ebenau (Heimatmuseum, 1959), Elsbethen (Heimatmuseum, 1990), Goldegg (Pongauer Heimatmuseum Schloß Goldegg, 1967, 1975, Sammlung Watteck), Golling (Heimatmuseum Burg Golling, 1969), Gries i. Pinzgau (Heimatmuseum St. Georgen, 1995), Grödig (Untersbergmuseum Fürstenbrunn, 1989), Großarl (Denkmalhof »Kößlerhäusl«, 1972), Hallein (→Keltenmuseum mit der Abteilung Stadtmuseum, 1882/1970, Ausgangsinstitut für umliegende Museen; Bindereimuseum Kaltenhausen, 1986; Stille-Nacht-Museum, 1993), Hintersee (Puppenmuseum, 1998), Hof (Denkmalhof Rauchhaus »Mühlgrub«, 1965; Jagdmuseum Schloß Fuschl, 1970), Hollersbach (Heimatmuseum, 1957), Hüttau (Historische Kupferzeche am Larzenberg, 1997), Kaprun (Heimatmuseum, 1968), Klammstein (Burg, Sammlung Ferner), Köstendorf (Heimatmuseum Kohbauernhaus, 1984), Kuchl (Heimat-

museum, 1960), Leogang (Bergbaumuseum Hütten, 1992; Barbarastollen Schwarzleo, 1989), Maishofen (Schloß Kammer), Mattsee (Heimatmuseum, 1960; Museum und Kulturzentrum Stift Mattsee, 1977; Bajuwarengehöft), Mauterndorf (Lungauer Landschaftsmuseum Burg Mauterndorf, 1971), Michaelbeuern (Klostersammlung, 1957), Mittersill (Nationalparkmuseum Felberturm, 1961/1969), Mühlbach a. H. (Bergbau- und Heimatmuseum, 1980), Muhr (Getreidemuseum), Neukirchen a. Gr. (Schaubergwerk »Hochfeld«), Neumarkt a. W. (Heimatmuseum, 1984), Oberndorf (Heimatmuseum Bruckmannhaus, Stille-Nacht-Gedenkstätte, 1960), Obertrum (Heimatmuseum, 1984), Pfarrwerfen (Museumsprojekt sieben Mühlen), Radstadt (Heimatmuseum Schloß Lerchen, 1985; Kapuzinerturm, 1990), Ramingstein (Silberbergwerk), Rauris (Rauriser Talmuseum, 1937), Saalbach (Heimathaus Saalbach-Hinterglemm, 1990), Saalfelden (Pinzgauer Heimatmuseum Schloß Ritzen, 1965), Salzburg-Stadt (Wagenmuseum, 1997, Josef-Mohr-Geburtshaus, Trachtenmuseum Beuerle), St. Georgen (Heimatmuseum Siglhaus, 1981), St. Gilgen (Heimatkundliches Museum Wetzlhäusl, 1980; altes Schulhaus), St. Koloman (Schulheimatstube und Mundartarchiv, 1967), St. Veit i. Pg. (Seelackenmuseum, 1988), Seeham (Heimatstube, 1955), Seekirchen (Heimat- und Stiftsmuseum, Schloß Seeburg, 1951/1963), Straßwalchen (Sammlungen), Strobl (Abersee Lipphaus, 1977), Tamsweg (Lungauer Heimatmuseum, 1962), Thalgau (Hundsmarktmühle Thalgauegg, 1990), Thomatal (Hochofenmuseum Bundschuh, 1974), Unken (Heimatmuseum »Kalchofengut«, 1972; Felsritzbildermuseum Festung Kniepaß, 1991) Unternberg (Schloß Moosham, Sammlung Wilczek), Vigaun (Heimatmuseum, 1966), Wagrain (Heimatmuseum, 1983; Karl-Heinrich-Waggerl-Haus, 1994), Werfen (Landesschimuseum Wenghofstall, 1995), Zederhaus (Denkmalhof »Maurerbauer«, 1978), Zell a. S. (Stadtmuseum Vogtturm, 1973).

Lit.: A. Watteck, R. Wintersteiger: Museen im Land Salzburg. Salzburg 1995. – R. Acker-Sutter: H. im Lande Salzburg. Salzburg 1980.

U.K.

Heimatpflege, Referat Salzburger →Volkskultur, →Brauchtumspflege, →Brauchtumsvereine

Heimatschutz, Verein für. Der Salzburger »Verein für Heimatschutz« wurde 1909 gegründet. Er stellte sich den Schutz der Natur und des Landschaftsbildes sowie den Schutz und die Pflege historischer Bauten zur Aufgabe. Besondere Anliegen waren die Fortentwicklung der ländlichen und bürgerlichen Gewerbetätigkeit sowie die Einflußnahme auf die harmonische Weiterentwicklung der Ortsbilder. 1911 organisierte der »Verein für Heimatschutz« in Salzburg die »Gemeinsame Tagung für Denkmalpflege und Heimatschutz«. Nach dem 1. Weltkrieg wurde der Verein zu einem Sammelbecken der wertkonservativen bürgerlichen Intelligenz. 1926 erreichte der Verein ein »Gesetz zum Schutz des Landschaftsbildes gegen Verunstaltung durch Reklame«. Die Idee, einen Nationalpark zu errichten, geht auf den ersten Obmann des Heimatschutzvereines, A. →Prinzinger d. J., zurück.

Lit.: J. Straubinger: Zur Geschichte des Naturschutzes. In: Weltbühne und Naturkulisse. Zwei Jahrhunderte Salzburg-Tourismus, hg. v. H. Haas, R. Hoffmann, K. Luger, Salzburg 1994, S. 193 ff. – F. Forstner: Der Heimatschutz, seine Ziele und Zwecke. Salzburg 1918.

Th.W.

Heimatwerk, Salzburger. Gegründet 1942 (Eröffnung 1943) vom NS-Gauleiter Gustav Scheel und K. →Brandauer als »Heimatwerk Salzburg. Gemeinschaft für Volks- und Brauchtumspflege«, im Sinne der Ideologie zur »praktischen Volkstumsarbeit« eingesetzt. Es unterstand dem Gauleiter und Reichstatthalter, im »Gaukulturrat« wirkten K. →Brandauer, T. →Reiser, C. →Bresgen, A. Dengg, O. →Eberhard. Das H. veranstaltete »Spinn- und Webstuben«, »Dorftage«, Schulungs- und Brauchtumsabende, förderte Handwerk, Tracht und Volksmusik. Die Schulung der »Ortswalter« unterstand der »Arbeitsgemeinschaft Deutsche Volkskunde« im »Amt Rosenberg« mit Helmut Amanshauser. Vorläufer war die 1939 durch das Gauschulungsamt der Landesbauernschaft und NS-Gemeinschaft »Kraft durch Freude« errichtete »Arbeitsgemeinschaft für bäuerliches Handwerk«, die die »Genossenschaft des Kunsthandwerkes« in Radstadt errichtete und die Eröffnung einer Geschäftsstelle des »Deutschen H. Berlin« in Salzburg (1940-45) förderte. 1946 wurde das H. von der Landesregierung als Genossenschaft bäuerlicher Handwerker reaktiviert. Aus ihm ging 1948 die »Dienststelle für Salzburger Heimatpflege« (→Volkskultur) hervor. Seit 1946 widmete sich das H. unter Geschäftsführung von T. Reiser der Förderung von Tracht, Volkskunst und heimischem Kleinhandwerk im von der Volkskunde so bezeichneten »Heimatwerkstil«. Seit 1989 Innovationen im regionalen Bekleidungs- und Einrichtungssektor sowie enge Zusammenarbeit mit dem regionalen Kunstgewerbe, Ausstellungen regionaler und internationaler Volkskunst. Das Salzburger H. ist Mitglied des EU-Projekts »rings in water«.

Lit.: Volkskunde und Brauchtumspflege im Nationalsozialismus in Salzburg. Hg. von W. Haas (=SBzVK 8), Salzburg 1996.

U.K.

Hell, (Ernst) Bodo, * Salzburg 15. 3. 1943, Schriftsteller und Fotokünstler. Gymnasium, gleichzeitig Orgelstudien am →Mozarteum. Dann Studien an der Univ. und der Akad. für Musik und darstellende Kunst (Abteilung: Film und Fernsehen) in Wien. Erwerbsarbeit in vielen Berufen. Lebt seit 1961 in Wien. Im Sommer arbeitet er als Senn am Dachstein. Neben Text- und Fotoveröffentlichungen Hörspiele und experimentelle Literatur. »Dom Mischabel Hochjoch« (1972), »Stadtschriften« (1983), »666« (Erz., 1987), Mitarbeit an »Frauenmantel«, Fotobuch m. Fotos von K. H. →Waggerl, (1993), »Mittendrin« (Erz., 1994), »Mohr im Hemd« (Theaterstück, Uraufführung bei den →Rauriser Literaturtagen, 2000). 1972 erster →Rauriser Literaturpreis.

Lit.: M. Mittermayer: B. Hell. In: KLG. – B. Steiner: B. Hell. Diplomarbeit Wien 1999.

A. Has.

Hell, Martin, * Liefering (Salzburg) 6. 4. 1885, † Salzburg 29. 1. 1975, Techniker, Prähistoriker und Archäologe, langjähriger Landesarchäologe von Salzburg. Studium an der Technischen Hochschule Wien, 1914-45 im Dienst der Salzburger Landesregierung tätig, nebenberufliche Arbeit als Archäologe, von 1909 bis zu seinem Tode intensive Grabungstätigkeit im gesamten Land Salzburg, zahlreiche Publikationen zu Problemen der Ur- und Frühgeschichte, Mitgliedschaft in zahlreichen wissenschaftlichen Vereinigungen, Ernennung

Wasserspiele Hellbrunn

zum Dr. h. c. durch die Univ. München (1953) und Wien (1955).

Lit.: Biographie und Schriftenverzeichnis in: MGSLK 115, 1975, S. 267 ff. u. 101, 1961, S. 1 ff.

F.M.

Hellbrunn, Schloß. Einzigartiges Beispiel einer »Villa suburbana« nördlich der Alpen nach ital. Vorbild mit nahezu vollständig erhaltener Schloß- und Gartenanlage an der Wende vom Manierismus zum Frühbarock. Im Süden der Stadt, am Fuß des quellenreichen →Hellbrunnerbergs und am Ende einer alten Allee gelegen, die bei Schloß Freisaal (1392 zum erstenmal erwähnt, 1549 umgebaut; von hier bewegte sich der feierliche Einzug der Eb. nach ihrer Wahl in die Stadt) ihren Ausgang nimmt und an der sich die kleineren Adelssitze Emsburg (erb. 1618 von Hauptmann Sigmund von Mabon), Frohnburg (erb. 1672 von Joh. Josef Graf Kuenburg), Emslieb (erb. 1618 von Jakob Hannibal Graf von Hohenems) reihen. Schon im 15. Jh. befanden sich in H. ein landesfürstlicher Fischweiher und ein Tiergarten. Eb. →Markus Sittikus ließ 1613 bis 1619 Schloß, Gärten und Wasserspiele »... zu seinem und seiner Nachfolger Vergnügen...« anlegen, höchstwahrscheinlich durch den Hofbaumeister S. →Solari. Die Synthese verschiedener Elemente der Bau- und Gartenkunst wurzelt wohl stärker in den Bildungserlebnissen des Eb., der in Italien erzogen worden ist, als in den Erfindungen des Baumeisters. Festsaal und Musikzimmer, das sog. Oktogon, von D. →Mascagni freskiert. →Brunnen, →»Fest in H.«, →Gärten, →Mechanisches Theater, →Theater

Lit.: R. Bigler: Schloß Hellbrunn und sein Bauherr Markus Sittikus von Hohenems. Eine Neubewertung. Diss. Zürich 1993. – I. Wallentin: Der Salzburger Hofbaumeister Santino Solari (1576-1646). Diss. Salzburg 1985. – F. Wagner: Zur Gartenplastik von Schloß Hellbrunn. In: AMK 58/59, 1962. – ÖKT, Bd. 11.

M.O.

Hellbrunnerberg. Felshöhe innerhalb der Parkanlagen des »Lustschlosses →Hellbrunn«, ein bedeutender prähistorischer Fundplatz. In der Jüngeren Steinzeit waren vorwiegend die Felsdächer und Überhänge am Westfuß des Berges bewohnt. In der Frühen Bronzezeit, um 1800 v. Chr., wurde auf dem Plateau des Berges eine Höhensiedlung angelegt. Aus Holz und Lehm gebaute Hütten standen auf künstlich angelegten Terrassen, die sich heute noch im Gelände deutlich abzeichnen. Überregionale Bedeutung erlangte der H. in der Hallstattzeit um 600 v. Chr.: die Felshöhe wurde zu einer Großsiedlung ausgebaut. Die Funde deuten auf einen »Fürstensitz« hin. Die Siedlung ist noch nicht archäologisch erforscht, die bisherigen Kenntnisse beruhen auf dem reichen Fundmaterial aus einer Abfallhalde am Fuße einer Felswand. Etwa um 500 v. Chr. scheint der H. verlassen worden zu sein.

Lit.: F. Moosleitner: Ein hallstattzeitlicher »Fürstensitz« am H. bei Salzburg. In: Germania 57, 1979, S. 53 ff.

F.M.

Helm vom Paß Lueg, kappenförmiger Bronzehelm mit dreilappigem Kamm und Wangenklappen. Die aus dünnem Bronzeblech getriebene Helmkappe besteht aus zwei überlappenden Teilen, die miteinander vernietet sind. Der H. wurde 1840 im Steilgelände am Südende der Paßstrecke, auf dem Felsband rund 50 m über der heutigen Straße, aufgefunden. Er wird anhand mitgefundener Werkzeuge in die Späte Bronzezeit, ca. um 1200 v. Chr., datiert. Bisher ist in Mitteleuropa kein vergleichbarer Fund bekannt geworden. Der Helm wird im →SMCA verwahrt. (Farbabb. S. 329)

Lit.: Meisterwerke, Kat. Nr. 1 (mit weiterführenden Literaturangaben).

F.M.

Helmberger, Adolf, * St. Gilgen, 8. 6. 1885, † Salzburg, 12. 8. 1967, Maler. Erste Malstudien bei →Kulstrunk, 1901-1906 Akademie der bildenden Künste Wien, 1908 wieder in St. Gilgen, das er nur selten verließ. Landschaften im poetisierenden Heimatstil (Salzkammergut, Gasteinertal), auch Blumenbilder.

Lit.: Ausstellungskat. A. H. Der Maler des Salzkammergutes. Heimatmuseum St. Gilgen 1997. – V. Trautzl. In: Der getreue Eckart, 4. Jg., Heft 11 (März 1928), S. 501 ff. – Vollmer.

N.Sch.

Henze, Hans Werner, * Gütersloh 1. 7. 1926, Komponist. Studierte Klavier in Braunschweig und Komposition bei Wolfgang Fortner und René Leibowitz. 1948/49 musikalischer Leiter am Dt. Theater Konstanz, 1950-52 Kapellmeister am Hessischen Staatstheater Wiesbaden. Seither lebt H. als freischaffender Musiker in Italien. Er veranstaltet seit Mitte der 70er Jahre in Montepulciano das »Cantiere Internazionale d'Arte« in Zusammenarbeit mit jungen Künstlern aus aller Welt. Mit Salzburg kam es zu einer regen Zusammenarbeit: 1961-67 leitete er eine Kompositionsklasse am →Mozarteum, 1966 wurde seine Oper »Die Bassariden« als Auftragswerk der Salzburger →Festspiele in Salzburg uraufgeführt. Für die Festspiele 1985 unternahm H. die Neueinrichtung von Monteverdis »Il Ritorno d'Ulisse«, deren reichhaltige und z. T. bizarr anmutende Instrumentierung vielfach als interessante Alternative zu historisch orientierten Aufführungen bezeichnet wird.

Lit.: H. J. Schaal: Musik aus dem Geist des Theaters. H. W. H. zum 70. Geburtstag, in: Das Orchester 44, 1996. – U. Stürzbecher: Werkstattgespräche mit Komponisten. München ²1973. – K. Geitel: H. W. H. Berlin 1968.

J.F.

Hermann, Mönch von Salzburg →Mönch von Salzburg

Hermes, Hermann, * Köln 1605, † Salzburg 1680, bekannter Staatsrechtslehrer und Prof. an der →Univ. Salzburg, wohin er nach dem Dreißigjährigen Krieg berufen wurde und wo er rund 30 Jahre lang gelehrt hat, so daß ihm der eigentliche Aufschwung der juridischen Fakultät zu verdanken ist.

Lit.: M. Kaindl-Hönig, K. H. Ritschel: Die Salzburger Universität 1622-1964. Salzburg (1964).

R.R.H.

Herz-Jesu-Missionare →Gymnasium der Herz-Jesu-Missionare in Salzburg Liefering

Herzfelde, Wieland, * Weggis (Schweiz) 11. 4. 1896, † Berlin-Ost 23. 11. 1988, Schriftsteller und Verleger. H. lebte bis zu seinem 9. Lebensjahr in Salzburg und ging dann mit seinem älteren Bruder John →Heartfield nach Deutschland. Gründete 1916/1917 gemeinsam mit ihm den Malik-Verlag, in dem Zeitschriften kriegsgegnerischer Künstler und der Berliner Dada-Gruppe erschienen. 1918 Mitglied der KPD. Sein Verlag war offen für Veröffentlichungen aller Schriftsteller, die Krieg und Faschismus Einhalt gebieten wollten. Machte deutsche, aber auch russische, amerikanische und französische Autoren sowie das Werk des Malers und Graphikers George Grosz in Deutschland bekannt. 1933 Emigration nach Prag und Wiederaufbau des Malik-Verlages, 1939 Flucht in die USA und 1944 Gründung des Aurora-Verlags. 1949 Übersiedlung in die DDR, Professor für Soziologie der neueren Literatur an der Universität Leipzig. Wenige Jahre später als »Westemigrant« Ausschluß aus der SED, 1961 Ernennung zum Mitglied der Akademie der Künste, Ehrenpräsident des PEN-Clubs, Ehrenbürger der Stadt Berlin. 1924 heiratete H. Gertrude Bernheim, die aus Salzburg stammte. H. hatte zeitlebens eine enge Verbindung zu seinen Zieheltern und zur Stadt Salzburg, die er wie »keine wieder lieben sollte.« Zu H.s bekanntesten Werken zählen die Lyrikbände »Sulamith« (1917), »Im Gehen geschrieben« (1956) und »Immergrün. Merkwürdige Erlebnisse und Erfahrungen eines fröhlichen Waisenknaben« (1949, erw. 1956) sowie der Essayband »Zur Sache« (1976).

Lit.: N. Mayr: J. Heartfield und W. Herzfelde. In: SN, 29. 11. 1997. – G. Stucki-Volz: Der Malik-Verlag und der Buchmarkt der Weimarer Republik. Bern–Wien 1993. – W. Herzfelde: Immergrün. Merkwürdige Erlebnisse und Erfahrungen eines fröhlichen Waisenknaben. Berlin–Weimar 1986.

N.M.

Herzmanovsky-Orlando, Fritz von, * Wien 30. 4. 1877, † Meran 27. 5. 1954, Schriftsteller, Maler, Zeichner. (Geläufige Abkürzung des Namens ist »FHO«!) Studium der Architektur. Wegen eines Lungenleidens gab er den Beruf auf und widmete sich dem Zeichnen und Schreiben. Zu seinen Lebzeiten erschien als einziges Buch »Der Gaulschreck im Rosennetz« (1928), das ihn als originellen, skurrilen Erzähler auswies. H.-O. war in →Gastein, was sein Brief vom 27. 6. 1909 an seinen Freund A. →Kubin beweist , und später auch bei den Salzburger →Festspielen. In seinem Roman »Rout am Fliegenden Holländer« (1984) versammelt sich eine Reisegesellschaft »in der schönen Mozartstadt« Salzburg (S. 19 ff.) und macht einen Ausflug ins Salzbergwerk nach Hallein. Ein Teil seines graphischen Nachlasses erschien in der »Edition Altnöder«, Salzburg. Seine sämtlichen Werke erschienen im Salzburger Residenz Verlag.

Lit.: F. H-O.: Sämtliche Werke in zehn Bänden. Hg. v. W. Methlagl (Gesamtleitung), Salzburg 1983-1994. (Bd. 10, hg. v. S. Goldberg, ist eine Dokumentation zu Leben und Werk F. H-O.'s.)

A.Has.

Hettwer, Emil, * Udine 13. 4. 1847, † Salzburg 8. 4. 1934, Offizier (Oberst) und Militärgeograph. Wurde 1866 aus der Theresianischen Militärakademie zum IR Nr. 59 (Erzherzog Rainer) ausgemustert, kam nach dem Kriegseinsatz 1866 in Italien nach Salzburg, beschäftigte sich hier mit der Erstellung von Plänen, wurde 1874 dem Militärgeographischen Institut in Wien zugeteilt, diente dann bei verschiedenen IR, ehe er im Ruhestand 1903 wieder nach Salzburg zurückkehrte. Hier verfaßte er zahlreiche Pläne, darunter einen Festungsplan und historischen Plan der Stadt Salzburg, schuf den Orientierungstisch auf der Richterhöhe, das Panorama bei der Stadtaussicht auf dem Kapuzinerberg, veranlaßte den Wiederaufbau des Zwerglgartens sowie die Gestaltung des Makartplatzes. Nach ihm ist die »Hettwer-Bastei« auf dem Kapuzinerberg benannt.

Lit.: ÖBL. – R. Klehr: Gedenktafeln in der Stadt Salzburg. In: Salzburg Archiv 13, Salzburg 1992.

E.M.

Heymann, Werner Richard, * Königsberg 14. 2. 1896, † München 30. 5. 1961, Filmkomponist. Bereits im Alter von zwölf Jahren war H. Geiger im Philharmonischen Orchester seiner Geburtsstadt Königsberg, anschließend Orchestermusiker in Wien. Damals entstanden auch seine ersten Kompositionen Bühnen- und Orchesterwerke, Kammermusik und Lieder. 1919 ging er nach Berlin, war als Arrangeur tätig und begann für Film und Kabarett zu komponieren. Erste durchschlagende Erfolge brachte die Musik zu den Filmen »Liebeswalzer« (1930), »Die Drei von der Tankstelle« (1930) und »Der Kongreß tanzt« (1931) mit den Schlagern »Das gibt's nur einmal, das kommt nicht wieder«, »Das muß ein Stück vom Himmel sein«, „Liebling, mein Herz läßt dich grüßen« und »Ein Freund, ein guter Freund«. H. bekannteste Interpreten waren Lilian Harvey, Hans Albers, Willy Fritsch, Paul Hörbiger, Heinz Rühmann und die Comedian Harmonists. Nach seiner Emigration in die USA (1936) schrieb H. für Hollywood die Musik zu mehr als 40 Filmen, u. a. zu »Vagabond« (1936), »Ninotschka« (1939) und »To Be or not To Be« (1942). 1951 kehrte H. nach Europa zurück, wohnte seit 1952 in Anif und übersiedelte 1954 nach München. Bereits vor seiner Emigration hatte er Verbindung mit St. →Zweig, H. →Bahr, M. →Reinhardt und H. v. →Hofmannsthal in Salzburg. Im Haus von St. Zweig fand die UA von H.s Streichquartett, mit B. →Paumgartner als Primarius, statt, für Reinhardts Kabarett »Schall und Rauch« schrieb er Lieder und Chansons für die Bühnenfassung von Heinrich Manns »Professor Unrat«. Eine Filmretrospektive und die Ausstellung »Ein Freund, ein guter Freund« erinnerten im Sommer 2000 in Salzburg an den populären Filmkomponisten H.

Lit: W. R. H.: Eine Autobiographie im Telegrammstil. Stuttgart 1953/54.

G.W.

Hieronymus, Graf Colloredo, * Wien 31. 5. 1732, † Wien 20. 5. 1812, Eb. von Salzburg 1772-1803 bzw. 1812. Nach dem Theologiestudium am Collegium Germanicum in Rom wurde H. 1762 Bischof von Gurk, 1772 Eb. von Salzburg. Mit ihm kam nach 49 Abstimmungen ein moderner Regent der →Aufklärung zur Herrschaft, der allerdings nie die Zuneigung seiner Bevölkerung gewinnen konnte. Der sparsame und fast geizige Fürst schuf für die verschiedensten Bereiche Fonds, deren Geldmittel, in Wiener Banken angelegt, den Napoleonischen Kriegen zum Opfer fielen. Durch die Einführung eines neuen Steuerfußes wurden die landesfürstlichen Abgaben geregelt; wirtschaftlich war die Regierung von H. jedenfalls eine Zeit der Blüte. Auch im geistig-kulturellen Bereich setzte ein allgemeiner Aufschwung ein. Weniger die →Univ. als das Grundschulwesen wurde nach dem Muster der habsburgischen Erbländer reformiert und dazu ein →Lehrerseminar errichtet (F. M. →Vierthaler). Kaum jemals haben in Salzburg so viele bedeutende Intellektuelle zugleich gewirkt: der Jurist →Kleimayrn, Freiherr von →Moll, der Historiker →Zauner, der Journalist →Hübner, Graf →Spaur, der Arzt →Hartenkeil und andere.

Ähnlich wie Kaiser Josef II. reformierte H. von oben herab, ohne sich um die Empfindungen der Bevölkerung zu kümmern, wobei kaum ein Gebiet des bürgerlichen Lebens unbeeinflußt blieb. Das Volk nahm dann auch ohne Regung die Flucht des Eb. zur Kenntnis (1800), der bis zu seinem Tod im Jahre 1812 das Erzbistum von Wien aus leitete, nachdem ihm gemäß Reichsdeputationshauptschluß von 1803 die weltliche Regierung des säkularisierten Fürstentums genommen worden war.

Lit.: F. Martin: Salzburgs Fürsten in der Barockzeit. Salzburg [4]1982, S. 227 ff. – H. Wagner: Die Bedeutung Salzburgs im Zeitalter der Aufklärung (Salzburg-Dokumentationen 19). Salzburg 1977, S. 153 ff. – H. Wagner: Die Aufklärung im Erzstift Salzburg (Salzburger Universitätsreden 26). Salzburg-München 1968.

R.R.H.

Hildebrandt, Johann Lucas von, * Genua 14. 11. 1668, † Wien 16. 11. 1745, Festungsingenieur, Architekt. Seit 1700 »Kayserlicher Hoff-Ingenieur«, seit 1709/10 unter Eb. Franz Anton Fürst Harrach in Salzburg an der →Residenz und am Schloß →Mirabell beschäftigt.

Lit.: B. Grimschitz: J. L. v. H. Wien-München 1959.

M.O.

Hilleprandt, Franz von, * Wien 29. 8. 1796, † Salzburg 17. 9. 1871, Jurist. Seit 1826 in Salzburg, k. k. Hof- und Gerichtsadvokat, Gründer der 1. österr. Sparkasse und Präsident der Advokatenkammer. Setzte in Salzburg bedeutende kulturelle Initiativen als Vorstand der Museumsgesellschaft (→SMCA), Gründer und Sekretär von →Dom-Musikverein und Mozarteum (1841), mit der Errichtung des Mozart-Denkmals (1842), Sammlung von Mozart-Briefen für das Archiv des →Mozarteums und der Organisation der Mozart-Zentenarfeier (1856). In seinem Haus verkehrten und musizierten bedeutende Musiker wie J. →Brahms, P. →Cornelius, R. Franz, J. →Joachim und C. →Schumann.

Lit.: ÖBL, Bd. II. Graz 1959, S. 317.

G.W.

Himmelbrotschutzen, Wasserweihe (Belege von anderen Orten für das 17. und 18. Jh.) oder Gedenken an verunglückte Schiffer während der Fronleichnamsprozession, nach archivalischen Quellen aus dem 19. Jh. von der Oberndorfer Schiffergarde erneuert. Die Schifferschützen tragen Uniformen aus »Altertum, Mittelalter und Neuzeit« (tatsächlich 18. Jh., um 1800 und 1853). Von vier weißgekleideten Knaben werden während des Segens beim vierten Evangelium des Umgangs von einem Boot aus vier gesegnete Hostien (Himmelbrot) in die Salzach, einst Arbeitsmedium der Schiffer, geworfen. Während sich die Fronleichnamsprozession bei ihrer Einführung im Laufe des 14. Jh.s. (Fest 1264, Prozesionen ab 1311) im städtisch-höfischen Umkreis an spanischen Sakramentsgeleiten orientierte, übernahm sie im ländlichen Raum Formen frühmittelalterlicher Flur- und Elementensegnungen. Hörandner vermutet den Ursprung des H. in der Gegenreformation (→Prozession). Vom Schifferschützenkorps wird auch in unregelmäßigen Abständen das »Historische Schifferstechen« veranstaltet, bei dem Burschen sich gegenseitig mit Ruderstangen von Plätten heben. Erster urkundlicher Beleg 1596. Das nachfolgende Hansel- und Gretel-Spiel stammt aus dem 18. Jh. Das Schifferstechen hatte bis ins 19. Jh. ein Äquivalent in Hallein.

Lit.: E. Hörandner, F. Jary: Mitfeiern! Festland Österreich. Wien 1983. – U. Aggermann-Bellenberg: Die Geschichte der Fronleichnamsprozession von der Zeit ihrer Entstehung bis zu den Reformen des aufgeklärten Absolutismus. Diss. Graz 1983. – K. Zinnburg: Salzachschiffer und Schifferschützen von Laufen-Oberndorf. Salzburg 1977. – K. Adrian: Von Salzburger Sitt' und Brauch. Wien 1924.

U.K.

Hindemith, Paul, * Hanau/Main 16. 11. 1895, † Frankfurt/Main 28. 12. 1963, Komponist, Dirigent und Hochschullehrer. Einer der Bahnbrecher der musikalischen Moderne, lehrte u. a. seit 1940 an der Yale Univ. in New Haven, gab an der Intern. →Sommerakad. Mozarteum 1947 einen Gastkurs zum Thema »Probleme der Musiktheorie« und referierte über »Das Musikleben in den USA«, leitete 1948 am →Mozarteum einen Kurs zu »Stilfragen der Gegenwartsmusik«, 1950 zum Thema »Musikalisches Erfinden und Gestalten« und sprach über »Augustinische und boethianische Musiklehren in neuer Bedeutung«. 1952 dirigierte er im Rahmen der Salzburger →Festspiele ein Orchesterkonzert der →Wiener Philharmoniker (mit seiner eigenen Sinfonia serena). Persönlicher Kontakt zu E. →Preussner, den H. zu seinem Biographen erkoren hatte.

Lit.: A. Briner: P. H. Zürich 1971.

G.W.

Hinreiner, Ernst, * Salzburg 1. 1. 1920, † Salzburg 20. 5. 1999, Dirigent und Musikpädagoge. Musikalische Ausbildung am →Mozarteum, u. a. bei B. →Paumgartner. Lehrtätigkeit an der Hochschule, Leiter des Salzburger Rundfunkchores und des Mozart-Chores. Musikabteilungsleiter beim ORF-Landesstudio Salzburg, musikalischer Leiter der Konzertreihe »Gang durch den Advent«. H. leitete zahlreiche Aufführungen und Aufnahmen geistlicher Musik der Mozart-Zeit im Rahmen der →Mozartwoche Salzburg.

G.W.

Hinterhäuser, Markus, * La Spezia (Italien) 30. 3. 1958, Pianist. H. erhielt seine Ausbildung an der Musikhochschule Wien, am →Mozarteum in Salzburg bei P. →Lang und in Meisterkursen u. a. bei Elisabeth Leonskaja und Oleg Maisenberg. Als Solist, Kammermusiker und Liedbegleiter ist H. ein gefragter Interpret und Vermittler speziell der zeitgenössischen Musik. Mitbegründer des Festivals →Zeitfluß.

G.W.

Hinterholzer, Franz,* Salzburg 15. 12. 1851, † Salzburg 22. 10. 1928, Maler. Ausgebildet an der Kunstakad. in München, wo er in den 80er Jahren mehrfach ausstellte. Im Alter sicherte ihm eine Ehrengabe der Stadt Salzburg das Auskommen. Mitbedingt durch ein schleichendes Augenleiden, das sein Sehvermögen ab 1866 zunehmend beeinträchtigte, bevorzugte H. unscheinbare Naturausschnitte (Waldinterieurs). Seine beschaulichen Schilderungen der Salzburger Landschaft verbinden die realistische Haltung der »Paysage intime« mit poetisierenden Stimmungsmomenten.

Lit.: Ausstellungskat. Salzburg 1905. SMCA 1995, S. 39 ff. – Ch. Svoboda: Der Salzburger Kunstverein. Diss. Salzburg 1977, S. 135. – Thieme-Becker. – SV, 8. 11. 1923 u. 23. 10. 1928.

N.Sch.

Hinterseer, Philipp, * Lofer (Geburtsdatum unbekannt), † Salzburg 1780, Schlosser. Wurde 1738 Bürger und Meister der Stadt Salzburg und eröffnete eine Werkstatt im »Schlosserstöckl« (Theatergäßchen), wo er in den Jahren 1751-54 bereits mit sechs bis zehn Gesellen arbeitete. 1755 übernahm er die Hofschlosserwerkstätte am Kai (Schanzlgasse 3) und erhielt die »alleinige Hofarbeit« zugesichert. Dort arbeitete er, vom Eb. beschützt und von den Schlosserkollegen in Salzburg angefeindet, bis zu seinem Tod 1780. F. →Martin bezeichnet H.s Abschlußgitter von St. Sebastian (1752) und →St. Peter (1768) als »Kabinettstücke des Rokoko«.

Lit.: M. Landenberger: Schmiedeeiserne Gitter in Salzburg. Diss. München 1947. – F. Pirckmayer: Bau- und Kunstgeschichte Salzburgs. In: MGSLK 43, 1903, S. 288 ff.

Ch.S.

Historiographie →Geschichtsschreibung

Hitzl, Salzburger Bildhauerfamilie, mit der die barocke Schnitztradition ausklingt. Johann Georg H. (* um 1706, † Salzburg 16. 7. 1781) leistete sein Bestes in mit kleinteiligem Schnitzwerk überzogenen Kanzeln (Großgmain, Mülln, Seekirchen, Köstendorf). Die Altar- und Konsolfiguren (u. a. in Annaberg, Maxglan, Mülln, St. Johann am Imberg und am Rupertusgrab in →St. Peter) können den Substanzverlust unter rokokohaftem Aplomb kaum verhehlen. Franz de Paula H. (* Salzburg 1738, † Salzburg 22. 1. 1819) übernahm nach mehrjähriger Wanderfahrt, die ihn u. a. nach Wien, Berlin und für längere Zeit nach Eichstätt führte, 1776 die väterliche Werkstatt. Seine Statuen (an Fassade und Hochaltar von St. Peter, am Hochaltar der Bürgerspitals- und Sebastianskirche, Kreuzigungsgruppe am Kapuzinerberg) machen die Erstarrung des überkommenen Faltenstils einem gravitätischen Barockklassizismus dienlich. Er widmete sich auch der Krippenkunst. Sein Sohn Franz (* Salzburg 25. 5. 1791, † Salzburg 29. 1. 1856) fand nur noch ein bescheidenes Tätigkeitsfeld vor (Ringelsheimgrab St. Peter, Kreuzigungsgruppe Maria Plain).

Lit.: G. Ramsauer: Der Wandel der Stilmöglichkeiten der Salzburgisch-bayerischen Plastik im 18. Jh. am Beispiel der Bildhauerfamilie Hitzl. Diss. Salzburg 1987. – Pretzell. – Thieme-Becker.

N.Sch.

Hochgebirgsforschungsstelle Rudolfshütte. 1982 errichtet und im Alpinzentrum Hohe Tauern-Rudolfshütte des Österreichischen Alpenvereins (Stubachtal, Gem. Uttendorf) untergebracht; hat die Aufgabe, in den Bereichen der Geographie, Botanik, Sportwissenschaften u. a. die Forschungs- und Lehrtätigkeit sowie Ausbildungskurse im Hochgebirge zu ermöglichen. Dazu Wetterstation der Wetterdienststelle Salzburg und Lawinenmeldestelle der Landesregierung.

R.R.H.

Hochschulferialkurse, abgehalten 1903-13. In der Auseinandersetzung über die Form der angestrebten Wiedererrichtung der 1810 aufgehobenen →Universität gründeten deutschbürgerliche Gegner einer katholischen Hochschule (seit 1884 org. im Katholischen Universitätsverein; s. auch Zweiter →Kulturkampf) auf Initiative des Salzburger Reichsratsabgeordneten Dr. Julius Silvester 1901 den »Salzburger Hochschulverein«, der eine staatliche Universität (»wertfreie Schule«) propagierte. Auch prominente Wissenschafter wie Max Planck, Theodor Mommsen und Max Weber sprachen sich gegen die katholischen Universitätsbestrebungen aus. Der Hochschulverein zählte 1904 bereits 45 Ortsgruppen. 1903 wurde zudem der »Verein für wissenschaftliche Ferialkurse« gegründet, der in Salzburg bis 1913 alljährlich in den ersten beiden Septemberwochen die »Salzburger Hochschulferialkurse« abhielt, an denen sich die Elite der deutschen Sozialwissenschaft beteiligte. Die H. waren auch ein gesellschaftliches Ereignis mit zahlreichen studentischen Veranstaltungen (1904 Großkommers zum 70. Geburtstag von F. →Dahn).

Lit. E. Hiebl: Zwischen Kirche und Staat – Salzburger Lyzeum. Theologische Fakultät und Universitätsbestrebungen 1810-1962, in: Salzburg Archiv 12, 1991, bes. S. 282 f. – Geschichte der akademischen Landsmannschaft der Salzburger zu Wien. Salzburg 1930, S. 31 ff. u. 81 f.

P.F.K.

Hochschulverein Salzburger (1901), →Hochschulferialkurse

Hochschulwochen, gegründet 1931 als Vorbereitung zur Errichtung einer kath. Univ. Vorläufer waren die »Salzburger Hochschulkurse«; 1938 letzte H. vor dem Krieg; 1945 Wiederaufnahme; Veranstalter: Arbeitsgemeinschaft Salzburger H., Theologische Fakultät der →Univ. Salzburg, Kath. Akademikerverband Deutschlands, Kath. Hochschulwerk Salzburg, Salzburger Äbte-Konferenz, Görresgesellschaft zur Pflege der Wissenschaft, Kath. Akademikerverband Österreichs, Kath. Akademikerarbeit Deutschlands.

H.O.

Hochwälder, Fritz, * Wien 28. 5. 1911, † Zürich 20. 10. 1986 (beigesetzt in einem Ehrengrab der Stadt Wien), Dramatiker. H. erlernte das Tapeziererhandwerk, Gewerkschaftssekretär, emigrierte 1938 von Wien aus in die Schweiz, lebte in Zürich. Bekanntschaft mit dem Dramatiker Georg Kaiser. H.s bekanntestes Drama, »Das heilige Experiment« (1943), behandelt das Problem des totalen Staates am Beispiel des Jesuitenstaates in Paraguay im 18. Jh. Die Salzburger →Festspiele brachten folgende Dramen H.s zur Uraufführung: 1959 »Donnerstag«. Ein modernes Mysterienspiel (Regie: O. F. →Schuh, mit Helmut Qualtinger); 1975 das Schauspiel »Lazaretti oder Der Säbeltiger« (Regie: Michael Kehlmann, mit Attila Hörbiger und Leopold Rudolf), eine Auseinandersetzung mit dem Terrorismus (Gewalt gegen Gewalt). H. erweist sich in seinen theaterwirksamen Dramen als dem Humanismus verpflichteter Denker. Zu H.s Märchendrama »Der verschwundene Mond« (1985) siehe J. →Haringer.

Lit.: H. Würtz: F. H. Ausstellung der Wiener Stadt- und Landesbibliothek, Wien 1991. – R.-B. Gross: F. H. Sein Leben. Werk, Wirkung u. Perspektiven, Diplomarbeit Wien 1988.

A.Has.

Hödlmoser, Sepp, * Salzburg 6. 5. 1923, † Salzburg 26. 8. 1967, Maler. Urspr. Architekt, befreundet mit den gleichfalls auf der →Festung Hohensalzburg lebenden Bildhauern A. →Lehmann und Alois Lindner. Gelangte als Einzelgänger zu interessanten Abstraktionen und maltechnischen Experimenten.

Lit.: Ausstellungskat. S. H. SMCA 1992. – Salzburg Archiv. Band 4, 1988, S. 5 ff. – Ausstellungskat. Jenseits des Realismus. ARGE Alpen-Adria, Graz 1988, S. 107 ff. – Gugg.

N.Sch.

Hofbauamt (auch Bauamt, Hofbaumeisteramt, Hofbaumeisterei). Zum öffentlichen Bauwesen gehören seit alters der Hoch-, Wasser- und Straßenbau. Das hf. H. war mit Hochbauten, z. T. auch mit Wasserbauten (vor allem Wasserschutzbauten) befaßt, es unterstand der Hofkammer. Der Straßenbau fiel in die Kompetenz von Mautnern und ihren Wegmachern und unterstand ebenfalls direkt der Hofkammer. Leiter des H. war (bis 1693) der Hofbaumeister, dann der Hofbauverwalter oder der Hofbaudirektor. Der erste namentlich bekannte Hofbaumeister ist Reichart von Randwickl (1522-25, † 1528). Er war außerdem Pfleger von Glanegg, Zeugmeister auf der →Festung und Inhaber des Urbaramtes in Anif. Dem H. gehörten ferner – mit wechselnden, nicht ausreichend nachgewiesenen Kompetenzen – der Hofbau-Kommissär (seit 1598), der Hofbauinspektor und die Hofhandwerker an. Die erste erhaltene Bauordnung ist die von Eb. →Matthäus Lang aus dem Jahr 1523. Eb. →Wolf Dietrich erließ zur Regelung des öffentlichen Straßenbaus 1599 eine Mautordnung, die bis Mitte des 18. Jh.s gültig war. Unter Eb. Max Gandolf ist das Bauwesen der Landschaft (vor allem die Anlagen der Landesverteidigung, die schon vorher von einem eigenen »Schanzbaumeister« betreut wurden) vom H. getrennt worden. Auch das Domkapitel richtete eine eigene Bauverwaltung ein. Unter Eb. Sigismund Schrattenbach wurde 1756 als erstem Johann Elias Geyer († 1790) als Inspektor und als Oberst-Weg-, Maut- und Baukommissar das ganze Bauwesen in die Hand gelegt; im gleichen Jahr wurde eine von Geyer verfaßte »Wegordnung« erlassen; 1773, unter Eb. →Hieronymus Colloredo, verfaßte Geyer eine neue Bauamtsordnung mit der Rangordnung: Baudirektor – Bauverwalter – Gegenschreiber – Kanzlist – die Meister – Pallire – Gesellen – Lehrjungen – Tagwerker.

Lit.: Ch. Willomitzer: Geschichte des Baudienstes im Land Salzburg (Schriftenreihe des Landespressebüros, Serie »Sonderpublikationen« Nr. 53), Salzburg 1985. – H. Klein: Salzburger Straßenbauten im 18. Jh. In: MGSLK 99, 1959, S. 81 ff.

M.O.

Höfel, Blasius, * Wien 27. 5. 1792, † Salzburg 7. 9. 1863, Graphiker. Er führte den galvanisierten Holzschnitt in Österreich ein, nachdem ihn eine Erkundungsreise durch Deutschland dazu veranlaßt hatte, sich von der bisher erfolgreich ausgeübten Kupferstecherkunst abzuwenden. H. eröffnete 1834 eine xylographische Schule in Wiener Neustadt, erwarb 1844 die Buchdruckerbefugnis und trieb den Farbholzschnitt voran. Alle Anstrengungen, den Holzstich nach dt. und engl. Vorbild als volkstümliches Bildungsmittel durchzusetzen, scheiterten trotz der Gönnerschaft Metternichs an den widrigen Voraussetzungen. Als weitere Antwort auf den wenig geschätzten Stahlstich erfand H. Elfenbeinschnitt und Reliefdruck. Da ihm die Ereignisse von 1848 den Aufenthalt in Wien verleideten, siedelte er sich in Salzburg-Parsch an und pflegte wieder den Kupfer- sowie den Stahlstich. Neben Prämienblättern für Kunstvereine und der sehr bekannten »Familie Mozart« nach J. N. della →Croce (1856) entstand hier mit dem Christuskopf nach J. Hübner 1854 eine Inkunabel der Öldrucktechnik.

Lit.: Thieme-Becker. – J. Wünsch: B. H. Wien 1910. – L. Hevesi: Österr. Kunst im 19. Jh. Leipzig 1903.

N.Sch.

Hofer, Andreas, * Reichenhall um 1629, † Salzburg 25. 2. 1684, Komponist, Hofkapellmeister in Salzburg. Nahm 1643 das Studium an der Salzburger →Univ. auf und wirkte 1651-53 als Organist in der Benediktinerabtei St. Lambrecht (Stm.). 1653 zum Priester geweiht, ab 1654 als Vizekapellmeister am Salzburger Hof. Zugleich hatte er die Stellung eines Domchorvikars, später die des Domchorregenten inne. 1679 wurde ihm schließlich die Hofkapellmeisterstelle verliehen.

Als begabter Komponist geistlich-liturgischer Gebrauchsmusik weist sich H. mit zwei gedruckten Sammlungen aus, den Eb. Guidobald Thun gewidmeten 15 »Salmi con una voce e doi Violini, e Motetti con e senza Violini« von 1654, die in besonderer Weise dem instrumentalen konzertierenden Sologesang Rechnung tragen, und den 1677 Eb. Max Gandolf dedizierten 18 Offertorien des »Ver sacrum seu Flores Musici« für fünf (bzw. acht) Vokal- und fünf Instrumentalstimmen, die in erster Linie aus dem liturgischen Bedarf des »Domchorregenten« entstanden sein dürften.

In seinen groß besetzten, nur hs. überlieferten Werken (vier Messen, zwei Te Deum, zwei Magnifikat u. a.) schuf H. bedeutende Beispiele im mehrchörigen vokal-instrumentalen Kirchenstil des 17. Jh.s, der von seinem Amtsnachfolger H. I. F. →Biber in Messe und Hymnus à 53 von 1682 ins Überdimensionale gesteigert wurde. Die Vermutung, H. selbst könnte als Komponist dieser beiden ehemals →Benevoli zugeschriebenen Werke in Frage kommen, hat sich nicht bestätigt.

Seine Beiträge zum benediktinischen Schuldrama an der Univ. (→Theater der Benediktineruniv.) – er scheint in vier Periochen als Autor der Musik auf – sind verlorengegangen.

Lit.: E. Hintermaier: »Missa Salisburgensis«. Neue Erkenntnisse über Entstehung, Autor und Zweckbestimmung, in: Musicologica Austriaca 1, 1977. – M. W. Barndt-Webb: A. H. His Life and Works. Diss. University of Illinois 1972.

E.H.

Hofer, Johann Baptist Paul, * Salzburg 1771, † nach 1804, Graphiker. Nach einer Buchdruckerlehre erlernte H. in München die Kunst des Formschneidens. Um 1800 nach Salzburg zurückgekehrt, belieferte er die Druckereien mit seinen hübschen Rokoko-Vignetten und arbeitete auch für auswärtige Kartenmanufakturen. Seine Porträtsilhouetten sollen namentlich bei den frz. Besatzungsoffizieren reißenden Absatz gefunden haben. Entsprechend der damaligen Mode soll H. auch Spinnwebmalereien mit mythologischen Darstellungen verfertigt haben.

Lit.: »Das Kunstwerk des Monats« SMCA, Juni 2000. – E. Hutter: Alles gemodelt. Stoffdruckmodel aus der Sammlung des SMCA. 2000, S 19 ff. – Thieme-Becker. – Pillwein.

N.Sch.

Hofhaimer, Paul, * Radstadt 25. 1. 1459, † Salzburg 1537, Organist und Komponist. H. entstammte einer angesehenen Radstädter Familie. Sein Vater spielte Orgel und vermittelte wohl dem Sohn erste musikalische Kenntnisse. Nach Aussage seiner Zeitgenossen erfolgte H.s Ausbildung autodidaktisch. Ein von Hans Joachim Moser vermuteter Aufenthalt am Hof Kaiser Friedrichs III. in Graz ist nicht nachweisbar. 1480 wurde H. als Organist an den Hof Herzog Sigmunds des Münzreichen nach Innsbruck berufen. Dort erlangte er rasch große Berühmtheit als Orgelvirtuose, der es sich sogar leisten konnte, eine ehrenvolle Berufung als Organist an den ungar. Hof in Ofen abzulehnen. 1486 spielte er die Orgel bei der Krönung Maximilians I. in Frankfurt. Als Maximilian 1490 die Regierung in Tirol antrat, übernahm er mit der gesamten Hofmusik auch H. als Hoforganisten in seine Dienste. Da Maximilian als deutscher König nicht, wie die Landesfürsten, über eine eigene Residenz-

stadt verfügte, sondern mit seinem Gefolge von einem Ort zum andern zog, begann für H. eine Zeit, in der er nach eigenen Angaben »wie ein Zigeuner« umherziehen mußte. Häufig wurde er in der Folge als Gutachter für den Bau neuer Orgeln herangezogen, so z. B. in Bozen, Sterzing und Eisenerz. Am Bau der Orgel in St. Jakob in Innsbruck 1491 war er maßgeblich beteiligt. Als er 1505 im Stift →St. Peter in Salzburg die neue, von Christian Taler aus Wasserburg gebaute Orgel prüfte und mit einem Konzert abnahm, gefiel sein Spiel so gut, daß ihn Abt Walcher als »Monarcha organistarum« (König der Organisten) bezeichnete. Eine weitere Ehrung wurde H. 1515 in Wien zuteil, als er für sein Orgelspiel von König Ladislaus von Ungarn zum Ritter geschlagen und von Kaiser Maximilian in den Adelsstand erhoben wurde.
Nach Beendigung seiner Tätigkeit in Innsbruck finden wir H. im Dienst des Kurfürsten Friedrich des Weisen und seit 1509 in Augsburg. Nach dem Tod Maximilians 1519 war er vielleicht zunächst in Passau, bis er schließlich nach Salzburg zog, wo er bis zu seinem Ableben als Organist am Hof des Eb. →Matthäus Lang tätig war. Hier ging er die letzte seiner vier (oder fünf) Ehen ein und erwarb ein Haus in der Pfeifergasse, das heute noch existiert. In den letzten Lebensjahren befaßte sich H. mit der Vertonung von Oden des Horaz. Mitten in der Arbeit starb er. Das Werk wurde von Ludwig Senfl vollendet und als »Harmoniae poeticae« 1539 von Johannes Stomius (→Mulinus) herausgegeben. Es ist die einzige Sammlung, die unter H.s Namen im Druck erschien.
Sein Gesamtschaffen ist bruchstückhaft überliefert. Von den Orgelstücken sind nur drei Werke, ein »Salve Regina«, ein »Recordare« und eine Orgelbearbeitung des Liedes »Tandernaken«, auf uns gekommen. Das Hauptgewicht der Kompositionen H.s liegt in seinen 26 überlieferten drei- oder vierstimmig polyphon durchgeführten Liedern sowie drei Orgelintabulierungen (Lieder, die für die Orgel eingerichtet wurden). Die verwendeten Lieder sind fast immer höfische Weisen. Nur in einem einzigen Fall (»Greyner, zanner«) verwendete H. ein Volkslied. Die Melodiestimme liegt meist im Tenor.
Das Aussehen H.s ist uns durch zwei Porträts überliefert: auf Burgkmairs »Triumphzug Maximilians« und auf dem Holzschnitt

Wohnhaus von Paul Hofhaimer (Oskar Anrather)

»Kaiser Maximilian in Augsburg, die Messe hörend« von Weiditz. Ob es sich bei dem Porträt eines Mannes von Albrecht Dürer, das um 1518 entstanden ist, um ein Bild H.s handelt, wie man vermutet hat, wird neuerdings aus berechtigten Gründen bezweifelt. Ein Porträt von Lucas Cranach gilt als verschollen. H. hatte zahlreiche Schüler, die man »Paulomimen« nannte. Unter ihnen finden sich einige bedeutende Musiker, die das Werk ihres Lehrers weiterführten. Zu ihnen gehören Dionisio Memmo, Hans Buchner, Verfasser eines »Fundamentbuches« als Unterweisung zur Orgelkomposition, Hans Kotter, bekannt als Verfasser von Tabulaturen, Conrad Bruman, Hans Schechinger, Wolfgang Grefinger, sowie vermutlich Gregor Peschin und C. →Glanner, beide Organisten am Salzburger Dom.
Täglich erklingt im Sommer ein Stück H.s vom →Salzburger Stier (Hornwerk auf der →Festung Hohensalzburg).
1978 Gründung der Internationalen Paul Hofhaimer-Gesellschaft, die seither von Maria Hofmann geleitet wird; sie stellt sich die Aufgabe, das Gesamtwerk des großen Salzburger Komponisten der Renaissance im Kontext des Vor- und Umfeldes der franko-flämischen Schule breiteren Hörerkreisen vorzustellen, die Kenntnis des Schaffens, des histo-

rischen Standortes und damit das dialektische Verständnis der Persönlichkeit Hofhaimers zu vertiefen. Seit 1981 zusätzliche Reihe »Alte und Neue Musik« mit der Zielsetzung einer dramaturgischen Einheit von Programm und Aufführungsort sowie einer kritischen Auswahl der zur Vertonung vorgesehenen Texte. Nahezu alle der bisher 35 Konzerte dieser Reihe – darunter 29 Uraufführungen – entstanden aus einer spezifischen »Werkstattsituation«, wobei Interpreten und Besetzungsmöglichkeiten den Komponisten bereits im Stadium des Entwurfes bekannt waren.

Lit.: Salzburg zur Zeit des Paracelsus. Ausstellungskat. Salzburg 1993. – H. J. Moser: P. H. Hildesheim [2]1966.

St. E., G.W.

Hofkapellmeister →Hofmusikkapelle

Hofmann, Josef, * Lauffen (Salzkammergut) 4. 7. 1916, Lehrer, Schriftsteller. Sohn eines Bergarbeiters, zweiter Bildungsweg, Studium in Wien, Doktorat, 1959-63 Leiter des Katholischen Bildungswerkes in Salzburg. Grundthema seiner Lyrik ist ein aktiv bekennendes Christentum. Ged. »Signum Animae« (1969), »Gedichte« (1974), »Zuinnerst« (1977), »Das Haus am Fluß«, Prosa und Lyrik (1980), »Späte Verse« (1991).

Lit.: G.-D. Stein: Marginalien zu H.s Lyrik. In: J. H.: Zuinnerst, Salzburg 1977, S. 91 ff.

H.H.

Hofmannsthal, Hugo von, * Wien 1. 2. 1874, † Rodaun 15. 7. 1929. Schriftsteller, Mitbegründer der Salzburger →Festspiele. Der Wiener H. lernte Stadt und Land Salzburg früh persönlich kennen. Er verlebte seine Sommerferien in Bad Fusch (1890 mit Unterbrechungen bis 1908) und im Salzkammergut (zuerst Strobl, 1890-94, später Aussee). Die Stadt Salzburg galt als Treffpunkt mit Freunden, war Ort für Begegnungen und Gespräche (etwa mit H. →Bahr, R. →Strauss, M. →Reinhardt). Da der Sommer für H. meist eine produktive Zeit war, schrieb er etliche Jugendwerke in Bad Fusch, viele Werke später im Salzkammergut. Im August 1911 vollendete er in Aussee den »Jedermann«, der am 1. 12. 1911 durch M. Reinhardt in Berlin (Zirkus Schumann) uraufgeführt wurde. Zwischen August und November 1919 fuhr H. von Aussee aus mehrmals nach Salzburg, um die

Hugo von Hofmannsthal (Foto Ellinger)

Gründung der Salzburger Festspiele vorzubereiten. H. gehörte nämlich seit 1918 dem Kunstrat der »Salzburger Festspielhaus-Gemeinde« an, die 1917 gegründet worden war. 1919 veröffentlichte er den Programmentwurf »Deutsche Festspiele in Salzburg«. Am 22. 8. 1920 fand die Erstaufführung seines »Jedermann« unter der Regie von Max Reinhardt auf dem Domplatz statt: das war der Beginn der Salzburger Festspiele. 1921 veröffentlichte H. seinen Aufsatz »Festspiele in Salzburg«. Im gleichen Jahr schrieb er in Aussee das »Salzburger Große Welttheater«, das am 12. 8. 1922 in der Kollegienkirche uraufgeführt wurde (Regie: Max Reinhardt). H. berichtet davon im »Reinhardt«-Aufsatz und im »3. Wiener Brief«. Auch im Festspiel-Almanach 1925 schreibt H. über Werden und Namensgebung des »zweiten Versuchs« für Salzburg: »jenem alten traditionellen Stoff: das Welttheater, auf welchem die Menschen vor Gott ihr Lebensspiel aufführen, einen neuen Gehalt geben, worin der Zeitgeist zum Ausdruck käme ....« Dem so entstandenen Spiel für immer den Namen des »Salzburger Welttheaters« zu geben, »war eine Regung der Dankbarkeit für das durch ein Zusammentreffen unschätzbarer Umstände hier erfahrene Gute«. In den folgenden Jahren besuchte H. aus verständlicher Verbundenheit regelmäßig die Salzburger Festspiele. Am 13. 8. 1925 war er bei der Eröffnung des →Festspielhauses mit dem »Salzburger Großen Welttheater« anwesend. In immer neuen Aufsätzen (»Das Salzburger Programm«, 1926; »Zum Programm der Salzburger Festspiele«, 1928; »Das Publikum der Salzburger Festspiele«, 1928) ging es ihm darum, Konzept und Programm der Salzburger Festspiele zu modifizieren und weiterzuentwickeln. Die früh geäußerte Grundidee H.s bestand darin, »den süddeutschen (bayerisch-österreichischen) Theatergeist anschaulich zu machen, indem man theatralische Werke der verschiedensten Sphären vors Publikum bringt, deren Gemeinsames in der gemeinsamen Abstammung vom älteren süddeutschen Theaterwesen liegt«. Die Verkörperung dieses süddeutschen Theaterwesens sah H. in →Mozarts Opern, zwischen Tragik und Komik, in →Goethes »Faust«, in dem Puppenspiel, kath. Mysterienspiel und opernhaftes Festspiel sich vereinen, über die Wiener Volkstheatertradition eines Nestroy und Raimund bis hin zu Richard Strauss. Das letzte Mal war H. am 3. und 4. 12. 1928 in Salzburg, um mit Max Reinhardt geschäftliche Probleme der Festspiele zu besprechen. Salzburg und vor allem die Festspiele boten H. in besonderer Weise die kreativen Möglichkeiten, seine Ideen zu verwirklichen. In Essays würdigte er die kulturelle Bedeutung Salzburgs.

Lit.: H. A. Koch: H. v. H. Hg. v. M. Sulzer-Reichel, München 2000. – W. Volke: H. v. H. in Selbstzeugnissen u. Bilddokumenten. Reinbek b. Hamburg 1997. – M. Mayer: H. v. H. Stuttgart 1993.– W. Willaschek (Red.): 70 Jahre Jedermann. Ausst. Salzburg 1990. – G. Erken: Hofmannsthal-Chronik. In: Litwiss. Jb. Im Auftrag der Görres-Gesellschaft. Hg. von H. Kunisch. NF, 3. Bd,. Berlin 1962, S. 239 ff.

A.Has.

Hofmusik, Salzburger, Instrumentalensemble, 1991 von Wolfgang Brunner gegründet und seither geleitet, pflegt in variablen Besetzungen zwischen Trio und Orchester das Repertoire vom 17. bis zum 20. Jh. mit jeweils adäquatem Instrumentarium, mit Schwerpunkt der Musik am Salzburger Fürstenhof des 17. und 18. Jh.s.

G.W.

Hofmusikkapelle. Salzburgs Landesfürsten unterhielten bis zur Auflösung des Hofstaats im Jahre 1807, wie alle größeren europ. Fürstenhöfe, eine H., die zeitweise europ. Spitzenniveau erreichte. Bis 1597 bildeten die vom Landesherrn bestellte Musik bei Hof, meist als »Cantorey« bezeichnet, und die vom Domkapitel unterhaltene Dommusik zwei getrennte Organisationsbereiche. Daneben kam, wie an allen Fürstenhöfen, der »Trumetterey« eine tragende und wichtige Rolle im höfischen Musikleben zu, zumal sie dem geistlich-weltlichen Landesfürsten Glanz und prunkvolles Auftreten verlieh. Darüber hinaus vermochten mehrere Stiftungen immer wieder der Kirchenmusikpflege starke Impulse zu geben. Unter ihnen nimmt die 1393 errichtete Stiftung Eb. →Pilgrims II. in dessen Pilgrimskapelle am alten Münster einen hervorragenden Platz ein, da sie in besonderer Weise den liturgischen, höchstwahrscheinlich auch mehrstimmigen Gesang bedachte. Wir wissen, daß Pilgrim II. zu Studienzwecken in Avignon weilte; dort dürfte er auch die päpstliche Kapelle kennengelernt haben.

Mit Beginn der Renaissance, insbesondere der Regierung von Eb. →Matthäus Lang (1519-1540), wurde die fürstliche »Cantorey« zu einem Ensemble vorzüglicher Sänger und Instrumentalisten geformt. Lang war bestrebt, sie nach dem Vorbild der kais. H., um die er sich nach dem Tod Maximilians I. sehr bemühte, einzurichten. In der Regel bestand Langs »Cantorey« aus 18 »Kantoreipersonen«, sieben Knaben und acht Trompetern und Posaunenbläsern. H. →Finck, damals bereits über 70 Jahre alt, kam im Gefolge des Eb. über Mühldorf nach Salzburg, wo er sich jedoch sehr bald wegen der vielen Dienste in der Kantorei überlastet fühlte und wegen des allzu »geräuschvollen Treibens« bei Hof nur in den Nachtstunden zum Komponieren kam. Aus der kais. Kapelle übernahm Matthäus Lang den gebürtigen Radstädter und wohl bedeutendsten Organisten seiner Zeit, P. →Hofhaimer.

Um eine Reorganisation der »Musica« bemühte sich schließlich Eb. →Wolf Dietrich (1587-1612). Als Absolvent des Collegium Germanicum war er bestrebt, auch in Salzburg für die Musikpflege an seiner Metropolitankirche beste Voraussetzungen zu schaffen. Nachdem mehrere darauf abzielende Weisungen an das

Domkapitel erfolglos geblieben waren, entschloß er sich 1597 zur »Fundation der fürstlichen Chormusik« am Dom. Da er bzw. die Hofkammer ab diesem Zeitpunkt für die Gehälter der Chormitglieder aufkam, sicherte er sich das Recht der Bestellung, lediglich die Jurisdiktion verblieb beim Kapitel. Die »wohlbestellte Chormusik« bestand aus zwei Domchorregenten, 20 geistlichen Domchorvikaren, acht weltlichen Choralisten und meist acht Kapellknaben.

Die salzburgische H., deren Struktur und Organisation ab dieser Zeit bis zu ihrer Auflösung 1807 keinerlei Änderungen mehr unterworfen wurde, setzte sich nunmehr aus der eigentlichen »Hofmusik«, der »Dommusik« und aus den »Hochfürstlichen Hof- und Feldtrompetern samt Paukern« zusammen. Alle unterstanden in künstlerischen Belangen dem Hofkapellmeister, zu dessen Aufgabenbereich nicht nur die Besorgung der Dom- und Kammer- wie Theatermusik bei Hof, sondern gewöhnlich auch der Unterricht am →Kapellhaus zählte. Darüber hinaus hatte er regelmäßig mit eigenen Kompositionen aufzuwarten. Wenngleich die Reihenfolge der am Salzburger Hof tätigen Kapellmeister – insbesondere für die Zeit vor Wolf Dietrich – nicht lückenlos erstellt werden kann, sollen sie im folgenden zusammengefaßt werden (die Jahresangaben sind nachgewiesene Daten): Wilhelm Waldner (1519-44?), Matthias Schwertfürb (1586-90), T. →Massaino (1590-91), Fabritius Mordente (1594), Ottavio Giglio (1594), Liberale Zanchi (1595), Jakobus Flory (1597-99), J. →Stadlmeyr (1604-06), Matthias de Sayve (1607), P. →Guetfreund (Pietro Bonamico) (1608-26?), St. →Bernardi (1627-34), A. →Megerle (1640-50), A. →Hofer (1654-84), H. I. F. →Biber (1684-1704), M. S. →Biechteler (1706-43), C. H. →Biber (1743-49), J. E. →Eberlin (1749-62), Giuseppe Francesco Lolli (1763-78), Domenico Fischietti (1772-75 resp. 83), Giacomo Rust (1777-78), L. →Gatti (1782-1807; dann Domkapellmeister bis 1817), Joachim Fuetsch (Domkapellmeister 1824-41).

Das Amt des Vizekapellmeisters hatte seit der Mitte des 17. Jh.s gewöhnlich der spätere Kapellmeister inne, lediglich L. →Mozart, 1763-87 Vizekapellmeister, blieb dieses höhere und angestrebte Ziel verwehrt.

Ein prächtiges Bild müssen im 17. und 18. Jh. die zwölf Hof- und Feldtrompeter samt Paukern in ihren farbenfrohen Uniformen geboten haben, denen zu feierlichen Anlässen ziervergoldete silberne Trompeten ausgefolgt wurden, die Eb. Max Gandolf hatte anschaffen lassen und die offensichtlich allesamt unter Eb. →Hieronymus Colloredo »in die Münz« gelangten, also eingeschmolzen wurden. Trompeter, die neben ihrem Instrument auch noch andere Musikinstrumente beherrschten, zog man gewöhnlich ebenfalls zur Hofmusik heran. Ansonsten hatten sie abwechselnd zum »Morgensegen«, zur bzw. während der Hoftafel zu blasen und an Hochfesten, in zwei Chöre geteilt, im Residenzhof vor der Tafel Aufzüge zum besten zu geben. Einige wenige solcher Aufzüge (um 1700) haben sich in Salzburg selbst im Kloster →Nonnberg erhalten. Die Trompeter und Pauker, auch in Salzburg zunftmäßig organisiert, waren kraft kais. Privilegien befugt, die »ritterliche Kunst der Trompeter« zu lehren. Aus der Reihe der rangältesten Trompeter wurden außerdem vier »Spielgrafen« gewählt, die »paar- und jahrweis« das einträgliche, bis ins MA. zurückreichende und erst 1804 aufgehobene »Spielgrafenamt« versahen, ein Amt, dem alle Ortsspielleute in Stadt und Land unterstanden, die zu Hochzeiten und Freitänzen aufspielten (→Blasmusik).

Im 16. und 17. Jh. stellte die angesehene Familie der Schrofenauer eine ganze Reihe von Hoftrompetern. Überhaupt muß gegen Ende des 17. und bis weit ins 18. Jh. hinein das Spiel einiger Salzburger Hoftrompeter bes. virtuos gewesen sein; mehrere Beispiele virtuoser Bläsermusik von H. I. F. →Biber bis hin zu L. →Mozart und M. →Haydn belegen dies in eindrucksvoller Weise. Namentlich seien hier Johann Kaspar Köstler (1750-69), Johann Baptist Resenberger (1725-81) und Johann Andreas Schachtner (1754-95) genannt, letzterer ein gerngesehener Gast und Freund des Mozartschen Hauses. Aus der Schar der Salzburger Hoforganisten ragen, z. T. auch durch ihre kompositorische Tätigkeit, Carl van der Houven (1609-61), G. →Muffat (1678-90), J. E. →Eberlin (1729-49), W. A. →Mozart (1779-81) und M. Haydn (1782-1806) heraus, unter den Hofsängern erlangten Camillo Orlandi (1614-16), Joseph Nikolaus Meissner (1747-95), Franz Anton Spitzeder (1760-96), Francesco Ceccarelli (1777-88), Michelangelo Bologna (1782-84) und G. →Tomaselli (1781-1806), unter den Hofsängerinnen Maria Franziska Eberlin (1758-

66), Maria Anna Braunhofer (1765-1803) und Maria Magdalena Lipp (1765-1803) die größte Berühmtheit. Hervorragende Instrumentalisten der H. waren der Zinkenist Martino Cesare (1613/14), die Geiger L. Mozart (1746-63), Andreas Pinzger (1766-1807), Antonio Brunetti (1776-86) und Josef Otter (1789-1809), die Oboisten Giuseppe Ferlendis (1777/78) und Joseph Fiala (1778-85) und der Posaunist Thomas Gschlatt (1756-69), berühmte →Musikinstrumentenmacher die Hoforgelbauer →Rottenburger (1598-1668), →Egedacher (1673-1785) und J. E. →Schmid (1785-1804) und die Hoflauten- und Geigenmacher Johann Schorn (1713-18), Ferdinand Mayr (1764-87) und Franz Simon (1791-1803).

Lit.: E. Hintermaier: Die Salzburger Hofkapelle von 1700 bis 1806. Diss. Salzburg 1972.

E.H.

Hoftheater →Theater

Höhere Lehranstalt für alpenländische Landwirtschaft >Berufsbildende Höhere Schulen

Höhere Lehranstalt für Mode und Bekleidungstechnik →Berufsbildende Höhere Schulen

Höhere Lehranstalt für Tourismus →Berufsbildende Höhere Schulen

Höhere Lehranstalt für wirtschaftliche Berufe →Berufsbildende Höhere Schulen

Höhere technische Bundeslehranstalt →Gewerbeschule

Höhere technische Lehranstalt für Bautechnik, Hoch- oder Tiefbau →Berufsbildende Höhere Schulen

Höhere technische Lehranstalt für Betriebsmanagement Holzwirtschaft →Berufsbildende Höhere Schulen

Höhere technische Lehranstalt für Elektronik - Technische Informatik →Berufsbildende Höhere Schulen

Höhere technische Lehranstalt für Maschineningenieurwesen, Maschinen- und Anlagentechnik oder Umwelttechnik →Berufsbildende Höhere Schulen

Höhere technische Lehranstalt für Wirtschaftsingenieurwesen →Berufsbildende Höhere Schulen

Hoeld, Bruno, * Freiwaldau (Schlesien) 21. 3. 1862, † Salzburg 18. 1. 1917 (Selbstmord). Studierte in Weimar und Antwerpen, Vizepräsident des Salzburger →Kunstvereins, Rivale Th. →Ethofers, verh. mit der erfolgreichen Romanschriftstellerin Dora H. (1862-1931). Wegen seiner an Velázquez geschulten Malkultur geschätzter Porträtist der Salzburger Gesellschaft, der auch in Blumenstilleben koloristisch glänzte.

Lit.: SV, 23. 1. 1917. – Thieme-Becker.

N.Sch.

Hohlfeld, Dora →Hohlfeld, Bruno

Holzbauer, Wilhelm, * Salzburg 3. 8. 1930, lebt in Wien, Architekt. →Gewerbeschule Salzburg, Meisterklasse C. →Holzmeister an der Akad. Wien, 1952 Mitbegründer der →»Arbeitsgruppe 4«, die für Salzburg die Pfarrkirche →Parsch und das Kolleg St. Josef in →Aigen baute. Amerikaaufenthalte, 1956/57 Studium am Massachusetts Institute of Technology in Cambridge, 1957/58 Gastprof. an Univ. in den USA und in Kanada. 1964 eigenes Büro in Wien, 1977-98 o. Prof. an der Hochschule für angewandte Kunst in Wien, 1987-91 deren Rektor. Neben Bauten in Österreich (u. a. seit 1970 U-Bahnstationen Wien, 1975-81 Vorarlberger Landhaus in Bregenz) und intern. Projekten (1979-86 Rathaus und Musiktheater Amsterdam) führte H. für Salzburg einige große Bauvorhaben durch: 1968-73 Seelsorgezentrum St. Vitalis (mit Gernot Kulterer), 1968-76 →Bildungshaus St. Virgil, 1979-80 Residenz Verlag in der Gaisbergstraße 6 (1981 Architekturpreis des Landes Salzburg), 1978-86 Naturwissenschaftliche Fakultät der →Univ., die »zeigt, ... daß es möglich ist, sogar die Herausforderung eines von der Geschichte so geprägten Ortes wie Salzburg anzunehmen und umgekehrt, daß auch solche Städte noch die Chance haben, in die Architektur der Gegenwart impulsgebend hineinzuwirken« (F. Achleitner), 1987-88 Geschäfts- und Bürohaus Kiesel (mit R. Scheicher), 1988-95 Mozarthof (mit R. Scheicher), 1991-95 Bürogebäude der EA-Generali, 1991-95 Bürogebäude der Arbeiterkammer, 1991-95 Bürogebäude der

SAFE. 1986 Architekturpreis des Landes Salzburg.

Lit.: Wilhelm Holzbauer: Buildings and projects/Bauten und Projekte. Essay von Fr. Achleitner und Interview von V. Purtscher, Stuttgart 1995. – Wilhelm Holzbauer: Bauten und Projekte 1985-1990. Salzburg 1990. – Die Naturwissenschaftliche Fakultät der Univ. Salzburg. Salzburg 1986. – W. Holzbauer: Bauten und Projekte 1953-1985. Salzburg 1985. – Sechs Architekten vom Schillerplatz. Wien 1977.

M.O.

Holzmeister, Clemens, * Fulpmes (Tirol) 27. 3. 1886, † Hallein 12. 6. 1983, Architekt. H.s Name ist aufs engste mit →Festspielhaus-Entwürfen, Bauten und Umbauten und mit der Gestaltung von Bühnenbildern für die →Festspiele verbunden. 1924-38 und 1954-57 Prof. und Leiter einer Meisterschule an der Akad. der bildenden Künste in Wien, 1938-54 in der Türkei als Architekt und Lehrer tätig. 1960 ließ er sich in Salzburg nieder, im selben Jahr wurde sein neues (Großes) Festspielhaus eröffnet. 1962 Bau des eigenen Hauses in der Brunnhausgasse 14 a.
Seit 1926 Umbauten des →Festspielhauses und Ausbau des Festspielbezirks. (Bis zu seinem Tod folgten Projekte für weitere Umgestaltungen, deren Realisierung bis heute nicht abgeschlossen ist.) 1927 Bühnenbild für »Fidelio« auf der »Mysterienbühne« des Festspielhauses, Dirigent F. Schalk, Regie Lothar Wallerstein; 1933 »Faust-Stadt« in der Felsenreitschule für eine Inszenierung durch M. →Reinhardt. 1950 Bühnenbild für »Don Giovanni« im Festspielhaus, Dirigent W. →Furtwängler, Regie O. F. →Schuh; Bühnenbild für »Der Verschwender« im Landestheater, Regie E. →Lothar. Mitbegründer des →Festes in Hellbrunn.

Lit. N. Mayr: Ein Nazi-Obdach für Mozart. Umbau des Festspielhauses und des Theaters in Salzburg 1937-1939, in: J. Tabor (Hg.): Kunst und Diktatur, Baden 1994, S. 430-441. – H. Muck, G. Mladek, W. Greisenegger: Architekt in der Zeitenwende. C. H. Sakralbau, Profanbau, Theater, Salzburg 1978. – C. H. und Salzburg. Salzburg 1966. – C. Holzmeister: Bauwerk der Festspiele. Rede zur Eröffnung der Salzburger Festspiele 1966.

M.O.

Hörburger, Franz, * Bregenz 1. 4. 1882, † Salzburg 7. 1. 1974, Pädagoge, Landesschulinspektor. H. promovierte 1909 in Innsbruck und unterrichtete nach Ablegung der Lehramtsprüfung, Deutsch, Latein und Griechisch in Wien, Görz

Clemens Holzmeister, „Faust-Stadt", 1933

und Linz. 1917 übernahm er die Direktion der Lehrbildungsanstalt in Salzburg, 1935 wurde er Landesschulinspektor. 1938-45 war H. außer Dienst gestellt. Nach 1945 machte er sich um den Wiederaufbau des Schulwesens in Salzburg verdient. H. ist Autor zahlreicher sprach- und erziehungswissenschaftlicher Arbeiten. Gemeinsam mit Anton Simonic publizierte er das vierbändige »Handbuch der Pädagogik« (1948-67). Eine »Geschichte der Salzburger Lehrerbildung« folgte 1968. Eine Arbeit über romanische und vorrömische Ortsnamen Salzburgs erschien 1967, sein »Salzburger Ortsnamenbuch« (1983) posthum.

Lit.: M. Laireiter: Nekr. in: MGSLK 115, 1975, S. 422 f. – F. Prillinger: F. H. in: Schule und Unterricht. Salzburg 1973, S. 169 ff. – M. Laireiter (Hg.): Schule in Verantwortung. FS. zum 90. Geburtstag von Hofrat Dr. F. H., Salzburg 1972.

Th.W.

Hornöck, Franz Xaver, * Schönau bei Eggenfelden (Niederbayern), 4. 7. 1752, † Salzburg 18. 1. 1822, Maler. Lernte bei seinem Vater Josef H. in München und wirkte 20 Jahre lang als Faß-, Tafel- und Freskomaler in Neumarkt/Rott. Die 1802/03 in Bayern durchgeführten Klosteraufhebungen veranlaßten ihn, sich in Salzburg niederzulassen. An die Stelle sakraler Auftragswerke traten nunmehr Porträts und Genrebilder (mehrere im →SMCA). Den Stilwandel vom kraftlosen Ausläufer des Kirchenbarock zum bürgerlich-nüchternen Biedermeier, dessen Realismus wie aus großen Kinderaugen blickt, teilt H. mit vielen Künstlern seiner Zeit.

Lit.: Pillwein. – D. Goerge: Johann Nepomuk della Croce. Burghausen 1998, S. 288 ff. – E. Krausen: F. X. H. In: MGSLK 101, 1961, S. 297. – Thieme-Becker.

N.Sch.

Hornwerk der Festung Hohensalzburg →Salzburger Stier

Horvath, Josef Maria, * Pécs (Fünfkirchen, Ungarn) 20. 12. 1931, Komponist und Musikpädagoge. Studium an der Musikhochschule Budapest, 1956 Emigration nach Österreich und Fortsetzung des Studiums am →Mozarteum bei K. →Leimer und C. →Bresgen. Zunächst Tätigkeit als Pianist, seit 1963 Dozent, seit 1979 Prof. für Klavier, Musiktheorie und Neue Musik am →Mozarteum und Mitglied der Cooperative für Computermusik. Schrieb Orchesterwerke, Kammermusik und Vokalmusik.

Lit.: B. Günther: Lexikon zeitgenössischer Musik aus Österreich. Wien 1997.

G.W.

Horváth, Ödön von, * Fiume (Rijeka, Dalmatien) 9. 12. 1901, † Paris 1. 6. 1938, Schriftsteller. Diplomatensohn, 1902 Belgrad, 1908 Budapest, 1913 München, 1919 Abitur in Wien, 1919-22 Univ.-Studium München. 1924 Reise nach Paris, 1928 Reise nach Spanien, 1924 Übersiedlung nach Berlin. H. wechselte dann zwischen München, Berlin und Murnau. Anfang der 30er Jahre bekam H. Schwierigkeiten bei der Aufführung seiner Stücke. Auf Vorschlag C. →Zuckmayers erhielt H. im Herbst 1931 den Kleist-Preis (zusammen mit Erik Reger). H. hielt sich 1936 und 1937 vornehmlich in Wien und in Henndorf auf. In Henndorf schrieb er seinen Roman »Jugend ohne Gott«, 1938 (Gedenktafel im Kaspar-Moser-Bräu). 1938 emigrierte er über Budapest, Jugoslawien, Triest, Venedig, Mailand, Zürich nach Paris, wo er den Filmproduzenten Robert Siodmak treffen wollte, der die Verfilmung von »Jugend ohne Gott« plante. H. verunglückte in Paris tödlich; Grab auf dem Friedhof St. Ouen.

Hotel Europa

Lit.: K. Bartsch: Ö. v. H. Stuttgart 2000 (= Slg. Metzler, 326). – T. Krischke: Ö. v. H. Kind seiner Zeit. Berlin 1998 (= Ullstein Tb, 26525).

A.Has.

Hospodsky, Vinzenz, * Mattsee (?) 1769, † Salzburg 8. 8. 1832, Geiger. Erhielt seine Ausbildung am Kollegiatstift →Mattsee und im Stift →St. Peter; er war ein derart talentierter Geiger, daß er »aus jedwedem noch so elenden Instrumente die lockendsten und besten Töne hervorbrachte« und auch »jedes ihm vorgelegte Notenblatt vom Fleck weg treu getroffen« in Musik umsetzen konnte, er wurde daher der »Salzburger Paganini« genannt; gab Konzerte und unterwies auch eine Reihe von Schülern.

Hotel →Gaststätten

Hotel Europa, erstes Hochhaus Salzburgs, 1956/57 im ehemaligen Park des bombenzerstörten Grand Hotel de l´Europe, einem Hotelkomplex aus der Gründerzeit, →Gaststätten, entstanden. Zur Sichtweise des Hotel Europa als besonderen Schandfleck für das Stadtbild Salzburgs gesellte sich in den 90er Jahren die Auffassung, dem eleganten Hotel-Solitär (56

S. Karl Huber, Entwurf für ein neues Kurzentrum in Badgastein, um 1930

Meter Höhe) als facettenreichem Symbol des Wiederaufbaues städtebauliche Bedeutung für den Bahnhofsvorplatz wie für den baulich ausufernden Norden der Stadt zuzubilligen. Architekt J. →Becvar erfüllte die wachsenden Verwertungswünsche seines Auftraggebers G. →Jung durch immer stärker verdichtete Behauungsvorschläge. Obwohl ein 1995 von der →»Initiative Architektur« eingeleitetes Unterschutzstellungsverfahren vom Bundesdenkmalamt abgelehnt wurde, kam es 1999 zu einer Sanierung.

Lit.: Andreas Kapeller: Hotel de l´Europe, Salzburg 1997. – Norbert Mayr: Die »aufgestellte Streichholzschachtel«. Das Salzburger Hotel Europa als facettenreiches Symbol des Wiederaufbaues, in: Architektur & Bauforum, 1995, Nr. 176, S. 66-71.

N.M.

Hradil, Rudolf, * Salzburg 1. 4. 1925, Maler und Graphiker. 1947-51 Akad. der bildenden Künste in Wien bei R. C. Andersen und Herbert Boeckl, arbeitete bei Anton Kolig in Kärnten und bei F. Léger in Paris, studierte 1959/60 die Technik der Radierung in London. Die equilibristische Zeichenkunst H.s destilliert aus der Erscheinungsvielfalt der modernen Stadt bizarr anmutende, schwerelose Liniengespinste, in denen sich architektonische Denkmale und technische Verdrahtungen reizvoll überschneiden, antike Monumente und Alltagsschrott dieselbe ästhetische Bewertung erfahren (lithographische Zyklen über Salzburg, Braunschweig, Rom). Seine von M. →Peiffer Watenphul ausgehende Malerei poetisiert die Tristesse von Vorstädten in flächig gesetzten Grautönen und treibt in Venedig-Aquarellen oder Stilleben einen erlesenen Kult verblichener Farbklänge. (Farbabb. S. 369)

Lit.: R. H. Aquarelle. Stilleben–Städte–Landschaften. München 2000. – R. H. Ölbilder. Salzburg 1995. – R. H. Zeichnungen. Salzburg 1993. – W. Schmied: R. H. Aquarelle. Salzburg 1988. – R. H. Aquarelle–Zeichnungen–Druckgraphik. Salzburg 1975. – Diverse Kat. der Galerie Welz Salzburg.

N.Sch.

Huber, Alois, * Jegling (Bayern) 10. 9. 1807, † Neumarkt 14. 2. 1874, Lehrer, Priester, Schriftsteller. Nach seiner Lehrtätigkeit als Mittelschullehrer in München setzte sich H. im Kloster St. Peter und später in Neumarkt am Wallersee zur Ruhe. In dieser Zeit schrieb er »Geschichte der Einführung des Christentums in Südostdeutschland« (Salzburg 1873-74) und beschäftigte sich in einer Reihe kleinerer Arbeiten mit der Geschichte Salzburgs im Frühmittelalter. Gegen F. V. →Zillner publizierte H. anonym die polemische Schrift »Einige Bedenken zur Salzburgischen Culturgeschichte des Dr. Med. Fr. V. Zillner« (1872).

Lit.: N. Huber: Nekr. In: Salzburgischer Amtskalender für das Jahr 1875, Salzburg 1874, S. 65 f.

Th.W.

Huber, Ernst →Zinkenbach

Huber, S. Karl, * Salzburg 25. 5. 1907, † Salzburg 15. 1. 1978, Architekt. Absolvent der →Gewerbeschule, Anstellung bei seinem Lehrer W.

→Deininger, 1926-32 Planungstätigkeit bei der Baufirma F. →Franzmair in Badgastein (→Bäder), zahlreiche Hotels, interessanter, dem Rationalismus verpflichteter Entwurf für ein neues Kurzentrum, 1929-32 Meisterschule P. Behrens an der Akad. in Wien, Rompreis, seit 1932 selbständiger Architekt in Salzburg, 1937-38 Mitarbeiter von Clemens Klotz, München-Köln (Seebad Rügen); ab 1938 wieder in Salzburg. Bebauungspläne u. a. für Bischofshofen, Hofgastein, Badgastein; 1939 1. Preis für die Bebauung der Lehener Brückenköpfe, Salzburg; daraufhin Auftrag für die umfassende Bearbeitung der »Neugestaltung« Salzburgs: Erstellung eines Wirtschaftsplanes, Verkehrsplanes, Bebauungspläne für einzelne Stadtteile. Sein Interesse galt auch weiterhin u. a. der Raumplanung: Flächenwidmungspläne für Bischofshofen, Schwarzach, Werfen, Wagrain, Straßwalchen, St. Gilgen, Wals. 1957-59 Lehener Hochhaus als erstes Wohnhochhaus Salzburgs, zahlreiche öffentliche Bauten, so 1964 Hauptschule Hofgastein, 1969/70 Mädchenhauptschule Bischofshofen.

Lit.: N. Mayr: Die Baukultur im Zeichen von Wiederaufbau und Wirtschaftswunder. Zur Architektur in Salzburg zwischen 1945 und 1970, in: E. Hanisch, R. Kriechbaumer, Salzburg (Geschichte der Bundesländer seit 1945), Wien-Köln-Weimar 1997. – Chr. Braumann: Voraussetzungen, Instrumente und Ziele der Stadtplanung in Österreich von 1918 bis 1945. Diss. Wien 1985. – Moderner Hotelbau in Badgastein. Bauten der Firma Franz Franzmair Badgastein. Mit einem Vorwort von K. Mühlmann, Salzburg–München–Wien 1932.

M.O.

Hübner, Lorenz, * Donauwörth 2. 8. 1751, † München 9. 2. 1807, Geistlicher, Journalist und Topograph. Der Sohn eines kurbayerischen Offiziers studierte bei den Jesuiten in Ingolstadt, promovierte 1773 zum Dr. phil. und wurde 1774 zum Weltpriester geweiht. Kurze Lehrtätigkeit in Amberg und als Prof. und »Sprachmeister« in Burghausen. 1779 wegen seines Lebenswandels verabschiedet, danach in München in Freimaurer- und →Illuminatenkreisen; als Aufklärungspublizist und Dichter zeigte sich H. als Gegner der Orden und des Zölibats, erfolgreicher Redakteur der »Münchener Zeitung«. 1783 wegen diverser Spannungen und Meinungsverschiedenheiten Emigration nach Salzburg, Förderung durch J. M. →Boenike und Hofrat Gilowsky, Neuorganisation des Salzburger Zeitungswesens (→Presse): ab 1784 erschien die »Salzburger Zeitung« mit dem wöchentlichen »Intelligenzblatt« und den monatlichen »Gelehrten Beyträgen zur Literatur Oberdeutschlands«. Im März 1784 eröffnete H. ein Lektürekabinett, in dem er als Direktor und Sekretär fungierte; 1787 Veröffentlichung der Statuten, zeitweise bis zu 79 Periodika angeboten, zu den Mitgliedern zählte u. a. der Historiker J. T. →Zauner.

Nach dem vergeblichen Versuch einer Universitätslaufbahn gab H. seit 1788 die weitverbreitete →»Oberdeutsche Allgemeine Litteratur-Zeitung« heraus, mit Beiträgen namhafter Autoren wie K. E. Frh. v. →Moll und F. M. →Vierthaler. Trotz der Proteste des bayerischen Kurfürsten Karl Theodor wurde H. nicht an Bayern ausgeliefert. Ab 1792 erschien seine auch heute noch brauchbare »Beschreibung der hochfürstlich-erzbischöflichen Haupt- und Residenzstadt Salzburg« (2 Bde., Neudruck Salzburg 1982), 1796 die »Beschreibung des Erzstiftes und Reichsfürstentums Salzburg« (3 Bde., Neudruck Salzburg 1982), bereits 1784/85 waren zwei Bde. eines »Physikalischen Tagebuches« erschienen. Nach dem Systemwechsel in Bayern verließ H. im Sommer 1799 Salzburg, wo er zu den wichtigsten publizistischen Stützen der →Aufklärung und der Politik Eb. →Hieronymus Colloredos gezählt hatte; in München wurde H. voll rehabilitiert, zum Geistlichen Rat und Akademiemitglied ernannt und zum einflußreichen journalistischen Helfer der Regierung Montgelas.

Lit.: L. Hammermayer: Salzburg und Bayern im 18. Jh. Prolegomena zu einer Geschichte ihrer Wissenschafts- und Geistesbeziehungen im Spätbarock und in der Aufklärung, in: MGSLK 120/121, 1980/81, S. 128-218. – H. Ruby: L. H. Leben und Werk als Publizist, Topograph und Historiker in Salzburg, in: ÖGL 10, 1966, S. 345 ff. – F. Steinhauser: L. H. Diss. München 1924.

R.R.H.

Humboldt, Alexander von, * Berlin 14. 9. 1769, † Berlin 6. 5. 1859, dt. Naturforscher. Bereiste als preußischer Oberbergmeister Mitte Oktober 1792 erstmals Salzburg und besuchte den →Dürrnberg. Zum zweiten Mal und länger hielt sich H. vom 26. 10. 1797 bis 24. 4. 1798 (sogenannter »Winteraufenthalt«) in Salzburg auf, hier Kontakte zu K. E. Freiherrn von →Moll. Eine Art Ruhepause in den Kriegswirren und: »Die Naturgegenstände um Salzburg sind selbst im Winter interessant« (Tagebuch). H. wohnte Schanzlgasse Nr. 14 (Gedenktafel) und unternahm Pol- und Luftmessungen sowie naturkundliche Wanderungen in die nähere und weitere Umgebung (Salzkammergut). Von ihm soll der Ausspruch stammen: »Die Gegenden von Salzburg, Neapel und Konstantinopel halte ich für die schönsten der Erde.«

Lit.: G. Stadler: A. v. H. In: Salzburg und Wien 1792 und 1797/98, in: ÖGL 17, 1973, S. 214 ff.

Hummel, Joseph Friedrich, * Innsbruck 14. 8. 1841, † Salzburg 29. 8. 1919, Komponist und Kapellmeister. Nach Absolvierung des Münchener Konservatoriums Theaterkapellmeister in Aachen, Innsbruck, Linz, Brünn und Wien. Als Direktor des →Mozarteums in Salzburg, Seminarmusiklehrer und Chormeister der Salzburger →Liedertafel und des »Damensingvereines Hummel« bestimmte er nahezu 30 Jahre (1880-1908) das Musikleben in Salzburg, leitete die regelmäßig stattfindenden Sinfoniekonzerte mit zahlreichen Salzburger Erstaufführungen (J. →Brahms, A. →Bruckner, R. →Strauss u. a.). Schrieb kirchenmusikalische Werke, Konzertstücke, Chöre und Lieder. Seine Freunde und Schüler gründeten eine J.-F.-Hummel-Gemeinde.

Lit.: G. Pellegrini: J. F. H. Salzburg 1939.

G.W.

Hummel, Walter, * Salzburg 7. 7. 1883, † Salzburg 23. 1. 1968, Pädagoge und Musikforscher. Sohn von J. F. →Hummel, seit 1921 in verschiedenen Funktionen (Mitglied des Kuratoriums, Schriftführer, Vizepräsident) in der Int. Stiftung →Mozarteum (ISM) tätig. Neben seiner Tätigkeit als Lehrer bzw. Direktor der →Staatsgewerbeschule Salzburg verfaßte er eine Reihe von Publikationen: »Chronik der ISM in Salzburg« (1951), »Nannerl, W. A. Mozarts Schwester« (1952), »W. A. Mozarts Söhne« (1956) und gab Nannerl →Mozarts Tagebuchblätter heraus (1958).

Hundt, Wiguleus von (auch H. v. Sulzenmoos, H. zu Lautterbach), * Kaltenberg am Lech (Bayern) 26. 7. 1514, † München 28. 2. 1588, Politiker und Historiker. Aus altbayerischem Adel. Studien ab 1530 in Ingolstadt und Bologna (1537 Dr. iur.), dann Prof. der Jurisprudenz in Ingolstadt (Rektor 1539). Ab 1540 Hofrat in München, 1548 Assessor am Reichskammergericht, 1551 Kanzler in Landshut sowie ab 1552 Hofratspräsident und geheimer Rat in München. Bis 1559 Hauptberater der bayerischen Politik, dann vor allem als Historiker tätig. H. verfaßte das zweite gedruckte Geschichtswerk über Salzburg (Ingolstadt 1582). Seine »Metropolis Salisburgensis« behandelt die Geschichte aller Bistümer, Klöster und Kollegiatstifte der Mutterkirche Salzburg bis zum Ende des 16. Jh.s und wird – in der verbesserten Ausgabe von 1620 – wegen vieler Urkundenabdrucke in den bayerischen Stammlanden bis heute viel benutzt (→Geschichtsschreibung). Höheren wissenschaftlichen Rang besitzt sein zuverlässiges genealogisches Werk »Bayrisch Stammenbuch« (1585/86), eine Art Matrikel des Turnieradels, mit dem H. einen neuen Abschnitt der bayerischen Geschichtsschreibung einleitete.

Lit.: Bosls Bayerische Biographie. Regensburg 1983, S. 379. – L. Lenk: W. H. zu Lautterbach. In: NDB 10, Berlin 1974, S. 64 ff. – M. Mayer: Leben, kleinere Werke und Briefwechsel des Dr. W. H. Innsbruck 1892.

P.F.K.

Hupfauf (Peregrinus), Johann Peregrin, * Schwaz (Tirol) 22. 3. 1856, † Salzburg 14. 10. 1889, Komponist, Musikpädagoge und -forscher. Schüler von P. P. →Singer, K. →Santner und O. →Bach, Gesangslehrer im →Dom-Musikverein und Mozarteum, 1882-89 Domchordirektor. Schrieb Messen, Motetten, Lieder und Männerchöre, eine »Geschichte der salzburgischen Domsängerknaben« (1888; →Domkapellknaben) und machte zahlreiche Werke salzburgischer Hofmusiker des 17. Jh.s der Praxis zugänglich.

Lit.: MGSLK 30, 1890.

G.W.

Husiatynski, Heinz, * Cilli (Slowenien) 4. 2. 1944, † Autmannsdorf/Eggelsberg 7. 8. 1995, Keramiker. Seit 1955 in Österreich. Nach einer Periode farbenfroher, abstrakter Formen Wandel zu archaischen Gefäßen und Auseinandersetzung mit dem menschlichen Körper. Zuletzt Reliefs in Raku-Brand mit dumpfen, erdhaften Glasuren.

Lit.: Ch. Svoboda: H. H. In: Gebrannte Erde, Werfen 1995. – H. H. Katalog. Kulturamt der Stadt Salzburg, Salzburg 1988.

Ch.S.

Hüttenstein →Anif, Schloß, Glasfabrik

Illuminaten. Eine 1776 von Adam Weishaupt (1748-1830) in Ingolstadt gegründete ordensmäßige Vereinigung nach freimaurerischer Art, die im 18. Jh. sehr verbreitet war und der auch W. A. →Mozart angehörte. In Salzburg war Augustin Schelle (1742-1805), Tegernseer Mönch und Prof. für Philosophie und Geschichte an der →Univ., Vorsitzender der Illuminatenloge Nicosia, die sich 1788 auflöste.

Lit.: L. Hammermayer: Illuminaten und Freimaurer zwischen Bayern und Salzburg. In: Land und Reich, Stamm und Nation, Festgabe für Max Spindler zum 90. Geburtstag, Schriftenreihe der Kommission für Bayerische Landesgeschichte 79, München 1984, S. 321-355. – R. Koch: Br. Mozart. Freimaurer und Illuminat, Bad Reichenhall 1911.

R.R.H.

Immurium, römische Straßenstation bei Schloß Moosham im Lungau an der Reichsstraße von →Juvavum/Salzburg über den Tauernpaß nach Italien. Die Ruinen der Raststation wurden 1964-70 durch das Österr. Archäologische Institut großteils freigelegt, jedoch nach eingehender Dokumentation wieder zugeschüttet. Bereits 1950 ist bei der Anlage eines Wasserreservoirs ein kleines Mithrasheiligtum aufgedeckt worden. Funde im →SMCA sowie im Heimatmuseum Tamsweg.

Lit.: R. Fleischer, V. Moucka-Weitzel: Die römische Straßenstation Immurium-Moosham im Salzburger Lungau. Archäologie in Salzburg 4, 1998.

F.M.

Industrie- und Fabriksbauten. Von den fabriksmäßig betriebenen Industrien Salzburgs ist die Bierproduktion bes. hervorzuheben. Für die gewerbliche Entwicklung der Brauereien aus der alten Hauswirtschaft, meist durch Korporationen wie Klöster, Spitäler oder Bruderschaften, seltener durch einzelne vermögende Personen, war die bevorzugte Lage eines Brauhauses maßgeblich (Roh- und Betriebsstoffe, kühler Ort für den Keller, Feuersicherheit). Der erste Braumeister »praxator Tagno« wird Mitte des 13. Jh.s in →St. Peter genannt. Ab dem 14. Jh. werden in den Städten und Märkten Brauhäuser genannt: Schlammbräu (1374), Dreifaltigkeitsgasse 3, Gablerbräu (1408), Linzer Gasse 9, Mödlhammerbräu (1414), Getreidegasse 26, Höllbräu (1437), Judengasse 15, Guglbräu (1472), Judengasse 3, Stieglbräu (1492), Gstättengasse 6, Kasererbräu (1501), Kaigasse 33, Steinbräu (1528), Steingasse 4, Sternbräu (1542), Getreidegasse 36, Moserbräu (1569), Judengasse 1, Stockhammerbräu (1569), Getreidegasse 35, Pergerbräu (1637), Linzer Gasse 17. 1475 wird von Hans Elsenheimer (dem Schilcher) in Kaltenhausen/Hallein eine Brauerei gegründet, aus der sich nach der Übernahme durch Eb. Johann III. (1486) die Hofbrauerei entwickelt, 1648 Zweigniederlassung im hf. Kalten Brauhaus im Kai (beim Nonntaler Tor). Ende des 17. Jh.s – aus merkantilistischen Überlegungen an den Grenzen des Erzstiftes – Hofbrauereien in Teisendorf, Lueg/St. Gilgen, Lofer, Henndorf, Zillertal. Mit dem Ende des Erzstiftes Auflösung und Verkauf der Hofbrauereien ebenso wie einiger Kloster- (z. B. Augustiner-Chorherren Höglwörth) und Herrschaftsbrauereien (z. B. Sighartstein). Die neuen Inhaber von Kaltenhausen, Kurfürstin Maria Leopoldine von Pfalzbayern und ihr Sohn Maximilian Graf Arco-Zinneburg, machten aus der Brauerei einen der führenden Industriebetriebe des 19. Jh.s. Nach Münchner Vorbild wurden 1907-27 das Müllner (Augustiner-) Bräustübl, 1900-25 der Stieglkeller (J. →Ceconi, Franz Zell) eingerichtet.

Eine der erfolgreichsten Firmengründungen zur Zeit Eb. →Hieronymus Colloredos war die Lederfabrik nach holländischem Vorbild von Christian Zezi am Äußeren Stein 1785 (Arenbergstraße 2, 1787 von J. G. →Laschenzky erbaut); 1801 Beteiligung an einer Chemischen oder Schwefelsäure und Rosoliofabrik in St. Leonhard, 1809/10 Alleineigentümer. 1839 erwarb Franz Zeller die Handlung »Andre Hoffer« (Platzl 2); 1847/49 eröffnete er in Parsch (Gaisbergstraße 6) ein Produktionsunternehmen für Feigenkaffee und Schokolade (dazugehörige Villa Aigner Straße 7). 1854 eröffnete Matthias Gschnitzer mit Franz Gessele in Lehen eine k. k. priv. Kunstwoll-(shoddy-)Fabrik; 1863 wurde in Sinnhubstraße 10 eine neue Produktionsstätte unter der Leitung von Baumeister O. →Laschenzky erbaut; am Rande der Fabriksanlage 1893 die dazugehörige Villa von J. →Wessiken. 1870 wurde die k. k. Tabakfabrik in Hallein (Davis-Str. 7) eröffnet, zur Arbeitsbeschaffung für arbeitslos gewordene Salinenarbeiter. Die Süßwarenfabrik Rajsigl wurde nach 1903 in der nur kurzfristig arbeitenden Ceconischen Tischlerei, Vierthalerstraße 14-16, untergebracht. 1898/99 wurde in Lend die erste Aluminiumfabrik der Monarchie eröffnet; Werkshalle und Arbeiterwohnhäuser von J. →Ceconi 1906. 1923/24 Lebensmittelwerke Union in der Fanny-von-Lehnert-Straße 4 von Hubert Geßner. Der Industriebau nach 1960 wird von G. →Garstenauer bestimmt.

Lit.: M. Fischer u. a.: Historische Wirtschaftsarchitektur in Salzburg. Salzburg 1997. – W. Schobersberger: Bauten der Technik und Industrie in Stadt und Land Salzburg (zwischen 1860 und 1938 anhand ausgewählter Objekte). Diss. Salzburg 1996. – W. Schlegel: Einschlägige Ortsartikel. In: Dehio-Handbuch Bd. Salzburg, Wien 1986. – R. Langenfeldner: Von den Freuden des Tabakgenusses. Sonderdruck aus: JahrSMCA 32, 1986. – M. Wehdorn: Baudenkmäler der Technik und Industrie in Österreich. Wien-Köln-Graz 1984. – G. Barth: Einige Unternehmer und Unternehmungen in der Stadt Salzburg im 19. Jh. Ein Beitrag zur einer Salzburger Wirtschaftsgeschichte, Hausarbeit aus Geschichte, Salzburg 1981. – H. Kreibich: Die Geschichte der Salzburger Hofbrauereien 1498-1815. Diss. Innsbruck 1957.

M.O.

Ingruber, Isidor, * Schlaiten bei Lienz 18. 4. 1814, † Neukirchen am Großvenediger 11. 12. 1895, Tischlermeister, Mundartdichter, Volkssänger. Nach Erblindung kümmerliches Dasein als Botengänger. Als Reimeschmied wird I. Zeitchronist seiner Oberpinzgauer Heimat und weitum bekanntes »Original«. Reichhaltige Sammlung geistlicher und weltlicher Lieder (in der Hs.-Sammlung des →SMCA), die neben eigenen Dichtungen auch überliefertes Volksgut enthält.

Lit.: H. Hummer: I. I. Ein vergessener Dichter und Sänger des Oberpinzgaues. In: JahrSMCA 25/26, 1979/80, S. 213 ff.

Inhauser, Friedrich, * Wien 14. 5. 1901, † Salzburg 27. 1. 1970, Maler und Graphiker. Ausbildung an der Wiener Akad. (Sterrer) und Kunstgewerbeschule (Müller-Hoffmann), Ende der 20er Jahre längerer Aufenthalt in Paris. Nach Reisejahren 1934 in Berlin, wo er in der Art Brueghels und Altdorfers malte, seit 1946 in Salzburg ansässig. Hier prägte er mit Fresken, Sgraffiti, Steinmosaiken die »Kunst am Bau« der 50er und 60er Jahre mit. Dokumentararbeiten (z. B. Ansichten kriegszerstörter Wiener und Salzburger Stadtviertel), Gebrauchsgraphik, Eisenschnitte und ca. 100 Gobelins bleiben in ihrer dekorativen Stilisierung dem Zeitgeschmack verpflichtet. Die im Zusammenwirken mit seiner Frau Ellen hergestellten Wandteppiche breiten eine fabulierende, märchenhafte Phantasie aus.

Lit.: Gugg. – SN, 14. 5. 1971. – Amtsblatt der Stadt Salzburg, 4. 1. 1953. – Vollmer.

N.Sch.

»Initiative Architektur«. Die Zentralvereinigung der Architekten Österreichs (Landesverband Salzburg) und die Kammer der Architekten und Ingenieurkonsulenten als Standesvertretung meldeten sich gelegentlich zu Fragen der Stadtentwicklung wie Architektur und veranstaltete Vortragsreihen sowie Architekturexkursionen. Im Rahmen der selbständigen Entstehung von »Architekturstützpunkten« in den österreichischen Bundesländern in den 90er Jahren wurde als einer der ersten 1993 die I. A. gegründet. Die I. A. versteht sich als interdisziplinäre »Gruppe von AktivistInnen, als Netzwerk mit einer Fixstation in Form eines Büros seit 1998«. Neben Veranstaltungen in Partnerschaft mit anderen Institutionen inner- und außerhalb Salzburgs (Internationale →Sommerakademie in Salzburg, Salzburger →Kunstverein u.a.) gewährleistet die Handschrift der einzelnen Projekte thematische und strukturelle Vielfalt. Als programmatische Zielsetzungen der I. A werden u. a. »das Aufgreifen von aktuellen Problemen der Stadtentwicklung und baukultureller Defizite, das Anregen von Diskursen für die Fachwelt und für die benachbarten Disziplinen« genannt.

Lit.: O. Kapfinger, W. Zschokke: Architektur Szene Österreich. Salzburg 1999.

N.M.

Innerhofer, Franz, * Krimml 2. 5. 1944, Schriftsteller. Unehelicher Sohn einer Landarbeiterin. I. arbeitete auf dem Bauernhof des Vaters in Uttendorf, Schmiedelehre, Gymnasium für Berufstätige in Salzburg, Studium der Germanistik und Anglistik an der →Univ. Salzburg. Nach dem Abbruch des Studiums lebte I. als freier Schriftsteller in Graz, Arni (Schweiz), Wien und Orvieto. Staatsstipendium für Literatur 1973, Bremer Literaturpreis 1975, →Rauriser Literaturpreis 1975, Sandoz-Preis 1976. I.s Bedeutung liegt darin, daß er in der autobiographischen Romanfigur Holl seines erfolgreichen Romans »Schöne Tage« (1974) von einer sozial unterprivilegierten Gruppe erzählt, die sonst kaum Sprache gewinnt, nämlich von den Dienstboten auf den Bauernhöfen. Die einfache, aber anschauliche Kunstform des Romans verstärkt die Wirkung der erzählten Zustände, in denen diese Gruppe (»Leibeigene«) auch heute noch lebt. Film »Schöne Tage«, ARD 1982, Regie: Fritz Lehner. Ebenfalls autobiographisch beeinflußt, führen die folgenden Werke den Lebensgang des Autors in künstlerischer Verarbeitung weiter: »Schattseite« (Lehrzeit, 1975), »Die großen Wörter« (Universitätszeit, 1977), »Der Emporkömmling« (Arbeitszeit in München, 1982). In »Um die Wette leben« (1993) thematisiert I. in den Schauplätzen Orvieto und Salzburg Nord und Süd als kontrastive Landschaften und Lebenshaltungen, im Monolog »Scheibtruhe« (1996) das Schicksal einer alten bäuerlichen Magd. 1993 erhielt I. den Literaturpreis der Salzburger Wirtschaft.

Lit.: W. M. Lüdke: F. Innerhofer. In: KLG. – Kürschner 1998. – U. Greiner: F. I. In: U. G., Der Tod des Nachsommers, München 1979.

A.Has.

Institut für Erwachsenenbildung →Erwachsenenbildung, Institut für

Intelligenzblatt →Presse, L. →Hübner

Interessengemeinschaft der Komponisten Salzburg (IGKS), 1992 von den Salzburger Komponisten K. →Ager, H. →Grassl und Johannes Kotschy gegründet. Sie vertritt die Belange von etwa 60 Salzburger Komponisten und präsentiert deren Werke in Konzerten. Derzeit führt Wolfgang Nießner den Vorsitz, Klemens Vereno redigiert die »Komponistenzeitung«, das Publikationsorgan der IGKS.

G.W.

Internationale Ferienkurse für deutsche Sprache und Germanistik →Ferienkurse für deutsche Sprache und Germanistik, Internationale

Internationale Gesellschaft für Neue Musik (IGNM) →Neue Musik, Internationale Gesellschaft für

Internationale Paracelsus-Gesellschaft Salzburg →Paracelsus-Gesellschaft Salzburg, Internationale

Internationale Paul-Hofhaimer-Gesellschaft Salzburg →Hofhaimer, Paul

Internationale Salzburg Association →Salzburg Association, Internationale

Internationale Sommerakademie für bildende Kunst →Sommerakademie für bildende Kunst, Internationale

Internationale Sommerakademie Mozarteum →Sommerakademie Mozarteum, Internationale

Internationale Stiftung Mozarteum (ISM) →Dom-Musikverein, →Mozart, Wolfgang Amadeus, →Mozarteum

Internationales Jazzfestival Saalfelden →Jazzfestival Saalfelden, Internationales

Intzinger, Peter (Lebensdaten unbekannt), Baumeister und Steinmetz, aus Berchtesgaden. Wurde 1484 mit seinem Vater Christian in Salzburg Bürger. 1488 als »Hofmaurer« von Eb. Johann Beckenschlager eingestellt (Dienstrevers erhalten). Für Salzburg, Reichenhall und Berchtesgaden tätig. Werke: Neubau des Chors der Pfarrkirche von Rauris, 1510-15. Nach Brand Neubau von St. Zeno in Reichenhall, 1512. Zugeschrieben: Margarethenkapelle im Petersfriedhof in Salzburg, 1485-91 (große Ähnlichkeit mit der Angerkirche in Berchtesgaden). Vielleicht auch die Wölbungen der Vorhalle im Hohen Stock der →Festung Hohensalzburg (Bogenrippen mit Nasen besetzt).

Lit.: F. Pagitz: Zwei Beiträge über das Wirken Stephan Krumenauers in Salzburg. In: MGSLK 106, 1966, S. 145, Anm. 17.

L.T.

Ischlerbahn (eigentlich Salzkammergut-Lokalbahn). Schmalspurbahn von Salzburg über Strobl nach Bad Ischl, 60 km lang, 1890 bzw. 1893 eröffnet; Zweigbahn Mondsee-St. Lorenz, 4 km, 1891 eröffnet. Der Personen- und Güterverkehr wurde im Jahre 1957 trotz aller Popularität der Bahn und der Proteste der Bevölkerung eingestellt.

Lit.: Die Salzkammergut-Lokalbahn. Bahn im Bild, Bd. 7, Wien 1979.

R.R.H.

ISM (Internationale Stiftung Mozarteum) →Dom-Musikverein, →Mozart, W. A. →Mozarteum

Italienisch-österreichischer Kulturverein → Auslandskultur

Itzlfeldner, Johann Georg, * (Geburtsort unbekannt) 1706, † Tittmoning 31. 8. 1790, Bildhauer und Stukkateur. Seit 1727 in Tittmoning ansässig, entwarf und schnitzte in erster Linie hölzerne Kircheneinrichtungen wie Altäre, Kanzeln, Tabernakel und Konsolfiguren – die wichtigsten in St. Jakob am Thurn (1733/34), Asten (1747), Arnsdorf (1752-66), Maria Bühel (1755), St. Georgen b. Salzburg (1755, 1763), Wagrain (1764), Ostermiething (1765/66), Zederhaus (1772/74), St. Koloman in der Taugl (1773) und Untereching (1774); daneben auch einige Marmorarbeiten, wie die Mariensäule in Tittmoning (1758), ein »Schulbeispiel ländlichen Rokokos« (Pretzell). I. begab sich in einem auf Salzburger Boden unüblichen Ausmaß in die Einflußsphäre des südbayerischen Rokokos. Nach anfänglichen Bezügen zum Landshuter Kunstkreis, wie Wenzel Jorhan in Griesbach, nahm er sich schließlich den Münchner Hofbildhauer Ignaz Günther zum Vorbild, dem er in der Gestaltung von Putten am nächsten kommt. I. ist als Lehrer J. B. →Hagenauers überliefert.

Lit.: H. Schindler: Bayerische Bildhauer. München 1985. – R. Preiß: J. G. I. Weißenhorn 1983. – L. Pretzell: Salzburger Barockplastik. Berlin 1935.

N.Sch.

Jacob, Heinrich Eduard, * Berlin 7. 10. 1889, † Salzburg 25. 10. 1967, dt. Journalist, Kritiker, Schriftsteller. Studium der Germanistik in Berlin (Dr. phil.), befreundet mit dem expressionistischen Lyriker Georg Heym. Besonders als Sachbuchautor und Verfasser von Musikerbiographien bekannt geworden: Johann Strauß, Haydn, →Mozart, Mendelssohn Bartholdy. 1939 Emigration in die USA, hielt sich nach dem 2. Weltkrieg wiederholt in Wien und in Salzburg auf, wo er auch starb. J. verfaßte zur Uraufführung des »Jedermann« von H. v. →Hofmannsthal in Berlin für die berühmte Zeitschrift »Die Aktion« eine verständnisvolle und überlegte Würdigung des Stückes.

Lit.: H. J. Gerlach: H. E. Jacob. Between Two Worlds. Zwischen zwei Welten, Aachen 1997.

H.H.

Werbeblatt der Firma Johann Jahn (SMCA)

Jahn, Johann, Firma. Die Weißgerberei, Handschuh- und Lederhosenfabrik des Johann J. geht auf den 1835 in Freistadt geborenen Handschuhmacher Johann Nepomuk Jahn zurück, der 1884 in Salzburg ansässig wurde und die Georg Edlhard'sche Weißgerberei (vormals Schwaiger) in der Imbergstraße 5 übernahm. Sein Sohn Johann J. (geb. 1865 in Bruck/Leitha) heiratete Johanna Edlhard (Schwester des Georg Edlhard) und eröffnete zusätzlich ein Geschäft für Handschuhmacherei und Hosenerzeugung (Platzl 5). Die jüngste Tochter Ida J. führte Geschäft und Gerberei weiter, ehelichte Karl Markl aus Böhmen. 1937 mußte das Haus in der Imbergstraße aufgegeben werden. Die Gerberei übersiedelte in das alte Hofweißgerberhaus, Thumegger Bezirk 7, das Geschäftslokal an den Residenzplatz 3. Säckler- und Handschuhmacherbetrieb sowie Gerberei wurden von Sohn E. →Markl weitergeführt (Gerbereibetrieb 1998 eingestellt). Die Firma Jahn hat Gerberei, Lederfärberei sowie Erzeugung und Verkauf von Produkten in Familientradition fortgeführt. Ab 1898 auch Beratung von Trachtenvereinen und damit verbunden Führung eines Trachtenkostüm-Verleihs. Johann Jahn, seit 1909 »Erzherzogl. Kammerlieferant Ihrer kaiserlich-königlichen Hoheit«, trug zur Wiederbelebung der kurzen, bestickten Lederhose bei; er erhielt 1901 das Patent für sein »Verfahren zur Herstellung eines wasserdichten Lederzeuges«.

Lit.: Ch. Svoboda: Gewerbe und Kunstgewerbe in Salzburg. In: Salzburg 1905, Kat. SMCA 1995.

Ch.S.

Jais, Ägidius (bürgerlicher Vorname: Joseph), * Mittenwald (Bayern) 17. 3. 1750, † Benediktbeuern 4. 12. 1822, Univ.-Prof., Benediktiner, Jugendschriftsteller. Seit 1770 Benediktiner, 1776 Priesterweihe, 1788 Pfarrer, 1803 Prof. an der →Univ. Salzburg, dann Erzieher in der großherzoglichen Familie von Toskana in Würzburg und Florenz. J. war einer der bekannten Jugendschriftsteller in der Zeit der →Aufklärung. Vor allem sein »Lesebuch für meine Schüler zur Bildung ihres Herzens« (Salzburg 1784) und eine Bearbeitung von Friedrich Eberhard von Rochows (1734-1805) »Kinderfreund«, 1774 (1852 30. Auflage!), gehören zu seinen bedeutendsten Leistungen auf dem Gebiet der aufklärerischen Jugendliteratur. Trotz des geringen künstlerischen Ranges waren diese Bücher äußerst verbreitet und beliebt. Das gilt auch noch für seine »Schönen Geschichten und lehrreichen Erzählungen zur Sittenlehre für Kinder, wohl auch für Erwachsene«, 2 Bde., 1792-1804. In Salzburg war diese Literaturgattung weit verbreitet. So gründete Pater Heinrich →Schwarz hier 1850 eine eigene christliche Kinderzeitung: die erste Jugendzeitschrift Österreichs.

Lit.: ADB 13, S. 688. – E. Beutner: »Es ist das wahre Glück an keinen Stand gebunden ...« Jugend- und Volksschriften der Spätaufklärung in Salzburg. In: ÖGL 28, 1984, S. 15 ff. – E. Müller: Ä. Jais (1750-1822); sein Leben u. Beitrag zur Katechetik. Freiburg/Breisgau 1979.

A.Has.

Janacs, Christoph, *Linz 4. 10. 1955, Mittelschullehrer, Schriftsteller, Übersetzer. Lebt in Niederalm/Salzburg. Studierte in Innsbruck und Salzburg Germanistik und Theologie. 1992 Salzburger Stadtschreiber. Die Auszeichnung mit dem »Stefan Zweig-Preis der Stadt Salzburg« (vergeben als Stipendium) 1992 ermöglichte es J., für mehrere Monate in Mexiko an einem Roman zu arbeiten. Werke (Auswahl): »Schweigen über Guernica« (Roman, 1989), »Das Verschwinden des Blicks« (Erz., 1991), »Stazione Termini« (Erz., 1992), »Der abwesende Blick« (Ged., 1995), »Templo Mayor. Mexikanische Gedichte« (1998), »Sumava« (Ged., 2000).

Lit.: V. Winkler: H. Kesten: »Die Kinder von Guernica« mit einem Ausblick auf »Schweigen über Guernica« von Chr. Janacs; zwei Bücher über den spanischen Bürgerkrieg. Diplomarbeit Innsbruck 1994. – Katalog-Lexikon, S. 172.

H.H.

Jantsch-Kassner, Hildegard von, * Brünn 17. 11. 1893, † Salzburg 27. 9. 1972, Malerin. Durch ihren Onkel, den Wiener Philosophen Rudolf Kassner, zur künstlerischen Tätigkeit angeregt, 1919 zum Studium der Bildhauerei und Graphik nach Berlin, kam sie erst auf einer Studienreise in Dalmatien zur Ölmalerei. 1943 vernichtete ein Fliegerangriff auf Berlin ihr bisheriges Œuvre. Neubeginn in Salzburg. Ihre weiche, kultivierte Malweise, die kraftvollen Zugriff mit farblicher Noblesse verschmilzt, bekennt sich zur Herkunft aus dem Impressionismus. Ein Perlmutter-Schimmer liegt über vielen ihrer Blumenbilder, (Muschel-)Stilleben und Landschaften. (Farbabb. S. 366)

Lit.: R. Zimmermann: Expressive Realismus-Malerei der verschollenen Generation. München ²1994. – Ausstellungskat. Karl Weiser und seine Freunde, Berufsvereinigung bild. Künstler Salzburg 1992. – B. Wally. – SN, 28. 9. 1972. – Gugg.

N.Sch.

Jaumann, Rudolf Alfred, * Pilsen 1. 5. 1859, † Salzburg 11. 6. 1923, Maler und Graphiker (Lithographie und Radierung). Ausbildung in Prag, Wien (H. →Makart) und München, lebte zwischen 1892 und 1908 sowie ab 1919 in Salzburg-Maxglan. J. malte Gesellschaftsporträts, Genrestücke, Jagdbilder und allegorische Kompositionen (Lied vom Leid) und gelangte von der konventionellen Ateliermanier zu einem mehr jugendstilhaften Pathos. Später fand er in der Alpenwelt einen geeigneten Vorwurf, seinen Hang zum Heroischen auszuleben. J. war auch ein routinierter Buchillustrator und Druckgraphiker, modellierte Tierbronzen und trat mit Pamphleten wie »Moderne Kunst – jüdische Kunst« gegen »Entartung« auf.

Lit.: Münchner Maler im 19. Jh. 2. Bd., München 1982. – SV, 14. 6. 1923 u. 28. 4. 1942. – O. Kunz in: Bergland 1924, H. 7, S. 17.

N.Sch.

Jazz. In der Zwischenkriegszeit kam es zu ersten Gastspielen ausländischer Jazzkapellen in Österreich. Ab ca. 1920 gab es diese Gastspiele in Wien, 1928 hielt auch in Salzburg der J. Einzug in den Konzertsaal. Obwohl das Publikum der neuen und noch fremden Musikrichtung eher ablehnend gegenüberstand, gab es neben überwiegend negativen Rezensionen von Zeit zu Zeit auch solche, die im J. eine neue wichtige Entwicklung sahen. 1934 gastierte mit Frank Fox die erste Jazzkapelle im Festspielhaus, doch schon in den folgenden Jahren machte das zunehmende nationalsozialistische Klima den raren Jazzkonzerten ein Ende.

Diese Jazzkonzerte der Zwischenkriegszeit boten nur selten authentischen J.; in den allermeisten Fällen war es vom J. beeinflußte Tanz- und Unterhaltungsmusik. Während sich in Wien bereits Jazzcombos mit ortsansässigen Musikern bildeten, blieb es in Salzburg bei den Gastspielen.

Das Verbot »angelsächsisch-jüdischer Hotmusik« im September 1939 und »amerikanischer Musik« im Jahre 1941 durch die Reichsmusikkammer galt auch für die Ostmark und unterband Jazzkonzerte in jeglicher Form. Lediglich in Wien gab es während des 2. Weltkriegs eine Szene, die im Untergrund den J. pflegte.

Der Nachholbedarf des eher tanz- und unterhaltungshungrigen als jazzinteressierten Publikums war nach sieben Jahren der Entbehrungen groß. Für die Musiker boten vor allem die Soldatenclubs der Besatzer Auftrittsmöglichkeiten, wobei in Salzburg bei den Amerikanern der J. natürlich besonders gefragt war. So erlebte der J. in Salzburg in den Jahren 1945-55 eine Blütezeit, als bis zu sieben Jazzclubs (die in dieser Zeit »Negerclubs« genannt wurden) in der Landeshauptstadt existierten. Neben den Gastspielen amerikanischer Musiker spielten in diesen Clubs auch einheimische Musiker, und so entwickelte sich in diesen Jahren auch eine kleine Jazzszene in Salzburg. Teilweise kamen auch Wiener Musiker wegen der russischen Besatzung im Osten nach Salzburg. Die »Rhythmische Sieben« mit ihrem Saxophonisten Jo Wagner und dem Schlagzeuger Meini Geppert war die herausragende Salzburger Jazzformation dieser Zeit und bot authentischen Swing.

Die amerikanische Kulturdiplomatie hatte vorgesehen, der österreichischen Bevölkerung die amerikanische »Hochkultur« näherzubringen, doch es waren gerade die auch in den USA umstrittene Popmusik und der J., die in Europa auf größeres Interesse bei der jüngeren Generation stießen. So bekam der J., wenn auch zum Mißfallen vieler US-Kulturdiplomaten, ab Anfang der 50er Jahre seinen verdienten Platz im Repertoire der US-Armee- und Propagandasender.

Nach dem Abzug der Amerikaner (1955) schloß ein Club nach dem anderen und für die Jazzmusiker gab es in Salzburg kaum mehr Auftrittsmöglichkeiten, abgesehen von ein paar rein kommerziellen Clubs. Viele Musiker gingen nach Wien oder nach Deutschland, und die kurze Blütezeit Salzburgs als zweite Jazzgroßstadt Österreichs war vorüber.

Die 60er und 70er Jahre wurden von kommerziellen Tanzmusikformationen geprägt, in denen teilweise ehemalige Jazzer in Ermangelung anderer Auftrittsmöglichkeiten mitwirkten. Nach einigen erfolglosen Versuchen, einen Jazzclub zu gründen, begann ab 1970 der »Jazzclub Salzburg« mit regelmäßigen Veranstaltungen. Einer der Höhepunkte war der Auftritt der »Peter Herbolzheimer Big Band« im Kongreßhaus. Mitte der 70er Jahre gab es einen Sensationsauftritt von »Weather Report« in Salzburg, der durch die →»Szene der Jugend« organisiert wurde. Diese brachte auch andere internationale Jazzstars nach Salzburg. Daneben gab es ab 1973 das »Jazz-Gartl«, wo sich für einige Monate die kleine Salzburger Jazzszene fast täglich zu Jam Sessions traf. Ein anderer Treffpunkt war Ende der 70er Jahre der »Mexikano-Keller« im Hotel Blaue Gans. Anfang der 80er Jahre fanden die Salzburger Jazzmusiker dann im »Attila« in der Gaswerkgasse zusammen.

1981 wurde, aus den Sessions im »Attila« resultierend, »Jazzlife Salzburg« offiziell gegründet. Nach Schwierigkeiten, geeignete Räumlichkeiten für den Verein zu finden, wurde man schließlich im »Urbankeller« seßhaft. Neben Konzerten mit internationalen Jazzformationen ist es der Grundgedanke von »Jazzlife Salzburg«, dem J. in Salzburg eine Plattform zu geben und die Salzburger Szene zu fördern.

Ab 1983 etablierte sich in der Salzburger Jazzszene die »Lungau Big Band«, die neben Konzerten in Jazzclubs in ganz Österreich immer wieder mit internationalen Jazzmusikern zusammenarbeitet.

Im Mai 1987 gab es im Salzburger Landestheater ein eintägiges Festival, das einen Überblick über die Salzburger Jazzszene bieten sollte.

1986 wurde die ARGE Kulturgelände Nonntal eröffnet, wo es sporadisch Jazzkonzerte gab, bis 1992 »Jazz im Nonntal« ins Leben gerufen wurde. Diese Veranstaltungsreihe wendet sich neben traditionellen besonders zeitgenössischen Jazzströmungen zu und ist sowohl auf internationale als auch auf österreichische Gruppen ausgerichtet. Zu den Höhepunkten zählt der Auftritt von Don Cherry im Nonntal.

Vom 7.-10. Nov. 1996 fand der 1. Salzburger Jazz-Herbst statt. Diese von Johannes Kunz ins Leben gerufene Veranstaltungsreihe soll internationale Jazzstars des Mainstream ins Große →Festspielhaus bringen. Als Nebenschiene gibt es im Stieglkeller die »Nightsessions«, die 1997 österreichischen Jazzformationen gewidmet waren.

Allen Unkenrufen zum Trotz gibt es neben den jährlichen Festivals – dem Jazzherbst in Salzburg und dem Internationalen →Jazzfestival in Saalfelden – mit den oben genannten Veranstaltern eine zwar kleine, aber kontinuierliche und intakte Jazzszene in Salzburg.

Lit.: E. Sensenig: Das Aufbegehren der Synkope. Die Salzburger Jazzszene in der Nachkriegszeit, in: Salzburger Kulturgespräche 7, Salzburg 1992. – R. Renger: Rock und Jazz in Salzburg. Die Szene und Konzepte ihrer Förderung, in: Salzburger Kulturgespräche 7, Salzburg 1992. – D. H. Kraner, K. Schulz: Jazz in Austria. Historische Entwicklung und Diskographie des Jazz in Österreich, Graz 1972.

H.G.

Jazz im Theater (jazzit Salzburg), Veranstaltungsreihe und Festival, gegründet 1981. Der Name geht auf den ersten Spielort, die

Elisabethbühne (E-Bühne, →Theaterinitiativen) in der Plainstraße, zurück. »Jazz im Theater« Salzburg veranstaltet in Salzburg Konzerte von Avantgarde über Jazz und Klezmer bis Dancefloor. U. a. waren hier John Zorn, Don Cherry, Pharoah Sanders, Nils Petter Molvaer und The Herbaliser zu Gast. Neben den Jazzkonzerten findet jährlich ein Jazzfestival und eine damit verbundene Musikfilmreihe in »Das Kino« statt. Hauptspielorte waren und sind: E-Bühne (bis 1995 Plainstraße, danach im Petersbrunnhof), Bräugewölbe Obertrum, Kulturgelände Nonntal. →Kulturinitiativen, →Rockhouse, →Szene-Stadtkino.

W.G.

Jazzfestival Saalfelden, Internationales, weit über die Landesgrenzen hinaus bekannte, in der europ. Jazzszene fest etablierte Veranstaltungsreihe, die jährlich aktuelle Strömungen des Jazz präsentiert. Als Veranstalter tritt der 1975 gegr. Jazzclub Saalfelden (ab 1980 »Zentrum Zeitgenössischer Musik«) in Erscheinung. Seit 1994 werden zusätzlich zum Festival kontinuierlich Symposien ausgerichtet, die der Reflexion aktueller Fragen des Musiklebens sowie der eigenen kulturellen Tätigkeit als Veranstalter dienen. Die Ergebnisse werden in der »Schriftenreihe Zentrum Zeitgenössischer Musik« (1995 ff.) veröffentlicht.

Lit.: Der Trend zum Event. Über das Veranstalten zeitgenössischer Musik. Schriftenreihe Zentrum Zeitgenössischer Musik, Bd. 4, hg. von Gerhard Eder, Saalfelden 1999. – Jazz, neue Musik und Medien. Schriftenreihe Zentrum Zeitgenössischer Musik, Bd. 2, hg. von Gerhard Eder und Wolfgang Gratzer, Saalfelden 1996. – Zur Situation der zeitgenössischen Musik am Beispiel des Jazz. Schriftenreihe Zentrum Zeitgenössischer Musik, Bd. 1, Saalfelden 1995.

W.G.

Joachim, Joseph, * Kittsee (Burgenland) 28. 6. 1831, † Berlin 15. 8. 1907, Geiger, Dirigent und Komponist. 1849-53 Konzertmeister in Weimar, seit 1853 in Hannover, 1868 Direktor der Musikhochschule Berlin; bedeutender Solist und Primarius eines eigenen Streichquartetts; setzte sich bes. für das Werk von Franz Liszt und das seines Freundes J. →Brahms ein. Seit 1863 verbrachte er die Sommermonate in der Villa Schmerling in Salzburg-Aigen, trat mehrmals als Solist, u. a. mit dem Violinkonzert d-Moll von Louis Spohr, und mit seinem Streichquartett, »auch in Privatkreisen«, auf und »versammelte« in Salzburg »förmlich einen musikalischen Congreß«, u. a. auch C. →Schumann und J. Brahms. J.s Frau, die Hofopernsängerin Amalie J., war auch eine hervorragende Lied- und Oratoriensängerin, gab mehrere Konzerte in Salzburg mit Werken von G. F. Händel, F. →Schubert, Robert Schumann und J. Brahms.

Lit.: Salzburger Zeitung Nr. 215, 1863.

G.W.

Johann Ernst Graf Thun, * Graz 3. 7. 1643, † Salzburg 20. 4. 1709, Eb. von Salzburg 1687-1709. Sein bleibendes Verdienst um Salzburg ist die Berufung des Architekten J. B. →Fischer von Erlach, der für ihn in Salzburg zahlreiche Bauten ausführte, die mit ihren Kuppeln und Türmen das Stadtbild nachhaltig veränderten und eindrucksvoll prägen (Univ.-Kirche, Dreifaltigkeitskirche, Ursulinenkirche, Schloß Kleßheim und viele andere). Eb. J. E. spendete beträchtliche Mittel für Unterricht, Priesterausbildung, Armen- und Krankenversorgung und stiftete das →Glockenspiel. Seine Bautätigkeit, seine Schenkungen und Stiftungen trugen ihm den Ehrennamen »der Stifter« ein.

Lit.: F. Martin: Salzburgs Fürsten in der Barockzeit. Salzburg ^{4}1982.

R.R.H.

Johann(es) Serlinger →Serlinger

Johann-Michael-Haydn-Gesellschaft →Haydn, Johann Michael

Joly, Ferdinand, genannt Scholi, * Salzburg 4. 6. 1765, † Kay bei Tittmoning 1823, Dichtersänger, »ausgjagter Student von Salzburg«. 7. Kind eines Hofzuckerbäckers, zum Priesterberuf bestimmt, jedoch relegiert; führte ein unstetes, kaum nachvollziehbares Leben. Besaß ein großes Repertoire an Liedern, Sprüchen und Spielen, war bald Dichter, bald Sänger. Großes Improvisationstalent.

Lit.: C. Bresgen: Der Scholi. Ein Salzburger Student, Vagant und Musikus um 1800, Wien 1984.

R.A.

Jordan (von Martinsbuech), Christoph, * Martinsbuch/Mallersdorf (Bayern) 1. H. des 16. Jh.s, † Salzburg um 1600, Chronist. Diente unter vier Eb. als niederer Beamter (Schreiber) in der eb. Kanzlei. 1589 »Inwohner und deutscher Schuelhalter«. Bat 1589 um Aufnahme in das Bürgerspital (noch 1600 belegbar). Von der älteren Geschichtsforschung als bedeutender Historiker gerühmt, gilt er heute als reiner, wenn auch fruchtbarer Kopist nach Vorlagen V. →Reitgärtlers und H. →Baumanns, der im 4. V. des 16. Jh.s (besonders 1577 bis Mitte der achtziger Jahre) eine rege Abschreibtätigkeit entfaltete. Durch die große Zahl seiner Chronik-Abschriften, die bis nach Ungarn und Sachsen gelangten, hat J. die Salzburger Historiographie (→Geschichtsschreibung) stark mitgeprägt.

Lit.: R. Wagner: Salzburger Chronisten und Historiographen vom Ende des 15. bis zum Anfang des 18. Jh.s. In: Dückher, Saltzburgische Chronica 1666, Graz 1979, S. 30 ff. – M. C. Trdán: Beiträge zur Kenntnis der salzburgischen Chronistik des 16. Jh.s. In: MGSLK 54, 1914, S. 135 ff.

P.F.K.

Joyce, James, * Dublin 2. 2. 1882, † Zürich 13. 1. 1941, irischer Schriftsteller. Wohnte vom 7. 7. bis 20. 8. 1928 (laut Joyce-Chronik) im Hotel Mirabell in Salzburg. Seinem Bruder Stanislaus schrieb J. am 5. 8. 1928 eine Postkarte aus Salzburg: »It must be easily the finest town of its size (35 000) in Europe.« In dieser Zeit war J. auch Gast auf dem Kapuzinerberg bei S. →Zweig, den er 1917 in der Schweiz kennengelernt hatte; von ihren Gesprächen berichtet Zweig in seiner Autobiographie »Die Welt von Gestern« (1942).

Lit.: A. Haslinger: J. J. und Salzburg. In: Salzburger Jahr 1970/71.

A.Has.

Judentum. Seit dem 9. Jh. gab es in Salzburg eine jüdische Ansiedlung, verstärkt unter Eb. →Konrad I. (1106-1147) und unter Eb. →Eberhard II. (1200-1246). Erste Judenverfolgungen 1349 nach der Pestepidemie mit mehr als 1200 Todesopfern. 1370 erste urkundliche Erwähnung einer jüdischen »Schul« (Synagoge) in der Judengasse, um 1400 Anlage eines jüdischen Friedhofs am Mönchsberg. 1404 Verbrennung der Salzburger und Halleiner Juden, Neuzuzug und Förderung vor allem unter Eb. Johann II. von Reisberg, 1498 endgültige Vertreibung unter Eb. →Leonhard von Keutschach, Zerstörung der Synagogen. Nach ersten Neuansiedlungen werden erst 1867 durch das österr. Staatsgrundgesetz alle bestehenden Beschränkungen aufgehoben, der erste ansässige Jude ist Albert Pollak. 1882 leben 115 Juden in Salzburg, die sich mit starken antisemitischen Strömungen konfrontiert sahen, die auch in der →Presse Niederschlag fanden (etwa in Zeitungen wie »Kyffhäuser« und »Grobian« oder später im antisemitischen Hetzblatt »Eiserner Besen«). 1911 Gründung der Israelitischen Kultusgemeinde, Tätigkeit des Rabbiners Dr. A. →Altmann (1879-1944). Nach 1938 Zerstörung der Synagoge in der Lasserstraße und des jüdischen Friedhofs in Aigen, nur zehn Juden überlebten die Verfolgungen. Neubeginn des Salzburger J. nach 1945 durch »Displaced Persons«, Wiederaufbau der Synagoge 1967/68. Die →Univ. Salzburg bietet ab dem Wintersemester 2001 interdisziplinäre »Jüdische Studien« – »Jewish Studies« – an, die zu einem Bakkalaureatsstudium ausgebaut werden. Diese Studien behandeln die verschiedenen Aspekte jüdischen Lebens mit besonderem Schwerpunkt auf Österreich und Salzburg.

Lit.: M. Feingold: Wer einmal gestorben ist, dem tut nichts mehr weh. Eine Überlebensgeschichte, Wien 2000. – D. Ellmauer, u.a. (Hg.): Geduldet, geschmäht und vertrieben. Salzburger Juden erzählen, Salzburg 1998. – M. Feingold (Hg.): Ein ewiges Dennoch. 125 Jahre Juden in Salzburg, Wien 1993. – A. Altmann: Geschichte der Juden in Stadt und Land Salzburg von den frühesten Zeiten bis auf die Gegenwart. Salzburg 1990. – Salzburgs wiederaufgebaute Synagoge. FS. zur Einweihung, Salzburg 1968.

R.R.H.

Julius von der Traun →Schindler, Julius

Jung, Franz Xaver (Jung-Ilsenheim), * Wien 31. 8. 1883, † Salzburg 18. 9. 1963, Maler. J., der sich nach seiner Übersiedlung nach Salzburg (1924) den Beinamen Ilsenheim zulegte, führte zeitlebens das Dasein eines Bohemiens, das lediglich 1937-41 mit der Berufung an das Reichsamt für Vorgeschichte in Berlin ein offiziöses Intermezzo erlebte. Seine aus germanophiler Geschichtsverklärung, Balladenromantik und Waidmannsmentalität zusammengebraute triviale Bildwelt war die Antwort auf das Kunstverständnis breiter Bevölkerungskreise. Als Lesebuchillustrator, Produzent von Künstlerpostkarten, Reklame- und Sammelbildchen u. a. für Feigenkaffee, Schöpfer von Schulwandbildern und einst vielbestaunten Jagd-Dioramen entwickelte J. eine erstaunliche Produktivität.

Lit.: K. H. Ritschel u. a.: F. J.-I., Illustrator der Geschichte. Salzburg 1984. – A. Gugg in: »Parnaß«, Nov./Dez. 1984, S. 74.

N.Sch.

Jung, Georg, * Salzburg 31. 12. 1899, † Wien 5. 12. 1957, Maler, Schriftsteller. Konträr zur diesseitsverklärenden Macht der Farbe, die A. →Faistauers Vorbild für die Salzburger Kunst noch lange postulierte, sah J.s intellektuell bohrendes Naturell in der Malerei vor allem ein Medium geistiger Durchleuchtung der Erscheinungswelt. Seine finanzielle Unabhängigkeit als Hotelierssohn kam seinen künstlerischen Interessen zwar entgegen, stempelte ihn aber auch zum professionellen Außenseiter, zumal er bei seiner Naturbegabung auf eine akad. Schulung fast ganz verzichten konnte. Die ersten, ab 1922 in Wien entstandenen Ölbilder waren noch im Bann des Expressionismus, in dessen visionär übersteigerte Dynamik sich bald kubistische Zersplitterung mischte, um sich unter dem Einfluß der Neuen Sachlichkeit ab 1925 in eine von lautloser Bedrohung erfüllte gläserne Starre zu wandeln. Im Zusammenhang mit der Neuausstattung des Salzburger »Grand Hotel de l'Europe«, das er 1935 übernehmen mußte, beschäftigte er sich in dieser Zeit hauptsächlich mit Fresko, Sgraffito und Möbelentwürfen. Er gestaltete zwei der bekanntesten österr. Briefmarkenserien. 1939 übersiedelte er endgültig nach Wien. Jetzt trat mit der Bevorzugung allegorisierender und mythologischer Darstellungen, begleitet von farbtheoretischen Spekulationen, die Farbe allmählich aus ihrem Schattendasein, um schließlich Alleinanspruch zu behaupten. Sie wird, frei von gegenständlicher Bindung, zum Akteur spannungsvoll bewegter »psychischer« Konstellationen. Die zyklische Aneinanderreihung solcher »Farbdramen« führt J. zuletzt in seinen »Colormobilen« zu Experimenten mit bewegten Bildern, so daß er als Pionier der kinetischen Kunst gelten kann. Rückblickend ergibt sich gerade aus der Teilhabe am jeweiligen Zeitstil – seine Lieblingsmotive (Abendmahl, Leda, Karneval) hat J. immer wieder seinem jüngsten malerischen Erkenntnisstand angepaßt – eine erstaunliche Schaffenskonsequenz. Erst 25 Jahre nach seinem Tod wurde er als der wichtigste Salzburger Maler neben Faistauer erkannt. (Farbabb. S. 367)

Lit.: P. Weibel (Hg.): Jenseits von Kunst. Graz 1997, S. 114 f. – J. Fleischer: G. J. Der Altar der Freundschaft. Diplomarbeit Salzburg 1997. – Ausstellungskat. Neue Sachlichkeit in Österreich. Kunstforum Bank Austria, Wien 1995. – Ausstellungskat. Jenseits des Realismus. ARGE Alpen-Adria, Graz 1988, S. 107 ff. – T. Fischer: G. J. Diss. Salzburg 1984. – Ausstellungskat. G. J. SMCA, Salzburg 1982.

N.Sch.

Jung Alpenland →Brauchtumsvereine

Jungk, Peter Stephan * Santa Monica, Kalifornien 19. 12. 1952, Schriftsteller, Sohn von R. →Jungk. Nach Schulen in Wien und Berlin zog er 1970 nach Salzburg, wo er 1972 maturierte. Regieassistent in Basel, Produktionsassistent bei Literaturfilmen (H. Hesse: Steppenwolf, P. →Handke: Die linkshändige Frau). Filmschule in Los Angeles. 1976-79 freier Schriftsteller in Salzburg, lebt heute nach Aufenthalten in Jerusalem und Wien in Paris. Neben Übersetzungen aus dem Englischen vorwiegend Prosa. »Stechpalmenwald« (1978), »Rundgang« (1981), »Franz Werfel« (1996), »Tigor« (1991), »Die Unruhe der Stella Federspiel« (1996), »Die Erbschaft« (1999). Filme: Drehbuch und Regie des TV-Films über Franz Werfel »Ein Weltfreund zwischen den Welten«, »Grigia« nach R. Musil und »Die schöne Frau Seidenman« nach A. Szczypiorski.

Lit.: Katalog-Lexikon. – Kürschner 1998.

A.Has.

Jungk, Robert, * Berlin 11. 5. 1913, † Salzburg 14. 7. 1994, Schriftsteller, Zukunftsforscher. Während seines Studiums engagierte sich J. in der pazifistisch orientierten deutsch-jüdischen Jugendbewegung. Nach einer kurzfristigen Haft emigrierte er 1933 nach Paris, studierte an der Sorbonne Psychologie und Soziologie und arbeitete als Dokumentarfilmer. 1936 kehrte er illegal nach Deutschland zurück, um sich am Widerstand gegen den Nationalsozialismus zu beteiligen. Nach seiner Flucht nach Prag 1937 gab J. einen gegen die Nationalsozialisten gerichteten Pressedienst (»Mondial Press«) heraus. Während seines Studiums in Zürich (1939-45) arbeitete er für Schweizer, englische und amerikanische Zeitungen. Nach dem 2. Weltkrieg begann er sich gegen die atomare Bewaffnung und gegen die zivile Nutzung der Kernenergie zu engagieren. Nach seiner Übersiedlung nach Österreich wurde J. 1960 Vorsitzender der österreichischen Anti-Atom-Bewegung. 1964 gründete er in Wien das »Institut für Zukunftsfragen«. 1970 nahm er eine Professur an der TU Berlin an. J. übersiedelte nach Salzburg und stiftete hier 1986 die »Internationale Bibliothek für Zukunftsfragen« (→Zukunftsbibliothek). Im selben Jahr erhielt er den »Alternativen Nobelpreis«. Mit zahlreichen Protesten engagierte sich J. gegen die Gefahren der modernen Technik. Seine Bücher wie »Die Zukunft hat schon begonnen« (1952), »Strahlen aus der Asche« (1959), »Die große Maschine« (1966), »Der Atomstaat« (1977) u. a. hatten nicht nur auf die Alternativbewegung großen Einfluß. 1992 kandidierte J. bei der Bundespräsidentenwahl für die Grünen.

Lit.: Amtsblatt der Landeshauptstadt Salzburg, F.14/1989. – DBE.

Th.W.

Jüngling vom Magdalensberg, antike Bronzestatue eines lebensgroßen stehenden Jünglings mit erhobenem rechten Arm, römische Arbeit aus der Zeit um Christi Geburt nach einem griechischen Vorbild des 5. Jh.s v. Chr., auf dem rechten Oberschenkel Widmungsinschrift mit den Namen zweier römischer Kaufleute aus Aquileia. Die Statue wurde 1502 auf dem Magdalensberg in Kärnten aufgefunden und durch Eb. →Matthäus Lang nach Salzburg gebracht. Wenige Jahrzehnte später hat man den Jüngling an König Ferdinand ausgehändigt, der ihn vermutlich seinem Bruder, Kaiser Karl V., zum Geschenk machte. Die Statue ist bis ca. 1860 in den Inventaren der königlichen Gärten bei Madrid nachweisbar, seitdem fehlt jede Spur. In Salzburg hat sich jedoch ein Abguß erhalten, der vor Übergabe des Originals an König Ferdinand angefertigt wurde. Dieser Abguß war in Salzburg auf der →Festung, zeitweise auch in der →Residenz untergebracht. Nach der Angliederung Salzburgs an Österreich im Jahre 1806 wurde auch dieser Abguß nach Wien gebracht (heute im Kunsthistorischen Museum), er galt bis 1985 als antikes Original; ein großangelegtes Forschungsprogramm führte schließlich zur Klärung des Sachverhaltes.

Lit.: Guß und Form. Antike Bronzen aus der Antikensammlung des Kunsthistorischen Museums Wien. Wien 1985.

F.M.

Juvavia →Kleimayrn

Juvavum, römische Vorgängersiedlung der Stadt Salzburg. Der Name ist vorrömischen, vermutlich keltischen Ursprungs. In vorgeschichtlicher Zeit hat man vorwiegend auf den Stadtbergen (→Rainberg, Kapuzinerberg) gesiedelt, am Beginn der römischen Herrschaft wurde auf den Schotterterrassen zwischen den Stadtbergen eine neue Stadt angelegt, unter Kaiser Claudius (41-54 n. Chr.) erhielt sie das Stadtrecht. J. war Verwaltungsmittelpunkt eines großen Territoriums, das (mit Ausnahme des Lungaus) das gesamte heutige Land Salzburg umfaßte und auch angrenzende Gebiete Bayerns und OÖ.s einschloß. Die Blütezeit der Stadt fällt in die Zeit zwischen ca. 50 und 160 n. Chr., die Markomannenstürme leiteten eine Periode des Niederganges ein. In der Spätantike hat man sich wieder auf die Stadtberge zurückgezogen (Nonnberg, Festungsberg), auf den geschützten Felshöhen scheint eine kleine Bevölkerungsgruppe die »dunklen Jahrhunderte« bis zur Ankunft des hl. →Rupert überdauert zu haben. Der Name der Stadt wurde im 8. Jh. allmählich durch »Salzburg« ersetzt.

Lit.: Heger/Jahr SMCA.

F.M.

Kabarett. Die Salzburger K.-Szene hat sich von 1945 bis heute aus spärlichsten Anfängen zu einem reichhaltigen Angebot während des ganzen Jahres entwickelt. Bis in die 50er Jahre gab es das »Fred-Kraus-Brettl«. Seit den 50er Jahren veranstaltete der Salzburger Rundfunk immer wieder Kabarett-Abende mit satirischem Inhalt, seit den 70er Jahren spezielle Kabarett-Sendungen, z. B. die „Salzach-G'schichten" (1977-81) von Sepp Dreissinger, die regional, in Ö 1 und in Ö 3 ausgestrahlt wurden. 1985 produzierte das ORF-Landesstudio Salzburg 30 Sendungen »Kabarett in Österreich«, die bundesweit über Ö-Regional gesendet wurden; der Bogen reichte von österreichischen Kabarett-Klassikern (u. a. F. Grünbaum, K. Farkas, H. Qualtinger) bis zur aktuellen Kabarett-Szene Österreichs, Deutschlands und der Schweiz. Produzenten waren Manfred Baumann und Kurt Hofmann. Dem folgten studentische Versuche im Rahmen des Club 2000. Ideen zu eigenen K.-Abenden kamen von W. →Schneyder und Ch. →Wallner zu Beginn der 70er Jahre; die von Alfred Winter gegründete →»Szene der Jugend« bot Anregungen und Möglichkeiten. 1973 traten Ch. Wallner und W. Schneyder mit »Festseller«, einem satirischen Programm über die →Festspiele, sehr erfolgreich im kabarettistischen »Niemandsland Salzburg« auf. Obwohl W. Schneyder bald mit Dieter Hildebrandt zur »Münchner Lach- und Schießgesellschaft« ging, blieb er als Anreger tätig. Er bewog den Autor Günther Schatzdorfer, K.-Texte zu schreiben. Er bemühte sich mit Friedrich Urban um das Zustandekommen des K.-Forums »Salzburger Stier«, bei dem ein arrivierter Kabarettist dem jeweils besten Nachwuchs-K. die Auszeichnung verleiht. W. Schneyder und D. Hildebrandt begannen 1982 mit Christian Schacherreiter und Gerald Fratt. Der »Salzburger Stier« ist eine Koproduktion von ORF, ARD und Schweizer Radio DRS; zehn koproduzierende Radioanstalten geben durch ihre Übertragungen den K.-Abenden die notwendige Publizität und erreichen ein Millionenpublikum. Der »Salzburger Stier« zählt zu den größten Radio-Koproduktionen im deutschsprachigen Europa. Von Salzburg aus begab sich der »Salzburger Stier« ab 1997 auf Wanderschaft: Luzern (1997), Baden-Baden (1998), Leipzig (1999), Köln (2000), seit 2001 wieder in Salzburg. War der »Salzburger Stier« zu Beginn als Förderungs- und Nachwuchspreis gedacht, so hat er sich inzwischen zu einer Würdigung für Kabarettistinnen und Kabarettisten entwickelt, deren Programme durch unverwechselbare Formen und Ausdrucksweisen geprägt sind. Preisträger u. a.: Erwin Steinhauer, Josef Hader, Andreas Vitasek, Georg Ringsgwandl, »Affront-Theater«, Lukas Resetarits.

Die Verbindung mit dem ORF-Landesstudio Salzburg, der »Leselampe« und studentischen Kreisen zeigt eine durchlaufende Eigenart des Salzburger K.: es ist vorherrschend literarisches K. An Gruppen sind zu nennen: die Gruppe »MotzArt«, 1980 von Ch. Wallner zusammen mit dem Musiker Gerald Fratt gegründet (Vorläuferprogramme 1973, 1977-79, u. a. »Machen Sie sich frei! Ein medizynischer Bilderbogen«). In wechselnder Besetzung spielte »MotzArt« von 1980-99 literarisch-musikalische Programme, u. a. »Hand aufs Herz! Über Liebe und andere unklare Verhältnisse« (1982), »Mit Niederschlägen ist zu rechnen!« (1993), »Erste Hilfe« (1998) und »Heim@tabend« (1999). – Gerald Fratt und Christian Schacherreiter arbeiteten von 1977-93 zusammen, ihr bevorzugtes Genre war das anspruchsvolle politische Chanson; Kleinkunstprogramme u. a. »Vermischte Kleinkunsthandlung I und II« (1978 und 1979), »Schlachthaus mit Buffet« (1982). Rudolf Habringer, Ch. →Janacs und F. →Popp brachten von 1983-86 in drei Programmen vor allem musikalisch-literarisch-politisches Kabarett. Das »Affront-Theater« (gegründet 1989) besteht aus den beiden schreibenden Darstellern Fritz Egger und Peter Scholz und dem Musiker Johannes Pillinger. Texte liefern auch Manfred Koch und Fritz Popp. Waren die ersten Programme (u. a. »Abklingendes Österreich« (1989) noch Nummernkabarett, so sind sie ab »Euham 2001« (1997) und »Net wirklich« (2000) kabarettistische Theaterstücke für einen Schauspieler und einen Musiker (Egger u. Pillinger). Alle Salzburger Kabarettgruppen wirk(t)en durch Auftritte in Deutschland, der Schweiz sowie im Fernsehen und durch die Zuerkennung von Kleinkunst-Preisen weit über Salzburg hinaus. Peter Blaikner, Verfasser mehrerer sehr erfolgreicher musikalischer Kinderstücke, hat seit 1984 (meist zusammen mit dem Musiker Cosi M. Goehlert) fünf musikalische Kabarett-

Salzburger Marmorwerk Mayr-Melnhof, Maurisches Portal für Schloß Pfannberg, Kaiser-Jubiläums-Ausstellung, Salzburg, 1908

Programme herausgebracht, zuletzt »Nicht undumm« (1998). Christian Hofler (seit 1993 in Neukirchen, Pinzgau) verfaßte und spielte seit 1991 drei Solo-Kabarett-Programme, zuletzt »Die Willisierung oder Im Bett mit einer Girlie-Band« (1998). Er ist Gründungsmitglied des »1. Salzburger Volxkabaretts« und arbeitet als ClownDoctor am Landeskrankenhaus Salzburg. Manfred Koch, seit 1971 in Salzburg, schreibt seit 1984 in den SN die satirische Kolumne »Eingekocht« (früher »Mit spitzer Feder«). Er gehört zu den Gründungsmitgliedern und Textern des »Affront-Theaters«. Seine Satiren aus der Zeitung sind z. T. auch als Bücher erschienen, zuletzt »Elefantenballett« (1995, illustriert v. Helmut Hütter). Günther Schatzdorfer verfaßte Texte u. a. für die »Münchner Lach- und Schießgesellschaft« und Anfang der 80er Jahre für die österreichische Gruppe »Grenzgänger« (Gaby Herbst, Peter Pikl und Gerhard Zemann). Für den Salzburger Schauspieler Peter Pikl schrieb er die Programme »Nie wieder Sieg« (1983) oder die »Zukunft liegt unter der Erde« (1984).

Lit.: »20 Jahre ›Salzburger Stier‹«. 3 CDs (Deutschland, Österreich, Schweiz), 2001. – I. Fink: Von Travnicek bis Hinterholz 8. Kabarett in Österreich ab 1945 – von A bis Zugabe, Graz 2000. – P. Blaikner: Wos sogga, der Rocker? (Songs aus „Nicht undumm") CD, 1998. – M. Baumann: K. in Salzburg. In: Das Salzburger Jahr 1984/85, S. 40 f. – MotzArt. Kabarett-Texte und Songs, Salzburg 1980.

H.H.

Kaffeehaus →Gaststätten

Kaiser-Jubiläumsausstellung (eigentl. »Kaiser Jubiläums Gewerbe- und Kunstgewerbe-Ausstellung), zum 60-jährigen Regierungsjubiläum von Kaiser Franz Joseph 1908 in der k.k. Staatsgewerbeschule am Rudolfskai. Mehr als 1200 Ausstellungsobjekte demonstrierten Kunst, Handwerk und Gewerbe sowie die Industrie Salzburgs, z. B. mit Produkten aus dem Marmorwerk Mayr-Melnhof, der Porzellanfirma Stockhammer, der Firma →Jahn oder des Salzburger Goldschmieds Anton Koppenwallner. Die angeschlossene historische Kunstgewerbeausstellung zeigte Bestände aus Klöstern, Museen und Privatsammlungen.

Lit.: Ch. Svoboda: Gewerbe und Kunstgewerbe in Salzburg. In: Salzburg um 1905. Ausstellungskat. SMCA, Salzburg 1995.

Ch.S.

Kammerphilharmonie, Salzburger, 1991 von Yoon K. Lee gegründet, spielt in variabler Besetzung vom Kammerensemble bis zum Sinfonieorchester, veranstaltet Abonnementzyklen mit international renommierten Solisten, u. a. mit Cyprien Katsaris seit der Saison 1996/97 sämtliche Klavierkonzerte von W. A. →Mozart. Zahlreiche Tourneen und Konzerte im In- und Ausland.

G.W.

Kapellhaus, Sigmund-Haffner-Gasse 20, Wohn- und Unterrichtsstätte der →Domkapellknaben bis 1922; von Eb. →Wolf Dietrich erworben und zum eb. Institut erhoben, von der Hofkammer erhalten; 1677 von Eb. Max Gandolf umgebaut und »für 12 oder mehr Sängerknaben« neu eingerichtet und mit Musikinstrumenten ausgestattet. Von Salzburger Hofmusikern, u. a. H. I. F. →Biber, S. →Biechteler, J. B. →Samber, J. E. →Eberlin, A. C. →Adlgasser, L. →Mozart und M. →Haydn, wurden die Domkapellknaben »in jeder Art der Musik unterrichtet«. 1841-80 war im Kapellhaus auch die Musikschule Mozarteum (→Dom-Musikverein) untergebracht, auch die Proben für das Orchester des Dom-Musikvereins fanden im Saal des Kapellhauses statt. Nach 1880 verblieben hier nur noch die Proben und die Musikschule des Dom-Musikvereins. 1922 wurde das Inst. der Domkapellknaben aufgelöst, das Kapellhaus zu einem Studentenheim umgestaltet.

Lit.: J. Peregrinus: Geschichte der salzburgischen Dom-Sängerknaben oder schlechthin des Kapellhauses. In: MGSLK 28, 1888, u. 29, 1889.

G.W.

Kapp (Khop), Hans (Lebensdaten unbekannt), Meister und Bürger in Salzburg 1594, Hafner. Aus Laufen zugewandert, Haus und Werkstatt Steingasse 63 (Haus des »gigitzed Hafner«) seit 1603. K. übernahm, nachdem seit 1598 Vorversuche unter seinem Vorgänger Georg Aigenthueller (Aigenstueler) unternommen worden waren, die Gesamtarbeit der Fliesenverkleidung im Mausoleum (Gabrielskapelle) Eb. →Wolf Dietrichs am Sebastiansfriedhof (→Friedhöfe, E. →Castello). K. verwendete den Ton von Niederalm und erzeugte besonders haltbare und leuchtende Glasuren. Er schnitt die Fliesen an der Rückseite schräg oder kreuzweise zwecks besserer Haftung am Mauerputz ein und schrägte die Fliesenkanten ab, so daß weder Mörtel noch Fuge sichtbar sind. 1615 kopierte er das Fliesenmosaik der Gabrielskapelle in den Wandfüllungen der Kronengrotte im Park →Hellbrunn. 1596 hatte er auch einen großen Ofen für die Große Stube und einen kleinen für die Tafelstube der →Residenz gemacht (nicht mehr erhalten). Kurz darauf wurde er Hofhafner. Vielleicht auch Gefäße in Fliesendekor.

Lit.: A. Walcher v. Moltheim: Architekt Elia Castello und die Wandfliesenkeramik in Salzburg. In: Kunst und Kunsthandwerk 13, 1910.

Ch.S.

Kappacher, Walter, * Salzburg 24. 10. 1938, Schriftsteller. Lebt in Salzburg, seit 1996 in Obertrum, Lehr- und Gesellenjahre als Kraftfahrzeugmechaniker, seit 1959 verschiedene Berufe, schreibt seit 1964. Sammelband »Nur Fliegen ist schöner und andere Geschichten« (1973), 1975 die Romane: »Morgen« und »Die Werkstatt«. Als Martin Walser den Roman »Morgen« in der »Zeit« überschwenglich lobte (»Ich begann, Walter Kappacher zu bewundern«), wurde eine größere literarische

Walter Kappacher (Foto privat)

Öffentlichkeit auf K. aufmerksam. Auch in der Erzählung »Rosina« (1978) und im Roman »Der lange Brief« (1982) gestaltet K. die Entfremdung durch unbefriedigende Arbeits- und Lebensumstände. Obgleich diese Werke »zu den aufhebenswerten Exemplaren der Belletristik über die Arbeits- und Lebenswelt der Angestellten« gehören, sind sie mehr als »Literatur der Arbeitswelt«. In vielen Werken K.s ist die Topographie Salzburgs zu erkennen. Ironie und Zeitkritik werden auch in neueren kleineren Prosaarbeiten, Hörspielfassungen und Filmszenarien deutlich, z. B. in »Der Zauberlehrling« (auch als Film). Für seine kunstvoll gebaute Erzählung »Gipskopf« (1984) erhielt er 1985 den Länderbank-Literaturpreis. Weitere Preise: →Rauriser Förderungspreis (1975), Förderungspreis zum Österr. Staatspreis für Literatur (1977), Literaturpreis der Salzburger Wirtschaft (1990), H. Hesse-Stipendium / Stadtschreiber in Calw (1997). Weitere Werke: »Cerreto« (Erz., 1988), »Touristomania« (Erz., 1990), »Ein Amateur« (Rom, 1993), »Wer zuerst lacht« (Erzn., 1997), »Silberpfeile« (2000).

Lit.: N. Schachtsiek-Freitag: W. K. In: KLG. – Salz 93/1998.

H.H.

Kaprun →Bauten des Wasserwesens

Karajan, Herbert von, * Salzburg 5. 4. 1908, † Anif bei Salzburg 16. 7. 1989, Dirigent. Erhielt seine musikalische Ausbildung am →Mozarteum bei F. →Ledwinka und B. →Paumgartner, in Wien bei Franz Schalk. Begann seine Karriere als Pianist, entschied sich schließlich für die Dirigentenlaufbahn. 1927-34 Opernkapellmeister in Ulm, 1930-34 Leiter der Dirgentenklasse an der Intern. →Sommerakad. Mozarteum, 1935-41 GMD in Aachen und Gastdirigent der Staatsoper Berlin und Wien. Nach Kriegsende Konzerttätigkeit in Wien mit anfänglichen Schwierigkeiten aufgrund seiner Mitgliedschaft bei der NSDAP; seit 1948/49 Dirigent an der Scala, 1951 Aufführung des »Ring des Nibelungen« in Bayreuth, 1952 Amerika-Debüt; seit 1955 als Nachfolger von W. →Furtwängler künstlerischer Leiter des Berliner Philharmonischen Orchesters auf Lebenszeit, 1956-64 und 1977 künstlerischer Leiter der Wiener Staatsoper, 1969/70 Leiter des Orchestre de Paris. 1933 Debüt bei den Salzburger →Festspielen, 1956-60 künstlerischer Leiter der Salzburger Festspiele, 1960 Eröffnung des neuen Großen →Festspielhauses mit dem »Rosenkavalier« von R. →Strauss; seit 1957 regelmäßige Auftritte als Dirigent, seit 1962 auch als Regisseur mit herausragenden Aufführungen der Opern »Don Giovanni« von W. A. →Mozart (1961 und 1968), »Elektra« von R. →Strauss (1964), »Boris Godunow« von Modest Mussorgskij (1965), »Carmen« von Georges Bizet (1966), »Otello« (1970), »Don Carlos« (1975), »Aida« (1979), »Falstaff« (1981) von Giuseppe Verdi und »Salome« von R. Strauss (1977). Ab 1964 gehörte K. dem Direktorium der Salzburger Festspiele an und war deren künstlerischer Leiter. Für 20 Jahre trugen die Festspiele sein Signum: 337mal stand er am Pult, er leitete 247 Opernaufführungen, 90 Konzerte und inszenierte 14 Opern.

Ab 1967 veranstaltete K. die Salzburger →Osterfestspiele, seit 1973 auch die →Pfingstkonzerte. 1969 gründete er die H.-v.-Karajan-Stiftung, eine Forschungseinrichtung für Experimentelle Musikpsychologie mit dem Ziel historisch-anthropologischer Untersuchung der Musikentwicklung und der Grundlagenforschung im Bereich des Musikerlebens, der Hörpsychologie und der Wirkungen musikalischer Betätigung, zugleich auch zur Förderung junger Künstler u. a. durch die Gründung des Welt-Jugendorchesters und intern. Dirigentenwettbewerbe,

Herbert von Karajan (Siegfried Lauterwasser)

schließlich zur Förderung der Musikerziehung unter Einsatz der Massenmedien. Nicht zuletzt durch die Medien, die zahlreichen Schallplatten- und Fernsehaufzeichnungen von Opern und sinfonischen Werken bis zur Bildplatte wurde K. als führender Publikumsdirigent bestätigt. Zahlreiche Auszeichnungen, u. a. 1968 Ehrenbürger der Stadt Salzburg, Ehrenring des Landes Salzburg, 1978 Ehrendoktor der Univ. Salzburg. Karajan-Centrum, Wien.

Lit.: R. Osborne: H. v. K. A Life in Music. London 1998 (dt. Wien-München 2002). – F. Endler: K. Hamburg 1992. – Dokumentation »Herbert von Karajan und die Salzburger Festspiele«. Zürich 1994. – R. C. Bachmann: K. Düsseldorf 1983.

G.W.

Karl, Hans (Lebensdaten unbekannt), Hofgoldschmied unter Eb. →Wolf Dietrich. Aufenthalt in Salzburg belegt zwischen 1599 und 1603. Reiseflasche für Eb. Wolf Dietrich, signiert 1602; Trinkschalen 1602-11 und Meßbuch Eb. Wolf Dietrichs von 1598/99 – z. T. im Palazzo Pitti, Florenz.

Ch.S.

Karl-Steinocher-Fonds, 1978 gegründet als Einrichtung nach dem Salzburger Stiftungs- und Fondsgesetz. Anlaß war das Ausscheiden von

LH.-Stellvertreter Karl Steinocher aus seinem Amt. Zweck und Ziel ist die Förderung der Erforschung der Gesellschaftsgeschichte Salzburgs. Schwerpunkte: Sozialgeschichte der ArbeitnehmerInnen, Kulturgeschichte der Arbeit, Geschichte der Arbeiterbewegung, Zeitgeschichte und Politik. Zu diesen Themen wurden eine Bibl., ein Archiv und eine Fotosammlung aufgebaut.

H.O.

Karolingische Schreibschule. Die Anfänge der K. S., die im wesentlichen die Erzeugnisse von →St. Peter, möglicherweise auch einige des Klosters →Nonnberg umfaßte, wurden zuerst unter Bischof →Virgil sichtbar. Die Minuskel des ältesten Schreibers des unter Virgil im Jahre 784 angelegten →Verbrüderungsbuches steht in engem Zusammenhang mit früharnonischen Codices, die ihrerseits mit dem Schriftstil des Pariser Skriptoriums von St. Denis in enger Verbindung stehen. Von Anfang an ist die K. S. nur gering insular beeinflußt, und zwar sowohl hinsichtlich der Schrift als auch der →Buchmalerei. Eine Ausnahme bildet das unter dem Angelsachsen Cutbercht wohl in St. Peter verfertigte Evangeliar, das mit hoher Wahrscheinlichkeit der virgilischen Periode zuzurechnen ist. Dem Erscheinungsbild der Altsalzburger Schrifttradition (Stil I und II) steht eine Schrift gegenüber, die unmittelbar mit dem nordostfranzösischen Kloster Saint-Amand und Bischof →Arn(o), der 782-85 dort Abt war, zusammenhängt. Dieser sogenannte Arn-Stil zeichnet sich durch Einfachheit in Schrift und Buchschmuck aus. Ungefähr gleichzeitig mit dem Regierungsantritt Eb. Adalrams (821-36) wird die von St. Denis bzw. Saint-Amand beeinflußte Minuskel zurückgedrängt, und Formen, die in Mondsee geprägt wurden, werden bestimmend. Diese neue Kalligraphie ging bald wieder verloren, und schon unter Eb. Liupramm (836-59) wird eine Vergröberung aller Schriftgenera merkbar, ein Prozeß, der an den spärlichen Dokumenten des späteren 9. Jh.s ganz offenkundig wird.

Von den im karolingischen Salzburg entstandenen literarischen Erzeugnissen können nur noch drei als Produkte der K. S. nachgewiesen werden: Gesta S. Hrodberti (Fassung A), Translatio S. Hermetis und Carmina Salisburgensia. Die Carmina, eine Sammlung von lat. metrischen Gedichten, stammen wahrscheinlich von dem gelehrten Baldo, der als Schreiber, Korrektor, Redaktor und Glossator in beinahe 30 Hs. Salzburger Provenienz bekannt ist und den Widmungsgedichte von Handschriften der nacharnonischen Zeit als großen Förderer der Salzburger Bibliothek nennen.

Lit.: K. Forstner: Das Salzburger Skriptorium unter Virgil und das Verbrüderungsbuch von St. Peter. In: Virgil von Salzburg, Salzburg 1985, S. 135 ff. – K. Forstner: Die Schreibschule von St. Peter in der Karolingerzeit. In: St. Peter in Salzburg, Kat. Salzburg 1982, S. 182 ff. – B. Bischoff: Die südostdeutschen Schreibschulen und Bibliotheken in der Karolingerzeit. Wiesbaden 1980, Tl. 2.

Karsch, Rudolf Emanuel, * Böhmisch-Kamnitz 20. 4. 1902, † Hintersee (Salzburg) 1. 7. 1975, Graphiker. Studierte in Dresden (R. Müller) und Wien (B. Löffler, R. Jettmar), ließ sich nach Ende des 2. Weltkriegs in Salzburg nieder. Tuschezeichnungen im Geiste Goyas und A. →Kubins mit sozialer Note werden seit ca. 1957 von mythologisch-bizarren Architekturlandschaften in der Nachbarschaft des Wiener Phantastischen Realismus abgelöst. In den letzten Jahren beschäftigte ihn das Thema der Metamorphose in Temperablättern von märchenhaft versponnener Surrealität.

Lit.: Das Salzburger Jahr 1972/73. – Kat. Salzburger Kulturvereinigung 1972. – N. Wiltsch in: AMK 4, 1959, H. 7/8, S. 18.

N.Sch.

Kartographie. Die Aufzeichnungen, die ein Fridericus 1421 in Klosterneuburg festhielt, erlauben die Positionierung von Hallein im Zentrum von Mitteleuropa. A. →Walsperger, ein Angehöriger des Salzburger Klosters →St. Peter, schuf 1448 eine der frühesten erhaltenen Weltkarten. Die derzeit älteste kartographische Darstellung aus dem Land Salzburg zeigt eine Wildererszene im salzburgisch-tirolischen Grenzgebiet der Gemeinde Unken und stammt aus den Jahren zwischen 1529 und 1549. Von der Zillertal-Karte des Tirolers Paul Dax von 1533 gibt es in Salzburg ein Gleichstück. Als Beilage zu einer Urkunde von 1538 ist eine farbige Skizze der Ettenau zwischen der Laufener Enge und Tittmoning überliefert. Für die Straßenbauten im Klammpaß 1542 und ins Krimmler Achental 1551 sind Trassenpläne erhalten. Die älteste Bergbau-

Rudolf Emanuel Karsch, „Hermaphroditus" aus „Metamorphosen des Ovid", Tempera, 1966 (SMCA)

karte vom Dürrnberg ist mit 1554 datiert. Zu den wertvollen handgezeichneten Karten und Plänen des 16. Jh.s zählen die Bau-Aufnahme der Burg Hohenwerfen von 1566 und der Lageplan des Mondsee-Landes von 1597. Die wiederentdeckte Landkartengalerie in der Salzburger Residenz wurde um 1590 in Freskomalerei nach dem Vorbild im Vatikanischen Palast in Rom gestaltet. Ausgezeichnete Landschaftsdarstellungen, die als Kulturkarten zu werten sind, verfaßte der Landschaftsingenieur Georg Josef Sigmund um 1721. Der »Atlas Salisburgensis« des Mesners und Lehrers J. →Fürstaller in 35 Kartenblättern aus der Zeit um 1770 gilt als verschollen. Von diesem ersten Verwaltungsatlas, gegliedert nach den Pfleggerichten, sind aber das Übersichtsblatt und zwanzig Detailkarten erhalten. Sein berühmtestes Werk ist ein Erdglobus, aufgestellt in der Kleinen Aula der Salzburger →Univ. Um 1786 schuf der Geometer Matthias Pock den ersten Straßenatlas von Salzburg mit einem Übersichtsblatt und 55 Teilkarten. Im »hochfürstlichen Mappierzimmer« wurden zwischen 1784 und 1810 mehr als 3300 Karten und Pläne hergestellt. Zu den Mitarbeitern und Absolventen der »Forstwissenschaftlichen Feldmess- und Zeichnungsanstalt«, einer der ersten Hochschulen auf diesem Gebiet, zählten z. B. A. F. H. →Naumann, Franz Anton Langlechner, Franz Anton Jirasek. Im 19. Jh. machte sich Franz Keil um die Alpenvereins-Kartographie verdient.

Die erste in Salzburg gedruckte Landkarte schuf um 1554 M.→Setznagel. Die erste »Luftaufnahme« aus unserem Gebiet ist die 1626 entstandene Berchtesgaden-Karte des Johann Faistenauer, die für einen Prozeß vor dem Reichshofrat in Wien gedruckt wurde. Die Karte von F. →Dückher von 1666 verwendet Setznagels Vorlage, allerdings aktualisiert und, der politischen Realität entsprechend, mit dem Tauernhauptkamm als Südgrenze. Der Landvermesser Rupert Marith entwarf eine Karte der Kirchenprovinz Salzburg, die 1675 als Einblattdruck, 1692 als Beilage zur »Historia Salisburgensis« von J. →Mezger weite Verbreitung fand. 1695 erhielt Georg Matthäus Vischer den Auftrag für eine neue Landesaufnahme, den er aber nicht mehr ausführen konnte. Die letzte Gesamt-Landeskarte des geistlichen Fürstenstaates schuf der →Michaelbeuerner Benediktiner P. Odilo Guetrater 1713. Sie erlebte durch die Nürnberger und Augsburger Verleger Homann, Seutter und Lotter große Auflagen. 1796 veröffentlichte Leopold Faber eine »Straßenkarte des Erzstifts Salzburg« als Beilage zu L. →Hübners »Reise durch das Erzstift Salzburg zum Unterricht und Vergnügen«. Die »Laien«-Kartographie endete mit der von Vikar August Winkelhofer entworfenen und 1805 in Nürnberg gedruckten Karte des »Kurfürstenthumes Salzburg mit den Fürstenthümern Passau, Eichstaedt und Berchtesgaden«, die noch Neuauflagen mit veränderten Grenzen 1811 (bei Bayern) und 1816 (bei Österreich) erfuhr.

Der erste schriftliche Kataster entstand 1562. Die Güterbeschreibung der Jahre 1604 bis 1612 umfaßte nur den Grundbesitz des Landesfürsten. Der Kataster des Fe. →Hieronymus Colloredo aus der Zeit von 1774 ff. diente der gerechten Steuerfestsetzung, er gilt aber auch als Vorgänger des österreichischen Grundbuchs. 1775 wurden die Fixpunkte für die geplante Universalvermessung des Erzstiftes festgelegt. Der Franzisceische Kataster von

1829/30 dient bis heute als Grundlage für die gesamten Besitzverhältnisse im Bundesland Salzburg. Er wird derzeit im Rahmen der Luftbild-Kartographie im Maßstab 1: 5.000 erneuert. Durch Lothar Beckel ist Salzburg in den letzten zwanzig Jahren zu einem Zentrum der Satelliten-Kartographie geworden.

Lit.: W. Schaup: Salzburgs gedruckte Landkarten. Salzburg 2000. – F. Zaisberger: Das Landt vnd Ertzstifft Saltzburg. Die erste gedruckte Landkarte Salzburgs, MGSL 12, Erg. Bd. 1988. – Salzburg im Bild gedruckter Karten. Kat. zur Ausst., Schriftenreihe des Salzburger Landesarchivs 6, 1988. – E. Bernleithner: Salzburg im Kartenbild der Zeiten. In: MGSL 105, 1965, S. 1-46.

F.Z.

Kästner, Erich, * Dresden, 23. 2. 1899, † München 29. 7. 1974, Schriftsteller, Kinderbuchautor. Der Autor ist durch seine Lyrikbände (u. a. »Herz auf Taille« 1928, »Ein Mann gibt Auskunft« 1930), Romane (u. a. »Fabian, die Geschichte eines Moralisten« 1931) und vor allem Kinderbücher (u. a. »Emil und die Detektive« 1928, »Pünktchen und Anton« 1930, »Das fliegende Klassenzimmer« 1933) berühmt; mit Salzburg durch seinen Roman »Der kleine Grenzverkehr« (1. Auflage u. d. Titel »Georg und die Zwischenfälle« 1938) verbunden. Darin schildert er die Mühen und Streiche seines Romanhelden, der es trotz der von Hitler über Österreich verhängten sog. 1000-Mark-Sperre schafft, täglich von Reichenhall nach Salzburg zu kommen. In der Verfilmung von H. Deppe (Deutschland) aus dem Jahr 1943 durfte K. im Vorspann nicht erwähnt werden. →Filmgeschichte, Salzburger.

Lit.: I. Tornow: E. K. und der Film. München 1998. – F. J. Görtz, H. Sarkowicz: E. K. Eine Biographie. München 1998.

H.H.

Katholisches Bildungswerk →Bildungswerk, Katholisches

Katschthaler, Johann Baptist, * Hippach (Tirol) 29. 5. 1832, † Salzburg 27. 2. 1914, Eb. von Salzburg 1900-14. Studierte an der Univ. Wien Medizin und Theologie; 1856 Priesterweihe, 1864 Prof. für Dogmatik in Salzburg, 1880 Domkapitular, 1891 Weihbischof, 1900 Fürsterzbischof, 1903 Ernennung zum Kardinal. Förderte den 1885 gegründeten →Universitätsverein und die Kirchenmusikreform der Cäcilianer, veröffentlichte zahlreiche dogmatische Schriften, eine Geschichte der Kirchenmusik (1893) und gab seit 1893 die Kirchenmusikalische Vierteljahresschrift (Fachzeitschrift des Salzburger →Cäcilienvereins) heraus.

Lit.: Jahresbericht XXXII des Dom-Musikvereines Salzburg. 1914.

G.W.

Kaufmann, Wilhelm, * Salzburg 18. 3. 1901, † 3. 9. 1999, Maler. K. wurzelte im romantischen Lebensgefühl der Wandervogelbewegung, wurde nach seinem Studium in Wien 1923 Mitarbeiter A. →Faistauers in Morzg. Damit vollzog er den Schritt von einer volksliedhaft gestimmten altmeisterlichen Malweise (»Landschaft mit dem bäuerlichen Lebenslauf«, 1922) zu einem pastosen Kolorismus, den er vor allem als Porträtist zur Geltung brachte. In seinen zahlreichen Wandmalereien bedient er sich einer schlichten, bilderbuchartigen Erzählweise. K.s Grundthema ist der beschauliche, von der Zivilisation unbehelligte Gleichklang von Mensch und Natur. Solche »archaische Idyllen« fand er abseits moderner Kunstströmungen in der unberührten Landschaft Kanadas, wo er 1953-57 lebte, und in den ursprünglichen Lebensformen der Eingeborenen, die er bei mehreren Aufenthalten in Albert Schweitzers Urwaldhospital Lambarene kennenlernte. In seiner Heimatstadt ist er immer wieder für die Erhaltung des Gesichtes von Stadt und Landschaft eingetreten. (Farbabb. S. 365)

Lit.: E. Rath: Damit es nicht verloren geht. W. K. Ein Lebensbild. Salzburg 1998. – Ausstellungskat. Karl Weiser und seine Freunde. Berufsvereinigung bild. Künstler, Salzburg 1992. – W. K. Ein Salzburger Maler. Salzburg 1991. – Der Maler W. K. Werkbuch. Salzburg 1976 (²1981). – Das Salzburger Jahr 1971/72, S. 64. – Gugg.

N.Sch.

Kaut, Josef, * Salzburg 16. 2. 1904, † Salzburg 8. 6. 1983, Schriftsteller, Journalist, Kulturpolitiker, Präsident der Salzburger →Festspiele. K. gehörte wie sein Freund G. →Rendl nach dem 1. Weltkrieg der literaturinteressierten Salzburger Schülergruppe »Der Föhn« an. Seine schriftstellerische Tätigkeit mußte hinter die Arbeit als Journalist zurücktreten (u. a. Korrespondent in Prag). 1945 gründete er das sozialistische Landesparteiorgan »Demokratisches Volksblatt«, dessen Chefredakteur er war. K. war maßgeblich am Zustandekommen des Festspielfondsgesetzes von 1951 beteiligt. Er wechselte vom Journalismus in die Politik: ab 1954 Landtagsabgeordneter, 1956-69 Landesrat für Kultur. Seit 1950 Direktoriumsmitglied der Salzburger Festspiele, 1971-82 als Nachfolger B. →Paumgartners Präsident der Salzburger Festspiele. Auf seine Einladung schrieb Th. →Bernhard die Dramen »Der Ignorant und der Wahnsinnige« (1972), »Die Macht der Gewohnheit« (1974) und »Am Ziel« (1981) für die Salzburger Festspiele, womit K. dem Gegenwartsdrama im Programm der Salzburger Festspiele hohe Beachtung verlieh. Mit seiner Direktoriumszeit sind der Ausgleich unterschiedlicher Temperamente und die unspektakuläre Lösung von Konflikten verbunden. Neben einigen Romanen und einer Geschichte der sozialistischen Arbeiterbewegung im Land Salzburg (2. Aufl. 1982) verfaßte K. zahlreiche Bücher über kulturpolitische Fragen und vor allem über die Salzburger Festspiele, so »Festspiele in Salzburg«, 1965, erweiterte Ausgabe 1969, Neugestaltung 1982.

Lit.: Kosch, 3. Aufl., Bd. 8, Sp. 979.

H.H.

Keldorfer, Viktor, * Salzburg 14. 4. 1873, † Wien 28. 1. 1959, Komponist und Chorleiter. Absolvierte das →Mozarteum, war zunächst Lehrer und Kirchenmusiker, seit 1892 in Wien, übernahm die Leitung der beiden größten österr. Männerchöre, des Wiener Männer-Gesangvereins (1909-21) und des Wiener Schubert-Bundes (1922-38, 1945-53), und konzertierte mit beiden Ensembles mehrmals in Salzburg. K. war Gründungsmitglied der Autorengesellschaft AKM und mehrere Jahre deren Direktor. Komponierte Kirchenmusik, Chorwerke und Lieder, edierte die Männerchöre von F. →Schubert und A. →Bruckner und verfaßte das musikgeschichtliche Werk »Klingendes Salzburg« (Zürich 1951). Sein Sohn Robert († 1980) vermachte seine Autographensammlung mit Briefen und Werken von M. →Haydn, W. A. →Mozart, F. Schubert und H. →Wolf österr. Institutionen.

Lit.: O. Dobrowolny: V. K. Wien 1959.

G.W.

Keller, Wilhelm, * Wels 8. 8. 1920, Musikpädagoge und Komponist. Musikalische Ausbildung am →Mozarteum und bei Johann Nepomuk David in Leipzig, 1945 Kompositionslehrer und Korrepetitor am Mozarteum, 1950 Dozent für Musiktheorie an der Musikakad. Detmold, 1960 Dozent für Musikerziehung an der Pädagogischen Hochschule Lüneburg; 1962-81 Prof. am →Orff-Institut Salzburg, seit 1968 auch Dozent an der Hochschule in Karlsruhe. K. wirkte in zahlreichen Kursen für die Verbreitung und Weiterentwicklung des Orff-Schulwerks. Forschungen auf dem Gebiet der musikalischen Sozial- und Heilpädagogik. Komponierte Orchester- und Chorwerke, Musik zum Salzburger →Adventsingen, Film- und Fernsehmusiken, Lieder für Kinder, edierte Salzburger Volksmusik, schrieb ein Handbuch der Tonsatzlehre (Regensburg 1957/59) und zahlreiche Aufsätze zu musikpädagogischen Fragen und zu →Neuer Musik. Seine Analysen zu Stil und Struktur der alpenländischen →Volksmusik (Mehrstimmigkeit) sind bedeutsam. Ab 1962 schuf K. sukzessive die Grundlagen für ein Salzburger Volksliedarchiv. 1997 Tobi-Reiser-Preisträger. →Adventsingen, →Volksliedwerk.

Lit.: Orff Schulwerk Informationen, 1974 ff.

G.W., U.K.

Wilhelm Kaufmann, „Familie des Künstlers", Öl, 1930 (SMCA)

Keltenmuseum Hallein, hervorgegangen aus dem 1882 gegründeten Stadtmuseum Hallein, das ursprünglich im Bürgerspital, ab 1930 im Rathaus und von 1952 an in einem Torbau der Stadtbefestigung untergebracht war. Die Umbenennung in Keltenmuseum erfolgte 1970 in Zusammenhang mit der Übersiedlung in das ehemalige Amtsgebäude der Saline am Pflegerplatz (erbaut Mitte 17. Jh.). →Landesausstellung 1980 im K. Auf rund 3000 qm wird ein umfassender Überblick über die Geschichte der Salzgewinnung am →Dürrnberg und über die Entwicklung von Hallein vermittelt. Das K. zählt zu den bedeutendsten Sammlungen von Zeugnissen →keltischer Kunst in Europa, es verwahrt alle seit 1949 gehobenen Grabfunde vom Dürrnberg. Hervorgehoben sei die Grabausstattung eines keltischen Häuptlings aus der 2. H. des 5. Jh.s v. Chr., der in einer hölzernen Kammer auf einem zweirädrigen Streitwagen liegend bestattet worden war, sein ungestörtes Grab wurde 1959 auf der Hochfläche des Mosersteines aufgefunden. Die →»Schnabelkanne vom Dürrnberg« ist in einer Replik ausgestellt, das Original wird im →SMCA verwahrt. Das K. beherbergt auch das 1985 gegründete »Österr. →Forschungszentrum Dürrnberg«, das die systematische Erforschung dieser Fundstätte zur Aufgabe hat. Einblicke in die Methoden der Salzgewinnung in neuerer Zeit gewähren die Bilder der sog. »Fürstenzimmer« im 2. Obergeschoß des Museumsgebäudes. Sie wurden im Auftrag des Eb. Sigismund Schrattenbach von Benedict Werkstötter im Jahre 1757 gemalt. Auf 80 Bildern wurden alle mit der Salzgewinnung in Zusammenhang stehenden Arbeiten dargestellt. Einen weiteren Schwerpunkt des Sammlungsbestandes bildet der Nachlaß von F. X. →Gruber, des Komponisten des Liedes →»Stille Nacht«. Neben persönlichen Erinnerungsstücken und einem Porträt des Komponisten wird auch jene Gitarre gezeigt, mit der F. X. Gruber 1818 die Uraufführung des Liedes begleitet hat.

F.M.

Keltische Kunst. Die Entstehung einer eigenständigen k. Kunst fällt in das 5. Jh. v. Chr. In einem weiten Gebietsstreifen nördlich des Alpenbogens, der sich von Ostfrankreich über Süddeutschland, Südböhmen und das österr. Alpenvorland bis hin zum Neusiedler See erstreckt, tritt zwischen 480 und 450 v. Chr. eine neue Kultur in Erscheinung, die nach einem Fundort in der Schweiz als »Latènekultur« bezeichnet wird. Diese ist gekennzeichnet durch einen eigenwilligen und unverwechselbaren Stil in der Verzierung von Waffen, Schmuck und Geräten. Ausschlaggebend für die Herausbildung des frühk. Stiles waren intensive Kontakte zu den Hochkulturen des Mittelmeerraumes wie auch zu Skythen und Thrakern im östlichen Mitteleuropa. Hochwertige Erzeugnisse aus griechischen und etruskischen Werkstätten gelangten in großer Zahl an die k. Fürstenhöfe nördlich der Alpen. Die im Auftrag der k. Oberschicht tätigen Handwerker haben Formen und Zierweise von Importgütern übernommen, jedoch diese nicht einfach kopiert, sondern in eigener Weise umgestaltet. Das Mittelrheingebiet und das anschließende Marnegebiet sowie die Salzorte →Dürrnberg und Hallstatt waren Zentren dieser Stilentwicklung. Als charakteristisches Beispiel für die erste Stilphase der k. Kunst ist die →»Schnabelkanne vom Dürrnberg« zu nennen. Im 4. Jh. v. Chr. wird der »Frühe Stil« durch einen neuen, mehr ornamentalen verdrängt, der ebenfalls auf der Übernahme südlicher Vorbilder beruht, kennzeichnend sind Ranken- und Leiermotive, die jedoch kaum noch die Vorlagen erkennen lassen. Tiefgreifende gesellschaftliche Veränderungen, vor allem das Aufkommen des Städtewesens ab dem 2. Jh. v. Chr., führten zu Massenproduktion und damit zum Verfall der frühk. Kunst. Auch in dieser Phase sind jedoch vor allem im Bereich der Tierplastik ansprechende Arbeiten entstanden, z. B. der »Hirsch vom →Biberg«, aus dem 1. Jh. v. Chr. →Landesausstellungen.

Lit.: O.-H. Frey: Die keltische Kunst. In: Die Kelten in Mitteleuropa, Salzburg 1980, S. 76 ff.

F.M.

Keplinger, Wilfried, * Salzburg 16. 5. 1922, † Salzburg 26. 1. 1963, Historiker. Nach der Dienstleistung in der Deutschen Wehrmacht studierte K. in Innsbruck und Wien und trat nach Absolvierung des Inst. für Österr. Geschichtsforschung 1950 den Dienst am Salzburger →Landesarchiv an. Neben seinen organisatorischen Fähigkeiten wurde K. vor allem mit seinen Arbeiten über Erzbischof →Wolf Dietrich und als langjähriger Schriftleiter der Mitteilungen der Gesellschaft für Salzburger

→Landeskunde bekannt.

Lit.: H. Klein: Nekr. W. K. In: MGSLK 104, 1964, S. 337 ff.

R.R.H.

Keramik. Die früheste bodenständige Töpferwerkstatt befand sich in frührömischer Zeit im Bereich des heutigen Festspielhauses. Nach Importen aus Italien und dem bayerischen Raum (vor allem Graphittonkrüge für Vorräte im 16. und 17. Jh. aus Passau) gewannen die Salzburger Werkstätten im 17., 18. und beginnenden 19. Jh. an Bedeutung. Verwendet wurde Zeller und Haunsberger Erde vor allem von den Hafnern des 16. und 17. Jh.s, der Ton der Röteläcker vom Plainberg, aus der Löwenau bei Laufen und von den Gruben bei Grödig im 18. und 19. Jh. von den Weißgeschirrfabrikanten. Keramische Gefäße, z. T. mit Modelabdrucken, Apotheker- und Weihwassergefäße, Tintenzeuge, Krüge und Teller sind vorerst meist Zeugen der →Hafnerkunst und in den Werkstätten der Steingasse in Salzburg entstanden. Auch die unverwechselbare Keramik Th. →Obermillners aus dem ausgehenden 17. Jh. und seines Nachfolgers stammt aus seinem Hofhafnerhaus Steingasse 28. Mit dem Zuzug J. M. →Mosers aus NÖ. begann 1737 die →Weißgeschirr-Erzeugung in den Werkstätten der Riedenburg hinter dem Mönchsberg. Mit diesen »Salzburger Fayencen« gewann die keramische Produktion wieder an Bedeutung. Unter Moser und seinen Nachfolgern J. →Pisotti d. Ä. und d. J. entstanden Gebrauchsgeschirre, Teller, Terrinen, Schüsseln, Schalen, Kannen, Krüge und vor allem Humpen in charakteristischem Dekor. Die Auflösung der Riedenburger Fabrik 1848 war durch das Aufkommen des billigen Porzellangeschirrs und Steinguts bedingt, sowie durch die politische und wirtschaftliche Situation Salzburgs zu Beginn des 19. Jh.s. Für die Keramik in Salzburg erreichen erst wieder im 20. Jh. einzelne Künstler wie H. →Heger, A. →Lehmann, L. →Spannring oder G. →Baudisch, sowie in jüngerer Zeit Marianne Ewaldt, Ingrid Leitner, Barbara →Reisinger, Gerold Tusch, Irene Zomann, Herta Lehmann und Ute Steigerwald-Lehmann Bedeutung.

Lit.: Ch. Svoboda: Blaue Welle – Grüne Flamme. Salzburger und Gmundner Fayencen des 17.-19. Jh.s. Salzburg 1999. – Gebrannte Erde. Salzburger Keramik. Hg.: Museumsverein Werfen, Salzburg 1995.

Ch.S.

Kern, Theodor, * Salzburg 10. 7. 1900, † Hitchins (England) 28. 2. 1969, Maler. Akad. der bildenden Künste Wien (Jungwirth, Sterrer, Bildhauerei bei Hanak), seit 1923 enger Anschluß an A. →Faistauer, dem er als Freskant im →Festspielhaus und in Morzg zur Seite stand. 1926-35 zahlreiche Wandbilder an sakralen und profanen Bauten in Salzburg, Saalfelden, Grafenhof, Linz und NÖ. 1930-37 unstetes Reiseleben zwischen England, Paris, Salzburg und Wien, im Freundeskreis des Philosophen D. v. Hildebrand Wandlung zu strenger Religiosität. 1938 aus Gewissensgründen Emigration nach England, wo er mehrere Kirchen ausstattete (auch Plastiken in Holz und Kunststeinguß). In seinen Fresken verband er Faistauers Kolorismus mit nazarenerhafter Formstrenge. Landschaften, Stilleben und Figurenbilder sind von farbensatter Pastosität dominiert. Im Spätstil unter dem Einfluß des Informel interessante Entwicklung zu vegetabilisch verschlungenen, impulsiven Kompositionen (»Seelenimpressionen«). (Farbabb. S. 363)

Lit.: K. H. Ritschel: Der Maler T. K. SMCA 1990. – Ausstellungskat. Abbild und Emotion. Österr. Realismus 1914-44, Wien 1984. – E. Ziegeleder: T. K. Salzburg 1975. – Gugg.

N.Sch.

Keutschach, Johann Ernst von, * Salzburg 1710, † Salzburg 14. 7. 1773, Maler und Architekt. Letzter eines einst bedeutenden, mittlerweile verarmten Kärntner Geschlechts, Hofbaudirektor unter Eb. Andreas Dietrichstein, als solcher für die Errichtung der Pfarrkirche Annaberg und des Hochaltars der Pfarrkirche Thalgau (1750) verantwortlich. Zu Lebzeiten wegen seiner Gouachebilder in Miniaturtechnik sehr geschätzt, phantastisch übersteigerte Architekturhallen und Ruinenlandschaften, die an Theaterszenerien erinnern.

Lit.: Ausstellungskat. Salzburg zur Zeit der Mozart. SMCA 1991, S. 197. – Ch. Willomitzer: Geschichte des Baudienstes im Land Salzburg. Salzburg 1985. – Thieme-Becker. – Martin.

N.Sch.

Khop →Kapp, Hans

Kiem, Pauli, * München 25. 10. 1882, † Wildbad Kreuth 10. 9. 1960, bayerischer Volksliedsammler und -pfleger, der weit über die Grenzen Bayerns hinaus wirkte. K. wurde vom bayerischen Königshaus und vom Reichstagsabgeordneten Kramer-Klett, einem Motor der bayerischen Trachtenvereinsbewegung, beeinflußt. Er begründete 1935 das weithin vorbildliche »Alpenländische Liedersingen« in Hohenaschau im Chiemgau und gab 1934 die »Sammlung oberbayerischer Volkslieder« heraus. Ab 1934 enger Kontakt und großer Einfluß auf T. →Reiser, K. →Brandauer und die Salzburger →Brauchtumsvereine.

R.A., U.K.

Kiesel, Reinhold, * Bietigheim bei Stuttgart 5. 4. 1837, † Salzburg 2. 11. 1897, Buchdrucker und Zeitungsherausgeber. Nach der Buchdruckerlehre kam K. auf seiner Wanderschaft auch nach Salzburg, war hier ab 1857 bei Endl & Penker und ab 1861 in der Duyle'schen Buchdruckerei tätig. 1865 trat er in die Keyl'sche Druckereien ein, die er nach dem Tod des Besitzers 1870 käuflich erwarb. Ab Dezember 1870 gab er das »Salzburger Volksblatt« als »Organ des Fortschritts für alle Stände« heraus, mit dem er sich vor allem an die großdeutsch-liberal gesinnte Bevölkerung wandte. Nach der vorübergehenden Eigentumsübernahme der Zeitung durch ein Konsortium der Liberalen Partei kaufte Kiesel das Blatt 1874 wieder zurück.

Lit.: W. Jakob: Salzburger Zeitungsgeschichte. Salzburg Dokumentationen 39, Salzburg 1979.

E.M.

Kieslinger, Alois, * Wien 1. 2. 1900, † Wien 1. 6. 1975, Geologe. 1949-70 als Prof. an der Technischen Hochschule Wien tätig, war K. mit baugeologischen Beratungsaufgaben, u. a. beim Neubau des Salzburger Großen →Festspielhauses, betraut. Unter seinen wissenschaftlichen Werken ragt die Arbeit über »Die nutzbaren Gesteine Salzburgs« (Erg.-Bd. 4 der MGSLK, Salzburg 1964) heraus. K. wurde 1966 mit dem Ehrenbecher des Landes Salzburg ausgezeichnet.

Lit.: E. Clar: Nachruf im Almanach der Österr. Akad. der Wissenschaften 126 (1976). Wien 1977, S. 492 ff.

R.R.H.

Kirchsteiger, Hans, * Eberschwang (OÖ.) 21. 10. 1852, † Aigen (Salzburg) 5. 5. 1932, kath. Priester, Schriftsteller. 1877 Priesterweihe, nach Konflikt mit vorgesetzten kirchlichen Behörden einige Jahre in Deutschland, seit 1897 wieder in Salzburg. Bekämpfte in zahlreichen antikath. Tendenzromanen vor allem eine unglaubwürdig gewordene kirchliche Sexualmoral (»Das Beichtsiegel«, 2 Bde. 1905; »Wie heißt das sechste Gebot?«, 1912; »Der morsche Beichtstuhl«, 1928). K. ermöglichte geschiedenen Katholiken eine kirchliche Wiederverheiratung (sog. »Kirchsteiger-Ehen«).

Lit.: H. Kirchsteiger. In: G. Steiner: Literaturbilder. Salzburgs Geschichte in literarischen Porträts, Salzburg 1998, S. 10-25. – NZC, Bd. 4, S. 1170. – K. Schoßleitner: Salzburger Schrifttum. In: Kunst in Österreich. Almanach. Leoben 1934, S. 165 f.

H.H.

Klaar, Adalbert, * Wien 27. 8. 1900, † Klosterneuburg 23. 5. 1981. Architekt, Pionier der Siedlungsforschung. Studium an der Technischen Hochschule Wien. Ab 1929 Zivilarchitekt in Wien und Salzburg, ab 1938 Beamter bei der Raumforschung. Nach seiner Habilitation über »Die Siedlungsformen von Salzburg« (1939) Veröffentlichung der beispielgebenden sechsteiligen »Siedlungsformenkarte Österreichs« (1942). Neben Lehrtätigkeit an der Technischen Hochschule und der Univ. Wien Bearbeiter von fast 2000 kunstgeschichtlich-architektonischen Planaufnahmen von Kirchen, Klöstern, Schlössern und Burgen für die ÖKT. Für nahezu alle österr. Städte und Markte systematische Erstellung von Baualterplänen, die neben ihrem wissenschaftlichen Wert Grundlagen bei Planungsaufgaben sind. Seine rund 500 Veröffentlichungen behandeln neben geschichtlichen, geographischen und kunstgeschichtlichen Themen bes. die Siedlungs-, Flur- und Hausformenkunde.

Klebel, Ernst, * Klagenfurt 26. 2. 1896, † Regensburg 20. 1. 1961, Historiker. Schulbesuch in Klagenfurt. Studium ab 1917 in Graz und Wien (Promotion 1922). Absolvent des Inst. für österr. Geschichtsforschung. Bereits als Student gelang ihm der aufsehenerregende Fund der Salzburger Annalen (→Annalistik), der bemerkenswerteste Fund frühmittelalterlicher Quellen im 20. Jh. K. habilitierte sich 1931 in Wien; Ausübung der Dozentur ab 1938. 1939-45 war er Stadtarchivleiter in St. Pölten und ab 1949 in Regensburg, wo er 1952 o. Hochschulprof. wurde. Er verfaßte eine Fülle grundlegender historischer Aufsätze und war mit Salzburg familiär (Neffe W. →Erbens) und wissenschaftlich (vom Annalenfund bis zu seiner letzten großen Arbeit, »Der Lungau«) eng verbunden. K. wurde nach Salzburg überführt und in →St. Peter beigesetzt.

Lit.: H. Klein: E. K. In: MGSLK 102, 1962, S. 255 ff. – K. Lechner: E. K. In: MIÖG 69, 1961, S. 471 ff.

P.F.K.

Kleber, Johann (Geburtsdatum unbekannt), bezeichnete sich selbst »vom Bregenzer Walde«, † 1757/58, Stukkator und Baumeister. Seit 1730 in Salzburg nachweisbar, 1739 Unterbaumeister als Vertreter für B. →Stuart, nach dessen Abgang 1741 Hofbauverwalter. 1733 Stuckierung der Pfarrkirche Gnigl, 1736-41 gemeinsam mit Stuart Vikariatskirche zur Unbefleckten Empfängnis Schwarzach, 1736-40 Detailrisse und Stuck für →Leopoldskron, 1738 Entwurf des Hochaltars der Kollegienkirche, nach dem Programm Stuarts, der den Tabernakel →Fischers v. Erlach ersetzt, 1744-59 Filialkirche hl. Laurentius in Althofen/Mariapfarr, 1749 Pfarrkirche hl. Leonhard in Mittersill, 1749-52 Dekanatskirche hl. Georg in St. Georgen bei Salzburg; 1757 trat K. in kaiserl. Dienst und wurde Bergverwalter in Hallstatt.

Lit.: Thieme-Becker.

M.O.

Kleimayrn, Johann Franz Thaddäus von, * Zell im Zillertal 25. 9. 1733, † Salzburg 5. 3. 1805, Jurist und Staatsmann. Als Sohn des Pflegers von Kropfsberg besuchte K. das Gymnasium und die →Univ. in Salzburg, wo er 1753 das Jusstudium abschloß. In einer steilen Karriere wurde er Hofrat, Hofbibliothekar und 1772 unter Eb. →Hieronymus Colloredo Hofratsdirektor und Mitglied der eb. Konferenz. Nach der Flucht des Eb. wurde K. Mitglied der Statthalterei und unter Kurfürst Ferdinand von Toskana Präsident der obersten Justizstelle sowie Mitglied des Staatsrates. K. wurde im Zuge seiner Ordnung der Salzburger Archive Verfasser wichtiger verfassungsrechtlicher und -historischer Arbeiten, von denen die »Juvavia« (1784) das Hauptwerk der Salzburger Staats- und Kirchengeschichte ist; ihr damals großteils noch unedierter Urkundenanhang zeigt eine neue Wissenschaftlichkeit im Geiste der →Aufklärung.

Lit.: K. H. Ritschel in: In Salzburg geboren, S. 77 ff.

R.R.H.

Klein, Herbert, * Graz 23. 1. 1900, † Salzburg 23. 11. 1972, Historiker. Nach dem Studium in Graz, u. a. bei W. →Erben, und der Absolvierung des Inst. für österr. Geschichtsforschung war K. ab 1924 vorerst als unbezahlter Volontär am Salzburger Landesregierungsarchiv unter dem Direktor F. →Martin tätig, dessen Nachfolger er nach 1950 auch als Vorstand der →Gesellschaft für Salzburger Landeskunde wurde. K.s Schriftenverzeichnis umfaßt 152 Titel zur allgemeinen Geschichte, zur Siedlungs-, Sozial- und Wirtschaftsgeschichte sowie zur Kultur- und Militärgeschichte.

Lit.: H. Wagner: Nekr. H. K. In: MGSLK 112/113, 1972/73, S. 1 ff. – FS. für H. Klein. MGSLK Erg. Bd. 5, 1965.

R.R.H.

Kleinsorg, Raphael, * Hopfgarten 16. 1. 1747, † Eberschwang (Oberösterreich) 2. 2. 1821, Priester, Erzieher. K. wirkte als Erzieher an der Lateinschule in Salzburg, verfaßte mehrere Lehrbücher zur salzburgischen Heimatkunde sowie das mehrbändige »Handbuch zum Gebrauche der niederen lateinischen Schulen« (Salzburg 1776). Er starb als Pfarrer von Eberschwang.

Lit.: Wurzbach. – A. K. Baader: Das gelehrte Baiern. Nürnberg 1804, S. 593.

Th.W.

Kleßheim →Fischer von Erlach

Klett, Johann Paul (Jean Paul Clett), * Suhl in Thüringen (Lebensdaten unbekannt), Büchsenmacher. Stammte aus einer der bedeutendsten Büchsenmacher- und -händlerfamilien aus dem einschlägigen Zentrum Suhl. K. übernahm 1636 die 1633 von Eb. →Paris Lodron gegründete Rohrschmiede und das Messingwerk in Ebenau. Mitglieder der Familie K. lieferten schon vor 1600 an den Salzburger Hof. Auch die drei Söhne K.s, Cornelius, Sigmund und Johann Paul, arbeiteten in der Rohrschmiede, die für drei Generationen in ihren Händen verblieb, bis sie in den späten 80er Jahren schließen mußte. Neben der Massenware lieferten sie auch hervorragende Waffen mit mehreren Läufen und Magazinen. Sigmund K. wird die Erfindung einer Waffe zugeschrieben, die durch Einführen eines zweiten Laufes in den originalen das Schießen mit verschiedenen Kalibern ermöglichte. Die

K.s entwickelten auch mehrschüssige Waffen und Pistolen.

Lit.: G. Frh. v. Gumppenberg: Die Waffensammlung. In: Meisterwerke, S. 36, Nr. 77.

Ch.S.

Klien, Erika Giovanna, * Borgo di Valsugana (Trentino) 12. 4. 1900, † New York 19. 7. 1957, Malerin, Graphikerin. Nach zahlreichen Versetzungen ihres Vaters, eines k.k. Bahnbeamten (u. a. Schwarzach), kommt K. 1912 nach Salzburg, wo sie zunächst das Salzburger Realgymnasium besucht, 1917/18 Übertritt in das Salzburger Mädchenlyzeum. 1918/19 Übersiedlung der Familie nach Wien-Hütteldorf, ab 1919 Besuch der Wiener Kunstgewerbeschule, Besuch von F. Cizeks Kursen bis 1924, 1922/23 Besuch einer Schauspielschule. K. entwickelt einen spezifisch kinetischen Konstruktivismus und gilt als eine besonders vielseitige (u. a. kin. Theater, Architektur, Plakate, Bücher, Briefmarken) und wichtige Vertreterin des Wiener Kinetismus. Von Juni 1926 bis Juli 1929 Leiterin der Zeichenklasse an der Elisabeth- →Duncan-Schule in Schloß Kleßheim, führt den Kinetismus als Unterrichtsmethode ein und verschickt den »Klessheimer Sendboten«, selbstironische Blätter mit Text-Bildern, an ihre Wiener Freunde. Mehrere Ausstellungen der Kleßheimer K.-Schule, 1929 Übersiedlung nach New York, im Sommer 1931 unterrichtet sie nochmals in Salzburg, seit 1938 amerik. Staatsbürgerin, lebt bis zu ihrem Tod in New York.

Lit.: M. Mautner Markhof: E. G. K. (Hg. Glasgalerie Kovacek). Wien 2001. – B. Leitner (Hg.): E. G. K. Wien-New York 1900-1957. Ostfildern 2001. – B. Wally. – E. G. K. 1900-1957. Ausstellungskat. d. Museums moderner Kunst im Museum des 20. Jhs. Wien 1987.

N.Sch.

Klöcken →Aperschnalzen

Klöppelspitzen →Spitzen

Klose, Olivier, * Hermannstadt (Siebenbürgen) 12. 4. 1860, † Wien 31. 5. 1933, Pädagoge und Archäologe. Studium der klassischen Archäologie an der Univ. Wien, ab 1889 Lehrtätigkeit am k. k. Staatsgymnasium Salzburg. Neben dem Schuldienst intensive Forschungen auf dem Gebiet der Urgeschichte und Provinzialarchäologie. Ausgrabungen in Stadt und Land Salzburg, 1906 übernahm K. die Leitung der Archäologischen Abteilung am →SMCA; wenige Monate vor seinem Tode fand er in einem keltischen Grab auf dem Dürrnberg die einzigartige →Schnabelkanne aus Bronze.

Lit.: Biographie und Schriftenverzeichnis in: Jahresbericht 1963/64 des Bundesgymnasiums Salzburg, S. 3 ff.

F.M.

Knoll, Martin, * Morzg/Salzburg 4. 8. 1888, † Salzburg 14. 7. 1937, Architekt. Absolvent der Staatsgewerbeschule Wien, Studium in München (Technik) und Wien (im Sommersemester 1918 bei Leopold Bauer an der Akad.). Mitarbeit im Baubüro des Vaters, nach dem Kriegsdienst selbständiger Architekt in Salzburg, Freundschaft und gelegentliche Zusammenarbeit mit Flesch-Brunningen und W. →Deininger. Der Heimatstil (mit Details aus dem Jugendstil) bestimmt sein Frühwerk (1909 Mörtelbauerhof, 1909-11 Haus Knoll in Morzg), klingt in seinen Villenbauten immer wieder an und führt später zu »bemerkenswerten Versuchen, den Charakter des Salzburger Mittelflur-Einhauses auf das vornehme Landhaus zu übertragen« (1933-34 Haus Walderdorff am Gaisberg, 1934-35 Haus Woodward in St. Jakob am Thurn). Dem Expressionismus nahe das →Festspielhausprojekt von 1922 gemeinsam mit Deininger und Flesch, ebenso die Turnhalle Morzg von 1923. Eine Versachlichung zeigt bereits das Kurhausprojekt von 1928, gemeinsam mit Deininger. Der »Posthof« von 1930-32 ist eine »vorbildlich in die altstädtische Situation integrierte moderne Architektur« (Achleitner).

Lit.: Achleitner 1980. – O. Kunze: Projektierte unausgeführte Monumentalbauten in Salzburg in den letzten sechzig Jahren. In: SV, Jubiläumsausgabe 1930. →Deininger.

M.O.

Koblitz, Hans Freiherr von, * Mauer bei Wien 1869, † Salzburg 2. 3. 1931, bedeutender Numismatiker, lebte ab 1918 in Salzburg. Als Abgänger des Theresianums in Wien schlug er eine militärische Laufbahn ein, daneben numismatische Studien und Sammeltätigkeit, Spezialgebiet antike und keltische Münzkunde. Zahlreiche wissenschaftliche Arbeiten, v. a. Verzeichnis der antiken Münzen des SMCA, Salzburg 1912.

Lit.: Biographie und Schriftenverzeichnis in: Wiener Prähistorische Zeitschrift 18, 1931, S. 83 ff.

F.M.

Martin Knoll, Entwurf für die Turnhalle Morzg, 1922 (Oskar Anrather)

Koch, Franz, * Mittersill (?) 1761 (Sterbedaten unbekannt), Maultrommel-Virtuose. Ging als Buchbindergeselle auf Wanderschaft, verdingte sich im preuß. Heer, wurde von König Friedrich Wilhelm freigestellt, um sich »der Musik verschreiben zu können«; bediente sich als Maultrommel-Virtuose mehrerer, in verschiedenen Tonarten gestimmter Instrumente und erzielte auf seinen zahlreichen Konzertreisen, u. a. 1793 in Salzburg, so »prächtige Wirkung«, daß Jean Paul in seinem Roman »Hesperus« (1795) empfahl, »nicht zu versäumen, ihn zu hören«.

Lit.: G. A. Pichler: Biographien salzburgischer Tonkünstler. Salzburg 1845.

G.W.

Köchel, Ludwig von, * Stein (NÖ.) 14. 1. 1800, † Wien 3. 6. 1877, Botaniker und Musikforscher. Lebte 1850-63 in Salzburg, dann in Wien. Von Salzburg aus betrieb er intensive Mozartstudien und legte mit dem Köchel-Verzeichnis (KV) das erste chronologisch geordnete thematische Verzeichnis der Werke W. A. →Mozarts vor (1862), das neben einer finanziellen Stiftung Köchels die Grundlage für die (alte) Mozart-Gesamtausgabe bildete, die in den Jahren 1882-89 erschien. K. verfaßte u. a. auch eine Studie über »Die Mineralien des Herzogthumes Salzburg« (1859) und gab Gedichtsammlungen heraus. 1867 wurde er zum Ehrenmitglied des →Mozarteums und der Gesellschaft für Salzburger →Landeskunde ernannt.

Lit.: O. Biba: L. R. v. K.s Verdienste um die Mozart-Gesamtausgabe. In: Bürgerliche Musikkultur im 19. Jh. in Salzburg, Salzburg 1981.

Koch-Sternfeld, Joseph Ernst Ritter von, * Wagrain 25. 3. 1778, † Tittmoning 28. 6. 1866, Staatsbeamter und Schriftsteller. Nach dem Besuch der Rechtsfakultät und einer Gerichtspraxis wurde K. 1801 in den Hofrat berufen; er intensivierte frühere historische und statistisch-ökonomisch-ethnographische Studien im Zusammenwirken mit J. Th. →Zauner und F. M. →Vierthaler. Während des mehrfachen Wechsels der Regierungsgewalten von 1805 bis 1810 war er in verantwortungsvollen Stellungen tätig, widmete sich aber verstärkt literarischen und archivalischen Arbeiten, unter denen jene über »Die letzten dreißig Jahre des Hochstifts und Erzbisthums Salzburg« (1816) herausragt. K. beendete seine Karriere in bayerischen Diensten als Legationsrat und Honorarprof. an der Münchener Univ.

Lit.: H. Katschthaler in: In Salzburg geboren. S. 129 ff.

R.R.H.

Kohr, Leopold, * Oberndorf bei Salzburg 5. 10. 1909, † Gloucester (Großbritannien) 26. 2. 1994, Wirtschaftswissenschafter. Nach der Ausbildung in Innsbruck, Paris und London war K. als Korrespondent im Spanischen Bürgerkrieg tätig, emigrierte 1938 in die USA, war hier sowie in Mexiko und Puerto Rico 1946-73 als Prof. für Wirtschaftswissenschaften tätig und unterrichtete 1973-77 Politikwissenschaft an der University of Wales. Es folgten eine Gastprofessur in Cambridge und Vortragsreisen in die USA, nach Kanada, Großbritannien und in die Schweiz. Intern. bekannt wurde K. durch seine Werke »Die überentwickelten Nationen« (1983) und »Das Ende der Großen« (1986), sein propagierter Antizentralismus sieht das Ideal in kleinen Staats- und Wirtschaftseinheiten (»Small is beautiful«). K. wurde mit dem Ring des Landes Salzburg ausgezeichnet.

Lit.: G. Lehner: Die Biographie des Philosophen und Ökonomen L. Kohr. Wien 1994.

R.R.H.

Kokoschka, Oskar, * Pöchlarn (NÖ.) 1. 3. 1886, † Montreux 22. 2. 1980, Maler, Graphiker, Schriftsteller. Die Beziehungen K.s zu Salzburg begannen im Frühjahr 1950 infolge einer Ausstellungskonzeption und Einladung durch F. →Welz. Während eines dreimonatigen Aufenthaltes in Salzburg entstand die

Stadtansicht »Salzburg vom Kapuzinerberg«, die später die Bayerische Staatsgemäldesammlung München erwarb. Erste Überlegungen zu einer Sommerschule, die 1953 als →»Schule des Sehens« verwirklicht wurde. 1955 führte die Wiener Gobelin-Manufaktur nach dem Gemälde »Amor und Psyche« und Bordürenentwürfen von K. für das neue →Festspielhaus einen Wandteppich aus. 1956 Kohleentwürfe für die Betongravuren auf dem Südportal der Pfarrkirche →Parsch. Höhepunkt in K.s Wirken für Salzburg war die Bühnenausstattung zu Mozarts »Zauberflöte« für die →Festspiele 1955 und 1956, unter der musikalischen Leitung von Georg Solti und der Regie von H. →Graf. Die Anregung dazu kam von W. →Furtwängler.

Lit.: F. Welz: Kokoschka und Salzburg. In: O. K., Vom Erlebnis im Leben. Graz 1976.

M.O.

Kolb, Annette, (eigentlich Anna Mathilde K.), * München 3. 2. 1870, † München 3. 12. 1967, Schriftstellerin, Essayistin, Übersetzerin. K. litt als Tochter eines kgl. bayerischen Gartenbauinspektors und einer französischen Pianistin zeitlebens an der Feindschaft zwischen Deutschland und Frankreich. Zweisprachig aufgewachsen und in beiden Kulturen zu Hause, stellte sie ihr Leben und Werk in den Dienst der Überwindung der tiefen Kluft zwischen den beiden Völkern. Im 1. Weltkrieg trat sie vehement gegen den Nationalismus in Deutschland und Frankreich auf (»Briefe einer Deutsch-Französin«, 1916) und mußte aufgrund ihrer pazifistischen Einstellung in die Schweiz emigrieren. Freundschaft mit Romain Rolland und dem deutsch-französischen Dichter René Schickele. 1919 kehrte sie nach Deutschland zurück und nahm mit zahlreichen Reisen quer durch Europa, mit Künstlerbegegnungen, Theater- und Festspielbesuchen, in politischen Missionen und Vermittlungsaufgaben sehr rege am politisch-kulturellen Leben teil. 1933 floh sie über die Schweiz nach Paris, 1940 nach New York. Nach 1945 lebte sie in Paris und in München. Ihre Freundschaft mit M. →Reinhardt und die Festspielbesuche 1934-1937 bilden den Hintergrund des Buches »Festspieltage in Salzburg und Abschied von Österreich« (Amsterdam 1938). Darin schildert sie auch die angespannte politische Situation in Salzburg. Ihre 1937 erschienene »Mozart«-Biographie entwickelte sich zu einem außergewöhnlichen Erfolg, das Buch ist heute noch im Handel erhältlich.

Lit.: Ch. Marlo Werner: A. Kolb. Eine literarische Stimme Europas, Königstein/Taunus 2000. – W. Killy (Hg.): Literaturlexikon. Bd. 6, S. 454 f.

H.H.

Kölbl, Walther, * Salzburg 25. 2. 1891, † Tarnów (Galizien, gefallen) 20. 12. 1914, Maler. Vierjähriges Studium bei L. v. Herterich an der Münchner Akad. mit Reisen nach Venedig und Holland. Der im →SMCA verwahrte Nachlaß (Landschaften, Studienköpfe) zeigt eine Entwicklung von jugendstilhafter Stimmungsmalerei zu impulsiver Pinselgestik, die auf eine Berührung mit der aufkeimenden expressionistischen Kunst Münchens schließen läßt. (Farbabb. S. 10)

Lit.: Ausstellungskat. Romanischer Keller Salzburg 1984. – Meisterwerke, Tf. 64. – ÖBL.

N.Sch.

Kolleg St. Benedikt →Benediktiner, →St. Peter

Komitee für Salzburger Kulturschätze, 1978 auf Initiative von LH. Wilfried Haslauer ins Leben gerufenes Gremium, das sich der Wiederauffindung und Rückführung von historisch oder künstlerisch bedeutsamen Objekten widmet, die aufgrund widriger Zeitumstände im Lauf der Geschichte aus Salzburg verschwanden. Es gilt Verluste auszugleichen, die das Land insbesondere während der auf die Säkularisierung folgenden Jahre zwischen 1800 und 1816, als viel Kulturgut nach Wien, München, Paris und Florenz verbracht wurde, aber etwa auch durch die Notverkäufe der Zwischenkriegszeit erlitten hat. Die Vermittlungs- und Erwerbungstätigkeit kommt öffentlichen Sammlungen und Archiven zugute, weitere Aktivitäten betrafen u. a. die Erstellung eines Fotoarchivs zur Salzburger Kunst und die Bearbeitung der alten Inventare der Salzburger Burgen und Schlösser. Vorsitzender ist seit der Gründung K. H. →Ritschel.

Lit.: P. Husty: Salzburger Kulturschätze. Dokumentation zum zwanzigjährigen Bestehen des K. Salzburg 1998 (17. Erg.bd. der MGSKL). *N.Sch.*

Komponistenforum Mittersill, 1996 von Wolfgang Seierl und Christian Heindl gegründet. Idee des Komponistenforum ist es, die

Gedenkfeiern für den am 15. September 1945 in Mittersill tragisch ums Leben gekommenen A. →Webern in ein Veranstaltungskonzept einzubinden, in dem jungen Komponisten die Präsentation ihrer Werke und ein geistiger Austausch ermöglicht wird. Zu den alljährlich im September stattfindenden Workshops und Konzerten werden neben international anerkannten Künstlern vorwiegend Nachwuchskomponisten aus Österreich eingeladen. Motto des Komponistenforums: »Wo Musik zu Ende ging, Musik neu entstehen lassen.«

B.D.

König, Franz Xaver, * um 1711, † Salzburg 24. 12. 1782, Maler. Vielbeschäftigter Kirchenausstatter und Schöpfer repräsentativer Erzbischofporträts, der stilistisch in der Nachfolge P. →Trogers und der venezianischen Spätbarockmalerei steht. Als Leiter eines Werkstattunternehmens, in dem u. a. B. →Werkstätter, Johann Baptist Weiß und F. N. →Streicher arbeiteten, fand er vor allem seit 1753 bei der barocken Neugestaltung von Stift →St. Peter ein reiches Betätigungsfeld (von seiner Hand u. a. Bilderzyklus der Hll. Benedikt und Rupert an den Hochwänden der Stiftskirche, die Kuppel- und Deckenfresken wohl eher von seinem Mitarbeiter Weiß; Deckenbild und Galerie der Erzbischöfe im Abteisaal; Ausstattung der Bibliothek; Serie der Landsitze der Äbte). Weitere Arbeiten in der Michaelskirche, in St. Georgen b. Salzburg und im Schloß Emslieb (Ruperti-Ritterordensträger).

Li.t.: Thieme-Becker – Martin – ÖKT Bd. 12

N.Sch.

Konrad I. von Abenberg, * um 1075, † Lungau (Ort unbekannt) 9. 4. 1147, Eb. von Salzburg 1106-47. Entstammt vermutlich dem fränkischen Geschlecht der Grafen von Abenberg und nicht, wie von der älteren Forschung angenommen, dem bayerischen Geschlecht der Abensberger. Mitglied der Hofkapelle Ks. Heinrichs IV. Ordnete nach dem Amtsantritt die zerrütteten Verhältnisse in der Salzburger Kirche. 1110 schenkte er die bisherigen eb. Wohntrakte an die Mönche von →St. Peter. Als Gegner Ks. Heinrichs V. und aufgrund innenpolitischer Wirren 1112-21 im Exil. Nach seiner Rückkehr nach dem Ende des Investiturstreits reformierte und reorganisierte er die Salzburger Kirche. Umfassende religiöse Erneuerung durch seine Ordensreform. Reformzentrum war das Salzburger Domkapitel, für das er 1122 die Augustiner-Chorherrenregel einführte. Ausbau des Erzstiftes unter Einbeziehung der eb. Ministerialen. Die Burgen Hohensalzburg und Hohenwerfen wurden stark erweitert, auch Friesach, Leibnitz, Pettau und Reichenburg entstanden neu bzw. wurden verstärkt. Neuerrichtung des Marktes Friesach auf Salzburger Besitz und Errichtung einer →Münzstätte. Auch die Stadt Salzburg wurde durch K. bedeutend verändert. Große Areale (Frauengarten) wurden an St. Peter übertragen, und das Domkapitel erhielt reichen Besitz im Kaiviertel. Zur Bewässerung des landwirtschaftlich genutzten Grundbesitzes wurde der noch heute bestehende →Almkanalstollen durch den Mönchsberg geschlagen. K. errichtete 1122 ein neues Domkloster und 1124 einen prunkvollen Bischofshof (an der Stelle des Osttraktes der heutigen Residenz). Der Dom (Brand 1127) erhielt mit zwei mächtigen Westtürmen ein neues Aussehen, und das Kircheninnere wurde prunkvoll ausgestattet. In der Stadt entstanden die ersten Armenspitäler. Auch die Erbauung der ersten Stadtmauer geht mit großer Wahrscheinlichkeit auf K. zurück.

Lit.: B. Wiedl: K. I. von Abenberg (1106-1147). Reformer im Erzstift, in: P. F. Kramml, A. St. Weiß: Lebensbilder Salzburger Erzbischöfe aus zwölf Jahrhunderten, Salzburg Archiv 24, Salzburg 1998, S. 63 ff. – H. Dopsch: Salzburg im Hochmittelalter. In: Geschichte I/1, S. 254 ff. – K. Zeillinger: Eb. K. I. von Salzburg (1106-1147), Wien 1968.

P.F.K.

Konsalik, Heinz G. (eigentlich Heinz Günther, Pseudonyme Jens Bekker, Stefan Doerner, Boris Nikolai, Henry Pahlen u.a.), * Köln 28. 5. 1921, † Salzburg 2. 10. 1999, Schriftsteller. Lebte von 1989-99 in Salzburg. Begonnenes Medizinstudium, dann Studium der Theater- und Literaturwissenschaft. Im 2. Weltkrieg Kriegsberichterstatter. Nach dem Krieg zunächst Dramaturg, Journalist, Lektor, Redakteur, seit 1951 freier Schriftsteller. Mit dem Roman »Der Arzt von Stalingrad« (1956) erlebte K. seinen literarischen Durchbruch, bisherige Verkaufsauflage dieses Buches allein in Deutschland ca. 3,5 Mio. Exemplare. K. ist der meistgelesene und kommerziell erfolgreichste deutsche Autor der Nachkriegszeit. 1946-99 schrieb er insgesamt 156 Unterhaltungsromane, die in

46 Sprachen übersetzt und bisher in über 86 Mio. Exemplaren verkauft wurden. Vorabdrucke in Illustrierten, Buchgemeinschafts- und Taschenbuchausgaben sowie zahlreiche Verfilmungen (u. a. vier Romane als »Konsalik-Collection«, 1998, u. a. mit Gudrun Landgrebe, Jürgen Prochnow) bewirkten seit Mitte der 50er Jahre eine medienübergreifende Verwertung seiner Werke. Wählte K. bis Mitte der 60er Jahre vornehmlich Rußland und den 2. Weltkrieg als Themen (u. a. »Strafbataillon 999«, 1959, oder »Liebesnächte in der Taiga«, 1966), wandte er sich später zeitaktuellen Themen zu. Konsalik fühlte sich als »Volksschriftsteller« und »Märchenerzähler für Erwachsene«. Seine Romane mischen Elemente des Rußland-, Kriegs-, Abenteuer-, Liebes-, Arzt- und Zeitromans und verkünden eine nationalistisch-konservative Botschaft. Neben dem Schreiben galten seine Interessen dem Reisen (Rußland, Afrika, China, Polynesien) und der Musik. Sein literarischer Nachlaß und ausgewählte Exponate seiner ethnologischen Sammlungen befinden sich im Salzburger →Literaturarchiv.

Lit.: M. Harder: Erfahrung Krieg. Zur Darstellung des Zweiten Weltkriegs in den Romanen von H. G. K., Würzburg 1999. – I. Fichtner: H. G. Konsalik. Bibliographie eines Bestseller-Autors. Zürich 1998. – A. U. Mertens, Chr. Proske (Hg.): H. G. K. Porträt eines Bestseller-Autors. München 1991. – S. A. Schimetta: Konsumromane. Das Bild der Frau in den Romanen von H. G. K. Salzburg. Diss. 1985. – Brockhaus. – Killy.

H.H.

Konsistorialarchiv (Erzbischöfliches Konsistorialarchiv Salzburg, KAS), Archiv und Registratur des Konsistoriums im ehemaligen Erzstift Salzburg und des erzbischöflichen Ordinariats seit der Säkularisation. Hauptgruppen: Urkundenreihe ab 1200, Personalakten der Erzbischöfe seit →Leonhard v. Keutschach, Präsidialakten der Erzbischöfe ab 1825, Konsistorialprotokolle 1505-1850, Akten der Suffraganbistümer, Reformationsakten 16.-18. Jh., Generalvisitationen 17.-18. Jh., Kirchenrechnungen ab 1600. Neben diesen Akten verwaltet das Diözesanarchiv ein durch EDV erfaßtes Fotoarchiv, das Dommusikarchiv, die Diözesanbibliothek und das Archiv der ca. 220 Seelsorgestellen (Dekanate, Pfarren, Klöster). Die Bestände stehen allen Interessenten offen. Das KAS befindet sich im Erzbischöflichen Palais, Salzburg, Kapitelplatz 2.

H.O.

Kontarsky, Alfons, * Iserlohn 9. 10. 1932, Pianist und Klavierpädagoge. Erhielt seine Ausbildung bei Else Schmitz-Gohr, Maurits Frank und Eduard Erdmann, 1967 Prof. an der Staatlichen Hochschule für Musik in Köln, 1983 Gastprof. am →Mozarteum, seit 1986 Leiter einer Klavierklasse am Mozarteum. Hervorragender Interpret zeitgenössischer Klaviermusik, z. T. im Duo mit seinem Bruder Aloys K. und mit den Cellisten Ludwig Hölscher und Klaus Storck.

Lit.: Lexikon der Interpreten klassischer Musik. Kassel 1992.

G.W.

Konzertdirektion Schlote. 1923 von Margarethe Schlote in Duisburg gegründet; nach Stationen in Düsseldorf und Frankfurt seit 1966 von Hans Schlote in Salzburg geleitet mit dem Ziel der Vermittlung zwischen unterschiedlichen Nationen, Rassen und Gesellschaftsformen. Seit Kriegsende vorwiegend subventionsfreie Durchführung von 14 000 Veranstaltungen in 57 Ländern, außerhalb Österreichs vor allem von Operngastspielen und Konzertreihen, in Österreich von Theaterzyklen und Gastkonzerten. 1967-77 Organisation und Geschäftsführung der →Musikalischen Jugend, Sektion Salzburg, mit insgesamt 130 Abenden.

G.W.

Krafft, Barbara, * Iglau (Mähren) 1. 4. 1764, † Bamberg 28. 9. 1825, Malerin. Tochter des k. k. Kammermalers Joh. Nep. Steiner, der sie frühzeitig in der Porträtmalerei unterwies. Sie folgte ihrem Vater nach Wien, stellte dort 1786 ihr erstes Porträt aus und wurde angeblich Mitglied der Akad. Vor allem ihre »dreiste Manier, so wie man dieses nie von einem Frauenzimmer gesehen«, machte sie bekannt. In den folgenden Jahren reiste sie mit ihrer Familie über Salzburg (1794) und Iglau nach Prag, wo sie u. a. Gelehrtenbildnisse für die Univ. malte. 1804-21 war Salzburg ihr Wohnsitz. 57jährig übersiedelte sie nach Bamberg, unermüdlich »konterfeiend« bis zum letzten Atemzug. Frischer malerischer Vortrag und kluge Charakterisierungskunst machen K. zur vorzüglichsten Porträtistin Salzburgs am Beginn des 19. Jh.s. Rokokohaftes Kolorit und duftiger Farbauftrag konvergieren mit einer die natürliche Haltung des Porträtierten beto-

Krampusperchten in Gastein heute (SLIVK)

nenden Auffassung. In ihrer temperamentvollen Manier schuf sie außerdem holländ. Wirtshausszenen, Charakterköpfe und Andachtsbilder. (Farbabb. S. 349)

Lit.: B. Wally. – B. Krafft: B. K. Diss. München 1983. – G. Greer: Das unterdrückte Talent. Berlin-Frankfurt-Wien 1980. – Thieme-Becker.

N.Sch.

Kraftwerke →Bauten des Wasserwesens

Krampusperchten, sind eine Verselbständigung der Begleiter des hl. Nikolaus in Verquickung mit den »Schiachperchten«, d. s. Faschingsmasken, führen an vielen Terminen rund um den 6. Dezember ihre Läufe in Passen durch. Sie tragen teils industriell gefertigte, teils geschnitzte Holzmasken mit Rinder-, Widder- und Steinbockhörnern, dazu Fellkostüme, Schellengürtel, Ruten und Ketten. Heidnisch-mythische Hintergründe oder Bezüge zu Frau Bercht und Wodans Wilder Jagd existieren nicht, wurden aber von den Nationalsozialisten behauptet. Als K. Entwicklung erst im 20. Jh. Seit den 1960er Jahren nehmen im touristischen Umfeld die Gruppen und Läufe zu. →Perchten, →Weihnachtsbräuche.

U.K.

Krankenhäuser →Spitäler

Kränzl, Norbert →Oberer, Josef

Krasnitzky, Kay (eigentlich: Otto Erich K.), * Troppau 29. 8. 1914, † Badgastein 29. 3. 1978, Graphiker und Bildhauer. Ausgebildeter Architekt, seit 1945 in Salzburg. K.s mit spielerischer Experimentierfreude gepaarte handwerkliche Gesinnung gewinnt dem Material neben anmutigen-dekorativen Wirkungen vor allem in der Druckgraphik und in Polyesterreliefs auch eine magische, zwischen Archaik und Technik gepolte Chiffrenhaftigkeit ab. Sgraffiti, Mosaike, Keramikmalerei, Gipsschnitte, Türgriffe, Glasdesign, Buch- und Zeitungsillustrationen bezeugen seine Vielseitigkeit.

Lit.: Ausstellungskat. Karl Weiser und seine Freunde. Berufsvereinigung bild. Künstler, Salzburg 1992. – Gugg. – Ausstellungskat. Künstlerhaus, Salzburg 1980. – Vollmer.

N.Sch.

Krauss, Clemens, * Wien 31. 3. 1893, † Mexico City 16. 5. 1954, Dirigent. Absolvierte das Konservatorium in Wien; erstes Engagement als Chordirektor am Stadttheater Brünn, Kapellmeister in Riga, Nürnberg, Stettin und Graz, 1924 Intendant der Oper in Frankfurt. 1929 Direktor der Wiener Staatsoper und Leiter einer Kapellmeisterklasse an der Wiener

Musikakad., 1934-37 Leiter der Berliner Staatsoper, 1937-44 der Bayerischen Staatsoper München (1938 Intendant, 1943 Generalintendant), seit 1939 auch Direktor des →Mozarteums und der Salzburger →Festspiele. 1945-47 wegen seines politischen Opportunismus im »Dritten Reich« mit Aufführungsverbot belegt, nach 1947 Gastdirigent der Wiener Staatsoper und der →Wiener Philharmoniker, mit denen er eine Reihe unvergessener Neujahrskonzerte gestaltete, seit 1950 auch der Bamberger Symphoniker. K. war einer der bedeutendsten Operndirigenten der 1. H. des 20. Jh.s und leitete zahlreiche Uraufführungen, u. a. der Opern »Arabella«, »Friedenstag«, »Capriccio« und »Die Liebe der Danae« (Salzburg 1952) seines Freundes R. →Strauss. 1930 dirigierte er die Wiener Erstaufführung von Alban Bergs »Wozzeck«. K. begleitete seine Frau, die Sopranistin Viorica Ursuleac, bei Liederabenden am Flügel. Bei den Salzburger Festspielen dirigierte er 1926-53 neben Orchesterkonzerten vor allem Opern von R. Strauss (»Ariadne«, »Rosenkavalier«, »Frau ohne Schatten«, »Ägyptische Helena«, »Elektra«, »Arabella« und »Die Liebe der Danae«), von W. A. →Mozart (»Figaro«, »Così fan tutte«, »Don Giovanni«, »Zauberflöte«) und Beethovens »Fidelio«.

Lit.: G. K. Kende, S. Scanzoni: Der Prinzipal. C. K.: Fakten, Vergleiche, Rückschläge. Tutzing 1988. – G. K. Kende: R. Strauss und C. K. München 1960. – J. Gregor: C. K. Wien 1953.

G.W.

Kremsmayer, Hermann, * Salzburg 18. 2. 1954, Maler. Studium in Wien, seit 1975 freischaffend, 1981-84 in Barcelona, lebt in Wien. K. begann mit melancholischen, farblich überaus verhaltenen Dachlandschaften und Interieurs, deren Gegenständlichkeit in einen ruinösen Zustand übergeht. Nach dem Spanienaufenthalt folgten weich strukturierte Farbflächen, durchsetzt mit kaum konturierten Zeichen. In den letzten Jahren landschaftsähnliche Malereien von reliefhafter Wirkung. Formen zwischen Werden und Vergehen. Auch Aquarelle, Lithographien, Graphikeditionen, Buchillustrationen sowie Kunst am Bau (Orchesterhaus Mozarteum, Lehrbauhof, beide 1991). (Farbabb. S. 375)

Lit.: Ausstellungskat. 1997 Salzburg (mit einem Essay von Karl-Markus Gauß), 1993 Wien, 1988 Salzburg.

N.Sch.

Kreuder, Peter, * Aachen 18. 8. 1905, † Salzburg 28. 6. 1981, Pianist und Komponist. Unternahm als Pianist zahlreiche Konzertreisen (3780 Konzerte in 39 Ländern); 1932 leitete er im Münchener »Odeon« das erste Jazzkonzert mit eigenem Orchester, 1934 die Uraufführung von Gershwins »Rhapsody in Blue«, avancierte zum erfolgreichsten dt. Film- und Schlagerkomponisten. Verbrachte seine letzten Lebensjahre in Salzburg. Schrieb Opern, Operetten und Musicals, Orchester- und Klavierwerke, Lieder und die Musik zu 187 Filmen. Weltbekannt wurden seine Schlager »Sag beim Abschied leise Servus«, »Good-bye, Johnny«, »Im Leben geht alles vorüber« und »Einmal von Herzen verliebt sein«. Veröffentlichte die autobiographischen Bücher »Schön war die Zeit« (1955) und »Nur Puppen haben keine Träume« (1971).

Lit.: D. Schneidereit: Operette. Berlin 1975.

G.W.

Krieger, Josef, * Salzburg 10. 3. 1848, † Zürich 10. 3. 1914, Maler. Lebte seit 1873 in München, besorgte die landschaftlichen Partien seinerzeit hochberühmter Panoramagemälde, so des Braunschen Panoramas der Schlacht bei Weißenburg, des Piglheinschen Panoramas der Kreuzigung Christi (nach Studienaufenthalt in Palästina 1885) und des Berliner Nordlandpanoramas (nach Studienaufenthalt in Norwegen 1887).

Lit.: S. Oettermann: Das Panorama. Die Geschichte eines Massenmediums, Frankfurt 1980. – Thieme-Becker. – SV, 14. 3. 1914.

N.Sch.

Krippen. Salzburg hat als »Krippenland« nie die Bedeutung seiner Nachbarländer Tirol und OÖ. erreicht. Große, vielfigurige Kirchenkrippen und Bretterkrippen gab es jedoch hier wie anderswo auch. An der Fertigung der speziell in Salzburg verehrten Christkindln, die zu Weihnachten vor den Altar gestellt wurden, sind seit dem 17. Jh. vor allem die Frauenklöster beteiligt. In Salzburg entwickelte sich der im Spätmittelalter in Frauenklöstern weit verbreitete und schließlich verbotene Brauch des »Kindlwiegens« (Puppen wie lebendige Säuglinge in der Wiege) zu speziellen Formen der Verehrung des Christkindes (→Nonnberg). Internationale Einflüsse finden sich in den

Figuren des »Bornkindl«, des »Himmlischen Bräutigams« und Trösterleins. Auch das wachsbossierte →Fatschenkindl mit Echthaar und eingesetzten Glasaugen zählt in der Folge zur Gruppe der Klosterarbeiten und Vorkrippen-Ersatzfiguren. Neben den vielen anonymen Krippenschnitzern des 18. und 19. Jh.s seien Bildhauer wie F. de Paula →Hitzl und sein Sohn Franz für Salzburg genannt. Nach dem Krippenverbot von Eb. →Hieronymus Colloredo am 22. 11. 1782 ist ein Rückgang der Kirchenkrippe und die Ausbildung der für Salzburg spezifischen Kastenkrippe als Hauskrippe in Privatbesitz zu vermerken. Eine Sonderform entwickelte sich im Wohnraum der Salzachschiffer um 1800 (Oberndorf-Laufen, Hallein): Tragstangenkrippen und -kästen sowie kleine »Nähkastenkrippen« mit Wachsfiguren. Diese wurden bei vorweihnachtlichen Umzügen und Heischegängen von den zur Winterszeit brotlosen Schiffersleuten gezeigt. Das 20. Jh. brachte in Salzburg Krippenbauer und -schnitzer hervor, die meist sogenannte Heimatkrippen fertigten; Kleidung, Hausformen und gemalte Prospekte spiegeln Salzburger Typen wider: Theodor Pfitzer (1. H. 20. Jh.), Carl Storch (1868-1955), Josef Klampfer (1892-1962), X. →Schläffer, L. →Spannring, Hanns Rabitsch (1900-86).

Lit.: Ch. Svoboda: Krippen und religiöse Kleinodien. JahrSMCA 31, 1985. – F. Prodinger: Die Weihnachtskrippe in Salzburg. In: Die Weihnachtskrippe aus Österreich, Innsbruck 1966.

Ch.S.

Kristallmühle. 1665 gründete Eb. Guidobald Thun eine hofeigene »Cristall-Mihl«, die mit dem Wasser des →Almkanals betrieben wurde und »in der →Münze« angesiedelt war (Münzgebäude Gstättengasse 1; die »Schleifermühle« war als Nebenbetrieb der Münze am ursprünglichen Bürgerspitalsgrund). Dort wurde neben →Bergkristall auch →Marmor mit Einschlüssen zu Gefäßen, Lustern und Schmuck geschliffen. Vorerst dienten die mit Ausfuhrverbot belegten Erzeugnisse ausschließlich der Vermehrung der eb. Schaugefäße und als fürstliche Geschenke. Charakteristisch für die Bearbeitung in Salzburg ist die Bewahrung der dem Bergkristall eigenen klaren Form und ihre Materialgerechtigkeit. Für den Schliff wurden Sandsteinscheiben aus der Frauengrube in St. Pankraz am Haunsberg verwendet. Der erste der →Kristallschneider (Guilielmi Dögg = Döck, = Deck, † 1668 in Salzburg) wurde aus dem »Schleiferzentrum« Freiburg/Breisgau geholt. Ab 1700 machte sich ein Mangel an Rohmaterial bemerkbar, doch schon ab 1720 scheinen wieder reichlich Kristalle vorhanden gewesen zu sein. Wurden in der Frühzeit der Mühle hauptsächlich Schalen, Becher und Karaffen hergestellt, so entstanden unter Eb. Franz Anton Harrach die großen Kronleuchter für die Audienz- und Wohnräume der →Residenz. Ab dem 2. D. des 18. Jh.s schloß sich der Kristallmühle auch eine Spiegel- und Glasschleiferei an.

Aus den »Abfallstücken« der Gefäßerzeugung wurden stets auch Amulette, Schmuck, Rosenkranzperlen und Deckplatten für Reliquiare hergestellt.

Lit.: H. Ebner: Bergkristallverarbeitung. Diplomarbeit Salzburg 1990. – S. Schwarzacher: Studie zum Gefäßsteinschnitt in Süddeutschland und Österreich mit Schwerpunkt Salzburg. Diss. Wien 1984. – N. v. Watteck: Bergkristallverarbeitung in Salzburg. In: MGSLK 112/113, 1972/73, S. 541 ff.

Ch.S.

Kristallschneider, gehörten keinem bürgerlichen Gewerbe an, sondern der eb. →Kristallmühle. Bekannt sind (mit lückenhaften Daten) folgende Salzburger K.: Johann Forstbauer, ca. 1666-96; Thomas Meichlböck, ab 1698-?; Franz Kern, ab ca. 1725; Jakob Milhuber, ca. 1735; Franz Wechselberger ab 1753 oder 1768-1801 in der Mühle tätig. Zur Mitte des 18. Jh.s führte ein gewisser Franz Midthuber eine Bergkristallschleifer-Werkstatt in Salzburg.

Lit.: H. Ebner: Bergkristallverarbeitung. Diplomarbeit Salzburg 1990. – S. Schwarzacher: Studie zum Gefäßsteinschnitt in Süddeutschland und Österreich mit Schwerpunkt Salzburg. Diss. Wien 1984. – Quellen zur Geschichte des Salzburger Kunsthandwerks. In: Altes Kunsthandwerk, 1927, H. 2, S. 67.

Ch.S.

Kronberger, Hans, * St. Veit i. P. 21. 4. 1892, † Salzburg 22. 2. 1951, Baumeister. Absolvent der Staatsgewerbeschule (→Gewerbeschule), plante 1927/28 die durch ihre Symbiose mit der Landschaft ausgezeichnete Ostpreußenhütte am Hochkönig, 1932 das dem Intern. Stil verpflichtete Haus Weidlich in Salzburg, eine »künstlerische Tat«, für die ihm die Zentralvereinigung der Architekten den Architektentitel angetragen hat.

M.O.

Kropfkette, bürgerliche Halskette mit großer, vorne – am Kropf bzw. als solcher vorstehend – getragener Schließe. Wird gerne zur Tracht angelegt. Kette aus Silber, vielreihig, durchwegs »Erbsform«. Frühform der Schließe schmal und hoch, sog. »Fingerschließe«, Ende des 18. Jh.s wird sie oval und verbreitert sich im Biedermeier durch eine stark geschmückte Einfassung (Geigenform) mit Filigranwerk (»Gaderl«) und Rosetten (»Kranzln«); beliebt sind rote, rosa oder türkisähnliche Glasflüsse bzw. Halbperlen zur Auszier. Mitte des 19. Jh.s bis 1878 ist ein Großbetrieb →Reitsamer in Hallein nachweisbar, der vornehmlich Kropfschließen herstellte. Im Zuge der Trachtenerneuerung Wiederaufleben dieses Schmucks. →Tracht.

U.K.

Kruckenhauser, Hans, * Bregenz 9. 4. 1940, Maler. Studierte 1959-64 an der Wiener Akad. der bildenden Künste, wo er 1968 Assistent wurde. Seit 1979 freischaffend in Salzburg und Paris, verlegte er sich auf Landschaftsaquarelle, die den verschleiernden Reizen der Atmosphäre nachspüren.

Lit.: Gugg. – G. Layr/K. Panzenberger (Hg.): Österr. Aquarellisten der Gegenwart. Wien 1984.

N.Sch.

Kruckenhauser, Stefan, *München, 4. 11. 1905, † Wien 1. 10. 1988, Fotograf und Sporterzieher. Der Abstammung nach Tiroler, aufgewachsen in Böhmen, Studium in Wien, kam 1932 als Gymnasiallehrer nach Salzburg und war 1934-38 sowie 1946-72 Leiter des Bundessportheimes in St. Christoph am Arlberg. Früher Verfechter der Leica-(Kleinbild-)Fotografie in Österreich, dessen Arbeiten sich durch dokumentarische Schärfe, klare Bildauffassung, ungewohnte Blickwinkel und plastische Lichtgestaltung auszeichnen. Der 1937 erschienene, mehrfach aufgelegte und erweiterte Band »Verborgene Schönheit« wurde zum »optischen Erzieher einer ganzen Generation« (W. Koschatzky). Bei der Wiedergabe von Kunstwerken (»Das Meisterwerk von Kefermarkt«, 1941) sowie in der Sportfotografie schöpfte K. die gestalterischen Möglichkeiten des Teleobjektivs virtuos aus. Weitere Buchveröffentlichungen waren »Du schöner Winter in Tirol« (1937), »Das Bergbild mit der Leica« (1938, mit M. Zühlcke), »Altdeutsche Bildschnitzer der Ostmark« (1939, mit K. Öttinger) und »Ein Dorf wird« (1952). Nach dem Krieg widmete sich K. fast ausschließlich dem Skiwesen, wobei er Fotografie und Film zur Demonstration und Analyse exakter Bewegungsabläufe heranzog. Unter seiner Federführung entstand der erste gemeinsame »Österreichische Skilehrplan« (1956 und 1971). Durch seine bahnbrechenden Leistungen auf dem Gebiet der Skitechnik (Wedeln) und Lehrmethodik fand K. als österreichischer »Skipapst« weltweit Anerkennung, so als Präsident der Interskikongresse von 1959-68.

Lit.: S. K., FS. zum 80 Geburtstag, Salzburg 1985. – W. Koschatzky: Die Kunst der Fotografie. Salzburg 1984. – O. Hochreiter, T. Starl (Hg.): Geschichte der Fotografie in Österreich. Bad Ischl 1983.

N.Sch.

Krumenauer, Stephan, * Krumau in Böhmen (?) um 1400, † Braunau (OÖ.) 5. 6. 1461, Baumeister und Steinmetz. Sohn des Passauer Dombaumeisters Hans K., 1427-29 Mitglied der Wiener Bauhütte. 1445 als Nachfolger →Hans von Burghausens in Wasserburg am Inn, zu dieser Zeit wohl auch dessen Nachfolger beim Chorbau der Stadtpfarrkirche in Salzburg (→Franziskanerkirche), dort sein Porträt (?) neben dem des Hans von Burghausen. Urk. erst 1452 als »pawmeister und werkhmann des Erzbischofs von Salzburg«, d. h. als Hofbefreiter. Weder Bürger noch Mitglied der Zunft, daher 1459 Streit und Prozeß mit der Salzburger Zeche. Doch unterschrieb K. 1459 auf der Regensburger Tagung die neue Hüttenordnung der Steinmetze als »maister der Styft zu Saltzburg«. In seinem Testament, 1461 in Salzburg abgefaßt, »Bürger zu Prawnaw« genannt. Dort begraben, in der Grabschrift »ein Meister des Pawes«. Herkunft aus der böhmischen Bautradition (Parlerschule), Meister der letzten Phase der dt. Spätgotik, der kongeniale Fortsetzer der Ideen Hans von Burghausens. In Wasserburg errichtete er die ersten monumentalen Bogenrippengewölbe, in Salzburg geht wohl die Gewölbevereinheitlichung auf ihn zurück. Sein letztes Werk war die Pfarrkirche von Braunau 1439-61. Weiters urk. die Beteiligung beim Bau der Pfarrkirchen von Tittmoning und Kitzbühel.

Lit.: V. Liedke: S. K. Dom- und Hofbaumeister zu Salzburg. In: Ars Bavarica, Bd. 39/40, München 1986, S. 128 ff.

– H. Puchta: Beiträge zur Tätigkeit S. K.s im Inn-Salzachgebiet. In: MGSLK 112/113, 1972/73, S. 331 ff. – F. Pagitz: Zwei Beiträge über das Wirken S. K.s in Salzburg. In: MGSLK 106, 1966, S. 141 ff.

L.T.

Kubin, Alfred, * Leitmeritz (Böhmen) 10. 4. 1877, † Zwickledt bei Wernstein (OÖ.) 20. 8. 1959, Maler und Schriftsteller. Vater Offizier und Geometer. K. kam 1879 nach Salzburg, 1882 nach Zell am See, im Alter von zehn Jahren verlor er seine Mutter. 1887/88 besuchte er das →Gymnasium in Salzburg, versagte in der zweiten Klasse, Schulabschluß Volksschule 1891 in Zell am See. An der Salzburger Staatsgewerbeschule (→)Gewerbeschule) sollte er das Baufach studieren, blieb aber nur 1891/92 und scheiterte auch hier. Das erste bekannte Werk von K. sind Illustrationen (»Der Rundlauf«) für die »Kneippzeitung des Salzburger Turnvereins« vom 26. 2. 1898. Lehrzeit in Klagenfurt als Landschaftsfotograf 1892-96, 1896 Selbstmordversuch am Grab seiner Mutter in Zell am See. Ab 1898 Kunststudien in München, ab 1906 Maler und freier Schriftsteller auf Schloß Zwickledt. Befreundet u. a. mit Edvard Munch, Paul Klee, Franz Marc. 1908 Italienreise mit F. v. →Herzmanovsky-Orlando, danach eine kurze zeichnerische Schaffenskrise. K. wich auf das Schreiben aus, in zwölf Wochen schrieb er den Roman »Die andere Seite« (O. A. H. →Schmitz). Seit 1903 als Buchgraphiker und Illustrator tätig, u. a. Illustrationen der Werke von E. A. Poe und E. T. A. Hoffmann. In seinen Zeichnungen gestaltet er eine groteske »Traumwelt«. Freundschaft mit den Salzburger Malern A. →Faistauer und A. →Steinhart (Briefwechsel), Bekanntschaft und Korrespondenz mit S. →Zweig und J. →Schulz. Freundschaft mit dem Salzburger Journalisten Wolfgang Schneditz (Th. →Mann). 1945 entstanden in kürzester Zeit zwölf Federzeichnungen zu den Gedichten »Verwandlung des Bösen« »Winternacht« »Traum und Umnachtung« und »Offenbarung und Untergang« von G. →Trakl, K.s »wohl ungewöhnlichstes Werk«, »das die Gesamtheit der vier Gedichte in zwölf Zeichnungen simultan sichtbar« macht (D. O. Hinze). Im Alterswerk haben Kindheitserlebnisse K.s einen großen Stellenwert.

Lit.: U. A. B. Froschauer: Th. Bernhard – A. K. Ein Vergleich. Salzburg, Diplomarbeit 1997. – A. Geyer: A. K. als Literat. Wien 1995. – Kosch, 9. Bd., Sp. 578 ff. – Kat. A. K. zum 80. Geburtstag (SMCA). Salzburg 1957. – P. Raabe: A. K. Leben, Werk, Wirkung. Hamburg 1957. – ÖBL.

A.Has., H.H.

„Mäher in der Streulacke" aus der Kuenburg-Sammlung, Mitte 18. Jh. (Mayr-Melnhof)

Kuenburg-Sammlung, Kostümbildersammlung von europäischem Rang. Privatbesitz, ehemals im Besitz des Hauses Kuenburg. Urspr. rund 400, heute nur noch 206 aquarellierte Zeichnungen bzw. Gouachen mit Originalbeschriftung. Vermutlich im Auftrag von K. E. Frh. v. →Moll angefertigt, mehrere Maler aus der Künstlerfamilie →Lederwasch bzw. Carl Hemperl sind anzunehmen. Spiegelbild der streng hierarchisch abgestuften ständischen Gesellschaft in Stadt und Land Salzburg in ihrem nach Stand und Rang geziemenden Gewand. Die Tracht der älteren bäuerlichen Bevölkerung wie die Arbeitstrachten zeigen vielfach den Stand der 1. Hälfte des 18. Jh.s, sodaß die Sammlung Quelle für zwei Entwicklungsstufen der Kleidung ist. Die Stadt-Land-Fluktuation der Kleidermoden, auch zu Zeiten von Standes- und Kleiderordnungen, wird daraus ersichtlich. Prozessionstrachten, Perchtenkostüme und Unter-

„Ein Weib aus dem Siechenhaus beim Sammeln" aus der Kuenburg-Sammlung, Mitte 18. Jh. (Mayr-Melnhof)

schiede in den Altersgruppen und Familienständen machen die Sammlung besonders bedeutsam. Die K. diente ab 1911 als Vorbild für die Detail- und Farbwahl der Trachtenerneuerung. K. →Adrian, →Tracht.

Lit.: F. Prodinger, R. R. Heinisch: Gewand und Stand. Kostüm- und Trachtenbilder der Kuenburg-Sammlung, Salzburg 1983.

U.K.

Kugelmühlen standen von Thalgau bis Grödig im ganzen Flachgau, an der Fischach, am Alter-, Gers- und Glasenbach und an der Alm. 1792 gab es 49 Betriebe in Salzburg (1797 Regelung durch die Hofkammer). Die letzte Mühle (Familie Brandauer in Fürstenbrunn bei Grödig) war noch bis Anfang unseres Jh.s in Betrieb. Ebendort erfolglose Wiederbelebungsversuche in den 40er Jahren des 20. Jh.s durch Josef Brandauer. Eine K. bestand aus dem feststehenden Schleifstein von ca. 50 cm Durchmesser, dem Schleifer und dem Gleger oder Glegert mit den konzentrischen Rillen. Jede K. hat mehrere »Gänge« mit Schleifsteinen. Nach dem Schleifen erfolgte das Schmirgeln und Polieren der Kugeln. Als Schleifsteine wurden Flyschsandsteine des Flachgaus verwendet; das Rohmaterial für die Kugeln lieferten alle Steinbruchabfälle (→Marmor, Flyschsandstein und Mergel) oder auch ein eigener Steinbruch »Wartenfels« (grauer Stein mit roten Streifen). Hergestellt wurden schon im 15. und 16. Jh. Geschütz- und Gewehrkugeln (»Datschen« - kleine Kugeln, »Pecker« - große Kugeln), Kanonenkugeln aus Untersberger Marmor; kurz nach 1800 und seit Mitte des 19. Jh.s nur noch Kinderspielzeugkugeln, vorwiegend für den Export (auch als Ballast für Überseeschiffe verwendet). Wiederbelebungsversuche in den 80er Jahren des 20. Jh.s durch Privatinitiative (Tennengau) und Landesregierung (Seekirchen) und die Mühle von Tobias Reiser in Fürstenbrunn, die für das Untersbergmuseum arbeitet. Die Kugelmüllerei war einst wichtiger Nebenerwerb der Bergleute und Kleinbauern.

Lit.: A. Kieslinger: Die nutzbaren Gesteine Salzburgs. Salzburg 1964, S. 377 ff. – A. Hueber: Die Salzburger Marmorkugelerzeugung. Ms. (SMCA) 1943. – H. Freudlsperger: Die Salzburger Kugelmühlen und Kugelspiele. o. O., o. J.

Ch.S.

Kuhn, Gustav, * Turrach (Stm.) 28. 8. 1945, Dirigent. Studien am →Mozarteum und an der →Univ. Salzburg. 1970 begann er seine künstlerische Laufbahn in Istanbul, es folgten Gastspiele an den Opernhäusern Wien, München, Rom und Neapel, bei den Salzburger →Festspielen und in Glyndebourne, Konzerte mit führenden europ. Orchestern. GMD in Bern und in Bonn, 1986 Künstlerischer Direktor der römischen Oper, seit 1997 des Orchestra Filarmonica Marchigiana und der Tiroler Festspiele Erl.

Lit.: Lexikon der Interpreten klassischer Musik. Kassel 1992.

G.W.

Kulstrunk, Franz, * Radstadt 5. 2. 1861, † Salzburg 8. 12. 1944, Maler. Durch sein Kolossalgemälde der Stadt Salzburg im →Rathaus (1916) bekannter, vielbeschäftigter Vertreter der konservativen Salzburger Künstlerschaft (Polemik gegen den →»Wassermann«). K. wirkte als Zeichenlehrer (ab 1908 im Ruhestand), malte Gebirgs-, Fluß- und Moorlandschaften in der Nachfolge J. →Mayburgers und unzählige Postkartenmotive, erwarb sich aber auch durch seine volkskundlichen Forschungen (Trachtenstudien) Verdienste.

Lit.: 150 Jahre Salzburger Kunstverein, Kunst und Öffentlichkeit. Salzburg 1994. – ÖBL. – MGSLK 84/85, 1944/45, S. 208.

N.Sch.

Kulturförderungsgesetz 1998, Salzburger (LGBl. Nr. 14/1998 ersetzt das Kulturförderungsgesetz 1980). Mit ihm fördert das Land Salzburg im Interesse des Landes und seiner Bevölkerung die kulturelle Tätigkeit, speziell die Kunst, die Volks- und Alltagskultur, die Wissenschaft und die Bildung. Durch dieses Gesetz wird die Förderung des Landestheaters Salzburg (→Theater), des Salzburger →Mozarteum-Orchesters und der Salzburger →Festspiele (eigenes Bundesgesetz über die Errichtung eines »Salzburger Festspielfonds«, BGBl. Nr. 147/1950) nicht berührt. Der Begriff der kulturellen Tätigkeit ist im S. K. weit gefaßt, er beinhaltet die künstlerisch-schöpferische Tätigkeit, die Kulturvermittlung und die Durchführung kultureller Veranstaltungen. Das Gesetz hält ausdrücklich fest, daß das Land bei Gewährung der Förderung darauf zu achten hat, daß hiedurch die Unabhängigkeit, Freiheit und Vielfalt der kulturellen Tätigkeit gewährleistet bleibt. Als Beratungs- und Vorschlagsgremium ist ein Landes-Kulturbeirat eingerichtet (acht Mitglieder von der Landesregierung, 16 weitere Mitglieder aufgrund von Vorschlägen der »in den Bereichen der Kultur tätigen bedeutenderen Einrichtungen, Organisationen und Personengruppen« berufen). Der Landeskulturbeirat tritt als autonomer Repräsentant des Kulturlebens den offiziellen Exponenten der Kulturpolitik des Landes gegenüber. Er bildet einen Beiratsausschuß (acht Mitglieder) und kann für die einzelnen Kulturbereiche Fachbeiräte bilden. Die Fachbeiräte (z. B. für Literaturvermittlung, für Kultur auf dem Lande etc.) können je nach Bedarf eingesetzt werden und arbeiten als kleine, flexible Gremien. Die Landesregierung kann die Fachbeiräte unmittelbar in Anspruch nehmen. Das Gesetz ist ein wichtiger Schritt dahin, daß Kulturpolitik der gesamten Bevölkerung des Landes zugute kommen soll.

Kulturgelände Nonntal →Kulturinitiativen

Kugelmühle in Fürstenbrunn, Ölbild von Goebel, Ende 19. Jh. (SMCA)

Kulturinitiativen. Neben der sogenannten »Hochkultur« bildete sich seit den 70er Jahren in Stadt und Land Salzburg eine lebendige Szene von kleinen, doch sehr engagierten Kulturinitiativen heraus, die trotz bescheidener Mittel bestimmend auf das regionale Kulturleben wirken. Heute sind rund 60 Kulturveranstalter im Land Salzburg in vielfältiger Weise tätig.

Im Flachgau wurde bereits 1978 der »Anifer Kulturkreis« gegründet, der neben zahlreichen Aktivitäten im Bereich der bildenden Kunst auch Kabarett- und Theaterabende, Konzerte und Lesungen veranstaltet. Ein Jahr später legte der Maler Beppo Pliem mit seiner Aktion »Galerie in der Schule« den Grundstein zur »Neumarkter Kulturvereinigung« (NKV), die es sich zur Aufgabe macht, mit Konzerten, Filmvorführungen, Vorträgen und Theaterabenden besonders die Schüler anzusprechen. Seit 1981 ist der Kulturförderungsverein St. Georgen tätig, der im historischen Siglhaus (erbaut

1835) Ausstellungen sowie Kultur- und Museumstage veranstaltet. Die »Kulturinitiative Flachgau« in Bürmoos ist seit 1983 mit diversen Veranstaltungen präsent, die vor allem Frauen und Jugendlichen kreative und kulturelle Anregungen bieten sollen. Anläßlich der Landesausstellung »Die Bajuwaren« (1988) entstand der »Kulturverein Mattsee«. Im November 1989 wurde in Seekirchen der »Kulturverein Schloß Seeburg« mit dem Ziel gegründet, einerseits das kulturelle Leben im Ort zu fördern (Herausgabe eines Veranstaltungskalenders, Organisation von Kammerkonzerten, Lesungen, Ausstellungen etc.), andererseits die Aktivitäten der rund siebzig Vereine vor Ort zu koordinieren. Der Musik (Pop, Jazz, Latin etc.) hat sich die 1993 gegründete »Kulturinitiative Seekirchen« verschrieben. 1991 schließlich trat in Thalgau das »Wartenfelser Kulturforum« (WACUUM) die Nachfolge des Kulturkreises »Wartenfels« an, um das zeitgenössische Kulturschaffen auch der Landbevölkerung näherzubringen. Die »Kulturinitiative Straßwalchen« (gegr. 1991) widmet sich besonders Ausstellungen, Konzerten und Workshops. Mit seiner »Dorfzeitung« (Internetzeitung, »4-8 mal jährlich erscheinende Kulturzeitung für das globale Dorf«) geht der 1997 gegründete Kulturverein »sKys« in Lamprechtshausen neue Wege der Kulturberichterstattung.

Im Tennengau hat sich neben dem »Tennengauer Kunstkreis« (1979), der sich vornehmlich der bildenden Kunst widmet, das 1983 gegründete »Kulturforum Hallein« mit seinem vielfältigen Angebot (jährliches Stadtfest, Jazzfestival, Kulturherbst, Frauenkulturtage etc.) große Verdienste um die Verankerung kulturellen Lebens in der Bevölkerung erworben.

Der »Kuchler Kunst- und Kulturverein« (KUKUK) konstituierte sich 1987 und sieht seine Aufgabe vornehmlich in der Organisation von Konzerten aller »Populär-Musik-Sparten«. In Golling sorgt der »Kulturverein Golling« für die Veranstaltung von Theater- und Kabarett-Abenden sowie von Open-Air-Festivals im Sommer. »Den Bereich Kultur im Ort durch ein zusätzliches Angebot erweitern« will mit einem vielfältigen Veranstaltungsangebot auch der »Dreschflegel«, der Kulturverein in Abtenau.

Auch im Pongau beleben zahlreiche Vereine und Kulturinitiativen das regionale Kulturleben: Der 1977 gegründete Kulturverein »Spektrum« St. Johann begann mit Lesungen in der Schule, weitete das Programm immer mehr aus und gab eine eigene Zeitschrift heraus. Das »St. Johanner Lesezeichen«, gegr. 1974, 1977-85 im Rahmen von »Spektrum–Pongauer Kulturvereinigung« tätig, wiederbegründet 1991, seit Beginn geleitet von Hans Witke, stellt sich erfolgreich die Aufgabe, auch »unbequeme« moderne Literatur im ländlichen Raum zu vermitteln. Während das Publikum dem »St. Johanner Lesezeichen« die besten Zeugnisse ausstellt, hat die Gemeinde die Zusage von Räumlichkeiten nicht eingehalten, weshalb die Kulturinitiative seit Jahresende 1999 »pausiert«. Der 1979 »zur Förderung des örtlichen kulturellen Schaffens« gegründete Bischofshofener Kulturverein »Pongowe« widmete sich neben einem breiten Musikangebot (von Klassik über Jazz bis zu Blues und Folk; jährliches Open Air im Juli) auch der Vermittlung von Kulturen fremder Völker (jährliches Festival im Oktober) und der Kinder- und Jugendarbeit. Der »Kulturverein St. Barbara« in Werfen, Ende der 70er Jahre aus der Initiative »Kultur im Betrieb« in einer Walzengießerei in Tenneck entstanden, leistet auch heute noch Basisarbeit und ist in seinen Aktivitäten (Ausstellungen, Kurse, div. Kulturveranstaltungen) eng mit der heimischen Bevölkerung verbunden. Auch der 1991 aus dem seit 1974 bestehenden »Wagrainer Heimatmuseumsverein« hervorgegangene »Wagrainer Verein für Heimat und Kultur Blaues Fenster« möchte in seiner Arbeit Kultur als ganzheitlichen Ausdruck menschlichen Zusammenlebens verstanden wissen. Für sein Konzept der offenen Kultur- und Bildungsarbeit, in deren Vordergrund »die Förderung von Kreativität und sozialem Lernen, die Förderung von Kommunikation und Öffentlichkeit« sowie »die Förderung bedarfs- und problembezogener Bildung und Entwicklung eines lebenswerten soziokulturellen Klimas« stehen, wurde dem Verein, repräsentiert von Elisabeth Kornhofer, 1997 der in diesem Jahr erstmals ausgeschriebene »Landespreis für Kulturinitiativen« zuerkannt. »Mehr auf einen traditionellen Kulturbegriff abgestimmt« ist die Zielsetzung des 1981 gegründeten Radstädter Kulturkreises »Das Zentrum«. Neben den seit 1987 in Zusammenarbeit mit der Universität Wien durchgeführten »Paul-Hofhaimer-Tagen« und den von der Hochschule →Mozarteum unterstützten »Radstädter Sommerkonzerten« bietet der Verein ein reichhaltiges Konzert-, Lesungs-, Theater- und Kabarettprogramm an und organisiert den jährlichen Kunsthandwerksmarkt. Ebenfalls einen musikalischen Schwerpunkt hat der Altenmarkter Kulturverein »Abraxas«. Er verdankt sein Entstehen einer »Demonstrationsbewegung gegen die Gemeinde und für einen von ihr abgesägten Baum«. Der ortsansässigen Bevölkerung ein möglichst vielfältiges Veranstaltungsprogramm zu bieten, ist Ziel des 1991 gegründeten Vereins »Kulturschmiede« in Schwarzach. Jazz- und Folkkonzerte zählen dazu genauso wie verschiedene Aktivitäten für Kinder, aber auch Lichtbildvorträge, Lesungen und »ehrliche Volksmusik«. Als »Verein für wissenschaftliche und kulturelle Veranstaltungen« versteht sich der »Kulturverein Schloß Goldegg«.

Der Pinzgau zeichnet sich durch eine besonders intensive Pflege der Regionalkultur aus. Schon 1970 wurde der Kulturverein »Galerie Zell am See« gegründet, der sich die Präsentation zeitgenössischer Kunst zum Ziel gesetzt hat. Auch der »Kulturverein Rauris« besteht seit über 25 Jahren, die jährlich stattfindenden →»Rauriser Literaturtage« mit der Vergabe des »Rauriser Literaturpreises« und des »Rauriser Förderstipendiums« haben mittlerweile internationale Bedeutung erlangt. Der »Kulturkreis Maishofen« will mit breit gefächerten kulturellen Aktivitäten »die einheimische Bevölkerung zur Auseinandersetzung mit der Kultur anregen, Eigeninitiative fördern und ein reizvolles Zusatzangebot für die Gäste des Ortes bieten«. In Saalfelden bemüht sich der »Förderverein Saalfeldner Kulturzentrum Echo« um die professionelle Organisation anspruchsvoller Veranstaltungen, die »Neues, Aktuelles, Unübliches, An- und Aufregendes« zu bieten haben. Das »Zentrum zeitgenössischer Musik«, ebenfalls in Saalfelden beheimatet, ist neben zahlreichen anderen Aktivitäten Veranstalter des »Internationalen →Jazzfestivals Saalfelden«, eines der renommiertesten Festivals dieser Art in Österreich. »Kultur« wird von den Initiatoren des 1989 in Lofer gegründeten Kulturvereins »Binoggl« im »weitesten Sinne« verstanden: Das Programmangebot reicht von Kirchenmusik über Rock- und Jazzkonzerte bis zu Ausstellungen und Theatergastspielen.

Der 1985 entstandene Kulturverein »Naguna« in Uttendorf ist eine hauptsächlich von Lehrern getragene Kulturinitiative, die jährlich ca. zehn kulturelle Veranstaltungen verschiedenster Art anbietet. In der Tauernregion ist der »Hollersbacher Kulturverein« neben vielen anderen kulturellen Angeboten vor allem durch die alljährlich stattfindenden »Internationalen Malerwochen« bekannt, und der in Neukirchen beheimatete Kulturexpreß M2 (Veranstaltungsschwerpunkte sind Theater, Musik und Film) tätig. Nach Renovierung der Burg Kaprun wurde 1987 der Kulturverein →»Tauriska« gegründet, der mittlerweile von April bis Oktober ein vielfältiges Programm organisiert.

Die Kinderkulturtage in Leogang ermöglichten seit 1990 Kindern und Jugendlichen, Kultur und Kunst aktiv im Rahmen von Künstler-Werkstätten mitzugestalten.

Zentrum der kulturellen Aktivitäten im Lungau ist die »Lungauer Kulturvereinigung« mit Sitz in Tamsweg. Viele der Veranstaltungen finden in der 1982 zu einem Kulturzentrum ausgebauten Burg Mauterndorf statt. Vom Fremdenverkehrsverband Tamsweg werden alljährlich im September die »Tamsweger Kulturtage Artes« veranstaltet, wobei die verschiedenen Veranstaltungen unter einem jährlich wechselnden gemeinsamen Motto stehen. Neben einer »Jugendkulturinitiative Tamsweg« sorgt auch die »Jazzszene Hypo Lungau« für ein alternatives, auf die Bedürfnisse eines jungen Publikums abgestimmtes Kulturangebot. Seit 1991 lädt die im Lungau gegründete Literaturinitiative »freies lesen« zur Lektüre unter freiem Himmel ein. In Parks werden im Freien Stühle und Bücherschränke aufgestellt, die das Lesepublikum für zeitgenössische Literatur interessieren sollen (u. a. in Tamsweg, Radstadt, Stadt Salzburg, Flachgau). Ein Literaturpreis, Lesungen prominenter Autoren, Literaturwanderungen und Bücher als Ergebnis von Kinder- und Jugendschreibwerkstätten (u. a. in der Stadt Salzburg) belegen die Wirkung, die von dieser Idee ausgeht.

In der Stadt Salzburg bemühen sich vor allem die 1970 unter dem Namen »Szene der Jugend« gegründete →»Szene Salzburg«, der 1977 gegründete »Verein zur Förderung aktueller Musik →»Aspekte« sowie die Veranstaltungsreihe →»Zeitfluß« um einen Kontrapunkt zu dem durch die Salzburger →Festspiele während des Sommers dominierten kulturellen Stadtleben. Die →»Elisabethbühne« und das seit 1984 bespielte »Toi-Haus« bereichern das Theaterangebot, im »Kleinen Theater« bilden literarisches und gesellschaftskritisches Theater den Schwerpunkt des Spielplans. Das 1991 gegründete →»Rockhouse Salzburg« sowie das von Mitarbeitern der »Szene Salzburg« ins Leben gerufene »Foyer der Künste« bieten Musikern der verschiedensten Musikrichtungen (Rock, Pop, Jazz, Underground usw.) eine Plattform. Im 1985 erstrittenen »Kulturgelände Nonntal« finden mittlerweile über 50 kulturell, sozial, politisch und handwerklich engagierte Gruppen ihre Heimstatt. Um eine Förderung heimischer Künstlerinnen bemüht sich seit 1985 das Salzburger »Frauenkulturzentrum« (heute »Kultur-Spur«). Im 1991 gegründeten →Literaturhaus werden die Gegenwartsliteratur und der interdisziplinäre Diskurs über Literatur gefördert.

Lit.: L@and, 29 Positionen zu Kunst u. Kultur im Land Salzburg. Hg. v. Salzburger Landeskulturbeirat-Fachbeirat Kulturinitiativen Salzburg Land, Salzburg 2000. – H. Holl: Literaturgeschichte Salzburgs von 1945 bis zur Gegenwart. In: E. Hanisch, R. Kriechbaumer (Hg.): Salzburg, Zwischen Globalisierung und Goldhaube, Wien 1997 (=Geschichte der österr. Bundesländer seit 1945, Bd. 1), S.671-734. – W. Freitag, M. Pichelhofer, B. Scholz (Hg.): Zwischen Subversion und Subvention. Kulturinitiativen in Österreich, Wien 1991/92.

H.A, H. H.

Kulturinstitute →Auslandskultur

Kulturkampf. Bezeichnung für die geistig-politische Auseinandersetzung zwischen katholischer Kirche und nationalen bzw. liberalen Gruppierungen im Zeitraum zwischen 1848 und 1914. In geringerer Intensität als etwa in Preußen ging es im Salzburger K. um die Auseinandersetzung zwischen Staat und Kirche, um eine Befreiung von der Bevormundung durch den Katholizismus bzw. um eine Unterwerfung der Kirche durch den Staat. Nach dem politischen und kirchlichen Erwachen in der Revolution von 1848 war der Schulkampf um die Auswirkungen des Reichsvolksschulgesetzes von 1869 erster Höhepunkt des K., später waren kirchenfeindliche Agitationen der Sozialdemokraten und Auseinandersetzungen zwischen Kirche und Deutschnationalen, Freimaurern, Freidenkern und dem →Judentum, Gruppen, die unter dem Begriff »Vereinigte Antichristen« zusammengefaßt wurden, für den K. signifikant. Höhepunkt dieser Kämpfe, die vor allem auch in der →Presse ausgetragen wurden, war die »Los-von-Rom-Bewegung«, die vom Salzburger Medizinstudenten Georg Rakus ausging und untrennbar mit Georg Ritter von Schönerer verbunden ist, und die davon ausgehenden Unruhen in der Salzburger Bevölkerung, die sich am Höhepunkt des gesamtösterreichischen Nationalitätenkampfes gegen die Badenischen Sprachenverordnungen von 1897 richteten. Aus diesem Anlaß gingen die Salzburger erstmals organisiert auf die Straße, was auch als »Novemberrevolution 1897« bezeichnet wurde.

Lit.: H. Gnilsen: Ecclesia militans Salisburgensis. Kulturkampf in Salzburg 1848-1914, Wien-Salzburg 1972 (Veröff. d. Hist. Inst. d. Univ. Salzburg II).

R.R.H.

Kulturvereinigung, Salzburger, 1947 von Salzburger Künstlern und Politikern als gemeinnütziger Verein mit dem Ziel der Volksbildung ins Leben gerufen; nimmt als Veranstalter, Organisator und Koordinator von Theater- und Opernaufführungen, Vorträgen, Ausstellungen und Dichterlesungen eine wichtige Funktion im kulturellen Leben Salzburgs wahr; bietet seit 1950 im »Theaterring« (gegründet von J. →Kaut) und seit 1952 im »Konzertring« (gegründet und organisiert von Heinz Klier, heute Generalsekretär) Theater- und Konzertabonnements zu ermäßigten Preisen; veranstaltet seit 1972 die »Salzburger Kulturtage« mit einem vielfältigen Angebot von Musiktheater, Konzert und Volkskunst, unterhält seit 1962 ein Amateurorchester, das auch Konzerte veranstaltet, betreut seit 1973 die Trakl-Forschungs- und Gedenkstätte (→Trakl) und das »Salzburger Straßentheater«.

G.W.

Künstlerfest, deutsches. Vom 3. - 7. 9. 1862 fand in Salzburg das 7. dt. K. mit einer nächtlichen Huldigung vor dem Mozart-Denkmal, Fackelzug durch die Stadt, Fest auf dem Mönchsberg mit Höhenfeuern auf den Bergen ringsum, einer Konzertmatinee in der Aula mit Salzburger und Wiener Künstlern und einem Schlußball im Stadttheater statt. Prominente

Teilnehmer waren u. a. P. →Cornelius, Robert Franz und Eduard Hanslick. Dieses K. wurde auf Initiative des Salzburger Museumsvereins zu einer ersten Darbietung von wiederentdeckten Salzburger Bräuchen.

Lit.: C. Schneider: Geschichte der Musik in Salzburg. Salzburg 1935.

G.W.

Künstlerhaus →Kunstverein, Salzburger

Kunstverein, Salzburger, 1844 auf Anregung von Kardinal Eb. Friedrich v. Schwarzenberg von Honoratioren der Stadt Salzburg und den Malern G. →Pezolt, J. →Fischbach und S. →Stief gegründet. Nach den Kunstvereinen von Wien, Prag und Pest zählt er zu den ältesten im österr. Raum. Die Statuten, die sich nach jenen des »Älteren Wiener Kunstvereins« von 1830 richteten, bestimmten ihn als »eine allerhöchst genehmigte Gesellschaft, deren Zweck darin liegt, durch andauernde Ausstellung von Gemälden, Zeichnungen, Kupferstichen, Lithographien und plastischen Werken von anerkannt artistischem Werthe und durch Ankauf und alljährliche Verloosung einiger Gemälde die Kunstliebe zu erwecken und den Kunstsinn zu bilden«. Damit wurde er zum Mittler zwischen »freischaffenden« Künstlern und kunstsinnigem wie kauffreudigem Publikum. In den Anfangsjahren diente die →Residenz und dann der Anbau der Kollegienkirche als Ausstellungsraum. Die permanente Ausstellung mit ständig wechselnden Ausstellungsstücken war ein salzburgisches Spezifikum. Der Mitgliedsbeitrag berechtigte über einen Anteilschein (Aktie) zum Ausstellungsbesuch (gratis auch für Familienmitglieder), zu einem Prämienblatt als Jahresgabe und zur Teilnahme an der Jahresend-Verlosung der durch den Verein angekauften Kunstwerke. Prämienblätter erschienen seit dem Gründungsjahr als Druckgraphiken nach Vorlagen zumeist einheimischer Künstler. Auch Ausstellungen und Ankäufe durch den Verein bevorzugten in lokalpatriotischem Sinn Salzburger Künstler. Intern. Verbindungen reichten in alle Gebiete der Monarchie sowie nach Deutschland, Italien und Frankreich. Regelmäßige Jahresberichte brachten neben den Rechenschaftsberichten Verzeichnisse der Mitglieder und die Verlosungs-Gewinner. Seit Errichtung eines eigenen Künstlerhauses an der Hellbrunner Straße im Jahre 1885 durch Architekt Hyazinth Julius Michael Michel (* Wien 1846, † Öblarn 1904) finden dort Einzelausstellungen statt, die von Katalogen begleitet werden. (Zwischen 1844 und 1885 keine Kataloge, da ständig wechselnde Jahresausstellungen.) Als Art verspäteter Secession, die ein diplomatisches Arrangement mit dem bereits antiquierten Kunstverein einging, ist die 1918 gegründete Gruppe →»Wassermann« zu bezeichnen. Sie löste sich 1921 wieder auf und hinterließ einen scheintoten Kunstverein, der 1938 aufgelöst und vom nationalsozialistischen Regime in eine »Genossenschaft Salzburger Künstler« umgewandelt, und als solcher zwischen 1939 und 1947 geführt wurde. Erst 1947 konnte der Salzburger Kunstverein mit neuen Satzungen »wieder« gegründet werden und stellte sich in der Folge eine intensive Auseinandersetzung mit der Moderne zum Ziel, um sich dadurch auch internationale Anerkennung verschaffen zu können. Stadt und Land Salzburg sowie der Bund und private Sponsoren ermöglichen den nötigen finanziellen Rahmen: die Renovierung des Künstlerhauses 1951/52 ermöglichte endlich einen permanenten Ausstellungsraum für die Jahres-Ausstellung und weitere kleinere Sonderausstellungen, die auch in Räumen der Residenz stattfanden.

1951-69 schließen sich einheimische Künstler in losem Verband zur »Salzburger Gruppe« zusammen. Der Kunstverein ist um die »Förderung der modernen Kunst ohne Kunstströmungen bemüht und sieht seine Aufgabe in der Hilfestellung der einheimischen Künstler«. 1973 Wiedereröffnung des renovierten Ausstellungssaals für eine verstärkte Ausstellungstätigkeit. 1973-79 schließen sich die »abstrakten« Künstler des Vereins vereinsmäßig zur »Gruppe 73« zusammen; gleichzeitig bilden die Salzburger KünstlerInnen des Kunstvereins eine eigene Gruppe der »Salzburger Naiven« in loser Verbindung zum Kunstverein.

Ende der 80er Jahre wird die Idee eines »Kulturzentrums Kunstverein« durch die Konzentration auf die Ausstellungstätigkeit zu einer Kunsthalle mit international renommierten Ausstellungen mit angeschlossenen Künstlerateliers realisiert.

Ab 1991 Wechsel der alten Selbstverwaltung mit Vorstand zu einem Direktoriumsmodell (erste Direktorin Hildegund Amanshauser).

Der Salzburger Kunstverein sieht heute seine Aufgabe in der Förderung der kreativen Arbeit der zeitgenössischen Künstler sowie in der Vermittler-Funktion als Kultureinrichtung mit Veranstaltungen und Ausstellungen zu aktuellen Tendenzen internationaler bildender Kunst.

Lit.: 150 Jahre Kunstverein, Kunst und Öffentlichkeitsarbeit, Hg. Salzburger Kunstverein, Salzburg, 1994. – Ch. Svoboda: Der Salzburger Kunstverein 1844-1922. Diss. Salzburg 1977.

Ch.S.

Kur- und Kongreßanlage. Zeichen der Weiterführung der durch den Weltkrieg unterbrochenen Kurhaustradition, des Aufbruchs von Salzburg als Kongreßstadt und als »große kommunale Tat« der Wiederaufbaugeneration gefeiert, wurde 1957 eröffnet. Die Kur- und Kongreßanlage anstelle des bombardierten gründerzeitlichen Kurhauses besaß eine städtebaulich »etwas hilflose« Gesamtlösung (F. →Achleitner). Im Gegensatz zu dem etwa gleichzeitig entstandenen →Hotel Europa als Versuch des Anschlusses an die Internationale Architektur ist das Kongreßhaus (Architekten Eugen Wörle/Max Fellerer, Wien, O. →Prossinger/ Felix Cevela, Salzburg) ein Beispiel für eine in Salzburg typische zurückgenommene Modernität. Die Überlagerung der klaren Stahlbetonstruktur mit repräsentativ-historisierenden Elementen ist Ausdruck der Ambivalenz zwischen den Polen einer sich fortschrittlich gebenden Aufbruchstimmung und eines Traditionsbewußtseins im Grenzbereich zum Plakativen. Neben dem 1998 abgebrochenen Kongreßhaus bestand das Ensemble aus dem benachbarten Parkhotel Mirabell, das in den 80er Jahren dem architektonisch trivialen Hotel Sheraton weichen mußte, sowie dem Paracelsusbad und dem Kurmittelhaus, die geringfügig umgebaut wurden.

Lit.: N. Mayr: Baugrube zum 42. Geburtstag. In: SN, 9. 1. 1999, S. 4. – F. Achleitner, S. 257.

N.M.

Kurrent, Friedrich, * 10. 9. 1931 in Hintersee bei Salzburg, lebt in Wien, Architekt. 1945-49 →Gewerbeschule Salzburg, 1949-52 Meisterklasse C. →Holzmeister an der Akademie der bildenden Künste Wien. 1950 Mitbegründer der →»Arbeitsgruppe 4« (bis 1964), auf welche die Pfarrkirche →Parsch und das Kolleg St. Josef in →Aigen zurückgehen.

Kolleg St. Josef in Salzburg/Aigen

1953 Teilnahme bei Hans Hofmann, 1956 und 1957 Assistent bei Konrad Wachsmann an der Intern. →Sommerakademie für bild. Künste in Salzburg. 1959 Österreichischer Staatspreis für Architektur. 1965 Gründungsmitglied der »Österreichischen Gesellschaft für Architektur«, bis 1973 teilweise Zusammenarbeit mit Johannes Spalt. Zahlreiche Veröffentlichungen und Ausstellungen zu architekturhistorischen Themen, u. a. über Adolf Loos, Lois Welzenbacher und Hans Döllgast. 1973-96 Ordinarius des Lehrstuhles für »Entwerfen, Raumgestaltung und Sakralbau« an der Technischen Univ. München, 1981-83 Dekan, 1984 Leitung der Architekturklasse der Intern. Sommerakademie Salzburg mit F. →Achleitner. Bauten und Projekte für Salzburg: 1971 Wettbewerb Salzburg Süd (1. Preis). Das von der Bürgerinitiative zu Fall gebrachte Wohnbauvorhaben zwischen Alpenstraße und Hellbrunner Allee wurde von F. Achleitner als »äußerst zurückhaltend und in diesen Landschaftsraum eingebunden« charakterisiert. 1973 Geladener Wettbewerb Altarraumgestaltung des Salzburger Domes (1. Preis), 1985 und 1986 Gutachten Umbau Kleines →Festspielhaus (1. und 2. Stufe), 1990-91 Bergkapelle Ramingstein (Lungau).

Lit.: R. Minetto (Hg.): Architettura e spazio sacro nella modernità. Mailand 1992. – Friedrich Kurrent: Arbeiten aus den letzten Jahren. In: Bauforum, 1981/VII. – F. Achleitner (Hg.): Die Ware Landschaft. Salzburg 1977, S. 130.

N.M.

Kürsinger, Ignaz von, * Ried im Innkreis 7. 12. 1795, † Salzburg 18. 8. 1861, Beamter, Schriftsteller, Topograph. Leiter des Pfleggerichts in Mittersill, »Landesvater des Pinzgaus«. Neben der Sanierung des Unterrichtswesens, der Restaurierung von Kirchen-, Schul- und Pfarrgebäuden, der Trockenlegung der versumpften Talsohle und Regulierung der Salzach im Oberpinzgau betrieb er u. a. die Erstbesteigung des Großvenedigers 1841 und legte damit den Grundstein für den Fremdenverkehr. Seinen Lebensabend verbrachte er in Tamsweg und in der Stadt Salzburg. 1848 war er Abgeordneter der Nationalversammlung in Frankfurt. Seine topographisch, ethnographisch-statistischen Werke über den »Lungau« (1853) und »Ober-Pinzgau« (1841) gelten als wichtige Quellen zur Salzburger Volks- und Alltagskultur.

Kurz zu Thurn und Goldenstein, Franz Seraph, * St. Michael i. Lungau 21. 1. 1807, † Langenwang (Stm.) 29. 8. 1878, Maler. Aus Salzburger Beamtenadel, während seiner Kaufmannslehre Unterricht bei G. →Pezolt und später bei dem Füger-Schüler J. A. Stark in Graz. Er kam 1834 als Zeichenlehrer nach Laibach und nahm großen Einfluß auf das dortige Kunstleben. 1867 wieder in Graz. In den Kirchen Krains finden sich zahlreiche Fresken, Altar- und Kreuzwegbilder im nazarenischen Stil sowie »Heilige Gräber« von seiner Hand.

Lit.: Fuhrmann-Stadt, S. 357. – Thieme-Becker. – L. v. Kurz in: Kunsthistorische Studien (Hg. von J. Ranftl). Graz 1908.

N.Sch.

Lackner, Andreas, Bildschnitzer aus Hallein. Einzige Nennung im Lichtpfennigbuch der Pfarrkirche von Abtenau als Meister des Hochaltars 1518. Dort heute nur noch die beiden Schreinwächter hll. Florian und Georg. Die Schreinfiguren hll. Blasius, Rupert und Virgil in der Österr. Galerie in Wien, zwei Flügelreliefs (Epiphanie und Auferstehung) und zwei Predellenflügel (hl. Elisabeth und Anna selbdritt) in →St. Peter in Salzburg, ein Fragment eines Flügelreliefs (Pfingsten) im →SMCA. Zugeschrieben hl. Hippolyt und hl. Florian in der Stadtpfarrkirche →Zell am See. Sein Stil von Hans Leinberger beeinflußt, heftig bewegte Figuren, üppige Gewänder, die Gestalten in die Fläche gebreitet. Verbindung zur Donauschule. Die Fassung der Figuren und die Malereien der Flügelaußenseiten besorgte U. →Bocksberger.

Lit.: A. Legner: Der Blasiusaltar aus Abtenau. Andreas Lackner und die Salzburger Plastik der Spätgotik, in: AMK 27, H. 180/181, 1982, S. 16 ff (mit weiterer Lit.).

L.T.

Lackner, Franz, * Piesendorf (?) 1814, † Piesendorf 13. 2. 1890, Lehrer, Volksliedsammler. Mit 16 Jahren unbezahlter Schulgehilfe seines Vaters in Werfen, Mesner in Piesendorf, Besuch des →Lehrerseminars in Salzburg, dann Lehrer in Piesendorf, Fusch und Uttendorf. Kenner des Volkslebens und des Gesangs. Im →SMCA befindet sich seine z. T. noch unveröffentlichte Liedersammlung von 90 Liedern und Dichtungen (»Pinzgauer Volkslieder«). L. zeichnete die Lieder gemäß der früheren Singpraxis zweistimmig mit einfachem Baß auf.

Lit.: H. Hummer: F. L. und seine Liedsammlung. In: Jb. des ÖVW 32/33, Wien 1984, S. 79 ff.

Laher, Ludwig, * Linz 11. 12. 1955, Mittelschullehrer, Schriftsteller, Übersetzer. Nach der Matura 1974 Übersiedlung nach Salzburg, Studium der Germanistik, Anglistik und Klass. Philologie in Salzburg. Bis 1993 AHS-Lehrer und Schriftsteller in Salzburg, seither in St. Pantaleon/OÖ. Rauriser Förderungspreis 1990. Mitbegründer der »Salzburger →Autorengruppe«, Obmann 1982-86. Werke (Auswahl): »nicht alles fließt« (Ged., 1984), »Always beautiful. Grenada. Vorstellung eines Landes im Hinterhof der USA« (1989), »Der Genius loci überzieht die Stadt« (Verhältnis Mozart: Salzburg, Goethe: Weimar, 1992), »Selbstakt

Andreas Lackner, Schreinfiguren des Abtenauer Altars, 1518 (SMCA)

vor Staffelei« (Erz., 1998), »Wolfgang Amadeus junior – Mozart Sohn sein« (1999).

Lit.: Katalog-Lexikon, S. 214.

H.H.

Lahnsteiner, Josef, * Bramberg 10. 1. 1882, † Bramberg 14. 9. 1971, Priester. Sammler von Kunstgegenständen und Mineralien aus den Tauerntälern (diese bilden den Grundstock des Hollersbacher Heimatmuseums), großes heimatkundliches Wirken, reichhaltige Bibl. (12 000 Bände); erneuerte die »Pinzgauer →Wallfahrt« über das Steinerne Meer (von Maria Alm zum Königssee). Sein dreibändiges Werk über den Pinzgau erfuhr 1980 die 2. bzw. 3. Aufl.; es bildet trotz Mängeln die Grundlage für weitere wissenschaftliche Untersuchungen.

Laib, Conrad, * um 1410, † nach 1460, Maler. Wurde 1448, aus Enslingen in der Grafschaft Öttingen kommend, Bürger von Salzburg. 1450 im Bruderschaftsbuch des Salzburger Domes genannt. Bedeutendster alpenländischer Maler der Mitte des 15. Jh.s, verbindet Salzburger Tradition mit niederl. Realismus und der Monumentalität Oberitaliens. Protagonist des realistischen Stils in deutschsprachigen Ländern zwischen 1440 und 1460.
Werke: Ablaßtafel des Heinrich Plehuber in Bischofshofen, vor 1447; zwei große Kreuzigungstafeln als Mittelstücke von Flügelaltären; 1449 der sogenannte »Salzburger

Altar« (vielleicht für Badgastein), »Kreuzigung« jetzt in der Österr. Galerie in Wien (nachweislich aus den eb. Sammlungen), die Flügel (Marienleben) in Padua und Venedig. Dazugehörig die sogenannten »Orgelflügel« im →SMCA als urspr. Bekrönung des Altars (hll. Hermes und Primus). 1457 die Grazer »Kreuzigung« eines zweiten Flügelaltars. Umstritten ist die Einordnung des Flügelaltars in Pettau (Ptuj) als letztes Werk (nach 1460) oder doch schon in die 50er Jahre. C. L. war auch als Wandmaler tätig. Werke: Das Konsekrationsfresko in St. Leonhard bei Tamsweg, dat. 1433, die Fresken in der Salzburger →Franziskanerkirche, dat. 1447 und 1456, das Kreuztragungsfresko am Grazer Dom 1457. (Farbabb. S. 332)

Lit.: Kat. C. L. Österr. Galerie im Belvedere, Wien 1997. – A. Rohrmoser: Die Salzburger Tafelmalerei von C. L. bis zur Jahrhundertwende. In: Spätgotik in Salzburg, Die Malerei, Salzburg 1972, S. 75 ff (mit Lit.).

L.T.

Lamberghut, ein Salzburger Trachtenhut nach Art der Jägerhüte des 19. Jh.s, trägt seinen Namen nach Landeshauptmann Hugo Graf Lamberg (1833-83), der ein Liebhaber der Volkstrachten und Bräuche sowie Mundartdichter war. Zur Zeit Lambergs galt das »Lamberghütl« nach seinem prominenten Träger als Zeichen liberaler Gesinnung. Ausgehend von der Gruppe »Hochgebirgsjagd« im Huldigungsfestzug zum 25. Ehejubiläum des Kaiserpaares 1879 (sog. »Makart-Festzug«, H. →Makart), in der Lamberg die alpinen kaiserlichen Jäger anführte, fand der Hut Interesse in der adeligen Gesellschaft. Trachtenerzeuger und -vereine entdeckten um die Jahrhundertwende diesen Hut wieder, gaben ihm den Namen und ein normiertes Aussehen. In den 1930er Jahren galt er als Trachtenvereinshut schlechthin. Von ihm ausgehend wurden weitere Salzburger Trachtenhüte entwickelt. Seit den 1950er Jahren zählt der Hut in Variationen zu den Standards der österr. Tracht und Trachtenmode. Eine Bronzebüste des Grafen Lamberg (Bozzetto 1881) mit dem Lamberghut, von seiner Frau Berta Lamberg-Stollberg-Stollberg verfertigt, wurde 1886 im heutigen Zwerglgarten aufgestellt, im 2. Weltkrieg eingeschmolzen. Dafür wurde in Parsch eine Lamberggasse benannt. →Tracht.

Lit.: U. Kammerhofer-Aggermann: Der Lamberghut oder die Schaffung von Tradition und »Echtheit«. In: Trachten nicht für jedermann? (=SBzVK 6), Salzburg 1993, S. 75, 81.

U.K.

Lamprechtshausener Weihespiel →Springenschmid, Karl

Landesanzug, Salzburger, eine 1935 vom Landesausschuß (K. →Adrian) geschaffene und per Landesgesetz (1935; aufgehoben 1975) verordnete (Dienst-)Kleidung für die Beamten- und Lehrerschaft. Am Vorbild Erzherzog Johanns wurden in den letzten Jahrzehnten des 19. Jh.s Jagdkostüme für Damen und Herren entwickelt, aus denen der Salonsteirer (1923), ein Zeichen von Beamtentugend und Staatstreue, entstand. Aus seinem Vorbild wurde der Landesanzug geschaffen und als Symbol des Austrofaschismus u. a. auch von Bundeskanzler Kurt Schuschnigg getragen. Dementsprechend wurde er in Kreisen der →Brauchtumsvereine abgelehnt. Gleichzeitig entstanden in Oberösterreich und Kärnten Landesanzüge. 1996 im Bereich der Trachtenmode wiederaufgenommen.

Lit.: U. Kammerhofer-Aggermann: Die Salzburger Landeskommission »betreffend die Förderung und Hebung der Salzburger Eigenart in Tracht, Sitten und Gebräuchen« und der Salzburger Landesanzug. In: Trachten nicht für jedermann? Heimatideologie und Festspieltourismus dargestellt am Kleidungsverhalten in Salzburg zwischen 1920 und 1938 (=SBzVK 6), Salzburg 1993, S. 25-49.

U.K.

Landesarchiv, Archiv und Registratur des Bundeslandes Salzburg. Die Aufgaben des L. sind Übernahme, Ordnung und Aufbewahrung sowie Ausfolgung von Schriftgut im Bereich der Landesverwaltung und der in Salzburg befindlichen Bundesstellen, weiters ist es historische Auskunftsstelle im Bereich der Landesgeschichte. Bestände: Urkundenreihe (seit ca. 1130), Urbare und Steuerbücher, Vermessungsoperate (seit 1825), Karten und Risse, Graphik, Fotosammlung, Hs. und Nachlässe, Registraturen aus den Behörden der Eb. und deren weltlichen Rechtsnachfolgern. 1970 erfolgte die Übersiedlung von →St. Peter in das Verwaltungsgebäude Michael-Pacher-Str. 40. An der Südfassade Steingußplastik »Bücherberg« von J. →Magnus, Westseite Glasmosaik von K. →Krasnitzky, die historische Entwicklung des Landes darstellend.

Lit.: F. Koller: Das Salzburger L. Salzburg 1987.

Landesausstellungen, Ausstellungen zur Landesgeschichte:
1. 5. – 30. 9. 1980 »Die Kelten in Mitteleuropa. Kultur, Kunst, Wissenschaft«, →Keltenmuseum Hallein;
21. 5. – 26. 10. 1981 »Reformation, Emigration, Protestanten in Salzburg«, Schloß →Goldegg;
15. 5. – 26. 10. 1982 »Das älteste Kloster im deutschen Sprachraum. St. Peter in Salzburg. Schätze europäischer Kunst und Kultur«, →St. Peter;
16. 5. – 26. 10. 1987 »Fürsterzbischof Wolf Dietrich von Raitenau. Gründer des barocken Salzburg«, →Residenz-Neugebäude und →Dommuseum in Salzburg;
19. 5. – 6. 11. 1988 »Die Bajuwaren. Von Severin bis Tassilo 488-788.« Alter Bahnhof in Rosenheim, Freilichtschau in →Mattsee;
23. 3. – 3. 11. 1991 »Mozart – Bilder und Klänge«, Schloß Kleßheim;
30. 4. – 30. 10. 1994 »Salz«. Pernerinsel, Hallein (Alte Saline), Keltenmuseum, Hallein.
H.O.

Landesgalerie →Residenzgalerie

Landeshymne, Salzburger, »Land unsrer Väter, laß jubelnd dich grüßen«, über Anregung von LH. F. →Rehrl 1928 vom Salzburger Kanonikus Anton Pichler gedichtet und vom Chormeister der Salzburger →Liedertafel, Ernst Sompek, vertont, vor den Mitgliedern der Landesregierung vom Knabenchor der St.-Andrä-Schule am 15. 5. 1928 erstmals vorgetragen, vom Landtag offiziell als S. L. erklärt; soll bei allen offiziellen festlichen Anlässen intoniert werden. *G.W.*

Landeskunde, Gesellschaft für Salzburger. Am 24. 9. 1860 wurde von neun Bürgern der Stadt Salzburg die »Gesellschaft für Salzburger Landeskunde« gegründet, unter maßgeblicher Initiative von F. V. →Zillner. In der konstituierenden Sitzung vom 30. 9. 1860 wurde Bürgermeister Heinrich Ritter von Mertens zum ersten Vorstand gewählt. Laut Satzungen sollte sich die G. »für die Beförderung der Kunde vom Lande Salzburg und seinen Bewohnern mit Rücksicht auf Gegenwart und Vergangenheit« einsetzen. Seit 1861 erscheinen die »Mitteilungen« (bisher 140 Bände), veranstaltet werden Vorträge, Führungen und Exkursionen aus den Gebieten von Geschichte, Kunst- und Musikgeschichte, Volkskunde, Naturwissenschaft u. a. Die Zahl der Mitglieder beträgt (Ende 2000) rund 1600.

Lit.: K. Conrad: Bericht über die 125-Jahr-Feier der Gesellschaft für Salzburger Landeskunde. In: MGSLK 126, 1986, S. 519 ff. – H. Wagner: Die ersten 25 Jahre der Gesellschaft für Salzburger Landeskunde. In: MGSLK 118, 1978, S. 189-224.
R.R.H.

Landestheater →Theater

Landgrebe, Erich, * Wien 18. 1. 1908, † Salzburg 25. 6. 1979, Schriftsteller, Maler, Zeichner. Studium an der Akad. für angewandte Kunst und an der Hochschule für Welthandel in Wien. Verschiedene Berufe. 1931-33 in den USA, ab 1933 wieder in Wien. 1940 Kriegsberichterstatter in Rußland und Afrika, 1943-46 Gefangenschaft. Nach dem Krieg Verlagsleiter. 1952-79 war L. in Salzburg-Elsbethen ansässig. Sein Grab befindet sich in St. Jakob am Thurn. Bertelsmann-Preis 1954. L.s Romane und Erzählungen befassen sich thematisch direkt mit den Kriegserlebnissen. »Von Dimitrowsk nach Dimitrowsk« (1948), unter dem Titel »Mit dem Ende beginnt es« 1951 neu aufgelegt; »Die Nächte von Kuklino. Ein Nokturno« (1952), »Die Rückkehr ins Paradies« (1956). In seinen Romanbiographien »Ein Maler namens Vincent« (1957) und »Das ferne Land des Paul Gauguin« (1959) zeigt sich seine Doppelbegabung als Schriftsteller und Maler. »Gedichte und Bilder«, hg. v. B. Steinwendtner 1989. L. schrieb viele Essays und Bücher über seine Wahlheimat Salzburg. 1972 gab er die Anthologie »Dichtung aus Salzburg« heraus. Sein literarischer Nachlaß befindet sich im Salzburger →Literaturarchiv.

Lit.: Killy, Bd. 7, S. 131. – E. Schörghofer: Thematik u. Erzähltechnik in der Kurzprosa E. L.s Salzburg. Germanist. Hausarbeit, 1978. – NDB 13, S. 501 f.
A.Has.

Landschaftsmalerei. »Auf dem Boden Salzburgs und des Salzkammergutes vollzog sich in Österreich mit sichtbarer Klarheit der Wandel von der souverän gestalteten Landschaft des Barock über die demutsvollen graphischen Dokumente der aus dem N. zugewanderten Nazarener und Romantiker zum malerischen Realismus der dreißiger Jahre« (H. Schwarz). Die gegen 1800 einsetzende klassizistische Landschafts- und Vedutenkunst eines Albert

Christoph Dies (1796/97 in Salzburg), A. →Nesselthaler, L. →Wallée, A. →Naumann, Francisco Caucig (1797), Friedrich Wilhelm Schlotterbeck (1803), Anton Balzer, Johann Jakob Strüdt und Ferdinand Runk ist nur das Vorspiel zu jener Welle romantischer Begeisterung, die sich an der Salzburger Landschaft entzündete. Angefangen von Karl Friedrich Schinkel (1811), den Lukasbrüdern Ferdinand und Friedrich →Olivier, Julius Schnorr von Carolsfeld und Carl Philipp Fohr (1815), den Berliner Freunden Julius Schoppe, Carl Wilhelm Gropius und Carl Friedrich Zimmermann (1817) und der Gruppe Johann Christoph Erhard, Johann Adam Klein, Ernst Welker, Heinrich und Friedrich Philipp Reinhold (1818) reißt die Kette der Salzburg-Pilger, die aus Norddeutschland meist über Wien und Salzburg nach Rom strebten, nicht ab. Schon bei Künstlern wie Ernst Fries (1820) und August Heinrich (1820), Thomas Ender (1816) und Jakob Alt (1825) weicht die sakrale Landschaftsauffassung der Pioniere einer objektivierenden Sehweise. Mit dem Grazer Friedrich Loos (1797-1890) lebte 1826-35 ein hervorragender Vertreter des frühen Realismus in Salzburg. Neben Berchtesgaden und dem Salzkammergut werden nicht zuletzt im Zusammenhang mit dem aufkommenden Alpinismus auch die Gebirgsgaue, vor allem Gasteiner und Rauriser Tal, zunehmend frequentiert. Von den späteren Verehrern der Salzburger Landschaft seien Ludwig Richter, Josef Höger, Franz Barbarini, Károly Lajos Libay, August Haun und Friedrich Gauermann sowie die Einheimischen J. →Fischbach, G. →Pezolt und J. →Mayburger genannt. Auch William Turner (um 1840), Ferdinand Georg Waldmüller (1837) und Carl Spitzweg (1845) haben hier gezeichnet. Im späteren 19. Jh. sind der Wiener Rudolf von Alt und der Berliner Adolf von Menzel besonders passionierte Salzburg-Besucher.

Lit.: Sommerreisen in Salzburg im 19. Jahrhundert. JahrSMCA 43/44, 1997/98. – H. Schwarz: Salzburg und das Salzkammergut. Wien-München 1926, Neuaufl. Salzburg 1977. – T. Wirth: Mit Menzel in Bayern und Österreich. München 1974. – Fuhrmann-Stadt und Fuhrmann-Land.

N.Sch.

Lang, Peter, * Wels 20. 7. 1946, Pianist und Klavierpädagoge. Studium beim Vater, am →Mozarteum bei K. →Neumüller, B. →Paumgartner, G. →Wimberger und bei Friedrich Gulda bzw. Géza Anda. Frühe Karriere als Pianist, vor allem mit dem Klavierwerk von W. A. →Mozart und Beethoven; 1965 Debüt bei den Salzburger →Festspielen, Lehrtätigkeit in den USA, seit 1976 Leiter einer Klavierklasse am Mozarteum und an der Intern. →Sommerakad. Mozarteum, deren Leitung er 1988-92 innehatte.

G.W.

Laschenzky, Baumeisterfamilie. Johann Georg L. * Wien 29. 7. 1763, † Salzburg 24. 6. 1849, Hofmaurermeister. Schüler von D. F. d'Allio, 1784 Maurermeister in Straubing, seit 1786 in Salzburg. Prägte das Aussehen der Stadt durch eine fast durchgehende Neufassadierung der Bürgerhäuser, meist in einfachen klassizistischen Formen (Langenhof), seltener mit Stuckdekorationen (Alte Hofapotheke). Wurde gemeinsam mit L. →Grenier, Andreas Zach und W. →Hagenauer mit der Planung fiir den Neubau der westlichen Trakte der →Residenz beauftragt, der nach Zachs Plänen, aber unter seiner Leitung 1788/92 durchgeführt wurde. 1787 Zezische Lederfabrik in der Arenbergstraße Nr. 2, 1792/97 Pfarrkirche Henndorf.
Georg L., * Salzburg 23. 4. 1789, † Salzburg 23. 3. 1868, Sohn des Johann Georg L., Baumeister.
Otto L., * Salzburg 15. 8. 1826, † Salzburg 3. 4. 1909, Sohn des Georg L., Baumeister.

Lit.: E. Podbelsek: Die Kirche Mariahilf in Leopoldskron-Moos, Salzburg. Diplomarbeit Salzburg 2000. – F. Martin in: Thieme-Becker XXII. – Nekr. für Otto L. in MGSLK XLIX/1909.

M.O.

Latzko, Andreas (Pseud. Carl Seelig), * Budapest 1. 9. 1876, † Amsterdam 11. 9. 1943, ungar. Schriftsteller. Vater Ungar, Mutter Wienerin, wuchs in Budapest zweisprachig auf. Journalist in Budapest, Dramen in ungar. Sprache. Ab seiner Übersiedlung nach Deutschland, 1901, schrieb er in dt. Sprache. Journalist im Orient für dt. und ungar. Zeitungen. Im 1. Weltkrieg k. u. k. Offizier an der ital. Front, Malaria, 1916 vom Militär entlassen. 1916-18 in der Schweiz, Bekanntschaft mit Romain Rolland und S. →Zweig. Sein bekanntestes Werk ist die Novellensammlung »Menschen im Krieg« (1918), übersetzt in 19 Sprachen. 1918-31 freier Schriftsteller in Salzburg, 1931 Übersiedlung nach Amsterdam, wo ihm 1948 ein Denkmal errichtet wurde.

Lit.: A. Latzko: Der Doppelpatriot. Texte 1900-1932. Hg. u. m. e. Nachwort versehen von János Szabó, München-Budapest 1993. – Kosch, 9. Bd., 1984, Sp. 988. – A. Latzko (gemeinsam mit Stella Otarowa-Latzko): Levensreis (Autobiographie in niederländischer Sprache). Amsterdam 1950.

H.H.

Laube, Heinrich, * Sprottau (Schlesien) 18. 9. 1806, † Wien 1. 8. 1884, Schriftsteller, Burgtheaterdirektor. Die beiden »Jungdeutschen« L. und K. Gutzkow unternahmen eine Italienreise, die sie von München über Salzburg nach Innsbruck führte. Beide Autoren veröffentlichten ihre Reiseeindrücke: L. in seinen »Reisenovellen« (1834) und Gutzkow in seinem Buch »Sommerreise durch Österreich« (1835). Gutzkow wollte dabei auf den Spuren der Geschichte das Gesehene geistig klar umreißen, L. frisch erzählend Novellen aus den Gegebenheiten von Örtlichkeit und Landessitte entwickeln. Dabei entwarf er oft Porträts wichtiger Persönlichkeiten aus lokaler Charakteristik. So entwickelte er aus der Beschreibung →Hellbrunns ein Porträt von Eb. →Markus Sittikus. Die Stadt Salzburg sah L. sehr katholisch und deshalb sehr kritisch. 1849-67 war L. ein erfolgreicher und beliebter Burgtheaterdirektor in Wien und 1871-79 (mit Unterbrechung 1874/75) Leiter des 1871 von ihm gegründeten Wiener Stadttheaters.

Lit.: H. Laube. Reisenovellen. Hg. v. G. Kozielek u. a., Berlin 1996. – Kosch, Bd. 9, 1984, Sp. 992 ff.

A.Has.

Lawrence, D. H. (David Herbert) * Eastwood (Cty. Nottinghamshire) 11. 9. 1885, † Vence (Dép. Alpes-Maritimes) 2. 3. 1930, engl. Schriftsteller. International bekannt wegen seines Hauptromans »Lady Chatterley« (1928), der wegen der freizügigen Darstellung sexueller Beziehungen in Großbritannien erst 1960 ungekürzt erscheinen durfte. In zahlreichen Werken wendet sich L. gegen die Moderne, die Industrialisierung sowie gegen die Mechanisierung der Welt und verkündet die Rückkehr zum «natürlichen Leben» und zu einem mystischen Naturbewußtsein. Vom 20. Juli bis 22. August 1921 hielt sich L. mit seiner Frau in Thumersbach bei Zell am See auf, unternahm ausgedehnte Bergtouren und fuhr mit dem Auto zum Wasserfall- und Moserboden. Die Landschaft um den Zeller See und die Gletscherregion von Kaprun bilden den Hintergrund für den kurzen Roman »The Captain's Doll« (»Die Hauptmannspuppe«). L. vertauscht in der Erz. bewußt die Ortsnamen, aus »Salzburg« wird Innsbruck, aus »Zell am See« Kaprun. Das Land Salzburg nennt er »Austrian Tyrol«, damit bezeichnet er das österreichische Alpengebiet. 1982 drehte die BBC nach »The Captain's Doll« einen Fernsehfilm, der teilweise in Kaprun aufgenommen wurde. Die Szenen, die am Zeller See spielen, wurden allerdings am Hallstätter See gefilmt.

Lit.: M. W. Weithmann: D. H. Lawrence im Salzburger Land. In: F. Zaisberger (Hg.): Neues aus dem Salzburger Landesarchiv, Salzburg 1990 (=Schriftenreihe des Salzburger Landesarchivs, Nr. 8, 1990), S. 87-107.

H.H.

Lechner, Hans, * Graz 16. 7. 1913, † Salzburg 10. 6. 1994, LH. von Salzburg (1961-77). Besonderer Förderer des kulturellen Lebens in Stadt und Land Salzburg, maßgeblich beteiligt an der Entwicklung der Salzburger →Festspiele, der Internationalen Stiftung →Mozarteum (Ehrenmitglied seit 1974), der →Sommerakademie für bildende Kunst, der Künstlervereinigung »MOKU«, des →Nationalparks Hohe Tauern und des Österreichischen →Rundfunks. Krönung seines kulturpolitischen Lebenswerks war zweifellos die Wiedergründung der →Univ. Salzburg im Jahre 1962 (Ehrensenator 1966).

Lit.: F. Zaisberger: Nekr. H. L. In: MGSLK 135, 1995, S. 865 ff.

R.R.H.

Lederwasch, alteingesessene Tamsweger Familie, aus der 250 Jahre hindurch immer wieder Maler hervorgingen, die traditionsgemäß auch das Mesneramt in der Wallfahrtskirche St. Leonhard innehatten. Von insgesamt 18 Angehörigen, die den Malerberuf ergriffen, wuchsen drei über das Handwerksmäßige hinaus. Christoph L. (* Tamsweg 1651, † Salzburg, Dezember 1705) brachte es 1681 zum Hofmaler unter Eb. Max Gandolf von Kuenburg, der ihn 1675 nach Rom schickte. Gemeinsam mit J. M. →Rottmayr malte er das riesige Deckenfresko eines »Türkenstechens« in der Winterreitschule. Bei der 1100-Jahr-Feier des Erzstiftes 1682 war er an den →Ehrenpforten beschäftigt und hielt die Domprozession in einem großen Kupferstich fest. Auch andere Stiche sind bekannt, außerdem Altarbilder und Fresken (u. a. in Kremsmünster), die die volkstümliche Maltradition mit kompositorischen Anregungen des römischen Hochbarock verbinden.

Gregor IV. L. (* Tamsweg 1726, † Tamsweg 16. 7. 1792) hatte als Maler und Geometer so viele Aufträge, daß er das Mesneramt an seinen Sohn abtrat. Bei der Vermessung und Entwässerung des Untersberger Mooses erwarb er sich den Titel eines »hochfürstlichen Ingenieurs«. Von ihm kennt man Fassadenmalereien, Kartenzeichnungen, Fresken (Schloßkapelle Moosham, Althofen) und Altarbilder (Pfarrkirche Tamsweg), etliche auch in Kärnten und der Steiermark. Sein Sohn Johann (von) L. (* Tamsweg 28. 12. 1755, † Graz 1. 1. 1827) lernte 1768-74 in der Zeichenschule von J. B. →Hagenauer in Salzburg, machte sich 1780 in Murau ansässig und verlegte damit seinen Auftragskreis in die Steiermark. Seine Freskierungen lehnen sich noch stark an das süddeutsche Rokoko an. Mit Gouachebildern steirischer Berg- und Bauersleute sowie bürgerlichen Porträts suchte er sich der veränderten Auftragslage um 1800 anzupassen. Deshalb übersiedelte er 1809 nach Judenburg und 1813 nach Graz, wo er jedoch total verarmte.

Lit.: R. Schöffmann, Johann v. L. Diss. Graz 1974. – V. Hatheyer: Chronik des Marktes Tamsweg. Tamsweg 1955, S. 170. – G. Heinz: Studien über die Malerei des 17. Jh.s in Salzburg. In: MGSLK 94, 1954, S. 86.

N.Sch.

Ledwinka, Franz, * Wien 27. 5. 1883, † Salzburg 21. 5. 1972, Komponist, Pianist und Klavierpädagoge. Studierte an der Wiener Musikakad. Zunächst intensive Konzerttätigkeit als Pianist und Kammermusiker, 1907-49 Leiter einer Klavierklasse am →Mozarteum, 1915-17 Direktor. Sein prominentester Schüler war H. v. →Karajan. L. initiierte 1902 Kammermusikabende in Salzburg, die sich mehr als 30 Jahre großen Publikumsinteresses erfreuten (»Trio-Abende heimischer Kunstkräfte«). Komponierte über 200 Werke aller Gattungen – Kirchenmusik, musikdramatische Werke, Orchester- und Kammermusik, vier Liederzyklen und etwa 150 Lieder.

Lit.: V. Keldorfer: Klingendes Salzburg, Wien, ²1979.

G.W.

Lehmann, Arno, * Berlin 23. 5. 1905, † Salzburg 11. 5. 1973, Keramiker, Bildhauer, Maler. Seine frühen Baukeramiken riesigen Ausmaßes in seiner Heimatstadt Berlin sind heute verschollen oder zerstört, seine frühen Brunnen und Tiergestalten der 30er Jahre von urwüchsiger, kompakter Form. 1935 großer Preis für die Tierplastik »Zebustier« in Berlin. Nach der Zerstörung von Wohnung, Werkstatt und Arbeiten Übersiedlung nach Österreich (Bad Aussee 1943-49, Werkstatt für Gebrauchskeramik). 1949 erhält A. L. mit Unterstützung von LH Josef Rehrl eine Wohn-Werkstatt im Hohen Stock der →Festung Hohensalzburg. Die urwüchsige Kraft und Monumentalität seiner frühen Arbeiten hat archaische Wurzeln in der Geschlossenheit der äußeren Form; seine Arbeiten der 50er Jahre nähern ihn der Abstraktion und Auflösung plastischer Gefäße zu »bewohnbaren« Hohlräumen, die wie Grottenbildungen durchlässig sind. 1955 Goldmedaille in Cannes, 1958 Pfeilerverkleidungen im →Festspielhaus und Auftrag C. →Holzmeisters für »16 schwebende Plastiken nach einer Fuge von Bach« für das Große Festspielhaus. Neben »wildwüchsigen« Keramikschalen und »Pflanzgefäßen« entstehen zahlreiche Porträtbüsten in meist gewollter Abwesenheit des Modells. Tierthemen mit oft metaphysischem Bezug durchziehen L.s gesamtes Schaffen von der geschlossenen Form der 30er Jahre über abstrakte Versuche der 50er Jahre bis zu Formauflösungen manchmal riesigen Ausmaßes in den 70er Jahren. Seine eigenwilligen Lösungen liegen »außerhalb der gängigen Zuordnung von Stilmerkmalen« und sind Ausdruck eines Einzelgängers, der losgelöst von Zeitströmen seinen eigenen Stil im Experimentieren mit Form und Glasuren fand. (Farbabb. S. 367)

Lit.: G. Wagner: A. L. Werkverzeichnis. Salzburg 1995. – Dies.: A. L. 1905-73. Studie zum keramischen Werk, Diplomarbeit Salzburg 1989. – M. Kaindl-Hönig: A. L. Salzburg 1983.

Ch.S.

Lehmann, Lilli (eigentlich Elisabeth Maria Kalisch, geb. Loew), * Würzburg 24. 11. 1848, † Berlin 17. 5. 1929, Sängerin. Nach Engagements in Prag (1867), in Danzig (1868) und Leipzig (1869) ging sie 1870 als Koloratursopran an die Berliner Hofoper. 1886-91 war sie Mitglied der Metropolitan Opera New York, 1892 kehrte sie nach Berlin zurück. Sie machte sich zunächst als Wagner-Interpretin, später vor allem als Mozart-Sängerin einen Namen. Mit Salzburg ist sie durch ihre Initiative beim Salzburger Mozartfest, einem Vorläufer der späteren →Festspiele, verbunden. Gemeinsam mit einer Reihe namhafter Künstler setzte sie sich für eine kontinuierliche Entwicklung dieser Veranstaltung ein. Vor allem beim 7. Salzburger Mozartfest (14. – 20. 8. 1906) trat sie mit ihrer berühmt gewordenen Produktion von Mozarts »Don Giovanni« hervor, in der sie die Partie der Donna Anna sang und die besten Sänger ihrer Zeit zur Mitwirkung gewonnen hatte. Von großer Bedeutung wurde L. darüber hinaus durch ihre seit 1916 alljährlich stattfindenden Sommerkurse für Stilgesang am →Mozarteum, die zur Entstehung der →Intern. Sommerakad. Mozarteum führten. Autobiographische Veröffentlichungen: »Meine Gesangskunst«, (1902, [2]1949), »Mein Weg«, (1913).

Lit.: P. Lorenz: L. L.s Wirken für Salzburg. ÖMZ Jg. 27, 1972. – J. H. Wagemann: L. L.s Geheimnis der Stimmbänder. In: Der moderne Gesangslehrer, Berlin 1905.

J.F.

Lehrerseminar. Eröffnet am 9. 11. 1790 durch den Direktor F. M. →Vierthaler im Ritzerbogenhaus (Sigmund-Haffner-Gasse). Sollte die Bildung der schlecht oder gar nicht ausgebildeten Lehrer im Sinne der →Aufklärung heben, wurde aber vom sparsamen Eb. →Hieronymus Colloredo nur gering dotiert. Der Lehrkurs dauerte ein Jahr, Vierthaler führte aber praktische Lehrversuche ein, wie er generell über Ignaz Felbigers katechisierende Pädagogik hinausging.

Lit.: U. Salzmann: Zur Neuauflage von Vierthalers »Wanderungen durch Salzburg, Berchtesgaden und Österreich«. Salzburg 1983, S. 11 ff.

R.R.H.

Lehrl, Salzburger Zinngießerfamilie, beginnend mit Christoph L. (Meister 1598). Dessen Söhne: Sebastian und Georg (1633-69), Sohn des letzteren: Hans (Meister 1670, † 1701), hatte bis 1680 die zweite Salzburger Zinngießer-Gerechtigkeit neben Thomas Schesser, Sohn Hans Jakob (Meister 1702). Ihre Meistermarke: Monogramm über Kanne nebst Stadtmarke. Charakteristisch für die Werkstatt sind zeitgenössische Porträts auf Kannen und Humpen.

Lit.: K. v. Radinger, A. Walcher v. Moltheim: Das Zinngießerhandwerk in der Stadt Salzburg. In: JahrSMCA, 1910.

Ch.S.

Leiden-Christi-Singen, vermutl. auf gegenreformatorische Karfreitagsspiele zurückreichendes Singen in den Nächten von Gründonnerstag und Karfreitag, das sich in Großarl (wie auch in Kärnten, Stm. und Slowenien) erhalten hat. Möglicherweise Akkulturation durch Bergleute des Kupferbergbaus in Hüttschlag. Je eine Gruppe von Männern (in der ersten Nacht Bauern, in der zweiten Marktbewohner, meist Handwerker) zieht ab 20 Uhr von Hof zu Hof und singt bis 4 Uhr früh allstündlich ein zweistimmiges Passionslied, das von einem Vorsänger angestimmt wird. Die einzelnen Strophen des Gründonnerstag-Liedes haben die Stationen des Leidens Christi zum Inhalt, diejenigen der Karfreitagsnacht behandeln die Ereignisse nach dem Tod des Herrn. Die letzten Strophen klingen jeweils in einem Weckruf an die Schläfer aus. →Osterbräuche.

Lit.: K. Adrian: Von Salzburger Sitt' und Brauch. Wien 1924, S. 103 ff.

R.A., U.K.

Leimer, Kurt, * Wiesbaden 7. 9. 1920, † Vaduz 20. 11. 1974, Pianist und Komponist. Studierte bei seinem Großonkel Karl Leimer in Hannover, bei Winfried Wolf in Berlin und bei Edwin Fischer, Komposition bei Kurt v. Wolfurt. Rege Konzerttätigkeit, u. a. auch mit seinen vier Klavierkonzerten, die er mit H. v. →Karajan aufnahm. 1953-74 leitete er eine Meisterklasse für Klavier am →Mozarteum, seit 1956 auch an der Intern. →Sommerakad. Mozarteum. Zu seinem Gedächtnis stiftete die Witwe 1974 einen Preis, der im Rahmen des Kurt-Leimer-Wettbewerbes vergeben wird.

E.St.

Leitgeb, Josef, * Bischofshofen 17. 8. 1897, † Innsbruck 9. 4. 1952, Tiroler Schriftsteller. »Zeitlebens empfand ich meine Geburt in Bischofshofen als einen Fehler des Schicksals: dem Zufall einer dienstlichen Versetzung des Vaters sollte man nicht seinen Geburtsort verdanken müssen«, schrieb er. Im Alter von zwei Jahren kam er nach Tirol und blieb dort sein Leben lang. Er schrieb ein Gedicht »Am Grabe Georg Trakls«, in dem er diesen Wechselbezug zwischen Salzburg und Tirol, der auch für →Trakl gilt, zum Ausdruck bringt.

Lit.: A. Haslinger: Dichtung aus geistig-räumlichen Traditionen. In: In Salzburg geboren, S. 261 ff.

A.Has.

Lenau, Nikolaus (eigentlich: Nikolaus Franz Niembsch, Edler von Strehlenau), * Csatád (Ungarn; heute: Lenauheim, Rumänien) 13. 8. 1802, † Oberdöbling bei Wien 22. 8. 1850, Schriftsteller mit engen Beziehungen zu Ungarn. Seit 1831 enge Verbindung zu den schwäbischen Romantikern. L. machte auf seinen Reisen von Wien nach Stuttgart wiederholt in Salzburg Station. Am 16. 9. 1837 schrieb er nach einem Besuch des Friedhofs zu →St. Peter das Sonett »Der Salzburger Kirchhof«. L. verbrachte den Sommer oft im Salzkammergut, am 19. 7. 1838 machte er mit Freunden »eine Partie« zum Schwarzensee bei Strobl. »Der Schwarzensee ergriff ihn sehr und veranlaßte das Gedicht ›Der schwarze See‹« (Castle). Am 29. 7. 1841 unternahm L. eine Reise über den Gosauschmied, Annaberg, St. Martin am Tennengebirge nach Hüttau, am 30. 7. 1841 fuhr er weiter bis nach Lend. (Brief vom 30. 7. 1841 an Sophie Löwenthal.) Freundschaft mit F. →Sauter, L. besuchte in Hallstatt den erkrankten Freund, Dankgedicht Sauters »An Nikolaus Lenau«.

Lit.: J. P. Hammer: N. Lenau. Dichter und Rebell, Schwaz/Tirol 1993. – Kosch, Bd. 9, Sp. 1204 ff. – F. Sengle: Biedermeierzeit. Bd. III: Die Dichter, Stuttgart 1980, S. 640 ff.

H.H.

Nikolaus Lenau (ÖNB)

Lendl, Egon, * Trient 1. 11. 1906, † Salzburg 7. 1. 1989, Geograph. Besuchte das Gymnasium in Wien, studierte dort Geographie, Geschichte, Philosophie und Volkskunde. War kurze Zeit Gymnasiallehrer, dann Assistent am Geographischen Institut der Univ. Wien und habilitierte sich 1944. 1953 wurde er zum Dozenten ernannt und 1963 als Professor an die →Univ. Salzburg berufen, der er im Studienjahr 1964/65 als erster gewählter Rektor vorstand. Herausgeber des Salzburg-Atlas (1955) und Bearbeiter von »Putzgers Historischem Weltatlas« für Schulen, Autor zahlreicher Beiträge v. a. zur historischen, Sozial- und Wirtschaftsgeographie.

Lit.: Jb. der Universität Salzburg 1969. Salzburg 1970.

E.M.

Leonhard von Keutschach, * Kärnten um 1442, † Salzburg 8. 6. 1519, Eb. von Salzburg 1495-1519. L.s Regierungszeit war durch wirtschaftlichen Aufschwung und absolutistische Strenge gekennzeichnet. 1498 ließ er alle Juden aus dem Erzstift vertreiben und ging gegen die Privilegien der Hauptstadt vor: es kam 1511 zum Verzicht auf den großen Ratsbrief von 1481 und zur Erlassung einer neuen Stadtordnung (1512). Streitigkeiten gab es mit dem Stift →St. Peter, den Landständen und dem benachbarten Bayern. Im Landshuter Erbfolgekrieg wurden Randgebiete Salzburgs schwer beeinträchtigt. L.s Pflege von Kunst und Kultur sieht man vor allem auf der →Festung Hohensalzburg. Die letzten Lebensjahre L.s waren überschattet vom Konflikt mit seinem Koadjutor und Nachfolger →Matthäus Lang um die 1514 erfolgte Säkularisation des Domkapitels.

Lit.: R. R. Heinisch: L. v. K. Eb. von Salzburg. In: NDB 14, S. 250 f.

R.R.H.

Leonische Drähte und Borten →Borten

Leopold Anton Eleutherius, Freiherr von Firmian, * München 27. 5. 1679, † Salzburg 22. 10. 1744, Eb. von Salzburg 1727-44. L. A. stammte aus Tiroler Uradel; 1713 Domdechant, 1718 Bischof von Lavant, 1724 von Seckau und 1727 von Laibach, aber noch vor der Bestätigung zum Eb. von Salzburg erwählt. L. A. gehörte einer aufgeklärten Richtung der Kirche an, er stellte die Karfreitagsprozessionen und Geißelungen ab. Überschattet wird die Regierungszeit von seiner Protestantenausweisung 1731 (→Emigranten), die letzten Monate seiner Regierung durch den Österr. Erbfolgekrieg (1740-48). Große Vorliebe zeigte L. A. für Astronomie und kunstvolle Uhren; für seinen Neffen F. L. →Firmian baute er das Schloß →Leopoldskron, er begann mit der Urbarmachung des dortigen Moores.

Lit.: F. Martin: Salzburgs Fürsten in der Barockzeit. Salzburg [4]1982.

R.R.H.

Leopoldskron, Schloß am alten hf. Fischweiher »Kuehweiher«, 1736-44 von Eb. →Leopold Anton Firmian als Primogeniturfideikommiß für seine Familie nach Plänen P. B. →Stuarts errichtet. Die Detailrisse sowie die Stukkaturen stammen vom hf. Unterbaumeister J. →Kleber »aus dem Bregenzer Walde«. 1744, nach dem Tod des Eb., fiel das Schloß an dessen Neffen F. L. →Firmian, der hier nicht nur eine bedeutende Gemälde- und Kopferstichsammlung anlegte, sondern auch selbst künstlerisch tätig war. Vor 1763 erfolgte ein Umbau, die urspr. Mansardendächer und die bekrönende oktogonale Kuppel in der Mitte mußten einem Attikageschoß weichen, das Schloß erhielt eine blockartig-klassizistische Erscheinung. 1918 erwarb M. →Reinhardt das Schloß und machte es bis 1938 zu einem gesellschaftlichen und kulturellen Treffpunkt der Festspielstadt. 1938-45 bewohnte es C. →Krauss. Von den Nachfahren M. Reinhardts mietete es 1947 das »Salzburg Seminar in American Studies« und erwarb es 1959. Über 20 000 Studenten und Führungskräfte aus mehr als 100 Ländern besuchten seit dem das »Salzburg Seminar«, dessen Schwerpunkte internationale Beziehungen, Rechtswissenschaften und Kultur sind.

Lit.: S. Fox (Hg.): The Salzburg Seminar. The First Fifty Years, written by T. Ryback, Salzburg 1997. – T. Ryback, I. Stegen, G. Prossnitz: Schloß Leopoldskron. Salzburg 1994. – Ch. W. Thomsen: Leopoldskron. Frühe Geschichte. Die Ära Reinhardt. Das Salzburg Seminar. Siegen 1983. – ÖKT, Bd. 11.

M.O.

Lese- und Geselligkeitsverein »Museum«. Als Vorläufer des »Museums« kann das »Lektüre-Kabinett« angesehen werden, das L. →Hübner 1784 eröffnet hatte. Ziel war, durch die Haltung in- und ausländischer Zeitungen und Zeitschriften einen Mittelpunkt aufgeklärten Diskurses zu schaffen. Dem Hübnerschen Leseverein war jedoch nur ein kurzer Bestand beschieden. 1810 entstand aus der Vereinigung der »Musikalischen Gesellschaft« und einem Lese-Institut, welches der Arzt J. S. →d'Outrepont gegründet hatte, der Geselligkeits- und Leseverein »Museum«. Bildung durch Lektüre, Konversation, Musik und geselliges Vergnügen wurden als Vereinszwecke ausgewiesen. Das »Museum« entwickelte sich durch die Veranstaltung von Redouten, Bällen und Konzerten zum gesellschaftlichen Mittelpunkt der gehobenen Salzburger Schichten in der ersten Hälfte des 19. Jh.s. Besonderes Anliegen war im Vormärz die Armenpflege. So geht die Gründung einer freiwilligen Arbeitsanstalt für Arbeitslose auf eine Initiative des »Museums« zurück. Aber auch um die Errichtung des Mozartdenkmals 1842 machte sich der Verein verdient. Auch wenn der aufklärerische Impetus allmählich verlorenging, leistete das »Museum« einen wichtigen Beitrag zur Herausbildung bürgerlicher Öffentlichkeit und Identität. Nach der Jahrhundertmitte verlor das »Museum« ständig an Bedeutung. 1854 spaltete sich das »Handels-Casino« ab. 1872 löste sich das »Museum« auf.

Lit.: Th. Weidenholzer: Bürgerliche Geselligkeit und Formen der Öffentlichkeit in Salzburg 1780-1820. In: R. Hoffmann (Hg.): Bürger zwischen Tradition und Modernität, Wien-Köln-Weimar 1997, S. 53 ff. – H. Haas: Salzburger Vereinskultur im Hochliberalismus. In: Vom Stadtrecht zur Bürgerbeteiligung, FS. 700 Jahre Stadtrecht von Salzburg, Salzburg 1987, S. 174 ff. – F. Martin: Die Museums-Gesellschaft. In: MGSLK 75, 1935, S. 199 ff.

Th.W.

Liebermann, Rolf, * Zürich 14. 9. 1910, † Zürich 2. 1. 1999, Komponist und Intendant. Schüler von Hermann Scherchen und Wladimir Vogel, 1945-59 Tätigkeit bei Rundfunkanstalten in der Schweiz und in Deutschland, 1959 Intendant der Hamburgischen Staatsoper, 1973-80 Generalintendant der Vereinigten Pariser Opernbühnen; 1983-87 Leiter der Intern. →Sommerakad. Mozarteum, seit 1986 wieder Intendant an der Hamburgischen Staatsoper. Komponierte Opern (u. a. »Penelope«, UA Salzburger →Festspiele 1954, »Die Schule der Frauen«, UA Salzburger Festspiele 1957), Orchesterwerke, z. T. experimentellen Charakters, wie das Concerto für Jazz-Band und Orchester und die Sinfonie »Les Échanges« für 159 Büromaschinen, Kammermusik und Vokalwerke. In seinen Büchern »Opernjahre«

(1977) bzw. »Und jedermann erwartet sich ein Fest« (1981) berichtet er über die Ereignisse seiner Jahre als Intendant.

Lit.: C. Riess: R. L. Nennen Sie mich einfach Musiker. Hamburg 1977.

G.W.

Liedertafel, Salzburger, 1847 von A. →Taux gegründeter Männergesangverein mit dem Ziel der Pflege des Chorliedes, der vaterländischen Gesinnung und der Geselligkeit; Ausgangspunkt der Entwicklung des Sängerwesens in Stadt und Land Salzburg, das um 1900 kulminierte (»Sängerlust« 1883, »Harmonie« 1888, »Arbeitersängerbund« 1889, »Typographia« 1894); seit 1858 auch als gemischter Chor; Mitwirkung bei den Mozarteums-Konzerten mit A-capella-Musik, geistlichen und weltlichen Chorwerken, Opern und Operetten; unter ihren künstlerischen Leitern O. →Bach, J. F. →Hummel und Ernst Sompek bemerkenswerte Salzburger Erstaufführungen, u. a. 1871 Felix Mendelssohn Bartholdys »Elias«, 1872 G. F. Händels »Messias«, 1876 Verdis »Requiem«, 1882 Liszts »Ungarische Krönungsmesse«, 1887 Robert Schumanns »Der Rose Pilgerfahrt«, 1895 J. →Brahms' »Ein deutsches Requiem«, 1923 J. S. Bachs »Matthäuspassion«. Die S. L. trat bei zahlreichen Anlässen, u. a. bei Stiftungsfesten, Gründungstagen, Gedenk- und Trauerfeiern, seit 1877 bei den Salzburger Mozartfesten, seit 1920 auch bei den Salzburger →Festspielen beim »Jedermann«, beim »Großen Welttheater«, bei den Domkonzerten und Aufführungen der c-Moll-Messe in der Stiftskirche St. Peter auf. 1944 wurde kriegsbedingt die Tätigkeit eingestellt, 1946 Wiederaufbau des traditionsreichen Männerchors und des Damensingvereins Hummel durch Hermann v. Schmeidel; seit 1947 sind beide Ensembles fusioniert. Der Chor führt seither unter seinen künstlerischen Leitern F. →Sauer, Oskar Peter, F. →Richter-Herf, Kurt Prestel und János Czifra wieder die großen Chorwerke auf. Die ältesten Liedertafeln im Land Salzburg sind in Werfen (1862), Seekirchen (1878), Straßwalchen (1888) und Radstadt (1889).

Lit.: E. J. Luin: Die »Liedertafel«, ein Hort des musikalischen Salzburgertums. In: MGSLK 90, 1950.

G.W.

Lindner, Alois, →Hödlmoser, Sepp, Österr. Ensemble für →Neue Musik

Lindner Eduard, * Bodenbach/Tetschen a. d. Elbe 22. 2. 1878, † Salzburg 1945, Baumeister. Studium an der Baumeisterschule in Reichenberg, kam im Zuge der Bauarbeiten an der Tauernbahn ins Gasteinertal, ließ sich in Bad Hofgastein nieder und beherrschte hier das Baugeschehen zwischen 1905-30: u. a. Restaurationsgebäude Tivoli (heute Jagdschlößl) 1905-07, Österreichischer Hof 1907, Habsburger Hof (später Rheinischer Hof, heute Mädcheninternat) 1910, Wikingerhof 1929-30.

Lit.: L. Krisch: Eduard Lindner. Der bedeutendste Architekt und Baumeister Bad Hofgasteins. in: Gästezeitung Gasteinertal, August 1998.

M.O.

Lipp, Franz Ignaz, * Eggenfelden (Bayern) 1. 2. 1718, † Salzburg 15. 8. 1798, Komponist und Domorganist, absolvierte das →Kapellhaus, substituierte am Dom, ehe er die Stelle als Stiftsorganist in Laufen übernahm. 1754 wurde er zum Domorganisten in Salzburg bestellt und entfaltete eine rege kompositorische Tätigkeit (Messen, Offertorien, Offiziumsgesänge, Lieder und Arien). Seine Tochter Maria Magdalena, 1765 als Hofsängerin angestellt, heiratete 1768 J. M. →Haydn. W. A. →Mozart schrieb für sie sein »Regina caeli« KV 127.

Lit.: E. Hintermaier: Die Salzburger Hofkapelle von 1700 bis 1806. Diss. Salzburg 1972.

G.W.

Literaturarchiv, Salzburger, wurde 1977 von seinem Initiator und Leiter Adolf Haslinger gegründet. Als »Stiftung Salzburger Literaturarchiv« wurde es am 25. 7. 1997 im »Schüttkasten« (Herbert-von-Karajan-Platz 11) neben dem Archiv der Salzburger Festspiele/Max Reinhardt-Archiv eröffnet. Hier werden Autographen und Materialien von Salzburger Autoren gesammelt und wissenschaftlich bearbeitet.

Lit.: A. Haslinger: Autographisches. In: Das unbekannte Erbe, Literarische Nachlässe und Literaturarchive in Österreich, hg. v. H. Holl und H. Höller, Stuttgart 1997.

A.Has.

Literaturforum Leselampe, Salzburger, wurde 1967 von Josef Donnenberg gegründet als Einrichtung, in Salzburg eine literarische Öffentlichkeit zu schaffen, 1968 Vereinsgründung, zahlreiche internationale und österreichische Schriftstellerinnen lasen als

Gäste der »Leselampe« in Salzburg (u. a. Ingeborg Bachmann, Günter Grass, Christa Wolf), seit 1991 befindet sich das Büro im →Literaturhaus Salzburg. Das Veranstaltungsangebot unter dem Motto »Literatur im Gespräch« umfaßt heute neben Lesungen u. a. auch Literatur- und Schreibwerkstätten, Literaturfrühstücke und -fahrten. Seit 1975 zählt zu den Aufgaben der Literaturvermittlung die Herausgabe von »Salz – Zeitschrift für Literatur«, deren Redaktion (von Anfang bis heute dabei Hans Weichselbaum) jährlich vier Nummern betreut. S. publiziert in Erstdrucken Gedichte und Prosa von internationalen ebenso wie von noch unbekannten jungen Salzburger Autoren und begleitet das Salzburger Literaturgeschehen.

Lit.: Renate Langer: Registerband Salz. Von Null bis Hundert, Salzburg 2000. – 25 Jahre Leselampe, in: Salz 72, 1993.

H.H.

Literaturhaus Salzburg, im Eizenbergerhof, dem ältesten Haus des Stadtteils Lehen situiert, (erbaut um 1600, denkmalgeschützt, erwähnt in den Briefen Leopold →Mozarts als »eine Art Kasino außerhalb der Stadt«), gilt nach H. C. →Artmann als »Österreichs schönstes Literaturhaus«. Eröffnung im Oktober 1991. Nach Harald Friedl übernahm 1993 Tomas Friedmann die Leitung des L. Das L. fördert Autorinnen und Autoren, bietet für weniger bekannte Schriftsteller bis hin zu internationalen Größen ein Forum, veranstaltet Lesungen, Ausstellungen, Schreibwerkstätten, Kinderlesungen, Theateraufführungen, Hörspielabende und Filmvorführungen etc., bei den jährlichen »LiteRADtouren« wird per Fahrrad den Spuren Salzburger Autorinnen und Autoren nachgefahren. Das Programm wird vom Verein Literaturhaus und weiteren fünf Einrichtungen organisiert, die im L. untergebracht sind: Salzburger →Autorengruppe, erostepost, GAV (Grazer Autorenversammlung) Salzburg, →Literaturforum Leselampe, prolit). Die Vielfalt der Gruppen und ihre unterschiedlichen Zielsetzungen gewährleisten ein facettenreiches Veranstaltungsprogramm, das alle wesentlichen literarischen Strömungen abdeckt.

Lit.: Jahresberichte 1994 ff. d. Vereins Salzburger Literaturhaus Eizenbergerhof.

H.H.

Literaturpreis des Kulturfonds der Stadt Salzburg. Preisträger: C. →Zuckmayer (1974); weitergegeben an die Autoren: G. →Amanshauser, Walter Gigacher, Wolfgang Palka. – P. →Rosei (1980). – P. →Handke (1986); die Hälfte weitergegeben an sogenannte »Bunte Klassen«. – Förderungspreisträger: W. →Kappacher (1981); Ch. →Haidegger, Walter Müller (1981). Anerkennungspreisträger: J. →Windhager (1984), H. →Deißinger, E. →Blaas (1985).

Literaturpreise. →Trakl-Preis, →Rauriser Literaturtage, →Literaturpreis des Kulturfonds der Stadt Salzburg, Literaturpreis der Salzburger Wirtschaft, Rendl-Preis, G. →Rendl, Stefan-Zweig-Preis, St. →Zweig

Lohr, August, * Hallein, 26. 8. 1842, † Mexico City, 4. 2. 1920, Panoramenmaler. Nachdem er anfänglich Lehrer gewesen war, absolvierte L. die Kunstakademie in München als Schüler Pilotys, bis 1880 lebte er als Landschaftsmaler in München. In diesem Jahr führte er mit J. →Krieger die landschaftlichen Partien des Panoramas der Schlacht von Sedan für Frankfurt aus, das seine weitere Karriere bestimmte. Weitere Panoramenbilder für München und Dresden folgten, 1885 übersiedelte Lohr aufgrund mehrerer Aufträge nach Milwaukee, dem Zentrum der amerikanischen Panoramaindustrie. Hier schuf er u. a. gemeinsam mit F. W. Heine die »Schlacht von Atlanta« (1886), das als einziges noch erhaltenes Zeugnis dieses einst ungeheuer populären Genres in Grant Park, Atlanta, zu sehen ist. Um 1890 zog L. nach Mexiko weiter, wo er bis zu seinem Tod erfolgreich als Maler wirkte.

Lit.: K. Bott: Deutsche Künstler in Amerika, Weimar 1996. – F. Moosleitner: Hallein. Porträt einer Kleinstadt. Hallein 1989, S. 153 f. – »Volksfreund« Hallein, Nr. 14, Jg. 1920, S. 3. – Thieme-Becker.

N.Sch.

Loig, Weiler am Westrand der Stadt Salzburg, unter den »Loiger Feldern« liegen die Überreste des größten römischen Gutshofes auf österr. Boden mit U-förmigem, ca. 250 m langem Hauptgebäude, angebauten Wirtschaftsgebäuden, Tempelanlagen etc.

Lit.: Die römische Villa Loig bei Salzburg. In: JahrSMCA 27/28, 1981/82.

F.M.

Lolli, Giuseppe Francesco, * Bologna (?) 1701, † Salzburg 11. 8. 1778, salzburgischer Hofkapellmeister, Komponist ital. Herkunft. 1722 Tenorist der Salzburger →Hofmusikkapelle, 1743 Vizekapellmeister; nach J. E. →Eberlins Tod rückte er 1762 zum Hofkapellmeister auf, als Vizekapellmeister wurde L. →Mozart bestellt. L.s kompositorische Leistungen wurden lange Zeit vom Urteil L. Mozarts überschattet, der ihn 1757 in seiner Beschreibung der eb. Hofmusikkapelle nur beiläufig erwähnt hat. Daß L. mit Domenico Fischietti (1772) und Giacomo Rust (1777) zwei anerkannte Komponisten als weitere Hofkapellmeister zur Seite gestellt wurden, dürfte indes aufgrund seiner Altersschwäche geschehen sein. L. schrieb ansprechende, aber selten eigenständige »Gebrauchsmusik«. Während seine kirchenmusikalischen Vokalwerke von einem konservativen Zug geprägt sind, zeigen die Kirchensonaten eine an der italienischen Opernsinfonie orientierte Aktualität.

Lit.: E. Hintermaier: Die Salzburger Hofkapelle von 1700-1806. Diss. Salzburg 1972. – D. Pellegrini-Rainer, W. Rainer: G. L. In: MGSLK 106, 1966. *Th.H.*

Loos, Friedrich →Landschaftsmalerei, →Sattler, J. M.

Lorenzoni, Peter Anton, * Cles bei Trient 5. 8. 1721, † Salzburg 16. 7. 1782, Maler. Angeblich Schüler P. →Trogers, kam L. durch Protektion des Grafen F. L. →Firmian, der gleichfalls Trientiner war, um 1740 nach Salzburg. 1743-45 an der Wiener Akademie, erwarb er 1749 durch Heirat eine angesehene Malergerechtigkeit, konnte sich aber anfangs nur schwer gegen die heimische Konkurrenz durchsetzen. 1760 Titel eines Ante-camera-Kammerdieners im Hofgefolge Eb. Schrattenbachs. Werke u. a. in Strobl, St. Georgen, in der Margarethenkapelle, der Müllner Kirche und im →SMCA weisen ihn als vorzüglichen Rokokomaler aus.

Lit.: D. Goerge: J. N. della Croce, Burghausen 1998, S. 300 ff. – Ausstellungskat. J. N. della Croce. Burghausen 1986, S. 16 f. – Thieme-Becker. – Wurzbach.

N.Sch.

Peter Anton Lorenzoni, Selbstporträt, Öl, 1754 (SMCA)

Loretokindl. Das Original, eine 10 cm hohe Elfenbeinfigur des stehenden Jesusknaben mit Kreuz und Szepter, Typus des »Lauretanischen Gnadenprinzen«, hatte die Nonne Mutter Euphrasia Silberrath im elsässischen Kloster Ensisheim um 1620 als Geschenk erhalten. Sie überließ es zeitweilig dem schwäbischen Kapuzinerpater Chrysostomus Schenk von Castell, der es 1652 nach Salzburg brachte. 1662 hinterließ es die Nonne dem Salzburger Loreto-Kloster der Kapuzinerinnen. 1731 wurde dem Gnadenbild, ein Altar errichtet (1944 bombardiert). 1752, mit dem Jubiläum der 100-jährigen Anwesenheit, nahm die Verehrung weiter zu und wurde in der Folge durch das Mirakelbuch von 1754 (2. Aufl. 1764) gefördert. Heute steht das L. am Anbetungsaltar (1947) der bis heute bedeutsamen Wallfahrtskirche (→Wallfahrt), die Mutter Oberin erteilt täglich den Segen mit dem Gnadenbild, und Wallfahrer nehmen »angerührte« Nachbildungen des Hemdes und der Windeln als Fraisenamulette mit. Vorwiegend aus →Wachs gearbeitete Nachbildungen und Variationen des Originals aus dem 18. und 19. Jh. sowie »Spickelbildchen« aus dem 19. Jh., auf denen das Kleid des L. nach den liturgischen Farben aufgeklebt war.

Lit.: N. Gockerell: Il Bambino Gesù. Italienische Jesuskindfiguren aus drei Jahrhunderten, Bayer. Nationalmuseum München 1997, S. 42 f. – J. Neuhardt: Wallfahrten im Erzbistum Salzburg. München-Zürich 1982, S. 54 ff. – Gustav Gugitz: Österr. Gnadenstätten in Kult und Brauch. Bd. OÖ. und Salzburg (5), Wien 1958, S. 195-197.

U.K.

Lory, Michael, * München 28. 9. 1728, † Salzburg 21. 5. 1808, Benediktiner und Mathematiker. Mit seinem Standardwerk zur »Sphärischen Trigonometrie« (1783), der ersten allgemeinverständlichen Darstellung, legte er den Grundstein für geographische und astronomische Berechnungen. Weitere anerkannte Arbeiten über die Gnomonik (Sonnenuhrkunde, Salzburg 1781).

Ch.St.

Löser, Franz, * Neunkirchen (NÖ.) 26. 2. 1889, † Wien 23. 7. 1953, Schriftsteller, Theaterleiter, Schauspieler. Kindheit und Volksschule in Ternitz, Schlosserlehre in Wien, Ringkämpfer, Beschäftigung mit Körperkultur, gewann den 2. Preis einer Schönheitskonkurrenz für Männer in Budapest. Künstlermodell, Varieté-Künstler. Durch Rainer Maria Rilkes Vermittlung Modell für Auguste Rodin. Ab 1910 Wehrdienst in Salzburg. Mehrere Verwundungen im 1. Weltkrieg. 1916 Lazarett in Salzburg. Die freiwilligen Helferinnen A. →Bahr-Mildenburg und Gräfin Blankenstein inspirierten L. zu seinem ersten Gedicht, »Die beiden guten Engel«. H. →Bahr ließ L. seine Bibl. benutzen und regte ihn zum Dichten an. Sein erstes Theaterstück, »Der Sonnhofbauer«, wurde am 11. 1. 1919 am Salzburger Stadttheater uraufgeführt. L. wurde am 2. 11. 1918 vom Militär entlassen, 1918-38 lebte er in Salzburg. Die 20 Jahre hier, in denen L. die meisten seiner Werke schrieb, machten ihn zu einem Salzburger. 1919 Uraufführungen »Die Herrgottsbrücke« (9. 4. 1919) und »Das Kriegerdenkmal« (2. 12. 1919) am Salzburger Stadttheater. 1920 gründete L. die Bauernbühne »Das Theater in der Riedenburg«, eine Laienbühne, die etwa zwei Jahre lang bestand. M. →Reinhardt engagierte L. elf Jahre lang als Spielansager für den »Jedermann« bei den Salzburger →Festspielen; L. arbeitete auch als Inspizient und Requisiteur bei Opernaufführungen und übertrug H. v. →Hofmannsthals »Jedermann« in den Dialekt; Uraufführung 25. 12. 1925 im Salzburger Kurhaus. L. führte ihn dann in allen bayerischen Strafanstalten auf. Diese Fassung ist auch die Textgrundlage für den »Mondseer Jedermann« und für den »Faistenauer Jedermann«. 1933 Verleihung des Heimatrechtes in Salzburg, 1938 Übersiedlung nach Wien. Wegen seines Engagements für den Nationalsozialismus war L. 1945-48 politischer Gefangener in Stein. 1953 starb er in einem Wiener Versorgungsheim. Der Volks- und Heimatdichter L. schrieb Gedichte, Dramen und Prosa, darunter auch solche mit Salzburger Thematik, wie »Der Bergherr von Gastein«, Roman, 1930.

Lit.: F. Löser. In: G. Steiner: Literaturbilder. Salzburg 1998, S. 90-99. – K. Stampfl: Das Amateurtheater in Salzburg am Beispiel der Amateurtheatergruppe Faistenau u. ihrer Mondseer Jedermann-Aufführungen. [Jedermann v. Franz Löser]. Wien, Diplomarbeit 1997. – U. Wimmer: F. L. Hausarbeit. Salzburg 1977.

A.Has.

Losonczy, Andor, * Budapest 2. 6. 1932, Pianist und Komponist. Studium an der Musikhochschule Budapest, 1960 Emigration nach Österreich. Konzerttätigkeit als Pianist, Dozent, seit 1986 Prof. am →Mozarteum für Klavier und experimentelle Musik, Mitwirkender und Mitveranstalter von Musica-nova-Konzerten mit zahlreichen Ur- und Erstaufführungen. Komponierte Orchesterwerke und Kammermusik. Mehrfacher Preisträger, u. a. Darmstadt (1960).

Lit.: B. Günther: Lexikon zeitgenössischer Musik aus Österreich. Wien 1997.

G.W.

Lothar, Ernst, (eigentlich: Ernst Lothar Müller), * Brünn 25. 10. 1890, † Wien 30. 10. 1974, Kritiker, Regisseur, Erzähler. Germanistik- und Jusstudium in Wien, 1914 Dr. iur., 1917-24 Ministerialbeamter. Mitwirkung bei der Gründung der Salzburger →Festspiele und Förderung des Festspielhausbaues. Theaterkritiker, auf Vorschlag H. v. →Hofmannsthals auch als Regisseur tätig. Um M. →Reinhardt nahe zu sein, siedelte sich L. 1928 in Morzg an und wohnte im Sommer dort in seinem Landhaus. 1935 übernahm er auf Wunsch Reinhardts die Direktion des Josefstädter Theaters in Wien. 1938 Emigration in die USA, 1941-45 Prof. für Theaterwissenschaften, 1945-48 amerik. Kulturbeauftragter in Österreich. 1948-62 Regisseur des Burgtheaters und der Festspiele. L. inszenierte von 1952-59 »den ›Jedermann‹ im Geiste Reinhardts und doch in verwandelter, der Gegenwart näherer Form«. Von seinen zahlreichen Romanen hatte »Der Engel mit der Posaune« (1945) den größten Erfolg (1948 mit Paula Wessely und Attila Hörbiger verfilmt). 1951-62 Mitglied des Kunstrates der

Salzburger Festspiele; L. setzte sich vor allem für das Schauspiel bei den Festspielen ein.

Lit.: E. L. Die Tür geht auf. Notizbuch der Kindheit, Graz 1963. – E. L.: Das Wunder des Überlebens. Autobiographie, Wien 1960.

H.H.

Lungauer Osterfeuer →Osterbräuche

Lürzer von Zehenthal, Judas Th. Kajetan, * Dorfheim 23. 7. 1739, † Dorfheim 11. 2. 1822, Gutsbesitzer. Nach Studium der Rechtswissenschaft in Salzburg wurde L. Verwalter des Eisenbergbau- und Hammerwerkes in Ramingstein, dann Dienten sowie Schmelzwerksverweser in Lend, 1770 Bergoberverweser der Gold- und Silberbergwerke in Rauris, Gastein und Hirzach. Nach seinem krankheitsbedingten Ausscheiden aus dem landesfürstlichen Dienst widmete sich L. dem Ausbau seines Gutes Dorfheim bei Saalfelden zu einem landwirtschaftlichen Mustergut. Er förderte die Viehzucht und führte auf seinem Gut die Dreschmaschine ein. Seine Ansichten zur Landwirtschaft legte er in mehreren Publikationen wie »Anmerkungen über die Verbesserung des Getreidebaus« (1790), »Abhandlung über die wichtigsten Gegenstände der Landwirtschaft« (1800) sowie in zahlreichen Beiträgen im »Salzburger Intelligenzblatt« dar. 1802 erschien seine »Historisch-topographische Beschreibung des salzburgischen Pfleggerichtes Liechtenberg oder Saalfelden«.

Lit.: R. Lürzer v. Zechenthal: Chronik der Familie Lürzer von Zechenthal. In: J. Lörzer: Familienchronik Lürzer-Lörzer, Wuppertal 21998, S. 320 ff.

Th.W.

Lux, Joseph August, * Wien 8. 4. 1871, † Anif bei Salzburg 23. 3. 1947, Schriftsteller in den Bereichen Architektur, Kunstgewerbe, Denkmalpflege und Schöne Literatur in teils neuromantischer Richtung (Lyrik, Dramen, Künstlerromane, Puppenspiele Mysterienspiele, Filmdrehbücher etc.), Bühnenautor, Kultursoziologe, Maler, Volksbildner für allg. Geschmacks- und Seelenkultivierung aller Gesellschaftsschichten. Vielseitiger Vordenker und Neuerer bei überzeitlich konservativer Grundhaltung, der »österr. Ruskin«. Studien in Wien, Paris, London, ab 1900 in Wien (literarischer Protagonist des Jugendstils und der Wiener Werkstätte, für Fotokunst und Film), 1907 Dresden-Hellerau (Gründer und Leiter der Lehrlingskunstschule), Mitbegründer des Deutschen Werkbundes, ab 1910 in München und Bayr. Gmain, Pressesprecher für den Salzburger Festspielhausbau, Vortragender bei Schubertiaden (mit F. →Ledwinka), Mitbegründer der Richard-von-Kralik-Gesellschaft, ab 1926 in Anif. Sein Bekenntnis zu Österreich und zum Katholizismus (seit Anfang der 20er Jahre) führten 1938 zu KZ-Haft in Dachau, Opfer der NS-Bücherverbrennung 1938. Ehrengruft der Stadt Salzburg auf dem Kommunalfriedhof. Joseph-August-Lux-Literaturkreis. Autobiographische Werke: »Anselm Gabesam«, 1910; »Wanderungen zu Gott«, 1926.

Lit.: E. Koppensteiner: »Alle Dichtung ist Kultur der Seele«. J. A. Lux z. Gedenken. In: Kirche Anif, FS. 1999, S. 137-140. – Kosch, Bd. 10, Sp. 159-161. – ÖBL, Bd. 5, S. 381.

E.K.

Lyoner Borten →Borten

Mabillon, Jean, * St. Pierremont (Champagne) 23. 11. 1632, † Paris 27. 12. 1707, frz. Benediktiner und Historiker. Einer der führenden Gelehrten der Mauriner, Schöpfer der wissenschaftlichen Urkundenlehre (Diplomatik). Im 3. Band seiner »Acta Sanctorum O.S.B.« (1668 ff.) vertrat er die Meinung, daß die Lebenszeit des hl. →Rupert um ein Jh. später angesetzt werden müsse. J. →Mezger, den M. auf einer Reise nach Salzburg 1683 besuchte, trat dieser Ansicht in der »Historia Salisburgensis« (1692) entgegen.

Lit.: E.-M. Hanzl: Dom J. M. und die österr. Geschichtswissenschaft. Hausarbeit am Inst. für Geschichte der Univ. Salzburg 1981.

R.R.H.

Macheiner, Dorothea, * 21. 3. 1943, Schriftstellerin. Aufgewachsen in Steinbach am Attersee, Theologie- und Germanistikstudium in Innsbruck. Lebt in Salzburg. Literarische Publikationen seit 1975, schreibt Lyrik, Prosa, zahlreiche Hörspiele. Werke u. a. »Splitter« (Ged., 1981), »Das Jahr der weisen Affen« (Roman, 1988), »Sonnenskarabäus« (Roman, 1993), »Nixenfall« (Roman, 1996). Nachlaßverwalterin und Hg. der Werke G. →Foidls (»Der Richtsaal«, 1998 und »Standhalten«, 1999).

Lit.: Katalog-Lexikon, Tl. 1, Bd. 2, S. 235.

I.I.I.

Machek, Anton(in), * Bratronitz (Böhmen) 14. 6. 1886, † Salzburg 16. 10. 1944 (bei einem Bombenangriff), Graphiker. Sänger an der Dt. Oper in Prag, nach Verlust der Stimme Musiklehrer. Seit 1921 in Salzburg, begann er, fast 40jährig, auf Veranlassung des Malers G. →Jung zu zeichnen. In einer ausgefeilten Bleistifttechnik fand er das adäquate Medium für seine aus okkultistischen Neigungen, skurrilem Humor und bizarrer Phantastik genährte Fabulierlust. Das Œuvre von ca. 800 Blättern, die stilistisch dem »Magischen Realismus« zuzurechnen sind und in Zeitschriften wie der Münchner »Jugend« erschienen, ist zum Großteil verschollen.

Lit.: Ausstellungskat. SMCA 1986. – SV, 18. 6. 1955 (K. Schoßleitner). – O. Kunz in: Bergland 1936, H. 10, S. 25 ff.

N.Sch.

Maedel, Rolf, * Berlin 17. 3. 1917, † Henndorf 9. 1. 2000, Komponist und Musikpädagoge. Lebte seit 1945 in Salzburg, zunächst als Pianist und

Anton Machek, „Ach, wie so trügerisch", Bleistift, um 1925 (SMCA)

freischaffender Komponist. 1947-87 Lehrtätigkeit am →Mozarteum. Seit 1965 Erforschung und Systematisierung von Mikrotönen, gemeinsam mit F. →Richter-Herf. Schrieb neben Werken für Orchester, Kammermusik und Vokalmusik auch →ekmelische Musik und musiktheoretische Schriften.

Lit.: B. Günther: Lexikon zeitgenössischer Musik aus Österreich. Wien 1987.

G.W.

Mager, Alois (Pater), * Zimmern (Württemberg) 21. 8. 1883, † Salzburg 26. 12. 1946, Theologe, Priester. M. trat 1903 in die Benediktinerabtei Beuron ein, wo er 1907 die Profeß ablegte. 1914 promovierte M. in München, 1914-18 war er Divisionspfarrer in Frankreich. Er habilitierte sich 1924 über christliche Philosophie und wurde 1927 außerordentlicher und 1930 ordentlicher Professor an der katholischen Fakultät in Salzburg, später deren Dekan. Er betrieb die Errichtung einer katholischen Volluniversität in Salzburg.
Gemeinsam mit der Görresgesellschaft organisierte M. die »Salzburger →Hochschul-

wochen« von 1931 bis 1937. Nach 1945 setzte er sich für die Wiedererrichtung der Katholischen Fakultät und die Neuorganisierung der »Salzburger Hochschulwochen« ein. Er publizierte u. a. »Die Enge des Bewußtseins« (1919 und 1930), »Theosophie und Christentum« (1922 und 1926), »Mystik als Lehre und Leben« (1934), »Mystik als seelische Wirklichkeit« (1946).

Lit.: P. Gordan (Hg.): Christliche Weltdeutung. Salzburger Hochschulwochen 1931-1981, Graz u. a. 1981. – Th. Michels: 40 Jahre Salzburger Hochschulwochen. Salzburg 1971. – Nekr. in: Rupertibote, 5. 1. 1947. – V. Reimann: A. M. zum Gedenken. In: SN, 30. 12. 1946.

Th. W.

Magnus, Josef, * Heidenoldendorf/Lippe 26. 5. 1909, Bildhauer. Studium in Berlin und bei J. →Adlhart in Hallein, lebt in Salzburg. Seine eingängige, gemäßigt moderne Formensprache trug dazu bei, daß M. wie kaum ein zweiter Salzburger Künstler für öffentliche Aufträge (z. B. Tauernehrenmal Kaprun, 1959/60, zahlreiche Brunnen und Reliefs, Großplastiken am Flughafen, im Leopoldskroner Bad und an der Autobahn) herangezogen wurde.

Lit.: Die Künstlerfamilie M. Salzburg 1982. – Gugg.

N. Sch.

Mahler, Gustav, * Kalischt (Böhmen) 7. 7. 1860, † Wien 18. 5. 1911, Komponist und Dirigent. 1897-1907 Direktor der Wiener Hofoper mit wegweisenden Leistungen in der Operninszenierung, ab 1903 Zusammenarbeit mit A. →Roller. Aus dem Zyklus der fünf großen Mozart-Opern, die zur Spielzeit 1905/06 alle in Neuinszenierungen vorlagen, wurde anläßlich des Mozartfestes 1906 in Salzburg »Figaros Hochzeit« (in einer Neuübersetzung von Max Kalbeck) vom Ensemble der Wiener Oper aufgeführt. Neben der realistisch-stimmungsvollen Bühnen- und Lichtregie Rollers und der Betonung der revolutionär-dramatischen Seite, mit der Mahler einer rokokohaften Verniedlichung entgegenwirken wollte, muß die Wiedereinführung der Secco-Rezitative als bedeutendstes Novum genannt werden. »Figaro wurde in Salzburg der Ideal-Figaro. Niemand, der diese Aufführung erlebt hat, kann sie je vergessen«, schwärmte Julius Korngold noch rund 20 Jahre später. Diesen Neuerungen konnte die alte Mozart-Tradition, vertreten durch L. →Lehmann, nur ein großes Staraufgebot entgegensetzen. Lehmann lehnte »Extravagantes in Ausstattung und Szenerie« ebenso ab wie die neue Übersetzung, um die Oper »nicht mit neuen Ideen zu verunstalten«. Doch M.s Stil, der die Oper als Bühnenkunst und nicht als Konzert in Kostüm und Maske sah, setzte sich durch. »Es waren die beispielhaften Anfänge eines neuen Musiktheaters . . . Heute noch bauen wir auf diesen Fundamenten weiter« (B. →Paumgartner).

Lit.: K. J. Müller: M.: Leben, Werke, Dokumente. Mainz 1988. – A. Mahler: Erinnerungen an G. M. Briefe an A. Mahler. Frankfurt/Main 1971. – K. Blaukopf: G. M. oder Der Zeitgenosse der Zukunft. Wien 1969. – G. Letz: Die Mozart-Inszenierungen bei den Salzburger Festspielen. Diss. Wien 1963.

M. W.

Maibaum, In Bayern und Mittel- wie Ostösterreich besonders häufig und schmuckreich gestaltet. Vom Salzburger Flachgau ausgehend heute immer weitere Verbreitung im ganzen Land. Verbindung aus städtischem Markt- und Festzeichen (seit MA) wie Segensbaum und Fruchtbarkeitssymbol. Um ihn rankt sich eine Reihe von Bräuchen, die heute teils von Vereinen, teils von Burschengruppen ausgeführt werden und oft in Konflikt mit den Gesetzen treten. Schon der Baum selbst sollte aus einem benachbarten Wald gestohlen und frisch geschlagen werden, der Stamm wird in Mustern entrindet, Stamm und Wipfel werden mit Kränzen, Bändern, Figuren und Besten geschmückt. Burschen der Nachbarschaft versuchen den Baum in der ersten Nacht zu stehlen. Am 1. Mai wird der Baum umtanzt, Burschen erklettern ihn um sich die Beste zu holen. Mißbrauch während der NS-Zeit.

Lit.: E. Burgstaller: Der Maibaum in Österreich. In: ÖVA, 4. Liefg., Wien 1973.

U. K.

Makart, Hans, * Salzburg 28. 5. 1840, † Wien 3. 10. 1884, gefeierter »Malerfürst« der Wiener Ringstraßenära. Schon durch seinen äußeren Aufstieg vom unbedeutenden Zeichentalent aus bescheidenen Provinzverhältnissen zur Kultfigur und zum Geschmacksdiktator einer Metropole verkörpert M. den Typus des gründerzeitlichen Kunst-Titanen. Um Selbststilisierung nie verlegen, erfüllen seine an kolportagehaften Zügen reiche Biographie sowie die wechselvolle Geschichte seines Nachruhms geradezu perfekt das Klischee vom Glanz und Elend der Meister. Der junge M. geriet zunächst ganz nach der biedermeierlichen Fasson, die ihm Vater Johann M. (1815-49) und Vormund Johann Rüssemayer (1817-90), beide begabte Sonntagsmaler, sowie seine ersten Lehrer J. →Fischbach und J. →Mayburger fürsorglich mitgaben. Bis zum 20. Lebensjahr spann er die Fäden einer vertrocknenden Ritterromantik weiter und strebte die Laufbahn eines Urkundenmalers und Ornamentzeichners an. Ein Intermezzo an der Wiener Akad. blieb folgenlos. Den Umschwung brachte erst der durch Eb. Maximilian Tarnóczy finanziell ermöglichte Eintritt in die Klasse K. Pilotys an der Münchner Akad. (1861), dem eine Vorbereitungszeit bei J. →Schiffmann vorausging. Erst jetzt erwachte in ihm der »Magier der Farbe«, der mit Virtuosität auf riesigen Leinwänden malerische Energien entfesselte. Den Geschichtsreportagen-Stil seines Lehrers tauschte M. bald gegen eine historisch-allegorisch-erotische Scheinwelt ein. Der von Skandalen begleitete Durchbruch gelang mit Gemälden wie »Moderne Amoretten« und »Pest in Florenz« (1868) und wurde durch die Berufung nach Wien (1869) und Ernennung zum Akad.-Prof. (1878) offiziell beglaubigt. M.s Erscheinen leitete die Kulminationsphase des Historismus ein, die Ingredienzien vergangener Kunststile zu düster-rauschendem Schaugepränge häuft. Seine mehr inszenierten als komponierten Kolossalgemälde ließ M. in Kostümfesten und dem berühmt gewordenen Festzug anläßlich der Silberhochzeit des Kaiserpaares (1879) lebendig werden. Die absichtsvolle Unordnung seines legendären Ateliers, gemischt aus kostbaren Antiquitäten und exotischem Plunder, wurde verbindlich für den Ausstattungsstil der »Makartzeit«, später ein Synonym für ungesunde, plüschene Überladenheit. Doch behauptete sich bei all dem M.s vitales Malertum nicht nur gegen das Odium des Gesellschafts- und Modemalers, sondern überstieg auch noch den zeitgeschichtlichen Stellenwert eines schillernden Sammelpunktes großbürgerlicher Fluchtbewegungen. Seine phantasmagorische Übersteigerung des Illusionismus führt bis an die Grenze der dekorativen Flächenkunst eines Klimt und nimmt die Emanzipation farblicher und malerischer Werte vorweg. – Zahlreiche

Hans Makart, Selbstbildnis, Öl, um 1872 (SMCA)

Werke im →SMCA und in der →Residenzgalerie. (Farbabb. S. 356)

Lit.: Ausstellungskat. H. M. Malerfürst, Hist. Museum. Stadt Wien 2000. – Ausstellungskat. H. M. Gemälde aus Salzburger Sammlungen, Residenzgalerie Salzburg 1987. – Ausstellungskat. H. M. Zeichnungen und Entwürfe, Salzburg 1984. – G. Tolzien in: Kindlers Malerei-Lexikon. Bd. 8 der Taschenbuchausgabe, München 1982. – G. Frodl: H. M. Salzburg 1974.

N.Sch.

Malata, Veronika, * Köln 26. 10. 1915, Textilkünstlerin. Tochter des Wiener Pianisten Fritz M. und der Salzburger Bildhauerin Anny M.-Neumüller. Kindheit in Frankfurt, Salzburg und Henndorf, wo sie in den Künstlerkreis um Richard und Carl →Mayr eingeführt wird. In der Textilklasse der Kunstgewerbeschule in Dresden Hinwendung zur Applikationsstickerei, ab 1936 religiöse, heimatbezogene Themen, der Tradition der Volkskunst verbunden (erste Arbeit »Salzburger Prozession« 1936, im →SMCA, ab 1950 großflächigere Arbeiten (Stilleben, Stadtansichten, Tiere), 1949 erfolgreiche Ausstellungen in den USA (New York, Baltimore, etc.), 1955 und 1961 in Salzburg (Mitra für Eb. A. Rohracher, heute im →Domschatz. Lebt im Spessart/Deutschland und in Salzburg.

Lit.: Ch. Svoboda: Die Applikationsstickerei der V. M. In: Weltkunst, 67. Jg., Nr. 14. – Dies.: Die Prozession des Salzburger Museums. Kunstwerk des Monats, Salzburg 1997. – B. Wally.

Ch.S.

Mandl, Franz Xaver, * Salzburg 25. 11. 1812, † Salzburg 17. 4. 1872, Maler. 1830 an der Münchner Akad., ab 1838 auch in Bamberg tätig, malte konventionelle Porträts und dem Zeitgeschmack angepaßte Salzburg-Ansichten.

Lit.: Wurzbach. – Thieme-Becker. – Fuhrmann-Stadt, S. 358.

N.Sch.

Mandl, Michael Bernhard, * in Böhmen um 1660, † Salzburg 23. 4. 1711, bedeutendster Barockbildhauer in Salzburg, wo sein Name 1690 erstmals auftaucht, als er in die weitverzweigte heimische Bildhauerfamilie Götzinger einheiratete. Aus seinem Schaffen, das ausschließlich monumentale Steinplastiken umfaßt, ragen zwei Werke hervor: die auf einem Gesamtentwurf →Fischers von Erlach basierende Rossebändigergruppe der Pferdeschwemme (1695), in der Körperlichkeit und Bildwirkung einander durchdringen, sowie die Statuen von Petrus und Paulus vor der Fassade des Doms (1697/98). Den beiden Apostelfürsten erwächst im Verlust hochbarock-rhetorischen Selbstverständnisses – in der mehrfach in sich gebrochenen Haltung anschaulich – eine persönlich-individuelle Dimension. Genetisch wird diese Grundspannung aus der Vereinigung zweier so verschiedener Komponenten wie des böhmischen Kunstempfindens und der ital. Einflußsphäre, vor allem L. Berninis, verständlich.
Die beiden Athletenfiguren am Eingang des →Mirabellgartens (1692) entstanden noch im Verband der Götzinger-Werkstatt. In der Bauplastik für die Dreifaltigkeits- und Kollegienkirche bewährte sich M. als kongenialer Mitarbeiter Fischers. Nach der Jahrhundertwende zeigt sein bewegungsreicher Stil eine Tendenz zur Beruhigung und Verinnerlichung, am deutlichsten in der für die Prager Karlsbrücke bestimmten Figur des Philippus Benitius, die er allerdings nicht mehr selbst vollenden konnte (Modell im →SMCA). (Farbabb. S. 343)

Veronika Malata, „Prozession", Applikationsstickerei, Bauernleinen, div. Stoffe, Stickerei, Salzburg, 1936 (SMCA)

Lit.: G. Brucher (Hg.): Die Kunst des Barock in Österreich. Salzburg 1994, S. 145. – H. Ketschmer: Untersuchungen zu M. B. M. Diss. Salzburg 1974. – P. Nitsche: Studien zur monumentalen Steinplastik in Salzburg von etwa 1650 bis etwa 1710. Diss. Berlin 1963. – Pretzell.

N.Sch.

Mann, Thomas, * Lübeck 6. 6. 1875, † Kilchberg bei Zürich 12. 8. 1955, dt. Schriftsteller. M. war mehrere Male in Stadt und Land Salzburg. Am 27. 3. 1923 hielt M. auf Einladung St. →Zweigs einen Vortrag zumThema »Goethe und Tolstoi« und las aus »Felix Krull«, 1925 besuchte er die Salzburger →Festspiele, 1929, im Jahr seiner Nobelpreisverleihung, war er zur Kur in Badgastein. Am 18. 8. 1935 fuhr M. nach Badgastein, wo er im Kursaal aus dem »Josephs-Roman« las. Am 21. 8. reiste er nach Salzburg weiter, abends hielt er im →Mozarteum den Vortrag »Leiden und Größe Richard Wagners«. Am 27. 8. las M. im Mozarteum aus dem »Josephs-Roman«. Er besuchte auch die Festspiele. Zusammentreffen mit B. →Walter, A. M. →Frey, Bruno Frank in Aigen, C. →Zuckmayer in Henndorf, F. Th. Csokor, M. →Reinhardt, Annette →Kolb, S. →Zweig.

Im August 1951 Erholungsurlaub in Strobl am Wolfgangsee, am 13. 8. Vorlesung aus dem Roman »Die Bekenntnisse des Hochstaplers Felix Krull« in der Großen Aula in Salzburg, der →Rundfunk nahm diese Lesung auf. Ab 25. 8. 1951 dreiwöchige Kur in Badgastein. 1952 kam M. wieder nach Salzburg: am 10. 8. Vortrag »Der Künstler und die Gesellschaft«; anschließend in St. Wolfgang, ab 20. 8. drei Wochen Kur in Badgastein. 1951/52 arbeitete M. in →Gastein an der Neufassung der »Bekenntnisse des Hochstaplers Felix Krull«. Der Salzburger Journalist Wolfgang Schneditz (1910-64) besuchte M. 1951 und 1952 in Badgastein. In seinem Buch »Begegnung mit Zeitgenossen«, 1959, berichtet er darüber. Von 1949-54 stand er mit M. im Briefwechsel. In seinem letzten Brief an W. Schneditz (v. 25. 9. 1954) schrieb M.: »Nun muß ich für lange wieder Ruhe halten. Wenn aber mein Leben sich noch eine Weile hinzieht, so wird Salzburg, das ich liebe, gewiß noch einmal an die Reihe kommen.« Dazu kam es aber nicht mehr.

Lit.: M. Kreuzwieser: »Trotz akustischer Schwierigkeiten ehrenvoller Verlauf.« Thomas Mann in Salzburg. In: Österreich in Geschichte und Literatur 41 (1997), S. 261-176. – T. M.: Tagebücher 1935-36. Frankfurt/M. 1978. – K. Rossbacher: Zwölf Briefe T. M.s an W. Schneditz. In: Jb. des Wiener Goethe-Vereins 72, 1968, S. 124 ff. – H. Bürgin, H.-O. Mayer: T. M. Eine Chronik seines Lebens. Frankfurt/M. 1965.

A.Has., H.H.

Manzù, Giacomo, * Bergamo, 22. 12. 1908, † Rom, 17. 1. 1991, Bildhauer. Einer der weltweit erfolgreichsten Künstler seiner Zeit, stand M. – vermittelt durch den Galeristen F. →Welz – seit 1954 in enger Beziehung zu Salzburg. Er war neben O. →Kokoschka die prägende Erscheinung in den Anfangsjahren der Internationalen →Sommerakademie, an der er bis 1960 unterrichtete. Während dieser Zeit schuf er das »Tor der Liebe« als Haupteingang des Domes (1958), dem vergleichbare Türgestaltungen in St. Peter in Rom und Rotterdam folgten. Unweit davon fand sein »Kardinal« – ein Thema, das ihn lebenslang beschäftigte – als Geschenk des Künstlers Aufstellung. Zwei seiner Tänzerinnen stehen im Kur- bzw. Furtwänglerpark. Zu verschiedenen kleineren Auftragsarbeiten (Medaille zum Mozartjahr 1956, zum →Stille-Nacht-Lied 1958 und zum Domjubiläum 1974) kam 1986 eine überlebensgroße Skulptur des Erzbischofs →Paris Lodron für die Naturwiss. Fakultät der →Univ. Salzburg in Freisaal. Eine von Welz 1959 organisierte europäische Wanderausstellung trug sehr zum internationalen Durchbruch M.s. bei, wohl nirgends wurden so viele Einzelausstellungen von ihm gezeigt wie in Salzburg (zuletzt 2000 im Dommuseum). M. beschäftigte sich auch mit Radierung und Ölmalerei, er entwarf Schmuck und arbeitete für das Theater. Eine ständige Präsentation seines Werkes, das die Anmut klassischen Formgefühls mit einer teilweise naturalistisch zugespitzten Modellierung verbindet, zeigt die »Raccolta Amici di M.« seit 1969 in M.s. Wohnort Ardea bei Rom.

Lit.: Ausstellungskat. G. M. Dommuseum Salzburg 2000. – Ausstellungskat. der Galerie Welz Salzburg (zuletzt 1992 und 1989). – Ausstellungskat. G. M. SMCA 1974. – J. Rewald: G. M. Salzburg 1966.

N.Sch.

Marcic, René, * Wien 13. 3. 1919, † Arsele (Holland) 2. 10. 1971 (Flugzeugabsturz), Journalist und Univ.-Prof. Aus der Salzburger →Presse kommend, zählte M. zu den ersten markanten Lehrern an der wiedererrichteten →Univ., der er seit 1963 als Prof. für Rechtsphilosophie und politische Wissenschaften angehörte.

R.R.H.

Maria Kirchenthal →Fischer v. Erlach, →Pinzgauer Dom, →Wallfahrt

Maria Plain →Daria, →Wallfahrt, →Mozart

Marionettentheater, Salzburger. Die heute weltberühmte Institution wurde 1913 vom Bildhauer A. →Aicher gegründet. Erste Spielstätte: Hof des alten fe. Borromäums (Gedenktafel). Die Geschichte der Puppenspiele in Salzburg reicht in die Zeit fahrender Komödianten zurück. Sie erlebte ihre Hochblüte im 17. und 18. Jh. Bei einer Faschingsveranstaltung der Salzburger Künstlergenossenschaft »Gral« im Februar 1913 gab es den ersten öffentlichen Auftritt, und zwar mit dem Schäferspiel »Bastien und Bastienne« von W. A. →Mozart. In der ersten Zeit spielte die Familie Aicher die Märchenspiele des Münchner Hofmusikintendanten Franz Graf Pocci, die volkstümlichen Stücke von H. →Demel-Seebach sowie alte Puppenspiele (etwa »Doktor →Faust«). 1926 übernahm Hermann Aicher die Leitung des S. M. Er wagte sich an kleine Mozart-Opern (z. B.

»Der Schauspieldirektor«), dann 1952 an »Die Zauberflöte« (Bühnenbild: Günter →Schneider-Siemssen), mit der das M. erstmals in den USA gastierte, nachdem es bereits seit den 30er Jahren Reisen unternommen hatte. Seit 1977 leitet Gretl Aicher, die Tochter von Hermann Aicher, das S. M., das sich als kleines Opernhaus (barocker Theatersaal mit 350 Plätzen) versteht. In erster Linie spielt es die fünf großen Mozartopern, aber auch Rossini, Offenbach, Prokoffieff, Tschaikowsky, Johann Strauß und Shakespeare. Das S. M. zählt jährlich mehr als 50 000 Besucher. Von 1960-2000 gab es rund 5500 Vorstellungen in Salzburg, zusätzlich dazu mehr als 3000 Aufführungen auf Tourneen durch die ganze Welt.

Lit.: 75 Jahre Salzburger Marionettentheater: 1913-1988. Salzburg 1988. – G. Kraus: Das S. M. Salzburg 1966.

Markl, Erwin Maria, * Salzburg 13. 2. 1930, Sohn von Karl und Ida Markl, geb. Jahn, Inhaber der Firma →Jahn (heute Jahn-Markl) mit Gerberei und Lederbekleidungserzeugung seit 1951. Vielfältige kulturelle Tätigkeiten in Zusammenhang mit Wirtschaft und Geschichte der Stadt Salzburg: 1968 Gründung des Salzburger Dultvereines, damit Initiator der Wiedereinführung der Salzburger Dult (seit 1972 in Liefering, →Märkte) Wiederbelebung des Nicolaimarktes als Christkindlmarkt (seit 1977 am Domplatz), Initiator der Wiedereinführung des Rupertikirtages (seit 1972 am Residenzplatz), der Georgikirchweih (seit 1983 auf der Festung Hohensalzburg), des Metzgersprunges (seit 1984 in St. Peter) und der Wiederbegründung einer Bürgergarde der Stadt Salzburg 1978.

Ch.S.

Märkte. Die Salzburger Märkte wurden früher als Dult, von mhd. tult, gotisch dulps: Feier, Fest bezeichnet. Heute steht diese Bezeichnung nur noch für die Frühjahrsmesse (heute um Pfingsten, einst am »Frühjahrsruperti«, dem Todestag des hl. →Rupert, 27. 3., seit dem Mittelalter einer der vier Zinstage des Jahres) in Gebrauch. Dementsprechend wurde am »sant Ruoprechtes tult in dem herbist« (1331 erwähnt; 24. 9., Translationsfest des Dom- und Landespatrons), ebenfalls Zinstag, Jahrmarkt gefeiert. Kirchlicher Höhepunkt ist die Prozession von →St. Peter in den →Dom, bei der in besonderen Jahren die Reliquien →Virgils und Ruperts mitgetragen werden. Unterbrechungen in Kriegs- und Seuchenjahren, am 15. 12. 1896 vom Salzburger Gemeinderat aufgehoben, 1976 (auf Initiative von E. →Markl) von der »Salzburger Innenstadt-Genossenschaft« wiedererrichtet. Der »Rupertikirtag«, Domkirchweihfest, wird mit Marktfieranten, Schaubuden und Rummelplatz als Volksfest vom Wochenende vor dem Fest bis zum 24.9. gefeiert. Heute sind Handwerks- und Brauchvorführungen, Bauernmarkt, Salzburger →Hanswurst, Pawlatschen- und Kindertheater Attraktionen des Rupertikirtags.

Märkte dienten früher dem Absatz der jahreszeitlichen Produktion aus dem Land wie dem Einkauf internationaler Waren und waren stets Volksfeste, Handels- und Kommunikationszentren. Die Salzburger Märkte wurden von Händlern zwischen London und Konstantinopel besucht. Die Frühjahrsdult gilt als älteste D. im deutschsprachigen Raum. Der Jahrmarkt ist bereits 996 in der Markterhebungsurkunde belegt, 1368 werden im Salzburger Stadtrecht neben einem Wochenmarkt auch zwei Jahrmärkte erwähnt. 1481 wird ein Vinzenzmarkt (22.1.) bewilligt. Noch 1878 wurde eine Dultordnung erlassen. Die Dultordnungen berichten über die Öffnungszeiten der Stadttore, die Vorkehrungen gegen Brände rund um die Bratereien und gegen Raufhändel und Diebstahl, den Umgang mit fahrendem Volk. Neben Händlern besuchten Quacksalber, Zahnbrecher, Gaukler, Seiltänzer, Puppenspieler, Schausteller und Bärentreiber diese Märkte. Den Dienstboten und Hausangehörigen war der Besuch der Märkte zu gestatten, ihnen dafür ein Trinkgeld und ein besseres Essen auszufolgen. In vergangenen Jahrhunderten kamen viele Menschen aus Landgemeinden nur zur Dult in die Stadt. Die Dult war auch wichtiger Ort der Werbung um das andere Geschlecht.

1896 Aufhebung der Frühjahrsdult nach 900-jähriger Dauer, 1924 Wiedereröffnung, Unterbrechung in Vorkriegs- und Kriegsjahren, 1946 Wiederaufleben. Während der Rupertikirtag stets auf den Plätzen um den Dom angesiedelt blieb, änderte die Frühjahrsdult mehrfach ihren Standort. Vom Domplatz ausgehend absolvierte sie die Standorte Mirabellplatz, Schallmoos, Hofstallgasse, Volksgarten, Baron-Schwarz-Park in Gnigl und besteht nun, nach mehrjähriger Unterbrechung, seit 1974 im Ausstellungszentrum am Glanspitz.

Während des gesamten Advents zählt der Salzburger Christkindlmarkt auf dem Domplatz auch zu den touristischen Attraktionen. Der Einkauf von Krippenfiguren von feinster Handarbeit bis zu Preßplastik gehört zu den Gewohnheiten. Kunsthandwerksstände, karitative Organisationen und täglich um 17 Uhr ein Advent- und Weihnachtsliedersingen runden sein Programm ab.
Unter den historischen Viehmärkten hat sich der Lungauer Rößlmarkt in Mauterndorf im August als weithin bekannter Pferdemarkt und Volksfest erhalten.

Lit. K. Adrian: Die Salzburger Dult. Aus der Geschichte und dem Leben eines tausendjährigen Jahrmarktes, Salzburg 1927.

U.K.

Markus Sittikus von Hohenems, * Hohenems 24. 6. 1574, † Salzburg 9. 10. 1619, Eb. von Salzburg 1612-19. Obwohl Vetter Eb. →Wolf Dietrichs, war M. der Verantwortliche für dessen Inhaftierung auf Hohensalzburg, setzte aber die Politik des Raitenauers fort: trotz der Wahlkapitulation von 1612 trat er nicht der kath. »Liga« bei, auch die Landstände wurden nicht einberufen. Gegenreformatorische Maßnahmen zeitigten nur Scheinerfolge. Die eigentliche Bedeutung M. s liegt, trotz seiner kurzen Regierungszeit, im kulturellen Bereich. ab 1614 ließ er den neuen →Dom errichten, ihm sind das Lustschloß →Hellbrunn und die erste Opernaufführung nördlich der Alpen zu verdanken, 1617 gründete er das Gymnasium.

Lit.: F. Martin: Salzburgs Fürsten in der Barockzeit. Salzburg 41982, S. 67 ff.

R.R.H.

Marmor. Hauptsächlich verwendet wurden die beiden Salzburger Sorten: Adneter und Untersberger M., die nicht nur wegen der Nähe ihrer Fundorte verwechselt werden. Der Adneter M. wird oft als roter Untersberger M. bezeichnet. Gewinnung und Verarbeitung des Salzburger M.s begannen mit den Römern. (Gleichzeitige Verwendung beider M.-Sorten, Mosaikböden.) Unterbrechung in der Gewinnung bis zur romanischen Zeit, dann wieder gleichzeitige Verwendung beider Sorten (z. B. Stufenportale →St. Peter, →Franziskanerkirche in Salzburg). Steigende Beliebtheit des Adneter M. in der Gotik und Zurückdrängen des Untersberger M.
Adneter M.: roter M. in allen Ausbildungen verwendet, weniger die andersfarbigen Sorten. Übertrifft in Alter, Vorkommen und weiter Verbreitung schon im MA. alle österr. und viele ausländische M.e. Sein Vorteil: auch bei geringer Stärke der Platte sind große Ausmaße aus den Schichten zu gewinnen. Verwendung: Romanik: einfacher Adneter M. für Kreuzgänge, Portallöwen, Stufenportale; Gotik: Taufsteine, Ambonen, vor allem Grabsteine (→Grabmale). Verfrachtung bis Wien, Bayern, Schwaben, Polen, Ungarn etc. Ungemusterter Adneter Rot bis ca. 1475; Rotscheck und Rottropf (starke weiße Äderung und Einschlüsse) nicht vor 1450. Im letzten V. des 15. Jh.s durch bessere Technik Relief bis Vollplastik möglich (Spitzenleistungen: Friedrichsgrabmal in St. Stephan, Wien, Grabdenkmal König Kasimir Jagiellos in Krakau von Veit Stoß); gleichzeitig Wechsel der Gesteinsmode nach Farbauswahl: 1490-1510 Bevorzugung der grob und kontrastreich gemusterten M.e (Rottropf, Rotscheck und Mandlscheck).
Zu dieser Zeit künstlerischer und mengenmäßiger Höhepunkt der Salzburger Marmorarbeiten (Kaiserdenkmal für Speyer; →Valkenauer). Im 16. Jh. reiche Marmorreliefarbeiten in Verbindung mit andersfarbigem M. (vor allem Altäre). Ende 17. Jh. wieder Vorliebe für dekorativen roten und rotbunten M. (Kirchen, Stifte, Residenzen), wenig Export, da Konkurrenz der ital. M.e. Anfang 18. Jh. vor allem Sockelverkleidungen in Prunkräumen in bewußter farbiger Wirkung (→Residenz/Salzburg, Oberes Belvedere/Wien). 18. Jh. auch Mischung mit anderen M.en und Verwendung von Kunstmarmor und Nachahmungen in Holz. Ab dem Frühbarock Adneter M. (rotgrauer Schnöll) als Normalausstattung der Kirchenpflasterung. Ab 1750 Änderung des Farbgeschmacks: Zurücktreten der roten M.e und Bevorzugung der gebrochenen Farben. Der Klassizismus verwendet vor allem grauen, rotgrauen Schnöll, auch Graulangmoos- und Schwalberbruch-M., blasse Tropf-M.e (Gelb-, Grau- und Grüntropf, Urbano). Das 19. Jh.: Adneter M. für Monumentalbauten König Ludwigs von Bayern und die Monumentalbauten der Ringstraße in Wien (24 monolithe, 8 m hohe Säulen im Wiener Parlament). 20. Jh.: dünne Platten als Verkleidung; nach 1938 Autobahnbrückenverkleidung und Reichs-

kanzlei, Berlin; Nachkriegszeit: Restaurierungen, Bahnhöfe, öffentliche Gebäude und Geschäftslokale. Adneter M. in den Durchhäusern Salzburgs, an Stiegen und Portalen der Landsitze und Adelsschlösser; in Bauernhäusern des Flach- und Tennengaues für Haustürrahmen, Fenstergewände, Stufen, Flurböden und Vorsatzpflasterung, auch Brunnen, Futterkrippen, Tröge und Tischplatten.
Untersberger M.: als »der« Salzburger M. bezeichnet; selten mit Versteinerungen. Lichter Untersberger M.: meist lichtgelblich, auch rosarötlich bis gelb, und weiß (Forellen-M. mit roten Geröllchen). Außerordentliche Festigkeit und Wetterbeständigkeit, Verwendung für Freiplastiken (Residenzbrunnen) und technische Arbeiten (Seziertische etc.). Keltischer Kopf (heute →SMCA) als ältestes Beispiel; in römischer Zeit für Grabsteine, Meilensteine (»Römersteine«). Im 12. und Anfang 13. Jh. vor Adneter M. führend für Architekturteile (Säulen, Kapitelle etc.); ab Mitte des 13. Jh.s gegen Adneter M. zurücktretend (2. H. 14. Jh. gute Nachahmungen in Steinguß). In Renaissance und Barock Nutzung sprunghaft ansteigend (Bauten der Eb.; Statuen und Fassadenverkleidung des neuen Doms). Im 17. Jh. ist Untersberger M. der Statuenmarmor schlechthin, auch über die Grenzen hinaus (Monumentaltreppe im Schloß →Mirabell; Pestsäule in Wien). Im 18. Jh. allmählich auch in bürgerlichen und bäuerlichen Häusern. Zu Anfang des 19. Jh.s Aufschwung in der Steingewinnung und Verschickung nach Bayern. Im 20. Jh. als »volkstümlicher« M. in Bauten verwendet (Fußböden, Wand- und Pultverkleidungen).
Techniken: Bemalung: vor allem bei lichtem Untersberger M. (barocke Grabsteine); Ätzung: bei Adneter M. ab 1560, beim Untersberger M. erst seit Anfang des 18. Jh.s, selten; Niello: Einlegen andersfarbiger Masse bei beiden Sorten.

Lit.: F. Kretschmer: Marmor aus Adnet. Heimatbuch Adnet, 1. Bd., Salzburg 1986. – F. Kieslinger: Die nutzbaren Gesteine Salzburgs. Salzburg 1964.

Ch.S.

Martin, Franz, * Salzburg 22. 9. 1882, † Salzburg 5. 12. 1950, Historiker. Studium in Wien. Ablegung der Staatsprüfung am Inst. für österr. Geschichtsforschung. Ab 1905 am Salzburger Landesregierungsarchiv tätig, dessen Direktion er 1925 übernahm. In dieser Tätigkeit und als Vorstand der Gesellschaft für Salzburger →Landeskunde wurde M. zu einem der angesehensten Salzburger Lokalhistoriker, dessen Werkverzeichnis 294 Nummern aufweist, darunter die bekannten Arbeiten über die »Fürsten der Barockzeit« (4. Aufl. 1982) und speziell über Eb. →Wolf Dietrich von Raitenau.

Lit.: F. Pagitz: F. M. In: In Salzburg geboren, S. 227 ff.

R.R.H.

Martys-Wehrle, Else, * Präveli (Jugoslawien) 26. 9. 1886, † Salzburg 26. 10. 1949, Malerin. Nach ihrem Studium an der Münchner Akad. arbeitete sie einige Jahre bei dem Porträt-Miniaturisten Ipold in Wien. Später wandte sie sich in feinsinnigen Blumenstücken und Landschaften mehr dem Aquarell zu. Freundschaft mit M. →Peiffer Watenphul und A. →Susat.

Lit.: B. Wally. – H. Fuchs: Die österr. Maler der Geburtenjahrgänge 1881-1900. Bd. 2, Wien 1977.

N.Sch.

Märzendorfer, Ernst, * Oberndorf bei Salzburg 26. 5. 1921, Dirigent und Komponist. Studierte bei Robert Wagner in Graz, 1940 Kapellmeister am Grazer Opernhaus, 1951 Leiter der Dirigentenklasse am →Mozarteum, 1953-58 Leiter des →Mozarteum-Orchesters Salzburg, 1958 Verpflichtung an die Städt. Oper Berlin, 1961 an die Wiener Staatsoper, wo er für eine Reihe von zeitgenössischen Produktionen verantwortlich war, 1971 Berufung an die Volksoper Wien; Gastdirigent an den Opernhäusern in Wien, Berlin und Graz, Leiter des österr. Bundesjugendorchesters, musikalischer Leiter des →Festes in Hellbrunn. Schrieb Orchester- und Kammermusik.

G.W.

Mascagni, Donato (Klostername Fra Angelico), * Florenz 1579, † Florenz 10. 3. 1636, Maler. Trat mit 26 Jahren in das Servitenkloster auf dem Monte Senaro bei Florenz ein, wechselte 1608 in das weniger strenge Kloster SS. Annunziata über und erhielt 1609 die Priesterweihe. Eb. →Markus Sittikus holte ihn 1616 als Hofmaler nach Salzburg, 1622 in Rom 1628-30 ist er neuerlich in Salzburg nachweisbar. Erste Salzburger Arbeit dürfte das Altarbild für die Schloßkapelle →Hellbrunn (»Auferstehung Christi«, heute in Siezenheim) gewesen sein. Festsaal und Oktogon des Schlosses malte er mit tiefenräumlichen Gesellschaftsszenerien aus. Später entstanden die umfangreichen Ausmalungen des →Domes, wobei ihm seine Schüler Ignazio Solari und Francesco da Siena assistierten. Weitere Werke sind das Bildnis von Eb. Markus Sittikus (1618) und Altarbilder in Hüttau, Mittersill und Obertauern. M. vertritt einen etwas blutlosen Florentiner Spätmanierismus, erweitert um die Kenntnis der römischen Quadratura. »Für das Wesen seiner Malerei ist das Spannungsverhältnis zwischen perspektivischer Illusionsmalerei und flächenhafter Gestaltung der agierenden Figuren bezeichnend« (G. Heinz). Dazu kommen die Bevorzugung heller Farben in ausgefallenen Pastelltönen, kaltes Licht und zeichnerisch-abstrakte Formgebung, die seinen Bildern eine betont artifizielle, fast geisterhafte Note verleihen.

Lit.: S. Rott-Freud: Fra A. M. und der Beginn der barocken Deckenmalerei nördlich der Alpen (Stud. z. Kunstgesch. Bd. 82). Hildesheim-Zürich-New York 1994. – E. Heinzle: Die Raumdekorationen des D. M. im Schloß Hellbrunn. In: MGSLK 109, 1969, S. 221 ff. – G. Heinz: Studien über die Malerei des 17. Jh.s in Salzburg. In: MGSLK 94, 1954, S. 86 ff. – Thieme-Becker.

N.Sch.

Massaino, Tiburtio, * Cremona vor 1550, † Piacenza (? Lodi) um 1609, Komponist, Augustinermönch, Hofkapellmeister in Salzburg. 1587 Kapellmeister an der Kathedrale Salò am Gardasee; kam über Innsbruck, wo er als Hofkaplan und Sänger am Hof Erzherzog Ferdinands II. nachweisbar ist, 1590 nach Salzburg und wurde von Eb. →Wolf Dietrich, dem er im selben Jahr sein »Motectorum quinque vocum .... liber tertius« widmete, offensichtlich mit der Neuorganisation der →Hofmusikkapelle betraut und zum Hofkapellmeister bestellt. Wegen eines Sittlichkeitsdelikts wurde er 1591 verurteilt und des Landes verwiesen. Nach Diensten in Prag am Hof Kaiser Rudolfs II. finden wir ihn als Maestro di cappella an den Kathedralkirchen zu Piacenza, Cremona und Lodi.
M. zählte zu den berühmtesten Komponisten seiner Zeit. Neben dem Stile-antico-Satz der Palestrina-Zeit fühlte er sich in bes. Weise dem prunkvollen vokal-instrumentalen Klangideal der venezianischen Schule verbunden. In etwa 30 gedruckten Sammlungen legte er ein umfangreiches geistliches und weltliches Schaffen vor (Messen, Motetten, Magnifikats, mehrere Bücher vier- bis sechsstimmiger Madrigale sowie drei Instrumentalkanzonen). Zahlreiche, überwiegend geistliche Werke fanden aber auch Aufnahme in Anthologien berühmter Musikverleger, was auf ein hohes Ansehen bei seinen Zeitgenossen schließen läßt.

Lit.: G. Sommi Picenardi: Dizionario biografico dei musicisti . . . cremonesi. Turnhout 1998.

E.H.

Matthäus Lang, * Augsburg 1468, † Salzburg 30. 3. 1540, Eb. von Salzburg 1519-40. Aus verarmter Patrizierfamilie; Studien in Ingolstadt, Tübingen und Wien, trat 1494 aus der Reichskanzlei des Mainzer Eb. in die Maximilians I. ein; 1498 geadelt »von Wellenburg«; 1501/02 Koadjutor in Gurk, 1505 Bischof; 1512 Kardinal, 1514 Koadjutor in Salzburg und 1519 Eb. in Salzburg (jetzt erst zum Priester geweiht); 1521 auch Bischof von Cartagena; 1529 Primas von Deutschland. L. erkannte die Tragweite von Luthers Auftreten, seine Reformmaßnahmen (wie Mühldorfer Konvent 1522, Regensburger Ordnung 1524, Salzburger Provinzialsynode 1537) litten aber unter der Auseinandersetzung mit dem Landeskirchentum der bayerischen und österr. Herrscher und kamen nicht zum Tragen. Im Land ging er scharf gegen lutherische Prädikanten und Wiedertäufer vor. 1523 Niederwerfung einer Revolte der Salzburger Bürger (Lateinischer Krieg); 1525-26 Bauernkriege. Unter ihm wirkten viele Künstler in Salzburg, J. →Mulinus, vulgo Stomius betrieb die →Poetenschule, P. →Hofhaimer war Hoforganist; unter M. L. erste Erwähnung einer »deutschen Schule« in Laufen. (Farbabb. S. 338)

Lit.: J. Sallaberger: Kardinal Matthäus Lang v. Wellenburg (1468-1540). Staatsmann und Kirchenfürst im Zeitalter von Renaissance, Reformation und Bauernkriegen, Salzburg 1997. – H. Wagner: Lebensbilder aus dem Bayerischen Schwaben. Bd. 5, München 1956.

H.O.

Mattsee, Kollegiatstift, eine von Österreichs ältesten kirchlichen Gründungen (vor 783/84, der Tradition nach 777 durch Herzog Tassilo III.). Im 9. Jh. Reichsabtei mit eigener Schreibschule. Missions- und Kolonisationstätigkeit um Steinamanger (Ungarn). 877 Altötting übergeben und ab dem 10. Jh. Eigenkloster des Bistums Passau, dem M. auch nach Verkauf von Herrschaft und Schloß an Salzburg

(1390/98) bis zur Säkularisation kirchlich unterstellt blieb. M., wo sich im 9. Jh. die →Benediktinerregel durchgesetzt hatte, wurde Mitte des 11. Jh.s in ein weltliches Kollegiatstift umgewandelt. Es erlebte um die Mitte des 14. Jh.s, besonders unter Dechant Ch. →Gold, dem Verfasser der Mattseer Annalen (→Annalistik), eine beachtliche Blüte. Einen weiteren Höhepunkt in der wechselvollen Geschichte des Stiftes bildeten das ausgehende 17. und das 18. Jh.; Reorganisation in der 2. H. des 19. Jh.s. Nach 1945 (kurzzeitige Beherbergung des ungar. Kronschatzes) Konsolidierung; Revitalisierung des Propsteigebäudes als Stiftsmuseum und Bildungszentrum.
Die Stiftskirche St. Michael wurde im 13. Jh. errichtet und um 1700 barockisiert. Die spätbarock-frühklassizistische Westanlage mit hohem Einturm erbaute 1766 W. →Hagenauer. Gotischer Kreuzgang mit Grabsteinen. Das Innere der Kirche mit Stuck aus der Zeit um 1700. Hochaltar von 1733, Skulpturen der Seitenaltäre aus der Werkstatt von M. →Guggenbichler. Im Propsteigebäude befinden sich Bilder von J. M. →Rottmayr (1712). Die Stiftspfarrkirche wurde 1975-79 renoviert.

Lit.: H. Dopsch: Klöster und Stifte. In: Geschichte I/2, S. 1015 ff. – FS. zur 1200-Jahr-Feier des Stiftes M. Salzburg 1977. – M. Kaserer: Das weltpriesterliche Collegiatstift M. Salzburg 1877.

P.F.K.

Matzenkopf, eine durch drei Generationen an der Salzburger →Münzstätte wirkende und für deren hervorragenden Ruf hauptverantwortliche Familie von Stempelschneidern und Medailleuren. Der aus Prutz im Oberinntal stammende Franz I. M. († Salzburg 2. 5. 1776, 76 Jahre alt) war Büchsenmeister in Prag, als ihn Eb. →Leopold Anton Firmian 1738 nach Salzburg berief. Sein Meisterwerk ist neben den Wahlmedaillen für vier Eb. (Firmian, Liechtenstein, Dietrichstein, Schrattenbach) die Gedenkmünze auf den Bau des Neutores (Siegmundstor, 1767). Unter den gemeinsamen Arbeiten mit seinem Sohn und Nachfolger Franz II. (* Salzburg 1738, † Salzburg 31. 1. 1808) sticht die große und besonders schöne Sedisvakanzmedaille (1772) hervor. Letzterer fertigte auch die im reinsten klassizistischen Stil gehaltenen Gold- und Silbermünzen auf das 1200-Jahr-Jubiläum des Erzstiftes (1782).

Unbek. Künstler, Porträt Franz X. Matzenkopf, um 1800 (SMCA)

Seinem Sohn Franz Xaver (* Salzburg 23. 7. 1762, † Salzburg 7. 3. 1844) war es beschieden, unter fünf Landesregierungen zu amtieren. Er wurde in Wien (J. B. →Hagenauer) und Dresden (J. F. Stieler) ausgebildet und 1789 nach Salzburg zurückberufen. Seltenheitswert genießen sein Löwentaler (1790) und sein Conventionstaler (1803), seine Medaille auf die Besitzergreifung Salzburgs durch Bayern (1810) war das letzte Gepräge der Salzburger Münzstätte.

Lit.: K. Roll in: SMusBl. 9, 1930, Nr. 6. – Thieme-Becker.

N.Sch.

Mauracher, Orgelbauerfamilie aus dem Zillertal (Tirol), von der 1. H. des 18. bis zur M. des 20. Jh.s durch fünf Generationen in zwei Linien im Orgelbau tätig, seit 1861 mit zwei Werkstätten in Salzburg; von überregionaler Bedeutung vor allem für den Orgelbau des 19. Jh.s durch die Repräsentanten Karl M. (1789-1844), Johann Nepomuk M. (1818-84), Matthäus M. (1818-84), Hans M. (1847-1900), Albert M. (1858-1917) und Matthäus M. d. J. (1859-1939). Von den ca. 400 Mauracher-Orgeln waren die Orgel der Univ.-Kirche Salzburg (1868, III/32, noch erhalten), der Stiftskirche Admont (1871,

III/42), der Stiftskirche St. Florian (1875, IV/78), der Stiftskirche Kremsmünster (1878, III/60) und im Salzburger →Dom (1883, IV/70, 1913 auf 101 Register erweitert) die bedeutendsten Werke.

Lit.: G. Walterskirchen: Orgeln und Orgelbauer in Salzburg vom Mittelalter bis zur Gegenwart. Diss. Salzburg 1982.

G.W.

Max-Ehrler, Luise, * Florenz 10. 8. 1850, † Salzburg 24. 7. 1920, Malerin. Offizierstochter, Schülerin H. →Makarts, Schwägerin des Malers Gabriel von Max, lebte in Prag, Wien, München und seit 1908 in Salzburg-Aigen. Sie malte Genrebilder in glatter Salonmanier, Pfirsich- und Blumenstilleben und im Alter fast ausschließlich spielende Kätzchen.

Lit.: B. Wally. – H. Fuchs: Die österr. Maler des 19. Jh.s. Wien 1974. – Thieme-Becker. – SV v. 30. 7. 1920.

N.Sch.

Max-Reinhardt-Forschungs- und Gedenkstätte, wurde 1966 gegründet, war von 1968 bis 1995 im Schloß Arenberg untergebracht. Mit der Auflösung der MRFuG. 1995 wurden ihre Sammlungen als Max-Reinhardt-Archiv dem Archiv der Salzburger →Festspiele angegliedert und sind im »Schüttkasten« (Herbert-v.-Karajan Platz 11) untergebracht. Die Leiterin Gisela Proßnitz übernahm 1995 auch die Leitung des Festspielarchivs, gemeinsam mit H. Jaklitsch (bis 2000). Ziel und Zweck der MRFuG. war es, das Leben und Schaffen M. →Reinhardts und seiner Mitarbeiter sowie die Theaterentwicklung bis in die Gegenwart zu erforschen. Die Sammlungen umfaßten eine Fachbibl., Originale von Regiebüchern, Bühnenbild- und Kostümentwürfen, Theaterprogramme, Briefwechsel und andere Dokumente. Zu den Aufgaben der MRFuG. gehörten auch die alljährliche Ausstellung aus den genannten Themenbereichen samt Kat. und Publikationen.

Lit.: 25 Jahre M.-R.-Forschungs- u. Gedenkstätte. Salzburg 1991. – G. Proßnitz: Treffpunkt Schloß Arenberg. Auf den Spuren M. Reinhardts, in: Parnaß, H. 6, Dezember 1983, S. 8 ff.

A.Has.

Mayburger, Josef, * Straßwalchen 30. 3. 1814, † Salzburg 2. 11. 1908, Maler. Prof. an der →Realschule (1851-73), besuchte J. →Fischbachs »Kleine Akademie« und studierte auf Gebirgswanderungen und Reisen (Tirol, Italien, Schweiz) die Natur. Im Auftrag der Kaiserinwitwe Caroline Auguste malte er in Persenbeug Ansichten des dortigen Schlosses. Durch die Gründung des →Stadt(verschönerungs)vereins und sein Wirken im Salzburger Gemeinderat (1862-69) wurde er zum Vorkämpfer der Altstadterhaltung. Mit bekannt scharfer Zunge engagierte er sich gegen hemmungslose Neuerungssucht im Zuge der Stadterweiterung (→Stadtentwicklung) und verhinderte dauernde grobe Entstellungen; ihm sind u. a. die Rettung des Klausentores und der Monikapforte sowie die gemäßigte Salzachregulierung zu danken. Als Zeichenlehrer entdeckte er H. →Makarts Talent. Er selbst vertrat die offiziell akkreditierte Gebirgsmalerei, die er vom romantisierenden Stimmungsbild zu großzügiger panoramatischer Sehweise und atmosphärischer Wiedergabe entwickelte. Mit Vorliebe schilderte er in seinen Gemälden die zu seiner Zeit noch unversehrte Umgebung der Stadt Salzburg. (Farbabb. S. 354)

Josef Mayburger (SMCA)

Lit.: Ausstellungskat. J. M. Straßwalchen 1999. – Meisterwerke. Tf. 60. – F. Breitinger: J. M. sein Leben und Werk. Salzburg 1952. – ÖBL. – MGSLK 49, 1909, S. 587 ff.

N.Sch.

Mayer, Elfriede, * Pleß (Oberschlesien) 23. 7. 1883, † Salzburg 27. 10. 1946, Malerin. Tochter eines altösterr. Offiziers, lernte an den Kunstschulen von Strehblow in Wien und Knirr in München, seit 1912 in Salzburg, Mitglied des →»Wassermann«, auch als Übersetzerin tätig. Ihr dekorativ gezügelter Expressionismus führte in Porträt, Landschaft und Blumenbild immer wieder zu originellen Ergebnissen. Für M.s Vielseitigkeit sprechen Märchenillustrationen im Stil der Wiener Werkstätte, Aquarelle mit biblischen Themen und temperamentvolle Tuschezeichnungen von Salzburger Motiven.

Lit.: 150 Jahre Salzburger Kunstverein. Kunst und Öffentlichkeit. Salzburg 1994. – B. Wally. – Meisterwerke, Tf. 68. – SN, 31. 10. 1946. – O. Kunz in: Bergland, Jg. 1930, H. 12.

N.Sch.

Mayr (genannt von Wald), Josef, * Walder Mühle bei Neukirchen (Pinzgau) 7. 4. 1818, † Saalfelden 17. 3. 1865, Maler. Autodidakt, wirkte 1854-59 als Zeichenlehrer am Salzburger →Borromäum. Seine in feinmalerischer Manier gehaltenen Stilleben, Landschaften, Porträts und religiösen Bilder bekunden den nüchternen Blick des Realisten, aber auch Sinn für besondere Lichteffekte (Nachtstücke). Spezielles Interesse schenkte Mayr den Bauernhöfen und Interieurs seiner Pinzgauer Heimat. (Farbabb. S. 350/51)

Lit.: Fuhrmann-Land, S. 353. – J. Lahnsteiner: Oberpinzgau. Hollersbach 1956. – Thieme-Becker. – Wurzbach.

N.Sch.

Mayr, Richard, * Salzburg 18. 10. 1877, † Wien 1. 12. 1935, Sänger. Entstammte einer wohlhabenden Brauerfamilie, studierte zunächst Medizin, dann Gesang in Wien, wurde 1902 von G. →Mahler an die Hofoper engagiert, der er bis zu seinem Tode angehörte; zahlreiche Gastspiele an den intern. Bühnen; sang nahezu alle großen Partien seines Faches, verkörperte den Färber Barak in der UA der »Frau ohne Schatten« von R. →Strauss. Seine Glanzrolle war die Partie des Ochs von Lerchenau im »Rosenkavalier« von R. Strauss; 1921-34 sang er jährlich bei den Salzburger →Festspielen (u. a. auch Figaro, Don Pasquale, Leporello) und gab Liederabende.

Lit.: L. Riemens: »Mayr, Richard«. In: Le grandi voci, Rom 1964. – O. Kunz: R. M. Wien 1933.

B.L.

Mechanisches Theater →Hellbrunn. 1748-52 ließ Eb. Andreas Jakob in einem halbrunden Bau das Mechanische Theater von dem Dürrn-

Mechanisches Theater in Hellbrunn (Oskar Anrather)

berger Salinenarbeiter Lorenz Rosenegger aufstellen und einrichten. Es stellt das Leben der höfischen und bürgerlichen Welt dar: 100 Figuren, von Wasserkraft in Bewegung gehalten, repräsentieren die verschiedenen Berufe. Ihren »Arbeitslärm« übertönt die Wasserorgel, eine Miniaturform der Walzenorgel des Hornwerks (→»Salzburger Stier«). J. E. →Eberlin schrieb Stücke für diese mechanische Orgel.

Lit.: E. v. Bassermann-Jordan: Die Wasser-Automaten und Wasserkünste im Parke des Lustschlosses Hellbrunn. Leipzig 1928.

G.W.

Medaillen. Gedenk- und Schaumünzen wurden an der Salzburger →Münze geprägt; die Eisen dazu z. T. von den an der Münze angestellten →Stempelschneidern hergestellt oder auch stückweise von ausländischen Künstlern. Zu den frühesten Arbeiten gehören die Bronzegußmedaillen Eb. →Matthäus Langs vom Nürnberger Hanns Schwarz, 1519 und 1520 geschnitten. Eb. Lang war ein Liebhaber von Medaillen und ließ diese vorwiegend in Hall in Tirol schneiden; auch die »Radiana-Medaille«, nach einem Stich von Hans Burgkmair, ist 1521 in Hall entstanden. 1539 gab Eb. Lang den Auftrag für die »Cisternenmedaille« anläßlich der Vollendung der Festungs-Zisterne (→Brunnen). Unter Eb. Johann Jakob Khuen-Belasi wurde 1568 eine ca. 3,5 kg schwere Medaille anläßlich der Vermählung Herzog Wilhelms von Bayern mit Prinzessin Renata von Lothringen als Hochzeitsgeschenk übergeben (verschollen).
Die sogenannten »Turmtaler-Gepräge« Eb. →Wolf Dietrichs, von Sebastian Fraisslich oder Melchior Patz geschnitten, weisen auf dem runden oder klippenförmigen Münzbild einen aus dem Meer aufragenden Turm auf. Seit Eb. Wolf Dietrich wurden auch »Wahl- oder Consecrations-Medaillen« am Tag der Weihe zum Eb. regelmäßig herausgebracht. In Gold oder Silber zeigen sie manchmal auch die ungewöhnliche ovale Form. Die wohl berühmteste dieser Schaumünzen prägte G. R. →Donner in Gold anläßlich der Wahl von →Leopold Anton Firmian zum Eb. (4. 10. 1727). Die Porträtmedaille Eb. Franz Anton Harrachs von 1711 ist wegen der vom Nürnberger Medailleur Philipp Heinrich Miller (Müller) geschnittenen Stadtansicht hervorzuheben. Unter Eb. →Hieronymus Colloredo entstanden das Gedenkgepräge auf das 1200jährige Bestehen des Erzstiftes 1782 (→Matzenkopf) wie auch die Löwentaler von 1790, die heute zu den numismatischen Raritäten zählen.

Lit.: Meisterwerke, Nr. 43. – M. Bernhart, K. Roll: Die Münzen und Medaillen des Erzstiftes Salzburg. 2 Bde. München 1931 u. 1928.

Ch.S.

Megerle, Abraham, * Wasserburg (Bayern) 9. 2. 1607, † Altötting 29. 5. 1680, Komponist, Hofkapellmeister in Salzburg. Erhielt als Chorknabe und Sänger in der Innsbrucker Hofkapelle Kompositionsunterricht von J. →Stadlmayr, den er als »aller Komponisten ewige Zier und Ehr« bezeichnete. 1634 übernahm er die Leitung der Dommusik in Konstanz, 1640/41 übertrug ihm Eb. →Paris Lodron das Salzburger Kapellmeisteramt und verlieh ihm eine Pfründe in der hochdotierten und angesehenen Schneeherren-Stiftung an der Domkirche. In besonderer Weise galt M.s Sorge dem Musikrepertoire des neuen →Domes, für das er nicht nur mehrere Chorbücher kompilieren und ingrossieren ließ, sondern auch eigene Werke beisteuerte, u. a. sein 1647 in Salzburg gedrucktes Opus primum »Ara musica solemni concentu ...« in drei Bänden mit 1-24stimmigen, teilweise instrumentalen Wechselgesängen für das ganze Kirchenjahr. Wohl schon Ende 1651 wandte sich M. nach Altötting, wo er als Kanonikus des Kollegiatstiftes seinen letzten Lebensabschnitt zubrachte. M. wurde Mentor seines Neffen, des berühmten Kanzelredners →Abraham a Sancta Clara. 1672 veröffentlichte M., der auch mit religiös-erbaulichen und musikkritischen Schriften hervorgetreten ist, sein autobiographisches »Speculum musico-mortuale, das ist: Musicalischer Todtenspiegel«, der neben Gebeten auch mehrere bildliche Darstellungen von Musikinstrumenten enthält. Von seinen angeblich 2000 Werken ist der überwiegende Teil verschollen. M. beherrschte nicht nur den mehrchörigen, sondern auch den monodischen Stil. Die Salzburger Domkirche bot ihm dafür ein breites Spektrum aufführungspraktischer Möglichkeiten.

Lit.: P. Tenhaef: A. M. Kanonkünste und andere »Arcana musica«. In: MUSAU 9, 1989. – W. Senn: Musik und Theater am Hof zu Innsbruck. Innsbruck 1954.

E.H.

Meister von Großgmain, Notname für den Meister der Tafeln des ehem. Hochaltars der Pfarrkirche von Großgmain. Wurde mit R. →Frueauf d. Ä. gleichgesetzt, als dessen Schüler angesehen, zuletzt (O. Demus) als Name für einen Werkstattverband. Die Vorderseiten der Flügel von zwei verschiedenen Künstlern: Meister A, der eigentliche »Großgmainer«, mit spätgotischen, herben Typen, verzogener Räumlichkeit und dunkelkühlen Farben (z. B. »Marientod«) und ein jüngerer Meister B mit weiträumigem Aufbau, fast renaissancehaften Typen und heller Farbigkeit (z. B. »Darbringung im Tempel«). Die Außenseiten und die beiden großen Tafeln mit Salvator und Muttergottes R. →Frueauf d. J. zugeschrieben. Das Altarwerk entstand Ende des 15. Jh.s. (Farbabb. S. 335)

Lit.: 500 Jahre M. v. G. Publikation zur Sonderschau in der Pfarr- und Wallfahrtskirche Großgmain, Großgmain 1999. – A. Rohrmoser: M. v. G. In: Spätgotik in Salzburg, Die Malerei, Salzburg 1972, S. 124 ff (mit Lit.).

L.T.

Meister von Irrsdorf, Notname für den Schöpfer der geschnitzten Türflügel der Filialkirche Irrsdorf bei Straßwalchen. Gehört zu den eindrucksvollsten Werken des Weichen Stils, wohl 1408. Darstellung einer Heimsuchung in sehr plastischem Hochrelief. Maria und Elisabeth auf je einem Türflügel, in weicher Linie die schräg vorgewölbten Leiber mit starker Betonung der Schwangerschaft, darauf die noch ungeborenen Kinder in Gloriole. Beide stehen auf Atlanten, unter Maria der Stifter, unter Elisabeth dessen Wappen. Über Maria halten Engel eine Krone, über Elisabeth wird ein Knabe von Engeln getragen. Rohrmoser deutet diesen Knaben als Herabkunft Christi und die Gesamtdarstellung als Verknüpfung von Verkündigung und Heimsuchung, wie in der literarischen Form des Ave Maria. Schon immer wurde vermutet, daß diese qualitätvolle Arbeit nicht für Irrsdorf geschaffen wurde. Nach Kapeller ist sie von der burgundischen Hofkunst inspiriert und soll eine Stiftung Bertholds von Wehingen (1403-06 Gegenbischof zu Eberhard III. von Neuhaus) für das Nordportal der ehem. Augustiner-Chorherrenkirche in Berchtesgaden gewesen sein. Nach Wehingens Tod kamen die Türen 1410 nach Irrsdorf und wurden als Stiftung des Pfarrers Berthold von Straßwalchen ausgegeben.

Türflügel der Filialkirche Irrsdorf (SMCA)

Lit.: E. Kapeller: Die spätgotische Kirchentür in Irrsdorf. Jahresschrift des SMCA, Nr. 49, Salzburg 1999. – W. Steinitz: Die Salzburger Plastik um 1400. In: Spätgotik in Salzburg, Die Skulptur und Kunstgewerbe, Salzburg 1976, S. 63 ff. (mit Lit.).

L.T.

Mell, Karl, * Königgrätz 30. 7. 1851, † Salzburg 8. 3. 1936, Architekturaquarellist. Seit 1875 in Salzburg, Lehrer an der →Gewerbeschule, bekannt für seine Salzburg-Veduten.

Lit.: Fuhrmann-Stadt.

N.Sch.

Mell, Max, * Marburg an der Drau 10. 11. 1882, † Wien 12. 12. 1971, Lyriker, Erzähler, Dramatiker. Univ.-Studien in Wien (Germanistik und Kunstgeschichte, Dr. phil. 1905), 1907 Begegnung mit H. v. →Hofmannsthal, »aus der sich eine von gegenseitiger Anerkennung getragene Freundschaft« entwickelte. In zahlreichen Mysterienspielen versuchte M., »das Mysterienhafte mit einem starken Realismus zu verbinden und so ein Gleichgewicht herzustellen, das seine Werke auch den breiteren Schichten zugänglich macht«. Für M. →Reinhardt bear-

beitete M. 1919 das alte »Halleiner Krippenspiel«, das unter der Regie Reinhardts zu Weihnachten 1919 in der Salzburger →Franziskanerkirche aufgeführt werden sollte. (»Ein altes deutsches Weihnachtsspiel«. Neu bearb. v. M. M., Wien 1924.) »Als der Versuch scheiterte, ... entschied sich M. Reinhardt, im nächsten Sommer Hofmannsthals Nachdichtung des ›Jedermann‹ aufzuführen.« Als Veranstaltung des Salzburger Stadttheaters im Rahmen der Festspiele wurde 1921 M.s Komödie in einem Akt »Der Barbier von Berriac« aufgeführt, 1925 führten die Festspiele M.s »Das Apostelspiel« (Regie: M. Mell) mit Helene Thimig auf. Hofmannsthal schrieb damals an M.: »An das Spiel der Helene Thimig habe ich eine Erinnerung, wie kaum an Vieles auf der Bühne Gesehene.«
Für 1926 plante Hofmannsthal, M.s »Weihnachtsspiel« doch noch aufzuführen, aber auch das kam nicht zustande. Doch zu Weihnachten 1926 wurde im →Festspielhaus M.s »Schutzengelspiel« bei schwachem Besuch, doch herzlicher Aufnahme gespielt.

Lit.: M. Dietrich (Hg.): M. M. als Theaterkritiker. Wien 1983. – H. v. Hofmannsthal – M. M.: Briefwechsel. Hg. v. M. Dietrich u. H. Kindermann, Heidelberg 1982. – Ch. H. Binder: M. M. Beiträge zu seinem Leben und Werk. Graz 1978.

H.H.

Memberger (Hans) Kaspar, * Konstanz um 1555, † Konstanz um 1618, Maler. Sohn des Malers Philipp M., ging 1583 nach Meersburg und wurde von Eb. →Wolf Dietrich, der sein engerer Landsmann war, wohl gleich nach Amtsantritt (1587) nach Salzburg geholt. 1596 ist er hier als Hofmaler archivalisch nachweisbar, doch datiert sein Zyklus von fünf Sintflutbildern (→Residenzgalerie) bereits von 1588. Weitere Salzburger Werke sind eine Thronende Maria mit Kind (1589, Residenzgalerie), die 8 m lange Kreuztragung aus dem alten →Dom (1591, heute →St. Peter), das Epitaph Tondio (1596, →Dommuseum) und das Porträt des Eb. Wolf Dietrich. Daneben scheint M. wiederholt für Auftraggeber der Bodensee-Region gearbeitet zu haben, so 1596 für Jakob Hannibal von Raitenau, den Bruder des Eb., in Schloß Langenstein. 1598 war er wieder in Konstanz, wo 1616 sein letztes bekanntes Werk entstand. Stilistisch reiht sich M. durchaus repräsentativ in den für seine Zeit charakteristischen Spätmanierismus niederl.-ital. Gepräges, der einen gotisch wirkenden Detailreichtum mit der betont malerischen Auffassung der Venezianer (Bassano, Tizian) verbindet. Kompositorisch bediente er sich gerne graphischer Vorlagen (Dürer). (Farbabb. S. 342)

Lit.: Th.-Ch. Marquet: K. M.s. Sintflut-Zyklus. Diplomarbeit Salzburg 1993. – Ausstellungskat. Wolf Dietrich von Raitenau. Salzburg 1987. – Ausstellungskat. Die Renaissance im deutschen Südwesten. Karlsruhe 1986. – G. Heinz: Studien über die Malerei des 17. Jh.s in Salzburg. In: MGSLK 94, 1954, S. 86.

N.Sch.

Merhaut, Karl →Volkskultur

Merz, Meta (eigentlich Christina Haidegger), * Salzburg 14. 4. 1965, † Salzburg 9. 9. 1989, Schriftstellerin. Nach der Matura 1983-86 div. Studien, u. a. Germanistik, Anglistik, Kunstgeschichte, Philosophie; Reisen, seit 1986 ausschließlich schriftstellerische Arbeit, 1987 Förderungspreis für Literatur in Rauris. Neben Publikationen in Literaturzeitschriften und Anthologien multimediale Konzepte, Texte und Performances, u. a. aufgeführt in Salzburg und Linz. Die Werke aus dem Nachlaß, den ihre Mutter Christine →Haidegger verwaltet, zeigen das Ausmaß der innovativen poetischen Kraft von M. M.: »Erotik der Distanz« (Prosa, Nachw. von A. Thuswaldner, 1990), »metaphysik der begierde« (Nachw. v. K. Müller, 1996). 1999 schrieben der Meta-Merz-Fonds, das Salzburger →Literaturhaus und das Amt der Salzburger Landesregierung den Meta-Merz-Preis aus.

Lit.: Kosch, Erg. Bd. VI, Sp. 117. – M. Schreiner: M. M. In: Österreichische Dichterinnen, hg. v. E. Reichart, Salzburg 1993, S. 145-166.

H.H.

Messenlechner, Georg, * Salzburg 18. 4. 1647, † Salzburg 9. 3. 1735, Kultmedailleur aus der Schule von P. →Seel. Er lieferte Anhänger und Weihepfennige u. a. für die Kreuzbrüderschaft der Bürgerspitalkirche und Maria Loreto in Salzburg, für Mariazell und Wien.

Lit.: SMusBl. 1938, Nr. 4-5.

N.Sch.

Messner, Joseph, * Schwaz (Tirol) 27. 2. 1893, † St. Jakob am Thurn 23. 2. 1969, Komponist und Domkapellmeister. Musikalische Ausbildung am →Kapellhaus und an der Akad. in Mün-

Joseph Messner

chen. 1922 Domorganist, 1926-69 Domkapellmeister in Salzburg. Neuorganisation des Salzburger →Domchores, Gestaltung der Domkonzerte im Rahmen der Salzburger →Festspiele 1927-67. Schrieb Kirchenmusik im spätromantischen Stil, u. a. mehrere Jahrgänge Propriumsgesänge für den Salzburger Dom, Opern, Kantaten, Chorwerke, darunter »Schicksal der Deutschen«, mit dem er das Nazi-Regime glorifizierte, Lieder, Sinfonien, Kammermusik, Klavier- und Orgelwerke. 1926 entstand die Bühnenmusik zum »Jedermann« von H. v. →Hofmannsthal, 1936 die Festspielfanfare. 1968 Ehrendoktorat der →Univ. Salzburg.

Lit.: A. Pachovsky: J. M. Leben und Werk. Diss. Wien 1990.

G.W.

Mezger, Paul, * Eichstätt 23. 11. 1637, † Salzburg 12. 4. 1702, Benediktiner, Theologe und Historiker, Prof. an der →Univ. Ab 1640 in Salzburg, legte M. 1653 in →St. Peter die Ordensgelübde ab, seit 1660 unterrichtete er Grammatik, Philosophie, Theologie, Polemik und Hermeneutik an der →Univ., deren Vize- bzw. Prokanzler er von 1673 bis 1702 war. M.s Hauptverdienst ist seine Tätigkeit als Historiker: er vollendete die von seinen Brüdern Franz und Joseph begonnene »Historia Salisburgensis« (1692), in die auch Quellentexte eingearbeitet wurden. Franz M. lehrte 1659-68 an der →Univ. Philosophie und Theologie, Joseph M. (* Eichstätt 5. 9. 1635, † St. Gallen 26. 10. 1683) 1662-78 Poesie, Theologie und Kirchenrecht und war ebenfalls Prokanzler. Er war freundschaftlich mit dem Begründer der modernen Urkundenlehre, dem Mauriner Jean →Mabillon, der im August 1683 Salzburg besuchte, verbunden; in intensivem brieflichen Gedankenaustausch stehend, bestanden jedoch Auffassungsunterschiede zwischen M. und Mabillon, der trotzdem der wissenschaftlichen Leistung der Brüder M. größte Anerkennung zollte.

Lit.: R. W. Apfelauer: in NDB 17, 1993, S. 414 f.

R.R.H.

Michaelbeuern, Benediktinerabtei, im 8. Jh. durch Verlegung des Klosters Otting (westlich Waging) oder als Mönchszelle von →St. Peter entstanden; urk. Erstnennung 977. In der 2. H. des 11. Jh.s durch die Sippe der Sighartinger erneuert und lebensfähig ausgestattet (Weihe 1072); eigener Frauenkonvent (bis Anfang des 13. Jh.s). Adeliges Eigenkloster, 1137 formell dem päpstlichen Schutz unterstellt und somit erstes exemtes Kloster der Salzburger Diözese. Kulturelle Bedeutung erlangte das Benediktinerkloster durch die Seelsorge, seine Schreibschule (Ende des 12. Jh.s entstand die zu den bedeutendsten Werken der europ. →Buchmalerei zählende Waltherbibel), die Klosterschule (ab dem 13. Jh. faßbar) und die durch den Brand von 1364 vernichtete Bibl. 1530 erwarb Kardinal →Matthäus Lang von den Grafen von Schaunberg, die das Kloster als Vögte schwer geschädigt hatten, die Vogtei über M., das somit unter salzburgischen Einfluß kam. Im 17. Jh. setzte eine große Bautätigkeit ein, Fürstenzimmer für Eb. →Wolf Dietrich wurden erbaut und die Klosterkirche barockisiert (Reromanisierung ab 1938).

Glanzstück der Kirche ist der barocke Hochaltar des Meinrad →Guggenbichler mit dem Altarbild des Barockmalers J. M. →Rottmayr von 1691/92, der ebenso wie der Komponist A. →Diabelli, der Pädagoge F. M. →Vierthaler und der Historiker B. →Pillwein zu den bekannten Absolventen der Klosterschule von M. zählt. 1835 übernahm M. Pfarre und Kloster Mülln (1465 Kollegiatstift, ab 1605 Augustiner-Eremitenkloster) mit seiner 1621 gegründeten

Leo Miller, Ziehharmonikaspielender Putto, Keramik, bunt, glasiert, Radstadt, 1925-30 (SMCA)

Brauerei. Maxglan wurde 1907 als eigene Pfarre von Mülln abgetrennt (seit 1997 Pfarrverband Mülln-Maxglan). Seit 1962 führt M. eine Privathauptschule mit Internat, die im 1984/85 restaurierten Wirtschaftsgebäude untergebracht sind.

Lit.: Benediktinerabtei M. Eine Dokumentation. Michaelbeuern 1985. – H. Dopsch: Klöster und Stifte. In: Geschichte I/2, S. 1018 f. – M. Filz: Geschichte des salzburgischen Benedictiner-Stiftes M. II Teile, Salzburg 1833.

P.F.K.

Michels, Thomas, * Krefeld 28. 10. 1892, † Salzburg 13. 1. 1979, Benediktiner von Maria Laach, Univ.-Prof. Nach Rückkehr aus der Emigration in den USA 1938-47 prägte M. wesentlich das geistige Bild der Theologischen Fakultät der →Univ. Salzburg. Er wurde Direktor des Hochschulwerks, Leiter der Salzburger →Hochschulwochen und 1965 Präsident des Internationalen →Forschungszentrums für Grundfragen der Wissenschaften.

R.R.H.

Miegel, Agnes, * Königsberg i. Preußen 9. 3. 1879, † Bad Nenndorf 26. 10. 1964, ostpreußische Lyrikerin und Balladendichterin. Durch ihre von Salzburger Vorfahren abstammende Mutter Helene Hofer, die aus einer Emigrantenfamilie von 1731/32 stammte, fühlte sich M. besonders mit Salzburg verbunden, was u. a. im Gedicht »Meinen Salzburger Ahnen« zum Ausdruck kommt.

R.R.H.

Mielich (eigentlich Mielichhofer), Alphons Leopold, * Klosterneuburg 7. 1. 1863, † Salzburg 25. 1. 1929, Maler. Aus alter Salzburger Familie. Als Offizier 1887 krankheitshalber pensioniert; ein Erholungsaufenthalt in Ägypten wurde für die Laufbahn des engagierten Autodidakten entscheidend. In Paris bildete der Pleinairismus die Brücke zum eigentlichen Wirkungskreis Mielichs, dem Orient, den er in der Folgezeit von Wien aus elfmal bereiste. In die Geschichte der Orientalistik ging die 1901 mit Alois Musil unternommene Arabienexpedition, bes. zu den kalifischen Wüstenschlössern, ein. Mielichs Kopien der farbenprächtigen Wandbilder von Qusejr'Amra erschienen 1907 in einem Prachtband. Buntheit und Pathos der älteren Orientmalerei ersetzt Mielich durch eine aufgehellte Palette weich abgestimmter Farbtöne und dezente Sachlichkeit. In z. T. winzigen Formaten schildert er Straßen- und Marktszenen, Palmen, Gräber und Moscheen, aber auch österr. Motive, wobei ein gewisser Zwiespalt zwischen dem Streben nach atmosphärischer Auflösung und einer fotografischen Genauigkeit spürbar wird.

Lit.: Ausstellungskat. Orient. Österreichische Malerei zwischen 1848 und 1914, Residenzgalerie Salzburg 1997. – G. Frodl in: AMK, 178/9, 1981, S. 19 ff. – SV, 13. 2. 1929 u. 17. 7. 1930. – Bergland 1929, H. 7 (Otto Kunz).

N.Sch.

Milder-Hauptmann, Pauline Anna, * Konstantinopel 13. 12. 1785, † Berlin 29. 5. 1838, Sängerin. Tochter eines Salzburger Konditors, Schülerin von S. →Neukomm, G. →Tomaselli und Antonio Salieri, debütierte 1803 in Wien, wurde an die Hofoper, 1816-29 nach Berlin verpflichtet und feierte triumphale Erfolge in Opernpartien von Christoph Willibald Gluck, Luigi Cherubini und Gasparo Spontini. Ludwig van Beethoven schrieb für sie die Partie der Leonore, F. →Schubert das Lied »Der Hirt auf dem Felsen«, 1829 wirkte sie bei Mendelssohns Aufführung der »Matthäus-Passion« von J. S. Bach mit, 1836 zog sie sich von der Bühne zurück.

Lit.: Eisenbergs Bühnen-Lexikon. Leipzig 1903.

G.W.

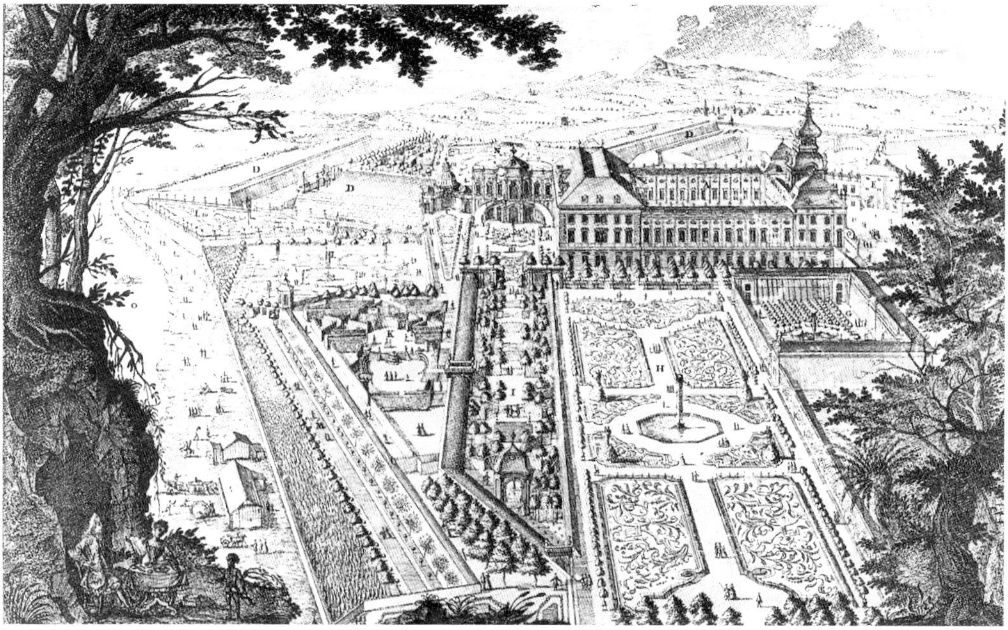

Johann August Corvinus nach Franz Danreiter, Gesamtanlage des Schlosses Mirabell von Süden, um 1730 (Oskar Anrather)

Miller, Leo, * Schladming 29. 8. 1887, † Schladming 29. 8. 1965, Bildhauer und Keramiker. Studium an der Fachschule Hallein und der Kunstgewerbeschule in Wien bei Barwig. Mitarbeiter der Wiener Kunstkeramischen Werkstätte. Als Holz- und Steinbildhauer zahlreiche lebensgroße Porträtbüsten vorwiegend des Adels, aber auch von Landespolitikern. Gründete 1922 in Radstadt die »Radstädter Kunstkeramik« (Stempel RKK), die bis Ende des 2. Weltkriegs bestand. Daneben Holzbildhauerei mit Schülern aus Wien. Werkstatt und Brennofen bei der Radstädter Hafnerfirma →Fiala eingemietet. Nach dem 2. Weltkrieg führte die Gattin in Abwesenheit Millers die Werkstatt bis 1948 weiter (töpferte, drehte und malte selbst). Danach nur noch private Produktion in Salzburg, keine Ausstellungen mehr. Miller war Mitglied des Salzburger →Kunstvereins.

Lit.: Ch. Svoboda: RKK. Radstädter Kunstkeramik. In: Gebrannte Erde, Werfen 1995.

Ch.S.

»Minerva«, Dichterrunde in Salzburg, ca. 1905/06, ihr gehörten u. a. an: G. →Trakl, Franz Bruckbauer und G. →Streicher. Ein Kreis gleichgestimmter Bohemiens mit regelmäßigen Zusammenkünften im Café Bazar, im Tomaselli, in verschiedenen Weinkellern. Mit den wechselnden Mitgliedern wechselte auch der Name (z. B. »Apollo«), die Salzburger lehnten »das spinnerte Krezl« ab.

Lit.: O. Basil: Georg Trakl. Reinbek bei Hamburg 1965, S. 57 f.

H.H.

Mirabell-Schloß. Das von Eb. →Wolf Dietrich für seine Gefährtin Salome Alt 1606 erbaute Schlößchen »Altenau« bildet den Kern der heutigen, wesentlich größeren Anlage (noch erkennbar in den gekuppelten Fenstern am SW-Eck). Eb. →Markus Sittikus änderte den Namen in »Mirabell«, um die Erinnerung an seinen Vorgänger und dessen Liaison zu tilgen. Durch Eb. →Paris Lodrons Stadtbefestigungen wurde der Bau in den Stadtbereich miteinbezogen. Im Laufe des 17. Jh.s einige Anbauten. Eb. →Johann Ernst Thun beauftragte bald nach seinem Regierungsantritt J. B. →Fischer v. Erlach mit der Neugestaltung des Gartens (Hauptparterre; →Gärten). Eb. Franz Anton Harrach ließ das Schloß 1710 und 1721-27 durch Fischers großen Konkurrenten J. L. v. →Hildebrandt völlig umbauen und zu einer geschlossenen Anlage zusammenfassen. Bemerkenswert ist, daß sich die einzelnen

Baumaßnahmen quellenmäßig bis ins Detail verfolgen lassen. Kostbarkeiten der Ausstattung: Stiegenhaus mit den Skulpturen G. R. →Donners und die (nicht mehr erhaltene) Ausmalung durch J. M. →Rottmayr und Bartolomeo Altomonte, an der NW-Ecke des Schlosses entstand 1713 eine Sala terrena, wahrscheinlich zusammen mit den neuen Gartenanlagen des Hofgarteninspektors M. →Diesel: ein auf die Sala terrena ausgerichtetes Nebenparterre mit sechs Busketten-Sälen, Garten vor der Westfassade, Parterre mit Vogelhaus, Zwerglgarten, Hecken-→Theater. Seit etwa 1725 F. A. →Danreiter mit gärtnerischen Arbeiten betraut. Der Brand in der Neustadt von 1818 beschädigte auch M. schwer; den Wiederaufbau leitete im Sinne des Klassizismus der Wiener Architekt Peter de Nobile. Seit 1866 durch kaiserl. Schenkung im Besitz der Stadt, seit 1947 Sitz des Bürgermeisters und des Magistrats.

Lit.: W. Schaber: Pietro Nobile e la Ricostruzione del Castello Mirabell a Salisburgo. In: Archeografo Triestino Serie IV, 1999, vol. LIX/2. – ÖKT, Bd. 13.

M.O.

Mittermayer, Wolfgang, * Hallein 28. 1. 1911, † Grafenhof 25. 4. 1969, Maler und Zeichner. Ausgebildeter Tischler, dessen zeichnerische Begabung bei einem Aufenthalt in Ostpreußen entdeckt wurde. Ab 1934 besuchte der die Akademie in Königsberg, mußte aber 1939 krankheitshalber in die Heimat zurückkehren. Durch sein Lungenleiden zu einer zurückgezogenen Lebensweise gezwungen, beteiligte er sich seit 1957 an der archäologischen Erforschung des →Dürrnbergs. Sein von der Öffentlichkeit kaum registriertes Werk wurde 1998 erstmals gewürdigt. Es galt vor allem einer von den graphischen Ausdruckswerten her sensibilisierten Wiedergabe des Stadtbildes und der landschaftlichen Umgebung von Hallein.

Lit.: W. M. Hg. vom Kulturforum Hallein 1998. – F. Moosleitner: Hallein. Porträt einer Kleinstadt, Hallein 1989, S. 156 f.

N.Sch.

Möbel. Älteste Handwerksordnung der Salzburger Tischler 1561; Schutzpatrone: Philippus und Jakobus. Der erste namentlich genannte Tischler Salzburgs ist Velbert Partl (1407). Die →Pistator-Werkstatt war im Lungau im 15. Jh. tätig. Das M.-Handwerk ist im 15. und 16. Jh. in Salzburg bedeutend, was die Nennung von 27 Tischlern zwischen 1443 und 1528 wie auch die kostbare und kunstvolle Ausstattung der →Festung Hohensalzburg bezeugen. Um 1600 Hochblüte der M.-Kunst (Kassettendecken des →Residenz-Neugebäudes und intarsierte und geschnitzte Hallenschränke). Der erste Hoftischlermeister wird unter Eb. →Markus Sittikus genannt: Simon Claner (Klaner). Zugehörige Tischlernamen sind vorwiegend nach kirchlichen Einrichtungsgegenständen zu identifizieren, nach Sakristeieinrichtungen oder Altären. Balthasar Kölbl leitete um 1690 die führende Werkstatt und arbeitete als Hoftischler für die eb. Fürstenresidenz. Gestühl und Kästen im →Dom von Kölbl oder seinem Zeitgenossen Lorenz Windpichler, der auch für →St. Peter arbeitete (Garnitur 1706). Von ihm könnte auch das fast vollständig erhaltene Ensemble der Vitrineneinrichtung der Kunst- und Wunderkammer (→Dommuseum) stammen. Die zentrale Figur der Tischlerkunst im Salzburg des 18. Jh.s war S. Th. →Baldauf; seine Spezialitäten sind die Intarsie, die Boulletechnik und feinste Schnitzerei. Während der Rokokostil in der Hauptstadt nicht Fuß faßte, brachten vor allem Pinzgau und Lungau zarte Zirbenholz-M. (→Bauernmöbel) in charakteristischer Ausprägung hervor. Klassizistische Salzburger M. stammen von Franz Rödl, auch von M. →Wessiken (Ausstattung eb. Hofapotheke, um 1760). Ein letzter Höhepunkt der Salzburger M.-Kunst zeigte sich mit der neogotischen Ausstattung von Schloß →Anif durch J. →Wessiken.

Lit.: R. Oberhofer, A. Hahnl: Ein ehrsames Handwerk – der Tischler zu Salzburg. Salzburg 1978.

Ch.S.

Mödlham(m)er, Paul, * Neumarkt 1680, † Neumarkt 1743, Bildhauer. Tischlersohn, erfuhr seine Ausbildung in der Bildhauerwerkstatt des M. →Guggenbichler, seine Neumarkter Werkstatt gelangte zu Anfang des 18. Jh.s zu lokaler Bedeutung und blühte unter seinem Altgesellen und Nachfolger Sebastian Eberl (get. Neumarkt 13. 1. 1712, † Neumarkt 23. 2. 1770) bis nach der Jh.-Mitte. In Zusammenarbeit mit dem einheimischen Maler Josef Andrä Eisl, der 1710-54 wirkte, sicherte man sich sogar im Lungau (Altäre in St. Michael,

1731) und im Pongau (Hochaltar Hofgastein, 1738) große Aufträge. Der barocke Schwung von M.s volkstümlicher Schnitzkunst, die von der unmittelbaren Nachbarschaft M. Guggenbichlers profitierte, kühlte sich entsprechend dem Zeitstil allmählich ab. Eberls umfangreichste Arbeit ist die Rokokoausstattung der Kirche und Pfarrhofkapelle Thalgau.

Lit.: E. Mayr-Schrey: Die Entwicklung der Neumarkter Bildhauerwerkstatt am Werk Sebastian Eberls im Vergleich mit seinem Lehrer Paul Mödlhamer. Diplomarbeit Salzburg 1996. – Pretzell.

N.Sch.

Mohr, Johann Georg (Geburtsort unbekannt), * um 1656, † Hallein 7. 6. 1726, Bildhauer. Halleiner Meister, der sich in seinem Bezirk, im Lungau und Flachgau zahlreiche Aufträge sicherte. Altäre bzw. Figuren von seiner Hand finden sich u. a. in Tamsweg (Kalvarienberg, 1691), Oberalm (1707), Hallein (Bürgerspitalkapelle, 1708), Zell/Wallersee (1707), Torren (1715), Georgenberg (1716) und St. Margarethen bei Kuchl (1725). Die Wirkung seiner M. →Guggenbichler nahestehenden Plastiken »gehört zu den stärksten Eindrücken, die man von der Kraft und Lebensfülle hochbarocker Volkskunst empfangen kann« (Pretzell).

Lit.: Pretzell. – Thieme-Becker.

N.Sch.

Mohr, Joseph, * Salzburg 11. 12. 1792, † Wagrain 4. 12. 1848, Dichter, Priester. Vater Musketier, Mutter Strickerin, Taufpate Scharfrichter, ärmliche Kindheit, Meßbub, Lateinschule, Gymnasium in Salzburg. M. verdiente nebenbei als Geiger und Sopransänger, dann beim Univ.-Chor Mittag- und Abendtisch. Ab 1808 Musikus im Stift Kremsmünster, 1815 Priesterweihe in Salzburg. Vikar in Mariapfarr im Lungau. Nach zwei Jahren Versetzung nach Oberndorf, Freundschaft mit dem Lehrer und Organisten F. X. →Gruber. Am Christabend 1818 erklang in Oberndorf zum ersten Mal das berühmte Weihnachtslied →»Stille Nacht, heilige Nacht«, das M. 1816 in Mariapfarr gedichtet und F. X. Gruber 1818 vertont hatte. Es wurde zweistimmig mit Gitarrenbegleitung zur Mette gesungen. 1837 kam M. als Vikar nach Wagrain, wo er bis zu seinem Tode wirkte. M. hat auch komponiert, u. a. eine Festmesse und ein großes, instrumentiertes »Tantum ergo«. »Es ist Sitte geblieben, den Grabhügel um die Weihnacht mit einem Lichterbaum zu schmücken. Am Heiligen Abend singt ihm eine Kinderschar sein Lied.« (K. H. Waggerl.)

Lit.: J. Mohr, F. X. Gruber: Weihnachtslied »Stille Nacht! Heil'ge Nacht!« Faksimile d. frühesten erhaltenen autographen Fassung (HS J. Mohrs). Begleittext Th. Hochradner. Salzburg 1995. – K. H. Waggerl: Er hat seine Schuldigkeit getan. In: In Salzburg geboren, S. 142 ff.

A.Has.

Moll, Karl Maria Ehrenbert Freiherr von, * Thalgau 21. 12. 1760, † Augsburg 31. 1. 1838, Jurist (Verwaltungsbeamter) und Naturforscher. Nach Studien an der Ritterakademie in Kremsmünster seit 1782 im Salzburger Staatsdienst, Hofkammerdirektor (1790) und Leiter des Münz-, Salz- und Bergwesens (1791). Legte eine umfangreiche und weitum berühmte Sammlung natur- und kulturhistorischer Art (u. a. auch Zeugnisse des Aberglaubens) mit einer 80 000 Bände umfassenden Bibl. an. Nach Diensten in der kurfürstlichen Regierung Mitglied der Bayerischen Akad. der Wissenschaften und kgl.-bayerischer Geheimrat. M. hat auf eigene Publikationen fast völlig verzichtet, wichtig ist seine Rolle als Anreger, Sammler, Mäzen, Herausgeber und Korrespondent mit Naturforschern verschiedener Länder.

Lit.: L. Schmidt: K. E. Freiherr v. M. und seine Freunde. Ein Beitrag zur Geschichte der dt. Volkskunde, in: Zeitschrift für Volkskunde, NF 9, Berlin 1938, S. 116 ff.

R.R.H.

Monatsschlößl, eigentlich: Waldems, am →Hellbrunnerberg, hat seinen Namen von der nur wenige Monate währenden Bauzeit. 1615 unter Eb. →Markus Sittikus errichtet. Urspr. für Jagdgesellschaften bestimmt, wurde es 1922 mit Schloß und Park →Hellbrunn von der Stadt Salzburg erworben. 1924 Errichtung einer volkskundlichen Sammlung des →SMCA durch K. →Adrian (»Altsalzburger Bauernmuseum«). Nach kriegsbedingter Schließung und Dezimierung der Bestände Erweiterung durch Neuerwerbungen 1944, Wiedereröffnung 1952, Umgestaltung nach musealtechnischen Gesichtspunkten 1962; heute Sonderausstellungen zu Teilbereichen der Volkskultur.

Lit.: F. Prodinger: Salzburger Volkskultur. Eine Einführung für Besucher des Salzburger Volkskundemuseums in Hellbrunn bei Salzburg, Schriftenreihe des SMCA Nr. 4, 1963.

R.A.

Mönch von Salzburg, anon. Salzburger Dichter und Komponist des späten 14. Jh.s. In zahlreichen Hs. des 15. und 16. Jh.s finden wir geistliche und weltliche Lieder eines »münch« oder »munch« aus Salzburg, dessen Existenz urk. bisher noch nicht belegt werden konnte. Nähere Angaben über seine Person erhalten wir lediglich aus Vorreden, Inhaltsverzeichnissen und Überschriften in den Hss. Dort ist sein Name mit »Hermann«, aber auch mit »Johann« bzw. »Hanns« angeführt. Er wird als Verfasser geistlicher und weltlicher Lieder in dt. Sprache bezeichnet, die er, zusammen mit einem Leutpriester namens Martin, auf Wunsch des damaligen Salzburger Eb. →Pilgrim II. von Puchheim (1365-96) erstellt hat, wofür dieser ihn mit einer Pfründe belohnte. Unklar ist, worauf sich das Pseudonym »Mönch« bezieht. Die Hs. bezeichnen ihn sowohl als Benediktiner wie auch als Dominikaner. Versuche, ihn mit uns bekannten Persönlichkeiten, wie dem damaligen Abt von →St. Peter, Johannes II. Rossez (1364-75), oder mit dem kunstsinnigen Eb. Pilgrim II. selbst zu identifizieren, mußten bisher unbestätigt bleiben.

Überliefert sind z. Z. 49 geistliche und 57 weltliche Gesänge. Zu den wichtigsten Quellen gehören u. a. die Tegernseer Hs. München, Bayer. Staatsbibl. cgm 715 aus der Mitte des 15., Jh. und die nach ihrem Fundort und jetzigem Aufbewahrungsort benannte Mondsee-Wiener Liederhandschrift (Codex Vindobonensis 2856), die sich heute in der Österr. Nationalbibl. Wien befindet. Sie befand sich im Besitz des Salzburgers Peter Spörl und wurde in der 1. H. des 15. Jh.s angelegt. Die Gesänge sind in gotischer Choralnotation und semimensuraler Notation (mit Unterscheidung von langen und kurzen Noten) überliefert.

Die geistlichen Lieder des M. folgen inhaltlich den großen Festen des Kirchenjahres mit Texten aus dem Weihnachtsfestkreis, dem Osterfestkreis, dem Dreifaltigkeitssonntag und Fronleichnam sowie wichtigen Heiligenfesten, oder sie sind Marienlieder. Bisweilen finden sich Akrosticha, also Dichtungen, bei denen die Anfangsbuchstaben einer jeden Strophe, hintereinander gelesen, sinnvolle Wörter bilden. So lautet das Akrostichon des Liedes »Pl°um gezartet« PYLGREIM ERCZPISCHOF LEGAT, das des Liedes »Richer schatz der höchsten freuden« RICHERUS PLEBANUS JN RASTAT (Reicher war, wie Urkunden belegen, tatsächlich Priester in →Radstadt). Der Gesang »Ave, grüest pist, magtleich forme«, ein Abecedarium (jede Strophe beginnt der Reihe nach mit einem Buchstaben des Alphabets), ist eine Übertragung der lateinischen Sequenz »Ave virginalis forma« des Pfarrers Jakob von Mühldorf, mit dem der M. in Beziehung stand. Das einzige lat. Lied, »O Maria pia«, ist, wie aus der Überschrift hervorgeht, Peter von Sachsen, einem sonst unbekannten Dichter, gewidmet. Die geistlichen Gesänge sind oft wörtliche oder freiere Übertragungen lat. Hymnen und Sequenzen, deren urspr. gregorianische Melodie der Mönch übernahm. Unter diese vorgegebenen Melodien setzte er aber auch gerne neue Texte (Kontrafaktur). Ebenso verfuhr er mit den von ihm selbst geschaffenen Weisen (»Töne«). Inwiefern die volkssprachlichen Gesänge im Gottesdienst verwendet wurden, läßt sich nicht sagen, obwohl dt. Kirchengesänge (wie z. B. »Christ ist erstanden«) in der Liturgie Salzburgs seit dem 12. Jh. ihren festen Platz hatten. »Josef lieber nefe mein«, eine Übertragung des lat. »Resonet in laudibus«, ist bis heute bekannt geblieben. Wie aus der detaillierten Beschreibung in cgm 715 hervorgeht, handelt es sich bei diesem Stück um einen deutschen Dialog zum lateinischen Tropus des Canticums »Nunc dimittis« der Komplet von Weihnachten. Handelnde Personen dieser szenischen Ausgestaltung sind Maria, Josef und der Chor.

Die weltlichen Stücke, inhaltlich meist Liebes- und Trinklieder, stehen in der Tradition des Minnesangs, zeigen deutlich frz. Einflüsse, verwenden aber ebenso alpenländische Melodiestrukturen (Dreiklangsmelodik). Vier Kompositionen sind ausdrücklich für mehrere Stimmen in einfachen Grundformen polyphonen Musizierens gesetzt, so der erste bekannte dt. Kanon »Martein lieber herre«, bezeichnet als »Ain radel von drein stymmen«. Die Verwendung von bestimmten Instrumenten ist sowohl durch Besetzungsangaben (pumhart, trumpet) als auch durch Liedüberschriften (nachthorn, taghorn, kchühorn) mit näherer Erläuterung (z. B. »und ist gut zu blasen«) belegt. Die Beliebtheit des M. zeigt sich daran, daß unter den ma. Lyrikern kein anderer eine derart breite Überlieferung (in über 80 Hss.) aufweisen kann.

Lit.: M. Payer: Das religiöse Weltbild des Mönchs von Salzburg. Göppingen 2000. – Chr. März: Die weltlichen Lieder des Mönchs von Salzburg. Tübingen 1999. – C. W. Aigner (Übersetzer), F. V. Spechtler (Hg.): Der Mönch von Salzburg. Die weltliche Dichtung. (Neuhochdeutsche Nachdichtung). Salzburg 1995. – B. Wachinger: Der Mönch von Salzburg. Zur Überlieferung geistlicher Lieder im späten Mittelalter, Tübingen 1989. – M. Korth, F. V. Spechtler: Der Mönch von Salzburg. Lieder des Mittelalters. München 1980. – F. V. Spechtler: Die geistlichen Lieder des Mönchs von Salzburg. Berlin-New York 1972. – Mondsee-Wiener Liederhandschrift aus Codex Vindobonensis 2856. Wissenschaftlicher Kommentar H. Heger, Graz 1968 (Codices Selecti 19).

F.V.Sp., St.E.

Montessori-Pädagogik, benannt nach Maria Montessori, ital. Ärztin und Pädagogin, * Chiaravalle 31. 8. 1870, † Noordwijk (Holland) 6. 5. 1952. M. Montessori erkannte, daß das Kind seine eigenen Gesetze des geistig-leiblichen Wachstums habe und zur Selbsterziehung befähigt sei. Durch die Montessori-Pädagogik sollen Selbständigkeit und Spontaneität des Kindes geweckt und entfaltet werden. In Salzburg gibt es derzeit zwei Schulversuche »Selbständiges und individuelles Lernen in freien Arbeitsphasen« an der Volksschule II und an der Hauptschule in Liefering.

H.O.

Moos, Leo von, * Mondsee 11. 4. 1872, † Salzburg 20. 4. 1943, Bildhauer. Nach Lehr- und Wanderjahren als Steinmetz ließ er sich 1899 bleibend in Salzburg nieder. Seine dt.-nationale Gesinnung und sein klobiger Realismus prädestinierten ihn dazu, die Nachfrage nach Jahn-, Freiheitskämpfer- und Kriegerdenkmälern (z. B. in Oberndorf, Unken, Pfarrwerfen, Mattsee, Mondsee, Linz) zu decken. In Salzburg erinnern außerdem viele Porträt- und Grabreliefs an seine kaum über das Handwerkliche hinauswachsende Tätigkeit. Seine allegorischen oder anekdotischen Kleinplastiken lösen sich etwas deutlicher aus der blockhaften Starre.

Lit.: G. Rohrer in: Salzburg Archiv 2, 1986. – SV, 4. 4. 1942. – Thieme-Becker.

N.Sch.

Mooser, Ludwig, * Wien 30. 1. 1807, † Hatvani (Ungarn) 22. 5. 1881, Orgelbauer. Erlernte das Handwerk bei seinem Vater Peter M., Klavier- und Orgelmacher in Wien, kam nach seinen Gesellenjahren 1826 nach Salzburg und baute hier eine Werkstätte als Klavier- und Orgelbauer auf, die »zu den berühmtesten industriellen Etablissements in Salzburg« zählte und zeitweilig bis zu 50 Arbeiter beschäftigte. 1863 eröffnete er zusätzlich eine Filiale in Erlau (Ungarn), nach 1865 arbeitete er nur noch in Ungarn, verlor jedoch wegen überlanger Lieferfristen und Verwendung minderer Materialien das Vertrauen der Auftraggeber und damit seine materielle Existenz. Aus seinen Werkstätten kamen mehr als 200 Klaviere und 140 Orgeln, u. a. der Umbau der Salzburger →Domorgel (1842-45), Großgmain (1845, noch erhalten), Basilika Gran (1856), Stiftskirche Kremsmünster (1854-58).

Lit.: G. Walterskirchen: Orgeln und Orgelbauer in Salzburg vom Mittelalter bis zur Gegenwart. Diss. Salzburg 1982.

G.W.

Morgenstern, Christian, * München 6. 5. 1871, † Meran 31. 3. 1914, dt. Schriftsteller. Ab 1894 freier Schriftsteller in Berlin; u. a. Mitarbeit an der Zeitschrift »Neue Rundschau«. Bekannt durch seine groteske Lyrik: »Galgenlieder« (1905), »Palmström« (1910), »Palma Kunkel« (1916) u. a. Später Theosoph unter dem Einfluß Rudolf Steiners. Im August 1896 Alpenreise nach Salzburg, die ihm ein »tiefes Erlebnis war«, Aufenthalt in dem »reizenden Gebirgswinkel« Fusch-Leberbründl (Fusch an der Glocknerstraße).

Lit.: M. Beheim-Schwarzbach: Chr. Morgenstern. Reinbek b. Hamburg 2000. – Kosch, Bd. 10, 1986, Sp. 1314 ff. – M. Bauer: Chr. M.s Leben und Werk. München 1948, S. 89.

A.Has.

Mörk von Mörkenstein, Alexander, * Przemysl (Galizien) 12. 12. 1887, † Nisko (Galizien; gefallen) 22. 10. 1914, Maler. Offizierssohn, seit 1900 in Salzburg, erster Zeichenunterricht bei F. →Kulstrunk, dann Besuch der Malschule W. Thor in München und der Akad. der bildenden Künste in Wien unter A. Delug. Der Drang nach geheimnisvoller Überwirklichkeit führte M.s von Böcklin und Klinger angeregte Entwicklung zu gedankenvollen Allegorien, symbolistischen Landschaften und romantischen Märchenbildern. Sein Phantastentum ließ M. aber auch zu realer Erkundung verborgener Welten vorstoßen, brach sich in tollkühner Abenteuerlust Bahn. Seit 1909 erforschte er planmäßig die Höhlen des Untersberges, Dachsteins und Tennengebirges (Eisriesenwelt) und wurde zum Pionier der Salzburger Höhlenforschung. Künstlerisch beschwor er diese Erlebnissphäre in magisch aufleuchtenden, spukhaft belebten Höhlenvisionen.

Lit.: Ausstellungskat. A. M. SMCA 1987. – Ausstellungskat. Romanischer Keller 1984. – ÖBL.

N.Sch.

Moser, Johann Michael, * Leobersdorf/Wagram 1710, † Salzburg 29. 5. 1776, Hafner und Weißgeschirrmacher. M. kam 1736 als »Krüglmacher« nach Salzburg und errichtete nach anfänglichem Widerstand der einheimischen Hafner und Zinngießer mit Genehmigung von Eb. Firmian und dem Stadtsyndicus eine »Werkstatt samt Brennöfen auf der hochfürstl. Riedenburg« (alte Gärtnergassse nächst dem Müllner Augustinerbräu). Seine →Weißgeschirr-Manufaktur, die sich ständig vergrößerte, erzeugte »Weiß-Brüderisches Geschirr«, d. h. meist weißgrundige Fayencen als Gebrauchsgeschirr (Teller, Terrinen, Platten, Tee- und Kaffeeservice, Puppengeschirr, Krüge etc.). Wie Th. →Obermillner verwendete auch M. den lichten, fein geschlämmten Ton aus der Umgebung von Salzburg. Seine Grundglasuren sind weiß, hellblau (kleisterblau), Mangan (leberfarben) mit Dekor in Blaumalerei mit etwas Mangan und sparsamem Gelb. Charakteristisch ist der Farbklang Blau-Weiß als Einfluß der Delfter und Blau Blau der Nürnberger Fayencen. Neben Streumuster auch religiöse Motive (Landshuter Madonna) und Wappenkartuschen (Salzburger Eb.e). Am unglasierten Boden selten bezeichnet: Riettenburg, J.M., SB, S oder S frey.
Die vorerst gutgehende Weißgeschirr-Fabrik M.s erfuhr noch vor seinem Tod 1776 einen Niedergang. Die Tochter Klara übernahm die Weißgeschirrmacher-Berechtigung und heiratete den Obergesellen J. →Pisotti, der die Manufaktur weiterführte. Mosers Sohn Joseph (* Leobersdorf/NÖ. 4. 2. 1735, † Ellwangen/Deutschland 13. 5. 1777) war als »Weißgeschirrmachergesell« bis zu seinem Tod in der Porzellan- und Fayencefabrik in Schrezheim bei Ellwangen tätig. (Farbabb. S. 341)

Lit.: Ch. Svoboda: Blaue Welle, – Grüne Flamme. Salzburger und Gmundner Fayencen des 17. bis 19. Jahrhunderts. Salzburg 1999. – →Weißgeschirr, →Pisotti, →Keramik.

Ch.S.

Mösl, Josef, * Köstendorf 13. 1. 1821, † Köstendorf 9. 11. 1851, Maler. Der Müllerssohn M. erlernte das väterliche Handwerk, konnte jedoch dank der Gönnerschaft des Fe. Schwarzenberg zunächst bei S. →Stief in Salzburg und 1841-46 an der Münchner Akad. studieren. Anschließend erhielt er den ehrenvollen Auftrag, dem berühmten Historienmaler Johann Schraudolph bei der Ausmalung des Kaiserdoms in Speyer zu assistieren. Der frühe Tod beschränkte seine Hinterlassenschaft auf wenige Ölporträts und Zeichnungen, die sein Talent bestätigen.

Lit.: JahrSMCA 1851, S. 45. – Thieme-Becker.

N.Sch.

Mösner, Marie, * Salzburg (?) 1838, † Salzburg 24. 1. 1884, Harfenvirtuosin. Absolvierte das Konservatorium in München, 1850 Preisträgerin eines Klavierwettbewerbes, wandte sich aber ausschließlich dem Spiel der Harfe zu, konzertierte mit ihrem Bruder, dem Geiger Christian M. († 1852); 1857 Preisträgerin eines Harfenwettbewerbes, 18jährig Prof. am Konservatorium Straßburg; unternahm zahlreiche Konzertreisen, 1860 zur k. k. österr. Kammervirtuosin ernannt. 1863 heiratete sie Ph. Graf →Spaur und beendete ihre Karriere als Harfenistin.

Lit.: B. Mazohl-Wallnig (Hg.): Die andere Geschichte 1. Salzburg 1995.

G.W.

Moÿ, Johannes Graf von, * Reichenau (NÖ.) 12. 7. 1902, † Anif bei Salzburg 10. 5. 1995, Kunsthistoriker. Verfaßte zahlreiche Arbeiten zur Geschichte und Kunstgeschichte Salzburgs, kultur- und kunstkritische Feuilletons, betreute die Herausgabe des Dehio Deutschland; Herausgeber und Mitarbeiter der FS. für H. →Sedlmayr »Barock in Salzburg«, literarische Tätigkeit (Novellenband »Das Kugelspiel«, 1939, Neuausgabe 1988 mit Vorwort von P. →Handke), starkes persönliches Engagement für Salzburger Kulturfragen, u. a. das →Mozarteum und →Mozarts Geburts- und Wohnhaus, Schloß und Park →Anif betreffend. Weitere Werke: »Die historischen und soziologischen Grundlagen der Salzburger Schlösserkultur«, München 1992. Vizepräsident, seit 1982 Protektor der Int. Stiftung →Mozarteum, Ehrendoktor der →Univ. Salzburg.

Lit.: C. Carsten: Johannes Graf Moy: Innere Emigration als Lebensgestaltung. In: J. Holzner, K. Müller (Hg.), Literatur der »Inneren Emigration« aus Österreich, Wien 1998 (= Zwischenwelt, Bd. 6), S. 433-438.

H.H.

Constanze Mozart, Wien 1802 (RV)

Mozart, Constanze (geb. Weber), * Zell im Wiesenthal (Breisgau) 5. 1. 1762, † Salzburg 6. 3. 1842, Sängerin, Frau von W. A. →Mozart. M. hatte sie 1777 in Mannheim kennengelernt, seine Aufmerksamkeit galt damals allerdings ihrer Schwester Aloysia. Seit September 1779 wohnte die Witwe Weber mit ihren Töchtern in Wien, W. A. M. war seit Mai 1781 ihr Untermieter. Gegen den Widerstand des Vaters, der immer wieder vor der leichtsinnigen Familie der »Weberischen« gewarnt hatte, der die »kupplerischen Fähigkeiten« der künftigen Schwiegermutter erkannte und die minderen haushälterischen Qualitäten Constanzes anprangerte, heiratete W. A. M. am 4. 8. 1782 C. im Wiener Stephansdom. Sie war ihm das »liebste beste Weibchen«, um dessen Befinden er sich sorgte, da C. von labiler Gesundheit war. Von ihren sechs Kindern blieben nur K. Th. →M. und F. X. Wolfgang →M. am Leben. Während ihres Salzburg-Aufenthalts sang sie am 26. 10. 1783 in der Stiftskirche →St. Peter einen Sopranpart in der Messe c-Moll KV 427/417 a. Nach dem Tod ihres Mannes unternahm sie Konzertreisen, organisierte Aufführungen von »La clemenza di Tito« und bemühte sich um die Verwaltung von M.s Nachlaß und die Drucklegung seiner Werke. Wegen ihrer geringen Gnadenpension war sie auf die Hilfe von Freunden angewiesen; 1799 verkaufte sie dem Verleger André M.s hs. Nachlaß. 1809 heiratete sie G. N. v. →Nissen und lebte mit ihm zunächst in Kopenhagen, seit 1821 in Salzburg. Hier sammelte Nissen Material für seine Mozart-Biographie, die C. nach dem Tod Nissens (1828) fertigstellte. V. →Novello besuchte sie im Sommer 1829 und würdigte ihre Freundlichkeit, ihre sprachliche Gewandtheit und ihre Bildung. Sie erlebte noch die Vorbereitungsarbeiten, jedoch nicht mehr die Enthüllung des Mozart-Denkmals.

Lit.: R. Angermüller (Hg.): C. N. M. Tagebuch meines Brief Wechsels. Bad Honnef 1999. – A. Schurig (Hg): C. M.: Briefe–Aufzeichnungen–Dokumente 1782-1842. Dresden 1922.

G.W.

Mozart, Franz Xaver Wolfgang (W. A. Mozart Sohn), * Wien 26. 7. 1791, † Karlsbad 29. 7. 1844, Pianist und Komponist. Das sechste (zweite überlebende) Kind von W. A. und Constanze →M. studierte u. a. bei S. →Neukomm, Johann Georg Albrechtsberger und Antonio Salieri, debütierte 1805 als Pianist und Komponist; seit 1808 Klavierlehrer und freischaffender Künstler in Lemberg, unternahm ausgedehnte Konzerttourneen durch Rußland, Polen, Österreich, Deutschland, Dänemark und Italien. Seit 1838 lebte er in Wien, 1842 kam er mit seinem Bruder K. →M. nach Salzburg zur Enthüllung des Mozart-Denkmals und spielte in der Aula Academica den Solopart in W. A. M.s Klavierkonzert d-Moll KV 466. Dem →Dom-Musikverein und Mozarteum vermachte er seinen Nachlaß mit Fragmenten von Kompositionen seines Vaters, dessen Clavichord, Familienbilder, Briefe, Abschriften und Drucke von Werken von W. A. Mozart, J. S. Bach, Johann Christian Bach, Joseph Haydn, F. →Schubert u. a. Als Komponist hinterließ er eine Sinfonie, zwei Klavierkonzerte, Kammer- und Klaviermusik, Lieder und Chorwerke.

Lit.: L. Laher: Wolfgang Amadeus junior. Mozart Sohn sein. Innbruck 1999. – R. Angermüller (Hg.): F. X. M. Reisetagebuch 1819-1821. Bad Honnef 1994. – W. Senn: Das Vermächtnis der Brüder Mozart an »Dommusikverein und Mozarteum« in Salzburg. In: Mozart-Jb. 1967, Salzburg 1968. – W. Hummel: W. A. M.s Söhne. Kassel 1956.

G.W.

Mozart, Johann Georg Leopold, * Augsburg 14. 11. 1719, † Salzburg 28. 5. 1787, Komponist und

Pädagoge. Vater von W. A. →Mozart; studierte in Augsburg, frühe instrumentale Ausbildung (Violine und Orgel); 1737 Immatrikulation an der →Univ. Salzburg. 1738 Baccalaureus der Philosophie, 1739 wegen unregelmäßigen Kollegbesuchs von der Univ. ausgeschlossen. 1740 als Geiger im Dienst des Grafen Thurn-Valsassina, seit 1743 Mitglied der Salzburger →Hofmusikkapelle, Violinlehrer am →Kapellhaus, 1757 Hofkomponist, 1763 Vizekapellmeister, seit 1777 auch Klavierlehrer am Kapellhaus. 1747 heiratete er A. M. →Pertl – sie galten als das hübscheste Paar in Salzburg – und bezog mit ihr Wohnung im 3. Stock des Hauses Nr. 225 am Löchelplatz, heute Getreidegasse 9 (→Mozarts Geburtshaus). Von den sieben Kindern aus dieser Ehe blieben nur M. A. →M. (»Nannerl«) und W. A. →M. am Leben.

Bis 1760 entfaltete L. M. eine rege kompositorische und pädagogische Tätigkeit – sein »Versuch einer gründlichen Violinschule« (Augsburg 1756) gehört zu den fundamentalen Lehrwerken des 18. Jh.s. Danach widmete er sich mit ganzer Kraft der Erziehung und Ausbildung seiner Kinder und unternahm mit ihnen seit 1762 ausgedehnte Reisen in Europa zu Studien- und Konzertzwecken. Zu Unrecht hat die Nachwelt einseitig den ehrgeizigen Vater herausgestellt, der die Erfolge seiner Kinder als eigene Erfolge verbuchen wollte. Nach 1773 verließ er Salzburg nur noch selten, unterhielt jedoch mit dem Sohn einen ausführlichen Briefwechsel, wenn dieser nicht in Salzburg war. Dieser Briefwechsel gibt Zeugnis vom engen menschlichen und künstlerischen Einverständnis zwischen Vater und Sohn, das erst durch die vom Vater nicht gutgeheißene Heirat Wolfgangs getrübt wurde. L. M. war in Salzburg sehr geschätzt, er galt als kritische, außerordentlich gebildete, geistvolle und weltmännische Persönlichkeit, korrespondierte u. a. mit Christian Fürchtegott Gellert, war Mitglied der Mizlerschen »Societät der musikalischen Wissenschaften« und Mitarbeiter von Friedrich Wilhelm Marpurgs »Historisch-kritischen Beyträgen zur Aufnahme der Musik«. Nach dem Tod seiner Frau (1778) und Wolfgangs Übersiedlung nach Wien (1781) lebte er zurückgezogen im »Tanzmeisterhaus« (→Mozarts Wohnhaus), widmete sich seinen Schülern und ließ sich von Nannerl bis zu deren Heirat den Haushalt führen. Von seinen Kompositionen (Messen, Litaneien, Vespern, Oratorien, Kantaten, kleineren geistlichen Werken, Sinfonien, Klavier- und Kammermusikwerken) werden heute bevorzugt die Divertimenti »Die Bauernhochzeit«, »Die musikalische Schlittenfahrt« und die lange Zeit Joseph Haydn zugeschriebene »Kindersinfonie« aufgeführt, von den Klavierwerken die zwölf Stücke »Der Morgen und der Abend«, die L. M. und J. E. →Eberlin 1759 für das →Hornwerk der Festung Hohensalzburg publizierten.

Karl und W. A. Mozart jun., Mozarts Söhne, um 1798 (RV)

Lit.: F. Langegger: M. Vater und Sohn. Zürich 1978. – J. Mancal, W. Plath: L. M. Augsburg 1994.

G.W.

Mozart, Karl Thomas, * Wien 21. 9. 1784, † Mailand 31. 10. 1858; der ältere der beiden (überlebenden) Söhne W. A. →Mozarts; kam nach dem Tod des Vaters auf Veranlassung von Gottfried van Swieten zur Erziehung zu Franz Xaver Niemetschek, dem als Verfasser der ersten selbständigen Mozart-Biographie bekannten Prof. für Philosophie und Pädagogik, nach Prag, erhielt seine musikalische Ausbildung durch Franz Xaver Duschek und Jan Nepomuk Vitásek. 1797 trat er in ein Handelsunternehmen in Livorno ein und ergriff die Beamtenlaufbahn. 1842 kam er mit seinem

Bruder F. X. Wolfgang →M. zur Enthüllung des Mozart-Denkmals nach Salzburg, 1856 zum Mozart-Säkularfest; dem →Mozarteum vermachte er seinen Nachlaß, u. a. mit W. A. M.s Klavier und zahlreichen Mozart-Briefen. Mit K. M. erlosch die Familie M., da er – wie sein Bruder – kinderlos starb.

Lit.: W. Hummel: W. A. M.s Söhne. Kassel 1956. *G.W.*

Mozart, Maria Anna Walburga Ignatia (»Nannerl«), * Salzburg 30. 7. 1751, † Salzburg 29. 10. 1829; Schwester W. A. →Mozarts. Viertes (und erstes überlebendes) Kind des Hofviolinisten L. →Mozart; entwickelte sich sehr früh zu einer exzellenten Klavierspielerin, die ihrem um fünf Jahre jüngeren Bruder eine musikalisch hochbegabte Partnerin während der großen Europa-Reisen der Familie war und ebenso wie Wolfgang allerorts bewundert wurde. Seit 1769 stand sie jedoch zunehmend im Schatten ihres Bruders, der nun zumeist mit dem Vater Reisen unternahm. Völlig an Salzburg gebunden, hatte Nannerl nach dem Tod der Mutter (1778) nicht nur den Haushalt der Familie zu führen, sondern trug auch durch Klavierunterricht dazu bei, das nicht gerade üppige Einkommen eines Salzburger Hofbeamten aufzubessern.
Mozart selbst blieb seiner Schwester zeitlebens in inniger und zärtlicher Anhänglichkeit verbunden, wenngleich sich nach seiner Heirat (1782) Spannungen einstellten, die nach dem Tode des Vaters (1787) auf seiten Nannerls zu Verbitterung führten.
Da beide nach 1787 kaum noch brieflichen Kontakt hatten, kam die Nachricht vom Tod ihres Bruders für sie völlig überraschend und traf sie sehr. Tatkräftig förderte sie nach 1791 Mozarts Biographen. N.s nie betont herzliche Beziehungen zur Schwägerin C. →M. wurden 1827 wegen Auseinandersetzungen um die Familiengrabstätte zu St. Sebastian gänzlich abgebrochen. Andererseits hegte sie große Zuneigung zu ihren beiden Neffen Karl →M. und F. X. →M. (W. A. Sohn). Im Alter von 33 Jahren schloß sie eine Vernunftehe mit dem fast 50jährigen Gerichtspfleger zu St. Gilgen, J. B. →Berchtold von Sonnenburg, nachdem der Vater 1781 eine ersehnte Verbindung mit Hauptmann Franz Diepold verhindert hatte. Fünf Stiefkinder, drei eigene Kinder und der oft mürrische Gemahl machten ihr viel zu schaffen, worüber ein reger Briefwechsel (über 120 Briefe) mit dem Vater Aufschluß gibt. Nach dem Tod ihres Gatten (1801) zog sie nach Salzburg; 74jährig erblindete sie. Auf ihren Wunsch hin bestattete man sie nicht im väterlichen Grab zu St. Sebastian, sondern in der Kommunegruft zu →St. Peter.
N. M.s Reisenotizen aus den Jahren 1763-66 und ihre Tagebuchblätter (1775-77, 1779-80 und 1783) bieten wertvolle Hinweise für die Mozart-Forschung. L. M. schrieb für N. ein »Notenbuch« (1759), W. A. M. u. a. das Capriccio für Klavier KV 395 und Kadenzen zu den Klavierkonzerten KV 175 und 271. 1983 wurde von der Internationalen Stiftung →Mozarteum in St. Gilgen ein Gedenkraum eingerichtet, in dem Porträts und Dokumente zur Familie M. gezeigt werden.

Lit.: G. Geffray (Hg.): M. A. M. meine tag ordnungen. Bad Honnef 1998. – W. Hummel: Nannerl, W. A. M.s Schwester. Zürich 1952.
E.H.

Mozart, Wolfgang Amadeus (Taufnamen: Joannes Chrysostomus Wolfgangus Theophilus), * Salzburg 27. 1. 1756, † Wien 5. 12. 1791, Komponist; siebentes (zweites überlebendes) Kind des Salzburger Hofmusikers L. →Mozart und seiner Frau Anna Maria, geb. Pertl. Der Vater übernahm die Ausbildung, den Theorie-, den Violin-, Klavier- und Orgelunterricht, fünfjährig komponierte W. A. bereits seine ersten Klavier-Menuette. Die außergewöhnliche musikalische Begabung des Knaben und seiner Schwester Maria Anna →M. (»Nannerl«) veranlaßten Leopold M. zu frühen Konzertreisen mit seinen Wunderkindern: 1762 an den Hof in München und an den Kaiserhof in Wien, 1763-66 durch Westeuropa mit Stationen u. a. in Frankfurt/M. (hier hörte →Goethe den Knaben), Brüssel, Paris, London und Den Haag; überall wurde W. A. als Klavierspieler, Improvisator und Komponist gefeiert. In Paris erschienen 1764, als erste gedruckte Werke M.s, violinbegleitete Klaviersonaten, für Konzerte in London schrieb M. die in der Tradition von Johann Christian Bach stehenden Sinfonien KV 16 und 19. Nach der Rückkehr entstanden in Salzburg u. a. die Musik zum dreiteiligen Oratorium »Die Schuldigkeit des ersten Gebots« (gemeinsam mit A. C. →Adlgasser und M. →Haydn) und zur lat. Komödie »Apollo et Hyacinthus«, während des Wien-

Anna Maria Mozart, geb. Pertl, um 1775

Aufenthaltes Herbst 1767 bis Anfang 1769 u. a. die Opera buffa »La finta semplice«, deren Aufführung allerdings durch Intrigen verhindert wurde, das Singspiel »Bastien und Bastienne« und die »Waisenhaus-Messe«. Während dieses Wien-Aufenthaltes hatte der Elfjährige auch Gelegenheit, vorbildliches Musiktheater zu hören – Glucks »Alceste« (1767) und Werke des ital. Repertoires. 1769 wurde M. zum (unbesoldeten) Salzburger Hofkonzertmeister ernannt – in diesem Jahr hatte er für Salzburg Kirchenmusik (zwei Messen, ein Te Deum), Sinfonien, Divertimenti, Cassationen, Serenaden, Menuette und Arien geschrieben. Im Dezember 1769 traten Vater und Sohn die erste ihrer drei großen Italien-Reisen an, die sie bis Neapel führte, W. A. mit der ital. Musikkultur vertraut machte und ihm Triumphe und große Anerkennung bei führenden Musikern wie Sammartini, Paisiello, Jomelli und Padre Martini eintrug. Vom Papst empfing er mit dem Orden eines Ritters vom Goldenen Sporn die höchste Auszeichnung, die ein Musiker erhalten konnte, die Accademia dei Filarmonici in Bologna nahm ihn nach bestandener Kontrapunkt-Klausur als Mitglied auf. Der Erfolg von M.s erster Opera seria, »Mitridate, Ré di Ponto«, 1770 in Mailand, brachte ihm neue Aufträge.

Ende März 1771 kehrten Leopold M. und W. A. nach Salzburg zurück. Bis zum Antritt der zweiten Italien-Reise (August bis Dezember 1771) entstanden in Salzburg eine Reihe von Sinfonien, mehrere Kirchenmusikwerke (u. a. die Lauretanische Litanei KV 109 und das Offertorium »Inter natos mulierum« KV 72) und das Oratorium »La Betulia liberata« – M. hatte in Padua den Auftrag dafür erhalten. In Mailand gestaltete sich die Aufführung der Serenata teatrale »Ascanio in Alba« außerordentlich erfolgreich, für Akademien entstanden zwei Sinfonien und das Divertimento KV 113.

Am Tag nach der Rückkehr M.s nach Salzburg (16. 12. 1771) war Eb. Sigismund Graf Schrattenbach, ein verständnisvoller Förderer M.s, gestorben, dem Requiem mit der Musik von M. →Haydn wohnte der 14jährige W. A. bei; er empfing nachhaltigen Eindruck von dieser Komposition. Zum Amtsantritt des aufgeklärt-absolutistisch regierenden Eb. →Hieronymus Graf Colloredo schrieb M. die Serenata drammatica »Il sogno di Scipione« (Mai 1772), bis zur abermaligen Abreise nach Italien (Oktober 1772 bis März 1773) komponierte M. noch neun Sinfonien, vier Divertimenti, drei Kirchensonaten, eine vierhändige Klaviersonate und einige Lieder. Die Aufführung der Opera seria »Lucio Silla« (Dezember 1772 in Mailand) war erfolgreich, brachte aber keine weiteren Kompositionsaufträge mehr ein. Auch die Hoffnung auf eine Anstellung bei Erzherzog Ferdinand in Mailand erfüllte sich nicht, zählte doch nach Ansicht seiner Mutter, der Kaiserin Maria Theresia, ein Musiker zu den »unnützen Leuten«. Nachhaltig war für M. aber das Erlebnis des Belcanto-Stiles der Italiener in Oper und Kirchenmusik geblieben. Auch M.s erste Streichquartette stellen einen Ertrag der Italien-Reisen dar: KV 80 wurde noch 1770 in Lodi vollendet, die Quartette KV 155-160 entstanden 1772/73 in Bozen bzw. Mailand. Nach den Erfolgen dieser Konzertreisen empfand M. das Amt eines Hofbediensteten in Salzburg und die Enge der hier gegebenen künstlerischen Möglichkeiten als immer bedrückender. Eb. Hieronymus zeigte kaum noch Verständnis dafür, gerade den besten seiner Hofmusiker ständig zu beurlauben. So entstanden in diesen Jahren (bis 1777) zahlreiche Werke für Salzburg – Sinfonien, darunter die

Familie Mozart, 1780/81 (RV)

so gegensätzlichen Sinfonien g-Moll KV 183 und A-Dur KV 201, die fünf Violinkonzerte, Klavierkonzerte, Serenaden und Divertimenti, Kammer- und Klaviermusik und auch kirchenmusikalische Werke. Reisen nach Wien (Juli bis Beginn Oktober 1773) und München (Dezember 1773 bis März 1774) sorgten für eine Unterbrechung, die Wien-Reise brachte die Bekanntschaft mit Joseph Haydns Streichquartett-Stil. In München fand 1775 die Opera buffa »La finta giardiniera« glänzende Aufnahme, im selben Jahr wurde in Salzburg das Dramma per musica »Il re pastore« aufgeführt. Als der Eb. einen neuerlichen Reiseurlaub verweigerte, kündigte M. in Salzburg und brach, diesmal in Begleitung seiner Mutter, im September 1777 in der Absicht auf, an einem Hof in Deutschland eine adäquate Stelle zu erhalten. Doch sowohl in München als auch in Mannheim bewarb er sich vergeblich, allein die Begegnung mit der Mannheimer Orchesterkultur, mit Johann Christian Cannabich und Mitgliedern des Orchesters blieben als positives Fazit. M.s Liebe zur 15jährigen hochbegabten Sängerin Aloysia Weber veranlaßte den Vater schließlich, energisch Wolfgangs Abreise nach Paris zu beschleunigen. Doch auch in Paris gelang M. kein durchschlagender Erfolg, er erhielt nur einen kleinen Kompositionsauftrag zur Ballett-Pantomime »Les petits riens«, von privater Seite den Auftrag zum Konzert für Flöte und Harfe. Nur mit Mühe konnte er seine »Pariser Sinfonie« bei den Concerts spirituels unterbringen, die Aufführung der Sinfonia concertante KV 297b wurde durch Intrigen verhindert.

Am 3. 7. 1778 starb M.s Mutter in Paris, im Herbst trat W. A. auf Drängen des Vaters die Heimreise an, um im Jänner 1779 in Salzburg erneut die Stelle eines Konzertmeisters und zusätzlich die des Hoforganisten zu übernehmen. Nach seinen eigenen Worten mußte er sein Brot wieder im »Bettelort Salzburg« verdienen und sein Genie hier »verschlänzen«. Vor allem beklagte M. die bescheidenen

Möglichkeiten in Salzburg für seine Vorstellungen eines Musiktheaters, das Leben fernab der europ. Musikmetropolen. Die Salzburger Hofmusik erschien ihm nun »liederlich, versoffen«, künstlerisch desinteressiert. Von ihr hob sich die Mannheimer Orchesterkultur wohltuend ab. Der Eb. war für ihn nur noch der »Erzlimmel«. Bis es zum endgültigen Bruch im Mai 1781 kam, entstanden u. a. die »Krönungsmesse« und die Missa solemnis (KV 337), die Vesperae solennes de confessore (KV 339), die Sinfonien KV 318, 319 und 338, die Posthorn-Serenade, die Sinfonia concertante (KV 364), das Konzert für zwei Klaviere (KV 365) und, als künstlerischer Höhepunkt, das Auftragswerk für München, die Opera seria »Idomeneo, Ré di Creta«, nach dem Libretto des Salzburger Hofkaplans Giovanni Battista Varesco (Uraufführung 29. 1. 1781). Trotz dieses Erfolges erfüllte sich M.s Hoffnung nicht, in München eine Anstellung zu erhalten.

Im März 1781 reiste M. auf Weisung des Eb. nach Wien und wirkte bei Akademien Salzburger Hofmusiker mit. Nach zwei heftigen Auseinandersetzungen mit Eb. Hieronymus kam es zum endgültigen Bruch. M. reichte am 9. 5. 1781 sein Entlassungsgesuch ein und erhielt am 8. 6. seinen Abschied durch einen Fußtritt des Grafen Arco bekräftigt.

In Wien, dem nach M.s Meinung für sein Metier »besten Ort von der Welt«, mußte der 25jährige W. A. seinen Lebensunterhalt fortan als freier Künstler bestreiten, mit Klavierunterricht, mit Subskriptionskonzerten als Interpret eigener Werke und Auftragskompositionen. Es wurden Jahre wechselnden Glücks, doch wachsender Bedrängnis. Rasch verwirklichte sich M.s Hoffnung auf einen Opernauftrag mit dem Singspiel »Die Entführung aus dem Serail«, dessen UA am 16. 7. 1782 außerordentlich erfolgreich war. Im August d. J. heiratete er trotz väterlichen Widerstandes Constanze Weber, die Schwester seiner Jugendliebe Aloysia. Um den Vater auszusöhnen, besuchte er mit ihr im Herbst 1783 – ein letztes Mal – Salzburg. In der Stiftskirche →St. Peter brachte M. Teile seiner c-Moll-Messe zur Aufführung, Constanze sang einen Sopranpart. Die oft kränkelnde Gattin war M. eine gute Partnerin, auch wenn sie das Genie ihres Mannes erst nach dessen Tod erkannte; ihre wirtschaftlichen Qualitäten waren freilich nicht dazu angetan, den Familienhaushalt durch die Schwierigkeiten häufiger Notlagen zu führen. Nur zwei der sechs Kinder aus dieser Ehe blieben am Leben, die Söhne Karl →M. und Franz Xaver →M. (W. A. Mozart Sohn).

Mozart war ein Künstler von geradezu moderner Sensibilität; mit seinem motorischen Temperament ging ein rastloser Arbeitseifer einher. Er war klein von Wuchs und gedrungen und suchte diesen Mangel durch Frisur, Kleidung und Auftreten zu kompensieren. Das Gesicht war von Pockennarben gezeichnet, die Nase überdimensioniert, der Ausdruck der Augen verriet scharfe Beobachtungsgabe. M.s Stimme war tenoral-hell, seine Sprechweise wie sein Wesen hastig. M.s Porträt auf dem posthum entstandenen Ölbild von B. →Krafft dürfte am ehesten der Wirklichkeit entsprochen haben.

Als Komponist war er sich seines künstlerischen Ranges wohl bewußt (vgl. M.s Brief an den Vater vom 7. 2. 1778), den Zeitgenossen erschien seine Musik allerdings oft zu kühn, zu anspruchsvoll und in der Ausführung zu schwierig. Sein wacher Intellekt und sein Assimilierungsvermögen befähigten ihn, Anregungen aus der Tradition und der zeitgenössischen Musik gleichermaßen aufzunehmen und zu einer Kunst von höchst persönlicher Eigenart zu verschmelzen (vgl. Briefe vom 7. und 16. 2. 1778).

Das von L. v. →Köchel 1862 erstellte erste »chronologisch-thematische Verzeichnis sämtlicher Tonwerke W. Amadé M.s« zeigt, daß M.s Schaffen Werke aller musikalischen Stile und Gattungen des 18. Jh.s, vokale und instrumentale, geistliche und weltliche Werke, umfaßt. M.s Vorliebe aber galt der dramatischen Musik (vgl. Brief vom 11. 10. 1777). Im Köchel-Verzeichnis sind ca. 90 Kirchenmusikwerke, mehr als 20 Bühnenwerke, etwa 60 dramatische Szenen und Arien, ca. 50 Sinfonien, 30 Konzerte für Klavier und Orchester, 20 für andere Soloinstrumente, ca. 50 Serenaden, Divertimenti und Cassationen, 60 Kammermusikwerke, etwa 40 Violinsonaten bzw. Variationswerke, ebenso viele Klavierwerke, mehrstimmige Gesänge, Kanons und Lieder, Tänze und Märsche verzeichnet.

Schon bald nach M.s Tod kündigte der Verlag Breitkopf & Härtel in Leipzig 1798 eine Gesamtausgabe der Werke M.s an. Diesen

Anspruch erfüllte jedoch erst die sogenannte Alte Mozart-Ausgabe, die 1877-83, mit Nachträgen bis 1910, im Verlag Breitkopf & Härtel in Leipzig erschien. Mitarbeiter waren u. a. L. v. Köchel, Philipp Spitta, Paul v. Waldersee, Gustav Nottebohm, J. →Joachim und J. →Brahms. Der heutige Stand der Kenntnis des Schaffens M.s rechtfertigte eine neue Gesamtausgabe, die als Neue Mozart-Ausgabe ab 1955 im Verlag Bärenreiter Kassel und Basel erschien, von der Int. Stiftung →Mozarteum (ISM) in Verbindung mit den M.-Städten Augsburg, Salzburg und Wien herausgegeben wurde und auf 10 Serien mit 35 Werkgruppen angelegt ist. Zu jedem Band erschien ein separater kritischer Bericht. Editionsleiter war zunächst Ernst Fritz Schmid, seit 1960 bildeten Wolfgang Plath und Wolfgang Rehm, seit 1973 zusammen mit Rudolph Angermüller und Dietrich Berke, die Editionsleitung. Beide Editionen haben ein immenses M.-Schrifttum ausgelöst (vgl. M.-Handbuch von Schneider-Algazzy und M.-Bibliographie in M.-Jb. 1975 und Supplementen). Mit der Edition der M.-Dokumente (1961, ²1981 revidiert und hg. von Joseph Heinz Eibl), der Bilddokumente und – zusammen mit Wilhelm A. Bauer und J. H. Eibl – der Briefe und Aufzeichnungen (mit zwei Kommentarbänden und einem Registerband, 1962-75) ist Otto Erich Deutsch zu einem der wichtigsten M.-Forscher des 20. Jh.s geworden.

M.s Nachruhm setzte schon bald nach seinem Tod ein und ist bis heute ungebrochen, auch wenn das urspr. romantische M.-Bild auf der Grundlage wissenschaftlicher Deutung heute einer weitgehend realistischen Sicht gewichen ist. Salzburg entsann sich erst relativ spät seines großen Sohnes, obwohl Nannerl (seit 1801) und Constanze →M. (seit 1821) in Salzburg lebten. 1828 erschien G. →Nissens Mozart-Biographie in Leipzig, 1829 war V. →Novello auf »Mozart-Pilgerfahrt« in Salzburg. 1837 wurde in Prag die erste M.-Gesellschaft gegründet, 1841 dann in Salzburg mit →Dom-Musikverein und Mozarteum jene Institution geschaffen, die die Musiktradition in Salzburg erneuern sollte. 1842 wurde das M.-Denkmal enthüllt, und mit der M.-Säkularfeier 1856 begann die bewußte Pflege des M.-Kults. Seit 1877 führte die ISM periodische Versammlungen (»M.-Tage«) und Musikfeste (→Festspiele) durch, 1880 übernahm sie die Musikschule →Mozarteum und eröffnete ein M.-Museum in →M.s Geburtshaus, das sie 1917 erwerben konnte. 1888 wurde die Intern. M.-Gemeinde, die bald mehr als 100 Ortsgruppen vereinte, gegründet, 1914 das M.-Haus, das Mozarteum, vollendet. 1931 wurde das Zentralinstitut für M.-Forschung errichtet, das seither wissenschaftliche Tagungen durchführt und bereits in 3. Serie das M.-Jahrbuch herausgibt.

Die Aufführung von M.s Werk ist seit 1920 zentrales Anliegen der Festspiele, seit 1956 veranstaltet die ISM eine eigene →Mozartwoche. Weltweit hat die Wirkung M.s heute kaum noch überschau- und kontrollierbare Ausmaße angenommen, auch vor Kommerz und Vermarktung ist M.s Name nicht geschützt.

Lit.: M. H. Schmid (Hg.): M. Studien Bd. 1-9. Tutzing 1992-1999. – G. Knepler: W. A. M. Annäherungen. Berlin 1991. – K. Küster: M., Eine musikalische Biographie. Stuttgart 1990. – B. Paumgartner: M. Berlin 1927 (revidiert Zürich ¹⁰1986, hg. v. G. Croll, Zürich 1993). – G. Gruber: M. und die Nachwelt. Salzburg 1985. – S. Kunze: M.s Opern. Stuttgart 1984. – A. Einstein: M. Sein Charakter, sein Werk. New York 1945. Dt. Übersetzung 1947, Neuaufl. Frankfurt 1978. – W. Hildesheimer: M. Frankfurt 1977. – G. Croll (Hg.): W. A. M. Darmstadt 1977. – O. Jahn: W. A. M. Leipzig 1856-59. Neu bearbeitet von H. Abert, Leipzig 1919-21 (⁹1978/79). – Th. de Wyzewa, G. de Saint-Foix: W. A. M. Paris 1912-46.

G.W.

Mozarteum. 1856, anläßlich des 100. Geburtstags von W. A. →Mozart, konstituierte sich der Mozart-Bauverein, dessen Zielsetzung die Errichtung eines eigenen Gebäudes für die seit 1841 unter dem Protektorat des →Dom-Musikvereins bestehende und im →Kapellhaus, ab 1880 im Anatomiestöckl der Alten →Univ. untergebrachte Musikschule (nebst Bibl., Archiv und Konzertsaal) war. 1901 forcierte die Mozart-Gemeinde die Baubestrebungen. 1903 erwog man, das »Imhofgebäude« (Mozartplatz 5, 6, 7) zu adaptieren, dann einen Neubau im »Nutzgarten« des →Mirabellschlosses. 1907 Erwerbung der Villa des ehem. Innenministers Josef von Lasser, Schwarzstraße 24. 1909 Ideenwettbewerb für die Erbauung eines »Mozarthauses« auf dem Lasserschen Grundstück, unter Einbeziehung der Villa, beinhaltend: Konzertsaal, Musikschule, zwei künstlerische Vereine (→Liedertafel und Schlaraffia), Mozartarchiv, Bibl., Verwaltung. Aus den 64 Einsendern aus dem

Großer Saal des Mozarteums (ASF)

In- und Ausland wurden Alois von Wurm-Arnkreuz mit dem 3. Preis, Max Fabiani mit dem 2. Preis, Richard Berndl mit dem 1. Preis ausgezeichnet. 1910-14 Ausführung nach dem Projekt von Richard Berndl, im Stil des Münchner Späthistorismus, mit teilweise sehr eleganten Details, die Motive der lokalen barocken Tradition, des Jugendstils, des Heimatlichen Bauens aufnehmen (u. a. im Großen Saal, Bibl., Pausenraum, Kassen- und Garderobenraum).

1917 wurde B. →Paumgartner durch das Kuratorium der Internationalen Stiftung M. (ISM) einstimmig zum Direktor des Konservatoriums M. gewählt. Das Institut erfuhr unter seiner Leitung einen großen Aufschwung. So bestritt die von Paumgartner gegründete Mozarteums-Oper bereits im Schuljahr 1920/21 85 Opernaufführungen.

Durch Nachkriegsschwierigkeiten gezwungen, löste die ISM im Dezember 1921 sämtliche Verträge mit den Konservatoriumslehrern auf. Die Salzburger Nationalratsabgeordneten erreichten auf Betreiben Paumgartners die Verstaatlichung des Konservatoriums am 1. 7. 1922. Ab diesem Zeitpunkt sind die ISM und das Konservatorium zwei getrennte Körperschaften. Die ISM arbeitete bereits seit 1921 eng mit den Salzburger →Festspielen zusammen (Orchesterkonzerte und Konzerte geistlicher Musik).

1927 führte die ISM die 1. Intern. Mozart-Tagung in Salzburg und 1930 die 1. Dirigenten- und Musikkurse (Intern. →Sommerakad. M.) durch.

Als Ergebnis der 2. musikwissenschaftlichen Tagung wurde 1931 das Zentralinst. für Mozartforschung errichtet, das die Herausgabe eines Mozart-Jahrbuches betreiben sollte. Mit 13. 3. 1938 wurde B. Paumgartner seines Amtes enthoben. Das Konservatorium wurde 1939 zur »Staatlichen Hochschule für Musik« erhoben und von C. →Krauss geleitet.

Zur 100-Jahr-Feier des Mozarteums verlieh der Reichserziehungsminister 1941 der Hochschule den Titel »Reichshochschule für Musik«. Statt des Konzertbüros der ISM wurde ein »Konzertamt des Reichsgaues« eröffnet.

Am 10. 10. 1945 kam es zur Wiedereröffnung der »Musikhochschule Mozarteum« unter dem wiedereingesetzten Direktor (»Generalintendanten«) B. Paumgartner. Julius Gmachl betrieb ab 1947 ein Konzertbüro, das die ISM 1949 übernahm. Der Schule wurde durch Erlaß des Bundesministeriums die Bezeichnung »Mozarteum in Salzburg« gegeben (1948), und nachdem schon 1950 die Prüfungen mit denen der Wiener Akad. gleichgestellt waren, wurde 1953/54 das Mozarteum »Akademie für Musik und darstellende Kunst«. Der 1. Präsident war B. Paumgartner (bis zur Emeritierung 1959). Sein Nachfolger wurde E. →Preussner (bis 1964). Unter seiner Leitung kam im Schuljahr 1958 erstmals ein gesamter Lehrgang des amerikanischen Oberlin College Conservatory of Music in Ohio nach Salzburg. Nach Preussners Tod wurde vorübergehend H. →Scholz mit der Leitung der Schule betraut, bis 1965 als neuer Präsident Robert Wagner sein Amt antrat.

1971 wurde die Akad. zur »Hochschule für Musik und darstellende Kunst »Mozarteum« in Salzburg« erhoben, zum 1. Rektor P. →Schilhawsky ernannt; 1998 erfolgte die Erhebung zur Musik-Univ.

Die Hochschule führte 1975 den 1. Mozart-Wettbewerb für Gesang und Klavier durch, 1978 den 2. (für Violine und Gesang). Bereits zum Mozart-Jahr 1956 war ein Wettbewerb abgehalten worden.

Im März 1979 übergab Bundesministerin Herta Firnberg das neue Haus, Mirabellplatz 1, seiner Bestimmung, im Oktober d. J. trat der neue Rektor F. →Richter-Herf sein Amt an. Ihm folgten G. →Bauer (1983-1991), W. →Roscher (1991-1995), K. →Ager (1995-2000) und im Herbst 2000 Roland Haas.

W. Roscher schuf, nach Frankfurter Vorbild, 1993 den Lehrstuhl für Poetik, dessen erster Inhaber Isang Yun war. Es folgten Peter Härtling (1993/94), Wilhelm Killmayer (1994), Brian Ferneyhough (1995), Yoritsune Matsudaira

(1996), Luciano Berio (1997), Franco Donatoni (1997/98), Mauricio Kagel (1998) und Giya Kancheli (2000). 1985 wurde der 3. Mozartwettbewerb (Gesang, Klavier, Violine) durchgeführt, 1988 der 4. (Gesang, Klavier, Kammermusik), im Mozartjahr 1991 der 5. Mozartwettbewerb (Klavier, Gesang, Violine), 1995 der 6. (Komposition, Gesang, Klavier, Streichquartett), 1999 der 7. Internationale Mozartwettbewerb (Gesang, Klavier, Hammerklavier, Violine).
Mit 1. 1. 1987 unterrichteten 225 Lehrer 1494 Studierende, davon 857 Inländer. 1997/98 wurden ca 1800 Studierende aus aller Welt von rund 400 Hochschullehrern betreut. Die Univ. verfügt über elf Abteilungen (inkl. →Orff-Institut), weiters sechs Inst. (u. a. Richter-Herf-Inst. für musikalische Grundlagenforschung, Inst. für Spielforschung und Spielpädagogik), die 39 verschiedene Studienrichtungen anbieten. Mit ca. 300 Veranstaltungen pro Jahr ist die Universität M. einer der größten Veranstalter Salzburgs. Sie pflegt Partnerschaften mit dem Conservatorio »Benedetto Marcello« in Venedig sowie mit der Musikhochschule in München.

Lit.: K. Wagner: Das M. Geschichte und Entwicklung einer kulturellen Institution. Innsbruck 1993. – A. Slatner: Geschichte der Entstehung des Mozarthauses in Salzburg. Diplomarbeit. Salzburg 1986. – Jahresberichte des Dom-Musikvereins und Mozarteums und der ISM. Jahresberichte der Hochschule.

M.O., E.St.

Mozarteum-Orchester Salzburg, hervorgegangen aus dem Orchester des 1841 gegründeten →Dom-Musikvereins, zunächst als freie Orchestergemeinschaft geführt, ergänzt durch Lehrer und Schüler des →Mozarteums, Honorarmusiker und Dilettanten, seit 1908 offiziell als »Mozarteum-Orchester« bezeichnet und 1917 mit 40 Mitgliedern konstitutiert; seit 1938 selbständige Institution mit hauptberuflichen Musikern. Erweiterung zum Sinfonieorchester. Betreut als »Landesorchester« die musikalischen Aufführungen im Landestheater und im Festspielhaus, ebenso einen Großteil der Orchesterkonzerte im Veranstaltungsprogramm der Int. Stiftung →Mozarteum und der Salzburger →Kulturvereinigung; bestreitet seit Beginn der Salzburger →Festspiele die meisten →Mozart-Serenaden und Kirchenkonzerte, seit 1972 auch die →Mozart-Matineen, ebenso Opernaufführungen der →Mozartwoche. Zahlreiche Tourneen und Schallplatteneinspielungen, vor allem mit Werken von W. A. →Mozart, mit prominenten Solisten und Dirigenten haben das Orchester auch intern. bekannt gemacht. Seit 1841 leiteten A. →Taux, H. →Schläger, O. →Bach, J. F. →Hummel, Josef Reiter, Paul Graener, F. →Ledwinka, B. →Paumgartner, Wilhelm v. Hoogstraten, Robert Wagner, Paul Walter, M. v. →Zallinger, E. →Märzendorfer, Mladen Basic, L. →Hager, R. →Weikert und H. →Graf das Orchester, seit 1994 ist H. →Soudant künstlerischer Leiter.

Lit.: J. Schröcksnadel: Salzburgs musikalische Botschafter. Das Mozarteum-Orchester, Salzburg 1984.

G.W.

Mozarteum-Quartett, Streichquartett, heute bereits in der vierten Generation. Erstgründung 1887 unter Konzertmeister Gustav Zinke (bis 1902), 1939-41 unter Konzertmeister Georg Steiner, 1948-51 in der Besetzung Christa Richter-Steiner, Josef Steinhäusler, Josef Schröcksnadel und Georg Weigl, seit 1955 unter Konzertmeister Karlheinz Franke, zunächst mit Franz Müller, Dieter Ostheim und Heinrich Amminger, seit 1980 in der Besetzung K. Franke, Josef Smola, Jiří Pospichal und H. Amminger. Bis 1997 hat dieses Quartett ca. 2000 Konzert- und Rundfunkauftritte absolviert. Seit 1994 tritt das M. in neuer personeller Formation auf, derzeit mit Markus Tomasi, Géza Rhomberg, Herbert Lindsberger und Markus Pouget.

Lit.: A. Letitzky: Vier auf dem Podium. Salzburg 1985.

G.W.

Mozartkugel, Salzburger, Schokolade-Trüffel-Marzipankonfekt, ist vorrangiges Reiseandenken und gilt in vielen Ländern als Symbol Salzburgs und Österreichs. 1890 vom Konditormeister Paul Fürst in Salzburg als Mozartbonbon erfunden (blau bedruckte Stanniolhülle bis heute Kennzeichen der Handerzeuger), 1895 auf der Pariser Gewerbeausstellung mit der Goldmedaille prämiert, kurz darauf vom Salzburger Konditor Schatz mit dem heutigen Namen versehen und vielfach kopiert. 1914 bereits in Berlin industriell erzeugt, 1939 von der Fachgruppe Süßwarenindustrie als Sorte definiert. In den 1980er Jahren Wirtschaftsprozesse um Original-Bezeichnungen und Exportrechte. Die Mozartkugel ist, seit mit der Aufstellung des Mozartdenkmals 1842 die Mozartverehrung und Mozartvermarktung begann (bereits 1863 zahlreiche »Mozartprodukte« u. a. Pfeifen, Weine, Brote; um 1850: Mozarttorte; Schuhcreme 1911), das wirksamste und langdauerndste nach dem Komponisten benannte Konsumgut geworden. Die international bekannte, in Goldpapier gewickelte M. wurde zum Vorbild von Porzellandosen, Knöpfen und Likörflaschen. Mit Mozartkugeln wird derzeit ein Umsatz von 300 Millionen Schilling gemacht, mit weiteren Mozartsüßwaren 400 Millionen. Dagegen spielen Mozartaufführungen österreichweit 6 Millionen ein. 1993 wurde die M. als »Austrian classic« in die Liste der »Austrian Ingenious Products« aufgenommen. Das Schlagwort des 19. Jh.s war »Mozart, »ein Werthmesser gegenüber dem Fremdlande«; im ersten Viertel unseres Jh.s begann das »Wolferl«-Image, die Verniedlichung des begabten Wunderknaben; die 1980er brachten »Amadeus«, den unangepaßten Jugendlichen, der für Modeserien und Schiparadies u. v. a. m. werben muß. Mit dem Mozartjahr 1991 stieg die Zahl der »Mozartprodukte« ins Unermeßliche.

Lit.: U. Kammerhofer-Aggermann: Die Mozartkugel. Von der regionalen Spezialität zum »nationalen Symbol« Österreichs, in: Salzburg Archiv 16, 1993. – L. Mielichhofer: Das Mozartdenkmal zu Salzburg und dessen Enthüllung-Feier im September 1842. Eine Denkschrift, 1843.

U.K.

Mozart-Matineen, 1949 von B. →Paumgartner bei den Salzburger →Festspielen mit besonderem Programmkonzept eingeführt: zwei Sinfonien, davon eine Jugend-Sinfonie, rahmen zwei Werke, in denen Instrumental- und Vokalsolisten in Konzerten und Konzertarien mitwirken. Sie finden zur Festspielzeit jeweils am Sonntagvormittag, seit 1981 zusätzlich am Samstag davor statt.

G.W.

Mozart-Matineen im Schloß Mirabell, Kammermusikreihe, seit 1993 von Konstantin Hiller und Georg Steinschaden organisiert und geleitet. Bietet neben internationalen Preisträgern und renommierten Ensembles jungen Salzburger Künstlern Auftrittsmöglichkeit. Neben dem klassischen und romantischen Repertoire spezielle Pflege der Salzburger Tradition.

G.W.

Mozart-Serenaden, seit 1921 im Programm der Salzburger →Festspiele, zunächst im Hof der →Residenz, nach 1945 auch in der damals noch offenen Felsenreitschule, bei Schlechtwetter im Kleinen →Festspielhaus oder in der Aula der →Univ., seit 1970 in der umgebauten Felsenreitschule veranstaltet.

G.W.

Mozarts Geburtshaus, Getreidegasse 9, das sog. »Hagenauerhaus in der Tragasse«, 1408 erstmals urk. erwähnt, war seit 1703 im Besitz der Kaufmannsfamilie →Hagenauer. Lorenz Hagenauer vermietete 1747 das 3. Stockwerk (Küche, Kabinett, Wohnzimmer, Schlafzimmer und Arbeitszimmer) an seinen jungverheirateten Freund L. →Mozart. In diesem Haus wurden Nannerl →M. (1751) und W. A. →Mozart (1756) geboren und wohnten hier bis 1773. Seit 1880 ist die Wohnung als Mozart-Museum eingerichtet, das Bilder, Autographen, Instrumente, Urkunden und Erinnerungsstücke zeigt, das Haus befindet sich seit 1917 im Besitz der Int. Stiftung →Mozarteum.

Lit.: J. Senigl: Mozart und Salzburg. Salzburg 1990.

G.W.

Mozartsolisten, Salzburger, Kammermusikensemble, 1953 von Joseph Schröcksnadel als Salzburger Serenaden-Ensemble gegründet, seit 1957 als Salzburger Mozartspieler geführt, seit 1976 unter der künstlerischen Leitung von Josef Schneider als Salzburger Mozartsolisten; besteht aus Streichquintett und zwei Hörnern, fallweise Mitwirkung von Klavier, Oboe, Klarinette und Fagott; widmet sich vor allem der Kammermusik W. A. →Mozarts und seiner Zeitgenossen in der Besetzung vom Duo bis zum Oktett. Zahlreiche Konzerte, Tourneen und Aufnahmen in Europa und Japan, seit 1953 regelmäßig bei den Salzburger →Schloßkonzerten, dem Schwetzinger Mozartfest, den Festivals von Istanbul und Ankara.

G.W.

Mozarts Wohnhaus, Makartplatz 8, ehemals »Tanzmeisterhaus am Hannibalplatz«, entstand gegen Ende des 17. Jh.s und hatte seinen Namen von der Tanzmeisterfamilie Speckner, die seit 1711 im Besitz des Hauses war. Hier wohnte W. A. →Mozart 1773-80 und von August bis Ende Oktober 1783, als er mit seiner Frau Constanze →M. den Vater besuchte. L.

Mozarts Wohnhaus auf dem Makartplatz

→Mozart starb in diesem Haus am 28. 5. 1787. 1939 von der Int. Stiftung →Mozarteum (ISM angemietet, 1944 durch Bombentreffer schwer beschädigt; der Tanzmeistersaal blieb erhalten, steht für Kammerkonzerte zur Verfügung, wurde 1981 zu einem Museum erweitert. 1989 erwarb die ISM das Bürohaus am Makartplatz 9, ließ es 1994 abreißen und das Mozart-Wohnhaus in der ursprünglichen Größe wieder aufbauen. Nach Abschluß der Restaurierungsarbeiten im Tanzmeistersaal 1996 Einweihung des Hauses.

Lit.: FS. Die Wiedererrichtung des Mozart-Wohnhauses. Salzburg 1996.

G.W.

Mozartwoche, Salzburger Musikfestwoche, im Mozart-Jahr 1956 von der Int. Stiftung →Mozarteum ins Leben gerufen, findet alljährlich um W. A. →Mozarts Geburtstag in der letzten Jännerwoche statt; greift die Idee der Salzburger Musikfeste der Jahre 1877-1910 (→Dom-Musikverein) auf und hat ihren Programmschwerpunkt auf Mozarts frühen Werken und dem künstlerischen Ziel, Maßstäbe für die Mozart-Interpretation zu setzen.

G.W.

Muffat, Georg, Mégève (Savoyen) get. 1. 6. 1653, † Passau 23. 2. 1704, Komponist und Organist. Erhielt seine musikalische Ausbildung in Frankreich bei Jean-Baptiste Lully, kam über Ingolstadt, Wien und Prag nach Salzburg und wurde hier 1678 als Domorganist angestellt. 1681/82 ermöglichte ihm Eb. Max Gandolf eine Studienreise nach Rom, damit er sich bei Bernardo Pasquini, einem der führenden Organisten und Lehrer, »die welsche Manier auff dem Clavier« und bei Arcangelo Corelli den Typus des Concerto grosso aneigne. Als Ergebnis dieser Studien widmete M. dem Eb. zur Säkularfeier 1682 fünf Streichersonaten unter dem Titel »Armonico tributo«. Mit der Berufung von H. I. F. →Biber zum Hofkapellmeister (1684) ergab sich für M. keine Aufstiegsmöglichkeit mehr am Salzburger Hof. Als Eb. Max Gandolf 1687 starb und dessen Nachfolger Eb. →Johann Ernst Thun eine Aversion gegen alles Französische zeigte, nahm M. Kontakt zu anderen Höfen auf und ging schließlich 1690 als Hof- und Domkapellmeister nach Passau. In diesem Jahr war in Salzburg noch M.s große Sammlung von zwölf Orgeltoccaten im »Apparatus musico-organisticus« erschienen. In Passau folgten die beiden Teile des »Florilegium« mit 15 Orchestersuiten im frz. Stil und die zwölf

Concerti grossi der »Außerlesenen Instrumental-Music« in ital. Manier, ebenso ein musiktheoretisches Werk, eine Generalbaßschule, die als »Regulae Concentuum Partiturae« nur in einer Abschrift aus 1699 erhalten ist. Weitere, bereits konkretisierte Editionspläne ließen sich wegen der Kriegszeiten und des frühen Todes M.s nicht mehr realisieren. Der erhaltene Werkbestand weist M. nahezu ausschließlich als Instrumentalkomponisten aus, der eine Synthese zwischen frz., ital. und dt. Stil vollzog. Die Musik zu den dramatischen Werken (u. a. Oper »Le Fatali Felicità di Plutone«, 1687) ist verlorengegangen.

Lit.: W. Kolneder: G. M. zur Aufführungspraxis. Sammlung musikwissenschaftlicher Abhandlungen Bd. 50, Strasbourg 1970. – H. Federhofer: Biographische Beiträge zu G. M. und J. J. Fux. In: Mf 13, 1960.

G.W.

Mühlbacher, Josef, * St. Margarethen (Lungau) 4. 3. 1868, † Zell bei Kufstein 23. 12. 1933, Bildhauer und Landschaftsmaler. Als Priester und Diözesan-Konservator schuf er die Kriegerdenkmäler in Tamsweg und Mariapfarr sowie das Denkmal für F. →Gruber und J. →Mohr in Oberndorf.

Lit.: Chronik, 27. u. 29. 12. 1933. – Reichspost, 31. 12. 1933.

N.Sch.

Mühlmann, Josef, *Uttendorf/Pzg. 13. 3. 1886, † Salzburg 1. 6. 1972, Kunsthistoriker, vermutlich erster akademisch gebildeter Vertreter dieses Fachs im Lande. Studierte bei Max Dvorak in Wien und erregte bereits mit seiner Dissertation über Maulbertsch Aufsehen. Mit A. →Faistauer befreundet, machte er sich publizistisch um die Propagierung der Moderne in Salzburg verdient, →»Wassermann«. 1925 erschien seine Studie über den Salzburger Dom, der nur mehr eine Biographie über F. X. →Gruber (1966) folgte. 1938 organisierte er die unter propagandistischen Vorzeichen stehende Schau »Salzburgs bildende Kunst«, während des Kriegs war M. in kunsträuberischen Aktivitäten involviert. In dieser Hinsicht wurde er von seinem Halbbruder Kajetan Mühlmann (1898-1959) übertroffen, der als »Sonderbeauftragter für die Sicherung der Kunstschätze« in besetzten Ländern mit Hauptquartieren in Krakau und Den Haag, erweitert auf Amsterdam, Brüssel und Paris, eine berüchtigte Karriere machte. 1952-55 war M. der erste Kustos der wiedererstandenen →Residenzgalerie. Neben seiner wissenschaftlichen Arbeit war er in erster Linie als Restaurator tätig.

Lit.: G. Kerschbaumer: Meister des Verwirrens. Die Geschäfte des Kunsthändlers Friedrich Welz, Wien 2000. – J. Petropoulos: Kunstraub und Sammelwahn. Kunst und Politik im Dritten Reich, Berlin 1999. – G. Plasser, residenzfähig. Sammlungsgeschichte der Residenzgalerie Salzburg. Salzburg 1998 – Mus. bl. Jg. 57 Nr. 10 (November 1996), S. 3. – 150 Jahre Salzburger Kunstverein. Kunst und Öffentlichkeit. Salzburg 1994. – SV, 3. 6. 1972.

N.Sch.

Mulinus (Muhling), Johannes, vulgo Stomius, * Perlesreut (Niederbayern) 1502, † Salzburg 14. 1. 1562, Musiker und Pädagoge. Feinsinniger Humanist, lat. Poet und hervorragender Schulmann mit besonderen Kenntnissen im Lateinischen, Griechischen und in der Musikkunde. Er verfaßte Vokalwerke und eine musiktheoretische Schrift (1537) und brachte die »Harmoniae poeticae« des mit ihm befreundeten P. →Hofhaimer heraus. M. wird nicht zu den großen Meistern des 16. Jh.s gezählt, gilt aber als achtbarer Tonsetzer. 1529 eröffnete er in Salzburg als neue höhere Lehranstalt neben →Peters- und →Domschule eine sogenannte Poetenschule, eine Art humanistisches Gymnasium, an der das Studium und die Nachahmung römischer Klassiker und die Erlernung lat. Verse sowie deren Abfassung wichtige Unterrichtsgegenstände waren. Diese Poetenschule, der M. bis zu seinem Tod vorstand, fand bei Adel und Patriziat großen Anklang und auch auswärtigen Zulauf; sie wurde 1569 auf einer Salzburger Synode verboten, da ihre einseitige, schöngeistige und der Reformation zugängliche Richtung den Unwillen der Kirche erregt hatte.

Lit.: A. Scharnagl: Johannes Stomius. In: Die Musik in Geschichte und Gegenwart 12, Kassel-Basel-London-New York 1965, Sp. 1407 f. – H. Spies: Beiträge zur Musikgeschichte Salzburgs im Spätmittelalter und zu Anfang der Renaissance. In: MGSLK 81, 1941, S. 86 ff. – H. Spies: Geschichte der Domschule zu Salzburg. In: MGSLK 78, 1938, S. 1 ff., hier S. 21 ff.

P.F.K.

Mullenbach, Alexander, * Luxemburg 23. 1. 1949, Pianist und Komponist. Studierte in Luxemburg, Metz, am Conservatoire Paris und am →Mozarteum (Komposition bei G. →Wimberger): seit 1970 zahlreiche Konzerte als Pianist; Prof. am Konservatorium Luxemburg, Dozent am Mozarteum; schrieb Werke für Orchester, Kammermusik, Klavierwerke, Lieder und elektroakustische Musik; Gründer und Präsident der Luxemburgischen Gesellschaft für Neue Musik, seit 1990 auch Präsident des Europäischen Musikinstituts IME in Besancon. 1980 Kompositionspreis des ORF Salzburg, 1981 B.-Paumgartner-Medaille der Int. Stiftung →Mozarteum, 1986 Auftragswerk »Stimmen der Nacht« für die Salzburger →Festspiele.

Lit.: B. Günther: Lexikon zeitgenössischer Musik aus Österreich. Wien 1997.

G.W.

Müller, Hans, * Salzburg 14. 2. 1926, Bildhauer, lebt in Salzburg. Urspr. Buchhändler, schloß sich mit seinen Materialbildern und Collagen der Gruppe um S. →Soucek und H. →Ober an. Aus Überbleibseln von Geräten und Maschinen montiert er anthropomorphe Eisenplastiken von skurrilem Eigensinn.

Lit.: A. Gugg: H. M. Salzburg 1999. – Gugg.

N.Sch.

Müller (-Rundegg), Albin, *Obermais bei Meran 21. 6. 1891, † Salzburg 16. 2. 1975, Maler. Studierte an der Kunstakademie in München sowie in Paris, lebte seit 1918 ständig in Salzburg. Seine beschaulichen Landschaften aus der Umgebung Salzburgs, die in der Tradion des Stimmungsimpressionismus stehen, erfreuten sich großer Beliebtheit.

Lit.: SV, 18. 2. 1975

N.Sch.

Mülln, Kloster →Michaelbeuern

Mundartliteratur, Salzburger. Da das Bundesland Salzburg keine einheitliche Mundart mit markanten Kennzeichen hat, weil es von der Grenze zwischen mittelbairisch und südbairisch durchlaufen wird, ist es problematisch, von einer Salzburger Mundart als einem exakt beschreibbaren Sprachstand zu sprechen. Wohl kann man vom Selbstverständnis und vom Salzburger Bezug her Autoren zusammenfassend nennen, deren Werke allerdings mundartliche Varianten zeigen. Selten lebt ein Autor lebenslang in seinem Geburtsort; es wird die Kindheitsmundart oft vom Mundartraum eines späteren Lebensortes überformt: das kann in die Salzburger Mundart führen oder aus ihr hinaus. Selbstverständlich gibt es keine thematischen Charakteristika, die eine sogenannte Salzburger Mundartdichtung von jener ihrer Nachbarmundarten abhebt. Die mundartliche Lyrik bestand seit ihren Anfängen in den Spruchformen von Schnadahüpfeln, Marterlsprüchen, Wetterregeln und Gaßlreimen sowie in den Gesangsformen von Spott-, Wildschützen- und Liebesliedern, überliefert ist diese mundartliche Lyrik fast nur in Liedersammlungen. Ein bekanntes Beispiel dafür sind die »Salzburger Volkslieder mit ihren Singweisen, gesammelt von V. M. →Süß« (1865). Daneben gab es geistliche Volksschauspiele, die vom Ende des 16. bis zum Ende des 17. Jh.s besonders beliebt waren. Beispiele dafür sind das »Laufener Spiel von Adam und Eva«, das »Gasteiner Paradeisspiel«, das »Halleiner Judasspiel« und das »Brucker St.-Nikolaus-Spiel«. Unter den Passionsspielen sind die »Saalfeldner Passion«, die »Tamsweger Karfreitagsspiele« und die aus Altenmarkt stammende »Comedy vom jüngsten Gericht« zu nennen. Daneben kamen auch weltliche Volksschauspiele und Fastnachtstücke zur Aufführung, wie etwa das »Krimmler Hexenspiel«. Die dramatische Dichtung und ihre Tradition bestätigen literarisches Leben in den Gauen Salzburgs. In der ca. 160 Jahre umfassenden Spieltradition des Salzburger →Theaters der Benediktineruniv. entwickelten sich bereits im Laufe des 17. Jh.s komische volkssprachliche Einlagen in den lat. Dramen. Diese volkstümlichen Szenen in den einzelnen Akten wuchsen sich zunehmend zu zusammenhängenden kleinen Komödien in Salzburger Mundart aus. Die wichtigsten Mundartdichter des 18. Jh.s waren demnach auch I. A. →Weiser mit seinem volkstümlichen Traumspiel mit Gesang »Der wachträumende König Riepel« und Pater F. →Reichssiegel (1735-93), dessen dramatisches Schäfergedicht »Die Hochzeit auf der Alm« M. →Haydn vertonte und B. →Paumgartner neu bearbeitet zur Aufführung brachte. Im 19. Jh. steht die S. M. mit der oö. in gewissem Zusammenhang. Der Henndorfer S. →Wagner war ein Jugendfreund F. →Stelzhamers und eiferte diesem dichterisch nach. Neben S. →Wagner und A. →Radnitzky, dem »Fink von Mattsee«, sind

noch folgende Mundartdichter zu nennen, die allerdings ausschließlich traditionelle Gattungen in traditioneller Form pflegten: F. →Joly, J. Märzroth (= Moritz Barach, 1818-88), Bartholomäus Hutter (1823-73), Hugo Graf Lamberg (1833-84), Wilhelm Capilleri (1834-1905), R. v. →Freisauff (1848-1916) und Gustav Hinterhuber (1854-1932).
Die Mundartdichtung der Gegenwart überschreitet allmählich und bei bestimmten Autoren jenen Traditionsbereich, in dem die bekannten Situationen und Themen klischeehaft wiederholt werden. Viele Mundartdichter von heute versuchen, mit Hilfe ihrer Sprache aktuelle Probleme ihrer unmittelbaren Umwelt auszudrücken. Hier scheint sich ein gangbarer Weg abzuzeichnen, der Erneuerung und Weiterleben der S. M. ermöglicht. Dies geschieht, wenn überhaupt, vorherrschend in der Form des Mundartgedichts. Theaterstücke und Mundartprosa sind seltener zu finden. Breit angelegte epische Werke, wie »Passio domini« von August Rettenbacher oder »Bauernheilige um mi umi« von Theodor Kürzl, sind Ausnahmen. Regionalität ist weniger ein Mangel als vielmehr ein Charakteristikum der S. M. Vertreter sind, nach Gauen aufgereiht: Pinzgau: Max Faistauer (* Lofer 19. 11. 1934), Frieda Hilzensauer (* Leogang 24. 10. 1918), Elisabeth Innerhofer, geb. Fink (* Zell am See 22. 5. 1898, † Saalfelden 25. 12. 1981), Barbara Rettenbacher-Höllwerth (* Pfarrwerfen 25. 8. 1928), Flora Stainer (* Neukirchen 9. 9. 1909), Andreas Winding (* Piesendorf 2. 7. 1928). – Pongau: Anton Aichhorn (* Großarl 15. 10. 1933), Elisabeth Beyer (Pseud. »Platten-Lisei«, * Pfarrwerfen 19. 3. 1913), Nandl Pichler (* Werfen 28. 3. 1909), Anna Unterberger (* Altenmarkt 14. 10. 1919). – Lungau: Margarete Müllner (* Mariapfarr 8. 10. 1961), Cilli Pichler (* Glanz bei Tamsweg 1. 11. 1922), Christine Rainer (* Tamsweg 30. 4. 1955), M. →Dengg (* Mauterndorf 1879, † Mauterndorf 1974). – Tennengau: August Rettenbacher (* St. Koloman 30. 9. 1911, † Niedernsill 11. 8. 1999), Josef Schieferer (* Golling 1918), Thomas Weiß (* Kuchl 1921). – Flachgau: Augustin Ableitner (* Salzburg 31. 1. 1886, † Salzburg 14. 2. 1972), F. →Braumann, P. →Peternell, Theodor Kürzl (* Deggendorf/Bayern, 1892, † Salzburg 29. 9. 1985), Wilhelm J. Steiner (* Salzburg 1918), Erwin Rutzinger (* Salzburg 12. 4. 1924), Walter Kraus, (* Weitwörth 21. 6. 1930, † Salzburg 14. 12. 1992), J. →Freumbichler, A. →Grasmayr, Otto Pflanzl (* Linz-Urfahr 17. 8. 1865, † Salzburg 23. 9. 1943), Thea Manzl (Bayrisch Gmain * 17. 4. 1920), Theodor Renzl (* Handenberg bei Braunau 9. 11. 1923, † Salzburg 16. 2. 1995).
Eine Eigenart der S. M. soll hier noch erwähnt werden, nämlich die »Mundartmessen«; sie entstanden als besondere Form der Einbindung der »Landessprache« bei der Gestaltung der Meßteile nach dem II. Vatikanischen Konzil. In allen Gauen Salzburgs sind Mundartmessen entstanden; z. B. »Großarler Bauernmesse«, »Henndorfer Mundartmesse«, »Bergmesse« (Lungau), »Hirten-Messe« und »Taugler Jagermeß«.
Zur Förderung der Mundart-Autoren gründete sich im Jahr 1972 im Salzburger →Bildungswerk der Arbeitskreis »Regionale Sprache und Literatur«. Er betreut u. a. die alle drei Jahre in Henndorf stattfindende »Henndorfer Einkehr« (gegründet 1973), die das wichtigste Forum der S.M. geworden ist. Das Mundartarchiv in St. Koloman (gegr. 1967) sammelt Werke und Nachlässe von Flachgauer und Tennengauer Mundartdichtern, das Niedernsiller Mundartarchiv (gegr. 2000) spezialisiert sich auf die Mundartdichtung des Pinzgaus, Pongaus und Lungaus. Neuere Formen der S. M. vermitteln Musikgruppen, die kritische Dialekttexte mit modernisierter Volksmusik verbinden, z. B. die »Querschläger« aus dem Lungau.
Mit dem »Walter-Kraus-Preis« wurde 1997 eine eigene Auszeichnung für S. Mundartautoren geschaffen, bisherige Preisträger sind: Erwin Rutzinger, Max Faistauer und Barbara Rettenbacher-Höllwerth.

Lit.: S. Salzmann: Salzburger Mundartliteratur. Wandel oder Kontinuität? Diplomarbeit Salzburg 2001. – B. Rettenbacher-Höllwerth: Unsere Mundart zwischen Grasberg und Tauern. Salzburg 1992. – A. Rettenbacher: Die Salzburger Mundartmessen. In: SH 8, H. 3, Nov. 1984, S. 133 ff. – A. Rettenbacher: Mundartdichter (aus Salzburg). In: SH (Flachgau) 5, 1981, H. 1, S. 108 ff., H. 2, S. 117 ff., H. 3, S. 149 ff., (Pongau): 7, 1983, H. 1, S. 112 ff., (Pinzgau): 7, 1983, H. 2, S. 109 ff., (Tennengau): 6, 1982, H. 2, S. 113 ff., (Lungau): 8, 1984, H. 1, S. 75 ff. – L. Ziller: Was nicht im Duden steht. Ein Salzburger Mundart-Wörterbuch, MGSLK 7, Ergänzungsbd., Salzburg 1979. – J. Hauer (Hg.): Lebendiges Wort. Wels 1976.

H.H.

Münze, Münzstätte. Schon für das frühe 10. Jh. läßt sich mit dem Denar des Bayernherzogs Arnulf (909-937) eine Münzstätte in der Stadt

Salzburg belegen (die Münz-Umschrift lautet: Arnulfus Rex, Ivvavo Civitas). 996 wurde dem Salzburger Eb. Hartwig von Kaiser Otto III. das Recht verliehen, Münzen nach dem Regensburger Fuß zu schlagen. Im ehemals salzburgischen Laufen wurden seit der Mitte des 12. Jh.s Münzen geprägt, schon um 1200 aber scheint diese Münzstätte nach Salzburg verlegt worden zu sein. Ab 1125/30 münzten die Salzburger Eb. auch im kärntnerischen Friesach, Einstellung dieser Münze 1350. Für die Münzstätte in der Stadt Salzburg ist seit dem Jahre 1200 eine Münzung belegbar, wenngleich zeitweise unterbrochen. So z. B. ruhte während der 2. H. des 15. Jh.s die Münzprägung ganz. Ab 1501 verpachtete Eb. →Leonhard von Keutschach das Münzregal an den aus Franken stammenden Münzmeister Hans Thenn, der mit Konrad Eber ein neuzeitliches Münzwesen in Salzburg gründete. 1572 wurde der Pachtvertrag der Familie →Thenn gekündigt und die Münzstätte in unmittelbare landesfürstliche Verwaltung übernommen.
Die Salzburger Münze befand sich an verschiedenen Orten in der Stadt Salzburg, ehe sie den 1662 errichteten Neubau in der Griesgasse/Münzgasse bezog. Die Münzung wurde urspr. nach der Hammer-Amboß-Methode durchgeführt, in der Neuzeit Versuche mit Walzenprägung, mit Taschenwerken und Spindelwerken. (Eb. →Paris Lodron war nach Versuchen mit der Walzenprägung wieder zur Druck-, Schlag- und Schraubprägung zurückgekehrt.) Obwohl 1805 die Eigenstaatlichkeit Salzburgs endete, war die Münze noch länger tätig. Der für die Grazer Münze geltende Buchstabe »D« wurde mit 19. 3. 1806 auf die Salzburger Münzstätte übertragen. Als Salzburg unter bayerische Herrschaft kam, wurde die Münzstätte am 4. 12. 1810 geschlossen.
→Geldwesen, →Stempelschneider.

Lit.: B. Koch: Kleine Salzburger Münz- and Geldgeschichte. In: Tagungsbericht 15. österr. Historikertagung, Salzburg 1981. – R. Landauer: Geld im alten Salzburg. Salzburg 1940. – G. Zeller: Des Erzstiftes Salzburg Münzrecht und Münzwesen. 1883.

Ch.S.

Münzfund, Münzschatz. Neben dem Münzfund am Gutratsberg (1832), der neben 50 ausländischen nur vier salzburgische Münzen barg, und dem Gollinger Münzfund (1844), der unter einigen hundert meist bayerischen Münzen nur wenige einheimische aufwies, sind wohl die beiden Münzfunde aus jüngster Zeit die bedeutendsten. Am 6. 10. 1969 wurden bei Erdarbeiten im Hof der Hauptschule Werfen 777 Gold- und 249 Silbermünzen in einem Eisenton-Topf gefunden. Den frz., dt., ital. und salzburgischen Münzen aus der Zeit von ca. 1475 bis 1535 waren in einem kleinen Holzbehälter Gold- und Silberspäne beigegeben, die in betrügerischer Absicht von diesen und anderen Münzen abgefeilt worden waren. Am 6. 3. 1978 stießen Arbeiter bei Umbauarbeiten im Haus Judengasse 10 in Salzburg auf einen in nur 60 cm Tiefe liegenden ma. Verwahrschatz in einem braunen Tontopf. Mit 28 343 Münzen aus Salzburg, Österreich und Süddeutschland und den beigegebenen silbernen Gürtelbeschlägen und Gewandschließen zählt der Schatz zu den größten Funden seiner Art in Österreich. Er ist wegen der einmaligen Schmuckbeigaben aus dem 13. Jh. von überregionaler Bedeutung. Die Vergrabungszeit fällt mit 1290-1300 in eine Periode der Unsicherheit nach dem Tod Eb. Rudolfs (1290). Beide Funde befinden sich im →SMCA.

Lit.: Ch. Svoboda: Der Schatzfund aus der Judengasse. In: Weltkunst 50, 1980, Nr. 23, S. 3524 ff. – B. Koch: Ein Schatzfund aus dem ma. Salzburg. In: JahrSMCA 23/24, 1977/78, S. 95 ff. – H. Jungwirth, B. Koch: Der Münzfund von Werfen. In: JahrSMCA 20, 1974, S. 7 ff.

Ch.S.

Museen →Barockmuseum, →Salzburger Museum Carolino Augusteum, →Freilichtmuseum, →Haus der Natur, →Heimatmuseen, →Monatsschlößl, →Residenzgalerie, →Rupertinum

Musikalische Jugend, Sektion Salzburg, im Verband der Musikalischen Jugend Österreichs, Mitglied der »Fédération International des Jeunesses Musicales«, die 1946 vom Generalsekretär der Brüsseler Philharmonie, Marcel Cuvellier, gegründet wurde und in über 800 Städten auf der ganzen Welt repräsentiert ist. Führt in Österreich seit 1949, in Salzburg zunächst auf Initiative von Hans Schlote (→Konzertdirektion Schlote) und Gottfried Kraus, seit 1967 die »Jeunesse-Konzerte« durch, die primär für Jugendliche bis 26 Jahre bestimmt sind; spezielle Veranstaltungen für Kinder. Jeunesse-Konzerte auch in Hallein, im Lungau, im Pongau und in Zell am See.

G.W.

Musikinstrumentenmacher. Der Musikinstrumentenbau in Salzburg ist ein noch weitgehend unerforschtes Gebiet, unser bisheriges Wissen daher nur fragmentarisch. Da bereits 1310 eine Salzburger Synode den Gebrauch von Musikinstrumenten in der Kirche mit Ausnahme der Orgel untersagte, muß es damals in Salzburg bereits M. gegeben haben. Neben →Glockengießern und Orgelbauern – Hannsen Vetlär war um das Jahr 1400 der erste namentlich bekannte Orgelbauer in Salzburg – gab es vor allem Instrumentenmacher, die Signalinstrumente herstellten. 1510 werden im Salzburger Bürgerbuch die Lautenmacher Michael und Veit Gartner genannt. Seit der Gründung der →Hofmusikkapelle (1597) waren bis zur Auflösung des Hofstaats (1807) ständig M. am Salzburger Hof angestellt: Unter den Hoforgelmachern waren die Familien →Rottenburger und →Egedacher die bedeutendsten. Johann Rochus Egedacher und J. E. →Schmidt bauten die ersten Hammerklaviere in Salzburg. Wichtige Salzburger Glockengießer des 18. Jh.s waren Benedikt Eisenberger, Franz X. Gugg und Johann Oberascher, die bedeutendsten Lauten- und Geigenmacher Johann Schorn, Andreas Ferdinand Mayr und Franz Simon. Deren Tradition setzten im 19. Jh. Johann Stöhr, Anton Stöger, Carl Oeller und Franz Weigl fort. Mit Blechblasinstrumenten wurde der Salzburger Hof von Instrumentenmachern in Nürnberg und Wien beliefert, mit Holzblasinstrumenten dagegen von der Familie Walch in Berchtesgaden. Berchtesgaden war auch ein Zentrum der Erzeugung von Kinderinstrumenten für die im 18. Jh. so beliebten »Kindersinfonien«. Seit der Gewährung der →Gewerbefreiheit durch Kurfürst Ferdinand von Toskana gibt es in Salzburg »bürgerliche Instrumentenmacher«. Überregionale Bedeutung erlangten vor allem die Orgelbauer L. →Mooser (er produzierte auch Klaviere und Harmonien) und die Familien →Mauracher, berühmt war P. P. →Singer mit dem Bau des Pansymphonikums. Neben der Stadt Salzburg war auch Hallein Wohnsitz bedeutender M.: Um 1670 war hier Marzell Puechler als Geigenbauer tätig, im 18. Jh. Christoph Wazlberger. In Bruck im Pinzgau arbeitete der Geigenmacher Jacob Rauch.

Lit.: K. Birsak: Salzburger Geigen und Lauten des Barock. In: Ausstellungskat. Salzburger Barockmuseum 2001. – C. Schneider: Geschichte der Musik in Salzburg. Salzburg 1935. – Jahresbericht des SMCA.

G.W.

Musikolympiade. Nach einer Idee des Schriftstellers Hans Heinz Ortner sollte, beflügelt durch die Wirtschaftswunderstimmung der Nachkriegszeit, im Sommer 1951 in Salzburg, der »Weltstadt der Musik«, eine »Internationale Musikolympiade« stattfinden. Neun österr. Architekten legten Entwürfe für ein Olympiahaus auf dem Mönchsberg vor. Da dieser Plan erhebliche verkehrstechnische Schwierigkeiten bereitete (u. a. große Aufzugswerke im Inneren des Felsens), sollte das neue Musikhaus mit 3000 Sitzplätzen in das »musische Gelände« auf dem Rosenhügel verlagert werden. Mit der Übersiedlung der Stadtgemeinde Salzburg 1950 aus dem alten Rathaus in das Schloß Mirabell erledigte sich auch dieses Konzept, da an den Rosenhügel angrenzend Kurhotel und Kuranstalt gebaut wurden. Der Baubeginn des Großen Festspielhauses 1956 bedeutete das Ende des Diskussion um M. und ein neues Theater- und Musikhaus.

Lit.: C. Holzmeister: Architekt in der Zeitenwende, Selbstbiographie, Werkverzeichnis, Salzburg 1976.

G.W.

Musikschulwerk, Salzburger, Organisation der seit 1947 bestehenden »Salzburger Volksmusikschulen« in Stadt und Land Salzburg; unter der künstlerisch-pädagogischen Aufsicht (Fachbeirat) des →Mozarteums. Mit der musikalischen Erziehung »der breiten Bevölkerungsschichten in Stadt und Land« betraut; Hauptzielrichtung ist die Basisarbeit mit breitgefächertem Unterrichtsangebot auf verschiedenen Ausbildungsstufen mit der Möglichkeit, bis zur Hochschulreife ausgebildet zu werden; spezielle Begabtenförderung, seit 1985 auch Landeswettbewerbe. Zunächst bestanden »Mozarteums-Zweigschulen« in Hallein, Tamsweg, St. Johann und Zell am See. Gustav Gruber leitete den 1950 gegründeten Verein »Salzburger Volksmusikschulen« (seit 1972 »Salzburger Musikschulwerk«), ihm folgte 1951 Robert Wolf als Direktor, 1966 L. →Ertl. Unter Direktor Bruno Steinschaden (1983-96) wurde das M. kontinuierlich zu einer Bildungsinstitution mit hoher Unterrichtsqualität ausgebaut. 1997 übernahm Gerhard Hofbauer die Leitung des M., 1999 Michael Seywald. Seit der Neuorganisation 1983 sind alle Salzburger Gemeinden ordentliche Mitglieder, ca. 7000 Schüler werden von 345 Lehrern unterrichtet, vor allem in den Fächern Klavier, Blockflöte, Gitarre und Violine. Regelmäßige Konzertveranstaltungen ergänzen das Lehrangebot. Zur effektiven Förderung wurde im Sommer 2000 ein Verein der Freunde des M. gegründet.

Lit.: G. Hofbauer: Salzburger Musikschulwerk. Salzburg 1997.

G.W.

Musisches Gymnasium Salzburg, Sonderform der Allgemeinbildenden Höheren Schule mit weitestgehender Förderung der Begabung von bes. kunst- und kulturinteressierten Schülern, nach den Ideen von B. →Paumgartner entwickelt, in einem mehrjährigen Schulversuch erprobt und im Schuljahr 1976/77 mit eigenen Lehrplänen institutionalisiert. Kontakte zum Salzburger →Musikschulwerk, zum →Mozarteum und Schüleraustausch mit dem Ausland zur Vertiefung künstlerischer Interessen.

Lit.: B. Paumgartner: Prolegomena zur Idee eines M. G. In: ÖMZ, Jg. 3, 1948.

G.W.

Muthspiel, Agnes, * Salzburg 8. 2. 1914, † Salzburg 3. 5. 1966, Malerin. Angeregt durch Künstlerfreunde wie T. →Schneider-Manzell, M. →Peiffer Watenphul, C. Neher und H. →Breiter begann sie 1946 völlig voraussetzungslos zu malen und hatte seit 1950 intern. Erfolg. Nach anfänglichen spätexpressionistischen Nachklängen befreite sie sich von jeglichen ästhetischen Voreingenommenheiten und wurde so zur legendären »Stammmutter« der nachmals florierenden Salzburger Naiven. Dieselbe vitale Unbefangenheit, mit der sie in den ersten Nachkriegsjahren einen Kreis von Künstlern in ihrem Atelier auf dem Mönchsberg um sich scharte, zu dem C. →Orff, G. v. →Einem, Kurt Moldovan und Otto Mauer gehörten, teilt sich auch in ihren Bildern von Salzburger Türmen und Gärten, von Rom und der Insel Ponza mit. (Farbabb. S. 370)

Lit.: L. Eltz-Hoffmann: Salzburger Frauen. Salzburg 1997, S. 135 ff. – Ausstellungskat. Karl Weiser und seine Freunde. Berufsvereinigung bild. Künstler Salzburg 1992. – B. Wally. – Gugg. – G. Amanshauser: A. M. Salzburg 1986. – O. Breicha (Hg.): Der Art Club in Österreich. Wien 1981. – Ausstellungskat. Romanischer Keller. Salzburg 1980.

N.Sch.

Nagel, Valentin, * Germersheim (Pfalz) 12. 4. 1891, † München 1942, Maler. 1928 in der Schule für bildende Kunst Hans Hofmanns in München nachweisbar, im selben Jahr heiratete er eine Salzburger Geschäftsfrau und übersiedelte nach Salzburg, wo er in völliger Verborgenheit bis zu seinem Tod vor allem südliche Landschaften, Köpfe und Stilleben malte. Erst 1983 wurde der Nachlaß in Speyer entdeckt. Die Bilder dieses Außenseiters beeindrucken durch die Urwüchsigkeit, mit der vielfältige Einflüsse, vor allem der dt. Expressionisten und des Kubismus, aber auch Chagalls und Klees, verarbeitet werden.

Lit.: R. Jessewitsch, G. Schneider: Verfemt–Vergessen–Wiederentdeckt. Kunst expressiver Gegenständlichkeit aus der Sammlung Gerhard Schneider, Köln 1999. – Ausstellungskat. V. N. SMCA 1988.

N.Sch.

Nagelfluh, ein Eiszeitkonglomerat-Gestein, schon von den Römern verwendet (Meilensteine), kommt u. a. am Mönchsberg vor. N. ist für fast alle älteren Bauwerke, Befestigungsanlagen, Hof- und Wasserbauten bis 1750 genutzt worden (romanische Apsiden von →St. Peter, Chorsäulen der →Franziskanerkirche, barocker Sockel des →Doms). Am Steinbruch des →Rainbergs ist vor 1700 nicht wesentlich abgebaut worden (Torbauten von Schloß Kleßheim, Pfeiler und Wandverkleidungen im alten →Festspielhaus). Der Abbau am →Hellbrunnerberg hinterließ einen Steinbruch, den Eb. →Markus Sittikus 1613-19 zum »Steinernen →Theater« ausbaute. Weitere Nagelfluhvorkommen mit Abbau in jüngerer Zeit am Adneter Riedl und in Torren bei Golling, vorwiegend für Fassadenverkleidungen. Von dem sächsischen Reisenden J. G. Kohl stammt folgende kritische Betrachtung aus dem Jahre 1842: »Salzburg ist aus zwei Steinarten gebaut, aus einer sehr schönen und einer ganz abscheulichen. Die schöne Art ist der berühmte Untersberger Marmor ... Der garstige Stein aber ist die ›Nagelfluh‹, aus der die die Stadt umzingelnden kleinen Berge bestehen ... Dieser Stein ist ein widerliches Gemengsel von kleineren und größeren Kieseln, die in einer harten Tonmasse sitzen. Es sieht aus wie zusammengefrornes Straßenpflaster« (nach Kieslinger, S. 100).

Lit.: A. Kieslinger: Die nutzbaren Gesteine Salzburgs. Salzburg 1964, S. 96 ff.

Ch.S.

Nagnzaun, Albert, * Salzburg 14. 11. 1777, † Salzburg 21. 11. 1848, Abt von →St. Peter. N. trat 1795 in das Kloster St. Peter ein und wurde 1801 nach theologischen Studien in Salzburg zum Priester geweiht. 1804-06 studierte er orientalische Sprachen und Exegese des Alten Bundes in Rom. 1808 promovierte er an der katholischen Fakultät in Salzburg; nach Seelsorgetätigkeit in Wien-Dornbach wurde er 1818 zum Abt von St. Peter gewählt. N. machte sich um die wirtschaftliche Sanierung des Klosters verdient, errichtete neue Pfarrhöfe und Schulen und erweiterte großzügig die Naturaliensammlung des Klosters. Nach Rückführung des Stiftsarchivs ordnete er dieses neu und legte ein Repertorium an (Hs. im →Archiv St. Peter).

Lit.: 350 Jahre Akademisches Gymnasium Salzburg. Salzburg 1967, S. 60 f. – Wurzbach – P. Lindner: Professbuch der Benediktinerabtei St. Peter in Salzburg (1419-1856). In: MGSLK, 46, 1906, S. 205 ff. – ÖBL.

Th.W.

Nationalpark Hohe Tauern. Institution zum Schutz der Landschaft und der Natur, für den u. a. der Alpenverein seit seiner Gründung eingetreten ist, der 1868 die erste Alpenvereinshütte im Kapruner Tal (»Rainerhütte«) errichtete. 1909 entstand in München der Verein »Naturschutzpark« mit dem Ziel, in den Hohen Tauern die Flora und Fauna zu schützen, die Gebirgsbäche, Seen und Wasserfälle in ihrem Verlauf zu erhalten und sie vor wirtschaftlicher Nutzung zu bewahren. 1916 trat A. →Prinzinger d. J. mit dem Vorschlag an die Öffentlichkeit, im Stubach- und Amertal ein Naturschutzgebiet zu schaffen; Vorbild waren die seit der Mitte des 19. Jh.s errichteten Nationalparks der USA. In der Folgezeit kauften der Verein »Naturschutzpark« und der Alpenverein in den Hohen Tauern Almregionen und alpines Ödland für den künftigen Naturschutzpark, Schenkungen kamen hinzu, Einbrüche durch den modernen Tourismus und den Verkehr sowie durch Kraftwerksprojekte (z. B. im Stubachtal) konnten aber nicht verhindert werden.

Der endgültige Anstoß zur Errichtung des N. erfolgte durch das Europäische Naturschutzjahr 1970, dem am 21. 10. 1971 die »Vereinbarung von Heiligenblut« folgte, in der sich die Landeshauptleute von Kärnten, Tirol und Salzburg darauf einigten, den N. zu schaffen,

»um einen besonders eindrucksvollen und formenreichen Teil der österreichischen Alpen in seiner Schönheit und Ursprünglichkeit zu erhalten und einem möglichst großen Kreis von Menschen ein eindrucksvolles Naturerlebnis zu ermöglichen«. 1983 folgte das Salzburger Gesetz über die Errichtung des N.: er »dient dem Schutz der durch ihre charakteristischen Geländeformen und ihrer Tier- und Pflanzenwelt für Österreich repräsentativen Landschaft der Hohen Tauern, die zum Wohle der Bevölkerung, zum Nutzen der Wissenschaft und zur Förderung der Wirtschaft (im Vorfeld der Nationalparkregion) für alle Zukunft zu erhalten ist«. Der Salzburger Anteil des N. umfaßt u. a. die Gemeinden Badgastein, Bruck und Fusch an der Glocknerstraße, Kaprun, Krimml, Mittersill, Rauris, Taxenbach, Uttendorf und Wald im Pinzgau. Von hier gehen auch kulturelle Initiativen aus, u. a. von der →»Tauriska«.

Lit.: R. Floimair, W. Retter: Nationalpark Hohe Tauern. Der Salzburger Anteil, Salzburg 1984.

R.R.H.

Nationaltheater →Theater

Naturschutz. Salzburg hat Anteil an mehr alpinen und voralpinen Landschaften als jedes andere Bundesland Österreichs, entsprechend reich ist die Mannigfaltigkeit der heimatlichen Natur. Das Salzburger Naturschutzgesetz 1977 mit der wesentlichen Ergänzung zum Schutz fließender Gewässer aus 1986 versucht, der aus Vielfalt und traditioneller bäuerlicher Pflege erwachsenen Schönheit der Salzburger Landschaften Rechnung zu tragen.

Nahezu 30 Prozent der Landesfläche stehen unter gesetzlichem Schutz. Entsprechend den Schutzkategorien sind die Schutzinhalte unterschiedlich streng.

In der Kernzone des →Nationalparks Hohe Tauern (mit Außenzone eine Fläche von 667,19 qkm, Landesgesetz vom 19. 10. 1983), den 19 Naturschutzgebieten (354,21 qkm, Beispiel: Wenger Moor am Wallersee) sowie den 57 Geschützten Landschaftsteilen (Beispiel: Tümpel in Kasern) sind Landschaftsbild und Naturhaushalt gleichermaßen gut geschützt. Das Hauptaugenmerk in den 60 Landschaftsschutzgebieten (111,8 qkm, Beispiel: Leopoldskroner Moos) liegt hingegen mehr auf der landschaftlichen Schönheit, dem tradierten Landschaftsbild. Landschaftsschutz nimmt so wichtige Interessen der erholungssuchenden Bevölkerung und des Fremdenverkehrs wahr.

210 besonders markante Naturgebilde sind zu Naturdenkmalen erklärt (Beispiel: Krimmler Wasserfälle, Dorflinde in Faistenau). Zum Naturpark (einziges Beispiel: Naturpark Untersberg) können bestehende Schutzgebiete erklärt werden, wenn sie in besonderem Maße der Erholung der Bevölkerung und der Vermittlung von Wissen dienen.

Der Schutz bestimmter, in entsprechenden Verordnungen aufgelisteter Pflanzen und Tierarten ergänzt das Naturschutzgesetz. Der Artenschutz, früher im Vordergrund der Schutzbemühungen, hat durch den Biotopschutz die notwendige Ergänzung für die Bewahrung eines funktionierenden Gesamtökosystems erhalten.

Bestrebungen, einen gerechten Interessenausgleich mit den zumeist bäuerlichen Grundbesitzern zu erreichen, sind für die Zukunft ebenso wichtig wie ein genereller Feuchtgebietsschutz, ein Ende weiterer Pistenerschließungen und die Regelung anderer auf das Landschaftsbild zurückwirkender Eingriffe.

Die Sorgfalt im Umgang mit unserer Natur darf aber nicht auf Schutzgebiete beschränkt bleiben. Die Salzburger Berg- und Naturwacht trägt durch ihre Überwachungs- und Aufklärungsarbeit wesentlich zur Einhaltung der Naturschutzbestimmungen bei. Vereine wie der Österreichische Naturschutzbund (Präsident E. Stüber, der Salzburger Umweltanwalt), die Österreichische Naturschutzjugend u. a. leisten einen wichtigen Beitrag zur Bewußtseinsbildung. Alpenverein, Touristenverein Naturfreunde und Touristenclub erschließen einer großen Zahl von Menschen die Schönheit der alpinen Landschaft.

Lit.: Amt der Salzburger Landesregierung: Naturschutzdokumentation, Naturschutzbeiträge. H. 2, Salzburg 1983. – W. Kofler, E. Stüber: Natur- und Umweltschutz in Salzburg. Taschenbuchreihe Natur und Land, Bd. 3, Innsbruck 1979.

Naumann, August Franz Heinrich von, * Merseburg (Sachsen) 12. 6. 1749, † Salzburg 26. 6. 1795, Vedutenmaler. Studierte bis 1778 an der Ingenieurschule in Prag, war dann Zeichenmeister in Linz und kam 1786 nach Salzburg, wo ihn Eb. →Hieronymus Colloredo zum

Ingenieur-Lieutenant und Cabinets-Zeichenmeister ernannte. Seine »Sammlung der schönsten Prospecte des Landes Salzburg« (28 Umrißradierungen, 1791-95) trug schon damals dazu bei, Salzburgs Reize weitum bekanntzumachen. Obwohl recht schematisch ausgeführt, sind sie heute wegen ihrer dekorativen Wirkung sehr gefragt. N. zeichnete 1789 auch die erste Grundrißaufnahme der Stadt Salzburg (Original in der Nationalbibl. Paris). (Farbabb. S. 347)

Lit.: Fuhrmann-Stadt u. Fuhrmann-Land, S. 32 f., S. 359. – Thieme-Becker.

N.Sch.

Neher, Caspar →Brecht, B., →Festspiele

Neidhard(t) »von Reuental«, 1. H. des 13. Jh.s., bedeutender Dichter, Komponist und Sänger. Ein »vermutlich im Alpenvorland (Raum Salzburg) beheimateter Fahrender« (Hans-Dieter Mück). Überliefert sind neben Spruchdichtung auch Lieder. Sein Winterlied zeigt eine Beziehung zum Hof Eb. →Eberhards II. in Salzburg. Insgesamt sind 55 Melodien mit etwa 1500 Strophen unter N.s Namen bekannt, die im Rahmen des »Salzburger Neidhart-Projcktes« (seit 1979) veröffentlicht werden.

Lit.: U. Müller: Neidhart. Editing a Medieval Superstar. The project of the »Salzburger Neidhart-Ausgabe« (SNA), in: S. Jefferis (Hg.), New Texts, Methodologies and Interpretations in Medieval German Literature (Kalamazoo Papers 1992-1995), Göppingen 1999 (=GAG, 670), S. 127-157. – G. Schweikle: Neidhart. Stuttgart 1990 (=Sammlung Metzler, 253). – H. Brunner (Hg.): Neidhart. Darmstadt 1986

G.W.

Nesselthaler, Andreas, * Langenisarhofen (Niederbayern) 1748, † Salzburg 24. 9. 1821, Maler. Wurde 1772 Schüler von Maulpertsch in Wien, lernte ab 1779 als Gehilfe von Ch. Unterberger in Rom die klassizistischen Grundsätze R. Mengs' kennen und wirkte ab 1782 unter H. Fügers Leitung an der Ausmalung des Königsschlosses Caserta (Landschafts- und Architekturprospekte aus Wien und Umgebung) mit. 1784 nach Rom zurückgekehrt, erwarb er sich in der eben wiederentdeckten antiken Maltechnik der Enkaustik (Wachsmalerei) einen Namen, auch seine Transparente – durchscheinende Mondscheinbilder – waren berühmt. 1789 wurde er Salzburgs letzter Hofmaler unter Eb. →Hieronymus Colloredo, für dessen enkaustisches Kabinett er 56 Bilder, hauptsächlich antikisierende Landschaften und mythologische Szenen in Wachsmalerei, ausführte. Als Galerieinspektor hatte er nach der Säkularisierung die Liquidierung des eb. Kunstbesitzes vorzubereiten. Die getäuschten Aussichten auf ein Wiederaufleben des höfischen Mäzenatentums unter Toscana und Wittelsbach verbitterten ihn. N.s religiöse und historische Sujets Stilleben und Porträts zeigen eine reibungslose, vom Vorbild Raffaels geleitete Synthese von spätbarocker Weichheit und klassizistischer Kühle. (Farbabb. S. 348)

Lit.: B. Rossbacher: J. A. N. Diplomarbeit Salzburg 1998. – Meisterwerke, Tf. 45. – A. Rohrmoser in: SMusBl. 45, 1984, Nr. 3. – Ders. in: Das Salzburger Jahr 1979/80, S. 56. – ÖBL.

N.Sch.

Neue Musik in Salzburg nach 1945. Die sicherlich vorhandene und vielleicht berechtigte Hoffnung, daß sich Salzburg als Gründungsstadt der »Internationalen Gesellschaft für →Neue Musik« (IGNM) für eine Vorreiterrolle in Sachen Neuer Musik bestens eignen würde, erfüllte sich nicht ohne weiteres. Erst nach dem 2. Weltkrieg gelang der Aufbau einer zeitgenössischen Musikszene. Der »Musikkreis des Mozarteums« (ab 1947/48), eine Arbeitsgemeinschaft zur Pflege Alter und Neuer Musik, die später in die »Musica-nova-Konzerte« (bis 1967/68) überging, zählte zu den ersten Initiativen. In Kombination mit analytischen Erläuterungen, vor allem durch die Hochschullehrer Robert Wagner, G. →Wimberger, J. M. →Horvath und A. →Losonczy, wurde der Zugang zur zeitgenössischen Musik, vorerst speziell im Hochschulbereich, gefördert. Die Internationale →Sommerakademie forciert – damals wie heute – mit renommierten Dozenten die Auseinandersetzung mit der Musik der Gegenwart sowohl auf dem Gebiet der Komposition als auch der Interpretation. Als Komponisten sind u. a. P. →Hindemith, C.→Orff, R. →Liebermann, G. v. →Einem, Iannis Xenakis und Karlheinz Stockhausen zu nennen, als Interpreten Eduard Steuermann und Claude Helffer.

Durch den 1993 vom damaligen Rektor der Hochschule →Mozarteum W. →Roscher an der Hochschule eingerichteten Lehrstuhl für Poetik werden regelmäßig Persönlichkeiten der zeitgenössischen Komponistenszene zu Gastvorträgen vor Studierenden eingeladen;

u. a. zählten Isang Yun, Brian Ferneyhough, Luciano Berio, Wilhelm Killmayer und Mauricio Kagel zu den Vortragenden.
1977 wurde das »Internationale Festival zeitgenössischer Musik →Aspekte Salzburg« von K. →Ager ins Leben gerufen, das mit seiner im Frühsommer stattfindenden Konzertwoche das zeitgenössische Musikleben entscheidend prägt. Anliegen der Aspekte ist es, unter einem alljährlich wechselnden Motto verschiedenste Strömungen der Gegenwartsmusik (Musiktheater, elektronische Musik, Aleatorik etc.) in den Konzertprogrammen zu präsentieren.
In Opposition zu den →Festpielen entwickelte sich aus einer Idee von C. →Bresgen und Gottfried Kraus die später von Alfred Winter weitergeführte →Szene, ein Internationales Festival für Tanz, Theater, Musik und Film, das als Jugendkulturinitiative experimentelle und Crossover-Projekte anbietet.
Die gemeinsame Präsentation von Alter und Neuer Musik charakterisiert die Konzertprogramme der 1978 gegründeten Internationalen Paul-Hofhaimer-Gesellschaft (→Hofhaimer). Werke von Renaissance-Komponisten wie etwa P. Hofhaimer stehen neben Auftragswerken u. a. von Johannes Kotschy, Klemens Vereno, G. E. →Winkler.
Ähnlich versucht »St-Art – Festival aktueller Musik« (→St-Art) –, Altes und Neues in seinen Programmen zu verbinden. Durch eine Kooperation von ORF Salzburg, Int. Stiftung →Mozarteum, dem →Mozarteum-Orchester Salzburg, der Elisabethbühne und dem Österreichischen Ensemble für Neue Musik (ÖENM) 1998 entstanden, stellt »St-Art« ein weiteres Beispiel für Initiativen im Bereich der zeitgenössischen Musik dar.
Als Klangkörper prägt das seit 1975 bestehende Österreichische Ensemble für →Neue Musik (ÖENM) das zeitgenössische Musikleben. Durch innovative Ideen wie z. B. die vermehrte Zusammenarbeit mit Schulen und Workshops oder durch den Einsatz origineller Klangerzeuger wie der Klangmobile gelingt es dem Ensemble, eigenständige Akzente im Musikleben zu setzen.
In Mittersill hat sich das 1996 von Wolfgang Seierl und Christian Heindl gegründete →Komponistenforum durch die Verbindung von Workshops mit Aufführungen junger österreichischer und international anerkannter Komponisten etabliert.
Als Initiative zur Förderung der zeitgenössischen Musik speziell in Salzburg versteht sich die →»Interessengemeinschaft der Komponisten Salzburg« (IG Komponisten Salzburg), deren Gründung 1992 durch K. →Ager, H. →Grassl und Johannes Kotschy angeregt wurde. In hohem Maße mitgeprägt wird das zeitgenössische Musikleben durch die →Festspiele mit einer zunehmenden Anzahl an Uraufführungen. Werke der mit Salzburg eng verbundenen Komponisten C. →Bresgen, H. →Eder, G. Wimberger, A. →Mullenbach, G. E. Winkler kamen bei den Sommerfestspielen im Bereich Oper bzw. Konzert zur Uraufführung. Seit 1993 ist das von M. →Hinterhäuser und Thomas Zierhofer-Kin initiierte →Zeitfluß-Festival in die Festspiele integriert. Hier finden junge KomponistInnen an verschiedenen Spielstätten ein Forum auch für avantgardistische Projekte.
Die Vielfalt innerhalb der Komponistenszene drückt sich in einem Stilpluralismus aus, der, insbesondere bei den jüngeren Komponistengenerationen, Impulse erhielt und weiterhin durch die Inhaber der Kompositionsklassen an der Hochschule erhält, u. a. C. Bresgen, H. Eder, G. Wimberger, Hans Werner Henze, B. →Schaeffer, der seit 1986 in Salzburg lehrte, und Reinhard Febel, der seit 1997 eine Kompositionsklasse leitet. Zu den im Salzburger Musikleben präsenten Komponisten zählen weiters W. →Roscher, A. Losonczy, Melikof Karaian, K. Ager, H. Grassl, Wolfgang Nießner, Franz Zaunschirm, Gerhard Pirklbauer, Michael Mautner und H. →Regner. Im Bereich der mikrotonalen Musik sind u. a. F. →Richter-Herf, R. →Maedel und Johannes Kotschy als Komponisten zu nennen. Die Entwicklung der elektronischen Musik in Salzburg ist eng verbunden mit dem Komponisten I. →Radauer, der bereits 1958 das Studio für elektronische Musik aufbaute, das später von K. Ager und André Ruschkowski weitergeführt wurde. Die Eröffnung des Computermusik-Rechenzentrums Salzburg CMRS im Jahre 1983 als erstes Studio dieser Art im deutschen Sprachraum ist ein weiterer Hinweis dafür, daß Salzburg vor allem auf dem Gebiet der elektronischen und der Computermusik eine nicht unbedeutende Rolle spielt. Die Kirchenmusik ist durch die Komponisten J. →Messner, J. F. →Doppelbauer, Ernst Ludwig Leitner und Klemens Vereno repräsentiert. Gerhard Laber und Werner

Raditschnig sind Komponisten, die den Bereich Aktionsmusik und Crossover zur bildenden Kunst ausfüllen.

Lit.: B. Günther (Hg.): Lexikon zeitgenössischer Musik aus Österreich. – Komponisten und Komponistinnen des 20. Jahrhunderts, Wien 1997. – Jahresberichte der Kunstuniversität Mozarteum 1945-98.

B.D.

Neue Musik, Internationale Gesellschaft für (IGNM), 1922 in Salzburg von Rudolf Reti und Egon Wellesz zur Förderung des zeitgenössischen Musikschaffens gegründet. Richtet jährliche Musikfeste in Musikzentren der Welt aus, um zur Verbreitung Neuer Musik beizutragen. Die IGNM umfaßt 41 nationale Sektionen und ist eine der 18 Mitgliedsorganisationen des Internationalen Musikrates. Die österr. Sektion wurde 1926 als »Verein für Neue Musik« gegründet.

Lit.: A. Haefeli: Die IGNM. Zürich 1982.

G.W.

Neue Musik, Österreichisches Ensemble für (OENM), 1975 von K. →Ager und Ferenc Tornai gegründet. Hauptanliegen sind die Information über Tendenzen der Neuen Musik sowie die Pflege der zeitgenössischen österr. Musik und die Auseinandersetzung mit außergewöhnlichen Instrumenten (Improvisation auf den Instrumenten des Salzburger Bildhauers A. Lindner und den Keramikinstrumenten C. Seidls). Das Ensemble hat nicht nur zahlreiche Konzerte im In- und Ausland gegeben, sondern auch an den meisten Festivals für zeitgenössische Musik erfolgreich teilgenommen. 1986 ging die Leitung des ÖENM von K. Ager an Günther Bauer, 1988 an H. →Grassl, 1997 an Frank Stadler über.

W.G.

Neukomm, Sigismund von, * Salzburg 10. 7. 1778, † Paris 3. 4. 1858, Komponist. Musikalische Ausbildung in Salzburg beim Pfarrorganisten Franz Xaver Weissauer und bei M. →Haydn, 1797 in Wien bei Joseph Haydn. In Salzburg war N. Organist der Univ.-Kirche und Korrepetitor am →Theater. In Wien war er Lehrer u. a. von F. X. W. →Mozart und P. A. →Milder-Hauptmann. 1804 Kapellmeister in Petersburg, 1809 in Paris, 1816-21 in Brasilien, anschließend wieder in Paris. N. unternahm zahlreiche Konzertreisen als Dirigent, Organist und Pianist und wurde mehrfach ausgezeichnet. Komponierte mehr als 1000 Werke (Kirchenmusik, Oratorien und Kantaten, Bühnenwerke, Chöre und Lieder, Orchesterwerke, Kammermusik, Klavier- und Orgelwerke).

Lit.: R. Angermüller: S. N. München 1977.

G.W.

Neumann, Friedrich, * Salzburg 30. 10. 1915, † Salzburg 22. 11. 1989, Komponist und Musikpädagoge. Studium an der Univ. Wien (Mathematik, Physik) und Graz (Musikwissenschaft), am →Mozarteum und den Musikhochschulen Wien und Leipzig. 1947-66 Lehrer für Musiktheorie am →Mozarteum, 1966-1986 Leiter einer Kompositionsklasse an der Musikhochschule Wien. Neben Kompositionen für Orchester, Chor, Spielmusik und Kammermusik auch musiktheoretische und musikpädagogische Schriften mit dem Anliegen der Überwindung der Polarisierung Historismus – Avantgardismus. *G.W.*

Neumüller, Kurt, * Salzburg 22. 6. 1914, † Salzburg 5. 6. 1982, Pianist und Klavierpädagoge. Klavierstudium bei F. →Ledwinka, Elly Ney und Edwin Fischer, seit 1941 Lehrtätigkeit am →Mozarteum, seit 1963 auch an der Intern. →Sommerakad. Mozarteum. Bedeutender Interpret der Klavierwerke von W. A. →Mozart, Solist der Salzburger →Festspiele und der →Mozartwoche, Kammermusikpartner zahlreicher Solisten und Ensembles.

G.W.

Neutor →Hagenauer, Wolfgang

Nijinskij, Waslaw Fomitsch, * Kiew 28. 2. (?) 1890, † London 8. 4. 1950, Tänzer und Choreograph. Gilt als der überragendste Tänzer unseres Jh.s. Seine 1907 begonnene glanzvolle Karriere fand 1919 durch seine Geisteskrankheit ein tragisches Ende. Während des NS-Regimes lebten die N.s in Ungarn (der Heimat von N.s Gattin Romula), und die beständige Angst vor Einweisung N.s in eine Nervenklinik führte zu einem grotesken Versteckspiel. Nach der Flucht aus dem russisch besetzten Ungarn verlebten die N.s im Sommer und Herbst 1947 als Gäste britischer Offiziere auf Schloß Mittersill ihre ersten sorgenfreien Monate nach vielen Jahren des Bangens und der

Stift Nonnberg, Innenhof (Inge Morath, Edition Fotohof)

Ungewißheit. Im November 1947 übersiedelten sie endgültig nach London.

Lit.: R. Buckle: N. New York 1971.

S.D.

Nikolausgarten, Von F. →Prodinger als Sonderform des Gabenheischens in Oberndorf entdeckt. Auf einem umzäunten grünen Brett stehen im Hintergrund die Figuren von Krampus und Nikolaus, davor liegen Äpfel und kleine Geschenke. Die Säulen des Zauns sind mit Christbaumkerzen besetzt, die während der Bescherung durch den hl. Nikolaus oder am Weihnachtsabend entzündet werden. Die Ecksäulen sind oft mit goldenen Nüssen besetzt. Die Herkunft ist ungeklärt, entweder Fortleben eines Schifferbrauches aus Oberndorf oder Einflüsse aus der Volkskunstbewegung zu Beginn unseres Jh.s →Weihnachtsbräuche

U.K.

Ninguarda, Johann B., Hofbaumeister Eb. →Wolf Dietrichs, auch sein »welscher Sekretär« zu Anfang seiner Regierung. 1591 wegen »unterschiedlicher Verbrechen« seiner Stellung enthoben.

Lit.: Kat. der Wolf-Dietrich-Ausstellung. Salzburg 1987. – F. Martin: Wolf Dietrichs Bautätigkeit. In: MGSLK 51, 1911, S. 233 ff.

M.O.

Nissen, Georg Nikolaus von, * Hadersleben (Schleswig) 22. 1. 1761, † Salzburg 24. 3. 1826, Diplomat; lernte 1793 in Wien W. A. →Mozarts Witwe Constanze →M. kennen und heiratete sie 1809; übersiedelte 1821 nach Salzburg und verfaßte eine als Materialsammlung wertvolle Biographie Mozarts, die posthum von Constanze Mozart-Nissen herausgegeben wurde (Leipzig 1828, ²1849).

Lit.: Neues Mozart-Jb. 1942.

G.W.

Nonnberg, Benediktinerinnen-Abtei, ältestes noch bestehendes Frauenkloster im dt. Sprachraum. N., nach →St. Peter und der Maximilianszelle das dritte Salzburger Kloster, das auf den hl. →Rupert zurückgeht, wurde 712/15 als »Hauskloster« der Agilolfinger in der herzoglichen »oberen Burg« gegründet und die Klosterkirche zu Ehren der hl. Maria von Rupert geweiht. Die Herzogsfamilie stattete das adelige Damenstift mit überaus reichem

Grundbesitz aus. Herzog Theodbert übertrug N. die Dörfer Glas und Morzg, die Kirche Thalgau, umfangreichen Besitz im Rupertiwinkel, Salzpfannen in Reichenhall sowie Jagd- und Fischrechte. Erste Äbtissin wurde die Nonne →Erentrudis, eine Nichte Ruperts, die er 712 aus dem Bistum Worms nach Salzburg geholt hatte und die bald nach ihrem Tod als Heilige verehrt wurde. Bis zum Sturz der Agilolfinger blieb N. eng an das Herzogshaus gebunden und stand fast durchwegs unter der Leitung von Herzogswitwen bzw. -töchtern. So wirkten u. a. die Gattin Herzog Theodberts, die selige Regintrud, die als zweite Gründerin verehrt wird, und Hiltrud, die Gattin Herzog Odilos und Mutter Tassilos III., als Äbtissinnen.

Auch nach dem Sturz der Agilolfinger wurde N. kein bischöfliches Eigenkloster, sondern konnte eine relativ unabhängige Position als »adeliges Damenstift« bewahren. Über das Schicksal N.s im 9. und 10. Jh. schweigen die Quellen. Die besondere Förderung durch Kaiser Heinrich II. und seine Gattin ermöglichte den Neubau von Stift und Kirche (Weihe 1009). Die adeligen Damen von N., die eine weltliche, den Kanonissen ähnliche Lebensweise bevorzugten, widmeten sich vor allem Gottesdienst und Bildungsvermittlung (Schreibstube: eigenes Skriptorium, →Buchmalerei); sie konnten im 11. Jh. sieben Frauenklöster besiedeln: Göß 1020, St. Georgen/Längsee vor 1023, Gurk 1042, Traunkirchen 1020/40, Sonnenburg (Südtirol) 1029, St. Walburg/Eichstätt 1035, Erla (NÖ.) 1050, noch im 17. Jh. Säben in Südtirol. Nach einem Niedergang des klösterlichen Lebens setzte Eb. →Konrad I. die konsequente Befolgung der Benediktinerregel durch, worauf N. eine neue Blüte erlebte (1242 Erwerb der Pontifikalien: →Faltstuhl und Bischofsstab). Die Äbtissin des adeligen Frauenstiftes gehörte auf den Salzburger Landtagen dem Prälatenstand an. Die gesamten Baulichkeiten des Klosters fielen 1423 einem verheerenden Brand zum Opfer. Neubau ab 1464, Vollendung des Gotteshauses 1507. Weitere Tochtergründungen im 17. und 18. Jh. Neben Choralgesang im 17. Jh. auch bedeutende Instrumentalmusik. Unterhalt eines Spitals 1310, berühmt die Apotheke, eine der ältesten der Stadt, der Großteil der Ingredienzien wurde selbst hergestellt.

Die Abtei ist ein großer Baukomplex auf einer Terrasse unter der →Festung Hohensalzburg, mit Kreuzgang, kleinem Küchenhof und Gärten. Beherrschend ist die Klosterkirche, eine spätgotische Basilika auf romanischem Grundriß mit Querhaus, Krypta, drei Apsiden und Westturm (Wolfgang Wiesinger und Leonhard Märtl als Baumeister genannt). Der Raum im Osten ist Laienkirche, der Westen zum Nonnenchor abgeschlossen. Dort ebenerdig Reste der malerischen Ausgestaltung um 1150 (→Wandmalerei), darüber hinter der reichen spätgotischen Trennwand die Nonnenempore. Gotische Altäre, das Chorfenster von Peter Hemmel 1480 (→Glasmalerei). Die angebauten barocken Kapellen im Süden mit zeitgleicher Ausstattung. Bedeutend die Grabplatten der Äbtissinnen ab dem 13. Jh. (→Grabmal). Die gotische Johanneskapelle über der Toreinfahrt mit Flügelaltar aus dem alten →Dom, 1498 von einem Schüler des Veit Stoß. Die Klosterbauten bis ins 19. Jh. verändert, alter Kapitelsaal mit Fresken von 1571. Reiche Kunstsammlungen: Plastik, Malerei, Kunstgewerbe, besonders der Faltstuhl mit figürlichen Reliefs aus Walroßbein, 1. H. des 12. Jh.s, England. Ma. Handschriften, bedeutendes Stiftsarchiv sowie Bibl. die allerdings in der Zeit der Zugehörigkeit Salzburgs zu Bayern (1810-16) schwere Verluste hinnehmen mußte. Der Adelszwang für die Aufnahme in das Kloster wurde 1848 aufgehoben. Die Nonnen werden bis heute nicht als Klosterschwestern, sondern als »Frauen« angesprochen. Sie leiten ein Mädcheninstitut, das auch von Maria Auguste von Trapp, der Gründerin des berühmten Familienchores (→Sound of Music), besucht worden ist.

Lit.: H. Dopsch, Der heilige Rupert in Salzburg. In: Hl. Rupert von Salzburg 696-1996, Ausstellungskat. Salzburg 1996, bes. S. 77 ff. – J. Langthaler: Die Abteikirche N. in Salzburg. Diss. Salzburg 1990. – M. Hasdenteufel: Das Salzburger Erentrudis-Kloster und die Agilolfinger. In: MIÖG 93, 1985, S. 1 ff. – H. Dopsch: Klöster und Stifte. In: Geschichte I/2, S. 1013 ff. – R. Reichlin von Meldegg: Stift Nonnberg zu Salzburg im Wandel der Zeiten. Salzburg 1953. – ÖKT, Bd. 7. – F. Esterl: Chronik des adeligen Benediktiner-Frauenstiftes N. in Salzburg. Salzburg 1841.

L.T., P.F.K.

Notitia Arnonis, ältestes Gesamtverzeichnis des Salzburger Kirchenbesitzes aus dem Jahr 790. Erzb. →Arn(o) ließ ließ nach dem Sturz Herzog Tassilos III. (788) zur Absicherung des Salzburger Kirchenbesitzes ein Verzeichnis all jener Besitzungen erstellen, die die Salzburger

Kirche von den Agilolfingern und, mit ausdrücklicher Zustimmung des Herzogs, von deren Gefolgsleuten erhalten hatte. Das nach dem Auftraggeber als N. A. bezeichnete älteste Güterverzeichnis war 790 fertiggestellt. Es sollte eine Grundlage für die Güterverwaltung bilden und für Karl den Großen den Salzburger Kirchenbesitz dokumentieren. Die älteste erhaltene Hs., ein Pergament-Rotulus aus der Mitte des 12. Jhs., befindet sich im Archiv der Erzabtei →St. Peter (→Geschichtsschreibung). →Breves Notitiae.

Lit.: H. Dopsch: Schriftliche Quellen zur Geschichte des heiligen Rupert. In: Hl. Rupert von Salzburg 696-1996, Ausstellungskat. Salzburg 1996, S. 39 ff. – F. Lošek: Notitia Arnonis und Breves Notitiae. Die Salzburger Güterverzeichnisse aus der Zeit um 800: Sprachlich-historische Einleitung, Text und Übersetzung, in: MGSLK 130, 1990, S. 5 ff. – H. Dopsch: Die ältesten Salzburger Güterverzeichnisse und die Frage der Gemeindejubiläen. In: Salzburg Archiv 10, 1990, S. 25 ff.

P.F.K.

Novello, Vincent, * London 6. 9. 1781, † Nizza 9. 8 1861, engl. Komponist und Musikverleger. War mit seiner Frau Mary 1829 auf »Mozart-Pilgerfahrt« in Salzburg und Wien, überreichte Nannerl →Mozart ein unter Mozartverehrern in London gesammeltes Geldgeschenk und besuchte Constanze →Mozart-Nissen. N.s Tagebuch dieser Reise, »A Mozart Pilgrimage«, erschien, hg. von Nerina Medici und Rosemary Hughes, 1955 in London.

Lit.: N. Cowden-Clarke: Life and Labors of V. N. London 1862.

G.W.

Nowack, Hans, * Wien 10. 7. 1866, † Salzburg 7. 8. 1918, Maler. Nach seinem Studium an der Wiener Kunstgewerbeschule wurde er gemeinsam mit mehreren jungen Österreichern 1889 als Lehrer nach Portugal berufen und in Funchal auf Madeira eingeteilt. Die üppige Farbenpracht der Insel und der ständige Umgang mit engl. Künstlern festigten seine Vorliebe für das Aquarell. Zwischenzeitlich in Bozen tätig, lebte er seit 1903 als Prof. an der (Staats-) →Gewerbeschule in Salzburg. Die prädestinierten atmosphärischen Reize seiner Aquarelle machten ihn zum Schilderer eines malerischen Alt-Salzburg, in dem die Zeit stehengeblieben zu sein scheint. Auch auf Wanderfahrten nach Rothenburg, Venedig, Holland und Tirol entstanden viele Veduten.

Lit.: SN, 13. 8. 1997. – Ausstellungskat. H. N. SMCA 1992. – SN, 29. 8. 1981. – SV, 7. 8. 1918. – Österreichs Illustrierte Zeitung (Kunst-Revue), März 1913, H. 25, S. 611 ff.

N.Sch.

Numismatik. Während der Bestand von Münzsammlungen in Salzburg ab dem ausgehenden 15. Jh. nachgewiesen werden kann, liegen für die wissenschaftliche Beschäftigung mit den Münzen in all ihren Beziehungen (N.) nur punktuelle Nachrichten vor. Der Jurist und Chronist J. B. →Fickler, selbst Besitzer einer Sammlung antiker Münzen, verfaßte in Salzburg ein »Handbuch der römischen Altertümer aufgrund der Schriftsteller und römischer Münzen«. Der Journalist und Topograph L. →Hübner gab 1777 »Grundlehren von den Münzen« heraus, und der bayerische Beamte und Topograph F. X. →Weilmeyr druckte in Salzburg 1817 sein zweibändiges »Allgemeines Numismatisches Lexikon oder Münz-Wörterbuch«. Die Beschäftigung mit der Salzburger N. im speziellen begann mit mehreren Arbeiten des Schriftstellers Julius Schilling (1800-1870). Dieser bot in seinem »Versuch über Salzburgs Numismatik« (1832) einen ersten Überblick über die Salzburger Münzgeschichte samt Kat. und regte die Gründung eines »Provinzialmuseums« an. Das von V. M. →Süß errichtete städtische →SMCA besaß von Anbeginn an eine Münzsammlung, die in den folgenden Jahrzehnten entscheidend ausgebaut wurde. Ihre ehrenamtlichen Kustoden Gustav Zeller (1850-1902) und der Altmeister der Salzburger Numismatik, K. →Roll, verfaßten grundlegende numismatische Fachbeiträge. Rolls zweibändiges Buch »Münzen und Medaillen des Erzstiftes Salzburg« ist noch heute ein Standardwerk. Nach dem 2. Weltkrieg wurde das mittelalterliche Salzburger Münzwesens vor allem durch den Wiener Numismatiker Bernhard Koch erforscht. Günther Probszt schuf zudem einen bis heute gültigen Überblick (1959). 1989 wurde als Sektion der →Freunde der Salzburger Geschichte die »Salzburger Numismatische Gesellschaft« (SNG) gegründet. →Münze, →Geldwesen.

Lit.: P. F. Kramml: 500 Jahre Salzburger Münzsammler und -sammlungen. Von Bischof Georg Altdorfer zur Numismatischen Gesellschaft, in: Ch. Mayrhofer, G. Rohrer (Hg.), Tausend Jahre Salzburger Münzrecht, Salzburg Archiv 21, Salzburg 1996, S. 263 ff.

P.F.K.

Nusko, Konrad, * Zell am See 22. 5. 1898, † Zell am See 25. 12. 1981. Verfasser zahlreicher Gedichte in Pinzgauer Mundart, mehrerer, wegen seines dem Nationalsozialismus nahestehenden Gedankenguts nicht unumstrittener Romane und Zeitungsartikel zu Sitte und Brauch seiner Heimat, als »Original« weitum bekannt. Sein Gedicht »Unta da Haustür« ist als Hausspruch im Pinzgau weit verbreitet.

Lit.: K. Nusko: Ich über mich. 1898-1973. Saalfelden 1974.
A.Has.

Nußbaumer, Otto, * Innsbruck-Wilten 31. 3. 1876, † Salzburg 5. 1. 1930, Techniker, Rundfunkpionier. Studium an der Technischen Hochschule in Graz, 1900 Dipl.-Ing., Assistent an der Lehrkanzel für Physik, Arbeit auf dem Gebiet der drahtlosen Telegraphie. N. übertrug am 15. 6. 1904 auf drahtlosem Weg Musik und Sprache, meldete aber kein Patent an. Seit 1908 Landesbeamter in Salzburg, rege Vortragstätigkeit, insbesondere im Radio-Klub. 1929 Ehrenbürger von Salzburg. Der Originalapparat, mit dem N. – vor Marconi und Telefunken – die erste drahtlose Musikübertragung durchführte, steht heute im Postmuseum in Wien. Gedenktafel für N. am Gebäude der Salzburger Hauptpost am Residenzplatz.

Lit.: Th. Venus, H. Waitzbauer, Chr. Schweinöster: O. Nußbaumer. Der Salzburger Radiopionier, Salzburg 1990 (=Schriftenreihe des Landespressebüros, Sonderpublikation Bd. 89). – ÖBL, Bd. 8, S. 178 f.
H.H.

Helm vom Paß Lueg, um 1200 v. Chr.

Herkules, Glocknerstraße, Bronze, 1. Jh. v. Chr. (SMCA)

Rupertuskreuz, 7./8. Jh., Bischofshofen (SMCA)

Schöne Madonna von Altenmarkt, um 1393, Altenmarkt (SMCA)

Grabmal des Hl. Vitalis, Stiftskirche St. Peter, um 1440/50 (SMCA)

Geburt Christi aus dem Cutbercht-Evangeliar, Ende 8. Jh. (SMCA)

Conrad Laib, Verkündigung, um 1450 (SMCA)

Peter Hemmel, Fenster im Chor der Stiftskirche Nonnberg, 1480 (SMCA)

Rueland Frueauf der Ältere, Madonna im Ährenkleid, nach 1495 (SMCA)

Meister von Großgmain, Marientod, 15. Jh., Großgmain (SMCA)

Ziborium aus der Bürgerspitalskirche, silber, vergoldet, graviert, Salzburg, 1411 (SMCA)

Joseph Amende, Kreuzpartikel-Monstranz aus der Bürgerspitalskirche, silber, vergoldet, Email mit Wappen von Eb. Franz Anton Fürst von Harrach, Salzburg, 1710 (SMCA)

Mille-fiori-Teppich mit Wappen von Eb. Kardinal Matthäus Lang von Wellenburg, Gewebe: Wolle und Seide, Brügge, nach 1519 (SMCA)

Werkstatt Thomas Obermillner, Hafnerwerkstatt-Krug, Fayence, Zinnmontierung, Salzburg, 1680 (SMCA)

Hans Pergheimer, Deckelkanne, Zinn, graviert, Salzburg, 1507 (SMCA)

Werkstatt Thomas Strobl, Bondy-Ofen aus dem Schloß Arenberg, „Personifikation der Planeten und freien Künste" mit Detail „Musica", Salzburg, 1570

Johann Michael Moser, Ofenmodell „Vier Jahreszeiten", Fayence, Blaumalerei, Mangan, Salzburg, 1736 (SMCA)

Caspar Memberger (zugeschrieben), Bildnis des Eb. Wolf Dietrich, Öl, 1589 (SMCA)

Johann Bernhard Mandl, Hl. Philippus Benitius, Tonbozzetto, 1711 (SMCA)

Hans Conrad Asper, Hl. Sebastian (vom alten Linzertor), Marmor, um 1620 (SMCA)

Johann Anton Eismann, Blick auf Salzburg, Öl, um 1660 (SMCA)

Johann Michael Rottmayr,
Verherrlichung des Hl. Karl Borromäus
(Ulrich Ghezzi, Residenzgalerie Salzburg)

Johann Baptist Durach, Allegorie des Morgens, Öl, 1757 (SMCA)

C. Hempel nach Franz v. Naumann, Marmorsteinbruch am Untersberg, kolorierte Radierung, 1792 (SMCA)

Philipp Andreas Degmayr nach Matthias Siller, Szene aus der Pantomime „Der Schwätzer und der Leichtgläubige", kolorierter Stich, 1754 (SMCA)

Andreas Nesselthaler, Verlobung des Dionysos mit Ariadne, Enkaustik, 1791 (SMCA)

Barbara Krafft, Maria Theresia Metzger, Öl, 1796 (SMCA)

Josef Mayr, Interieur aus dem Pinzgau, Öl, 1852 (SMCA)

Hubert Sattler, Moskau, Öl, um 1850 (SMCA)

Johann Fischbach, Rast der Schmuggler, Öl, 1846 (SMCA)

Franz Schider, Besuch im Atelier, Öl, 1872 (SMCA)

Josef Mayburger, Blick vom Tannberg über den Wallersee, Öl, um 1880 (SMCA)

Hans Makart, Der Frühling, Öl, 1884 (SMCA)

Julius Ullmann, Kollegienkirche im Winter, Öl, 1910 (SMCA)

Sebastian Stief, Paracelsus, Öl, 1881 (SMCA)

Theodor Ethofer, Lungauerin, Öl, 1905 (Priv.bes.Sbg)

Anton Faistauer, Familienbild Faistauer, Öl, 1918
(Sbg. Landessammlungen Rupertinum)

Felix Albrecht Harta, Hl. Martin und der Bettler, Öl, 1918 (SMCA)

Roland von Bohr,
Weiblicher Akt, Terracotta,
1920/30 (SMCA)

E. Tony Angerer, Salzburger Trachten, Tempera/Pastell, 1929 (SMCA)

Marie Cyrenius, Frau mit Hut, Email, 1920/30 (Priv. bes. Wien)

Franz Pimpl, Porträt Franz Karl Ginzkey, Öl, 1925 (SMCA)

Helene von Taussig, Akt, Öl, 1920/30 (SMCA)

Franz Schaffgotsch, Traumwandler, Öl, um 1925 (SMCA)

Theodor Kern, Blumenstilleben, Öl, um 1950 (SMCA)

Josef Schulz, Der Dichter Georg Rendl, Öl, 1931 (Sbg. Landessammlung Rupertinum)

Albert Birkle, Bildnis der Frau des Künstlers, Öl, 1932 (Priv. bes.)

Wilhelm Kaufmann, Bildnis Alexander Moritz Frey, Öl, 1935 (Priv. bes. Sbg.)

Max Peiffer Watenphul, Blick vom Mönchsberg, Öl, 1945 (Priv. bes. Wien)

Hildegard Jantsch, Kajetanerplatz, Öl, 1948 (SMCA)

Georg Jung, Nachtfahrt, Öl, um 1945 (Priv. bes. Sbg.)

Arno Lehmann, Gazelle, Schamotten, engobiert, Salzburg, 1953 (SMCA)

Slavi Soucek, Abstrakte Komposition, Farblithographie, 1952 (SMCA)

Trude Engelsberger, Die Badenden, Öl, 1947 (Galerie Seywald)

Rudolf Hradil, Bildnis des Schriftstellers Gerhard Amanshauser, Öl, 1954 (SMCA)

Agnes Muthspiel, Mein Atelier in den Dolomiten, Öl, 1960 (SMCA)

Herbert Breiter, Stilleben mit Kanne, Farblithographie, 1970 (SMCA)

Werner Otte, Spielplatz, Acryl, 1979 (SMCA)

Hermann Ober, Landschaft Blau-Schwarz, Öl, 1983

Gottfried Salzmann, New York Spiegelung, Aquarell, 1985/86 (SMCA)

Herbert Stejskal, Cool Water, Acryl auf Leinwand, 1998 (Galerie Welz Salzburg)

Eduard Bäumer, Kalabrische Landschaft, Öl, 1963 (SMCA)

Hermann Kremsmayer, Schöpfungszeiten, Sand und Farbpigmente (W. Reichmann, Archiv des Künstlers)

G. S. Sedlak, Radial, Italien 1990 (Aart Studio, Archiv des Künstlers)

M. E. Prigge, Lappland, Holz, Zeichnung eingeschnitten, Rentierhaut, 2000 (Aart Studio, Archiv der Künstlerin)

Ober, Hermann, * Freilassing 10. 7. 1920, † ebenda 11. 8. 1997, Graphiker und Maler. Studium in München, 1949-51 bei S. →Soucek in Salzburg, seit 1961 Atelier im →Künstlerhaus, Initiator der Gruppe 73 und der Rauriser Malertage. Zusammen mit S. Soucek ist O. hauptverantwortlich für den Durchbruch der abstrakten Kunst und die Hochblüte der Druckgraphik im Salzburg der 50er und 60er Jahre. In stärkerem Maße als die formale Esoterik seines Lehrers rechnen O.s Linolschnitte und Lithographien mit »existentiellen« Spannungen und beziehen naturhafte Bildungsweisen in ihr Formenvokabular ein. Ab 1965 weicht diese dramatische Vieldeutigkeit einer auf elementare Strukturen gerichteten Variierung figuraler Szenerien und alpiner Landschaften. Im Gegensatz zur Tektonisierung der Graphik beschäftigt sich O.s Malerei zunehmend mit dem Transitorischen. (Farbabb. S. 372)

Lit.: SN, 13. 8. 1997. – H. O. Natur und Figur. Das malerische Werk 1943-1994. Freilassing 1995. – Ausstellungskat. Jenseits des Realismus. ARGE Alpen-Adria, Graz 1989. – Ausstellungskat. H. O. Arbeiten von 1950-1985. Salzburger Kunstverein 1985. – R. Schmücking: Werkverzeichnis der Graphik 1951-1968. Braunschweig 1969. – Michel Seuphor: Knaurs Lexikon abstrakter Malerei. München-Zürich 1957.

N.Sch.

Oberascher →Glocken und Glockengießer

»Oberdeutsche Allgemeine Litteratur-Zeitung« (1788-1811), hg. von L. →Hübner (1751-1807). Überregional wirkende und weitum bekannte Zeitschrift der süddt. Aufklärung. Vom kath. Standpunkt aus wurden deutschsprachige Neuerscheinungen der Literatur und Philosophie rezensiert. J. W. v. →Goethe und Friedrich Schiller antworteten auf Kritik mit einer Xenie: »Seht auch, wie ihr in Salzburg den groben Fäusten entschlüpfet, / die Berenices Haar striegeln mit eisernem Kamm.«

Lit.: E. Beutner: Die O. A. L. Z. Diss. Salzburg 1976.

H.H.

Obereching, Gem. St. Georgen, bedeutender prähistorischer Fundplatz. Reste einer ausgedehnten Siedlung der Frühen Bronzezeit (17. Jh. v. Chr.) wurden 1979-82 in einer Schottergrube westlich des Ortes aufgedeckt. Innerhalb des Siedlungsareals waren vier Depots mit spangenförmigen Kupferbarren verborgen (zusammen ca. 500 Barren, Gewicht ca. 100 kg). Man hatte die Barren unter dem Fußboden der Hütten vergraben, der Befund läßt auf eine Handelsstation, einen Umschlagplatz für den Kupferhandel entlang der Salzach schließen. Die Siedlung ist durch Brand zerstört worden, sie wurde nicht wieder aufgebaut. Erst rund 800 Jahre später wurde in demselben Areal ein Urnenfriedhof angelegt, rund 150 Gräber konnten freigelegt werden. Die zugehörige Siedlung lag vermutlich am Südrand des heutigen Ortes. Bei den Grabungen wurde auch ein römischer Brunnen mit gut erhaltener Zimmerung aufgedeckt, er gehörte zu einer Eisenschmiede. Die Reste eines römischen Gutshofes liegen rund 200 m entfernt in südlicher Richtung.

Lit.: P. Höglinger: Das urnenfelderzeitliche Gräberfeld von Obereching. Archäologie in Salzburg 2, 1993. – F. Moosleitner: Vier Depotfunde mit Spangenbarren aus Obereching. Land Salzburg. In: Germania 66, 1988, 29 ff.

F.M.

Oberer, Josef, * Salzburg 31. 3. 1789, † Salzburg 15. 2. 1843, Buchhändler und Verleger. 1809-15 abenteuerliche Lehr- und Wanderjahre, übernahm nach dem Tod seines Vaters Franz Xaver O. (1755-1826) die Buchdruckerei im Tanzmeisterhaus am Makartplatz. 1830 sandte er seinen Vetter Joseph Wappmannsberger (1810-82) nach München, um die Lithographie zu erlernen, 1831 eröffnete er die erste lithographische Anstalt Salzburgs, die in den folgenden Jahren eine rege Produktion an Ansichtenserien (u. a. von G. →Pezolt und Friedrich Loos) und Einzelblättern entfaltete. Die meisten davon lithographierte Josef Stießberger (1800-72). O.s Witwe heiratete Wappmannsberger, der die Lithographie 1850 seinem Mündel Franz Xaver Hufnagl († 1901) überließ. Um die Jahrhundertmitte etablierte sich mit Norbert Kränzl aus Ried ein weiterer Lithograph in Salzburg.

Lit.: Ch. Karbacher u. a.: Berchtesgaden in alten Ansichten. Berchtesgaden o. J. (1984). – Fuhrmann-Stadt u. Fuhrmann-Land. – H. Glaser: Salzburgs Buchdrucker. In: MGSLK 98, 1958, S. 149.

N.Sch.

Obermillner, Thomas, * 1615 (Ort unbekannt), † Salzburg 25. 10. 1679, Hafner. Der seit 1641 (Meister und somit Bürger der Stadt Salzburg) in Salzburg nachweisbare O. hatte seine Werkstatt im Hofhafnerhaus, Steingasse 28. Seine Gefäßkeramik weist das charakteristi-

Ferdinand Olivier, „Fußpfad auf dem Mönchsberge bey Salzburg“, Lithographie, 1823 (SMCA)

sche blaue Wellenband auf, das die Gefäßoberfläche in unregelmäßige Bildfelder teilt. In zarten Manganstrichen wird auf weißer Zinnglasur die Umriß- und Binnenzeichnung aufgetragen, die Farbflächen sind monochrom, meist in Blau, Gelb und Türkis angelegt. Gesellschaftsszenen, religiöse Darstellungen und Motive der »verkehrten Welt« überwiegen auf den Birn- und Melonenkrügen sowie auf den großen Dekortellern. Seine Zunftkrüge weisen szenenhafte Werkstattdarstellungen auf. Auf dem sog. »Hafnerwerkstattkrug« von 1680 (nach seinem Tod entstanden) sind seine Witwe Martha und sein Schwager, Mathias Scherzhauser als Töpfer der Werkstatt O.s namentlich genannt und dargestellt. Weiterführung des charakteristischen Wellenbanddekors durch seinen Werkstattnachfolger Hans Stockhpaur (1650-1710, seit 1681 Meister im Hofhafnerhaus und Gatte der Witwe O.s. (Farbabb. S. 340)

Lit.: Ch. Svoboda: Blaue Welle – Grüne Flamme. Salzburger und Gmundner Fayencen des 17. bis 19. Jh.s aus der Sammlung des Carolino Augusteum, Salzburger Musem für Kunst und Kulturgeschichte, Salzburg 1999. – Ch. Svoboda: Die Werkstätten O., Moser und Pisotti. In: Weltkunst 53, 1983, Nr. 8. – F. Prodinger: Fayencen. In: JahrSMCA 1965. – A. Walcher v. Moltheim: Salzburger Majoliken. In: Kunst und Kunsthandwerk, Bd. X. O. O. 1907.

Ch.S.

Oedl, Firma. Franz Oedl wird 1764 als Begründer einer Halleiner Verlegerfirma für Holzwaren (Kleingerät, Dosen, Spielzeug, Spanschachteln) erwähnt. Die Spanschachteln verwendete die Firma auch als Verpackungsmaterial für den Export ihrer Produkte bis in die Türkei und den Orient. Anfang 19. Jh. Zusammenschluß mit Johann Hallers ältester »Wiener Spielwarenfabrik« zur »kaiserl. königl. priv. Holzwarenfabrik in Wien und Hallein«. Musterkataloge erleichterten schon in der ersten Hälfte des 19. Jh.s den Handel mit Ungarn, Böhmen, Mähren, der Levante, der Lombardei, Venetien, Bayern und Leipzig. 1871 wurde die einstige →Hausindustrie zur »Fa. Alois Oedl und Companie«. Auszeichnungen bei den Weltausstellungen 1851 und 1873. In den 20er Jahren Auflassung der Firma, die für ihre hölzernen Puppen, Wagen, Musikinstrumente, Musikanten- und Soldatenfiguren, Hühnersteigen und die sog. »Arschpfeifferln« (Pfeiferln in Form von Reiterfiguren, wobei man das Pferdehinterteil anblies) bekannt war.

Lit.: Ch. Svoboda: Der Hampelmann Napoleons. Zur Spielzeugerzeugung in Hallein, in: F. Moosleitner: Hallein, Porträt einer Kleinstadt, Salzburg 1989, S. 175-180.
Ch.S.

Ofen →Hafnerkunst, →Ofenplatten

Ofenplatten, eiserne. Die Technik zur Herstellung gußeiserner O. – als Einzelplatte für Kamine verwendet oder zusammengesetzt zu Öfen – leitet sich von der Geschütz- und Geschützkugel-Produktion her. Im offenen Herdguß wurde die Form in einem Sandbett erzeugt, in das vorher der vom Bildhauer gefertigte Holzmodel eingedrückt worden war. Die →Eisenhütte in Werfen beschäftigte sich auch mit dem Gießen von Geschützen, galt im 16. Jh. aber als Zentrum des Ofengusses. Nach den zu identifizierenden bekannten Platten verfügte das Werfener Eisenwerk über einen reichen Formenschatz an Modeln. 1550 erging ein Auftrag aus Innsbruck für zwei eiserne Öfen an den Leiter der Eisenhütte, Christof Perner. Die ausgeführten O. tragen die Signatur U. V. Erich Egg bringt sie mit Gabriel Ursentaler in Verbindung, der zwischen 1507 und 1561 Eisenschneider und Medailleur an der Haller Münze in Tirol war, jedoch seit 1526 als fe. Eisenschneider an der Salzburger →Münze arbeitete. Als Modellierer von Ofenplatten verwendete er vornehmlich Stiche Burgkmairs als Vorlage. Er diente vier Erzbischöfen und starb 1580.

Lit.: E. Egg: Gußeiserne O. In: JahrSMCA 1959, S. 109 ff.
Ch.S.

Olivier, Johann Heinrich Ferdinand, * Dessau 1. 4. 1785, † München 11. 2. 1841, Maler- und Graphiker. Seit 1811 im Wiener Romantikerkreis, 1816 Mitglied der »Lukasbruderschaft«. Die Sommer 1815 und 1817 verbrachte er gemeinsam mit seinem Bruder Friedrich O. im Salzburger Land. Die hier entstandenen Landschaftszeichnungen bedeuten einen Höhepunkt romantischer Zeichenkunst. Ebenso gilt der lithographische Zyklus »Sieben Gegenden aus Salzburg und Berchtesgaden«, erschienen 1823 in Wien, als Kleinod der Graphik. Eingebettet in die »Wunderwelt« Salzburgs erscheinen figürliche Alltagsszenen als Verkörperungen mehrfacher allegorischer Sinnbezüge.

Lit.: W. Messerer: Über F. O.s. Zeichnungen von Salzburg. In: Von österreichischer Kunst, Klagenfurt o. J., S. 167. – Fuhrmann-Stadt. – H. Schwarz: Salzburg und das Salzkammergut. Wien-Berlin 1926, Neuaufl. Salzburg 1979. – L. Grote: Die Brüder Olivier und die deutsche Romantik. Berlin o. J. (1938), v. a. S. 184-236.
N.Sch.

Opstal (Obstall), Bartholomäus (Bartlmä) van, * (Geburtsort unbekannt) um 1631, † Salzburg 7. 3. 1694, Bildhauer verm. niederl. Herkunft. Der Auftrag für den Hochaltar der Stiftskirche Berchtesgaden führte ihn 1663 von Rom nach Salzburg, wo er 1667 heiratete und den Kammerdienertitel erwarb. 1682-88 auch Hofbaumeister. Seine Statuen zeigen unpersönlichen Klassizismus (»Petrus« im Hof von →St. Peter, »Erentrudis« am →Nonnberg, Gartenplastik in →Mirabell, ihm zugeschrieben Rupert und Virgil vor der Domfassade). Wegen des römischen Charakters wird die Konzeption der Inneneinrichtung von Maria Plain mit O. in Verbindung gebracht.

Lit.: Ch. Willomitzer: Geschichte des Baudienstes im Land Salzburg. Salzburg 1985. – A. Hahnl in: FS. Maria Plain. Ottobeuren 1977. S. 187. – Pretzell.
N.Sch.

Orff, Carl, * München 10. 7. 1895, † München 29. 3. 1982, Komponist und Pädagoge. Gründete 1924 mit Dorothee Günther in München die »Günther-Schule« für Gymnastik, Musik und Tanz und entwarf das Konzept seines Schulwerks, einer neuartigen elementaren Musik- und Tanzerziehung in Verbindung mit von ihm entwickelten Schlaginstrumenten. Seit 1961 leitete er das von ihm gegründete →Orff-Institut am →Mozarteum. Auch in seinen Kompositionen strebte Orff, beginnend mit den »Carmina burana« (1937), die Einheit von Musik, Sprache und Bewegung und eine Erneuerung des Musiktheaters an. 1973 Uraufführung des Spiels vom Ende der Zeiten (»De temporum fine comoedia«) im Rahmen der Salzburger →Festspiele; Dirigent: H. v. →Karajan.

Lit.: W. Thomas: Das Rad der Fortuna. Ausgewählte Aufsätze zu Werk und Wirkung C. O.'s, Mainz 1990. – L. Gersdorf: C. O. in Selbstzeugnissen und Bilddokumenten. Reinbek 1981. – A. Liess: C. O. Idee und Werk. Mainz 1980.
G.W.

Orff-Institut, Abteilung für Musik- und Tanzerziehung an der Hochschule für Musik und darstellende Kunst →Mozarteum in Salzburg; wurde 1961 auf Initiative C. →Orffs und des damaligen Mozarteums-Präsidenten E. →Preussner gegründet. Es sieht seine Aufgabe in der künstlerisch-pädagogisch-wissenschaftlichen Aus- und Fortbildung von Lehrern/Lehrerinnen im Bereich der Musik- und Tanzerziehung, gründet in den elementaren Modellen des Orff-Schulwerks, versucht diese aber ständig zu erproben, zu ergänzen und weiterzuentwickeln. Studium, Lehre und Forschung widmen sich der Anwendung der Inhalte und Wege einer Musik- und Tanzerziehung in allen Bereichen der Erziehung (Früherziehung, alle Schularten, Erwachsenenbildung, Sozial- und Heilpädagogik). 1973 wurde der Abteilung ein Institut für Musikalische Sozial- und Heilpädagogik angegliedert, das der Erforschung und Erprobung des Elementaren Gruppenmusizierens mit Behinderten dient. Im Juli jeden Jahres veranstaltet das Orff-Institut intern. Sommerkurse mit unterschiedlichen Schwerpunkten, die sich vor allem an Erzieher, Lehrer, Musiklehrer, Sonder- und Heilpädagogen im In- und Ausland wenden.

Lit.: F. Lettowsky: Die Anfänge des O. in Salzburg. Diplomarbeit. Salzburg 1997. – Hochschule Mozarteum (Hg.): 10 Jahre Orff-Institut. Dokumentation 1972.

G.W.

Osterbräuche. Die Bräuche des Osterfestkreises umfassen die gesamte Fastenzeit, die Karwoche, das Osterfest und den Zeitraum bis Christi Himmelfahrt.

Die Karwoche beginnt mit der Palmprozession am Palmsonntag (nördl. der Alpen seit dem 4. Jh.), bei der »Palmen«, grüne Zweige der Region (Palmweide, Stechpalme, Buchsbaum, Wacholder, Zeder, Sebenbaum, Erika, u.a.) von der katholischen Kirche gesegnet werden (in Europa seit dem 9. Jh. nachweisbar). Aus der antiken Huldigungspalme entwickelte sich im Glauben der Bevölkerung der Segens- und Abwehrzweig. In der Woche nach Ostern werden die Palmbuschen bzw. (Pongau, Lungau) -zweige mit Spänen der Weihholzscheiter von der Feuerweihe bei der Auferstehungsfeier zu Kreuzen gebunden und in Felder und Äcker gesteckt. Im Lungau finden sich bänder- und brezengeschmückte Formen der Palmbuschen, ganze ungeschmückte Weidenbäume im Pongau und Tennengau, vom Flachgau ausgehend setzten sich im 20. Jh. Buschen mit bunten Hobelscharten durch. Bis zur ersten Hälfte unseres Jahrhunderts trugen nur Bauernburschen (die Hoferben) einen großen geschmückten Palmbuschen auf einer Stange zur Kirche und erhielten dafür beim Heimkommen (Wettlauf der Burschen) ein Osterei und Festessen, während die übrige Bevölkerung in Stadt und Land einzelne Zweige oder kleine Sträuße trug. Mit der Vergrößerung und Idyllisierung der Formen in den letzten Jahrzehnten sowie über Initiative von Organisationen (u. a. Heimatwerk, Landjugend, Pfadfinder) verbreiteten sich diese Sonderformen weithin. Rund um den Palmbuschen entstanden viele Bräuche und volkstümliche Redensarten. Seit dem frühen Mittelalter (10. Jh. Bamberg) wurde in der Palmprozession auch der Einzug Jesu Christi spielhaft nachvollzogen. Auch das Stift Nonnberg besaß einen ma. Palmesel. In Puch bei Hallein hat sich ein barocker hölzerner Palmesel mit Christusfigur erhalten. In Thomatal im Lungau führte Pfarrer Valentin Pfeiffenberger den Ritt auf dem lebenden Palmesel wieder ein und fand Nachahmung in Hintersee. Diese weitverbreiteten Figurationen wurden 1783 von Kaiser Josef II. für das Reich und 1785 von Eb. →Hieronymus Colloredo neben vielen anderen Volksbräuchen verboten; die Objekte wurden zerstört.

Als Relikt barocker Passions- und Osterspiele ist auch das →Leiden-Christi-Singen zu bezeichnen. Das spätbarocke »Passions-Spiel Pinzgau« (→Salzburger Passion, Hs. im →SMCA), vermutlich für Maria Kirchenthal (→Pinzgauer Dom, →Wallfahrt) geschrieben, wurde vom Salzburger Komponisten C. →Bresgen inhaltlich gekürzt (u. a. Kreuztragung und Sterbeszene eliminiert), bearbeitet und mit Volksliedern angereichert. Nach ersten Versuchen in Großgmain wird die »Salzburger Passion« seit 1983 vereinzelt in den Wallfahrtskirchen Großgmain und Maria Kirchenthal aufgeführt. Im Mittelpunkt steht das »Loferlied« aus dem Besitz einer Holsteiner Familie, deren Vorfahre Claas Schütt 1598, nach mehrjähriger Gefangenschaft in St. Martin bei Lofer, geflohen war.

Für die Tage der Karwoche gelten für viele Salzburger noch Bräuche und gläubige wie

abergläubische Bedeutungen. Am Gründonnerstag (grün von greinen, weinen), dem »Antlaßpfingstag« (einst der Tag, an dem neu zu Taufende aus der Kirchenbuße entlassen wurden), werden grüne Speisen aus Kräutern und Spinat gegessen, vielfach werden in den Kirchen wieder Hl. Gräber errichtet, die besonders in der Barockzeit (Höhepunkte 14. Jh. und Gegenreformation), ebenso wie die figurierten Schauprozessionen in der Karwoche, große Bedeutung in der volkstümlichen Verehrung hatten. Das Hl. Grab im Salzburger Dom ist ab 1545 urkundlich erwähnt, die Generalvisitationen 1658-83 weisen eine Fülle aus (etwa das Hl. Grab der Corporis-Christi-Bruderschaft in der Roten Bruderschaftskapelle in der Kaigasse, 17., Jh. oder die Grabwache der Dürrnberger Bergleute). Seit 1997 wird im Stift →St. Peter das wiederentdeckte barocke Hl. Grab aufgebaut. Auf Initiative des →Heimatwerkes entstehen in den letzten Jahren kunsthandwerklich und in Laienarbeit nach dem Vorbild spätbarocker Andachtsgegenstände wieder Fastenkrippen, Arma-Christi-Kreuze, Abendmahl- und Ölbergszenen.
Vereinzelt laufen vom Zeitpunkt der Ölbergandacht Christi bis zur Auferstehungsfeier noch Ratscherbuben in den Ortschaften, ein Brauch, dessen Einführung für Laufen an der Salzach zur Zeit der Gegenreformation dokumentiert ist. Das Ratschen stellt eine von den Reformationsorden volkstümlich erweiterte Form des Gebetsklapperns (im 8. Jh. aus der Liturgie des jüdischen Purimfestes übernommen) in den »Pumpermetten«, Trauermetten der Gründonnerstag- und Karfreitagnacht, dar. Es ist Aufgabe der Ministranten, die für das außerkirchliche Ratschen Gaben (Ostereier, Fleisch, Brot und Geld als Aufbesserung ihres Jahreslohnes) erhielten. Nach der Volksmeinung fliegen die Kirchenglocken beim Gloria der Gründonnerstagsmesse nach Rom und kehren erst zur Auferstehungsfeier wieder. Ihr Läuten wird durch Klanghölzer ersetzt. In Salzburg waren Fähnchenratschen (L. →Mozart verwendet sie in der Kinder- oder Berchtesgadener Symphonie), Klappern und große Kastenratschen (auf Kirchtürmen, vor den Kirchen) in Gebrauch. In der NS-Zeit wurde das Ratschen zu heidnisch-germanischem Lärmzauber umgedeutet. Das R. kam erst nach dem 2. Weltkrieg im Zuge der veränderten Lebensbedingungen am Land ab.
Dagegen entwickelt sich in städtischen Pfarren vielfach anstelle der Karfreitagsandacht zur Sterbestunde Christi ein bekenntnishafter Gang über Straßen und Plätze. Die bis ins vorige Jh. weithin üblichen Fastenbrezen, Geschenke für die erfüllte Osterbeichte, werden heute nur noch im Lungau gebacken. Noch heute gelten jene Eier, die Hennen von Gründonnerstag bis Karfreitag legen, als »Antlaßeier« mit besonderer Segenswirkung. Sie werden, wie die Palmkätzchen, gegen Halsweh und Krankheiten gegessen, dem Vieh eingegeben, in Lawinen- und Murenhängen vergraben, gegen Blitz und Feuer über das Hausdach geworfen oder unter den Firstbalken gelegt. Gesondert gefärbt zählen sie zu den bedeutsamen Ostergeschenken. »Die Weich«, der Weihkorb für die Segnung der Speisen nach der Osternachtsliturgie und am Ostersonntag, wird vielfach in der Form der Senninnenkörbe mit gestickten Tüchern geschmückt oder umwunden. Er enthält die traditionellen Osterspeisen, Rauchfleisch, weißes Osterbrot, Eier – oft traditionell mit Zwiebelschalen marmoriert oder mit Kräuterdruck verziert – , Salz und Kren. Die Butter dafür wird gerne aus einem Model mit Segenszeichen geschlagen, zu einem Lamm modelliert oder wie im Lungau zu einem Weihstock aus Model und Lamm aufgebaut. Im Lungau wird aus ca. 7 kg Butter ein reich verzierter Butterstock für die Osterspeisenweihe hergestellt, mit vier Modeln (eingeschnittene religiöse Motive) und einem quadratischen Pyramidenstumpf aus Butter gebildet, der mit gedrehten Buttersäulen an den Kanten, Butterstreuseln auf der Deckplatte und einem mit Modeln gefertigten Butterosterlamm verziert wird. Vereinzelt wird diesen Lämmern noch eine Kreuzfahne beigegeben. Biskuitlämmer in alten und neuen Formen schmücken Ostertische wie Schaufenster. Die Milchgebäckhasen stellen eine neue Form dar, ebenso wie die Ostereiersträuße, die erst ab den 1920er Jahren immer weitere Verbreitung fanden und in der NS-Zeit als antikirchliches Symbol gefördert wurden. Kränze aus Buchsbaum und gefärbten Ostereiern zieren heute auch in Salzburg die Haustüren, ein Brauch, der über Medien und Wirtschaft aus Schwaben in den letzten Jahrzehnten zu uns kam. Die Ostereierspiele

der Kinder und Erwachsenen sind im Verschwinden begriffen. Dagegen entstehen immer mehr karitative und gewerbliche Ostermärkte, die teils auch zu kreativem Gestalten anregen.
Osterfeuer sind Holzstapel auf weithin sichtbaren Höhen bzw. in der Nähe von Bauernhöfen, die auf Privatinitiative nach der Auferstehungsfeier am Karsamstag (oft mit dem vom kirchlichen Osterfeuer mitgebrachten Funken) als Freudenfeuer entzündet werden. Eine Sonderform stellen die Lungauer Osterfeuer dar, vier bis sechs m hohe »Kästen« in der Form eines Pyramidenstumpfes, die von sieben bis acht Burschen in zweiwöchiger Arbeit aus Holzstämmen und Brettern gezimmert, genagelt und mit Reisig gefüllt werden. Wie weit sich in den Osterfeuern auch vorchristliche Bräuche erhalten haben, ist heute schwer zu sagen. Die NS-Zeit förderte Osterfeuer als germanische Relikte und gemeinschaftsbildende Fanale von der SS ausgehend bis in alle Unterorganisationen und gab dazu Schulungshefte heraus. Im benachbarten Tirol etwa dienten Osterfeuer während der NS-Zeit auch zu Geheimtreffen des katholischen Widerstandes.
Das Böllerschießen in der Osternacht wird nur noch vereinzelt geübt, auch die Osterritte, »Emmausritte«, sind mit dem Abkommen der Pferde im Alltag verschwunden.

Lit.: U. Kammerhofer-Aggermann: Karwochenratschen in der Stadt Salzburg. In: Museumsgespräche Spittal 1992. – D. R. Moser: Bräuche und Feste im christlichen Jahreslauf. Brauchformen der Gegenwart in kulturgeschichtlichen Zusammenhängen, Graz 1983. – Kommentare zum Österreichischen Volkskundeatlas. Wien 1979. – K. Adrian: Von Salzburger Sitt' und Brauch. Wien 1924.

U.K.

Osterfestspiele Salzburg, 1967 von H. v. →Karajan ins Leben gerufen und von ihm geleitet, mit dem zentralen Anliegen, Inszenierungen »aus dem Geist der Musik« zu schaffen. Zunächst stand das musikdramatische Schaffen R. →Wagners im Mittelpunkt, das auf der Bühne des Großen →Festspielhauses alternative Lösungen zu den »ideologisch-politischen« Wagner-Interpretationen Neu-Bayreuths entstehen ließ. Karajan als Dirigent und Regisseur und sein ständiger Bühnenbildner G. →Schneider-Siemssen standen mit ihren Inszenierungen in einer spezifisch österr. Tradition, die stärker ästhetisch-musikalisch orientiert war und deren vergleichsweise konservative Regie mit statischer Personenführung eindeutig von der Musik dominiert wurde. Im intern. Festspielbetrieb stellen die O. eine Besonderheit dar, da sie in den ersten Jahren weitgehend auf staatliche Subventionen verzichten konnten, Abonnements, ein Förderverein und ein relativ stark personell fixiertes Publikum sichern anhaltenden Zuspruch. Eine zusätzliche Attraktion stellen die Berliner Philharmoniker dar, die nur hier auch als Opernorchester zu hören sind. Von 1967 bis 1986 standen, mit Ausnahme von »Tannhäuser« und den frühen Opern, sämtliche Bühnenwerke Wagners auf dem Programm, ergänzt durch »Fidelio«, »La Bohème«, »Il Trovatore«, »Carmen«, »Don Carlos« und »Don Giovanni«, z. T. wurden diese Produktionen von der Wiener Staatsoper oder den Salzburger →Festspielen übernommen. Das »Rahmenprogramm« bilden große Sinfoniekonzerte, ebenfalls mit dem Orchester der Berliner Philharmoniker, und Oratorien. Nach Karajan übernahm Georg Solti die Leitung der O., nach Solti Claudio Abbado. Seit 1994 werden die O. vom kammermusikalischen Alternativ-Festival »Kontrapunkte« mit aktueller Musik ergänzt.
Im Jahr 1998 wurde die Stiftung »Herbert von Karajan Osterfestspiele Salzburg« gegründet, in die die bisherige »Herbert von Karajan Osterfestspielstiftung« mit Sitz in St. Moritz aufging.

Lit.: U. Müller: Richard Wagner in Salzburg. Die Salzburger Osterfestspiele 1967-83, in: Richard Wagner 1883-1983, Die Rezeption im 19. und 20. Jh, Stuttgart 1984, S. 515 ff.

M.W.

Osterfeuer →Osterbräuche

Österreichisch-amerikanische Gesellschaft →Auslandskultur

Österreichisch-irische Vereinigung →Auslandskultur

Österreichisch-polnische Gesellschaft →Auslandskultur

Österreichisch-sowjetische Gesellschaft (ÖSG) →Auslandskultur

Österreichisches Ensemble für Neue Musik (OENM) → Neue Musik

Österreichisches Forschungszentrum Dürrnberg →Forschungszentrum Dürrnberg

Oswald von Wolkenstein, * mutmaßlich Schloß Schöneck im Pustertal (Südtirol) 1376, † Meran 2. 8. 1445, bedeutender Lyriker und Liederkomponist des späten MA. Seit 1415 mehrfach in diplomatischer Mission im Dienst König Sigismunds. Kam auf einer seiner Reisen 1428 nach Salzburg und wurde im Haus des Wirtes »Prawn« gastlich aufgenommen und auch von Eb. Eberhard IV. eingeladen und so reich bewirtet, daß er »an seinem Tisch vom Essen müde ward«.

Lit.: A. Schwob (Hg.): Die Lebenszeugnisse O. v. Wolkensteins. Bd. 1 ff. Wien 1999 ff. – D. Kühn: Ich Wolkenstein. Biographie. Überarb. Neuausgabe. Frankfurt 1996. – O. v. W. Hg. von U. Müller. Darmstadt 1980.

U.M.

Ott, Max, * Rienpach (Württemberg) 4. 11. 1855, † Salzburg 23. 4. 1941, Kaminfegermeister und großdeutsch-liberaler Politiker. Kam 1883 nach Salzburg, wurde 1892 Mitglied des Gemeinderates, 1900 Vizebürgermeister, 1912-1919 und 1927-1935 Bürgermeister sowie 1918-1922 LH.-Stv. Er wurde zur treibenden Kraft der Umgestaltung Salzburgs von der Kleinstadt zur regionalen Wirtschaftsmetropole, u. a. durch den Ausbau der Verkehrswege und der Wasserkraft (Wiestalkraftwerk; →Bauten des Verkehrs, →Bauten des Wasserwesens); kam dadurch immer wieder in scharfen Gegensatz zu Denkmalschützern. O. trat aber auch als Initiator und Förderer zahlreicher sozialer Stiftungen auf.

Lit.: R. Voithofer: Deutschnationale Parteien in der Ersten Republik. Die Großdeutsche Volkspartei in Salzburg 1920-1936, Diss. Salzburg 1999. – Salzburger Landeszeitung 87, 1941.

E.M.

Otte, Werner, * Salzburg 4. 9. 1922, † ebenda 5. 3. 1996, Maler und Graphiker. Autodidakt, 1955-73 Assistent S. →Souceks am Lithographie-Seminar der Int. →Sommerakad. f. bild. Kunst, das er bis 1988 leitete. 1973-86 stand er auch der Graphischen Versuchswerkstatt vor, die er 1953/54 mit Soucek eingerichtet hatte. Anfangs unter dem Eindruck von M. →Peiffer Watenphuls poetischer Landschaftskunst stehend, fand er ab 1958 allmählich zu einer abstrakten Formensprache von fernöstlich anmutender Leichtigkeit. Aphoristische Linienschwünge und Flecken formieren sich zu surrealen Traumszenerien oder schwerelosen Choreographien, die die Assoziation zur Musik suchen. (Farbabb. S. 371)

Lit.: SN, 7. 3. 1996. – W. O. (Hg: Salzburger Kunstverein). Salzburg 1993. – Ausstellungskat. Karl Weiser und seine Freunde. Berufsvereinigung bild. Künstler Salzburg 1992. – Ausstellungskat. 5 aus Salzburg. Künstlerhaus Bregenz 1987. – AMK 24, 1979, H. 162, S. 42. – Ausstellungskat. Kulturamt der Stadt Salzburg 1977. – Ausstellungskat. Gruppe 73. Salzburg 1974.

N.Sch.

Overhoff, Kurt, * Wien 20. 10. 1902 † Salzburg 16. 11. 1986, Dirigent, Komponist, Pädagoge und Musikschriftsteller. 1928/29 Kapellmeister und Assistent von W. →Furtwängler an der Wiener Staatsoper, 1932-40 GMD in Heidelberg, 1940 Übernahme der künstlerischen Erziehung von Wieland Wagner in Bayreuth, 1943/44 musikalischer Leiter des Landestheaters Altenburg/Thüringen, 1947/50 Aufbau und Leitung des Bayreuther Symphonieorchesters. 1962 Übersiedlung nach Salzburg, 1962-73 Prof. am →Mozarteum, 1970-76 Lehrbeauftragter am Inst. für Musikwissenschaft der →Univ. Salzburg. O. schrieb grundlegende Analysen zu Werken von R. →Wagner (»Die Musikdramen Richard Wagners«, 1967) und R. →Strauss (»Die Elektra-Partitur von Richard Strauss«, 1978). Sein wichtigstes musikalisches Werk ist die Oper »Mira«, die 1925 mit großem Erfolg in Essen uraufgeführt wurde und deren Musik Albert Schweitzer als »klanggewordene Ethik« bezeichnete.

G.W.

Pacher, Michael, * Bruneck (Südtirol) um 1435, † Salzburg 1498, Maler und Bildschnitzer. Einer der bedeutendsten Künstler seiner Zeit. Ab 1467 in Bruneck große Werkstatt. Gleichwertig in Plastik und Malerei. Verbindung von alt-dt. Tradition (Multscher) mit den Errungenschaften oberital. Renaissance (Mantegna). Werke: Doppelflügelaltar St. Wolfgang (OÖ.), einziges völlig erhaltenes Werk, 1471-81; Hochaltar Gries bei Bozen, in Teilen erhalten, 1471 begonnen; Kirchenväter-Altar aus Neustift bei Brixen (jetzt München, Alte Pinakothek), um 1483; eine thronende Madonna mit Kind im Konvent der Ursulinen in Glasenbach, gegen 1498. Sein letztes und bedeutendstes Werk war der Hochaltar für die Stadtpfarr-(→Franziskaner-)kirche in Salzburg, 1495-98. Ein Wandelaltar mit doppeltem Flügelpaar, ca. 16 m hoch, als Programm Leben Christi und Leben Mariens mit typologischen Vorbildern des Alten Testaments, 1709 abgetragen. Heute nur noch die zentrale Muttergottesfigur von P. im barocken Altar →Fischers v. Erlach. Drei Flügelfragmente in der Österr. Galerie in Wien (»Geißelung Christi«, »Vermählung Mariens«, »Josef wird in den Brunnen geworfen«). Predellentafeln in Basel und in Privatbesitz. 1983 konnte bei der Restaurierung des barocken Altars in einem Puttenköpfchen der Kopf des urspr. Jesukindes erkannt werden (jetzt Franziskanerkloster). Ein Verkündigungsengel in →St. Peter, vielleicht von einem Altar für die Michaelskirche, für den 1496-98 Zahlungen geleistet wurden (verschollen).

Lit.: F. Fuhrmann: Der Marienaltar M. P.s in der Stadtpfarrkirche »Zu Unser Lieben Frau« (Franziskanerkirche). In: MGSLK, Bd. 140, Salzburg 2000, S. 29 ff. – Kat. M. P. und sein Kreis. Symposion 1999. Bozen 1999. – Kat. M. P. und sein Kreis. Bozen 1998. – J. Neuhardt: Die Pacher-Madonna der Franziskanerkirche und ihr Kind. In: SMusBl. 44, H. 3, 1983, S. 29 f. – N. Rasmo: M. P. München 1969 (mit Lit.).

L.T.

Pachler, Amand, * Reichenhall (Bayern) 29. 9. 1624, † Salzburg 9. 9. 1673, Historiker und Abt. Trat 1642 in das Benediktinerkloster →St. Peter ein; 1648 Priester. Er war Doktor der Theologie und Philosophie und 1651-57 Prof. an der Salzburger →Univ. Ab 1657 Abt von St. Peter, ließ er Konvent- und Noviziattrakt des Klosters erbauen. P. verfaßte eine große Zahl historischer Schriften, so Lebensbeschreibungen der

Michael Pacher, Madonna mit Kind (SMCA)

Bischöfe Vitalis, →Gebhard und Thiemo, Abhandlungen über die Stiftsreliquien, über in Salzburg gefundene Altertümer, eine Chronik Admonts sowie einen Kommentar zur Chronik →Dückhers, und begann mit der Führung von Amtstagebüchern.

Lit.: A. Kolb: Die Äbte und Erzäbte von St. Peter. In: FS. St. Peter zu Salzburg 582-1982, Salzburg 1982, S. XVII-XXIII, hier S. XXI. – P. Lindner: Professbuch der Benediktiner-Abtei St. Peter in Salzburg (1419-1856). In: MGSLK 46, 1906, S. 1-328, hier S. 46-51.

P.F.K.

Pädagogische Akademie, im Jahre 1968 errichtet. Vorläufer dieser Institution in Salzburg war das von F. M. →Vierthaler gegründete →Lehrerseminar. Seit 1968 werden an der P. A. Pflichtschullehrer und -lehrerinnen ausgebildet, die an Volks-, Haupt- und Sonderschulen unterrichten. Ausbildungsdauer: Volksschullehrer sechs Semester, bis 1985 vier Semester, Hautschullehrer seit dem Studienjahr 1971/72 sechs Semester, vorher wurde die zusätzliche Fachlehrerausbildung von zwei Semestern am →Pädagogischen Institut abgelegt. Sonderschullehrer sechs Semester.

H.O.

Pädagogisches Institut, am 14. Dezember 1956 zur Weiterbildung und Fortbildung von Lehrerinnen und Lehrern aller Schularten, Kindergärtnerinnen und Erziehern gegründet. Veranstaltung von Lehrgängen und Kursen, die zum Erwerb von Qualifikationen in neuen Aufgabenbereichen führen, auch solchen, die mit einer Lehramtsprüfung abschließen.

H.O.

Pagitz, Franz, * Klagenfurt 20. 1. 1926, † Salzburg 4. 11. 1986, Historiker. Nach dem Kriegsdienst und Studien in Graz und Wien (Institut für Österr. Geschichtsforschung) kam P. nach beruflichen Zwischenstationen im Jahre 1963 an das Salzburger →Landesarchiv, dessen moderner und zweckentsprechender Neubau das größte Verdienst von P. darstellt; nach der Einweihung des Hauses im Jahre 1970 wurde er 1971 zum Direktor bestellt. Höhepunkt der beruflichen Laufbahn war sicher die vorbereitende Quellenarbeit und Unterstützung Hermann →Vetters' bei der zweiten Domgrabung 1966 bis 1969.

Lit.: F. Zaisberger: Nekr. F. P. In: MGSLK 127, 1987, S. 516 ff.

R.R.H.

Palmbuschen →Osterbräuche

Palmesel →Osterbräuche

»Pan«, Salzburger Literatur- und Kunstgesellschaft, gegründet 1897 von Heinrich von Schullern, H. →Demel-Seebach und A. →Brunetti-Pisano (Lehrer, Komponist, Schriftsteller, Freund von Vater und Sohn →Breitner, Klavierlehrer G. →Trakls). Als Vorbild diente wohl die 1895 in Berlin gegründete Kunstgenossenschaft gleichen Namens (Hanisch, S. 137). Beeinflußt durch die Wiener Secession und die Zeitschrift »Ver sacrum« sowie durch das Programm der »Heimatkunstbewegung«. P. tagte zweimal pro Monat im Hotel »Roter Krebs« am Mirabellplatz, zählte 15 »ordentliche« Mitglieder; darunter I. v. →Troll-Borostyáni, der Salzburger Historiker H. →Widmann, der Bohemien und Essayist K. →Hauer sowie G. Trakl (Oktober bis Dezember 1911, von A. Brunetti-Pisano eingeführt). Die Mitglieder »verstanden sich als Opposition zum herrschenden rigiden konservativen Kunstklima« (U. Fleischer), man wollte im »revolutionierenden Sinn künstlerisch tätig sein« (H. Seebach). 1912 konstituierte sich der P. neu (vgl. Seebach 1924). In der vom P. herausgegebenen, sehr heterogenen Anthologie »Salzburg. Ein literarisches Sammelwerk« (1913) findet sich außer vier Trakl-Gedichten kaum etwas, das literarisch Bestand hatte. Trotz aller Bemühungen gelang es der Pan-Gesellschaft kaum, sich in der literarischen Öffentlichkeit einen Namen zu machen.

Lit.: Hanisch/Fleischer, S. 137 ff. – L. Praehauser: »Pan«. Unverbindliche Erinnerungen. In: Der Pegasus, Salzburger Dichter-Almanach, Salzburg 1952, S. 219 ff. – H. Seebach: Salzburgs literarischer Sturm und Drang vor 25 Jahren. In: Salzburger Wacht, Jubiläumsausgabe 1924.

H.H.

Papiererzeugung. Jakob und Sebastian Stallegker von Reutlingen gründeten 1534 in Lengfelden bei Salzburg die erste Papiermühle, die im Besitz der Familien Sichlschmied, Wurm, Wörz (ab 1629), Pfleghardt, Hofmann (ab 1700) und Rauchenbichler (ab 1852) bis 1879 bestand. Wasserzeichen: Doppelschildchen mit P. und B., später: Doppelschildchen, von gotischem P überhöht; ab 1552 Sichel, Mondsichel oder ein bzw. drei Sterne, ab. 1629 Wilder Mann; allesamt in der Folgezeit teils in Kombinationen beibehalten, ermöglichen sie durch beigefügte Initialen oder Gegenmarken der Besitzer bzw. Papiermeister ziemlich genaue Datierungen 1629-1700: TW, MP, FW, IW; ab 1700: HR; ab ca. 1723: ISH; ab 1754: AFH. In letzter Zeit gelangen dadurch der Musik- und Kunstgeschichte teils spektakuläre Neudatierungen von Quellen (→Benevoli, →Biber, W. A. →Mozart, →Solari). 1536 gründete Jakob Stallegker eine zweite Papiermühle in Mülln, die schon 1552 eingestellt wurde. Blasius Uebrer gründete 1549 eine dritte Papiermühle in Rott/Saalach, Gem. Siezenheim, die 1583 von Wurm erworben, jedoch 1600 eingestellt wurde (Wasserzeichen: Reichsapfel mit Gegenmarken). Wenzel Nitsch gründete 1799 eine Papiermühle in Pfarrwerfen, die 1806 eingestellt wurde (verschiedene Wasserzeichen gleichzeitig: oval mit Anker, Posthorn und W. H., Posthorn mit »Honig«, »Werfen«, »M. Gradinger«). 1891 entstand die Halleiner Papierfabrik, die, unter wechselnden Besitzern, bis heute besteht. Eine umfassende Darstellung der historischen Papiermühlen Salzburgs steht noch aus.

Lit.: W. A. Mozart. Neue Ausgabe sämtl. Werke, X/31/Abt. 2, Wasserzeichen-Katalog, hg. A. Tyson. – F. Pirckmayer:

Archivalien im SLA. – F. Martin: Quellen zur Geschichte des Salzburger Kunsthandwerks. In: Altes Kunsthandwerk, 1927, S. 72.

Ch.S.

Papier-Paumgartner, Rosa, * Baden bei Wien 15. 9. 1858, † Wien 9. 2. 1932, Sängerin und Gesangspädagogin. Studierte am Wiener Konservatorium bei Mathilde Marchesi und Hans Paumgartner, Debüt 1881 als Amneris, erstrangige Wagnersängerin, Mitglied der Wiener Hofoper. Durch eine schwere Influenza verlor sie 1891 ihre Stimme, danach pädagogische Tätigkeit. 1930 unterrichtete sie an der Intern. →Sommerakad. Mozarteum. Ihrer Ehe mit dem Publizisten Hans Paumgartner entstammte B. →Paumgartner.

Lit.: Eisenbergs Bühnenlexikon. Leipzig 1903.

G.W.

Paracelsus, lat. Pseudonym von Theophrast von Hohenheim, * Einsiedeln (CH) 1493 (Datum unbekannt), † Salzburg 24. 9. 1541, Arzt, Naturforscher, Philosoph und Laientheologe. Über die beiden ersten Lebensjahrzehnte des P. ist wenig bekannt. Ab 1502 lebte er in Villach und hatte bedeutende geistliche Lehrer. Er erwähnt den Besuch mehrerer Universitäten sowie die Promotion zum »Doktor beider Arzneien« (Innere Medizin und Chirurgie) in Ferrara. Nach Wanderjahren und einem Wirken als Feldarzt ist er 1524/25 in Salzburg als Arzt nachweisbar. Er bereiste die Bergbaugebiete Gastein und Rauris und besuchte das Heilbad Badgastein. P. verfaßte in Salzburg als eigenwilliger religiöser Denker frühe kirchenkritische theologische Schriften. Im Verlauf des Bauernkriegs (1525) verließ er Salzburg, reiste in den deutschen Südwesten und wurde Bürger in Straßburg (1526). 1527 zum Stadtarzt von Basel ernannt, mußte P. nach Auseinandersetzungen mit der Kollegenschaft der Medizinischen Fakultät die Stadt wieder fluchtartig verlassen. Über Colmar und Esslingen führte sein Weg in die Reichsstadt Nürnberg, wo unter dem Namen »Paracelsus« seine ersten Schriften verlegt wurden. Ab 1531 ist er wieder in der Schweiz (St. Gallen, Bad Pfäfers), danach führte ihn sein Wanderweg nach Ulm und Augsburg, wo 1536 mit der »Großen Wundarznei« Hohenheims erstes großes medizinisches Werk erschien. Nach Aufenthalten in Mährisch-Kromau, Preßburg

Theophrast von Hohenheim (Paracelsus)

und Wien ist er 1538 in Kärnten und ab 1540 wieder in Salzburg. Er verstarb 48jährig und wurde am Friedhof St. Sebastian beigesetzt. P., von dem zu Lebzeiten nur vier medizinische und zwölf astronomisch-prognostische Schriften gedruckt wurden, hinterließ mit mehr als 200 Schriften ein umfangreiches, kaum überschaubares Gesamtwerk.
Schon früh entwickelte sich eine rege Paracelsustradition (bes. in Salzburg, Villach und Einsiedeln), und auch Sage und Dichtung nahmen sich seiner Person an. Die Bewertung des P. schwankt in der Geschichte. Von den Zeitgenossen weitgehend abgelehnt, stieg sein Ansehen in der 2. Hälfte des 16. Jhs. und sank wieder in der →Aufklärung. Die eigentliche wissenschaftliche Paracelsus-Forschung begann erst im 20. Jh. (Herausgabe der med.-naturwiss. Schriften durch Karl Sudhoff und der theologischen Werke durch Kurt Goldammer) und erbrachte ein vielgestaltiges Bild. P. kommen generelle Leistungen in der

Medizin und Einzelgebieten (Gewerbemedizin, Bäderwesen etc.) zu. Er gilt als Begründer der pharmazeutischen Chemie. Mit P. beginnt die philosophische Anthropologie und mit seinen rund 100 theologischen Schriften ist er auch als Laientheologe von Bedeutung. Seiner Person widmen sich mehrere Gesellschaften in Deutschland, Österreich und der Schweiz, darunter die Internationale →Paracelsus-Gesellschaft Salzburg (IPG). (Farbabb. S. 357)

Lit.: P. Meier: Paracelsus. Arzt und Prophet. München-Zürich 1998. – J. Paulus: Paracelsus-Bibliographie 1961-1996. Heidelberg 1997. – U. Benzenhöfer: Paracelsus. Reinbek bei Hamburg 1997. – H. Dopsch, P. F. Kramml (Hg.): Paracelsus und Salzburg. MGSLK Erg.-Bd. 14, Salzburg 1994. – H. Dopsch, K. Goldammer, P. F. Kramml: Paracelsus. Keines Andern Knecht, Salzburg-München 1993.

P.F.K.

Paracelsus-Gesellschaft Salzburg, Internationale, wissenschaftlicher Verein. Die 1951 gegründete IPG, mit Sitz in der Stadt Salzburg, hat sich die Erforschung der Persönlichkeit und des Wirkens von Theophrast von Hohenheim, genannt →Paracelsus, zur Aufgabe gemacht. Sie fördert die durch Paracelsus beeinflußte Weiterentwicklung der Natur- und Geisteswissenschaften in seinem Sinne. Führende Paracelsus-Forscher, wie Franz Strunz, B. →Breitner und Kurt Goldammer, wirkten als Präsidenten der IPG. Seit 1960 werden die von Sepp Domandl begründeten »Salzburger Beiträge zur Paracelsusforschung« herausgegeben.

Lit.: P. F. Kramml: Zwischen Rezeption, Kult, Vermarktung und Vereinnahmung. Die Paracelsus-Tradition in der Stadt Salzburg, in: H. Dopsch, P. F. Kramml (Hg.), Paracelsus und Salzburg. MGSLK Erg.-Bd. 14, Salzburg 1994, S. 279 ff.

P.F.K.

Paris Graf Lodron, * Castelnuovo (Provinz Trient) 13. 2. 1586, † Salzburg 15. 12. 1653, Eb. von Salzburg 1619-53. Nach dem Studium in Ingolstadt wurde P., der bereits andere Pfründen besaß, Domherr in Salzburg, 1616 Dompropst und Hofkammerpräsident. Seine Wahl zum Eb. erfolgte in der Anfangsphase des Dreißigjährigen Krieges, der seine gesamte Regierungszeit überschattete.

P. setzte die Außenpolitik seiner beiden Vorgänger →Wolf Dietrich und →Markus Sittikus fort und trat trotz aller Pressionen nicht der kath. »Liga« bei, unterstützte aber nach Kräften und nach der Neutralitätsauffassung der frühen Neuzeit die kath. Mächte mit Truppen und Geld. Die vom Erzstift verfassungskonform eingehobenen Reichs- und Kreiskontributionen gingen bis an die Grenzen der Belastbarkeit. Aktionen Wallensteins und der Vormarsch der Schweden in Bayern setzten auch Salzburg der Gefahr einer Invasion aus. Die Friedensverhandlungen von Münster und Osnabrück sahen Salzburger Gesandte in verantwortungsvollen Positionen, obwohl P. wie der Papst gegen die Verträge protestierte.

Innenpolitisch war P. auf unbedingte Konsenspolitik bedacht. So gab es keinerlei Reibungen mit dem Domkapitel, und auch die Landstände wurden seit 1620 wieder regelmäßig einberufen, um die Verantwortung für die riesige Steuerlast auf eine breitere Basis zu stellen. Unsummen an Steuerleistungen wurden auch für die eigenen Verteidigungsanstrengungen gebraucht: die Hauptstadt und das ganze Land wurden unter dem Dombaumeister S. →Solari stark befestigt, das gesamte Militärwesen einer eingehenden Reorganisation unterzogen. Der Steuerdruck auf die Bevölkerung führte zu einem ständigen Verarmungsprozeß, der sich in einem rasch beigelegten Bauernaufstand des Jahres 1645 im salzburgischen Zillertal Luft verschaffte. P. zeigte Ansätze toleranteren Denkens. Neben der Trockenlegung der Sümpfe im Schallmoos und Itzlinger Moos sowie einem Arbeitsbeschaffungsprogramm, das freilich der eigenen Familie diente, ist P. vor allem die Erhaltung und Festigung der Salzburger Selbständigkeit gegen Anmaßungen Maximilians I. von Bayern und die territoriale Integrität des Erzstiftes zu verdanken. Trotz aller extremen Belastungen seiner Untertanen hat P. der Bevölkerung schwere Verluste an Menschenleben, wie sie andere Länder des Reiches erlitten, erspart, wenn man von den Opfern der Pestseuchen absieht. Dazu kommen die Leistungen des Eb. in der Kulturpolitik, wie die Weiterführung des Baues und Weihe des →Doms (1628) und die Gründung der →Univ. (1622/23).

Lit.: R. R. Heinisch: Paris Graf Lodron. Reichsfürst und Erzbischof von Salzburg, Wien-München 1991. – F. Martin: Salzburgs Fürsten in der Barockzeit. Salzburg [4]1982, S. 84 ff. – R. R. Heinisch: Salzburg im Dreißigjährigen Krieg. Diss. der Universität Wien 18,

Wien 1968. – K. J. Grauer: Paris Lodron. Eb. v. Salzburg, Ein Staatsmann des Friedens, Salzburg 1953.

R.R.H.

Parsch, Pfarrkirche »Zum kostbaren Blut«, erbaut 1953-56 von der →»Arbeitsgruppe 4«, ermöglicht durch den Einsatz des Pfarrers Wilhelm Eisenbart. »Erster moderner Kirchenbau der Nachkriegszeit, in dem die liturgischen Erneuerungen rund zehn Jahre vor dem 2. Vatikanum realisiert wurden« (F. Achleitner). 1950 erwarb die Kongregation der Missionare vom kostbaren Blut das alte Weichselbaumgut vom Stift →St. Peter. Daraus sollte mit bescheidensten Mitteln eine Kirche werden: das verhältnismäßig niedrige, dunkle Stallgebäude wurde zum Kirchenschiff adaptiert, im Kontrast dazu der Altarraum, licht und hoch durch ein Winkeldach mit einem nach außen geöffneten Dachstuhl, der als Glockenträger fungiert. In der Gegenbewegung das südliche Pultdach über einem weiteren niedrigeren Raumteil für die Kinder. Dort, gegenüber dem Haupteingang, der zweite Eingang, der auch Prozessionen durch die Kirche erlaubt. Die beiden seitlichen Stalltore durch Glasfenster von Josef Mikl geschlossen, die Ritzzeichnungen auf den Betontoren des Südeinganges von Rudolf Karl Fischer nach Zeichnungen von O. →Kokoschka, das aus Beton gegossene Kruzifix über dem Nordeingang von Fritz Wotruba, Monstranz in Silber von der →»Arbeitsgruppe 4« und von Josef Mikl, Meßgewänder von Josef und Franziska Mikl.

Lit.: E. Widder: Zeichen des Heils. Kirchenkunst der Gegenwart in Österreich. Linz 1963. – O. Mauer: Pfarrkirche zum Hl. Blut. Salzburg-Parsch. Wien (1957).

M.O.

Partnerschaften des Landes Salzburg (Stand 2000):

Republik Litauen und Land Salzburg: Die 1970 von der Österreichisch-sowjetischen Gesellschaft und der Salzb.-litauischen Gesellschaft für Freundschaft und kulturelle Verbindungen mit dem Ausland gegründete Partnerschaft (→Auslandskultur) bezog sich vorwiegend auf die Bereiche Wissenschaft und Kultur. Durch die Unabhängigkeit Litauens im Jahre 1990 hat sich die Partnerschaft auch auf andere Bereiche wie Schule und Bildung, Tourismus, Medizin und Landwirtschaft erweitert.

Autonome Provinz Trient und Land Salzburg:

Pfarrkirche Parsch (Oskar Anrather)

Aufgrund enger historischer Verflechtungen wurde 1982 eine Partnerschaft zwischen der Autonomen Provinz Trient und dem Land Salzburg offiziell geschlossen. Sie bezieht sich vor allem auf die Bereiche Bildung und Forschung, Jugend und Kultur.

H.O.

Partnerschaften und Freundschaftsverträge der Landeshauptstadt Salzburg (Stand 1999): Reims (Frankreich) seit 1964 Städtepartnerschaft; Verona (Italien) seit 1973 Städtepartnerschaft; Leon (Nicaragua) seit 1984 Städtepartnerschaft; Singida (Tansania) seit 1984 Städtepartnerschaft; Schwandorf (Bayern) seit 1984 Umweltpartnerschaft (Anti-Atom); Busseto (Italien) seit 1988 Freundschaftsvertrag; Vilnius (Litauen) seit 1989 Städtepartnerschaft; Dresden (Deutschland) seit 1991 Städtepartnerschaft; Kawasaki (Japan) seit 1992 Städtepartnerschaft; Meran (Italien) seit 1993 Freundschaftsvertrag.

H.O.

Pászthory, Casimir von, * Budapest 1. 4. 1886, † Wermelskirchen (Rheinland) 18. 2. 1966,

Komponist. Studierte in Wien, Paris und Brüssel, 1927-34 Lehrtätigkeit am Wiener Konservatorium, nach 1935 freischaffender Künstler, lebte seit 1950 in Salzburg. Schrieb Opern im spätromantischen Stil (»Die drei gerechten Kammacher«, »Die Prinzessin und der Schweinehirt«, »Tilman Riemenschneider«), Lieder (Weinheber-»Kalendarium«, Hesse- und Rilke-Lieder) und das Melodram »Die Weise von Liebe und Tod des Cornet Christoph Rilke«.

Lit.: S. Dahms: Rilke zu C. v. P.s »Cornet«-Vertonung. In: ÖMZ 26, 1971.

G.W.

Paul-Hofhaimer-Consort Salzburg, Ensemble für Alte Musik, 1973 von Rainer Straub gegründet und bis 1986 (seither von Michael Seywald) geleitet; interpretiert Musik des MA. und der Renaissance, vor allem der Minnesänger des süddt. Raumes und das Werk P. →Hofhaimers und seiner Zeitgenossen auf alten Instrumenten. Zahlreiche Konzerte und Aufnahmen im In- und Ausland, u. a. in Italien (Festwochen für Alte Musik in Cervia und Ravenna), Deutschland (Berliner Sommerfestspiele), Frankreich, in der Schweiz und in Luxemburg.

G.W.

Paul-Hofhaimer-Gesellschaft Salzburg, Internationale →Hofhaimer, Paul

Paumgartner, Bernhard, * Wien 14. 11. 1887, † Salzburg 27. 7. 1971, Dirigent, Komponist und Musikforscher. Sohn des Publizisten, Pianisten und Musikreferenten Hans Paumgartner und der Sängerin und Gesangspädagogin R. →Papier. Studierte nach dem Besuch des Theresianums an der Wiener Univ. Jura (Promotion 1911), daneben Musiktheorie, Musikgeschichte und Dirigieren bei Eusebius Mandyczewski und B. →Walter, Klavier bei R. Dienzl und Horn bei Karl Stiegler. 1906 erster Kontakt mit Salzburg als Assistent G. →Mahlers beim 7. Salzburger Musikfest, »Die Hochzeit des Figaro«. Während des 1. Weltkriegs Dirigent des Wiener Tonkünstler-Orchesters, als Vertreter Mandyczewskis Lehrer an der Wiener Musikhochschule (Partiturspiel, Gesangslit.) und wissenschaftlicher Leiter der Musikhistorischen Zentrale des k. u. k. Kriegsministeriums: systematische Erfassung des Liedgutes im österr. Heer (Zusammenarbeit mit Konrad Mautner, Raimund Zoder, Bela Bartók, Zoltan Kodály). Im September 1917 wurde P. als Direktor des damaligen Konservatoriums →Mozarteum nach Salzburg berufen. Mit den Salzburger →Festspielen war P. von Anfang an eng verbunden. 1920 Dirigent und Komponist bei der ersten »Jedermann«-Aufführung, auch in den folgenden Jahren Bühnenmusiken für M. →Reinhardt (u. a. »Das Mirakel«, 1925, »Der Diener zweier Herren« und »Turandot«, 1926. »Sommernachtstraum«, 1927, »Faust«, 1933). 1921 dirigierte er das 1. Orchesterkonzert, die 1. →Mozart-Serenade im Hof der →Residenz und im →Dom Mozarts Requiem (1. Konzert geistlicher Musik bei den Festspielen). Seit 1927 wird in der Stiftskirche →St. Peter die von ihm ergänzte c-Moll-Messe Mozarts aufgeführt; 1949 begründete er die →Mozart-Matineen. Die von ihm durchgesetzte Verstaatlichung des Konservatoriums sicherte (ab 1922) den Fortbestand der Musikschule. 1925 wurde P. zum Prof. ernannt, 1937 Hofrat. Am 16. 8. 1938 wurde P. seines Amtes als Direktor des Mozarteums enthoben. Während des 2. Weltkriegs hatte er von der Wiener Univ. einen Forschungsauftrag in Florenz über ital.

Bernhard Paumgartner (Foto Ellinger)

Musikgeschichte und die Anfänge der Oper und hielt in Braunwald (Schweiz) Musikkurse. Bereits 1945 wurde er wieder als Leiter des Mozarteums eingesetzt (»Generalintendant«). Anläßlich der Erhebung zur Akademie 1953 wurde P. der erste Präsident des Mozarteums (bis zu seiner Emeritierung 1959). Bereits Ende der 20er Jahre hatte P. ein »Mozart-Orchester« gegründet, mit dem er auf Tourneen nach London und in die ČSR den »Salzburger Mozart-Stil« bekanntmachte. Seine wichtigste Ensemblegründung war 1951 die →Camerata Academica des Mozarteums, mit der er in zahlreichen Konzerten, auf Tourneen und mit Plattenaufnahmen seinen bahnbrechenden Aufführungsstil Mozartscher Werke in Europa, USA und Japan bekanntmachte. Von 1960 bis zu seinem Tod war P. Präsident der Festspiele. Die →Univ. ehrte ihn 1967 mit dem Ehrendoktorat.
In zahlreichen Vorträgen, Reden und Schriften befaßte sich P. vor allem mit den Themenkreisen Mozart, Salzburg, Festspiele und Aufführungspraxis, F. Schubert (1979), J. S. Bach (1950), Das instrumentale Ensemble (1966), Erinnerungen (1969). Er besorgte Ausgaben literarischer und musikalischer Werke, u. a. L. Mozarts Briefe an seine Tochter (gemeinsam mit O. E. Deutsch, 1936); Ch. Burneys musikalische Reise durch das alte Österreich (1948); L. Mozart, Violinschule (1923); W. A. Mozart, La finta semplice (1955), Idomeneo (1955), Der Schauspieldirektor (1954), A. Corelli, 12 Sonaten für Violine und B. c. (1952); J. Haydn, Die 3- und 4st. Gesänge (1951); E. de'Cavalieri, Rappresentazione di anima e di corpo (1970). Er komponierte Bühnenwerke, u. a. »Die Höhle von Salamanca« (UA Dresden 1923), Schauspielmusiken, Instrumentalwerke, Chöre und Lieder.

Lit.: G. Croll (Hg.): B. P. Künstler und Forscher. Salzburg 1971. – B. P.: Erinnerungen. Salzburg 1969.

E.St.

Pausinger, Franz von, * Salzburg 10. 2. 1839, † Salzburg 7. 4. 1915, Maler. Seinerzeit gefeierte Autorität der Jagd- und Tiermalerei, wuchs in Schloß Kogl bei Vöcklamarkt auf, studierte in Wien, Karlsruhe (Schirmer) und Zürich (Koller). P. war selbst begeisterter Jäger, war Gast in den berühmtesten Revieren der Monarchie, Begleiter des Kronprinzen Rudolf auf seinen Jagdzügen und 1881 auf seiner Orientreise, deren luxuriöse Publikation er mit 136 Illustrationen schmückte. Im Salzburger Schloß Elsenheim richtete er sich ein prächtiges Künstlerheim ein, im neuerbauten Künstlerhaus (→Kunstverein) hielt er zwei große Ateliers. Vor allem Hirsch und Gemse sind P.s endlos variiertes Thema. Als Zeichner virtuos, beschränkte er seine Palette immer mehr auf stumpfe Grün- und Brauntöne. Seine Spezialität waren riesige Kohlezeichnungen. Im Halbdunkel seiner urlandschaftlichen Szenerien schwelt dramatische Spannung. In seinen besten Werken gelingt es ihm, den Verismus der Darstellung ins Monumentale und Sinnbildhafte von Lebenskampf und Todesnähe zu heben. P.s Frau Rosalia (1843-1925) war Bildnismalerin, seine Tochter Helene (1871-1956) erreichte als Blumen-, Stilleben- und Landschaftsmalerin ansprechendes Niveau. Die jüngste Tochter, Elisabeth (1888-1968), heiratete den amerikanischen Dichter Charles Wharton Stork, lebte in Philadelphia und übersetzte Johanna Spyris »Heidi« erstmals ins Englische. Wie ihre Schwester Paula, verh. Erggelet, die ihr nach Amerika folgte, war sie eine ambitionierte Malerin. Clemens von P. (* Salzburg 1. 3. 1855, † Wien 3. 1. 1936), ein Neffe des Franz v. P., war vor allem als Pastellporträtist einer der bevorzugten Maler der vornehmen Wiener Gesellschaft.

Lit.: Ausstellungskat. Orient. Österr. Malerei zwischen 1848 und 1914, Residenzgalerie Salzburg 1997. – Ausstellungskat. Salzburg 1905. RAIKA Salzburg 1995, S. 39 ff. – B. Wally. – ÖBL. – Kat. Gedächtnisausstellung Salzburg 1939. – SV, 25. 5. 1939, 7. 4. 1915, 9. 2. 1909.

N.Sch.

Peche, Dagobert, * St. Michael (Lungau) 3. 4. 1887, † Wien 16. 4. 1923, Kunstgewerbler. Es ist kaum bekannt, daß der wohl phantasiebegabteste Exponent der »Wiener Werkstätte« im Lungau geboren ist, Kinderjahre in Oberndorf/ Salzach verbrachte und in Salzburg die Realschule besuchte, ehe er als Schüler von F. Ohmann nach Wien kam und bald zum führenden Mitarbeiter Josef Hoffmanns wurde. P.s in allen Sparten des Kunstgewerbes erprobte kapriziöse Einfallskraft überzüchtete den Luxusgegenstand nicht selten zum zweckbefreiten, manieristisch-verspielten Objekt.

Lit.: Ausstellungskat. D. P. Die Überwindung der Utilität. Museum für angewandte Kunst, Wien 1998. – Ausstellungskat. D. P. SMCA 1987. – Ausstellungskat.

Hochschule für angewandte Kunst. Wien 1987. – M. Eisler: D. P. Wien-Leipzig 1925.

N.Sch.

Pegius (Pegger, Pegie), Martin, * Pillichgrätz/Krain, um 1525, † Salzburg, Juli 1592, Rechtsgelehrter, Astrologe und Humanist. Doktorgrad an der Universität Ingolstadt (1551), danach Stadtschreiber und Advokat der salzburgischen Stadt Mühldorf. Ab 1556 Salzburger Domkapitelsynikus (Prokurator), 1558 Hofrat und 1560 Konsistorialassessor. In den Jahren 1557-64 entwickelte er eine rege Tätigkeit als Rechtsschriftsteller. Er verfaßte seine mehrfach nachgedruckten juristischen Werke, u. a. zum Bau-, Gant-, Erb- und Eherecht, in deutscher Sprache. P., der auch Griechisch und Hebräisch beherrschte, schrieb mit dem »Geburtsstundenbuch« (Basel 1570) ein voluminöses Lehrbuch der Astrologie. Er erwähnt als erster die Berggeister des Untersberges (Erstbeleg der Untersbergsage). Seine Werke vermischen astronomische, alchimistische und medizinische Kenntnisse mit biblischen Erzählungen und geschichtlichen Ereignissen. 1582 wurde P. des Verrats von Beschlüssen des Hofrats, der widerrechtlichen Unterstützung von Gerichtsparteien und auch der Zauberei und Hexerei beschuldigt. Ohne Prozeß blieb er bis zu seinem Tod in der →Festung Hohensalzburg inhaftiert. Grabstein in der Margarethenkapelle von →St. Peter.

Lit.: F. Martin: Die merkwürdigen Schicksale des Rechtsgelehrten Dr. Martin Pegius. In: MGSLK 82/83, 1942/43, Beiheft S. 39 ff. – J. K. Mayr: Geschichte der salzburgischen Zentralbehörden von der Mitte des 13. bis ans Ende des 16. Jh.s. In: MGSLK 66, 1926, S. 1 ff. – C. W. Neumann: Zwei unglückliche Verehrer der Berggeister. Ein Beitrag zur Untersbergsage, Regensburg 1875. – M. Walz: Die Grabdenkmäler von St. Peter und Nonnberg in Salzburg. In: MGSL 11, 1871, S. 211 f. u. 14, 1874, S. 449, 492 – ADB 25, S. 318.

P.F.K.

Peiffer Watenphul, Max, * Weferlingen bei Helmstedt 1. 9. 1896, † Rom 13. 7. 1976, Maler und Graphiker (Lithographie). Promovierter Jurist. Paul Klee erkannte seine Begabung. 1919-21 am Bauhaus in Weimar, 1922-24 in Salzburg in der Werkstatt von M. →Cyrenius, wo er an der Erneuerung der Emailmalerei mitwirkte und S. →Zweig kennenlernte. Seit dieser Zeit war er mit der von ihm geliebten und oft gemalten Stadt verbunden, auf deren Künstlerschaft er einen nachhaltigen Einfluß ausübte. Sein spezifisches Deutschrömertum veranlaßte ihn, seit 1933 vorwiegend in Italien (Ischia, Venedig, Rom) Aufenthalt zu nehmen. Ein Intermezzo brachte ihn 1943/44 als Lehrer an die Salzburger →Gewerbeschule, 1964 wurde er Nachfolger O. →Kokoschkas an der Int. →Sommerakad. für bild. Künste. Die Kunst dieses »hochstilisierten Naiven«, der an seiner lyrisch-poetischen Note kontinuierlich festhielt, beschwört mit ihrer »an düsteren Akkorden reichen Farbmusik« eine »Schönheit am Rande finsterer Abgründe«. (Hocke) Seine in verwischten Konturen, mit Vorliebe auf grob durchscheinende Sackleinwand gemalten Landschaften und Blumenstilleben sind »Elegien auf versinkende Schönheit« (Welz), in denen sich wie in einer doppelgesichtigen Vision atmosphärische Verklärung mit der Ahnung vom Untergang trifft. (Farbabb. S. 366)

Lit.: Ausstellungskat. P. W. Die Stilleben. Rupertinum Salzburg 2001. – Ausstellungskat. M. P. W. Rom-Hannover 1997. – Ausstellungskat. M. P. W. Italienbilder. Kiel 1993. – Ausstellungskat. M. P. W. SMCA 1993. – G. Watenphul Pasqualucci, A. Pasqualucci: M. P. W. Werkverzeichnis. 2 Bde., Köln 1989 und 1993. – G. R. Hocke: M. P. W. Stuttgart-Zürich 1976.

N.Sch.

Penninger, Ernst, * 1919 Hallein, † 7. 10. 1995 Hallein, Heimatforscher und Archäologe. Berufsausbildung an der Gewerbeschule Salzburg, Abt. Maschinenbau, 1952-76 im Dienst der Stadt Hallein als Mitarbeiter, ab 1966 als Betriebsleiter der Salzbergbahn. Nebenberufliche Beschäftigung mit der Stadtgeschichte von Hallein, ab 1949 Kustos des Stadtmuseums, 1970-89 Direktor des von Ernst Penninger initiierten Keltenmuseums, 1976-85 auch Landesarchäologe von Salzburg. Ausgrabungstätigkeit am Dürrnberg seit 1949, u. a. Entdeckung eines »Fürstengrabes« im Jahre 1959, zahlreiche Publikationen zu den Funden des Dürrnberges sowie zur Geschichte und Technik des Salzbergbaues.

F.M.

Perchten. Hinter dem Namen P(B)ercht verbergen sich drei unterschiedliche Gestalten und Bräuche, denn nachweislich seit dem 17. Jh. wurde das Wort »Berchte« als Synonym für Maske verwendet. Seit dem frühen Mittelalter ist »Frau Berchte« (meist mit B geschrieben) archivarisch nachweisbar; sie tritt am Vorabend des Dreikönigstages (5. 1., kirchl.

Hochfest Epiphanie, Erscheinung des Herrn, bis zum 4. Jh. einer der Termine für das Weihnachtsfest, in der Ostkirche bis heute) dem P/Berchtenabend auf. Darstellungen als vermummte Frau mit der langen Nase in mittelalterlichen Codices, häufig unter den Arbeiten der Mönche, in Sebastian Francks Weltbuch und als Beispiel der »Frau Sünde« in Schriften der Gegenreformation. Im Volk haben sich verschiedene Formen dieser Berchten erhalten: ihnen wird die Kontrolle über Haus und Hof zugewiesen, und sie gelten als die Führerinnen ungetauft verstorbener Kinder. D. R. Moser versteht die Bezeichnung »Bercht« (ebenso wie verwandte europäische Gestalten und Namen, z. B. ital. »Befana«) als Verballhornungen von Epiphanie und sieht darin frühe katechetische Gestalten. Verwandtschaft mit den Luzelfrauen und Berchten in ganz Zentral- sowie SO-Europa. Berchten erscheinen im Lungau paarweise, eine schwarz, eine weiß, in alte Fetzen gekleidet, das Gesicht vermummt. Sie kehren die Stuben und tragen eine Schere bei sich, um unsauberen Frauen den gefundenen Kehricht in den Bauch zu stopfen. Eine schwarzweiße Fellperchte befindet sich in der →Kuenburg-Sammlung. Die Rauriser Schnabelperchten, in bunte Altkleider gewandet, mit Buckelkorb, Schere und Besen, tragen schnabelartige Gesichtsmasken aus Holz und Tuch, die an mittelalterliche Teufelsfratzen und Pestmasken erinnern. Auch die drohenden und bettelnden Brotperchten (Pinzgau) sind hier zu nennen. Im Rauriser Tal bestanden 1909 noch Perchtenkreuze, unter ihnen sollen menschliche Perchtenläufer, die einer tatsächlichen Percht begegnet sein sollen, begraben sein. Verbote zwischen dem 17. und 19. Jh. zeigen aber, daß alle Maskenläufe auch Elemente der sozialen Kontrolle aufwiesen und daher vielfach von der Obrigkeit verboten worden waren. Es kam zu Raufhändeln, zu Kritik an der Obrigkeit, zu Unmoral und Suff, Aufstände wurden befürchtet. Über die Berchte existieren viele Sagen.

Die zweite Gruppe sind die »Schönperchten«, die heute zwischen Silvester und Aschermittwoch in geordneten Umzügen auftreten. In Gastein, Bischofshofen, Radstadt, St. Johann und Altenmarkt (Pongauer Kappenperchten, seit 1850 in dieser Form belegt, Tafelkappen heute bis zu 2 m hoch) bestehen die P. aus zwölf Tafelperchten, zwei Tierperchten, Wild-, Jagd- und Fetzenperchten, jede mit einer Gesellin bzw. Nachtänzerin (von Männern verkörpert). Nach archivalischen Berichten stellen sie Umformungen und Umdeutungen einstiger Karnevalsgruppen dar, die starke Einflüsse aus dem italienischen Theater und Karneval, dem mittelalterlichen Predigttheater, dem Lehrtheater der Renaissance, vermischt mit alpenländischen Spielen, Sagen und Vorstellungen, aufweisen. Noch im frühen 19. Jh. bestanden solche als »Berchtenlauf« bezeichneten Volksspektakel aus verschiedenen Figuren, die ebenfalls paarweise auftraten, u. a. den Schönperchten mit Larven, kleinen Flitter- und Spiegelmasken und Kränzen, den »schiachen« Perchten in Fell-, Leder- und Holzmasken, der Hexe und dem Kasperl oder Hanswurst, dem Pater mit seiner Gretl, Sennerin und Jäger, dem Bären und dem Bärentreiber u. a. Sie besuchten die Höfe, was als Segenswunsch verstanden wurde, führten scherzhafte Spiele und Hochzeiten durch, tanzten, tresterten (stampfender, rhythmischer Sprungschritt) jagten das Publikum. Zu ihren Sonderformen zählten die Sprungperchten (Abb. in der Kuenburg-Sammlung), aus denen sich um 1900 die heutigen Formen der Pinzgauer (Unken: 1750 strenge Strafen, 1911/12 Wiedereinführung; Stuhlfelden: eindrucksvolle Masken mit Hühnerfedern und Bändern, rot-weiße Brokatkostüme, Wiedereinführung in Stuhlfelden 1963, Abb. um 1870 erhalten, erste Erneuerung um 1920 durch Verein →Alpinia in Salzburg.) Tresterer und Stelzperchten (Unken) entwickelten. Genaue Schilderungen geben uns Akten der Pflegschaftsgerichte bei Ahndung von Verstößen gegen die Verbote im 18. Jh. Vergleichbare Maskengruppen finden sich im ganzen europäischen Alpen- und Voralpengebiet mit kath. Katechese zur Zeit der Gegenreformation.

Das jüngste Genre sind die »Krampusperchten«, männliche Teufelsgestalten, die zwischen dem 5. und 23. Dezember auftreten. Schafffelle, Ledergürtel mit einer Kuhglocke und große, mit Tierhörnern verzierte Holzmasken mit teuflischen oder animalischen Zügen sind ihr Kostüm. Mit Ketten und Peitschen bewaffnet rasseln die Perchten, schlagen wild um sich, sie tauchen unerwartet auf. Heute präsentiert sich dieser Brauch zwischen Traditionspflege und Kommerz, dazwischen liegen atavistische Sehnsüchte, Vergnügen der Jugendlichen, Publikumsbelustigung und touristisches Spektakel, getragen von Vereinen. Früher war das Auftreten der Krampusse an den hl. Nikolaus gebunden, die Masken überschritten kaum die natürliche Körpergröße, die Kostüme waren aus Stoff, Fell, Papier und Pappmaché. Einst waren die »Perchten« Teufel im kirchlichen Nikolausspiel, das sich auf den Dorfplatz und in die Häuser bewegte und dabei volkstümlicher wurde, besonders in der Gegenreformation. Ein schöner barocker Theaterteufel ist als »Brixentaler Teufel« (Tiroler Anteil der Diözese Salzburg) im Innsbrucker Volkskunstmuseum erhalten. Ab 1785 wurden Volksbräuche von kirchlicher und weltlicher Obrigkeit als Anlaß für ungehörige Späße, Streitigkeiten und Unmoral verboten. Bereits im 17. Jh. bezeichnete der Ausdruck »B/Percht« jede Maske. Zwischen dem 17. Jh. und dem 19. Jh. langsame Übertragung des Namens und Vermischung der Formen. Zwischen nationaler Romantik und NS-Zeit Suche nach naturkultischen und germanischen Wurzeln, Umdeutungen, Veränderungen. K.→Brandauer bemühte sich um die Begründung von Perchtenpassen, Instrumentalisierung in der NS-Zeit. In Stadt und Land Salzburg existieren derzeit über 180 eingetragene Krampuspassen.

Lit.: U. Kammerhofer-Aggermann: Perchtenlaufen zwischen Mythos und Carneval. In: SV 1, 1998, S. 74-84. – H. Schuhladen: Zur Geschichte der Berchtenbräuche im Berchtesgadener Land, in Tirol und Salzburg vom 16. bis zum 19. Jh. In: Bayer. Jb. f. VK, 1983/84, S. 1-29. – D. R. Moser: Bräuche und Feste im christlichen Jahreslauf. Brauchformen der Gegenwart in kulturgeschichtlichen Zusammenhängen, Graz 1983.

U.K.

Peregrin →Hupfauf

Pereth, Johann Franz, * Augsburg um 1621, † Salzburg 18. 5. 1678, Maler, von dem Altarblätter in St. Georgen im Pinzgau, Siezenheim und Maria Plain bekannt sind. Wichtiger ist sein Sohn Johann Friedrich (* Salzburg 16. 11. 1643, † Salzburg 3. 2. 1722), dessen Malerei im venezianischen Manierismus wurzelt und sich reichlich eines spätbarocken Brauntones bediente. Zahlreiche Altarbilder (Irrsdorf, Abtenau, Mauterndorf, Hallwang, Morzg, St. Martin, Bischofshofen, Bergheim, Zell am Wallersee sowie in der Josefskapelle der →Franziskanerkirche), daneben auch als Vorzeichner für den Kupferstich tätig (Ansichten von Maria Plain, Badgastein und den Katakomben, Porträts von Eb. →Johann Ernst Thun, →Ehrenpforten zur Säkularfeier, Thesenblätter). Eine genaue Scheidung der beiden P. ist kaum möglich.

Lit.: M. Gruber: Die Malerfamilie P. Diplomarbeit Salzburg (in Vorbereitung). – G. Heinz: Studien über die Malerei des 17. Jh.s in Salzburg. In: MGSLK 94, 1954, S. 86. – Thieme-Becker.

N.Sch.

Peretti, Halleiner Zinngießerfamilie (→Zinn) des 19. Jh.s. Carl Anton P. aus Mailand erwarb 1806 die Halleiner Zinn-Gerechtsame (Meistermarke: Monogramm und Salzträger). Er verfügte auch über die Bewilligung zur Ausübung seines Gewerbes »im Gebirg«. Anton P. in Hallein seit 1819 nachweisbar, kaufte 1828 eine Gerechtsame in Salzburg (Meistermarke: HALLEIN, bis 1833). Johann P., Sohn, tätig ab 1850.

Ch.S.

Permoser, Balthasar, * Kammer bei Otting (Chiemgau) 13. 8. 1651, † Dresden 20. 2. 1732, Bildhauer. Bauernsohn, kam als 14jähriger Bildschnitzerlehrling nach Salzburg in die →Weißkirchner Werkstatt, 1671 bildete er sich in Wien weiter, 1675 zog er nach Italien und brachte hier 14 Jahre hauptsächlich in Rom, Florenz und Venedig zu, 1689 wurde er als Hofbildhauer nach Dresden berufen, vorübergehend war er auch für den Berliner Hof tätig und unternahm mehrere Reisen in seine Heimat: 1692 (Stiftung einer Schule in Otting), 1697/98 (auf der Reise nach Italien ein Jahr in Otting), 1717 (mit P. Egell, um Marmor zu besorgen), 1725 (auf der Wallfahrt nach Rom kehrte er bei M. W. Weißenkirchner ein und schenkte ihm einen »Gegeißelten Christus«) sowie 1728. P., der neben A. Schlüter als zweiter großer Vertreter der monumentalen Spätbarock-Plastik gilt, bezeichnete sich zeitlebens als »von Salzpurg« stammend – sein Geburtsort unterstand der Gutsherrschaft des Klosters →Nonnberg. Schon als Junger erhielt er den Auftrag für etliche Gartenfiguren im Schloß →Mirabell, von denen sich drei erhalten haben: Apollo (Chiemseehof Salzburg), Bacchus und Flora (Unteres Belvedere, Wien). Später machte er sich durch seine virtuosen

Elfenbeinschnitzereien einen Namen und schuf erst wieder mit der Fassadenplastik für S. Gaetano in Florenz (1686) ein monumentales Werk. Seit 1712 entstand mit großem Mitarbeiterstab der umfangreiche Figurenschmuck des Dresdner Zwingers. Berühmt sind seine Apotheosen Augusts des Starken und des Prinzen Eugen. Der universelle Zug, das Diskontinuierliche seiner Entwicklung und die Spannweite seines Temperaments zwischen einem extrem gesteigerten Pathos und einer das Rokoko vorwegnehmenden Heiterkeit lassen P. als Inbegriff barocker Lebensfülle erscheinen. Auch persönlich wird P. als betont eigenwillige Künstlernatur geschildert.

Lit.: S. Asche: B. P. Berlin 1978. – Ders.: B. P. und die Barockskulptur des Dresdner Zwingers. Frankfurt 1966. – W. Boeckelmann: B. P. Studien zu seiner Frühzeit. Traunstein 1951.

N.Sch.

Pernegger, Bildhauerfamilie in Salzburg, trat Ende des 16. Jh.s zuerst mit Michael P. († 1615) hervor, einem Schüler des Hans Leonhard →Waldburger. Von ihm sind die 25 Marmorwappen über dem Portal des Kapitelhauses (1603), das Wandgrab des Dompropstes Wolkenstein in →St. Peter (1604) und das Portalrelief des hl. Augustin im Kloster Mülln. Sein Sohn Andreas P. (get. am 27. 3. 1590, † 1656) soll das Lustschloß Petersbrunn erbaut und mit Wasserspielen versehen haben und ist mit zwei Engeln in Golling (1617) auch als Bildhauer bezeugt. Das bedeutendste Familienmitglied ist sein Sohn Hans P. der Jüngere (* 1603 in Bayern, † Salzburg 17. 2. 1664). Er begegnet erstmals 1627 in den Rechnungen von St. Peter als Geselle H. →Waldburgers und dürfte den schon kränkelnden Meister auch in Mondsee und beim Hochaltar des Salzburger →Domes unterstützt haben. Wegen des lückenhaften Bestandes seiner Werke und seines Rufes, er lasse nur durch angeheuerte Gesellen arbeiten, der ihn 1661 den Auftrag des Berchtesgadener Hochaltars kostete, kann man sich kaum ein genaues Bild von seiner stilistischen Entwicklung machen. Seine Tätigkeit erstreckte sich über Kloster Seeon (Grabmal des Abtes Sigismund, 1636), Thalgau (Kreuzigungsgruppe, heute im →Dommuseum), Stift Schlägl, Reichersberg, Altötting, Wien (Schottenkirche), München und Melk bis zum Hochaltar in Neutra, Ungarn (1662).

Sein Sohn Johann Franz P. (* Salzburg Ende August 1634, † Wien 28. 4. 1720) war bis 1662 in Hallein ansässig. Kaum um ländliche Aufträge bemüht, arbeitete er in NÖ., Stm., Wien und Mähren, jedoch wenig in seiner Vaterstadt, die er als festen Wohnsitz beibehalten zu haben scheint. Unter Eb. →Johann Ernst Graf Thun erhielt er die Erlaubnis, die Architektur auszuüben (1699 Bauhütte in Nonntal). Im selben Jahr heiratete er in Wien zum zweiten Mal. Sein Hauptwerk, das Lavabo in der Stiftskirche Melk (1682), erzielt hochbarocke Wirkung durch einen »manieristischen« Kraftakt von Eleganz und Üppigkeit. Am Schluß seines noch wenig erschlossenen Werkes steht die Marmorausstattung der Kirche Klosterbruck bei Znaim.

Lit.: M. Silber in: SMusBl. 1939, Nr. 3-5. – Pretzell. – Thieme-Becker.

N.Sch.

Pertl, Wolfgang Nikolaus, * St. Gilgen 6. 12. 1667, † St. Gilgen 7. 3. 1724, eb. salzburgischer Pflegskommissär, Großvater von W. A. →Mozart. Absolvierte das Gymnasium in Salzburg und studierte Rechtswissenschaft, trat während seiner Studienzeit mehrmals als Solist, seit 1691 als Bassist, bei den Jahresschlußaufführungen der Schulbühne (→Theater der Benediktineruniv.) auf, daneben auch als Sänger und Gesangslehrer in →St. Peter. Nach Abschluß des Studiums war er in Wien und in Graz, seit 1706 in Salzburg in eb. Diensten im Rentmeisteramt tätig. 1712 heiratete er die Witwe Eva Rosina Puxbaum, seit 1716 lebten sie in St. Gilgen. Ihre Tochter Anna Maria Walburga P., geb. am 25. 12. 1720 in St. Gilgen, wurde die Mutter W. A. Mozarts.

Lit.: H. Schuler: W. A. Mozart. Vorfahren und Verwandte, in: Genealogie und Landesgeschichte 34, Neustadt 1980.

G.W.

Peter, Ilka (geb. Zezulak), * Budapest 28. 8. 1903, † Wien 32. 1. 1999. Ab 1906 in Wien, aber alljährlich rund ein halbes Jahr in Ramseiden bei Saalfelden. 1926 Akad. für Musik und darstellende Kunst (Gymnastik und künstlerischer Tanz). Tätigkeit als Tanzpädagogin und Choreographin bis 1968. Nach Kontakt mit R. Zoder aktive Beschäftigung mit Volkstanz, Feldforschung ab 1936. Neben zahlreichen anderen Veröffentlichungen mehrere Bücher

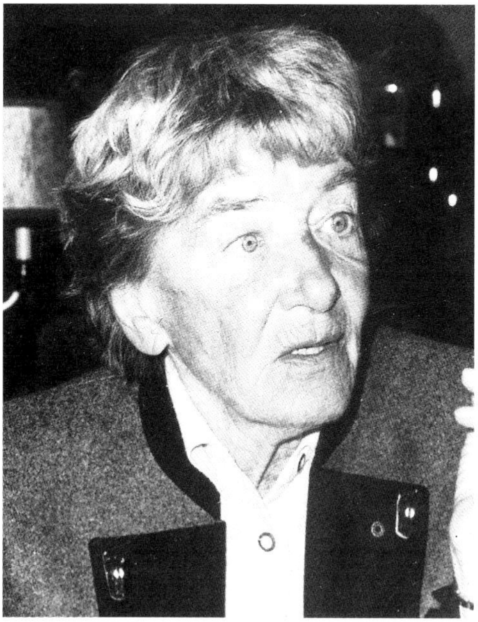

Ilka Peter (SLIVK)

über Perchtentanz, Volkstänze, Gaßlgehen, Salzburger Fackeltanz, Ranggeln. Ihre Aufzeichnungen ermöglichten die Wiederbelebung des →Tresterlaufes im Pinzgau.

Lit: M. Martischnig in: I. P. Tanzbeschreibungen und Tanzforschung. Gesammelte Volkstanzstudien, Wien 1983, S. 191 ff.

R.A.

Peternell, Pert (Rupert P.) * Fohnsdorf (Stm.) 30. 8. 1909, † Salzburg 11. 6. 1970, Korrektor, Schriftsteller. Sohn eines Bergmannes, Buchdruckerlehre. Historische Romane (u. a. über Paracelsus: »Der König der Ärzte«, 1941; über Mozart: »Die Last der Gnade«, 1954; »Gefährtin der Unsterblichkeit«, 1956, und »Die Mozarts«, 1965), Erzählungen, Mundartliteratur und Hörspiele sowie Bildbände (Hellbrunn, Salzburg – Berchtesgaden – Bad Reichenhall).

Lit.: Kürschner, Nekr. 1936-70. Berlin 1972, S. 505. – E. Effenberger: Dem Andenken P. P. In: SN, 12. 6. 1970, S. 7.

H.H.

Petersfrauen →Benediktiner, →St. Peter

Petersschule, Schule der Abtei →St. Peter, deren Errichtung bereits unter →Rupert anzunehmen ist. Erster Höhepunkt mit dem gelehrten Iren →Virgil. Unter →Arn(o), der in Verbindung zum Aachener Kreis um Alkuin stand und fränkische Bildung und Wissenschaft nach Salzburg holte, Blüte der P.: die Klerikerausbildung erreichte überdurchschnittliches Niveau, Handwerk und Kunstbetrieb (vor allem Schreib- und Malkunst) wurden gelehrt, und es herrschte reges literarisches Interesse (→Geschichtsschreibung). Nach den Ungarneinfällen Reorganisation durch den St. Gallener Mönch Chunibert (942-47). Ab 987 (Trennung von Bistum und Kloster) wurde die P. auf monastische Aufgaben beschränkt, doch förderte die Konkurrenz zur neuen Schule des Domkapitels (→Domschule) das Leistungsniveau. Vermutlich wurden alle damaligen Wissenschaftsgebiete gelehrt (ein Bibliothekskatalog des 12. Jh.s nennt ausdrücklich 60 Schulbücher).

Trotz neuer Schulen auf dem Land und vermehrtem Zuzug zu den Univ. behielt die P. – wie Bibl. und Skriptorium bezeugen – ihre Qualität bis ins 14. Jh. bei. Ab 1431 setzte die Melker Reform neue Anregungen. Auswärtige Univ.-Absolventen wurden als Schulleiter engagiert, wie der Gelehrte Erhard Lomptz (Rektor 1430-35), durch den die literarische Tätigkeit wichtige Impulse erhielt. In St. Peter wirkte der Kartograph A. →Walsperger und zu Ende des 15. Jh.s entstanden bedeutende Chroniken (→Geschichtsschreibung). Die damalige Schule (ihre Leiter sind ab ca. 1420 in ununterbrochener Reihe belegt) befand sich an der Stelle des heutigen Peterskellers. Trotz zeitweiliger Konkurrenz der Poetenschule des J. →Mulinus bewahrte die P. auch im 16. Jh. das höchste Niveau unter den Stadtschulen. 1617 wurde sie im Zuge der Vorbereitungen der →Univ.-Gründung aufgehoben und zur Vorbereitungsschule für das Gymnasium (bis 1811).

Lit.: F. Hermann: Wissenschaft und Bildung. In: Geschichte I/2, S. 1071 ff. – Ders.: Von der Petersschule zur Univ. In: St. Peter in Salzburg, Kat. Salzburg 1982, S. 196 ff. – H. Spies: Geschichte der Domschule zu Salzburg. In: MGSLK 78, 1938, S. 1 ff.

P.F.K.

Pezolt, Georg, * Salzburg 8. 5. 1810, † Salzburg 28. 10. 1878, Maler, Architekt, Kunstschriftsteller und -pädagoge. Lehrzeit bei J. M. →Wurzer, wurde 17jährig als Zeichner vom engl. Archäologen J. Molitor nach Italien mitgenommen, wo er sich später dem frz. Genremaler L. Robert anschloß. Nach dessen Selbstmord 1837 Rückkehr nach Salzburg und Publikation der »Interessantesten Punkte von Salzburg, Tyrol und Salzkammergut« (144 Lithos). 1839-42 in Rom. Seit den 50er Jahren wurde sein künstlerisches Schaffen von vielverzweigten Aktivitäten und historischen Interessen überlagert. Schon das umfangreiche Lithowerk »Salzburg und seine Angränzungen« (1851) bezieht neben den Naturschönheiten ma. Kunstschätze und Kostümgeschichte ein. Durch seine guten Beziehungen zu Eb. Schwarzenberg und später als erster ehrenamtlicher Denkmalpfleger nahm P. großen Einfluß auf die kirchliche Kunst der Erzdiözese. Mit wenigen Ausnahmen (Turm der →Franziskanerkirche) gehören seine restauratorischen Absichten eher ins Reich historisierender Phantasie. Einziger realisierter Architekturentwurf war die 1848-53 im neobyzantinischen Stil erbaute Borromäumskirche (1972 abgerissen). P. wirkte außerdem als Kunstgeschichts- und Zeichenlehrer, veröffentlichte u. a. 1866 seine »Vorträge über die Geschichte der christlichen Kunst« und bekleidete Funktionen am →SMCA, beim →Kunstverein und der Gesellschaft für Salzburger →Landeskunde. Als Maler bevorzugte er anfänglich Themen aus der altrömischen Geschichte, dann verlegte er sich auf idealisierende Landschaften und nazarenisch-glatte Altarbilder. Der zunehmende Positivismus auf dem Grunde eines romantischen Schwärmertums und eine problematisch werdende Doppelgleisigkeit als Künstler und Gelehrter machen P. zu einer überaus bezeichnenden Erscheinung an der Schwelle zum Historismus.

Lit.: 150 Jahre Salzburger Kunstverein. Kunst und Öffentlichkeit, Salzburg 1994. – A. Hahnl in: AMK, 24, 1979, H. 162, S. 66 ff. – Ders. in: SMusBl. 40, H. 1, S. 2 ff. – SV, 11. 11. 1938.

N.Sch.

Pezolt, Ludwig, * Rom 8. 10. 1839, † Salzburg, 21. 7. 1922, Stadtarchivar und Zeichner. Sohn des Kunstmalers Georg →P., besuchte die Akademie der bildenden Künste in Wien, wurde 1858 zuerst Kanzleibeamter bei der Polizeidirektion in Salzburg, ab 1861 bei der Stadtgemeinde, Protokollführer im Gemeinderat und Kanzleidirektor, ordnete das →Archiv der Stadt Salzburg und übergab dieses 1899 dem →SMCA, Verfasser zahlreicher Arbeiten zur Stadtgeschichte, legte Urkundenregesten und ein Register zu den Bürgerbüchern der Stadt (ab 1441) an, war auch als Zeichner, Lithograph und privater Zeichenlehrer tätig.

Lit.: ÖBL. – Nekr. in: MGSLK 62/1922.

E.M.

Pfaffinger, Joseph Anton, * Laufen (Oberbayern) 10. 1. 1684, † Salzburg 3. 8. 1758, Bildhauer. Sohn eines Bildhauers, Geselle bei Joh. Bapt. Spaz in Linz, bis 1716 unter diesem in Kremsmünster tätig, 1718 Bürger in Salzburg, wo er bis zu seinem Tod ununterbrochen tätig war und den bildhauerischen Arbeitsmarkt beherrschte. P.s technisch hochstehende Werke (in Stein und Holz) zeigen an, daß das Barock in Salzburg den Höhepunkt überschritten hatte. Aus Mangel an eigener Originalität wiederholte oder variierte er meist ältere Vorbilder, vornehmlich seines Schwiegervaters M. B. →Mandl, wobei noch mancher schöne Wurf gelang. Vollplastisches Volumen verflacht zu bühnenmäßiger Breitenwirkung, Pathos zu Sentiment. An Mandls »Philippus Benitius« hält sich P. bei seinen zahlreichen Nepomuk-Statuen – am schönsten die von →Leopoldskron (1741) –, die nachgerade seine Spezialität werden. Von Mandls »Petrus« und »Paulus« zehren der Petersbrunnen im Priesterhaus (1741) und die beiden Kolossalstatuen im Stift Seitenstetten (1744). Nach fremden Modellen führte er die Neptungruppe der Kapitelschwemme (1732, nach →Donner), den Hochaltar der Kollegienkirche (um 1738, nach J. →Kleber) und das Portal der Sebastiankirche (1754, nach →Danreiter) aus. Von P. sind weiters der »Hl. Florian« vom Marktbrunnen (1734), die Kreuzwegstationen auf dem Kapuzinerberg (1744), die Rupertstatue von →St. Peter (1757) sowie Heiligenfiguren in Maria Bühel, Gnigl und in der Kollegienkirche. P.s Werkstatt-Nachfolger war Lorenz Wieser (1708-67), der seine Witwe heiratete.

Lit.: G. Brucher (Hg.): Die Kunst des Barock in Österreich. Salzburg 1994, S. 178. – G. Helm: J. A. P. Über die Selbständigkeit der Kopie. Diplomarbeit. Salzburg 1991. – Pretzell. – R. Glaser in: Bergland 17, 1935, H. 8, S. 29. – Ders.: J. A. P. Diss. Graz 1931.

N.Sch.

Pfanzelter, Franz, * Salzburg 14. 11. 1867, † Salzburg 7. 2. 1929, Tapezierer und Dekorateur. Schuf mit dem von ihm entworfenen Geschäftsportal Judengasse 3 (1905) und dem eigenen Haus in Morzg, Dossenweg 4 (1914/15), zwei der wenigen Beispiele des Jugendstils in Salzburg.

Lit.: Achleitner 1980. – Der Architekt XIV, 1908.

M.O.

Pfest, Leopold Ladislaus, * Isen bei Freising 15. 11. 1769, † Salzburg-Gnigl 3. 10. 1816, Schriftsteller, Beamter. Jus-Studium in Freising und Salzburg. Seit 1791 als Beamter in Diensten von Eb. →Hieronymus Colloredo. Tätigkeit in →Mattsee, Waging, Saalfelden, Neuhaus und Salzburg. 1805 kursalzburgischer Rat, 1816 Landrichter in Salzburg. Dichtung nach klassischen Vorbildern und Metren. Ablehnung der Romantik, die er »die neue poetische Mystik« nannte. Polemik gegen die zeitgenössische Kritik.

Lit.: J. Schwarzbach: L. L. P. Biographische Skizze. In: MGSLK 33, 1893, S. 213 ff.

A.Has.

Pfingstkonzerte Salzburg, von H. v. →Karajan seit 1973 im Anschluß an die →Osterfestspiele Salzburg alljährlich organisierte und geleitete Orchesterkonzerte mit dem Berliner Philharmonischen Orchester und namhaften Solisten, 1982-97 mit wechselnden Dirigenten und Orchestern. Ab 1998 finden die P. in Baden-Baden statt, die S. →Festpiele organisieren das Festival »Pfingsten Barock«.

G.W.

Pfitzner, Hans, * Moskau 5. 5. 1869, † Salzburg 22. 5. 1949, Komponist, Dirigent und Pianist. Trat 1926 in Salzburg erstmals in einem Mozarteums-Konzert hervor, neben eigenen Werken spielte er Sonaten von →Mozart und →Brahms. Seit dieser Zeit blieb der Kontakt zu Salzburg erhalten, das →Mozarteum widmete ihm, gemeinsam mit dem Landestheater, 1940 eine besondere Ehrung mit »Hans-Pfitzner-Tagen«, der Uraufführung des Orchesterwerkes »Elegie und Reigen« und der Aufführung seines »Käthchen von Heilbronn« mit P. als Dirigent und Regisseur. Weitere Aufführungen, u. a. mit dem 1. Violinkonzert und der Kantate »Von deutscher Seele«, folgten. Seine nationalistischen Neigungen ließen ihn zum Anhänger des Nationalsozialismus und als Reichssenator zum Kämpfer gegen »Modernismus«, »Kulturbolschewismus« und »Kulturverjudung« werden. P. verbrachte seinen Lebensabend in Salzburg, sein Hauptwerk »Palestrina« wurde in Salzburg posthum, 1955 bei den Salzburger →Festspielen, aufgeführt.

Lit.: J. P. Vogel: H. P. in Selbstzeugnissen und Bilddokumenten. Reinbek 1989. – H. Rutz: H. P. Wien 1949.

G.W.

Pflanzl, Heinrich, * Salzburg 9. 10. 1903, † Großgmain 21. 3. 1978, Sänger. Absolvierte die Musikakad. in Wien, war an den Bühnen in Bern (1929), Breslau (1930-36), Nürnberg (1936-39), Kassel (1939-42), Dresden (1942-45), an der Staatsoper Berlin (1945-61) und an der Komischen Oper Berlin engagiert, gastierte u. a. bei den Bayreuther Festspielen und hatte seine größten Erfolge als Leporello, Rocco, Beckmesser, Ochs von Lerchenau und als Kreon in C. →Orffs »Antigonae«. 1962-73 leitete er eine Gesangs- und Opernklasse am →Mozarteum und unterrichtete an der Intern. →Sommerakad. Mozarteum.

G.W.

Pichler, Georg Abdon, * Salzburg 9. 3. 1806, † Salzburg 24. 10. 1864, Lehrer, Lyriker und Geschichtsforscher. Geboren mit dem Taufnamen Johann Georg, nahm er den Beinamen Abdon willkürlich an. Nach dem Besuch des Gymnasiums studierte er 1826 ein Jahr Rechtswissenschaften in Wien, kehrte dann aber nach Salzburg zurück, wo er sich seinen Studien widmete. Er versuchte sich in Jugendjahren im Zeichnen, der Dichtkunst und Musik, danach in der Sprachforschung (er beherrschte Französisch, Italienisch, Spanisch und Englisch) und in der Landwirtschaft, bevor er sich gänzlich der Geschichte zuwandte. Er arbeitete als Praktikant im Magistrat, supplierte drei Jahre das italienische Sprachfach, hielt geschichtliche Vorträge am Lyzeum und war acht Jahre unbesoldeter Bibliothekar an der Studienbibliothek. P. lebte in ärmlichsten Verhältnissen und wurde erst 1851 Verwalter der Herrschaft →Leopoldskron. Bereits 1851 regte er einen Historischen Verein an und war auch Gründungsmitglied der Gesellschaft für Salzburger →Landeskunde. Der »vaterländische Geschichtschreiber« betrieb umfangreiches Quellenstudium in Archiven und Bibliotheken, verfaßte zahlreiche historische Beiträge in Fachzeitschriften und Zeitungen und mehrere Bücher. Sein Hauptwerk, die mehr als 1000 Druckseiten umfassende »Salzburg's Landes-Geschichte« erschien ab 1861 in 14 Lieferungen und wurde erst ein Jahr nach seinem Tod 1865 mit der Herausgabe des letzten Heftes abgeschlossen. P. hinterließ einen umfangreichen hs. Nachlaß mit zum Teil druckfertigen Arbeiten, die von der Zensur zurückgewiesen worden waren.

Lit.: Wurzbach 22, Wien 1870, S. 232 ff. – Der salzburgische Schriftsteller G. A. P. Salzburg 1865 (auch in: Salzburger Zeitung 1865, Nr. 6-8, 10-12, 14-16) – Nekr. in: Salzburger Zeitung, 25. 10. 1864.

P.F.K.

Pichler, Gustav, * Wien 17. 5. 1904, † Wien 25. 2. 1980, Schauspieler, Landeskulturreferent. P. wirkte 1923-25 am Stadttheater Innsbruck als Schauspieler und war 1927 Regisseur an den »Vereinigten Bühnen Iglau und Znaim«. Neben dem Studium der Rechtswissenschaft war er als Radiosprecher von Radio Wien tätig. Es folgten weitere Engagements in Deutschland und der Schweiz. 1935 gründete P. die »Raimund-Gesellschaft«. Nach 1945 arbeitete er in Salzburg als Theaterkritiker beim »Demokratischen Volksblatt«, 1946 wurde er Leiter des Landes-Kulturreferates, initiierte 1952 den →Trakl-Preis. 1964 übernahm er die Leitung der neugeschaffenen Kulturabteilung der Salzburger Landesregierung, die er bis zu seiner Pensionierung innehatte.

Lit.: SN, 26. 2. 1980. – Amtsblatt der Landeshauptstadt Salzburg, 30. 11. 1974.

Th.W.

Piger, Johann, * Rietz (Tirol) 26. 5. 1848, † Salzburg 20. 7. 1932, Bildhauer. Der aus der einst berühmten Werkstatt F. X. Renns (Imst) hervorgegangene P. ließ sich 1876, nach dem Weggang des Bildhauers M. →Schiestl, in Salzburg nieder und fand hier dank der Förderung durch die Stifte →St. Peter und →Nonnberg ein reiches Betätigungsfeld. Seine in zahlreichen Kirchen von Stadt und Land anzutreffenden Heiligenfiguren sind in ihrem süßlichen Eklektizismus und ihrer makellosen Glätte ein Zeugnis der kath. Restauration am Ende des 19. Jh.s. Als Hauptwerk können die von Kardinal →Katschthaler in Auftrag gegebenen 20 Monumentalstatuen im Langhaus der Kollegienkirche (1905-12) gelten.

Lit.: S. Grüner: Der Bildhauer J. P. und sein Werk in Salzburg. Diplomarbeit Salzburg 1993. – Thieme-Becker. – Salzburger Chronik, 30. 7. 1932.

N.Sch.

Pilgrim II. von Puchheim (Geburtsort unbekannt), * um 1330-40, † Salzburg 5. 4. 1396, Eb. von Salzburg 1366-96. Aus einflußreicher Familie des österr. Herrenstandes. 1353 Domherr in Salzburg, im Folgejahr Priester und 1363 päpstlicher Kaplan. Nach einem Kirchenrechtsstudium in Avignon wählte ihn die österr. Partei, der er in der Folge (außer 1371-73: Bund mit Bayern) anhing, 1365 zum Eb.; ab 1370 verwaltete er auf sieben Jahre das Bistum Passau. Sein Angriff auf die Fürstpropstei Berchtesgaden führte ab 1381 zum Krieg mit den Bayernherzogen, die P. nach dessen Geheimbund mit dem Schwäbischen Städtebund 1387 gefangensetzten. Die Unterstützung der mit P. verbündeten Städte und das geschlossene Auftreten der Salzburger Landstände verhinderten bayerische Erfolge. Nach seiner Freilassung blieb P. militärisch siegreich. 1389 konnte er die Administration von Berchtesgaden übernehmen. Als letzter großer Salzburger Eb. des MA. betrieb er nicht nur eine erfolgreiche eigenständige Politik, sondern versuchte auch, in die europ. Politik einzugreifen. Sein Plan, sich im Großen Schisma (ab 1378) zum Schiedsrichter zwischen König und Papst zu machen, scheiterte an hohen königlichen Forderungen. Trotz avignonesischer Gesinnung kehrte er nun in die römische Obödienz zurück und erreichte vom Papst 1393 die Inkorporation Berchtesgadens. Er nützte die im Aufschwung des →Goldbergbaues fußende steigende Finanzkraft seines Landes und erwarb das Gericht Itter-Hopfgarten sowie die Herrschaft Mattsee mit Straßwalchen, so daß das Stiftsland seine größte Ausdehnung erreichte. P. ließ erste Salzburger Goldmünzen (→Münze) prägen. Sein prachtvolles Siegel wurde Vorbild für seine Nachfolger. Er machte Salzburg zu einem Zentrum der Plastik und der Musikpflege; an seinem Hof wirkte mit dem →Mönch von Salzburg der größte deutsche Lyriker seiner Zeit.

Lit.: P. F. Kramml, Pilgrim II. von Puchheim (1366-1396). Der Wolf Dietrich des Mittelalters, in: Lebensbilder Salzburger Erzbischöfe aus zwölf Jahrhunderten, Salzburg Archiv 24, Salzburg 1998, S. 101 ff. – H. Wagner: Vom Interregnum bis Pilgrim von Puchheim. In:

Geschichte I/1, S. 479 ff. – H. Klein: Eb. P. v. P. (1365-96). In: MGSLK 112/113, 1972/73, S. 13 ff.

P.F.K.

Pillwein, Benedikt, * Obersulz bei Mistelbach (NÖ) 26. 11. 1779, † Linz 27. 1. 1847, Topograph und Historiker. Studierte in Salzburg Rechtswissenschaften und besuchte das Pädagogische Seminar. 1804 trat er in die Dienste Kurfürst Ferdinands von Salzburg, der ihm den Abschluß der juridischen Studien (1806) ermöglichte. 1806-16 Redakteur der »Salzburger Zeitung«. 1811 bayerischer Beamter bei der Finanzdirektion Salzburg, 1816 in österreichische Dienste übernommen und 1822 nach Linz versetzt. P. erwarb sich bleibende Verdienste durch seine historischen Arbeiten, insbesondere durch seine »Geschichte, Geographie und Statistik des Erzherzogthums Österreich ob der Enns und des Herzogthums Salzburg« (5 Teile, 1827-39). Ein wichtiges Nachschlagewerk bilden zudem bis heute seine 1821 in Salzburg erschienenen »Biographischen Schilderungen oder Lexikon Salzburgischer theils verstorbener theils lebender Künstler«.

Lit.: G. Heilingsetzer: P. B. In: ÖBL 8, Wien 1983, S. 78 f. – G. Grüll: B. P. – Ein Lebensbild aus dem Zeitalter des Vormärz, in: Historisches Jb. der Stadt Linz, 1961, S. 163 ff. – H. Wallmann: B. P.s Leben und Wirken. In: MGSLK 6, 1866, S. 1 ff.

P.F.K., A.H.

Pimpl, Franz, * Taxenbach 13. 4. 1885, † Großgmain 12. 12. 1959, Maler. Anstreicherlehrling in Saalfelden, dann Schüler von F. Stuck in München, übernahm Th. →Ethofers Atelier im Salzburger →Künstlerhaus und unterrichtete an der kurzlebigen Malerakademie des →»Wassermann«. Später in Würzburg ansässig, während der NS-Zeit Kreisjägermeister für den Pinzgau, zuletzt in Großgmain bei Salzburg. Vertreter eines zum Heimatstil tendierenden Spätimpressionismus Münchner Prägung in Stilleben, Interieur und Landschaft. Porträtist von Ruf (»Festsitzung des Salzburger Gemeinderats 1916«). Kriegsbilder im Rainermuseum auf der →Festung Hohensalzburg. (Farbabb. S. 361)

Lit.: SV, 14. 12. 1959. – Bergland 9, 1927, Nr. 5.

N.Sch.

»Pinzgauer Dom«, Volksname für die Wallfahrtskirche zu Unserer Lieben Frau in Kirchenthal, südwestlich von St. Martin bei Lofer gelegen. Barocker Bau über kreuzförmigem Grundriß, erbaut 1694-1701 nach Plänen J. B. →Fischers von Erlach (Baumeister Stefan Millinger), steht an Bedeutung als Wallfahrtsort neben Maria Plain. Gotisches Gnadenbild (geschnitzte Holzskulptur) aus dem 15. Jh.: thronende Madonna mit Kind, das einen Stieglitz (Symbol für das Leiden Christi) trägt. Mehr als 1500 Votivtafeln (größter Bestand Österreichs). →Wallfahrt.

Lit.: J. Neuhardt: Wallfahrten im Erzbistum Salzburg. München-Zürich 1982.

L.T.

Pinzgauer Möbel →Bauernmöbel

Pirchl, Johann, * Mühlbach am Hochkönig 20. 8. 1855, † Salzburg 15. 3. 1932, Bergingenieur. Nach der Berufsausbildung trat P. in den Dienst der Mitterberger Kupfergewerkschaft, 1885 wurde ihm die Leitung des Bergbaus übergeben, 1900 übernahm er als Nachfolger seines gleichnamigen Vaters die Direktion des Unternehmens. Neben seiner Berufstätigkeit widmete sich P. von Jugend an der Erforschung des prähistorischen Kupferbergbaus im Gebiet von Mühlbach. In Zusammenarbeit mit Matthäus Much, dem führenden Prähistoriker seiner Zeit, entstanden eine Reihe von grundlegenden Studien zu diesem Problemkreis. Ein umfangreiches Ms. zur »Geschichte des Mitterberger Kupferbergbaues neuer und alter Zeit« ist posthum veröffentlicht worden (ArchA 43, 1968, 18-91). J. P. sen. und jun. ist die Bergung und Bewahrung zahlreicher prähistorischer Fundstücke aus den Kupfergruben am Mitterberg zu danken. Ihre einzigartige Sammlung wird heute im →SMCA verwahrt.

Lit.: Nachruf von M. Hell. In: MGSLK 72, 1932, S. 168 ff.

F.M.

Pirckmayer, Friedrich, * Schärding 16. 12. 1835, † Salzburg 14. 5. 1909, Landesarchivdirektor. Nach der Volksschule und dem Untergymnasium in Linz war P. ab seinem 15. Lebensjahr in verschiedenen Verwaltungsstellen bei Militär, Gericht, Polizei und Gendarmerie in OÖ. und Wien und ab 1845 bei der Polizeidirektion in Salzburg berufstätig. 1866 trat er als Kanzlist in den Dienst der Salzburger Landesregierung, übernahm 1868 mit der

Karl Pirich, Nonnbergerhof, um 1931 (Hubert Auer)

Leitung des Hilfsamtes auch die Zentralregistratur, die er neu ordnete und organisierte; 1875 zum Archivar ernannt und damit »Gründer« des →Landesarchivs, 1897 Archivdirektor (bis 1901). Wurde als Autodidakt zu einem bedeutenden Geschichtsforscher.

Lit.: F. Koller: Das Salzburger Landesarchiv. Salzburg 1987. – ÖBL. – Nekr. in MGSLK 49, 1909.

E.M.

Pirich, Karl, * Salzburg 27. 4. 1875, † Salzburg 23. 6. 1956, Architekt, der eine Synthese des Heimatlichen Bauens mit dem Jugendstil anstrebte. 1898-1901 Schüler Otto Wagners. Zunächst tätig für das Baubüro →Ceconi (Villa Rudolfskai Nr. 52, 1899; Nr. 50, 1900) und das Baubüro →Comini in Badgastein (Böcksteinerhof, 1907). Als selbständiger Architekt vor 1910 Ökonomieanlagen des Stiftes Nonnberg, Gutshöfe der Stiegl-Brauerei; 1913 Saalbau des Morzgerhofes. Seit 1912 Diözesanarchitekt in Salzburg, seit 1915 Ausschußmitglied des 1911 gegründeten Vereins für Heimatschutz. 1917 Wiederaufbau des Ortes Obertrum nach dem Brand.

Lit.: A. Kisovec-Rapposch: Karl Pirich. Architekt 1875-1956, Traditionalist der Salzburger Baugeschichte, Diss. Salzburg 1994. – J. Maltzan: Studien zum Werk des Salzburger Architekten Karl Pirich (1875-1956). In: MGSLK 132, 1992. – M. Pozzetto: Die Schule Otto Wagners 1894-1912. Wien 1980. – Nekr. in MGSLK 97, 1957.

M.O.

Pisotti, Keramikerfamilie. Pisotti, Jakob d. Ä. * Böhmisch-Budweis 1745 (vermutl.), † Salzburg 9. 6. 1830, Keramiker. P. war Geselle und Obergeselle in der →Weißgeschirr-Fabrik des J. M. →Moser in der Riedenburg/Salzburg. 1777 übernahm er nach dem Tod Mosers den Betrieb, indem er Mosers Tochter Klara heiratete. P. brachte die niedergekommene Fabrik wieder zur Blüte und erzeugte vor allem Gebrauchsgeschirr: Teller, Krüge, Humpen. Wie Moser benutzte er den Ton von den Röteläckern am Plainberg, aus der Löwenau bei Laufen und von den Gruben bei Grödig. Der Boden seiner Gefäße blieb unglasiert, er bezeichnete mit P oder PJ. Charakteristische Dekorformen sind die Spirallinien an den Henkeln und die grasbüschelartige Verzierung am Henkelansatz sowie lockere Dreiblattblüten als Streumuster. Gemalte Darstellungen von bürgerlichen und bäuerlichen Szenen in charakteristischer Baumrahmung, religiöse Motive und Zunftzeichen treten häufig auf. Bei Massenware oft das Nelkenmotiv oder Blumenkörbe in Moserscher Tradition. Fortsetzung der kleisterblauen Grundglasur seines Vorgängers neben den weißgrundigen Fayencen. Glasur z.T. minderwertig.

P., Jakob d. J., * Salzburg 3. 9. 1792, † Salzburg 3. 11. 1869, Keramiker, führte die Weißgeschirr-Fabrik ab 1814 (1820) bis zu ihrem Erlöschen

1848. Krüge, Schüsseln und Teller sprechen in ihrer flüchtigen Zeichnung von Qualitätsverlust ebenso wie vom Druck der Billigerzeugung. P. d. J. führte die Motive seines Vaters fort und nahm großartig hingeworfene Architekturmotive hinzu. Am endgültigen Niedergang der Fayence-Fabrik ist weniger P. d. J. als das Aufkommen des billigen Porzellans schuld.

Lit.: Ch. Svoboda: Blaue Welle – Grüne Flamme. Salzburger und Gmundner Fayencen des 17. bis 19. Jahrhunderts, Salzburg 1999. – Dies.: Die Werkstätten Obermillner, Moser und P. In: Weltkunst, 53, Nr. 8, München 1983. – F. Prodinger: Fayencen des 17. bis 19. Jh.s im SMCA. Salzburg 1964.

Ch.S.

Pistator, Petrus von Tamsweg, Tischler. Urk. nicht nachweisbar; Werkstatt 2. H. 15. Jh. im Lungau tätig. Baute spätgotische, reich geschnitzte Kirchenmöbel, auch mit Einlegearbeiten (Chorgestühl St. Leonhard bei Tamsweg).

Lit.: Kat. Spätgotik in Salzburg. Skulptur und Kunstgewerbe, SMCA, Salzburg 1976.

Ch.S.

Pletschacher, Kurt, * Bad Hofgastein 24. 4. 1910, gefallen in Rußland 5. 12. 1943, Architekt. Studium an den Technischen Hochschulen in Wien und München (bei Hans Döllgast), 1939-43 Leiter der Salzburger Wohnsiedlungsgesellschaft, suchte die Verbindung zur Landschaft, Einbindung der Natur in die Architektur, Wechsel von offener und geschlossener Verbauung, Aufnahme »heimatlicher« Detailformen und »heimatlicher« Ortsbildmotive. Ab 1939 Weichselbaumsiedlung in Salzburg-Parsch, 1940-42 Südtiroler-Siedlung in St. Johann i. P., 1941-43 Südtiroler-Siedlung in Bad Hofgastein, 1943-44 Südtiroler-Siedlung in Werfen-Tenneck.

M.O.

»podium 70«, Salzburger Schriftstellervereinigung hervorgegangen aus dem Künstlerbund »Die Silberrose« (gegründet 1954), seit 1956 Begrenzung auf Literatur. Bis 1970 Herausgabe von 10 Bänden Lyrik und Prosa, 1970 Umbenennung in »podium 70«, 1970-83 Reihe »Lyrische Streifen« (50 Bändchen), seit 1982 »Kleine Prosa-Reihe« in dem der Vereinigung gehörenden »Daphne-Verlag«. 10 Lesungen im Jahr, etwa 50 Mitglieder, Präsidentin: Hilga Leitner (bis 1986), seitdem Helga Blaschke-Pál.

H.H.

Poetenschule, eine Art humanistisches Gymnasium, die der Humanist Johannes →Mulinus in den Jahren 1529-62 in der Stadt Salzburg führte.

Pollini-Bianchi, Bianca, * Heidelberg 8. 1. 1855, † Salzburg 16. 2. 1947, Koloratursopran. Engagement an den Opernhäusern Karlsruhe, London und Wien. Johann Strauß widmete ihr den »Dorfschwalben-« und den »Frühlingsstimmen-Walzer«. Durch ihre Vermittlung kam das erste Gastspiel der →Wiener Philharmoniker 1885 in Salzburg zustande (→Dom-Musikverein), in der ersten Aufführung des »Don Giovanni« von W. A. →Mozart sang sie neben L. →Lehmann und R. →Papier. Dieser Erfolg gab den Anstoß, in Salzburg den Plan von →Festspielen zu diskutieren. Seit 1900 Lehrtätigkeit P.-B.s, zunächst an der Münchner Akad., später am →Mozarteum. Nach ihr ist ein Sternbild benannt.

G.W.

»Pongauer Dom«, auch »Dom von Pongau« genannt, Volksname für die Dekanatskirche zum hl. Johannes den Täufer in St. Johann im Pongau. Weithin sichtbarer, neugotischer Bau, erhöht am östlichen Ortsrand gelegen, dreischiffige Anlage von 1855-61.

L.T.

Ponholzer, Otto, * Baierdorf bei Neumarkt (Stm.) 2. 2. 1908, Architekt. Studium an der Technischen Hochschule Graz, 1932 Promotion zum Dr. techn. mit einer Diss. über »Beiträge und Vorschläge zu einem Verbauungsplan für die Landeshauptstadt Salzburg«, seit 1934 selbständiger Architekt in Salzburg, seit der Studienzeit Konsulent bei der Bauberatungsstelle der Bausparkasse Wüstenrot, für deren Organ »Das Wüstenrot Eigenheim« er (im Sinne der »Kulturarbeiten« der Heimatschutzbewegung) erzieherische Artikel verfaßte; 1949-55 Bausparersiedlung »Herrnau« mit Reihen- und Einzelhäusern in einer städtebaulichen Gesamtlösung, mit einem Wohnturm als Dominante und »Einfallstor«, Variation von Typen, rationellen Grundrißlösungen. Beschäftigung mit Verbauungsplänen (Taxham).

M.O.

Poosch-Gablenz, Max von, * Pola 16. 6. 1872, † Wien 23. 3. 1968, Maler. Aus altösterr. Offiziersfamilie, studierte bei Franz Rumpler (Wien) und Frithjof Schmid (Weimar), lebte in Klosterneuburg, Liezen und 1925-38 in Anif bei Salzburg (mit Atelier im Salzburger Künstlerhaus), anschließend in Berlin, seit 1944 wieder in Wien. Führender Vertreter altmeisterlich-akademischer Richtung, während der Zwischenkriegszeit bevorzugter Auftragsempfänger der Kirche (»Pinsel Gottes«). Technisch gediegen und stilistisch flexibel, malte er italianisierende Altarbilder, teilweise mit religiöser Staffage versehene Stimmungslandschaften, biedermeierlich anmutende Interieurs, bäuerliches Genre (u. a. Illustrationen für »Salzburger Bauernkalender«) und Porträts. Nach dem Krieg war er mit der Wiederherstellung der zerstörten Fresken im Wiener Arsenal betraut.

Lit.: H. Fuchs: Die österr. Maler des 19. Jh.s. Bd. 3. Wien 1974. – V. Trautzel: M. v. P. Salzburg-Stuttgart 1958. – Thieme-Becker. *N.Sch.*

Popmusik in Salzburg. Der erste Schritt zur Etablierung einer Popularmusik US-amerikanischer Prägung fand in Salzburg nach dem Ende des 2. Weltkriegs statt. In den verschiedenen Soldatenclubs wurde während der amerikanischen Besatzungszeit regelmäßig live gespielter Jazz sowohl von amerikanischen als auch von Salzburger Musikern dargeboten (→Jazz). Daneben formierten sich in den 50er Jahren vor allem diverse Tanz- und Unterhaltungsbands, die in den Tanzcafés (Café Corso, Café Winkler), Restaurants und Bars der Stadt Auftrittsmöglichkeiten fanden. Unter dem Eindruck des internationalen Durchbruchs britischer Beat- und Rockbands wie der Beatles und der Rolling Stones formierten sich in Salzburg in den frühen 60er Jahren erste lokale Rockbands. Einen Aufschwung erlebte die junge Pop- bzw. Rockmusikszene erstmals durch die Wiedererrichtung der Universität Salzburg im Jahr 1962, die eine größere potentielle (studentische) Publikumsschicht und in der Folge vermehrte Auftrittsmöglichkeiten für Musiker mit sich brachte. Den größten Anteil an der Salzburger Popularmusikszene behielten jedoch kommerziell orientierte Formationen. Ende der 60er Jahre wurden erste Versuche unternommen, dem heimischen Popmusikleben, das vor allem auf Studentenfesten und in Lokalen mit Live-Musik stattfand, durch das Veranstalten von Bandwettbewerben und Talentshows eine größere Öffentlichkeit zu verschaffen.

Mit Beginn der 80er Jahre wurden aufgrund des weitgehenden Fehlens von geeigneten Infrastrukturen immer mehr Forderungen nach eigenen Institutionen zur Unterstützung der Jugendkultur in Salzburg laut. Die Aktivitäten der 1981 gegründeten ARGE Rainberg führten 1986 zur Eröffnung der ARGE Kulturgelände Nonntal, wo u. a. Salzburger Musikschaffenden erstmals Probe- und Auftrittsmöglichkeiten in Form eines eigenen Hauses zur Verfügung standen. 1985 wurde der Verein PRO-TON von Wolfgang Descho als Interessenvertretung und Serviceeinrichtung für Salzburger Musiker ins Leben gerufen, dessen Aktivitäten schließlich 1993 die Eröffnung des Salzburger →Rockhouse ermöglichten.

Ebenfalls 1985 wurde die Jugendservicestelle der Stadt Salzburg offiziell gegründet, zu deren Hauptanliegen es gehörte, Salzburger Musiker durch den Aufbau bzw. das Anbieten geeigneter Infrastrukturen zu unterstützen. Dieses Anliegen war bereits 1984 erstmals mit dem Popmusikfestival »Salzrock« realisiert worden, einer Veranstaltungsreihe, bei der sich v. a. Salzburger Musiker in großem Rahmen einer breiteren Öffentlichkeit präsentieren konnten und die bis zur Schließung der Jugendservicestelle im Herbst 2000 einen Fixpunkt des Salzburger Popmusiklebens darstellte.

Mit der zunehmenden Institutionalisierung von Popkultur verbesserten sich auch die Infrastrukturen für eine lokale Popszene. Dies hatte seit Ende der 80er Jahre ein sprunghaftes Ansteigen der Aktivitäten im Bereich Pop-/Rockmusik zur Folge. Während 1980 noch ca. 20 Bands im Großraum Salzburg aktiv gewesen waren, verdoppelte sich ihre Zahl 1985 auf ca. 40. 1997 waren in Stadt und Land Salzburg geschätzte 160 Bands bzw. Musikprojekte aktiv. Da gleichzeitig mit den verbesserten Infrastrukturen auch die technischen/medialen Produktionsmöglichkeiten einem Prozeß ständiger Demokratisierung unterliegen, war im Bereich der Produktion von Tonträgern heimischer Musiker in den letzten Jahren ebenfalls ein sprunghafter Anstieg zu verzeichnen. Die heimische Musikszene beschränkt sich indes nicht auf reine Pop- oder Rockformationen. Auch neuere Stilrichtungen wie Hip Hop, Techno oder Spielarten der elektronischen Musik wurden und werden aufgegrif-

fen. Auf den durch die PC-Technologie ermöglichten Trend zur Kreation elektronisch generierter Musik reagierte die Salzburger Landesregierung im Jahr 2000 erstmals mit der Ausschreibung eines »Landespreises für elektronische Musik«.
Als wichtigste Institutionen der Pop/-Rockmusikkultur in Salzburg sind das →Rockhouse, die Jugendservicestelle der Stadt Salzburg (bis 2000) sowie das Kulturgelände Nonntal zu nennen. Im Kulturgelände Nonntal stehen Musikproberäume sowie Auftrittsmöglichkeiten (Veranstaltungssaal) in den verschiedenen Veranstaltungsreihen zur Verfügung. Die Jugendservicestelle der Stadt Salzburg veranstaltete das Musikfestival »salzrock«. Gleichzeitig bot sie Salzburger Musikern diverse Unterstützungsmöglichkeiten für ihre musikalischen Aktivitäten wie verschiedene Projekte (CD-Reihe »Xtraordinary«, Musicals, Kabarett ...) bis hin zur Veranstaltung von Informationsreihen für junge Musiker (Management, Recht, Know-how).

Lit.: R. Renger: Rock und Jazz in Salzburg. Die Szene und Konzepte ihrer Förderung, in: Salzburger Kulturgespräche 7, Salzburg 1992, S. 715.

C.P.

Popp, Fritz, * 30. 12. 1957 Vöcklabruck, OÖ., Mittelschullehrer, Kabarettist, Schriftsteller. Lebt in Salzburg. Studium der Germanistik und Religionspädagogik in Salzburg. Zahlreiche Kabarettprogramme (als Autor und Darsteller) gemeinsam mit Christoph →Janacs, Rudolf Habringer und Fritz Egger. Buchpublikationen u. a.: »Schlechte Jahrgänge« (Erz., 1990), »Stimmen im Spiegel« (Roman, 1997).

Lit.: Katalog-Lexikon, Tl. 1, Bd. 2, S. 296.

H.H.

Porsche, Ferdinand, * Maffersdorf bei Reichenberg (Böhmen), 3. 9. 1875, † Stuttgart 30. 1. 1951, Automobilkonstrukteur. Nach Tätigkeit bei verschiedenen Firmen erhielt er 1934 von Hitler den Auftrag zur Konstruktion eines »Volkswagens«. Nach dem 2. Weltkrieg und der Rückkehr aus der französischen Internierung (1947) Neuaufbau seiner Sportwagenfirma gemeinsam mit seinem Sohn Ferry P. in Gmünd (Kärnten) und Zell am See, wo er auch begraben ist.

Lit.: K. Rakus: Die Porsche-Erfolgsstory – auch in Salzburg. In: Salzburger Automobil- u. Motorradgeschichte, Salzburg 1997. – DBE. – P. Müller: Ferdinand Porsche. Ein Genie unserer Zeit, Graz-Stuttgart 1965.

E.M.

Praehauser, Ludwig, * Salzburg 10. 8. 1877, † Salzburg 21. 5. 1961, Lehrer, Kunsterzieher und Schriftsteller. Salzburger Lehrerbildungsanstalt, nach mehrjähriger Lehrtätigkeit Studium der Kunstgeschichte in Leipzig, München, Wien und Jena (Dr. phil.); seit 1926 freier Schriftsteller. Mitglied der Salzburger Literatur- und Kunstgesellschaft →»Pan«. Eng befreundet mit A. →Grasmayr, Bekanntschaft mit H. v. →Hofmannsthal, M. →Reinhardt, A. →Faistauer u. a. P. strebte eine ganzheitliche musische Erziehung des jungen Menschen durch eine sachgerechte Kunstbetrachtung an. Kunsttheoretische Werke, u. a. »Das künstlerische Bild als pädagogisches Problem« (1907), »Erfassen und Gestalten« (1950). Langjährige Tätigkeit in der Erwachsenenbildung. P. stand wohl Pate für die Romanfigur Promesser in A. M. →Freys Roman »Hölle und Himmel« (2. Aufl. 1985).

Lit.: J. Brandauer: L. P. In: In Salzburg geboren. S. 213 ff. – Trauer um L. P. In: SN, 26. 5. 1961, S. 4.

H.H.

Prangerstutzen sind kunstvoll gestaltete, 50-70 cm lange und 15-30 kg schwere Handböller (Vorderlader, die mit 50prozentigem Schwarzpulver »gefüttert« werden). P. verursachen einen überaus lauten Knall (prang: Pracht, Lärm). Früher war das Freischießen üblich, heute ist die Verwendung von P. nur den behördlich gemeldeten Schützenkompanien gestattet. Herkunft und Entwicklung der P. sind nicht eindeutig geklärt, die ältesten stammen aus dem 18. Jh. Bis in jüngste Zeit aus Bronze hergestellt, sind P. heute nur noch mit eingebauten Edelstahlläufen (Druckfestigkeit mind. 70 kg/qmm) zugelassen, um gefährliche Explosionen zu vermeiden. In Salzburg gibt es 30 P.-Vereine (25 im Flachgau, die zahlenmäßig stärkste Gruppe der Flachgauer →Schützen, drei im Tennengau, zwei in der Stadt Salzburg). Die P.-Schützen rücken zu allen großen kirchlichen und weltlichen Festen des Jahres- und Lebensbrauchtums aus, empfangen mit Böllerschüssen auch hohe Gäste. Sie entwickelten auch selbständig

Pfarrwerfener Prangstangen, mit Wollfäden umwickelt, 1939 (SLIVK, Erika Groth-Schmachtenberger)

Brauchtum (z. B. →Sternschießen). Die P.-Schützen berufen sich auf die Tradition des Salutschießens sowie auf das überlieferte Schießen zu festlichen Anlässen.

Lit.: K. Zinnburg: P.schützen. Unveröffentl. Ms. – H. Dengg, F. Forsthuber: Sichere P. In: SH 2, H. 3, 1978, S. 117 ff.

R.A.

Prangstangen, werden in Zederhaus (24. Juni, Prozessionsausstattung wie zu Fronleichnam mit »Himmelschützen« und »Himmelträgern«) und in Muhr (29. Juni) an den Kirchenpatrozinien in feierlicher Prozession umgetragen und in der Kirche bis Mariä Himmelfahrt (15. August, Großer Frauentag) aufgestellt. Nach der Volksmeinung gehen die Prangstangen auf ein Gelöbnis anläßlich einer großen Heuschreckenplage vor 200 Jahren zurück. Ihre Herkunft könnte aber älter sein und im gesamteuropäischen Schaugepränge gegenreformatorischer Prozessionen zu suchen sein. Die Erklärung als heidnische Fruchtbarkeitssymbole ist heute nicht mehr haltbar. Das Recht, eine Prangstange in der Prozession zu tragen, liegt am Haus weniger Familien. Die 6-8 m hohen und 80-85 kg schweren P. werden mit Girlanden aus etwa 50 000 Blüten (Margeriten, Blauer Enzian, Frauenmantel, Pechnelken, Arnika, Wundklee, Skabiosen etc. – spez. Ausnahme vom Naturschutz) umwunden, eine Arbeit, die eine ganze Famillie zwei Tage beschäftigt. Der ledige Sohn der Familie trägt die P. in der Prozession. Nach Mariä Himmelfahrt gelten die getrockneten Blüten als ebenso segensreich wie jene des »Frauenbuschens« (unterschiedl. Kräuter- und Zahlensymbolik), eines Kräuterbuschens, der in den meisten Pfarren am 15. August gesegnet und dann zum Räuchern, gegen Gewitter und Krankheiten von Mensch und Vieh verwendet wird. Im Pongau, in Mitterberghütten, Hüttau, Werfen, Pfarrwerfen, Werfenweng sowie in Mühlbach am Hochkönig im Pinzgau (früher auch Rauris und Dorfgastein) werden am Ende gekrümmte, schlanke Prangstangen mit Wolle umwickelt. In Mühlbach am Hochkönig werden zu Fronleichnam, am 1. Sonntag im Juli, am 15. August und zu Erntedank P. getragen. →Prozessionen.

Lit.: E. Hörandner, F. Jary: Mitfeiern! Festland Österreich. Wien 1983. – R. Acker: Salzburger Prangstangen. In: SH 4/2, 1980, S. 123 ff. – R. Wolfram: Die Salzburger Prangstangen und ihre Verwandten. In: MGSLK 104, 1964, S. 271 ff.

U.K.

Preberschießen, Wasserscheibenschießen am Prebersee bei Tamsweg, bei dem nicht auf die Scheibe selbst, sondern auf deren Spiegelbild bzw. auf den fiktiven Punkt auf der Wasseroberfläche gezielt und geschossen wird. Vom Wasser wird das Geschoß dermaßen zurückgeworfen, daß es die am Ufer aufgestellte Scheibe treffen kann. Erfordert außergewöhnliche Geschicklichkeit, Geduld und Ausdauer. Alljährliche kleinere Schießsportveranstaltungen, in Jahresabständen das jeweils im Sommer stattfindende, groß aufgezogene P. mit intern. Beteiligung. Ursprung unbekannt, eine Schießscheibe von 1834 erhalten.

R.A.

Presse. Als Vorläufer gedruckter Salzburger Zeitungen sind die Kalender zu nennen. Der älteste, der mit Salzburg in Verbindung gebracht werden kann, stammt aus dem Jahre 1489. Die sogenannten »Newen Zeitungen« wurden in Salzburg in geringer Zahl gedruckt, größer war die Zahl der Flugschriften, die Salzburger Ereignisse zum Thema hatten (z. B.

der Bergsturz in der Gstätten von 1669); die älteste in Salzburg vorhandene Flugschrift mit Salzburger Thema stammt aus dem Jahre 1527, Salzburg als Druckort einer Flugschrift ist erstmals 1573 erwähnt (gedruckt bei Christoff Elbach). Der Zeitungsdruck begann 1668 mit dem Buchdrucker J. B. →Mayr (→Verlagswesen) nach Genehmigung durch Eb. Max Gandolf, der am 24. 11. 1668 Zensurbestimmungen erließ.

Das lückenlose Erscheinen einer Salzburger Zeitung ist erst seit der Regierungszeit Eb. →Hieronymus Colloredos nachweisbar und untrennbar mit den Leistungen L. →Hübners verbunden (seit 1773). Es erschien eine große Anzahl von Zeitungen: »Salzburger Zeitung« (seit 1784), »Oberdeutsche Staatszeitung« (1785-99), »Staats-Zeitung von Salzburg« (1800-06 mit einer schon fast täglichen Erscheinungsform) u. a. Den Journalisten (u. a. B. →Pillwein und L. Hübner) gelang auch eine Hochblüte des Zeitschriftenwesens: in den Lesekabinetten der Colloredo-Zeit lagen elf Salzburger Zeitschriften auf, darunter die weit verbreitete →»Oberdeutsche Allgemeine Litteratur-Zeitung«.

Nach dem Ende dieser vor allem durch die Bestrebungen der →Aufklärung bedingten Hochblüte gab es im Zeitraum von 1816 bis 1848 in Salzburg keine einzige Zeitungsgründung; es existierte nur die »Salzburger Zeitung« als Organ der Regierung, die die Herausgeberschaft an ihr genehme Personen versteigerte (1836-47 Buchdrucker Leopold Zaunrith als Redakteur).

Nach der Revolution von 1848 und der Wiedererrichtung des Salzburger Landtages 1861 begann sich die politische Differenzierung auch auf die Zeitungslandschaft auszuwirken: im April 1865 wurde die »Salzburger Chronik« als Organ der kath. konservativen Gruppierung gegründet, die offizielle »Salzburger Zeitung« wurde 1871 vom »Salzburger Volksblatt« als Sprachrohr der Liberalen, ab etwa 1890 der Deutschnationalen abgelöst (Druckhaus Reinhold Kiesel). Ab 1899 erschien die »Salzburger Wacht« als Publikation der Sozialdemokraten. Insgesamt sind von 1848 bis 1918 in Salzburg 14 Zeitungen erschienen.

Die politischen Ereignisse des Zeitraumes 1918-45 spiegeln sich auch im Salzburger Pressewesen: die »Salzburger Wacht« wurde im Zuge der Februarereignisse von 1934 verboten, das dt.-nationale »Salzburger Volksblatt« hatte bis zum »Anschluß« mit Schwierigkeiten zu kämpfen, wurde dann im November 1942 mit der NS-eigenen »Salzburger Landeszeitung« verschmolzen, die bis zum 3. 5. 1945 als »Salzburger Zeitung« erschien; die »Salzburger Chronik« war noch 1938 eingestellt worden. Daneben existierten 1918-45 in Salzburg 17 Zeitschriften.

Nachdem im Mai 1945 auch das Salzburger Zeitungswesen total zusammengebrochen war, erschienen seit 7. 6. 1945 die von der US-Armee herausgegebenen »Salzburger Nachrichten«, die ab Oktober 1945 von G. A. →Canaval und Max Dasch geleitet wurden (Chefredakteure: R. →Marcic, K. H. →Ritschel, Engelbert Washietl, Ronald Barazon). Wirtschaftlich eng mit den »Salzburger Nachrichten« verbunden ist der 1980 gegründete Zeitungsring der »Salzburger Woche« mit wöchentlich fünf Bezirksausgaben für die Gaue Salzburgs und Bezirksredaktionen in den Bezirkshauptstädten. Auch das »Salzburger Fenster« (Gratiszeitung, gegründet 1979, Erscheinungsweise 14-täglich, seit Jahresanfang 2000 38 Ausgaben pro Jahr), ist eine Tochterfirma der »Salzburger Nachrichten«. Ab 23. 10. 1945 erschienen auch die Parteizeitungen wieder: »Salzburger Volkszeitung« (ÖVP), »Demokratisches Volksblatt« (SPÖ, seit 1972 »Salzburger Tagblatt«, zuletzt als »Neues Salzburger Tagblatt«, Salzburger Ausgabe der »Neuen AZ«, Arbeiterzeitung, Wien, eingestellt am 20. 10. 1990). »Salzburger Tagblatt« (KPÖ, 1945-64, aufgegangen in der Tageszeitung »Volksstimme«, Ausgabe Salzburg, am 3. 3. 1991 eingestellt). Das offizielle Organ des Landes wurde als »Salzburger Landeszeitung« ab 13. 10. 1945 herausgegeben, das »Salzburger Volksblatt« erschien wieder seit dem 15. 6. 1950 und wurde im April 1979 eingestellt. In den 80er Jahren konnte sich von Wien aus die »Neue Kronenzeitung« auch als Salzburger Lokalblatt etablieren. Seit 1994 druckt das »Druckzentrum Salzburg« in der Karolingerstraße die »Neue Kronenzeitung« und die »Salzburger Nachrichten«, auch die Redaktionen befinden sich dort. Der Print-Zeitungsverlag, Innsbruck, eine 50 Prozent Tochter der »Tiroler Tageszeitung«, Verleger der »Tiroler Bezirksblätter« (elf lokale Wochenzeitungen) gründete im September 2000 die »Salzburger Bezirksblätter«, deren sieben lokale Wochenblätter wöchentlich per Post an alle Salzburger Haushalte gratis zugestellt werden. Weitere Gratiszeitungen: »Salzburger Stadtanzeiger« (Korrekt-Kleinanzeiger), erscheint wöchentlich, verteilt in Stadt und Land Salzburg; »Stadtleben«, Zeitung der Stadt Salzburg, erscheint monatlich, Schwerpunkte: Kultur, Veranstaltungsinformationen, Bürgerservice.

Lit.: K. Ploier: Wochenzeitungen in den Salzburger Landbezirken und die Gründung des Salzburger Nachrichten-Zeitungsrings »Salzburger Woche«. Diplomarbeit Salzburg 1994. – C. Kiefer: Die Geschichte der Salzburger Volkszeitung von 1945-1990. Salzburg 1992. – G. Neureiter: Die Geschichte des »Salzburger Volksblattes« von 1870-1942. Diss. Salzburg 1985. – E. Zwink (Hg.): Journalismus in und für Salzburg. Salzburg-Dokumentationen, Bd. 88, Salzburg 1985. – W. Jakob: Salzburger Zeitungsgeschichte. Salzburg-Dokumentationen, Bd. 39, Salzburg 1979.

R.R.H.

Preuschen, Ernst (Freiherr von und zu Liebenstein), * Wels 6. 11. 1898, † Salzburg 12. 9. 1973, Montaningenieur und Archäologe. 1918-24 Studium an der Montanistischen Hochschule Leoben, 1925-29 stand P. im Dienst der Mitterberger Kupfer A.G. in Mühlbach, danach selbständige Forschungsarbeiten auf dem Gebiet der Lagerstättenkunde und des prähistorischen Bergbaues. Geländeforschungen in den Salzburger Gebirgsgauen sowie in Nord- und Südtirol und im Trentino, als ehrenamtlicher Mitarbeiter am Bergbaumuseum Bochum auch Studien im Rheinischen Schiefergebirge, im Harz sowie in Anatolien. Während seiner Tätigkeit in Mühlbach entstand sein Hauptwerk: »Das urzeitliche Bergbaugebiet von Mühlbach-Bischofshofen, Salzburg«, in: Materialien zur Urgeschichte Österreichs 6, 1932 (gemeinsam mit K. Zschocke).

Lit.: Nachruf und Schriftenverzeichnis in: ArchA 54, 1973, S. 150 ff.

F.M.

Preussner, Eberhard, * Stolp (Pommern) 22. 5. 1899, † München 15. 8. 1964, Musikpädagoge und Musikforscher. Studium in Berlin an der Musikhochschule und der Univ. (Promotion 1924), Tätigkeit als Redakteur der Zeitschrift »Die Musik«, Leiter der Musikabteilung am pädagogischen Inst. in Berlin, Hg. der Zeitschrift »Die Musikpflege«, 1935-39 Funktionär der Reichsmusikkammer, seit 1939 in Salzburg als Dozent und stellvertretender Direktor des →Mozarteums, 1949 Prof. für Musikgeschichte und Musikpädagogik und Leiter der →Intern. Sommerakad. Mozarteum, 1959-64 Präsident der Akad. Mozarteum. Zentrale Themen seiner Forschungs- und Lehrtätigkeit waren Musikgeschichte, Musikpädagogik und die Musik der Gegenwart. Wichtigste Werke: »Die bürgerliche Musikkultur« (1935), »Musikgeschichte des Abendlandes« (1951). Eine Auswahl der »Schriften, Reden, Gedanken« besorgte C. →Bresgen (1969).

Lit.: G. Rech: E. P. zum Gedenken. In: Mf. XVIII, 1965.

G.W.

Priesterseminar, in der Regierungszeit von Eb. Johann Jakob von Kuen-Belasy um 1582 zur Heranbildung eines besseren Weltklerus gegründet; 1591 unter Eb. →Wolf Dietrich Ausbau des Seminars und Erwerbung der Magdalenenkapelle mit Spital (Kajetanerplatz) von →St. Peter; 1624 Übersiedlung in das Seminarium S. Marcum in der Gstättengasse, das 1669 beim großen Mönchsberg-Felssturz zerstört wurde (29 Tote); das Seminar übersiedelte in das Collegium S. Carolum im Bereich der →Univ.; 1689 Stiftung des gegenwärtigen Priesterseminars durch Eb. →Johann Ernst Graf Thun. Das Priesterhaus ist im Nordflügel der von J. B. →Fischer von Erlach erbauten Dreifaltigkeitskirche untergebracht.

Lit.: I. Rieder: Das fe. P. zu Salzburg. Wien 1893.

Prigge, Maria Elisabeth, * Bischofshofen, 7. 3. 1949, Malerin und Graphikerin. Die Künstlerin, die meist im Rahmen größerer Werkzyklen arbeitet, lotet im Aktionsfeld zwischen malerisch-gestischer Bewegtheit und lapidarer Zeichensetzung elementare Spannungsverhältnisse aus. Nach einer von impulsiver Ölmalerei dominierten Schaffensphase seit den 90er Jahren Konzentration auf die Farbe Schwarz bei äußerst formaler Verknappung in zum Teil großflächigen Druckgraphiken, deren Strukturen sich von Landschaftseindrücken (Fuerteventura, Irland, Island) ableiten lassen. Zu ihren ortsbezogenen Installationen zählen »Zeichnungen« mit Fundmaterial in der Landschaft und Filzzeichnungen an Wänden. (Farbabb. S. 376)

Lit.: M. E. P. In situ. Salzburg 2000. – M. E. P. Druckgraphik. Salzburg 1999. – B. Wally.

N.Sch.

Prinzinger, August d. Ä., * Böhmenkirch (Schwaben) 16. 10. 1811, † Salzburg 14. 1. 1899, Rechtsanwalt. Der 1848 als Abgeordneter im Frankfurter Parlament tätige P. ließ sich als Advokat in Salzburg nieder, wurde 1858 in den Gemeinderat und 1867 in den Landtag gewählt. Er verfaßte Arbeiten zur Sprach- und Geschichtsforschung und hatte Anteil an der Gründung und Entwicklung der Gesellschaft für Salzburger →Landeskunde, deren Vorstand er 1874-84 war.

Lit.: Nekr. in: MGSLK 39, 1899.

R.R.H.

Prinzinger, August d. J., * Salzburg 26. 3. 1851, † Salzburg 6. 12. 1918, Rechtsanwalt, Heimatforscher. Sohn von A. →P. d. Ä. 1880 Amerikareise, u. a. zu den Nachkommen der Salzburger →Emigranten von 1731/32 (Ebenezer, Savannah im Staat Georgia), worüber er in den MGSLK 22, S. 1 ff., berichtete. P. erkannte früh den Wert des Waldes für die Volkswirtschaft und als Erholungsraum. 1882 kaufte er einen Wald am Gaisberg, den er später der Stadt Salzburg vermachte (Gedenktafel am Gaisberg-Rundwanderweg). P. war ein früher Vertreter des Naturschutzes, der durch den Ankauf von Grundstücken im Stubach- und Felbertal den Grundstein für den →Nationalpark Hohe Tauern legte. 1918 wurde P. Vorstand der Gesellschaft für Salzburger →Landeskunde und beteiligte sich an der Gründung des Vereines →Heimatschutz.

Lit.: J. Angermayer: Nekrolog. In: MGSLK 59, 1919, S. 81 ff.

R.R.H.

Pro Arte-Quartett Salzburg, Streichquartett, 1980 auf Anregung von S. →Végh gegründet. Die Mitglieder (Harald Herzl, Brigitte Schmid, Peter Langgartner, Barbara Herzl-Lübke) sind Absolventen der Hochschule →Mozarteum. Gesamteinspielung der Streichquartette W. A. →Mozarts. Konzerte im Rahmen der Salzburger →Festspiele und der →Mozartwoche, Gastspiele u. a. bei Styriarte Graz, Bach-Akademie Stuttgart und Haydn-Festival London.

G.W.

Procopius von Templin, * Templin (Brandenburg) um 1609, † Linz 22. 11. 1680, Prediger, Kirchenliederdichter. P. konvertierte um 1627 in Prag. 1635-42 Prediger in den böhmischen Missionen, dann in Passau und Wien, wo er in den Kapuzinerorden eintrat. Infolge seiner Körperschwäche wurde er des Predigeramtes enthoben. Er lebte dann zurückgezogen von 1665 bis fast zu seinem Tod im Salzburger Kapuzinerkloster. Prediger von anschaulicher, volkstümlicher und scharfer Beobachtungsgabe. Vorläufer des →Abraham a Sancta Clara. Sein Deutsch gehört zu den besten sprachlichen Leistungen des 17. Jh.s. In Salzburg besorgte er den Druck seiner Predigten, Lieder und Gedichte; darunter den auf Salzburg bezogenen »St. Ehrentraud-Tugend-Spiegel«. P. fand in dem Salzburger Drucker und Verleger Johann Baptist Mayr (→Verlagswesen) einen Förderer und Gönner.

Lit.: L. Fethke: Prokopius v. Templin (1608-1680) als Dichter. Binningen 1998. – I. Schwamm: Die Hl. Schrift in den Predigten P.s.' v. T. Diss. Passau 1941. – K. O. Wagner: Salzburgs Literatur im Rahmen der deutschen Literaturgeschichte. Wien 1925.

A.Has.

Prodinger, Friederike (geb. Pühringer), * Salzburg 30. 5. 1913, Volkskundlerin, Trachtenforscherin. 1939-45 Assistentin R. →Wolframs in der »Lehr- und Forschungsstätte für germanisch-deutsche Volkskunde« des »Ahnenerbe der SS Heinrich Himmler« in Salzburg. Ab 1940 ehrenamtliche Tätigkeit, ab 1942 Abteilungsleiterin der volkskundlichen Sammlung des →SMCA unter K. →Adrian. Seit 1947 Kustos für Volkskunde, Kunstgewerbe und Kulturgeschichte am SMCA, dessen Direktorin sie 1969-78 war. 1952 Eröffnung der Neuaufstellung und 1962 Umgestaltung des Volkskundemuseums im →Monatschlößl in Hellbrunn, 1956 Beginn einer Studiensammlung, 1964 Errichtung von Depots im Schleiferbogen, 1967 Eröffnung des Neubaus des Museums, 1973 Eröffnung des Spielzeugmuseums im Bürgerspital, 1974 Eröffnung des Grabungsmuseums unter dem Domplatz. 1953-1990 wiss. Leiterin des Arbeitskreises für Heimatsammlungen, 1954 Korrespondentin des Bundesdenkmalamtes, vielfache Auszeichnungen. Wesentlicher Anteil an der Salzburger Trachtenerneuerung.

Lit.: I. Froschauer: Lebenslauf und Schriftenverzeichnis F. P. In: S. Brandner: Tracht. Überliefert–getragen–modernisiert, eine Bibliographie zu Salzburger Kleid und Tracht, FS. für F. P. zum 75. Geb. (=Salzburger Beiträge zur Volkskunde 3), Salzburg 1988, S. 18-47. – K. Conrad: F. P. zum 70. Geburtstag. In: SMusBl. 44, 2, 1983, S. 17.

U.K.

Prossinger, Otto, * Bihać (Bosnien) 29. 4. 1906, † Salzburg 27. 6. 1987, Architekt. Absolvent der →Staatsgewerbeschule Salzburg, 1927 bis 1930 Meisterschule Peter Behrens an der Wiener Akad. Mitarbeiter von P. Behrens (Berlin), A. Popp (Wien), W. →Deininger (Salzburg), seit 1933 selbständiger Architekt in Salzburg. »Prossinger gehört zu jenen Salzburger Architekten, die aus der intimen Kenntnis der lokalen Bautradition und im Sinne der Münchner Schule eine neue, versachlichte Architektur der Einbindung schaffen wollten. Dazu gehört auch die Variation und Neuinterpretation alter Architekturelemente« (Achleitner). Beispiele für diese Gesinnung sind nicht nur seine frühen Einfamilienhäuser (Haus Taussig 1933, Haus →Birkle 1933, Haus Müller 1933/34), sondern auch die meisterhaft integrierte Terrasse des Café Tomaselli 1937/38 und die innere und äußere Umgestaltung des Hotels »Goldener Hirsch« 1945/46, die »trendbildend auf die Hotellerie gewirkt hat, jedoch in der Qualität kaum erreicht wurde« (Achleitner), 1955/56 Marmorsaal der Wiener Staatsoper. In den seit 1964 von ihm durchgeführten Um- und Ausbauten für die →Univ. zeigt sich »ein ganz bestimmtes denkmalpflegerisches Verhalten, das der alten Bausubstanz mit den neuen Teilen eine Interpretation des Alten entgegenstellt, oft ohne seine Grenzen zu deklarieren« (Achleitner).

Lit.: N. Mayr: Brennende Fragen des Wiederaufbaus. Architektonische Lösungsansätze in Stadt und Land Salzburg, in: 50 Jahre Berufsvereinigung bildender Künstler, Salzburg 1995, S. 34 f. – Das Salzburger Jahr 1986/87. – K. H. Ritschel in: SN, 29. 4. 1986. – Achleitner 1980.

M.O.

Protestantenvertreibung →Emigranten, protestantische

Prozessionen. Das Prozessionswesen der katholischen Kirche übernahm bereits in den ersten Jh. n. Chr. Formen antiker Herrscher- und Gottesgeleite sowie Triumphzüge. Die Umtragung der Heiltümer durch das Gemeinwesen bzw. als Verstärkung, die Umgürtung des Gemeinwesens durch den Segen mit dem Heiltum standen im Mittelpunkt. Von den Reliquientranslationen ausgehend (Höhepunkt im frühen Mittelalter) entwickelten sich festliche Umzüge für die großen Kirchenfeste, die vielfach seit dem 4. Jh. belegt sind. Dazu

Otto Prossinger, Terrasse des Café Tomaselli, 1937/38 (Oskar Anrather)

kamen die mittelalterlichen Benediktionen, unter denen speziell die Flursegnungen Formen des Umzugs und die Krankensegnungen Rituale des öffentlichen Geleits für das Altarsakrament hervorbrachten. Mit der Fronleichnamsprozession (Transsubstantiationsfest 1264, Prozession 1311) erfuhr das Prozessionswesen eine erneute Steigerung. Während die Fronleichnamsprozession im ländlichen Raum den Grünprang der Bitt- und Flurumgänge erweiterte, erfuhr diese im städtischen Milieu unter Anleitung speziell der Jesuiten und Kapuziner reiche Ausgestaltung in Kombination mittelalterlicher Spiel- und Darstellungsformen mit spanischen Sakramentsgeleiten. Dazu kam die zeitspezifische Darstellung der ständischen Hierarchie, die Prozessionsordnungen zu einem Spiegel der jeweiligen lokalen Gesellschaft macht. Bekenntnischarakter und sieghafte Glaubensdemonstration prägten die Fronleichnamsprozession besonders in der Gegenreformation. Den Höhepunkt erlebte diese Entwicklung bis zum aufgeklärten Absolutismus. Neben den zünftischen Bruderschaften prä-

sentierten sich die vielfach in jener Zeit neu gegründeten Standes- und Titelbruderschaften prunkvoll in Prozessionsmänteln, mit tragbaren Statuen (Fercula), Schaubühnen, Figurationen, Spielszenen, Bruderschafts-(vortrag-)stangen und -kreuzen. Wechselseitig beeinflußten sich Fronleichnamsprozession, Karwochenprozessionen, Bittprozessionen im Frühsommer und Prangtage im Sommer. Aus Bruderschaftsbüchern und Rechnungen sind die Gestaltungsformen und Ordnungen der Salzburger Fronleichnamsprozession und der Karwochenprozessionen erhalten. Ein Stich der Salzburger Domprozession von 1683 von C. →Lederwasch aus dem 17. Jh. (im →SMCA) zeigt die gesamte Salzburger Bürgerschaft in Prozessionsmänteln mit ihren Ausstattungen. Die Reformen Kaiser Josefs II. »In publico ecclesiasticis« und die damit in enger Verbindung stehenden Salzburger Reformen durch Eb. →Hieronymus Colloredo zwischen 1782 und 1784 verboten aus religiösem wie sozioökonomischem Reformwillen viele kosten- und zeitaufwendige Ausformungen dieser Prozessionen und einzelner Termine und Anlässe (u. a. Reduktion der Feiertage, Verbot von Terminen, Anlässen und Wallfahrten zu entfernten Zielen, Verbot der Spiele, Bühnen, bekleideten Tragfiguren, Vortragstangen; Einschränkung der Fackeln, Kerzen, des Blumenaufwandes, etc.). Wenige Schaustücke überlebten die Vernichtung bzw. Einziehung und wurden vielfach in unserem Jahrhundert wiederenteckt (z. B. Halleiner Palmesel in Puch).
Im 19. Jh. erlebte das Prozessionswesen unter kirchlicher Leitung eine vereinfachende Beschränkung auf die Gebetsinhalte, die hierarchische Gliederung nach Berufsständen entfiel großteils zugunsten der natürlichen Stände (Frauen, Männer – Ledige und Verheiratete –, Kinder). In ländlichen Regionen wurde vereinzelt auf Relikte barocken Prozessionsprunks zurückgegriffen. Dabei stellen heute als volkstümlich angesehene Ausstattungsformen oft die Spielarten barocker Prozessionsbräuche einfacher Bevölkerungsschichten dar (u. a. Prangerschützen, Tragstatuen, →Prangstangen, →Himmelbrotschutzen). Im Zuge der Braucherneuerungen leben seit der Jahrhundertwende einzelne Spielformen der Prozessionen, vielfach mißgedeutet, wieder auf (u. a. Lungauer →Samsonumzug, Jakobischützen am Thurn, →Flurumritte).

Lit.: Helene Finkenstaedt (u. a.): Prozessionsstangen. Ein Kat. (=Veröffentlichungen zur Volkskunde und Kulturgeschichte, Bd. 36), Würzburg 1989. – Wallfahrt kennt keine Grenzen. Bayerisches Nationalmuseum, München (1984).

U.K.

Pupp, Julius, * Linz 1. 6. 1886, † Salzburg 16. 4. 1974, Architekt, Schriftsteller. Architekturstudium in Wien, vor und im 1. Weltkrieg längere Balkanaufenthalte, verschiedene Berufe. P. veröffentlichte 1935 den phantastischen Roman »Freinacht. Roman des Zwischenreiches« und die beiden Bände »Die Sammellinse. Aus der Weisheit dreier Jahrtausende«, 1935-36. Freundschaft mit Josef Weinheber und Egmont Colerus. Die Bücher P.s wurden während der NS-Zeit eingestampft. Seit 1946 in Salzburg, 1947-49 Leiter des Salzburger Wirtschaftsförderungsinstituts. Publizierte 1948 die Denkschrift über den Neubau der Salzburger Staatsbrücke, 1965 den Essay »Hellbrunn« (Bilder von Carl Pospesch) und das Buch »In Memoriam Dr. Gustav →Canaval« (Gründer der »Salzburger Nachrichten«). Sein literarischer Nachlaß befindet sich im Salzburger →Literaturarchiv.

Lit.: In memoriam J. P. In: SN, 18. 4. 1974, S. 5.

H.H.

Pürstinger, Berthold, * Salzburg 1465, † Saalfelden 16. 7. 1543, Bischof von Chiemsee (1508-25) und Weihbischof von Salzburg. Vermittler im »Lateinischen Krieg« von 1523 und im Bauernkrieg 1525/26, Verfasser der kath. Reformschrift »Tewtsche Theologey« (1528) als Beitrag gegen die Reformation Martin Luthers.

Lit.: C. Greinz: B. P. Bischof von Chiemsee (1465-1543). In: MGSLK 44, 1904, S. 273 ff.

R.R.H.

Purtscheller, Ludwig, * Innsbruck 6. 10. 1849, † Bern 3. 3. 1900, Turnlehrer, Alpinist. Nach Abschluß der Schulausbildung trat er zunächst eine Stelle im Bleiberger Bergwerk bei Villach an. Nach Ablegung der Lehramtsprüfung in Graz übersiedelte P. 1877 nach Salzburg, wo er an der Lehrerbildungsanstalt Turnlehrer wurde. P. wurde durch zahlreiche aufsehenerregende alpinistische Leistungen zu einem der bekanntesten Bergsteiger des 19. J.h.s. 1889 gelang ihm gemeinsam mit Hans

Meyer die Erstbesteigung des Kilimandscharo, des höchsten Gipfels in Afrika, und ein Jahr später des Elbrus. Er starb 1900 an den Folgen eines Bergunfalls. P. verfaßte zahlreiche Artikel für die »Mitteilungen des Dt.-österr. Alpenvereins« und brachte 1894 gemeinsam mit Heinrich Heß »Hochtouristen in den Ostalpen« (2 Bde.) heraus. Sein »Illustrierter Führer durch Salzburg und Umgebung« erreichte zahlreiche Auflagen.

Lit.: A. Giger: L. P. In: 350 Jahre Akademisches Gymnasium Salzburg, Salzburg 1967, S. 96 ff. – F. Prillinger, P. Höller: L. P. 1849-1900. Salzburg 1960. – ÖBL.

Th.W.

Pyrker, Johann Ladislaus (eigentlich: Pyrker von Felsö-Eör), * Lángh bei Stuhlweißenburg/Székesfehérvár (Ungarn) 2. 11. 1772, † Wien 2. 12. 1847, ungar. Geistlicher, Schriftsteller. War Abt des Stiftes Lilienfeld in NÖ., später Bischof von Zips, dann Patriarch von Venedig und schließlich Eb. von Erlau in Ungarn. Verfaßte in dt. Sprache heroische vaterländische Versepen, die zu seiner Zeit außerordentlich geschätzt wurden. War mit F. →Grillparzer (1818 gemeinsame Reise nach →Gastein) und mit F. →Schubert befreundet. P. kam 1817-47 regelmäßig als Kurgast nach Gastein und war an der 1828 errichteten Thermalwasserleitung nach Bad Hofgastein beteiligt. P. schenkte seine Villa dem österr. Staat (Offiziers-erholungsheim) und förderte damit den Aufschwung Bad Hofgasteins. 1997 aus Anlaß des 150. Todestages »Ladislaus-Pyrker-Jahr« in Bad Hofgastein mit Enthüllung eines Denkmals auf dem Hampelplatz.

Lit.: R. Dobersberger: J. L. Pyrker. Dichter und Kirchenfürst, St. Pölten-Wien 1997. – R. Dobersberger: J. L. Pyrker und Gastein. Bad Hofgastein 1997. – ÖBL, Bd. 8, 1983.

H.H.

Raabe, Wilhelm, * Eschershausen bei Braunschweig 8. 9. 1831, † Braunschweig 15. 11. 1910, dt. Schriftsteller. R., einer der bekanntesten dt. Erzähler des 19. Jh.s, machte vom 6. 4. bis 18. 7. 1859 seine »Bildungsreise« von Leipzig über Dresden, Prag, Wien, Linz, Salzburg, München durch Süddeutschland ins Rheinland. Obwohl sein Reisepaß auf Italien lautete, ließ er sich von Gustav Freytag, den er in Leipzig besuchte, vom »Bildungsklischee der Italienreise« (Pongs, S. 123) abraten. Nach einer »prächtigen Alpenreise« kam er an den Salzkammergutseen vorbei über Gmunden, Ischl, Hallstatt nach Salzburg und blieb hier vom 19. bis 23. 6. 1859. Er schrieb rückblickend am 3. 7. 1859 an seine Mutter: »Salzburg ist eine köstliche Stadt; ich habe das Fronleichnamsfest mitbegangen und der Fürsterzbischof hat mir zu Ehren unter meinem Fenster auf offener Straße Messe gelesen, wobei ein Battaillon Mailänder auf den Knien lag.« Eine Anregung aus Hallstatt findet sich in R.s Burleske »Keltische Knochen«; vielleicht auch eine Gemäldeszene aus dem Salzburger Museum im »Hungerpastor« (1864).

Lit.: W. Fuld: W. Raabe. Eine Biographie. München 1993. – H. Pongs: W. R. Leben und Werk. Heidelberg 1958.

A.Has.

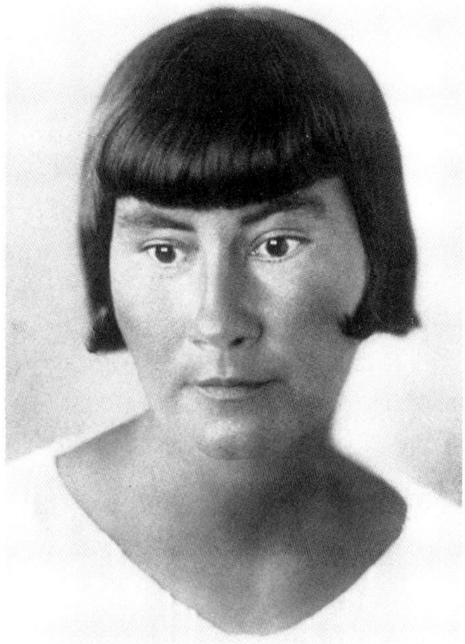

Alja Rachmanowa (OMV)

Rachmanowa, Alja (eigentlich Galina Djurjagina, verehelichte von Hoyer), * Kasli/Ural, Rußland 27. 6. 1898, † Ettenhausen/Schweiz 11. 2. 1991, Schriftstellerin. Unbeschwerte Kindheit als Tochter eines bekannten Chirurgen, Studium der Psychologie und Literaturwissenschaft in Perm. Floh mit ihrer Familie vor den Greueln der russischen Revolution nach Sibirien, wo sie 1921 den aus Salzburg stammenden ehemaligen österreichischen Kriegsgefangenen Arnulf von Hoyer heiratete. 1922 Geburt des Sohnes Jurka (Alexander). Aufgrund anonymer Denunziationen 1926 Ausweisung der Familie aus der Sowjetunion. Ankunft der mittellosen Familie in Wien. Bis 1927 führte A. R. ein kleines Milchgeschäft in Währing, ihr Mann arbeitete auf den Abschluß seines Studiums hin. 1927 Übersiedlung nach Salzburg, wo ihr Mann als Lehrer arbeitete. Die anfänglich große Armut wird durch A. R.s überraschenden Erfolg als Schriftstellerin beseitigt. Otto Müller, damals Leiter des Salzburger Pustet-Verlags, entdeckte ihr Talent und spürte den Verkaufserfolg ihrer autobiographischen Tagebuchromane aus der Revolutionszeit: »Studenten. Liebe, Tscheka und Tod« (1931), »Ehen im roten Sturm« (1932), »Milchfrau in Ottakring« (1933), »Die Fabrik des neuen Menschen« (1935). Außerdem von 1937-72 zahlreiche biographische Bücher, u. a. über Tolstoi, Dostojewski, Puschkin, Tschechow und Tschaikowski. Die Salzburger Jahre (1927-45) sind die glücklichsten der Familie. 1945 kam der Sohn bei den Kämpfen um Wien ums Leben (»Einer von vielen. Das Leben Jurkas«, 1946); Flucht aus Salzburg in die Schweiz. Zunächst in Winterthur, ab 1949 in Ettenhausen bei Aadorf. A. R. schrieb ihre 19 Bücher auf russisch, Arnulf von Hoyer übersetzte sie ins Deutsche. Übersetzungen in mehr als 20 Sprachen, Gesamtauflage über 2 Mill. Exemplare. Trotz ihres schweren Lebensschicksals rief A. R. in allen ihren Büchern zur Versöhnung und zum Frieden auf. Familiengrab auf dem Salzburger Kommunalfriedhof. Nachlaß in der Thurgauischen Kantonsbibliothek in Frauenfeld/Schweiz; eine größere Sammlung russischer Bücher aus ihrem Besitz in der Zentralbibliothek Zürich; Briefsammlung von ca. 250 Briefen (1945-ca. 1950) ihrer Salzburger Freunde im Salzburger →Literaturarchiv.

Jakob Strucker, „Radstadt und Altenmarkt", 1790 (SMCA)

Lit.: I. Stahr: Salzburg gedenkt der Dichterin A. R. In: Bastei, Zs. des Stadtvereins Salzburg, 48, 1999, H. 3, S. 27-30. – K. Seeberg: »Einer sagte, ihre Seele sei wie ein Schwamm«. Am 27. 6. 1998 wäre A. R. 100 Jahre alt geworden. In: SN, 20. 6. 1998. – H. Riggenbach: Inventar des Nachlasses von A. R. Werke, Briefe, Tagebücher, Frauenfeld 1998. – N. Wandruszka: Die Offiziersfamilie v. Hoyer aus Dresden. Verwandtschaft v. A. R. In: Genealogie, Bd. 19, H. 3, 1989, S. 465-480.

H.H.

Radauer, Irmfried, * Salzburg 7. 1. 1928, † Patras 13. 10. 1999, Komponist. Musikalische Ausbildung am Konservatorium Leipzig und am →Mozarteum. Tätigkeit als Musikkritiker, Lehrer für elektronische Musik, Leiter der Abteilung für Elektroakustik am Mozarteum. Forschungstätigkeit an der Stanford-Univ. (USA), Gründer und Leiter der Computermusik des Rechenzentrums Salzburg. Schrieb Werke für Orchester, Kammermusik, Ballette, Vokalmusik und elektronische Musik.

Lit.: B. Günther: Lexikon zeitgenössischer Musik aus Österreich. Wien 1997.

G.W.

Radnitzky, (Wenzel) August (Pseud.: »Der Fink von Mattsee«), * Salzburg 12. 6. 1810, † Mattsee 22. 3. 1897, Schriftsteller, Mundartdichter. Sohn eines ehem. Verpflegsbeamten der k.k. Armee, der als Techniker und Maschinist – angeblich auch als Souffleur am Theater in Salzburg – tätig war. Gymnasium in Salzburg. Abbruch des Studiums, weil seine Eltern durch einen Brand 1818 ihr Vermögen verloren. 1818 Tod der Mutter, Notlage, Abschreibarbeiten und Gelegenheitsdichtungen, um zu überleben. Ab 1825 unbesoldeter Praktikant, ab 1836 Kanzlist der Gräflich Lodronischen Stiftsverwaltung. Ab 1843 Stiftsverwalter im Kollegiatstift →Mattsee. Ab 1859 Veröffentlichung von vorwiegend Mundartgedichten in Zeitungen und Zeitschriften. Reiche literarische Tätigkeit. Als Mundartdichter unter dem Pseud. »Der Fink von Mattsee« bekannt. Die Gesamtausgabe seiner verstreut gedruckten Gedichte erfolgte erst posthum im Jahre 1901. Sein Grab befindet sich auf dem Friedhof in Henndorf.

Lit.: A. R.: Gedichte in Salzburger Mundart. Hg. v. M. Zauner mit biographischer Einleitung von H. F. Wagner, Salzburg 1901, Reprint 1997. – H. Dieter: A. R. Salzburg 1893, Reprint 1997. – Ausstellungskat. Stiftsmuseum Mattsee. A. R. (1897-1997). Mit Beiträgen von A. Hahnel u. a.

A.Has., H.H.

Radstadt, befestigte Stadtanlage der frühen Gotik, planmäßige Gründung im 3. V. des 13. Jh.s (Stadtrecht 23. 6. 1298), zum Schutz der Salzburger und Admonter Untertanen und als Grenzfeste gegen Österreich. Bald auch wichtiger Handelsplatz (1398 Wochenmarkt, 1460 Niederlagsrecht für Eisen und Salz mit Bau einer Lötsche (Niederlagsgebäude), 1470 Jahrmarkt). 1526 fast dreimonatige vergebliche Belagerung durch die aufständischen Bauern, Verteidigung R.s durch Christoph Graf (→Goldegg), seither »getreue Stadt«. Stadtanlage mit rechteckigem Grundriß (Vorbild Wiener Neustadt) und regelmäßiger Verbauung, von der nach 1525 erneuerten Befestigung sehr viel erhalten (Mauerzüge, drei Rundtürme, Amtmannturm). Rechteckiger Hauptplatz quer zur Hauptachse der Stadt, diese Hauptdurchzugsstraße. Pfarrkirche (spätromanisches Langhaus, Chor von 1417) und ehemalige eb. Burg im NO-Eck der Stadt. In dieser Burg 1629-1980 ein Kapuzinerkloster mit Kirche, jetzt Pfarrhof. Bürgerhäuser im Kern z. T. noch 16. Jh., am Hauptplatz Bezirksgericht, 1785 erbaut, mit Wappen von Eb. →Hieronymus Colloredo. Geburtsort des Komponisten und Orgelvirtuosen P. →Hofhaimer.

Lit.: F. Zaisberger, F. Koller: Die alte Stadt im Gebirge. 700 Jahre Stadt R., Radstadt 1989. – ÖKT, Bd. 28, S. 158 ff.

L.T.

Radstädter Keramik. Seit 1450 ist die »Hafnerhütte im Lerchenbach« als Eigentum der Stadt Radstadt nachweisbar. Die verpachtete Hafnerei lag außerhalb der Stadtmauern und brannte 1526 bei einer Belagerung während der Bauernkriege ab. Ab Anfang des 17. Jh.s Hafner namentlich bekannt: 1604 Hans Lahner, 1628 Georg Windthammer, 1643 Gottfried Andare mit Sohn Hans (Verkaufsladen im Radstädter Rathaus). Hans Hermer (1644-1729) erbaute eine neue Werkstatt und vergrößerte das Haus. Nach Matthias Ernst, dem Nachfolger Hermers, 1729 Michael Windt und seine Nachkommen Franz (1774) und Josef (1821), 1823 Melchior Schaidraiter (Ziegelbrenner), 1852 F. →Fiala und dessen Nachkommen. Die Firma »Ignaz Fiala« ruht seit 17. 7. 1964. Hergestellt wurden Ofenkacheln, Vasen, Krüge, Töpfe, Ziergegenstände und auch Plastiken (Pietà in Nische am Hafnerhaus vom Ende des 17. Jh.s).

Ch.S.

Radstädter Keramik, Vase, bunt, glasiert, Radstadt, 1930er Jahre (SMCA)

Radstädter Kunstkeramik →Miller, Leo

Rainalter, Erwin H(erbert), * Konstantinopel 6. 6. 1892, † Wien 29. 10. 1960, Journalist, Schriftsteller. In den 20er Jahren Kulturredakteur des »Salzburger Volksblattes«, befreundet mit St. →Zweig, lebte dann in Wien. Verfasser zahlreicher Novellen und Romane, von denen »Das große Wandern« (Roman um die Salzburger Protestanten-Emigration, 1936), »Mirabell« (1941) und »Hellbrunn« (1958) sich auf Salzburg beziehen.

Lit.: Kürschner, Nekr. 1936-70.

H.H.

Rainberg, felsige Erhebung im Westen der Stadt Salzburg, bedeutender prähistorischer Fundplatz, Keimzelle der Stadt Salzburg. Der R. wurde am Beginn der Jüngeren Steinzeit im 5. Jt. v. Chr. besiedelt. Die erste Blütezeit der Niederlassung am R. fällt in das 3. Jt., zahlreiche Funde von Steingeräten und Keramikbruchstücken. In der nachfolgenden Bronzezeit erreichte die Siedlung ihre größte

Ausdehnung. Im Gegensatz dazu ist der Fundbestand aus der Eisenzeit geringer, die Siedlung scheint in dieser Periode ihre überregionale Bedeutung zugunsten des →Hellbrunnerberges, später des →Dürrnberges, eingebüßt zu haben. Am Beginn der Römerherrschaft wurde der R. verlassen. Nur einmal noch erlangte der Berg Bedeutung, und zwar im Zusammenhang mit den Bauernkriegen des Jahres 1525. Die aufständischen Bauern wählten die allseitig durch Felsabstürze gesicherte Felshöhe zu ihrem Lagerplatz. In den folgenden Jh. wurde der R. nur noch als Steinbruch genutzt. Kirchen, Bürgerhäuser und Wehrmauern der Stadt Salzburg wurden großteils aus Konglomerat vom R. erbaut.

Lit.: Die prähistorischen Funde vom Rainberg in Salzburg. In: G. Kyrle, Urgeschichte des Kronlandes Salzburg, ÖKT, Bd. 17, 1918.

F.M.

Rainermarsch →Schmid, Hans

Ranggeln. Ländlicher Kampfsport, bäuerliches Kampfspiel mit fest geregelten Austragsbestimmungen, aus dem »Raufen auf Leben und Tod« entwickelt. Die Ringer müssen mit bestimmten Griffen und Würfen, in vorgeschriebener Kleidung (heute Leinenhemd, weite Hose, bloße Füße) und auf bestimmten eingefriedeten Plätzen den Gegner zu Fall bringen. Älteste Darstellung des R. 1390, in Albrecht Dürers »Fechtbuch« von 1512 frühere HS. übernommen. Als R. auch in Tirol, Bayern, als Ringen in Kärnten, Steiermark und als Schwingen in der Schweiz vereinzelt erhalten. Spaur nennt es 1800 das vulgo »Hosenrecken« oder »Klopffechten« und vergleicht es mit den römischen Lucta. Früher, offenbar wegen des freien Tages, an kirchliche Feiertage gebunden. Mißbrauch während der NS-Zeit durch die »Arbeitsgemeinschaft für Deutsche Volkskunde«. Heute organisiertes R. auf dem Hundstein bei Saalfelden, am Jakobitag (25. 7., Almfeiertag) bei dem durch Schiedsrichter (bez. »Schermtax« – schirmender Nadelbaum) der »Hagmoar« als Landessieger ermittelt wird. Früher war der Siegespreis die »Schneidfeder« (Schneid=Mut) für den Hut.

Lit.: E. Hörandner, F. Jary: Mitfeiern! Festland Österreich. Wien 1983. – I. Peter: Das Ranggeln im Pinzgau und verwandte Kampfformen in anderen Alpenländern. SH 3, 1981. – Spaur: Reise durch Oberdeutschland. 1. Bd., Salzburg 1800, S. 240.

U.K.

Raninger, Walter, * Wieselburg (NÖ.) 14. 6. 1926, † Salzburg 24. 7. 1996, Sänger und Gesangspädagoge. Studierte an den Musikhochschulen Weimar und Salzburg Gesang, Trompete und Dirigieren, war Preisträger der intern. Gesangwettbewerbe Genf und Salzburg, mit zahlreichen Verpflichtungen als Konzert- und Opernsänger, Mitwirkender europ. Musikfestspiele und Solist zahlreicher Rundfunk- und Schallplattenaufnahmen. Seit 1975 Prof. für Gesang, Lied und Oratorium am →Mozarteum.

G.W.

Rasi, Francesco, * Arezzo 14. 5. 1574, † Mantua Dezember 1621, Komponist und Sänger. Als Schüler von Giulio Caccini zählte er zu den begehrtesten Sängern seiner Zeit. Von kirchlichen und weltlichen Fürsten stets umworben, wurde er bes. von den führenden Musikern und Dichtern seiner Zeit hochgeschätzt. Bereits mit 14 Jahren kam er an den Florentiner Hof der Medici und trat nach eigenem Zeugnis 1595 in den Dienst der Gonzaga zu Mantua. 1608 erschien die erste seiner drei gedruckten Sammlungen von Monodien, die »Vaghezze di musica per una voce sola«, 1610 folgten die »Madrigali« und 1620 die spätestens 1614 komponierten »Dialoghi«. 1609 überschattete ein kaltblütig vorbereiteter Mord sein bewegtes Leben. Der Vollstreckung des Urteils, das auf Galgen und Vierteilung lautete, konnte sich R. entziehen, begnadigt wurde er allerdings erst 1620. Im Winter 1612/13 reiste er nach Prag, wo er vor dem eben gekrönten Kaiser Matthias sang. Auf der Rückreise über Nürnberg und München hielt er sich um den 10. 12. 1612 am Hofe Eb. →Markus Sittikus' auf, dem er seine vierte Sammlung dedizierte, das autographe und prachtvoll gebundene Ms. der »Musiche da camera e chiesa«. Die Sammlung – heute in Regensburg – ist die früheste original-hs. Quelle der Monodie außerhalb Italiens und zudem eine der ersten bekannten autographen Partituren überhaupt. R. dürfte dem Salzburger Metropoliten allerdings schon vorher in Mantua begegnet sein. Wahrscheinlich war es auch R., der Claudio Monteverdis Favola in musica »Orfeo« nach Salzburg brachte, wo sie von 1614 bis 1619 mindestens sechsmal aufgeführt wurde.
Bereits am 28. 1. 1613 war R. wieder in Mantua.

Rauriser Literaturtage, v. l. n. r. Uwe Johnson, Erwin Gimmelsberger, Günter Eich (Rauriser Literaturtage)

Editionen seiner literarischen Werke und eine verlorengegangene Oper folgten. Eine letzte Auszeichnung erfuhr R. durch den Dogen, der ihm 1618 den Titel eines Cavaliere di S. Marco verlieh. In der Erneuerung der alten Personalunion von Dichter, Komponist und Sänger setzte R. die Ideen der Florentiner Camerata fort.

Lit.: W. Kirkendale: Zur Biographie des ersten Orfeo. F. R. In: Claudio Monteverdi, FS. Reinhold Hammerstein zum 70. Geburtstag, Laaber 1986, S. 297 ff.

E.H.

Rathaus der Stadt Salzburg. Vom alten Zentrum der Bürgerstadt, dem Waagplatz, wurde im Lauf der Zeit nicht nur der Markt auf den »Alten Markt« verlegt, die Pfarrechtsausübung von der Michaelskirche auf die Liebfrauenkirche (→Franziskanerkirche) übertragen, auch das Rathaus übersiedelte 1407 an die heutige Stelle. Die ältesten Ansichten zeigen einen schmucklosen, von einem viereckigen, zinnenbekrönten Turm überragten Bau, der die in Salzburg hinter dem fürstlich-geistlichen Bereich zurücktretende Bedeutung des Bürgertums zu symbolisieren scheint. 1616-18 vollständiger Umbau, über dem Portal Statue der Justitia von H. →Waldburger; 1749 für die Ratsstube »Urteile Salomons und Daniels« von P. →Troger (heute →SMCA); 1772 Neufassadierung; Umwandlung des Tanzsaales in einen Redoutensaal. Bis 1947 Sitz des Magistrats und Bürgermeisters, seitdem zum Großteil im Schloß →Mirabell.

Lit.: ÖKT, Bd. 13. – L. Spatzenegger: Zur Geschichte des Rathauses in Salzburg. Sonderabdruck aus der Salzburger Zeitung, Salzburg 1872.

M.O.

Ratschen →Osterbräuche

Rattensperger, Josef, * Unterknappenbichl bei Bruck (Pinzgau) 6. 4. 1807, † Salzburg 21. 4. 1866, Maler. Setzte die Tradition der volkstümlichen Kirchenmaler im nazarenischen Sinne fort, z. B. bei der Renovierung und Ergänzung der Fresken von Stift →Mattsee (1851/52) oder in den nicht mehr erhaltenen goldgrundigen Wandbildern der Borromäumskirche (1864). Außerdem lieferte er topographisch und volkskundlich interessante Darstellungen aus dem Pinzgau für die →Oberer'sche Lithographieranstalt und illustrierte →Kürsingers »Lungau« (1853).

Lit.: Fuhrmann-Land. – Thieme-Becker. – Josef Lahnsteiner: Unterpinzgau. Hollersbach 1960, S. 140.

N.Sch.

Raumordnung, Salzburger Institut für Raumordnung & Wohnen, gegr. 1972 als »Salzburger Institut für Raumforschung« (SIR) mit der Hauptaufgabe der Erarbeitung von wissenschaftlichen Grundlagen für die Raumordnung und Raumplanung im Bundesland Salzburg. Geschäftsführer war von der Gründung bis 1984 Wilhelm Schaup-Weinberg. Seit 1975 ist am SIR die »Salzburger Ortsnamenkommission« situiert. 1992 Änderung der Organisationsstruktur. Als zusätzliche Hauptaufgaben übernimmt das nunmehrige Salzburger Institut für Raumordnung & Wohnen die Wohnberatung und Wohn(bau)-forschung sowie die Dorf- und Stadterneuerung. Hg. der »Mitteilungen und Berichte«, der »SIR-Schriftenreihe« sowie 1976-84 von Strukturdatenheften der Gemeinden des Landes Salzburg.

Lit.: FS. 20 Jahre Salzburger Inst. für Raumforschung. SIR-Schriftenreihe, Bd. 12, Salzburg 1993. – L. Santner: Das neue Salzburger Inst. für Raumordung und Wohnen (SIR). In: SIR Mitteilungen und Berichte 1-4, 1992, S. 5 ff.

P.F.K.

Rauriser Litaraturpreis →Rauriser Literaturtage

Rauriser Literaturtage. Auf Anregung von E. →Gimmelsberger fanden die ersten R. L. vom 14. 2. bis 17. 2. 1971 statt, Teilnehmer waren u. a.

Th. →Bernhard und P. →Handke. E. Gimmelsberger leitete die R. L. von 1971 bis 1987. Nach Franz Mayrhofer (1988-89) übernahm B. Steinwendtner die Leitung, sie erneuerte die Struktur und Organisation der R. L. und setzte erfolgreiche thematische Akzente bis heute. Bei den R. L. wird der »Rauriser Literaturpreis« für die beste Prosa-Erstveröffentlichung des jeweils vorangegangenen Jahres durch wechselnde Jurys vergeben, ebenso der »Rauriser Förderungspreis«, der für junge Salzburger Autoren und Autorinnen ausgeschrieben ist. Der »Rauriser Bürgerpreis« wird von der Rauriser Bevölkerung verliehen: bisherige Preisträger: Alois Brandstätter, Klaus Gmeiner, Franz Rieger. Die R. L. brachten erfolgreich Literatur aufs Land, sie sind aber gleichzeitig zu einem anregenden Treffpunkt für Autoren, Kritiker, Verleger und Literaturwissenschafter geworden. Zahlreiche Tondokumente, Fernsehaufnahmen, Manuskripte und Bücher bilden das »Rauriser Literaturarchiv«.

Lit.: B. Steinwendtner, H. Holl: 30 Jahre Rauriser Literaturtage. FS. Rauris 2000. *H.H.*

Realgymnasium →Allgemeinbildende Höhere Schulen

Realschule, neuer Schultyp Mitte des 19. Jh.s. Betonung von Naturwissenschaften und Technik; 1851 Eröffnung in Salzburg im Kollegiengebäude; 1874 neues Gebäude am Hanuschplatz; 1930/31 Erweiterung um Realgymnasium; 1969/70 Ende des Schultyps »Realschule«; 1970/71 Übersiedlung in die Akademiestraße.

H.O.

Rech, Geza, * Wien 25. 6. 1910, † Salzburg 26. 5. 1992, Hochschullehrer, Regisseur und Musikschriftsteller. 1935-45 Dramaturg an österr. und dt. Bühnen, 1945 Programmdirektor beim Sender Rot-Weiß-Rot Salzburg, seit 1950 Leiter der wissenschaftlichen Abteilung, seit 1968 Generalsekretär der Int. Stiftung →Mozarteum (ISM) und Lehrbeauftragter am Mozarteum; Lektor für Theatergeschichte an der →Univ. Salzburg, Schriftleiter der Mitteilungen der ISM und des Mozart-Jb. des Zentralinstituts für Mozartforschung. Veröffentlichungen: »W. A. Mozart, Lebenswege in Bildern« (1955), »Salzburger Mozartbuch« (1964, Neuaufl. 1986). *G.W.*

Regner, Hermann, * Marktoberdorf (Deutschland) 12. 5. 1928, Musikpädagoge und Komponist. Erhielt seine musikalische Ausbildung am Konservatorium Augsburg. 1957-64 Lehrer an der Hochschule für Musikerziehung in Trossingen, 1964 an das →Mozarteum berufen, seither dem →Orff-Institut, an dessen Aufbau er maßgeblich mitgearbeitet hat, ständig verbunden. 1968-93 Prof. für Didaktik und Methodik der elementaren Musikerziehung. Seine Lehrtätigkeit führte ihn in alle Kontinente. Neben elementarer Musikerziehung zählen Erwachsenenbildung und Musikerziehung durch Schulfunk und Fernsehen zu R.s Spezialgebieten. Fachberater und Textautor zahlreicher Musiksendungen, Komponist von Bläser-, Schlagwerk- und Chormusik, Autor zahlreicher musikpädagogischer Publikationen.

Lit.: B. Günther: Lexikon zeitgenössischer Musik aus Österreich. Wien 1997. *G.W.*

Rehle, Valentin, * Salzburg 8. 3. 1818, † Salzburg 29. 9. 1883, Lehrer und Heimatkundler. Nach Absolvierung des Lehrerseminars auf verschiedenen Lehrerstellen, zuletzt 1851-79 in Liefering. R. war an der Gründung des Landes-Lehrervereins beteiligt und gab für den 1870 an den Volksschulen neu eingeführten Geographie- und Geschichtsunterricht eine »Heimatkunde des Herzogthumes Salzburg« (1875) heraus, die Geographie, Geschichte und Verfassung des Landes zusammenfaßte. Zudem druckte er eine Geschichte der Salzburger Volksschulen (1880) sowie Schematismen des Lehrpersonals. Ungedruckt blieben seine für den Unterricht erstellte »Kleine Heimatkunde von Liefering« und die materialreiche Schulchronik. Der liberale Lehrer R. engagierte sich auch in der Kommunalpolitik, wirkte zeitweilig als Ortsvorstand von Liefering und förderte den Ablöseprozeß von der Ortsgemeinde Siezenheim. Die von ihm 1877 konzipierte Form der Peter-Pfenninger-Schenkung, die Übertragung bedeutender Fischereirechte an die Steuergemeinde Liefering, besteht bis heute fort. Mit der 1878 durchgeführten großen 1100-Jahr-Feier der Kirche Liefering legte er den Grundstein für die spätere eigene Pfarre. Der Ehrenbürger von Liefering fand in der Familiengruft am Ortsfriedhof seine letzte Ruhestätte.

Lit.: P. F. Kramml: Liefering. Das Dorf an der Grenze. In: W. Dorfer, P. F. Kramml (Red.): Liefering. Das Dorf in der

Stadt, Salzburg 1997, S. 99 ff. – Nekr. V. R. In: Zeitschrift des Salzburger Lehrervereines, 13. Jg., 1883, Nr. 11, S. 135.
P.F.K.

Rehrl, Franz, * Salzburg 4. 12. 1890, † Salzburg 23. 1. 1947, christlich-sozialer Politiker und LH. von Salzburg (1922-38). In seiner langen Regierungszeit machte sich R. besonders verdient um die Förderung der Salzburger →Festspiele. Zur Ankurbelung der Wirtschaft in einer schwierigen Zeit ließ er großangelegte Straßenbauten auf den →Gaisberg und über das Hochtor (→Großglockner) sowie die Schmittenhöhebahn errichten und das Tauernkraftwerk projektieren (→Bauten des Verkehrs, →Bauten des Wasserwesens). R. unterstützte den autoritären Kurs des Ständestaates nicht voll. Er wurde nach dem »Anschluß« von 1938 politisch verfolgt und inhaftiert.

Lit.: W. Huber (Hg.): F. R. LH. von Salzburg 1922-38. Salzburg 1975.
R.R.H.

Reichel, Carl Anton, * Wels 5. 4. 1874, † Wien 25. 10. 1944, Graphiker. Der im Jugendstil wurzelnde Radierer mit mythizistisch-okkultistischen Neigungen verbrachte die künstlerisch produktivsten Jahre seines romanhaften Lebens in Großgmain (1903-07) und – als Nachbar H. →Bahrs – auf Schloß Arenberg in Salzburg (1907-17). E. →Buschbeck bezeichnete ihn 1910 mit Bezugnahme auf G. →Trakl als den wichtigsten Salzburger Künstler. 1919 beteiligte er sich an der Ausstellung des →»Wassermann«. Sein Sohn Eramus R. (* Salzburg 1912, † Bogotá 1994) lebte zunächst in München und Paris als Graphiker, wanderte 1938 nach Kolumbien aus und wurde als Gerardo R.-Dolmatoff zum Vater der kolumbianischen Anthropologie. Er beschäftigte sich hauptsächlich mit den Indianervölkern der Sierra Nevada de Santa Maria (»Tairona«) und deren Mythen.

Lit.: Ausstellungskat. Ausgeliefert. Beispiele österr. Graphik der Zwischenkriegszeit nahe der Phantastik, Linz 1996. – R. Doppelbauer-Dickinger: Die Graphik C. A. R.s. Seelenbespiegelung zwischen Irrationalismus und Psychoanalyse, Diss. Salzburg 1988. – dies.: C. A. R. Biographie und Werkverzeichnis. Diplomarbeit Salzburg 1985. – Ausstellungskat. »Clemens Brosch–Aloys Wach–C. A. R«. Linz 1982.
N.Sch.

Reichssiegel, Florian, * Salzburg 26. 12. 1735, † Dornbach bei Wien 15. 5. 1793, Benediktiner, Dramatiker. Nach philosophischen Studien an der →Univ. Salzburg 1754 Eintritt in das Kloster →St. Peter, 1760-66 Prof. am →Gymnasium, bis 1775 Schulpräfekt, auch Prof. für Rhetorik. Sein dramatisches Schäfergedicht »Die Hochzeit auf der Alm« (1768), vertont von M. →Haydn, von B. →Paumgartner neu bearbeitet und aufgeführt, zählt zu den originellsten Beiträgen des →Theaters der Benediktineruniv. Neben der bizarren Pantomime »Der Traum« (1768) und einer »Ode auf die zwölfte Jubelfeier der Hauptstadt Salzburg« (1782) verfaßte R. eine Reihe von lat. und dt. Schuldramen, Singspielen und Gelegenheitsgedichten. M. →Sillers Kupferstiche zu R.s »Der Schwätzer und der Leichtgläubige« (1764) zeigen Kostüme des Theaters der Benediktineruniv., sie sind eine wichtige theatergeschichtliche Quelle.

Lit.: H. Boberski: Das Theater der Benediktiner an der alten Univ. Salzburg (1617-1778). Wien 1978. – Wurzbach, Bd. 25, S. 180 f.
A.Has.

Reiffenstein, Leo, * Wien 27. 7. 1856, † Salzburg 5. 1. 1924, Maler. Mitarbeiter H. →Makarts und H. Angelis; um die Jahrhundertwende übersiedelte er aus Gesundheitsgründen nach Mondsee und bald darauf nach Salzburg (Atelier im Schloß →Mirabell). Mit dem Ortswechsel fiel R.s Wandel vom typischen Vertreter einer schwülstigen Ateliermalerei (»Rosentod«, 1894) zu einer stimmungsverklärten Landschaftskunst zusammen. Das Pathos ihrer bühnenhaften Beleuchtung läßt die in goldschwere Herbstfarben oder Abendröte getauchten Salzburger Ansichten jedoch nie ihre Herkunft aus dem Atelier verleugnen. Außerdem schuf R. Bildnisse, sakrale Monumentalbilder (»Auferstehung« in der Aussegnungshalle des Kommunalfriedhofes, 1913) und den Vorhang des Salzburger →Marionettentheaters. Auch sein Sohn Paul (* Salzburg 1899, † ebenda 1969), eigentlich Musiker, wandte sich der Malerei zu.

Lit.: SV, 31. 3. 1956 u. 7. 1. 1924. – Thieme-Becker.
N.Sch.

Reiffenstuhl (Reiffenstuel), Anton, * Salzburg 1786, † Salzburg 1. 3. 1848, Landschaftsmaler. Nachdem er für die ererbte Tabakfabrik bei der Angliederung Salzburgs an Österreich mit einer Staatsrente abgefunden worden war, konnte sich R. ganz seinen künstlerischen Neigungen widmen und entwickelte, zunächst unter J. M. →Wurzers Anleitung, für einen Dilettanten beachtliche Fähigkeiten. Seine detailgenauen Landschaften aus Salzburg und Italien stehen am Übergang von klarsichtiger Klassizität zu einer mehr stimmungsmäßig erfaßten Topographie. Die beiden großen Salzburg-Ansichten im →SMCA, das R.s Nachlaß aufbewahrt, verraten in der Ausweitung des Blickfeldes wie in der elegischen Lichtwirkung die Nachbarschaft des berühmten →Sattler-Panoramas.

Lit.: Meisterwerke, Tf. 48. – Thieme-Becker. – Wurzbach.

N.Sch.

Reinhardt, Gottfried, * Berlin 20. 3. 1913, † Los Angeles 19. 7. 1994, jüngster Sohn von M. →Reinhardt und der Schauspielerin Else Heims, Drehbuchautor, Regisseur, Filmproduzent. Im Berlin der »goldenen Zwanzigerjahre« aufgewachsen, führte er bereits als Neunzehnjähriger Regie bei Erich →Kästners »Pünktchen und Anton«. 1932 emigrierte er in die USA, wo er als Assistent von Ernst Lubitsch in Hollywood den Grundstein zu seiner Karriere beim Film legte. 1933 engagierte ihn Metro-Goldwyn-Mayer, das größte Unterhaltungsimperium jener Zeit, für das er die nächsten 21 Jahre seines Lebens tätig sein sollte. Als Drehbuchautor und Regisseur arbeitete er mit Filmgrößen wie Ingrid Bergman, Kirk Douglas, Clark Gable, Greta Garbo, Ava Gardner, John Houston und Lana Turner zusammen. In Europa produzierte er in Artur Brauners CCC-Film-Studios in Berlin-Spandau zahlreiche erfolgreiche deutsche Filme, u. a. mit Hans Albers, O. W. Fischer und Heinz Rühmann. Von 1958 bis 1986 lebte er mit seiner Frau im Hoyos-Schlößl im Park von Schloß Kleßheim. 1961/62 inszenierte er den »Jedermann« auf dem Salzburger Domplatz mit Walter Reyer und Ellen Schwiers in den Hauptrollen, Ernst Krenek schrieb auf R.s Anweisung eine neue Bühnenmusik. 1961 drehte R. auch eine Filmversion des »Jedermann« mit Walter Reyer in der Titelpartie. Zum 100. Geburtstag seines Vaters entstand unter seiner Leitung für das Fernsehen der Dokumentarfilm »Max Reinhardt – der große Zauberer« (1973), 1977 inszenierte R. am Wiener Theater in der Josefstadt den »Urfaust«. 1983 bemühte er sich – vergeblich – um das Amt des Salzburger Festspielpräsidenten. Von 1986 an lebte R. wieder in Los Angeles, wo er im Juli 1994 einem Krebsleiden erlag.

Lit.: G. Reinhardt: Der Apfel fiel vom Stamm. Anekdoten und andere Wahrheiten aus meinem Leben. München, 1992.

H.A.

Reinhardt, Max (eigentlich: Goldmann), * Baden bei Wien 9. 9. 1873, † New York 31. 10. 1943, Theaterleiter, Regisseur, Schauspieler. R. hatte sein erstes Engagement für die Saison 1893/94 am Salzburger Stadttheater. Er war mit einem umfangreichen Rollenrepertoire gekommen (»Korsarenbrief«). Als Franz Moor sah ihn Otto Brahm, der Direktor des Berliner Dt. Theaters, in Salzburg und engagierte ihn. 1894-1902 wirkte R. als Charakterspieler am Dt. Theater in Berlin. Nach rascher Überwindung des starren Naturalismus zeigte R.s erste Regiearbeit im Künstlerkabarett »Schall und Rauch« (1901) bereits eine Annäherung von Literarischem und Spielerischem. Solche Erfahrungen übertrug er 1902 auf die Bühne des Kleinen Theaters. Gleichzeitig übernahm er das Neue Theater (1903-06). Als Direktor des Dt. Theaters aber (1905-20, 1924-33) entwickelte R. seine berühmte Theaterreform. Er überwand den eng gegenständlichen Spielraum des naturalistischen Dramas und verwandelte ihn in einen impressionistisch-magischen, für den Zuschauer intuitiv erfühlbaren Bedeutungsraum. Diese Spielideen verwirklichte er in weltberühmten Inszenierungen: »König Ödipus«, im Zirkus Schumann in Berlin, 1910; Karl Vollmoellers »Das Mirakel«, in der Olympia Hall in London, 1911; »Der Kaufmann von Venedig«, auf dem Campo Trovaso in Venedig, 1934; nicht zuletzt aber H. v. →Hofmannsthals »Jedermann« auf dem Salzburger Domplatz, 1920; Hofmannsthals »Das Salzburger Große Welttheater«, in der Kollegienkirche in Salzburg, 1922, und →Goethes »Faust« in der Felsenreitschule, 1933. Das heißt aber, daß R.s große Theaterreform intensiv mit den einmaligen Theatermöglichkeiten der Salzburger →Festspiele verbunden war und er durch sie repräsentative, heute historisch bedeutsame Inszenierungen verwirklichen konnte. R.s Regie war Interpretation; sie bezog in hohem Maße auch Bühnenbild und Aufführungstechnik in sein Konzept mit ein. Er wertete etwa die Beleuchtungstechnik im Sinne seines magischen

Theaterspielraums aus oder verlieh der Drehbühne dramaturgische Funktion. Wichtig war die Zusammenarbeit mit schöpferischen Bühnenbildnern wie A. →Roller, Oskar Strnad und C. →Holzmeister. R. gelang es, eine literarische Dramaturgie in eine theatralische Dramaturgie zu verwandeln. Kritik an ihm kam wegen mangelnder Ökonomie, wegen der Überbewertung der schöpferischen Interpretation und übertriebener Freude an Effekten. Diese Kritik wirkt heute wie differenziertes Lob. R. war seit 1920 der bedeutendste Regisseur bei den Salzburger Festspielen. Seit 1924 wirkte er auch am Wiener Theater in der Josefstadt. Es gelangen ihm hier beispielgebende Klassiker- und Shakespeare-Aufführungen von hoher künstlerischer Konzentration. Daneben hatte er noch viele Verpflichtungen in Berlin (etwa an der von ihm eröffneten »Komödie«, im Theater am Kurfürstendamm 1924-26) und Gastspiele in Europa und Übersee. Am 16. 4. 1918 kaufte R. das Schloß →Leopoldskron, das er bis 1938 (Enteignung) besaß. Einladungen von R. nach Leopoldskron waren besondere gesellschaftliche Ereignisse. 1933 emigrierte R. nach Österreich, 1938 weiter in die USA, wo er 1943 in New York starb.

Lit.: Chr. Funke: M. Reinhardt. Berlin 1996. – L. M. Fiedler: M. Reinhardt. Mit Selbstzeugnissen u. Bilddokumenten, Reinbek b. Hamburg 41994. – M. R. Ein Theater, das den Menschen wieder Freude gibt. Bildbiographie, hg. v. E. Fuhrich u. G. Proßnitz, München-Wien 1987.

A.Has.

Reisenbichler, Karl, * Attersee 2. 3. 1885, † Großgmain 21. 12. 1962, Maler und Radierer. Schüler von Griepenkerl, Unger und Delug in Wien. Führender Salzburger Exponent einer völkisch-monumentalisierenden Richtung, einflußreich als Präsident des Wirtschaftsverbandes bild. Künstler und nach 1938 als oberster Kunstfunktionär im Gau Salzburg. Schuf in deutlicher Anlehnung an den monumentalen Figurenstil eines Egger-Lienz, den er mehr ins Dumpf-Pathetische und Klobig-Dekorative abwandelte, u. a. Totentänze und Bauernkriegsdarstellungen (Sternbräu). Als Erfinder einer mehrfarbigen Sgraffitotechnik (Neosgraffito) prägt er mit seinerzeit umstrittenen Fassadengestaltungen (Ankerhaus am Waagplatz, Ecke Getreidegasse/Sigmund Haffnergasse, Ecke Linzergasse/Dreifaltigkeitsgasse) das Straßenbild bis heute, kam aber auch

Tobi (Tobias) Reiser d. Ä. (SLIVK)

außerhalb von Salzburg, von Innsbruck und Wien bis ins Ruhrgebiet, Aufträgen nach. Großflächig brachte er das Neosgraffito weiters in den Werkhallen des Druckhauses Kiesel (heute in der HTBL) und der OKA bei St. Johann sowie beim Kriegerdenkmal in Bischofshofen zur Anwendung.

Lit.: 150 Jahre Salzburger Kunstverein. Kunst und Öffentlichkeit, Salzburg 1994. – Ch. Haller: Das Neosgraffito von K. R. Diss. Salzburg 1991. – Vollmer. – Österreichische Kunst 1, 1930, Heft 9, S. 31.

N.Sch.

Reiser, Tobias d. Ä. (Tobi), * St. Johann im Pongau 2. 3. 1907, † Kaprun 31. 10. 1974, Metzgermeister, Volksmusikant, Bearbeiter und Schöpfer von →Volksmusik, Gründer zahlreicher Sing- und Musikgruppen, Begründer der »Stubenmusik«. Musikalische Anleitung durch P. →Kiem (praktisch) sowie durch O. →Eberhard und C. →Rotter (theoretisch).
1932 begründete R. mit O. Eberhard (als Mitglieder im Arbeitsausschuß für das Salzburger Volkslied im Österreichischen Volksliedunternehmen, Leiter C. Rotter) und K. →Brandauer das 1. öffentliche Volksliedsingen in St. Johann im Pongau (und viele weitere Wettbewerbe), das 1939 im 8. Salzburger

Volkssingen in Radstadt (veranstaltet vom »Gauausschuß Salzburg des Ostmärkischen Volkslied-Unternehmens«) weiterlebte und 1960 im Bischofshofener →Amselsingen (dessen Begründer Cassio Castelpietra ebenfalls im 1. Österr. Gebirgstrachtenverband wortführend war, in den 1930ern Obmann des Trachtenvereines Saalfelden Stamm) einen Nachfahren fand. 1934 Gründung der »Flachgauer Musikanten«, 1934/35 mit dem Salzburger Instrumentenbauer Heinrich Bandzauner Entwurf und Entwicklung des chromatischen Salzburger Hackbretts. Ab 1936 im Beirat des Landestrachtenverbandes. Zwischen 1932 und 1938 RAVAG-Sendungen, die teils wegen ihrer politischen Inhalte nicht gesendet wurden.
1938 Leiter der Salzburger Delegation am Reichsbauerntag in Goslar. 1. 11. 1938 – 3. 3. 1941 in der »Landesbauernschaft Alpenland«, als Referatsleiter für »Bäuerliches Brauchtum« und »hauptamtlicher Volksliedpfleger des Reichsnährstandes« sowie Mitglied im Gauausschuß des »Ostmärkischen Volksliedunternehmens« unter Führung von O. Eberhard. R. gab ab 1939 in Potsdam die Salzburger Musikblätter, 1942 Liederblätter, 1939 mit O. Eberhard »20 Volkstänze aus dem Gau Salzburg« über das »Deutsche Volksbildungswerk der Deutschen Arbeitsfront«, deren Teil die Landesbauernschaft war, heraus. Sendungen für den Reichssender München. Veranstaltung von Volkslied-, Volksmusik-, Heimatabenden und Wettbewerben. Vermittlung von Volkslied und Volkstanz an die HJ gemeinsam mit Bannführer Walter Leitner sowie an die NS-Frauenschaft mit der Gaujugendgruppenführerin Jolanda Clauß-Ruprecht (40 Mädchensinggruppen gegründet). Leiter der »Dorfmusikschulen«, Außenstellen der gleichgeschalteten, ideologisch tätigen »Musikschule für Jugend und Volk« am →Mozarteum, die seit 1939 C. →Bresgen unterstand, dort auch Lehrer für Hackbrett, Volksliedsingen und Tanz. 3. 3. 1941 – 4. 5. 1945 Soldat der Deutschen Luftwaffe, Durchführung der Kulturpropagandareise nach Bulgarien 1941, 1941 Freistellung für Propagandafilme. Ab 1942 Beauftragter für Volksmusik im Gaukulturrat in Abwesenheit. Anregungen zur Gründung von »Beratungsstellen für bäuerlichen Hausrat«, die zur Gründung der »Arbeitsgemeinschaft bäuerliches Handwerk« 1939 durch Gauschulungsamt, KDF und Landesbauernschaft führte; 1941 Genossenschaft »Salzburger Heimatkunst« der Landesbauernschaft in Radstadt und 1942 Salzburger →Heimatwerk. 1945 aller Ämter enthoben. 26. 11. 1946 (rechtlich ungültig wegen Verbotsgesetz 1947) Wahl zum Geschäftsführer des »Salzburger Heimatwerks – Genossenschaft bäuerlicher Handwerker«, 2. 2. 1949 Bestätigung im Genossenschaftsregister. Dez. 1946 Gründung des Salzburger →Adventsingens. 1953 Tobi-Reiser-Quintett gegründet. Weitergeführt als Sextett von Prof. Tobias Reiser jun. (2. 12. 1946 – 18. 12. 1999). R. jun. gründete auch das Ensemble T. R., vertonte Gedichte von G. →Trakl und wirkte als Lyriker; u. a.: »Auf der Suche nach dem Verlorenen«. Zahlreiche Kompositionen und Bearbeitungen für das →Adventsingen; Bücher über dasselbe.

Lit: W. Deutsch: Tobi Reiser 1907-1974. Eine Dokumentation. Wien 1997. – G. Kerschbaumer: Organisiertes Heimatbrauchtum in der Stadt. – Ders.: Rekonstruktion und Dokumentation. In: Volkskunde und Brauchtumspflege im Nationalsozialismus in Salzburg, hg. von W. Haas (SBzVK 8), Salzburg 1996, S. 121 ff und S. 278 ff. – H. Dengg, B. Strobl: Tobi Reiser. Ein Leben für die Volksmusik, Salzburg 1974.

U.K.

Reisinger, Barbara, * Schwäbisch-Gmünd 5. 4. 1955, Keramikerin. Nach Studien an der Hochschule in Linz und an der Gerrit-Rietfeld-Akad. in Amsterdam seit 1980 eigenes Atelier in Salzburg. Keramische Arbeiten (Vasen, Schalen, Dosen) mit klarer Zeichnung des Dekors. Versuche in Glas.

Lit.: Kat. 12 Keramikerinnen aus Österreich. Galerie Ludwig, Hannover 1984. – Kat. Junge österr. Keramiker. Weihergut, Salzburg 1983.

Ch.S.

Reiter, Matthias, * Thalgau 9. 11. 1896, † Salzburg 30. 6. 1969, Priester und Botaniker. Neben seiner Arbeit in der Seelsorge widmete R. sein Leben der Systematischen Botanik und Floristik. Er wurde ein Fachmann auf dem Gebiet der Habichtskräuter, legte im Verlaufe von 40 Jahren ein Herbarium mit etwa 24 000 Blättern an und publizierte viele Arbeiten, von denen die »Kleine Flora von Salzburg« (1959) am bedeutendsten wurde.

Lit.: E. Stüber in: In Salzburg geboren. S. 256 ff.

R.R.H.

Reitgärtler, Virgil (Lebensdaten unbekannt), Chronist. Wohnte 1552 am Mönchsberg und verfaßte als Stuhlschreiber 1555-65 Bittschriften für verschiedene Parteien; er wird auch dt. Schulmeister in Salzburg genannt. R. übersetzte die »Kleine Salzburgische Chronik« eines unbekannten Verfassers, die in der Folge häufig kopiert wurde. Seine größere, bis 1560 (Nachträge 1570-1600) reichende Chronik von Salzburg, die bisher als verschollen galt, hat sich in der Erzabtei →St. Peter erhalten; sie war Vorlage der Chronik des J. B. →Fickler (1588).

Lit.: G. Hayer (Bearb.): Die dt. Handschriften des MA. der Erzabtei St. Peter in Salzburg. Österr. Akad. der Wissenschaften, Phil.-Hist. Klasse, Denkschriften 154, Wien 1982, S. 372. – M. C. Trdán: Beiträge zur Kenntnis der salzburgischen Chronistik des 16. Jh.s. In: MGSLK 54, 1914, S. 135 ff., hier S. 142-148.

P.F.K.

Reitsamer, Goldschmiedefamilie im 19. und 20. Jahrhundert. Jakob Reitsamer (* Perwang/OÖ 1798, † Salzburg 1868) wanderte 1826 aus Schwäbisch Gmünd kommend in Hallein zu und eröffnete eine Werkstatt für Gürtler-, Gold- und Silberschmiedearbeiten (heute Molnarplatz). Seine Kenntnis der Filigrantechnik verwendete er v.a. für den bäuerlichen Schmuck (sog. »Röserlschmuck«). Sein Sohn Peter R. (* Perwang 1824), Meister seit 1876, gründete 1861 in der Salzburger Linzergasse eine Goldschmiedewerkstatt, 1900 Teilnahme an der Pariser Weltausstellung mit Silberfiligranarbeiten. Seine Söhne Gustav und Cornelius, beide Goldschmiede, übernahmen 1902 die Firma als »G. u. C. Reitsamer«. Gustav, auch Fotograf, führte das Büro, Cornelius (* Salzburg 1857, † Salzburg 1930), seit 1886 in der Werkstatt seines Vaters tätig, arbeitete ausschließlich als Goldschmied und belebte v.a. die Filigrantechnik wieder. Cornelius R. war auch Branddirektor der Freiwilligen Feuerwehr, der er seit deren Gründung angehörte. Seine Tochter, verehelichte Plötzeneder, führte Geschäft und Werkstatt weiter, die ihr Sohn Joseph in der vierten Generation 1994 schließen mußte.

Lit.: Ch. Svoboda: Gewerbe und Kunstgewerbe in Salzburg. In: Salzburg um 1905, SMCA, 1995, S. 61 ff. – Dies.: Ein Humpen für den Bürgermeister. Kunstwerk des Monats SMCA, Salzburg 1993. – Dies.: Silberfiligrane Werkstatt Reitsamer. In: F. Moosleitner: Hallein, Porträt einer Kleinstadt, Salzburg 1989, S. 173.

Ch.S.

Peter Reitsamer, Silberfiligranarbeiten für die Pariser Weltausstellung, 1900 (SMCA)

Reitter, Otto, * Salzburg 20. 10. 1896, † Salzburg 25. 4. 1958, Architekt. Studium bei Oskar Strnad an der Kunstgewerbeschule Wien und bei Eduard Pfeiffer an der Staatsschule für angewandte Kunst München; hervorgetreten vor allem durch Innenraumgestaltungen, insbes. von bekannten Salzburger Gaststätten; Arbeitsgemeinschaft mit O. →Strohmayr bei der Umgestaltung von Schloß Kleßheim.

Lit.: Die NS-Neugestaltungspläne für Salzburg. Eine NS-Akropolis für Salzburg. Das Wirken der Architekten Otto Strohmayr und Otto Reitter, beide in: Jan Tabor (Hg.), Kunst und Diktatur, Baden 1994, S. 342-349, 480-486. – M. Oberhammer: Versuch einer Dokumentation des Baugeschehens in Salzburg zwischen 1938-45. In: Von österreichischer Kunst, Klagenfurt 1983. – F. Welz: Architekt O. R. zum Gedächtnis. In: SN, 9. 5. 1958. – N. Mayr: Das Vorzimmer des Deutschen Reichs.

M.O.

Rendl, Georg, * Zell am See 1. 2. 1903, † St. Georgen bei Oberndorf 10. 1. 1972, Schriftsteller, Maler. Seine Eltern stammten aus Tirol. Als Gebäudemeister der Staatsbahn wurde der Vater von Zell am See nach Salzburg versetzt. Die Stadt und der Flachgau wurden R.s Lebensraum. Ab 1915 →Realschule in Salzburg. In einem Kreise interessierter Schulkollegen (J. →Kaut, der Schauspieler Richard Tomaselli, der Musikwissenschafter E. →Schenk u. a.) las man zeit-

genössische Literatur. Erste Gedichte R.s erschienen in der regionalen Zeitschrift »Der Föhn«. Der Titel schon belegt G. →Trakls Einfluß auf die Herausgeber. 1920 verließ er die Realschule. Sein Vater hatte in Salzburg nebenbei eine Imkerei aufgebaut und war bald ein bekannter Bienenzuchtlehrer. R. begann bei ihm zu lernen. Später arbeitete er als Bahnarbeiter, in einer Ziegelei und schließlich als Glasbläser in Bürmoos. Die bitteren Erfahrungen der folgenden Arbeitslosenjahre verarbeitete R. in seinem ersten Romanmanuskript »Vor den Fenstern« (ersch. 1932). Sein bekanntestes Werk, »Der Bienenroman«, erschien 1931. In die Arbeitslosenjahre fällt R.s innere Wandlung vom Atheisten zu einer »das ganze Sein umfassenden und verwandelnden Begegnung mit Gott«. Dieses religiöse Erlebnis gestaltete er in seinem autobiographischen Roman »Der Berufene« (1934). Lebensfreundschaft mit J. →Schulz, in den 30er Jahren mit J. →Haringer befreundet, Bekanntschaft mit S. →Zweig und Joseph Roth. Autobiographisches verarbeitete R. auch in seiner Romantrilogie »Die Glasbläser von Bürmoos« (1936, 1951). Sein Schauspiel »Elisabeth, Kaiserin von Österreich« wurde 1937 am Volkstheater in Wien uraufgeführt. Obwohl sich R. nie parteipolitisch band, wurde er 1940, angeblich wegen »Schwarzhörens«, von der Gestapo verhaftet; Militärdienst. Seit 1938 besaß R. in St. Georgen bei Oberndorf ein altes »Brechelbad«, das er, vor allem nach 1945, zur Wohnstätte umbaute (heute Gedenkstätte; s. »Haus in Gottes Hand«, 1951). Am Landestheater Salzburg wurden zwei Schauspiele von ihm uraufgeführt: »Bleiben Sie bei uns, Vianney!« (1954) und »Savonarola« (1957). Im Alter wandte er sich wieder stärker der Malerei zu, er hinterließ ca. 200-300 Öl- und Hinterglasbilder.
Anfang der 80er Jahre stiftete die Kammer für Arbeiter u. Angestellte Salzburg den Georg-Rendl-Preis für Literatur der Arbeitswelt: Nach dreimaliger Verleihung (an Christine →Haidegger, Engelbert Obernosterer und an O. P. →Zier) wurde der Preis eingestellt. Am 24. 9. 2000 gründete sich die »Georg Rendl-Gesellschaft« in St. Georgen. (Farbabb. S. 364)

Lit.: Neuausgabe des »Bienenromans« und der »Glasbläser von Bürmoos« in der Reihe »Salzburger Bibliothek« (Bde. 3 u. 4), hg. v. H. Holl. Salzburg 1995 und 1996. – K. H. Ritschel in: SN, 29. 1. 1983.

H.H.

Rendl-Preis →Rendl, Georg

René-Marcic-Preis, am 13. 1. 1978 von der Salzburger Landesregierung eingerichtet. Er ist eine vom Land Salzburg in Erinnerung an R. →Marcic gestiftete Auszeichnung für publizistische Leistungen, kann unteilbar an eine Einzelperson oder an eine Personengruppe vergeben werden. Bisherige Preisträger: 1979: Oskar Schatz (ORF Salzburg, Abt. Kultur und Wissenschaft). 1980: Gerhard Neureiter (Chefred. Stv. der SN). 1982: Clemens M. Hutter (Leiter des Ressorts Außenpolitik der SN). 1983: Max Kaindl-Hönig (ehem. Leiter des Ressorts Kultur der SN). 1985: Karl Heinz Ritschel (Chefred. der SN). 1986: Kurt Wessely (bis 1976 Chefred. des »Salzburger Tagblattes«, bis 1986 Leiter der Abt. »Bildung und Medien« der Salzburger Arbeiterkammer). 1987: Heide Gottas (Wissenschaftsjournalistin). 1988/89: Alfons Dalma, Ilse Leitenberger und Viktor Reimann. 1990: Eberhard Zwink (Chefred., Leiter des Landespressebüros). 1991: Kurt Vorhofer (Chefred. Stv. der »Kleinen Zeitung«, Wiener Redaktion). 1992: Friedrich Urban (ORF-Landesintendant, Salzburg). 1993 wurde der Preis ausgesetzt. 1994: Franz Mayrhofer (Leiter des Ressorts Wissenschaft der SN). 1995: Gerd Bacher (ORF-Generalintendant a. D.). 1996 wurde der Preis ausgesetzt. 1997 Helmut Lenhart. 1998: Waltraud Langer (ORF-Wien, Wirtschaftsredaktion). 1999: Sepp Forcher (ORF Salzburg). 2000: Heinz Nußbaumer (Pressesprecher des Bundespräsidenten). 2001 Gerhard Steininger (SN, Wiener Redaktion).

H.H.

Rensi, Andrea (Geburtsdaten unbekannt), † (Sterbeort unbekannt) 12. 12. 1761, Maler. Stammt wie sein Bruder, der Passauer Hofmaler Giovanni Battista R., aus Trient, von dort durch Eb. →Leopold Anton Firmian nach Salzburg berufen. Er sollte hier gemeinsam mit F. A. →Ebner D. →Mascagnis und Ignazio Solaris Bilder im →Dom durch neue ersetzen, wovon aber nur das Hochaltarblatt zur Ausführung gelangte. Er malte zahlreiche Bilder (Porträts, Allegorien, Blumenstücke) für Schloß →Leopoldskron, die von denen Ebners schwer zu unterscheiden sind. 1742 wurde er eb. Truchseß.

Lit.: G. Heinz: Die Salzburger Barockmalerei im 18. Jh. Prüfungsarb. f. d. Inst. f. österr. Geschichtsforschung, Wien 1950. – Martin. – Thieme-Becker.

N.Sch.

Residenz der Erzbischöfe von Salzburg. Die frühen Bischöfe und Eb. wohnten als gleichzeitige Äbte von →St. Peter und auch nach der Trennung von Bistum und Abtei im Kloster. Erst Eb. →Konrad I. verlegte 1120 seine Wohnung und erbaute an der Stelle des heutigen Ostteiles der R. einen neuen Bischofshof. Der ma. Bau fiel den Um- und Neubauten Eb. →Wolf Dietrichs zum Opfer. Unter ihm wurden kurz vor 1600 der Trakt am Residenz- und am Domplatz mit dem Carabinierisaal, der Verbindungsbau zur →Franziskanerkirche mit den westlichen Arkaden, die die Franziskanergasse überspannen, sowie ein Gebäudegeviert nördlich der Franziskanerkirche an der heutigen Sigmund-Haffner-Gasse mit dem →Garten »Dietrichsruh« errichtet. Eb. →Markus Sittikus ließ die nördlichen Trakte am Alten Markt und an der Churfürststraße aufführen, die unter Eb. →Paris Lodron vollendet wurden. Um 1660, unter Eb. Guidobald Thun, wurde der Hauptflügel um ein Stockwerk und die Attika erhöht und durch einen abgeschrägten Nagelfluhsockel in seiner Wirkung gesteigert. Eb. Franz Anton Harrach ließ nach Plänen J. L. v. →Hildebrandts um 1710 die Residenzplatzseite neu fassadieren und die Wohn- und Repräsentationsräume neu gestalten; J. M. →Rottmayr und Martino Altomonte waren mit der Deckenmalerei betraut. Der letzte hier residierende geistliche Landesherr, Eb. →Hieronymus Colloredo, hatte vor, die Trakte um die zwei westlichen Höfe und das Langhaus der Franziskanerkirche abzubrechen und Neubauten zu errichten; der Chor der Franziskanerkirche sollte in ein Mausoleum der Erzbischöfe verwandelt werden. Es blieb bei der Demolierung der »Dietrichsruh« und den Neu- bzw. Umbauten des Gevierts um den NW-Hof an der Churfürststraße/Sigmund-Haffner-Gasse. Am 10. 12. 1800 verließ Eb. Hieronymus fluchtartig die R., die in der Folge von den mehrmals wechselnden Regenten Salzburgs geplündert wurde und heute nur noch einen Bruchteil ihrer originalen Einrichtung besitzt. Heute sind hier die →Residenzgalerie und Teile der →Univ. untergebracht.
Das Neugebäude an der Ostseite des Residenzplatzes wurde von Eb. Wolf Dietrich ab 1588 als Gästehaus und vorübergehende (oder möglicherweise ständige neue) R. errichtet. Bestand urspr. aus den vier Flügeln um den nördlichen kleineren Hof, mit einem Turm an der Westfassade und einem Lustgarten; nach 1600 wurde der 5. Flügel im SO angefügt und eine Reihe prachtvoller Räume im Piano nobile von E. →Castello ausgestattet. Eb. Max Gandolf ließ um 1670/80 den zweiten größeren Hof mit einem S- und W-Flügel schließen. Der Palast erhielt die Hofbibl. und den Erbämtersaal, auch wurden Beamtenwohnungen und Amtsräume eingerichtet. Eb. →Johann Ernst Thun ließ den Turm erhöhen und 1702 das →Glockenspiel aufsetzen; weiters errichtete er die Hauptwache. Heute Amtssitz der Salzburger Landesregierung und der Hauptpost. →Altstadtuniversität.

Lit.: ÖKT, Bd. 13. – J. Graf Moy: Beiträge zur Geschichte des »Neubaues« in Salzburg. In: MGSLK 109, 1969, S. 185 ff.

M.O.

Residenzgalerie Salzburg mit Sammlung Czernin und Sammlung Schönborn-Buchheim, eine Landesgalerie, die einen repräsentativen Querschnitt durch die europ. Malerei des 16. bis 18. Jh.s bietet und deren Einfluß auf die österr. Malerei zeigen will. Eine weitere Zielsetzung ist die Präsentation der österr. Malerei des 19. Jh.s. Verschiedene Bestrebungen führten zur Gründung der Galerie im Jahr 1923: Die Salzburger Künstlerschaft mit der Künstlervereinigung →»Wassermann« an der Spitze regte die Schaffung einer Landesgemäldegalerie an, Historiker und Kunsthistoriker wollten die Rückführung der Anfang des 19. Jh.s nach Wien verbrachten Salzburger Kunstwerke, die Rekonstruktion der eb. Gemäldesammlung und die Revitalisierung der verwaisten →Residenz. Die Bestände konstituierten sich vorerst aus Leihgaben, bald auch aus Ankäufen. Nach kriegsbedingter Schließung wurde die R. 1952 wiedereröffnet und zeigte im Sommer 1953 die von F. →Welz organisierte große Waldmüller-Ausstellung. Eine bedeutende Erweiterung erfuhr die R. durch die Erwerbung der Sammlung Czernin (1954 durch Leihvertrag, 1980 Kauf) und der Sammlung Schönborn-Buchheim (1956 durch Leihvertrag). Die gräflich Czerninsche Sammlung wurde zwischen 1800 und 1845 durch Johann

Rudolf Graf Czernin zusammengetragen; ihre Schwerpunkte sind vor allem holländische, aber auch ital., span., frz. Maler des 17. Jh.s. Die gräflich Schönbornsche Sammlung ist noch vom Geschmack des Barock geprägt, ihr Initiator war Friedrich Karl Graf Schönborn (1674-1746), ihre Schwerpunkte sind Italiener, Flamen und Holländer des 17. Jh.s.
Leitung: bis 1974 Direktorium, 1974-84 Edmund Blechinger, seit 1985 Roswitha Juffinger.

Lit.: Meisterwerke. Residenzgalerie 2001. – F. Koller: Das Inventarbuch der Landesgalerie Salzburg 1942-1944. Salzburg 2000 (=Schriftenreihe d. Sbger. Landesarchivs 12). – G. Plasser: residenzfähig. Sammlungsgeschichte der Residenzgalerie Salzburg 1923-38, Salzburg 1998. – Kat. Salzburger Landessammlungen. Residenzgalerie mit Sammlung Czernin und Sammlung Schönborn-Buchheim, verf. v. E. Blechinger, Salzburg 1980.

M.O.

Rettenbacher (Rettenpacher), Simon, * Aigen (Salzburg) 19. 10. 1634, † Kremsmünster 10. 5. 1706, benediktinischer Schuldramatiker, Lyriker, Historiker, Chronist. Entstammte einer Bauernfamilie (Hof Untergensbrunn), studierte Theologie, Rechtswissenschaft, Geschichte und lebende Sprachen an den →Univ. Salzburg, Siena, Rom und Padua. 1659 trat er in den Benediktinerorden in Kremsmünster ein, 1664 zum Priester geweiht, 1664-67 Studium orientalischer Sprachen in Rom. 1667-71 Rektor des Stiftsgymnasiums in Kremsmünster, 1671-75 Prof. für Geschichte und Ethik an der Univ. Salzburg. Drei seiner bekanntesten lat. Dramen (→Theater der Benediktineruniv.) entstanden hier und wurden im Rahmen der Schulschlußfeiern in der Großen Aula gespielt: »Demetrius«, 1672; »Atys«, 1673; »Perseus«, 1674. R.s. Salzburger Zeit ist der Höhepunkt seines dichterischen Schaffens, das ihn im Rang neben den Jesuiten Jacob Balde stellt. Die »Selecta Dramata« (Salzburg 1683) und etwa 6000 Gedichte, nur etwa 100 davon in dt. Sprache, die anderen in Lat., bilden ein bedeutendes dichterisches Werk. Bei den Zeitgenossen berühmt war seine Chronik von Kremsmünster. 1676 kehrte er wieder in das Stift Kremsmünster zurück. 1689-1705 Pfarrer in Fischlham.

Lit.: DBE Bd. 8, 1998, S. 251. – J. Wintersteller: S. R. »Teutsche Reim-Gedichte«. Diss. Salzburg 1973. – J. Stockinger: S. R. (1634-1706). In: ÖGL 13, 1969, S. 20 ff. – H. Pfanner: Das dramatische Werk S. R.s. Diss. Innsbruck 1954. – Deutsche Gedichte S. R.s. Hg. von R. Newald (Schriften zur deutschen Literatur 14), Augsburg 1930.

A.Has.

Rettensteiner, Werigand (Anton), OSB, * Salzburg 8. 1. 1751, † Perwang 7. 10. 1822, Ordenspriester und Chorregent. Absolvierte die Konventschule im Kloster →Michaelbeuern und das →Kapellhaus, trat 21jährig in das Kloster Michaelbeuern ein und wurde 1775 zum Priester geweiht. Im Kloster versah er die Chorregentenstelle, 1787-1803 war er als Pfarrer in Arnsdorf in engem freundschaftlichem Kontakt mit M. →Haydn, für den er zahlreiche Übertragungen lat. Texte im Zuge der Kirchenmusikreform von Eb. →Hieronymus Colloredo vornahm, dt. Texte für die Männerquartettkompositionen Haydns lieferte und Abschriften und Bearbeitungen dieser Kompositionen anfertigte. 1794 förderte er die Einführung der Normalschule in Lamprechtshausen, 1802 befaßte er sich in einer Studie mit der Kindersterblichkeit und ihren Ursachen; 1801 begleitete er M. Haydn auf seiner Reise nach Wien. Nach dessen Tod regte er die Errichtung eines Haydn-Denkmals in der Stiftskirche →St. Peter an.

Lit.: H. Jancik: Michael Haydn. Ein vergessener Meister, Zürich 1952.

G.W.

Richter, Eduard, * Mannersdorf (NÖ.) 3. 10. 1847, † Graz 6. 2. 1905, Geograph. Nach dem Studium an der Univ. Wien, u. a. als Schüler Theodor v. Sickels am Inst. für österr. Geschichtsforschung, war R. 1871-86 als Gymnasiallehrer in Salzburg tätig und wirkte danach als Univ.-Prof. in Graz. Er verfaßte zahlreiche Werke zur Geschichte und Geographie Salzburgs, u. a. zur Gletscherforschung und zu historischen Quellen (Salzburger Urkundenbuch, →Geschichtsschreibung), und war Ehrenmitglied der Gesellschaft für Salzburger →Landeskunde. Die Richterhöhe ist nach ihm benannt.

Lit.: H. W(idmann): Nekr. In: MGSLK 45, 1905.

R.R.H.

Richter, Ludwig, →Landschaftsmalerei

Richter-Herf, Franz, * Wien 17. 12. 1920, † Salzburg 4. 7. 1989, Komponist und Musikpädagoge. Studium an den Musikhochschulen Wien und

Salzburg. Seit 1949 Lehrer für Musiktheorie am →Mozarteum, daneben Leiter der Salzburger →Liedertafel. Gemeinsam mit R. →Maedel seit 1970 Erforschung der Mikrotöne (→Ekmelische Musik). Mitbegründer des Inst. für musikalische Grundlagenforschung am →Mozarteum. 1979-83 Rektor der Hochschule Mozarteum. Bühnenwerke (u. a. »Odysseus«), Instrumental- und Vokalmusik, ekmelische Werke und musiktheoretische Schriften.

Lit.: B. Günther: Lexikon zeitgenössischer Musik aus Österreich. Wien 1997.

G.W.

Rieder, Max, * Salzburg 17. 1. 1909, † Salzburg 30. 11. 2000, Bildhauer. Nach einer Holzbildhauerlehre wurde er Schüler Anton Hanaks in Wien, der ihn 1934/35 bei der Ausgestaltung des neuen Regierungsviertels in Ankara beschäftigte. 1936-45 in München, fortan in Salzburg, ab 1970 leitet er Kurse an der Intern. →Sommerakad. R.s auf lapidare Schwerkraft und Geschlossenheit gegründete Figuren werden durch betont schlichte Formgebung in eine heiter-gelöste, still-versunkene oder – in den sakralen Werken – idolhaft-starre Daseinsform versetzt. Zahlreiche öffentliche Aufträge für Kirchen, Plätze und Brücken in Holz, Stein und Bronze; kleinplastische Prozessionszüge.

Lit.: Ausstellungskat. Karl Weiser und seine Freunde. Berufsvereinigung bild. Künstler Salzburg 1992. – Ausstellungskat. M. R. Romanischer Keller der Hypo, Salzburg 1989. – Das Salzburger Jahr 1979/80. – I. Stegen: Das schönste Atelier der Welt. Salzburg 1978, S. 182 ff. – Ausstellungskat. M. R. Salzburger Kulturvereinigung 1975.

N.Sch.

Rilke, Rainer Maria, * Prag 4. 12. 1875, † Val Mont bei Montreux 29. 12. 1926, Dichter. R.s einziger Salzburg-Bezug besteht darin, daß er 1890 vor seiner Aufnahme in die Militäroberrealschule in Mährisch-Weißkirchen zu einer Solekur nach Salzburg geschickt wurde, um seine Lungenentzündung auszuheilen.

Lit.: D. A. Prater: Ein klingendes Glas. Das Leben R. M. R.s. Aus dem Engl. v. F. Wagner, München-Wien 1986.

A.Has.

Ring. Der Fingerring, der Bäuerin bei der Arbeit hinderlich, wurde am »Tüchl« getragen. Verlöbnis- und Handtreuringe wurden in Schächtelchen, sog. »Gstadln«, aufbewahrt. Der »männliche« Bauernring zeigt eine für Salzburg charakteristische Kartuschenform.

Ch.S.

Ritschel, Karl Heinz, * Oberaltstadt (Sudetenland) 20. 1. 1930, Journalist und Schriftsteller. 1964-95 Chefredakteur der »Salzburger Nachrichten«. Zahlreiche Veröffentlichungen, vor allem auch zu Salzburger Kulturthemen, »Salzburg. Anmut und Macht« (1995) »Salzburger Miniaturen« (1998), »In die Zeit geschrieben. Gedanken abseits vom Tage« (1999), Aufsätze, Essays. U. a. Träger des →René-Marcic-Preises 1985.

Lit.: Salzburg Dokumentationen Nr. 46, 1980, Schriftenreihe des Landespressebüros.

A.Has.

Rockhouse. Das R. ist die wichtigste Trägerinstitution der Salzburger Pop/-Rockkultur. Das als Kulturverein organisierte R. wurde 1993, nach mehrjährigen Initiativen engagierter Salzburger Musiker um R.-Geschäftsführer Wolfgang Descho, eröffnet (→Popmusik). Seinen kulturpolitischen Auftrag zur Förderung von heimischer Jugend(musik-)kultur erfüllt das R. durch die Bereitstellung einer umfassenden Infrastruktur für Salzburger Musiker. Die sechs Probenräume des Hauses bieten ca. 20 Bands Platz, außerdem bieten zwei Bühnen Auftrittsmöglichkeiten für internationale sowie heimische Acts. In speziellen Workshops werden angehende Musiker bzw. Bands betreut. Neben den diversen Konzertschienen ist speziell die einmal monatlich stattfindende Veranstaltungsreihe »Local Heroes« darauf ausgerichtet, jungen Salzburger Bands eine Öffentlichkeit zu verschaffen.

Lit.: Descho, W.: Das Rockhouse Salzburg. In: Salzburger Kulturgespräche 7, Salzburg 1992, S. 26-32.

C.P.

Roczek, Paul, * Wien 9. 6. 1947, Geiger und Violinpädagoge. Ausbildung an der Wiener Musikakademie bei Franz Samohyl und bei Max Rostal in Bern, Preisträger der Wettbewerbe München (1966) und Wien (1967). 1966 wurde R. Mitglied des Wiener Staatsopernorchesters, 1971 der Wiener Solisten, 1967 Primarius des Österr. Streichquartetts, seit 1981 Geiger des Streichtrios Anton Webern. 1969 an das →Mozarteum berufen; seit 1967 Prof. für Violine und Quartet in residence, Leiter der Intern. →Sommerakademie des Mozarteums (seit 1990).

G. W.

Rohracher, Andreas, * Lienz (Osttirol) 31. 5. 1892, † Altötting (Oberbayern) 6. 8. 1976, Eb. von Salzburg 1943-69. In schwerer Kriegszeit zum Leiter der Erzdiözese berufen, widmete sich R. nach Kriegsende dem Wiederaufbau des Salzburger →Doms und der Wiedererrichtung der →Univ. als geistig-kulturellem Zentrum. Unvergeßlich bleibt sein Engagement für Heimatvertriebene und Flüchtlinge in der Nachkriegszeit.

Lit.: H. Spatzenegger, H. Widrich (Hg.): Hirten im Wiederaufbau. Salzburg (1977).

R.R.H.

Rojacher, Ignaz, * Rauris 4. 4. 1844, † Rauris 4. 1. 1891, Bergwerksunternehmer. Aus ärmlichen Verhältnissen stammend, brachte es R. bis zum Besitzer des Rauriser Bergwerksbetriebes, führte hier die Elektrizität ein und wurde bedeutend als eigentlicher Initiator des Observatoriums auf dem Sonnblick, für das er die Pläne anfertigte und das am 2. 9. 1886 eröffnet wurde. Gemeinsam mit Volksschuldirektor Siegmund Narholz und Richter Dr. Wilhelm Ferdinand von Arlt Begründer des Rauriser Talmuseums.

Lit.: F. Janiczek in: In Salzburg geboren. S. 194 ff.

R.R.H.

Roll, Karl, * Salzburg 27. 10. 1850, † Salzburg 26. 6. 1934, Numismatiker und Jurist. Oberlandesgerichtsrat R., der »Altmeister der Salzburger Numismatik«, betreute ab 1904 ehrenamtlich die Münzsammlung des →SMCA, dem er seine eigene umfangreiche Sammlung der Gepräge der Salzburger Erzbischöfe der Neuzeit überließ. Seine Archivstudien führten zu zahlreichen numismatischen Veröffentlichungen. Das 1929/30 mit M. Bernhart hg. zweibändige Werk »Die Münzen und Medaillen des Erzstiftes Salzburg« ist noch heute das Standardwerk der Salzburger Numismatik.

Lit.: P. F. Kramml: Der Salzburger Jurist und Numismatiker Karl Roll (1850-1934). Leben und Werk, in: Kramml, Rohrer (Hg.), Ausgewählte Aufsätze des Salzburger Numismatikers K. R., Salzburg Archiv 8, Salzburg 1989, S. 7-20.

P.F.K.

Roller, Alfred, * Brünn 2. 10. 1864, † Wien 21. 6. 1935, Maler, Graphiker und Bühnenbildner, studierte an der Akademie der bildenden Künste in Wien, war 1898 Gründungsmitglied der Wiener Secession, 1900 Prof. an der Kunstgewerbeschule, 1909 deren Direktor; seit 1903 Direktor des Ausstattungswesens an der Hofoper Wien, wo er mit G. →Mahler in insges. 21 Produktionen eine auf der Einheit von Inszenierung, Dekoration und musikalischer Interpretation basierende Form des Musiktheaters entwickelte. Als freier Bühnenbildner arbeitete er auch in New York, Dresden und Bayreuth, wurde 1918 Ausstattungsleiter der Wiener Staatstheater und ab 1922 auch Bühnenbilder der Salzburger →Festspiele, zu deren Gründern er zählt. R. schuf die Bühnenbilder zu sämtlichen Erstaufführungen von Strauss-Opern. Er überwand das Bühnenbild des Historismus durch eine mit dem musikalischen Ausdruck korrespondierende Szenengestaltung. Als Maler war er der dekorativen Flächenkunst des Wiener Jugendstils verpflichtet.

Lit.: A. R. und seine Zeit. (Hg.): M. Wagner. Salzburg 1996. – F. Czeike: Historisches Lexikon Wiens. Wien 1995.

G. W.

Römerstraßen. Voraussetzung für Handel und Verkehr sowie für eine geordnete Verwaltung und den Schutz der Grenzen sind gut ausgebaute Straßen. Deshalb bauten die Römer in den eroberten Gebieten ein gut funktionierendes Straßennetz aus, wobei vor allem in der Alpenregion große Schwierigkeiten zu überwinden waren. Wichtigste Quelle für die Rekonstruktion des römischen Straßennetzes ist die »Tabula Peutingeriana«, eine ma. Kopie einer römischen Straßenkarte (Nationalbibl. Wien). Die Stadt →Juvavum/Salzburg verdankte ihre Bedeutung der Lage an einem Verkehrsknoten, in Juvavum mündete die aus dem Süden kommende Reichsstraße über den Radstädter Tauern in die Ost-West-Verbindung von Carnuntum über Ovilava/Wels nach Augusta Vindelicorum/Augsburg ein. Die Reichsstraßen waren mit Wagen befahrbar, für die Instandhaltung hatten die Anrainer zu sorgen. Die Entfernung zur nächsten Stadt konnte an den Meilensteinen abgelesen werden, die jeweils im Abstand von einer Meile (ca. 1,5 km) entlang der Straße aufgestellt waren. Im Abstand von jeweils einer Tagesreise waren Raststationen für Übernachtung und Pferdewechsel eingerichtet. An der Straße

Richtung Ovilava lag in 13 Meilen Entfernung von Juvavum die Station Tarnantone. Bei den 1987 nahe Pfongau entdeckten und teilweise freigelegten Bauresten handelt es sich mit großer Wahrscheinlichkeit um Tarnantone. Die erste Station an der Straße Richtung Italien hieß →Cucullae, der Name lebt in der Bezeichnung des Marktes Kuchl fort. Die Entfernung von Juvavum ist in der »Tabula Peutingeriana« mit 14 Meilen angegeben. Der Abstand zur nächsten Station namens Vocario im Bereich von Werfen oder Pfarrwerfen betrug 17 Meilen. Die genaue Lokalisierung von Vocario ist bisher nicht gelungen, gleiches gilt für die Station Ani im Bereich von Radstadt oder Altenmarkt. Auch auf der Paßhöhe des Radstädter Tauern, 16 Meilen von Ani entfernt, war eine Raststation eingerichtet, die »in Alpe« genannt wurde. Nach weiteren 14 Meilen erreichte man die Station →Immurium bei Schloß Moosham im Lungau. Hier gabelte sich die Straße in einen Zweig Richtung Virunum und in eine zweite Trasse, die über die Laßnitzhöhe in das Liesertal und weiter nach Teurnia führte (St. Peter in Holz nahe Spittal/Drau).

Lit.: Heger/JahrSMCA, S. 57 ff.

F.M.

Römische Gutshöfe. Nach Übernahme der Herrschaft haben die Römer im Alpenvorland und vereinzelt auch an siedlungsgünstigen Punkten der Gebirgsgaue Gutshöfe angelegt, zumeist an Stellen, an denen davor bereits Kelten gesiedelt hatten. Im Bereich des Flachgaus sind bisher etwa 30 G. bekannt, der durchschnittliche Abstand beträgt 2-3 km. Die Stadt Salzburg war von einem Kranz von »villae rusticae« umgeben (Hellbrunn, Morzg, Maxglan, Loig, Liefering, Gnigl, Glas). Zahlreiche G. sind entlang der Salzach aufgereiht (Kemeting, Kerath, Anthering, Gollacken, Oberndorf, Obereching), im Südteil des Salzburger Beckens sind die Fundorte Elsbethen, Puch, Kuchl und Kellau anzuführen, eine dichte Besiedlung zur Römerzeit ist auch für das Gebiet der Trumer Seen und für das Wallerseegebiet nachgewiesen. Als Beispiel für größere G. in den Gebirgsgauen seien Urreiting bei St. Johann, Goldegg und Saalfelden-Wiesersberg angeführt. Die G. lagen durchwegs an erhöhten Plätzen mit weiter Fernsicht, die Wohnbauten der Gutsherren waren mit »städtischem Komfort« ausgestattet: mit Wasserversorgung, Bädern, Hypokaustheizung sowie qualitätvoller Raumausstattung durch Mosaiken und Fresken. Unterkünfte für das Gesinde, Stallungen, Scheunen und Werkstätten vervollständigen das Bauensemble einer villa rustica, die Mehrzahl der Gutshöfe ist bereits in der ersten Hälfte des 1. Jh.s n. Chr. gegründet worden, Germaneneinfälle im 3. und 4. Jh. führten wiederholt zu Zerstörungen; mit Ausnahme der Villa Loig scheint keiner der G. des Ende des 4. Jh.s n. Chr. überdauert zu haben.

Lit.: Heger/Jahr SMCA.

F.M.

Roscher, Wolfgang, * Komotau (Böhmen) 29. 5. 1927, Musikpädagoge, Publizist und Komponist. Nach dem Studium der Musikwissenschaft, der Philosophie, Germanistik und Pädagogik an der Univ. Erlangen Tätigkeit als Musikkritiker, Kirchen- und Schulmusiker in Ettal und Alfeld, 1971 Prof. für Musik und Auditive Kommunikation in Hildesheim, 1981 Übernahme der Lehrkanzel für Musikpädagogik an der Hochschule →Mozarteum. R. leitet das Institut für Integrative Musikpädagogik und Polyästhetische Erziehung, ist Mitglied der Europäischen Akademie der Wissenschaften und Künste, war 1991-95 Rektor des Mozarteums, ist Gründer und Präsident der Internationalen Gesellschaft für Polyästhetische Erziehung und Herausgeber der Zeitschrift »Polyaisthesis«. Zahlreiche Publikationen, Vorträge und Kurse, Musiktheaterimprovisationen und Filmproduktionen, Vokal- und Instrumentalkompositionen.

G.W.

Rosenegger, Josef, * Salzburg 4. 3. 1767, † Salzburg 31. 10. 1846, Gärtner, Wirt, Sammler. Nach seiner Ausbildung zum Gärtner im Hofgarten Hellbrunn erwarb R. 1791 das Gut Bürglstein (Schloß Arenberg) und eröffnete dort eine Weinschenke. 1792 entdeckte er in seinem Garten Funde aus römischer Zeit. Nachdem 1815 eine Grabung der Bayerischen Akademie der Wissenschaften den Nachweis erbracht hatte, daß sich auf R.'s Grund ein römisches Gräberfeld befand, wurde dieses von R. systematisch ausgegraben. R. stellte die Funde in seinem Haus zur Schau. 1833 und 1837 verkaufte R. seine mit vielen Fälschungen vermischte Antikensammlung König Ludwig I. von Bayern.

Lit.: G. E. Thüry: Zum Verkauf römischer Grabfunde vom Bürglstein an König Ludwig I. In: MGSLK 118, 1978, S. 185 ff. – N. Heger: Götter, Gräber und Fälscher am Bürglstein. in: Salzburger Museumsblätter, 36, 1975, S. 13 ff. – F. Anthaller: Josef Rosenegger. Salzburg 1876. – B. Pillwein: Lexikon Salzburgischer Künstler. Salzburg 1821, S. 195 f., 312 ff. – Wurzbach. – ÖBL.

Th.W.

Rossacher, Kurt, * Graz 31. 7. 1918, † Salzburg 10. 10. 1988, Kunsthistoriker, -sammler und -händler, Begründer des 1973 eröffneten Salzburger →Barockmuseums, Autor wissenschaftl. Publikationen, wie »Der Schatz des Erzstiftes Salzburg. Ein Jahrtausend deutscher Goldschmiedekunst«, Salzburg 1966, sowie zahlreicher Studien zur Kunst des 17. und 18. Jh.s, Hg. der Zeitschrift »Alte und Moderne Kunst« bis 1982.
Lit.: Schriftenverzeichnis in: FS Kurt Rossacher. Imagination und Imago, Salzburg 1983.

M.O.

Roth, Stephan Ludwig, * Mediasch (Siebenbürgen) 24. 11. 1796, † Klausenburg 11. 5. 1849 (standrechtlich erschossen), Pädagoge, Theologe, Sozialreformer. Schüler Pestalozzis. Auf der Reise zur Univ. Tübingen kam R. 1817 auch durch Salzburg, was er in seinem Tagebuch festhielt. U. a. beschrieb er voller Abscheu die letzte in Salzburg vollstreckte Hinrichtung. Eine Eiche bei Grödig ist nach ihm benannt.

Lit.: DBE, Bd. 8, S. 416. – F. Fuhrmann: St. L. R.s Reisebeschreibungen von Salzburg aus den Jahren 1817 und 1845. In: JahrSMCA 10, 1965, S. 93 ff. – O. Folberth: St. L. R. Gesammelte Schriften und Briefe, Berlin 1964.

H.H.

Rottenburger, Orgelbauer, durch zwei Generationen als Salzburger Hoforgelmacher tätig; Leopold R. (1598-1647), Paul R. (1647-61), Mathias R. (1661-68) waren bedeutende Vertreter des frühbarocken Orgelbaus, die auch in Linz und am Innsbrucker Hof Aufträge erhielten. Ihre wichtigsten Bauten waren die vier Pfeilerorgeln im Kuppelraum des Salzburger →Domes.

Lit.: G. Walterskirchen: Orgeln und Orgelbauer in Salzburg vom MA. bis zur Gegenwart. Diss. Salzburg 1982.

G.W.

Rotter, Curt, * Wien 16. 11. 1881, † Wien 10. 4. 1945, Staatsbeamter, Volksliedforscher und -sammler. Beeinflußt durch Josef Pommer (1845-1918), den Begründer der Volksmusikforschung in Österreich, Initiator bewußt gelenkter Liedpflege und Verfechter politischen Deutschtums im Vielvölkerstaat. 1912 Dissertation »Der Schnaderhüpfl-Rhythmus«. Als Student verbrachte er die Ferien in Oberalm. Großer Einfluß auf die Salzburger Volksmusiksammlung und -entwicklung und deren tragende Persönlichkeiten. Seit 1918 Leiter des Arbeitsausschusses für das Salzburger Volkslied im Österr. Volksliedunternehmen und Hg. der achtbändigen »Kleinen Quellenausgabe«, in der als Band 7 die »Salzburgischen Bauernlieder. Im Pinzgau aus dem Volksmunde aufgezeichnet« erschienen (R. und O. →Eberhard). R.: Spiel' mar oans auf! Nach der Sammlung O. →Dengg 1926 herausgegeben.

Lit.: K. Conrad: C. R. zum 100. Geburtstag. In: SH 5, H. 3, 1981, S. 145 f.

U.K.

Rotter, Felicie, * Gmunden 10. 6. 1916, † Salzburg 28. 12. 1982, bildende Künstlerin, Schriftstellerin. Tochter des Schriftstellers J. →Pupp, aufgewachsen teils in Gmunden, teils in Wien, seit 1947 in Salzburg. Romane (»Der Andere«, 1953, 2. Aufl. 1966; »Das Blutsiegel«, 1957), Gedichte (»Schnee und Nüsse«, 1960) sowie Hörspiele. Zahlreiche Preise, →Trakl-Preis 1967. Seit 1972 vor allem Anfertigung und künstlerische Gestaltung sehr ausdrucksstarker Marionetten. Ihr schriftstellerischer Nachlaß befindet sich im Salzburger →Literaturarchiv.

Lit.: (K. Harb): Eine vielseitige Künstlerin (Nachruf). In: SN, 30. 12. 1982, S. 9. – Kürschner 1981, S. 900.

H.H.

Rottmayr, Johann Michael, * Laufen an der Salzach 11. 11. 1654, † Wien 10. 10. 1730, Maler. Einer der bedeutendsten Vollender der hochbarocken Monumentalmalerei ital. Prägung, diese umwandelnd in eigenständiger Durchformung, wobei er sie bis in die durchlichtete Stilhöhe des Rokoko hinführt. Hauptwerke (Auswahl): Deckenfresken und -bilder in der Salzburger →Residenz 1689 und 1709-14; Hochaltarblatt »Auferstehung Christi« im Kloster →Michaelbeuern 1690, Ahnensaal von Schloß Frain (Mähren) 1695; Arbeiten in Wien, Breslau, Schloß Pommersfelden, Melk, Kloster-

neuburg; Altarblätter für Kollegienkirche Salzburg 1721/22. Der Vater war Stiftsorganist von Laufen, die Mutter, Margarete Magdalena, Tochter des Faßmalers Zehentner, Malerin. Nach Lehrjahren bei ihr ist 1674 erstmals ein Auftrag, »14 Nothelfer« für die heimatliche Wallfahrtskirche Maria Bühel, archivalisch überliefert. Dann bis 1687/88 Aufenthalt in Italien, Jahre, von denen keine Einzelheiten bekannt sind. Sicher ist nur R.s Mitarbeit in der venezianischen Werkstatt Carl Loths, doch läßt sein Œuvre auch andere Aufenthaltsorte vermuten. Nach der Rückkehr Auftragsarbeiten für Passau (»Beweinung« 1688/89) und für die Franziskaner in Salzburg (Szenen aus dem Leben des hl. Franz; »Verkündigung«). 1689 signierte und datierte er die Fresken des Carabinierisaales der Residenz: »Zürnender Neptun«, »Vulkan-Schmiede«, »Kalydonische Eberjagd nebst den Hauptwinden« bilden ein Vier-Elemente-Programm. Es stellt das erstmals in seiner besonderen monumental-künstlerischen Eigenart erkannte, als Aufgabe bewältigte Beispiel barocker Freskomalerei in Salzburg dar. (Der Erhaltungszustand hat inzwischen gelitten.) 1690 Heirat in Maria Bühel am Kirchweihfest (7. 8.) und Übersiedlung nach Salzburg (Residenzplatz 2). Von hier aus war er bis 1695 tätig, die Übersiedlung nach Wien erfolgte 1696.
Die Erhebung in den Adelsstand als Rottmayr de Rosenbrunn (21. 7. 1704) bestätigte dann – wie bei →Fischer v. Erlach – auch gesellschaftlich den hohen Ruhm seines weitgespannten Schaffens. Bei der triumphalen Entfaltung des kaiserlichen »Reichsstiles« (Sedlmayr) schuf Rottmayr die kongeniale Bildwelt voll Lichtfülle und allegorischer Überzeugungskraft. Seiner erneuten Verbindung mit der Salzburger Heimat verdankt Maria Bühel 1712 als Schenkung eine »Heimsuchung Mariä«, »von geradezu zärtlicher Ausgestaltung« (Hubala). Seit 1710 Arbeit an den Deckendekorationen (Öl auf Leinwand) in den Neuen Zimmern der Residenz, die Eb. Harrach anlegen ließ. R. teilte sich den Auftrag mit Martino Altomonte. Bildformen und Programm des Zyklus mit dem Tugendhelden Alexander sind für einen geistlichen Fürsten bemerkenswert heroisch. Die allegorischen Fresken der Schönen Galerie zeigen, die dortige Kunstsammlung paraphrasierend, sichtlich die Bedeutung geistvollen Witzes in den weiblichen Personifikationen der Künste und Wissenschaften (signiert 1711). Mit dem Fresko in der Wiener Peterskirche 1713/14 variierte er die Komposition in der Salzburger Dreifaltigkeitskirche (1697) und erzielte eine noch weitere Öffnung himmlischer Räume. 1716-22 kulminierte sein Schaffen mit den Fresken in der Klosterkirche Melk: die »Via triumphalis des hl. Benedikt in den Himmel« ist ein Triumph barocker Imaginationskraft. Umso bedauerlicher, daß die Arbeiten seiner reifsten Zeit, die er 1723/24 im Salzburger →Mirabellschloß für Eb. Harrach schuf, 1818 zerstört wurden. Keinerlei Nachricht über Aussehen und Thematik hat sich erhalten. Vorsichtige Rückschlüsse könnten nur die Pommersfeldener Fresken (1717) zulassen: ein Freudenfest des Lebens in Farben und Formen. Die Glorie der hll. Carl Borromäus und Benedikt schließlich (1721/22) an den Querhausaltären der Kollegienkirche sind den wichtigsten Bildern der Spätzeit zuzurechnen. R. verbindet venezianisch leuchtendes Kolorit mit der kraftvoll bewegten Vitalität in der Art von Rubens. Seine illusionistischen Mittel liegen nicht wie bei Pozzo in der scheinarchitektonischen Quadratura, sondern er überzeugt durch nuancenreiche Farbkraft und Figurenverkürzungen voll starker Bewegung. Anders als in Melk, wo er die Gewölbeunterteilung als Wegerstreckung künstlerisch ausdeutet, breitet er in Breslau, vier Joche ineinander verschleifend, das Fresko aus; nördlich der Alpen mit das früheste, zukunftweisende Beispiel. Die Verbindung von Architektur, Malerei, Skulptur in höchster Gedankenfülle beim Ahnensaal von Schloß Frain (Mähren) ist für R.s Schaffen exemplarisch. Seine Malerei übersinnlicher Triumphe ist stets auch eine Apotheose optimistisch-sinnenhafter Weltsicht. Für den künstlerisch-kulturellen Aufschwung in den kaiserl. Landen war er von ähnlich großer Wirkung wie die Brüder Asam für den süddeutschen Raum. (Farbabb. S. 346)

Lit.: G. Groschner: J. M. R. Barock in Salzburg. Residenzgalerie Salzburg 1994. – U. Nefzger: »Träumt Alexander?« Ein Deutungsversuch zu Gemälden Rottmayrs in der Salzburger Residenz, in: Von österr. Kunst. Klagenfurt 1983. – E. Hubala: J. M. R. Wien-München 1981. – F. Fuhrmann, E. Hubala: Kat. der Salzburger Gedächtnisausstellung 1954 in der Residenz. Salzburg 1954.
N.Sch.

Rübentaler, so benannt nach der Rübe im Geschlechterwappen Eb. →Leonhards von

Keutschach auf der Vorderseite. Die Rückseite zeigt die beiden Salzburger Heiligen →Rupert und →Virgil mit dem Kirchenmodell. Der R. von 1504 ist die erste Salzburger Großsilbermünze mit etwas mehr als 30 Gramm. Wahrscheinlich ist sie in der Haller Münzstätte in Tirol hergestellt worden. Es existieren davon ein Goldabschlag im Wiener Münzkabinett und Mehrfachstücke sowie etliche Fälschungen, da die Münze sehr selten ist. Der R. diente nie als Zahlungsmittel, sondern war Ehrstück oder Geschenk.

Ch.S.

Rundfunk. Der seit 1908 in Salzburg lebende Rundfunkpionier O. →Nußbaumer übertrug am 15. 6. 1904 in Graz als erster auf drahtlosem Weg Musik und Sprache. Ein Jahr nach der Gründung der RAVAG (Österr. Radio-Verkehrs-AG) fand am 24. 8. 1925 die erste Radio-Übertragung von den Salzburger →Festspielen (»Don Giovanni«) nach Wien statt. In den Folgejahren wurden jeweils mehrere Opern und Konzerte übertragen. Im Frühjahr 1928 wurde das Fernkabel Wien-Innsbruck fertiggestellt. Ende der 20er Jahre experimentierten die Salzburger Radiotechniker L. Jenny und Richard Haas auf dem Gebiet der Kurzwellen-Telegraphie bzw. Telephonie (Sprechfunk) so erfolgreich, daß sich die Feuerwehren für die neuen Entwicklungen interessierten. Um einen eigenen Sender in Salzburg bemühten sich die Landesregierung, der Radio-Klub und das SV. Im Jänner/Februar 1928 rief das SV zur »Subskription auf den Rundfunk« auf und erzielte binnen kurzem 700 Anmeldungen. Damit konnte die Landesregierung die von der RAVAG geforderte Teilnehmergarantie für 2500 Empfangsstellen in Salzburg übernehmen. Am 22. 3. 1930 wurde die Hörspielaufführung »Wien–Salzburg« aus einem Eisenbahnzug gesendet. Am 3. 8. 1930 gelang mit einem Kurzwellen-(KW)-Auto als »wanderndes Mikrophon« die Großreportage »Das festliche Salzburg«. Eine Kurzwellen-Empfangsstation auf dem Mönchsberg übernahm die Sendung des KW-Autos und übertrug sie über Leitung nach Wien. Diese erfolgreiche Reportage hatte man zwar in ganz Österreich und in weiten Teilen Deutschlands hören können, nicht aber in Salzburg selbst. Am 21. 12. 1930 wurde dann in Salzburg der sechste Zwischensender der RAVAG eröffnet, es war der alte Grazer Sender (Leistung 500 W), der nach Salzburg kam. Er ermöglichte im Umkreis von ca. 10 km den Empfang mit Detektorgeräten und versorgte ein Einzugsgebiet von ca. 60 000 Einwohnern.

Rundfunkgroßereignisse waren die alljährlichen Übertragungen von den Festspielen, aber auch die heimische kulturelle Szene erfuhr durch den Rundfunk Förderung, so z. B. durch Konzerte, Lesungen, Autorenvorträge.

Der Sender Salzburg wurde am 18. 2. 1935 fertiggestellt. Im Zuge der Neugliederung des »Ostmärkischen Rundfunkwesens« nach dem »Anschluß« Österreichs an Deutschland wurde der Sender Salzburg dem Reichssender München angeschlossen.

Nach dem 2. Weltkrieg begannen in Salzburg bereits am 6. 6. 1945 die Sendungen des Senders »Rot-Weiß-Rot« (RWR), zunächst nur zwei Stunden täglich. RWR versorgte Salzburg und das südöstliche OÖ. und bildete später mit den Sendern Linz und Wien (25. 10. 1946) die Sendergruppe RWR, die für die amerikanische Besatzungszone sendete. Bereits am 14. 8. 1945 wurde wieder von den Festspielen übertragen, dabei kam es zur ersten gemeinsamen Übertragung aller Sender in den vier Besatzungszonen. Am 27. 9. 1953 nahm der UKW-Sender Gaisberg den Betrieb auf. Die Anlagen der Sendergruppe RWR wurden am 15. 3. 1954 der öffentlichen Verwaltung übergeben, nur RWR-Wien blieb bis zum 26. 7. 1955 bei der amerikanischen Besatzungsmacht. Aus dem Salzburger →Festspielhaus wurde am 27. 1. 1956 als erste Eurovisionssendung aus Österreich der Festakt zum 200. Geburtstag von W. A. →Mozart übertragen. Am 22. 8. 1956 ging der UKW- und Fernsehgroßsender auf dem Gaisberg in Betrieb. Vom 27. 8. bis 2. 9. 1956 veranstalteten der Intern. Musikrat und der Österr. Rundfunk unter Patronanz der UNESCO und der österr. Regierung zum ersten Mal in Salzburg die intern. Tagung »Die Oper in Funk, Fernsehen und Film«. Gleichzeitig fand eine Festwoche des Opernfilms statt. Für die Rundfunk- und Fernsehübertragungen von den FIS-Weltmeisterschaften in Gastein (1. – 9. 2. 1958) wurde dem Österr. Rundfunk intern. ein gutes Zeugnis ausgestellt. Im selben Jahr fanden im Juli/August zum ersten Mal Eurovisionssendungen von den Salzburger Festspielen statt. Der Staatsakt zur Eröffnung des neuen Salzburger Festspielhauses (26. 6. 1960) wurde von Funk und Fernsehen übertragen.

Mitte Februar 1964 forderte Paul Becker energisch eine Rundfunkreform. Die Salzburger Handelskammer legte einige Tage später ein stark beachtetes Konzept zur Neuordnung des Rundfunks vor, das in einer Reihe von Zielsetzungen durch die große Rundfunkreform 1966/67 erfüllt wurde. Paul Becker, seit Beginn von RWR in Salzburg, seit 1950 Salzburger Programmdirektor, wurde am 26. 6. 1967 zum Landesintendanten von Salzburg bestellt, ihm folgte von 1975 bis 1984 R. →Bayr, seit 1984 ist Friedrich Urban Intendant. Das neue Landesstudio Salzburg, nach Plänen des Wiener Architekten Gustav Peichl erbaut, wurde am 21. 7. 1972 eröffnet. Neben der Produktion eines eigenen Hörfunkprogramms für Stadt und Land Salzburg sowie von Fernsehbeiträgen hat das Landesstudio Salzburg vor allem durch die Festspiele zahlreiche überregionale Aufgaben. Dazu gehören im Bereich der Musik die Übertragungen von Festspielaufführungen, von Veranstaltungen der →Osterfestspiele und →Pfingstkonzerte sowie der →Mozartwoche. Im Bereich der Literatur (für die Zeit 1945-54 s. E. →Schönwiese) sind seit 1955 über 300 Hörspiele und über 1000 Lyriksendungen im Rahmen des »Literarischen Sommers im Landesstudio Salzburg« mit Künstlern der Festspiele produziert worden, u. a. mit Käthe Dorsch, Helene Thimig, Ewald Balser und Oskar Werner. Der »Literarische Sommer« bietet auch öffentliche Veranstaltungen im Funkhaus an.

Seit den 50er Jahren produziert die Abteilung »Kultur und Wissenschaft« des Landesstudios das »Salzburger Nachtstudio« (einmal pro Woche, begründet von Paul Becker, fortgesetzt von Oskar Schatz). Seit 1965 veranstaltet diese Abteilung auch das »Salzburger Humanismusgespräch«, 2000 zum 24. Mal, an dem bisher u. a. mitgewirkt haben: Erich Fromm, Helmut Plessner, Manès Sperber, Ernst Fischer, Arnold Gehlen, Ivan Illich, Helmut Gollwitzer, Karl Rahner, Herbert Marcuse, Franz König, Hans Küng. In Zusammenarbeit mit der Salzburger Ärztekammer, der Gemeinde und dem Kulturverein Schloß Goldegg finden seit 1982 die »Goldegger Dialoge« statt, die Fragen nach der Einheit von Körper, Seele und Geist und ihre Wechselwirkungen für unsere Gesundheit diskutieren. Außerdem veranstaltet das Landesstudio alljährlich den →Kabarett-Wettbewerb »Salzburger Stier«. In den 80er Jahren produzierte das ORF Landesstudio Salzburg gemeinsam mit der →Univ. Salzburg die vielbeachtete Reihe »Zeitzeugen«, in der Prominente anhand ihrer Biographie geschichtliche Zusammenhänge des 20. Jh.s aufzeigten. Im Jahr 2001 setzte der ORF mit zwölf Gesprächen aus der Zeit der »68er« (Zeitraum 1968 bis frühe 80er Jahre, Gesprächsleitung: Peter Huemer) die erfolgreiche Reihe fort.

Privatradio: Seit 1. 5. 1992 sendet »Radio Untersberg« (Freilassing, Bayern) auch für die Stadt Salzburg und den Flachgau, seit dem Fall des ORF-Radio-Sendemonopols betreibt der Sender auch zwei Sendestudios in der Stadt Salzburg. Nachdem durch das Regionalradiogesetz 1993 das Radio-Sendemonopol des ORF aufgehoben worden war, entstanden in Salzburg mehrere Privat-Radios, die einem schnellen Eigentümerwechsel unterworfen sind. Im Jahr 2001 senden folgende Privatradios: »Antenne Salzburg« (Regionalradio, landesweiter Sendebereich, früher »Radio Melody«); »Radio Arabella« (Lokalradio, Sendebereich Stadt Salzburg); »Welle 1 Salzburg – Music Radio« (Lokalradio, Sendebereich Stadt Salzburg); »Welle 1 Alpin Music Radio« (Lokalradio, Sendebereich Pinzgau, Pongau und Lungau); »Radiofabrik«, Salzburgs einziges Freies (nichtkommerzielles) Privatradio (Lokalradio, sendet jeweils mittwochs fünf Stunden, Sendebereich Stadt Salzburg), Live-Übertragung der Sendungen per Internet. Ab 1. 10. 2001 Ausweitung der Sendezeit auf täglich zwölf Stunden und das ganze Wochenende.

Lit.: N. Mairhuber: Privatradio Melody FM. Die Umstrukturierung von Radio Melody zu Melody FM, Diplomarbeit Salzburg 1999. – Ch. Grabher-Meyer: Jeder vierte schaut zu – das Publikum von »Salzburg heute«. Diplomarbeit Salzburg 1998. – B. Ch. Strasser: Privatfernsehen in Österreich am Beispiel von Salzburg TV. Diplomarbeit Wien 1997. – Ch. Schweinöster: Wie Salzburg ein Fernsehland wurde. Diss. Salzburg 1995. – Ch. Schweinöster: Archäologie des Radios in Salzburg: vom Sprecherkabinett zum Landesstudio Salzburg (1925-1972), Diplomarbeit Salzburg 1989. – I. Stohl: Rundfunk in Salzburg von Juni 1945 bis 1954: der Sender Rot-Weiß-Rot in Salzburg während der amerikanischen Besatzungszeit, Diss. Salzburg 1988. – P. Dusek: Zeitzeugen. Wege zur 2. Republik, hg. v. der Univ. Salzburg, dem Landesstudio des ORF Salzburg in Zusammenarbeit mit dem Hist. Archiv des ORF, Wien 1987. – V. Ergert: 50 Jahre Rundfunk in Österreich. 4 Bde., Salzburg 1974-1985. – SV, 23. 9. 1927, Jänner/Februar 1928.

H.H.

Rupert (Hrodbert), hl. * um 650, † Worms 27. 3. 716/18, Salzburger Gründerheiliger und erster Abt von →St. Peter. R., ein typischer »Adelsheiliger«, entstammte dem fränkischen Hochadelsgeschlecht der Rupertiner, die mit dem Königshaus der Merowinger versippt waren. Er wirkte im späten 7. Jh. als Bischof von Worms, bis ihn persönliche Gegensätze mit dem Hausmeier Pippin II. veranlaßten, seinen Bischofssitz zu verlassen. Herzog Theodo lud R. nach Bayern ein und bedachte den Bischof mit wichtigen politischen und kirchlichen Aufgaben. Nach einem erfolgreichen missionarischen Wirken in Regensburg, in dessen Verlauf er angeblich den Herzog selbst getauft und dessen adelige Gefolgschaft zum Christentum bekehrt hatte, erhielt Rupert eine umfassende Vollmacht für das Wirken als Missionar im Herzogtum Bayern. Er reiste zunächst nach Osten und gelangte zu Schiff bis in die alte Römerstadt Lauriacum (Lorch bei Enns) an der Grenze des Awarenreiches. Möglicherweise wollte er das Reitervolk der Awaren missionieren oder bewußt an die Tradition des antiken Bischofssitzes anknüpfen. Danach wandte sich R. der nächsten bekannten ehem. Römerstadt, Iuvavum, dem wichtigsten herzoglichen Stützpunkt im südöstlichen Bayern zu. Zunächst hielt er sich in Seekirchen am Wallersee auf, wo er eine Kirche zu Ehren des Apostelfürsten Petrus errichtete. Nach der Zusage der Schenkung des Oppidums, der teilweise in Ruinen liegenden Talsiedlung von Iuvavum, begab er sich zum Herzog Theodbert, der in der »Oberen Burg« residierte. R. gründete das Kloster St. Peter und erbaute als Hauptkirche des Klosters eine ansehnliche Peterskirche an der Stelle des späteren →Domes. Den Geistlichen des Klosters, dener er und seine Nachfolger (bis 739) nur als Äbte und noch nicht als Diözesanbischöfe vorstanden, kamen vor allem Aufgaben in der Seelsorge und Mission zu. Reiche Schenkungen der Bayernherzöge schufen bereits zur Zeit R.s die wirtschaftliche Basis für den späteren Aufstieg Salzburgs zum Metropolitansitz. Besonders wichtig war die Schenkung des Ortes Reichenhall und des größten Anteils an seiner Salzproduktion an die Salzburger Kirche. Das »Weiße Gold« gab Iuvavum als Hauptumschlagplatz des Reichenhaller Salzes binnen weniger Jahrzehnte den deutschen Namen Salzburg. 711/12 gründete R. ein zweites Klosters, die Maximilianszelle in Bischofshofen, als Stützpunkt zur Slawenmission.
Nach seiner Rückkehr von einer Reise in die fränkische Heimat wurde 713/15 in der herzoglichen »Oberen Burg« das Frauenkloster →Nonnberg als Hauskloster der Agilolfinger errichtet. Die Leitung des von der Herzogsfamilie reich ausgestatteten und von R. geweihten Klosters wurde seiner Nichte →Erentrudis übertragen. Nach dem Tod des Hausmeiers Pippin verließ R. gegen Ende 715 Salzburg und kehrte an seinen Bischofssitz Worms zurück, wo er wahrscheinlich am 27. 3. 716 starb. Bischof →Virgil überführte seine Reliquien 774 nach Salzburg und weihte den Dom zu seinen Ehren. R. wird, obwohl formell nie heiliggesprochen, seit dem 8. Jh. als Heiliger verehrt und ist Salzburger Landespatron. Der 24. 9., der Tag der Überführung seiner Gebeine in den Dom, hat sich als »Herbstruperti« bzw. »Rupertitag« zum Hauptfest des Heiligen entwickelt und ist Salzburger Landesfeiertag.

Lit.: H. Dopsch: Schriftliche Quellen zur Geschichte des heiligen Rupert. In: Hl. Rupert von Salzburg 696-1996, Ausstellungskat. Salzburg 1996, S. 39 ff. – H. Dopsch: Der heilige Rupert in Salzburg. In: ebenda, S. 66 ff. – H. Wolfram: Salzburg, Bayern, Österreich. Die Conversio Bagoariorum et Carantanorum und die Quellen ihrer Zeit. MIÖG Erg.-Bd. 31, Wien-München 1995. – H. Wolfram: Der Hl. R. in Salzburg. In: Frühes Mönchtum in Salzburg, Salzburg Diskussionen 4, Salzburg 1983, S. 81 ff. – Ders.: Vier Fragen zur Geschichte des Hl. R. In: FS. St. Peter zu Salzburg 582-1982, Salzburg 1982, S. 2 ff. – Ders.: Die Zeit der Agilolfinger. In: Geschichte I/1, S. 121 ff.

P.F.K.

Rupertikirtag →Märkte

Rupertinum, Rupertinum Salzburg. Museum für moderne und zeitgenössische Kunst. Salzburger Landessammlungen. Österreichische Fotogalerie, früher Moderne Galerie und Graphische Sammlung, geht auf eine Initiative von F. →Welz zurück. Umfangreiche Schenkungen aus seiner Kunstsammlung, darunter das vollständige druckgraphische Werk O. →Kokoschkas, an das Land Salzburg im Jahr 1976 veranlaßten dieses, das sog. R. zu erwerben und adaptieren zu lassen. Der im Kern ma. Gebäudekomplex ist nach dem urspr. hier untergebrachten, von Eb. →Paris Lodron 1653 als Ausbildungsstätte des Priester- und Beamtennachwuchses gegrün-

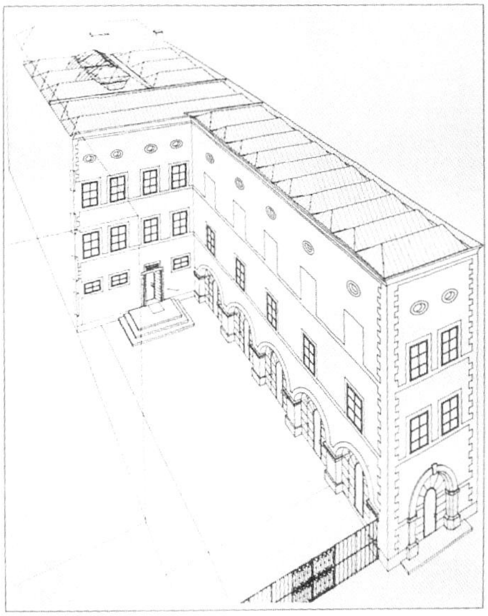

Das Rupertinum

deten Collegium Rupertinum benannt. Zielsetzung der Galerie ist ein Überblick über die europ. Kunst seit dem Jugendstil (Plastik, Malerei und Graphik mit österr. Schwerpunkten) und eine Sammlung österr. Autorenfotografie seit 1945. Akzente werden gesetzt durch Schenkungen und Leihgaben, aber auch Ankäufe: etwa die Bestände der von S. →Soucek geführten »Galerie Kunst der Gegenwart«, Zeichnungen und Druckgraphik von Kurt Moldovan, Druckgraphik von Karl Rössing, Aquarelle und Zeichnungen von Wilhelm Thöny, Alfred Hrdlicka.
Leitung: bis 1998 Otto Breicha, 1998-2001 Peter Weiermair.

Lit.: Innovativ. Wege postinformeller österr. bildender Kunst. Eine Veröffentlichung zu den Beständen der Salzburger Landessammlungen Moderne Galerie/ Graphische Sammlung Rupertinum, Graz 1985. – Schenkungen von Friedrich Welz für die Salzburger Landessammlungen Rupertinum. Salzburg 1983.

M.O.

Rupertuskreuz (Bischofshofen), entstand vermutl. in Südengland, 3. D. des 7. Jh.s bis M. des 8. Jh.s. Schaufelkreuz mit mittlerem Quadrat als Crux gemmata. Über einem Kern aus Bergahorn (vermutl. im MA. erneuert) Vorder- und Seitenteile aus getriebenem und vergoldetem Kupferblech (Rückseite nicht beschlagen, verloren?). Unten abgeschnitten, Seitenteile fehlen teilweise, ebenso der Großteil der eingesetzten Zierscheiben aus Glaspaste. Diese in Dunkelblau bzw. Schwarz oder Opal, dazu Hellblau und Gelb, als Dekor »laufender Hund«. Das Kupferblech getrieben mit naturalistischem Weinrankenornament, darin verschiedene Tiere (Wasservögel, Vierfüßler), Seitenteile Flechtbandornament. Verbindung von insularem (Flechtband) mit mediterranem (Weinranke, Tiere) Formengut. Eine Spektralanalyse ergab Kupfer aus südenglischen Minen. Herausragendes Denkmal der northumbrischen Kunst. Wohl Prozessionskreuz, im Mittelteil vielleicht Kreuzreliquie. Unklar, ob mit →Rupert oder →Virgil nach Salzburg gekommen, ebenso die Beziehung zu Salzburg oder zu Bischofshofen. (Farbabb. S. 330)

Lit.: R. Gratz: Sog. Rupertuskreuz. In: Hl. Rupertus von Salzburg, Salzburg 1996, S. 271 ff. (mit Lit.). – H. Fillitz, M. Pippal: Schatzkunst. Salzburg 1987, S. 53 ff. – V. Bierbrauer: Das sog. R. aus Bischofshofen. In: Virgil von Salzburg, Missionar und Gelehrter, Salzburg 1985, S. 229 ff. – W. Topic-Mersmann: Das Kreuz von Bischofshofen als Crux gemmata. In: Bischofshofen, 5000 Jahre Geschichte und Kultur, Bischofshofen 1984, S. 125 ff.

L.T.

Ruppe, Michael, * Schäflein (Gottschee) 24. 3. 1863, † Salzburg 10. 3. 1951, Maler. In Gröden und Wien zum Bildhauer ausgebildet, wandte sich als Schüler A. Hölzels in Dachau der Malerei zu. Seit 1892 lebte er in Salzburg, wo seine um Naturtreue und Stimmungsgehalt bemühten Landschaften (ital. Küsten, Bäume, Salzburger Motive) große Verbreitung fanden.

Lit.: SV, 12. 3. 1951. – Thieme-Becker. – Bergland 13, 1931, H. 10, S. 34.

N.Sch.

Russegger, Josef Ritter von, * Salzburg 18. 11. 1802, † Schemnitz (Slowakei) 20. 6. 1863, Reisender und Naturforscher. Nach Besuch des Gymnasiums in Salzburg und der Berg- und Forstakad. in Schemnitz wurde R. Bergbaufachmann in Mühlbach im Pinzgau, im Gold- und Silberbergwerk von Böckstein (Badgastein) sowie Leiter des Rauriser →Goldbergbaus. Der fähige Montanist und Geologe (R. verfaßte u. a. die erste wissenschaftlich brauchbare Beschreibung der Smaragdvorkommen im Pinzgauer Habachtal) folgte 1835 einem Ruf nach Ägypten zur Erforschung von Erzvorkommen in Kleinasien, Ägypten und im Sudan. Während der mehr als fünfjährigen Reise kam R. in Gebiete, die vor ihm noch kein Europäer betreten hatte. Unter dem Titel »Reisen in Europa, Asien und Afrika ... unternommen in den Jahren 1835-41« (7 Bde. in 4 Teilen und Atlas, 1841-46) veröffentlichte R. seine umfangreichen Forschungsergebnisse. Der berühmte Naturforscher Alfred Brehm verwies in seinen Schriften über den Sudan auf R.s hervorragende Beschreibung des Landes, der Begründer der modernen Geographie, der Berliner Carl Ritter, urteilte, »daß man der Entdeckungsreise R.s die beste Orientierung der bis zu jener Zeit terra incognita gebliebenen Strecke« verdanke. R. vermachte seine Sammlungen von Waffen und völkerkundlichen Gegenständen dem →SMCA. Nach weiteren Forschungsreisen (England und Skandinavien) wurde er zum Direktor der Bergakad. Schemnitz ernannt und 1853 in den Adelsstand erhoben.

Lit.: W. Scheriau: Die Orientreise des J. R. In: SV, 12. 9., 16. 9. und 19. 9. 1986. – A. Stockklausner in: In Salzburg geboren. S. 150 ff. – Wurzbach.

H.H.

Rüssemayer, Johann →Fischbach, Johann, →Makart, Hans

Russentanz →Volkstänze

Ruthner, Anton von, * Wien 21. 9. 1817, † Salzburg 16. 12. 1897, Alpinist und Geograph. Nach dem Studium in Wien Jurist im Staatsdienst. Im Revolutionsjahr 1848 Rechtspraktikant in Salzburg, erhielt wegen seiner hochpolitischen Reden den Beinamen »der kleine Robespierre«. Danach Advokat in Wien und ab 1875 als Notar wieder in Salzburg. Bedeutender und weitgereister Bergsteiger. Initiator und Teilnehmer der ersten Großvenedigerbesteigung (1841). Als planmäßiger Erforscher der Ostalpen erstieg er ab 1852 über 300 der höchsten Gipfel und verfaßte darüber zahlreiche Aufsätze. Gründungsmitglied (1862) und mehrmaliger Vorstand des Deutschen und Österreichischen Alpenvereins.

Lit.: R. Hösch, G. Müller: A. v. R. In: ÖBL 9, Wien 1988, S. 337 f. – Nekr. in: MGSLK 38, 1898, S. 289 f.

P.F.K.

Sachs, Hans, * Nürnberg 5. 11. 1494, † Nürnberg 19. 1. 1576, dt. Dichter (Meistersinger). Etwa 1515 auf Wanderschaft in Salzburg. S. schrieb einen »Lobspruch auf Salzburg«, der 1550 in der ersten Salzburger Buchdruckerei (Offizin; →Verlagswesen) gedruckt wurde.

A.Has.

Sagen, Salzburger. Zwischen 1860 und 1863 veröffentliche F. →Zillner in den Mitteilungen der Gesellschaft für Salzburger →Landeskunde 322 »Sagen aus Salzburg«. Sie flossen in die umfassendste und bedeutendste Sagensammlung, »Salzburger Volkssagen« – 1880 vom Salzburger Schriftsteller und Redakteur R. v. →Freisauff herausgegeben – ein, die durch eine Quellen- und Literatursammlung von Nicolaus Huber ergänzt wird. Nur in der 1880er Ausgabe wurden alle Sagenvarianten abgedruckt. Alle weiteren Sagenbücher beziehen sich auf dieses Werk. Über 100 Sagen beschäftigen sich darin mit dem Untersberg (→Untersbergsagen). Sowohl die Kaisersage in Varianten und Bezügen als auch Sagen um die überirdischen Wesen rund um den Untersberg finden sich darunter. Neben historischen und Gründungssagen machen die alpinen Sagen um Geister, Hexen und Zauberer einen bedeutenden Teil der Salzburger Sagen aus. Die von Freysauff als fromme Sagen und Legenden bezeichneten Werke zählen zu den verschiedenen Kategorien der Volkssagen.

Im Sinne einer volkskundlichen, vergleichenden Erzählforschung ist heute der geographisch-historische Vergleich ebenso interessant wie die Frage nach Mündlichkeit, Bildlichkeit und Schriftlichkeit der Überlieferung, nach soziologischer und regionaler Bedeutung der Erzählstoffe. In der Sage ist die Bindung an Glauben und Wissen stärker als die erzählerische Komposition.

Auch in den Salzburger Sagen wird die Bindung an den Ort, das Erzählen über seine Geschichte deutlich. Geschichtliche Ursprungs- und Lokalsagen, Toten- und Heldensagen berichten über ikonische Orte oder Personen dieser Region, sie liefern oft auch volkstümliche Erklärungen zur Herkunft von historischen Statuen (→Wilder Mann) und Bräuchen (Samson, Bercht/→Perchten). Motive historischer Wandersagen treten oft in ihnen hervor. Zu den geschichtlichen Sagen zählen die »Theophrastussagen«, die sich mit der Person des Arztes Th. B. →Paracelus von Hohenheim beschäftigen, oder die Lungauer Lokalsage vom »Zaubererjackl«, einem vagierenden Abdeckersohn aus Mauterndorf, der im Bunde mit dem Teufel gestanden sein soll und 1678 hingerichtet wurde. Im Pinzgau etwa stehen die Gasteiner Goldgewerken-Familie →Weitmoser und die Vertreibung der Protestanten (→Emigranten) im Zentrum von Sagen, die sowohl katholisch didaktische wie sozialkritische Züge tragen. Die dämonologischen Sagen von Almhexen und Nach(t)senninnen, von Kasermandln (Lungau), den Wilden Frauen, vom Teufel, von Frau Percht und Wilder Jagd fügen sich in die gesamteuropäischen Sagenkreise der alpinen Sagen ein, die sowohl dämonische wie Züge der Frevelsagen tragen. In den Lungauer Almsagen zeigt sich ein enger Zusammenhang mit jenen des steirischen Mur- und Ennstals. Alm- und Holzwirtschaft, alpine Landwirtschaft im vorindustriellen Status, Wilderei sowie Hierarchie und Zehentwesen treten in den Inhalten der Sagen deutlich hervor. Die Sagen von Schatzgräbern, Venedigermandln und Speiksuchern (Lungau, Pinzgau, Pongau) beziehen ältere Wirtschaftszweige durch Bodenschätze, Parfüm- und Heilpflanzen und die Bedeutung der Paßstraßen für den internationalen Fernhandel mit ein. Warnung, Belehrung und Bestrafung (etwa in den vielen Frevelsagen) – die perpetuierende Einübung der Normen – gehört zu Inhalten der Sagen, die häufig einen schlechten Ausgang haben. Das Übernatürliche und Außergewöhnliche, das den Menschen, in einer oft schwer in ihren Zusammenhängen erfaßbaren bzw. als bedrohlich erlebten Natur oder an besonderen Orten Ängste erzeugt, wird in ihnen artikuliert (u. a. Wassergeister, die Nixe von Seekirchen). So schlägt die Sage häufig auch Brücken zur Gegenwart. Darüber hinaus werden psychologische Notwendigkeiten und Verbindlichkeiten artikuliert, die viel über die Entstehung und Tradierung von Sagen deutlich machen. So finden sich vereinzelt Sagengestalten auch in Bräuchen und Spielen wieder (Kasermandlfahren, Speikmandlspiel im Lungau) bzw. kommt es darüber hinaus, wie bei Frau Percht und den Perchtenumzügen, zur Verquickung und Namensübertragungen von Sagengestalten auf Faschingsbräuche.

Als spezielle Kategorie beschäftigen sich die

Zederhauser Sagen (Lungau) mit der Weltabgeschiedenheit, Einfalt und Kraft der Zederhauser. Sie werden, auch mit Motiven der Schildbürgersagen, als Tölpel am Ende der Welt charakterisiert. Auf den seit dem 18. Jh. beliebten Witz und die Weltgewandtheit der »Sauschneider«, die besonders aus Zederhaus im Sommer durch Österreich, Ungarn und Rumänien weit nach Südosteuropa wanderten, nehmen die Sagen keinen Bezug. Die Gasteiner (Pinzgauer) Sagen von Kapuzenmandln und Stollenzwergen ranken sich um die Bergbaugeschichte des Gasteiner Tales und gehören zum Kreis der europäischen Bergwerkssagen. Ätiologische Sagen erklären den Ursprung der heißen Quellen und des Wildbades in der Gastein, die Namen von Vögeln, Wettererscheinungen oder Naturformationen (Nocksteinsage, Sage um die Entstehung der Salzburger Stadtberge). Die Sagen von Ahasver im Lungau und Pinzgau und von Dr. →Faust im Pinzgau und der Stadt Salzburg (Peterskeller oder Weinkeller der Residenz) sowie von Dr. →Pegius und der Welt im Untersberg gehören zum katholisch-didaktischen Sagenschatz Europas.
Seit dem 19. Jh. ist über die Änderung der Lebensverhältnisse und Normen eine schriftliche Tradierung der Sagen durch den Schulunterricht vorherrschend. Dennoch bilden sich auch heute sogenannte moderne Stadtsagen als Wandersagen oder Lokalsagen aus, etwa die Tote als Autostopperin (Pinzgau), die Sagen von UFOs und verschwundenen Bergsteigern im Untersberg. Moderne Sagensammlungen beziehen oft Wanderrouten und touristische Wege und Attraktionen mit ein. Auch setzen sie ihre Schwerpunkte nach augenblicklichen Bedürfnissen der geschichtlichen Anbindung.
Zu den ältesten Salzburger Sagensammlungen zählen: F. Zillner, Sagen aus Salzburg. 1860-1863, R. v. Freisauff: Aus Salzburgs Sagenschatz. 1880, Nikolaus Huber: Fromme Sagen und Legenden aus Salzburg. 1880, Johann Schmiderer: Tauerngold. 1897.

Lit.: G. Steiner: Hinterwelt. Sagen aus dem Lungau, Salzburg 1999. – J. Brettenthaler: Das große Salzburger Sagenbuch. Krispl 1994. – R. v. Freisauff: Aus Salzburgs Sagenschatz. Salzburg 1914 (Salzburger Volkssagen, Wien-Pest 1880). Nachdruck in: Salzburg Archiv 15, Salzburg 1993. – S. Hinterseer: Gasteiner Sagenschatz. Salzburg o. J. (1984). – E. M. Brockhoff, U. Müller (Hg.): Dr. Johann Fausts Luftfahrt in den Bischofskeller zu Salzburg. Salzburg 1983. – J. Brettenthaler, M. Laireiter: Das Salzburger Sagenbuch. Salzburg 1961. – M. Dengg: Lungauer Volkssagen. Neu bearbeitet von J. Brettenthaler, Salzburg o. J. (1957; [1]1922).

U.K.

Saiko, George (eigentlich: Georg Emmanuel S.), * Seestadtl (Böhmen) 5. 2. 1892, † Rekawinkel (NÖ.) 23. 12. 1962, Schriftsteller. S.s Roman »Der Mann im Schilf« (1954) spielt in der Stadt Salzburg und in einem kleinen Dorf am See, unweit der deutschen Grenze. Die Romanhandlung erinnert an folgende historische Ereignisse: Am Abend des 27. 7. 1934 gab es in mehreren Orten Salzburgs Putschversuche der Nationalsozialisten. In Seekirchen am Wallersee und in Mattsee wurden die Gendarmerieposten angegriffen. S. schrieb aber keinen historischen Roman im engeren Sinne, er wollte in seinem Werk die politische Atmosphäre jener Zeit schildern. Ihn faszinierten die Schicksale der Mitläufer und Opportunisten, die Motivation der handelnden Personen aus ihrem Unterbewußtsein. S.s »Sämtliche Werke« 5 Bde., hg. v. A. Haslinger, erschienen im Residenz Verlag, (1985-91).

Lit.: P. König: Epische Struktur und Psychoanalyse bei G. Saiko. Diss. Salzburg 1991. – H. Wolfschütz: G. S. In: KLG (1985).

A.Has.

Salb, Josef, * Wien 5. 8. 1845, † Wien 28. 3. 1904, Architektur- und Entwurfszeichner. Er ging als einer der ersten aus der 1867 installierten Kunstgewerbeschule des Österr. Museums hervor, wurde 1876 von C. →Sitte an die Salzburger →Gewerbeschule berufen, wo er bis 1903 lehrte. Typischer Vertreter der kunstindustriellen Bewegung des Wiener Historismus. Nach seinen der Renaissance-, Barock- und Rokokoornamentik verpflichteten Entwürfen wurden u. a. Kristallgefäße für Lobmeyr, eine Bronzeuhr, welche Kaiser Franz Joseph der dt. Kaiserin zum Geschenk machte, und das Gitter am Hauptportal des Salzburger Kommunalfriedhofes ausgeführt. S. zeichnete auch die Glückwunschadresse der Stadtgemeinde Salzburg anläßlich der kais. Silberhochzeit sowie Illustrationen für das Prachtwerk »Die österreichisch-ungarische Monarchie in Wort und Bild«.

Lit.: Thieme-Becker. – Salzburger Tagblatt, 1. 4. 1904. – SV, 7. 4. 1904.

N.Sch.

Salzbergbau →Bergbau

Salzbund, Der, Verein (gegr. 1903) zur Pflege evangelischen Lebens im Land Salzburg, schloß sich 1908 mit anderen Vereinen, u. a. dem deutschnationalen →Hochschulverein, zum »antiklerikalen Kartell« mit insgesamt rund 800 Mitgliedern zusammen, »um die kulturfeindlichen Bestrebungen der Klerikalen gemeinsam abzuwehren«. Entwickelte eine eifrige Vortragstätigkeit in Stadt und Land und gab kämpferische Flugblätter heraus. Unter dem jahrzehntelang wirkenden Obmann Dagobert Weber wurde der S. in besonderem Maße zu einem Faktor der Bildungsarbeit, während der Gustav-Adolf-Verein (seit 1906) auf dem karitativen Sektor tätig war. Der S. wurde zu einem Hort Altsalzburger evangelischer Tradition, als durch die seit 1897 auftretende »Los-von-Rom-Bewegung« Tausende Salzburger aus dem national-liberalen Lager um Aufnahme in die →Evangelische Kirche ansuchten, was zu einer Überfremdung der Gemeindestrukturen und der religiösen Mentalität führte.

R.R.H.

Salzburg Association, Internationale (ISA), 1981 gegründeter Verein, der das Ziel verfolgt, »die Verbindung des Landes Salzburg mit dem wirtschaftlichen und politischen Gegenwartsgeschehen über die geistige und künstlerische Tradition hinaus zu vertiefen sowie das Ansehen Salzburgs und seine intern. Beziehungen im Geist der Völkerverständigung zu fördern«. Sitz der ISA ist das Palais Kuenburg in der Sigmund-Haffner-Gasse, Präsident der Salzburger LH.

G.W.

Salzburg im Spielfilm →Filmgeschichte, Salzburger

Salzburger Adventsingen →Adventsingen

Salzburger Altstadterhaltungsgesetz 1980 →Altstadterhaltungsgesetz, Salzburger

Salzburger Autorengruppe →Autorengruppe, Salzburger

Salzburger Bach-Gesellschaft →Bach-Gesellschaft, Salzburger

Salzburger Bachchor →Bachchor, Salzburger

Salzburger Barockmuseum →Barockmuseum, Salzburger

Salzburger Bildungswerk →Bildungswerk, Salzburger

Salzburger Domchor →Domchor, Salzburger

Salzburger Fackeltanz →Fackeltanz, Salzburger

Salzburger Festspiele →Festspiele, Salzburger

Salzburger Festungskonzerte →Festungskonzerte, Salzburger

Salzburger Freilichtmuseum →Freilichtmuseum, Salzburger

Salzburger Heimatpflege →Heimatwerk, →Brauchtumspflege, →Brauchtumsvereine, →Volkskultur

Salzburger Heimatwerk →Heimatwerk, Salzburger

Salzburger Hochschulverein →Hochschulferialkurse

Salzburger Hofmusik →Hofmusik, Salzburger

Salzburger Institut für Raumordnung und Wohnen →Raumordnung

Salzburger Kammerphilharmonie →Kammerphilharmonie, Salzburger

Salzburger Kulturförderungsgesetz 1980 →Kulturförderungsgesetz, Salzburger

Salzburger Kulturvereinigung →Kulturvereinigung, Salzburger

Salzburger Landeshymne →Landeshymne, Salzburger

Salzburger Landesinstitut für Volkskunde →Volkskunde, →Archive

Salzburger Liedertafel →Liedertafel, Salzburger

Salzburger Literaturarchiv →Literaturarchiv, Salzburger

Salzburger Literaturforum Leselampe, →Literaturforum Leselampe, Salzburger

Das SMCA, Ansicht vom Anton-Neumayr-Platz, Aufräumungsarbeiten nach den beiden Bombentreffern im Oktober 1944 (SMCA)

Salzburger Literatur- und Kunstgesellschaft »Pan« →»Pan«

Salzburger Marionettentheater, →Marionettentheater, Salzburger

Salzburger Mozartsolisten →Mozartsolisten, Salzburger

Salzburger Mundartliteratur →Mundartliteratur, Salzburger

Salzburger Museum Carolino Augusteum (SMCA), (Sammlung für Ur- und Frühgeschichte, Sammlung für Malerei und Plastik, Graphische Sammlung, Archiv und Münzsammlung, Kunstgewerbliche Sammlungen, Volkskundliche Sammlungen, Spielzeugsammlung, Musikinstrumentensammlung, Waffensammlung, Bibliothek). Zum Zwecke des Sammelns, Erforschens, Erhaltens von »vaterländischem Kulturgut«, aus dem aufklärerischen Bestreben nach Bildungsvermittlung und dem romantischen Wunsch nach »patriotischem Erleben« der Geschichte wurden seit dem frühen 19. Jh. in der ganzen Habsburgermonarchie National- und Landesmuseen gegründet. Der Verlust der Souveränität im Jahr 1803 und die Unselbständigkeit unter oö. Verwaltung kennzeichnen die Salzburger Gründung: ein historischer Aspekt steht deutlich im Vordergrund. Am 1. 10. 1835 gab der städtische Steuer- und Cassieramtskontrollor M. V. →Süß im Salzburger Amts- und Intelligenzblatt bekannt, daß auch Salzburg ein »förmliches Provinzialmuseum« besitze. De jure, gegenüber der oö. Landesbehörde, kam nur die Einrichtung eines städtischen Museums in Frage, de facto handelte es sich um ein Landesmuseum. Es war vorerst in zwei Räumen des städtischen Getreidemagazins am Gries (aus der Zeit Eb. →Paris Lodrons) untergebracht. Ausgangspunkt waren die Einrichtung eines kleinen Zeughauses mit militärhistorischen Denkmälern als Zeugnissen der Landesgeschichte, aber auch eine Sammlung von Büchern und Urkunden, Münzen, Mineralien und Pflanzen. Bis 1844 lebte das Museum ausschließlich von Spenden patriotisch gesinnter Bürger. 1850 übernahm die Kaiserin-Witwe Carolina Augusta (1792-1873) die Schirmherrschaft über das

Museum, 1852 ging es in den Verwaltungsbereich der Stadt über.
Mit der schrittweisen Erweiterung der Räumlichkeiten, die 1856 mit der Adaptierung des ganzen Obergeschosses abgeschlossen war, wurde eine systematische Aufstellung möglich. Das Sammelprogramm umfaßte die drei Bereiche Geschichte, Kunst, Natur mit entsprechenden Abteilungen. Eine nachhaltige Prägung erfuhr das Museum unter der Leitung (1870-81) des Landschaftsmalers J. →Schiffmann. Sein historistisch-malerisches Aufstellungsprinzip, seine Inszenierungen von »Kultur- und Zeitbildern« wurden bis 1921 beibehalten und ergänzt. Dieses Aufstellungsprinzip trennte Schau- und Studiensammlung und führte schließlich zur Abspaltung der naturwissenschaftlichen Sammlung (1923, →Haus der Natur). 1922 wurde der Museumsverein gegründet, 1924 erfolgte die Dislozierung der volkskundlichen Sammlung in das →Monatsschlößl im →Hellbrunner Park. 1944 Zerstörung des Museumsgebäudes durch Bombenangriff (die Sammlungen waren größtenteils geborgen), seit 1966 beteiligt sich das Land an den Aufwendungen für das Museum, 1967 Wiedereröffnung des Neubaus, als neue Ausstellungsflächen wurden dazugewonnen: 1952 das Burgmuseum auf der →Festung, das Vogelhaus im Mirabellgarten, seit 1970 für Ausstellungen in Zusammenarbeit mit dem Kulturamt der Stadt, 1974 das Domgrabungsmuseum, 1978 das Bürgerspital, 1984 das Salzburger →Freilichtmuseum Großgmain (seit 1986 selbständig). Im Herbst 2000 wurde das erweiterte und neu gestaltete (Architekten F. Fonatsch und H. Wondra) Burgmuseum auf der Festung/Hoher Stock eröffnet. Im Zuge der Baumaßnahmen und der gleichzeitigen denkmalpflegerischen und archäologischen Untersuchungen wurde nicht nur der Gipfel des Festungsberges freigelegt, sondern auch eine Halle mit einem bemalten sechsteiligen Arkadenfenster aus der Regierungszeit Eb. Konrads I. entdeckt.
Leitung: bis 1868 Vinzenz Maria Süß, 1868-1870 Johann Riedl, 1870-1881 Jost Schiffmann, 1881-1902 Alexander Petter, 1902-1919 Eberhard Fugger, 1919-1921 Oskar Seefeldner, 1921-1933 Julius Leisching, 1933-1942 Max Silber, 1942-1945 Lothar Pretzell, 1945-1954 Rigobert →Funke-Elbstadt, 1954-1968 Kurt Willvonseder, 1968-1979 Friederike →Prodinger, 1979-1994 Albin Rohrmoser, 1997-2000 Wolfram Morath, seit 2000 Erich Marx. (Farbabb. S. 336,338/39)

Lit.: SMCA. Museumsführer München-Salzburg 1996. – Für Salzburg gesammelt. Neuerwerbungen 1979-1996. Sonderausstellung zum Gedenken an Albin Rohrmoser. – M. Hainzl: Das SMCA im 19. Jh. Diss. Salzburg 1985. – Meisterwerke. Museum in Trümmern. Begleitheft zur 178. Sonderausstellung des SMCA anläßlich der 50. Wiederkehr der Zerstörung des Museumsgebäudes.
M.O.

Salzburger Musikschulwerk →Musikschulwerk, Salzburger

Salzburger Nurismatische Gesellschaft →Freunde der Salzburger Geschichte

Salzburger Schloßkonzerte →Schloßkonzerte, Salzburger

Salzburger Schriftstellervereinigung »podium 70« →»podium 70«

Salzburger Stier, Hornwerk der Festung Hohensalzburg. Orgelwerk ohne Spielvorrichtung, der Tradition nach unter Eb. →Leonhard von Keutschach 1502 erbaut, mit vielfach verstärktem, hornartig »schreiendem« Zusammenklang der Töne des F-Dur-Dreiklangs, auch als »Salzburger Stier« bezeichnet. Hatte die Funktion eines Signalinstruments, weckte die Bewohner der Stadt, kündigte hohe Besucher an und meldete Gefahren. In der 2. H. des 16. Jh.s wurde eine Walzenorgel zugebaut, die zunächst nur ein Stück, den »alten Choral«, spielte, im 17. Jh. drei, 1753 bereits zwölf Stücke – jeweils eines pro Monat – von den Salzburger Hofmusikern L. →Mozart und J. E. →Eberlin. Im 19. Jh. wechselndes Repertoire, mit der Volkshymne und Stücken aus Opern und Operetten. Der »Salzburger Stier«, das älteste noch klingende Hornwerk auf der Welt, wird derzeit restauriert, danach wieder in der Zeit von Palmsonntag bis 31. 10. täglich um 7, 11 und 18 Uhr im Anschluß an das →Glockenspiel vorgeführt.

Lit.: 900 Jahre Festung Hohensalzburg. Salzburg 1977.
G.W.

Salzburger Technologiezentrumsgesellschaft m.b. H. →Technologiezentrumsgesellschaft

Salzburgisch-Litauische Gesellschaft →Auslandskultur

Salzkammergut, im Ma. und in der frühen Neuzeit ausschließlich feudalrechtlicher Begriff, der sich auf die Gegenden um die obere Traun, also Ischl, Hallstatt, Aussee, bezieht und bedeutet, daß der Landesfürst hier nicht nur Landesherr, sondern auch Grundherr war und die Einnahmen aus den reichen Salzvorkommen direkt in die landesfürstliche Finanzkammer flossen.
Seit der Mitte des 18. Jh.s wird der Begriff S. allmählich zur Landschaftsbezeichnung und wird auf die angrenzenden Gebiete des Attergaues, Mondsee- und Wolfgangseelandes ausgedehnt.
Die lange Zeit währenden Grenzstreitigkeiten zwischen Salzburg und OÖ. wurden 1689 durch einen Vertrag zwischen Eb. →Johann Ernst und Abt Maurus II von Mondsee endgültig bereinigt; seither gehört der Schafberggipfel zu Salzburg, der Mondseer Anteil am Wolfgangsee wurde durch die »Seidenfadengrenze« von der Dittelbachmündung in St. Wolfgang bis zum Abfluß der Ischl in Strobl festgelegt, während das Salzburger Gebiet am Mond- und Attersee in Ober- und Unterburgau nur bis an die Ufer heranreicht.
Die auf Salzburger Territorium gelegenen Ortschaften St. Gilgen und Strobl profitieren von der »Entdeckung« das Salzkammergutes als »Seelenlandschaft« der Künstler und Sommerfrische der Monarchie. Persönlichkeiten aus Politik, Wirtschaft, Wissenschaft und Kunst kehren nicht nur alle Jahre für die Sommermonate wieder, sondern lassen sich hier auch eigene Sommervillen errichten. Die erste Villa auf dem Gemeindegebiet von St. Gilgen auf dem Frauenstein bei Ried gehörte dem Salzburger Feigenkaffeefabrikanten und Präsidenten der Handelskammer Ludwig Zeller. In den Sommern 1886-88 wird sie von der Hofschauspielerin Katharina Schratt bewohnt. 1882 siedelt sich die Familie von Frisch in Brunnwinkel an. 1883 ist Theodor von Billroth zum ersten Mal in St. Gilgen, sein Haus wird der Treffpunkt zahlreicher Größen der Medizin, Musik und Literatur. Um die Jahrhundertwende entsteht eine sog. Pragerkolonie, die auch prominente Architekten der beginnenden Moderne mitbringt. Die am Ostende des Wolfgangsees gelegene Streusiedlung Strobl gewinnt Aufschwung durch die 1890 eröffnete Salzkammergutlokalbahn und wird alsbald zum »Strandbad Ischls«. Es ist vor allem das wohlhabende Wiener Bürgertum, das sich hier ansiedelt.

Lit.: H. Pinezits: Sommerfrische am Wolfgangsee. Villenarchitektur in Strobl zwischen 1880 und 1936, Diplomarbeit Salzburg 1997. – M. Oberhammer: Sommervillen im Salzkammergut. Salzburg 1983.

M.O.

Salzmann, Gottfried, * Saalfelden 26. 2. 1943, Maler. 1963-65 Studium an der Akad. der bildenden Künste in Wien (S. Pauser, M. Melcher), danach an der École des Beaux-Arts in Paris, von wo aus er sich seither vornehmlich als Aquarellist intern. einen Namen gemacht hat. S. betreibt die im Medium der Wasserfarbe angelegte Verflüchtigung der Dinge zum schwebenden ästhetischen Substrat mit virtuosem Kalkül. Dieses Ungreifbarwerden der Landschaft kann als atmosphärische Trübung oder als Moment der Geschwindigkeit motiviert, durch kompositorische Extravaganzen oder verfremdende Rasterungen, etwa durch Jalousien, gesteigert werden. Mit ähnlichen Kunstmitteln subtiler poetischer Verschleierung arbeitet S. auch in seinen Aktfotografien und Kohlezeichnungen. (Farbabb. S. 373)

Lit.: G. S. Aquarelle–Landschaften und Städte. München 2000. – Ausstellungskat. G. S. Stadtlandschaft–Naturlandschaft. OÖ Landesmuseum Linz 1991. – W. Koschatzky: G. S. Lustenau 1982. – W. Schmied: G. S. Zeichnungen. Salzburg 1982. – Ausstellungskat. G.S. Aquarelle und Zeichnungen. Albertina Wien 1982.

N.Sch.

Samber, Johann Baptist, * Salzburg get. 15. 5. 1654, † Salzburg 17. 9. 1717, Salzburger Hofmusiker. Schüler von A. →Hofer und G. →Muffat am →Kapellhaus. 1689 Stadtpfarrorganist, 1693 Domorganist. Reiche pädagogische Tätigkeit: Bis 1704 hatte er bereits an die »300 Scholarn« nach seinen »Reglen und Fundamenta« unterrichtet. Seine drei gedruckten Traktate (»Manuductio ad organum«, Salzburg 1704, »Continuatio ad manuductionem organicam« Salzburg 1707, »Elucidatio musicae choralis«, Salzburg 1710) bieten eine umfassende Lehre für den angehenden Organisten und Komponisten.

Lit.: E. Hintermaier: Die Salzburger Hofkapelle von 1700 bis 1806. Diss. Salzburg 1972.

G.W.

Samsonumzug in Mauterndorf, 1980 (Landesbildstelle Salzburg, Foto Ullmann)

Samsonumzug. Die Figur des biblischen Riesen Samson, der die Philister mit der Eselskinnbacke schlug, in vielen Orten von zwei großköpfigen Zwergen (Bauer und Bäuerin) begleitet, ist Relikt einstiger Schaugepränge bei Fronleichnamsprozessionen. Solche Schaugepränge mit Szenen aus Altem und Neuem Testament hatten ihre Glanzzeit in der Gegenreformation und im Barock, sie finden sich überall dort, wo die großen Orden der Gegenreformation (Dominikaner, Jesuiten, Kapuziner) wirkten (→Prozessionen). Die Verwandschaft des Samson mit historischen, noch erhaltenen Riesenfiguren in Bayern, Belgien, Frankreich, Holland und Spanien zeigt die vielfältigen Fortentwicklungsarten in europäischen Umzügen, Spielen oder Faschingsaufzügen. S. finden in den Lungauer Orten Tamsweg, Mauterndorf, Mariapfarr, St. Michael, Muhr, Unternberg, Ramingstein/Kendlbruck und St. Andrä sowie im benachbarten steirischen Murau (1748 von Tamsweg gekauft) und Krakaudorf statt. Der älteste Samson kam wohl um 1633 mit dem Kapuzinerorden nach Tamsweg, 1720 wird im Sterbebuch der Pfarre ein Samsonträger erwähnt. In der Franzosenzeit erfuhren die S. Umgestaltungen, auch die Uniformen der begleitenden Schützen (in frz. Art) entstanden damals. Früher »tanzte« der Samson (5-7 m hohe Figur aus Holz und Traggerüsten, mit Stoff bekleidet, ca. 80 kg schwer, von einem Mann getragen) nur an den Prangtagen, nun finden Umzüge an Sommerfesttagen und Treffen aller erhaltenen Samsonfiguren statt. Seit dem 19. Jh. wollten atavistische und nationale Geistesströmungen mythische und naturkultische Erntedämonen (Kornvater) in diese Umgangsriesen hineininterpretieren, eine Deutung, die heute nicht mehr zu halten ist.

Lit.: R. Floimair, L. Luidold (Hg.): Riesen (Schriftenreihe des Landespressebüros, Sonderpublikation 126). Salzburg 1996.

U.K.

Sandbichler, Alois, * Rattenberg (Tirol) 20. 2. 1751, † Salzburg 3. 2. 1820, Augustiner-Eremit, Theologe. S. trat 1770 in das Augustiner-Eremitenkloster Rattenberg ein, studierte an der Universität Salzburg Theologie und Philosophie und wurde 1775 zum Priester geweiht. Von 1780 bis 1810 war er als Seelsorger im Salzburger Arbeitshaus tätig, 1792 wurde er Subprior im Augustiner-Eremitenkloster Mülln.

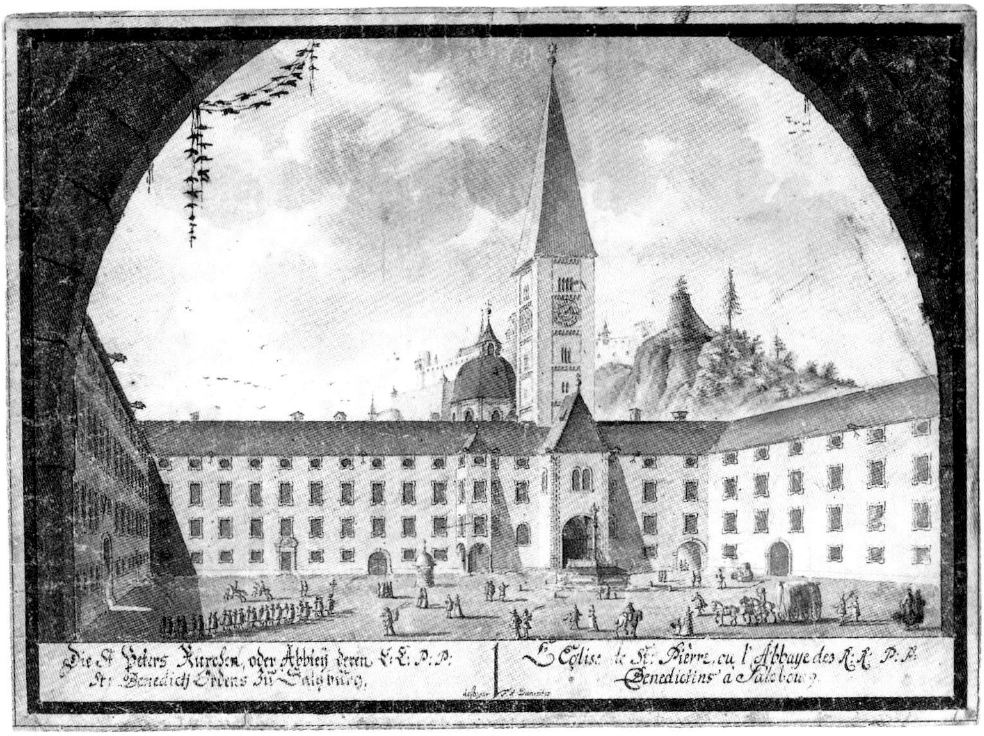

Benediktiner-Erzabtei St. Peter

S. war einer der Protagonisten der Kant-Rezeption im katholischen Raum. Er verfaßte zahlreiche Rezensionen für die →»Oberdeutsche Allgemeine »Literaturzeitung« und führte in dieser eine ausführliche Debatte mit Benedikt Stattler über dessen zweibändigen »Anti-Kant« (1788/89). In einem Streit über die Unfehlbarkeit der Kirche griff S. zugunsten des Aufklärers J. Th. →Zauner mit einer anonymen Schrift ein.

Lit.: Biographisch-bibliographisches Kirchenlexikon. Bd. 8, 1994, Sp. 1303-1304. – C. A. Baader: Lexikon verstorbener baierischer Schriftsteller des 18. und 19. Jahrhunderts. Bd. 1, Augsburg-Leipzig 1824, S. 69 f. – Wurzbach. – L. Hammermayer: Die Aufklärung in Salzburg. In: Geschichte, S. 421 ff.

Th.W.

Sängerbund, Oberösterreichisch-Salzburger (OÖSSB), zunächst unabhängig 1861 als OÖ. bzw. 1862 als Salzburger Sängerbund gegründet, seit 1864 vereinigt, bestand vorerst bis 1926; 1899 waren bereits die Mitglieder des 1894 gegründeten »Salzburger Sängergaus« aus dem OÖSSB ausgetreten, 1901 als »Salzburger Sängerbund« selbständig geworden und 1913 dem Deutschen Sängerbund beigetreten. Die Salzburger und die Halleiner Liedertafel blieben dagegen beim OÖSSB. Seit 1926 wurden die beiden Sängerbünde wieder getrennt geführt, waren jedoch gleichzeitig Mitglied des 1926 gebildeten Alpenländischen Sängerkreises. 1939 umfaßte der Salzburger Sängerbund (SSB) 57 Vereine mit 1263 Mitgliedern. 1949 wurde der OÖSSB wiederbegründet, die beiden Sängerbünde zusammengeführt; 1960 umfaßte er bereits wieder 153 Vereine mit 4662 Mitgliedern. Der OÖSSB hält Seminare und Fachtagungen ab, veranstaltet Chorfeste und Wertungssingen und gibt Liedersammlungen und Tonträger heraus. Zu den namhaftesten Musikern des OÖSSB zählten die Musiker A. →Bruckner, J. F. →Hummel, Felix Gruber, Josef Reiter und F. →Sauer. Über Initiative des Referats für Volkskultur der Salzburger Landesregierung wurde im Herbst 2000 ein Chorverband für das Bundesland Salzburg gegründet, der eine breit gefächerte Förderung des kirchlichen und weltlichen Chorwesens zum Ziel hat.

Lit.: R. Markschläger, K. Straßl: Geschichte des OÖSSB 1864. In: 100 Jahre OÖSSB 1864, Linz 1964.

G.W.

St. Peter, Benediktiner-Erzabtei, ältestes noch bestehendes Kloster im dt. Sprachraum, gilt als »Wiege« von Stadt und Land Salzburg. Um 696 (Haustradition 582) vom hl. →Rupert gegründet, der ein Kloster mit allen notwendigen Gebäuden und eine stattliche Peterskirche erbaute. Diese sind, wie langjährige archäologische Grabungen gezeigt haben, nicht im heutigen Klosterareal, sondern im Bereich des späteren →Domes und heutigen Kapitelplatzes zu suchen. St. Peter, dessen Äbte auch (Erz-)Bischöfe von Salzburg waren, wurde zur Keimzelle der Salzburger Kirche und Träger der Slawenmission, Seelsorge und hervorragender Kultur (→Virgil). Die von Rupert errichtete Gemeinschaft von Klerikern lebte noch nicht nach einer strengen Ordensregel, sondern unterstützte den Abt in allen Aufgaben der Seelsorge und Mission. Die Namen der Mönche sind in das →Verbrüderungsbuch eingetragen und belegen einen sehr hohen Anteil von Romanen, die ihr Christentum und ihre Schriftkenntnisse bewahrt hatten. Erst gegen Ende des 9. Jhs. setzte sich die Benediktinerregel mit ihrer strengen Ortsgebundenheit durch. 987 wurde St. Peter im Verlauf der großen Kloster- und Kirchenreform vom Erzbistum getrennt und erhielt jenes Areal, das heute den St. Peter-Bezirk bildet. Tito v. St. Emmeram in Regensburg wurde erster eigener Abt. Bald nach der Jahrtausendwende wurde über einem Mausoleum des 5. Jhs. der erste Kirchenbau an der Stelle der heutigen Stiftskirche errichtet. Durch die bescheidene Dotation hervorgerufene Krisen wurden überwunden (1074 konnte Admont besiedelt werden), und nachdem Eb. →Konrad I. der Abtei seiner Residenz benachbarte Gebäude übergeben und ihr eine solide wirtschaftliche Basis verschafft hatte, erbaute Abt Balderich (1125-47) die im Kern noch bestehende Klosterkirche. Durch Schenkungen große Grundherrschaft im Erzstift (u. a. das mittlere Lammertal mit Abtenau, 1124) und in der Stadt, weiters in Kärnten (Wieting), Wien-Dornbach, in der Wachau u. a. Als Besitzer von Salzpfannen wichtiger Salzproduzent. In St. P. reiche kulturelle Tätigkeit: →Petersschule, Skriptorium (→Buchmalerei), Musikpflege durch alle Jh., Barocktheater (→Theater der Benediktineruniv.). Im sozialen Bereich: Armenpflege, →Spital, Begräbnisrecht, aber auch Gastlichkeit (Peterskeller alte Tradition). Eine bes. Leistung (zusammen mit dem Domkapitel) war der →Almkanal 1137-43; St. P. war auch für die Erhaltung des 3. Joches der Stadtbrücke zuständig. Vom 12. Jh. bis 1583 bestand zudem ein eigenes Frauenkloster (Petersfrauen) an der Stelle des heutigen Franziskanerklosters. Im 15. Jh. brachte die Melker Reform eine innere Erneuerung (Petersschule, →Walsperger, →Geschichtsschreibung). In der Reformationszeit leitete J. v. →Staupitz, Lehrer und Freund Martin Luthers, kurze Zeit das Kloster. Eine große Rolle spielte St. P. im Rahmen der 1622 gegründeten Salzburger Benediktiner→Univ. Nun setzte eine rege historiographische Tätigkeit ein (→Pachler), die einen ersten Höhepunkt mit den Brüdern →Mezger erreichte und mit Abt W. →Hauthaler bis ins 20. Jh. andauerte.

Die Abtei nimmt ein großes Areal am Fuß des Mönchsbergs ein; Klosterbauten um drei große Höfe, dazu noch der Petersfriedhof. Zentrum ist die Stiftskirche, die einzige erhaltene hochromanische Basilika der Stadt, 1125-47 erbaut, mit Querhaus und Krypta, im 17. Jh. durch Chorhaus, Kuppel und Kapellenanbauten barockisiert, im 18. Jh. unter Abt B. →Seeauer (1753-85) das heutige Aussehen mit Rocaillestuck, Deckenbildern und Marmoraltären, Altarbilder von J. M. →Schmidt (Kremser Schmidt). Zahlreiche Grabsteine und Epitaphien, bedeutendes Hochgrab für Hans Werner von Raitenau vom Hofbildhauer Veit Eschay, 1593 von Eb. →Wolf Dietrich für seinen Vater gestiftet (→Grabmale). Ausgrabungen ergaben als Vorgängerbau (um 1000) eine dreischiffige Basilika mit Westturm, Chorkrypta und Apsiden am Ende der Seitenschiffe, in der Mitte dieses Baues vermutl. ein spätantikes Mausoleum. Die zahlreichen Klostergebäude wurden in der Barockzeit zusammengefaßt, ältere Teile (13. und 14. Jh.) noch nördlich der Kirche (Teile des Kreuzganges mit Brunnenhaus, Marienkapelle, Kapitelsaal, Refektorium) erhalten. An den äußeren Stiftshof anschließend wurde 1924-26 das Collegium Benedictinum nach Entwürfen von Peter Behrens erbaut (Fresken von A. →Faistauer, Kruzifix von J. →Adlhart). Um 1930 zwangen finanzielle Schwierigkeiten das 1927

zur Erzabtei erhobene St. P. zum Verkauf wertvoller Kunstschätze. 1939 Enteignung; die Konventualen waren 1942-45 aus dem Kloster vertrieben. 1982 wurde die 1200-Jahr-Feier mit einer →Landesausstellung gefeiert.
Petersfriedhof (→Friedhöfe) mit Gruftarkaden um das Gräberfeld (uraltes Begräbnisrecht). Viele Kapellen im Klosterbereich (Margarethenkapelle 1485-91, Katharinenkapelle 1227, Kreuzkapelle 1170 und Höhlenkirchen, die sogenannten Katakomben), vielleicht in der Nachfolge einer Kirchenfamilie der Gründungszeit. Bedeutende Stiftssammlungen: Werke der Plastik, der Malerei und des Kunstgewerbes, reiche Stiftsbibl. mit Schätzen der →Buchmalerei. Eine besondere Zimelie ist das Verbrüderungsbuch aus dem 8. Jh., das älteste Schriftdokument im heutigen Österreich.

Lit.: St. Karwiese, A. Kaltenberger: Archäologische Entdeckungen in der Erzabtei St. Peter in Salzburg. Ausstellungskat. Hl. Rupert von Salzburg 696-1996, Erg.-Bd., Salzburg 1996. – K. F. Hermann: Geschichte der Erzabtei St. Peter zu Salzburg. Bd. 1: Frühgeschichte 696-1193, Salzburg 1996. – H. Dopsch: Der heilige Rupert in Salzburg. In: Hl. Rupert von Salzburg, S. 73 ff. – H. Dopsch: Klöster und Stifte. In: Geschichte I/2, S. 1007 ff. – FS. St. Peter zu Salzburg 582-1982. Salzburg 1982 mit St. P.-Bibliographie). – St. Peter in Salzburg. Kat. Salzburg 1982.

L.T., P.F.K.

Santner, Karl, * Salzburg 26. 1. 1819, † Salzburg 19. 4. 1885, Komponist. War als →Domkapellknabe Schüler von Joachim Fuetsch, schlug die Beamtenlaufbahn ein, wurde Verwalter der Strafanstalten Linz, Garsten und Suben und führte mit großem Erfolg Musikunterricht bei seinen Strafgefangenen ein. Bei Robert Führer, einem der Gefängnisinsassen, nahm er selbst Kontrapunktunterricht. Von 1870 bis zu seinem Tod war er Chordirektor an der Stiftskirche →St. Peter und Sekretär des →Mozarteums. Er schrieb Kirchenmusik, Männerchöre und Lieder, ein weit verbreitetes Handbuch der Tonsetzkunst und »Winke über die Figuration der Violine«.

Lit.: K. Picker: Beiträge zur Kenntnis der Kirchenmusik in Salzburg zwischen 1850 und 1950. Diss. Innsbruck 1957.

G.W.

Sattler, Hubert, * Wien 21. 1. 1817, † Wien 3. 4. 1904, Maler. Einer der interessantesten Reisemaler des 19. Jh.s, wuchs in dieses Metier hinein, als er seine Familie auf der Tournee mit dem Salzburg-Panorama begleitete. Bereits als Zwölfjähriger besuchte er die Wiener Akad., bis 1870 führte er das Leben eines gehobenen Schaustellers, erwarb Ansehen und Vermögen. Expositionen (sogar in Nordamerika) wechselten mit Erkundungsreisen in fast alle Teile der Welt. Die unterwegs skizzierten Eindrücke wurden zu Hause, anfangs noch in Zusammenarbeit mit dem Vater Johann Michael →S., zu sogenannten Kosmoramen verarbeitet, großformatigen Ansichtsbildern, die für eine dreidimensionale Betrachtung bei künstlichem Licht und durch spezielle Linsen bestimmt waren. Für die Befriedigung der Schaulust wurden Naturschauspiele genauso wie archäologische Attraktionen, Hochgebirgs- und Großstadtpanoramen (z. B. von New York, Boston, Paris, London, Rom, Moskau, Istanbul, Havanna), architektonische Wahrzeichen, Seestücke und exotische Szenerien aufgeboten. In seiner Malweise unterwarf sich S. mit einer gleichmäßigen Präzision, die erst der moderne Fotorealismus wieder schätzen lehrt, völlig den Anforderungen des Guckkastenillusionismus. Während die Skizzen noch atmosphärische Reize bergen, nimmt in den Ölbildern allmählich eine luftleere Künstlichkeit überhand. S.s von einem Ausstoß kleinformatiger Massenware

Anton Wallner, Bildnis Johann Michael Sattler, Lithographie, um 1830 (SMCA)

begleitete Aktivitäten, sein mit Geschäftssinn gepaarter malerischer Positivismus sind für den Geist des Weltausstellungs-Zeitalters sehr bezeichnend. Die über 100 Kosmoramen, 1870 der Stadt Salzburg zum Geschenk gemacht, 1875-1937 in einem eigens dafür errichten Rundbau ausgestellt, befinden sich heute im →SMCA. (Farbabb. S. 352)

Lit.: Ausstellungskat. European Traveller-Artists in Nineteenth-Century México. México 1996. – Ausstellungskat. Faszination Landschaft. Residenzgalerie Salzburg 1995. – Ausstellungskat. »Sehsucht«. Das Panorama als Massenunterhaltung des 19. Jahrhunderts, Bonn 1993. – B. Stopfer in: SMusBl. 38, 1977, Nr. 1. – Dies.: H. S. Diss. Salzburg 1976.

N.Sch.

Sattler, Johann Michael, * Neuberg bei Herzogenburg (NÖ.) 28. 9. 1786, † Mattsee 28. 9. 1847, Maler. Zuerst Amtsschreiber, 1804 an der Wiener Akad. 1806 erstmals in Salzburg, wo er u. a. die Bildnisse alter Meister in der Firmianschen Gemäldegalerie von →Leopoldskron en miniature kopierte. 1813-15 neuerlich Schüler des Akad.-Prof. Hubert Maurer, dessen Pflegetochter er 1816 heiratete. Seit 1819 lebte er von Altarbild- und Porträtaufträgen in Salzburg, in denen er über eine biedermeierliche Adaption des erlernten Klassizismus nicht hinauskommt. Seine Stärke ist die Architekturvedute. Ein Dokument von abendländischem Rang schuf S. in dem nach ihm benannten 5 x 27 m großen Rundpanorama Salzburgs von der Festung, dem frühesten seiner Art in Österreich. Es entstand auf Anregung des 1821 erstmals in Salzburg weilenden Kaisers Franz I. unter Mithilfe von F. Loos (Landschaft) und Joh. Jos. Schindler (Staffage) in den Jahren 1825-29 und verbindet topographische Genauigkeit mit stimmungsvoller Lichtwirkung. Noch im Jahr der Fertigstellung begab sich S. mit seinem Riesengemälde, das zusammen mit kleineren Stadtansichten in einer zerlegbaren Rotunde gezeigt wurde, auf eine zehnjährige Tournee durch Europa. Er wurde dadurch zum Propagandisten der Schönheit Salzburgs und zum Apostel des Fremdenverkehrs, wofür ihn die Stadt 1829 zu ihrem ersten Ehrenbürger machte. Das Sattler-Panorama wurde nach einer Restaurierung im Jahr 1977 im Neubau des Kaffeerestaurant Winkler auf dem Mönchsberg untergebracht. Aufgrund der Errichtung eines Museums der Moderne am Mönchsberg wird das Sattler-Panorama im Jahr 2002 im Gebäude der bisherigen Schalterhalle der Post auf dem Residenzplatz untergebracht werden.

Lit.: Ausstellungskat. Die Mobilisierung des Blicks. Wien-Laxenburg 1995, S. 32 ff. – S. Oettermann: Das Panorama. Die Geschichte eines Massenmediums, Frankfurt 1980. – S. Lundwall: J. M. S. Diss. Innsbruck 1964. – Fuhrmann-Stadt. – J. Gassner: J. M. S. und sein Panorama. In: Jahr-SMCA 4, 1958, S. 116. *N.Sch.*

Sauer, Franz, * Bielitz (Oberschlesien) 11. 3. 1894, † Salzburg 28. 10. 1962, Organist und Hochschullehrer. Studierte in Berlin und Regensburg (Kirchenmusik), 1914-62 Domorganist in Salzburg und Organist der Domkonzerte im Rahmen der Salzburger →Festspiele; auch bed. Improvisator; seit 1915 Lehrer, seit 1925 Prof. für Orgel, Musiktheorie und Chorgesang am →Mozarteum und Leiter der Salzburger →Liedertafel. 1938 leitete er als NS-Funktionär interimistisch das →Mozarteum. 1923 erschien sein »Handbuch der Orgelliteratur«.

Lit.: Singende Kirche 1963, H. 3.

G.W.

Saumwege. Wegbarmachung und Verkehrsentwicklung der Alpen sind eines der bedeutendsten Kapitel der Kulturgeschichte dieses Raumes. Die Hohen Tauern trennen durch ihre Ost-West-Richtung wie eine Mauer den süddt. Raum vom nördlichen Adriagebiet, den Quertälern kam deshalb verkehrsgeschichtlich grundlegende Bedeutung zu. Langgezogene Talfurchen führen zu hochgelegenen Paßübergängen, die durch sog. S. schon sehr früh aufgeschlossen wurden, jedenfalls aber von den Römern benützt, angelegt oder weiter ausgebaut wurden. Stets war, auch bei widrigsten Weg- und Witterungsverhältnissen, die Kürze einer Strecke wichtiger als ihre leichte Begehbarkeit, war die wirtschaftlich und kulturell verbindende Wirkung eines Übergangs stärker als die trennende Barriere der Natur. Die geistlichen Salzburger Landesfürsten waren aus wirtschaftlichen Gründen sehr besorgt um den Schutz der Säumer und Reisenden und errichteten als Stützpunkte sog. »Tauernhäuser« (Hospize, Wacht- und Raststationen). Trotz dieser Sicherungs- und Schutzmaßnahmen waren viele Todesopfer zu beklagen (s. etwa Paßfriedhof in Obertauern). Wichtigste Handelsgüter waren Salz (»weißes Gold«), Eisen, andere Metalle, Leder,

Häute, Wolle, Leinwand und Holz in den Süden, von dort kamen Gold- und Silberwaren, Samt, Seide, Gewürze, Südfrüchte, Öl, Wein. Neben Großsäumern (meist Wirten), die oft mit mehreren Knechten, vielen Pferden (Norikern) und Schlitten über die Tauern zogen, gab es auch arme »Kraxenträger«. Schon im 12. Jh. wurden die Waren mit Steuern belegt. Wichtige Übergänge waren der Katschberg und der Radstädter Tauern, der Felbertauern und die Oberpinzgauer Tauerntäler. Niedergang des Saumhandels im 18. Jh., trotzdem zogen bis ins 20. Jh. noch Marktleute, Handwerker, Teppichhändler, Weber und Viehtreiber mit ihren Herden über die Tauern. Entlang der Saumwege entwickelte sich neben der Saumtierzucht eine frühe kommerzielle und touristische Infrastruktur. Saumwege dienten stets auch als Schmuggel- und Fluchtwege. Im Sommer 1947 wurde der Saumweg von Krimml ins Südtiroler Ahrntal von 5000 jüdischen Flüchtlingen, geführt von der Israelischen Brichah, überquert, die nach Palästina einwandern wollten. 1997 wurde eine Gedenktafel beim Krimmler Tauernhaus enthüllt.

Lit.: Vom Saumpfad zur Autobahn. 5000 Jahre Verkehrsgeschichte der Alpen, Ausstellungskat., München 1978.

Sauschneider, Lungauer →Stranitzky, →Hanswurst

Sauter, Anton Eleutherius, * Großarl 18. 4. 1800, † Salzburg 6. 4. 1881, Botaniker und Mediziner, Bruder der Schriftstellers Ferdinand →S. Erforschte die Flora des Landes Salzburg und hinterließ ein umfangreiches botanisches Werk. Viele Pflanzen aus dem Ostalpenraum wurden von ihm erstmals beschrieben. Eine Gattung und 17 Arten tragen daher seinen Namen. S. war Mitbegründer und 1864-74 Vorstand der Gesellschaft für Salzburger →Landeskunde.

Lit.: F. Speta: S. A. In: ÖBL 9, Wien 1988, S. 445 f. – A. S. Eine biographische Skizze. In: MGSL 21, 1881, S. 229-234.

P.F.K.

Sauter, Ferdinand, * Werfen 6. 5. 1804, † Wien 30. 10. 1854, Schriftsteller. Sohn eines fe. Rates. Nach dem frühen Tod des Vaters 1807 Übersiedlung nach Salzburg auf das Landgut eines Onkels. In Salzburg besuchte S. 1812-17 das Gymnasium, schloß es aber nicht ab, 1819-25 Handlungsgehilfe in Wels, ab 1825 in Wien, Arbeit in einer Papierfabrik. 1828 wurde S. von Moritz von Schwind porträtiert. Ab 1833 Gedichtpublikationen, Kontakte zu Künstlerkreisen. 1839 wurde S. arbeitslos und kehrte nach Salzburg zurück. Als er auf der Reise einen Unfall hatte, besuchte ihn N. →Lenau. Durch Vermittlung von Friedrich Halm erhielt er eine kleine Stelle bei der nö. Assekuranz-Gesellschaft in Wien. S. lebte in ärmlichen Verhältnissen, trank und verkam immer mehr. Er kannte viele Wiener Schriftsteller, wie F. →Grillparzer, Ferdinand Raimund, Adalbert Stifter, Ernst von Feuchtersleben. Mit S. →Wagner, A. →Radnitzky und F. →Stelzhamer gründete er einen Dichterbund. Er starb 1854 an der Cholera. 1878 Überführung in ein Ehrengrab auf dem Hernalser Friedhof. J. A. →Schindler (Julius von der Traun), der spätere Schloßherr von →Leopoldskron, gab 1855 die erste Sammlung seiner Gedichte heraus. Rudolf Holzer schrieb ein Schauspiel (»Das Ende vom Lied«) über S.s Leben, in dem Alexander Girardi 1917 spielte. S.s eigener Grabspruch kennzeichnet sein Leben: »Viel genossen, viel gelitten / Und das Glück lag in der Mitten. / Viel empfunden, nichts erworben, Froh gelebt und leicht gestorben.«

Lit.: H. Loimer: F. Sauter – Ein Wiener Original aus Salzburg. In: MGSLK, 134, 1994, S. 585-614. – H. Deißinger (u. O. Pfeiffer): F. S. Sein Leben und Dichten. Wien 1926.

A.Has.

Sauter, Jeremias, * Salzburg vor 1712, Groß- und Kleinuhrmacher in Salzburg. S. verfertigte 1683 die Domuhr, die I. →Bentele 1782 erneuerte, und schuf die maschinelle Einrichtung des Salzburger →Glockenspiels.

Ch.S.

Scamozzi, Vincenzo, * Vicenza 1552, † Venedig 7. 8. 1616, ital. Architekt, Ingenieur und Architekturtheoretiker. Das →SMCA verwahrt eine signierte und 1606 datierte Grundrißzeichnung für den von S. geplanten Domneubau in Salzburg. 1969 tauchte in London ein weiteres, bisher vermißtes Ergänzungsblatt auf, das sich seither in Montreal befindet. Es zeigt den Querschnitt und die Fassadenansicht des Projekts, das vermutlich wegen seines Riesenausmaßes nicht verwirklicht wurde. Geplant war ein dreischiffiger Longitudinalbau mit überkuppelter Vierung, mit dreischiffigen, ausladenden Querarmen und einem großzügig angelegten Presbyterium, über dem eine zweite Kuppel angeordnet ist. Chor und Querarme werden durch mächtige Konchen geschlossen, um die schmale Umgänge gelegt sind. Dem Langhaus ist in seiner vollen Breite eine Vorhalle vorgesetzt. Der Außenbau erhebt sich auf einem hohen Sockel. Die äußere und innere Wandgliederung erfolgt durch Halbsäulen. An der Fassade und beiderseits der Querschiffkonchen sind Eingänge über Treppen vorgesehen. Woher der Kontakt Eb. →Wolf Dietrichs zu diesem gefeierten Palladio-Schüler rührt, den er für den Neubau des 1598 abgebrannten ma. Domes ausersehen hat, ist nicht bekannt. Urk. gesichert ist nur der Salzburg-Aufenthalt S.s im Winter 1603/04. Hauptgegenstand seiner Reise müssen Besprechungen über die Fortführung der Stadtregulierung in Verbindung mit dem Bau des neuen Domes und Erweiterungen von →Residenz und Neubau gewesen sein. In seinem theoretischen Hauptwerk »Dell'idea della architettura universale« (1615) schreibt S., daß er vom Eb. für die Entwürfe des Domes und für die Verbesserung und Erweiterung des Neuen Palastes durch einen Festsaalbau zur Salzach und Gartenanlagen an beiden Seiten nach Salzburg berufen worden sei. Daß sich S. eingehend mit den lokalen Gegebenheiten auseinandergesetzt hat, geht daraus hervor, daß er in seiner »Idea« die in Salzburg vorkommenden Gesteinssorten und deren Verwendbarkeit nennt, weiters die in Salzburg gebräuchlichen Längenmaße mit denen anderer europ. Städte vergleicht. S. hielt sich in Salzburg zu Beginn der großen Stadtregulierung Wolf Dietrichs (1604-12) auf, die weitgehend mit den Forderungen S.s an eine Idealstadt in Übereinstimmung gesehen werden kann. Wolf Dietrich ließ 55 Häuser sowie den Palast seines Bruders Jakob Hannibal im Dombezirk abbrechen, um den Freiraum für die großen Platzanlagen um den Dom zu erhalten, die seine Nachfolger vollendeten und die Salzburg besonders auszeichnen.

Lit.: R. Franz: V. S. (1546-1616); der Nachfolger und Vollender Palladios. Studien internationaler Architektur- und Kunstgeschichte 3, Petersberg 1999. – W. Lippmann: Vincenzo Scamozzi und sein Projekt für den Salzburger Dom. In: Zeitschrift des ÖIAV 12 (1995), S. 235-439. – G. W. Seunig: Die städtebauliche Entwicklung der Stadt Salzburg unter Fürsterzbischof Wolf Dietrich von Raitenau. Diss. Zürich 1981. – W. Timofiewitsch: Die Grundrißzeichnung Vincenzo Scamozzis im SMCA. In: FS. f. K. Oettinger, Erlangen 1967, S. 411 ff. – R. K. Donin: V. S. und der Einfluß Venedigs auf die Salzburger Architektur. Innsbruck 1948.

M.O.

Schaeffer, Boguslaw Julien, * Lemberg (Polen) 6. 6. 1929, Komponist, Musiktheoretiker, Musikschriftsteller und Hochschullehrer. Kompositionsstudien in Krakau, Musikwissenschaft in Warschau. Nach mehrjähriger Tätigkeit als Musikkritiker ab 1963 Kompositionslehrer an der Musikhochschule Krakau, 1965 Mitarbeiter des Experimentalstudios des polnischen Rundfunks, 1967-73 Chefredakteur der Zeitschrift für Neue Musik »Forum musicum«, ab 1981 jährlich Leitung von Kompositionskursen in Salzburg, 1986-89 Gastprof., 1989-97 Prof. für Komposition am →Mozarteum. Konzerttätigkeit (eigene Klavierwerke), Unterricht an der Internationalen Akademie für Neue Komposition in Schwaz/Tirol. S. gilt als der radikalste Avantgardist der polnischen Musik, entwickelte neue Formen des instrumentalen Theaters. Zahlreiche Kompositionen vom Solostück bis zu großen Orchesterwerken, die vor allem im Rahmen der Festivals der Int. Ges. f. →Neue Musik und der Darmstädter Ferienkurse aufgeführt wurden. 30 erfolgreiche Theaterstücke.

Lit.: B. Günther: Lexikon zeitgenössischer Musik aus Österreich. Wien 1997.

G.W.

Schafbergbahn. Zahnradbahn, 6 km lang, 1893 eröffnet, führt von St. Wolfgang auf den Schafberg (1780 m) an der Grenze zwischen Salzburg und Oberösterreich. →Salzkammergut

R.R.H.

Schaffgotsch, Franz Graf, * Bregenz 13. 12. 1902, † Ragusa 21. 12. 1942 (in dt. Internierungshaft), Maler und Graphiker, Sohn des Landespräsidenten von Salzburg (1908-13) Levin Graf Schaffgotsch, erster stilbildender Bühnenbildner des Salzburger →Marionettentheaters, zeichnete u. a. groteske Gespensterphantasien (Mappe »Bestien«, 1925) und Märchenillustrationen. (Farbabb. S. 363)

Lit.: Das Salzburger Jahr 1988/89, S. 12 ff.

N.Sch.

Schaitberger, Joseph, * Dürrnberg (Salzburg) 19. 3. 1658, † Nürnberg 3. 10. 1733, Bergmann und evang. Glaubenskämpfer; wurde 1686 als Ketzer des Landes verwiesen und kam in der Folge nach Nürnberg, verfaßte sog. evang. Sendbriefe, die vor allem an die Landsleute am Dürrnberg, die Defregger und bes. an die im Exil lebenden Salzburger gerichtet waren. Die erste, alle 24 Sendbriefe umfassende Ausgabe erschien nach 1710 und war im süddt. Raum sehr verbreitet. S. gab auch ein Gebetbuch »mit Liedern vermehrt« heraus. Weite Verbreitung fand sein Exulantenlied.

Lit.: J. Feldner: Erbauung und Polemik. Studien zum »Sendbrief« des Salzburger Emigranten J. S. Salzburg Diss. 1990 – H. Langer: J. S. Ein evangelischer Glaubenskämpfer des 17. Jh.s., in: MGSLK 10, Erg.-Bd., Salzburg 1985.

Schallhammer, Anton Ritter von, * Salzburg 23. 8. 1800, † Salzburg 6. 5. 1868, Offizier und historischer Schriftsteller. Trat mit 15 Jahren freiwillig in den Militärdienst ein, wurde 1843 zum Hauptmann befördert und ging 1849 aus Gesundheitsgründen vorzeitig in Pension. Schon sehr früh befaßte er sich mit Militärgeschichte, schrieb auch zahlreiche Beiträge zu historischen, biographischen und topographischen Themen sowie über Salzburger Baudenkmäler (u. a. Dom, Hellbrunn, Kleßheim). Sein bekanntestes Werk ist die Darstellung der »Kriegerischen Ereignisse im Herzogthum Salzburg in den Jahren 1800, 1805 und 1809«.

Lit.: Nekr. in SZ 105, 1868. – MGSLK 8, 1868.

E.M.

Schatzfund →Münzfund

Schedelsche Weltchronik, erste Stadtansicht von Salzburg. Der Nürnberger Arzt, Humanist und Geschichtsschreiber Hartmann Schedel (* 13. 2. 1440, † 28. 11. 1514) ließ 1493 die nach ihm benannte »Weltchronik« drucken, die nach der Übersetzung in die dt. Sprache und vor allem wegen ihrer prachtvollen Ausstattung mit 1809 Holzschnitten von Michael Wohlgemut und Wilhelm Pleydenwurff überaus populär wurde. Das bildreichste Werk aus der Frühzeit des Buchdrucks enthält 32 authentische, meist doppelseitige Städtebilder mit hohem Informations- und heute auch Sammlerwert. Die Sch. W. enthält auch die früheste bekannte Ansicht von Salzburg (fol. 152v-153r), die um 1460 datiert wird. Die Zeichnung, nach der der Holzschnitt angefertigt wurde, stammt von Michael Wohlgemut (1434-1519), der Zeichner der originalen Vorlage ist unbekannt. Eine zweite, bis vor wenigen Jahren unbekannte Stadtansicht Salzburgs verbirgt sich in der unteren Hälfte von vier Phantasieansichten (diese kommen dreimal in der lateinischen und zweimal in der dt. Ausgabe vor), ihre Entstehungszeit kann auf die Jahre 1452-65 eingegrenzt werden.

Lit.: W. Schaber: Eine unbekannte Stadtansicht Salzburgs aus dem 15. Jh. In: Salzburg Archiv 14, 1992, S. 121 ff. – Die Graphiksammlung des Humanisten Hartmann Schedel. Bayerische Staatsbibliothek, Ausstellungskat. 52, München 1990. – E. Rücker: Die Schedelsche Weltchronik. München 1988.

P.F.K.

Scheibl, eine seit 1700 bestehende Salzburger Juwelier- und Goldschmiedefirma. Von Eligius S. (Meister 1895) stammt die Bürgermeisterkette von 1913, eine massiv gearbeitete Mattgoldkette mit Feueremail mit den Porträtkameen der Kaiser Franz I. und Franz Joseph.

Ch.S.

Scheidl, Johann, *Wien 1823, † ?, Holz- und Steinbildhauer, Restaurator und Fotograf. 1871-74 in Salzburg ansässig, vor dem 19. 5. 1874 unbekannt verzogen. Als Bildhauer erhielt er in Salzburg Stadt und Land fast alle größeren kirchlichen Aufträge, trotz hoher Preise konnte er seine billigeren Mitbewerber meistens ausstechen. Seine zahlreichen Kirchenausstattungen in neuromanischem, neugotischem und byzantinischem Stil wurden durch spätere Abtragungen stark dezimiert. Für seine Altäre, Kanzeln, Tabernakel, Chorstühle, Orgelkästen und Figuren lieferte er auch die zeichnerischen Entwürfe. Sein Hauptwerk in der Stadt Salzburg war das nicht mehr bestehende Chorgestühl und die Kanzel aus dem Jahr 1859 im Salzburger Dom (laut Kirchenschematismus des Erzbistums Salzburg von 1877, S. XIX), ganze Kircheneinrichtungen lieferte er 1851 für Aigen (1869 entfernt), 1853/54 für Berndorf (1956 entfernt), 1855 für Kuchl (1955 entfernt), 1857-66 für Leopoldskron-Moos (teilweise entfernt), 1858 für Ramingstein (1889 abgebrannt) und 1860/61 für Wals. Von den Steinplastiken S.s sind die Gewändefiguren Rupert und Virgil am äußeren Südportal der Salzburger →Franziskanerkirche (um 1864) zu nennen. Seine Heiligenfiguren sind dem Stilwollen der Nazarener verpflichtet. Sie werden in edler, ruhiger Haltung gezeigt, die Gewänder betonen den blockhaften Umriß der Statuen. S. arbeitete meist mit dem Maler Sebastian →Stief zusammen, der für seine Altäre die Bilder schuf, die Fassungen besorgte der Salzburger Maler Josef Ettl. Daneben war S. auch als Restaurator gotischer Altäre tätig, die er mit eigenen Plastiken ergänzte, z.B in der Kirche Nonnberg in Salzburg (1852/53) und in Pfarrwerfen (1855). Sein Fotoatelier hatte S. im Haus des späteren Hotel Nelböck in Salzburg-Schallmoos. Er porträtierte u. a. den damals 18jährigen Maler H. →Makart, der bei ihm Fotos retuschiert hatte. Da S. nachgewiesen werden konnte, pornographische Fotos verkauft zu haben, wurde er am 21. 7. 1864 des Vergehens gegen die öffentliche Sicherheit für schuldig erkannt und zu einem Monat Kerker verurteilt. (lt. Strafakt im Salzb. →Landesarchiv, hier auch Angabe des Geburtsortes).

Lit.: Wurzbach – Thieme-Becker – ÖKT – Martin.

R.P.

Schelle, Augustin, * Peuting (Oberbayern) 29. 10. 1742, † Peuting 10. 4. 1805, Benediktiner, Philosoph. Nach seinem Eintritt in das Benediktinerkonvent Benediktbeuren studierte er orientalische Sprachen und Zivilrecht in Salzburg. Er lehrte ab 1769 als Magister clericorum in Tegernsee, kurz darauf wurde er als Professor der Grammatik nach Salzburg berufen. 1774 promovierte S. zum Doktor der Philosophie und lehrte an der →Univ. orientalische Sprachen, praktische Philosophie, Naturrecht und allgemeine Geschichte. 1792 wurde er zum Rektor der Salzburger Univ. gewählt, welches Amt er bis 1802 ausübte. S. verfaßte u. a. einen »Abriß der Universalhistorie zum Gebrauch der academischen Vorlesungen« (2 Bde., Salzburg 1780/82) und »Praktische Philosophie zum Gebrauche academischer Vorlesungen« (2 Bde., 1785). S. stand dem reformorientierten Kreis um Eb →Hieronymus Colloredo nahe. Gemeinsam mit L. →Hübner gab er 1788 die →»Oberdeutsche allgemeine Literaturzeitung« heraus, welche für die Verbreitung aufklärerischer Ideen in Süddeutschland große Bedeutung erlangte. Mit Schriften wie »Über die Pflichten der Mildthätigkeit« (1785) und »Versuch über den Einfluß der Arbeitsamkeit« (1790) lieferte er das theoretische Konzept für die Reform des Armenwesens. Während seines Rektorates war S., der ein Gegner der Philosophie I. Kants war, in heftige Polemiken verstrickt. Gegen seinen anonymen Gegner, den Regens des →Priesterseminars und Kantianer Mathäus →Fingerlos, verfaßte S. »Apologie für die Universität Salzburg« (1797).

Lit.: C. A. Baader: Lexikon verstorbener baierischer Schriftsteller des 18. und 19. Jahrhunderts. Bd. II/2, Augsburg-Leipzig 1825, S. 91 f. – J. Th. Zauner (Hg.): Verzeichnis aller akademischen Professoren zu Salzburg von 1728 bis zur Aufhebung der Universität. Salzburg 1813, S. 75 ff.

Th.W.

Schenk, Erich, * Salzburg 5. 5. 1902, † Wien 11. 10. 1974, Musikforscher. Studierte am →Mozarteum, seit 1920 an der Univ. München (Promotion 1925), weitere Studien in Wien und Berlin, Unterrichtstätigkeit und Bibliothekarsdienst am Mozarteum, 1929 an der Univ. Rostock, Leiter der musikwissenschaftlichen Tagung 1931 in Salzburg, ließ sich mit dem NS-Regime ein und arbeitete mit der Hauptstelle Musik im Amt Rosenberg zusammen. 1940-71 Ordinarius für Musikwissenschaft an der Univ. Wien, Mitglied der Akad. der Wissenschaften und Leiter der Kommission für Musikforschung; seit 1942 Hg. der »Denkmäler der Tonkunst in Österreich«, seit 1955 der Wiener musikwissenschaftlichen Beiträge. Publikationen u. a.: »J. Strauß« (1941), »W. A. Mozart« (1955), »Die ital. Triosonate« (1955) und »Die außerital. Triosonate« (1970). Freundschaft mit dem Salzburger Schriftsteller G. →Rendl.

Lit.: Die Musikforschung 28 (1975) und 53 (2000).

G.W.

Scherer, Franz Wolfram (Pseud.: Franz Wolfram), * Salzburg-Glasenbach, 11. 6. 1867, † Salzburg 22. 4. 1932, Fleischhauer, Matrose, Magistratsbeamter, Schriftsteller. Befreundet mit H. →Bahr, 1914 frühzeitig pensioniert, um sich ganz dem Schriftstellerberuf widmen zu können. Mitbegründer des »Schriftsteller-Verbandes Salzburg«. Zahlreiche Bauernschauspiele (Salzburger Kolpingbühne), Weihespiele; historische Romane in meist altertüm-

Schifferstechen in Oberndorf (Kurt Kaindl, Edition Fotohof)

licher Sprache (u. a. »Meister Heinrich«, »Minnedank«, »Die Fraue von Ingelheim«).

Lit.: ÖBL. – Salzburger Literatur-Blätter, 1933/34, Nr. 8, S. 1.
H.H.

Schider, Fritz, * Salzburg 13. 2. 1846, † Basel 15. 3. 1907, Maler. Kam mit 22 Jahren nach München, wo ihn sein Freund und Landsmann H. →Makart an die Meisterklasse A. v. Rambergs empfahl. Hier wurde er mit Sperl, Alt, Hirth und vor allem Leibl bekannt. 1875 heiratete er die Nichte W. Leibls, 1876 erregte sein Hauptwerk »Der chinesische Turm im englischen Garten« sensationelles Aufsehen. Von allen Mitgliedern des Leibl-Kreises trieb S. die Verflüssigung der Form, die Entkörperlichung durch Farbe und Licht am weitesten. Diese Vorwegnahme impressionistischer Tendenzen läßt S. als einen der fortschrittlichsten, mit Manet vergleichbaren Künstler seiner Zeit erscheinen. Seine Berufung an die Mal- und Zeichenschule in Basel 1878, wo er bis zu seinem Tod unterrichtete, bedeutete allerdings das Ende dieser Entwicklung. S. widmete sich nun hauptsächlich der Herausgabe eines anatomischen Atlas, für den er 1896 zum Ehrendoktor der Medizin ernannt wurde. Als Maler wurde er zusehens konventioneller, Bilder von seiner Hand (Genreszenen, Interieurs, Stilleben) befinden sich in Museen in München, Basel, Berlin, Hannover, Köln, Darmstadt, Solothurn, Salzburg. (Farbabb. S. 353)

Lit.: H. Ludwig (Hg.): Münchner Maler im 19. Jh. München 1982. – E. Diem in: Die Kunst und das schöne Heim 55. 1957, H. 7, S. 248. – Thieme-Becker.
N.Sch.

Schiegg, Ulrich, * Goldbach an der Fils (Bayern) 3. 5. 1752, † München 4. 5. 1810, Univ.-Prof. Benediktiner aus Ottobeuren, wo er wenig später als Montgolfier 1784 einen Ballon startete. 1791-1800 Prof. für Mathematik, Physik und Astronomie an der Salzburger →Univ.; hier erschien 1796 seine Arbeit »Über die Reibung und Steifigkeit der Seile als Hindernis der Bewegung bei Maschinen«.

Lit.: ADB 31. Neudruck Berlin 1970, S. 180 ff.
R.R.H.

Schiestl, Matthäus, * Gnigl bei Salzburg 27. 3. 1869, † München 30. 1. 1939 Maler und Graphiker. Sein Vater, der Bildschnitzer Matthäus S. d. Ä. (1834-1915) aus dem Zillertal, suchte 1867 in Salzburg Fuß zu fassen, wich aber 1873 vor der Konkurrenz des Bildhauers Johann Scheidl nach Würzburg aus. Alle drei Söhne schlugen die künstlerische Laufbahn ein, der »Zufalls-Salzburger« Matthäus erlangte eine gewaltige Popularität, indem er die nazarenische Tradition durch Elemente der Neuromantik, des Jugendstils und der Heimatkunst »aktualisierte«. Er stattete nicht nur zahlreiche Kirchen in Deutschland aus, sondern beherrschte auch mit seinem gemütvollen Legendenstil das religiöse Andachtsbild und die Erbauungsliteratur.

Lit.: M. S. Kat. der Galerie Kugler & Stockley. Mayrhofen o. J. – H. Muth, K. H. Schreyl: Die Brüder S. Mainfränkische Hefte 68, Würzburg 1977. – Thieme-Becker.

N.Sch.

Schifferstechen, historisches, des Schifferschützenkorps Oberndorf an der Salzach, in unregelmäßigen Abständen veranstaltet. Im Zusammenhang mit der Spieltradition der Schiffer zu sehen, ähnliche Spiele im 19. Jh. für Hallein belegt. Als mittelalterliches Ritterspiel mißinterpretiert. 1596 erstmals als Wasserstechen auf der Salzach archivalisch belegt, es fand zwischen Mariä Lichtmeß und Ostern statt. Die »Stecher« ziehen heute auf Plätten auf der Salzach auf, tragen weiße Hemden und Hosen (in Anlehnung an die einstige Arbeitskleidung der Schiffer) sowie rote Barette und Schärpen. Jeweils zwei Stecher kämpfen in Zillen stehend, mit langen rotweißen Stangen (einst Plättenruder) im Fluß gegeneinander. Danach folgt ein Hansel- und Gretelspiel (vermutl. seit 18. Jh., 1742 genannt. 1547 wird allerdings ein Sommer- und Winterspiel der Schiffer erwähnt), dann das Wurstspringen (von Booten zu einem mit Wurst behangenen Seil, das über den Fluß gespannt ist). Neuerdings folgt ein Flußfest. Nicht zu verwechseln mit der Piratenschlacht des Oberndorfer Schifferschützenkorps am letzten Sonntag im Juli. Keine historische Nennung bekannt. Entweder Erfindung des 19. Jh.s oder der NS-Zeit. Von K. →Brandauer existiert ein Drehbuch von 1943, damals angebliche »Wiederbelebung« und Verwendung für »Heldenehrungen« durch den NS-Gauleiter.

Lit.: S. H. Lämmermeyer, H. Schmidbauer: Religiöses und profanes Brauchtum in Vergangenheit und Gegenwart. In: H. Dopsch, H. Roth (Hg.): Laufen und Oberndorf. 1250 Jahre Geschichte, Wirtschaft und Kultur an beiden Ufern der Salzach, Laufen-Oberndorf 1998. – E. Hörandner, F. Jary: Mitfeiern! Festland Österreich. Wien 1983, S. 43-46. – K. Zinnburg: Salzschiffer und Schifferschützen von Laufen-Oberndorf. Salzburg 1977. – K. Adrian: Von Salzburger Sitt' und Brauch. Wien 1924.

U.K.

Schiffmann, Jost Niklaus, * Luzern 30. 8. 1822, † München 11. 5. 1883, Maler und Museumsmann. Nach sechsjährigem Aufenthalt in Rom bei der Schweizergarde ließ er sich als Landschaftsmaler in München nieder. Hier wurde der mit ihm verwandte H. →Makart sein Schüler, dem er 1861 bei der Übersiedlung nach Salzburg seine Sammlung von Altertümern überließ. 1870 wurde er zum Direktor des →SMCA bestellt, dessen Bestände er zu geschlossenen suggestiven Kultur- und Zeitbildern gruppierte. Diese aufsehenerregende Neuaufstellung, Musterbeispiel eines Museumsarrangements des Historismus, löste einen heftigen Gelehrtenstreit aus, der 1881 zur Demissionierung S.s führte.

Lit.: M. Heinzl: Das SMCA im 19. Jh. Ein Beitrag zur Genese einer bürgerlichen Bildungsinstitution, Diss. Salzburg 1985. – H. Ludwig (Hg.): Münchner Maler im 19. Jahrhundert. 4. Bd., München 1983, S. 42 ff. – Thieme-Becker. – Salzburger Zeitung, 17. 5. 1883.

N.Sch.

Schilhawsky, Paul, * Salzburg 9. 11. 1918, † Paris 2. 7. 1995, Pianist und Musikpädagoge. Absolvierte bei F. →Ledwinka ein Klavierstudium am →Mozarteum und bei C. →Krauss die Kapellmeisterklasse, an der Univ. München Kulturwissenschaft. Seit 1942 als Konzertpianist tätig, 1945-48 Kapellmeister am Landestheater Salzburg, 1952-58 Leiter der Opernschule am Mozarteum, seit 1958 Leiter der Liedklasse, 1971-79 Rektor der Hochschule Mozarteum, 1972-82 auch Leiter der Intern. →Sommerakad. Mozarteum. Hielt zahlreiche Gastkurse zur Liedinterpretation und war ein gesuchter Liedbegleiter und Kammermusikpartner.

G.W.

Schindler, Alexander Julius (Pseud.: Julius von der Traun), * Wien 26. 9. 1818, † Wien 16. 3. 1885, Schriftsteller, Politiker. Studium: Jus, Mathematik, Chemie in Wien. 1845-48 Justitiär bei Fürst Gustav Lamberg auf Schloß Steyr. 1848 Wortführer der Liberalen in OÖ., später Staatsanwalt in Graz, 1856 Verwalter des Grafen Henkel von Donnersmarck in Wolfs-

Alexander (Xandi) Schläffer (SLIVK)

berg, hierauf Advokat und Generalsekretär der Staatsbahngesellschaft in Ungarn, 1862 Notar in Wien. Etwa Mitte der 60er Jahre kaufte S. Schloß →Leopoldskron in Salzburg. 1860-70 war er einer der bekanntesten Abgeordneten zum österr. Reichstag. Während einer Reise durch Frankreich und Spanien verlor er 1870 durch Parteiquerelen sein Mandat. Die übrige Zeit seines Lebens widmete er sich ausschließlich der schriftstellerischen Tätigkeit. Dabei machte er Schloß Leopoldskron zu einem geistig-geselligen Treffpunkt. 1855 gab er eine Gedichtsammlung und Lebensskizze von F. →Sauter heraus. Theodor Storm war u. a. hier Gast und regte S. zum Schreiben an (Erzählung »Die Äbtissin von Puchau«). Mehrmals wählte S. Salzburger Stoffe als Erzählthemen, er schrieb Gedichte, Prosa und Dramen, darunter die Erzählung »Der Schelm von Bergen« (1879, die C. →Zuckmayer seinem gleichnamigen Drama, UA Wien 1934, zugrunde legte), das Volksdrama »Theophrastus Paracelsus« (1858) und die »Exkursionen eines Österreichers« (1881). S. ist in Aigen bei Salzburg begraben, das Grabmal hat er selbst entworfen.

Lit.: DBE, Bd 10, 1999, S. 71. – S. Haider: A. J. S. als Reiseschriftsteller. Diss. Wien 1951. – A. v. Berger: J. A. S. In: Studien und Charakteristiken. 1896.

A.Has.

Schlachtner, Joseph Benigius, * Salzburg 13. 2. 1687, † Salzburg 25. 3. 1730, Chronist. Absolvierte an der →Univ. Salzburg ab 1698 philosophische und 1705/06 juristische Studien. Von 1709 an unbezahlter Mitarbeiter am Stadtgericht, ab 1714 Prokurator mit den Aufgaben eines Notars und Advokaten. 1715-18 Interimsleitung der fe. Bibl.; 1705-25 als Laienschauspieler tätig. S. verfaßte außer unbedeutenden historischen Gelegenheitsarbeiten, wie einer 1708 gedruckten verklärenden Darstellung der Salzburger Geschichte in Versform, eine fünfbändige Salzburger Chronik (1727), die vom vorrömischen Noricum bis Ende des 17. Jh.s reicht und von kritikloser Quellenübernahme und naiver, impulsiver Geschichtsbetrachtung beherrscht wird. Er richtete scharfe Angriffe gegen die Brüder →Mezger und →St. Peter, das eine Drucklegung seines Ms. verhinderte.

Lit.: R. Wagner: Salzburger Chronisten und Historiographen vom Ende des 15. bis zum Anfang des 18. Jh.s. In: Dückher, Saltzburgische Chronica 1666, Graz 1979, S. 30 ff., hier S. 42 f. – D. Elsinger: Der Salzburger Chronist J. B Sch. Diss. Salzburg 1970.

P.F.K.

Schläffer, Alexander (Xandi), * Saalfelden 30. 1. 1899, † Saalfelden 18. 11. 1984, Krippenbauer, Krippensammler, Museumsgründer und -kustos in Saalfelden (Pinzgauer Heimatmuseum Schloß Ritzen). Im In- und Ausland bekannter Erbauer von unzähligen Heimatkrippen, auch Kirchenkrippen, entwickelte eine eigene Herstellungstechnik.

Lit.: O. Putzer: Krippenbauer Xandi Schläffer 80 Jahre alt. In: SH 3, H. 1, 1979, S. 64 ff.

Ch.S

Schläger, Hans, * Filskirchen (OÖ.) 5. 12. 1820, † Salzburg 17. 5. 1885, Komponist und Kapellmeister. 1854 Chormeister des Wiener Männergesangvereins, 1861-67 Domkapellmeister und Direktor des →Mozarteums. Wurde in dieser Funktion A. →Bruckner vorgezogen. Seine Opern »Heinrich und Ilse« (1869) und »Hans Heidekukuk« (1873) wurden in Salzburg uraufgeführt. Schrieb auch Kirchenmusik, sinfonische Musik und Lieder.

Lit.: C. Schneider: Geschichte der Musik in Salzburg. Salzburg 1935.

G.W.

Schlangenhausen, Emma, * Hall (Tirol) 9. 3. 1882, † Großgmain 12. 3. 1947, Malerin und Graphikerin. Schülerin von A. →Roller und Kolo Moser in Wien sowie von Cuno Amiet in der Schweiz. Lebte 1904-14 in Paris, seit 1918 in Salzburg. Mitglied des →»Wassermann«, für den sie 1919 das Ausstellungsplakat entwarf. Ihr Hauptinteresse galt dem Holzschnitt. Secessionismus und Nähe zur poetisierenden Flächenkunst der »Nabis« weichen hieratischen

Emma Schlangenhausen, Linolschnitt aus der Mappe „Jedermann", 1930 (SMVA)

Formvorstellungen, die mit expressionistischem Pathos umgesetzt werden. Die Stilisierung, der sie mit Vorliebe Tiere und Blumen unterwirft, dient in den Mappenwerken (»Lux in tenebris«, »Golgotha«, »Jedermann« u. a.) vorwiegend religiösen Inhalten. Ihre monumentalen Arbeiten (Fresken im Franziskanerkloster, Altarbild und Kreuzweg in Messingrelief bei den Pallotinern am Mönchsberg) gingen im »Dritten Reich« zugrunde.

Lit.: S. Plakolm-Forsthuber: Künstlerinnen in Österreich 1897-1938. Wien 1994. – 150 Jahre Salzburger Kunstverein. Kunst und Öffentlichkeit. Salzburg 1994. – B. Wally. – Vollmer.

N.Sch.

Schlegel, Richard, * Salzburg 13. 1. 1906, † Krippenstein in der Dachsteingruppe ob Obertraun (Lawine) 9. 3. 1945, Wasserbauingenieur, Landesplaner von Salzburg (ab 1938). Frühzeitige Hinwendung zu den zahlreichen historischen Baudenkmälern in Salzburg, bes. zur →Festung; hierbei Verbindung von Interesse an der Technik mit dem Sinn für historischen Wert und geschichtliche Entwicklung. 1936 stellte er ein von ihm ersonnenes und gezeichnetes Wandelbild des Salzburger Altstadtkerns vor (Verwandlung der Stadt vom 16. Jh. bis zum 19. Jh.). Auch Bauernhausforschungen, bes. im Flachgau. Sein früher Tod verhinderte die Drucklegung vieler seiner Arbeitsergebnisse, die auch heute nur z. T. bearbeitet sind.

Schloßkonzerte, Salzburger, kammermusikalische Veranstaltungsreihe in historischen Räumen der Stadt Salzburg, heute im Marmorsaal des Schlosses →Mirabell und im Rittersaal der →Residenz, mit österr., vor allem Salzburger und ausländischen Kammermusikensembles und Solisten. Größte Konzertreihe in Salzburg, 1954 von Siegfried Hummer gegründet, seit 1991 von Luz Leskowitz geleitet. Durchführung verschiedener Reihen, wie »Musikalischer Frühling«, »Woche junger Preisträger« als Podium der Nachwuchskünstler, »Philharmonische Ostern«, »Mostly Mozart« und »Kammermusikalische Pfingsten«.

G.W.

Schmid, Benjamin, * Wien 13. 9. 1968, Geiger. S. studierte an der Hochschule →Mozarteum in Salzburg, an der Musikhochschule Wien und am Curtis Institute of Music in Philadelphia/USA. Seine internationale Karriere begann 1985 mit einem sensationellen Erfolg beim Concours International Yehudi Menuhin in Paris, Preise bei großen internationalen Wettbewerben in Frankreich, den USA, Deutschland und Südafrika folgten, 1992 errang er vier Preise beim Wettbewerb »Carl Flesch International« in London. Konzertreisen führten ihn in die bedeutendsten Musikzentren der Welt, er konzertierte unter namhaften Dirigenten wie Sylvain Cambreling, Wladimir Fedossejev, Eliahu Inbal und James Judd. Neben der klassischen Violinliteratur widmet sich S. seit 1985 auch verstärkt der Jazzmusik und der Improvisation. 1996 und 1997 war S. Gast der Salzburger →Mozartwoche, seit 1996 hat er eine Gastprofessur an der Hochschule Mozarteum inne.

H.A.

Schmid, Fidelius, * Saalfelden 7. 9. 1903, † Zell am See 5. 12. 1975, Architekt. Sein Anliegen war u. a. die Auseinandersetzung mit der Landschaft. Zahlreiche Innenausstattungen und Möbelentwürfe. Schüler von Peter Behrens und C. →Holzmeister an der Akad. der bildenden Künste in Wien, Rompreis, seit 1928 in Zell am See, 1. Preis für die Hauptschule 1929/30, Portal der Pfarrkirche, bis 1943 Mitarbeit im Baubüro →Franzmair in Badgastein, Eingang Hotel Savoy 1930, 1927/28 Haus Deutschmann, Haus Gasser in St. Johann i. P., 1929 Glaserhaus in Henndorf, Haus Dr. Rehrl und 1948/49 Haus Pfandl in Thumersbach, 1946 1. Preis für ein Kurhausprojekt in Salzburg. Hotel Franz-Josephs-Höhe an der Glocknerstraße, 1952/54 Landeslungenheilstätte Grafenhof/St. Veit i. P. (1958-60 Erweiterungsbau), 1964-66 Pfarrkirche in Schüttdorf/Zell am See, Straßenbauhöfe für die Tauernautobahn AG, u. a. in Flachau, St. Michael i. L., Mauterndorf.

Lit.: N. Mayr: Brennende Fragen des Wiederaufbaus. Architektonische Lösungsansätze in Stadt und Land Salzburg, in: 50 Jahre Berufsvereinigung bildender Künstler. Salzburg 1995, S. 34. – K. Mühlmann: F. S. München-Wien 1931. – O. Kunz: Der Architekt F. S. In: Bergland 12, H. 4, 1930.

M.O.

Fidelius Schmid, Lungenheilstätte Grafenhof bei St. Veit, ab 1959

Schmid, Georg, * Wien 5. 4. 1944, Univ.-Prof. für Geschichte, Schriftsteller, Essayist. Kam 1964 an das Historische Institut der →Univ. Salzburg, Promotion 1968. Lebt seit 1998 in Frankreich. Neben historischen, semiotischen und filmtheoretischen Publikationen Novellen und Romane, u. a. »Friedhof der Namenlosen« (Roman 1982), »Tote Natur–Nature Morte« (Novellen 1992), »Das Auge des Taifuns« (Roman 1994), »Wege ins Nichts« (Roman 1995). Zusammen mit I. →Hartinger und Alf Schneditz Gründer der Literaturgruppe »Transamazonica«.

Lit.: Katalog-Lexikon, S. 341.

H.H.

Schmid, Hans, * Kleintajax (Südmähren) 20. 11. 1893, † Salt Lake City (Utah, USA) 27. 5. 1987, Komponist, Arrangeur und Dirigent. Erster Musikunterricht durch den Vater, frühe Kompositionsversuche, 15jährig Musikeleve der Regimentsmusik Erzherzog Rainer Nr. 59 in Salzburg. Während des 1. Weltkriegs Leiter der Regimentsmusik an der russischen bzw. italienischen Front. 1915 entstand sein bekanntestes Werk, der »Rainer-Marsch«, die »inoffizielle Salzburger Landeshymne« (Text von Josef Schopper). 1919 Kapellmeister in Tamsweg, 1922 in Straßwalchen, 1925-47 Leiter der Musikkapelle Maxglan, die unter S. überregionale Bedeutung erlangte. Daneben war er Mitglied des →Mozarteum-Orchesters und führte ein eigenes Salonorchester, während des 2. Weltkriegs auch das »Freizeit-Studio-Orchester« Salzburg. 1950, nach dem Verlust seiner Existenz, Emigration in die USA, wo S. ein »Mozart Music Studio« einrichtete und als Musiklehrer, Komponist und Dirigent wirkte. 1964 Rückkehr nach Salzburg, 1965 endgültige Emigration. S. war einer der bekanntesten und beliebtesten Blasmusik-Komponisten im traditionellen Verständnis der altösterreichischen Militärmusik. Auch seine Arrangements klassischer und neuer Musik waren außerordentlich geschätzt. Für sein künstlerisches und pädagogisches Wirken im Amateur-Blasmusikwesen erhielt er zahlreiche Auszeichnungen. Er bedachte österreichische Blasmusikinstitutionen testamentarisch mit Zuwendungen, die 1991 zur Gründung des »Hans-Schmid-Kompositionswettbewerbes« führten. S. ist in einem Ehrengrab auf dem Salzburger Kommunalfriedhof begraben.

Lit.: K. Müller: H. S. (1893-1987). Ein Komponistenleben, Salzburg o. J.

G.W., U.K.

Schmid, Johann Evangelist, * Wangen (Allgäu) 28. 12. 1758, † Salzburg 4. 3. 1804, Klavier- und Orgelbauer. Erhielt seine Ausbildung in Wien, Leipzig und Dresden und arbeitete bei dem berühmten Augsburger Klaviermacher Johann Andreas Stein, bis ihn L. →Mozart nach Salzburg empfahl, wo er 1785-1804 Hoforgelmacher war. Über Vermittlung der Familie Mozart lieferte er zahlreiche Klaviere an Salzburger Familien, eines auch an Nannerl →Mozart in St. Gilgen. Auch M. →Haydn besaß einen Flügel von S., der im →SMCA erhalten ist.

Lit.: G. Walterskirchen: Orgeln und Orgelbauer in Salzburg vom Mittelalter bis zur Gegenwart. Diss. Salzburg 1982.

G.W.

Schmid, Petrus, * Fügen (Zillertal) 1737, † Felbertauern 6. 5. 1787, Bildhauer. Kam mit etwa 20 Jahren nach Mittersill, entfaltete hier eine fruchtbare Tätigkeit für Pinzgauer und Tiroler Kirchen (Lend, Mittersill, Bramberg, Stuhlfelden, Taxenbach). Als schönstes Werk gilt die Kanzel in Mittersill (1765). Vor einem Auftrag der Kirche Windisch Matrei erfror S. beim Übergang über den Tauern. Seine Witwe Katharina, geb. Wildhölzl († 18. 6. 1813), führte den Werkstattbetrieb fort.

Lit.: J. Lahnsteiner: Oberpinzgau. Hollersbach 1956. – Thieme-Becker. – Martin.

N.Sch.

Schmiderer, Simon, * Saalfelden 27. 1. 1911, lebt in Highland Beach, Florida, Architekt. Neben der dreijährigen Gewerbefortbildungsschule absolvierte S. eine Tischlerlehre. 1931 Übersiedlung nach Wien, 1933-38 Studium an der Wiener Kunstgewerbeschule und an der Akademie der bildenden Künste unter C. →Holzmeister. Als bereits im Ständestaat engagierter Sozialist emigrierte S. nach dem »Anschluß« 1938 und ging über Holland und London in die USA. Enge Freundschaft mit L. →Kohr und Kontakt zur Familie von S. →Freud, Tätigkeit als Architekt auch in Puerto Rico 1952 bis 1973, wo er an der Realisierung großangelegter Wohnsiedlungen federführend beteiligt war. 1978-82 lebte S. in Saalfelden, seitdem in Florida.

Lit.: Matthias Boeckl (Hg.): Visionäre und Vertriebene. Berlin 1995, S. 343. – Gerald Lehner: Die Biographie des Philosophen und Ökonomen Leopold Kohr. Wien 1994, S. 121-30.

N.M.

Schmidinger, Heinrich, * Loibersdorf (OÖ) 11. 7. 1916, † Salzburg 2. 6. 1992, Historiker und Diplomat. Studium in Salzburg und Wien, 1957-68 Professor für Mittelalterliche Geschichte in Fribourg (CH), 1968-81 Direktor des Österreichischen Kulturinstituts in Rom sowie ab 1974 Kulturrat der Österreichischen Botschaft in Italien. Sch. war zudem 1968-86 Professor für Geschichte des Mittelalters an der Universität Salzburg. Seine Forschungsschwerpunkte lagen auf dem Gebiet der Geschichte des Papsttums, des Patriarchats Aquileia und der mittelalterlichen Kultur- und Geistesgeschichte.

Lit.: H. Sch. In: Recht und Geschichte, Studien zur Rechts-, Wirtschafts- und Kulturgeschichte 14, Sigmaringen 1990, S. 221 ff. – H. Dopsch, H. Koller, P. F. Kramml: Patriarch im Abendland. FS. für H. Sch., Salzburg 1986.

P.F.K.

Schmidt, Adolf, * Salzburg 16. 8. 1887, † Salzburg 14. 9. 1959, Architekt und Beleuchtungsfachmann. Studium in Wien und München, Mitarbeiter von Peter Behrens in Berlin-Neubabelsberg, nach dem 1. Weltkrieg eröffnete er in Salzburg ein Beleuchtungsfachgeschäft, baute die Villa Fiedler und die Bahnhofsrestauration Salzburg.

Lit.: Nekr. in: MGSLK 101, 1961, S. 347.

M.O.

Schmidt, Martin Johann, genannt Kremser Schmidt, * Grafenwörth 25. 9. 1718, † Krems 28. 6. 1801, Maler. Sein Entdecker, Abt Dominikus Gußmann von Seitenstetten, vermittelte ihm 1765 den Auftrag für mehrere Gemälde in der Wallfahrtskirche Maria Plain bei Salzburg. Die durch 25 Jahre währende Verbundenheit mit der Benediktinerabtei →St. Peter nahm von der Bekanntschaft mit dem späteren Abt B. →Seeauer in Wien ihren Ausgang. Die malerische Ausstattung der Stiftskirche begann 1776 mit dem Josefsaltar und endete mit der »Wunderbaren Brotvermehrung« im Refektorium, dem letzten Großbild des Meisters. Auch mehrere Aufenthalte in Salzburg sind bezeugt.

Lit.: G. Brucher: Die Kunst des Barock in Österreich. Salzburg 1994. – R. Feuchtmüller: Der Kremser S. Innsbruck-Wien 1989. – Ders. in: Ausstellungskat. St. Peter in Salzburg. 1982, S. 171 ff. – Meisterwerke, Tf. 44. – F. Dworschak, R. Feuchtmüller, K. Garzarolli-Thurnlackh, J. Zykan: Der Maler J. M. S. Wien 1955.

N.Sch.

Schmiedbauer, Alois, * Mattsee 24. 4. 1902, † Salzburg 27. 5. 1989, Kunsterzieher und Fotograf. Malerausbildung bei F. →Kulstrunk, Kunstgewerbeschule in Wien, Lehramtsprüfung 1932, Lehrtätigkeit in Salzburg, Fachinspektor für Kunst- und Werkerziehung ab 1949, Tätigkeit als Restaurator, Fotograf und Mitgestalter zahlreicher Bildbände über Salzburg (»Gestalt und Antlitz«), Präsident des Salzburger →Stadtvereins 1954-77.

Lit.: FS. A. S. Zum siebzigsten Geburtstag, in: Mitt. d. Päd. Inst., Salzburg 1972.

E.M.

Schmier, Franz, * Grönenbach (Schwaben) 8. 12. 1680, † Feldkirch 22. 11. 1728, Univ.-Prof. Der Benediktiner aus Ottobeuren studierte und promovierte an der Salzburger →Univ., wo er Prof. des kanonischen Rechts wurde; 1713-28 war S. ein sehr erfolgreicher Rektor, unter ihm gab es die bis dahin höchsten Hörerzahlen.

Lit.: ADB 32. Neudruck Berlin 1971, S. 32.

R.R.H.

Schmitz, Oskar A(dolf) H(ermann), * Homburg 16. 4. 1873, † Frankfurt/Main 17. 12. 1931, Kulturphilosoph, Schriftsteller. Studierte in Heidelberg, Leipzig, München, Berlin und Rom Jura, Nationalökonomie, Germanistik, Kunstgeschichte und Philosophie. Karl Wolfskehl vermittelte einige seiner Gedichte an Stefan Georges »Blätter für die Kunst«, seit 1897 gehörte S. dem »George-Kreis« an, 1904 kam es zum Bruch mit George. S. wohnte von 1899 bis 1905 in München. Die damaligen Schwabinger Verhältnisse (Gruppe der »Kosmiker«) schilderte er in seinem satirischen Roman »Wenn Frauen erwachen ...« (1913). Mit seinem Novellenband »Haschisch« (1902) begründete S. die moderne phantastische Novellenliteratur mit, er bereiste alle Länder Europas und den Mittelmeerraum, 1907-15 lebte er hauptsächlich in Berlin. S. »entdeckte« die Schriftsteller Gustav Meyrink und F. v. →Herzmanovsky-Orlando, für seinen Schwager A. →Kubin brachte er das Manuskript des Romans »Die andere Seite« (1909) zur Druckreife. S. verfaßte zahlreiche Reisebücher, Essaybände, mehrere Romane, Dramen, Gedichte, Novellen, kulturphilosophische und autobiographische Schriften, er war Zeitkritiker unter dem Einfluß Friedrich Nietzsches und trat für Weltoffenheit ein. Aufenthalte in Salzburg und Zell am See 1905 und 1910, im Juni 1915 Übersiedlung nach Österr., von 1916 bis 1931 wohnte S. in Salzburg. Neben freundschaftlichen Beziehungen zu den in Salzburg ansässigen Schriftstellern H. →Bahr, F. K. →Ginzkey und S. →Zweig hatte S. persönlichen Kontakt mit S. →Freud, Hermann Hesse, H. v. →Hofmannsthal, Th. →Mann (»S. ein hervorragend gescheiter Schriftsteller«) u. a. Besonders wichtig waren für S. Graf Hermann Keyserling (»Weisheitsschule«) und C. G. Jung, dessen Psychologie er in vielen Schriften und Aufsätzen »erst weiteren Kreisen überhaupt verständlich gemacht« hat. In den 20er Jahren betrieb S. in Salzburg eine Praxis als Psychoanalytiker.

Lit.: ÖBL. – K. Bohdal: O. A. H. S. Monographie. Diss. Graz 1970.

H.H.

Schmued, Ludwig, * Salzburg 21. 8. 1827, † Salzburg 2. 4. 1899, Historiker und liberaler Politiker. Besuchte das Gymnasium in Kremsmünster, begann das Studium der Rechtswissenschaften in Wien, war vorübergehend Hofmeister im Hause Karajan, wechselte dann zum Studium der Geschichte und Geographie. Ab 1855 Gymnasiallehrer in Wien, 1861-63 Mitglied des Wiener Gemeinderates, übersiedelte 1869 als Direktor der neugegründeten Lehrerbildungsanstalt nach Salzburg, wurde 1870 Mitglied des Salzburger Landtages, jedoch schon ein Jahr später trotz heftiger Proteste aus Salzburg als Gymnasialdirektor nach Freudenthal in Schlesien und 1872 nach Klagenfurt versetzt. Nach Übertritt in den vorzeitigen Ruhestand kehrte er 1883 nach Salzburg zurück, war hier als Gemeinderat aktiv (1885-93), Gründungs- und Ehrenmitglied der Gesellschaft für Salzburger →Landeskunde. Er verfaßte mehrere Beiträge zur Salzburger Geschichte.

Lit.: E. M. Hahnkamper: Der Wiener Gemeinderat zwischen 1861 und 1864. Diss. Wien 1973. – Wurzbach. – ÖBL. – Nekr. in MGSLK 39, 1899.

E.M.

Schnabelkanne vom Dürrnberg, ein Meisterwerk keltischer Handwerkskunst, gefunden 1932 von O. →Klose in einem Grabhügel der Latèneperiode am →Dürrnberg bei Hallein, verwahrt im →SMCA, einheimische keltische Arbeit nach etruskischen Vorbildern, um 450 v. Chr. (Farbabb. S. 16)

Lit.: F. Moosleitner: Die Schnabelkanne vom Dürrnberg. Schriftenreihe des SMCA Nr. 7, 1985.

F.M.

Schnabl Wilhelm, * Eger 9. 4. 1904, † Feldkirch, 22. 4. 1990, Zeichner. Aufgewachsen in Böhmen, Wien und Salzburg, 1922/27 Akad. der bildenden Künste in Wien (K. Sterrer), Mittelschullehrer in Bludenz, seit 1969 in Salzburg, wo er bereits in jungen Jahren lebte. Mit →Kubin und Fronius befreundet. Seine Federzeichnungen und Aquarelle verweben verschrobene Dorf- und Kleinstadtpoesie, soziales Mitgefühl und skurrilen Humor zu einer ganz eigenen Welt. Die Erinnerung an die böhmische Heimat und die populäre Volksgraphik des vorigen Jh.s werden dabei zu Hauptquellen seiner Inspiration. Zahlreiche Arbeiten im →SMCA und im →Rupertinum.

Lit.: SN, 25. 4. 1990. – Weltkunst 1989, H. 6, S. 865 f. – Ausstellungskat. W. S. SMCA 1988. – R. Zimmermann: Die Kunst der verschollenen Generation. Düsseldorf-Wien 1980. – L. W. Rochowanski in: Die Pause 3/3, 1937.

N.Sch.

Schneditz, Wolfgang →Mann, Thomas

Schneeweis, Carl (Charles, Carlo), * Salzburg 15. 4. 1745, † Salzburg 30. 4. 1826, Zeichner, Kupferstecher und Radierer. Besuchte die Salzburger Hofzeichnungsschule und 1769 die Wiener Akad. der Kupferstecher, wirkte dann in Salzburg als Zeichenlehrer in der Pagerie und bei mehreren adeligen Familien. 1776-79 hielt er sich über Empfehlung von L. Graf →Firmian in Mailand auf, anschließend war er wieder Zeichnungsmeister in Salzburg. Seine Arbeiten sind von meist sehr primitiver Machart, immerhin beispielhaft für die Gebrauchskunst um 1800: Ansichtenserien im Klein- und Miniaturformat (»24 Prospecte von und um Salzburg«, 1800), zahlreiche Visitenkarten mit Salzburger Hausansichten, Porträtstiche (hauptsächlich nach Firmian), Gesellenbriefe, Andachtsbilder u. a. m.

Lit.: ÖBL. – Ch. Svoboda: Eine Knopfserie mit alten Salzburger Ansichten. In: Von österreichischer Kunst, Klagenfurt 1983. – Fuhrmann-Stadt.

N.Sch.

Schneider, Constantin, * Braunau 22. 9. 1889, † Wien 27. 12. 1945, Musikwissenschaftler. Neben der

Wilhelm Schnabl, Holzschnitt, 1930

Tätigkeit als Staatsbibliothekar an der Nationalbibl. Wien intensive Studien zur Musikgeschichte Salzburgs. Neue Forschungsergebnisse zur Entwicklungsgeschichte von Oper, Singspiel und Schuldrama in Salzburg. Anläßlich des Domweihfestes 1928 organisierte er eine große Musikausstellung in den Domoratorien. 1935 erschien seine »Geschichte der Musik in Salzburg«, die bis heute ein Standardwerk zu diesem Thema darstellt (Reprint 1977).

Lit.: E. Schenk: Vorwort zu Bd. 91 der DTÖ. Wien 1955.

G.W.

Schneider-Siemssen, Günther, * Augsburg 7. 6. 1926, Bühnenbildner. Nach seiner Ausbildung bei Ludwig Sievert und Emil Preetorius in München und an der Bayerischen Staatsoper unter C. →Krauss arbeitete S. zunächst als Filmarchitekt, danach als Bühnenbildner am →Landestheater Salzburg und am →Marionettentheater, in Bremen und an der Wiener Staatsoper, 1965-88 für die Salzburger →Festspiele. Er schuf seit 1967 die Bühnenbilder sämtlicher Produktionen H.v. →Karajans für die →Osterfestspiele Salzburg. Bis 1992 war er auch Leiter des Bühnenbildnerseminars der Internationalen →Sommerakademie für bildende Kunst. S. hat an den führenden Opernhäusern der Welt mit den bedeutendsten Dirigenten und Regisseuren zusammengearbeitet.

Lit.: K. Pahlen: Die Bühne – mein Leben. G. S.-S. in Gesprächen, Salzburg 1996.

G.W.

Schneider-Manzell, Toni, * Friedrichshafen (Manzell) 22. 2. 1911, † Rosenheim, 7. 11. 1996, Bildhauer. Ausbildung an der Münchner Akad., anschließend in Ascona im Tessin, 1944 Übersiedlung nach Weitwörth bei Salzburg, 1955 nach Salzburg. S. kultiviert antikische Statuarik, eine an frühmittelalterliche Gebärdensprache angelehnte Stilisierung und sensible Oberflächenbearbeitung der Bronze zu Ausdrucksqualitäten des Verhaltenen, Verinnerlichten, Träumerischen, Demutsvollen. Bes. in den malerisch bis zur Skizzenhaftigkeit behandelten Reliefs, Kleinplastiken und Porträtköpfen kommt dies voll zum Tragen. Derselbe noble Traditionalismus, der neben altehrwürdigen Werken der Vergangenheit bestehen kann, prädestinierte S. zum führenden Sakralplastiker im dt. Raum. Er schuf u. a. Tor (des Glaubens), Kanzel und Deckel des Taufbeckens des Salzburger →Domes (1956-59), Domtüren in Essen (1978/80) und Speyer (1967/71). Weitere prominente Werke sind die Denkmäler für Julius Raab in Wien (1967), Kardinal Galen in Münster (1978) und Graf Zeppelin (1985), der Traklbrunnen (1957) und die »Vinzentinerin« (1986) in Salzburg.

Lit.: SN, 15. 11. 1996. – Ausstellungskat. Karl Weiser und seine Freunde. Berufsvereinigung bild. Künstler Salzburg 1992. – A. Slatner: T. S. M. Innsbruck-Wien o. J. (1992). – SN, 22. 2. 1986. – Gugg. – Vollmer.

N.Sch.

Schneyder, Werner, * Graz 25. 1. 1937, Schriftsteller, Satiriker, Kabarettist. Kindheit in Klagenfurt, Studium der Publizistik und Kunstgeschichte an der Univ. Wien, Dr. phil. S. betätigte sich nebenbei als Journalist und Werbetexter, später als Dramaturg, lebte 1965-86 als freier Schriftsteller in Salzburg, Freundschaft mit E. →Landgrebe. Sein Stück »Till bevor er hing« wurde 1963 vom Ensemble des Landestheaters im Kaisersaal der Residenz uraufgeführt. Die Kritik bescheinigte dem Autor Talent, das Publikum mehr: es amüsierte sich über ein verständliches, neues Theaterstück. 1973 »Empfehlung der einfachen Schläge« (Aphorismen, Epigramme, Gedichte), S.s erste Buchpublikation. 1974 begann S. →Kabarett zu spielen und bildete mit Dieter Hildebrandt etliche Jahre eine sehr erfolgreiche Kabarett-Formation. Nicht weniger erfolgreich waren seine anschließenden Soloprogramme. S. schrieb und präsentierte TV-Sendungen und sang literarische Chansons. Diese Texte sind in den Bänden »Gelächter vor dem Aus« (1980) und »Schlafen Sie gut, Herr Tucholsky« (1983) gesammelt. Weitere Werke (Auswahl): »Die Unternehmungen des Herrn Hans« (1976), »Erich Kästner« (1982), »Ende der Sommerpause« (1988, Satiren), »Das Gefährliche an der Kunst« (1991), »Ketzereien zur Zeitwende« (gemeinsam mit H. Riehl, 1998), »Karrieren oder das letzte Drittel entscheidet» (2000, Erzählungen).

Lit.: Katalog-Lexikon, Tl. 1, Bd. 2, S. 348.

A.Has.

Scholz, Heinz, * Steyr (OÖ.) 25. 1. 1897, † 9. 1. 1988, Pianist und Klavierpädagoge. Studierte am →Mozarteum Klavier, Komposition und Dirigieren, begann 1922 seine künstlerische Laufbahn als Konzertpianist, gab zahlreiche Konzerte mit bedeutenden Dirigenten wie H. v. →Karajan, C. →Krauss, B. →Walter und Dimitri Mitropoulos, führte u. a. bei den Salzburger →Festspielen 1935 zusammen mit seinem Bruder Robert J. S. Bachs »Kunst der Fuge« in der Fassung für zwei Klaviere auf. 1928-68 leitete er eine Klavierklasse am Mozarteum, 1964-66 übernahm er auch die Leitung der Akad. und der Intern. →Sommerakad. 1928 gab er im Verlag Universal-Edition Wien die Klavierwerke W. A. →Mozarts heraus.

E.St.

Schöne Madonnen, Madonnentyp um 1400, oft in →Steinguß, jugendlich-lieblich, in geschwungener Haltung des Körpers (S-Schwung) mit meist nacktem, bewegtem Kind. Das Gewand in gewaltigen rhythmischen Bahnen (Schüsselfalten), Mantel- und Schleierenden traubenartig herabhängend. Prototypen in Schlesien (Breslau) und Böhmen (Krumau). Die Madonna von Altenmarkt um 1393 vielleicht Prager Import. In Salzburg um 1400 starker böhmischer Einfluß, Entstehung eines Nebenzentrums einer bestimmten Gruppe von S. M. um die Madonna des Franziskanerklosters um 1405. Kombination verschiedener Gewand-, Bewegungs- und Haltungsmotive zu neuen Typen, größere Zuständlichkeit, stofflicher Reichtum in ruhigem Umriß. Ausstrahlungsgebiete bis Leibnitz und Pettau (slow. Ptuj), nach Tirol, ins Enns- und Murtal, nach Bayern, ins Salzkammergut. Wichtigste Werke: Großgmain und Irrsdorf, Ende 14. Jh.; Maria Säul in St. Peter, um 1420, Weildorf (Oberbayern), 1429; Radstadt jetzt →Dommuseum), um 1430; Feichten, um 1420, u. a. Eine ähnliche Entwicklung ist für das Vesperbild anzunehmen. (Farbabb. S. 331)

Lit.: M. V. Schwarz: Die Schöne Madonna als komplexe Bildform. In: Wiener Jb. für Kunstgesch., Bd. XLVI/XLVII, 1993/1994, S. 663 ff. (mit Lit.). – G. Schmidt: Gotische Bildwerke und ihre Meister. Wien 1992, S. 229 ff. und S. 288 ff. – W. Steinitz: Die Salzburger Plastik um 1400. In: Spätgotik in Salzburg, Skulptur und Kunstgewerbe, Salzburg 1976, S. 43 ff. (mit Lit.).

L.T.

Schönwiese, Ernst, * Wien 6. 1. 1905, † Wien 4. 4. 1991, Verleger, Rundfunk-Programmdirektor, Schriftsteller. S. gehörte mit Hermann Broch, Albert Paris Gütersloh und Robert Musil dem Franz-Blei-Kreis an. Gründete 1935 die Literaturzeitschrift »das silberboot«, die abseits der geförderten Literatur des Ständestaats neben einem weltliterarischen Programm (Gide, Proust, Faulkner) Texte der deutschsprachigen Moderne (Kafka, Canetti, Musil, Broch, Th. →Mann) veröffentlichte. Einstellung der Zeitschrift Ende 1936. Von 1938 bis 1945 war S. freiwillig in Ungarn im Exil, 1945-54 lebte er in Salzburg und setzte hier 1946-52 die Herausgabe der Zeitschrift »das silberboot« fort: »eine weltliterarische Revue, die publizistische und literarische Seltenheiten anbot«. S. finanzierte diese neben Otto Basils »Plan« wichtigste österr. Literaturzeitschrift mit Gewinnen aus dem gleichnamigen Verlag. 1945-54 leitete S. die Abteilung »Dichterisches Wort und Hörspiel« der Sendergruppe Rot-Weiß-Rot in Salzburg.

Auf seine Initiative lasen berühmte Dichter im Radio: Hermann Broch, Rudolf Alexander Schröder, Gottfried Benn u. a. Die Uraufführung von →Hofmannsthals Fragment »Eduard und die Mädchen« (Weihnachten 1945, Hörspielfassung von S.) ist ein interessantes Detail der österr. Literaturgeschichte ebenso wie die auch als Hörspiel inszenierte österr. Erstaufführung von Karl Kraus' »Die letzten Tage der Menschheit« (12. 6. 1951). Daneben brachte das Studio Salzburg Thornton Wilders »Kleine Stadt«, O'Neills »Ach, Jugend« und fast alle Stücke Christopher Frys, lange bevor sie von österr. Theatern aufgeführt wurden. 1954-71 war S. Programmdirektor für Literatur und Hörspiel des Österr. Rundfunks in Wien. Er schrieb zahlreiche Werke und Übersetzungen, setzte sich intensiv mit dem Buddhismus auseinander und war 1972-78 Präsident des österr. PEN-Clubs.

Lit.: J. Strelka (Hg.): E. S. Sein geistiges Profil und seine literarische Bedeutung, Bern-Frankfurt-New York 1986. – U. Weyrer: »Das Silberboot«. Eine österr. Literaturzeitschrift. Innsbruck 1984.

H.H.

Schöpf, Josef Anton, * Umhausen (Südtirol) 5. 2. 1822, † Guggenthal 21. 11. 1899, Theologe, Schriftsteller. S. wurde 1845 zum Priester geweiht und leitete 1848-51 wenig erfolgreich die reformkatholische »Salzburger Constitutionelle Zeitung«. Von 1851-85 war er Professor für Kirchengeschichte und Kirchenrecht an der Katholischen Fakultät in Salzburg. Sein »Handbuch des katholischen Kirchenrechts« (4 Bde. 1854-58) erlebte zwei Auflagen. 1852 gründete er in Salzburg auf Anregung A. Kolpings den Katholischen Gesellenverein und war dessen erster Präses. 1861/62 war er Salzburger Gemeinderat. S. machte sich um den Neubau des St. Anna Bezirkskranken- und Versorgungshauses in Gnigl (1884) verdient. In den 1880er Jahren trat er mit Schriften wie »Antisemitische, zu deutsche judenhetzerische Bestrebungen in der Saisonstadt Salzburg« (1888) oder »Sendschreiben an die Herren Kyffhäuser« (1888) vehement gegen den aufkeimenden Antisemitismus auf.

Lit.: N. Grass: Kirchenrecht und Kirchengeschichte an der hohen Schule zu Salzburg 1810-1985. Wien 1985, S. 215 ff. – J. A. Sch.: 50 Jahre Schriftsteller. In: Neuer Salzburger Haus- und Wirtschaftskalender 1898, S. 28 ff. – J. A. Sch.: Aus meinem Leben. In: Neuer Salzburger Haus- und Wirtschaftskalender 1886, o. S. – DBE.

Th. W.

Schoßleitner, Karl, * Cavalese (Südtirol) 18. 6. 1888, † Salzburg 11. 12. 1959, Redakteur, Flieger, Höhlenforscher, Schriftsteller. Seit seiner Gymnasialzeit in Salzburg Freundschaft mit G.

→Trakl und A. →Mörk, Mitarbeiter der Zeitschrift »Der Brenner«. Den romantischen Stoff des »Blaubarts« handelte S. in Novellen und Dramen ab. Im 1. Weltkrieg wandte er sich scharf gegen die Kriegsverherrlichung durch »kriegswütige Wiener Literaten«.

Lit.: Hanisch/Fleischer, S. 208. – NZC, Bd. 4, S. 1198 f. – Wagner, S. 105 f.

H.H.

Schraubtaler oder Schraubentaler sind anläßlich der Protestantenvertreibung (→Emigranten) aus dem Erzstift Salzburg unter Eb. →Leopold Anton Firmian 1732 und 1733 in den Aufnahmeländern Preußen, Hannover und den Niederlanden als »Emigrations-Medaille« geprägt worden. Es handelt sich um eine Hohlmünze, deren beide Teile aneinandergeschraubt werden. Sie enthält kreisrunde zusammengefaltete Darstellungen aus der Geschichte der Emigration. Die Medaille ist in Gold, Silber, Zinn oder Kupfer geprägt. Die S. sollten einerseits die durch die Aufnahme der Emigranten bereits besteuerten Stadtbürger zu weiteren Spenden anregen, andererseits als Gedenkmünzen an das Elend der Vertriebenen erinnern.

Lit.: Reformation–Emigration. Protestanten in Salzburg, Ausstellungskat. Salzburg 1981.

Ch.S.

Schrempf, Franz, * Bad Ischl 13. 9. 1870, † Goisern 8. 8. 1953, Maler. Schüler F. Rumplers in Wien, geschätzter Kunsterzieher an Salzburger Mittelschulen, ein Meister aquarellistischen Stimmungszaubers.

Lit.: Ausstellungskat. F. S. SMCA 1996. – H. Fuchs: Die österr. Maler des 19. Jh.s. Erg.bd. 2, Wien 1979. – Landeszeitung, 31. 10. 1940. – Österr. Kunst 1, 1930, H. 9.

N.Sch.

Schroll, Kaspar Melchior Balthasar, * Kirchberg im Brixental (damals noch salzburgisch) 6. 1. 1756, † Salzburg, 16. 11. 1829, Montanist und Berghauptmann. Nach dem Studium an der →Univ. Salzburg, einer Berufstätigkeit in den Bergbauorten Lend und Leogang sowie einer Spezialausbildung auf Landeskosten an der Bergakademie in Freiberg in Sachsen kam S. zur Salzburger Hofkammer (Finanzverwaltung) für den Bereich Bergwesen. 1807 wurde er Direktor des Berg-, Salinen- und Münzwesens, 1812 Oberstbergrat, in der österreichischen Zeit übernahm er 1823 das Berg- und Salinenamt. Ab 1790 unterrichtete S. Mineralogie am »Kameral-Institut«, der Vorstufe für die geplante Salzburger Bergakademie. Seine berühmte Sammlung, die rund 6000 Mineralien und Fossilien aus der ganzen Welt umfaßte, wurde während der französischen Besetzung Salzburgs »requiriert« und kann heute in Paris besichtigt werden. 1803 übernahm S. die Planung für ein staatswissenschaftliches Institut an der Salzburger Univ. mit Lehrkanzeln für Bergbau, Technologie u. a. Er veröffentlichte »Grundlinien einer salzburgischen Mineralogie« (1786), »Beiträge zur Kunst und Wirthschaft der Aufbereitung der Erze« (1802), »Gespräche . . . über einige wichtige Gegenstände der Landwirtschaft, des Forst- und Wasserbauwesens« (1829) und lieferte Beiträge für L. →Hübners und K. M. E. →Molls Publikationen sowie für die →»Oberdeutsche Literaturzeitung«. Als Ms. ist eine Beschreibung der Salzburger Berg- und Hüttenwerke von 1816 erhalten. Epitaph am St. Sebastians-Friedhof.

Lit.: K. Obergmeiner, Kaspar M. B. Schroll, der hohe sbg. Bergbaubeamte, in: P. Gwirl, Kirchberger Heimatbuch, Innsbruck 1999, S. 198–202. – F. Martin: Von Sammlern und Sammlungen im alten Salzburg. In: MGSLK 75, 1935, S. 66. – L. Hübner: Beschreibung der ... Haupt- und Residenzstadt Salzburg. Bd. 2, Salzburg 1793, S. 571-576. – Wurzbach 32, S. 15-17.

F.Z.

Schrom, Ernst, * Wien 14.10. 1902, † 8. 5. 1969, Graphiker, Lehrer, Schüler von Rudolf Jettmar und Rudolf Larisch. S. verbrachte in der ersten Welle des Tourismus in Filzmoos in den 20er und 30er Jahren die Sommerfrische im »Unterhof«, er hinterließ 465 Bleistift- und Aquarellzeichnungen der Bauernhöfe, der Kulturlandschaft und des Arbeitsalltags der Bevölkerung im Stil des abbildenden Realismus. Sie stellen Interpretamente des ländlichen Lebens im Sinne einer öffentlichen Ästhetik und eines heimatbewegten Bewußtseins dar. Schrom war als Soldat von 1941-44 als Kriegsmaler eingesetzt und war von 1945-48 als »Minderbelasteter« von Sühnemaßnahmen betroffen. 1946-61 Mitglied der »Gesellschaft bildender Künstler Wien – Künstlerhaus«, später Ausstellungsleiter, 1954 Goldene Ehrenmedaille. 1964-69 Ausstellungsleiter des »Dachverbandes der Niederösterreichischen Kunstvereine«. Die Sammlung Schrom ist Teil des Salzburger Landesinstituts für →Volkskunde.

Lit.: Ernst Schrom in Filzmoos. Ein Maler und sein Sujet. Mit Beiträgen von H. Nikitsch, M. Gaurek, M. Schönpos, hg. v. W. Haas. (=SBzVK 7), Salzburg 1995.

U.K.

Schubauer, Josef, * St. Pölten 7. 11. 1861, † Anthering 23. 4. 1930, Architekt, Lehrer, Fachschriftsteller. 1882-87 Studium an der Technischen Hochschule Wien. 1887-89 im Büro der Baufirma Schmid & Alber in Brünn, 1889-91 im Atelier von Otto Wieser in Wien, 1891-1901 Städt. Bauinspektor und Stadtingenieur der Gem. Baden, 1901-25 Prof. an der (Staats-) →Gewerbeschule Salzburg, wo er für den Ausbau der elektrotechnischen Abteilung bes. in Hinblick auf die bevorstehende Elektrifizierung der Alpenbahnen verantwortlich war und einige Lehrbücher verfaßte. 1903-09 Salzburger Gemeinderat, seit 1908 Konservator für Salzburg der k.k. Zentral-Kommission. Ausgeführte Bauten in Salzburg u. a. Villa für L. Zeller 1905-06, Villa J. Schubauer 1906, Schloß Freisaal (Renovierung) 1907, Villa A. Frh. v. Warsberg 1910-11.

Lit.: M. Stern in: ÖBL.

M.O.

Schubert, Franz, * Lichtental/Wien 31. 1. 1797, † Wien 19. 11. 1828, Komponist. Besuchte 1825 Salzburg und gab seinem Bruder Ferdinand im Brief vom 12. 9. 1825 einen berühmt gewordenen Bericht von dieser Reise, trat mit seinem Freund, dem Sänger Johann Michael Vogl, in privatem Kreis im Haus des Bürgermeisters Johann Christian Pauernfeind in einem vielbestaunten Liederabend mit eigenen Werken auf, wohnte im Gasthof »Zum Mohren« und besuchte in der Stiftskirche →St. Peter das Monument M. →Haydns, den »doch gewiß Niemand auf Erden so innig« als er verehre (Gedenktafel Judengasse 8). S. reiste nach Gastein weiter, wo er mit L. →Pyrker zusammentraf.

Lit.: Ausstellungskat. »S. in Salzburg«. Salzburg 1997. – O. E. Deutsch: S. Die Dokumente seines Lebens. Kassel 1964.

G.W.

Schuchter, Gilbert, * Salzburg 12. 9. 1919, † Salzburg 18. 7. 1989, Pianist, Dirigent und Klavierpädagoge. Schüler von F. →Ledwinka am →Mozarteum, Debüt im Alter von neun Jahren; weitere Studien in Berlin (Dirigieren bei Kurt Thomas, Klavier bei W. →Wolf), zahlreiche Konzertverpflichtungen, intensive Beschäftigung mit dem Klavierwerk W. A. →Mozarts. 1945 erstes Auftreten bei den Salzburger →Festspielen, 1947 Preisträger beim intern. Wettbewerb Genf, bis 1957 Kapellmeister am Landestheater Salzburg. Gastdirigent in Buenos Aires, München, Stuttgart und Kairo. Seit 1958 Leiter einer Klavierklasse am Mozarteum. Für seine Einspielung des Solo-Klavierwerks von F. →Schubert erhielt er einen Schallplattenpreis.

E.St.

Oscar Fritz Schuh (RV-Dapra)

Schuh, Oscar Fritz, * München 15. 1. 1904, † Großgmain 22. 10. 1984, Regisseur, Theaterleiter. 1953-60 Direktor des Theaters am Kurfürstendamm in Berlin. 1960-63 Generalintendant in Köln. 1963-68 Generalintendant in Hamburg (als Nachfolger von Gustaf Gründgens). Große Verdienste um die Entwicklung der Salzburger →Festspiele nach dem 2. Weltkrieg. Bereits 1921 publizierte er einen Aufsatz »Zur Inszenierung der Zauberflöte« in den »Mitteilungen der Festspielhaus-Gemeinde«. Seine Mitwirkung bei den Festspielen begann 1946 mit der Inszenierung »Die Hochzeit des Figaro« (Bühnenbild: Caspar Neher). S. erkannte in seiner »Salzburger Dramaturgie« (1951, überarbeitete Neufassung 1969), daß die Operninszenierungen bei den Festspielen »im geistigen Format hinter den Schauspielaufführungen« zurückblieben. Er setzte sich für die Adaptierung der Felsenreitschule als Opernbühne ein. S. inszenierte in Salzburg zwischen 1947 und 1970 etwa 30 Bühnenwerke, davon nur acht Schauspiele. Er setzte sich für Opernaufführungen zeitgenössischer Komponisten ein und regte die Aufführung der Stücke von Eugene O'Neill an (deutsche Erstaufführungen von »Fast ein Poet« 1957, »Hughie«, 1960, und »Alle Reichtümer der Welt«, 1965). Dazwischen inszenierte S. viele Opern bei den Festspielen. Er begeisterte sich 1970 für das Straßentheater der Salzburger →Kulturvereinigung, engagierte sich dort als Regisseur und übernahm auch die Leitung des →Festes in Hellbrunn. Ihn ließ die Faszination der Theateridee Salzburg nicht los, so daß er ihr stets neue Theaterräume schenkte. In der Neufassung seiner »Salzburger Dramaturgie« (1969) bemühte er sich um ein »Salzburger Programm« und setzte damit konsequent Gedanken M. →Reinhardts und H. v. →Hofmannsthals fort. 1980 erschien: O. F. Schuh: So war es, war es so? Notizen und Erinnerungen eines Theatermannes. Sein Nachlaß wird im Archiv der Salzburger Festspiele verwahrt.

Lit.: J. Kaut: Die Salzburger Festspiele 1920-1980. Salzburg 1982.

A.Has.

Schule des Sehens Intern. →Sommerakad. für bildende Kunst, →Kokoschka, O., →Welz, F.

Schulwesen. Die älteste Schule in Salzburg ist die zu →St.Peter, die auf den hl. →Rupert zurückgehen dürfte. Die frühen Klosterschulen waren wichtige Pfeiler des Bildungswesens und dienten zur Berufsausbildung von Priestern, Mönchen und Schreibern. Man lernte das Notdürftigste, Latein, Kirchengesang und Rechnen (um alle Jahre das Osterfest berechnen zu können). Diese drei Disziplinen nannte man das Trivium und diese Schulen daher Trivialschulen. Nach der Trennung von Bistum und Peterskloster (987) dürfte durch Eb. →Arn(o) die →Domschule gegründet worden sein. Domschulen bereiteten auf den geistlichen Beruf vor. Sie waren keine Volks- oder Kinderschulen. Die Klosterschule von St. Peter war eng mit dem Kloster verbunden. Unter Abt Georg I. kamen 1431 ausgebildete Lehrer von der Universität Wien, 1463 wollte Eb. Burckhard II von Weißbriach (1461-66) die Schule sogar zur Universität umwandeln. Bei der Reform unter Abt Aegidius 1554 ist von zwei Schulen die Rede, einer für die Klosternovizen und einer für auswärtige Knaben. Aus dieser zweiten Schule entstand 1617 das Gymnasium, eine lateinische Vorbereitungsschule, die ihre Tradition im Akademischen Gymnasium fortsetzt. Um 1200 gibt es die ersten Stadt- und Ratsschulen und etwas später die Deutschen Schulen als Laienschulen. Schulen dieser Art finden wir in Radstadt (1418) und Tamsweg (1421). Sicher waren sie nicht die einzigen. In der Salzburger Kirchenversammlung von 1456 werden Schullehrer genannt. Aus der Zeit von Eb. Johann Jakob Freiherr von Kuen-Belasy (1560-86) haben wir die erste förmliche Verordnung über das Schulwesen, eine erste Schulordnung, die für ganz Süddeutschland vorbildlich war (z. B. Einschränkung des Wanderstudententums, dem viele Landschulen ihre Existenz verdankten), entstand 1594 unter Eb. →Wolf Dietrich. Eb. →Paris Lodron ging sofort daran, das 1617 errichtete Gymnasium in eine →Univ. umzuwandeln, auch gründete er das Institut Collegium Lodronio-Marianum zur Ausbildung von Beamten für die Lodronsche Verwaltung und 1653 das Rupertinische Collegium (→Rupertinum).
Unter Eb. →Johann Ernst Graf Thun kamen 1695 die →Ursulinen nach Salzburg. Eb. Franz Anton Graf von Harrach (1709-27) vertrat den Grundsatz, bei allen Kirchen eine eigene Schule zu errichten und die Mesner zu Schullehrern zu machen. 1722 schlossen sich in Hallein Maria Zechner und ihre Mutter dem dritten Orden des hl. Franziskus an und richteten im sogenannten Lechnerhaus einen Unterricht für arme Mädchen in Beten, Lesen und Schreiben, Spinnen, Stricken und Nähen ein. Diese Schule entwickelte sich zu einer weiblichen Elementar- und Industrieschule, die 1821 nach österreichischem Schulrecht die öffentliche Anerkennung erhielt. Industrieschulen, Verbindung von Unterricht und prak-

tischer Bildung, entwickelten sich ursprünglich aus den Waisenhäusern und waren im 19. Jh. in ganz Deutschland und Österreich-Ungarn verbreitet.
Ein großer Schritt zum modernen Schulwesen erfolgte unter Eb. →Hieronymus Graf Colloredo mit der Bestellung von F. M. →Vierthaler zum Direktor des neu geschaffenen →Lehrerseminars und zum Direktor der Deutschen Schulen der Stadt. Die Lehramtskandidaten wurden in Kalligraphie, Orthographie, Sprachlehre, Rechenkunst und Musik unterrichtet. Unter Eb. Colloredo wurden 33 neue Schulhäuser gebaut, im Erzstift gab es ca. 300 Schulen. 1808 gingen von den schulfähigen Kindern nicht einmal zwei Drittel zur Schule und von denen ein Teil nur im Winter. Kurfürst Ferdinand von Toskana (1803-06) stellte die Schulaufsicht unter staatliche Aufsicht, was aber bald wieder rückgängig gemacht wurde. Die Pfarrer in den Gemeinden übernahmen wieder die Oberaufsicht über die Schulen. In der bayerischen Zeit (1810-16) wurde die Volksschulpflicht für alle Kinder vom 6. bis zum 12. Lebensjahr eingeführt, es gab aber die Möglichkeit, mit acht Jahren in die Primärschule und mit zwölf Jahren in das Progymnasium einzutreten.
Das 19. Jh. brachte eine ganze Anzahl von Neugründungen höherer Schulen: 1847 →Borromäum, 1851 Realschule, 1875 →Gewerbeschule, 1888 Gymnasium der Herz-Jesu-Missionare in Liefering. Für die Pflichtschulen bildete das Reichsschulgesetz von 1869 fast 100 Jahre die Rechtsgrundlage. Es eröffnete einer breiten Schicht den Weg zur Bildung und sah die allgemeine Volksschulpflicht in Österreich-Ungarn vor. Die österreichische Mittelschule hatte ihre Rechtsgrundlage in der Graf Thunschen Schulreform von 1854. Didaktisch-methodisch gab die Schulreform nach 1918 einen wesentlichen Anstoß zu neuen Wegen im Pflichtschulsektor. Der Volksschullehrplan 1926 und das Hauptschulgesetz 1927 sind ihre Ergebnisse. Die Bürgerschule wurde zur Hauptschule. Ein weiterer Schritt war das Schulorganisationsgesetz von 1962, das 1963/64 in Kraft trat. Von 1966-86 wurde die Hauptschule in zwei Klassenzügen geführt, 1986 kam die Umstellung auf Leistungsgruppen in den Hauptfächern. →Allgemeinbildende Höhere Schulen, →Berufsbildende Höhere Schulen.

Josef Schulz, Selbstbildnis, Öl, 1944 (Erich Tischler, SMCA)

Lit.: B. Hamann: Geschichte des Schulwesens. Bad Heilbrunn 1986. – M. Laireiter, J. Weyrich: Im Dienste der Jugend. Erziehung und Schule im Bundesland Salzburg von 1945-1963. Salzburg 1965. – M. Rumpler: Geschichte des Salzburg'schen Schulwesens. Hg. v. J. J. Hochmuth, Salzburg 1832.

H.O.

Schulz, Josef, * Salzburg 27. 11. 1893, † Salzburg 13. 8. 1973, Maler. Als Volksschullehrer 1927 wegen Kriegsinvalidität pensioniert, 1927-30 studienhalber in Wien, anschließend in Paris und Berlin. Nach eineinhalb Jahrzehnten ausschließlich zeichnerischer Tätigkeit wandte er sich erst jetzt der Ölmalerei zu. Sein künstlerischer Mentor war A. →Faistauer, daneben hatte er Kontakt zu Karl Kraus, L. v. Ficker, J. →Haringer und G. →Rendl und zu den Malern Zülow, Egger-Lienz und →Kubin. Als Künstler recht erfolgreich und als »Original« stadtbekannt, lebte er völlig zurückgezogen – lediglich nach 1945 kurzzeitig kulturpolitisch aktiv – in seinem Salzburger Dachkammer-Atelier.
Im Gegensatz zur statisch-ausgewogenen Kunst Faistauers folgt sein »Jünger« S. mehr dynamisch-expressiven Impulsen. Seine unangepaßte, oft sprunghafte, zwischen lichten und düsteren Perioden wechselnde Entwicklung kreist um die »Vorstellung einer übersinnlichen, visionären Lichtquelle, die

zum eigentlichen Bildinhalt werden soll«. (Rohrmoser) In biblischen Themen sucht S., darin ein Nachfahre barocker Malermystiker wie El Greco, den adäquaten Stoff für seinen Drang nach farblicher Ekstase. Gedämpft wird die Spannung zwischen herkömmlicher Figurenauffassung und vehement gesetzten Strukturen als Trägern eines entmaterialisierenden Farblichts in Blumenbild, Landschaft und Porträt. Nachlaß im →SMCA. (Farbabb. S. 364)

Lit.: R. Zimmermann: Die Kunst der verschollenen Generation. Düsseldorf-Wien 1980. München ²1994. – Ausstellungskat. J. S. SMCA 1986. – E. R. Heller: J. S. Diss. Salzburg 1985.

N.Sch.

Schumann, Clara, geb. Wieck, * Leipzig 13. 9. 1819, † Frankfurt/Main 20. 5. 1896, Pianistin. Auf ihren Konzertreisen kam sie auch nach Salzburg und spielte hier am 18. 4. 1866 mit großem Erfolg Werke von Beethoven, →Schubert, Mendelssohn Bartholdy und Chopin. In Begleitung von J. →Brahms besuchte sie 1878 J. →Joachim in Salzburg.

G.W.

Schützen. Die Salzburger Schützen entstanden auf verschlungenen kulturellen Wanderungen aus den Traditionen der Landfahne, der Feuerschützen-Gesellschaften und der Prangerschützen. Heute sind Schützen und Bürgergarden im Salzburger Landesverband für Heimatvereinigungen zusammengeschlossen, 1999 bestanden 99 Salzburger Schützenkompanien mit 5132 aktiven Mitgliedern. Sie zählen heute zur Gruppe der Traditions- und Brauchtumsvereine und sind wesentliches Element der örtlichen Fest- und Feiergestaltung. 1999 gab es 2306 Ausrückungen.

Heute leiten viele Gruppierungen identifikatorisch ihr Bestehen von der mittelalterlichen Wehrverfassung ab. Die Salzburger Bürgergarden (Stadt Salzburg, Hallein, Radstadt, Oberndorf, Tamsweg, St. Michael, Mauterndorf) berufen sich auf die Salzburger Stadtprivilegien, in denen seit dem 13. Jh. Selbstverteidigung als Recht verankert ist. Eine solche direkte Ableitung von militärischen Formationen ist nicht zulässig. Belegt ist allerdings die Gründung der Jakobibruderschaft am Dürrnberg 1476, die sich zu einer Bauernwehr zusammenschloß. 1540 werden erstmals zwei »Fahnen« bürgerlicher »Handpüchsenschützen« erwähnt, die beim Einzug des erwählten Erzbischofs in Freisaal Salven schossen. Diese moderneren Feuerschützen lösten allmählich die älteren Armbrust- und Stahelschützen (das Wort leitet sich vom Geschoß, dem Stahlbolzen) ab. Heute existieren u. a. als Verein die Salzburger Stahelschützen am Mönchsberg mit dem Schießstand bei der Monikapforte.

Der Landesfürst als Schutzherr stiftete Preisgelder und kontrollierte die Schützen, um sie für die Landfahne nutzbar zu machen. Die Wettschießen waren eine beliebte Lustbarkeit. Zwischen 1600 und 1603 erhielten Salzburg, Radstadt und Hallein Schützenordnungen. Während des 30-jährigen Krieges wurden die Feuerschützen als Leibwache im Schwedenkrieg eingesetzt, gefördert und in die Hauptmusterungslisten eingetragen. Ab 1664 erhielten sie Steuerbegünstigungen und wurden vermehrt zur Verteidigung eingesetzt. Die älteste nachweisbare Schießhütte des Landes stand 1553 im Nonntal, doch schon 1425 war ein Oberzeugmeister für das ganze Land bestellt worden. Aus einem Pachtvertrag von 1795 erfahren wir von der Ausstattung der Schenktaverne beim Schießstand vor dem Virgiltor, vom Recht des Pächters, alte Schießscheiben zu verheizen. Auch in Gastein und Rauris wurde ab der Mitte des 16. Jahrhunderts geschossen. Bis zum Verbot von 1685 existierten bei allen Schießstätten »Scholderer- und Spieltische«, mit deren Erlös die Schießstände repariert wurden. Im Laufe des 18. Jh.s wurden die Feuerschützen-Gesellschaften langsam zu militärischen Formationen und immer häufiger zur Landesverteidigung – besonders während der Protestantenvertreibung 1731-33 – und zum Polizeidienst eingesetzt. Von der Auflösung der Landfahne 1743 waren die Feuerschützen nicht betroffen, ihr gesellschaftliches Leben - Gesellen- und Kränzelschießen – lief weiter. Auch das kurzfristige bayerische Verbot des Vortl- (Best-) Schießens von 1810 wurde sofort wieder aufgehoben und das »Freischießen« allgemein erlaubt. Häufige Preise waren im 18. Jh. Lederhosen im Werte von zwei Gulden, Bestscheiben, aber auch Münzen u. a. Die Scheiben von außergewöhnlichen Festschießen wurden ästhetisch gestaltet und von den Vereinigungen verwahrt. Ein herausra-

gendes Festschießen fand 1782 anläßlich der 1200-Jahr-Feier statt, an ihm nahmen der Fürsterzbischof und 168 Schützen aus Salzburg, Bayern, Tirol, Österreich und Steiermark teil.
Seit der Gegenreformation und speziell seit Beginn des 17. Jh.s wurde durch den katholischen Kirchenstaat auch die Festkultur mitgeprägt, und die Teilnahme der Schützen zur Auszier der Kirchenfeste war obligatorisch. Die Fronleichnamsprozession, als eines der Hauptfeste der Kirche, wurde daher zum großen »Prangtag«. Die Schützengesellschaften errichteten oft auch religiöse Bruderschaften. Die Ausgestaltung der Reliquienprozession des Jahres 1628, anläßlich der Domkirchweih, erwähnt auch die Beteiligung der Schützen an der Prozession. Ebenso ist seit der Mitte des 17. Jhs. das »Christkindl-Anschießen« oder »Mettenschießen«, also ein feierlicher Salut auf den neugeborenen Christus und keinesfalls ein heidnischer Lärmbrauch, belegt. Das im 17. Jh. beliebte »Wetterschießen« ging wohl auf abergläubische Vorstellungen zurück und wurde 1785 – mit wenig Erfolg – per Verordnung untersagt. Auch die Feste des Lebens und der Gemeinde werden von Schützenkompagnien begleitet.
Daß 1782 beim Schützenfest den Bürgern und Bauern eine Kleidervorschrift für ihr Erscheinen zum Festschießen erlassen wurde, entsprach den Konventionen der Zeit und zeigt, daß es keine einheitlichen Gewandungen gab. Erst im 17. Jh. wurde langsam in Europa mit der Aufstellung stehender Heere die einheitliche Kleidung (vestitura uniformis) üblich, erst ab dem 18. Jh. kennzeichnet sie Träger öffentlicher Funktionen und ab dem 19. Jh. Mitglieder öffentlicher Hilfsdienste wie etwa Feuerwehr oder Rettungsdienste. So gehen die Uniformen der Salzburger Schützen auf militärisch geführte Garden des 18. Jh.s zurück oder sind solchen nachempfunden. Im 20. Jh. wurden auch Anleihen an der erneuerten Tracht genommen. Auf militärische Formationen gehen u. a. die Struberschützen in Golling (1848 begr.) zurück, benannt nach dem Stegenwaldwirt Josef Struber, der 1809 als Schützenkommandant den Paß Lueg sicherte.
Die Prangerschützen sind aus dem antiken bis mittelalterlichen Herrschergeleit abgeleitete Formationen, die zur Zeit der Gegenreformation – damals als militärische Feuerschützen – eine feste Rolle in den kirchlichen Bräuchen erhielten. Ab 1851 entstanden wieder Prangerschützenformationen, die als Vereine an festliche Geleit- und Salutbräuche anschlossen. Um 1900 formierten sich viele Schützengruppen unter der Bezeichnung »Prangerschützen«. Sie schießen Ehrensalut mit →Prangerstutzen und Böllern. Aus Berchtesgaden kommend, hat sich damals eine neue Form des Weihnachts- und Neujahrs(an)schießen durch Prangerschützen eingebürgert. Ältere Schützenkompanien und Berufsverbände (z. B. Dürrnberger Knappenschützen; 1754 Salvenschießen an den Prangtagen in Golling) gingen in Prangerschützenformationen über. Prangerstutzen sind 15-30 kg schwere, 50-70 cm lange Handböller (Vorderlader für Schwarzpulver; früher Bronze-, heute Edelstahllauf, Druckfestigkeit 70 kg/qmm), die einen lauten Knall verursachen. Heute ist dafür eine behördliche Genehmigung erforderlich. Durch K.→Brandauer und Karl Merhaut entwickeltes Sternschießen der Flachgauer Prangerschützen seit 1967. Am Nachmittag des Silvester schießen die in Kreise eingeteilten etwa 30 Kompanien nach einem von Schützenmajor Franz Forsthuber entwickelten Zeitplan in Abständen von 15 Minuten das neue Jahr an. Begonnen wird, in konzentrischen Kreisen um den geographischen Mittelpunkt Salzburg laufend, mit den entferntesten Schützen um 15 Uhr, bis als letzte die Salzburger Schützen um 16 Uhr 15 von der Festung schießen.

Die Sta(c)helschützen von Bundschuh, 1978 (SLIVK)

1852 wurde mit kaiserlichem Patent festgelegt, daß »Schützen eines ordentlich organisierten Schießstandes beim Besuche« keine

Sondererlaubnis benötigten, aber zusätzlich waren die Gemeindevorstehungen verpflichtet, für jedes Ausrücken der Schützen eine Genehmigung der Landesregierung einzuholen. Aus diesen Genehmigungen ist die Existenz von Prangerschützen und Schützenkorps nachzuweisen. Seit dem 75-Jahr-Gedenken an die Freiheitskämpfe 1809 im Jahre 1884 wurde die Gründung von Schützenkompanien im Sinne des Landesbewußtseins unterstützt. Am 15. 1. 1910 genehmigte Kaiser Franz Joseph die Errichtung eines gesamtösterreichischen Verbandes der Bürger- und Schützenkorps. In Salzburg existierten 1910 die Bürger- und Schützenkorps in Hallein, Hofgastein, Radstadt, Mauterndorf, St. Michael, Tamsweg, St. Johann, Altenmarkt, das Schifferschützenkorps in Oberndorf, die Schützengesellschaften in St. Martin bei Lofer, die Fronleichnamsschützen in Unken und die »Feierlichkeitsschützen« in Adnet, Grödig, Bergheim und Annaberg, weiters das Bauernschützenkorps Bischofshofen (1909) und 30 Prangerschützenkorps ohne Genehmigung. Nun folgten zahlreiche Gründungen, u. a. das Bauernschützenkorps »Struberschützen« im Markt Werfen (1911) und die »Anton-Wallner-Schützenkompanie Krimml« (1911). Nach dem Friedensvertrag von St.-Germain mußten sich nach Artikel 128 alle »Kriegervereine« (1919) und alle anderen Formationen (1922) auflösen. Nach dem Vereinsgesetz von 1867 entstanden 1926 die »Jakobi-Schützen am Thurn«, die »Struberschützen« Golling und der Schützenverein »Attergau« in Burgau wiederum und 1929 wurde auch der »Reichsverband der österreichischen Bürger- und Schützenkorps« wieder begründet. Im NS-Regime wurde den Schützen 1939 jede »konfessionelle Betätigung« verboten, von 62 Schützenvereinen wurden 23 aufgelöst und andere durch die Verordnung zur »Ausbildung der Wehrfähigen im Gau Salzburg im Schießwesen« zu Sportvereinen umgebildet, einige wurden aufgelöst, andere existierten mit Statutenänderung weiter. Am 1. 10. 1943 wurde eine Gauschützenverordnung verlautbart und 1944 wurden 44 Schützengilden genehmigt. Die gegenwärtigen Sportschützen, zusammengefaßt im Salzburger Landesschützenverband, bestreiten mit modernen Präzisisonsgeräten Übungs- und Wettkampfschießen auf Scheiben.

Lit.: F. Zaisberger, F. Hörmann (Hg.): Salzburgs Schützen und Bürgergarden. Landesverteidigung und Brauchtum, unter Mitarbeit von H. Dengg, H. Hinterstoisser, T. Loidl, H. Paarhammer, K. Zinnburg, Salzburg 1996.

U.K.

Schwaiger, Rosl, * Maria Alm 5. 9. 1918, † München 19. 4. 1970, Sängerin. Erster Musikunterricht durch den Vater, der Organist war, Klavier- und Gesangsstudium am →Mozarteum; Entscheidung zugunsten der Sängerlaufbahn: 1940 Landestheater Salzburg, Engagement an Volksoper und Staatsoper Wien, 1952 an das Nationaltheater München als Koloratursopran; ausgedehnte Konzertreisen als Liedsängerin. Bei den Salzburger →Festspielen 1945 sang sie das Blondchen in →Mozarts »Entführung«, 1946 die Barbarina im »Figaro« und die Sophie im »Rosenkavalier«; mehrmals sang sie auch bei den Domkonzerten. 1966 sang sie die Partie der Maria bei der Uraufführung der »Salzburger Passion« von C. →Bresgen im Großen Festspielhaus.

Lit.: C. Bresgen: R. S. In: In Salzburg geboren.

G.W.

Schwartennadel →Tracht

Schwarz, Carl Freiherr von, * Söhle bei Neutitschein (Mähren) 23. 7. 1817, † Salzburg 21. 10. 1898, Bauunternehmer. Studium an der technischen Akad. Olmütz, Studienreisen nach Italien und England, Eintritt in die Bauunternehmung Klein & Co, 1856 Teilhaber dieser Firma, an einigen der wichtigsten Bahnbauten der Monarchie beteiligt, so an der Kaiserin-Elisabeth-→Westbahn, an der Gisela-, Rudolfs-, Salzkammergutbahn. Ließ sich in Salzburg nieder und hatte an der seit 1860 begonnenen Stadterweiterung (→Stadtentwicklung) wesentlichen planerischen und finanziellen Anteil.

Lit.: Nekr. in: MGSLK 39, 1899, S. 276 f.

M.O.

Schwarz, Heinrich, * Saalfelden 24. 4. 1819, † Michaelbeuern 20. 2. 1895, Pädagoge, Jugendschriftsteller, Superior in Michaelbeuern. Nach Vollendung der theologischen Studien in Salzburg trat er 1844 in die Benediktinerabtei →Michaelbeuern ein, wo er Präfekt der Konventschule wurde. 1850 gab er die »Christliche Kinderzeitung« heraus und war Mitarbeiter am

»Münchener Jugendfreund« und anderen Jugendzeitschriften. S. verfaßte zahlreiche Jugendschriften, u. a. »Kleine Lebensbilder« (1855), »Gute Lehren für Jung und Alt« (1858), »Fabeln für Kinder« (zwei Bde. 1861 und 1865) sowie allgemein pädagogische Schriften wie etwa »Das Tabakrauchen von Kindern« (1876), »Natur, Bibel und Gewissen« (1870) u. a. m.

Lit.: Wurzbach. – H. Sch.: Erinnerungen. In: Zeitschrift des Salzburger Lehrer-Vereines, 1895 und 1896.

Th.W.

Schwarz, Thomas, * Wels, 26. 12. 1923, † Salzburg, 21. 6. 1980, Architekt. 1946-49 Studium bei L. →Welzenbacher an der Akademie der bildenden Künste in Wien, 1949/50 Herausgeber der Zeitschrift »Der Plan« (mit L. Welzenbacher, 2 Hefte) seit ca. 1954 selbständiger Architekt in Salzburg, Präsident der Zentralvereinigung der Architekten Österreichs, Landesverband Salzburg. Durch seinen Einsatz für eine angemessene Gestaltung und Wohnqualität (z. B. durch Balkone) entstanden in den 50er Jahren Wohnbauten, denen »die Bezeichnung sozialer Wohnbau nicht sofort angemerkt wird«. Die Wohnbaugenossenschaften, die geförderten Wohnbau allein zur quantitativen Bedürfnisbefriedigung verstanden, bremsten sein Engagement jedoch ein. Die Geschoßwohnbauten von Schwarz brechen mit Typologie und Formensprache von Wohnsiedlungen der frühen 50er Jahre wie der Siedlung Herrnau mit ihrer kleinbürgerlichen Wohnatmosphäre (O. →Ponholzer, 1950-53) und bemühen sich um die Weiterentwicklung von Themen der Klassischen Moderne. Die ersten Bauten der Ruperti-Siedlung 1954-63 nahe dem Aigner Bahnhof wurden als »moderne Wohnblöcke mit landschaftsfremden, unösterreichischen Pultdächern« (K. →Conrad) diffamiert. Im städtischen Kontext entstanden das städtebaulich prägnante Wohn- und Geschäftshaus Ignaz-Harrer-Str. 8 (1955-56) mit seinen in kompakten Rasterelementen angeordneten Balkonen und das horizontal gegliederte Studentenheim des katholischen Hochschulwerks »Wolf Dietrich« (Wolf- Dietrich-Str. 16, 1961-63).

Lit.: N. Mayr: Die Baukultur im Zeichen von Wiederaufbau und Wirtschaftswunder. Zur Architektur in Salzburg zwischen 1945 und 1970, in: E. Hanisch, R. Kriechbaumer: Salzburg (Geschichte der Bundesländer seit 1945), Wien-Köln-Weimar 1997. – K. Conrad: Naturschutz und Landschaftspflege in der Stadt Salzburg. In: Bastei, 1962, Sondernummer, S. 30. – Der Plan. 1949, Heft 1, 1950, Heft 2 – Der Bau. 1960, Heft 3, S. 142f.

N.M.

Schwarzenberg, Fürst Ernst Joseph Johann Nepomuk, * Wien 29. 5. 1773, † Wien 14. 3. 1821, Kirchenfürst und Komponist. Sohn des Fürsten Johann Nepomuk und der Gräfin Maria Eleonora Gräfin Oettingen-Wallerstein, jüngerer Bruder des Feldmarschalls und Siegers bei der Völkerschlacht bei Leipzig, Fürst Karl von S.

Schon als Kind dem geistlichen Stand bestimmt, studierte Fürst Ernst seit 1782 in Köln, war hier und (seit 1792) in Lüttich Domherr. Elf Jahre lang, vom 7. 9. 1795 bis zur Aufhebung der Stifte im Jahre 1806, war er Domherr in Salzburg, seit 1796 auch in Passau. 1807 Priesterweihe in Wien, 1808 Domherr in Gran, 1816 Erzpriester des Schloßberger Distrikts, 1818 Bischof von Raab. Sein früher Tod machte große in ihn gesetzte Hoffnungen zunichte.

In Salzburg, wo er seit 1796 ansässig war (1799 mietete er Erd- und 1. Obergeschoß im sog. »Hagenauer-Haus im Kay«), entfaltete er eine lebhafte und vielseitige Tätigkeit, seit 1804 von →Aigen aus, das durch ihn mit Schloß und Park zu einem kulturellen Zentrum besonderer Art wurde. Ein Freund besonders der Musik (er förderte begabte Talente, z. B. Elisabeth Neukomm, die jung verstorbene Schwester von S. →Neukomm), zog er M. →Haydn in seinen Kreis.

Besondere Beachtung verdient sein (undatierter) »Entwurf zur Errichtung einer Musikakad. von Dilettanten in Salzburg«, die er zur Förderung des »Strebens nach höherer Bildung« und einer »vielleicht lang entbehrten Geselligkeit und Humanität« für »alle Stände« als ein »musikalisches Odeum« errichten wollte. Als Veranstaltungen sollten (im Rathaussaal) während der Fastenzeit jeden Dienstagabend allgemein zugängliche Konzerte stattfinden (das letzte am Ostersonntag) und außerdem am Karfreitag »ein der Andacht dieser Zeit angemessenes Oratorium« aufgeführt werden. Einheimische Musiker (»jeder Dilettant mit seinen in der Musik erworbenen Kenntnissen«) und »jeder hier durchreisende Virtuos« sollten sich (nach einer vorherigen »standhältigen Probe vor den Unternehmern«) in den »Akademien hören lassen« können.

Die von Fürst Ernst »in Aigens Garten . . . verschönerte Natur« und den von ihm zugänglich

gemachten →Gollinger Wasserfall beschreibt Friedrich Graf →Spaur in seinen »Spaziergängen in den Umgebungen Salzburgs« (Salzburg 1834) ebenso ausführlich wie anschaulich. Mit Aigen blieb Fürst Ernst auch als Bischof von Raab in Verbindung. Mehrere Kompositionen wurden ihm gewidmet, z. B. von B. →Hacker, Joh. Ant. Susan und W. →Rettensteiner, der M. Haydns Lied auf den Peterwein als »Trinklied, ... im traulichen Cirkel zu singen«, Fürst Ernst dedizierte. Haydn selbst übergab ihm eine Partitur seiner Theresienmesse nebst Graduale, Offertorium und Te Deum.
Haydns Kompositionen und Anleitungen haben deutliche Spuren in den uns (zumeist im Schwarzenberg-Archiv in Krumau/Český Krumlov) überlieferten musikalischen Werken von Fürst Ernst hinterlassen, vor allem in seinen rund zwei Dutzend Sololiedern mit Klavierbegleitung. Daneben finden sich geistliche und weltliche Kompositionen für vierstimmigen Chor und Orchester, Arien mit Orchesterbegleitung sowie zwölf Menuette (mit Trio) und sechs Allemanden für Klavier.

Lit.: Th. Hochradner: Natur für die Seele. In: Salzburger Volkskultur 20, 1996. – Wurzbach, 1877.

G.C.

Schwarzhueber, Simpert (Pater), * Augsburg 4. 12. 1727, † Maria Plain, 30. 4. 1797, Theologe. Nach seinem Eintritt in die Benediktinerabtei Wessobrunn 1746 und nach seiner Priesterweihe 1752 unterrichtete er zunächst die Stiftskleriker in Wessobrunn, anschließend war er Professor für Grammatik, Poesie und Rhetorik am Akademischen Gymnasium in Salzburg, wo er auch Präfekt wurde. 1765 übernahm S. die Lehrkanzel der praktischen Philosophie, des Naturrechts und der Geschichte an der Universität Salzburg. 1774 trat er in die Theologische Fakultät über, in welcher er anfangs Kirchengeschichte und Moraltheologie und anschließend Dogmatik lehrte. 1789 wurde er Prorektor und Prokanzler der Universität. 1793 legte S. sein Lehramt nieder und wurde Superior in Maria Plain. S. war Vertreter der gemäßigt aufklärerischen Richtung. Sein vierbändiges »Practisch-katholisches Religionshandbuch« (1784/86) hatte großen Einfluß und erlebte drei Auflagen.

Lit.: A. Pelemann: Der Benediktiner Simpert Schwarzhueber als Moraltheologe. Studien zur Geschichte der katholischen Moraltheologie 9, Regensburg 1961. – J. Th. Zauner (Hg.): Verzeichnis aller akademischen Professoren zu Salzburg von 1728 bis zur Aufhebung der Universität. Salzburg 1813, S. 124. – M. Sattler: Collectaneen-Blätter zur Geschichte der ehemaligen Benediktiner-Universität Salzburg. Kempten 1890, S. 461 ff. – A. Schelle: Vorwort in »Practisch-katholisches Religionshandbuch«. 4. Bd., Salzburg 1797.

Th.W.

Sedlak, Günter Silwa, * Schladming 21. 6. 1941, Maler. S. wandte sich erst nach einer Ausbildung im Industriefach Maschinenbau dem Akademiestudium in Wien zu, seit 1970 lebt er in Salzburg. Sowohl in den frühen analytischen Zerlegungen puppenhafter Figuren als auch in den späteren textilen Applikationsarbeiten treffen (de)konstruktive und poetisierende Tendenzen aufeinander. Den Gegensatz von undurchschaubarer Verflechtung und rationaler Ordnung variieren die seriellen »Band-Bilder«. Freiraum für rein malerische Entfaltung gewinnt S. in den »Kopf-Bildern« und raumfassenden Großkompositionen, in denen Licht, Farbe und Körper in expressive Zwiesprache eintreten. Farbabb. S. 376)

Lit: Ausstellungskat. G. S. S. Orbis pictus. Die Halle. Salzburg 1999. – Ausstellungskat. G. S. S. Galerie Ropac. 1984 u. 1986. – Ausstellungskat. Vier Künstler aus Salzburg. Trento 1983. – Gugg.

N.Sch.

Sedlmayr, Hans, * Hornstein (Burgenland) 18. 1. 1896, † Salzburg 9. 7. 1984, Kunsthistoriker. 1936-45 Univ.-Prof. in Wien, 1951-63 in München. Nach seiner Emeritierung wurde er als Vorstand an das Kunsthistorische Inst. der wiedererrichteten →Univ. Salzburg berufen. Er leistete die schwierige Aufbauarbeit der ersten Jahre und lehrte hier von 1964/65 bis 1969. Neben seinen wertvollen Beiträgen zur Kunstgeschichte Salzburgs – eines seiner Hauptwerke ist die Monographie zu →Fischer von Erlach – erwies er sich als unermüdlicher Mahner und Beschützer der Schönheit dieser Stadt und ihres Umfeldes.
Publikationen zu Salzburg: »J. B. Fischer von Erlach«, 1. Aufl. 1925, 2. Aufl. 1956, 3. Aufl. 1976; »Salzburgs Aufgabe in der Kunstgeschichte«, Antrittsvorlesung, gehalten am 15. 12. 1965; »Die demolierte Schönheit. Ein Aufruf zur Rettung der Altstadt Salzburgs«, 1965; »Stadt ohne Landschaft. Salzburgs Schicksal morgen?«, 1970.

Lit.: F. Piel: H. S. Verzeichnis seiner Schriften. Salzburg 1996. – E. Frodl-Kraft: H.S. in: WJbfKG 44, 1991. – G. Schmidt: H. S. Nachruf. In: Almanach der ÖAW 136, 1986.
M.O.

Seeauer, Beda, * Hallstatt 28. 7. 1716, † Salzburg 21. 12. 1785, Benediktiner, Univ.-Prof., 1732 in das Stift →St. Peter eingetreten, studierte an der →Univ. Theologie und Jus, war 1743-45 Prof. der Philosophie und wurde 1753 zum Abt von St. Peter gewählt. Machte sich durch die Neuordnung von Archiv und Bibliothek des Stiftes verdient. Schrieb philosophische Arbeiten in latein. Sprache und eine Geschichte seines Klosters (1772).

Lit.: ADB 33. Nachdruck Berlin 1991, S. 553 f.
R.R.H.

Seebach, Hans →Demel, Hans

Seefeldner, Erich, * Werfen 30. 9. 1887, † Salzburg 25. 7. 1981, Geograph, Landesschulinspektor. Nach dem Studium an der Univ. Wien unterrichtete S. 1920-40 in Salzburg an der →Realschule. Sein großangelegtes Hauptwerk »Salzburg und seine Landschaften, eine geographische Landeskunde« (1961) wurde zur klassischen Grundlage für die Landschaftskunde Salzburgs. Daneben viele Publikationen, vor allem in den MGSLK.

Lit.: W. Del-Negro: Nekr. in: MGSLK 122, 1982, S. 472 ff.
R.R.H.

Seel, Peter, * 1592, † 1669, Medailleur. Er wirkte 1632-65 als Siegel- und Eisenschneider an der eb. →Münze, 1660 wurde ihm sein Sohn Paul zur Seite gestellt, der das Amt bis zu seinem Todesjahr 1695 innehatte. Die beiden gehören zu den bedeutendsten Vertretern ihrer Zunft, durch sie und ihre zahlreichen Schüler wurde Salzburg zu einem Herstellungszentrum der damals überaus beliebten Ablaß- und Weihepfennige. Neben ihrer wenig einträglichen amtlichen Tätigkeit belieferten sie Wallfahrtsorte wie Altötting, Mariazell und Einsiedeln, aber auch Ungarn, Köln und Prag mit ihren Arbeiten, die meist eine ovale Form, flaches Gepräge und die Signatur P. S. oder S. P. aufweisen. Der jüngere S. stellte sein Können nicht nur in Bildnis- und Gedenkmedaillen (z. B. auf den Entsatz von Wien bei der Türkenbelagerung 1683 und auf das 1100-Jahr-Jubiläum von St. Peter 1682), sondern auch als Kupferstecher unter Beweis.

Hans Sedlmayr (Oskar Anrather)

Lit.: Fuhrmann-Stadt. – A. M. Pachinger: Wallfahrts-Medaillen. Der Salzburger Meister Peter S. und seine Schule, Linz 1906. – G. Zeller: Medaillen von Peter und Paul S. und diesen verwandten Meistern. Wien 1894.
N.Sch.

Seidensticker, auch Seidennater, Seidennäher genannt. Im Gegensatz zu anderen europ. Städten waren in Salzburg die S. nicht den Malern, sondern der Zunft der Goldschmiede angeschlossen. Ihr handwerklicher Beruf wurde von Männern ausgeübt und wies im 14. und 15. Jh. bedeutende Werkstätten in Wien und Salzburg auf. Der erste namentlich bekannte S. Salzburgs war Seidlin (=Siegfried) von Pettau zur Zeit Eb. Friedrichs von Leibnitz (1315-38). Von ihm stammt das Antependium aus dem ma. →Dom, heute im Österr. Museum für angewandte Kunst in Wien. Von Beginn des 15. Jh.s bis zum Amtsantritt Eb. →Wolf Dietrichs, 1587, verzeichnete Salzburg 26 S. Der seit 1442 in Salzburg tätige Hans Goldfuss (Goldfuess) ist als Sticker von drei Mitren des →Domschatzes bekannt. Aus Seekirchen stammten Hans, Jörg, Heinrich und Gabriel Breitfuss, eine Dynastie von S., die von der Mitte des 15. bis zum Beginn des 16. Jh.s arbeitete. Von 1450 bis nach 1500 wurden die Stickereien, vor allem auf den Kaselkreuzen, immer mehr zur Reliefarbeit, ja manchmal zu freiplastisch gearbeiteten Teilen. »Peter der Seydenater« (=Peter Schulthuß oder Schulthaiß) war ab 1556 in Salzburg tätig und schuf für Eb. Michael von Kuenburg u. a. einen perlenbestickten Ornat mit gesticktem Kreuz. Die berühmte Mitra des Abtes von →St. Peter, Rupert Keutzl, aus dem 3. Drittel des 15. Jh.s gilt als bedeutende Schöpfung eines Salzburger S., die unter großzügiger Verwendung aufgebrachter Steine die Grenzen zur Goldschmiedekunst zu verwischen vermag.

Lit.: F. Wagner: Seidenstickerei. In: Kat. Spätgotik in Salzburg. Die Malerei. JahrSMCA, Bd. 17, 1972, S. 204 ff. – F. Pirckmayer: Seidennater. In: MGSLK 44, 1904, S. 270 ff.

Ch.S.

Seidl, Ulf (Rudolf), * Salzburg 28. 5. 1881, † Salzburg 3. 3. 1960, Maler, Graphiker, Schriftsteller. Kunststudium in München und Karlsruhe, 1907-30 in Wien, 1930 Atelier auf der →Festung Hohensalzburg (auf der sog. »Katz«), seit 1932 in Söllheim bei Salzburg. Neben drei historischen Romanen, Novellen und einem Märchenbuch zahlreiche Zeitungs- und Zeitschriftenbeiträge. In den 20er Jahren erregte ein von S. entwickeltes fotochemisches Verfahren für Reproduktionen alter Meister Aufsehen. Im 2. Weltkrieg Wehrmachtspropaganda. Verschiedene Bildermappen (Alt-Salzburg, Salzkammergut, Wachau) in einem gefälligen Jugendstil-Biedermeier machten S. volkstümlich beliebt. Bemerkenswert zwei maßstabgetreue Rekonstruktionen des Stadtbildes von Salzburg im 16. Jh.

Lit.: R. Preiß: U. S. In: Mitteilungen aus dem Salzburger Landesarchiv. Nr. 2, 1984, S. 54 ff. – SV, 26. 5. 1956. – SN, 28. 5. 1956.

H.H., N.Sch.

Sengmillner, Edmund, * Michaelbeuern (Salzburg) 27. 6. 1661, † Michaelbeuern 14. 5. 1714, Ordenspriester und Komponist. Neffe des Abtes Aemilian S., trat in das Kloster ein, legte 1678 die Profeß ab und wurde 1685 zum Priester geweiht. 1686-1708 wirkte er als Ökonom, 1708-1714 als Prior des Stiftes →Michaelbeuern. In seinem Nachlaß befand sich eine große Zahl bedeutender Musikalien, die Aufschluß über das künstlerisch hochstehende klösterliche Musikleben zu Beginn des 18. Jh. geben. In dem 1714 angelegten und erhaltenen Inventar sind ca. 650 Werke erfaßt – neben eigenen Kompositionen von S. das vielfältige Repertoire um das Jahr 1700, wie es an den Höfen von Salzburg, München und Wien, in Augsburg, Regensburg und Passau gepflegt wurde. Der Verlust dieser Sammlung ist umso bedauerlicher, weil einzelne Werke nur in diesem Inventar verzeichnet sind, möglicherweise singulär in Michaelbeuern überliefert waren.

Lit.: E. Hintermaier: Materialien zur Musik und Musikpflege im Benediktinerstift Michaelbeuern im 17., 18. und 19. Jh. In: Dokumentation Benediktinerabtei Michaelbeuern, Michaelbeuern 1985.

G.W.

Serlinger, Johann(es), * unbekannt, † Salzburg 3. 2. 1511, Chronist. Salzburger Weltgeistlicher und 1480/81 kurzzeitig Bischof von Seckau, resignierte aber vor der Weihe und war dann Kammerschreiber der eb. Kurie und Verwalter der Salzburger Domkustodie. Vor 1501 zog sich S. vom Hof zurück und verfaßte seinen »Catalogus Pontificum Salisburgensium«, eine von 580 bis 1501 reichende Chronikenkompilation (→Geschichtsschreibung) über die Geschichte der Salzburger Eb. mit weitgehend wörtlicher Übernahme der reichlich herangezogenen Quellen. Der Wert der S.schen Chronik liegt in der Überlieferung von Urkundentexten und in der Behandlung der selbsterlebten Zeit. Epitaph in St. Peter.

Lit.: K. Amon: J. S. In: E. Gatz (Hg.): Die Bischöfe des heiligen Römischen Reiches 1448 bis 1648, Ein biographisches Lexikon, Berlin 1996, S. 661 – K. Amon: Die Bischöfe von Graz-Seckau 1218-1968. Graz 1969, S. 156 ff. – G. Scheibner: Beiträge zur salzburgischen Historiographie am Ausgange des MA. Salzburg 1911, S. 3.

P.F.K.

Serpentin. Die früheste Verwendung einheimischen Serpentins ist von Steinbeilen der Jüngeren Steinzeit bekannt. Vorkommen in Gastein, Rauris, Fusch, Habach und Mittersill. Rege Verarbeitung im 16. Jh., als eine reiche Bautätigkeit einsetzte und der grüne Stein in Mode kam. Zahlreiche Torgewände in →Gastein und Rauris geben Zeugnis von der Steinverarbeitung zu Architekturteilen. Das letzte V. des 18. Jh.s brachte eine Wiederbelebung der Serpentinverarbeitung u. a. an eb. Bauten (schönstes Beispiel: Badeschloß in Gastein, 1791). Um 1805-10 erfolglose Bemühungen, eine Serpentinindustrie für Geschirre und Vasen im Gasteiner Tal zu etablieren.

Lit.: A. Kieslinger: Die nutzbaren Gesteine Salzburgs. Salzburg 1964, S. 16 ff.

Ch.S.

Setznagel, Marx, * Salzburg um 1525, † Salzburg 21. 8. 1580, Kartograph. Der Sohn des Notars und sbg. Hofgerichtsschreibers Michael S., des Testamentsvollstreckers und Errichters des ersten Denkmals für Th. →Paracelsus, begann 1542 ein nicht abgeschlossenes Jus-Studium in Ingolstadt. Studienkollege der drei Söhne des Mathematikprofessors Peter Apian, durch die Freundschaft mit Philipp Apian scheint das Interesse an der →Kartographie gewachsen zu sein. S. ist seit 1553 u. a. als Supplikenschreiber am Salzburger Hof nachweisbar, 1562-80 beim Stadtrat, 1575-80 beim Konsistorium und beim Offizialatsgericht als Rechtsbeistand, Vormund, Testamentsvollstrecker und Prokurator tätig.

S.'s Hauptwerk ist die »Salzburgische Landtafel«, deren erste Auflage verschollen ist. Es existieren Nachdrucke aus den Jahren 1640, 1650 und 1654, bei denen in den Teilen 2-4 die Originaldruckstöcke aus der Zeit um 1554 verwendet wurden; Teil 1 mußte um 1640 in der Druckerei Katzenberger nachgeschnitten werden. Der erste Plan für eine Chorographia/ Landesbeschreibung des Erzstiftes Salzburg entstand bereits 1538. Die Landkarte im Maßstab 1:416 616 ist erstaunlich exakt (Salzachverlauf!), umfaßt das Gebiet von Braunau im Norden bis Falkenstein (vor Arnoldstein) im Süden und von (Deutsch-) Landsberg im Osten bis zum Zillertal im Westen und enthält 419 Orts-, Gegend-, Gewässer- und Bergnamen im heutigen Salzburg, Tirol, Kärnten, Stm., OÖ., Bayern, Italien und Slowenien. Das nach Süden orientierte Blatt wird oben von Wappen des Erzbistums und den acht Suffraganbistümern, unten von den Wappen der acht Salzburger Städte eingerahmt. Die Karte ist ein Symbol für den Anspruch der Salzburger Landesfürsten auf die Schaffung eines Paßstaates im Tauerntransit. Die von S. geschaffene Vorlage wurde von Christoph Jordan beschriftet und in den Holzstock geschnitten und zwischen 1550 und 1556 bei H. →Baumann (nach Merian) gedruckt; sie blieb bis 1713 die offizielle Landeskarte und erfuhr vor allem durch die niederländischen Atlas-Herausgeber Ortelius, Mercator, de Jode u. a. europaweite Verbreitung. Von diesen Ausgaben (mit der Stadtansicht, mit der Kartusche) sind 7200 erhaltene Salzburg-Karten nachgewiesen.

Lit.: F. Zaisberger: Das Landt vnd Ertzstifft Saltzburg. Die erste gedruckte Landkarte Salzburgs, MGSLK Erg. Bd. 12 = Schriftenreihe des Salzburger Landesarchivs 5, 1988. W. Schaupp, Salzburg auf alten Landkarten 1551–1866/ 67, Salzburg 2000, S. 27–30.

F.Z.

Severin, hl. * unbekannt, † Favianis (Mautern) 8. 1. 482, Heiliger, Seelsorger und Diplomat. Über die Herkunft S.s ist nichts bekannt. Er stammte wohl aus dem römischen Adel und bekleidete hohe Ämter, bevor er sich als asketischer Einsiedler zurückzog. Nach dem Tod Attilas (453) kam S. nach Ufernoricum und übernahm militärische und diplomatische Aufgaben. Er bemühte sich um die Aufrechterhaltung der öffentlichen Ordnung, organisierte die militärische Verteidigung gegen die einfallenden Germanen und war auch karitativ tätig. Zentrum seiner Tätigkeit war das von S. gegründete Mönchskloster Favianis (Mautern). Sein Wirkungsbereich reichte bis in den Salzburger Raum. Um 470 kam er nach Iuvavum, wo eine Klosterkirche (Basilika) und eine Mönchsgemeinschaft bestanden. Er kam auch in das römische Castellum Cucullis am Georgenberg östlich von Kuchl, den Ort eines Kerzenwunders. Hier werden in seiner Vita eine Christengemeinde und jene Kirche erwähnt, die archäologisch ergraben werden konnte. S. starb 482. Beim erzwungenen Abzug der Romanen überführte die von ihm gegründete Mönchsgemeinschaft 488 seinen Leichnam nach Italien und setzte ihn im Kloster Lucullanum bei Neapel bei. Die von Eugippius († um 535), dem Abt von Lucullanum, vermutlich einem Schüler S.s., 511 verfaßte Lebensbeschreibung des Heiligen, die »Vita sancti Severini«, ist eine einzigartige Quelle über das Ende der Römerherrschaft im Südostalpenraum. In dieser Vita wurzelt auch die Verehrung des hl. Maximus in den Katakomben von →St. Peter, da eine Nennung des römischen Ortes Ioviacum in Oberösterreich fälschlich auf Salzburg (Iuvavum) bezogen wurde.

Lit.: F. Holböck: Die Heiligen Salzburgs. Salzburg-München 1996, S. 13 ff. – Severin. Zwischen Römerzeit und Völkerwanderung. Kat. Linz 1982. – R. Noll: Das Leben des hl. Severin. Passau 1981. – F. Lotter: Severinus von Noricum. Monographien zur Geschichte des Mittelalters 12, Stuttgart 1976.

P.F.K.

Sfondrati, Coelestin (Ordensname, eigentlich: Alois), * Mailand 1644, † Rom 4. 9. 1696, Abt von St. Gallen, Kardinal und Salzburger Univ.-Prof. S. erwarb 1679 in Salzburg das theologische und juridische Doktorat und wurde gleichzeitig zum Prof. des kanonischen Rechts ernannt. Er übte außergewöhnliche Wirkung auf die Studenten aus, sein Werkverzeichnis ist umfangreich. S. wurde vor allem durch die eindrucksvolle Widerlegung der gallikanischen Thesen gegen das Papsttum (1682) bekannt.

Lit.: W. Vogler: C. S. als akademischer Lehrer in Salzburg. In: A. Grotans u. a. (Hg.): De consolatione philologiae, Studies in Honor of E. S. Firchow, Göppingen 2000 (=Göppinger Arbeiten zur Germanistik, Bd. 682/I), S. 425-437. – M. Kaindl-Hönig, K. H. Ritschel: Die Salzburger Universität 1622-1964. Salzburg (1964), S. 50. – ADB 34. Nachdruck Berlin 1971, S. 120 f.

R.R.H.

Siedlungsformen. Bis zum Ende des MA. wurde das Land Salzburg in mehreren Perioden etwa im heutigen Umfang besiedelt. Nur ein Fünftel der Landesfläche kann als Dauersiedlungsraum angesehen werden, lediglich im nördl. Teil des Landes gibt es größere zusammenhängende Siedlungsflächen. In allen übrigen Teilen folgen die Siedlungen den Tälern und Becken und reichen nur an sonnigen Hängen weiter die Talflanken hinauf. Die höchsten dauernd besiedelten Bauernhöfe liegen im Lungau, um 1300 m. Die Siedlungsweise des Vorlandes unterscheidet sich von der des Gebirges. So finden sich im Flachgau viele Einzelhöfe und Kleinweiler, die Siedlungsschwerpunkte bilden Märkte und Dörfer mit unregelmäßiger und unplanmäßiger Anlage, sog. Haufendörfer. Im Gebirge beschränken sich diese Haufendörfer und Märkte auf die Becken und Haupttäler, im übrigen herrschen Kleinweiler vor. Nur in den zuletzt besiedelten Hang- und Höhenlagen nehmen Einzelsiedlungen zu. An Knotenpunkten der Straßen liegen Marktorte; oft sind es Straßenmärkte, bei denen die Durchgangsstraße zu einem langgestreckten Platz erweitert ist. In geschlossener Zeile stehen die Häuser giebelseitig mit weit vorspringendem Dach zu Straße und Platz (z. B. Golling). Aber auch schöne Anlagen mit quadratischen oder rechteckigen Plätzen sind zu finden (Tamsweg, St. Veit). Bis 2000 nur vier Städte im Land: Landeshauptstadt Salzburg, Hallein, Radstadt, Zell am See (vor 1803 noch Laufen, Tittmoning, Friesach und Mühldorf), 2000 Stadterhebung von Bischofshofen, St. Johann i. P., Saalfelden, Seekirchen und Neumarkt a. W.

Lit.: A. Klaar: Die Siedlungsformen von Salzburg (Forschungen zur dt. Landes- und Volkskunde XXXII/3). Leipzig 1939.

Si(e)gmundstor →Hagenauer, W.

Silber, Max, * Salzburg 18. 7. 1883, † Salzburg 5. 8. 1942, Archäologe, Museumsdirektor. Nach der Schulzeit in Salzburg Studium an der Univ. Wien bei E. Reisch und R. Egger, 1915 Promotion in klassischer Archäologie mit einer Arbeit über »Antike Beleuchtungsgeräte«. 1920 kam er als Assistent ans →SMCA in Salzburg, 1928 wurde er zum Kustos der Archäologischen Sammlung bestellt, 1933 übernahm er die Leitung des Museums. Daneben führte er die Geschäfte des Salzburger Museumsvereines und gab die Zeitschrift »Salzburger Museumsblätter« heraus, zu der er zahlreiche Aufsätze beisteuerte. Eine umfassende Studie über römische Terrakotten, zu der er viel Material gesammelt hatte, konnte er nicht mehr abschließen.

Lit.: Nachruf und Schriftenverzeichnis in: Wiener Prähist. Zeitschrift 30, 1943, S. 88 f.

F.M.

Silberbergbau →Goldbergbau

Sil(l)er, Mathias, * Salzburg um 1710, † Salzburg 14. 9. 1787, Theatermaler. Seine Dekorationen zur Pantomime »Der Schwätzer und der Leichtgläubige«, aufgeführt 1764 zum Geburtstag Eb. Sigismund Schrattenbachs, sind eines der wenigen bildlichen Zeugnisse des Salzburger Barocktheaters; sie erschienen noch im selben Jahr als Guckkastenbilder, gestochen von Haid, Degmayr und Setletzky. Außer Prospektmalereien führte S. auch andere Gelegenheitsaufträge (Altarbilder in Elsbethen) aus und starb als Pfründner im Bürgerspital. (Farbabb. S. 348)

Lit.: Wurzbach. – Thieme-Becker. – A. Kutscher: Das Salzburger Barocktheater. Wien 1924, S. 72.

N.Sch.

Singer, Peter, OFM, * Häselgehr (Tirol) 18. 7. 1810, † Salzburg 26. 1. 1882, Komponist, Orgelvirtuose und Instrumentenbauer; Mönch und Novizenmeister im Salzburger Franziskanerkloster, Chorregent und Organist der Klosterkirche. Erlangte legendäre Berühmtheit mit dem Bau des Pansymphonikums, eines Kombinationsinstruments (→Claviorganum), das er täglich ab 10.30 Uhr vorführte und das Tausende Besucher, u. a. auch die bedeutenden Musiker der Zeit (Franz Liszt, A. →Bruckner, Giacomo Meyerbeer, Louis Spohr, Anton Rubinstein) anlockte. Mit dem Werk »Metaphysische Blicke in die Tonwelt« (1847) schuf er eine theologische Deutung des funktionalen Tonsystems als Basis seiner Harmonie- und Kompositionslehre. Weit verbreitet waren seine Kirchenkompositionen (101 Messen, 600 Offertorien, Litaneien, Marienlieder). S.s Musikinstrumente werden heute im Museum des Franziskanerklosters aufbewahrt.

Lit.: P. Hartmann v. An der Lan-Hochbrunn: P. S. Innsbruck 1910

G.W.

Singkreis Zell am See, 1964 von Rainer Straub gegründet und seither geleitet; erarbeitet die A-capella-Literatur der Renaissance, des Barock – vor allem das Werk von Heinrich Schütz – und der Moderne; zahlreiche Konzerte und Aufnahmen im In- und Ausland, auch zusammen mit Instrumentalensembles; Kulturinitiative gemeinsam mit dem →Mozarteum-Orchester Salzburg und L. →Hager im Land Salzburg mit Aufführungen von Werken von H. Schütz und Joseph Haydn.

G.W.

Sitte, Camillo, * Wien 17. 4. 1843, † Wien 16. 11. 1903, Architekt, Baumeister und Städteplaner. Als Schüler Heinrich v. Ferstels wurde S. einer der Begründer des modernen Städtebaus. Sein 1889 erschienenes Buch »Der Städtebau nach seinen künstlerischen Grundsätzen« (Wien 1889, Nachdruck der 4. Aufl. 1909, Wiesbaden 1998) richtete sich gegen das gleichförmige Rastersystem der Gründerzeit und rückte die Bedeutung der Stadt als künstlerisch gestalteter Raum wieder in den Vordergrund. Als Demonstrationsbeispiel für die »Geschlossenheit der Plätze« verwendete S. in seinem Buch u. a. den Salzburger Domplatz mit den raumbegrenzenden Pfeilerhallen. S. schuf Kirchen

Camillo Sitte

und andere Großbauten sowie kommunale Bebauungspläne. Für Salzburg wurde er bedeutsam als Organisator der (Staats-) →Gewerbeschule (1875-83), die er in ihren Anfängen leitete, und durch seine Verdienste um den Aufschwung des Kunstgewerbes (Silber-Filigranarbeiten); 1877 gründete er das »Salzburger Gewerbeblatt«. Ein Bebauungsplanentwurf vom Ende der 1870er Jahre fand in Salzburg keine positive Resonanz.

Lit.: M. Mönninger: Vom Ornament zum Nationalkunstwerk. Zur Kunst- und Architekturtheorie C. S.s, Braunschweig-Wiesbaden 1998. – Camillo Sitte: Der Städtebau nach seinen künstlerischen Grundsätzen. Wien 1889, Nachdruck der 4. Auflage (1909), Wiesbaden 1998. – Camillo Sitte: Der Städtebau nach seinen künstlerischen Grundsätzen. Wien 1889, Nachdruck der 3. Auflage mit einem Vorwort von Rudolf Wurzer. Wien 1972. – Nachruf in: Zeitschrift d. Österr. Ing.- und Architekten-Vereins, 1903, S. 671.

R.R.H., N.M.

Skwara, Erich Wolfgang, * Salzburg 4. 11. 1948, Übersetzer, Kongreßdolmetscher, Univ.-Lehrer und Schriftsteller. Studien in Paris (Romanistik und Musikgeschichte) und in den USA (Germanistik), 1972 Lyrikpreis der Stadt Karlsruhe. Freundschaft u. a. mit Tennessee Williams (S. übersetzte ein Buch von Williams aus dem Amerikanischen ins Deutsche), mit Henry de Montherlant und Hans Sahl. Schreibt Lyrik (zuletzt »Nach dem Norden«, Ged. 1998) und Prosa, u. a. »Pest in Siena« (Roman 1976, Neufassung 1983), »Schwarze Segelschiffe« (Roman 1979), »Bankrottidylle« (Roman 1985), »Eis auf der Brücke« (Roman 1991), »Tristan Island« (Roman, 1992) »Die heimlichen Könige« (Roman 1995), »Anruf aus Rom« (Erz. 1999). 1996 übersetzte S. J. J. Rousseaus »Gesellschaftsvertrag« ins Deutsche. Den engsten Bezug zu seiner Geburtsstadt Salzburg hat die autobiographische Erzählung »Versuch einer Heimkehr« (1998), in der S. sehr selbstkritisch seine Kindheit und Jugend beschreibt. Skwara lehrt Kulturwissenschaften an der Univ. San Diego in Kalifornien.

Lit.: KLG. – P. Kampits: Abschiedlichkeit. Ein Versuch zum Werk E. W. S. In: ÖGL, H. 4, 44 (2000), S. 236-242. – K. Zeyringer: Etüden für einen Linkshänder. Zur Literatur von E. W. S. In: manuskripte, H. 140, 38 (1998), S. 135-130.
H.H.

Sockenstrickerei →Hausindustrie

Solari, Santino, * Verna/Val d'Intelvi 1576, † Salzburg 10. 4. 1646, Bildhauer, Stukkator, Architekt. Um 1600 in der Steiermark tätig, vermutl. Romaufenthalt, 1612-46 Hofbaumeister in Salzburg unter den Eb. →Markus Sittikus und →Paris Lodron, aber auch für das Domkapitel und die Klöster →St. Peter, →Nonnberg, Loreto, die Kapuziner und Franziskaner tätig. Die Bewältigung des großen Baupensums war nur durch straffe Neuorganisation des hf. →Hofbauamtes möglich. Als S. 1612 nach Salzburg berufen wurde, lag die Stadt als große Baustelle, teils noch als Trümmerfeld, vor ihm. Als er 1646 starb, hatte er verwirklicht, was →Wolf Dietrich initiiert hatte. Er hatte nicht nur das Herz der barocken Stadt, den neuen →Dom (1612/14-28), geschaffen, die Villa suburbana →Hellbrunn (1612/13-19) angelegt, die →Residenz in drei Höfen geschlossen, die alte →Univ. mit der Aula errichtet, die Kirche von →St. Peter mit Gewölbe und Kuppel versehen und in der Stadt rechts der Salzach die riesige Anlage des Lodronschen Primogeniturpalastes samt dem Loretokloster erbaut, sondern als Hofbaumeister auch große urbanistische und fortifikatorische Aufgaben gelöst. Die unter Wolf Dietrich vereinheitlichten oder neu angelegten Straßenzüge wurden mit Stadttoren (architektonisch bedeutsam das Sebastians- oder Linzer Tor, 1613) geschlossen, Straßen und Brücken im ganzen Erzstift erneuert, die dritte Befestigungsanlage der Stadt Salzburg (1620-46) geschaffen. Am rechten Ufer der Salzach rückte man die Mauern über das Schloß →Mirabell hinaus und bezog die Stadtberge und die Burg in das Festungswerk ein (aufgehoben erst 1860, →Stadtentwicklung). Auch die Grenzen des Erzstiftes wurden gesichert durch den Ausbau der Burgen, die Befestigung der Städte und Markte, die Verstärkung der Pässe – Schutzwälle vor den Truppen des Schwedenkönigs Gustav Adolf.

Lit.: I. Wallentin: Der Salzburger Hofbaumeister S. S. (1576-1646). Diss. Salzburg 1985.
M.O.

Sommerakademie für bildende Kunst, Internationale. Im Sommer 1953 eröffneten O. →Kokoschka als künstlerischer und F. →Welz als organisatorischer Leiter unter der Protektion des damaligen LH. Josef Klaus mit 24 Schülern die intern. »Schule des Sehens« auf der →Festung Hohensalzburg. »In meinem Programm hatte ich nicht versprochen, sie zu Kunstmalern auszubilden, sondern ihnen nur die Augen zu öffnen für das, was Kunst ist« (Kokoschka). 1963 bis 1980 leitete Hermann Stuppäck die Akademie, 1981 bis 1999 war Wieland Schmied ihr Präsident, seit 2000 ist Barbara Wally Direktorin (Leiterin 1981-99). Das Lehrangebot wurde erweitert um Skulptur, Graphik, Architektur, Schmuckgestalten, Design, Fotografie, Video, Performance, Installation und Mode. In Zusammenarbeit mit Salzburger Museen und Galerien werden allsommerlich Ausstellungen der lehrenden KünstlerInnen gezeigt. Das Vortragsprogramm ist Themen moderner und zeitgenössischer Kunst gewidmet. 1986 wurde das Steinbildhauersymposion in Fürstenbrunn am Untersberg gegründet. Seit 1995 ist die Hälfte der Klassen in der alten Saline in Hallein untergebracht. An den 22 Klassen nehmen alljährlich etwa 450 Studierende aus bis zu 40 Ländern teil.

Zu den bedeutendsten lehrenden KünstlerInnen zählen: Siegfried Anzinger, Christian Ludwig Attersee, Giampaolo Babetto, Jacobo Borges, Sandro Chia, Jim Dine, Georg Eisler, Valie Export, Katharina Fritsch, Nan Goldin, Leon Golub, Gotthard Graubner, Robert Jungk,

Oskar Kokoschka bei der „Schule des Sehens“ (Internationale Sommerakademie)

Allan Kaprow, Milan Knizák, Marie-Jo Lafontaine, Hermann Nitsch, Roman Opalka, Giulio Paolini, Anne Poirier, Katharina Sieverding, Adriena Simotová, Kiki Smith, Günter Schneider-Siemssen, Nancy Spero, Daniel Spoerri, Emilio Vedova.
Architekturklassen leiteten u. a. Hans Hofmann (1953, 55), Clemens →Holzmeister (1954), Konrad →Wachsmann (1956-60), Roland Rainer (1962-63), Jacob B. →Bakema (1965-69, 1973-75), Georges Candilis (1970), Frei Otto (1971), Pierre Vago (1972, 1976-78, 1980), Hans Hollein (1979, 1991), Wilhelm →Holzbauer (1981, 1982), Gustav Peichl (1981, 82, 87), Raimund Abraham und Vittorio M. Lampugnani (1983), F. →Achleitner und F. →Kurrent (1984), Peter Cook und John Hejduk (1985), Johannes Georg Gsteu und Otto Steidle (1986), Josef Paul Kleihues (1988), Coop Himmelblau (1989, 1993), Günther Domenig (1990), Arata Isozaki (1991), Laurids Ortner (1992), Heinz Tesar (1995), Paolo Piva (1997), Richard Plunz (1998), Itsuko Hasegawa (1999), Mark Mack (2000).

Lit.: Jährliche Veranstaltungsverzeichnisse der IS f. b. K. Barbara Wally (Hg.): Die Ära Kokoschka. Internationale Sommerakademie für bildende Kunst Salzburg 1953-1963. Salzburg 1993. – Wieland Schmied (Hg.): Zwischenbilanz 1981-1993. Internationale Sommerakademie für bildende Kunst Salzburg, Salzburg 1993. – I. Stegen: Das schönste Atelier der Welt. Salzburg 1978. – O. Kokoschka: Mein Leben. München 1971.

M.O., B.W., N.M.

Sommerakademie Mozarteum, Internationale, Sommerkurse der Hochschule →Mozarteum. Im Sommer 1916 begann L. →Lehmann im Neuen Mozarthaus mit alljährlichen Gesangskursen, die bis 1929 um Violin-, Klavier-, Kompositions-, Dirigenten- und Opernkurse erweitert wurden. 1930-39 führte die Int. Stiftung →Mozarteum die »Musikalischen Sommerkurse« durch, seit 1937 als »Mozarteums-Sommerakademie« für Musik, Theater und Tanz (mit 180 Teilnehmern), 1940-44 organisierte das Dt. Musikinstitut für Ausländer (Berlin-Potsdam) die »Sommerakademie für Ausländer im Mozarteum«. Nach dem Krieg wurde die »Internationale Sommerakademie Mozarteum« 1947 von der Akad. →Mozarteum unter B. →Paumgartner und E. →Preussner wieder aufgenommen, 1960 übernahm Preussner die alleinige Leitung, 1963/64 H. →Scholz, 1966 Robert Wagner, 1972 P. →Schilhawsky und 1983 R. →Liebermann (bis 1988). Er führte zentrale Produktionen ein, u. a. »Iannis Xenakis – Composer in residence« (1985), Opernproduktion von Mozarts »Le nozze di Figaro« (Peter Ustinov, Elisabeth Schwarzkopf, 1986) oder »Jazz-Academy« (Herbie Hancock, George Gruntz, 1987), was seine Nachfolger P. →Lang (1988-90) und P. →Roczek (ab 1991) fortführten. So standen Komponisten im Zentrum (Karlheinz Stockhausen 1988, Luciano Berio 1989, Alfred Schnittke 1990, Udo Zimmermann 1991, George Crumb 1992, Sofia Gubaidulina, György Kurtag 1993, Mauricio Kagel 1994, Adriana Hölszky 1997) oder szenische Produktionen, wie Madernas »Satyrikon«, »Bianca« von René Hirschfeld (1991, Regie: George Tabori) oder »Der Schuhu und die fliegende Prinzessin« von Udo Zimmermann (1995). 1986 nahmen 947 Studierende aus 38 Staaten an 40 Kursen teil. Zahlreiche prominente Künstler unterrichteten im Laufe der Jahre an der Sommerakad. oder gaben Gastvorlesungen, u. a. R. →Papier-Paumgartner, H. v. →Karajan, C. →Krauss, H. Kreutzberg, P. →Hindemith, Wolfgang Schneiderhan, Enrico Mainardi, Frank Martin, G. v. →Einem, C. →Orff, Julius Patzak, Boris Blacher, W. →Furtwängler, Günther Ramin, Irmgard Seefried, Wolfgang Fortner, Wolfgang Sawallisch, O. →Kokoschka, Friedrich Gulda, George Szell, Erich Leinsdorf, Hans Hotter, Hermann Scherchen, Elisabeth Schwarzkopf, Peter Ustinov, Walter Berry, Ilena Cotrubas,

Siegfried Jerusalem, Renata Tebaldi, Grace Bumbry, Christa Ludwig, Gidon Kremer, Yehudi Menuhin, Tatjana Nikolajewa und Alexis Weissenberg. 1997 nahmen 943 Studenten aus 52 Nationen an 69 Kursen teil.

E.St.

Sompek, Ernst, →Landeshymne, Salzburger

»Sonderbund«. Nach dem vorzeitigen Ende des →»Wassermann« und dem Scheitern seiner Bemühungen, im Kunstverein Einfluß zu gewinnen, gründete der Maler A. →Faistauer 1925 den »Sonderbund österreichischer Künstler in Salzburg« als Plattform für die der Moderne gegenüber aufgeschlosseneren künstlerischen Bestrebungen. Der S. veranstaltete in seiner Anfangszeit parallel zu den Festspielen ambitionierte, die Idee des Gesamtkunstwerkes propagierende Großausstellungen. Nach Faistauers Tod von Kajetan →Mühlmann und L.. Prähauser geleitet, trat er bis zum Verbot 1938 nur mehr in lokalen Gruppenausstellungen in Erscheinung. Mitglieder des S., der auch im Ausschuß des Kunstvereins stimmberechtigt war, waren u. a. E. →Bäumer, R. →Dimai, W. →Kaufmann, Th. →Kern, E. →Mayer, J. →Schulz, A. →Steinhart und S. →Soucek, aber auch auswärtige Künstler wie Robin C. Andersen, Anton Kolig und A. →Kubin.

Lit.: 150 Jahre Salzburger Kunstverein. Kunst und Öffentlichkeit, Salzburg 1994, bes. S. 136 ff.

N.Sch.

Sonnblick-Observatorium →Rojacher, Ignaz

Sonnwend auf der Salzach. Neben vielen großen und kleinen Sonnwendfeuern im ganzen Land ist die S. auf der Salzach die Erneuerung eines alten Sonnwendbrauches aus Oberndorf. Die Salzachschiffer fertigten dazu einst zahlreiche Holzkistchen an, füllten sie mit brennbarem Material, entzündeten sie nach Einbruch der Dunkelheit und übergaben sie der Salzach. Heute findet die S. in organisierter, volksfestartiger Form unter Beteiligung von zahlreichen Musikkapellen, Heimatvereinen, Prangerstutzenschützen und Fackelträgern usw. statt. Der Höhepunkt der vielbestaunten S. ist erreicht, wenn etwa 2000 z. T. kunstvoll gefertigte Lichter die Salzach hinunterschwimmen und die Oberndorfer Schiffer in fackelbeleuchteten Booten salzachabwärts fahren.

Soucek, Slavi, * Wien 11. 8. 1898, † Salzburg 6. 1. 1980, Maler und Graphiker. Studium an der Wiener Graphischen Lehr-und Versuchsanstalt, 1922 erste Einzelausstellung in Barcelona, 1924/25 erstmals in Salzburg (Grödig), anschließend mehrjährige Auslandsaufenthalte (1925-29 in Spanien), die ihm die wichtigsten Kunstströmungen vor Augen führten. Der Umgang mit den Malern der »Brücke« in Berlin erwies sich für seine Entwicklung weniger folgenschwer als der Einfluß der Pariser Kubisten, vor allem Picassos. 1931 ließ er sich in Salzburg nieder. Nach Arbeitsverbot 1941-43 in Prag. Mediterranes Formempfinden prägte den dekorativen Lyrismus seiner Arbeiten, ehe er sich 1952 ausschließlich der abstrakten Gestaltungsweise zuwandte. Durch intensive Lehr- und Vortragstätigkeit machte er sich in den Jahren nach dem 2. Weltkrieg um die Durchsetzung der Moderne verdient. Die Gründung der »Galerie Kunst der Gegenwart« gemeinsam mit Gustav K. Beck ist ein Markstein der Salzburger Kunstgeschichte, der in der 1954 angeschlossenen »Graphischen Versuchs-Werkstatt« weiterwirkt. Hier leitete der als Künstler-Philosoph und Klassiker der Abstraktion in ganz Österreich anerkannte S. bis 1976 das Lithographie-Seminar der Intern. →Sommerakad. Nicht zuletzt kraft handwerklicher Disziplin harmonisierte S. kubistische, illusionistische, surreale und informelle Elemente zu abgeklärter, kontemplativer Bildwirkung. Seine Ölbilder, Graphiken verschiedenster Technik, Tapisserien und Wandgestaltungen vereinen hohen Schmuckwert mit geistiger Konzentration. (Farbabb. S. 368)

Lit.: A. Eisler: S. S. Salzburg 1998. – Ausstellungskat. S.S. Galerie über dem Café Mozart, Salzburg 1985. – H. Stuppäck: S. S. Ein Pionier der österr. Moderne. Salzburg 1981. – K. Sotriffer: Maler und Plastik in Österreich. Wien 1963, S. 119. – Seuphor: Knaurs Lexikon abstrakter Malerei. München-Zürich 1957.

N.Sch.

Soudant, Hubert, * Maastricht (Holland) 16. 3. 1946, Dirigent. Nach Musikstudien (Horn, Dirigieren) in seiner Heimatstadt arbeitete S. zunächst als Chefassistent des niederländischen Rundfunkorchesters, war Preisträger internat. Wettbewerbe und Gastdirigent zahlreicher Orchester. 1981-83 GMD des Nouvelle Orchestre Philharmonique de Radio France in Paris, 1983-86 Chefdirigent des Utrecht Symphony Orchestra, Gastdirigent des Melbourne Symphony Orchestra. S. ist seit 1994 Chefdirigent des →Mozarteum-Orchesters und Musikdirektor der Oper von Nantes/ Angers.

Lit.: A. Paris: Lexikon der Interpreten klassischer Musik. Kassel 1992.

G.W.

Sound of Music. In Amerika, Japan und langsam in anderen Ländern weitverbreiteter amerikanischer Spielfim von 1964, der einen wesentlichen Sektor des Salzburgtourismus hervorrief. Verfilmt nach den Lebenserinnerungen von Maria Augusta von Trapp (geb. Kutschera, * 1905 Wien; † 1987 Stowe/Vermont), die ihren Weg von der Novizin zur Ehefrau des verwitweten Barons Georg von Trapp und zur Mutter von sieben Stief- und drei eigenen Kindern, die Emigration der Familie während der NS-Zeit und den Erfolg des Familienchores in Amerika schildert (1949 amerik., 1952 dt.: Die Trapp-Familie. Vom Kloster zum Welterfolg). Die Trapp-Family-Singers traten als Madrigalchor mit Kunstliedern, allgemeinem dt. Volkslied und Volksliedern unter Chorleiter Mrsg. Dr. Franz Wasner auf. Entdeckung der Qualität des Chores 1938 durch Lotte Lehmann, Auftritte im Rahmen der Salzburger →Festspiele. Begründung der Trapp-Family-Logde in Vermont als Sommermusikschule (heute florierendes Tourismusunternehmen). Eine Welle von medialen Produktionen unterschiedlichen Wahrheitsgehalts kam ins Rollen, die breite Rezeption erlebte. Das Broadway-Musical von Richard Rodgers & Oscar Hammerstein (1959, Wiederaufnahme 1998) zählt zu den meistgespielten. Es gehört auch zum Standardrepertoire amerikanischer Theater, Laienbühnen und Schulaufführungen. Mit den Nummernsongs des Musicals (»Edelweiss« wird in Amerika vielfach für die österreichische Bundeshymne gehalten) entstand 1964 eine Verfilmung unter dem Regisseur Robert Wise, mit Julie Andrews (»The Sound of Music«) in der Titelrolle. Sie zählt zu den meistgespielten Filmen und kann als amerikanischer Heimatfilm der Hollywoodismus-Ära gelten. Der »American Dream« steht im Zentrum. Die Geschichte der Familie wie des Films sind im Internet abrufbar.
Bereits in den 1960er Jahren entstand ein reger Touristenstrom zu den Drehorten des Filmes nach Salzburg, Angebote von gleichnamigen Tours in Salzburg. Seit 1991 gleichnamige Dinnershow. 1996 japanischer Zeichentrickfilm als Folge der breiten Rezeption in Japan. Die in Deutschland von Wolfgang Liebeneiner gedrehten Filme (»Die Trapp-Familie«, 1956, und »Die Trapp-Familie in Amerika«, 1958) wurden nur in den ersten beiden Nachkriegsjahrzehnten zu österr. Heimatfilmen, die Österreich als Opfer des Nationalsozialismus und als Bewahrer von Werten der Kaiserzeit und eines bürgerlichen Familienbildes zeigen. 1957 und 1967 Bundesauszeichnungen, 1986 und 1994 Ehrungen der Trapp-Familie durch das Land Salzburg für Österreichwerbung und im 2. Weltkrieg erfolgte Hilfsaktionen des »Austrian Relief«. In den 1990er Jahren auch Rezeption in Europa durch Wirtschaftswerbung; Edelweißrenaissance in der Trachtenmode und am Sektor Airport-art.

Lit.: »The Sound of Music« – zwischen Mythos und Marketing. Mit 25 wiss. Beiträgen, hg. v. U. Kammerhofer-Aggermann, A. G. Keul (SBzVK 11), Salzburg 2001. – W. Anderson: The World of the Trapp Family. Davison Anderson Publication 1998.

U.K.

Spannring, Hubert, * Heiligenstadt bei Braunau/ OÖ 23. 9. 1862, † Salzburg 1. 1. 1930, Bildhauer. Prof. an der Villacher und Grödener, später an der Halleiner →Fachschule (1907-15 Direktor). Vertrat neben A. →Aicher in Porträtbüsten, Reliefs und Grabmälern den malerisch-detailrealistischen Stil des auslaufenden Historismus und wandte sich in den letzten Lebensjahren der Krippenkunst zu. Sein Hauptwerk ist das Struber-Denkmal am Paß Lueg (1898). Vater der L. →Spannring.

Lit.: Jung-Kärnten 1, Nr. 21, 1. 11. 1893, S. 326. – Chronik v. 4. 1. 1930. – Thieme-Becker.

N.Sch.

Spannring, Luise (Aloisia), * Villach 15. 7. 1894, † Puch bei Hallein 17. 2. 1982, Keramikerin. Tochter des Salzburger Bildhauers H. →Spannring; Studium an der →Fachschule für Holz- und Steinbearbeitung in Hallein und ab 1912 an der Wiener Kunstgewerbeschule unter Barwig, Powolny und Strnad. Seit 1917 eigene keramische Werkstätte in Salzburg (1919-60 Steingasse 28, ehemaliges →Obermillnersches Hafnerhaus). Neben keramischen Erzeugnissen unter Bevorzugung des Figuralen auch Wandteppiche, Krippen, Krippenfiguren, Tischschmuck, Leuchter, Fliesen etc. in klein-

Werkstatt von Luise Spannring in der Imbergstraße/Steingasse 28 (SMCA)

teiliger Manier mit humorvollen Details und meist sehr persönlichem Bezug zum Auftraggeber.

Lit.: F. Prodinger: L. S. Kat. SMCA 1975.

Ch.S.

Spatzenegger, Leopold, * Salzburg 24. 5. 1815, † Salzburg 10. 2. 1877, Arzt und Historiker. Besuchte das Gymnasium in Salzburg, studierte Medizin in Pavia und Wien, wurde Arzt am AKH Wien, Lehrer des medizinischen Lehrkurses für Militärschüler in Wien (1849), dann am medizinischen Lyzeum in Salzburg (1850-60), danach Primararzt im St.-Johanns-Spital. Gründungsmitglied der Gesellschaft für Salzburger →Landeskunde, engagierter Verfechter der Wiedergründung der →Univ. Salzburg; Verfasser zahlreicher Aufsätze zur Salzburger Geschichte.

Lit.: Salzburger Zeitung 1877, Nr. 63, S. 65-68.

E.M.

Spaur, Friedrich Graf, * Mainz 1. 2. 1756, † Wien 6. 3. 1821, Schriftsteller, Philanthrop und Aufklärer, seit 1777 Domherr in Salzburg. S. wurde bekannnt als geistiger Vater der Landwirtschaftsschulen, stand unter dem Einfluß der →Illuminaten, verfaßte die Werke »Reise durch Oberdeutschland« (1800), »Spaziergänge in den Umgebungen Salzburgs« (1834) u. a., die auch als landeskundliche Quelle von kulturwissenschaftlicher Bedeutung sind. Im Spaurschen Haus am heutigen Mozartplatz starb 1842 Constanze →Mozart-Nissen.

Lit.: U. Salzmann: F. G. S.s. Leben. Begleitheft zur Neuauflage der »Reise durch Oberdeutschland«, Salzburg 1985.

R.R.H.

Spiegel →Glasfabrik, →Kristallmühle

Spielzeugmuseum →SMCA

Spies, Hermann, * Rommerskirchen (Deutschland) 6. 6. 1865, † Salzburg 29. 12. 1950, Komponist und Musikforscher. Studium der Theologie (1890 Priesterweihe) und der Kirchenmusik, 1892-1920 Domchordirektor in Salzburg; ein zunehmendes Gehörleiden hatte eine weitere aktive Tätigkeit unmöglich gemacht. Intensive Beschäftigung mit der Salzburger Musikgeschichte vom MA. bis zum 17. Jh. mit zahlreichen grundlegenden Publikationen, u. a. »Aus der musikalischen Vergangenheit Salzburgs«, in: Musica divina 1914; »Die Salzburger großen Domorgeln«, 1929; »Die Tonkunst in Salzburg in der Regierungszeit des Fürsten und Erzbischofs Wolf Dietrich von Raitenau«, in: MGSLK 71, 1931, und 72, 1932, »Geschichte der Domschule in Salzburg«, in: MGSLK 79, 1939; »Beiträge zur Musikgeschichte Salzburgs im Spätmittelalter und zu Anfang der Renaissancezeit«, in: MGSLK 81, 1941, und »Beiträge zur Geschichte der Kirchenmusik in Salzburg im Spätmittelalter und zu Anfang der Renaissance«, in: MGSLK 90, 1950, und 91, 1951. Er schrieb auch etwa 150 kirchenmusikalische Werke, spartierte und edierte Werke Salzburger Hofmusiker.

Lit.: A. Dawidowicz: H. S. In: MGSLK 91, 1951.

G.W.

Spitäler standen in Salzburg, wie überall in Europa, zunächst unter geistlicher Führung. Sowohl das Domkapitel als auch die Klöster verfügten über eigene S., die nicht nur als Krankenhäuser, sondern auch als Alters- und Pflegeheime und Herbergen für Pilger und Reisende fungierten. So geht das Krankenhaus der Barmherzigen Brüder auf ein Spital des Stiftes →St. Peter zurück, das 1150 dem hl. Laurentius geweiht wurde. 1685 errichtete G. →Zuccalli eine neue Kirche, ein Kloster und ein Priesterseminar, das bis 1809 unter der Leitung der Theatiner stand, 1923 wurde die Anlage dem Orden der Barmherzigen Brüder als Krankenhaus übergeben. Das S. des Domkapitels, 1143 bestätigt, urspr. östlich des

Doms, im Areal des späteren Neugebäudes, wurde unter Eb. →Wolf Dietrich in den Bereich des ehem. S. des Klosters →Nonnberg im Nonntal transferiert, die gotische St.-Erhards-Spitalkirche 1695 von G. Zuccalli erneuert. Das älteste Krankenhaus der Stadt Salzburg, das heute noch Patienten beherbergt, ist die Krankenpflegeanstalt am Müllner Hügel. Im 13. Jh. war hier ein Leprosenhaus (Sundersiechenhaus) errichtet und seither ohne Unterbrechung zur Betreuung von Kranken verwendet worden. Die großen Pestepidemien machten die Errichtung von Pesthäusern erforderlich; so 1310 eines durch das Kloster Nonnberg, 1553 eines auf dem »Schanzl« bei der Sebastianskirche, wenig später ein weiteres bei der Müllner Kirche, 1640 das Rochusspital in Maxglan. Das Bürgerspital wurde 1327 von Eb. Friedrich III. als Versorgungs- und Altersheim gestiftet. Die wirtschaftliche Grundlage bestand in Grund- und Hausbesitzübertragungen, Nutzungsrechten, Geldzuwendungen. 1350 wurde die Kirche dem hl. Blasius geweiht; der dreijochige Hallenchor im O als Sakralraum genutzt, der vierjochige W-Teil als »Communestube«. 1410-28 wurde im W-Teil eine Empore eingezogen; das Obergeschoß war wahrscheinlich Bet- und Aufenthaltsraum für Dauerpfründner (heute drei westliche Joche als sog. Gotischer Saal abgetrennt); das Untergeschoß war für Unpfründner, Pilger und Reisende vorgesehen. Die S.-Trakte setzten sich im W mit den Wirtschaftsgebäuden und im S mit dem dreigeschossigen Arkadentrakt samt dahinterliegenden Pfründnerzellen von 1560 fort. Um 1600 Aufhebung der Kirchenherberge, 1898 Verlegung ins Versorgungshaus Nonntal. Eb. →Johann Ernst Thun stiftete in Mülln für Pilger und Kranke das St.-Johannis-S., das 1695-1704 von J. B. →Fischer v. Erlach ausgeführt wurde, zuerst der linke Flügel als Männerabteilung, dann die Kirche (Weihe 24. 6. 1704) und der rechte Flügel als Frauenabteilung für insgesamt ca. 120 Patienten. Gleichzeitig wurde ein eigener Friedhof angelegt (→Bandian, →Deininger, →Schmid).

Lit.: Th. Weidenholzer, E. Marx (Hg.): Hundert Jahre »Versorgungshaus« Nonntal. Zur Geschichte der Alters- und Armenversorgung der Stadt Salzburg, Schriftenreihe des Archivs der Stadt Salzburg Nr. 9, Salzburg 1998. – N. Hibler: Zur Architektur der Krankenhäuser der Stadt Salzburg. Diss. Salzburg 1987.

M.O.

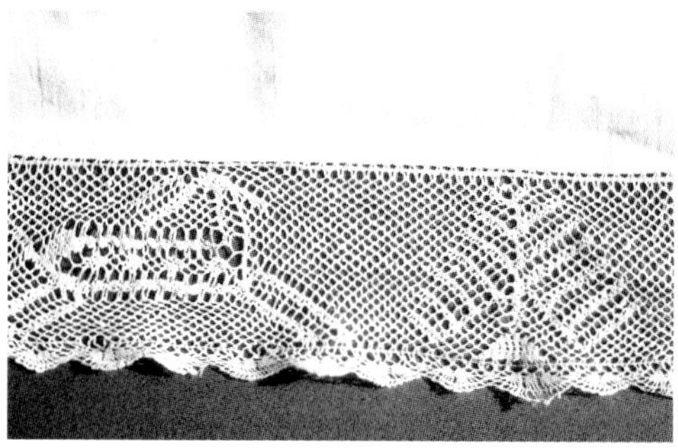

Klöppelspitze, um 1800 (Sammlung Heimatmuseum St. Gilgen, Augustin Kloiber)

Spitzen und Borten. Grobe geklöppelte Spitze aus Leinenzwirn, die seit Beginn des 17. Jhs. besonders im Flachgau in Hausindustrie (von Männern, Frauen und Kindern – 300 zwischen 1680 und 1780) für den Verlagshandel durch lokale »Spitzkramer« und -verleger (Sonderbestimmungen für die Spitzengerechtsame –, nicht radiziertes Gewerbe, Hausbesitz, Bürgerrecht, Ehe) sowie durch die Salzburger Leinwandhändler erzeugt wurde. Sie war bedeutender Nebenerwerb ärmerer Schichten. Die Salzburger Mautordnung von 1589 nennt noch keine Spitzen, doch 1630 ist bereits Export belegt. Anfang des 17. Jh.s Hinweise für Eugendorf, dann Gnigl, Hallwang, Henndorf, Mattsee, Neumarkt, Seekirchen, St. Gilgen, Thalgau. Um 1700 ist Export von Spitzen und Schlingen nach Kärnten, Steiermark und Kroatien, Tirol, Italien, Bayern, Schwaben und der Schweiz belegt. Salzburger Spitze wurde auf Jahrmärkten für das einfache Volk, aber auch als Kirchenspitze verkauft.

Die Salzburger Spitze ist eine Torchonspitze mit geometrischen Mustern in Netz- oder Leinenschlag. Vorherrschend ist der »Flandrische Grund«, im Volksmund »Rosenschlag«, dann im Barock der »Erbsengrund«, Tulpenbänder und Mäander, dazu kommt das »Salzburger Nahtl«, ein durchgehender Faden zwischen Grundmuster und Zacke. Im 18. und 19. Jh. entstanden neben Rauten, Spinnen und Fächern neue Muster: Bäume, Hirsche, Fische. Die Klöppelkunst kam vermutlich über Klosterschulen und italienische Händler nach Salzburg. 1733 über die protestantischen Emigranten auch Verbreitung der Technik. Niedergang um 1800 (Änderung der Mode durch die Frz. Revolution, merkantilistische

Einfuhrverbote – etwa 1776 für Österreich –, ab 1808 maschinelle Erzeugung), 1796 existierten noch elf Händler statt 63 im 18. Jh. Nur in Henndorf ist eine protoindustrielle Erzeugung bis um 1865 belegt, daher auch häufige Bezeichnung »Henndorfer Spitze«. Wiederbelebung in Salzburg im Zuge der →Heimatschutzbewegung und Gewerbeförderung (K. →Adrian) ab 1911 am Vorbild des k.u.k. Zentralspitzenkurses (seit 1879 in Wien) durch Marie Posch, im Zusammenhang mit der Schaffung des Henndorfer Dirndls. Die reiche Spitzensammlung des Henndorfer Bräuwirtes Caspar Moser wurde 1909 dem →SMCA übergeben. 1913 Kurse von Margarethe Breuer für den »Frauen-Erwerbsverein«. Spitzenausstellung und Kurse im Heimatkundlichen Museum St. Gilgen, »Wetzlhäusl« (seit 1655 Spitzenkramerhaus). Ausländische Spitzen kamen in Salzburg bei den Jahresmärkten zum Angebot. Die Salzburger Spitzenhandlung Koch&Lenze am Alten Markt Nr. 11 vertrieb Importware aus Böhmen, dem Erzgebirge, Flandern und Brabant, Istrien und Italien.
Bortenweber und -wirker (1618: elf, 1684: vier in der Stadt Salzburg), die vornehmlich rotweiß gewebte Borten, aber auch teurere Sorten aus feineren Materialien erzeugten, arbeiteten zunftfrei. 1672 entstanden Bortenwirker zunftfrei auf dem Lande. Um 1793 ging die städtische Bortenwirkerei immer mehr ins Posamentierergewerbe über, das aus Gold- und Seidenfäden Quasten, Knöpfe, Schnüre etc. erzeugte.
Neben den Zwirnspitzen finden sich drei Arten von Bordüren in Salzburg, die aus »Tream« (Trum=Stück, Ende), den Endstücken der Leinenkette am Kettbaum der Webstühle, geknüpft und oft mit roten Fäden durchzogen wurden. Dazu zählen die einfachen geklöppelten »Treamspitzen«, von Webern und Bauersfrauen für die Hauswäsche im Bauernhaus hergestellt. Die als »Mondseer Schlingen« bezeichneten genähten Schlingenbordüren wurden auch im Flachgau erzeugt. Ein Rand der Borte wurde verschlungen, vernäht und andersfärbig durchzogen, der zweite Rand zu Fransen geknüpft. Sie fanden Verwendung auf Handtüchern, Deckenkappen und Tischtüchern. Die einfachste Variante sind die bis heute im Lungau – vom Ennstal und Murtal beeinflußt – vorkommenden Knüpfbordüren

Silberböndl, Silberbrokat, Klöppelspitze, Salzburg, 2. H. 18. Jh. (SMCA)

für Haushaltswäsche. Wiederbelebung und Verbreitung im Zuge der »Web- und Spinnstuben« der Landesbauernschaft und des Heimatwerkes während der NS-Zeit.

Lit.: W. Schobesberger: Die Spitzenklöppelei in Henndorf. In: A. F. Weiss, K. Ehrenfellner, S. Falk (Hg.): Henndorf am Wallersee, Kultur und Geschichte einer Salzburger Gemeinde, Henndorf 1992. – M. Thonhauser: Salzburger Klöppelspitzen. Reihe von Mappen mit Erläuterungen und Klöppelbriefen, Salzburg-St. Gilgen 1985 ff. – Der Spitzen- und Schlingenhandel. In: L. Ziller: Vom Fischerdorf zum Fremdenverkehrsort, Geschichte St. Gilgens und des Aberseelandes, St. Gilgen 1975.

U.K.

Spitzer, Franz (Lebensdaten unbekannt), Miniaturenmaler und Radierer aus Wien, um 1810–25 in Innsbruck tätig, anschließend in Salzburg, wo er bis in die 30er Jahre ein Monopol als Porträtminiaturist ausgeübt zu haben scheint.

Lit.: Fuchs: Die österr. Bildnisminiatur. Bd. 2, Wien 1982. – Thieme-Becker. – J. Leisching in: SMusBl. 2, 1923, Nr. 1.

N.Sch.

Springenschmid, Karl, * Innsbruck 19. 3. 1897, † Salzburg 4. 3. 1981, Lehrer, Kulturpolitiker, Schriftsteller. Besuch der Lehrerbildungsanstalt in Salzburg. Gemeinsam mit K. H. →Waggerl Lehrer in Wagrain, ab 1929 Hauptschullehrer in Salzburg, 1936 als aktives Mitglied des verbotenen »Nationalsozialistischen Lehrerbundes« (NSLB) entlassen. S. galt als der »Chefideologe« der Salzburger Nationalsozialisten. Als »Gauwalter« leitete er nach dem Anschluß das »Gauamt für Erziehung«, das »Gauschulungsamt der Dienststelle Alfred Rosenberg« und den NSLB; als Landesrat für Erziehung und Volkspropaganda bestimmte er maßgeblich die Kulturpolitik, die Jugendarbeit und die Landespolitik mit. Ihm waren u. a. die »Arbeitsgemeinschaft für Deutsche Volkskunde« (Leiter Helmut Amanshauser), die »Mittelstelle Deutscher Bauernhof« (Leiter R. →Schlegel) die »Gauarbeitsgemeinschaft für Vor- und Frühgeschichte« (M. →Hell), die »Gauarbeitsgemeinschaft für art- und zeitgemäße Lebensformen« (Anton Schäfer, Oskar Schweiger), die »Forschungsstelle Bäuerliche Lebensformen« (Karl Ruprecht) und das Salzburg-Kontor der parteigeförderten »Nordischen Gesellschaft« unterstellt. Damit war er maßgeblich für die Indoktrination durch Bräuche, Trachten und Volkskunst beteiligt. Am 30. 4. 1938 organisierte S. auf dem Residenzplatz die einzige größere offizielle Bücherverbrennung in Österreich, bei der u. a. Bücher von S. →Zweig, J. A. →Lux, Arthur Schnitzler und F. →Werfel verbrannt wurden. Am 25. 7. 1938 wurde in Lamprechtshausen das »Lamprechtshausner Weihespiel« uraufgeführt, das S. zum Gedenken an die sechs getöteten NS-Putschisten vom Juli 1934 geschrieben hatte. Dieses als »Thing-Spiel« angelegte Drama sollte einen charakteristischen Märtyrerkult und einen spezifisch Salzburger NS-Mythos schaffen, alljährliche Aufführungen sollten es zum »Ersatz-Jedermann« machen. Im 2. Weltkrieg war S. als Kriegsberichterstatter tätig. Nach 1945 konnte er sich in OÖ., Bayern und Südtirol jahrelang verbergen, seit 1952 war er wieder als freier Schriftsteller tätig, seit 1956 wohnte er in Salzburg. S. verfaßte zahlreiche Trivialromane mit historischer Thematik. In bewußtem Antiintellektualismus stilisierte er eine irreale Bauern- und Bergführerwelt. In seiner Autobiographie »Der Waldgänger«, 1975, klammert er seine Tätigkeit im NS-Regime aus, seine aufbewahrten Feindbilder und Vorurteile sind mit Recht kritisiert worden.

Lit.: G. Kerschbaumer: Organisiertes Heimatbrauchtum in Salzburg. S. 123 ff. und Rekonstruktion und Dokumentation, S. 269 ff. beide in: Volkskunde und Brauchtumspflege im Nationalsozialismus in Salzburg, hg. v. W. Haas (SBzVK 8), Salzburg 1996. – E. Hanisch: Nationalsozialische Herrschaft in der Provinz. Salzburg im 3. Reich, Salzburg 1983 (Salzburg Dokumentationen 71). – A. Reiter: K. S. Versuch einer Darstellung von Leben und Werk. Hausarbeit Salzburg 1980.

H.H., U.K.

St-Art, Festival aktueller Musik, 1998 durch eine Kooperation von ORF Salzburg, Intern. Stiftung →Mozarteum, →Mozarteum-Orchester Salzburg, Elisabethbühne und Österreichischem Ensemble für →Neue Musik (OENM) gegründet. Durch die Aufführungen, die einen Bereich vom Jazz-Brunch bis zu SprechMusik-Aktionen abdecken, soll der Stadtteil Nonntal als »Kulturmeile« in den Blickpunkt des Salzburger Kulturlebens gerückt werden. Die unkonventionellen Programme des St-Art-Festivals zeichnen sich durch eine Synthese aus zeitgenössischen Werken, Kompositionen der klassischen Moderne, Experimentellem und Crossover-Projekten aus.

B.D.

Staatsgewerbeschule →Gewerbeschule

Stadlmayr, Johann, * Freising um 1575, † Innsbruck 12. 7. 1648, Komponist, Hofkapellmeister in Salzburg und Innsbruck. Über seine Ausbildung ist wenig und kaum Gesichertes bekannt. Spätestens seit 26. 6. 1603 stand er als »Musicus« in Salzburger Hofdiensten, denn unter diesem Datum zeichnete er seinen in München erschienenen Widmungsdruck an Eb. →Wolf Dietrich (»Sacrum Beatissimae Virginis Mariae Canticum 5, 6, 7, 8 vocibus«). 1604 als Kapellmeister des Salzburger Metropoliten nachweisbar, tauschte er 1607 (vielleicht schon Ende 1606) – ohne einen bis dato ersichtlichen Grund – seine Salzburger Stellung mit der am Innsbrucker Hof Erzherzog Maximilians, dessen außergewöhnlicher Wertschätzung er sich erfreuen konnte. Trotz mehrfacher Angebote »anderer Herren« blieb S. dem Tiroler Hof treu.
Sein nachweisbares Œuvre mit ausschließlich geistlich-liturgischer Musik umfaßt an die 22 Drucke, davon mehrere Bücher mit teils mehrchörigen Meß-, Magnifikat- und Psalmkompositionen. Seine zweiteilige Introitus-Sammlung (1625/26) wurde in ein Chorbuch des Salzburger →Doms (1626) ingrossiert und zählte noch im 19. Jh. zum festen Repertoire der Dommusik. Die meisterhafte Beherr-

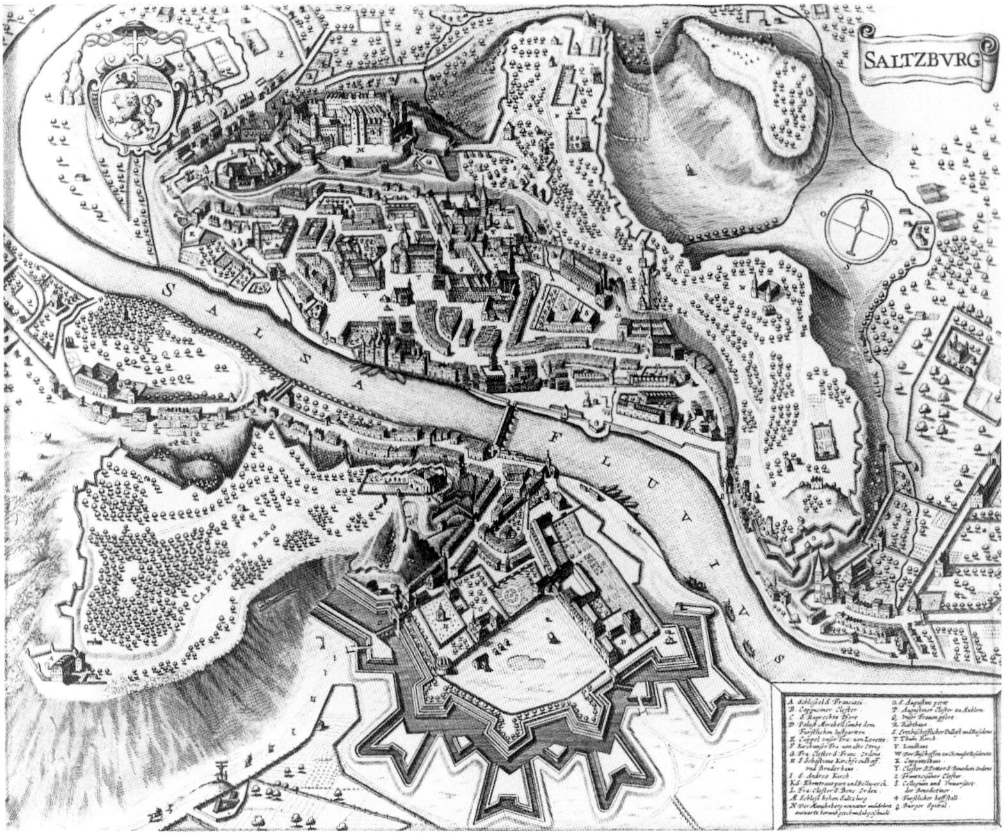

Matthäus Merian, Salzburg von Norden, 1644 (Oskar Anrather)

schung des polyphonen Satzes auch der schlichten »Gebrauchsmusik« sicherte ihm unter den Zeitgenossen hohes Ansehen.

Lit.: Ausstellungskat. Wolf Dietrich von Raitenau. Salzburg 1987.

E.H.

Stadtarchiv →Archiv der Stadt Salzburg

Stadtbücherei, Hauptbücherei und Kinderbücherei im Schloß Mirabell, Mediathek in der Franz-Josef-Str. 4, Bücherbus für 10 Haltestellen in den Stadtrandgebieten. Bestände ca. 120 000 Medien (Sach- und Fachliteratur 60 000, Belletristik 28 000, Kinder- und Jugendliteratur 18 000, Noten 4000, Medien (Videos, CD, CD-ROM etc.) 10 000). Hauptbücherei und Zweigstellen für jedermann gebührenfrei zugänglich.

H.H.

Stadtentwicklung. Mit der Schenkung des »oppidum Salzburch« und des »Castrum superius« durch den Baiernherzog Theodo an den hl. →Rupert beginnt die ma. Geschichte Salzburgs. Der Name »Salzburg«, eine Schrumpfform von »Salzachburg«, scheint erstmals in der Vita Bonifatii um 755-768 auf. Der »vorstädtische Kern« Salzburgs setzt sich gegen Ende des 8. Jh.s aus dem Castrum superius mit dem Kloster →Nonnberg und aus der »Bischofsburg« zusammen, die das Kloster →St. Peter mit der Bischofswohnung, den →Dom mit dem Domkloster und die Marienkirche (→Franziskanerkirche) umfaßte. Zwischen Dom und Salzach entwickelte sich um den heutigen Waagplatz eine Kaufmannssiedlung mit der Michaelskirche als Pfarrkirche, die sich bis ins 12. Jh. flußab- und flußaufwärts ausdehnte und Getreidegasse, Abt-(S.-Haffner-), Brod-, Juden-, Weber-(Mozartplatz), Pfeifer-

St. Peter

und Kaigasse umfaßte. Auf dem rechten Salzachufer wurde im Bereich des »innersten Steins« und des Platzls ein Brückenkopf gebildet, im Lauf der Zeit dehnte sich hier die Siedlung bis in die Höhe der heutigen Paris-Lodron- und Wolf-Dietrich-Straße.
Während des Investiturstreites wurde 1077 unter Eb. →Gebhard zum Schutz vor den kaiserl. Truppen der Bau von Hohensalzburg gleichzeitig mit den Burgen in Werfen und Friesach begonnen, weiterer Ausbau erfolgte bis ins 15. Jh. Die →Festung war und blieb stets das Hauptstück der seit der Mitte des 13. Jh.s errichteten Verteidigungswerke der Stadt. (Die topographische Lage der Stadt Salzburg hatte jahrhundertelang natürlichen Schutz geboten, die erste Stadtmauer wurde erst 1280 fertiggestellt, die zweite 1465-80 von dem mächtig gewordenen Bürgertum errichtet.) 1167 verhängte Kaiser Friedrich Barbarossa über Salzburg die Reichsacht, seine Truppen brandschatzten die Stadt. Wiederaufbau mit einem großartigen Dom, der das ganze MA. hindurch das Stadtbild beherrschte und erst nach dem Brand vom 11. 12. 1598 abgetragen wurde. In den mittleren Jahrzehnten des 16. Jh.s erhielten die Bürgerhäuser das charakteristische Grabendach mit der hochgezogenen, gerade schließenden Fassade. Mit dem Regierungsantritt Eb. →Wolf Dietrichs 1587 begann die grundlegende Veränderung des Stadtbildes. An der Verwirklichung des neuen Bebauungskonzeptes wurde bis zum Ende des Jh.s gearbeitet. Aus dem ma. Salzburg wurde das »deutsche Rom«. Ital. Künstler (→Scamozzi, →Solari, →Daria, →Zuccalli) wurden mit den wichtigsten Bauaufgaben betraut. Gemäß den städtebaulichen Ideen Vincenzo Scamozzis, den der Eb. im Winter 1603/04 nach Salzburg eingeladen hatte, entstanden die vier großen Plätze im Umkreis des Domes; auch der Straßenzug vom Siegmundsplatz durch die Hofstallgasse, die Franziskanergasse, über den Dom- und Kapitelplatz zur Kapitelgasse geht auf Eb. Wolf Dietrich zurück. Eb. →Paris Lodron erweiterte den Stadtraum durch den mächtigen, unter der Leitung von Santino Solari geschaffenen dritten Befestigungsring zwischen Salzach und Kapuzinerberg und legte damit die Ausdehnung der Stadt bis in die Mitte des 19. Jh.s fest. Durch formstrenge Paläste und Stiftungshäuser gab er der Stadt ein weiteres charakteristisches Gepräge.
Eb. →Johann Ernst Thun, der für seine Verdienste um Salzburg den Beinamen »der Stifter« trägt, entließ die leitenden ital. Architekten und berief J. B. →Fischer von Erlach nach Salzburg, der das barocke »Gesamtkunstwerk« vollendete. Mit dem Neutor (1764/67), einer zukunftweisenden Ingenieurleistung, wurde die Verbindung zur Vorstadt Riedenburg hergestellt. Der Stadtbrand von 1818 vernichtete große Bereiche der Stadt am rechten Salzachufer. Die letzte entscheidende Veränderung des Stadtbildes erfolgte Mitte des 19. Jh.s: der geschlossene Stadtkörper wurde durch die Salzachregulierung (ab 1852), das Niederreißen der Stadttore und die Demolierung des Bastionsringes aufgebrochen. Die günstige Lage als neuer Eisenbahnknoten (→Bauten des Verkehrswesens), die Schönheit der Umgebung und die kulturelle Bedeutung der Stadt führten zur Entwicklung eines regen Fremdenverkehrs. 1861 wurde die Stadt als Festung aufgelassen, 1866 schenkte Kaiser Franz Joseph das Gebiet des Festungsgürtels zwischen Schloß →Mirabell und Kapuzinerberg aus Anlaß der 50jährigen Zugehörigkeit Salzburgs zu Österreich der Stadtgemeinde.
Ein Stadterweiterungs-Comitée wurde mit der Erstellung eines Bebauungsprogramms bzw. -planes betraut. Der Wiener Architekt F. R. →Bayer legte einen Entwurf vor, der, geringfügig modifiziert durch C. →Schwarz, ab 1863 für das Gebiet zwischen Kapuzinerberg, Salzach und Eisenbahntrasse in Angriff genommen wurde: vom Rastersystem, das durch Parkanlagen unterbrochen ist, bestimmt, wechselt offene und geschlossene Verbauung, ebenso wie an den 1853 begonnenen Kaianlagen. Die Bedürfnisse einer »Saisonstadt« und einer

Blick vom Kapuzinerberg auf die Basteien, Fotografie, 1862/63 (Oskar Anrather)

neuen Landeshauptstadt (seit 1861) wurden somit erfüllt.
Seit den 70er Jahren Bebauung der Riedenburg, Ende der 80er Jahre von Froschheim (heute Elisabeth-Vorstadt), Schallmoos, Nonntal, seit 1902, infolge der Eröffnung der Erzherzog-Ludwig-Viktor-Brücke (heute Lehener Brücke), Erschließung von Lehen, zahlreiche, nicht verwirklichte Verbauungs- und Regulierungspläne, städtebauliche Wettbewerbe; 1918-30 Vergrößerung der bebauten Fläche der Stadt um 70 Prozent, 1935 Eingemeindung von Maxglan, Aigen, Leopoldskron, Morzg. Mit Erlaß vom 25. 3. 1939 wurde Salzburg zu einer »Neugestaltungsstadt« erklärt; Planung eines Gauforums auf dem Imberg (Kapuzinerberg), des Sitzes des Generalkommandos auf dem Mönchsberg, Wirtschaftsplan, Verkehrsplan. Mai 1947 »Generalregulierungsplan der Landeshauptstadt Salzburg – Flächenwidmungsplan«, 1954 Beginn der Großsiedlung Taxham, 1967 →»Salzburger Altstadterhaltungsgesetz«, 1970 Stadtentwicklungsmodell als Grundlage für die »städtebauliche Strukturplanung« der einzelnen Stadtteile. Seit 1982 »Das Salzburg-Projekt« mit »Altstadtinitiative«, »Grünlanddeklaration« und »Verkehrskonzept« unter der Leitung von Stadtrat Johannes Voggenhuber; Planungsbegutachtung von Großbauten bzw. Bauvorhaben von bes. Bedeutung für das Stadtbild durch den →»Gestaltungsbeirat«, ein Sachverständigengremium, bestehend aus fünf auf dem Gebiet der Architektur qualifizierten Experten.

Lit.: Landesinnung der Baugewerbe Salzburg und der Stadtgemeinde Salzburg – Archiv der Stadt Salzburg und Altstadtamt (Hg.): Historischer Atlas der Stadt Salzburg. Salzburg 1999. – Th. Weidenholzer: Der Müllner Brückenstreit. Stadtplanung im Widerstreit unterschiedlicher Interessen, in: Salzburg Archiv 22, 1996. – G. Plasser: Die Stadtentwicklung in Froschheim und Lehen. Am Beispiel der Parzellierung von Privatbesitz, in: Salzburg Archiv 22, 1996. – H. Karrer: 200 Jahre Villenbau in Aigen (Hg. Verein Aigen – Initiative Salzburg). Salzburg o. J. [1995]. – G. Plasser: Stadt lesen. Salzburger Plätze, Gestalt und Funktion. Diss. Salzburg 1995. – R. Hoffmann, Ch. Krejs: Die Salzburger »Neustadt«. Bau und Entwicklungsgeschichte eines gründerzeitlichen Stadtviertels, in: MGSLK 130, 1990. – P. M. Lipburger, G. Plasser: Schallmoos. Bau- und Entwicklungsgeschichte bis 1945. In: MGSLK 130, 1990. – Ch. Krejs: Salzburgs Stadterweiterung im 19. Jahrhundert 1860-1974. Bruch oder Aufbruch in Stadtplanung und

Architektur. Diss. Salzburg 1990. – Fuhrmann-Stadt. – F. Koller, G. Müller: Die Stadtteile Gnigl und Itzling. Bau und Entwicklungsgeschichte bis 1945, in MGSLK 129, 1989. – Vom Stadtrecht zur Bürgerbeteiligung. FS. 700 Jahre Stadtrecht von Salzburg, Salzburg 1987. – D. Steiner (Hg.): Das Salzburg-Projekt. Wien 1986. – Ch. Braumann: Stadtplanung in Österreich von 1918 bis 1945. Wien 1986 (Schriftenreihe des Inst. für Städtebau, Raumplanung und Raumordnung. TU Wien. Bd. 21). – W. Seunig: Die städtebauliche Entwicklung der Stadt Salzburg unter Fürsterzbischof Wolf Dietrich von Raitenau. Diss. Zürich 1981.

N.M., M.O.

Stadtverein. 1862 wurde auf Initiative des Salzburger Kunstmalers J. →Mayburger ein »Stadt-Verschönerungs-Comité« gegründet, das 1870 in den »Stadt-Verschönerungsverein« umgewandelt wurde. Die Devise des Vereins war: »für die Pflege der Stadt, für die Erhaltung des alten Stadtkerns und für die Verschönerung der Neustadt«. Da sich im Laufe der Zeit die Aufgaben geändert und erweitert hatten, erfolgte 1935 eine neuerliche Namensänderung: »Stadtverein Salzburg, Verein zur Pflege und Erhaltung der baulichen und landschaftlichen Schönheit Salzburgs«. 1952 Gründung der Vereinszeitung »Die Bastei, Blätter des Stadtvereins Salzburg für die Erhaltung und Pflege von Bauten, Kultur und Gesellschaft«; Vorläufer waren die Mitteilungen des Stadt-Verschönerungsvereins.

Lit.: Die Bastei. Sondernummer zum Jubiläum des 100jährigen Bestandes des Stadtvereins Salzburg, 1962.

Stainhauser, Johann, * Salzburg 6. 7. 1570, † Salzburg (?) 1625, Historiograph. Jüngster Sohn aus bekanntem Großhandelsunternehmen. Absolvierte einen philosophischen Kurs in Ingolstadt, studierte Rechtswissenschaften in Bologna, Padua (1588/89) und Ingolstadt (1591). Nach seiner Rückkehr widmete er sich der Geschichte und verfaßte 1594 als erste größere Arbeit eine Beschreibung der Kirchen der Stadt Salzburg (mit Beschreibung des romanischen Doms vor dem Brand 1598). 1601 stellte er die ersten beiden Bände seiner dreibändigen, über 900 Blätter starken »Chronica Salisburgensia« fertig, eine von der Sintflut bis 1610 reichende Geschichte Salzburgs, die sich durch kritische Sichtung und Urkundeneinschübe auszeichnet und besonders für die Zeit nach 1560 wertvoll ist. S. verfaßte zahlreiche andere Werke zur Geschichte Salzburgs (Kat. der Nonnberger Äbtissinnen, Lebensbeschreibung →Wolf Dietrichs, Biographien Salzburger Heiliger, Bischöfe und Äbte), doch wurde zu seinen Lebzeiten nur die Biographie des hl. Vital gedruckt. Nach dem Zusammenbruch des Handelshauses wirkte er ab 1612 als eb. Sekretär, ordnete das Hofkammerarchiv (1616-18) und verfaßte ein dreibändiges Repertorium. Er gilt als bedeutendster Landeshistoriograph seiner Zeit.

Lit.: H. Ospald: J. St., ein Salzburger Historiograph des beginnenden 17. Jh.s (1570-1625). In: MGSLK 110/111, 1970/71, S. 1 ff.

Stainhauser von Treuberg, Gandolph Ernst, * Salzburg 21. 12. 1766, † Wien 30. 9. 1805, Miniaturenmaler. Sohn des bedeutenden Rechtsgelehrten Johann Philipp St., Schüler P. →Lorenzonis. Klassizistische Bildnisminiaturen in →St. Peter (Eb. →Hieronymus Colloredo) und im →SMCA.

Lit.: H. Fuchs: Die österr. Bildnisminiatur. 2. Bd., Wien 1982. – Thieme-Becker.

N.Sch.

Stampfer, Simon, * Raneburg/Matrei (Salzburg) 26. 10. 1790, † Wien 10. 11. 1864, Naturwissenschaftler. 1819-25 Prof. für Mathematik und Physik am Salzburger Lyceum, Lehrer und Förderer von Ch. →Doppler. Vermessung der Salzburger Landesgrenzen (1816, 1819), Einrichtung und Betrieb einer Sternwarte im Turm des Schlosses →Mirabell (bis zum Brand 1818), Einbeziehung Salzburgs in das geodätische Erdnetz durch Längengradmessungen zwischen München und Prag (1818-23). Relativ exakte Messung der Schallgeschwindigkeit, vorgenommen zwischen Untersberg und Mönchsberg (1818, publiziert 1825). Barometrische Höhenbestimmung des Großglockners gemeinsam mit P. K. →Thurwieser (1824). 1826-48 Ordinarius f. Prakt. Geometrie am k. k. Polytechn. Institut (heute Techn. Univ.) in Wien, Mitbegründer der Akad. der Wissenschaften. Seine bedeutendste Entdeckung ist das stroboskopische Prinzip, technologische Grundlage des Kinos und des Fernsehens, dargelegt in der bahnbrechenden Schrift »Über die optischen Täuschungs-Phänomene, welche durch die stroboskopischen Scheiben (optischen Zauberscheiben) hervorgebracht werden« (1834). Mit dem kommerziell weltweit verbreiteten »Lebensrad« (patentiert 7. 5. 1833) schuf S. 100 Jahre vor

Walt Disney die ersten Zeichentrickfiguren der Welt. Weiterentwicklung des Stroboskops in Technik, Industrie und Wahrnehmungspsychologie (1910, »Gestalttheorie«). Zwei Dutzend weitere Erfindungen und Verfahren, u. a. zur Kurzsichtigkeit (»Optometer«), Marine-Entfernungsmesser, Alkoholometer, sowie Beobachtungen von Kometen und von Sonnenfinsternissen (1842 und 1851) und Konstruktion von Geräten für Meßtechnik und Astronomie mit Johann F. Voigtländer für die weltweite Verwendung (v.a. »Stampfersche Meßschraube«, Patent 1836).

Lit.: P. Schuster, Ch. Strasser: Simon Stampfer 1790-1864. Von der Zauberscheibe zum Film, Schriftenreihe des Landespressebüros Nr. 142s, Salzburg 1998.

Ch.St.

Staupitz, Johann von, * Motterwitz bei Leisnig (Sachsen) um 1468, † Unterinntal (Ort unbekannt) 28. 2. 1524, Theologe und Abt. Sächsischer Landadeliger. Studierte in Köln und Leipzig und trat 1490 in München in den Augustiner-Eremitenorden ein. Ab 1502 Prof. für Bibelwissenschaft und Dekan der Theologischen Fakultät der neugegründeten Univ. Wittenberg. Ab 1503 Generalvikar aller reformierten und 1509-12 auch der nichtreformierten Augustinerklöster Deutschlands. Seit Herbst 1512 meist in Süddeutschland (München, Nürnberg, Salzburg) S. widmete sich der Seelsorge von Patrizierkreisen und Schwesternklöstern. In Salzburg wirkte er, besonders 1518/19, als Prediger an der Stadtpfarrkirche (→Franziskanerkirche, beliebte Fastenpredigten). S. war Freund und als Generalvikar direkter Vorgesetzter des Reformators Martin Luther, dessen innere Entwicklung er stark beeinflußt hatte; Luther wurde 1512 sein Nachfolger in der Wittenberger Professur. S. löste ihn 1518 vom Ordensgehorsam und lud Luther nach Salzburg ein, trat aber nach dessen endgültigem Bruch mit der Kirche als Generalvikar zurück (1520). Er hat die Lehre Luthers kaum durchschaut, sie auch nicht wesentlich gefördert und sich später vollkommen von ihr distanziert. 1522 trat er mit päpstlicher Genehmigung zum Benediktinerorden über und war Berater des Kardinals →Matthäus Lang, der seine Wahl zum Abt von →St. Peter durchsetzte (1. 8. 1522). Als eine der kirchengeschichtlich bedeutsamsten Persönlichkeiten gilt S. trotz seiner kurzen Amtszeit als berühmtester Abt des Petersklosters. Sein Nachlaß (mit Briefen Luthers) wurde in der Zeit der Gegenreformation im Stiftshof von St. Peter verbrannt. Sein umfangreiches Gesamtwerk (theologische und kirchenrechtliche Schriften, Predigten) wird als theologisch nicht besonders bedeutend eingestuft.

Lit.: J. v. St. Salzburger Predigten 1512. Eine textkritische Edition v. W. Schneider-Lastin, Tübingen 1990. – W. Günter: J. v. St. (ca. 1468-1524). In: E. Iserloh: Katholische Theologen der Reformationszeit V, Münster 1988, S. 11 ff. – J. Sallaberger: Abt J. v. St. (1522-1524). Luthers einstiger Freund und Vorgesetzter. In: St. Peter in Salzburg, Kat. Salzburg 1982, S. 91 ff.

P.F.K.

Stein, Friedrich vom, Pseud. für →Wrede, Friedrich Fürst

Steinbockhorn. Seit dem Ende des 17. Jh.s wurde in Salzburg das Horn des Steinwildes aus den eb. Gehegen – vermutl. auf Anregung von Eb. →Johann Ernst Thun – verarbeitet, vorerst zu reich reliefierten Schnitzereien an Bechern und Dosen. Seit dem ausgehenden 18. Jh. wurden auch mechanische Arbeitshilfen verwendet. Dem Horn wurde eine besondere Heilkraft und Abwehrwirkung zugeschrieben (daher z. B. Fingerringe für Gichtleidende). F. M. →Vierthaler schreibt in seiner »Salzburgischen Geographie«, 1796: »nicht nur ihr Horn ist sehr geschätzt, sondern auch ihre Augensteine, Lunge, Herz, Leber, als vortrefflich Arzneinnittel«. Die Eb. →Markus Sittikus, Guidobald, Max Gandolf und Johann Ernst bemühten sich, die Tierart zu erhalten. 1706 letzte Erwähnung der Steinböcke im Zillertal. Erst 1847 kamen durch Erzherzog Ludwig wieder Steinböcke aus Savoyen nach →Hellbrunn. Seit Beginn des 18. Jh.s werden Hornschnitzer als in Salzburg ansässig erwähnt: Lorentz Härmler ist während der ersten H. des 18. Jh.s »Steinbockhornschnitzer in der Gstätten« (seit 1742 Bürger), der Bildhauer Leopold Ehegasser (1711-71) betätigte sich nachweislich zur Mitte des 18. Jh.s in Salzburg auch als Steinbockhornschnitzer, ebenso J. Klarer, der wohl ident ist mit Joseph Glarer (1772-1833). Letzterer verfertigte zahlreiche, einander sehr ähnliche und regelmäßige Steinbockhorndosen unter Zuhilfenahme mechanischer Mittel (aufgeweichtes Horn wird mit eisernen Prägestempeln bearbeitet).

Lit.: N. v. Watteck: Geschnitztes Steinbockhorn. Ein vergessener Zweig des Salzburger Kunsthandwerks, in: AMK 1962, S. 27 ff. – Steinböcke, in: JahrSMCA, 1851, 41.
Ch.S.

Steinguß, Technik zur Herstellung vollrunder Plastiken aus gegossenem Kunststein, vor allem zur Zeit des Weichen Stils um 1400, damals war Salzburg ein Zentrum (→Schöne Madonnen). Nach Rossacher Guß der ganzen Figur in der Verlorenen Form mit Nachbearbeitung kleinerer Einzelheiten. Durch Koller widerlegt. Nur Materialblock gegossen, in jeder beliebigen Feinheit in Bildhauerwerkstatt oder Bauhütte billig herstellbar, von Steinbrüchen unabhängig. Material: Mörtel aus Kalk und Gips, dazu natürlicher oder künstlicher Sand (z. B. rötlich durch Ziegelmehl). Der gegossene Block analog zum Naturstein bearbeitet. Naturstein wesentlich größere Homogenität und Festigkeit.

Lit.: M. Koller: Zum Problem »Steinguß« – »Gußstein«. In: Internationale Gotik in Mitteleuropa. Hg. G. Pochat, B. Wagner. Graz 1990, S. 137 ff. – K. Rossacher: Technik und Materialien der Steingußplastik um 1400. In: AMK 9, H. 72, 1964, S. 12 ff. – A. Kieslinger: Die nutzbaren Gesteine Salzburgs. Salzburg 1964, s. 372 ff. u. S. 379 ff.
L.T.

Steinhart, Anton, * Salzburg 17. 1. 1889, † Salzburg 11. 12. 1964, Maler und Zeichner. Erhielt schon früh Malunterricht bei F. →Hinterholzer, konnte aber erst nach dem 1. Weltkrieg eine Künstlerlaufbahn einschlagen und übte daneben bis 1957 den Fotografenberuf aus. 1919-22 Malkurse bei Eberz und Schinnerer in München, nachhaltige Kontakte mit A. →Faistauer, A. Kolig und A. →Kubin. Mit 50 Jahren gelang ihm der Durchbruch vornehmlich mit seinen Rohrfederzeichnungen, die zu seinem Markenzeichen wurden. Diese zumeist auf seinen zahlreichen Reisen (Italien, Jugoslawien, Bretagne, Schweiz) entstandenen Momentaufnahmen oder Salzburger Festspielimpressionen zielen mittels barocker handschriftlicher Verve und suggestiver Hell-Dunkel-Wirkung auf die dramatische Essenz ab. Der dem Zeichner nicht nachstehende Maler St. ist Kolorist im Sinne Faistauers, doch von einem schwereren, herberen Grundton beherrscht. Das Kräftespiel zwischen temperamentvollem Farbauftrag und sperriger Bildtektonik überhöht seine Landschaftsbilder zu elementaren Gleichnissen, womit St. in der

Anton Steinhart, Anton Faistauer, Rohrfederzeichnung, 1926 (SMCA)

Tradition eines spezifisch österr. Expressionismus genauso wie in der Nachfolge des dt. Impressionismus steht.

Lit.: Ausstellungskat. Karl Weiser und seine Freunde. Berufsvereinigung bild. Künstler, Salzburg 1992. – F. Fuhrmann: A. St. Salzburg 1975. – H. Kutschera (Hg.): Ringen mit dem Engel. Künstlerbriefe 1933-1955, A. Kubin, A. Kolig und C. Moll an A. S. Salzburg 1964. – Gugg.
N.Sch.

Stejskal, Herbert, * Salzburg 14. 6. 1940, Maler und Graphiker. Studium an der Akad. für angewandte Kunst bei E. →Bäumer, 1966-69 Mitarbeiter von Emilio Vedova, seit 1970 intensive Beschäftigung mit dem Siebdruck. Monumentale Wandgestaltungen im Zentrallager der SAFE (1982/83) und in der Schalterhalle der neuen Bundespolizeidirektion (1985). Charakteristisch für St. sind geologisch wirkende Farbflächenstrukturen, deren »spannungsgeladene bildtektonische Verschiebungen das Bildfeld zum Exerzierfeld anschaubar gemachter Kräfte« werden lassen (A. Rohrmoser). (Farbabb. S. 374)

Lit.: A. Rohrmoser: H. St. Werkprozesse. Salzburg 1985. – G. Montenero in: AMK, H. 119, 1971, S. 37. – Gugg.
N.Sch.

Stelzhamer, Franz, * Großpiesenham bei Ried (OÖ.) 29. 11. 1802, † Henndorf 14. 7. 1874. Gymnasium Salzburg, 1825-29 Jusstudium in Graz und Wien; Hauslehrer in Bielitz (Schlesien) und Braunhirschengrund (heute Wien, Fünfhaus); kurzes Intermezzo am Priesterseminar in Linz (1832/33); 1835/36 Mitglied der Schauspielertruppe am königlichen Theater in Passau. Im selben Jahr trat S. zum ersten Mal mit Gedichten in obderennsischer Volksmundart an die Öffentlichkeit. Sein erster Mundartgedichtband »Lieder in obderennsischer Volksmundart« erschien 1837 in Wien und begründete seinen Ruf als hervorragendster Dialektdichter seiner Zeit. Weitere Gedichtbände: »Neue Gesänge in obderennsischer Volksmundart« (1841), »Neue Gedichte in obderennsischer Volksmundart« (1846) und »Neueste Lieder und Gesänge in obderennsischer Volksmundart« (1868). Ab 1845 Domizil in Ried gemeinsam mit Ehefrau Barbara (geb. Reyß) und Tochter Lini: finanzielle Not zwang ihn immer wieder zu Vortragsreisen und längeren Aufenthalten in Linz und Wien; die Suche nach neuen literarischen Märkten und der Tod seines Kindes führten S. in den Jahren 1852-55 nach München, Augsburg und Stuttgart; nach dem Tod seiner ersten Frau (1856) – Grab auf dem Sebastiansfriedhof in Salzburg – lebte er vorwiegend in der Stadt Salzburg. Ab seinem 60. Lebensjahr Ehrenpension vom Staat und vom Land OÖ. 1868 heiratete er Therese Böhm-Pammer und lebte von 1870 bis zu seinem Tod mit ihr und den beiden Kindern Lucian und Rosalia im ehemaligen Wohnhaus seines Freundes S. →Wagner in Henndorf; in Henndorf befinden sich auch das Grabmal des Dichters. Freundschaftliche Kontakte in Salzburg zu G. A. →Pichler, A. →Radnitzky und Heinrich Reitzenbeck. Außer Mundartgedichten und -epen verfaßte S. zahlreiche hochdeutsche Gedichte und Erzählungen; im Wiener Vormärz begehrter Verfasser von Zeitschriftenartikeln. Stelzhamer-Platz mit Denkmal in Henndorf. Wichtige Werkausgaben: die vierbändige Ausgabe seiner Mundartgedichte, hg. v. P. K. Rosegger, Wien–Pest–Leipzig 1884; Sämtliche Dichtungen in seiner Mundart, hg. v. K. Gebauer, Linz 1995; einige Auswahlausgaben, u. a. die von H. C. →Artmann hg. »Lieder und Gedichte«, Schärding 1981.

Lit.: Hist.-krit. Ausgabe der Werke in Vorbereitung. Bd. I »Briefe« (F. Stelzhamer und Barbara Stelzhamer, 1842-55), hg. v. S. Bengesser, 2002.

S.B.

Stemeseder, Leonhard, * Kirchberg bei Wildshut (OÖ.) 6. 10. 1911, † Salzburg 7. 1. 1998, Maler und Graphiker (Linolschnitt). Begann als Dekorationsmaler, studierte 1936-39 an der Münchner Akad. (H. Troendle), dann freischaffender Künstler in Salzburg. In seinen Stilleben, Landschaften und Porträts überdauert eine vermeintlich anachronistisch »heile Welt« dank einer malerischen Symbiose von Kultiviertheit und Simplizität.

Lit.: SN, 21. 1. 1998 und 5. 10. 1996. – Ausstellungskat. L. S. Berufsvereinigung bildender Künstler, Salzburg 1993. – Ausstellungskat. Karl Weiser und seine Freunde. Berufsvereinigung bildender Künstler, Salzburg 1992. – Th. Zaunschirm in: AMK 168, 1980, S. 52.

N.Sch.

Stempelschneider. Von der Salzburger →Münze sind bis zur Mitte des 17. Jh.s kaum Namen der dort tätigen Eisen- oder Stempelschneider bekannt – auch sind die Porträtmedaillen des 16. und 17. Jh.s meist nicht signiert. Eine frühe Ausnahme ist der für Eb. →Matthäus Lang tätige Nürnberger Holz- und Medaillenschnitzer Hanns Schwarz, von dem Gußmedaillen von 1519 und 1520 bekannt sind. Ab 1521 lieferte der Münzeisenschneider Ulrich Urschenthaler von der Münze in Hall in Tirol die geschnittenen Eisen nach Salzburg. Sein Bruder Gabriel arbeitete ebenfalls für die Salzburger Münze und ist vor allem an den sehr qualitätvollen Medaillen Eb. Johann Jakobs von 1571 und 1572 nachzuweisen. Der seit 1582 in Salzburg tätige Sebastian Fraisslich oder auch sein Nachfolger Melchior Patz waren ab 1599 für die sog. Turmtalergepräge Eb. →Wolf Dietrichs verantwortlich. Patz arbeitete unter drei Eb. und brachte mit einigen seiner Porträtmedaillen das erste Mal die ovale Form nach Salzburg. Mit Mathias Kuenig (König) von Baumbhausen holte man 1630 wieder einen Tiroler aus der Haller Münze nach Salzburg. Diesem folgte Georg Pfründt aus Nürnberg, bis 1665 die berühmten Brüder Peter und Paul →Seel (Söll) als Eisenschneider in Salzburg aufscheinen. Sie waren beide weit über die Grenzen Salzburgs bekannt und arbeiteten neben Münzen und Medaillen für die Salzburger Eb. auch Gnadenpfennige und Wallfahrtsandenken für österr., ungar. und dt. Benediktinerklöster und Wallfahrtsorte. Neben den Stempelschneidern Ignaz Portenschlager (ab 1697) und Johann Andreas Jetzl entlohnte der Eb. auch auswärtige Graveure für besondere Aufträge: 1709 und 1710-20 waren es Philipp Heinrich Miller (Müller) aus Augsburg und sein Sohn Christian Ernst, 1722-25 der Wiener Anton Maria Gennaro und ab 1725 Philipp Christoph Becker aus Wien. Hervorzuheben ist G. R. →Donner, der 1727 die Porträtmedaille für Eb. →Leopold Anton Firmian schnitt. Ab 1727 waren wieder erstklassige einheimische Kräfte an der Münze tätig: der Medailleur und Eisenschneider F. →Matzenkopf († 1754) zählt mit seinen Medaillen, Goldmünzen und Talern zu den besten Künstlern der Salzburger Münze. Er diente unter vier Eb. und wurde nach seinem Tod 1755 von seinem gleichnamigen Sohn (1738-1808 Salzburg) abgelöst. Matzenkopf II. schuf scharf gezeichnete, qualitätvolle Stücke unter Eb. Sigismund Schrattenbach, →Hieronymus Colloredo und noch unter Erzherzog Ferdinand. Parallel mit ihm arbeitete seit 1789 auch wieder sein Sohn Franz Xaver Matzenkopf (1767-1844) dann bis zur endgültigen Schließung der Münzstätte durch die Bayern im Jahre 1810.

Lit.: G. Zeller: Die an der fe. salzburgischen Münze angestellten oder für dieselbe thätig gewesenen auswärtigen Münzeisenschneider, Graveure, Medailleure. o. O. 1889.

Ch.S.

Sternschießen →Schützen

Stetheimer →Hans von Burghausen

Stief, Sebastian, * Tengling bei Tittmoning 16. 1. 1811, † Salzburg 28. 7. 1889, Maler. 1828-32 an der Münchner Akad. unter Cornelius, Schnorr v. Carolsfeld und Zimmermann, verdiente sich sein Studium durch Porträtminiaturen. Begann Laufbahn als Porträtmaler in Regensburg und Passau, erbte eine Blechspielzeugfabrik in Seekirchen, die er wegen der Nürnberger Konkurrenz 1838 aufgab. Seither in Salzburg ansässig, wo er zum meistbeschäftigten Maler avancierte. So gut wie alle angesehenen Bürger, Honoratioren und geistlichen Würdenträger ließen sich von ihm in spätbiedermeierlich-trockener Manier konterfeien. Seine Altarblätter verkörpern musterhaftes

Sebastian Stief, Selbstporträt, Öl, um 1865 (SMCA)

Nazarenertum, wie auch seine Historienbilder romantisches Wunschdenken illustrieren – am bekanntesten die beiden Bilder im eb. Palais: »Ankunft des hl. Rupert im zerstörten Juvavum« und »Erbauung des ersten Domes durch den hl. Virgil« (lithographiert von Weixlgärtner). Das Werkverzeichnis zählt 821 Gemälde auf. (Farbabb. S. 357)

Lit.: L. Hoffmann: S. S. Salzburg o. J. (1950). – Thieme-Becker. – SV, 23. 9. 1889 ff. – Wurzbach.

N.Sch.

Stiftung Mozarteum, Internationale (ISM), →Mozarteum, →Dom-Musikverein

Stiftungs- und Förderungsgesellschaft der Paris-Lodron-Universität Salzburg. 1966 gegründeter gemeinnütziger Verein, der durch die Beistellung von Geldmitteln und Sachwerten, durch Subventionierung wissenschaftlicher Publikationen und Forschungsreisen die wissenschaftliche Forschung an der Salzburger →Univ. fördern will.

R.R.H.

»Stille Nacht«, weltweit verbreitetes Weihnachtslied. Text von J. →Mohr, wohl bereits 1816 in Mariapfarr entstanden, Melodie von

F. X. →Gruber, 1818 komponiert und in der Christmette in der Pfarrkirche St. Nikolaus in Oberndorf erstmals aufgeführt: Mohr (Tenor) sang die erste Stimme und begleitete auf der Gitarre, Gruber (Baß) sang die zweite Stimme. Durch K. →Mauracher, der 1825 die neue Orgel in Oberndorf baute, wurde das Lied in Tirol bekannt, durch Tiroler Sängergruppen weiterverbreitet und ab 1834 auch in Liederbücher aufgenommen. Das Autograph und die eigenhändige Abschrift (1854) des Komponisten sind verschollen, vier weitere Niederschriften Grubers für verschiedene Besetzungen sind erhalten. Seit 1995 ist eine autographe Fassung des Textdichters mit authentischer Gitarrenbegleitung aus der Zeit um 1825 bekannt.

Lit.: J. A. Standl: Stille Nacht. Oberndorf 1997. – 175 Jahre »Stille Nacht! Heilige Nacht!«. Symposionsbericht von Th. Hochradner, G. Walterskirchen, 1994 (=Veröffentlichungen zur Salzburger Musikgeschichte. Band 5). – J. Gassner: F. X. Grubers Autographen von Stille Nacht, heilige Nacht. Mit der Geschichte des Liedes, Oberndorf 1968.

G.W.

Stille-Nacht-Gesellschaft, Verein zur Erforschung des Lebens und Werkes von F. X. →Gruber sowie aller mit dem →Stille-Nacht-Lied und J. →Mohr zusammenhängenden Umstände. 1979 gegründet, erfaßt die »Stille-Nacht-Gemeinden« Burghausen, Hochburg-Ach, Berndorf, Hof, Lamprechtshausen-Arnsdorf, Oberndorf, Salzburg, Hallein, Wagrain; fördert Aufführungen des Werkes von F. X. Gruber, gibt ausgewählte Werke Grubers in Zusammenarbeit mit dem Inst. für Musikwissenschaft der Univ. Salzburg und die Jahresschrift »Blätter der Stille-Nacht-Gesellschaft« heraus.

Lit.: J. A. Standl: Stille Nacht! Heilige Nacht! Oberndorf 1997.

Stoitzner, Josef, * Wien 24. 2. 1884 † Bramberg/Pinzgau 9. 7. 1951, Maler. Sproß einer verzweigten Malerfamilie, besuchte die Kunstgewerbeschule (bei A. v. Kenner) und Akademie (bei F. Rumpler) in Wien und war hier ab 1905 als Gymnasiallehrer tätig. Verbrachte seit 1902, zunächst noch in Begleitung seines Vaters Konstantin S. (1863-1934), seine Urlaube in Bramberg, wo er 1909 die Tochter des Arztes Millinger heiratete und 1943 gänzlich heimisch wurde. Im Pinzgau fand er motivliche Anregungen für einen Gutteil seines Œuvres. Seine streng komponierten Landschaften und bäuerlichen Interieurs stehen in der Nachfolge der Wiener Secession, in ihrer Mischung aus luminaristischer Stimmungsmalerei und holzschnittartig-rustikaler Stilisierung sind sie auf dem Kunstmarkt neuerdings wieder sehr erfolgreich. Angeregt durch S. besuchten nach dem 1. Weltkrieg auch andere Wiener Maler Bramberg (Harold Reiterer, Joseph Jost, Josef Danilowatz, Oskar Laske, Alexander Rothaug, Franz Sedlacek u.a.). Sein Sohn Josef S.(-Millinger, 1911-82), der sich seit 1950 der Abstraktion zuwandte, hielt die Beziehung zu Bramberg aufrecht.

Lit.: Ausstellungskat. Die Malerfamilie S. und Bramberg. Heimatmuseum Bramberg 1994. – SN, 19. 8. 1981, S. 9. – A. Roeßler: Der Maler J. S. In: Der getreue Eckart, 3. Jg., Heft 13 (April 1926), S. 589 ff.

N.Sch.

Stolz, Robert Elisabeth, * Graz 25. August 1880, † Berlin 27. Juni 1975, Komponist und Dirigent. S. studierte bei Robert Fuchs am Wiener Konservatorium und bei Engelbert Humperdinck in Berlin. 1897 wurde er Korrepetitor am Städtischen Theater in Graz, 1898 zweiter Dirigent in Marburg an der Drau. Eine Begegnung mit Johann Strauß in Wien (1899) bewog ihn, sich dem heiteren Genre zuzuwenden, 1901 hatte sein erstes Singspiel, »Studentenulke«, Premiere im Marburger Stadttheater. 1902 kam er als zweiter Kapellmeister ans Salzburger Stadttheater (Landestheater), wo er sich bald als Operettendirigent einen Namen machte. 1903 brachte er in Salzburg seine zweite Operette, »Schön Lorchen«, zur Uraufführung. Die Kritik stieß sich zwar an dem schwachen Libretto (verschollen), lobte aber Musik und Instrumentierung als »Probearbeit eines starken Talentes, das ohne Zweifel noch von sich reden machen wird« (»Salzburger Zeitung«). Noch im selben Jahr brach S. zu einer Rußlandtournee auf, danach trat er eine Kapellmeisterstelle am Deutschen Theater Brünn an, 1907 wurde er erster Kapellmeister am Theater an der Wien, wo er die populärsten Operetten seiner Zeit dirigierte. Als Komponist erlangte er mit eigenen Operetten (»Tanz ins Glück«, 1920), vor allem aber mit seinen Liedern und Chansons (»Servus, Du!«, 1911, »Hallo, du süße Klingelfee«, 1919, »Salomé«, 1919) internationale Bekanntheit. Seit 1924 war S. in Berlin tätig und erwarb sich den Ruf eines der besten

Komponisten für Musikfilme (»Zwei Herzen im Dreivierteltakt«, »Im weißen Rößl«, 1930). 1938 emigrierte er über die Schweiz nach Paris, 1940 in die USA. Nach dem Krieg kehrte er nach Wien zurück (1946), wo er bis zu seinem Lebensende als Komponist und Dirigent wirkte.

Lit.: R. und E. Stolz: Servus Du. Robert Stolz und sein Jahrhundert, München 1980.

H.A.

Stomius →Mulinus, Johannes, vulgo Stomius

Storch, Carl, * Budapest 7. 3. 1868, † Salzburg 2. 11. 1955, Zeichner. Studierte in den 1890er Jahren an der Münchner Akad. (W. Diez, L. v. Herterich) und bei Anton Azbé, seit 1907 in Salzburg. Wandte sich schon bald der humoristischen Zeichnung zu und wurde Mitarbeiter der »Fliegenden Blätter«; illustrierte zahlreiche Märchen- und Kinderbücher (»Zwergenkalender«) und schnitzte Krippenfiguren von volkstümlicher Drastik. Seine zeichnerische Komik, die die Tradition der Bildergeschichten eines Wilhelm Busch fortführt, lebt von grotesken Übertreibungen. Besonderer Bekanntheitsgrad in Holland als Illustrator der populären Kinderbuchserie »Puk en Muk«.

Lit.: Weltkunst 1995, H. 7, S. 876 ff. – SV, 4. 11. 1955 u. 5. 3. 1938. – Bastei 1955, Nr. 5 und Nr. 6. – Bergland, 1932, H. 6.

N.Sch.

Strahal, Anton, * Salzburg? 1898, † Buenos Aires, Architekt. Architekturstudium in Dresden, 1930 Gründungsmitglied des »Werkbundes Salzburg«, bei dessen Ausstellungen und Projekten sich Strahal maßgeblich engagierte (z. B. Werkbund-Ausstellung 1932 mit dem Thema des zeitgemäßen Hauses und der Wohnung). S. beteiligte sich mit der Einrichtung eines Hauses von Margarete Schütte-Lihotzky als einziger Salzburger Architekt 1932 an der Wiener Werkbundsiedlung. Ähnlich der Entwicklung im Österreichischen Werkbund während des Austrofaschismus verstärkte sich in der Landesgruppe, die 1934-35 selbständig war, der kunsthandwerkliche Aspekt. In nachdrücklich betonter Heimatverbundenheit richtete sich der »Werkbund Salzburg« gegen »nivellierende Großstadteinflüsse«. S. konnte als Architekt nur zwei Einfamilienhäuser in Parsch (Nesselthalerg. 2 und Höfelg. 6) 1933-34 realisieren. 1935 folgte er einer Berufung als Professor für Architektur und Raumkunst an die Escuola Valparaiso in Chile.

Lit.: Astrid Gmeiner, Gottfried Pirhofer: Der Österreichische Werkbund. Salzburg 1985, S. 186.

N.M.

Stranitzky, Joseph Anton, * Graz 10. 9. 1676, † Wien 19. 5. 1726, Schriftsteller, Dramatiker, Theaterleiter, Schauspieler. Sohn eines Lakaien und einer Trödlerin. Mit 13 Jahren Vollwaise. Er wandte sich dem Puppenspiel zu. 1699 als Marionettenspieler in Augsburg; 1701 in Nürnberg, 1702 wieder in Augsburg, 1705 hielt er sich schon in Wien auf, 1706 erhielt er gemeinsam mit Johann Baptist Hilverding und Anna Maria Naffzerin eine Spielbewilligung in Wien. In dieser Zeit dürfte er sein Examen als Arzt gemacht haben: bürgerlicher Beruf Zahn- und Mundarzt (lt. Univ.-Matrikel Wien). Neben dem lebenden Theater scheint St. stets auch Marionetten gespielt zu haben. Seit 1707 hatte er ein ständiges Theater: das Ballhaus in der Teinfaltstraße. 1710 bezog er mit seiner Truppe »Die Teutschen Komödianten« das Kärntnertortheater. Dieser Erfolg gegen die Konkurrenz der engl. Komödianten und gegen die ital. Commedia dell'arte begründete die bodenständige Wiener Volkskomödie. Besonders in St.s »lustiger Figur« wird das augenfällig: Im Kontrast zu Pickelhering und Arlecchino trat St. als →Hanswurst in der bodenständigen Kleidung des Lungauer Sau- und Krautschneiders auf. Da er schon 1705 in Baecks »Neueingerichtetem Zwergenkabinett« abgebildet ist, liegt die Vermutung nahe, daß er sich im Salzburgischen aufgehalten habe. Man nimmt an, daß er 1707 bei der Einweihung der Kollegienkirche hier gewesen sei. Jedenfalls hat St.s Lungauer Hanswurst Theatergeschichte gemacht. Als Schriftsteller und Dramatiker verfaßte St. die Werke »Olla Potrida des durchtriebenen Fuchsmundi« (1722) und »Hanns Wursts Lustige Reyss-Beschreibung aus Salzburg in verschiedene Länder«, o. J., Neuausgabe 1787.

Lit.: Hanswurstiaden. Ein Jahrhundert Wiener Komödie. Mit Texten v. J. A. Stranitzky u. a., hg. u. m. e. Nachwort v. J. Sonnleitner. Salzburg 1996 (= Eine österreichische Bibliothek). – M. Wölfel: Mundartkritische Untersuchung der Werke J. A. St.s. Diss. Wien 1963. – O. Rommel: J. A. St. In: Alt-Wiener Volkskomödie, Wien 1952.

A.Has.

Richard Strauss dirigiert am 20. 8. 1922 im Mozarteum ein Festspielkonzert (Archiv der Wiener Philharmoniker)

Straßen →Bauten des Verkehrs

Strauss, Richard Georg, * München 11. 6. 1864, † Garmisch-Partenkirchen 8. 9. 1949, Komponist und Dirigent. Schüler von Benno Walter und Friedrich Wilhelm Meyer. Von Hans v. Bülow gefördert, wurde er Dirigent der Münchner Hofoper, 1908 GMD in Berlin. 1919-24 war er gemeinsam mit Franz Schalk Leiter der Wiener Staatsoper und bis 1933 auch Dirigent des Leipziger Gewandhausorchesters. Danach wirkte er als freischaffender Komponist und Gastdirigent. Seine Hauptschaffensgebiete als Komponist waren Oper, Lied und Sinfonische Dichtung, in der er je nach der Thematik eine Form der »absoluten Musik« programmatisch abwandelte.
S. war mit den Salzburger →Festspielen von den ersten Anfängen an verbunden. Bereits 1906 dirigierte er ein Festkonzert zum 150. Geburtstag W. A. →Mozarts, ab 1916 gehörte er neben M. →Reinhardt und Franz Schalk dem Kunstrat der Salzburger Festspielhausgemeinde an, deren Präsidentschaft er 1917 übernahm. Er setzte sich tatkräftig für die Festspielidee ein, die 1922 durch die Grundsteinlegung für ein →Festspielhaus in →Hellbrunn besonderen Auftrieb erfuhr. In diesem Jahr fanden auch die ersten Aufführungen der drei Da-Ponte-Opern Mozarts sowie der »Entführung aus dem Serail« statt, die von S. und Schalk dirigiert wurden. In den Jahren 1926, 1932 und 1933 dirigierte S. in Salzburg »Don Giovanni« und »Così fan tutte«, dazu 1926 als erste seiner eigenen Opern »Ariadne auf Naxos«. 1929 folgte mit dem »Rosenkavalier« seine in Salzburg meistgespielte Oper. Dirigent war C. →Krauss, die Besetzung (Lotte Lehmann als Marschallin, R. →Mayr als Ochs, Vera Schwarz als Octavian) zählte zu den Höhepunkten der Vorkriegsära der Salzburger Festspiele. Nicht zuletzt auch durch die enge Zusammenarbeit mit den Dichtern H. v. →Hofmannsthal und S. →Zweig wurde Salzburg in der Folge neben München und Wien zu einer der wichtigsten Aufführungsstätten des S.'schen Œuvres. 1932 folgte »Die Frau ohne Schatten«, 1933 »Die ägyptische Helena«, 1934 »Elektra«. 1939 dirigierte Rudolf Moralt »Der Bürger als Edelmann«, 1952 wurde »Arabella« erstmals in den Spielplan aufgenommen, 1952 folgte »Die Liebe der Danae«, 1959 unter der Leitung von K. →Böhm »Die schweigsame Frau«. Die Sinfonischen

Dichtungen bildeten gleichfalls einen wichtigen Bestandteil der Salzburger Programme, wobei auffällt, daß S. selbst seine eigenen Kompositionen relativ selten dirigierte. Unter den bedeutenden Festspieldirigenten der Nachkriegszeit hat sich vor allem K. Böhm besondere Verdienste als S.-Interpret erworben. Auch bei der Eröffnung des neuen Großen →Festspielhauses 1960 stand S. im Mittelpunkt: mit dem als Filmdokument erhaltenen »Rosenkavalier« unter H. v. →Karajan.

Lit.: G. Jaaks, A. W. Jahnke (Hg.): R. S. 1864-1949. Mainz 1980. – K. Böhm: Begegnungen mit R. St. Wien 1964. – F. Hadamowsky (Hg.): R. St. und Salzburg. Salzburg 1964. – E. Zabrsa: Die Opern von R. St. bei den Salzburger Festspielen. Diss. Wien 1963.

J.F.

Strehler, Giorgio, * Barcola 14. 8. 1921, † Lugano 25. 12. 1997, Regisseur, Theaterleiter und Kritiker. St.s Zusammenarbeit mit den →Festspielen begann 1965, als er »Die Entführung aus dem Serail« inszenierte. 1971 erneuerte er diese Inszenierung, und die Festspiele wollten sich seiner Mitarbeit für längere Zeit versichern. Gedacht war an die Zusammenarbeit mit H. v. →Karajan, um jährlich eine Mozart-Oper zu bringen. Der Plan St.s ging aber wohl dahin, generell Einfluß auf die Festspiele zu bekommen. Es blieb jedoch de facto bei seiner Mitarbeit als Regisseur. 1973 ging seine Shakespeare-Collage »Das Spiel der Mächtigen« in der Felsenreitschule über die Bühne. Die Regieleistung und die Mitwirkung hervorragender Schauspieler machten es zu einem großen Publikumserfolg. Ebenfalls 1973 hielt St. die Gedenkrede zum 100. Geburtstag von M. →Reinhardt bei der Eröffnung der Festspiele. Die Proben- und Organisationsarbeit mit St. war so schwierig, daß es nach der »Zauberflöte« mit H. v. Karajan zu keiner Fortsetzung irgendeiner Zusammenarbeit mehr kam.

Lit.: J. Kaut: Die Salzburger Festspiele 1920-1981. Salzburg 1982, S. 85 ff.

Streicher, Franz Nikolaus, * Trostberg (Oberbayern) 9. 9. 1736, † Salzburg 20. 5. 1811, Maler. Bildete sich an den Akad. zu Augsburg, Regensburg (Zoffani) und Wien, faßte 1763 in Salzburg Fuß, wurde bevorzugter Porträtist der Mozart-Zeit (Pastelle), starb aber, aus der Mode gekommen, als armer Mann. Als Maler des ausklingenden Kirchenrokoko ist er im Bereich der alten Erzdiözese mit vielen Altarblättern (Rauris, Goldegg, Hallein, Hüttschlag) und mit Deckenbildern in Höglwörth (Stiftskirche) und →Michaelbeuern (Abteisaal) vertreten. Stilistisch zunächst in der Nachfolge P. →Trogers stehend, zeigt er sich in den letztgenannten Werken ganz unter bayerischem Einfluß.

Lit.: A. J. Weichslgartner: Trostberger Rokoko. Trostberg 1998. – Heimatbuch des Landkreises Traunstein, Bd. III (E. Krausen). – Der Heimatspiegel (Beilage zum »Trostberger Tagblatt«), 7, Nr. 2, 1936. – Pillwein.

N.Sch.

Streicher, Gustav (eigentlich: August St.), * Auerbach bei Mattighofen 2. 7. 1875, † Bad Hall (OÖ.) 12. 8. 1915, Schriftsteller. 1901 Bekanntschaft mit Ludwig v. Ficker, lebte in Salzburg und Wien, errang mit dem Volksstück »Am Nikolotage« (1902) in Linz und Wien durchschlagenden Erfolg, ebenso mit der Bauernkriegstragödie »Stefan Fadinger« (1903). Seit dem Frühherbst 1905 Freundschaft mit G. →Trakl; wohl auf Anregung von St. entstanden Trakls Einakter »Totentag« und »Fata Morgana«. 1908 rezensierte Trakl im SV einen Vortragsabend St.s im Mirabellsaal. St., der sich von der Nachfolge Ibsens zum Symbolismus Maeterlincks gewandt hatte, konnte später an seine frühen Erfolge nicht anschließen.

Lit.: H. Weichselbaum: G. Trakl. Eine Biographie mit Bildern, Texten u. Dokumenten, Salzburg 1994. – O. Basil: Georg Trakl. Reinbek b. Hamburg 1965, S. 63 f. – NZC, Bd. 4, S. 1175 f.

H.H.

Strobl-Werkstätte, Hafnerfamilien, die seit Mitte des 16. Jh.s bis Mitte des 18. Jh.s die Hafnergerechtsame und Werkstätten in der Arenbergstraße und der Steingasse innehatten.
Thomas St.: 1565 Bürger, † 1622; Friedrich St.: 1601 Meister und Bürger, † vor 5. 2. 1636, Sohn des Thomas St.; Rueprecht St.: * 27. 2. 1618, † 1681, 1651 Meister und Bürger, Sohn des Friedrich St.; Mathias St.: * 1607, † 26. 4. 1662, 1637 Meister und Bürger, Sohn des Friedrich St.; Johann St.: * 1644, † nach 1683, 1680 Meister, Sohn des Mathias St.; Paul St.: † 27. 5. 1725, 1683 Meister und Bürger; Bruder der Regina St., Cousine und Erbin der Gerechtsame nach Johann St.; Thomas St.: † 10. 4. 1753, 1725 Meister und Bürger; Sohn des Paul St. (Joseph Rauch ehelichte 1753 Katharina Stroblin, Tochter des Thomas St., Franz Rauch: * 1764, Sohn der Obengenannten, 1788 Übernahme der Gerecht-

Otto Strohmayr, Entwurf für eine „Gauburg" in Salzburg, 1942

same, verließ 1797 Haus und Familie, damit Ende der Strobl-Werkstätte). Mathias Strobl, Hafnergeselle aus Marquartstein, wurde 1797 Meister und Bürger; übernahm Gerechtsame und Haus Steingasse 67 – nur zufällige Namensgleichheit.

Produziert wurden Kachelöfen und irdenes Geschirr (1627-42 Verkaufsladen im Rathaus); vermutet wird eine Beteiligung der Werkstätte Thomas St.s (Arenbergstraße) an der Herstellung der Terrakotten der Schallaburg in NÖ. Modelfunde von 1953, 1974 und 1979 in den Hafnerhäusern Steingasse 28 und 67 bezeugen die Produktion der Strobl-Werkstätte für die 2. H. des 16. Jh.s bis ins 18. Jh. Thomas St., zeitweise unter Mitarbeit seines Sohnes Friedrich, stellte in der 2. H. des 16. Jhs. bunt glasierte Öfen im Nürnberger Schema her mit Personifikationsdarstellungen und Szenen aus dem Alten und Neuen Testament (in Museen in Salzburg, Wien, Budapest etc.). Der St.sche Farbenkanon hielt sich meist in Ocker (Grundglasur), Blau und Grün unter Verwendung weißer Zinnglasur. Die Gefäßkeramik entstand unter Anwendung von Kachelmodeln. Gegen 1600 und danach u. a. grün glasierte Öfen mit Motivwiederholung der Einzelkachel oder beliebten Serien: Erdteile, Musikdarstellungen, Tugenden etc.

Friedrich St. bezog ab 1602 die eigene Werkstatt Steingasse 67 (das Hafnerhaus blieb fast 200 Jahre im Besitz der Familie). Von Friedrich St. existiert im Schloß →Hellbrunn ein Fayenceofen von 1608. Im 17. Jh. werden die St.-Öfen vorwiegend mit Kurfürsten- und Heiligenserien, auch Blütenmotiven versehen, im 18. Jh. konzentriert man sich auf die weniger qualitätvollen und anspruchslosen geometrischen Motive mit Bandlwerk und Rocaillen.

Die Bedeutung der Strobl-Werkstatt lag in der 2. H. des 16. Jh.s und im beginnenden 17. Jh., damals Beispiel für die hochstehende Salzburger Hafnerkunst. (Farbabb. S. 340)

Lit.: Ch. Svoboda: Model und Kacheln der Strobl-Werkstatt aus dem 16., 17. und beginnenden 18. Jh. – F. Zaisberger: Zur Geschichte des Hafnerhauses in der Steingasse 67. In: Kat. SMCA 1981.

Ch.S.

Strohmayr, Otto, * Hallein 21. 7. 1900, † Kaltenhausen/Hallein 25. 4. 1945, Architekt. Absolvent der (Staats-) →Gewerbeschule Salzburg, Meisterschule von Peter Behrens und C. →Holzmeister an der Wiener Akad. Schüler Emil Fahrenkamps an der Düsseldorfer Akad., seit 1931 infolge des Auftrags für den Umbau der Kirche Seeham als selbständiger Architekt in Salzburg, 1929 Bierstube Zipferbräu, wirkte bei der österr. Siedlungsgesellschaft, 1938-42 in Arbeitsgemeinschaft mit O. →Reitter Restaurierung und Umbau des Schlosses Kleßheim zum »Gästehaus des Führers«, 1941 gemeinsam mit O. Reitter Auftrag für die Planung eines »Gauforums« und eines neuen Festspielhauses auf dem Kapuzinerberg.

Lit.: N. Mayr: Das Vorzimmer des Deutschen Reichs; Die NS-Neugestaltungspläne für Salzburg; Eine NS-Akropolis für Salzburg; Das Wirken der Architekten Otto Strohmayr und Otto Reitter, beide in: Jan Tabor (Hg.): Kunst und Diktatur, Baden 1994, S. 342-349, 480-486. – Ch. Braumann: Voraussetzungen, Instrumente und Ziele der Stadtplanung in Österreich von 1918 bis 1945. Diss. Wien 1985. – M. Oberhammer: Versuch einer Dokumentation des Baugeschehens in Salzburg zwischen 1938-1945. In: Von österreichischer Kunst, Klagenfurt 1983.

M.O.

Strongfort, Lionel (eigentlich: Max Unger), * Berlin 23. 11. 1876, † Baden bei Wien 27. 11. 1967, dt.-amerik. Athlet. Ließ sich in den späten 30er Jahren auf Schloß Emslieb bei Hellbrunn nieder und liegt am Kommunalfriedhof begraben. Um die Jahrhundertwende als bestgeformter und stärkster Mann aller Zeiten gefeiert, ließ während seiner Varieté-Laufbahn u. a. allabendlich ein 3,5 t schweres Auto über seine Brust rollen. Der »Muskelprotz« war auch bei Bildhauern als Modell begehrt. Später entwickelte er eine Methode zur »körperlichen und geistigen Ertüchtigung durch innere und äußere Muskelharmonie«, die Millionen Anhänger fand. Zuletzt leitete er sein S.-Institut (heute in München) in Baden bei Wien.

Lit.: Münchner Merkur, 24./25. 11. 1956.

N.Sch.

Stuart, (Alexander) Pater Bernhard, * Schottland 31. 3. 1706, † Italien 22. 9. 1755, Mathematiker, Mechaniker und Architekt. 1725 Eintritt in das Schottenkloster St. Jakob in Regensburg, Studium der Philosophie und Theologie, Kaplan im Stift Nonnberg, 1733-41 lehrte er an der →Univ. Salzburg Mathematik, auch deren Anwendung im Bereich des Straßen- und Wasserbaus, 1735 entwarf er ein Promemoria für die Torfgewinnung am Fuß des Untersbergs, baute Zeitmeßinstrumente und kam damit den Neigungen des Eb. →Leopold Firmian für Astronomie und das Sammeln von Uhren entgegen; wurde 1736 Hofbaudirektor. 1736-44 ließ der Eb. nach St.s Plänen Schloß →Leopoldskron errichten. Der mit der Ausführung betraute hf. Unterbaumeister J. →Kleber machte St. die Autorschaft streitig, warf ihm die Übervorteilung nicht nur seiner Person, sondern auch der Hofbaumeisterei vor. Im eingeleiteten Disziplinarverfahren wurde St. zwar nicht schuldig gesprochen, doch fiel er in Ungnade. 1742 Berufung nach St. Petersburg, 1743 Abt von St. Jakob in Regensburg, 1755 Italienreise.

Lit.: P. Husty: Pater Bernard Stuart 1706-1755. Ein Salzburger Hofarchitekt und die Aufgaben der Zeit Diplomarbeit Salzburg 1992. – Ch. Willomitzer: Geschichte des Baudienstes Land Salzburg. Salzburg 1985. – Thieme-Becker.

M.O.

Stube. 1501 »Goldene Stube« auf der →Festung Hohensalzburg, vertäfelt und bemalt von unbekannten Künstler-Handwerkern als Repräsentationsraum unter Eb. →Leonhard von Keutschach. Eine ma. Vertäfelung von Stuben ist im Schloß →Goldegg erhalten. Reich eingelegte und mit Schnitzereien versehene Stuben, meist aus Zirbenholz, aus den reicheren Gewerkenhäusern Salzburgs um 1600 (schöne Beispiele aus Goldegg und dem Lungau) im →SMCA.

Ch.S.

Stuck ist eine beliebig formbare Masse aus Gips, Kalk und Sand, die rasch erhärtet. Zuerst in Italien in der Renaissance zu plastischen Verzierungen der Innenarchitektur, im Barock dann in immer größerem Ausmaß verwendet. Fast das gesamte 17. Jh. arbeiteten ital. Künstler in Salzburg (Stiegenhaus und Badezimmer im Neugebäude). Zu den bedeutendsten Werken dieser Zeit zählen die reichen und bunten Stukkaturen von E. →Castello, der 1602 die Prunkräume im Neugebäude der Salzburger →Residenz mit ornamentalem und figuralem Stuck ausstattete und die farbigen Reliefs und Kassetten der Gabrielskapelle (1597-1603) schuf. Die »Stuck-Dynastie« der aus Italien stammenden Brenno hat mit z. T. farbigen Arbeiten zahlreiche Kirchen und Profanbauten der Stadt Salzburg ausgestattet. 1680 schuf Paolo Brenno den Stuckaltar mit Engelskaryatiden in der Annakapelle der →Franziskanerkirche; Francesco und Antonio Brenno 1685-89 die reiche Stuckausstattung der Pfarrkirche St. Erhard im Nonntal, die z. T. in ihrer Färbelung Terrakotta imitiert; gemeinsam mit Antonio Carabelli arbeiteten sie an den Stukkaturen der Kajetanerkirche und im Carabinierisaal der Residenz. Ihrer Werkstatt wird auch der polychromierte Stuck der Wallfahrtskapelle bei Schloß Söllheim zugeschrieben. Gegen Ende des 17. Jh.s kam der aus Padua stammende Ottavio Mosto nach Salzburg und arbeitete z. B. 1692 am Stuck der Franziskanerkapelle in der Franziskanerkirche. »Um 1680 feiert der Gips wahre Orgien« (Martin, S. 124), und zu Beginn des 18. Jh.s schließen sich den ital. die Wiener Künstler an. Erst das Rokoko brachte auch dt. Stukkateure nach Salzburg, neben welchen auch einheimische tätig wurden. Die Salzburger Johann Lindenthaler, J. →Kleber und Johann Georg Braun waren zwischen 1736 und 1740 mit der Stuck-Innenausstattung von Schloß →Leopoldskron beschäftigt. Für die zarte Rokoko-Stukkatur in Salzburg ist Benedikt Zöpf (Zipfel, † 17. 12. 1769) zu nennen (alte →Univ., Abtei und Stiftskirche →St. Peter, Michaelskirche etc.). Als letzter hier tätiger Meister gilt Peter Pflauder (* Grän im Lechtal 1733, † Salzburg 5. 11. 1811): er vertrat den klassizistischen Stuck mit seinen architekturgliedernden Ausstattungen, denen aber auch Reliefs zuzuzählen sind (Residenz, Abtei und Stiftskirche St. Peter und Katharinenkapelle 1792/93). Als seine letzte Arbeit gilt der Stuck der Grödiger Kirche.

Lit.: G. Ch. Lerch: Salzburger Stuckarbeiten vom Frühbarock bis zum Klassizismus. In: Salzburg Archiv 2, 1986, S. 147 ff. – A. Saliger: Die Salzburger Stuckarbeiten in der 1. H. des 17. Jh.s. Diss. Wien 1970. – S. Einbeck: Stuck an Bauten Fischer v. Erlachs. Diss. Salzburg 1970. – J. Forster: Stuccodecorationen aus Schloß Leopoldskron bei Salzburg. Berlin 1897.

Ch.S.

Sturm, Bruno, Pseud. für →Breitner, Burghard

Suppin, Lucas, Georg, * Untertauern 2. 7. 1911, † Salzburg 24. 2. 1998, Maler. Studierte 1931-37 an der Wiener Akad. der bildenden Künste (bei W. Dachauer), ging um 1950 nach Südfrankreich (St. Paul de Vence), wo er mit maßgeblichen Persönlichkeiten der Kunstszene verkehrte, u. a. mit Picasso, erst seit 1968 wieder ständig in Salzburg. In seinen Malereien und Wandgestaltungen wandelte S. Spielarten der Abstraktion einfallsreich ab, wobei sich surreale Chiffrenhaftigkeit mit schmuckhaften Werten verbinden.

Lit.: SN, 29. 6. 1996, 5. 3. 1998. – Das Salzburger Jahr 1981/82, S. 60. – Gugg. – Vollmer.

N.Sch.

Susat, Alberto, * Riva am Gardasee 20. 4. 1898, † ebenda 28. 5. 1977, Maler. Seit 1924 als Maler und Restaurator in Salzburg heimisch, verbrachte die Wintermonate regelmäßig im Süden. Er ist als Retter der im »Dritten Reich« unerwünschten →Faistauer-Fresken im →Festspielhaus, die er 1938 abnahm und 1956 wieder anbrachte, in die Annalen eingegangen. Sein eigenes Schaffen galt dem naß in naß vor der Natur gemalten Blumen- und Landschaftsaquarell, in dem er sich unter dem Einfluß A. →Steinharts von schwebender Durchsichtigkeit zu sprühendem Farberleben entwickelte.

Lit.: Das Salzburger Jahr 1973/74, S. 74. – Kat. Karl Weiser und seine Freunde. Berufsvereinigung bildender Künstler, Salzburg 1992. – SN, 1. 6. 1977. – Gugg. – Vollmer.

N.Sch.

Süß, Vinzenz Maria , * Weißenbach am Attersee 15. 1. 1802, † Salzburg 5. 5. 1868, Magistratsbeamter und Gründer des →SMCA 1835. Ausbildung als Lehrer, 1829 Steuer- und Cassieramtskontrollor des Stadtmagistrats Salzburg, 1843 Leihhausverwalter, 1852 Ehrenbürger der Stadt Salzburg, 1855 Ernennung zum Conservator der Baudenkmale des Kronlandes Salzburg. Publikationen: »Die Bürgermeister von Salzburg 1433-1840« (1840), »Beiträge zur Geschichte der Typographie und des Buchhandels im vormaligen Erzbistume, nun Herzogtum Salzburg« (1845), »Die mittelalterlichen Burgen und Schlösser im Herzogthume Salzburg« (1845), »Salzburgische Volkslieder mit ihren Singweisen« (1865).

Lit.: M. Fritscher: V. M. S. und die erste Periode des Museums Carolino Augusteum. Hausarb. aus Geschichte, Salzburg 1980. – A. Steinhauser: V. M. S. Gründer und Direktor des städt. Museums CA in Salzburg. Salzburg 1869.

Sykophantenstreit. In den Jahren 1740 und 1741 ausgetragene Diskussion an der Salzburger →Univ. zwischen den Anhängern des konservativen Lagers und den Vertretern einer frühaufklärerischen Richtung, die unter der wohlwollenden Neutralität von Eb. →Leopold Anton von Firmian den Sieg davontrug und Reformen an der →Univ. ermöglichte.

Lit.: J. Laglstorfer: Der Salzburger Sykophantenstreit um 1740. Diss. Salzburg 1971.

R.R.H.

Szene (urspr. Szene der Jugend), Jugendkulturinitiative für zeitgenössische Musik, Kleinkunst und experimentelle Projekte auf dem Gebiet des Theaters, der Literatur und Musik. Seit 1970 nach der Gründungsidee von C. →Bresgen und Gottfried Kraus von Alfred Winter vom Club 2000 im Petersbrunnhof, im Stadtkino und anderen Aufführungsstätten durchgeführt und von Michael Stolhofer geleitet, seit 1982 Dreiteilung in Mai-, Sommer- und Herbstszene, Schwerpunkte sind neuer Tanz und Theater als Begegnungsformen für neue Kulturen.

Lit.: R. Floimair (Hg.): Aus Leidenschaft. 22 Jahre Szene Salzburg, Salzburg 1992.

G.W.

Szittya, Emil (eigentlich: Emil Schenk) * Budapest 18. 8. 1886, † Paris 26. 11. 1964, Schriftsteller, Maler, Journalist, Vagabund. »Den Namen Emil Szittya findet heute der an der Literatur Interessierte in keinem Nachschlagewerk, in keinem biographischen Lexikon, keine Literaturgeschichte gibt Auskunft und in kaum einem Archiv sind seine Bücher greifbar« (Ch. Weinek). S. ist also in der Literatur eine Kuriosität, ebenso sind es seine Bezüge zu Salzburg. S. dürfte auf seinen Wanderungen von Budapest nach Paris sicher in Salzburg gewesen sein. In seinem autobiographischen Roman »Ich bitte um ein Eintrittsbillet oder haben Sie schon einmal Hunger gehabt« (Ein Landstreicherroman, 1945) verarbeitet er Erinnerungen an Salzburg aus den Jahren 1906 und 1909. In seinem Buch »Selbstmörder« (1924, Reprint 1985) beschreibt er die Todesursachen G. →Trakls. S. kannte A. →Faistauer, den er in seinem Buch »Kuriositäten-Kabinett« (1923, Reprint 1973) mehrmals erwähnt: z. B. »Aus Robin C. Andersens Kreis stammt A. Faistauer, der sich, um neue Bahnen zu entdecken, von Andersen nach Salzburg zurückzog, wo er im Kreis von H. →Bahr immer mehr in religiöse Malerei geriet.« J. →Haringer unterstützte S., obwohl er selbst ziemlich mittellos war, S. →Soucek druckte in seiner Salzburger Zeitschrift »Die Woge« (1946) den Aufsatz S.s »Die Internationale der Taschendiebe«.

Lit.: Ch. Weinek: E. S. Leben und Werk im deutschen Sprachraum 1886-1927. Diss. Salzburg 1987. – E. Weinek: E. S. Zeitgenosse, Dichter und Maler. Pariser Jahre 1927-1964. Diss. Salzburg 1987.

A.Has.

Tauernbahn, verbindet Salzburg mit Kärnten, entstand seit 1871 mit der Eröffnung der Bahnlinie Salzburg-Hallein und 1875 mit der Inbetriebnahme der Strecke Salzburg-Bischofshofen-Wörgl. 1905 wurde die Nordrampe fertiggestellt und 1909 die durchgehende T. durch Kaiser Franz Joseph eröffnet. Ermöglichte den Thermalbädern im Gasteiner Tal (→Gastein) den Anschluß an das intern. Eisenbahnnetz und bedeutete wichtige Impulse für die wirtschaftliche und architektonische Entwicklung Badgasteins, vor allem durch die Bauten A. →Cominis. Als Bauleiter fungierte der Eisenbahningenieur Karl Wurmb (Denkmal in der Schwarzstraße; →Bauten des Verkehrswesens).

Lit.: M. W. Fischer: Zur Jahrhundertwende in Salzburg. Stadt und Land auf alten Photographien. Salzburg-Wien 1984, S. 24 f.

R.R.H.

Tauriska-Kammerlanderstall, 1986 als »Verein zur Förderung eigener Kultur- und Regionalentwicklung in der Region Nationalpark Hohe Tauern« mit dem Ziel gegründet, Altes, Vergessenes wiederzuentdecken und zu beleben, aber gleichzeitig auch neue, zeitgenössische Kulturinitiativen und Talente zu finden. Gefördert werden Musik, Literatur, Theater, Laienspiel, wissenschaftliche und praktische Arbeiten sowie die Erschließung und Verbreitung von Volksgut. Zentrum ist der Kammerlanderstall in Neukirchen am Großvenediger. Er enthält eine Galerie, ein regionales, eigenständiges Heimatwerk, das »Steinberg-Thoma-Museum« und die »Leopold-Kohr-Akademie«. Erster Präsident war L. →Kohr.

H.O.

Taussig, Helene von, * Wien, 10. 5. 1879, † vermutlich 1942 in Auschwitz, Malerin. Aus wohlhabender jüdischer Familie, ging 1910 zusammen mit ihrer Freundin und Lehrerin E. →Schlangenhausen als Schülerin zu Cuno Amiet nach Oschwand bei Bern, anschließend studierte sie bis 1914 bei Maurice Denis in Paris. Seit 1919 lebte sie in Anif, wo ihr O. →Prossinger ein extravagantes Atelierhaus errichtete. Von hier wurde sie 1940 aus rassischen Gründen vertrieben, fand kurzfristig in einem Kloster in Wien-Floridsdorf Unterschlupf und wurde 1942 nach Polen deportiert. T. wurde künstlerisch von Amiet und Van Dongen gefördert. Ihr an den modernen Franzosen orientiertes Werk, das mit seiner koloristischen Leuchtkraft im damaligen Salzburg singulär dastand, ist bis auf einen Rest im →SMCA verloren. Mappenwerk »Der Tänzer Harald Kreutzberg« (Salzburg 1933). (Farbabb. S. 362)

Lit.: Ausstellungskat. Österreichischer Expressionismus. Wien-Brüssel 1998. – S. Plakolm-Forsthuber: Künstlerinnen in Österreich 1897-1938. Wien 1994. – B. Wally. – Das Salzburger Jahr 1988/9, S. 12 ff.

N.Sch.

Taux, Alois, * Baumgarten (Schlesien) 5. 10. 1817, † Salzburg 17. 4. 1861, Komponist und Dirigent. Musikalische Ausbildung am Prager Konservatorium, kam 1839 als Operndirigent an das k. k. Theater in Salzburg, Direktor von →Dom-Musikverein und Mozarteum und Domkapellmeister von 1841-61. Gründete 1847 die Salzburger →Liedertafel und leitete sie bis zu seinem Tod. Er hatte Kontakt mit den führenden Musikern seiner Zeit und legte eine Autographensammlung an, die im Archiv der →Liedertafel verwahrt wird. Zur Mozart-Säkularfeier 1856 leitete er ein Mozart-Konzert der Liedertafel und ein großes Liedertafelfest mit gemischten Programmen. T. komponierte Kirchenmusik, Bühnenwerke, Orchesterwerke, Kammermusik und Männerchöre. Seine Mozart-Gedenkkonzerte wurden später von der Int. Stiftung →Mozarteum institutionalisiert.

Lit.: C. Schneider: Geschichte der Musik in Salzburg. Salzburg 1935.

G.W.

Technik →Baudenkmäler der Technik und Industrie

Techno-Z Salzburg →Technologiezentrumsgesellschaft m.b.H.

Technologiezentrumsgesellschaft m. b. H., Salzburger. Unternehmensgegenstand des Techno-Z Salzburg ist die Vermietung von Räumlichkeiten und Einrichtungen an technologieorientierte Betriebe sowie Unterstützung für alle Salzburger Firmen und Betriebsgründer, insbesondere im Bereich der Technologie- und Innovationsförderung, weiters die Herstellung von Kontakten zu Forschungsstätten und Förderungseinrichtungen, Unterstützung von Salzburger High-Tech-Betrieben bei der Vermarktung und Weiterentwicklung ihrer Produkte. Ein weiterer Tätigkeitsbereich liegt in der Durchführung von technologieorientierten Veranstaltungen und Seminaren.

H.O.

Thaidingtisch, Oberalmer, Steintisch mit rohbehauener Marmorplatte (1,25 m im Quadrat, 15 cm stark), der unweit der Oberalmer Kirche unter einer prächtigen Linde (Neupflanzung von 1908) steht; diente vermutl. noch bis zu Beginn des 19. Jh.s als Schranne, Gerichts- oder Ding-(Thing-, Thaiding-)stätte des Ortes, wo von alters her jährlich das Landrecht verkündet und Recht gesprochen wurde. Eines der wenigen in Salzburg erhaltenen Rechtsaltertümer, der einzige noch im Original erhaltene Schrannentisch Salzburgs (jener von Anif ist eine Nachbildung von 1937). Die Gesamtanlage steht unter Denkmalschutz.

Lit.: J. Brettenthaler (Hg.): Oberalm. Ein Salzburger Markt einst und jetzt, Salzburg 1978.

Theater (Hoftheater, seit 1775; Nationaltheater, seit 1880; Stadttheater, seit 1893; Landestheater, seit 1940, →Theater-Spielorte).

1. Geschichte des Musiktheaters. Eb. →Markus Sittikus machte Salzburg zum ersten außerital. Zentrum der gegen Ende des 16. Jh.s in Florenz geschaffenen neuen Kunstform »Oper«. Die erste Opernaufführung nördlich der Alpen, der »Orfeo« eines namentlich unbekannten Komponisten, fand am 10. 2. 1614 in dem nach ital. Vorbild in der fe. →Residenz errichteten Theater statt. Weitere Opernaufführungen (»Andromeda«) sowie Aufführungen von Rappresentazioni Sacre (z. B. »Repräsentation von Marter und Tod der heiligen Jungfrau Christina«) lassen sich für dieses Theater sowie für das ebenfalls durch Markus Sittikus im Park von →Hellbrunn angelegte Steintheater, die älteste Naturbühne im deutschsprachigen Raum, nachweisen. Der Tod Markus Sittikus' setzte der ersten Blütezeit der Opernkultur in Salzburg ein Ende. Im Verlauf des 17. Jh.s fanden opernartige Elemente in immer stärkerem Umfang Eingang in die Darbietungen des Univ.-Theaters (→Theater der Benediktineruniv.). Ab Mitte des 17. Jh.s wurden die Grenzen zwischen Hof- und Univ.-Theater immer fließender: Hofmusiker wirkten in Univ.-Aufführungen, Studenten in Aufführungen des Hoftheaters mit. Eine neuerliche Blüte erlebte die Oper im höfischen Musik- und Theaterleben des ausgehenden 17. und beginnenden 18. Jh.s. Während der Regierungszeit der beiden Eb. Max Gandolf von Kuenburg und →Johann Ernst Thun wirkten zwei der bedeutendsten Barockkomponisten am Salzburger Hof: H. I. F. →Biber und G. →Muffat. Der Großteil ihrer Opernkompositionen für das Hof- und Univ.-Theater ist leider verschollen. Nur Bibers Oper »Chi la dura la vince« (eine Oper über den »Arminius«-Stoff, ca. 1687) ist in einer Widmungs-Hs. erhalten (heute →SMCA). Die vorhandenen Quellen (die Partitur der »Arminius«-Oper, Libretti, Szenarien) lassen erkennen, daß Bibers und Muffats musikdramatische Werke dem venezianischen Operntypus angehören, bei dem es zu einer Vermischung ernster und komischer Handlungsebenen kam. Nach Muffats Fortgang nach Passau (Ende der 80er Jahre) und nach Bibers Tod (1704) drohte die Opernpflege in Salzburg mangels entsprechender Talente zu stagnieren. Eb. Franz Anton von Harrach gelang es jedoch, den in Wien als Vizekapellmeister wirkenden A. →Caldara zu Auftragskompositionen für den Salzburger Hof zu gewinnen. In den Jahren 1716-27 entstanden auf diese Weise ca. 15 Opern und szenische Oratorien. Ein Großteil der Partituren zu Caldaras Salzburger Opernkompositionen ist erhalten geblieben. Diese Werke zeigen bereits deutliche Spuren der um 1700 durch Apostolo Zeno u. a. in Gang gesetzten Opernreform: In ihrer gestraffteren opern-dramaturgischen Konzeption gehören sie dem spätbarocken Operntypus an. Nach dieser letzten Blütezeit der Barockoper in Salzburg nahm die Qualität und Quantität musikdramatischer Produktionen merklich ab. Das Theaterleben wurde zu dieser Zeit fast ausschließlich vom Universitätstheater und von wandernden Theatertruppen bestimmt. Auf dem Programm der Wandertruppen, die bis ins späte 17. Jh. in Salzburg nachweisbar sind, standen Oper, →Ballett, Pantomime neben Schauspiel, Stegreifkomödie und Puppenspiel. Während der Regierungszeit von Eb. Sigismund Schrattenbach erfreute sich vor allem das Kindertheater besonderer Beliebtheit. Die auch in der Mozart-Korrespondenz erwähnte Truppe der »Bernerschen Kinder«, die zu dieser Zeit in Salzburg nachweisbar ist, war auf Ballettpantomimen und opernartige Darbietungen spezialisiert. Ab 1775 trat das Salzburger Theaterleben in eine neue Entwicklungsphase: Ganz im Sinne der →Aufklärung wurde das Hoftheater durch Eb. →Hieronymus Colloredo in eine öffentlich zugängliche Institution umgewandelt. Das für diesen Zweck adaptierte ehemalige Lodronische Ballhaus bot ab Herbst 1775 den Wandertruppen, die nunmehr in der Regel für eine ganze Spielzeit (September/Oktober bis Februar/März; gelegentlich auch im Sommer) verpflichtet wurden, den entsprechenden Rahmen. Von den hier wirkenden Wandertruppen, die zumeist nach ihrem Prinzipal benannt wurden, sind vor allem zu nennen: Die Wahrsche Schauspielergesellschaft (1775/76), die mit W. A. →Mozart in Verbindung stehende Böhmsche (1779/80) und Schikanedersche (1780/81) Truppe, die Webersche Schauspielergesellschaft (1795/96; geleitet von C. M. v. →Webers älterem Bruder E. v. Weber) sowie die von dem Salzburger Publizisten L. →Hübner und dem Hoftenoristen G. →Tomaselli geleitete »deutsche Hofschauspielergesellschaft« (1796-98). Diese Truppen boten ein für gehobene Provinzansprüche repräsentatives musikalisches Repertoire, das die zu dieser Zeit gängigen Formen der ital. Opera buffa, der frz. Opéra comique, des dt. Singspiels, der Ballett-Pantomime und des Melodrams umfaßte. Die Mitwirkung des fe. Hoforchesters sicherte den Aufführungen ein beachtliches Niveau.

Um die Jahrhundertwende tendierte der Publikumsgeschmack immer mehr zur leichteren Muse. Die Wiener Zauberopern (F. Kauer, W. Müller, F. X. Süßmayr, P. Wranitzky) dominierten den Spielplan. In einem zeitgenössischen Bericht von 1803 heißt es: »Den Geschmack des hiesigen Publikums hat der Eigennutz der Unternehmer seit mehreren Jahren durch Schikaneders Sinn und geschmacklose Opern und Farcen, und durch die trivialsten Ritterschauspiele verdorben . . . Für Mozarts Opern scheint man mehr Geschmack zu affektieren, als richtig zu fühlen.« Eine Untersuchung des Repertoires bezeugt die Richtigkeit dieser Behauptung. Immerhin wurde Mozarts »Entführung aus dem Serail« von 1784 bis 1803 20mal gespielt; insgesamt kamen sechs Opern Mozarts während dieser Zeit mehr oder weniger oft zur Aufführung: »Don Giovanni« (erstmals 18. 1. 1797); »Entführung« (17. 11. 1784); »Figaro« (18. 9. 1798); »Der Schauspieldirektor« (3. 11. 1797), »Titus« (2. 3. 1803); »Die Zauberflöte« (19. 5. 1797). Echte romantische Tendenzen zeigen die Werke der Michael-Haydn-Schüler A. Brunnmayer und A. J. Emmert (1768-1812). Auch der erste musikdramatische Versuch des jungen C. M. v. →Weber, »Peter Schmoll und seine Nachbarn« (1802), stammt aus dieser Zeit. Nach Säkularisation des Erzbistums und Auflösung des Hofstaates und damit der Hofkapelle versank das Theater in Provinzialität. Dennoch versuchte Theaterdirektor A. Ferrari während seiner Amtszeit (1804-22), trotz widriger äußerer Umstände (feindliche Invasionen, oftmaliger Regierungswechsel), das Opernrepertoire nach Möglichkeit auf dem aktuellen Stand zu halten (Salieri, Spontini, Cherubini, Boildieu, Rossini). Als neue Spielstätte für Opernaufführungen wurde 1806 die Sommerreitschule (die heutige Felsenreitschule) einbezogen, ebenso fand das Heckentheater im Mirabellpark ab 1811 Verwendung. Hier wurde 1825 Webers »Freischütz«, der bereits 1822 (ein Jahr nach der Berliner Uraufführung) in Salzburg zu sehen war, aufgeführt. Ab der Jahrhundertmitte trat das Musiktheater während der Direktion G. Denemy und C. Clement (1851-57) wieder stärker in den Vordergrund. Theaterkapellmeister war zu dieser Zeit der seit 1839 in einer Vielzahl musikalischer Funktionen in Salzburg wirkende A. →Taux. Auf dem Opernrepertoire finden sich nunmehr die Großen Opern Meyerbeers sowie die dt. Singspielopern Kreutzers, Lortzings und Flotows. Eine kurze Blütezeit erlebte die Oper nochmals während der Direktion H. Jenkes (1872-79). Erstmals gelangten zu dieser Zeit Opernwerke R. →Wagners zur Aufführung (1876 »Der Fliegende Holländer«, 1877 »Lohengrin«). Mangels entsprechenden Personals war man in der Folgezeit bestrebt, Konzessionen an den Publikumsgeschmack zu machen und die Oper weitgehend durch die Operette (Offenbach, Planquette, Lecocq, Genée, Millöcker, Suppé, J. Strauß) zu ersetzen. Bemerkenswert ist, daß zu dieser Zeit zwei bedeutende Musiker am Theater wirkten: Der später intern. renommierte Dirigent C. Muck (1859-1940) war 1. Kapellmeister während der beginnenden achtziger Jahre, 2. Kapellmeister war für kurze Zeit (1881/82) der damals 22jährige H.

→Wolf. – Auch nach Eröffnung des nach Plänen Helmers & Fellners gestalteten Theaterneubaus am 1. 10. 1893 (mit der Ouvertüre zu Mozarts »Titus«) blieb die Opernpflege auf die alljährlich im Frühjahr mit auswärtigen Gästen veranstaltete »Monatsoper« beschränkt. Der neue Bau – nunmehr als Stadttheater bezeichnet – nimmt vor allem mit seinem von A. D. Goltz gestalteten Mozart-Vorhang (eine Apotheose Mozarts inmitten seiner berühmtesten Operngestalten) auf den Genius loci Bezug. Die Operette blieb bis weit ins 20. Jh. spielplanbestimmend. In der Spielzeit 1902/03 versuchte sich der als 2. Kapellmeister tätige R. →Stolz erstmals als Operettenkomponist. Im Rahmen der Salzburger Musikfeste, die als unmittelbare Vorläufer der →Festspiele zu gelten haben, fanden gegen Ende des 19. Jh.s Aufführungen von Mozart-Opern im National- bzw. Stadttheater statt. Hier war bereits am 26. 1. 1856 »Don Giovanni« im Rahmen des Mozart-Säkularfestes zur Aufführung gelangt. Die Aufführungen der Musikfeste kamen durch Zusammenwirken einheimischer Kräfte (→Dom-Musikverein und Mozarteum bzw. Salzburger →Liedertafel stellten Orchester und Chor) und Solisten der Wiener Hofoper zustande. Opernaufführungen der Musikfeste: 1887 (100 Jahre »Don Giovanni«) »Don Giovanni«, 1891 »Die Hochzeit des Figaro«, 1901 »Don Giovanni«, 1906 (150. Geburtstag Mozarts) »Don Giovanni«, »Figaro«, 1910 (Grundsteinlegung →Mozarteum) »Zauberflöte«, »Don Giovanni«. – Ab 1918 kam es dank der Zusammenarbeit zwischen dem Stadttheater und der Opernschule des Mozarteums unter B. →Paumgartner zu einer neuerlichen Intensivierung der Opernpflege (u. a. Mozart-Opern, »Fidelio« und »Hänsel und Gretel«). 1920 wurde durch einen Vertrag zwischen Mozarteum und Stadtgemeinde die sog. »Mozarteums-Oper« institutionalisiert. Unter der ehrenamtlichen künstlerischen Oberleitung B. Paumgartners kam es allein 1920/21 zu 85 Opernaufführungen, darunter »Freischütz«, »Walküre«, »Otello«. Infolge zu hoher Kosten mußte diese Unternehmung eingestellt werden, und die Oper räumte wieder der Operette das Feld. Als 2. Kapellmeister wirkte 1923-25 der junge N. →Dostal in Salzburg. Zum 70. Geburtstag von Wilhelm Kienzl, 1927, sang Richard Tauber den Mathias im »Evangelimann«, es dirigierte der Komponist.

Ab 1922 bis zur entsprechenden Adaptierung des Festspielhauses (1927) fanden die Opernaufführungen der Festspiele im Stadttheater statt. Das 1939 neuerlich umgebaute Theater wurde am 7. 8. 1939 durch eine Festspielaufführung von Mozarts »Entführung« eröffnet (Dirigent: K. →Böhm; Hauptrollen: Maria Cebotari, Helge Rosvaenge). Durch den am 24. 4. 1940 erreichten Status eines Landestheaters bot sich nunmehr wieder der entsprechende finanzielle Rückhalt für die Opernpflege. Während der Intendanz H. Furregs und E. Kerbers, der dank seiner Funktion als Direktor der Festspiele dem Landestheater die Bespielung des Festspielhauses während der Saison erstmals ermöglichte, wurde dem Opernspielplan besondere Aufmerksamkeit geschenkt. Nach einer durch Kriegsereignisse und amerikanische Besatzung bedingten Unterbrechung nahm mit Wiederaufnahme des Spielbetriebs die Operette wieder die Hauptposition im Spielplan ein. Erst ab der Intendanz P. Stanchinas (1951-57) konnte die Oper endgültig als feste Größe im Spielplan verankert werden. Gemeinsames Bestreben der Theaterleiter war es von nun an, dem Salzburger Publikum auch außerhalb der Festspiele einen mit den bescheidenen Mitteln einer Provinzbühne realisierbaren Opernspielplan zu bieten. Hervorzuheben ist das Bestreben einzelner Intendanten, im Rahmen dieser Möglichkeiten auch das Nicht-Alltägliche zu wagen: H. Matiasek eröffnete seine erste Salzburger Spielzeit (1962) mit Hofmannsthals Bearbeitung von Molières »Bürger als Edelmann« mit der Musik R. Strauss', er führte Rossinis lange verschollene »Liebesprobe« und →Orffs Bearbeitung von Monteverdis »Orfeo« auf; E. Buschbeck nahm die Gluck-Opern »Orpheus und Eurydike« und »Iphigenie auf Tauris«, Rossinis »Cenerentola«, Brittens »Raub der Lukrezia« und »Albert Herring«, Strawinskys »Rake's Progress« und Kreneks »Johnny spielt auf« in den Spielplan auf (unterstützt von den zu dieser Zeit am Theater wirkenden Dirigenten Paul Angerer, Th. Guschlbauer und L. →Hager); Federik Mirdita gelang es, N. →Harnoncourt für einen Purcell-Abend zu gewinnen; beachtliche Aufführungen der Mozart-Opern »Idomeneo« und »Titus« im Großen und Kleinen Festspielhaus, von Händels »Jephtha« in der Kollegienkirche, von »Wozzeck« und

»Jenufa« sowie Opernuraufführungen, wie F. Hummels »König Übü« (1984), machen deutlich, daß der Opernspielbetrieb einer spärlich dotierten Landesbühne sich selbst neben der drückenden Übermacht von Festspielen zu profilieren vermag.

2. Geschichte des Sprechtheaters. Das Sprechtheater am Hof-, National-, Stadt- und Landestheater ist in Wechselwirkung zur jeweiligen dt.-sprachigen Theatergeschichte zu verstehen. Sie ist einmal durch ihre Funktion als regionales Theater bestimmt, zum andern spiegelt dieses Salzburger Theater die Strömungen der Gesamtentwicklung. Man kann aber keinesfalls von einem systematischen Programm zur Aufführung älterer (klassischer) Stücke und/oder zeitgenössischer Theaterstücke sprechen. Auch läßt sich unter den wechselnden Direktoren keine durchlaufende Programmlinienführung erkennen. Sicher ist seit 1920 die Beziehungsnähe zu den Salzburger →Festspielen zu beachten. Seit der im Sinne der →Aufklärung erfolgten Theatergründung 1775 haben 69 Prinzipale, Direktoren und Intendanten die künstlerischen und organisatorischen Geschicke des Theaters bestimmt. Verschiedene bauliche Veränderungen haben wesentlich daran mitgewirkt (→Theater-Spielorte). Wenn keine durchlaufenden Programmlinien darzustellen sind, so läßt sich wohl Wichtiges in bezug auf Intendanten, Stückinszenierung oder Schauspielerpersönlichkeit hervorheben: Am längsten leiteten Anton Ferrari (1804-22) und Katharina Hain (1823-30, 1837-47) die Geschicke des Hauses. Emanuel Schikaneder (1751-1812), der Textdichter der »Zauberflöte«, war von Herbst 1780 bis Fasten 1781 Prinzipal. An 97 Abenden brachte er 13 Singspiele und 22 Ballette, an den übrigen Schauspiele. Er ließ als erster auch ein zeitgenössisches Stück aufführen, nämlich »Der englische Spion« von F. M. →Vierthaler. Schikaneder gewährte der Familie Mozart freien Eintritt ins Theater. Ein homogener Ensembleaufbau und ein kontinuierlicher Spielplan kamen aber noch nicht zustande. Eben dieses erwartete man sich vom Doppeldirektorium des Aufklärers L. Hübner und des fe. Kammersängers G. Tomaselli. Sie brachten zwar 238 Vorstellungen im Zeitraum von zwei Jahren (1796-98), mußten aber auch erkennen, daß ein Theater ein hartes Geschäft ist. Unter den Schauspielern, die hier auftraten, gab es prominente, etwa Katharina Schratt, die Freundin Kaiser Franz Josephs I. (mehrmals zwischen 1879 und 1887), oder Alexander Girardi, der hier 1870/71 debütierte, oder M. →Reinhardt, der hier seine erste fixe Spielzeit, 1893/94, verbrachte. Am 1. 10. 1893 war das Salzburger Stadttheater mit dem dramatischen Märchen »Der Talisman« von Ludwig Fulda eröffnet worden; M. Reinhardt spielte den Oberfeldherrn Berengar. Reinhardt war mit einem umfangreichen Rollenrepertoire nach Salzburg gekommen, er spielte u. a. auch Operettenrollen. In der Ära Anton C. Lechners 1890-99 gab es über 100 Neuinszenierungen, darunter auch zeitgenössische Werke von Gerhart Hauptmann und Arthur Schnitzler. Theaterskandale gab es mehrmals, und zwar aus wechselnden Gründen. Am 7. 2. 1904 wurde die Lokalposse »Die Glockenspielkinder« von H. →Demel-Seebach uraufgeführt. Der Autor karikierte darin die Salzburger als Kulturbanausen, was den lauten Unwillen des Publikums erregte. Zwei uraufgeführte Einakter von G. →Trakl, »Der Totentag« und »Fata Morgana« (1906), wurden von der heimischen Presse als Talentproben bezeichnet, waren aber keine Theatererfolge. Bemerkenswert war das Wirken des heimischen Dramatikers H. →Demel-Seebach, der als der Salzburger Vertreter der »modernen« Dramatik der Jahrhundertwende galt und dessen Stücke fast ausschließlich im Stadttheater uraufgeführt wurden. Allerdings war den psychologisch meist umsichtig motivierten Dramen wenig Erfolg beschieden (z. B. »Bauernrechte«, 1899; »Allotria«, 1900; u. a.). Vielseitige Impulse gingen von der Theaterarbeit Paul Blasels aus, der 1899-1901, 1909-21 und 1922-32 das Stadttheater leitete. Als Neuerungen führte er literarische Abende ein, an denen junge Autoren lesen konnten. Er bemühte sich damals schon um eigene Vorstellungen für Schüler und Arbeiter. In seiner zweiten Direktionsphase spielte Blasel viele Zeitgenossen: H. →Bahr, Gerhart Hauptmann, H. v. →Hofmannsthal, Henrik Ibsen, Karl Schönherr, Hermann Sudermann, August Strindberg, Anton Wildgans und Frank Wedekind. Man sieht daraus, wie genau sich die dramatischen Strömungen von Naturalismus, Symbolismus und Expressionismus in den Autorennamen widerspiegeln. Dem Stadttheater erwuchs

1920 in den Festspielen ein Konkurrent, denn jahrelang hatte man durch gängige Stücke für Sommertouristen das Defizit abgedeckt. Neben den Sprechtheater-Uraufführungen von G. Trakl und H. Demel-Seebach sind noch folgende bemerkenswert: Der Priesterdichter Alois Außerer schuf in »Dido« (1912) ein damals vielgelobtes Beispiel der nachklassischen Tragödienform. In der Zeit zwischen den Weltkriegen ereigneten sich etwa 30 Uraufführungen, darunter wieder Stücke von Alois Außerer, H. Demel-Seebach, J. A. →Lux u. a. F. →Lösers Volksstücke (etwa »Das Kriegerdenkmal«, 1919) lassen Thoma und Anzengruber als Vorbilder erkennen und waren beachtliche Erfolge. Löser übertrug auch Hofmannsthals »Jedermann« ins Salzburgisch-Bairische. Die Uraufführungen nach 1945 stammen einmal von Dramatikern, die schon vor dem Krieg geschrieben hatten: G. →Rendl: »Bleiben Sie bei uns, Vianney« (1955) und »Savonarola« (1957), und Felix Braun: »Rudolf der Stifter« (1952). Daneben gab es die Entdeckung dramatischer Erstlinge: W. →Schneyders »Till bevor er hing« (1963) im Kaisersaal der Residenz und Hans Gigacher mit seinem Gastarbeiterstück »Milan« (1974) sowie »Inquisitenspital« (1976). Man sieht, wie auch ein Regionaltheater durch Uraufführungen fruchtbare Impulse setzen kann. In letzter Zeit ist das Landestheater unter Federik Mirdita (bis 1986) und dem derzeitigen Intendanten Lutz Hochstraate (seit 1986) mit Erfolg bemüht, Landestheater und Kammerspiele zu einem wichtigen Bestandteil des Salzburger Kulturlebens zu machen.

Lit.: 200 Jahre Landestheater Salzburg (FS. zum 200-Jahr-Jubiläum eines ständigen Theaters in Salzburg. Redaktion: H. u. V. Kutschera). Salzburg 1975. – A. Kutscher: Vom Salzburger Barocktheater zu den Salzburger Festspielen. Düsseldorf 1939. – C. Schneider: Geschichte der Musik in Salzburg von der ältesten Zeit bis zur Gegenwart. Salzburg 1935.

Theater der Benediktineruniversität. Die Salzburger Benediktineruniv. war während des 17. und 18. Jh.s eine der bedeutendsten Pflegestätten barocker Theaterkultur im süddt.-österr. Raum. Erste Aufführungsbelege reichen bis in die Zeit der Gründung und Eröffnung des Akademischen Gymnasiums (1617), also noch vor Erhebung dieser Institution zur →Univ. (1622), zurück. In diesem Zeitraum (1620-1778) bildete das Th. der Salzburger Benediktineruniv. eine künstlerische Einheit, während in der dt. Literatur längst die Epochen des Rokokos und der →Aufklärung das Barock abgelöst hatten. 1776 endete das Th. d. B. durch die von Eb. →Hieronymus Colloredo erlassene Schulordnung. Neben dem Th. d. B. gab es in Salzburg noch das fe. Hoftheater (→Residenz und Hellbrunner Steintheater) (→Theater) und das Volkstheater. Die Form des barocken Theaters in Salzburg bestimmten die Benediktiner: ihr Theater war Bildungstheater, seine Hauptträger waren Professoren und Studenten der heimischen Univ., die vorherrschende Dramensprache war Latein. Trotz der Anklänge an das Jesuitendrama erreichten die Benediktiner eine eigene künstlerische Form. Diese beruht auf zwei maßgebenden Faktoren: auf der anderen geistigen Haltung des Ordens und auf dem speziellen landschaftlich-gesellschaftlichen Raum, den die Eigenart des Salzburger Publikums augenfällig repräsentiert. Die Benediktiner waren stets weltoffenanschaulich und keinesfalls militant-gegenreformatorisch wie die Jesuiten, sie waren eher realistisch als theoretisch. Inmitten des kath. Bereichs wollten sie »eine nach innen gerichtete kulturelle Aufbauarbeit leisten« (H. Kindermann). Das läßt auch das Einsickern volkstümlicher Elemente in die hohe deklamatorische Barocktragödie verstehen.

Spielplan: Höhepunkt des Jahresspielplans war – wie überall im Bereich des Ordenstheaters – die meist aufwendig gestaltete und öffentlich zugängliche Final- oder Endkomödie. Als festlicher Abschluß des Studienjahres bot sich hier auch die Möglichkeit zur Prämienverteilung an die erfolgreichsten Studienabsolventen. Ähnlich repräsentative Aufführungen fanden auch anläßlich festlicher Ereignisse (Fürstenbesuche, Jubiläen etc.) statt. Daneben lassen sich die auf ältere Traditionen zurückgehenden Weihnachts-, Fastnachts- und Osterspiele sowie die rein pädagogischen Zwecken dienenden Klassenspiele nachweisen, die meist nur schulintern aufgeführt wurden.

Die Stücke des Th. d. B. stammten von Salzburger Autoren. Die Form hing zunächst eng mit pädagogischen Zielsetzungen zusammen: Theaterspiel gehörte zum festen Bestand des Unterrichts in den Fächern Poetik und Rhetorik. Die für diese Fächer zuständigen

Prof. waren in der Regel auch die Verfasser der für schulische Zwecke, aber auch für offizielle Anlässe erforderlichen Dramen. Im Verlauf der Geschichte entwickelte das Salzburger Benediktinerdrama immer komplexere Formen. Feste Basis war das lat. Sprechstück, das gemäß der Dramaturgie des Ordenstheaters an antike Traditionen anschloß.

Bereits im 17. Jh. wurden den Aktschlüssen immer umfangreichere musikalische Szenen opernartigen Charakters – teils in lat., teils in ital. Sprache – angehängt. Auch deutschsprachige Schwankszenen finden sich hier schon gelegentlich. Im Lauf des 18. Jh.s wuchsen opern- und komödienartige Einschübe immer mehr zu selbständigen Nebenhandlungen zusammen, die parallel zur lat. Haupthandlung verliefen. In der Spätphase kam es durch Zusammenschluß von Opernhandlung und komischem Intermedium oft zu einer Einheit: den für das Salzburger Universitätstheater typischen Singspielen und Pantomimen.

Stoffwahl: Neben biblischen und kirchengeschichtlichen Stoffen bevorzugte man insbes. weltgeschichtliche Themen, was vermutl. mit der speziellen Pflege der Geschichtswissenschaften an der Salzburger Univ. zusammenhängt. Mythologie, Allegorie, Parabel und Legende boten den Dichtern die nötigen Freiräume zu aktuellen Bezügen. Das Eindringen von Komödien- und Schwankelementen ist vermutl. auf spezielle Publikumsinteressen zurückzuführen. Ab der Mitte des 18. Jh.s erfreuten sich Commedia-dell'arte-Szenen bes. Beliebtheit.

Überlieferung: Hauptquelle für das Salzburger Benediktinerdrama sind sogenannte Periochen, d. h. Programmhefte mit lat.-dt. Inhaltsangabe und einem Verzeichnis aller Mitwirkenden, das meist auch den Namen des Komponisten, seltener den des Textdichters enthält. Zu den 592 nachweisbaren Dramen sind etwa die Hälfte der Periochen und weniger als ein Drittel der Textbücher (meist aus dem 18. Jh.) erhalten geblieben. Am lückenhaftesten ist die musikalische Überlieferung: Partituren und Stimmenmaterial – ausschließlich aus dem 18. Jh. – sind nur in sehr geringem Umfang vorhanden.

Die Mitwirkenden: Die Zahl der mitwirkenden Studenten und Gymnasiasten wuchs im Verlauf der Geschichte des Salzburger Universitätstheaters beträchtlich und erreichte 1773 mit 250 Darstellern in F. →Reichssiegels »Hermann« den Höhepunkt. Durchschnittlich war rund ein Fünftel der immatrikulierten Studenten in den großen öffentlichen Aufführungen beschäftigt – als Solisten (Sprech- oder Gesangspartien), im Chor, als Tänzer oder Statisten. Unter den musikalischen Mitwirkenden fanden sich überdies Hofsänger, Kapellknaben und Domchorvikare. Weibliche Darsteller waren bis weit ins 18. Jh. von der Mitwirkung ausgeschlossen.

Textdichter: Unter den 79 nachweisbaren Autoren des Universitätstheaters finden sich neben trockenen Schulpoeten auch erstaunlich begabte Dramatiker. Aus dem 17. Jh. ist neben Thomas Weiß, Otto Guzinger, Otto Aicher (Lehrer →Abrahams a Sancta Clara) und Wolfgang Rinswerger vor allem der aus Aigen bei Salzburg stammende S. →Rettenbacher zu nennen; aus dem 18. Jh. Alanus Ritter, Coelestin Leuthner, M. Wimmer (I. →Weiser), Placidus Scharl und vor allem der aus dem Stift →St. Peter stammende F. Reichssiegel.

Die Komponisten: Über das Wirken der großen Salzburger Barockmeister H. I. F. →Biber und G. →Muffat für das Th. d. B. sind wir nur aus Sekundärquellen (Periochen, Textbücher) informiert. Auch von dem sehr fruchtbaren S. →Biechteler v. Greiffenthal ist keine Note erhalten. Erst aus dem späteren 18. Jh. sind Kompositionen für das Universitätstheater überliefert: Werke von J. E. →Eberlin, A. C. →Adlgasser und vom Hofbassisten Joseph Meissner (1725-95).

Die originellsten Beiträge zum Benediktinertheater stammen jedoch zweifellos von M. →Haydn; genannt seien das Singspiel »Die Hochzeit auf der Alm« (1768) sowie die bizarre Pantomime »Der Traum« (1768). Auch W. A. →Mozarts erste musikdramatische Versuche, »Die Schuldigkeit des ersten Gebots« KV 35 und »Apollo und Hyacinth« KV 38 (1767), sind für das Th. d. B. entstanden. Die nachweisbaren Spielorte (→Theater-Spielorte) verfügten bereits im 17. Jh. über ausgezeichnete bühnentechnische Einrichtungen, die die für das Barocktheater typischen szenischen Effekte (Flug, Versenkung, Wind, Wellen etc.) ermöglichten. Sie sind ebenso wie die Typendekorationen des 18. Jh.s, von denen uns eine Serie von Stichen vorliegt, nicht erhalten geblieben. Anhaltspunkte für die Kostümierung finden sich in »Templum virtutis«, einem Salzburger Druck von 1707, der eine Serie allegorischer Figurinen enthält, sowie in den Kupferstichen M. →Sillers zu F. Reichssiegels »Der Schwätzer und der Leichtgläubige« (1764).

Lit.: H. Boberski: Das Theater der Benediktiner an der alten Univ. Salzburg (1617-1778). Wien 1978. – S. Dahms: Das Musiktheater des Salzburger Hochbarocks (1668-1709). Teil 1: Das Benediktinerdrama, Salzburg 1974. – A. Kutscher: Vom Salzburger Barocktheater zu den Salzburger Festspielen. Düsseldorf 1939.

A.Has.

Theaterinitiativen. Außer dem Landestheater und den damit verbundenen Kammerspielen gibt es in Stadt und Land Salzburg eine Reihe von T., die in vielfältigster Form (Kleinbühne, Tourneetheater, Tanz- und Bewegungstheater etc.) zu einer lebendigen Theaterkultur beitragen.

Stadt Salzburg: Bewegungstheater »Vorgänge« (Tanztheater), 1982 gegründet von Editta Braun, Mitbenützer des »Kulturgeländes Nonntal« (→Kulturinitiativen). Die Ensemblemitglieder haben eine sehr politische und aktuelle Auffassung vom Theater. Durch längere Auslandsaufenthalte, zahlreiche Tourneen und Professionalisierung erreichte diese T. intern. Bekanntheit, z. B. durch den 2. Preis des intern. Choreographiewettbewerbes Bagnolet/Paris. Enge Zusammenarbeit mit der →Szene. 1989 Gründung der »Editta Braun Company« (Salzburg und Wien), u. a. Auftragsproduktionen der Salzburger →Festspiele.

»Elisabethbühne Schauspielhaus Salzburg«, größtes freies Ensembletheater Österreichs, zweitgrößtes Theater Salzburgs, gegründet 1958 als Amateuertheater von Georges Müller, bis 1996 im Untergeschoß der Elisabethkirche in Salzburg-Itzling untergebracht. Seit 1972 unter der künstlerischen Leitung von Georges Ourth kontinuierlicher Aufbau zum Berufstheater mit eigener Schauspielschule, seit 1978 als »Kleinbühne« gefördert, seit 1985 als »Mittelbühne« eingestuft, Auslandsgastspiele seit 1985, künstlerische Leiterin seit 1988 Renate Rustler-Ourth. Seit 1996 im generalsanierten historischen Petersbrunnhof in Salzburg Nonntal, zwei Theatersäle, pro Spielzeit ca. zehn Schauspielproduktionen und ein Kinderstück. Seit 1992 auch Verlag für Kindermusicals. Die seit 1978 erscheinende eigene Programmzeitschrift (Auflage 10 000-12 000 Exemplare) mußte 1997 eingestellt werden. Die Elisabethbühne bietet ausschließlich literarisches Theater (Sprechtheater) mit interessanten und mutigen Inszenierungen.

»Karawane Salzburg«, gegründet 1970 von Agilo und Christa Dangl, besteht aus Berufs- und Laienschauspielern, produziert pro Jahr ein Stück und geht damit auf Kreuzfahrtschiffen erfolgreich auf Tournee, spielt von Herbst bis zum Frühjahr im »Stern-Theater« (Theatersaal des Sternbräus Salzburg) vorwiegend Komödien und heitere Literatur-Programme.

»Kleines Theater«, eröffnet im November 1984, Schallmooser Hauptstraße 50, 93 Sitzplätze, getragen von der Spielgruppe »apple star« (gegründet 1977). Amateurgruppe, die ca. die Hälfte der Vorstellungen des »Kleinen Theaters« bestreitet, andere Hälfte sind Gastspiele, vor allem Theater und →Kabarett. Zum »Kleinen Theater« gehört ein »Vorstadtvarieté«. Schwergewicht der Bühne auf »kritischem« Gegenwartstheater. Als zweite Spielstätte wurde 1994 das Theater »Metropolis« (Nonntaler Hauptstraße 39 b) eröffnet. Das »Kleine Theater« in Schallmoos sollte mit Kabarett und Boulevardkomödien die finanzielle Basis für die experimentelle Gegenwartsdramatik im Theater »Metropolis« ermöglichen. Das Konzept ging nicht auf. Ein hoher Schuldenstand, ein nicht zureichendes Sanierungskonzept und ausbleibende Subventionen führten im Sommer 1999 zum Konkurs. Auffanggesellschaften, geänderte Organisationsformen und ein reduziertes Programm ermöglichen das Weiterbestehen beider Theater. Im Vorstand des »Kleinen Theaters. Salzburger Kleinkunstbühne« (seit Dezember 1999) ist der Salzburger Kabarettist und Autor Christian →Wallner tätig.

»Puppentheater Le Parapluie«, gegründet von Herbert und Eva Just, seit 1982 regelmäßig Vorstellungen, seit Februar 1985 eigenes Theater in der Elisabethstraße 53 a, 1990 Übersiedlung des Theaters in die Itzlinger Hauptstraße 37, 1998 aus finanziellen Gründen Schließung des Hauses, danach Vorstellungen im ehemaligen Centralkino (Linzergasse), verstärkte Präsenz in den Landgemeinden soll Überleben sichern. Rund 80 Prozent des Gesamtprogramms sind Kinderprogramm (Märchen), Erwachsenenprogramm z. B. »Die Kluge« und »Der Mond« von C. →Orff, Bajazzospiele, altes Puppentheater nach eng-

lischer Art, »Roter Kaspar« – Kasparstücke aus der österr. Arbeiterbewegung. Arbeit mit Handpuppen, Schattenfiguren, Marionetten, Stabpuppen. Mehr als 200 Vorstellungen (1997) mit mehr als 10 000 Besuchern, zuletzt verstärkt Tourneen.
»TOI-Haus«, Theater am Mirabellplatz, (Franz-Josef-Straße 4) 1989 gegründetes Theater mit Schwerpunkt auf experimentellem Kindertheater, Leiterin: Myrto Dimitriadou. Setzt die Tätigkeit des 1984 eröffneten »Galeriethe-aters«, das die Gruppe »Löwenzahn« bespielte, fort. Umbau und Vergrößerung 1999/2000. Bietet auch Workshops und ein eher intellektuelles Repertoire, das neben Komödien Experimentelles pflegt.
Theater YBY, benannt nach Afred Jarrys berühmtem Theaterstück »König Ubu«, 1989 gegründet von Anna Hauer, Walter Anichhofer und Christian Sattlecker, die ihre Ausbildung bei Jacques Lecoq in Paris erhielten, »freies Theater« ohne festes Haus. Charakteristisch für dieses Theater ist der Hang zum skurrilen Humor, die Kraft der Spontaneität und das Clown Theater. YBY hat rund 20 Produktionen (darunter mehrere englische) erarbeitet, geht damit auch auf Tourneen.
Über 1850 Salzburger jeden Alters sind in 151 Theatergruppen (Land Salzburg: 114 Gruppen, Stadt Salzburg 37 Gruppen) aktiv mit dem Theaterspielen befaßt und erreichen jährlich ca. 250 000 Besucher. 78 Bühnen sind im »Salzburger Amateurtheaterverband« organisiert. Zusätzlich steht allen Bühnen die »Dienststelle für darstellende Kunst« bei der Kulturabteilung der Salzburger Landesregierung mit Beratung und Information zur Seite, beide geben seit ca. 1968 die Zeitschrift »Das Rampenlicht« heraus (10 Nummern pro Jahr, Redakteur: Matthias Hochradl).
Die meisten Theatergruppen im Land Salzburg wurden vor mehr als 50 Jahren gegründet, neben Schwänken, Bauerntheater und ländlichen Lustspielen strebt eine Reihe von ihnen eine weitergehende Beschäftigung mit dem »Medium« Theater an. Davon seien z. B. genannt:
Flachgau: Das »Antheringer Laientheater«, pflegt neben dem Volksstück auch neuere Literatur (z. B. Felix Mitterer), die »Theatergruppe Faistenau« spielt alle drei Jahre den »Faistenauer Jedermann« von F. →Löser. Die »Theatergruppe Holzhausen« spielt im eigenen Haus außer Volkstheater auch zeitkritische Stücke und richtet jährlich internationale Amateurtheaterfestivals aus. Das »Schöffleuttheater Oberndorf« setzt die jahrhundertealte Theatertradition der Salzachschiffer fort, es spezialisierte sich auf Stücke von H. →Sachs. Die »Freilichtspiele Thalgau« bieten neben der »Seebühne« in Seeham regelmäßig Freilichttheater im Flachgau.
Tennengau: Die Theatergruppe Abtenau strebt über das Bauerntheater hinaus und bespielt ein eigenes Haus, das Theater »Am Dürrnberg« setzt sich engagiert mit neuerer Dramenliteratur auseinander, das Theater »bodi end sole« (Theater bei den 3 Pagen, alte Zigarrenfabrik) in Hallein widmet sich z. B. mit den »Tschikweibern« der Sozialgeschichte Halleins. Bewegungstheater bietet die Gruppe »Theater sprechende körper Panoptikum« in Hallein/Rif, die auch auf Tourneen geht. Die Theatergruppe »Salzburger Spätlese – Theater für Junggebliebene« in Hallein besteht aus Angehörigen der älteren Generation und widmet sich dem Seniorentheater.
Pongau: Das »Theater Radstadt« nimmt sich der neueren dt. Dramenliteratur an und richtet Amateurtheaterfestivals aus, die »Theatergruppe St. Veit« hat ein ambitioniertes Jahresprogramm und spielt alle fünf Jahre eine Mundartfassung des »Jedermann«, das »Freie Theater« in Schwarzach führt erfolgreich Klassikerbearbeitungen auf, die Theatergruppe »Hüttau« spielt zeitgenössische Stücke (u. a. P. Turrini) und ist engagiert im Volkstheaterbereich tätig. Eine Besonderheit war Herbert Lederers Einmann-»Theater im Pongau« in Flachau, das von 1966-91 im Sommer jeweils ca. 35 Vorstellungen gab. Lederer betreibt in Wien das »Theater am Schwedenplatz«. Das Programm in Flachau reichte von →Stranitzky bis →Goethe, von Nestroy bis Hemingway, gespielt wurde viermal wöchentlich.
Pinzgau: Die »Kitzstoanbühne«, Kaprun, bespielt auch die Burgruine Kaprun, führte 1987 ein →»Wolf-Dietrich«-Stück auf. Das »Bauerntheater Lofer« bietet auf eigener Spielstätte gutes Bauerntheater, auch für die Gäste, die »Heimatbühne Maria Alm« spielt kontinuierlich jeden Donnerstag bäuerliche Stücke, die »Theatergruppe Saalfelden« bietet neben gehobenen Unterhaltungsstücken auch Welt-

literatur (z. B. →Brecht, Molnár), die »Theatergruppe Neukirchen« nimmt sich besonders des neuen Volksstücks an und führt seit einigen Jahren Freilichtproduktionen mit großem Erfolg auf.
Lungau: Die »Theatergruppe St. Margarethen« führt gehobene Unterhaltungsstücke auf, regelmäßig spielen die »Theatergruppe Zederhaus« und die »Theatergruppe MOKRIT«, die sich aus der Jugendinitiative Tamsweg entwickelt hat. Sie spielt Kinder- und Jugendtheater in Tamsweg und Salzburg, geht auch auf Tourneen und arbeitet im Bereich Körpertheater u. a. mit Behinderten. Die Initiativgruppe Lungauer »Hans-Wurst-Spiele« gastiert in allen Gemeinden des Lungaus, die Theatergruppe »St. Andrä« ist spezialisiert auf Volksstücke der Lungauer Mundartautorin Luise Sampl.

Lit.: Almanach des Salzburger Amateurtheaterverbandes, Salzburg 2000 (erscheint alle zwei Jahre).

H.H.

Theater-Spielorte. Die ältesten fixen Spielorte in Salzburg sind im fürstlichen und universitären Bereich zu finden: die Vorstellungen »bei Hof« fanden in der eb. →Residenz, in →Hellbrunn, in →Mirabell und im →Dom statt. 1614 ließ Eb. →Markus Sittikus in der Residenz ein Theater nach ital. Vorbild eröffnen; Anfang des 18. Jh.s wurde unter Eb. Franz Anton vom ital. Theaterarchitekten Antonio Maria Nicolao Beduzzi (1675-1735) ein ständiges Theater eingerichtet (nicht lokalisierbar, wahrscheinlich in den gegen Ende des 18. Jh.s abgerissenen Westtrakten der Residenz an der Sigmund-Haffner-Gasse).
Unter Eb. Markus Sittikus wurde das Steintheater in einen Steinbruch des →Hellbrunnerberges eingepaßt; es gilt als die älteste Naturbühne im deutschsprachigen Raum; die erste Aufführung am 31. 8. 1617 mit der »künstlichen Aktion von der heiligen jungfräulichen Christi Blutzeugin St. Christina«. Für das Heckentheater im Garten des Schlosses →Mirabell, vor 1718 (erstmals bei →Diesel abgebildet) wahrscheinlich von Diesel nach frz. Vorbild angelegt, sind so gut wie keine Aufführungen bekannt; Wiederbelebungsversuche im Zusammenhang mit dem Bau des →Mozarteums 1910-14; heute verändert.
Die Anregung zu einem Schultheater geht ebenfalls auf Eb. Markus Sittikus zurück: für das 1617 gegründete Gymnasium (1622 zur →Univ. erhoben) ließ er die erste Aula schaffen, die 1621 vollendet wurde; nicht lokalisierbar. 1631 wurde von Eb. →Paris Lodron und mit reichen Beiträgen der Klöster im neuen Univ.-Gebäude die Große Aula eingerichtet; sie diente bis zur Weihe der Univ.-Kirche 1707 hauptsächlich religiösen Zwecken. Die wichtigsten baulichen Veränderungen sind: die Errichtung des Großen Theaters 1660, der Umbau dieses Theaters 1681, die Zerstörung des Zuschauerraumes in den 80er Jahren des 18. Jhs, die Abtrennung des ehem. Bühnenraumes von der Aula 1851. In der Kleinen Aula (auch hier heute allein der Zuschauerraum damit bezeichnet) wurde 1657 das Kleine Theater eingerichtet.
Den dem bürgerlichen Teil der Bevölkerung zugänglichen Aufführungen der Wandertruppen standen lange Zeit nur unzulängliche Räumlichkeiten zur Verfügung: der Platz beim »Neupau« (Residenzplatz), die Spielhütte nächst dem Ballhaus, der Rathaussaal, die Stadttrinkstube, Wirtsstuben verschiedener Gasthäuser, wie »Zum Goldenen Anker« (Steingasse 44), »Zum Goldenen Ochsen« (Platzl 1). Eb. →Hieronymus Colloredo, der Fürst der →Aufklärung, schuf anstelle des privaten Hoftheaters und des Universitätstheaters (letzte Aufführung 1778) die erste Bühne für die Öffentlichkeit. 1773 forderte er den Stadtsenat auf, an der Stelle der alten Hauptwaage (Waagplatz 3) ein Komödien-Haus zu errichten. Er veranlaßte die Ausgestaltung des Redoutensaales im →Rathaus. 1775 schenkte er das 1631 von Eb. Paris Lodron erbaute Ballhaus am Hannibalplatz (Makartplatz) dem Magistrat mit der Auflage, es zu einem Theater umzugestalten. Am 16. 11. 1775 Eröffnung als fe. Hoftheater mit »Die Gunst des Fürsten« des Gießener Prof. Christian Heinrich Schmidt; ein Bau, der in seinem Äußeren die charakteristischen Züge der großzügigen Salzburger Stadtpaläste des 17. Jh.s beibehalten hat. Seit 1880 k. k. Nationaltheater. 1892 abgebrochen; Neubau nach Plänen des Wiener Theaterbaubüros Fellner & Helmer im Stil des Späthistorismus; am 1. 10. 1893 Eröffnung als Stadttheater mit der Ouvertüre zu →Mozarts »La Clemenza di Tito«; 1939 Umbau in die heutige Gestalt; seit 1940 Landestheater.

Lit.: G. Bauer: Das Salzburger Ballhaus 1625 (?)-1725. Hier wurde nicht getanzt, sondern gespielt: »Tennis« und Theater. In: Salzburg Archiv 20, 1995. – L. Hochstraate (Hg.): 100 Jahre Haus am Makartplatz. Salzburger Landestheater, Salzburg 1993. – E. Marx: Der Neubau des Salzburger Theaters in den Jahren 1892 und 1893. In: Salzburg Archiv 13, 1993. – H. Boberski: Das Theater der Benediktiner an der alten Universität Salzburg (1617-1778). Wien 1978. – 200 Jahre Landestheater Salzburg 1775-1975. – H. Ch. Hoffmann: Die Theaterbauten von Fellner und Helmer. München 1966. – R. Meyer: Hecken- und Gartentheater in Deutschland im XVII. und XVIII. Jahrhundert. Emsdetten 1934.

M.O.

Thenn, Barbara, * Salzburg 1519, † Salzburg 3. 6. 1579, Münzmeisterin. Als Witwe des Münzmeisters Marx T. führte T. die eb. →Münze von 1552 bis 1572, ab 1568 in Alleinverantwortung. Sie verlor ihr Amt durch Intrigen und wegen ihres protestantischen Glaubens.

Lit.: L. v. Eltz-Hoffmann: B. Th. 1519-1579. Die Münzmeisterin, in: In Salzburg geboren. S. 27 ff.

R.R.H.

Thorak, Josef, * Wien 7. 2. 1889, † Hartmannsberg bei Rosenheim 25. 2. 1952, Bildhauer. T., der während der Zeit des »Dritten Reiches« zu zweifelhafter Berühmtheit gelangte, war der Sohn einer Salzburger Buchbinderin und verbrachte hier seine früheste Jugend. Nach 1945 verstärkte er die Kontakte zu seiner Heimatstadt, die er bereits 1898 verlassen mußte – der Grund war ein Erziehungsskandal im Internat Edmundsburg. Die 1950 hier zu seinen Ehren veranstaltete Ausstellung war als Rehabilitierungsversuch sehr umstritten. Er ist am Petersfriedhof begraben.

T. erlernte in Wien das väterliche Hafnerhandwerk, konnte dank großbürgerlicher Gönner ab 1910 an der Akademie der bildenden Künste bei J.Müllner und später in Berlin studieren, wo er mit mehreren, stilistisch seinem Vorbild Kolbe nahestehenden Auftragsarbeiten Fuß fassen konnte. Mit großen Denkmalsprojekten in der Türkei, von denen lediglich das von Hanak begonnene Emniyet-Denkmal in Ankara realisiert wurde, empfahl er sich als Monumentalbildhauer bei den deutschen Machthabern. Aufgrund der Konkurrenz mit dem einflußreicheren Arno Breker verlegte er seine Tätigkeit 1937 nach München, wo er eine Professur und ein von Albert Speer entworfenes Atelier in Baldham erhielt. T.s. kolossale Standbilder für das Nürnberger Märzfeld, die Reichskanzlei, den Pariser Weltausstellungspavillon sowie das nicht mehr zur Ausführung gelangte Salzburger Autobahndenkmal sind Beispiele eines ins Gigantische aufgeblähten Salonklassizismus. Nach dem Krieg konnte der wendige Künstler noch die Aufmerksamkeit gewisser kirchlicher Kreise erreichen, woraus das Hauptwerk der Spätzeit, die hl. Ursula in Linz, hervorging. Salzburg blieben mit dem »Kopernikus« und »Paracelsus« im Kurpark zwei in ihrem teigigen Pathos charakteristische Erinnerungsstücke an T.

Lit.: H. Neumann: Der Bildhauer J. T. Untersuchungen zu Leben und Werk. Diss. TU München 1991. – R. Müller-Mehlis: Die Kunst im Dritten Reich. München 1976. – K. L. Tank: Deutsche Plastik unserer Zeit. München 1942. – W. von Bode: Der Bildhauer J. T. Berlin-Frohnau 1929.

N.Sch.

Thurwieser, Peter, * Kramsach (Tirol) 30. 5. 1789, † Salzburg 25. 1. 1865, Priester, Meteorologe, Alpinist. Th. war zunächst Hilfspriester in Bergheim und Siezenheim und wurde 1820 Professor für alttestamentarische Exegese und orientalische Sprachen an der Theologischen Fakultät in Salzburg. Er begann 1819 mit genauen meteorologischen Aufzeichnungen, welche fallweise in der »Salzburger Zeitung« veröffentlicht wurden. Als Alpinisten gelangen Th. zahlreiche Besteigungen von Gipfeln der Ostalpen, darunter die Erstbesteigungen des Ankogels, des Wiesbachhorns, der Schönfeldspitze und des Hochkönigs.

Lit.: J. Schöpf: Peter Carl Thurwieser. Salzburg 1871. – DBE.

Th.W.

Thuswaldner, Anton, * Klagenfurt 17. 7. 1929, Bildhauer, Objektkünstler, Graphiker. Lernte bei J. →Adlhart und F. Behn, ab 1955 bei den Tauernkraftwerken in Kaprun beschäftigt. Radikale Brüche, anti-ästhetische Position, kämpferische Unbeirrbarkeit und ein Leidens- und Zerstörungspathos, das sich in zahlreichen Projekten und Aktionen ausdrückt, kennzeichnen sein Werk. Um die Mitte der 60er Jahre lösen die ersten Fundstücke (Wurzeln etc.) die geschnitzten Figuren ab. In der Folge verfremden sich Ästhetik der Konstruktion und Idolisierung des Urtümlichen gegenseitig in oft bizarrer Kombinatorik, die auch auf den ländlichen Umraum ausgreift. Seine gesellschaftskritischen Installationen im öffentlichen Raum verfehlten nicht ihre provozierende Wirkung.

Lit.: Th. Zaunschirm: A. Th. Salzburg 1986.

N.Sch.

Timlich (oder Temlich), Karl, * Asch (Böhmen) 1744, † Wien 9. 2. 1825 (?), Schriftsteller, Fechtmeister. T. war zuerst am Theresianum in Wien, dann von August 1787 bis Oktober 1790 Fechtmeister an der Pagerie in Salzburg. Er gilt als der Verfasser des Buches »Der österreichische Robinson oder Leben und merkwürdige Reisen Andreas Geißler's, eines geborenen Wieners, von ihm selbst beschrieben«, 1791. Das seinerzeit berühmte Buch, das der Modeströmung der österr. Robinsonaden zu Ende des 18. Jh.s entsprach, erschien im Verlag der Mayrischen Buchhandlung in Salzburg, ebenso sein Roman »Der Teufel auf Reisen«. Wahrscheinlich ist T. (Wurzbach, Bd. 43) mit dem Schriftsteller und Kupferstecher Karl Timlich (Wurzbach, Bd. 45) identisch. Dieser verfaßte Schriften über Fechtkunst und Jagd und schrieb Romane. 1826 soll er noch am Leben gewesen sein. Er führte sicher ein abenteuerliches Leben, dessen Erfahrungen er mit Phantasie schriftstellerisch verwertete.

Lit.: A. Haslinger: Österreichische Robinsonaden um 1800. In: Die österreichische Literatur (1750-1830), hg. von H. Zeman, 2. Bd,. Graz 1979, S. 853 ff. – H. F. Wagner: Robinson in Österreich. Salzburg 1886.

A.Has.

Tischler →Möbel

Toller, Ernst →Zinkenbach

Tomaselli, Giuseppe, * Rovereto 30. 1. 1758, † Würzburg 20. 3. 1836, Sänger. Mitglied der Salzburger →Hofmusikkapelle 1781-1806, danach Hoftenorist in Wien. 1796-98 leitete er gemeinsam mit L. →Hübner das Salzburger →Theater. Er war von imposanter Gestalt, zeitgenössische Berichte rühmen Ambitus und Flexibilität seiner Stimme und seine Verzierungskunst.

Lit.: Wurzbach.

G.W.

Tornator (Drechsler?), Leonhard, * Salzburg um 1444, † Salzburg 3. 10. 1524, Chronist. Ab 1466 Benediktiner zu →St. Peter, wurde 1513 zum Diakon geweiht. Verfaßte unter dem Titel »Chronicon Salisburgense« eine Chronikenkompilation für die Zeit von 580 bis 1495 (nach J. →Serlinger; → Geschichtsschreibung), die er bis 1522 fortsetzte. Auch andere Ms. von St. Peter, darunter ein 1513 entstandenes aszetisches Werk, stammen aus seiner Feder.

Lit.: G. Scheibner: Beiträge zur salzburgischen Historiographie am Ausgange des Mittelalters. Salzburg 1911, S. 27 ff. – P. Lindner: Professbuch der Benediktiner-Abtei St. Peter in Salzburg (1419-1856). In: MGSLK 46, 1906, S. 1 ff., hier S. 17.

P.F.K.

Toscanini, Arturo, * Parma 25. 3. 1867, † New York 16. 1. 1957, Dirigent. Studierte Violoncello und Komposition am Konservatorium in Parma, sprang bei einem Operngastspiel in Brasilien als Dirigent ein, leitete zahlreiche Opern-Uraufführungen: 1892 in Turin Leoncavallos »I Pagliacci«, 1892 Puccinis »La Bohème«, 1910 in New York »La Fanciulla del West« und 1926 an der Mailänder Scala »Turandot«. T. war wiederholt künstlerischer Leiter der Mailänder Scala, 1908-15 künstlerischer Leiter der Metropolitan Opera New York, dirigierte zahlreiche bedeutende europ. und amerik. Orchester, darunter 1927-36 das New York Philharmonic Orchestra und 1937-54 das NBC-Orchester. Mit den Salzburger →Festspielen trat er erstmals 1934 in Verbindung. In den folgenden Jahren wurde er zum gefeierten Mittelpunkt des Festspielgeschehens, vor allem durch eine glanzvolle ital. Produktion von Verdis »Falstaff« 1935 (mit Mariano Stabile von der Scala in der Titelrolle). Für das folgende Jahr wurde auf seine Initiative mit den »Meistersingern« zum zweiten Mal eine Wagner-Oper ins Programm aufgenommen. Zwei weitere Opern des dt. Fachs, Beethovens »Fidelio« (mit Lotte Lehmann in der Titelrolle) und Mozarts »Zauberflöte«, wurden unter seiner Leitung zu Glanzpunkten in der Geschichte der Vorkriegsfestspiele. T.s Planungen gingen weit über das Jahr 1938 hinaus, sie wurden richtungweisend für die Entwicklung der Festspiele nach Beendigung des Krieges, auch wenn T. selbst sich als Reaktion auf das von ihm gehaßte Hitlerregime völlig von Salzburg distanzierte. T. war als Dirigent in erster Linie wohl bedeutendster Vermittler ital. Operntradition des späten 19. und frühen 20. Jh.s. Er erlangte durch seine strikte Forderung nach buchstabengetreuer Befolgung der

Notentexte großen Einfluß auf die Interpretation der sogenannten Objektivitätsbewegung. Tatsächlich erreichte er durch seine rigorose Genauigkeit in der Befolgung von Tempo- und Dynamikvorschriften für seine Verdi-, Puccini- und auch Wagner-Aufführungen eine optimale Wiedergabe. T. war einer der führenden Konzertdirigenten seiner Zeit, sein Repertoire umfaßte hauptsächlich Musik seit der Wiener Klassik. Seine Aufnahmen der Beethoven-Sinfonien und der Missa solemnis oder der vier Sinfonien von Brahms geben heute noch einen Begriff von T.s außerordentlich klarer und zugleich vitaler Dirigierkunst.

Lit.: G. Croll: Toscanini in Salzburg. In: ÖMZ 8, 1967. – R. C. Marsh: T. Der Meisterdirigent. Zürich 1958. – A. Lezno-Pandolfi: T. Ein Leben für die Musik. Zürich 1957.

J.F.

Totenbrett, bemaltes oder gekerbtes, mit Inschriften verziertes Holzbrett. Diente einst der Aufbahrung und dem Taltransport der Toten und wurde an Scheunen, Häusern und Bäumen als Totengedächtnis angebracht. Der Volksmeinung nach fand der Tote seinen Frieden, sobald das Brett verwittert war. Zeugnisse dieser im Alpenbereich üblichen Sitte sind neben Salzburg in Bayern, im Böhmerwald, Schwarzwald und der Schweiz über die Zeit allgemeiner Begräbnisverordnungen hinaus erhalten. In Salzburg Beispiele besonders im Pinzgau (Lofer, Unken, Saalfelden, Leogang) und vereinzelt im Pongau. Seit den 1950er Jahren werden T. oft renoviert und erhalten.

Lit.: K. Adrian: Von Salzburger Sitt' und Brauch. Wien 1924. – M. Andree-Eysn: Todtenbretter in Salzburg. In: Deutsche Zeitschrift für Volkskunde 8, Berlin 1898, S. 205 ff.

U.K.

Tracht. Bis zum Hochmittelalter war die Kleidung kaum differenziert und kannte nur wenige Grundschnitte. Aus diesen frühen Epochen ist in Salzburg Kleidung der Dürrnberger Salzbergknappen aus dem 1. Jh. erhalten. Römische Grabsteine zeigen alpenländische Einflüsse. Belege für männliche und weibliche Hemdgewänder bringen Salzburger Kalendarien des 9. und 11. Jh.s. Auch der Salzburger Bauer aus der »Quaternionen-Darstellung« (symbolische Aufzählung der Reichsstände)

Anifer Tracht (Helmuth Amanshauser, SLIVK)

des Rathauses in Überlingen von 1494 zeigt eine einfache, undifferenzierte, im Typus frühmittelalterliche Kleidung. Männer und Frauen, Arm und Reich unterschieden sich zu jener Zeit nur durch die Qualität der Stoffe und die Art der Fußbekleidung. Seit dem Hochmittelalter differenzierten sich die Stände in den Städten, es kam zur Ausbildung von Standestrachten. Seit dem Mittelalter (erste Reichskleiderordnung unter Maximilian I.) reglementierten Kleiderordnungen die Bekleidung der Stände nach Rang und Stand. Standestrachten waren Abbild der sozialen und seit dem 16. Jh. auch der regionalen Zugehörigkeit. Diese Bedeutung der Tracht wurde bei allen revolutionären Veränderungen sichtbar: ihnen folgte jeweils eine Veränderung der Bekleidung. Viele Kleidungsstücke erlebten mehrfache Paradigmenwechsel. So durchlief etwa der →Lamberghut den Weg vom Standeskennzeichen des kaiserlichen Jagdpersonals zum Hut der Liberalen und schließlich vom Trachtenvereinshut zum Salzburger Trachtenstück ersten Ranges.
Ab 1815 erfolgte eine zweite Differenzierung,

die Saisonmode veränderte mehr und mehr auch das Kleidungsverhalten der unteren Stände. Die Relikte ständischer Kleidung in den stadtfernen Tälern wurden im 19. Jh. durch Alpinisten, Reiseschriftsteller und Touristen als »Nationalcostume« entdeckt und seit der Wende zu unserem Jahrhundert als das stilisiert und entwickelt, was wir heute als »Tracht« bezeichnen. Im Zuge der romantischen Sehnsüchte und nationalen Strömungen des 19. Jhs. wurden diese konservativen Kleidungsformen spielerisch nachgeahmt. Die romantische Begeisterung Erzherzog Johanns von Österreich ebenso wie sein Reformwille, am Vorbild der Volkstrachten gesunde und hygienische Reformkleider und Uniformen zu entwickeln, förderten die Trachtenbegeisterung der Oberschichten. Die Trachten erlebten als Jäger-, Alpinisten- und Sommerfrischenmode ein zweites Dasein.

Trachtenerneuerung: Die Salzburger Landeskommission zur »Erhaltung der Salzburger Trachten, Sitten und Gebräuche« veranlaßte ab 1911 eine Aufzeichnung und Förderung der Trachten, woraus die erste Erneuerungsbewegung entstand. Der Gastwirt Leopold Brandauer und der Kostümbildner Carl Mayr, im Zusammenwirken mit K. →Adrian, sind hier zu nennen. Die Salzburger →Festspiele der 1920er Jahre förderten diese Entwicklung international. Das Zusammenspiel von Künstlern, Schneidern, Hutmachern und Salzburger Flair brachte im Gefolge der Ideen von Eduard Wimmer-Wisgrill an der Wiener Kunstgewerbeschule das international begehrte »Leinen aus Salzburg« ins öffentliche Blickfeld. 1937 wurden Kreationen von Wimmer-Wisgrill bei der Pariser Weltausstellung präsentiert, nachdem die Salzburger Firmen Lanz und Zapf 1934 in London und Stockholm Erfolge gefeiert hatten. Salzburger Tracht wurde zum Inbegriff von Freizeit, Idylle und Kulturbewußtsein. Anschließend an die oberschichtliche Bewegung entdeckten die Arbeiter und Angestellten in den Städten in den letzten Jahrzehnten des 19. Jhs. in den Trachten ihre Ideale und schlossen sich zu Gebirgstrachtenerhaltungsvereinen zusammen. Für sie bedeuteten die »Volkstrachten« soziale Verankerung und Definition als Stand. Ab 1909 förderte in Salzburg auch die Heimatschutzbewegung (1912 als österr. Heimatschutzverband begründet, →Heimatschutz) die Aufzeichnung, »Pflege« und »Wiederbelebung« der Trachten. Gewerbeförderung und Kulturpolitik zählten dazu. Das Bundesministerium für Unterricht richtete ab 1909 Trachtennähkurse an Schulen ein, die Gewerbeförderungsinstitute bildeten Schneider und Handwerker aus. Erhebungen 1911-13 zeichneten auf, was am Land noch an Tracht getragen wurde. 1913 entstanden in Salzburg die ersten Trachtenblätter mit Vorschlägen für eine erneuerte Tracht der Männer. 1935 gab der Landestrachtenverband die erste Trachtenmappe heraus. Auf sie folgten die Ergänzungen der NS-Zeit 1943 sowie veränderte Trachtenmappen 1965 und 1983. Ab 1932 entstanden in den Bundesländern →Landesanzüge. Die 1935 geschaffene und gesetzlich als Lehrer- und Beamtentracht verordnete »Salzburger Landestracht für Männer« wurde zum Symbol des Ständestaates. Neben den aufwendigen Seidentrachten der Vereine entstand eine Fülle an einfacheren »Werktagstrachten« die auf alltägliche Kleidungsgewohnheiten abgestimmt wurden. Ende der 1930er Jahre wurden am Landesanzug orientierte Trachtenkostüme allgemein gebräuchlich.

Die NS-Zeit instrumentalisierte die »Vätertracht« in der »Trachtenerneuerung« für den »Volkstumskampf«. Trachtenverbot für die ausgegrenzten Gesellschaftsgruppen, Mittelstelle Deutscher Tracht, Reichsnährstand, Hitler-Jugend, NS-Frauenschaft, das Amt »Volkstum-Brauchtum« im KdF sowie →Heimatwerk wurden in den Dienst dieses politischen Zweckes gestellt. Die regionalen Trachtenverbände und Initiativen arbeiteten mit der dem Amt Rosenberg zugehörigen Mittelstelle Deutsche Tracht an der Entwicklung von »Gautrachten«. Nach 1945 widmeten sich Referat für Heimatpflege und Salzburger Heimatwerk der Trachtenerneuerung und Pflege. Die Höhere Bundeslehranstalt für wirtschaftliche Berufe und Bundesfachschule für Damenkleidermacher in Salzburg (→Annahof) führte als einzige Schule in Österreich einen Fortbildungslehrgang für Trachtenschneiderei, der derzeit als Meisterklasse installiert wird. Seine Absolventinnen sind, wegen ihrer Spezialkenntnisse, auch bei internationalen Bühnen begehrte Fachkräfte.

Historische Trachtenformen:

Bildquellen liefern Zeitschnitte des in Salzburg Getragenen. Die Bilddokumente vom Einzug der Salzburger Emigranten in Augsburg 1731/32 und die gleichzeitig geschaffenen Schraubtaler mit ihren Miniaturdarstellungen zeigen die Kleidungsformen des 17. Jhs. auf. Die Einflüsse der spanischen Mode leben darin nach. Lange, weite Untergewänder, reich gezogene Spitzen- bzw. Leinenkrägen, Miederleibe, reich gefaltete, kniekurze Röcke und Schürzen sowie kurze, knappe Überröckel oder Wämser mit gebauschten Oberärmeln kennzeichnen die Frauentracht. Die Männer trugen weite Kniehosen und über den mit der Frauentracht identischen Hemden Leibflecke als Vorstufe der Westen, V-förmige Hosenträger und lange, weite Oberröcke. Frauen wie Männer trugen Strümpfe und Beinlinge, bei denen die Farben blau, rot und weiß vorherrschten. Braun, Grau, Blau und Rot sowie ein helles Lindgrün bestimmten die Farbpalette der Frauen- und Männerkleidung. Eine fast hundert Jahre jüngere und viel differenziertere Bekleidungsstufe zeigen die Bilder der →Kuenburg-Sammlung, eines Salzburger Kostümkodex der zweiten Hälfte des 18. Jhs. Der Einzug der französischen Mode wird darin in den kurzen Joppen der jüngeren Männer und in den schwarzen Halsbindeln sichtbar. Neben den langen Arbeitshosen aus gelbem Sämischleder finden sich die reichgefalteten Gsasshosen bei älteren Männern und die schmaleren, meist schwarzen Kniehosen bei jüngeren. Die Fülle der Hut- und Haubenformen zeigt verschiedene Zeitstufen und verweist auf den Dialog zwischen Mode und Volkstracht. Zum Frauenhut wurde nach städtischem Vorbild auch die Ohrenspitzenhaube (Gipürenhaube) getragen, bzw. in Stadtnähe das goldverzierte Böndl zur schwarzen Berghaube aus reicher Spitzenfülle. Dazu findet sich in den Gewändern ein reicherer Umgang mit Knöpfen, Spitzen, Borten und Stickereien. Daneben ist aber auch noch der hohe, spitze »Nebelstecher« als Frauenhut älterer, ländlicherer Form zu sehen. Als Männerhut ist der große Scheibenhut vorherrschend, daneben aber auch der kleine »Guldenhut« (Flachgau), der in der zweiten Hälfte des 18. Jh.s seinen Einzug hält und im 19. Jh. vielfach im städtischen Volkstheater als Symbol des Bauerntölpels verwendet wird. Die Bilder des 19. Jh.s zeigen eine Übernahme wesentlicher Modeleitbilder des Biedermeiers auch in die bäuerlichen Trachten. Um 1850 wurden die Zylinderhüte für Frauen und Männer üblich, daneben der Scheiben-Bänderhut der Frauen. Die Frauenkleider werden länger und schmaler, Spenzer und Jacken werden, dem Modeideal des Empirekleides folgend, seltener abgebildet. Die Rüschen- und Steppspenzer – Garnierspenzer – folgen diesem bürgerlichen Vorbild ebenso wie die kleinen Bretthüte, die bayerische Riegelhaube mit der breiten Schleife und reicher Gold- und Silberstickerei (besonders Flachgau und Stadt) sowie die Otterfellhaube (Tennen- und Flachgau) ziehen vor 1800 bereits in die Tracht ein. Städtische Kleiderformen ersetzen allmählich die Miedergewänder. In der Männermode wird die Kniehose von Pantalons abgelöst, die Rockschnitte kennen den biedermeierlichen Gehrock, die kurzen französischen Joppen und den englischen Jackenschnitt. Besonders im Flachgau und im Salzkammergut machte sich der Einfluß der Sommerfrischler zu Ende des Jahrhunderts bemerkbar. →Koch-Sternfeld weist bereits 1810 darauf hin, daß sich nur noch die Bauern in Stoffe aus dem Lande kleiden, während sich die Städter mit österreichischer und böhmischer Leinwand und böhmischen und mährischen Tüchern versehen. Seidenwaren aus Italien, Frankreich und Österreich, feine Baumwollwaren aus Sachsen und England, Hüte aus Salzburg, Leder aus Frankfurt, München und Augsburg, Galanteriewaren aus Wien, München und Augsburg waren damals in Salzburg auf dem Markt.

Böndl: kleines Goldbortenhäubchen (kein Hut sondern barocke Haubenschrumpfform), das in Salzburg, Ostbayern und im Innviertel zur bürgerlichen Frauentracht getragen wurde. In Altbayern und dem angrenzenden Österreich (Rupertiwinkel, Flachgau, Innviertel und westliches OÖ. bis zur Traun) auch nach dem Zentralort seiner Verbreitung »Tittmoninger Häubchen« genannt. Der kleine, querovale Gupf aus farbig broschiertem Goldbrokat wird von einer drahtversteiften Goldspitzenkrempe umrahmt. Zwei buntgewirkte Rückenbänder können beigefügt sein. Das Böndl wurde um 1922 von der Landeskommission (K. Adrian) nach einem Museumsstück erneuert und von der Landes-Landwirtschaftschule Oberalm mit dem ebenfalls erneuerten »Salzburger Bauerngwandl« als Internatstracht verwendet. Auch die Linzer Goldhaube, dem napoleonischen »Casque Anglais« nachempfunden,

sowie die ältere schwarze Drahtspitzenhaube verbreiteten sich in der ersten Hälfte des 19. Jh.s rasch. Sie sind heute wesenlicher Bestandteil der um 1900 erneuerten Bürgerinnentrachten. Hauben und Hüte wurden mit dem Haarpfeil befestigt, der bei schütterem Haar auch durch die Kopfhaut gestochen wurde und deshalb »Schwartennadel« hieß. In der zweiten Hälfte des 19. Jh.s lösten sich die Standestrachten mehr und mehr auf. Im Flach- und Tennengau hielt das zwei mal zwei m große schwarze Seidenkopftuch Einzug, das vielfach bis in die 1930er und 1940er Jahre getragen wurde.
So wie Trachten von Oberschicht und Unterschicht im 19. Jh. aus unterschiedlichen Beweggründen getragen wurden, so wie für Heimatschutz, Ständestaat und illegale Nazis die Kleider oft sogar dieselben, die damit vorangetragenen Symbole aber andere waren, so wurde »die Tracht« auch nach 1945 wieder vom »Ahnenkleid« der Deutschen zum Heimatsymbol der Österreicher. In der Wiederaufbauzeit war Tracht eine Möglichkeit, mit knappen Mitteln umzugehen. In den 1960er Jahren entstand bereits eine an der Kulturpolitik der Länder und den Bedürfnissen des Tourismus orientierte breite Bewegung der »Trachtenpflege und -erneuerung«. Die Heimatwerke entwickelten eine Fülle an Regionaltrachten. Gleichzeitig eroberte die Salzburger Tracht als »Austrian Look« erneut die internationale Modeszene. Handarbeitskurse, Laienkreativität, die wiederentdeckte Freude am Selbstgemachten, am »Alten« und »Wertvollen« taten das Ihrige dazu, Tracht in allen Facetten ins Bewußtsein der Öffentlichkeit zu bringen. Trachtenrock, Pfoadl und Westerl stiegen von der Trachtenmode zu allgemein üblichen Alltagstrachten auf. Die unbewältigte Trachtenvergangenheit in Verbindung mit Geschichtsaufarbeitung und neuen politischen Diskussionen einerseits und billigster Austrian-Look-Konfektion andererseits zerstörten in den 1980er Jahren den guten Ruf der österreichischen Trachtenmode sowohl im Land wie auch im Ausland. Darauf antwortete das Salzburger Heimatwerk Ende der 1980er Jahre mit einem neuen Programm qualitätvoller Trachtenmode. In den 1990ern wurde ein Salzburger Leinen- und Lodenlook wiederum bedeutsam für die internationale Trachtenmode.

Georg Trakl (OMV)

Lit.: G. Tostmann: Das Dirndl. Tradition und junge Mode. Wien [2]1998. – Trachten nicht für jedermann? Heimatideologie und Festspieltourismus dargestellt am Kleidungsverhalten in Salzburg zwischen 1920 und 1938 (=SBzVK 6, hg. v. U. Kammerhofer-Aggermann, A. Scope, W. Haas), Salzburg 1993. – Ch. Swoboda, S. Baumgartner: Vom Böndl zur Goldhaube. Salzburg 1990. – H. Huemer: Die Goldhaubenstraße ... entlang der Donau. In: Volkskunst heute 7/2, 1988, S. 8-9. – F. C. Lipp, E. Längle, G. Tostmann, F. Hubmann (Hg.): Tracht in Österreich. Geschichte und Gegenwart, Wien 1984. – M. Schindler: Unter der Bedeckung eines Hutes. Hauben und Hüte in der Volkstracht, Wien, Österr. Museum f. Volkskunde, 1984, S. 57, 96, 124. – F. Prodinger, R. R. Heinisch: Gewand und Stand. Kostüm- und Trachtenbilder der Kuenburg-Sammlung, Salzburg 1983.

U.K.

Trachtenerneuerung → Tracht

Trakl, Georg, * Salzburg 3. 2. 1887, † Krakau 3. 11. 1914, Dichter. Selten wird die künstlerische Bild- und Sprachwelt eines Dichters so stark von seiner Heimatstadt geformt wie bei T., der den Großteil seines kurzen Lebens in Salzburg verbrachte. Sein Vater Tobias T. (* Ödenburg 11. 6. 1837, † Salzburg 18. 6. 1910) war etwa 1880 von Westungarn nach Salzburg übersiedelt.

T.s Mutter Maria Catharina, geb. Halik (* Wiener Neustadt 17. 5. 1852, † Salzburg 8. 10. 1925) hatte Tobias T. 1878 in Ödenburg als zweite Frau geheiratet, Georg T. war das vierte von sechs Kindern. Er wurde im sogenannten »Schaffnerhaus« (Waagplatz Nr. 2, heute Waagplatz 1a) geboren und am 8. 2. 1887 in der heutigen evang. →Christuskirche getauft; er war evangelisch, Augsburger Konfession. T. gehörte zum Großbürgertum der Stadt. Sein Vater hatte es als Eisenhändler bald zu Wohlstand und Anerkennung gebracht und 1893 das Haus Waagplatz 3a (heute Café Glockenspiel) gekauft, um dort eine Eisenhandlung zu eröffnen, die bis 1913 bestand. Dort verbrachte T. seine Kindheit. Die Stadt Salzburg, ihr Bild, ihre Umgebung und ihre Gesellschaft bestimmten seine Kindheits- und Jugendjahre von 1887 bis 1908. Er besuchte die vierklassige kath. Übungsschule (1892-97), die der Lehrerbildungsanstalt angeschlossen war und als Eliteschule galt. An zwei Nachmittagen pro Woche hatte er evang. Religionsunterricht. Für Bildung und Einflüsse in der ersten Kindheit ist die kath. Gouvernante Maria Bornig wichtig, die seit ca. 1890 die Kinder Französisch lehrte und sie mit frz. Jugendliteratur bekannt machte. T.s Mutter schloß sich tagelang in ihren Räumen ein und pflegte ihre Antiquitätensammlung; ihr unmittelbarer Einfluß auf die Kinder war gering. 1897 trat T. in das ebenfalls elitäre k. k. Staatsgymnasium am Salzburger Universitätsplatz ein. Er war ein mäßiger Schüler; mehrmals hatte er ungenügende Leistungen, vor allem in Griechisch, Latein und Mathematik. Als er in der 7. Klasse nicht »versetzt« wurde, gab er die Schule auf und begann am 18. 9. 1905 eine dreijährige Apothekerlehre in Carl Hinterhubers Apotheke »Zum weißen Engel« in der Linzer Gasse. Das Studium der Pharmazie war damals die einzige Möglichkeit, einen Magistergrad zu erwerben, wenn man, wie T., keine Matura hatte und nur die mittlere Reife besaß. Als 15jähriger soll T. die ersten Gedichte geschrieben haben; etwa gleichzeitig erste Erfahrungen mit Drogen (Zigaretten in Opium getaucht). 1905 lernte T. den Dramatiker G. →Streicher kennen, der ihn zu dramatischen Versuchen anregte. Am 13. 3. 1906 wurde T.s Einakter »Der Totentag«, am 15. 9. 1906 sein Einakter »Fata Morgana« im Salzburger Stadttheater uraufgeführt. Nach dem Mißerfolg des zweiten Stücks vernichtete der enttäuschte Dichter die Manuskripte. Allerdings wurde die heimische Presse auf ihn aufmerksam: Im »Salzburger Volksblatt« (12. 5. 1906) erschien das Prosastück »Traumland. Eine Episode«; seine erste Gedichtveröffentlichung war »Das Morgenlied« in der »Salzburger Volkszeitung« (26. 2. 1908). T. gehörte damals einer Dichterrunde (»Apollo«, später →»Minerva«) an. Seine Spannung zur erzkath.-konservativen Gesellschaft in Salzburg äußerte sich in seinem bewußt unbürgerlichen Verhalten (Rauchen, Trinken, Drogen, Bordellbesuche). Trotzdem legte er seine Tirocinalprüfung vorzeitig am 26. 2. 1908 ab und erhielt damit die Einjährigen-Präsenzdienst-Begünstigung. Mit dem offiziellen Abschluß seiner Praktikantenzeit im Oktober 1908 gingen seine Salzburger Jahre zu Ende. T. gilt als einer der tiefsten Salzburg-Kritiker. Trotzdem beschwor er in seinen Gedichten immer wieder die Stadt und ihre Umgebung: »Die schöne Stadt«, »Musik in Mirabell«, »Am Mönchsberg«, »St. Peters-Friedhof«, »Anif«, »In Hellbrunn« u. a. Von Wien aus schrieb er Ende Oktober 1908 an seine Schwester Maria Geipel: »Eine jede Zeile, jedes Blatt, das von Salzburg kommt, ist eine meinem Herzen teure Erinnerung an eine Stadt, die ich über alles liebe, eine Erinnerung an die wenigen, denen meine Liebe gehört ... die Wiener gefallen mir gar nicht.« Um die Ambivalenz T.s zu Salzburg zu zeigen, müßte man hier böse Äußerungen über Salzburg anführen; solche gibt es aber auch über Innsbruck und Wien. 1908-10 studierte T. vier Semester Pharmazie an der Univ. Wien und schloß mit dem Magister ab. Vom Oktober 1910 bis September 1911 leistete er seinen Militärdienst in Wien ab. Auf Stellensuche kehrte er wieder nach Salzburg zurück, wo er von Oktober 1911 bis Ende März 1912 wohnte. Er nahm Kontakt zur Salzburger Literatur- und Kunstgesellschaft →»Pan« auf, wo er den früheren »Fackel«-Mitarbeiter K. →Hauer kennenlernte. Drei Monate arbeitete er als Rezeptarius in der Apotheke »Zum weißen Engel«. T. empfand sich selbst als Außenseiter der Salzburger Gesellschaft. »Die vielen Krisen seiner individuellen Sozialisationsgeschichte fixierten eine negative soziale Identität: die gestörten Beziehungen zu seiner Mutter, das Scheitern in der Schule, das Inzesterlebnis mit der

Schwester, eine von Anfang gebrochene Sexualität, das Durchfallen seiner Stücke am Stadttheater, die Unfähigkeit, sich im bürgerlichen Alltagsleben zurechtzufinden, Alkohol- und Drogenprobleme, Depressionen, Selbstmordphantasien, und mit den Jahren zunehmend – die Angst vor dem Wahnsinn« (Hanisch/Fleischer, S. 190). Anfang April 1912 bis Ende November 1912 leistete T. den Probedienst am Garnisonsspital Nr. 10 in Innsbruck. Dort lernte er Ludwig v. Ficker, den Herausgeber der Zeitschrift »Brenner«, kennen. Am 1. 4. 1912 erschien T.s erstes Gedicht im »Brenner« (»Vorstadt im Föhn«). Vom Jahresende 1912 bis 15. 7. 1913 pendelte T. zwischen Salzburg, Innsbruck und Wien. Im Juli 1913 erschien der Band »Gedichte« im Leipziger Kurt Wolff Verlag. T. nahm im Juli 1913 eine Stelle an, die er im August wieder kündigte. Auf Einladung von Adolf Loos fuhr er im August 1913 mit nach Venedig, Peter Altenberg, Karl Kraus und das Ehepaar Ficker waren ebenfalls dort. In der nächsten Zeit war er in Salzburg, Wien, Innsbruck, Igls (Hohenburg) und Berlin. Am 10. 12. 1913 hielt T. seine einzige öffentliche Lesung: gemeinsam mit Robert Michel im Kleinen Stadtsaal in Innsbruck. »Der Abend war ein literarisches Ereignis für Innsbruck«, meinte der Rezensent der »Innsbrucker Illustrierten Neuesten Nachrichten«. T. war ohne Stellung; er versuchte als Militärapotheker nach Albanien zu gehen, später nach Borneo (Holländisch-Indien). Vom 15. bis 25. 3. 1913 besuchte er seine schwerkranke Schwester Grete in Berlin; völlig zerrüttet kehrte er nach Innsbruck zurück. Am 24. 8. 1914 ging er als Medikamentenakzessist mit einer Innsbrucker Sanitätskolonne ins Feld nach Galizien. Nach der Schlacht bei Grodek unternahm er einen Selbstmordversuch. Zur Beobachtung seines Geisteszustandes kam er in die Psychiatrische Abteilung des Krakauer Garnisonsspitals. Dort besuchte ihn L. v. Ficker am 25. und 26. 10. Am Abend des 3. 11. 1914 starb T. an einer Überdosis Kokain (Herzlähmung). Am 6. 11. wurde er auf dem Rakoviczer Friedhof in Krakau bestattet. L. v. Ficker ließ 1925 T.s Gebeine nach Innsbruck überführen; sein Grab liegt auf dem Friedhof der Gemeinde Mühlau bei Innsbruck.

T.s Werke erschienen 1969 in einer hist.-krit. Gesamtausgabe in zwei Bänden: »Dichtungen und Briefe«, hg. von Walther Killy und Hans Szklenar (Otto Müller Verlag, Neuauflage 1987). Seit 1995 erscheint im Frankfurter Stroemfeld Verlag die neue hist.-krit. Ausgabe mit Faksimiles der handschriftlichen Texte Trakls (»Innsbrucker Ausgabe«), hg. im Auftrag des Brenner-Archivs der Univ. Innsbruck v. E. Sauermann und H. Zwerschina. Der literarische Nachlaß befindet sich zu Teilen im Brenner-Archiv in Innsbruck, in der →Trakl-Forschungs- und Gedenkstätte und im →SMCA in Salzburg. Die Trakl-Forschungs- und Gedenkstätte der Salzburger →Kulturvereinigung wurde am 10. 4. 1973 offiziell eröffnet. Zum 100. Geburtstag T.s gründete man in Salzburg das »Intern. →Trakl-Forum« im Rahmen der Salzburger Kulturvereinigung. T. selbst wurde mehrmals zum literarischen Thema (vgl. Ritzer, S. 262); F. Fühmann, P. →Rosei und Ch. →Wallner sind hier zu nennen. T.s Dichtungen wurden oft vertont, u. a. von C. →Bresgen, Hanns Eisler, H. W. →Henze, P. →Hindemith, Heinz Holliger, A. v. →Webern und Otto J. M. Zykan. (Farbabb. S. 24)

Lit.: H. Weichselbaum: G. Trakl. Eine Biographie mit Bildern, Texten und Dokumenten, Salzburg 1994. – Hanisch/Fleischer. – W. Ritzer: Neue Trakl-Bibliographie. Salzburg 1983. – G. Rusch, S. J. Schmidt: Das Voraussetzungssystem G. T.s. Braunschweig-Wiesbaden 1983. – G. T. in Selbstzeugnissen und Bilddokumenten dargestellt von O. Basil. Reinbek b. Hamburg 1965.

A.Has.

Trakl-Forschungs- und Gedenkstätte, 1973 im Geburtshaus G. Trakls (»Trakl-Haus« Waagplatz 1a) von der Salzburger →Kulturvereinigung eingerichtet, 1987 erheblich erweitert. Die Gedenkstätte verwahrt Möbel aus dem Besitz der Familie Trakls, Dichterautographen, Fotos, Bilder und Dokumente, sammelt die Literatur zu Trakl sowie Filme über den Dichter. Sie ist der Öffentlichkeit durch Führungen zugänglich. Eine Tonbildschau führt in Leben und Werk des Dichters ein. Kustos ist Hans Weichselbaum.

H.H.

Trakl-Forum Internationales, gegründet 1987 anläßlich des 100. Geburtstags G. →Trakls mit Sitz in der →Trakl-Forschungs- und Gedenkstätte. Mehrmals im Jahr – meist zum Geburts- und Todestag – finden Veranstaltungen statt, die der wissenschaftlichen und künstlerischen Auseinandersetzung mit Trakl

Krimmler Tresterer in Brokatanzügen und Federhalbmasken, um 1909 (SLIVK)

dienen. Die daraus hervorgehenden Publikationen erscheinen in der Reihe »Trakl-Studien«.
H.H.

Trakl-Preis für Lyrik der Salzburger Landesregierung, angeregt von G. →Pichler zum 65. Geburtstag Trakls (1952) würdigt ein lyrisches Gesamtwerk. Als Landespreis für Salzburger Autoren, seit 1977 auch für deutschsprachige Lyriker (Salzburger Landesregierung); seit 1954 wechselnd mit Landespreis auch als Bundespreis, aber nur für österr. Autoren (Bundesministerium für Bildung, Wissenschaft und Kultur mit Salzburger Landesregierung). Der T. ist der älteste Salzburger Literaturpreis.

Am 3. 11. 1952 erstmals verliehen an M. →Zittrauer und Josef Lassl. Anerkennungspreise an G. →Amanshauser und Elisabeth Effenberger.

1954 als Bundespreis aequo loco vergeben an: Christine Lavant, Christine Busta, Wilhelm Szabo und Michael Guttenbrunner. Anerkennungspreise: Hermen v. Kleeborn, Herbert Zand, Martha Hofmann, Hannelore Valencak, Edith Siegel, Andreas Okopenko, Doris Mühringer.

1957 1. Preis E. →Blaas, 2. Preis Walter Zrenner, 3. Preis J. →Windhager. Anerkennungspreise: H. →Deißinger, K. →Brandauer.

1962 zu gleichen Teilen an Paula Ludwig und Johann Gunert.

1964 auf Vorschlag L. v. Fickers an Ch. Lavant.

1967 an Gundl Nagl, F. →Rotter und F. →Braumann. Diese Entscheidung der Jury entfachte in Salzburg eine heftige Literaturdiskussion um die moderne Lyrik.

1970 an Max Hölzer.

1972 nicht vergeben, dafür zwei Förderungsstipendien an Peter Coreth und Ch. →Wallner.

1974 an Ernst Jandl verliehen.

1977 an Friederike Mayröcker und an Reiner Kunze. Förderungspreis an E. →Einzinger.

1979 an I. →Aichinger, keine Vergabe des Förderungspreises.

1982 an Christoph Meckel, Förderungspreis an C. W. →Aigner.

1984 Kurt Klinger, anstelle eines Förderungspreises sechs Stipendien an Robert Kalser, Fritz Popp, Thomas Trenkler, Wolfgang Haas, Gottfried Goiginger und Walter Müller.

1987 an Alfred Kolleritsch, Förderungspreis an Susi Grinninger.

1989 an Julian Schutting, Förderungspreis an Wilfried Steiner.

1992 an Walter Helmut Fritz, Förderungspreis an Martin Amanshauser.

1994 an Hans Raimund, Förderungspreis an Dietmar Jahnel.

1997 an Günter Kunert, Förderungspreis an Robert Kleindienst

1999 an Elfriede Gerstl, Förderungspreis an Hans Lutsch.

Unkener Tresterer, 1937 (SLIVK, Erika Groth-Schmachtenberger)

Lit.: H. Weichselbaum: Im Namen des Dichters. 45 Jahre G.-Trakl-Preis für Lyrik – Gedichte und Dokumentation. Salzburg 1998. – W. Weiss: Georg-Trakl-Preis für Lyrik. Zum 80. Geburtstag des Dichters. In: Das Salzburger Jahr 1967/68, S. 18 ff.

H.H.

Trapp Family Singers, →Sound of Music, →Filmgeschichte Salzburg

Tratz, Eduard Paul, * Salzburg 25. 9. 1888, † Salzburg 5. 1. 1977. T. gründete aus privaten Sammlungen 1924 das →»Haus der Natur«, dessen Direktor er wurde und das seit 1959 im ehem. Ursulinenkloster untergebracht ist (vorher im heutigen Großen Festspielhaus); eines der bestbesuchten Museen Europas. Er ist Verfasser von über 300 wissenschaftlichen und populärwissenschaftlichen Publikationen.

Lit.: E. Stüber: Nekr. in: MGSLK 118, 1978, S. 423 ff.

R.R.H.

Tresterer, Unkener und Stuhlfeldener Sonderformen der Faschingsläufer, die ebenfalls, weil in Salzburg bereits im 18. Jh. die Bezeichnung B/Percht (→Perchten) mit Maske gleichbedeutend war, als Gattung der Schönperchten gelten. Die Bezeichnung (trestern = Stampfen, Treten, Trauben maischen) kennzeichnet den stampfenden, schleifenden Schritt und die rhythmischen Sprünge des charakteristischen Tanzes, der seinen Rhythmus aus Stampfschritten und Händeklatschen entwickelt. Die Stuhlfeldener T. (Wiedereinführung 1963) wie die aus ihnen entstandenen Tresterer des Vereines »Jung-Alpenland« tragen rot-weiße enge Brokatkostüme im Charakter des venezianischen Rokoko, dazu ein Schmucktaschentuch in der Hand, ihre Kopfbedeckung sind »Gainzel«, flache kleine Strohhüte, mit 20-30 cm hoch aufragenden weißen Hahnenfedern und wippenden, das Gesicht verdeckenden, langen bunten Bändern. Die Unkener T. (Wiedereinführung 1911/12) tragen Bundhosen, weiße Hemden, Männergürtel und dunkle Hüte mit Goldflittern, Seidenblumen, Myrten und Bandrosetten. Aus der Wiederbelebungszeit stammen offenbar die Musikbegleitung und die Schuhplattlerelemente der Unkener T. Lange hat sich die falsche NS-Zeit-Bewertung als germanischer Männerbund- und Erntekulttanz erhalten. Vor 1900 Auftritte im Fasching in Wirtshaus- und Wohnstuben, seit der Wiederbelebung 1900 am Vorabend des Dreikönigstages (wie Silvester ein Weihnachts- und Faschingstag), heute auch zu Volkskulturfesten u. ä. Außerösterr. Vergleichsbeispiele seit dem 16. Jh., Salzburger Quellen seit dem 18. Jh.

Lit.: U. Kammerhofer: Perchtenlaufen zwischen Mythos und Karneval. Die Unkener Tresterer und Stelzenläufer, in: SV 1, 1998. – K. Horak: Volkstänze aus Unken im Lande Salzburg. In: Jb. d. Österr. Volksliedwerkes 6, Wien 1957, S. 61-72.

U.K.

Treuer, Richard, * Wien 13. 9. 1903, † Salzburg 29. 11. 1982, Lehrer, Heimatpfleger des Pinzgaus. Seine Sorge galt bes. der außerschulischen Weiterbildung der Landjugend, der Landschaftspflege und der Baugestaltung auf dem Land, Mitbegründer der Salzburger →Volkshochschule. Organisatorische und pädagogische Fähigkeiten. Auch als Maler, Graphiker (Buchillustrationen) und Fotograf tätig. Sein Buch »Bergheimat Pinzgau« erschien 1981 in 3. Aufl.

Troger, Paul, * Welsberg/Pustertal, 30. 10. 1698, † Wien 20. 7. 1762, Maler. Gefördert von den Familien Firmian und Thun, kam er 1727/28 vorübergehend nach Salzburg, um im Auftrag des Fürstbischofs von Gurk Kuppelfresko und Hochaltarblatt in der Kajetanerkirche zu malen. Beeinflußte die lokale Malerei des Spätbarock nachhaltig und verkehrte freundschaftlich mit J. →Zanusi, A. →Rensi, F. A. →Danreiter und G. R. →Donner, der ihn möglicherweise mit sich nach Wien zog. Für Salzburg wurde der inzwischen hochberühmte T. noch zweimal tätig: 1749 mit den beiden Gerechtigkeitsbildern für den Sitzungssaal im →Rathaus (heute →SMCA) und 1754 mit den 1818 verbrannten Fresken in der Sebastianskirche.

Lit.: P. T. Neue Forschungsergebnisse. Mezzocorona 1997. – G. Brucher (Hg.): Die Kunst des Barock in Österreich. Salzburg 1994. – Meisterwerke, Tf. 40-42. – W. Aschenbrenner, G. Schweighofer: P. T. Salzburg 1965.

N.Sch.

Troll-Borostyáni, Irma von (Pseud. Leo Bergen, Veritas), * Salzburg 31. 3. 1847, † Salzburg 10. 2. 1912, Schriftstellerin, Frauenrechtlerin. Schon als Kind eigenwillig und auffällig. Vielseitige Bildung: Sie las Englisch, Französisch und Italienisch; lernte Klavier, Kompositionslehre, Zeichnen und Malen. 1864 trat sie nach zwei Jahren aus der Klosterschule Nonnberg aus, 1870 übersiedelte sie nach Wien. Sie fing an, sich für Frauenfragen zu interessieren (Arbeitsverhältnisse, Prostitution usw.) und begann zu schreiben. Sie fand Anschluß an Künstler- und Literatenkreise, 1872 übersiedelte sie nach Budapest, wo sie 1875 den Journalisten Nandor von Borostyáni heiratete.

Irma von Troll-Borostyáni (SMCA)

1878 erschien ihr Buch »Die Mission unseres Jahrhunderts. Eine Studie über die Frauenfrage«; man anerkannte dieses mutige Buch in ganz Mitteleuropa. Sie beteiligte sich auch an der Gründung des »Österreichischen Frauenvereins«. 1882 kehrte T.-B. nach Salzburg zurück und widmete sich hier ihrer schriftstellerischen Arbeit. Ihr Mann lebte in Paris; er starb 1902. In Romanen, Novellen, Gedichten, Essays und Reden setzte sich T.-B. für die Gleichberechtigung der Frau in allen Bereichen des gesellschaftlichen Lebens ein. Ludwig Büchner, der Bruder Georg Büchners, schrieb das Vorwort zur 3. Aufl. ihres Buches »Gleichstellung der Geschlechter« (1888). Wichtige Werke: »Aus der Tiefe«, Roman (1892), »Die Prostitution vor dem Gesetz. Ein Appell ans deutsche Volk und seine Vertreter« (1893), »Verbrechen der Liebe« (1900), »Das Weib und seine Kleidung« (1897) u. a. T.-B. war eine der bedeutendsten Vorkämpferinnen der Frauenbewegung in Österreich. Der »Troll-Borostyáni-Preis« wird von Stadt und Land Salzburg jährlich am Int. Frauentag an Frauen bzw. Frauenprojekte vergeben. Erinnerungstafel am Geburtshaus, Griesgasse 4.

Lit.: I. v. T.-B.: Ungehalten. Vermächtnis einer Freidenkerin. Hg. v. Ch. Gürtler, Salzburg 1994 (=Sbg. Bibliothek, 2). – A. Stockklausner: T.-B. Erste Vorkämpferin für das Frauenrecht. In: In Salzburg geboren, S. 198 ff. – Ausgew. kleinere Schriften. Hg. v. Wilhelmine von Troll. Mit einer Lebensskizze v. H. Widmann, Leipzig 1914.

A. Has., H.H.

Uhren. Bis zum Jahr 1727, dem Regierungsantritt von Eb. →Leopold Anton von Firmian, blieb das Uhrmacherhandwerk in Salzburg ohne Bedeutung. Eb. Firmian war als großer Uhrenliebhaber ein großzügiger Förderer des Handwerks. 1733 kam B. →Stuart aus Schottland als Prof. für Mathematik an die Salzburger →Univ. Er konstruierte gemeinsam mit Hofuhrmacher J. →Bentele eine astronomische Uhr für Firmian. Für Großuhren des 18. und frühen 19. Jh.s ist es typisch, daß technisch-wissenschaftliche und künstlerische Neuerungen nicht bedingungslos übernommen wurden. Es entstanden lokalspezifische Eigenheiten. Für Taschenuhren sind in Salzburg keine singulären Leistungen anzutreffen – komplizierte Taschenuhren wurden importiert und mit Verkaufssignaturen versehen. Wegen der mechanischen Einrichtung des →Glockenspiels ist J. →Sauter von Bedeutung. Von den Kleinuhrmachermeistern sind zu nennen: Josef Beringer, 1743 Meister; Franz Anton Henngi (Hönggi), 1780-1809; Franz Jakob Niedermayr (Nidermair), 1708 Meister, † 1751; Johann Christoph Niedermeyer, † vor 1704; Pater Cajetan Niederweger, * 1673, † 1759 (Sonnenuhren und wissenschaftliche Instrumente); Vital Niggl, 1782 Meister.

Lit.: H. Hangler: Salzburger Uhrmacher. Manuskript o. J., Archiv SMCA.

Ch.S.

Franz Joseph Nidermair, Taschenuhrwerk, Salzburg, Mitte 18. Jh. (SMCA)

Lit.: Ausstellungskat. Salzburg 1905. SMCA 1995, S. 39 ff. – 150 Jahre Salzburger Kunstverein. Kunst und Öffentlichkeit. Salzburg 1994. – Thieme-Becker. – Meisterwerke, Tf. 63. – SV, 28. 6. 1919.

N.Sch.

Ullmann, Julius, * Linz 7. 4. 1861, † Salzburg 1. 8. 1918, Maler. Nahm 1900 als Offizier seinen Abschied, nachdem er seit 1890 in Znaim und Wien durch seinen Berufskollegen Theodor von Hörmann als Maler entscheidende Anregungen erhalten hatte. In den folgenden Jahren vertiefte er seine Naturauffassung im Dachauer Moos unter Hölzl und Dill und wandelte im Wald von Fontainebleau und Barbizon auf den Spuren von Corot und Millet, später wurde die Bretagne sein Lieblingsaufenthalt (Küsten- und Fischerbilder). 1907 kehrte er über München nach Salzburg zurück, wo er an den Folgen seines Kriegseinsatzes starb. Ullmann, zeitlebens dem Ausstellungsbetrieb abhold und auch in seiner Kunst von nobler Zurückhaltung, ist der bedeutendste Impressionist auf Salzburger Boden, doch harrt sein Werk noch entsprechender Würdigung. (Farbabb. S. 356)

Universität. Die aus dem Gymnasium (→Allgemeinbildende Höhere Schulen) hervorgegangene U. wurde nach einem ersten mißglückten Versuch aufgrund kais. Privilegien am 8. 10. 1622 eröffnet; sie hatte den gleichen Rang und die gleichen Rechte wie andere Univ. in Italien, Frankreich und Deutschland und stand unter der Leitung der →Benediktiner. Nach den auf den 9. 3. 1620 rückdatierten Privilegien Kaiser Ferdinands II. erließ Eb. →Paris Lodron am 1. 9. 1623 eine nachträgliche Gründungsurkunde, die die Erhaltung der kath. Religion als oberste Maxime setzte. Die päpstliche Zustimmung zur U. erfolgte am 17. 12. 1625.
Die Hohe Schule Salzburgs mit dem ersten Rektor P. Albert Keuslin aus Ottobeuren bestand aus einer Theologischen Fakultät mit fünf Lehrstühlen, einer Juridischen mit ebenfalls fünf und einer Philosophischen Fakultät mit vier Lehrstühlen. Eine Medizinische Fakultät wurde erst 1632 durch die Berufung des Anatomen Antonio Cola errichtet, sie existierte aber nur bis 1635 und wurde auch später nie mehr installiert. Die Salzburger U. erfreute sich von seiten der Studenten eines regen Zuspruchs, die Hörerzahlen stiegen von 126 (im Jahre 1639) auf 295 (1696) und 371 (1759), um in den napoleonischen Wirren auf zwölf (1800) und drei (1811) abzusinken.

Insgesamt haben an der alten U. mehr als 32.000 junge Menschen studiert, darunter →Abraham a Sancta Clara (Ulrich Megerle), der Dramatiker S. →Rettenbacher, L. →Mozart, der Pädagoge F. M. →Vierthaler und Andreas von Liebenberg, Wiens Bürgermeister während der zweiten Türkenbelagerung.
Unter der bayerischen Herrschaft wurde die Salzburger U. im Jahre 1810 aufgelöst; letzter Rektor war C. →Gärtner, der Ende 1811 ein Lyzeum als Nachfolgeanstalt eröffnete. Seit dem ausgehenden 19. Jh. gab es Bemühungen um eine Wiedererrichtung mit langjährigen Diskussionen um die Frage einer katholischen oder staatlichen U., u. a. im →Kulturkampf und später bei den →Hochschulwochen. In der Zeit des 1. Weltkriegs stand auch die Frage einer Verlegung der U. von Czernowitz nach Salzburg zur Debatte. Noch in der 2. Republik war die Frage einer kirchlichen oder staatlichen Hohen Schule umstritten. Die neue, nach ihrem Gründer »Alma mater Paridiana« benannte U. wurde am 1. 10. 1962 wiedererrichtet. An den vier Fakultäten der Theologie, Rechtswissenschaften, Geistes- und Naturwissenschaften studierten am Ende des 20. Jh.s rund 13 000 Studenten. Der ständige Aufschwung ist auch gekennzeichnet durch Neu- und Umbauten an der Naturwissenschaftlichen Fakultät und bei den Gesellschaftswissenschaften wie bei anderen Instituten im Bereich der Altstadt, etwa der Juridischen Fakultät im Toskanatrakt der Residenz. Zukunftsweisend sind die Einrichtungen des →Techno-Z oder die Computerwissenschaften, während die Frage einer Medizinischen Fakultät noch immer offen ist. →Altstadtuniversität.

Lit.: U. Salzburg 1622-1962-1972. FS., redigiert von H. Wagner und B. Wicha, Salzburg 1972. – M. Kaindl-Hönig, K. H. Ritschel: Die Salzburger U. 1622-1964. Salzburg (1964).

R.R.H.

Universitätsarchiv Salzburg, entstand 1975 als Abteilung der Universitätsdirektion. Es handelt sich um Archiv, Registratur und eine kleine Amtsbibliothek der zentralen Verwaltung der Universität. Aufgaben sind Übernahme, Ordnung und Aufbewahrung sowie Ausfolgung von Schriftgut der Zentralen Verwaltung, weiters ist es eine historische Auskunftsstelle im Bereich der Universitätsgeschichte. Bestände: zehn Stück Urkunden 1652-1754, 154 buchförmige Archivalien 1622-1810; 32 Faszikel Lyzealakten 1810-1850; 210 Fasz. Theologische Fakultät 1850-1962; Rektoratsakten 1964-69; Verwaltungsschriftgut, Fotoarchiv. Das Archiv war ursprünglich in der Alten Residenz untergebracht und übersiedelte 1994 in die Kapitelhäuser (ehemalige Domdechantei).

Lit. R. Apfelauer: Das Archiv der Universität Salzburg. In: Scrinum, Heft 35, Wien 1986, Seite 214-217.

H.O.

Universitätsbibliothek. Die Bibl. der alten Benediktiner-→Univ. erfuhr ihre eigentliche Gründung unter dem Rektor Alphons Stadelmayr durch den Ankauf der Christoph-Besold-Bibl. 1649 und die Einrichtung eines eigenen Bibl.-Saals sowie die Verordnung über die Ablieferung von Pflichtexemplaren 1658. Die durch Dotationen und Nachlässe auf 12.000 Bände angewachsene UB. übersiedelte 1793 in den neuen Hofstallgassentrakt des Univ.-Gebäudes, wo sie sich heute noch befindet, und wurde der öffentlichen Benützung zugänglich gemacht. Im Zuge der Säkularisierung des Erzstifts gingen 1807 die Bestände der ehem. eb. Hofbibl. an die UB., darunter wertvolle Handschriften, Drucke und Graphiken aus dem Besitz der Eb. Bernhard von Rohr, →Wolf Dietrich, →Markus Sittikus und Max Gandolf. Für diese Neuzugänge wurde der kleine Theatersaal der Univ., die heutige Bibliotheksaula, adaptiert. Die Säkularisierungswelle Anfang des 19. Jh.s brachte außerdem Zugänge aus dem Stift Berchtesgaden, dem Bistum Chiemsee (mit der Bibl. des Bernhard von Kraiburg), des Kajetaner-(Theatiner-)Klosters und der Augustinerklöster Salzburg-Mülln, Hallein und Tittmoning. – Mit der Auflösung der Univ. 1810 erhielt die UB. den Status einer Lyzealbibl., den sie beibehielt, bis sie 1926 zur »Salzburger Studienbibliothek« wurde. Diese gewann nach einer Zeit der Stagnation vor allem durch die Bestrebungen zur Wiedererrichtung der Univ. seit Ende des 19. Jh.s an Bedeutung. Wertvollen Zuwachs brachte die Stiftung der H. →Bahr-Bibl. 1932. – Seit der Wiederbegründung der Univ. 1962 ist die Studienbibl. wieder UB.; gleichzeitig hat sie auch die Funktion einer Landesbibl. Um dem modernen Standard zu entsprechen, wurden von 1972 bis 1982 umfassende Adaptierungsarbeiten durchgeführt; so wurde in drei Kellergeschossen Speicherraum für 1,2 Mio. Bände geschaffen. Die UB (Hauptbibl. und dezentrale Bibl.) umfaßt derzeit ca. 2 Mill. Bände, dazu auch neue Medien (Disketten, Mikrofilme, CD-ROMs etc.) Die Sondersammlungen umfassen ca. 1100 Hs., 4123 Wiegen- und Frühdrucke und 2000 Handzeichnungen. Den Benützern stehen in zwei allgemeinen Lesesälen, einem Zeitschriftenlesesaal und einem Speziallesesaal 200 Leseplätze zur Verfügung; die Benützung ist auch für Nichtstudierende kostenlos. 1986 wurde ein EDV-unterstütztes Entlehnsystem eingeführt, für Literatursuche steht eine EDV-Informationsvermittlungsstelle zur Verfügung, ebenfalls 1986 wurde als erste dezentrale Abteilung die naturwissenschaftliche Fakultätsbibl. in Freisaal eröffnet, der 1989 die Fachbibl. für Gesellschaftswissenschaften und 1992 die Fakultätsbibl. für Rechtswissenschaften folgten. Die Kataloge der Salzburger UB sind über die Online-Kataloge des österreichischen Bibliotheksverbundes im Internet abrufbar.

Lit.: A. Jungreithmayr: Die Handschriftensammlung der Univ.-Bibl. Salzburg. Diss. Salzburg 1986. – Studiengebäude – Theologische Fakultät und Univ.-Bibl. Salzburg 1982 (Amt der Salzburger Landesregierung, Baudokumentation d. Abt. 6. 11). – K. Foltz: Geschichte der Salzburger Bibliotheken. Wien 1877.

R.R.H.

Universitätstheater →Theater der Benediktineruniversität

Universitätsverein, Katholischer. Ein 1884 gegründeter Verein zur Wiedererrichtung der Salzburger →Univ. als kath. Institution. Entfaltete bes. in der Zwischenkriegszeit rege Aktivitäten, die durch den »Anschluß« Österreichs an das Deutsche Reich hinfällig wurden. Nach dem 2. Weltkrieg setzte sich dann die Idee einer staatlichen Univ. durch (1962).

Lit.: A. Rinnerthaler: Der U. und der Traum von einer kath. Universität in Salzburg. In: Jb. der Univ. Salzburg 1983-1985, Salzburg 1987, S. 46 ff.

R.R.H.

Untersberger Marmor →Marmor

Untersbergsagen. Sagen vom schlafenden Kaiser (Kaiser Karl d. Gr., aber auch vereinzelt Friedrich II., Friedrich Barbarossa u. a.) im Berg, der auf die Endzeitschlacht wartet, so lange die Raben den Berg umkreisen. Vergleiche und vermutete Abhängigkeit von der Kyffhäusersage (Beginn im 14. Jh.) in Deutschland. Älteste Hs. zw. 1560 und 1582, 20 Hs. aus dem 18. Jh. erhalten. Politische Instrumentalisierung der Sage und des Berges während der NS-Zeit. Zur Untersbergsage gehört auch die Sage vom (dürren!) Birnbaum auf dem Walserfeld: sobald dieser Baum wieder grünt, wird der erwachte Kaiser seinen Schild an diesen Baum hängen und die Endzeitschlacht beginnen. Sagen von den Zwergen und Bergmännlein sind teils mit der Untersbergsage verbunden, ebenso wie jene um die im Berg verschwundenen Personen (ausgehend von der Lazarussage 1523), die über Jahre im Berg mit dem Kaiser in einer idealtypischen Welt leben und erst 100 Jahre später wieder aus dem Berg entlassen werden. Sie leben heute in der Form der modernen Stadtsage weiter, von verschwundenen Berggehern und UFO-Landungen ist darin die Rede. Die rund um den Untersberg angesiedelten Sagen sind bereits im Brixener Volksbuch von 1782 erfaßt und haben vielfach Wandlungen erfahren, ihre Elemente gleichen anderen alpinen Sagen. Zu nennen sind die Sage von der →Wilden Jagd (Weiterleben ab 1943 bzw. 1949 als inszenierter und mit weiteren Sagen- und Perchtengestalten angereicherter Brauch am 2. Donnerstag im Dezember), vom gütigen Riesen Abfalter, von den Zwergen und Schätzen im Berg (u. a. Holzmeistersage), von den wilden Frauen, die Sehnsucht nach einem Leben als Menschen haben. Reiches Fortleben der Sagenmotive und -gestalten in populärer lokaler Ästhetik und Airport-art.

Lit.: Sagenhafter Untersberg. Die Untersbergsage in Entwicklung und Rezeption, mit Beiträgen von Y. Weber-Fleischer, K. Krenn, U. Kammerhofer, St. Fuchs (=SbzVK 5, hg. v. U. Kammerhofer), Salzburg 1992.

U.K.

Urban, Albert, * Salzburg 29. 5. 1892, † Salzburg 18. 9. 1967, Maler. Studierte autodidaktisch in München und Paris, schulte sich an →Faistauers Kolorismus, experimentierte ab 1930 mit einem vom Anbringungsort unabhängigen Verfahren für Wandmalerei auf Putzplatten und neuen Freskotechniken (»Neo-Fresko« und Fresko-Email).

Lit.: Ausstellungskat. 50 Jahre Berufsvereinigung bildender Künstler. Salzburg 1995. – Gugg. – Der Aufbau. Jg. 5, Wien 1950, S. 441 ff.

N.Sch.

Urkundenbuch, Salzburger (SUB), W. →Erben, W. →Hauthaler, F. →Martin

Urstöger, Pauli, * Gosau 4. 6. 1889, † Schwarzach 29. 6. 1961, Volksliedpfleger und -sammler. Bes. im salzburgischen und steirischen Ennsbereich, ein Vagant mit der Zither im Rucksack; große Ausstrahlung und Aufnahme seines Liedgutes. Im bekannten kleinen Tauernfriedhof auf dem Radstädter Tauern beigesetzt.

Lit.: A. Dengg: P. U. Volksliedpfleger und -sammler. In: SH 7, H. 3, 1983, S. 57 ff.

Ursulinen, Gesellschaft der hl. Ursula (OSU), wurde 1535 in Brescia von Angela Merici gegründet und 1536 als Compagnia di S. Orsola approbiert. Der hl. Karl Borromäus gründete die Gesellschaft der hl. Ursula in Mailand mit eigener Regel, 1582 von Gregor XIII. genehmigt. Die Ursulinen widmen sich besonders der Mädchenerziehung. Im Jahre 1695 von Eb. →Johann Ernst Graf Thun aus Klagenfurt nach Salzburg berufen, ließen sich die Ursulinen auf den Arenberggründen nieder. 1698 wurden Kloster und Schule in die Gstättengasse verlegt, wo sie bis 1937 blieben. Durch die Enteignung in der NS-Zeit war das Gebäude stark in Mitleidenschaft gezogen, daher erfolgte ein Neubau in Salzburg-Glasenbach. Die Ursulinen betrieben bis 1967 eine Lehrerinnenbildungsanstalt, eine Städtische Haushaltungsschule (zehn Monate), eine Landwirtschaftliche Haushaltungsschule (fünf Monate), und ein Realgymnasium für Mädchen. Heute bestehen ein Gymnasium und ein Oberstufenrealgymnasium für Mädchen mit Internat und Tagesheim.

H.O.

Uttendorf (Pinzgau), hallstattzeitliche Grabfunde. Rund 500 m westlich des Ortes wurde ein bedeutender prähistorischer Friedhof entdeckt und von 1975 an systematisch erforscht; bis 1991 konnten 450 Brandgräber aus der Zeit zwischen 750 und 600 v. Chr. freigelegt werden. Die Beigaben lassen auf weitreichende Handelskontakte, vor allem nach Venetien und Krain, schließen. Das Gräberfeld steht mit einem Kupferbergbau in Zusammenhang, die zugehörige Siedlung ist auf dem nahe gelegenen »Steinerbühel« zu vermuten.

Lit.: F. Moosleitner: Das hallstattzeitliche Gräberfeld von Uttendorf im Pinzgau. Salzburg 1992.

F.M.

Valkenauer, Hans, * um 1448, † nach 1518, Steinbildhauer. Wurde, aus Regensburg kommend, 1479 Bürger und Meister in Salzburg. Führend in der Verarbeitung des roten →Marmors, sicher Inhaber einer großen Werkstatt. Urk. Grabmal für Eb. →Leonhard von Keutschach im alten →Dom (zerstört) und das Relief eines Judenspottbildes, 1487 am Salzburger →Rathaus angebracht, 1785 entfernt (verschollen). 1514 Vertrag zwischen Kaiser Maximilian I. und V. für ein großes Kaiserdenkmal im Speyrer Dom: 12 Säulen als Rundtempel tragen mächtigen Kronreif mit Palmetten, an den Stützen je ein Standbild eines Kaisers, Königs oder einer Kaiserin unter Baldachin. Nie vollendet, erst 1907 Reste im Salzburger Stadtmuseum (heute →SMCA) erkannt: acht männliche und drei weibliche Figuren in verschiedenen Stadien der Bearbeitung, dazu Reste des Kronreifs und der Palmetten. Die Figuren in untersetzten Proportionen, in feierlicher Ruhe und gemessenen Bewegungen, schwere Gewänder in geschlossenem Umriß. Zuschreibungen: Herrschermonument Eb. Leonhard von Keutschach an der Georgskapelle der →Festung Hohensalzburg, datiert 1515 (nicht unwidersprochen); weiters die Grabmäler der Äbte Rupert Keutzl († 1495) und Wolfgang Walcher († 1518) an der Margarethenkapelle im Petersfriedhof.

Lit.: W. Czerny: H. V. und die spätgotische Grabmalplastik in der Diözese Salzburg. Diss. Wien 1982, S. 104 ff. (mit Lit.).

L.T.

Hans Valkenauer, Kaiserdenkmal für Speyer (SMCA)

Végh, Sándor, * Klausenburg (Siebenbürgen) 17. 5. 1912, † Freilassing 7. 1. 1997, Geiger und Dirigent. Studium in Budapest bei Jenö v. Hubay, Zoltan Kodály und Leo Weiner. Gründete das Ungarische Streichquartett und das Végh-Quartett, daneben intern. Karriere als Geiger und Kammermusikpartner von Pablo Casals. 1940 Prof. an der Musikhochschule Budapest, 1953 an der Musikakad. Basel, 1956 Freiburg/Breisgau, 1963 Düsseldorf. Seit 1972 leitete V. eine Meisterklasse am →Mozarteum und seit 1978 die →Camerata Academica, aus der er ein Kammermusikensemble internationalen Ranges formte.

Lit.: A. Paris: Lexikon der Interpreten klassischer Musik. Kassel 1992.

G.W.

Sándor Végh

Verbrüderungsbuch von →St. Peter, bedeutendstes Beispiel der Verzeichnisse von Klostergemeinschaften und geistlichen sowie weltlichen Personen, die sich zu Fürbittengemeinschaften (Gebetsverbrüderungen) zusammengeschlossen hatten. Der ältere Teil des V. wurde im letzten Lebensjahr Bischof →Virgils († 784) angelegt (früheste Beispiele der →karolingischen Schreibschule) und bis Ende des 9. Jh.s fortgeführt; er enthält etwa 8000 Eintragungen, darunter die älteste Salzburger Bischofsreihe und den ältesten Beleg der agilolfingischen Genealogie. Ein jüngeres V. wurde von 1004 bis zur Mitte des 12. Jh.s geführt.

Lit.: K. Forstner: Das V. von St. Peter in Salzburg. Faksimileausgabe, Codices selecti 51, Graz 1974. – A. Lhotsky: Quellenkunde zur ma. Geschichte Österreichs. MIÖG Erg.-Bd. 19, Graz-Köln 1963, S. 90 u. 149 f.

P.F.K.

Verein der Freunde der Salzburger Festspiele, gegründet am 10. 1. 1961 vom damaligen Präsidenten der Salzburger →Festspiele, B. →Paumgartner. Dreimal jährlich »Informationen für Freunde und Förderer« (3000 Abonnenten). Der Verein will die Salzburger Festspiele unterstützen, indem er ihre Beziehung zur Öffentlichkeit und zum Publikum fördert, speziell auch durch Einführungsvorträge zu Oper und Schauspiel. Präsident: Heinrich Spängler (seit 1999).

H.H

Verein Freunde der Salzburger Geschichte →Freunde der Salzburger Geschichte

Vereine →Brauchtumsvereine

Vereinigte, 1738 als Bruderschaft für Angehörige der kleineren Zünfte, die zu keiner Handwerkerinnung gehörten, vom Riemer J. G. Kopfmüller, vom Binder J. Ferner und vom Weißgerber J. J. Löcker in Tamsweg gegründet. In der heutigen Ausprägung als Verein einzigartig in Österreich. Am ersten Dienstag nach Fronleichnam wurde früher ein feierlicher Jahrtag abgehalten, die Verpflichtungen der Mitglieder waren genau geregelt. Die heutigen Statuten stammen von 1767 und wurden 1786 erneuert. Im Zuge der Reformen unter Eb. →Hieronymus Colloredo Verlegung des Jahrtags in den Fasching, später Ausdehnung der Festlichkeiten auf eine Woche (»Vereinigten-Oktav« mit Gottesdienst am Jahrtag, alle drei Jahre Wahl eines neuen Kommissärs und damit verbunden Festumzug mit der Bruderschafts-Lade). Als Zeichen seiner Würde trägt der Kommissär einen Zylinder. Verbindung von alten Bräuchen und fröhlichem Faschingstreiben, Schmausen und anderen typischen Belustigungen (Andingen, Kommissärswahl, Schuhbeschlagen bzw. Absatzabschlagen, Bruderschaftsmahl, Hausieren, mit Laternen den gestrigen Tag suchen, Geldbeutelwaschen).

Lit.: Die Vereinigten zu Tamsweg. Berichte und Dokumente zur 250jährigen Geschichte der Vereinigten, Tamsweg 1987. – M. T. Resch: Die »Vereinigten« in Tamsweg. Diss. Wien 1986.

R.A.

Verkehrsbauten →Bauten des Verkehrs

Verlagswesen. Eine umfassende Bibliographie der Salzburger Drucke und eine Salzburger Verlagsgeschichte fehlen bis jetzt. Das rechtfertigt eine ausführlichere Darstellung.

1. Buchdrucker-Verlage: Der erste Salzburger Druck ist ein Blatt mit Gebeten aus dem Jahr 1520. Der erste nachweisbare Buchdrucker in Salzburg ist H. →Baumann, der als erstes Werk den »Lobspruch auf Salzburg« (1550) von H. →Sachs druckte und mit interessanten autobiographischen Zusätzen versah. Darin druckte er die »Bergwerksordnung von 1551« und ein »Traktat des →Paracelsus über die Pestilenz« (1554). Zwischen 1561-92 bestand wahrscheinlich keine Druckerei in Salzburg. Ab 1592 war Konrad Kürner († 1619) in Salzburg tätig. Auf ihn geht die älteste heute noch bestehende Salzburger Druckerei, die Firma Anton Pustet, zurück. Trotz der Gründung der →Univ. (1622) verkaufte sein Sohn Gregor Kürner die Druckerei an Christoph Katzenberger, der sie als »Hof- und akademische Buchdruckerei« von 1631 bis zu seinem Tod 1653 führte. Seine Witwe heiratete 1656 Johann Baptist Mayr, der bis zu seinem Tod 1708 Buchdrucker und Buchhändler war, neben Salzburg auch in Laibach. Sein 52jähriges Wirken machte ihn zum »ersten Großmeister der Salzburger Typographie«. Von seinen ca. 200 weitgehend wissenschaftlichen Druckwerken sei hier nur F. →Dückhers »Saltzburgische Chronica« (1666) erwähnt, sie ist die erste Salzburger Landesgeschichte in dt. Sprache. J. B. Mayr druckte und verlegte auch die Werke des Barockdichters S. →Rettenbacher. Das Mayrsche Druck- und Verlagshaus gehörte zu den wichtigsten Publikationszentren der Barockzeit in Österreich. Auf J. B. Mayr folgte sein Sohn Johann Josef Mayr. Nach einem schweren Zensurkonflikt (1773) mit Eb. →Hieronymus Colloredo mußten die Erben J. B. Mayrs das blühende Unternehmen an das Salzburger Waisenhaus verkaufen, das die Druckerei bis 1789 besaß. Seit 1775 war Franz Xaver Duyle Geschäftsführer, 1789 kaufte er die Druckerei und führte sie bis 1804. Bis 1853 blieb sie im Besitz der Familie Duyle, über mehrere Zwischenbesitzer gelangte sie 1863 an Anton Pustet. Zu den wichtigsten Titeln der Ära Duyle zählen u. a. J. Th. →Zauners »Chronik von Salzburg« (11 Bde., 1796-1826) und zahlreiche Bücher des Pädagogen und Historikers F. M. →Vierthaler. Bedeutend war auch der Druck von Zeitungen und Zeitschriften, u. a. »Theater-Wochenblatt für Salzburg«, »Salzburger Zeitung«, »Salzburger Intelligenzblatt«, »Gelehrte Zeitung« und →»Oberdeutsche Allgemeine Litteratur-Zeitung« durch diese Druckerei.

Eine weitere Druckerei gründete 1666 Melchior Haan aus Straubing, er wurde »Landschafts- und Stadtbuchdrucker« in Salzburg, während J. B. Mayr »Hof- und Univ.-Buchdrucker« blieb. Haan verlegte u. a. zahlreiche Werke von →Abraham a Sancta Clara.

1785 kaufte Franz Xaver Oberer die ehemals Haan'sche Druckerei, er druckte u. a. L. →Hübners topographische Werke über Salzburg (1792 und 1796) und die »Medizinisch Chirurgische Zeitung« (1790-1820), hg. von J. →Hartenkeil. Sein Sohn J. →Oberer führte 1831 die Lithographie in Salzburg ein. Besondere Geschäftserfolge waren Landschaftsserien (z. B. »Darstellungen aus den Hochlanden Tirols, Salzburgs und des Salzkammerguts«, 1841-43). Diese Druckerei bestand bis 1943.

Kaspar Zaunrith aus Mondsee kam 1771 nach Salzburg, wurde Buchhändler und kaufte 1788 von J. J. Mayrs Erben die Mayrsche Buchhandlung. Zaunrith war zuerst Buchhändler, dann erfolgreicher Verleger (er ließ auch außerhalb Salzburgs drucken), 1801/02 erhielt er die Genehmigung für eine eigene Druckerei. Zaunrith selbst und seine Druckerei fielen dem großen Stadtbrand von 1818 zum Opfer. 1834 errichtete sein Sohn Leopold eine neue Druckerei, nannte sie nun »Zaunrith'sche Druckerei«, druckte ab 1835 die »Salzburger Zeitung« und stellte sich mit dem Werk »Der Fremde in Salzburg« (1836) in den Dienst des beginnenden Fremdenverkehrs. Nach mehreren Zwischenbesitzern erwarb der Salzburger Preßverein die Druckerei, die als »Salzburger Druckerei« weiterbesteht.

1865 gründete Friedrich Keyl eine Druckerei, die 1870 R. →Kiesel kaufte. Diese Firma druckte bis 1978 das »Salzburger Volksblatt«. 1882 errichtete Eduard Angelberger eine Druckerei, die von 1922-70 Ernst Müller gehörte. Aus der 1895 von Anton Halauska gegründeten Druckerei ging 1910 die »Graphia« hervor (1934 konfisziert). Um die Jahrhundertwende gab es in der Stadt Salzburg sechs Druckereien, heute sind es zwölf. In Stadt und Land bestehen 87 Druckereien, davon 42 mit voller Konzession, 29 eingeschränkt auf einfache Verfahren und 16 Reproanstalten.

2. Notendruck: Die Salzburger Drucker leisteten auch beim schwierigen Druck von Noten Beachtliches. Der erste nachweisbare Notendruck (ein Missale von 1605) stammte aus der G. Kürnerschen Offizin, 1634 erschien dort S. →Bernardis »Encomia sacra«. Kürners Nachfolger Chr. Katzenberger druckte 1649 A. →Megerles gewaltige »Ara musica«. Von größter Bedeutung für den Salzburger Notendruck wurde J. B. Mayr, der u. a. Werke von A. →Hofer, H. I. F. →Biber und J. B. →Samber druckte. Im 18. Jh. verloren die Salzburger Druckereien offenbar ihre Leistungsfähigkeit, viele Kompositionen wurden in Augsburg und in Nürnberg verlegt und gedruckt. Anfang des 19. Jh.s nahmen sich F. X. Duyle und B. →Hacker vor allem der Kirchenmusik, Lieder und Männerchöre an.

3. Buchhändler-Verlage: Zur Gruppe der »Buchhändler-Verleger« gehörten u. a. der »Verlag der Mayrischen Buchhandlung«, der 1873-1980 das »Salzburger Adreßbuch« und den »Salzburger Amtskalender« herausbrachte, und der »k. k. Hofbuchhändler« Heinrich Dieter, der u. a. eigene Lyrik und Mundartgedichte verlegte. Ferner führte die Buchhandlung Eduard Höllrigl, gegründet 1594, die älteste Buchhandlung Österreichs, bis vor kurzem einen kleinen Verlag, ebenso die Buchhandlung Mora. Im Verlag der 1929-72 bestehenden Buchhandlung Erich Grießenböck fanden sich heimatkundliche Schriften und kleinere literarische Werke. Nach wie vor führt eine Reihe der 72 in Salzburg tätigen Buchhandlungen, die sich auf 33 von insgesamt 119 Gemeinden verteilen, einen Verlag. Insgesamt sind gegenwärtig 77 Verlage in Salzburg gemeldet.

4. Verlage: Der »Akademische Gemeinschaftsverlag« begann 1948 mit einer Reihe »Stimmen des Abendlandes« und schuf mit der Reihe »Heimat im Herzen« eine Hausbücherei der Vertriebenen. Eine Weinheber-Ausgabe, das Erinnerungsbuch »Bekenntnis zu Josef Weinheber« und einige Romane Knut Hamsuns rundeten das Programm des bis in die frühen 50er Jahre bestehenden Verlages ab.

»Alfred Winter Verlag«, gegründet 1973/74, begann mit dem Schwerpunkt moderne Literatur (u. a. W. →Kappacher, Marie-Thérèse Kerschbaumer, E. →Einzinger). Derzeit vor allem Salisburgensien, Volkskultur, vereinzelt Kunstbücher. Neben den erfolgreichen Büchern des Salzburgers L. →Kohr (Alternativ-Nobelpreis-Träger) wendet sich der Verlag auch Büchern zu, die eine neue spirituelle Phase ankündigen.

Der »A. Polst-Verlag« ging aus der scharf antisemitischen Zeitschrift »Deutschvölkische Arbeit. Kampfblatt für Germanische Weltanschauung« (1920-23), hg. von Anton Polst-Ewald, hervor. Er bestand von 1921 bis mindestens 1937. Autoren u. a. Adolph Johann Fischer und K. →Schoßleitner mit Romanen. Der Verlag konkurrenzierte mit einem »Neuen Salzburger Adreßbuch« das alteingeführte des Verlags der Mayrischen Buchhandlung.

Der Verlag »Das Bergland-Buch« wurde 1929 als Betriebszweig des Druck- und Verlagshauses R. Kiesel in Salzburg gegründet. Er gehörte zum Bergland-Konzern (Familien-AG. der Familien Kiesel, Glaser, Buchroithner und Rutzinger), der die Druckerei R. Kiesel mit dem »Salzburger Volksblatt« und der »Oö. Tageszeitung«, die Wagnersche Universitätsbuchdruckerei in Innsbruck mit den »Innsbrucker Nachrichten« und der »Neuesten Zeitung« (speziell für Vorarlberg) und die Deutsche Vereins-Druckerei in Graz mit dem »Grazer Tagblatt« umfaßte. Als Beilage zu allen Zeitungen erschien die reich bebilderte und gut redigierte Monatszeitschrift »Bergland«. Mit einem Buchklub hatte der Verlag insofern Ähnlichkeit, als die Abonnenten der fünf Zeitungen (und weiterer Nebenzeitungen) die monatlich erscheinenden Bände des Verlages vorbestellen konnten. Dieses Subskriptionssystem ermöglichte neben genauer Auflagenplanung, schnellerem Geldrückfluß und gezielterer Auslastung der Druckerei einen niedrigen Buchpreis bei guter Ausstattung. Mit etwas höheren Preisen wurden die Bergland-Bücher auch im Buchhandel vertrieben. Hauptstütze des Verlages war bis 1938 der Export nach Deutschland mit 70 Prozent der Produktion, 5 Prozent gingen ins übrige Ausland, lediglich 25 Prozent blieben in Österreich. Ein breites Programm spannte sich vom wissenschaftlichen Sachbuch über geschichtliche Werke zur Lyrik und zum Roman. Von Ludwig Anzengruber, Felix Braun, Hans Flesch-Brunningen, Alfons Petzold, Felix Salten, Friderike Maria Winternitz, von H. →Deißinger, F. K. →Ginzkey bis hin zu Robert Hohlbaum und K. →Springenschmid reichte der Bogen der Namen. Der Verlag pflegte heimische Autoren, machte vergriffene Werke wieder zugänglich und förderte junge Talente. Weltanschaulich war er ein führender deutschnationaler Verlag. Nach 1945 erschienen die erfolgreiche Reihe der Bergland-Klassiker sowie zahlreiche Tier-, Jagd- und Bergbücher. Die wissenschaftliche Tradition wurde weitergeführt (z. B. mit der »Literaturgeschichte« von Adalbert Schmidt). Mit den »Tieck-Büchern« übernahm der Verlag eine erfolgreiche ausländische Buchreihe. Der wirtschaftliche Niedergang des Druckhauses Kiesel in den 70er Jahren hatte auch für den Verlag Folgen. Nach Auszug (1983) aus dem architektonisch bedeutenden Industriebau firmiert der Verlag nun unter dem Namen »Bergland Handels-, Werbe- und Vertriebsges. m. b. H.«. Den Hauptteil des derzeitigen Programms machen Sachbücher, Salisburgensien und Geschenkbände aus, der Bereich Alpinistik und Jagd wurde aufgelassen. In den Jahren 1929 bis 1980 erschienen im Verlag »Das Bergland-Buch« etwa 750 Titel, er zählte zu den größten Verlagen Salzburgs.

»Druckhaus-Nonntal-Bücherdienst« ist der Verlag des Druckhauses Nonntal, gegründet 1983, im Besitz der Erzabtei →St. Peter. Vor allem spezialisiert auf Faksimile-Drucke von Salisburgensien, z. B. L. Hübner: »Topographie von Salzburg«, Stadt und Land, zusammen 5 Bde. F. M. Vierthaler: »Reise und Wanderungen durch Salzburg«, 3 Bde. Ebenfalls hervorragende Leistungen sind »Österreich-

Ungarn, die Donaumonarchie in historischen Dokumenten«, 3. Aufl., mit originalgetreuer Wiedergabe etwa der damals gebräuchlichen Banknoten, Fahrpläne, Karten etc., und das Werk »Nationalpark Hohe Tauern«, 3 Bde., von Roland Floimair (Text) und Wolfgang Retter (Bilder), das unter der Patronanz des Alpenvereins erscheint. Druckhaus und Verlagstätigkeit 1995 eingestellt. Seit 29. 11. 1996 Fernsehhaus für »Salzburg TV« und Medienzentrum.

Im »Edelweiß-Verlag«, der in Salzburg in den 20er Jahren existierte, erschienen u. a. Volkserzählungen, Dramen für Laienbühnen und Kinderstücke.

Der Salzburger »Festungsverlag«, gegründet 1945 von Alois Hofmann und Wolfgang Schaffler, verlegte bekannte Autoren der literarischen Tradition, historische Romane, Bauern-, Heimat-, Zukunfts- und Kriminalromane, Märchen- und Tierbücher. 1946-54 gab er die interessant aufgemachte und gut redigierte illustrierte Zeitschrift »Alpen-Journal« heraus (Schriftleiter Wolfgang Schaffler), 1956 trennte sich Wolfgang Schaffler vom Festungsverlag und gründete den Residenz Verlag.

Der »Friedensverlag«, 1946 von Ferdinand Wessiak in Großgmain gegründet, war bis etwa 1955 aktiv. Neben Berg- und Heimatromanen brachte er Werke im Sinne der Völkerverständigung und des Friedens.

»Grigat-Verlag«, Ebenau bei Salzburg, bestand in den frühen 30er Jahren, Eigenverlag des Lyrikers J. →Haringer. Es erschien u. a. sein Gedichtband »Der Reisende oder die Träne« (1932).

»Hellbrunn-Verlag«, nach 1945 gegründet, widmete sich der Literatur der Heimatvertriebenen, auch dem Sachbuch und der Unterhaltungsliteratur. Seit 1947 war u. a. Arthur Heinz Lehmann mit seinen erfolgreichen Pferdebüchern (z. B. »Hengst Maestoso Austria«, 1948) Verlagsautor. Bestand bis in die fünfziger Jahre.

Der »Jgonta-Verlag« (gegründet 1945 von Josef Reitsamer) widmete sich neben einem belletristischen Programm auch der Wissenschaft. In der Reihe »Das geistige Österreich« erschien z. B. Albert Auers »Theologisches Denken als Bedeutung der Zeit« (1946). Bestand bis in die 70er Jahre, Verlagstätigkeit aber nur bis in die 50er Jahre.

»MM-Verlag«. Salzburg-Führer (Stadt Salzburg, Festung, Hellbrunn etc.), Schriften für den Fremdenverkehr und Kalender sind im wesentlichen die Produkte des 1962 von Friedrich Mayr-Melnhof gegründeten MM-Verlages. Ein Band mit Texten des Autorenwettbewerbes aus Anlaß der Feier »700 Jahre Stadtrecht in Salzburg« (1987) schlägt die Brücke zur Literatur.

Die »Neue Verlaggesellschaft Mirabell« wurde um 1950 gegründet, neben Nacherzählungen der Bibel für Kinder auch Kunstbände, z. B. über S. →Stief von L. Hofmann.

»Österreichischer Kulturverlag«, gegründet um 1948, »hat sich die Pflege des österreichischen Nationalbewußtseins zur Aufgabe gemacht«. Neben Gedicht- und Humoranthologien gab er u. a. eine »Volkstümliche Kulturgeschichte Österreichs«, »Das Handbuch des Österreichers«, C. F. Hraudas: »Die Sprache des Österreichers« und 1949-75 die Zeitschrift »Die österreichische Nation. Blätter für österreichische Erneuerung« heraus.

»Otto Müller Verlag«. Im Juli 1937 von Otto Müller gegründet, der seit 1930 den Pustet-Verlag geleitet hatte, erlebte der Verlag nach Behinderungen im Krieg einen stetigen Aufschwung. Autoren wie Alja →Rachmanowa, Elisabeth Langgässer und J. →Leitgeb brachten Erfolg. 1938 konnte der Verlag die Rechte am Werk G. →Trakls erwerben, 1947 gewann er K. H. →Waggerl als Autor. 1950 wurde Giovanni Guareschis heiterer Roman »Don Camillo und Peppone« zu einem nachhaltigen Erfolg. Bereits 1949 bezog der Verlag sein neues Haus in der Ernest-Thun-Straße. 1953 erschien der erste Band der Weinheber-Gesamtausgabe. Otto Müller starb 1956, doch konnte der Verlag den schweren Verlust überwinden. Die Schwerpunkte Theologie/Religionswissenschaft, Geisteswissenschaft und zeitgenössische Lyrik und Literatur wurden um Psychologie und Fotografie erweitert. 1957 wurde mit der Edition der Schriften der hl. Hildegard v. Bingen begonnen, 1957-74 erschien Heinz Kindermanns 10bändige »Theatergeschichte Europas«. Als »Trakl-Verlag« etablierte sich der Otto Müller Verlag 1969 mit der hist.-krit. Ausgabe der Werke und Briefe G. Trakls (vermehrte Neuaufl. Herbst 1987), 1970 erschienen K. H. Waggerls »Sämtliche Werke« (2 Bde.). Seit 1970 ff. erscheint die neue Weinheber-Gesamtausgabe (geplant auf 7 Bde.).

H. →Sedlmayrs berühmte kulturkritische Analyse »Verlust der Mitte« wurde 1948 publiziert. Nachhaltig sind und waren die Bemühungen um die zeitgenössische Lyrik: Christine Lavant, Christine Busta, Th. →Bernhard, H. C. →Artmann, J. →Schutting sind zu nennen. Zwei wichtige Persönlichkeiten des literarischen Lebens begleiteten den Verlag: Ludwig von Ficker, von dessen Briefwechsel (4 Bde.) der erste Band 1986 erschienen ist, und Gerhard Fritsch, dem Verlag als Autor (»Moos auf den Steinen«), Lektor und Herausgeber (1958-69) verbunden. Auf ihn geht die repräsentative Zeitschrift für österr. Literatur »Literatur und Kritik« (1966 ff.) zurück, die seit 1991 von Karl-Markus Gauß geleitet wird. Seit Jahrzehnten prägt der Otto Müller Verlag die Salzburger Verlagslandschaft entscheidend mit. Der seit 1986 von Arno Kleibel geleitete Verlag führt neben den traditionellen Bereichen eine Fotoband-Reihe und die „Jiddische Bibliothek".
Der »Pfad-Verlag« (Inhaber Ernst Ziegeleder), ging 1947 aus einem bereits 1945 gegründeten Verlag für Pfadfinder-Literatur hervor; er widmete sich bes. dem Jugendbuch österr. und speziell Salzburger Autoren. 1960 übernahm er den Münchner Karl Gordon-Verlag. Seit damals brachte er hauptsächlich Reiseliteratur, Salzburg-Führer, Anthologien und vor allem die Publikationen des Salzburger →Stadtvereins heraus.
Der »Pilgram-Verlag« übersiedelte etwa 1948 von Linz nach Salzburg, er nahm sich der gängigen Literatur an. Es erschienen u. a. Franz Tumlers Heimkehrerroman »Heimfahrt«, eine Josef-Weinheber-Biographie von Josef Finke, historische Romane von Mirko Jelusich und Bruno Brehm.
»Pustet Verlag«. Im November 1863 kaufte Anton Pustet aus Passau die auf Konrad Kürner zurückgehende älteste Salzburger Druckerei und verlegte Gebetbücher (Hausiererhandel), die er zuerst in Passau, dann in Salzburg druckte. Die Zahl der Verlagswerke stieg, bekannt wurde die Zeitschrift »Katholische Warte« (1885-97). 1922 ging der Verlag A. Pustet in den Besitz der Universitätsbuchdruckerei und Verlagsbuchhandlung »Styria« in Graz über, 1934 wechselte der Besitz zu den Preßvereinsanstalten der Diözese Seckau mit Sitz in Graz. 1930 übernahm Otto Müller die Leitung des Pustet Verlags in Salzburg, unter seiner Initiative entwickelte sich »dieses bisher unbedeutende Provinzgeschäft in engem geistigen Anschluß an die kath. Salzburger →Hochschulwochen zu einem erstrangigen Kulturinstitut«. Mit einem Riesenwerk, der dt. Ausgabe der »Summa Theologica« des Thomas von Aquin (36 Bde., 1933 ff.), krönte der A. Pustet Verlag sein Eintreten für das kath. Schrifttum. Daneben erschienen in den 30er Jahren über 35 wissenschaftliche, 20 religiöse und über 30 Werke der schönen Literatur, auch 13 Jugendbücher sowie die »Zeitschrift für deutsche Geistesgeschichte«. Im Bereich der Belletristik waren die Bücher der in Salzburg lebenden Exil-Russin Alja Rachmanowa die erfolgreichsten. Egon Cäsar Conte Cortis »Elisabeth«-Biographie erreichte ebenfalls eine hohe Auflage. Von den weiteren Autoren seien nur die damals in Salzburg lebenden genannt: G. →Rendl, J. Haringer, F. →Braumann und F. K. →Ginzkey. Nach 1945 wurde der A. Pustet Verlag wieder selbständig, 1964 kam er zum »Salzburger Preßverein«, 1967 erhielt er die Bezeichnung »Universitätsverlag« verliehen, 1969 kam Anton Pustet, München, dazu. Heute ist er ein hauptsächlich wissenschaftlicher Verlag. Neben Werken aus Philosophie, Psychologie, Theologie, Wirtschaft, Recht und Fremdenverkehr brachte er das Faksimile der »Salzburger Armenbibel aus dem 14. Jh.« heraus. Auch veröffentlichte er die Gesamtausgabe des römischen Barockkomponisten O. →Benevoli. Seit 1957 verlegt Pustet das »Salzburger Jahrbuch für Philosophie«, von 1962-87 die Reihe »Salzburger Studien zur Philosophie« (17 Bde.). Ein großes Unternehmen war die von Heinz Dopsch und Hans Spatzenegger herausgegebene »Geschichte Salzburgs. Stadt und Land« (1981-91, 8 Bde.). In den vergangenen Jahren widmete sich der Verlag schwerpunktmäßig dem Thema Architektur.
Der »Rabenstein-Verlag« (gegründet um 1949/50, bis etwa 1960) konnte Theodor Kröger, dessen Sibirienbuch »Das vergessene Dorf« (1934) ein Welterfolg war, als Verlagsautor gewinnen. U. a. brachte er Th. Krögers Roman der →Großglockner-Hochalpenstraße »Vom Willen gemeißelt« (1951) heraus. 1957 erschien »Camp Marcus W. Orr. Kalendar. Zeitdokument der Glasenbacher Festspiele. Vorw. von Jul. Poth«, ein Bericht ehemaliger Nationalsozialisten über ihre Haft 1945-47 im Lager Glasenbach.

Der »Residenz Verlag« ist heute einer der führenden Verlage für Gegenwartsliteratur und bildende Kunst im dt. Sprachraum. 1956 von Wolfgang Schaffler gegründet, publizierte er zunächst vorwiegend Salisburgensien (z. B. Franz Fuhrmann: »Salzburg in alten Ansichten, Die Stadt«, 1963; »Salzburg in alten Ansichten, Das Land«, 1980). Hinzu kamen Musik- und vor allem Kunstbücher. Diese prägen noch heute das Profil des Verlages, zusammen mit der Literatur, die der Verlag auf Anregung R. →Bayrs seit 1967 in wachsendem Ausmaß verlegt. Ab Anfang der 80er Jahre nahm Residenz fremdsprachige Literatur in Übersetzungen in sein Programm. Bis zum Anfang der 80er Jahre ist Residenz der wichtigste Verlag der österr. Gegenwartsliteratur, mit Recht konnte W. Schaffler sagen: »In meinem Lager befindet sich Österreich.« Von 1979-85 erscheint die »Fernsehspielbibliothek« (9 Titel). Die 10-bändige Fritz von →Herzmanovsky-Orlando Werkausgabe (1983-94) und die 5-bändige George →Saiko Werkausgabe (1985-92) erweitern das Programm um die historische Dimension, ebenso die »Österreichische Bibliothek« (1993 ff., hg. v. Wendelin Schmidt-Dengler). Im September 1983 verkaufte W. Schaffler den Residenz Verlag an den Österreichischen Bundesverlag, Wien, der die Selbständigkeit der Tochterfirma Residenz garantierte. 1986 wurde Jochen Jung, seit 1975 im Verlag tätig, Verlagsleiter. Nach Umsatzrückgängen und wegen divergierender Geschäftsauffassungen trennte sich der Österreichische Bundesverlag am 1. 2. 2000 vom Verlagsleiter Jochen Jung, der wenige Monate später in Salzburg den »Verlag Jung und Jung« gründete. Wichtige österr. Autoren des Residenz Verlages sind: H. C. Artmann, R. Bayr, Th. Bernhard, Alois Brandstetter, E. Einzinger, Helmut Eisendle, Barbara Frischmuth, P. Handke, Peter Henisch, F. v. Herzmanovsky-Orlando, F. →Innerhofer, Gert Jonke, Alfred Kolleritsch, Inge Merkel, Ernst Nowak, Andreas Okopenko, P. →Rosei, G. Saiko, J. Schutting, J. →Windhager, Gernot Wolfgruber.

»Ried-Verlag«, Salzburg, gegründet 1946, dürfte nur wenige Jahre bestanden haben. Bemerkenswerter Schwerpunkt auf antinationalsozialistischer Literatur. 1946 erschienen: Hans Berke: »Buchenwald. Eine Erinnerung an Mörder«; Guido Kopp: »Ich aber habe leben müssen. Die Passion eines Menschen im 20. Jh.«; daneben Belletristik: Herbert M. Franck: »Bildnis einer unbekannten Dame«, Erzählung.

»Salzburger Edition«, gegründet 1985, eingestellt 1993, Christoph Wilhelm →Aigner.

Der »SN-Verlag« (Buchverlag der »Salzburger Nachrichten«) entwickelte sich aus dem 1946 von Gustav Canaval und Max Dasch gegründeten »Salzburger Verlag für Wirtschaft und Kultur«. 1961 erhielt er den heutigen Namen. Neben Salisburgensien (z. B. F. →Martin: »Schloß Hellbrunn«) widmete sich der Verlag auch den Salzburger →Festspielen (z. B. O. F. →Schuh: »Salzburger Dramaturgie«, 1969; Max Kaindl-Hönig (Hg.): »Resonanz, 50 Jahre Kritik der Salzburger Festspiele«, 1971) und wissenschaftlichen Büchern. Seit ca. 1982 keine Verlagsaktivitäten mehr.

»Stifterbibliothek«, herausgegeben von Ferdinand Wagner und Ferdinand Alois Westphalen, erschien 1950-77 in der Verlagsgemeinschaft »Stifterbibliothek« (Wien: Braumüller, Salzburg: Salzburger Druckerei u. Verlag, ab 1961 auch München: Manz). Seit Juni 1975 Salzburg: Pustet-Verlag. Die »Stifterbibliothek« gliederte sich in folgende Reihen: »Klassiker der Staatskunst«, »Klassiker der Bühne«, »Fragen der Zeit«, »Dichtung der Zeit«, »Bücher der Bildung«. Hauptgebiete: Philosophie, oriental., antike und klassische dt. Literatur, Dramenliteratur, Pädagogik, auch zeitgenössische Literatur. Insgesamt 179 Titel. Ab 1979-84 »Neue Folge der St.«, hg. v. Eugen Thurnher, 23 Bde., seit 1985 im »Steiger-Verlag«, Tirol, »3. Folge der St.«, bisher 3 Bde.

Verlag »Das Silberboot«. Parallel zur Zeitschrift »Das Silberboot« begann der von E. →Schönwiese gegründete Buch-Verlag im Frühjahr 1946 seine Tätigkeit. Im ersten Verlagsjahr erschien der »Silberboot-Almanach auf das Jahr 1946« der einen Querschnitt durch die Verlagsproduktion, zu der auch eine Kleinbuchreihe gehörte, und die Zeitschriftenbeiträge bot. Haupterfolge des Verlags waren E. →Lothars Romane, vor allem »Der Engel mit der Posaune« (1947 50 000 Aufl.), 1948 von Karl Hartl mit Paula Wessely, Maria Schell und Attila Hörbiger äußerst erfolgreich verfilmt. Arthur Heinz Lehmanns »Hengst Maestoso Austria« (1946) erreichte zahlreiche Neuaufl., G. Rendls »Bienenroman« (1931) erschien 1946 in einer Neuauflage. Schönwiese verlegte auch typisch amerikanische Unterhaltungsliteratur (Paul de Kruif, Robert Nathan) und einige populär-wissenschaftliche Titel. Interessanterweise nahm Sch. die Autoren seines Verlages nicht in seine Zeitschrift »Das Silberboot« auf, die er nur den »bedeutendsten Vertretern echten Dichtertums« öffnete. So erschien im Buch-Verlag »Das Silberboot« kein Werk von Broch, Musil oder Canetti, die in der Zeitschrift stark präsent waren. Ab 1948 ging die Verlagsproduktion trotz finanziellen Erfolges zurück, 1952 nur noch ein Titel, Löschung des Verlags 1957.

»Verlag der Salzburger Druckerei« gehört wie der Universitätsverlag Anton Pustet zum »Salzburger Preßverein«, verlegt vorwiegend Salisburgensien, Lyrik, Mundartdichtung, auch Bücher zur Lebenskunde und Schulbücher. Betreibt seit 1985 die »Edition Salis« (seit 1987 »schön und gut«), die Salzburg-Bildbände herausbringt.

»Verlag Galerie Welz«, gegründet 1948 durch den Kunsthändler und Galerieinhaber F. →Welz, Schwerpunkt: Österr. Kunst des 20. Jh.s (Œuvre-Kataloge) und der Galerie durch Ausstellungen verbundene Künstler (z. B. Chagall, →Manzù) sowie Salzburger Künstler (z. B. R. →Hradil, A. →Muthspiel, H. →Breiter). Besonders hervorzuheben sind: »Gustav Klimt«, Œuvre-Katalog und 3 Bde. Zeichnungen (der Verlag besitzt die Werknutzungsrechte), »Oskar Kokoschka«, vollständiger Gemäldekat. (1995) und Kat. des druckgraphischen Werkes.

»Verlag Jung und Jung«, Verlag für Literatur und Kunst, gegründet 2001 von Jochen Jung, Lektor (ab 1975) und Verlagsleiter (ab 1986) des Residenz Verlages. Zahlreiche Autoren des Residenz Verlages gingen aus Solidarität zu Jochen Jung zum neuen Verlag, u. a. Gert Jonke, Inge Merkel, Walter Pichler und Peter Waterhouse.

»Verlag Müller-Speiser«, Niederalm, Wissenschaftsverlag, spezialisiert u. a. auf Musikwissenschaft (Buchreihen: »Wort und Musik« – Salzburger Akademische Beiträge, 1989 ff., 47 Bde., – »Innsbrucker Hochschulschriften« (Mozarteum), 1996 ff.) und vergleichende Literatur- und Kulturwissenschaften (Buchreihe: »Im Kontext« – Beiträge zu Religion, Philosophie und Kultur, 1994 ff., 15 Bde.).

»Verlag St. Peter«, im Besitz der Erzabtei St. Peter, gegründet 1946. 1948 Beginn der Buchproduktion, seit 1953 Herstellung von Kirchenführern, die sich als besonderer Erfolg erwiesen (bis Jahresende 2000 400 Titel, Gesamtauflage 4 Mio.), ab 1956 auch religiöse und kulturelle Schriften.

»Verlag Wolfgang Neugebauer«, gegründet 1974, Wissenschafts-Verlag, der mit einem breiten Programm (Philosophie, Sprach-, Literatur- und Theaterwissenschaft, Geschichte, Theologie, Psychologie, Wirtschaftswissenschaft und Recht) begann. An größeren Verlagsvorhaben sind die Reihen »Quellen zur Geschichte des 19. u. 20. Jh.s«, bisher 6 Bde., und die »Österreichische Historische Bibliographie« (1978 ff.) zu nennen. Ende der 80er Jahre übersiedelte der Verlag nach Graz.

Lit.: H. Holl: Literaturgeschichte Salzburgs von 1945 bis zur Gegenwart. In: E. Hanisch, R. Kriechbaumer (Hg.): Salzburg, Zwischen Globalisierung und Goldhaube, Wien 1997 (=Geschichte der österr. Bundesländer seit 1945, Bd. 1), S.671-734. – B. Schöllbauer: Deskriptive Analyse der Buchverlagsbranche unter Einbezug der drei wichtigsten Vertreter in der Stadt Salzburg (Residenz, Otto Müller, Pustet). Diplomarbeit Linz 1977. – C. Hörschinger-Zinnagl: Der Verleger Otto Müller und die Geschichte seines Verlages... 1937-1956. Diplomarbeit Wien 1996. – M. Schmolke: Das Salzburger Medienwesen. In: H. Dopsch, H. Spatzenegger (Hg.): Geschichte Salzburgs. Bd. 2, Tl. 3, Salzburg 1991, S. 1963-2004. – A. Stockklausner: Über das Verlags- und Zeitungswesen in diesem Lande. In: Unser Salzburg. Heimatkunde in Wort und Bild, Salzburg [2]1987, S. 250 ff. – Geschichte des Verlages St. Peter. In: Resonanz. Hauszeitschrift der Erzabtei St. Peter 7, 1986, H. 1, S. 2 ff. – M. G. Hall: Österreichische Verlagsgeschichte 1918-38. 2 Bde., Wien 1985. – U. Weyrer: »Das Silberboot«. Eine österr. Literaturzeitschrift. Innsbruck 1984. – A. Durstmüller: 500 Jahre Druck in Österreich. Bd. 1: 1482-1848. Wien 1981. – Otto Müller Verlag. Almanach. Werke und Jahre 1937-1977. Salzburg 1977. – C. Schneider: Geschichte der Musik in Salzburg. Salzburg 1935.

H.H.

Vertriebene. Mit Ende des 2. Weltkriegs kamen deutsche V. aus dem Sudetenland und der Slowakei, aus Siebenbürgen und Jugoslawien nach Österreich. Salzburg wurde Drehscheibe für die jahrelang anhaltenden Flüchtlingsströme; rund 70.000 V. waren zeitweise im Land Salzburg, viele zogen weiter in die Bundesrepublik Deutschland und nach Übersee. Die Hiergebliebenen errichteten z. T. geschlossene Siedlungen, wie in den Salzburger Vororten Gneis, Eichethof und Glasenbach, in Elixhausen-Sachsenheim, Bürmoos oder Bergheim. Auf Initiative der evang. Siebenbürger Sachsen wurden neue Kirchen in Zell am See, Hofgastein, Bürmoos und

Elixhausen-Sachsenheim errichtet. In eigenen Vereinen pflegen die ehemaligen V. ihre mitgebrachte Kultur und tragen wesentlich zur Kulturvielfalt Salzburgs bei. →Donauschwäbisches Kulturzentrum.

Lit.: R. Sutter: Die Siebenbürger in Stadt und Land Salzburg (Schriftenreihe der Kommission für ostdeutsche Volkskunde, Bd. 10). Marburg 1972. – Salzburg und die Heimatvertriebenen. Salzburg 1966.

Vetters, Hermann, * Wien 1. 7. 1915, † Baden bei Wien 24. 5. 1993, Archäologe. Neben langjährigen Ausgrabungen am Magdalensberg, in Lauriacum/Lorch und in Ephesos ist V. vor allem durch die Salzburger Domgrabungen verdienstvoll gewesen. Sie wurden in erfolgreicher Zusammenarbeit mit den Direktoren des Salzburger →Landesarchivs, H. →Klein und F. →Pagitz, in den Jahren 1956 bis 1958 und von 1966 bis 1969 durchgeführt und erforderten die Aufstellung einer Notbrücke vor dem →Dom. Die unnötig heftig geführte Diskussion um die Fünfschiffigkeit des alten Münsters verhinderte weitere Forschungen im Bereich des Kapitelplatzes.

Lit.: F. Zaisberger: Nekr. H. V. In: MGSLK 134, 1994, S. 701 f.
R.R.H.

Vianen, Paulus van, * Utrecht 1570 † Prag 1613, niederl. Goldschmied. Arbeitete seit 1596 für den Münchner Hof vorwiegend mythologische und biblische Plaketten und weilte zwischen 1601 und 1603 als angesehener Hofgoldschmied in Salzburg. Eb. →Wolf Dietrich, für den er die heute im Palazzo Pitti in Florenz befindliche Goldene Kreuzgruppe schuf, übernahm sogar die Patenschaft für seinen 1602 geborenen Sohn. 1603 zog V. nach Prag weiter, um dort u. a. die Reliefs der Rudolfinischen Kaiserkrone zu gestalten, den glanzvollsten Auftrag seiner Zeit. V.s Salzburger Aufenthalt gewinnt noch wegen einer Reihe von getuschten Landschaftszeichnungen an Bedeutung, deren gezielte Naturbeobachtung in der europ. Kunst um 1600 einzigartig dasteht. Diese »Salzburger Skizzenbücher«, heute über verschiedene Sammlungen verstreut (Budapest, Berlin, Braunschweig, Basel, Stuttgart), enthalten neben Bergpanoramen, Wald- und Flußlandschaften, wie sie V. gern als Hintergrund für seine Reliefs verwertete, auch Stadtansichten von Salzburg während der Abbruchszeit des alten →Domes.

Lit.: Die Salzburger Skizzenbücher des P. v. V. Kat. Salzburg 1983. – Fuhrmann-Stadt. – W. Wegner: Skizzenbuchblätter von P. v. V. In: MGLSK 96, 1956, S. 207.
N.Sch.

Vierthaler, Franz Michael, * Mauerkirchen (Innviertel) 25. 9. 1758, † Wien 3. 10. 1827, Schriftsteller, Pädagoge. Sohn eines Maurermeisters und Stukkateurs. Nach der Pfarrschule in Mauerkirchen 1769 Sängerknabe im salzburgischen Benediktinerstift →Michaelbeuern, 1770 →Kapellhaus in Salzburg, Gymnasium zuerst in Salzburg, dann in Burghausen (Oberbayern). 1776-78 Logikstudium, 1778-83 Jusstudium an der →Univ. Salzburg, 1783-87 unterrichtete er am Virgilianischen Kollegium und der Pagerie, einem Inst. für Edelknaben, Geschichte und klassische Sprachen. Daneben verfaßte er das Trauerspiel »Der englische Spion«, das 1781 mit Erfolg am Salzburger Hoftheater (→Theater) uraufgeführt wurde. V. wurde 1790 Direktor des →Lehrerseminars und widmete sich daneben der Förderung von Sonn- und Feiertagsschulen; 1794 wurde sein Schulplan von Eb. →Hieronymus Colloredo gebilligt. Auch V.s Bekanntschaft mit L. →Hübner, dem Herausgeber der →»Oberdeutschen Allgemeinen Litteratur-Zeitung«, bewog ihn zu vorwiegend literarischer und wissenschaftlicher Tätigkeit. 1787 erschien seine »Philosophische Geschichte der Menschen und Völker«, die stark von Herder beeinflußt war. 1790 Ernennung zum Direktor des Lehrerseminars und der deutschen Schulen der Stadt Salzburg. 1796 veröffentlichte er seine »Geographie von Salzburg«, 1799 seine »Reisen durch Salzburg«, eines der ersten brauchbaren Reisehandbücher (Faksimile-Neudruck: 1983). Am 28. 7. 1800 nahm er an der Erstbesteigung des Großglockners teil.
V., den man nicht zu Unrecht den »österreichischen Pestalozzi« nannte, organisierte das Salzburger Schulwesen neu. Er bildete bessere Lehrer aus, führte auf dem Land Sonn- und Feiertagsschulen ein, entwickelte »moderne« Lehrmethoden und Prinzipien und verfaßte entsprechende Schul-, Lehr- und Kinderbücher, etwa »Der kleine ABC-Schüler« (1793), »Der kleine Schreib- und Leseschüler« (1793). A. v. →Humboldt und dessen Freund, der Geologe Leopold von Buch, borgten V. ihre umfang-

reichen wissenschaftlichen Aufzeichnungen zur Abfassung seiner Reisehandbücher über Salzburg. 1802 heiratete V. die Tochter des angesehenen Juristen, Diplomaten und Historikers F. Th. v. →Kleimayrn. 1800 übernahm er Redaktion und Leitung der »Oberdeutschen Allgemeinen Litteratur-Zeitung« als »Literaturzeitung von Salzburg«, die »Oberdeutsche Staatszeitung« als »Staatszeitung von Salzburg« und das »Salzburger Intelligenzblatt« (1800-07). Als die Franzosen 1801 die Stadt besetzten, mußte V. ihnen viele Schätze der Hofbibl. herausgeben, konnte aber wertvolle Bestände retten, u. a. den berühmten »Indiculus Arnonis«.
1803 endete das geistliche Fürstentum Salzburg, das im selben Jahr in ein Kurfürstentum unter Erzherzog Ferdinand von Toskana umgewandelt wurde. V. wurde 1803 kurfürstlicher Hofbibliothekar und »Landesschulendirektor«. 1806 wurde er zum Direktor des k. k. Wiener Waisenhauses ernannt und erhielt den Titel »Kaiserlicher Rat«. Da die große Ära der Salzburger →Aufklärung zu Ende ging, fiel es V. leichter, die gesicherte und verbesserte Existenz in Wien anzunehmen. Trotzdem blieb er zeitlebens Salzburg eng verbunden. Er reorganisierte das Waisenhaus, führte sein 1791 publiziertes Dienstboten-Brevier für Frauen, »Goldener Spiegel«, als Lesebuch ein und hatte einen geistig regen Freundeskreis (Karoline Pichler, Joseph von Hammer-Purgstall, F. →Grillparzer u. a.). V. war ein eifriger Aufklärer, ein überregional wirkender Pädagoge und Schriftsteller sowie einer der Bahnbrecher der Salzburger →Landeskunde. Gedenktafel an der alten Univ.

Lit.: U. Salzmann: F. M. V.s Leben. Beilage zu F. M. V. Reisen durch Salzburg: Meine Wanderungen durch Salzburg, Berchtesgaden und Österreich, 3 Bde., Faksimiledruck Salzburg 1983. – K. Köchl: F. M. V.s Leben und Schaffen. In: MGSLK 98, 1958, S. 1 ff.

R.R.H.

Virgil, hl. (Geburtsdaten unbekannt), † Salzburg 27. 11. 784, Abt von →St. Peter 746/47-84, ab 749 Bischof von Salzburg. Vermutl. war er Nachfahre der Herrscherfamilie von Loegaire mit Heimat Trim (Mittelirland) und lebte zeitweise im Inselkloster Iona. Seine Identifizierung mit dem gleichnamigen Abt von Aghaboe, Feirgil dem Geometer, wird neuerdings angezweifelt. Um 743 kam V. (er war bereits Abt, besaß die Priesterweihe und den Rang eines »Weisen«) mit irischen Pilgern auf den Kontinent und blieb zwei Jahre am Hof des späteren Königs Pippin. Ende 745/Anfang 746 wirkte er in Bayern, wo ihn Herzog Odilo 746/47 zum Abt von St. Peter machte und ihm damit die Leitung des Salzburger Bistums übertrug (Bischofsweihe am 15. 6. 749). Trotz Konflikten mit Bonifatius (kanonische Irregularität von V.s Bestellung, Ablehnung der Wiedertaufe nach Formfehlern, Streit um Kugelgestalt der Erde und Antipodenlehre) blieb V.s Stellung unangefochten. Er begann mit einer großangelegten Slawenmission, errichtete im heutigen Kärnten erste Kirchen und setzte eigene Chorbischöfe ein. Er konnte den Salzburger Besitz vervielfachen. Als bedeutender Literat regte V. vermutl. die älteste Salzburger →Annalistik an, ließ den älteren Teil des →Verbrüderungsbuches von St. Peter anlegen und verfaßte möglicherweise die Kosmographie des Aethicus Ister, angeblich ein Auszug aus dem Bericht eines aus Istrien stammenden Weltreisenden namens Aethicus, mit dem V. eine späte literarische Rache an seinem bereits verstorbenen Widersacher Bonifatius genommen haben könnte. Salzburg wurde zu seiner Zeit zum führenden Zentrum von Kunst und Kultur im Südostalpenraum und entwickelte das erste eigenständige Kulturschaffen auf heute österr. Boden (Tassilokelch, Cutbercht-Evangeliar). Am 24. 9. 774 ließ V. die Reliquien des hl. →Rupert aus dessen Heimat Worms nach Salzburg überführen; er weihte die erneuerte und großzügig erweiterte dreischiffige Basilika zu Ehren Ruperts und des hl. Petrus. Dieser mächtige V.-Dom wurde mehrfach als »Krönungskirche« der Agilolfinger angesprochen. V. starb 784; er wurde am 10. 6. 1233 heiliggesprochen.

Lit.: F. Holböck: Die Heiligen Salzburgs. Salzburg-München 1996, S. 62 ff. – H. Wolfram: Salzburg, Bayern, Österreich. Die Conversio Bagoariorum et Carantanorum und die Quellen ihrer Zeit, in: MIÖG Erg.-Bd. 31, Wien-München 1995. – H. Dopsch, R. Juffinger (Hg.): V. v. Salzburg. Missionar und Gelehrter, Salzburg 1985. – H. Wolfram: Die Zeit der Agilolfinger. In: Geschichte I/1, S. 139 ff. – H. Löwe: Ein literarischer Widersacher des Bonifatius. Virgil von Salzburg und die Kosmographie des Aethicus Ister, Abhandlungen der Akad. der Wissenschaften und Literatur, Mainz, Jg. 1951, Nr. 11, Wiesbaden 1951.

P.F.K.

Vita sancti Severini →Severin

Vogl, Berthold, * Pfarrkirchen bei Bad Hall (OÖ.) 29. 5. 1706, † Kremsmünster 25. 4. 1771, Univ.-Prof. und Benediktinerabt von Kremsmünster. Wurde 1744 Prof. der Dogmatik und Moraltheologie in Salzburg, war geistlicher Rat und Rektor der →Univ., beschäftigte sich bes. mit Aristoteles und Leibniz.
Lit.: ADB 40. Nachdruck Berlin 1971, S. 166.

R.R.H.

Volckmer, Tobias, * Salzburg 28. 5. 1586, † München 17. 8. 1659, Goldschmied und Mathematiker. Als Konstrukteur astronomischer Geräte am Hofe Herzogs Wilhelms V. tätig. Er zeichnete als Geometer den ersten Stadtplan von München (1613).

Ch.S.

Volkshochschule, Verein zur Förderung der Volksbildung und der freien Erwachsenenbildung im allgemeinen und im besonderen in Stadt und Land Salzburg. Gegründet wurde die Salzburger V. 1947, der Hauptsitz ist in der Stadt Salzburg; ca. 80 Zweig- und Nebenstellen sind über das Land verteilt. Angeboten werden Kurse in Fremdsprachen, Geschichte, Kunstgeschichte, künstlerischer Betätigung, Sport, Basteln, Kochen usw. Langjähriger Leiter war Wilhelm Mallmann.

H.O.

Volkskultur, »Referat Salzburger Volkskultur«, volkskulturelle Beratungs- und Betreuungsstelle des Landes, regionalkundliche Forschungen, Veranstaltungen im Bereich der sogenannten Volkskultur, die sich im Laufe der Entdeckung und Bewertung der Traditionen unterer Gesellschaftsschichten seit dem 19. Jh. herausgebildet hat (K. →Adrian, →Heimatwerk). Seit den 1990er Jahren vermehrt Zusammenarbeit mit kulturellen und wissenschaftlichen Organisationen und Initiativen. 1948 aus der Brauchtumspflege des »Salzburger Heimatwerks« als »Dienststelle Salzburger Heimatpflege« hervorgegangen, 1993 Umbenennung in »Referat Salzburger V.« Bis 1997 mit der Führung der Landesverbände (Heimatvereinigungen, Musikkapellen, Schützenkompanien) betraut. Erster Leiter der V. war K. →Brandauer, auf ihn folgten Ferdinand Gietl (bis 1965), Karl Merhaut (1965-75), Harald Dengg (1975-99) und Lucia Luidold (seit 1999). Unter Brandauer Fortführung der Bewertungen und Aktivitäten vergangener Epochen. Merhaut hat eine Reihe von Schmalfilmen über die Aktivitäten der Brauchtumsvereine angefertigt, die heute deren Entwicklung dokumentieren. Seit 1965 Veranstaltung der »Brauchtumswochen« (Hintermoos, dann Oberalm), seit 1977 Hg. der gleichnamigen Zeitschrift und des Brauchtumskalenders. In der V. ist auch das Salzburger →Volksliedwerk (SVLW) mit seiner Lieddatenbank und dem Quellenarchiv zur Salzburger Volksmusik untergebracht. Heute stehen Bestrebungen zur freien Entwicklung der regionalen Kultur, zur Einbeziehung ökologischer und sozialer Momente sowie der interkulturelle Austausch im Zentrum der Arbeit.

U.K.

Volkskunde. Um die Einführung einer wissenschaftlichen Volkskunde in Salzburg erwarb sich die Katholische Fakultät der →Univ. große Verdienste, die 1934 mit Unterstützung des Notringes der Deutschen Wissenschaften ein Institut für religiöse Volkskunde begründete, dessen Leiter Hanns Koren wurde. Das Institut wurde 1938 vom NS-Regime gesperrt und geplündert. Hanns Koren verfaßte dort seine beiden programmatischen Schriften, in denen er gegen eine nationale Instrumentalisierung und geschichtslose Mythisierung der Volkskunde und ihrer Forschungsbereiche auftrat und auf die prägende Funktion der katholischen Kirche auf volkstümliche Alltagswelt, Lebensgestaltung und Weltanschauung hinwies (J. →Walleitner). 1938-45 bestanden verschiedene Forschungsinstitutionen des NS-Regimes (dem sogenannten »Amt Rosenberg« des Reichsleiters Alfred Rosenberg sowie dem »Ahnenerbe der SS Heinrich Himmler« zugehörig) in Salzburg. Sie arbeiteten all jenen Vereinigungen zu, die die Bevölkerung erfaßten und im Sinne des Regimes fortbildeten und indoktrinierten (R. →Wolfram, K. →Brandauer). Nach 1945 existierte Volkskunde als Wissenschaft in Salzburg nicht mehr. Erst 1983 wurde das Salzburger Landesinstitut für V. (SLIVK) begründet. Es ist eine wissenschaftliche Institution des Landes Salzburg und der Fachabteilung 0/92 »Wissenschaft« eingegliedert. Zu seiner Gründung trug das Legat des wissenschaftlichen Nachlasses und der Fachbibliothek von R. Wolfram wesentlich bei. Aufgaben des SLIVK sind die wissenschaftliche Arbeit im vergangenen und gegenwärtigen

Bereich der Volkskunde/europäischen Ethnologie betreffend das Bundesland Salzburg, Österreich und die internationalen Kulturzusammenhänge. Interdisziplinäre Zusammenarbeit mit volkskundlichen und fachlich relevanten Institutionen im In- und Ausland. Die aktuellen Forschungsströmungen und Methoden zur Erforschung der Alltagskultur werden bei der Herausgabe der »Salzburger Beiträge zur Volkskunde« besonders berücksichtigt. Die Organisation von Fachtagungen in Zusammenarbeit mit Wissenschafts-, Kultur- und Bildungseinrichtungen im In- und Ausland fördert die Diskussion zwischen Theorie und Praxis. Die Erschließung und kritische Bearbeitung der Nachlässe zur Wissenschafts-, Institutionen- und Personengeschichte der österreichischen Volkskunde und Heimatpflege zur Zeit des Nationalsozialismus zählt zu den zentralen Aufgaben des SLIVK. Mißbrauch und Instrumentalisierung von Wissenschaft und Kultur aufzuzeigen ist Teil der Vergangenheitsbewältigung und damit ein Beitrag zu einem toleranten Kulturkontakt im offenen Europa der Regionen.
Zu den Archiv- und Bibliotheksbeständen zählen die Fachbibliothek zu Volkskunde, Kulturgeschichte und Salzburger Heimatkunde, Quellen zur Salzburger Volks- und Heimatkunde: u. a. die Sammlung R. →Treuer, ein umfangreiches Bildarchiv zur regionalen Alltagskultur. Über das Land hinaus von Bedeutung sind die Nachlässe zur Wissenschaftsgeschichte der Volkskunde und ihrer Instrumentalisierung im Nationalsozialismus: die Richard-Wolfram-Forschungsstelle mit Bibliothek und Nachlaß, die Sammlung »Spiel und Spruch« – Karl Haiding und der Teilnachlaß Karl von Spieß. Das Archiv des Österreichischen Volkskundeatlasses dokumentiert Feldforschungen zum alten »Kanon der Volkskunde« zwischen 1956 und 1981.

Lit.: H. Eberhart: Die Volkskunde an der Univ. Salzburg. In: Heimat als Erbe und Auftrag, FS. für Kurt Conrad, Salzburg 1984, S. 99 ff.

U.K.

Volkskundemuseum →Monatsschlößl

Volkskunst →Hausindustrie

Volkslied →Volksmusik

Volksliedwerk, Salzburger. 1974 als selbständiger Verein im Dachverband des Österreichischen Volksliedwerks, in Zusammenarbeit mit dem Referat Salzburger →Volkskultur, begründet. Zwischen 1975 und 1986 umfangreiche Feldforschungen. Danach Aufbau des Volkslied- und Volksmusikarchivs. Dieses geht auch auf die Sammlungen von W. →Keller zurück. Das digitalisierte Archiv steht der Bevölkerung zur Verfügung und ist nach den Ordnungsvorgaben des Österr. Volksliedwerks erfaßt. Das V. steht, wie die anderen V. der Bundesländer, mit dem Österr. V. in engem Arbeitskontakt und war am Salzburgband des »Corpus Musicae Austriacae« beteiligt. Neben Fortbildungsveranstaltungen für Laien, Musikanten und SchülerInnen, Musizierwochen, Seminaren und dem Instrumentenbaukurs gibt das V. Publikationen heraus, darunter die Reihe »Volkslied und Volksmusik im Lande Salzburg« und die »Salzburger Volksliedblätter«. Eine CD-Serie wurde begründet. Vorstände des V. in chronologischer Reihung : C. →Bresgen, Walter Sulzberger, Franz Zaunschirm, Harald Dengg. Das Salzburger Volksliedwerk steht in der Tradition des Österreichischen Volksliedwerks und hatte an dessen Entwicklungsetappen Anteil:
Ab 1800 begannen in Österreich, nach dem Vorbild der Napoleonischen Umfrage, Volksliedaufzeichnungen im Rahmen der Statistik. Joseph von Sonnleitner leitete 1819 im Rahmen der Gesellschaft der Musikfreunde eine große Umfrage bei Lehrern und Geistlichen aller Kronländer ein, die für Salzburg interessante Ergebnisse brachte (Österreichische Volkslieder mit ihren Singweisen. Budapest 1819). Der Vergleich dieser Sammlung mit der Sammlung von V. M. →Süß (Salzburgische Volkslieder mit ihren Singweisen. Salzburg 1865), die ungeschönt und variantenreich aufgezeichnet ist, ist bedeutsam. Das Reichsvolksschulgesetz von 1869 machte Musik zum Pflichtfach im Schulunterricht, und damit erhielten Volkslied und Gitarre Vorrang vor Kirchenlied und Orgel. Der Reichsratsabgeordnete und Lehrer Josef Pommer begründete die systematische Volksmusikforschung in Österreich. 1884 gab er das »Liederbuch für die Deutschen in Österreich« als Volksgesangsbuch heraus, 1889 gründete er den ersten »Deutschen Volksgesangs-Verein«, der auch Frauen aufnahm, 1899 begründete er mit

»Das deutsche Volkslied« das erste Fachblatt. Pommer legte der Arbeit des Volksliedunternehmens eine Produktionstheorie zugrunde, gesammelt wurden jene Lieder, »welche vom Volke ... ersonnen worden sind ...«. 1904 Gründung des »Unternehmens Volkslied in Österreich«, das ab 1914 als Kommission »Österreichisches Volksliedunternehmen« beim k. u. k. Ministerium für Kultus und Unterricht weitergeführt wurde. 1905 Errichtung von Arbeitsausschüssen in den Kronländern, die mit Unterbrechung durch den 1. Weltkrieg wirkten. 1906 Arbeitsausschuß für das Volkslied in OÖ. und Salzburg gegründet. 1908 wurde ein Salzburger Arbeitsausschuß begründet, dem der Direktor des →Mozarteums Josef Reiter vorstand. 1912 übernahm C. →Rotter die Obmannschaft. Ab 1900 wirkte der Lehrer und Volksliedsammler O. →Eberhard an der Sammlung von Volksliedern im Pinzgau mit, ab 1918 zählte er zum Salzburger Arbeitsausschuß und betrieb mit C. Rotter die Flachgauer und Tennengauer Aufzeichnungen. Enge Kontakte zu Josef Pommer, Raimund Zoder und Franz Friedrich Kohl (Onkel R. →Wolframs). Unter der Leitung von C. Rotter erschien die achtbändige »Kleine Quellenausgabe«, in der als Band 7, 1933, »Salzburgische Bauernlieder. Im Pinzgau aus dem Volksmunde aufgezeichnet« von O. Eberhard und C. Rotter erschienen. 1938-45 Umbenennung in »Ostmärkisches Volksliedunternehmen« unter NS-Vorgaben, unter dem wissenschaftlichen Vorsitz von C. Bresgen. In Salzburg zwischen 1933 und 1938 Veranstaltung von Sängertreffen und -wettbewerben mit T. →Reiser und K. →Brandauer mit Anschlußtendenzen. 1938-45 war O. Eberhard stv. Leiter des Gauausschusses im Ostmärkischen Volksliedunternehmen des Nationalsozialismus 1938-45 viele Veranstaltungen und Hackbrettkurse auch gemeinsam mit dem Volksliedpfleger des Reichsnährstandes T. Reiser. 1945 verbrannte beim Bombardement Salzburgs ein großer Teil der Archivalien, nur der Nachlaß O. Eberhard blieb erhalten.

1946 Neubegründung als »Österr. Volksliedwerk«, als Kommission beim Bundesministerium für Unterricht, mit Arbeitsausschüssen in den Bundesländern. Die Ansprüche folgten jenen der Frühzeit: Aufzeichnen, Forschen, Bilden. 1974 Umwandlung in den »Dachverband der Bundesländer«, dessen Zentralarchiv 1994 zum autonomen Teil der Österr. Nationalbibliothek wurde.

Lit.: G. Kerschbaumer: Organisiertes Heimatbrauchtum in Salzburg. In: Volkskunde und Brauchtumspflege im Nationalsozialismus in Salzburg, hg. von W. Haas (=SBzVK, 8), Salzburg 1996, S. 124 ff. – Ders.: Rekonstruktion und Dokumentation. In: ebenda, S. 278-293.

U.K.

Volksmusik. Volksmusik ist überall auf der Welt ein Pendant zur musikalischen Hochkunst und umfaßt von elementaren Ausdrucksformen (Spiellieder der Kinder, Arbeitsrufe, Lärmgeräte, primitive Musikinstrumente) bis zu hochstilisierten Liedern und Tänzen eine Vielzahl an Gattungen und Typen. Diese erfahren durch meist improvisatorische Überlieferung und starke Einbindung ins Gemeinschaftsleben ihre jeweils typische Ausprägung. Auch in den Alpen als Lebens- und Wirtschaftsraum hat sich eine typische, von Bergbauernkultur, Alm- und Hirtenwesen geprägte Musik entwickelt, in der Herdengeläute, archaische Jodelformen (besonders Pongau, Salzkammergut, z. B. der Flachauer »Küahsuacher«, als »Almschrei« Vorstufe des Jodlers) und Tierlockrufe eine große Rolle gespielt haben. Diese »produktive Naturhaftigkeit« wurde »geschichtlich erworben und verloren« und erlebte eine typische »alpenländische Einengung und Weiterbildung« (Walter Wiora). Vom späten Mittelalter an färbte das Vorbild der großen Residenzstädte auf die Musikalität und die Standestänze der Handwerker ab (→Volkstanz). Im ausgehenden 18. Jh. hat die Ausstrahlung der »Wiener Klassik« ein starkes musikalisches Zentrum am Alpenostrand geschaffen, das u. a. speziell über die Instrumentierung der Schrammelmusik das Salzkammergut prägte.

Johann Gottfried Herder gilt weithin als der romantische Entdecker des »Volksliedes«. So wurde auf ihn zurückgegehend unter Volksmusik lange nur das Lied verstanden. Deshalb teilte L. →Hübner 1796 auch die salzburgischen Volkslieder in »Schnodahüpfl«, Gasselreime, geistliche Gesänge und Lieder mit den Inhalten: Erotik, Wildschießen, Alpenleben und Soldatenleben ein. Unterstützt durch die Kulturpolitik der Österreichisch-Ungarischen Monarchie und am Vorbild der Napoleonischen Volksmusikumfrage entstand in den

Musizierwochen Land Salzburg (Lucia Luidold, Salzburg)

österr. Kronländern ab 1819 eine amtliche Volksmusiksammlung, die ihrerseits anregend auf die Überlieferung zurückwirkte. Joseph von Sonnleitner leitete 1819 im Rahmen der Gesellschaft der Musikfreunde in Wien eine große Umfrage bei Lehrern und Geistlichen aller Kronländer ein, die wegen der Karlsbader Beschlüsse gegen nationale und liberale Bestrebungen in Budapest erscheinen mußte (Franz Ziska, Max Schottky, Hg.: Österreichische Volkslieder und ihre Singweisen. Budapest 1819.) Der Salzburger Teil der Sonnleitner-Sammlung zeigt im Vergleich zur Sammlung »Salzburgische Volkslieder mit ihren Singweisen« von V. M. →Süß, 1865, einen raschen Wandel des Liedgutes auf. Süß zeichnete unzensuriert und ungeschönt die Texte der Lieder und Gstanzeln noch vor Einführung des Musikunterrichtes in den Schulen auf. Dieser, eingeführt mit dem Reichsvolksschulgesetz von 1869, drängte mündliche Überlieferung neben Kirche und Orgel in den Hintergrund. Die Schule (Geige und Repertoireerweiterung) wurde zum wesentlichen Musikvermittler. Die systematische Volksmusikforschung und -pflege, ausgehend von Josef Pommer 1884, führte in wechselhafter Entwicklung zum heutigen Repertoire und der Institution →Volksliedwerk.

Für Salzburg sind besonders O. →Eberhard als Aufzeichner des →Volksliedwerkes und die Familien Windhofer (der Vereins- und Musikgruppengründer Sch. →W.) und →Dengg (der Aufzeichner Otto und dessen Bruder Sepp und Neffe Harald D. als Chorleiter) als Pfleger und Ausführende zu nennen. Sepp Dengg, Lehrer, Chorleiter, Volksliedkomponist, begründete 1950 den Salzburger Volksliedchor, der seit 1968 von seinem Neffen Harald Dengg geleitet wird, weiters den »Taxhamer Frauensingkreis« neben anderen Volksliedchören sowie mit seinen Brüdern Adolf, Erich und Otto den bekannten »Pongauer Viergesang«. Diese Ensembles zählen auch zu den Säulen des Salzburger →Adventsingens, dem sie lange eine typische Note gaben. Eine besondere Prägung erlebte die Salzburger Volksmusik durch T. →Reiser, der durch seine auf der Tradition fußenden, aber seiner Zeit angepaßten Kompositionen sowie durch die breitenwirksame Verbreitung im Rahmen der Kulturpolitik des NS-Regimes die weitere Entwicklung nachhaltig beeinflußte (Chor von Landa Clauss-Ruprecht). Weiters begründete Reiser die konzertant bzw. im Wohnraum aufgeführte alpenländische Instrumentalmusik mit der »Saitenmusik«- bzw. »Stubenmusik« (Ensemble mit Hackbrett – ab 1954 chromatisch

gestimmt als Melodieführer –, Zither, Gitarre und Kontrabaß), die auch für andere Länder vorbildlich wurde. In diesen Entwicklungen spiegeln sich Identitätsbildungsprozesse, die einmal stattgefunden haben und für lange Zeit prägend wurden. Durch viele dieser Entwicklung entstammende Musikgruppen und Chorleiter entwickelte sich so seit den 40er Jahren ein typischer Stil der Salzburger Volksmusik, der bis heute andauert und auf die benachbarten Bundesländer, auch über Wettbewerbe (u. a. →Amselsingen), ausstrahlt. Mit den ärmeren Bevölkerungsschichten Salzburgs (Oberndorfer Schiffer und Schöffleute, Dürrnberger Bergleute u.a.) haben sich über die Heischegänge (→Anglöckeln und Herbergssuchen) und die starke Verbreitung der Weihnachtskrippen im Lande auch viele Weihnachts- und Hirtenlieder erhalten. Mit der Schaffung des Adventsingens fanden diese als eine neue Art der Adventfeier weite Verbreitung.
Der in Österreich geprägte Stilbegriff der »alpenländischen Volksmusik« (Vorherrschen von Dreiklangsmelodik im Dreiertakt mit großen Tonumfängen und reicher Mehrstimmigkeit in Abgrenzung zur allgemeineuropäischen Melodik) wird nur im süddeutsch-österreichischen Raum verwendet. Er charakterisiert weitgehend die vom Berner Oberland bis Slowenien verbreitete Ländler- und Jodlerkultur. Diese wurde aufgenommen und mitgeprägt von vielerlei Gruppen und Zeitströmungen unterschiedlichster Provenienz, wie z. B. von den Nationalsängern zu Beginn des 19. Jhs., den Stubenmusiken in Salzburg, Bayern und Westösterr., u. a. (Wolfgang Suppan). Dieser Stil zeigt vielfältige Facetten von traditionsgeprägter Innovation (z. B. Salzburger Stubenmusik, Salzburger Dreigesang, Volksliedchöre) bis zur kommerziellen Verflachung des musikalischen Erbes im Massentourismus.
Auch der Volkstanz entstand in ständigem Wechselspiel zum Tanz reicherer Gesellschaftsgruppen. Während in den Oberschichten um 1700 das Menuett prägend war, prägten Hüpf- und Drehtänze die Tanzvergnügen der Unterschichten, sie boten Freiraum für Improvisationen. Ende des 18. Jh.s beklagten die Tanzmeister das Eindringen der Volkstänze: »engl. Hopser« Dreher, Ländler, Schleifer und Allemande. Ihre Entdeckung und Aufzeichnung hatte im 18. Jhs. unter dem Titel »National- und Bauerntänze der Völker« begonnen und führte zur Entwicklung von Landler, Polka, Bayrischem und schließlich Walzer, als einer Revolution des Paartanzens in den Oberschichten. Diese neuen Formen der Gesellschaftsmusik des 19. Jhs. erhielten sich auch in Salzburg, speziell in den Alpentälern, bis heute in der Volksmusik. Seit der Jahrhundertwende kam es zur Fixierung und Stilisierung der Figuren und Schritte. Bei den heute von den Volkstanzgruppen getanzten Paar- und Figurentänzen (etwa beim Salzburger Kathreinstanz) überwiegt bei etwa 30 Grundformen die Bayrisch-Polka-Form. Im Flachgau gilt der »Gsätzl-Walzer« als häufigste Form, Landlerformen sind in Salzburg selten. Im Zusammenhang mit den Volkstanzvereinen haben sich auch Tanznormen erhalten bzw. entwickelt, die sich vom gegenwärtigen Gesellschaftstanz unterscheiden.
Volksmusik, sowohl als Begleitmusik (Lärm- und Musikinstrumente bei Perchtenumzügen, Ratschen als Klangkörper im Brauch der Kartage, Trommler und Pfeifer als Geleitformation etwa der Bergknappen) wie als Erhalt älterer Geleitmusikformen (Militär- und Gardemusik bis zum Barock) bis zur Ausbildung gegenwärtiger Marschmusik (mit den Blechmusikkappellen seit dem 19. Jh.), als Tanzausführung (→ Fackeltanz, Volkstanz) wie als Lied (wobei ehrenvolle Ansinglieder, z. B. Hochzeitslader, Gratulationslieder, und spöttische Gstanzeln, z. B. Faschingsbriefe, sowie Heischelieder etwa bei den →Anklöcklern, überwiegen), ist Bestandteil vieler Bräuche und Umzüge. Über K. →Brandauer entstanden viele Veränderungen und (Er-) Neuerungen im Umkreis der →Brauchtumsvereine bzw. der Kulturpolitik. Speziell in der NS-Zeit wurde die Volksmusik geschönt und mit einem ernsten Tenor bedacht, Doppelbödigkeiten, Witz und Ironie, die so typisch für einen großen Teil der Lieder waren, wurden als »artfremd« verachtet. Damit gingen die sozialen Elemente der Rüge und Kontrolle und die Interaktion im Witz verloren.
In der traditionellen Ständegesellschaft waren die Musikstile der unterschiedlichen Gesellschaftsgruppen stärker differenziert als heute und dennoch in einem ständigen Austausch begriffen. So kam es zu sukzessiver Orientierung an den zeitgenössischen Entwicklungen.

In den ärmeren Bevölkerungsschichten prägten Rufe (Vieh- und Almrufe über weite Entfernungen) und Lärminstrumente (Essensglocken und -klappern) sowie Arbeitslieder, die den Takt bei Gemeinschaftsarbeiten vorgaben (beim Dreschen, Mähen etc.), den Arbeitsalltag und die Klangökologie der Landschaften. Freizeit und Feierabend wurden u. a. durch Scherz- und Spottlieder (etwa die »Gstanzeln«, die beim Tanz und im Wirtshaus als gereimte Kleinform des Volkswitzes entstanden und mit Wortwitz und Situationskomik spielen) von ein- und zweideutiger Derbheit, oft voll von Sozialkritik, aber auch von Liedern zur Einübung der Normen, als Ausdruck der Gefühle, zur Schilderung des Alltags geprägt. Oft erscheinen Lieder als psychisches und soziales Ventil, sie kritisieren die Verhältnisse, sie beziehen sich auf die empfundene Diskrepanz von Recht und Gerechtigkeit bzw. Bedürfnis und Realität. In ihnen werden heute noch Auseinandersetzungen ausgetragen, erotische Sehnsüchte artikuliert, sie enthalten Grobheiten, Zynismus und Situationskomik. Sie sind ein »Spiel hinter dem Spiel«, das die Realität gleichzeitig trifft und aufhebt.

Daneben waren Instrumentalmusik (niemals als konzertante Vorführung, sondern immer nur als Begleitung einer Aktivität) und Tanz Mittel der Kommunikation. So zogen wandernde Musikanten in fixen Routen von Fest zu Fest. Für viele Musikanten war Musik auch Nebenerwerb zu Landwirtschaft, Klein- und Wandergewerbe. Das Repertoire der Musikanten wie Sänger war zeit-, anlaß- und publikumsspezifisch.

Vom 19. Jh. an entwickelten sich weite Teile der Volksmusik unter den bewertenden und auswählenden Einflüssen von Pflege- und →Brauchtumsvereinen weiter und führten dennoch zu einer eigenständigen Aneignung. Andere Bereiche der Musik verschwanden seit dem 19. Jh. im Zuge der steten Veränderungen des Alltags- und Wirtschaftslebens. So ist auch im Bereich der Volksmusik seit dem 19. Jh. eine Verschiebung vom Alltag in die Fest- und Freizeit, vom gemeinschaftlichen Tun zur Aufführung zu bemerken. Vielfach ist der gesamte Lebenszusammenhang einzelner Musikstücke heute nur mehr über Feldforschungsarbeiten zu dokumentieren. Durch Volksmusikpflege und Vereine kam es einerseits zur Ausbildung konservierender und perpetuierender geschlossener Systeme und andererseits zu breitenwirksamen Aus- und Fortbildungsmöglichkeiten und damit zur Hebung des technischen und musikalischen Niveaus (Fortbildungswochen und Instrumentenbaukurse des →Volksliedwerkes). Musikvermittlungsinitiativen in offener Geselligkeit (z. B. Musikantenstammtisch) und die Fortentwicklung der Traditionen mit den Mitteln und Stilen gegenwärtiger Musik (u. a. Lungauer Querschläger) versuchen dieser Stagnation heute entgegenzusteuern. Neben dem Genre »traditionelle Volksmusik im Umkreis der Pflege«, neben der von dieser als »volkstümlich« bezeichneten kommerzialisierten »Volksmusik« zählen für die heutige Volkskunde alle Formen der gegenwärtigen gruppenspezifischen Musikstile, die von solchen Gruppen als »richtig«, »eigen« und »authentisch« empfunden werden, als Forschungsfeld.

Lit.: G. Haid: Von der Volksmusik zum Evergreen. In: Volkskunde in Österreich, hg. v. O. Bockhorn, H. Eberhart. Wien 2001. – Dies.: Die Volksmusik der Alpen – ein differenziertes Bild. In: Kulturprotokoll zur Alpenkonvention. Innsbruck 2000. – M. Herzog: Vom Menuett zum Walzer. Zum Wandel der Tanzformen um 1800, in: SV, 23. Jg., April 1999, S. 97-105. – G. Haid: Wie humorig ist Volksmusik. In: Kunstpunkt, Hochschule für Musik und darstellende Kunst in Wien, Nr. 12, 1996, S. 22f. – Th. Hochradner: Salzburgische Volks-Lieder mit ihren Singweisen. Gesammelt von V. M. Süß, Salzburg 1865, Nachdruck mit Kommentaren, in: Salzburg Archiv 19, Salzburg 1995. – G. Noll (Hg.): Musikalische Volkskultur und die politische Macht (=Musikalische Volkskunde. Materialien und Analysen 11). Essen 1994. – Th. Hochradner: Bibliographie zur Volksmusik im Lande Salzburg. Salzburg 1990. – R. Pietsch: Die Volksmusik im Lande Salzburg II. Wien 1990.

U.K.

Volksmusikinstrumente. Ein jahrhundertelanger Entwicklungs- und Auswahlprozeß, wechselseitige Beeinflussungen verschiedener Kulturschichten und ständiger, noch heute andauernder gesellschaftlicher Wandel und entsprechend sich änderndes Musizierverhalten bedingen die vielfältigen Formen der Instrumentalbesetzungen innerhalb der →Volksmusik. Auffallendstes Merkmal für Salzburg ist die heutige Dominanz der Saiteninstrumente; diese Entwicklung ist stark beeinflußt durch T. →Reiser und die weitgehende Wandlung des Volksmusikcharakters von Tanzmusik zu Vortragsmusik in Wirtsstuben und großen Sälen. Elektronische Tonverstärkung und Verbreitung der Musik durch die Medien haben wesentlichen Einfluß auch auf die Instrumentierung. In die instrumentale Volksmusik haben die meisten traditionell in Verwendung stehenden Instrumente (Zupf-, Streich- und Blasmusikinstrumente) Eingang gefunden. Einige bes. typische V. sind:

Alp-, Wurz- oder Waldhorn: Wiedererweckung des bis in die 30er Jahre des 20. Jh.s im Pinzgau und Pongau bekannten Instruments durch Willi Schwaiger (Bruder von R. →Schwaiger) aus Maria Alm, der neue Instrumente nach alten Vorbildern in unterschiedlichen Größen (von 1,50 bis 4 m mit aufgebogenem Schalltrichter) baute und diese Musizierpraxis um Saalfelden wieder einführte.

Baßgeige: Seit Mitte des 18. Jh.s in der Tanzmusik in Verwendung, früher häufiger als heute. Gegenwärtig bei den meisten »Stubenmusi«-Gruppen öfter gezupft als gestrichen.

Blockflöte: In der überlieferten Volksmusik in Salzburg spielt sie keine dominierende Rolle, sie wird aber zunehmend in der Hausmusik (Stubenmusik), die heute gerne auch überlieferte Volksmusik in das Spielgut aufnimmt, verwendet (hauptsächlich C-Flöte).

Geige: In früheren Zeiten im ganzen Land zu finden. Im 20. Jh. nur noch im salzburgischen Salzkammergut, wo bis in die Gegenwart mit zwei Geigen, einer Baßgeige und einer diatonischen Harmonika zum Tanz aufgespielt wird. Im übrigen Land selten, meist gemeinsam mit Holzblasinstrumenten. Hervorragende Geiger in den 20er und 40er Jahren des 20. Jh.s waren Sch. →Windhofer und T. →Reiser, der die Geige neben Klarinetten, Hackbrett, Gitarre und Baßgeige wieder in seine Tanzmusik aufnahm. Im Flachgau fand sich bis zum 2. Weltkrieg bei Tanzveranstaltungen neben der Tanzkapelle noch ein »Vorgeiger«, der beim »Gsätzl-Walzer« während des Umgangs jeweils ein »Vorgeig-Gstanzl« spielte.

Gitarre: Bes. häufig gespieltes Instrument. Früher vorwiegend zur Liedbegleitung, auch zusammen mit Zither gespielt, selten in der Tanzmusik. Nach dem 2. Weltkrieg starke Aufwertung als gezupftes Rhythmus- und Melodieinstrument bei Saitenmusikgruppen. Heute wird die Gitarre auch in Tanzmusikgruppen verwendet, gerne auch als Schlaggitarre.

Hackbrett: Diatonische (auch »steirische«) Hackbretter waren früher auch in Salzburg bekannt. Im 20. Jh. zunächst nur noch im Lungau; Osttiroler und steirische Musikanten brachten sie dann auch in andere Gaue. T. Reiser baute (gemeinsam mit dem Instrumentenbauer Heinrich Bandzauner) dieses in der österr. Volksmusik bisher ausschließlich diatonisch gestimmte Instrument unter Verzicht auf den Quintensteg in ein chromatisches um und verwendete es seit 1954 als führendes Melodieinstrument seiner Saitenmusikbesetzung, bestehend aus Hackbrett, Zither, Gitarre, Baßgeige und Harfe.

Harfe: Das solistische Harfenspiel ist in Salzburg im Gegensatz zu Tirol Ausnahmeerscheinung. Seit etwa 1940 beliebtes Begleitinstrument bei Tanz- und Stubenmusik.

Harmonika: Diatonische Knopfharmonika (die »Steirische«), nach dem 2. Weltkrieg zunächst durch das chromatische Akkordeon zurückgedrängt, heute wieder überall bekannt. Geeignetstes Instrument, um zum Tanz aufzuspielen.

Maultrommel: Bis in die 20er Jahre des 20. Jh.s Instrument der Burschen beim →Gaßlgehen. Auch heute noch vereinzelt in Gebrauch, z. T. werden auf mehreren verschieden gestimmten Maultrommeln nicht nur Liedweisen, sondern auch Tänze wirkungsvoll gespielt. Solistisch wie im Zusammenspiel mit Gitarre zu hören. Die Maultrommel, auch Brummeisen genannt, besteht aus einem Metallrahmen mit einer kleinen Metallzunge. Sie wird am Mund des Spielers angesetzt, wobei die Mundhöhle als Resonanzraum dient; dem Instrument entlockt man leise, vibrierende Töne.

Mundharmonika, auch Fotzhobel oder Mundorgel: Solo- oder Gruppeninstrument, oft als Ziehharmonika-Ersatz in Verwendung.

Schwegel oder Seiten-, auch Seitlpfeife, einfache Form der Querflöte: Mitte des 19. Jh.s zahlreiche Gründungen von →Blasmusikkapellen, die mit ihren Instrumenten (Klarinette, Flügelhorn, Trompete, Es-Trompete, Posaune, Baßflügelhorn und F-Baß) in der Tanzmusik die bis dahin dominierenden Geigen und Schwegel ersetzten. Die Schwegel erfährt durch die erfolgreiche Wiederbelebung im Salzkammergut – speziell in der Kombination mit der Trommel – auch in Salzburg eine gewisse Renaissance. Damit ergibt sich eine Instrumentierung, wie sie, aus der Militär und Gardemusik kommend, noch im 18. Jh. in den

Ortschaften (etwa auch am Dürrnberg als Knappenmusik) üblich war.
Zither: Wurde Ende des 17. Jh.s aus dem Scheitholz entwickelt; in ihrer alpenländischen Ausprägung heute in allen Gauen, wenn auch seltener als vor dem 2. Weltkrieg, anzutreffen. Als Soloinstrument oder gemeinsam mit Gitarre für »Vorspielmusik« im kleinen Kreis oder in der Wirtsstube und zur Begleitung von Volksliedern eingesetzt. Das Zitherrepertoire besteht aus Landlern, Walzern, Boarischen und Polkas sowie aus Liedweisen. Rührselige Stimmungsmusik ließ das Instrument an Ansehen verlieren. In Verbindung mit dem chromatischen Hackbrett und anderen Saiteninstrumenten fand die Zither wieder stärkere Verwendung in der überlieferten Volksmusik.
Blasinstrumente (bes. Trompete, Flügelhorn, Klarinette, Posaune): vor allem in der 2. H. des 19. Jh.s vorherrschende Instrumente in der Tanzmusik.
Vielfach sind in der Instrumentierung wie in der Spielweise in der Volksmusik ältere Formen erhalten geblieben, die eine eigenständige Entwicklung genommen haben.

Lit.: Folk und Volksmusik. Symposion Schloß Goldegg 1989. – Volksmusik in Österreich. Wien 1984. – K. Birsak: Salzburger Zithern. Die Seitenpfeife oder Schwegel. Das Hackbrett, in: SH 3, 1979, H. 2 u. 3; SH 4, 1980, H. 3. – Die Volksmusik im Lande Salzburg. 11. Seminar für Volksmusikforschung 1975 (Schriften zur Volksmusik, Bd. 4), Wien 1979. – F. M. Klier: Volkstümliche Musikinstrumente in den Alpen. Kassel-Basel 1956.

R.A.

Volkstanz. Neben dem geselligen Tanz, der im steten Austausch mit den Tänzen anderer Gesellschaftsgruppen stand (→Volksmusik), erhielten sich im Zusammenhang mit Festen und Bräuchen ältere Reigentänze im Bereich des Volkstanzes. Generell gilt für sie, daß sie den Berichten der Chronisten zufolge im Laufe des 18. Jh.s zurückgedrängt wurden und durch die oberschichtlichen Altertums- und Pflegebewegungen seit der Mitte des 19. Jh.s neu bewertet und schließlich ab dem ausgehenden 19. Jh. erneuert und gepflegt wurden. Dazu zählen die Bandel- und Reiftänze, die seit dem 15. Jh. nachweisbar sind. Ebenso haben sich Ketten- und Schwerttänze der Handwerkerzünfte erhalten.
Der Salzburger Binder- oder Küfertanz stellt eine Neubearbeitung (1924 durch K. →Adrian, nach 100-jähriger Pause, am Vorbild des neubelebten Münchner Schäfflertanzes) eines historischen Zunfttanzes dar. Die älteste Nachricht darüber stammt aus dem 15. Jh., Tänzer waren die Gesellen der Zunft, die diese Tänze an Festtagen der Zunft und im Fasching öffentlich aufführten. Die Gesellen tanzten dabei in ihrer festlichen Standestracht. Für den Halleiner Küfertanz sind Beschreibungen des 19. Jh.s erhalten. Verbindendes Element bei diesem Männerreigen sind fichten- und girlandenumwundene Halbkreisbögen, die »Reifen«. Die einzelnen Tanzfiguren werden heute als Abstraktionen der Arbeitsvorgänge gedeutet, wiewohl sie einst quer durch Europa bei allen Berufsgruppen gleich waren und alle Möglichkeiten des Reigen- und Kettentanzes ausschöpfen. Diese Handwerkertänze waren im Spätmittelalter und der Renaissancezeit über alle europäischen Handelsstädte und Bergwerksregionen hin verbreitet und verlieren sich im 19. Jh. Gewerbe- und Stadtakten liefern Belege für die Aufführungstermine. Heute wird der Bindertanz von der Salzburger Brauchtumsgruppe »Jung Alpenland« zu besonderen öffentlichen Festen (z. B. Dult, Fest zur Festspieleröffnung etc.) aufgeführt. Die Binder und Küfer hatten als Lieferanten von Arbeitsgeräten (Bottiche, Schäffer), Bierfässern und Salzkufen große Bedeutung (Ende des 18. Jh.s belieferten sie zwölf Brauereien in der Stadt Salzburg). Der →Dürrnberger Schwerttanz ist archivalisch in Bild und Schrift besonders gut belegbar.
Der Lungauer Russentanz, heute durch die →Vereinigten in Tamsweg ausgeführt, soll nach mündlicher Überlieferung aus Weißrußland bzw. dem Kosakengebiet durch nicht nachweisbare Bergknappen eingeführt worden sein. Diese Ursprungslegende ist historisch nicht nachvollziehbar, doch fehlen zum Tanz alle Quellen. Tatsächlich dürfte der Russentanz eine Fehlinterpretation bei Wiederaufnahme eines einstigen Bergmannstanzes sein, der vielfach Verwandtschaft mit Zunft- und Standestänzen aufweist. Die roten »Kosakenblusen« könnten eine Fehlinterpretation der einstigen rot-weißen Salzburger Bergmannstracht darstellen. Auch eine Fehlinterpretation eines Faschingsbrauches des 18. oder 19. Jh.s ist denkbar.

Lit.: M. T. Resch: Die »Vereinigten« in Tamsweg. Diss. Wien 1986. – I. Peter: Salzburger Tänze. Salzburg 1975.

U.K.

Volkswirtschaftliche Gesellschaft Salzburg, Faberstraße 18, wurde 1961 als Verein mit dem Ziel gegründet, alle Interessierten kompetent und sachlich über Wirtschafts- und Gesellschaftsfragen zu informieren und ein Kontaktforum zwischen Wirtschaft, Schule, Verwaltung, Kirche, Medien und Öffentlichkeit zu sein. Die Volkswirtschaftliche Gesellschaft Österreich als Dachorganisation ist in allen Hauptstädten der Bundesländer vertreten.

H.O.

Wachs. Wachsbossierer, Wachszieher (Kerzenmacher) gehörten der Zunft der Lebzelter an. Die älteste Wachszieherei Salzburgs war im »Haus im Thumbfreithof« am →Dom. Mitte des 15. Jh.s wird nur ein Kerzenmacher für Salzburg genannt, aber schon 1623 wissen wir von einer Wachszieher- (und Lebzelter-) Werkstatt im Haus Getreidegasse 46, die mit jenen in den Häusern Hagenauerplatz 2 und Steingasse 46 zu den alten Wachszieherwerkstätten gehörte. Auch St. Johann i. P. nennt für das 17. Jh. einen bedeutenden Wachszieher (Lorenz Zäch). Die Wachszieher stellten neben Kerzen auch alle Arten von Wachsopfergaben und Wachsmodeln her. Die frühesten für Salzburg belegbaren Wachsvotive stammen von 1414. Als die →Aufklärung die Wachsopfer (Votivgaben) in den Kirchen und die Zahl der Altarkerzen einschränkte, mußte auch die während des 18. Jh.s in Salzburg tätige Firma Lebitsch schließen.

Die künstlerischen Wachsarbeiten wurden in Salzburg vor allem von den beiden Frauenklöstern der Benediktinerinnen am →Nonnberg und der Kapuzinerinnen von Loreto (→Wallfahrt) hergestellt. Die Kunst der Benediktiner-Konventualin Maria Anna Josepha von Vierholz (1656-1701), die Madonnenbüsten schuf, fand reiche stilistische Nachfolge. Vor allem wurden in den Klöstern Wachsnachbildungen der →Gnadenbilder, d. h. Jesuskindln (→Loretokindl, →Fatschenkindl) in zahllosen Variationen hergestellt. Ebenso wurden Köpfe mit eingesetzten Glasaugen und echten Haaren für »Gute Hirten« oder Wachsköpfchen und Gliedmaßen für kleine Krippenfiguren erzeugt. Aber auch Heiligenfiguren, Wachsbüsten und Altarpyramiden mit Wachsmodeln entstanden vor allem in der 1. H. des 18. Jh.s, der Blütezeit dieses Kunstgewerbezweiges. Im ehemaligen salzburgischen Tittmoning beschäftigten sich J. B. →Cetto und sein Sohn Nikolaus Engelbert in der ersten H. des 18. Jh.s mit der Herstellung feinster Wachsbilder. Zu Ende des 18. Jh.s tritt in Salzburg der Schuster und Wachsbossierer Bartholomäus Lominger mit Wachsporträts (auch lebensgroß!), Figuren und Gruppen in Wachs sowie Nachbildungen von Naturpräparaten in Erscheinung. Er präsentierte seine Sammlung 1797 »nächst dem Postamte« in einem Panoptikum. Zwischen 1790 und 1830 war der aus Kempten gebürtige Johann Albani als Porträtbossierer tätig. Zur selben Zeit arbeitete in Salzburg die nicht ganz so qualitätvolle Elisabeth Höss (Hess). 200 Jahre der Blütezeit in der Kunst der Wachsbearbeitung gingen in Salzburg mit dem letzten Wachsbossierer Ludwig Mongenas in der 1. H. des 19. Jh.s zu Ende. Kommerzielle Erzeugnisse lieferte ab dem 19. Jh. die Firma →Weinkamer (Imbergstraße) mit Kerzen, Votiven, Wachskindln und köstlichen kleinen Scherzfiguren aus bemaltem oder färbigem Wachs (Firma aufgelöst Jänner 1987) und die Salzburger Wachszieher- und Lebzelterfirmen Nagy und Weber.

Lit.: U. Pfistermeister: Wachs, Volkskunst und Brauch, Bd. 1. Nürnberg 1982. – Kat. Köstlich altes Wachsgebild. Dommuseum, Salzburg 1977.

Ch.S.

Wachsmann, Konrad, * Frankfurt/Oder, (Deutschland), 16. 5. 1901, † West Los Angeles (USA), 25. 11. 1980, deutsch-amerikanischer Architekt, ab 1949 Professor an verschiedenen amerikanischen Universitäten. Seine Architekturseminare an der Intern. →Sommerakademie in Salzburg (1956-60) prägten als »überaus produktive und inspirierende Phase (...) eine ganze Generation junger österreichischer und internationaler Architekten« (F. →Kurrent). Österreichische Teilnehmer F. →Achleitner, H. →Czech, G. →Garstenauer, Eugen Groß, Johann Georg Gsteu, F. Kurrent, Hans Puchhammer, Johannes Spalt, Ottokar Uhl und Gunther Wawrik. Wachsmanns Versuch, das sogen. »Salzburg-Institut«, ein Bau- und Forschungszentrum für die Gebiete der angewandten Wissenschaften, Industrie und Technik als »Keimzelle des neuen Baugedankens« (u. a. die Entwicklung universaler Bausysteme als Kombination weniger konstant genormter Teile) zu gründen, scheiterte.

Lit.: N. Mayr: Die Baukultur im Zeichen von Wiederaufbau und Wirtschaftswunder. Zur Architektur in Salzburg zwischen 1945 und 1970, in: Ernst Hanisch, Robert Kriechbaumer: Salzburg (Geschichte der Bundesländer seit 1945), Wien-Köln-Weimar 1997, S. 636-639. – Barbara Wally (Hg.): Die Ära Kokoschka. Internationale Sommerakademie für bildende Kunst Salzburg 1953-1963, Salzburg 1993. – Konrad Wachsmann: Teamarbeit im Seminar. In: Ina Stegen. Das schönste Atelier der Welt, 25 Jahre Internationale Sommerakademie für bildende Kunst, Salzburg 1978, S. 48-51.

N.M.

Waggerl, Karl Heinrich, * Badgastein 10. 12. 1897, † Schwarzach 4. 11. 1973, Schriftsteller, Maler, Zeichner. Sohn eines Zimmermanns, ärmliche Jugend in Badgastein, Bürgerschule, Lehrerseminar in Salzburg. Offizier im 1. Weltkrieg, ital. Kriegsgefangenschaft bis 1920. Dann Lehrer in Wagrain. Wegen Lungenkrankheit schied er 1923 aus dem Schuldienst aus. Über verschiedene Berufe (Versicherungsbeamter, Zeichner, Buchbinder) kam er zum Schreiben; vorerst aber ohne Erfolg. 1930 veröffentlichte der Insel-Verlag seinen Romanerstling »Brot«, der von Adalbert Stifter und Knut Hamsun beeinflußt war. Der Roman »Schweres Blut« (1931) folgte. Die sozialkritische Haltung W.s trat in den weiteren Werken zurück. »Das Jahr des Herrn« (1933) zeigt schon W.s schriftstellerische Eigenart: die Einfachheit des Erzählens, verbunden mit gütigem Humor, der die menschlichen Schwächen versteht. W.s Phantasie griff nie weit aus, sein Schreiben stammt aus der unmittelbaren, sinnenhaft erlebten dörflichen Umgebung seiner alltäglichen Welt; das »Wagrainer Geschichtenbuch« (1936) ebenso wie die Erzählungen des Bandes »Fröhliche Armut« (1948). W. engagierte sich auch in den öffentlichen Belangen der Gemeinde Wagrain, die ihn 1935 zum Ehrenbürger machte. Er setzte sich für Fremdenverkehr und Handwerk (→Hausindustrie) ein, wirkte bei öffentlichen Anlässen und Feiern gestaltend mit und war 1940-41 acht Monate lang Bürgermeister. Gegen die Einvernahme seiner Werke durch den Nationalsozialismus hat sich W. nicht gewehrt. Nach dem 2. Weltkrieg machten ihn viele Lesereisen durch Österreich, die Bundesrepublik Deutschland und die Schweiz weiter bekannt. Am Salzburger →Adventsingen wirkte er mit, indem er eigene Weihnachtsgeschichten (»Und es begab sich«, 1953) in seiner unverkennbaren Art las. Obwohl W. in allen seinen Werken eigentlich nur Charaktere, Szenen und Situationen seiner dörflichen Salzburger Alltagswelt gestaltete, wurde er im gesamten dt. Sprachraum berühmt, und zwar als Dichter des einfachen Lebens im naturverbundenen bäuerlichen Jahresablauf. W.s Bücher übersteigen die Wirkung von Provinzliteratur und widerlegen gleichzeitig damit den Verdacht, nur Blut-und-Boden-Literatur zu sein. Zunehmend wandte sich W. den kleinen Prosaformen zu: »Liebe Dinge« (1956), »Kleine Münze« (1957),

Karl Heinrich Waggerl (RV-Dapra)

»Die Traumschachtel« (1961, mit Bildern von A. →Muthspiel). Sein bekanntester Lyrikband heißt »Heiteres Herbarium« (1950, mit eigenen Aquarellen). Ehrungen und Preise nahm W. zeitlebens gelassen hin: Er erhielt 1934 als erster den »Österreichischen Staatspreis«, den Adalbert-Stifter-Preis (1957) und die Würde des Ehrensenators der Salzburger →Univ. (1973). W. starb an den Folgen eines Verkehrsunfalles und liegt in einem Ehrengrab in Wagrain begraben. Seine »Sämtlichen Werke« erschienen 1970 (2 Bde. im Otto Müller Verlag). W. war – vor allem für deutsche Leser – der Inbegriff des gemütvollen Österreichers, der alles in der Welt, selbst wenn es zum Weinen ist, mit Humor betrachtet und dessen liebevoller Erzähler-Blick vor allem den kleinen Dingen gilt. Abschließend ein Beispiel dafür: »Wenn ein Salzburger in die Welt hinauskommt, findet er nicht leicht ein Ländchen, das kleiner ist als seines«. Der Kulturverein »Blaues Fenster«, Wagrain, betreut das K.-H.-Waggerl-Haus (Wohnhaus des Dichters) als öffentlich zugängliche literarische Gedenkstätte (Wohnräume, Werknachlaß, Fotografien, Briefe).

Lit.: K. Müller (Hg.): »Nichts Komplizierteres heutzutage als ein einfacher Mensch«. Beiträge des Int. K.-H.-Waggerl-Symposions 1997, Salzburg 1999. – K. Müller: K. H. Waggerl. Eine Biographie mit Bildern, Texten und Dokumenten, Salzburg 1997. – K. H. Waggerl: Frauenmantel. Fotografien v. K. H. W., Text v. Bodo Hell. Salzburg 1993. – K. H. W. genauer betrachtet. Hg. von L. Besch, Salzburg 1967.

A.Has.

Wagner, Franz, * Linz 21. 11. 1872, † Freiburg/Breisgau 17. 5. 1960, Baumeister. Absolvent der (Staats-) →Gewerbeschule Salzburg, bis 1903 im Stadtbauamt tätig, 1906 Gründung einer eigenen Baufirma. Neben der Planung (Sternbrauerei, Garten und Gaststätte, Projekt u. a. für Torbogen Gaswerkgasse, für eine Verkehrsstraße Makartplatz–Neutor, für die Staatsbrücke) und Bauleitung von Neubauten, Adaptierung und Renovierung von Monumentalbauten (Kollegienkirche, →Mirabell, →Residenz →Univ.), vor allem aber von Bürgerhäusern in Stadt und Land, wobei sein Leitmotiv – im Sinne der purifizierenden Denkmalpflege der Zeit – »die Rückgewinnung der Urform« war: Beseitigung aller »störenden« Zutaten an den Fassaden, wie Verbauungen, »falscher« Verputz, »falsche« Färbelung, Freilegung Salzburger Materialien wie Konglomerat, Marmor (markantestes Ergebnis die gotischen Fensterleibungen am Slama- und Fürsthaus am Alten Markt), Wiederherstellung Salzburger Innenhöfe (Bürgerspital), Rekonstruktion der »Salzburger Form des Geschäftsladens«, der in Arkaden eingebettet sei, Entfernung von »störenden« Schildern und Inschriften, Einführung des sog. Freiburger Pflasters (mit konzentrischen Mustern).

Lit.: Nekr. in: MGSLK 101, 1961. – K. Mühlmann: Stadterhaltung und Stadterneuerung in Salzburg an Beispielen der Restaurierungen F. W.s. München-Wien 1952.

M.O.

Franz Wagner, Freiburger Pflaster in der Kaigasse (Hubert Auer)

Wagner, Hans, * Graz 22. 11. 1921, † Salzburg 24. 2. 1990, Historiker, Univ.-Prof. Nach Kriegsdienst und -gefangenschaft studierte W. in München, Graz und Wien, absolvierte das Inst. für österr. Geschichtsforschung und promovierte mit einer Dissertation über das Salzburger Domkapitel. Nach einer Anstellung am Wiener Haus-, Hof- und Staatsarchiv folgte er 1966 einem Ruf als Ordinarius für österr. Geschichte an die Salzburger →Univ., an der er auch die Funktionen eines Dekans und Rektors bekleidete. Seine zahlreichen wissenschaftlichen Arbeiten beschäftigten sich vor allem mit der österr. und Salzburger Geschichte in der frühen Neuzeit, speziell mit dem Zeitalter der →Aufklärung. Wichtig wurde besonders seine Initiative zur vielbändigen »Geschichte Salzburgs. Stadt und Land« (1981 ff.), für die er selbst Beiträge verfaßt hat. Große Verdienste erwarb sich W. auch um die Gesellschaft für Salzburger →Landeskunde, derer Vorstand er nach dem Tod H. →Kleins im Jahre 1972 wurde. Seine Leistungen wurden vielfach gewürdigt, u. a. wurde er 1973 korrespondierendes Mitglied der Österr. Akademie der Wiss. und Mitglied der Kommission für Neuere Geschichte Österr.

Lit.: R. R. Heinisch: Nekr. H. W. In: MGSLK 131, 1991, S. 432 ff.– FS. für H. Wagner. MGSLK, Erg. Bd. 8, 1982.

R.R.H.

Wagner, Richard, * Leipzig 22. 5. 1813, † Venedig 13. 2. 1883, Komponist. Verbrachte, »von Regengüssen überflutet«, »von einem Zollbeamten des Zigarrenschmuggels überführt«, mit der »Tristan«-Partitur im Gepäck, nach einem Besuch bei Cosima v. Bülow, der Tochter Franz

Liszts, auf der Reise von Bad Reichenhall nach Wien die Nacht vom 13. auf den 14. 8. 1861 in Salzburg. Im Franziskanerkloster soll er P. P. →Singer besucht und eine Vorführung des Pansymphonikums gehört haben. Die Wagner-Rezeption setzte in Salzburg 1862 ein, zunächst mit der Aufführung von Opernchören durch die Salzburger →Liedertafel und die Singakad., im k. k. →Theater folgten als Salzburger Erstaufführungen 1876 »Der Fliegende Holländer«, 1877 »Lohengrin«, 1880 »Tannhäuser«, 1899 »Walküre«; im Stadttheater 1901 »Die Meistersinger von Nürnberg«, 1904 »Rheingold« und 1919 »Tristan und Isolde«. 1936 leitete A. →Toscanini die erste Aufführung der »Meistersinger« im Rahmen der →Festspiele, B. →Walter »Tristan und Isolde«, H. Knappertsbusch 1938 »Tannhäuser«. In den ersten Jahren der →Osterfestspiele stand W.s Werk im Mittelpunkt. Gemeinsame Produktion des Salzburger Landestheaters (Aufführungsort Kleines Festspielhaus, →Festspielhäuser) von »Der Ring des Nibelungen« mit dem Opernhaus Graz (1987-90).

Lit.: H.-J. Irmer (Hg.): R. W: »Der Ring des Nibelungen«, Graz–Salzburg 1987-1990, Anif 1992 (=Wort und Musik 8). – G. Croll: R. W. in Salzburg. Die dreißiger Jahre, in: R. W. 1883-1983, Die Rezeption im 19. und 20. Jh., Stuttgart 1984, S. 515 ff.

G.W.

Wagner, Sylvester, * Hennndorf 31. 12. 1807, † Henndorf 10. 10. 1865, Mundartdichter. Sohn eines Zimmermanns, 1814 Tod des Vaters, Gymnasium in Salzburg, Studium der Medizin, dann der Astronomie an der Univ. Wien. 1848 Anstellung bei der Wiener Sternwarte. W.s Gedichtband »Salzburga Gsanga« erschien 1847. 1844-48 Mitglied einer literarischen Gesellschaft; lebhafte literarische Tätigkeit, einzelne Arbeiten W.s erschienen in verschiedenen Zeitschriften. W. war den revolutionären Ideen von 1848 gegenüber sehr aufgeschlossen. Im Oktober 1848 reiste er nach Salzburg und versuchte hier, Freiwillige für das Bürgerheer zu werben. W. mußte flüchten; erst die Amnestie Ende 1848 ermöglichte ihm weitere Arbeit. Er wurde Schreiber in Neumarkt, 1850-65 dann Gemeindeschreiber in Henndorf. Gebrochen begann er erst 1855 wieder zu schreiben. 1857 heiratete er seine Haushälterin. Ruhige Jahre bis zu seinem Tod in Henndorf. Als Nachruf schrieb ihm F. →Stelzhamer eine »Elegie« (Salzburger Zeitung v. 19. 10. 1865). →Mundartliteratur. Literarisch verewigt wurde S. Wagner in der Figur des »Sterneguckers« im Roman »Philomena Ellenhub« von J. →Freumbichler. S. Wagner-Brunnen und Grab in Henndorf.

Hans Waldburger, Marienkrönung Pfongau, um 1610 (SMCA)

Lit.: A. S. Weiß: »Es wird hier ungeheuer fleißig gearbeitet«. Henndorfs Literaten, Mundartdichter und Sänger in Vergangenheit und Gegenwart, in: Ders. (Hg.), Henndorf am Wallersee, Kultur und Geschichte einer Salzburger Gemeinde, Henndorf 1992. – H. Dieter: Der Salzburgische Dichter S. W. Vortrag, Salzburg 1897.

A.Has.

Waldburger, Hans, * Innsbruck um 1570, † Salzburg 12. 7. 1630, Bildbauer. Sein Vater war der aus Augsburg stammende Innsbrucker Hofbildhauer Hans Leonhard W., die Mutter entstammte der Salzburger Künstlerfamilie Bocksberger. Nach Lehrjahren in der väterlichen Werkstatt dürfte er sich in Italien weitergebildet haben. Seit ca. 1603 war W. mit einer kurzen Unterbrechung – 1614 hielt er sich wegen Landesverweisung in Eichstätt auf – als führender Meister und Hofbildhauer in Salzburg tätig und starb als sehr vermögender Mann. W. nimmt bei der »Wiedergeburt des

Schnitzaltares« eine ähnlich initiative Rolle ein wie Dengler und Zürn für den süddt. Raum. Der Rückgriff auf den spätgotischen Typus wird durch eine »neue veristische Sinnfälligkeit plastischer Darstellung« (Wagner) zu frühbarocker triumphalistischer Pracht im Sinne der Gegenreformation adaptiert. Mit einigen Ausnahmen (Hochaltar Mondsee von 1626, Hochaltar Nonnberg von 1628, jetzt in Scheffau, Bartholomäusaltar von →St. Peter von 1613, jetzt in Annaberg) sind seine Altarschöpfungen bestenfalls in Einzelteilen erhalten. Drei für St. Peter ab 1624 geschaffenen Hauptaltären kommt besonderes Gewicht zu. Seine Figuren und Reliefs – am bekanntesten die »Justitia« über dem Portal des Salzburger →Rathauses (1616), daneben der Epitaph für Heimeran Rietz in der Stiftskirche →Nonnberg (1618) und einige →Hellbrunner Gartenskulpturen (1613) – gehören mit ihrer edlen Ausdruckskühle und der unmonumentalen, von einem scharfkantigen, unruhigen Gewandstil bestimmten Haltung dem Manierismus an. Neben Ferdinand Murmann und H. →Pernegger d. J., der die Werkstatt weiterführte, war J. →Gerold der wichtigste Schüler W.s.

Lit.: G. Brucher (Hg.): Die Kunst des Barock in Österreich. Salzburg 1994, S. 143 f. – F. Wagner in: AMK 201/202, 1985, S. 11 ff. – Ders. in: FS. St. Peter. Salzburg 1982, S. 627 ff. – Pretzell.

N.Sch.

Wallack, Franz Friedrich, * Wien 24. 8. 1887, † St. Johann im Pongau 31. 10. 1966, Techniker. Neben Kraftwerksbauten und Projekten von Seilschwebebahnen hat W. nach Überwindung vieler Widrigkeiten die technisch anspruchsvolle, landschaftskonforme →Großglockner-Hochalpenstraße von Fusch über das Hochtor nach Heiligenblut gebaut, die am 3. 8. 1935 eröffnet wurde. →Baudenkmäler der Technik und Industrie, →Bauten des Verkehrs.

Lit.: C. M. Hutter: Großglockner. Salzburg 1985.

R.R.H.

Wallée (auch Vallet) Louis, * Berleburg (bei Marburg) 1773, † Salzburg 12. 3. 1838, Zeichner und Aquarellist. Seit 1796 in Salzburg ansässig, nahm er zahlreiche sehenswürdige Landschaftspunkte auf, die als kolorierte Umrißradierungen in verschiedenen Formaten vervielfältigt wurden. So malte er 1799 eine Serie von Berchtesgadener Ansichten und annoncierte 1818 »24 der schönsten mahlerischen Ansichten der Stadt Salzburg und ihrer romantischen Umgebung«. Der Reiz dieser stereotyp angelegten, eher primitiv gezeichneten Souvenirblätter liegt in ihrer eine arkadische Stimmung heraufbeschwörenden Duftigkeit.

Lit.: Fuhrmann-Land. – Wurzbach. – Pillwein.

N.Sch.

Walleitner, Josef, * Maria Alm 3. 6. 1904, † Salzburg 27. 5. 1982, Priester, Univ.-Prof. in Salzburg u. a. für christliche Volkskunde. Einziger in Salzburg für Volkskunde habilitierter Gelehrter. Er vertrat mehr als zehn Jahre dieses Fach an der Theologischen Fakultät. Zunächst auf den bäuerlichen Bereich bezogen, brachte seine Lehrtätigkeit im Ansatz auch neue Themen ein (z. B. Industriegesellschaft). Sein 1947 erschienenes Buch »Der Knecht« blieb lange Zeit ein Pionier- und Standardwerk.

Lit.: H. Eberhart: Die Volkskunde an der Univ. Salzburg. In: Heimat als Erbe und Auftrag, FS. für K. Conrad, Salzburg 1984, S. 99 ff.

R.A.

Wallfahrt. In der Erzdiözese Salzburg befinden sich viele W.-Orte von lokaler und überregionaler Bedeutung, die sich z. T. noch immer regen Zuspruchs erfreuen. Viele W. sind abgekommen oder wurden verboten, manche W.-Stätten zerstört. Auch in Salzburg Überreste vorkeltischer Opferstätten, Zeugnisse reichen kultischen Lebens, die später Eingang in das W.-Geschehen der Kirche fanden. Kontinuität der Sakralkultur ist belegbar, da vielfach an heidnischen Kultstätten christliche Gotteshäuser erbaut wurden. Auch nicht eindeutig datierbare Felsbilder werden noch immer aufgesucht (Fragenstein bei St. Koloman).

Um viele W.-Stätten ranken sich Gründungslegenden: so die Anschwemmungslegende (Bramberg, Bruck), Rastlegende (Maria Bruneck/Golling, Hollenstein/Ramingstein), Rückkehrlegende (St. Leonhard bei Tamsweg, Maria Kirchenthal, →Loretokindl in Salzburg), weisende Tiere (verlorene Schafe oder Vögel, z. B. Kleinkirchenthal bei Hallein). Oft sind auch »numinose Momente« ausschlaggebend, die sich im Stein-, Quell-, Baum- oder Traumkult manifestieren. Kultobjekte: →Gnadenbilder, d. h. Statuen aus Holz oder Stein (meist in alten marianischen W.-Orten), Bilder und Gemälde (die zumeist nachreformatorischen Gnadenbilder sind Kopien »bewährter« Kultobjekte, oft auf byzantinische Ikonen zurückgehend, etwa Maria Plain, Maria Hilf, Ährenkleidmadonna, Mutter vom Guten Rat, Madonna von Cambrai u. a.) oder Reliquien (wie die Gräber der Bistumspatrone, hl. →Erentrudis im Stift →Nonnberg, hl. →Rupert und hl. →Virgil im →Dom bzw. in →St. Peter). Älteste, heute noch lebendige und nie unterbrochene W. in Salzburg ist St. Leonhard bei Tamsweg; im Abstand folgen Mülln, Großgmain, →Franziskanerkirche; im Tiroler Anteil stehen St. Leonhard bei Kundl und Mariastein am Anfang.

Das SpätMA. ist von einer Welle von Sühne-, Bitt- und Dank-W. gekennzeichnet. Kreuztrachten (Wallfahrer aus Tochterpfarren) und Bittvölker aus dem ganzen Erzbistum (mit Ausnahme des Tiroler Anteils) pilgerten zur Ur- bzw. Mutterpfarre nach Nonnberg, St. Peter und in den Dom, meist vor Christi Himmelfahrt oder zu Pfingsten. Nach strengem Reglement wallten sie geschlossen von Mülln aus durch die Stadt zu ihren Zielen. Auch Pinzgauer Wallfahrer nahmen nach 20 Stunden Fußmarsch am Festgottesdienst teil. 1789 wurde nach 220jähriger Dauer diese W.-Tradition zur Haupt- und Mutterkirche verboten, lediglich das Spottlied auf die »Pinzgauer W. « lebt noch fort; es tauchte 1760 in Handschriften auf und war nach 1800 auch außerhalb der Alpenländer sehr verbreitet (auch →Goethes Mutter kannte es): »Dö Pinzgara soltn kirfartn gehn, widi wadi we, eleison!« Auch eine zweite Pinzgauer W., die noch heute stattfindet, reicht ins 15. Jh. zurück, die »Großglockner-W.« nach Heiligenblut: Ende Juni ziehen die Wallfahrer den 40 km langen Weg durch das Fuscher Tal über das Hochtor nach Kärnten und zurück. Zur »W. über das Steinerne Meer« zum Königssee (J. →Lahnsteiner).

Mit der Gegenreformation (Konzil von Trient 1545-63) begann die Hochblüte der W. in Salzburg. Viele neue W. entstanden, weniger aufgrund von Stiftungen wunderbar erretteter Einzelpersonen als infolge von Notzeiten, Hungersnöten oder Seuchen. Nah-W. bestimmten das Geschehen. Große Bedeutung der Bruderschaften für barocke W. und Prangfreude. Zur Mozart-Zeit 37 W.-Orte allein in der Stadt (bedeutendste W. jene zum Loretokindl). Von den großen Barock-W. außerhalb der Grenzen erreichte Salzburg nur eine: Verehrung der Madonna von Genazzano (Maria vom Guten Rat); große Verbreitung unter Eb. Sigismund Schrattenbach (mehr als 250 Andachtsstätten).

Im 17. und 18. Jh. bes. Marienverehrung vor allem in Maria Plain (»Maria Trost am Plain«), »Haus-W.« der Salzburger Fürsterzbischöfe; sie behielt bis heute die führende Stellung unter den Salzburger W.-Orten; Krönungswoche und Heimkehrer-W. stellen Höhepunkte im Jahreslauf dar. Maria Kirchenthal (→Pinzgauer Dom) erreichte im Barock rasch den zweiten Platz, 1783 zählte man 50 000 Kommunikanten, wobei 13 Priester gleichzeitig tätig waren. »Unsere Liebe Frau auf dem Dürrnberg« wies bes. an Bittagen vor Christi Himmelfahrt »Tage großen Gedränges« auf, wird heute noch besucht.

Die →Aufklärung unter Eb. →Hieronymus Colloredo mit ihren Geboten und Verboten traf das W.-Wesen empfindlich (Hirtenbrief von 1782). Nur wenige W.-Orte konnten sich im 19. Jh. erholen; meist nur noch lokale Bedeutung. Immer enger gezogene Einschränkungen (z. B. Verbot von W., die über Nacht oder außer Landes gingen) und Grenzprobleme mit altbayerischem Gebiet, das jahrtausendalte kirchliche Verbindung zu Salzburg hatte, und dem 1816 abgetrennten Rupertiwinkel waren der W. nicht förderlich. Die Kirche führte einen harten Abwehrkampf gegen die Aufklärung und förderte neue Andachtsformen. Kopien der »Unbefleckten Empfängnis von Lourdes« und der »Madonna von Fatima« erregten neue W.- Ströme.

Neben der W.-Bereitschaft aus religiösen Gründen spielen neuerdings bes. bei größeren W. gesellschaftlich-sportliche Aspekte eine Rolle. Manche W. sind nach dem 2. Weltkrieg neu entstanden (so die Stadt.-W. nach Maria Plain, die Nacht-W. der Kath. Studierenden Jugend zu verschiedenen Zielen oder die W. des Tiroler Unterlandes nach Mariastein).

Quellenmäßige Erschließung der W. durch Mirakelbücher (ab der Mitte des 17. Jh.s in 16 W.-Orten Salzburgs vorhanden), durch Votivbilder und Votivgaben (Identifikationsopfer, Krankheitsvotive, Eisenvotive, Amulette und Talismane) sowie durch reichhaltiges W.-Brauchtum. →Gnadenbild.

Lit.: Salzburgs Wallfahrten in Kult und Brauch. Kat. Dommuseum, Salzburg 1986. – L. Kriss-Rettenbeck, G. Möhler (Hg.): Wallfahrt kennt keine Grenzen. München-Zürich 1984. – J. Neuhardt: W. im Erzbistum Salzburg. München-Zürich 1982.

R.A.

Wallmann, Heinrich, * Mattsee 10. 7. 1827, † Wien 4. 7. 1898, Arzt und vielseitiger Schriftsteller. Nach den Gymnasialstudien im Revolutionsjahr 1848 Mitglied der Akad. Legion. Teilnahme an den Wiener Oktober-Kämpfen und Geisel der kais. Truppen. Ab 1848 Medizinstudium in Prag, Dr. der Medizin, der Chirurgie und Mag. der Geburtshilfe. 1858 Dozent der pathologischen Anatomie in Wien. Bis zur Pensionierung Militärarzt, zuletzt Oberstabsarzt. Neben medizinischen vor allem auch historische, alpinistische und kulturhistorische Schriften. Sechs dramatische Werke (1856-70) sowie Gedichte in Salzburger Mundart. Gründungsmitglied der Gesellschaft für Salzburger →Landeskunde, des österr. Alpenvereins und des Touristen-Clubs. Gründer der »Salzburger Gesellschaft in Wien«. Zahlreiche soziale Stiftungen. Schenkte 1898 der Stadt Salzburg die von ihm erworbene Parzelle mit dem neuen →Walser Birnbaum. In Mattsee beigesetzt, wo auch das Heinrichs- oder Wallmanns-Bad nach ihm benannt wurde.

Lit.: A. Petter: Der k. u. k. Oberstabsarzt I. Classe Dr. Heinrich Wallmann. Sein Leben und Wirken, in: MGSL 39, 1899, S. XVII ff.

P.F.K.

Wallner, Christian (Pseudonym: Johannes Winkler), * Gmunden 30. 3. 1948, Schriftsteller, Kabarettist. Mitarbeiter von Rundfunkanstalten u. Zeitungen, Dramaturg am Salzburger Landestheater. Seit 1972 Wohnsitz in Salzburg. Gründungsmitglied der Literaturzeitschrift »Salz«, Gründer, Autor und Darsteller der Kabarettgruppe »MotzArt« (→Kabarett). Initiator und Programmgestalter des Internationalen Kabarett-Festivals »MotzArt-Woche« am Salzburger →Mozarteum. Verfasser zahlreicher Essays, Hörspiele, Fernsehfilme, z. B. Film über G. →Trakl: »Jemand hat diesen schwarzen Himmel verlassen«. W. schrieb für den Südwestfunk Kurzhörspielserien, deren ironische Textgrundlagen in der Form von Trivialromanen publiziert wurden: z. B.: »Schatten über Herrenstein« (1983). Schreibt wöchentlich eine Kolumne in den SN. Weitere Werke: »Notarzt« (Kabarett-Texte 1985-95); »Buy-Buy Salzburg«. Ein bürgerliches Singspiel, (1995); »MotzArt«. Kolumnen, Satiren, Parodien (1998). Zahlreiche Hörspiele, Stücke und Filme.

Lit.: Feldner-Repolust: Lustvolle Irritationen. Das Wechselspiel von Unterhaltung und »Aufklärung« in den Trivialroman-Parodien Chr. Wallners, Diplomarbeit Salzburg 1998. – Katalog-Lexikon, Teil 1, Bd. 2, S. 424 f.

H.H., A.Has.

Walser Birnbaum, auf dem Walserfeld am Fuße des Untersbergs. Der Sage nach soll Kaiser Karl der Große aus dem Untersberg auferstehen, wenn sein Bart siebenmal um den steinernen Tisch gewachsen ist. Dann wird es unter seiner Leitung beim W. B. zur Schlacht zwischen Gut und Böse kommen. W. B. urk. am 7. 5. 1872 erwähnt, als vermutl. betrunkene Bauernburschen den alten Baum umgehackt haben. Es dürfte sich damals schon um einen nachgepflanzten Baum gehandelt haben. Baum und Standplatz vermutl. durch viele Jh. bekannt und verehrt. Das Holz des alten W. B. wurde Kronprinz Rudolf und Kronprinzessin Stephanie 1881 in Form eines Kastens (heutiger Standort unbekannt) als Hochzeitsgeschenk dargebracht. Der W. B. ist ein Naturdenkmal mit Gedenktafel. Der dt. Dichter Adelbert von Chamisso (1781-1838) schrieb 1831 das Gedicht »Der Birnbaum auf dem Walserfeld«. →Sagen, →Untersbergsagen.

Lit.: J. Brettenthaler, M. Laireiter: Das Salzburger Sagenbuch. Salzburg 3 1976, S. 60 ff.

R.A.

Walsperger (Carpentarius), Andreas, * Radkersburg 1. H. des 15. Jh.s, (Sterbedaten unbekannt), Kartograph. 1434-42 Benediktiner in →St. Peter. Verfertigte 1448 in Konstanz eine Weltkarte (Imago Mundi), die den Höhepunkt der Mönchskartographie des ausgehenden MA. darstellt. Dieses für den dt. Sprachraum einzigartige Exemplar (eine zweite von W. gestochene Karte ist verloren) befindet sich heute als Teil der Bibliotheca Palatina in der Vatikanischen Bibl. in Rom. →Kartographie.

Lit.: F. Zaisberger, O. Kresten (Hg.): Österreich und der Vatikan. Kat. Wien 1986, S. 163. – K.-H. Meine: A. W. Imago Mundi. In: Kat. St. Peter in Salzburg, Salzburg 1982, Nr. 350. – Faksimile, Zürich 1981.

P.F.K.

Walter, Bruno (eigentlich: B. W. Schlesinger), * Berlin 15. 9. 1876, † Beverly Hills (Kalifornien) 17. 2. 1962, Dirigent und Pianist. Gab sein Konzert-Debüt 13jährig bei den Berliner Philharmonikern, mit 17 übernahm er ein Engagement als Korrepetitor an der Städt. Oper Köln, 1894 in Hamburg, wo er mit G. →Mahler zusammentraf, der ihm künstlerisches Vorbild und Mentor wurde. Es folgten Engagements in Breslau, Preßburg, Riga und Berlin, wo es zu ersten Kontakten mit Carl Muck und R. →Strauss kam. 1901 wurde er nach Wien berufen, wo er bis zu Mahlers Tod blieb und auch österr. Staatsbürger wurde. Er leitete u. a. die UA von Mahlers »Lied von der Erde« und der 9. Sinfonie. 1912-23 war er Nachfolger Mottls an der Bayerischen Hofoper, leitete u. a. die Uraufführung von H. →Pfitzners »Palestrina«. Nach seiner vorübergehenden Rückkehr nach Wien trat er als gefeierter Gastdirigent zahlreicher prominenter Orchester in nahezu allen europ. und amerik. Musikzentren hervor. 1925 wurde er Chefdirigent an der Städt. Oper Berlin, seit 1929 auch des Gewandhausorchesters Leipzig. Während der NS-Zeit wirkte er zunächst in London und Wien. Die Annexion Österreichs durch Hitler zwang ihn, über Frankreich in die USA zu emigrieren, wo er seine intern. Karriere als Dirigent u. a. des New York Philharmonic Orchestra fortsetzte. Seine Beziehungen zu Salzburg und den Salzburger →Festspielen begannen 1925 mit der Aufführung von Donizettis »Don Pasquale«. Ab 1927, nach dem ersten Umbau des →Festspielhauses, teilten sich M. →Reinhardt, Franz Schalk und W. die Leitung der Festspiele. W.s Opernrepertoire reichte von Glucks »Iphigenie in Aulis« (1930), und »Orpheus und Eurydike« (1931) über die dt. romantische Oper (Webers »Oberon« 1932, und »Euryanthe«, 1937) bis zu Wagners »Tristan und Isolde« (1933). Das Kernstück seiner Salzburger Arbeit sind aber seine Produktionen der Mozart-Opern geworden. Nach seinem ersten, noch dt. gesungenen »Don Giovanni« (1931) entschloß er sich bereits 1934 zur Verwendung der ital. Originalfassung, auch für die weiteren Da-Ponte-Opern Mozarts. In den letzten Jahren seines Salzburger Wirkens teilte er mit C. →Krauss und A. →Toscanini die musikalische Leitung der Festspiele. Schriften u. a.: »Thema und Variationen« (1950), »Von der Musik und vom Musizieren« (1957), »Briefe, 1894 bis 1962«, hg. von Walter Lindt (1957); »Die Seele wechselt das Gewand. Briefwechsel mit Lotte Lehmann«, hg. von B. Wessling (1980).

Lit.: G. Rech: Musik in Salzburg. In: Die Salzburger Festspiele, Salzburg 1960. – A. Holde: B. W. Berlin 1960. – B. Gavoty: B. W. Genf 1956. – P. Stefan: B. W. Wien 1936.

J.F.

Wandmalerei. Für die Ausstattung bedeutender Kirchen war W. im MA. obligatorisch, später auch bei kleineren üblich. Aus Quellen die Dekoration des →Doms in der 1. H. des 12. Jh.s in »goldstrahlender Malerei« gesichert. Glücklicherweise noch bedeutende Reste der Ausmalung des Westchores der Stiftskirche →Nonnberg (um 1150) erhalten, ein entscheidender Beitrag zur europ. W. In Nischen die Halbfiguren von Heiligen in strenger Frontalität und eindringlicher Würde. Deutlich erkennbar die geometrische Konstruktion der Vorzeichnung, ein Element, das der italo-byzantinischen Stilrichtung, der diese Bilder angehören, sonst durchaus fremd ist. Weiters konnten in der →Festung eine erste Burgkapelle mit vollständiger Ausmalung seit dem Ende des 11. Jh.s nachgewiesen werden, ebenso sind die freigelegten Fensterarkaden des 12. Jh.s im Hohen Stock bemalt. Einige kleine Fragmente, die bei den Domgrabungen gefunden wurden (jetzt →SMCA), beweisen W. im Dom des 13. Jh.s, etwas mehr ist in der Stiftskirche →St. Peter erhalten (Horenbilder, Heilige mit Stifter), von großem Interesse sind die Freskenreste mit ritterlichen Szenen im Hohen Stock der Festung, Dokument der profanen Wohnkultur der Zeit. Auch im Lande Zeugnisse romanischer W.: im Lungau die bedeutende Ausmalung im Chorturm von Mariapfarr (u. a. Geburt Christi) und, neuentdeckt, in Weißpriach (Ägydiuslegende, Jüngstes Gericht, Majestas Domini), weiters die Apsisausmalung der Georgskirche in Bischofshofen und kleinere Bilder in St. Michael im Lungau und Schwarzenbach im Pinzgau. Auch aus der Gotik des 14. Jh.s Denkmäler erhalten: die Chorausmalung der Marienkapelle in St. Peter, ein Thron Salomonis in der Schloßkapelle Mauterndorf, die Chorfresken in Mariapfarr u. a. Die meisten erhaltenen Werke aus dem 15. Jh., hervorzuheben die Malereien C. →Laibs in der →Franziskanerkirche und das Baumeisterporträt P. →Harpergers (1433) in St. Leonhard bei Tamsweg. Von besonderer Bedeutung ist die weitgehend intakte Ausmalung der Michaelskapelle in Piesendorf von 1430 mit zahlreichen Heiligendarstellungen in besonderer Qualität, mit Parallelen zu den W. in Schwarzenbach. Unter vielem anderen das geschlossene Programm der Nikolauskirche in Badgastein und der Georgskapelle in Mariapfarr erwähnenswert. Die Kirche von Zell am See (um 1130 erbaut) hat Fresken der gesamten gotischen Periode vom Anfang des 14. Jh.s bis 1500. Neue Formen mit Renaissancemotiven in der Kirche von Faistenau, 1517 datiert. Ganz aus dem Geist der Renaissance zwei profane Zyklen: 1536 der Rittersaal in →Goldegg mit seinem Programm aus imperialen, religiösen und ritterlichen Themen und der Fries eines Saales im Schlößchen Freisaal, 1558, Darstellung des »Einrittes« von Eb. Michael von Kuenburg, die offizielle Inbesitznahme des Erzstiftes, gemalt von H. →Bocksberger d. Ä. Durch eine Zeichnung im →SMCA die Fassadenmalerei eines Hauses am Kranzlmarkt überliefert, das »Hasenhaus«, 1793 zerstört. Darstellung einer »Verkehrten Welt«, die Hasen triumphieren über Jäger, Hunde, Bären usw. Nach der Zeichnung weder Zuschreibung an einen Künstler noch genaue Datierung möglich (wohl 16. Jh.). Auch bei der W. für die Frühzeit ist die große Ausstrahlungskraft Salzburgs nachzuweisen, Werke wie die Fresken von Lambach (2. H. 12. Jh.), Frauenwörth im Chiemsee (um 1130), aber auch Gurk (1220/30) werden dem Salzburger Kunstkreis zugerechnet.

Lit.: R. Gobiet (Hg.): Die spätgotische W. der Michaelskapelle in Piesendorf. Salzburger Beiträge zur Kunst und Denkmalpflege, Bd. I, Salzburg 2000. – W. Kovacsovics: Zu den Grabungen auf der Festung Hohensalzburg. In: SMuBl V/1997, S. 4f.

L.T.

Wasserbauten →Bauten des Wasserwesens

»Wassermann«, 1918 als Künstlervereinigung gegründet, zu der urspr. auch eine literarische und eine musikalische Gruppe (unter Leitung von S. →Zweig und B. →Paumgartner) sowie eine Abteilung für Graphik (unter A. →Kubin) gehörten. Die Gruppe für bildende Künste, von F. A. →Harta und A. →Faistauer gegründet, nannte sich auf Vorschlag des Schriftstellers und Astrologen O. A. H. →Schmitz »Der Wassermann« (nach dem Sternbild für die Wiedergeburt des Lichtes als Symbol des siegreichen Geistes oder einfach nach dem Salzburger Denkmal). Paumgartner verfaßte als Jurist die Statuten: »Der Verein hat den Zweck, die bildenden Künstler moderner Kunstrichtungen zusammenzufassen ...« Daß die Wahl der geistigen Elite Österreichs auf Salzburg gefallen war, begründeten die »Wassermänner« in ihrer programmatischen Erklärung: »Salzburg ist die Brücke zwischen Österreich und dem übrigen Deutschland ... Salzburg liegt im Mittelpunkt Europas. An dieser bevorzugten Lage ist durch den Krieg nichts geändert worden. Nichts hat sich geändert an der Schönheit der Umgebung, nichts an den Schätzen alter Kunst auf Straßen und Plätzen ...« Die von außerhalb Salzburgs nach dem 1. Weltkrieg »zugereisten« Künstler verblieben nach internen Kämpfen über Anregung Faistauers im Schutze des überalterten →Kunstvereins. Die Gruppe profilierte sich bis 1921, dem Jahr ihrer Auflösung, in dem Harta Faistauer die Leitung übergeben hatte, mit intern. bedeutsamen Ausstellungen zur modernen Kunst und mit kritischen Vorträgen (Faistauer: »Ist Salzburg eine Kunststadt?« 1919) und erfüllte damit ihr Erziehungsprogramm. »Der Wassermann« richtete im Salzburger Kaufhaus Schwarz eine »Neue Galerie« mit wechselnden Ausstellungen moderner Kunst ein, die später in die Privatvilla des Malers Wittek übersiedelte. Auch die Gründung einer Landesgalerie geht letztlich auf die programmatischen Forderungen Faistauers zurück (1923 →Residenzgalerie, →Galerien).

Lit.: 150 Jahre Salzburger Kunstverein. Kunst und Öffentlichkeit. Salzburg 1994. – Ch. Svoboda: Der Salzburger Kunstverein 1844-1922. Diss. Salzburg 1977. – Kat. Jubiläumsausstellung »Der Wassermann«. Salzburger Kunstverein 1969.

Ch.S., N.Sch.

Wasserzeichen →Papiererzeugung

Watteck, Nora von (geb. Borri), * Feldkirch (Vorarlberg) 6. 10. 1901, † Salzburg 27. 11. 1993, Liebhaberin und Sammlerin von Volkskunst und kunsthandwerklichen Gegenständen, allseits anerkannte und oft als Mitarbeiterin bzw. Beraterin zu Ausstellungen herangezogene Autodidaktin. Frühzeitige Beschäftigung mit Salzburger Landeskunde durch Literaturstudium, Wanderungen durch das Land und unzählige Streifzüge durch Salzburger Tandlerläden. Höhepunkte in ihrem Leben u. a. der 1933 erfolgte Fund der berühmt gewordenen Dürrnberger →Schnabelkanne, die ihr übertragene Rekonstruktionsarbeit der eb. Kunst- und Wunderkammer 1974 im Salzburger →Dommuseum, Aufbau des Heimatmuseums Pfarrwerfen aus eigenen Beständen und dessen Übersiedlung 1975 ins Schloß →Goldegg. Veröffentlichungen zu Salzburger Themen mit eigenwilliger Thematik und Diktion.

R.A.

Weber, Carl Maria von, * Eutin (Holstein) 18. (19.) 11. 1786, † London 5. 6. 1826, Komponist und Pianist. Seine Oper »Der Freischütz« (1821) gilt als Inbegriff der romantischen dt. Oper; vor allem in »Euryanthe« (1823) Vorwegnahme Wagnerscher Ideen, wie Leitmotivtechnik und Emanzipation des Orchesters. Mit der Theatergruppe seines Vaters kam Weber 1797 erstmals nach Salzburg, wo er von M. →Haydn Unterricht erhielt. »Nach vieler Mühe hat es endlich mein Hr. Vater dahin gebracht, daß ich dieses Neue Jahr bei Hr. Capell Meister Michel Haydn den Contrapunkt anfange . . . es ist ein Glück für mich, denn er nimmt sonst keine Schüler mehr an«, berichtet er seinem alten Lehrer Heuschkel in einem Brief vom 28. 12. 1797. Als erstes Resultat dieses strengen Unterrichts erschienen 1798 sechs Fughetten op. 1 im Druck, die in der »Leipziger Allgemeinen Musikalischen Zeitung« als »ausgezeichnete u. ungemein vielversprechende Seltenheit« rezensiert wurden. Vom November 1801 bis Juli 1802 hielt sich W. »in Familienangelegenheiten« erneut in Salzburg auf. Unter den hier komponierten bzw. fertiggestellten Werken ragen zwei besonders hervor: das Singspiel »Peter Schmoll und seine Nachbarn« (Uraufführung: Augsburg 1802) und die »Große Jugendmesse« in Es-Dur (1802), die lange als verschollen galt. In diesen Kompositionen offenbart sich ansatzweise bereits der Musikdramatiker und versierte Meister der Instrumentation. So arbeitet W. in »Peter Schmoll« gezielt mit Klangfarben »älterer, vergessener Instrumente« (Piccolo, Blockflöten, Bassetthorn und Violen) und versucht auch sonst »auf ganz andere Weise zu schreiben«. Sein Lehrer M. Haydn attestierte ihm mit Brief vom 2. 6. 1802, »daß diese Oper mannhaft und vollkommen nach den wahren Regeln des Contrapunctes bearbeitet, mit vielem Feuer und Delikatesse und dem Texte ganz angemessen componirt ist«. Die verlorengeglaubte Messe wurde 1925 von C. →Schneider aufgefunden und veröffentlicht. Diese Komposition sollte wohl zu einer Anstellung bei Hofe verhelfen, worauf die Widmung an Eb. →Hieronymus Colloredo hindeutet. Doch W. hatte keinen Erfolg und verließ im Juli 1802 Salzburg.

Lit.: M. Leinert: C. M. v. W. in Selbstzeugnissen und Bilddokumenten. Reinbek 1978. – C. Schneider: Geschichte der Musik in Salzburg. Salzburg 1955. – E. Schenk: Über C. M. v. W.s Salzburg-Aufenthalte. In: ZfMw 11, 1928/29.

M.W.

Webern, Anton (von), * Wien 3. 12. 1883, † Mittersill 15. 9. 1945, Komponist und Dirigent. Schüler von Guido Adler (Musikwissenschaft) und Arnold Schönberg. Da Natur als Kontrast zum Stadtleben für Webern zeitlebens Faszination behielt, verließ er immer wieder seine Arbeitsstätten bei Wien u. a. in Richtung Salzburg. Aufenthalte z. B. 1931 Zell am See, 1934 Henndorf, 1936 Uttendorf. 1945 reiste Webern, vor den Kriegsbedrohungen flüchtend, nach Mittersill. Dort schrieb er das sog. »Mittersiller Tagebuch« und Skizzen zum unvollendeten op. 32. Als der eigentliche Krieg überstanden war, beendete die Kugel eines durch Mißverständnisse irritierten amerikanischen Soldaten Weberns Leben ganz plötzlich.

Lit.: E. Hilmar (Hg.): A. W. 1883-1983. Wien 1983. – H. Moldenauer: A. v. W. Zürich 1980.

W.G.

Weihnachtsbräuche, auch als Bräuche des Weihnachtsfestkreises bezeichnet, umfassen die Adventzeit (Epiphaniefastenzeit oder Weihnachtquadragese), also die Vorbereitungen auf die Ankunft des Herrn, die Feiertage dieses Ereignisses sowie den Ausklang der Weihnachtszeit mit dem Fest Maria Lichtmeß am 2. Februar. Bis ins 20. Jh. kirchlich intendierte Bräuche des Adventansingens, von denen sich das →Ang(k)löckeln in verschiedenen Formen erhalten hat. Es war häufig (etwa bei den Schiffern, Drehkrippe des 18. Jh.s aus Oberndorf erhalten) gepaart mit Heischegängen, mit der Bitte um Unterstützung in Zeiten der Arbeitslosigkeit. Schon im 6. Jh. existiert die Bezeichnung »Klöpfel-

nächte«, Johannes Boemus erwähnt sie um 1520 als städtischen Kinderbrauch, mit den Gaben Äpfel, Birnen, Nüsse und Pfennige, ebenso Sebastian Franck in seinem Weltbuch von 1534. Schon Boemus spricht von den Donnerstagen vor Weihnachten, die eine spezielle eucharistische Note aufweisen. Sie werden mit Texten der Bergpredigt (»Klopft an, so wird euch aufgetan«, Mt 7,7f) und dem Lukasevangelium (Lk 13,25 und Lk 13,26), wo es heißt: »die ihr draußen steht und an die Pforte zu klopfen beginnt und ruft: Herr mach uns auf!« in Verbindung gesetzt. Aus dem Heische- und Ankündebrauch des frühen Mittelalters – das Gabenbitten zu bestimmten Festzeiten war Vorrecht ärmerer Bevölkerungsgruppen, die als Vertreter der Armen Seelen verstanden wurden (u. a. Sternsinger, Frisch-und G'sundschläger am Tag der Unschuldigen Kinder) – wurde in der Gegenreformation im Umkreis der Klöster ein Brauch der Lateinschüler, der sich auf die Bevölkerung ausbreitete. Die →Wilde Jagd rund um den Untersberg, obwohl am 2. Donnerstag im Dezember aufgeführt, zählt nicht zu den alten Bräuchen, sie stellt ein Konglomerat aus Sagenfiguren, Bräuchen und germanophiler Interpretation dar.
Auch das Herbergssuchen und Frautragen gehört zu den Bräuchen der Ankündigung des Weihnachtsfestes. Das Motiv der Herbergssuche – Josef mit der schwangeren Maria vor dem abweisenden Wirt – ist seit dem Spätmittelalter Bestandteil der kirchlichen Weihnachtsspiele. Zur Zeit der Gegenreformation wurden diese Spiele zur Vermittlung religiöser Inhalte zusehends volkstümlicher, und Elemente, die den katholischen Glauben betonten, ebenso wie die volkstümliche Dramatik wurden verstärkt (etwa die Marienverehrung). Im Lied dokumentiert sich das in »Wer klopfet an«. Das Nachempfinden der Herbergssuche findet sich in den »Exercitia spiritualia« des hl. Ignatius von Loyola (1548) sowie im »Cathechismus Romanus« (1566) als besonderes Anliegen. Als Volksbrauch ist sie seit dem 16. Jh. nachweisbar. In Salzburg haben sich innergebirg Anklöcklergruppen, die die Herbergssuche darstellen, erhalten. Im Salzburger Gebirge, speziell im Pinzgau, finden sich viele private »Frautafeln« des 17. und 18. Jh.s, die die Herbergssuche bzw. eine Maria gravida – teils übers Gebirge gehend – darstellen. (Im Bereich der internationalen Kunst findet sich die Wirtsszene im 16. Jh. häufig auf Altarbildern.) Sie wurden im Advent betend von Haus zu Haus getragen, in Andachten verehrt und waren eine Demonstration katholischen Glaubens, die dem möglichen Vorwurf des Kryptoprotestantismus begegnen sollten. In den 1690er Jahren wurde im Pinzgau »von der Kirche nie erlaubt (. . .), dieser nächtliche Aufzug infolge des damit häufig verbundenen Unfuges auch von den weltlichen Behörden verboten«. Das Herbergssuchen war also, wie alle anderen Bräuche auch, in der unter strenger sozialer, kirchlicher wie obrigkeitlicher Kontrolle stehenden Bevölkerung zum Anlaß für Ausgelassenheit und Suff, Partnersuche und Raufhändel geworden. Aus der Wende zu unserem Jh. erfahren wir noch einiges über den Ablauf des Frautragens. Fast ausschließlich wurde das Bild/die Statue von Frauen, oft von den Jungfrauen, von Familie zu Familie getragen. Die Begleitung wurde bewirtet und die Trägerin mit Gebäck beschenkt. Für das Frauenbild wurde in der Stube ein »Altar« errichtet und dort eine Andacht gehalten. Der Besuch des Frauenbildes bedeutete den Menschen Schutz und Segen für die Familie und den Hof. Für Land und Stadt Salzburg ist das Frautragen bis in unser Jh. ohne Unterbrechung belegt. Um die Wende zu unserem Jh. gab der vom Münchner Servitinnenkloster zwischen 1892 und 1914 mehrfach aufgelegte Text »Geistlicher Krippenbau« neue Impulse. Seit dem Marianischen Jahr 1954 tragen verschiedene religiöse Gruppierungen in den katholischen Pfarren das Herbergssuchen weiter. Das Oberndorfer Frautragen wurde erst 1934 eingeführt.
Das bereits im MA belegte Roratebeten in den frühen Morgenstunden der Adventdonnerstage hat heute als Volksbrauch keine Bedeutung mehr, es zählt zu den religiösen Übungen der Katholiken.
Neben der Weihnachtsankündigung umfaßt der Advent viele einzelne Heiligentermine, die mit Volksbräuchen belegt sind. So gilt heute noch die hl. Katharina (24. 11.) als Vorbotin der einstigen Weihnachtsfastenzeit, denn »Kathrein stellt den Tanz ein«. Der Vorabend des 1. Adventsonntags wird in den Pfarren mit der Adventkranzweihe begangen. Der Adventkranz, als solcher zu Beginn des 20. Jh.s von Heinrich Wichern in einem protestantischen

Waisenhaus in Hamburg eingeführt, verbreitete sich rasch und zählt heute zu den religiösen wie profanen Adventbräuchen. In den letzten Jahren halten auch skandinavische und angelsächsische Schmuck- und Brauchformen in Salzburg Einzug. Die bürgerliche Weihnachtsromantik des 19. Jh.s mit Keksen, Glühwein und Caritativmärkten ebenso wie der literarisch entstandene Weihnachtsmann prägen heute die Adventzeit mehr als die traditionell alpenländischen und kirchlichen Bräuche.

Am St. Barbaratag, 4. Dezember, sind Barbarazweige (Kirschen, inzwischen aber auch Forsythien, Weiden und Stechpalmen) auf den Märkten erhältlich. Sie werden gewässert, und ihr Aufblühen am Weihnachtstag wird als Glück- bzw. Heiratszeichen verstanden. Weizen als grüner Garten für die Krippe wird kaum mehr gesät. Auch der 21. 12., Thomastag, war ein Lostag, an dem mit Pfänderspielen die Zukunft erkundet wurde. An diesem Tag wurde das Kletzenbrot gebacken, es mußte bis St. Sebastian, 21. 1., verspeist werden.

Der hl. Nikolaus als Gabenbringer und Patron (u. a. Schiffleute, Kaufleute, Weber, Bergleute) entwickelte sich aus zwei historischen Persönlichkeiten, aus dem Bischof von Myra/Kleinasien († 343) und dem Abt Nikolaus von Sion/Süditalien, († 10. Dez. 564 als Bischof von Pinara). Der Bischof von Myra wurde bereits im 6. Jh. als wundertätig verehrt. Aus seiner Vita entstanden um 880 Legenden, die ihn, fehlgedeutet, auch zum Helfer der Kinder machten. Die Verehrung des Heiligen verband sich bald mit den katechetischen Anliegen der Weihnachtsquadragese; am Nikolaustag wurden die erworbenen Kenntnisse abgefragt und belohnt bzw. bestraft. Daher wurde das Fest des Heiligen zum Geschenkfest im Weihnachtsfestkreis. In der Gegenreformation wurden im Umkreis der Klöster daraus Nikolausspiele, die ab dem 17. Jh. bereits eine Eigendynamik in der Bevölkerung entwickelten. Aus dem Nikolaus und seinem teuflischen Gegenpol wurde bald eine hierarchisch abgestufte Gefolgschaft von himmlischen und teuflischen Gestalten. Im Innsbrucker Volkskunstmuseum ist eine solche Luziferfigur – (geschnitzt, bekleidet, mechanisch beweglich) aus dem Tiroler Teil (Brixental) der Salzburger Erzdiözese erhalten, die bis ins 19. Jh. verwendet worden war. Im 17. Jh. fanden solche Spiele

Nonnberger Reiterlein, um 1490 (Karl von Spieß)

schon in den Stuben der Bevölkerung statt, aus denen sich die Teufel herauslösten und andere Häßliche aus Brauch und Volksschauspiel dazukamen, wie die Berchte, die Schnabelperchten und tiergestaltige Schiachperchten etc. Aus vielfachen Einflußsphären und Deutungsversuchen entstanden daraus in unserem Jh. die heutigen »Krampusperchten«, die sich seit den 1960er Jahren im Zusammenspiel mit dem Tourismus schnell verbreiten.

Im MA stand das neugeborene Christkind in der Krippe oder Wiege im Zentrum der weihnachtlichen Verehrung. Dem Kindlwiegen verdanken wir Weihnachtslieder wie etwa »Seht, es naht eine heilige Zeit«, »Laßt uns wiegen das Kindelein«, »Josef, lieber Josef mein«. Das Nonnberger Reiterlein, ein Weihnachtsherold um 1490, ist erhalten. Die Gegenreformation bevorzugte das Kind als späteren Weltenherrscher und schuf viele Andachtsbilder. Im →Filzmooser Kindl etwa ist ein solches (Prager) Jesulein erhalten. In barocken wie späteren volkstümlichen Andachtsschreinen haben sich bekleidete Christkindfiguren (häufig aus Wachs bossiert) und auf dem Kreuz schlafende Jesukinder (auch im Hinterglas- und Andachtsbild) erhalten, die zur Weihnachtszeit besonders verehrt werden. Sie blieben, auch neben den im 17. und 18. Jh. beliebteren Krippen, in der Volksreligiosität bestehen. Bis in die 1980er Jahre wurden noch »Salzburger Christkindln«, wächserne →Fatschenkinder, bekleidet mit Samt, Brokat und Spitzen, in Salzburg erzeugt.

Dem katholischen Jesulein- und Krippenkult ebenso wie dem Gabenbringer St. Nikolaus setzte Martin Luther Christus als Gabenbringer in der Figur des »Christkindes« entgegen. Im 19. Jh. wurden über Literatur und Malerei im internationalen Austausch daraus das bürgerliche, blondgelockte Christkind und der Weihnachtsmann, der über Einflüsse des angelsächsischen Santa Claus zum amerikanischen Weihnachtsmann mutierte.

In den stadtfernen und ländlichen Gebieten Salzburgs erhielt sich aber bis in die 1950er Jahre St. Nikolaus mit Krampus (Teufel) als Gabenbringer. Der Christbaum mit dem Beschenken am Weihnachtsabend – entwickelt als überregionales Fest einer internationalen Oberschicht – hielt erst in der zweiten Hälfte des 20. Jhs. Einzug. Der 24. Dezember wurde vielfach als Tag der Buße, der äußeren (»Stöbern« in Haus und Hof, Baden und Neueinkleiden) und inneren Reinigung begangen. Haus und Hof wurden mit Reisigwipfeln, den »Bachlboschen« (Pinzgau), geschmückt, es wurde geräuchert (am 24. Dezember, zu Neujahr und zu Dreikönig) und das erste Kletzenbrot angeschnitten. Auch das Vieh erhielt, wie an allen hohen Festen, eine besondere Gabe. Nach der Fastenspeise, dem »Bachlkoch« (ein süßes Brei- bzw. Schmarrngericht, benannt nach der Bercht, der man nach der Sage eine Schüssel voll und genügend Löffel für ihre ungetauften Kinder hinstellen soll), wurde gebetet und bis zur Mitternachtsmette gewacht. Erst nach der Mette gab es die Mettensuppe mit Würsten und Leberknödeln, die erste Fleischspeise nach der Fastenzeit. Nach der Sage sollen in der Weihnachtsnacht die Tiere im Stall sprechen und die Zukunft verkünden.

Den ersten Christbaum sah Salzburg 1826. Der Christbaum, ein geschmückter Nadelbaum als Symbol des bürgerlichen Weihnachtsfestes, entwickelte sich seit dem späten 18. Jh. in Mitteleuropa. In ihn flossen ältere Formen des Haus- und Raumschmuckes mit Wintergrün, Lichtern und Zierat (mittelalterlicher Paradiesbaum und Weihnachtsmaien) und protestantische Gestaltungsformen ein. Die erste Beschreibung eines heute üblichen Ch. stammt von 1605 aus dem Elsaß. Den ersten Ch. in Salzburg errichtete der aus Eningen im evangelischen Württemberg stammende Spitzenhändler Franz Jacob Koch 1826 in seiner Wohnung Alter Markt 11. Dieser Ch. fand bei öffentlichen Feiern und bei Salzburger Familien rasch Nachahmung, doch wurde er erst nach dem 2. Weltkrieg in allen Bevölkerungsschichten und am Land allgemein gebräuchlich. Sein Schmuck bestand immer aus Lichtern, Backwerk und Näschereien, Äpfeln und Nüssen (Fortleben der Gaben des katholischen Gabenbringers St. Nikolaus). Der übrige Schmuck entsprach der jeweiligen Mode und der finanziellen Situation. Mit dem Ch. verlagerte sich die weihnachtliche Bescherung auch in katholischen Gebieten vom Fest des hl. Nikolaus auf den Christtag. Weit älter ist die in Salzburg wie in ganz Europa übliche Sitte, Haus und Hof mit Weihnachtsgrün zu schmücken bzw. solches zu verschenken. Solche Nadelholzwipfel und -zweige heißen in ganz Salzburg »Weihnachtstaxach«, im Pinzgau »Bachlboschen« (s. o.). In diesem Weihnachtsgrün haben sich vielerlei ältere Brauch- und Kultformen zu immer neuen kulturellen Formen und Bedeutungen vernetzt.

Aus weltlichen und kirchlichen Ehrenbezeugungen entwickelten sich Weihnachts- und Silvesterschießen und das Turmblasen in der Heiligen Nacht. Viele Ausformungen entstanden erst in unserem Jh. im Rahmen der Brauchtumspflege und Vereinsaktivitäten.

Am 5. Jänner, dem Vorabend zu Dreikönig (Epiphanie ist eines der alten Weihnachts- und Jahreswechselfeste), laufen Maskierte von Haus zu Haus. Dieser Abend wird auch Berchtenabend (→Perchten), genannt. Im Salzkammergut lassen sich Glöcklerläufe (von Ebensee ausgehend?) im Umkreis der Salinen bis ins 18. Jh. verfolgen, die beleuchteten Glöcklerkappen dürften zwischen 1860 und 1880 entstanden sein. Zwischen 1900 und der NS-Zeit wurden sie vielfach wieder aufgenommen und mit germanischen Hintergründen erklärt. Heute existieren Gruppen in Strobl, Zinkenbach, St. Gilgen, Fuschl und Stadt Salzburg. Die Glöckler stehen zu anderen europäischen Maskenläufern der Weihnachts-

und Faschingszeit in enger Beziehung. Sie laufen in der Abenddämmerung von Haus zu Haus und bringen Neujahrswünsche und Figurentänze vor. Glöcklerkrapfen, Geld und Geschenke sind ihr Lohn. Im Gebirge ziehen Perchten von Haus zu Haus, die Rauriser Schnabelperchten, die Pinzgauer Tresterer in Unken, Krimml und Stuhlfelden. Der Dreikönigstag ist der wesentliche Termin für den Schönperchtenlauf in Gastein und Bischofshofen. Bei allen diesen Perchtenfiguren handelt es sich wohl um Faschingsmasken im gesamteuropäischen Kulturaustausch, denn der Jahreswechsel, ist auch der Beginn des Faschings.
Einen Bezug zum christlichen Weihnachtsfest haben dagegen die Sternsinger. Sie ziehen vor allem am 6. 1. umher; heute gehen sie großteils von der Katholischen Jungschar aus. In den Orten St. Gilgen, Annaberg, Lungötz und St. Johann haben sich allerdings berittene Sternsingergruppen erhalten. Die Laufener/Oberndorfer Sternsinger, einst Schiffleute auf Heischegang/Zuerwerb, sind bereits 1550 archivalisch belegt, sie wurden 1647 von Herzog Albrecht VI. von Bayern beschrieben. Ein Sternsingerlied von 1761 wurde bis heute mündlich überliefert, charakteristisch ist ihr beleuchteter Drehstern. Der Brauch kam im 19. Jahrhundert ab und wurde 1934 wieder belebt. Unter den Theaterspielen der Schiffer findet sich auch ein spätmittelalterliches Adam- und Eva-Spiel.

Lit.: D.-R. Moser: Bräuche und Feste im christlichen Jahreslauf. Graz 1993. – H. M. Wolf: Das Brauchbuch. Alte Bräuche, neue Bräuche, Antibräuche, Wien 1992. – K. Adrian: Von Salzburger Sitt' und Brauch. Wien 1924, S. 24-27. – M. Andree-Eysn: Volkskundliches aus dem bayerisch-österreichischen Alpengebiet. Braunschweig 1910, S. 72-77 u. ZVK 1899.

U.K.

Weihs, Bertram A. Th., * Salzburg, 16. 5. 1919, † Den Haag, 22. 3. 1958 (Selbstmord), Graphiker. Erste Ausbildung an der Graphischen Lehr- und Versuchsanstalt in Wien, 1938 Emigration nach Den Haag, 1939-43 Studium an der dortigen Akademie der bildenden Künste, an der er ab 1950 selbst unterrichtete. W. war ein sensibler und pointierter Zeichner, der es als Cartoonist, Werbegraphiker und Illustrator in Holland zu hohem Bekanntheitsgrad brachte. Seine Cartoons erschienen 1956 in einem Sammelband »Pijna zonder woorden« (»Beinahe ohne Worte«). 1989 erste Präsentation seiner Arbeiten in Salzburg.

Lit.: SN, 13. 9. 1989. – Ch. Rosner: Design and Printing in the Netherlands. Printing Review XX, 1956/7. – W. J. Rozendaal: B. W. Graphis X, 1954.

N.Sch.

Weikert, Ralf, * St. Florian (OÖ.) 10. 11. 1940, Dirigent. Studium am Bruckner-Konservatorium Linz und an der Musikhochschule Wien, u. a. bei Hans Swarowsky. 1963-66 Korrepetitor bzw. Kapellmeister am Landestheater Salzburg, 1966-68 1. Kapellmeister am Stadttheater Bonn, 1968-78 Chefdirigent und musikalischer Leiter des Stadttheaters Bonn. Daneben Gastverträge mit den Opernhäusern in Kopenhagen und Wien. 1975 Verleihung des Karl-Böhm-Preises, 1977 stellvertretender GMD in Frankfurt/Main. 1981-84 künstlerischer Leiter des →Mozarteum-Orchesters Salzburg; danach Chefdirigent und Musikdirektor am Opernhaus in Zürich.

Lit.: A. Paris: Lexikon der Interpreten klassischer Musik. Kassel 1992.

G.W.

Weilmeyr, Franz Xaver, Lebensdaten nicht bekannt, Geograph und Historiker. Der bayerische Beamte W. war während der Zugehörigkeit Salzburgs zu Bayern erster Registrator beim Generalkommissariat in Salzburg. Hier verfaßte und druckte er sein zweibändiges »Topographisches Lexikon vom Salzachkreise« (1812), das Hand- und Adreßbuch »Salzburg, die Hauptstadt des Salzachkreises« (1813) sowie »Die Gendarmerie im Königreich Bayern« (1814). Seine Gattin wurde ab 1814 im Salzburger Bruderhaus versorgt. Nach der Übergabe Salzburgs an Österreich übersiedelte W. mit dem Generalkreiskommissariat nach Burghausen, wo er Anfang 1817 das Vorwort zum »Allgemeinen Numismatischen Lexikon oder Münzwörterbuch« (gedr. Salzburg 1817) verfaßte. 1830 erschien noch sein Handbuch über »Regensburg und seine Umgebung«.

Lit.: Hamberger/Mensel: Das gelehrte Teutschland. Bd. 21, 1827.

P.F.K.

Weinkamer, Gebrüder, Wachswarenfabrik. Ignaz Weinkamer, »Conditor-Wachszieher- und Lebküchner-Gesell« aus Kitzingen, läßt sich

Werbeblatt der Gebrüder Weinkamer, Salzburg, um 1900 (SMCA)

1859 als »Wachspossier«, aus dem Frankenland kommend, in Salzburg/Linzergasse nieder. 1872 Kauf des Hauses Steingasse 46 von den Erben des Wachsziehers Kipperer, wo sich seit 1691 eine von dem Wachszieher und Lebzelter Georg Gruber errichtete Wachsbleiche befand (Lebzelter-Gerechtsame im Haus Platzl 1). W. erzeugte feinste Wachswaren: Figuren, Galanteriewaren, Wachsstöcke, Blumen, Sterbekreuze und Sturzglas-Figuren. Waggonweiser Import von Glasstürzen aus Freudenthal/OÖ. und Export der Glasstürze mit Wachsfiguren nach Südamerika und in den Vorderen Orient bis zum 1. Weltkrieg. In der 2. H. des 19. Jh.s führender Betrieb für wächserne Wallfahrtsandenken, 1914-18 und darnach Herstellung von Kriegsandenken, Krippenfiguren, Ostereiern und kleinstformatigen Scherzartikeln. Nach dem Gründer der Firma, führten dessen Söhne Ignaz und Karl den Betrieb, dann deren Söhne Alfred und Oskar, gefolgt von Kurt W. (Sohn von Oskar W.) in der vierten Generation. Liquidierung der Firma im Jänner 1987.

Lit.: Ch. Svoboda: Gewerbe und Kunstgewerbe in Salzburg. In: Salzburg 1905, Hg. SMCA, Salzburg 1995, S. 61 ff. – K. Weinkamer: Geschichte des Hauses Imbergstraße 25/Steingasse 28. Salzburg 1990. – U. Pfistermeister: Wachs-Volkskunst und Brauch. Nürnberg 1982.

Ch.S.

Weinmann, Beda, * Schörzingen (Württemberg) 1819, † Budapest 19. 3. 1888, Graphiker (Aquatinta, Lithographie). Kam 17jährig in die Lehre zu dem Maler und Stecher Isenring nach St. Gallen und begeisterte sich für die freisinnigen Ideen des Turnvaters Jahn. In Salzburg, wo er seit 1845 lebte, wurde er neben seiner fruchtbaren graphischen Tätigkeit (hauptsächlich für den Verlag →Oberer) noch in anderer Richtung initiativ: als Obmann und Lehrer des 1848 gegründeten, 1850 verbotenen und 1861 wiedergegründeten Turnvereins und als Gründer der Freiwilligen Feuerwehr (1865). Von seinen etwas nüchtern anmutenden zahllosen Ansichtenblättern seien Panoramen von Salzburg, Reichenhall, Ischl, Gmunden und Linz genannt. 1869 wurde W. Kommandant der Mühlen-Feuerwehr in Budapest.

Lit.: Fuhrmann-Stadt. – SV, 31. 3. 1888. – F. Berger: Geschichte der Stadt Ried. Ried o. J.

N.Sch.

Weiser, Ignaz Anton, * Salzburg 1. 3. 1701, † Salzburg 26. 12. 1785, Textilkaufmann, Dramatiker.

Erbte von seinem Vater das große Weiserhaus am Alten Markt (heute Salzburger Sparkasse), seit 1749 Mitglied des Stadtrats, 1772 Bürgermeister, Rücktritt vom Bürgermeisteramt 1775 nach Konflikt mit Eb. →Hieronymus Colloredo. Seit mindestens 1741 mit L. →Mozart befreundet, nachweislich Autor von »Intermedien« (Zwischenspielen) für das →Theater der Benediktineruniv. W. verfaßte (nach H. Klein) u. a. folgende Werke: »Christus begraben«, Cantata (1741), und »Christus verurteilt«, Cantata (1743), beide vertont von L. Mozart. Drei dramatische Zwischenspiele in dt. Sprache zu den »Captivi« von Plautus (1745). »Der Wachendträumende König Riepl« (1749), Singspiel in Salzburger Mundart, Musik von J. E. →Eberlin. »Die Geadelte Bauren oder Die ihr selbst unbekannte Alcinde« (1750), ebenfalls ein Singspiel in Salzburger Mundart mit Musik von J. E. Eberlin sowie das Oratorium »Die Schuldigkeit des ersten und fürnehmsten Gebottes« (1767), dessen ersten Teil W. A. →Mozart vertonte (KV 35); die beiden weiteren, einige Tage später aufgeführten Teile versahen M. →Haydn und A. C. →Adlgasser mit Musik. Um 1770 verfaßte W. in dt. Versen eine Ode an den jungen Mozart. – Vor allem die beiden volkstümlichen Singspiele in Salzburger Mundart, die im Hoftheater gespielt wurden, schrieb man lange aufgrund der gleichen Initialen Jakob Anton Wimmer (1725-93) zu, der 1743 unter dem Namen P. Marianus Wimmer in das Benediktinerkloster Seeon eingetreten war. M. Wimmer hatte in Salzburg studiert, von ca. 1750-62 war er Prof. am Akademischen Gymnasium, einige Jahre auch Prof. für Rhetorik und Poesie. Für das Univ.-Theater (Theater der Benediktineruniv.) schrieb er 15 Stücke in lat. Sprache. Er zählt zu den bedeutenderen Dramatikern der Salzburger Univ. Auch M. Wimmer war mit der Familie Mozart gut befreundet. – I. A. Weisers mundartliche Singspiele beeinflußten sicher die Mundartkomödien (»Klosteroperetten«) des Lambacher Benediktiners Maurus Lindemayr (Vertonung z. T. durch M. Haydn), der sie um 1750 in Salzburg kennengelernt hatte.

Lit.: H. Boberski: Das Theater der Benediktiner an der Alten Universität Salzburg (1617-1778). Wien 1978. – H. Klein: Unbekannte Mozartiana von 1766/67. In: Mozart-Jb. 1957, S. 168 ff.

H.H.

Weiser, Karl, * Salzburg 14. 7. 1911, † Salzburg 18. 11. 1988, Maler. Studium an der Akad. der bildenden Künste in Wien bei K. Sterrer. Sein Werk ist von franziskanischer Frömmigkeit durchdrungen: ikonenhaft anmutende Gemälde in leuchtenden Kirchenfarben, Monumentalarbeiten in schlichter, allegorisierender Darstellungsweise in Kirchen und an Wohnbauten, Glasfenster in der Nachfolge ma. Farbtranszendenz und Zeichenhaftigkeit; auch Buchgestaltungen und textile Wandbehänge. Betreute das →Glockenspiel.

Lit.: K. W. Das Wachstum vollzieht sich in der Stille. Salzburg 1993. – Ausstellungskat. Karl Weiser und seine Freunde. Berufsvereinigung bildender Künstler Salzburg 1992. – SN, 21. 11. 1988. – K. W. zur Vollendung des 70. Lebensjahres. Salzburg 1981. – Das Salzburger Jahr 1971/72, S. 68.

N.Sch.

Weißenbach, Alois, * Telfs (Tirol) 1. 3. 1766, † Salzburg 26. 10. 1821, Arzt, Schriftsteller. Nach seiner Ausbildung an der medizinisch-chirurgischen Josephs-Akademie in Wien war W. als Armeearzt in den Napoleonischen Kriegen tätig. 1804 wurde Weißenbach als Professor der Chirurgie an die neugeschaffene medizinische Fakultät nach Salzburg berufen. Seine Lehrtätigkeit eröffnete er mit einem Vortrag über →Paracelsus. 1805-06 arbeitete er abermals als Militärarzt. Nach Aufhebung der →Univ. unterrichtete W. an der chirurgischen Lehranstalt und führte eine Privatordination. Von 1819-21 leitete W. die chirurgische Abteilung des St. Johanns-Spitals in Salzburg. Während seines Aufenthaltes anläßlich des Wiener Kongresses in Wien hatte er Bekanntschaft mit Ludwig van Beethoven. W. zählte zu den Gründungsmitgliedern des →Lese- und Geselligkeitsvereines »Museum«, dessen Vorstand er 1820 war. W. trat als Lyriker und Dramatiker hervor. »Der Brautkranz« wurde 1809 im Wiener Burgtheater uraufgeführt. »Eine Huldigung« aus Anlaß der Angliederung Salzburgs an Österreich (1806) und das »Das Willkommen der Hirten« anläßlich des Aufenthaltes des bayerischen Thronfolgers Ludwig in Salzburg (1811) erlebten im Salzburger Nationaltheater Aufführungen. Er verfaßte weiters zahlreiche Balladen und Kantaten. »Der glorreiche Augenblick«, gedichtet auf die Völkerschlacht von Leipzig, wurde von L. v. Beethoven vertont.

Lit.: Wurzbach. – H. Badstüber: Dr. Alois Weißenbach und seine Dichtungen. In: MGSLK 69, 1929, S. 121 ff. – DBE.
Th.W.

Weißenkirchner, Maler- und Bildhauerfamilie in Salzburg. Wolf W. der Ältere (* 1609, † 28. 8. 1677) scheint 1642/49 in Laufen ansässig gewesen zu sein, ist vor allem als Lehrherr B. →Permosers, den er 1663 in seine Werkstatt aufnahm, in die Kunstgeschichte eingegangen. Seine eigene Tätigkeit (St. Veit i. P., 1649, zugeschrieben Hochaltar Holzhausen, 1667) stand im Schatten →Gerolds und später seines Sohnes Wolf W. d. J. (* 1639, † 1703). 1660 arbeitete er bei J. B. Fischer, dem Vater des großen Architekten →Fischer v. Erlach; von diesem Aufenthalt dürften die guten Beziehungen der Familie W. zur Steiermark herrühren, die dazu führten, daß sein Bruder Hans Adam W. (get. in Laufen 10. 2. 1646, begraben in Graz 26. 1. 1695) um 1678 als Hofmaler nach Eggenberg kam. Sein umfangreiches Werk (Dekoration des Hauptsaales im Residenzschloß) vereint divergierende ital. Einflüsse. Wolf W. d. J. wurde Ende der 60er Jahre noch als Altgeselle des Rieder Bildhauers Vogl bezeichnet und arbeitete 1673 mit Thomas Schwanthaler in Maria Plain. Weitere Werke befinden sich in Holzhausen (Seitenaltäre, 1679), Laibach (Marienstatue, 1681), Seeham (Immaculata 1683), St. Margarethen im Lungau (Hochaltar, 1687) und Untereching (Margarethenaltar, 1694), später führte er nur noch Steinmetzarbeiten, u. a. für Fischer v. Erlach, aus. Seine Entwicklung strebt aus der Abhängigkeit von Gerold zu hochbarocker Dynamisierung, die bei der typisch salzburgischen Neigung zum Undramatischen in unruhiger Umrißlinie und malerischer Auffächerung befangen bleibt. Dasselbe unverkennbare Markenzeichen eines diffusen Faltenstils zeigen mit robustem Liebreiz die Madonnen und Engel von Mathias Wilhelm W. (* Salzburg 15. 9. 1670, † Salzburg 8. 9. 1727), Schüler und Werkstattnachfolger seines Vaters (→Dommuseum, Kajetanerkirche). Die Aufsatzfiguren des →Residenzportals (1710/13) orientieren sich noch stark an der spätmanieristischen »Justitia« H. →Waldburgers. Bei W. hielt der 74jährige berühmte Permoser auf seiner Fußreise nach Rom Rast.

Lit.: G. Brucher (Hg.): Die Kunst des Barock in Österreich. Salzburg 1994. – H. Decker: Barockplastik in den Alpenländern. Wien 1942. – Pretzell. – Thieme-Becker.
N.Sch.

Friedrich Welz und Oskar Kokoschka (Oskar Anrather)

Weißgeschirr, auch »Weißbrüdersches Geschirr«, so nach der vorwiegend das Hafnerhandwerk ausübenden Sekte der Herrnhuter genannt. Es war vor allem im 18. Jh. billiger als Porzellan. In der Stadt Salzburg gab es zwischen 1737 und 1848 eine »Weißgeschirr-Manufactur in der Riedenburg«, 1737 von J. M. →Moser gegründet, ab 1777 weitergeführt von J. →Pisotti d. Ä., dem ab 1814 (1820) sein gleichnamiger Sohn J. Pisotti d. J. folgte.

Lit.: Ch. Svoboda: Blaue Welle – Grüne Flamme. Salzburger und Gmundner Fayencen des 17. bis 19. Jh.s., Salzburg 1999. – Ch. Svoboda: Die Werkstätten Obermillner, Moser und Pisotti. Weltkunst 53, 1983, Nr. 8. – F. Prodinger: Fayencen. Schriftenreihe des SMCA, Salzburg 1964. – C. Sitte: Zur Geschichte der Salzburger Weißgeschirr-Fabrikation. In: MGSLK 22, 1882, S. 200 ff.
Ch.S.

Weitmoser, Christoph (I.), * (Geburtsort unbekannt) 1506, † Gastein 2. 5. 1558, Gewerke. W. übernahm von seinem Vater Erasmus W. mit etwa 20 Jahren den völlig verschuldeten →Bergbau (→Goldbergbau) im Gasteiner Tal und baute ihn planmäßig zu einem wirtschaftlich florierenden Unternehmen aus, konnte aber den endgültigen Niedergang des Salzburger Edelmetallbergbaus nur verzögern. Eine seiner besonderen Leistungen war die Gründung der »Lender Handelsgesellschaft«, die mehrere Gewerkenfamilien zu einer Kapitals- und Großhandelsgesellschaft vereinigte.

Lit.: S. Hinterseer: Ch. W., 1506-1558. Reichtum muß nicht hart machen, in: In Salzburg geboren, S. 22 ff.
R.R.H.

Weltkarte des Andreas Walsperger →Walsperger, Andreas

Weltkulturerbe. Im Dezember 1996 wurde die Altstadt von Salzburg in die UNESCO-Liste der 1972 beschlossenen Konvention zum Schutz des Kultur- und Naturerbes der Welt aufgenommen; sie teilt sich diese Auszeichnung und Verpflichtung u. a. mit dem Schloß Schönbrunn, den Meteora-Klöstern, den ägyptischen Pyramiden, dem Taj Mahal und der Chinesischen Mauer. Der Leiter des Weltkulturerbezentrums in Paris, Bernd von Droste zu Hülshoff, überreichte die Urkunde der Stadt im Rahmen eines großen Altstadtfestes am 11. 9. 1997 in der Salzburger Residenz.
E.M.

Welz, Friedrich Maximilian, * Salzburg 2. 11. 1903, † Salzburg 5. 2. 1980, Kunsthändler und Verleger. Übernahm 1934 die väterliche Rahmenhandlung in der Sigmund-Haffner-Gasse 16 und eröffnete gleichzeitig eine Galerie mit einer Ausstellung von Werken Klimts, Schieles, →Kubins, →Kokoschkas; weitere Ausstellungen über Wiener Secession, Nötscher Kreis, frz. und ital. Kunst des 19. und 20. Jh.s, dt. Expressionismus. In der nationalsozialistischen Zeit hat W. die Wiener Galerie Würthle übernommen, die dann bis zu ihrer 1949 erfolgten Restituierung an die ehemalige Besitzerin Lea Bondi-Jaray Galerie Welz hieß. Seine Ausstellungstätigkeit in Salzburg setzte er während dieser Zeit in den durch den Tod von R. →Wittek frei gewordenen Räumen in der Wittek-Villa in der Schwarzstraße fort. Er organisierte von den Machthabern sehr geschätzte Ausstellungen, wie Waldmüller (1937) und Makart (1940). Er erwarb im teils besetzten Frankreich, zunächst für die in Gründung befindliche Salzburger Landesgalerie, wertvolle Kunstwerke, welche jedoch nach Kriegsende aufgrund der »Londoner Deklaration« wieder zurückgegeben werden mußten. Nach dem Krieg waren es vor allem die Kolig-, Kubin-, Steinhart-, Wotruba-, Thöny-, Dobrowsky-, Moore-, Beckmann-, Rouault-, Toulouse-Lautrec-, →Manzù- und Chagall-Ausstellungen, die zur Neubelebung der Kunstszene in Salzburg und in ganz Österreich beitrugen. 1948 Gründung des Verlags »Galerie Welz«, dessen bedeutendste Leistungen die Œuvre-Verzeichnisse Kokoschkas (seit 1956) und Klimts (seit 1967) sind. 1950 erste Idee einer →Sommerakad. für bildende Kunst in Salzburg, die 1953 als »Schule des Sehens« unter der künstlerischen Leitung von O. Kokoschka verwirklicht wurde und deren organisatorischer Leiter W. bis 1963 blieb.
1976 Schenkung der Sammlung Welz an das →Rupertinum. W. erhielt zahlreiche Ehrungen der Republik, des Landes und der Stadt Salzburg und war Ehrensenator der →Univ. Salzburg.

Lit.: G. Kerschbaumer: Meister des Verwirrens. Die Geschäfte des Kunsthändlers F. W., Wien 2000. – F. Koller: Das Inventarbuch der Landesgalerie Salzburg 1942-1944. Salzburg 2000 (Schriftenreihe d. Sbger. Landesarchivs 12). – Schenkungen von F. W. für die Salzburger Landessammlungen Rupertinum. Salzburg 1983. – F. M. Welz. Zum 75. Geburtstag am 2. November 1978. Hg. von den Mitarbeitern, Salzburg 1978.
M.O.

Welz, Jean (Hans), * Salzburg 4. 3. 1900, † Kapstadt 24. 12. 1975, Maler, Architekt. Bruder von F. →Welz. Architekturstudium in Wien bei Oskar Strnad und Josef Hoffmann, in dessen Büro er anschließend volontierte; seit 1925 in Paris, wo er mit Malet Stevens und Adolf Loos zusammenarbeitete. 1936 wanderte W. nach Südafrika aus und baute und unterrichtete auf Empfehlung von Le Corbusier zwei Jahre lang an der »University of the Witwatersrand« in Johannesburg. Aus Gesundheitsgründen entschließt er sich 1938 Maler zu werden und übersiedelt nach Worcester. In seinen von französischem Farb- und Formenempfinden geprägten Bildern versucht er, Ideen der Gestalttheorie umzusetzen. Die stillebenhafte Auffassung gewinnt durch rhythmische Verschränkung und farbliche Dynamisierung der einfachen Gegenständlichkeit an Komplexität. Welz gilt als einer der bedeutendsten Maler Südafrikas.

Lit.: J. W. (hg. v. d. Rembrandt van Rijn Foundation). Kapstadt 1997. – Le Moniteur architecture, 2/1993. – E. Berman: Art and Artists of South Africa. Kapstadt 1983. – Ausstellungskat. J. W. GalerieWelz Salzburg 1965. – F. L. Alexander: Art in South Africa Since 1900. Kapstadt 1962.
N.Sch.

Welzenbacher, Lois, * München 20. 1. 1889, † Absam bei Hall in Tirol 13. 8. 1955, Architekt. Richtunggebend für eine moderne alpine Architektur. Schuf für Salzburg 1927 ein preisgekröntes Projekt für die Bebauung der Aiglhof-Gründe

Lois Welzenbacher, Haus Heyrovsky, Thumersbach, 1932

in Salzburg-Stadt, 1928-30 das Haus Buchroithner in Zell am See, 1932 das Haus Heyrovsky in Thumersbach/Zell am See, einen Schlüsselbau der modernen österr. Architektur (wofür er 1976 posthum den Salzburger Landesarchitekturpreis erhielt).

Lit.: F. Achleitner, O. Uhl: L. W. 1889-1955. Salzburg 1968.
M.O.

Werfel, Franz, * Prag 10. 9. 1890, † Beverly Hills (Kalifornien) 26. 8. 1945, Schriftsteller. Führender Vertreter des literarischen Expressionismus, erfolgreicher Romanautor, Hinwendung zum Christentum, Gast bei C. →Zuckmayer in Henndorf. Welterfolg »Das Lied von Bernadette«, 1941. Bei den Salzburger →Festspielen 1958 Aufführung seiner dramatischen Historie »Juarez und Maximilian« (entstanden 1924), mit Albin Skoda, Fred Liewehr, Hans Thimig u. a., Regie: E. →Lothar.

Lit.: W. Stehrer: F. Werfel und die Geschichte. Diss. Salzburg 1993. – P. S. Jungk: F. Werfel. Eine Lebensgeschichte. Frankfurt/M. 1987.
A.Has.

Werkschulheim Felbertal →Allgemeinbildende Höhere Schulen

Werkstätter, (Johann) Benedikt, *Neumarkt am Wallersee, 21. 3. 1707 † Salzburg 12. 1. 1772, Maler. Im Werkstattbetrieb des F. X. →König tätig, 1755 hochf. Kammerportier und Hofmaler. Wegen der Thematik und ihrer einständigen Umsetzung sein interessantestes Werk sind die 72 Darstellungen aus dem Salinenbetrieb in den Fürstenzimmern der ehemaligen Salinenverwaltung in Hallein (heute →Keltenmuseum) von 1757. Seine große Salzburg-Ansicht in Schloß Mirabell verbrannte beim Stadtbrand von 1818 ebenso wie seine Altarbilder in St. Sebastian. Noch erhaltene Arbeiten befinden sich in den Pfarrkirchen von Thalgau (1750) und Strobl (1759).

Lit.: I. Stehrer (Hg.): Strobl am Wolfgangsee. Strobl 1998, S. 312f. – Thieme-Becker. – Martin.
N.Sch.

Werkwoche für Kirchenmusik, gesamtösterr. Fortbildungswoche für Kirchenmusiker, findet seit 1960 jährlich im August in Salzburg statt und bietet neben Chorarbeit spezielle Schulungs- und Informationsmöglichkeiten, eine breite Zusammenstellung von Literatur zahlreicher Verlage von Kirchen- und Orgelmusik und Aufführungen der Teilnehmer in den Kirchen der Stadt.

Wessiken, aus Westfalen stammende, in Salzburg und Linz ansässige Tischlerdynastie des 18. und 19. Jh.s. Heinrich (I.) W., * Paderborn 1687, † Linz 1781, Tischlermeister.
Mathias W., * Linz 18. 2. 1740, † Salzburg 20. 3. 1815, Sohn des Heinrich I., Tischlermeister in Mülln, beschäftigt u. a. in →St. Peter, im →Rathaus.
Heinrich (II.) W., * Linz 8. 2. 1745, † Linz 11. 10. 1812, Bruder des Mathias, Tischlermeister in Urfahr/Linz.
Johann Michael W., * Linz 29. 8. 1777 (74?), † Salzburg 1. 9. 1857, Sohn Heinrichs II., seit 1793 Tischlermeister in Mülln.
Josef I. W., * Salzburg 26. 7. 1810, † Salzburg 16. 2. 1899, Sohn des Johann Michael, Tischlermeister in Mülln und Salzburg/Gries, beschäftigt u. a. in Schloß →Anif.
Heinrich III. W., * Salzburg 12. 7. 1812, † Salzburg 2. 10. 1869, Sohn des Johann Michael, Furnierschneider in Maxglan.

Josef Wessiken, neugotischer Tisch, Nußholz, Wurzelflader, Silber und Elfenbein, Salzburg, 1854 (SMCA)

Lit.: Graf Kalnein: Schloß Anif. Ein Denkmal bayerischer Romantik in Salzburg, Salzburg 1988. – A. Hahnl, R. Oberhofer: Ein ehrsames Handwerk, der Tischler zu Salzburg. Salzburg 1978.

Ch.S.

Wessiken, Josef, * Salzburg 10. 8. 1837, † Salzburg 19. 10. 1918, Sohn des Josef I. W., Architekt, k. k. Oberbaurat. Lehrzeit als Tischler im Familienbetrieb, Studium in München und Wien, Schüler A. S. v. Sicardsburgs, Mitarbeiter F. v. Schmidts, nach dessen Plänen 1863-66 Bauleitung des fürstl. Liechtensteinschen Schlosses Fischhorn bei Zell am See, Rekonstruktion des gotischen Turmes der →Franziskanerkirche in Salzburg, Restaurierungen u. a. Pfarrkirche Radstadt, Kirche →Nonnberg, 1867-73 Dombaumeister in Mainz, 1875-79 Fachvorstand an der →Staatsgewerbeschule Salzburg, 1873-76 Wiederaufbau der Dekanatskirche St. Johann i. P., seit 1879 in Badgastein u. a. für das Baubüro →Comini tätig: Elisabethhof, Villa Schieder, Villa Dr. Wassing, Hotel Weißmayr, Jagdschloß Czernin, Kurkasino, Wandelbahn, Hotel Austria. In Salzburg die Villen Schmederer, Gessele, Griesberger, Wöß, eigene in der Arenbergstraße 23, 1890-92 Schloß Grubhof bei Lofer, 1892-98 Andräkirche in Salzburg.

Lit.: G. Rohrer: Josef Wessiken – Eine biographische Skizze zu seinem 150. Geburtstag. In: Salzburg Archiv 4, 1987. – R. Huemer: Der Architekt J. W. Diss. Salzburg. – Thieme-Becker 35, 1942, S. 438.

M.O.

Westbahn (»Kaiserin-Elisabeth-Westbahn«, Wien-Salzburg). Ermöglichte Salzburg den Anschluß an das europ. Eisenbahnnetz, wurde am 12. 8. 1860 mit großen Feierlichkeiten durch Kaiser Franz Joseph und König Max II. von Bayern eröffnet, die Fahrzeit nach Wien betrug fast neun Stunden. →Bauten des Verkehrs.

Lit.: M. W. Fischer: Zur Jahrhundertwende in Salzburg. Stadt und Land auf alten Photographien, Salzburg 1984, S. 21 f.

R.R.H.

Weyringer, Johann, * Sighartstein bei Neumarkt 12. 3. 1949, Maler. Absolvierte eine Tischlerlehre und ein Architekturstudium in Wien. Studienreisen nach Rom, Marokko, Kuba, Südpazifik, Indien, Nepal, Indonesien und Namibia wurden impulsgebend für seinen farbenprächtigen, arabeskenhaft-sprühenden bis gestisch-rasanten Aquarellstil, der sich auch hinsichtlich der expansiven Formate stark von der ortsüblichen Konvention abhebt. W. bevorzugt exotische und geschichtsträchtige, von Mischwesen bevölkerte Schauplätze, aber auch tabuisierte Zonen des Alltags, um das sinnliche Erleben ins quasi Mythologische zu steigern. Ab Mitte der 80er Jahre verstärkte Hinwendung zu künstlerischer Dekor-, Raum- und Umweltgestaltung (Glas- und Wandmalereien, Skulpturen und Bauplastik), z. B. Kapelle Thalgauegg bei Fuschl (1988), Skulpturenpark für das →Techno-Z-Salzburg (seit 1990), skulpturale Platzgestaltungen in Wien (Universitätszentrum Althanstraße, 1995), Zell am See und auf der Franz-Josephs-Höhe, Großglockner Hochalpenstraße (1997).

Lit.: Ausstellungskat. J. W. Residenzgalerie Salzburg 1997. – M. Böckl: J. W. Salzburg 1988. – Ausstellungskat. Vier Künstler aus Salzburg. Salzburg 1983. – Gugg.

N.Sch.

Wickenburg, Erik G. (eigentl. Erik Graf Wickenburg), * Kasern bei Salzburg 19. 1. 1903, † Kasern bei Salzburg 7. 9. 1998, Journalist, Schriftsteller. Enkel des Schriftstellers Albrecht Graf Wickenburg (1839-1911). Lebte abwechselnd in Kasern und Wien. Träger hoher österreichischer und Salzburger Auszeichnungen, 1980-88 Präsident des österreichischen PEN-Clubs. 1928-42 Feuilletonredakteur der »Frankfurter Zeitung«, ab 1951 Österreich-Korrespondent und Theaterkritiker der »Welt«. W.s stilsichere

Prosa steht in der Tradition des österreichischen Feuilletons. Zahlreiche humorvolle Sach- und Reisebücher über Österreich und Salzburg, u. a. »Barock und Kaiserschmarrn« (1961), »Österreich, wie es nicht im Wörterbuch steht« (1969), »Salzburger Gloria« (1938), »Salzburg für Anfänger« (1963). Romane (Ausw.): »Farben zu einer Kinderlandschaft« (1932), »Florian« (1940), »Die Begleiterin« (1943), »Florian. Resi« (1970).

Lit.: Katalog-Lexikon, S. 435f.

H.H.

Widmann, Hans, * Bozen 11. 3. 1847, † Salzburg 25. 10. 1928, Gymnasialprof., Schriftsteller. Der seit 1888 in Salzburg unterrichtende W. schuf eine Reihe von literarischen und historischen Arbeiten. Freund des Dichters A. →Breitner. Sein Hauptwerk ist die dreibändige »Geschichte Salzburgs« (1907-14). W. war seit 1910 Ehrenmitglied der →Gesellschaft für Salzburger Landeskunde.

Lit.: F. Martin: Nekr. in: MGSLK 69, 1929, S. 175 ff.

R.R.H.

Wiener Philharmoniker, Orchester von intern. Rang, 1842 auf Initiative von Otto Nicolai in Wien aus Instrumentalisten der Hofoper konstituiert. Erster Auftritt in Salzburg beim 1. Salzburger Musikfest 1877 (→Dom-Musikverein), denkwürdige Konzerte 1906 unter der Leitung von R. →Strauss und G. →Mahler und Camille Saint-Saëns als Pianist. Seit 1925 jährlich bei den Salzburger →Festspielen, seit 1963 auch bei der →Mozartwoche. Anstelle der Festspiele organisierte das Orchester 1940 auf eigene Kosten Salzburger Kulturwochen. Die Wr. Ph. gastierten in Salzburg mit den bedeutendsten Dirigenten unseres Jh.s, u. a. mit Felix v. Weingartner, C. →Krauss, W. →Furtwängler, B. →Walter, Hans Knappertsbusch, Otto Klemperer, A. →Toscanini, K. →Böhm, H. v. →Karajan, Leonard Bernstein und Georg Solti.

Lit.: O. Biba: 100 Jahre Wr. Ph. in Salzburg. Ausstellungskat. Salzburg 1977.

Wieser, Lorenz →Pfaffinger, Josef Anton

Wilde Jagd. 1943 bzw. 1949 von K. →Brandauer neu begründeter Maskenlauf des Vereines »Jung Alpenland«, am 2. Donnerstag im

Gerhard Wimberger (Felicitas Timpe)

Dezember, der jedes Jahr an einem anderen Ort »im Weichbild des Untersberges« auftritt. Vermengung der Sage von der Wilden Jagd (in der NS-Zeit zu Wodans Wildem Heer umgedeutet) mit Figuren der →Untersbergsagen und den →Perchten. Brandauer unterlegte dem Spiel die für ihn typische heidnisch-kultische Bewertung. Die zwölf Figuren (Vorpercht, Tod, Hahnengickerl, Riese Abfalter, Untersberger Hexe, Moosweibel, Wilder Mann, Bamwercher, Habergeiß, Rabe, Eber, Bär mit Bärentreiber) tragen kunstvolle Holzmasken, von W. Dürrnberger verfertigt, sie laufen von Haus zu Haus, tanzen dort ihre Reverenz und heischen Gaben. Ihr Besuch wird als glückbringend, »Glück herein, Unglück heraus«, verstanden. *U.K.*

Wilder Mann (und Wilde Frau) existieren im Volksglauben als personifizierte Wildnis bei fast allen Völkern und Kulturen. Auch in Salzburgs Sagenschatz zahlreiche Belege für den W. M., der in Perchtenumzügen und »Wilder Jagd« mitzieht. Seit Ende des MA. Teilung dieser Gestalt in Gut und Böse, beide in der Barockzeit beliebt, beide in Salzburg vertreten: sog. »Forstteufel« im Schloßpark von →Hellbrunn, in der Stadt u. a. W.-M.-Darstellung als Schildträger des Stadtwappens mit Baumstammkeule, Blätterkrone und schuppenbedecktem Körper auf gedrehter Säule von 1556 auf dem Fischbrunnen (Steinmetz M. Pfenninger aus Himmelreich). In diesem »Tattermann« fand die volkstümliche Vorstellung künstlerischen Ausdruck. Die Brunnenfigur wechselte wiederholt den Standort; vom ehemaligen Fischmarkt auf dem »Gries« an der Salzach (wo der Gasthof »W. M.« noch an ihn erinnert) über die Hofstallgasse bis zum heutigen Standplatz auf dem Max-Reinhardt-Platz. Der Sage nach soll sich der W. M. während des Mittagläutens am Karfreitag einmal um sich selbst drehen.

R.A.

Willvonseder, Kurt, * Salzburg 10. 3. 1903, † Salzburg 3. 11. 1968, Archäologe, Museumsdirektor. Studium der Altgermanistik, Skandinavistik und Prähistorie an den Univ. Stockholm und Wien, 1933 Diss.: »Der Untersberg und seine Sagen«. 1937 habilitierte sich W. mit einer umfassenden Arbeit über die Mittlere Bronzezeit in Österreich (Bücher zur Ur- und Frühgeschichte, Bd. 3/4, 1937). Nach dem 2. Weltkrieg trat er in den Dienst des →SMCA, 1954 übernahm er die Direktion, die er bis zu seinem Tod innehatte. In seine Amtszeit fällt die Wiedererrichtung des bombenzerstörten Museumsgebäudes, das am 3. 5. 1967 eröffnet wurde.

Lit.: Nachruf und Schriftenverzeichnis in: ArchA. 46, 1968, S. 110 ff.

F.M.

Wimberger, Gerhard, * Wien 30. 8. 1923, Komponist und Hochschullehrer. Absolvierte das →Mozarteum (Komposition bei Johann Nepomuk David und C. →Bresgen, Dirigieren bei C. →Krauss und B. →Paumgartner). 1947/48 Korrepetitor an der Wiener Volksoper, 1948-51 Kapellmeister am Salzburger Landestheater. Seit 1953 Lehrtätigkeit am Mozarteum (Dirigieren) und Komposition (seit 1968) und an der Intern. →Sommerakad. Mozarteum, seit 1971 Mitglied des Direktoriums der Salzburger →Festspiele. Als Dirigent ist W. vor allem auf die Interpretation der Musik W. A. →Mozarts und der Moderne spezialisiert, als Komponist versucht er, die kompositionstechnischen und stilistischen Möglichkeiten der Gegenwart zu einer persönlichen Synthese zu verschmelzen. W. schrieb Bühnenwerke, u. a. »Schaubudengeschichte« (UA Mannheim 1954), »Dame Kobold« (UA Frankfurt 1964), »Lebensregeln« (UA München 1972), »Fürst von Salzburg – Wolf Dietrich« (UA Salzburg 1987); Ballette, Orchesterwerke, Chor- und Kammermusik.

Juliane Windhager (Gabriela Brandenstein)

Lit.: H. Goetz: G. W. Wien 1991.

G.W.

Wimmer, Marian(us) P. (Jakob Anton Wimmer) →Weiser, Ignaz Anton

Windhager, Juliane (Pseud.: Lily Häuptner), * Bad Ischl (OÖ.) 12. 10. 1912, † Salzburg 23. 11. 1986, Schriftstellerin. Gymnasium in Bad Ischl und Pau (Frankreich), seit 1939 freie Schriftstellerin in Salzburg. Unter ihrem Mädchennamen Lily Häuptner zwei Bücher: »Cordelia« (Roman, 1936), »Die Kassiansnacht« (Novelle, 1942). 1948 »Der Friedtäter. Roman um Paris Lodron«, »Schnee-Erwartung« (Ged., 1979), »Ein Engel in Oulu« (Erzählung, 1984). Verfaßte auch Hörspiele; Österr. Staatspreis für Hörspiel 1964, →Trakl-Preis 1957. Zahlreiche Reisen in ganz Europa; besonders liebte »die scheue Dichterin« J. W. den Norden.

Lit.: A. Schmidt: Zuflucht zum dichterischen Wort. Nachruf auf J. W., in: SN, 25. 11. 1986.

H.H.

Windhofer, Georg (Schorsch), * Annaberg 3. 9. 1887, † St. Johann 26. 5. 1964, ungemein aktiver Volksmusikant und Volkstumspfleger im Pongau, Gründer zahlreicher Heimat- und Trachtenvereine und Tanzlmusiken. Eng befreundet mit

T. →Reiser, K. →Brandauer und Fachleuten in Österreich und Bayern. Verheiratet mit der hochmusikalischen Josefine Walchhofer aus einer kinderreichen Sängerfamilie (28 Kinder) im Zauchental bei Altenmarkt. Führte die ersten beiden großen Volksliedsingen in St. Johann (1932, 1936) durch, die Volkslied und Volksmusik besonders im Pongau wiederbelebten. Sammelte viele Lieder, Jodler und Volksmusikstücke. Übertrug sein »Erzmusikantentum« seinem Sohn Schorsch Windhofer sen. und seinen Enkeln Schorschi jun. und Peter Windhofer. →Volksmusik, →Brauchtumsvereine.

Lit.: Sch. Windhofer: Sch. W. Ein Leben für Volksmusik und Brauchtum. In: Volkslied und Volksmusik im Lande Salzburg, H. 11, Salzburg 1975. *R.A.*

Winkler, Gerhard, * Salzburg 14. 10. 1959, Komponist. Studierte am →Mozarteum (Komposition bei H. →Eder) und an der →Univ. Salzburg Musikwissenschaft. Lehrtätigkeit am Salzburger →Musikschulwerk und am Inst. f. Musikwissenschaft. Seit 1987 intensive Beschäftigung mit Live-Elektronik und Computermusik, Studienaufenthalte am IRCAM/Paris. Schrieb eine Kammeroper, Vokalkompositionen, Orchesterwerke und Kammermusik; 1983 Kompositionsauftrag (Klavierquintett) für das Cardiff Festival of Music, 1987 Streichquartett »Al-Kimiya« für die Salzburger →Festspiele, 1990 für das Festival »Wien modern«, 1992 für das Musikprotokoll beim »steirischen herbst«.

Lit.: B. Günther: Lexikon zeitgenössischer Musik aus Österreich. Wien 1997. *G.W.*

Wirtschaftsarchitektur →Baudenkmäler der Technik und Industrie

Wirtschaftsförderungsinstitut (WIFI) der Wirtschaftskammer Salzburg. Die Aufgabenstellung des WIFI ist gemäß § 30 des Wirtschaftskammergesetzes die Aus- und Weiterbildung von Wirtschaftstreibenden, allgemeine, technische und betriebswirtschaftliche Wirtschaftsförderung und die Durchführung von Messen, Ausstellungen und Musterschauen. Das WIFI Salzburg führt jährlich über 2000 Aus- und Weiterbildungsveranstaltungen durch und wickelt 1700 Betriebsberatungen ab. *H.O.*

Wis(ing)er, Wolfgang, * um 1440/50 Wasserburg/Inn, † nach 1507. In der heimischen, auf Meister Hans von Burghausen (gen. Stethaimer) zurückgehenden Bauhütte ausgebildet. 1470 Bürger und Baumeister in Wasserburg. 1482 wurde W. für kurze Zeit Hüttenmeister der Admonter Bauhütte, trat nach dem Tod des Stefan →Krumenauer (1461) dessen Nachfolge in Braunau/Inn an. W. stellte 1486-89 den von Krumenauer unvollendet hinterlassenen Turm der ehem. Salzburger Stadtpfarrkirche (→Franziskanerkirche) nach Nürnberger Visierung fertig. W.s Hauptbau in Salzburg ist das dreischiffige Langhaus der Stiftskirche →Nonnberg, das 1499 geweiht, und dessen Wölbung 1506/7 geschlossen wurde. 1499 wurde der Neubau des Westturms der Obertrumer Pfarrkirche zwischen dem Mattseer Dechant Chrünz und Wisinger akkordiert und ausgeführt. W. ist einer der wichtigsten Vertreter der Salzburger Bauhütte im 15. Jh.

Lit.: A. Hahnl: Der Werkvertrag Wolf Wisingers für die Erbauung des Kirchturms von Obertrum 1499. In: Salzburg Archiv 22, Salzburg 1999. – G. Brucher: Gotische Baukunst in Österreich. Salzburg 1990, S. 162, 288. – F. Pagitz: Zwei Beiträge über das Wirken St. Krumenauers in Salzburg. In: MGSLK 106, 1966, S. 141 ff. – W. Buchowiecki: Die gotischen Kirchen Österreichs. Wien 1952. *A.H.*

Wismayr, Josef * Freising 30. 11. 1767, † München 9. 9. 1858, Pädagoge. W. studierte an der Salzburger Univ. allgemeine Sprachwissenschaft. Er verfaßte für die →»Oberdeutsche allgemeine Litteraturzeitung« L. →Hübners eine Reihe von Rezensionen. 1792 wurde er Präfekt an der Lodronisch-Rupertinischen Erziehungsanstalt. Die 1796 erschienenen »Grundsätze der deutschen Sprache« (zwei Bde.) waren von den Arbeiten Friedrich von Adelungs beeinflußt und erlebten bis 1824 neun Auflagen. Nach der Übersiedlung L. Hübners nach München übernahm W. kurzfristig die Redaktion der »Oberdeutschen Litteraturzeitung«. Von 1800-05 gab er die »Ephemeriden der italienischen Literatur« heraus. 1803 wurde er als General-Schulen- und Direktionsrat nach München berufen, wurde Mitglied der Bayerischen Akademie der Wissenschaften und verfaßte weitere zahlreiche sprachwissenschaftliche und historische Arbeiten. W.s Biographien italienischer Schriftsteller erschienen unter dem Titel »Pantheon Italiens« 1815-18 in Salzburg.

Wolf Dietrich von Raitenau

Lit.: H. F. Wagner: Der Pädagoge Wismayr in Salzburg. In: 3. Programm der k. k. Lehrerbildungs-Anstalt in Salzburg, Salzburg 1876, S. 23 ff. – J. W.: Selbstbiographie. Freising 1857.

Th.W.

Wittek von Saltzberg, Robert, * Teplitz 23. 4. 1856, † Salzburg 11. 11. 1936, Maler und Zeichner. Typischer österr. Künstler-Offizier, frühzeitig pensioniert, im 1. Weltkrieg als Kommandant der freiwilligen Schützenregimenter an der Kärntner Front reaktiviert. Schüler Th. →Ethofers, Freund A. →Faistauers, war in den Künstlervereinigungen →»Wassermann« und →»Sonderbund« aktiv und stellte seine Villa in der Schwarzstraße für deren Ausstellungen zur Verfügung. Als Künstler entwickelte er vor allem in dichtmaschigen Federzeichnungen, vorwiegend Landschaften, persönliche Eigenart.

Lit.: 150 Jahre Salzburger Kunstverein. Kunst und Öffentlichkeit, Salzburg 1994. – Ch. Svoboda: Der Salzburger Kunstverein. Diss. Salzburg 1977, S. 136. – Kunst in Österreich. Leoben 1934. – Thieme-Becker S. 82 ff.

N.Sch.

Wojtek (-Mühlmann), Poldi (Leopoldine), * Brünn 27. 10. 1903, † Salzburg 10. 1. 1978, Malerin, Gebrauchsgraphikerin, Keramikerin. Aus der Wiener Werkstätte hervorgegangen, Mitarbeiterin von A. →Faistauer, A. Kolig und R. Andersen bei der Ausstattung des →Festspielhauses, mit F. v. Zülow, Kolig und Andersen führte sie auch andere Aufträge aus. 1926/28 entstanden im Salzburger Hauptpostamt Pfeilerfresken im Bauhaus-Stil (im »Dritten Reich« entfernt). 1928 gelang ihr mit dem seither verwendeten Festspielemblem ein großer Wurf. Von ihr stammten die Illustrationen zu der Hitler-Biographie für Jugendliche »Eine wahre Geschichte«, die vor 1938 in mehreren Auflagen anonym erschien. Nach dem Krieg arbeitete sie hauptsächlich als Keramikerin, bis 1952 bei Schleiß in Gmunden, dann in Ateliergemeinschaft mit Karl Schatzer in Salzburg. Ihre Tätigkeit umfaßte Möbelmalerei, Plakate, Illustrationen und Wandgestaltungen in Stadt und Land.

Lit.: B. Wally. – SN, 14. 1. 1978. – Vollmer (Nachtragsband). – Österreichische Kunst 1, 1930, H. 9.

N.Sch.

Wolf Dietrich von Raitenau, * Lochau bei Bregenz 26. 3. 1559, † Salzburg 16. 1. 1617, Eb. von Salzburg 1587-1612. W. wurde geprägt vom militärischen Vater und von einem Aufenthalt am Collegium Germanicum in Rom. Er kam im Alter von 28 Jahren zur Regierung und wurde zum unbedingten Verfechter des fürstlichen Absolutismus im Sinne Machiavellis, zum autoritären Regenten vor allem gegenüber dem Domkapitel, das keinerlei Aussicht auf Realisierung seiner Wahlkapitulation hatte, sondern im Gegenteil durch das »Ewige Statut« dem Landesfürsten noch rigoroser unterworfen wurde. Auch die Landstände wurden nach 1592 nicht mehr einberufen. Selbst der kleinliche Streit mit Bischof Sebastian Cattaneo von Chiemsee trägt extrem autoritäre Züge.

Seine Schul- und Gesundheitspolitik zeigte durchaus moderne Züge, seine Kirchenpolitik war im Sinne der Gegenreformation. Gegen Protestanten ging er mit dem Einsatz von Kapuzinern und Augustiner-Eremiten sowie mit ersten Ausweisungsmandaten vor, die Wiedertäufer wurden erbarmungslos verfolgt. Erst in späteren Jahren ließ sein militanter Glaubenseifer nach. In der Steuerpolitik bemühte sich der Eb. um eine größere Abgabengerechtigkeit, kritische Äußerungen darüber verfolgte er mit aller Schärfe. So ließ er den Zeller Pfleger Kaspar Vogel hinrichten, ein Justizmord, den W. allerdings später büßen mußte.

Im wirtschaftlichen Bereich förderte W. den Halleiner Salzabbau nach Kräften, wodurch sich der Gegensatz zu Herzog Maximilian I. von Bayern ständig verschärfte. Diese Animosität wurde noch durch das undiplomatische Verhalten des Eb. gegenüber Bayern in der Frage der 1609 gegründeten kath. »Liga« vertieft, der beizutreten W. strikt ablehnte. Verscherzte er sich schon dabei viele Sympathien, so ist es vor allem die Salzburger Politik während des Türkenkrieges Kaiser Rudolfs II. (1592-1606) gewesen, die durch die inkonsequente Unterstützungsbereitschaft W.s viel politisches Porzellan zerschlug.
Zu vielen berechtigten und noch mehr unberechtigten Vorwürfen gegen den Raitenauer kam noch seine persönliche Beziehung zu Salome Alt, die ihm 15 Kinder gebar. Als sich W. im Oktober 1611 zu einem Handstreich gegen Berchtesgaden hinreißen ließ, rückte der Bayernherzog mit Waffengewalt ins Erzstift; der Eb. mußte fliehen, wurde gefangengenommen, zur Abdankung gezwungen und bis zu seinem Tod (1617) auf der →Festung Hohensalzburg in Haft gehalten. Alle Versuche zur Befreiung oder zur Linderung der Haftbedingungen scheiterten.
Dieses tragische Ende W.s hat ihm die Sympathien bis heute bewahrt. Unter seinen Verdiensten steht die Kulturpolitik an erster Stelle. Wenn er auch vieles Alte und Wertvolle demolieren ließ, so wurde er doch der Bauherr des barocken Salzburg, der Protektor einer modernen Stadt und der Förderer und Mäzen aller schönen Künste. (Farbabb. 1)

Lit.: Kat. Fürsterzbischof Wolf Dietrich von Raitenau. Gründer des barocken Salzburg, Salzburg 1987. – E. Stahl: W. D. v. Salzburg. Weltmann auf dem Bischofsthron, Wien-München ²1987. – F. Martin: Salzburgs Fürsten der Barockzeit. Salzburg ⁴1982, S. 13 ff. – W. Erben: Zur Beurteilung des Salzburger Eb. W. D. v. Raitenau. In: MGSLK 42, 1902, S. 50 ff.

R.R.H.

Wolf, Hugo, * Windischgrätz (Slowenien) 13. 3. 1860, † Wien 22. 2. 1903, Komponist. Vor allem bedeutend durch seine ca. 300 Klavierlieder. W. kam 21jährig am 20. 11. 1881 für kurze Zeit (bis Jänner 1882) als 2. Theater-Kapellmeister nach Salzburg, leitete die Klavierproben mit den Solisten und dem Chor und hatte – gegen seinen Willen und mit mäßigem Erfolg – auch Operetten und »Possen mit Musik« zu dirigieren. In Salzburg wohnte er im 2. Stock des Hauses Bergstraße 8.

Lit.: E. Decsey: H. W. Berlin 1903-06.

G.W.

Wölfl, Joseph, * Salzburg 24. 12. 1773, † London 21. 5. 1812, Pianist und Komponist. Schüler von M. →Haydn und L. →Mozart am Salzburger →Kapellhaus, 1790 Übersiedlung nach Wien, 1801 nach Paris, 1805 nach London, intern. Karriere als Pianist und Klavierlehrer, bestach 1795 in einem Wettspiel mit Ludwig v. Beethoven durch seine brillante Technik. Komponierte Opern, Ballette, Sinfonien, Klavierkonzerte, Kammermusik, Klaviermusik und Lieder.

Lit.: R. Baum: J. W. Diss. München 1928.

G.W.

Wolfram, Richard, * Traismauer bei Wien 16. 9. 1901, † Traismauer 30. 5. 1995, Volkskundler. Studium der deutschen Philologie, nordischen Sprachen und Literatur. 1934-38 »zeitweilig« Wiener Zeitungskorrespondent in Skandinavien. Begründer und Vorstand der auch politisch tätigen Gesellschaft »Svea«. 1936 Habilitation für germanische Volkskunde »Schwerttanz und Männerbund« bei Rudolf Much. 1938-45 Leiter der am 13. 7. 1938 begründeten »Außenstelle Süd-Ost« des »Ahnenerbe des Reichsführers SS Heinrich Himmler« in Salzburg, die sich der »Erforschung des Jahreslaufbrauchtums, ... der volkslichen (!) Gemeinschaftsordnungen, ... sowie der rassischen und volkslichen (!) Bedingtheiten von Musik, Lied, Tanz, Hausformen, Gefäßformen und Sachgüter« widmete. Die Außenstelle sollte der »katholischen Tradition bewußt die nationalsozialistische Wissenschaft entgegenstellen«, sie übernahm Teilbestände des von der SS aufgelösten und geplünderten Instituts für religiöse Volkskunde der Theologischen Fakultät. Das Inst. wurde im »Germanischen Wissenschaftseinsatz« eingesetzt. Als ständige, kurzfristige und freie Mitarbeiter fungierten u. a. F. →Prodinger, Luise Hess, Hans Ernst Schneider (1940-45 »Einsatzstab Niederlande«; ab 1945 Karriere als Universitätsprofessor für Germanistik u. a. in Salzburg und Universitätsrektor in Aachen unter dem Namen Hans Werner Schwerte), K. →Adrian, T. →Reiser, K. →Brandauer und Romuald Pramberger. Diese

Stelle stand in ständiger Konkurrenz zur »Arbeitsgemeinschaft für deutsche Volkskunde« des »Amtes Rosenberg« in Salzburg, dem Landesschulrat und Gauschulungsleiter K. →Springenschmid, Helmut Amanshauser als Leiter der Gauarbeitsgemeinschaft und Karl Ruprecht (Hauptstellenleiter Volkskunde) sowie K. →Fiala angehörten. 1939 übernahm W. auch die Leitung des neugegründeten Universitätsinst. für germanisch-deutsche Volkskunde in Wien. In der Zeit seines Berufsverbotes nach 1945 Brauchtumsaufnahmen im Land Salzburg. Mitarbeit am Salzburg-Atlas Egon Lendls. 1958-90 Leiter der Gesellschaft für den Österr. Volkskundeatlas an der Österr. Akademie der Wissenschaften. 1954 venia legendi für Volkskunde, 1956 Titel, 1959 Amt des a. o. Prof., 1963-71 Ordinarius für Volkskunde an der Univ. Wien. Seine über 250 Publikationen blieben dem »Kanon der Volkskunde« und der Wiener Mythologischen Schule, besonders der nationalen ahistorischen vergleichenden Reliktforschung verhaftet. Unter quellen- und zeitkritischer Bearbeitung im Kontext sind seine Feldforschungen, Ton- und Bilddokumentationen dennoch von großer zeit- und wissenschaftsgeschichtlicher Bedeutung. Auf dem Gebiet des Volkstanzes, in Kreisen der Erwachsenenbildung und Brauchtumspflege erlangte W. europaweites Ansehen, was nicht unproblematisch ist. Mit zahlreichen Auszeichnungen Schwedens, der Republik Österreich und österr. Bundesländer und Vereinigungen bedacht.

Lit.: C. Leggewie: Von Schneider zu Schwerte. München 1998. – W. Haas (Hg.): Volkskunde und Brauchtumspflege im Nationalsozialismus in Salzburg (=SBzVK 8). Salzburg 1996. – W. Jacobeit, H. Lixfeld, O. Bockhorn (Hg.): Völkische Wissenschaft. Gestalten und Tendenzen der deutschen und österreichischen Volkskunde in der ersten Hälfte des 20. Jh., Wien 1994.

U.K.

Wollmanufaktur. 1677 von Eb. Max Gandolf als landesfürstlicher Eigenbetrieb im eb. Meierhof im Nonntal eingerichtet. Die Beweggründe für die Gründung einer solchen Fabrik waren: Arbeitsbeschaffung für die Bevölkerung, vor allem die ärmere Jugend, sowie die Ankurbelung der inländischen Schafzucht. 1680 übernahm der Tuchmacher Wilhelm Wagner die Fabrik und den daran angeschlossenen Tuchladen, wo neben Tuchen auch Knöpfe, Borten, Schnüre, Bänder, Futter, Strümpfe etc. verkauft wurden. Abnehmer der Erzeugnisse war vor allem der Salzburger Hof, die »Eb. Guardarobba«.
1686 erfolgte die eb. Gründung eines Waisenhauses im selben Gebäude des Meierhofes. Wagner stand gleichzeitig der Wollfabrik und dem Waisenhaus vor, wobei letzteres billige Arbeitskräfte und Nachwuchs für die Fabrik stellte. Die Beschränktheit des Marktes, schwierige Rohstoffbeschaffung und geringe Bereitschaft zur Abnahme der Fabrikserzeugnisse durch Eb. →Johann Ernst Thun führten zur Auflösung der Manufaktur. Ein genauer Zeitpunkt ist nicht bekannt, jedoch wird er in die Anfangsjahre des 18. Jh.s zu setzen sein. H. Hassinger bezeichnet diese Fabriksgründung als »bedeutenden Ansatz einer merkantilistischen Politik in den deutschen Territorien, die meist erst im 18. Jh. zur Reife gelangte«.

Lit.: H. Hassinger: Johann Joachim Bechers Kampf gegen Frankreich und die Gründung einer Wollmanufaktur in Salzburg im Jahre 1677. In: MGSLK 78, 1938/39, S. 169 ff.

Ch.S.

Wrede, Friedrich Fürst (Pseud.: Friedrich vom Stein), * Salzburg 9. 2. 1870, † Salzburg 5. 9. 1945 (oder 10. 9. 1945), Schriftsteller. Studien in Salzburg, Kalksburg bei Wien und Stuttgart, 1889-90 Beteiligung an der Antisklavereibewegung des Kardinals Charles Martial Allemand Lavigerie, längere Reisen. W. lebte ab 1894 dauernd in Salzburg. Mitglied der Salzburger Literatur- und Kunstgesellschaft →»Pan«. Produktiver Romanautor, vertrat in seinen Werken humanistische Ideale. In »Politeia. Staatsroman« (1925), seinem letzten Werk, schilderte er den Kosmos des 1. Weltkriegs am Schicksal einiger Salzburger Familien.

Lit.: Fr. Wrede. In: G. Steiner: Literaturbilder. Salzburgs Geschichte in literarischen Porträts, Salzburg 1998, S. 194-209. – Kürschner, Nekr. 1936-1980. – NZC, Bd. 4, S. 1190. – Brümmer, Tl. 4, S. 389 u. 515.

H.H.

Wulz, Erich, * Salzburg, 23. 3. 1906, † Salzburg 11. 8. 1984, Maler und Zeichner. 1925-29 an der Akademie in Wien, ging bis 1971 verschiedenen Brotberufen nach. Eigenständiges Profil in lavierten Tuschfederzeichnungen von religiöser und zeitkritischer Thematik. Auch seine Beschäftigung mit dem Hinterglasbild und dem Holzschnitt (Mappe »Totentanz«, Linz 1968, »Eine Jesus-Meditation«, Linz 1981) ist ganz auf das Erlebnis der Transzendenz ausgerichtet. 1981 künstlerische Gestaltung der Kirche Gründberg-St. Markus in Linz, wo W. einen höheren Bekanntheitsgrad genießt als in seiner Heimatstadt.

Lit.: Ausstellungskat. 50 Jahre Berufsvereinigung bildender Künstler. Salzburg 1995. – Gugg.

N.Sch.

Wurmb, Karl, * Neumarkt/Hausruck 18. 9. 1850, † Wien 30. 1. 1907, Eisenbahningenieur. Er studierte am Polytechnikum in Zürich, wurde Bauingenieur im Eisenbahnbau (u. a. Bauleitung beim Arlbergtunnel), 1890 Leiter der Steiermärkischen Landesbahnen, 1894 Sektionschef im Wiener Handelsministerium, war mit der Leitung des Baus der Alpenbahnen (Tauern-, Karawanken- und Pyhrnbahn) betraut. W. erwarb knapp vor seinem Tod das Wisenegg-Gut am Radstädter Tauern. Er wurde 1901 für die Erbauung der Tauernbahn zum Ehrenbürger der Stadt Salzburg ernannt; 1913 Enthüllung des Wurmb-Denkmals (von Hans Rathansky) an der Schwarzstraße. →Bauten des Verkehrs.

Lit.: DBE. – Nekr. in: MGSLK 47, 1907. – F. Binder, M. Rohlena: Zum Gedenken an Dr. Ing. h. c. Karl Wurmb, in: Blätter für Technikgesch., 1950.

E.M.

Würthle, Friedrich, * Konstanz 1820, † Salzburg 8. 10. 1902, Landschaftsmaler, Radierer, Stahlstecher und Photograph. Als Stahlstecher und wahrscheinlich auch Leiter des fotografischen Studios beim Österr. Lloyd in Triest tätig. Heiratete 1858 Marie Spinnhirn aus Salzburg, wohin er 1861 übersiedelte. Gründete mit dem Kunsthändler Gregor Baldi eine photographische Anstalt, aus der bald der renommierte »Verlag landschaftlicher Ansichten« hervorging. Glasplattensammlung im Archiv Pressefoto Richard Fuchs. →Fotografie.

Johann Wurzer, Selbstbildnis, Öl, 1818 (SMCA)

Lit.: E. Werl: Karl Friedrich Würthle (1820-1902). Diplomarbeit Salzburg 1988. – Thieme-Becker 36/1947, S. 298. – Nekr. in: MGSLK 43, 1903, S. 394 f.

M.O.

Wurzer, Johann Matthias, * Siegsdorf (Bayern) 1760, † Salzburg 19. 4. 1838, Maler. Seit 1795 in Salzburg ansässig, wo er auch eine Malschule leitete. Pionier eines bürgerlichen Realismus in Salzburgs künstlerisch unproduktivsten Jahren, dem vor allem im Figürlichen (»Selbstbildnis« und »Marktfrauen« im →SMCA) der liebenswürdige Reiz hausbackener Naivität anhaftet. Sein Lieblingsfach sind Blumen- und Fruchtstücke in Trompe-l'oeil-Manier, die einen biedermeierlichen Ernst für jedes Detail bekunden.

Lit.: Ausstellungskat. Franz Xaver von Salm(-Reifferscheidt). Aufklärer, Kardinal, Patriot, Klagenfurt 1993, S. 214. – H. Fuchs: Die österr. Maler des 19. Jh.s. Wien 1974. – Thieme-Becker. – Wurzbach.

N.Sch.

Zallinger, Meinhard von, * Wien 25. 2. 1897, † Salzburg 24. 9. 1990, Dirigent und Hochschullehrer. Studierte am →Mozarteum Klavier und Dirigieren, 1920-22 unterrichtete er an der von B. →Paumgartner geleiteten Mozarteums-Oper, danach war er Korrepetitor und Kapellmeister in Köln und München, 1947 am Landestheater Salzburg. Gastverträge mit den Opernhäusern Wien, Graz, Berlin, 1956 1. Staatskapellmeister und stellvertretender Operndirektor in München. Z. dirigierte 2500 Aufführungen, darunter zahlreiche Erstaufführungen, u. a. »Die Kluge« von C. →Orff (1943). Daneben Lehrtätigkeit am Mozarteum und an der Wiener Musikakad.; an der →Intern. Sommerakad. Mozarteum leitete er die Dirigierklasse bzw. die Opernschule.

Lit.: A. Paris: Lexikon der Interpreten klassischer Musik. Kassel 1992.

E.St.

Zallwein, Gregor, * Oberviechtach (Oberpfalz) 20. 10. 1712, † Salzburg 6./9. 8. 1766, Univ.-Prof. Der Benediktiner von Wessobrunn studierte in Salzburg Jus und wurde 1749 o. Prof. des kanonischen Rechts, von 1759 bis 1766 war er Rektor der →Univ. Z. verfaßte bedeutende Arbeiten zum kanonischen Recht und unternahm erste Versuche zu einer von gemäßigten Ansichten bestimmten Geschichte des deutschen Kirchenrechts.

Lit.: ADB 44. Nachdruck Berlin 1971, S. 677.

R.R.H.

Zanusi, Jakob, * Buchenstein/Südtirol um 1679, † Salzburg 24. 12. 1742, ital. Maler. Obwohl bereits 1705 in Salzburg, bekam er als Italiener erst 1714 von Eb. Harrach die Arbeitserlaubnis erteilt. Währenddessen verdingte er sich als fürstbischöflich Segganuischer Hausmeister und Hofmaler. Seine fruchtbarste Zeit hatte er unter seinem Landsmann Eb. →Leopold Anton von Firmian. Zunächst von J. M. →Rottmayr beeindruckt, dann unter dem Einfluß seines Freundes →Troger stehend, war Z. der bedeutendste kontinuierlich auf Salzburger Boden schaffende Maler seiner Zeit. »Die durch venezianische Farben gemilderten Hell-Dunkel-Kontraste Caravaggios bilden die Grundlage für seine Malerei« (Blechinger), als typischer Barockkünstler verstand er sich auf mehrere divergente Manieren gleichzeitig. Hauptwerke in St. Martin/Lofer, Gnigl, Rattenberg, St. Johann (Tirol) und auf Schloß →Leopoldskron.

Lit.: Ausstellungskat. Der Salzburger Hofmaler J. Z. Dommuseum Salzburg 2001. – L. Craffonara: Der Salzburger Hofmaler J. Z. In: Ladurnia XX, 1996, S. 39 f. – E. Blechinger in: MGSLK 97, 1957, S. 113.

N.Sch.

Zauberflötenhäuschen, kleines Häuschen im sog. Bastionsgarten hinter dem Mozarteumsgebäude, stand urspr. in Wien im Hof des Freihauses in unmittelbarer Nachbarschaft zu Schikaneders Theater auf der Wieden. Im Z. vollendete W. A. →Mozart angeblich die »Zauberflöte«. Es fand in Salzburg zunächst im Zwerglgarten bzw. auf dem Kapuzinerberg Aufstellung, seit 1950 im Mozarteumsgarten.

Lit.: J. Senigl: Mozart und Salzburg. Führer durch die Gedenkstätten, Salzburg 1990.

G.W.

Zauner, Judas Thaddäus, * Obertrum 16. 10. 1750, † Salzburg 10. 5. 1815, Jurist und Historiograph. Nach Studien der Philosophie und der Rechtswissenschaften an der Salzburger →Univ. wurde Z. zunächst Konsistorial- und Hofgerichtsadvokat, dann Hofrat (1804) und Hofgerichtsrat (1805). 1803 zum Prof. an der juridischen Fakultät ernannt, hielt er Vorlesungen über Rechtsgeschichte und Salzburger Privatrecht, dreimal war er Dekan. Im Kaisertum Österreich wurde er in die Kommission zum Entwurf eines neuen bürgerlichen Gesetzbuches berufen. Schon 1801 zum Mitglied der historischen Klasse der Akad. der Wissenschaften in München ernannt, hielt Z. nach Aufhebung der Univ. (1810) am Lyzeum historische Vorlesungen. Von seinen wissenschaftlichen Arbeiten ist die bleibende Leistung seine »Chronik von Salzburg« (1796 ff.), die von C. →Gärtner fortgesetzt wurde.

Lit.: H. Katschthaler in: In Salzburg geboren, S. 87 ff.

R.R.H.

Zebhauser, Franz, * im Salzburgischen um 1769, † Salzburg 18. 5. 1833, Maler. Bis zu seinem 19. Lebensjahr Bauernknecht, dann bei einem Schildermaler in der Lehre, übersiedelte ca. 1813 von Thalgau nach Salzburg. Nachzügler der barocken Kirchenmalerei. Sein Sohn Johann Georg (* im Salzburgischen 1803, † Salzburg 10. 9. 1823), ein Schüler F. X. →Hornöcks, gelangte aufgrund seines frühen Todes über das Stadium eines begabten Kopisten nicht hinaus.

Lit.: Thieme-Becker. – Wurzbach. – Pillwein.

N.Sch.

Zehetmair, Thomas, * Salzburg 25. 11. 1961, Geiger. Studierte am →Mozarteum bei seinem Vater Helmuth Zehetmair und bei Franz Samohyl, in Meisterkursen u. a. bei Nathan Milstein, Aufführungspraxis bei N. →Harnoncourt. Trat 16jährig erstmals bei den Salzburger →Festspielen auf. 1978 wurde ihm der 1. Preis im Intern. Mozart-Wettbewerb zuerkannt, 1979 debütierte er im Wiener Musikverein. Seither rege Tournee- und Konzerttätigkeit, u. a. Deutschlandtournee des Concertgebouw Orchesters unter Harnoncourt, zahlreiche Schallplattenaufnahmen, u. a. Partiten und Sonaten von Bach, Violinkonzerte von W. A. →Mozart, Joseph und M. →Haydn, Felix Mendelssohn Bartholdy und Jan Sibelius. Z. gilt vor allem als hervorragender Interpret vorklassischer und klassischer Violinmusik und zeitgenössischer Werke.

Lit.: A. Paris: Lexikon der Interpreten klassischer Musik. Kassel 1992.

G.W.

»Zeitfluß«, Kulturverein, geleitet von M. →Hinterhäuser und Tomas Zierhofer-Kin, veranstaltet im Abstand von zwei Jahren seit 1993 im Rahmen der Salzburger →Festspiele ein Festival Neuer Musik, das sich mit aktuellen Fragen der Gegenwart auseinandersetzt: Zeitfluß 93 »Luigi Nono – Ästhetik des Widerstands«, Zeitfluß 95 »Gesänge von der Notwendigkeit des Überlebens«, Zeitfluß 97 »Endspiel ...«, Zeitfluß 99 »Theater der Klänge«.

G.W.

Zeitungswesen →Presse

Zell am See, Verkehrsknotenpunkt und Wintersportzentrum. 743 als »Bisonzio« urk. genannt. Nach der →Notitia Arnonis 788 Erbauung einer Mönchszelle. Die Pfarrkirche zum hl. Hippolyt reicht in die Frühgeschichte des Erzbistums zurück. In den Ungarnwirren des 10. Jh.s Flucht der Salzburger Erzbischöfe in den Pinzgau. In Zell Erbauung einer turmlosen Saalkirche mit seitlichen kapellenartigen Annexen und einer Krypta (Reste der Krypta noch erhalten). Bei Errichtung eines Augustiner-Chorherrenstiftes um 1300 Neubau der heutigen dreischiffigen Pfeilerbasilika mit Dreiapsidenschluß. Mittelapsis und Wölbung der Seitenschiffe im 14. Jh., der Westturm und die reichgegliederte Westempore aus der Spätgotik. Zahlreiche →Wandmalereien des 14.-16. Jh.s.

Lit.: W. Frodl u.a.: Die Stadtpfarrkirche Zell am See. In: ÖZKD, Bd. 31, Wien 1977. – Die Kirche zum Hl. Hippolyt. Zell am See. FS zur Renovierung 1972-75, Zell am See 1975.

L.T.

Zeller, Ferdinand Rupert, * Steyr 27. 3. 1814, † Salzburg 5. 10. 1865, Geiger. Z. war zunächst Stiftssänger im Chor von →St. Peter, nahm Violinunterricht bei V. →Hospodsky, wurde Mitglied im Grazer Theaterorchester, 1846 Primgeiger im Orchester von →Dom-Musikverein und Mozarteum, schließlich Konzertmeister in Zürich. Seit 1862 lebte er wieder in Salzburg. Er spielte häufig bei Hochzeiten und Soireen auf und wurde der »Salzburger Strauß« genannt.

G.W.

Zeller, Friedrich (Fritz), * Steyr 12. 7. 1817, † Salzburg 29. 12. 1896, Maler. Studierte an der Wiener Kunstakad., kam 1852 über Graz nach Salzburg. Vertrat in seinen Porträts, Landschaften, Tierbildern und Stilleben sowie Aquarellen die vorherrschende spätbiedermeierliche Richtung im →Kunstverein. Ab Ende der 70er Jahre für das herzogliche Haus Arenberg in Brüssel tätig.

Lit.: Thieme-Becker.

N.Sch.

Zentralinstitut für Mozartforschung →Dom-Musikverein, →Mozarteum, →Rech, Geza

Zenzmaier, Josef, * Kuchl 5. 3. 1933, Bildhauer. Lernte an der →Fachschule Hallein, nach Praxis in Salzburger Marmorwerk dreijähriger Aufenthalt im Atelier G. Manzùs, Lehrtätigkeit an der Intern. →Sommerakad. Arbeitet in seinem Heimatort hauptsächlich in Bronze (eigene Gießhütte). Heiligenfiguren (»Virgil«, 1977, im Bildungshaus Aigen), Passionsszenen und Porträts (Stefan-→Zweig-Denkmal 1983, C. →Holzmeister im Festspielhaus) in traditioneller Körperauffassung, deren Spiritualität in der flackernden Ekstatik der Bewegung und im zerklüfteten Volumen (»non-finito«) um Ausdruck ringt.

Lit.: W. Richter (Hg.): J. Z. Plastiken 1963-1993. Salzburg 1991. – AMK 172/73, 1980, S. 67. – Gugg.

N.Sch.

Zier, O. P. (eigentlich: Othmar Peter Zierlinger), * Schwarzach im Pongau 20. 10. 1954, Schriftsteller, Filmemacher. Aufgewachsen im Industrieort Lend, lebt in St. Johann im Pongau und in Eschenau bei Taxenbach (Pinzgau); seit 1979 freier Schriftsteller. In vielen seiner Publikationen, Hörspiele, Features und Fernsehfilme gestaltet Z. sehr kritisch Alltagsthemen aus dem ländlichen Raum (z. B. »Ländliche Idylle – eine Illusion?», ORF, 1983), aber auch Beiträge zur Kultur auf dem Lande und zur bildenden Kunst (z. B. »Faistauers Erben«, ORF, 1988). Zahlreiche Preise, u. a. »Fernsehspielpreis des ORF« (1976), »Drehbuchpreis der Aktion ›Der gute Film‹« (1983), Georg →Rendl-Literaturpreis 1987, Literaturpreis der Arbeiterkammer Oberösterreich und des Brucknerhauses, Linz (2001).
Weitere Werke u. a.: »Menschen am Land«. Fotografiert von Fritz Macho (→Fotografie) mit Texten von Peter →Rosei und Z., Salzburg 1981. »Andeutungen« (Ein Lesebuch. Salzburg 1994), »Schonzeit« (Roman, 1996), »Himmelfahrt« (Roman, 1998), »Sturmfrei« (Roman, 2001).

Lit.: Katalog-Lexikon, S. 455 f.

H.H.

Zillner, Franz Valentin, * Salzburg 14. 2. 1816, † Salzburg 17. 12. 1896, Arzt, Historiker, Ethnograph. Nach dem Medizinstudium in Wien kam Z. 1844 als Arzt an das Salzburger St.-Johanns-Spital, später an die Irrenanstalt; vorübergehend war er Gemeinderat; er trug wesentlich zum intellektuellen und materiellen Aufschwung Salzburgs um die Mitte des 19. Jh.s bei. Medizinische Publikationen. Daneben galt sein Interesse der Geschichte Salzburgs: außer einer »Kurzen Landesgeschichte von Salzburg« (1896) und der »Salzburgischen Kulturgeschichte in Umrissen« (1871) zählt die »Geschichte der Stadt Salzburg« (1885 ff.) zu seinen bleibenden Leistungen. Wichtigster Vertreter der Ethnographie im 19. Jh. in Salzburg. Z. wurde auch zum eigentlichen Initiator der Gründung der Gesellschaft für Salzburger →Landeskunde (1860), in deren »Mitteilungen« 45 seiner historischen Arbeiten erschienen (Gedenktafel am Rathaus).

Lit.: H. Wagner: Die ersten 25 Jahre der Gesellschaft für Salzburger Landeskunde. In: MGSLK 118, 1978, S. 189 ff.

R.R.H.

Zimburg, Heinrich von, * Mährisch-Weißkirchen 18. 5. 1895, † St. Johann im Pongau 30. 3. 1978, Kurdirektor in Badgastein seit 1934, Heimatforscher bes. des Gasteiner Tales. Frühes Interesse für zahlreiche Wissensgebiete, bes. für die Landeskunde. Maßgeblich an der Entwicklung Badgasteins zum Weltkurort beteiligt. Initiator des 1936 gegründeten →Forschungsinstituts Gastein der Österr. Akad. der Wissenschaften. Stellte anläßlich der 500. Wiederkehr des Kuraufenthalts von Kaiser Friedrich III. in Gastein eine Jubiläumsschau zusammen, die Grundstock des Badgasteiner Heimatmuseums wurde (zweitältestes Museum im Land Salzburg). Gründete 1935 das »Badgasteiner Badeblatt« (1970 eingestellt), das eine stattliche Anzahl »Gastuniensia« brachte. Neben über 500 Abhandlungen wissenschaftliche Schwerpunkte auf der »Geschichte Gasteins und des Gasteiner Tales« (1948), dem »Perchtenlauf in der Gastein« (1947), lokalen Ergänzungen der Sagensammlung von R. v. →Freisauff und auf Trachtenstudien.

Lit.: M. Martischnig: H. v. Z. (1895-1978). Bibliographie, in: MGSLK 119, 1979, S. 421 ff. Nekr. ebenda, S. 471 ff.

Zinkenbach am Wolfgangsee. Der kleine Salzkammergut-Ort beherbergte in den Jahren ab 1930 eine regelrechte Malerkolonie. Angeführt von Ferdinand Kitt nahmen hier sommers wie winters bis zu 27 großteils Wiener Künstlerfreunde gleichzeitig Quartier. Sie huldigten hier mit einem heiter bis expressiv gestimmten Freiluft-Kolorismus der landschaftlichen Idylle, während sich die politischen Wolken immer düsterer zusammenbrauten. Regelmäßig mit von der Partie waren Ludwig Heinrich Jungnickel, Ernst August von Mandelsloh, Sergius Pauser, Franz von Zülow, Josef Dobrowsky, Ernst Huber (der sich 1943-57 im salzburgischen Wagrain als Nachbar K. H. →Waggerls niederließ), Liesl Salzer, G. →Baudisch, Gertrud Schwarz-Helberger sowie die späteren Emigranten Georg und Louise

Merkel, Georg und Bettina Ehrlich und Leo Delitz. 1938 fiel die vom Geist der Geselligkeit getragene Kolonie, der zeitweise so unterschiedliche Köpfe wie der kommunistische Dichter Ernst Toller und der einflußreiche Salzburger NS-Kunstfunktionär Kajetan →Mühlmann angehörten, in Sympathisanten, Mitläufer und Verfemte auseinander. In St. Gilgen befindet sich im ehemaligen Schulhaus eine ständige Präsentation von Werken dieses Künstlerkreises.

Lit.: K. H. Ritschel: Von Salzburg und Salzburgern. Salzburg 1998. – F. Altnöder in: Vernissage. Nov. 1984, S. 5. – B. Peithner-Lichtenfels in: Das größere Österreich (hg. v. K. Sotriffer). Wien 1982, S. 361 ff. – W. Born in: Neues Wiener Journal, 19. 8. 1932.

N.Sch.

Lorentz Hentz, große Schüssel, Zinn, graviert, 1596 (SMCA)

Zinn. Älteste Zunftordnung für das Salzburger Zinngießerhandwerk von 1487. Seit 1507 Punzierung mit dem Stadtwappen (drei Türme in Stadtmauer). Zur Salzburger Zunft gehörte auch das Gewerbe von Tittmoning. Hergestellt wurden: Teller, Krüge, Humpen, Weinkannen, Schraubflaschen (Pitschen), auch Tintenzeug etc. mit z. T. üppiger Gravierung. Die →Weißgeschirrproduktion in Salzburg im 18. und 19. Jh. und vollends der Import des billigen Porzellangeschirrs im 19. Jh. verdrängten das Zinngeschirr. Schon vor Mitte des 19. Jh.s hauptsächlich Reparaturen und Montierungen an Glas- und Keramikkrügen. Wandernde ital. Zinngießer deckten den bäuerlichen Bedarf ab; die →Gewerbefreiheit gab dem Handwerk in Salzburg den Todesstoß. Die frühen Werkstätten des 15. Jh.s lagen »in der Gstetten«, der heutigen Festungs- und der Goldgasse, oder »an der Brücke«. Zumeist waren Zinngießer auch Gelbgießer, d. h. auch →Glocken- und Geschützgießer, wie z. B. Jörg Gloppitzer (Gloppitscher) aus Friesach (1442-85 bzw. 1460-75) und Heinrich Pergkhaimer (Mitte 15. Jh.). Für das 16. Jh. ist Lorenz Hentz (Meister und Bürger 1563, † 1596) als Stammvater einer Zinngießerfamilie zu nennen: Sohn Wolf (Werkstatt ab 1600), dessen Sohn Georg (Werkstatt ab 1634), dessen Sohn Wolfgang (Werkstatt ab 1663). Die Blütezeit des Handwerks ist das 18. Jh.; zahlreiche bedeutende Namen: Thomas Schesser (Meister 1652, † 1675) arbeitete gleichzeitig mit H. G. →Lehrl, der bis ca. 1680 die zweite Zinngießergerechtsame innehatte und ebenfalls einer Zinngießerdynastie angehörte, weiters Georg Ferdinand Weilhammer (1684-1718) und dessen Sohn Martin Ferdinand (arbeitete ab 1749), Johann Michael Wild (1718-30), der die Witwe nach Weilhammer ehelichte und damit die Gerechtsame erhielt, Anton Linckh (Link, † 1779), der ab 1744 die dritte Zinngerechtsame innehatte und dessen Frau nach seinem Tod sogar acht Jahre die Werkstatt weiterführte. Anton Singer, Joseph Schedl und Josef Anton Greissing sind für das 18. Jh. unter vielen anderen anzuführen. Für die Zinngerechtsame in Hallein sind Wilhelm Zamboni (Werkstatt 1833-38) und die Zinngießerfamilie →Peretti wichtig (Gerechtsame seit 1806), vorwiegend für Gebrauchsgeschirr des 19. Jh.s. (Farbabb. S. 340)

Lit.: E. Hintze: Die deutschen Zinngießer und ihre Marken. Bd. VII, Teil III, Süddeutsche Zinngießer, Osnabrück-Leipzig 1921-31. – A. Walcher v. Moltheim, K. v. Radinger: Das Zinngießerhandwerk der Stadt Salzburg. In: JahrSMCA, 1909, Salzburg 1910.

Ch.S.

Zittrauer, Maria, * Bad Bruck bei Badgastein 10. 1. 1913, † Bad Bruck bei Badgastein 6. 7. 1997, Kaffeehausbesitzerin, Lyrikerin. Schulbesuch im Internat des Klosters →Nonnberg, →Trakl-Preis für Lyrik 1952. Freundschaftliche Kontakte zu K. H. →Waggerl und Th. →Bernhard. Gedichtbände: »Die Feuerlilie« (1954), »Ich male mein Gedicht ans Tor der Gärten« (1977, stark erw. Neuauflage unter dem Titel »Schlangenflöte«, 1992), »Der sehnsüchtige Flug« (1977).

Lit.: W. Thuswaldner: Die Wortgewalt der M. Zittrauer. In: SN, 10. 11. 1997.

H.H.

Zobl, Helmut, * Schwarzach-St. Veit 6. 5. 1941, Medailleur. Stammt aus Krimml, lernte 1956-59 an der Fachschule für Eisenbearbeitung in Steyr, 1960-65 an der Akademie der bildenden Künste Wien (Ferd. Welz), der er 1967-70 als Lehrbeauftragter für Medailleurkunst angehörte, lebt in Wien. Z.s. Arbeit, für die er seit 1969 fast ausschließlich den Negativschnitt in Stahl verwendet, sprengt inhaltlich, formal und kompositorisch die herkömmlichen Vorstellungen der von der modernen Kunstentwicklung lange vernachlässigten Medaillenkunst. In vielschichtigen Reliefstrukturen will Z. die kosmische Dimension des Menschseins, verbunden mit humanitären Anliegen, versinnbildlichen. Vor allem mit seinen Welttalerprägungen versucht er die Münze als Sinnträger und künstlerisches Medium zu propagieren. Zahlreiche prominente Aufträge für Gedenkmedaillen, Gestaltung einiger offizieller österreichischer Münzen, daneben auch Glasfenster, Kleinplastiken, Aquarellzyklen.

Lit.: H. Z. Prägungen 1989-1993. Wien 1993. – Ausstellungskat. H. Z. Medaillen, Skizzen 1964-1974, SMCA 1974. – Ausstellungskat. Prägungen H. Z. Wien 1973.

N.Sch.

Zuccalli (Zugalli), Giovanni Gaspare, * Roveredo (Graubünden) 1667 (?), † Adlholzen/Traunstein 14. 5. 1717, Architekt. Schüler seines Onkels Enrico, der seit 1674 den Bau der Münchner Theatinerkirche leitete. Eb. Max Gandolf berief ihn nach Salzburg, um mit ihm über den Bau einer Kirche samt Kloster und Priesterseminar »im Khaye« zu verhandeln. Gleichzeitig interessierte sich auch das Domkapitel für diesen Architekten, um von ihm den Neubau der Kirche des St.-Erhards-Spitals im Nonntal, das im Besitz des Domkapitels war, durchführen zu lassen (→Spitäler). Mit Z. »ist in Salzburg post festum der italienische Hochbarock eingezogen, ... ein Barock schwungvoller Ruhe und kräftiger, großer Akzente« (Sedlmayr). Zwischen 1685 und 1689 wurde die St.-Erhards-Kirche fertiggestellt. Sowohl der Architekt als auch der Stukkator Francesco Brenno und der Bildhauer Andreas Gözinger wurden vom Domkapitel bes. honoriert. Das Geld für das neue Priesterseminar stiftete der Kurbayerische Kämmerer und Revisionsrat Georg Konrad Freiherr von Lerchenfeld unter der Bedingung, daß die Seminarleitung den Theatinern (Kajetanern) übertragen würde, einem Orden, der als Prediger und Schulorden neben den Jesuiten die Gegenreformation getragen hat. Die Einführung des Ordens in Salzburg erfolgte am 16. 10. 1686 (1809 aufgehoben). Der Bau der Kajetanerkirche wurde 1685 von Z. begonnen und war 1687 beinahe fertiggestellt, als der Tod des Eb. die Arbeiten plötzlich unterbrach. Es war zu Spannungen zwischen den Theatinern und der Benediktiner-Univ. gekommen, die sich in ihrem Privileg des alleinigen Lehrrechtes beeinträchtigt sah. Der neue Eb. →Johann Ernst Thun war genötigt, in seine Wahlkapitulation ein Vorlesungsverbot für die Theatiner aufzunehmen. Z. wurde zwar 1689 zum hf. Hof- und Landschaftsbaumeister ernannt, jedoch bereits 1693 wurde von ihm als dem »gewesten« gesprochen. Aufgrund nicht stichhaltiger Vorwürfe enthielt man ihm (und auch den beteiligten ital. Stukkatoren Francesco und Carlo Antonio Brenno, Antonio Carabelli) das noch ausständige Honorar vor; Z. mußte J. B. →Fischer v. Erlach weichen, von welchem der Eb. seit 1694 »als kulturpolitische Antwort« (Sedlmayr) auf das Theatinerkloster die Dreifaltigkeitskirche mit dem Priesterhaus erbauen ließ.

Lit.: 50 Jahre Barmherzige Brüder in Salzburg. Salzburg 1973. – ÖKT, Bd. 9. – F. Pirckmayer: Notizen zur Bau- und Kunstgeschichte Salzburgs. In: MGSLK 43, 1905, S. 193 ff.

M.O.

Zuckmayer, Carl, * Nackenheim am Rhein 27. 12. 1896, † Visp (Wallis) 18. 1. 1977. »Selbsterwählte Heimat und wo ich mein irdisches Dasein auszuleben hoffte: es war der Ort Henndorf bei Salzburg, genau gesagt Haus Wiesmühl« (»Als wär's ein Stück von mir«). So interpretiert Z. seine Jahre im Salzburgischen (1926-38). R. →Billinger hatte Z. von der Wiesmühl erzählt, als er auf der Ostseeinsel Hiddensee bei ihm zu Gast war. Z. fuhr nach Henndorf und kaufte das Haus von Carl Mayr, dem Bruder des berühmten Bassisten R. →Mayr. Z. und seine Frau Alice verlebten hier Jahre »wie im Paradies«, bis sie 1938 der Nationalsozialismus zwang, Österreich zu verlassen. Die ländliche Ruhe arbeitsreicher Jahre wurde jeden Sommer durch die Salzburger →Festspiele unterbrochen. Prominente Gäste kamen zu Besuch in die »Wiesmühl«: F. →Werfel mit Alma Mahler, Gerhart Hauptmann, S. →Zweig, Th. →Mann, Bruno Frank, Max Pallenberg, M. →Reinhardt. Vor allem durch Stefan Zweig lernte Z. eine Reihe interessanter Künstler persönlich kennen: Joseph Roth, B. →Walter, A. →Toscanini. Den »in größter Armut lebenden und rastlos schaffenden Dichter J. →Freumbichler« lud Z. kollegial zu Gast und half ihm, 1937 seinen »Salzburger Bauernroman: Philomena Ellenhub« beim Zsolnay Verlag zu veröffentlichen, für den Freumbichler dann den Österr. Staatspreis erhielt. Freumbichler brachte seinen sechsjährigen Enkel Th. →Bernhard in die »Wiesmühl« mit (vgl. Th. Bernhard: »Ein Kind«, 1981). Henndorf war für Z., jeweils nach berufsbedingten Reisen, eine Oase friedlicher Schaffenszeit. Mehrere Werke beziehen sich auf diesen Ort: »Der Seelenbräu« (1945) und »Henndorfer Pastorale« mit Zeichnungen von C. →Holzmeister (1972) sind bes. zu nennen. Persönliche und literarische Freunde wie Ö. v. →Horváth (der 1937 in Henndorf seinen Roman »Jugend ohne Gott« schrieb), Franz Theodor Csokor oder der Darmstädter Dichter Hans Schiebelhuth blieben oft lange bei Z. zu Gast. Am 15. 3. 1938, buchstäblich in letzter Minute, fuhr Z. mit einem dt. Paß per Bahn nach Zürich, um über die Schweiz nach den USA (Vermont) ins Exil zu gehen. Nach 1945 ließ er sich in Saas-Fee in der Schweiz nieder, wo er auch begraben liegt. Z. ist der erste Träger des Salzburger →Literaturpreises (1974). Im Okt. 1996 fand in Henndorf eine Z.-Ausstellung und ein Intern. Symposion zu Z. statt.

Lit.: Jahrbuch der C.-Zuckmayer Gesellschaft, im Bd. 1 (1998) Vorträge des Henndorfer Symposions 1996. – Chr. Strasser: Carl Zuckmayer. Deutsche Künstler im Salzburger Exil 1933-1938. Schriftenreihe des Forschungsinst. für politisch-historische Studien der Dr.-Wilfried-Haslauer-Bibliothek (Bd.5), Wien-Köln-Weimar 1996. – C. Zuckmayer: Als wär's ein Stück von mir. Horen der Freundschaft. Frankfurt/M. 1966.

A.Has.

Zukriegel, Gerhard, * Wien 25. 5. 1928, Jurist und Organist. Musikalische Ausbildung im Konzertfach Orgel bei Karl Walter an der Akademie in Wien, Musiktheorie bei Joseph Marx und Alfred Uhl. 1951 Promotion zum Dr. jur., 1952 Übersiedlung nach Salzburg, hier von 1958-1997 als Rechtsanwalt tätig und seit 1963

Carl Zuckmayer (Klaus Hennch)

als Nachfolger von F. →Sauer Domorganist. In dieser Funktion organisiert er die Orgelmatineen im Dom. Internationale Konzerttätigkeit, Erster Preisträger des Paul-Hofhaimer-Orgelwettbewerbs 1959, Mitglied des Ensembles Wolfgang von Karajan.

G.W.

Zukunftsbibliothek (Robert-Jungk-Bibliothek für Zukunftsfragen in Salzburg, Robert-Jungk-Stiftung), gegründet 23. 12. 1985, eröffnet 17. 10. 1986. Grundlage der Z. ist die von R. →Jungk gestiftete Privatsammlung von Büchern über zukunftsrelevante Themen verschiedenster Bereiche, v. a. aber über die sozialen Auswirkungen des technischen Fortschritts. Die Z. ist der erste Versuch, Informationen, die sonst nur Experten verfügbar sind, der Öffentlichkeit zugänglich zu machen (interdisziplinäre Dokumentationsstelle). Die Z. verwahrt 11000 Bücher, davon 40 Prozent fremdsprachige, und 200 laufend gehaltene Zeitschriften (Stand 2001). Seit Jahresbeginn 1987 gibt die Z. die Informations- und Rezensionszeitschrift »Pro Zukunft«, viermal jährlich, heraus. Die Z. ist eine Präsenzbibl. mit Entlehnmöglichkeit, sie ist kostenlos zugänglich.

Lit.: R. Jungk: Ein Ort mit mehr als einer Zukunft. In: SN, 26. 7. 1986 (Festspielbeilage), S. 22. – W. Spielmann: Intern. Bibl. für Zukunftsfragen. In: ebenda, S. 22 f. – M. Frank: Attacke auf die Macht der Experten. In: Süddt. Zeitung, 20. 10. 1986.

Zunfttänze →Volkstanz

Zunftzeichen →Ausleger

Zweig, Stefan * Wien 28. 11. 1881, † Petropolis bei Rio de Janeiro 24. 2. 1942, Schriftsteller, Pazifist. Sohn eines Industriellen. Studium der Germanistik und Romanistik in Wien und Berlin: Diss. über Hippolyte Taine; Dr. phil. (1904). Viele Reisen: Belgien (1902: Begegnung mit Emile Verhaeren); Bretagne, London (1904/05), Indien (1908/09), Italien, Paris (1913: Begegnung mit Romain Rolland), 1914-17 Militärdienst im Kriegsarchiv in Wien. Am 27. 10. 1917 Kauf des Paschinger-Schlößls (Kapuzinerberg 5). 1917-19 Zürich: Premiere seines Stücks »Jeremias«. Z. glaubte, daß eine »Allianz des Geistes«, eine Gruppe führender Intellektueller, den Frieden bringen und erhalten könne. 1919-34 hatte Z. seinen ständigen Wohnsitz in Salzburg, der Aufenthalt war nur durch Reisen unterbrochen. Seine »Villa in Europa«, wie Jules Romains sie nannte, sah in dieser Zeit prominente intern. Gäste: Th. →Mann, H. v. →Hofmannsthal, Arthur Schnitzler, J. →Joyce, Paul Valéry, Hans Carossa, H. G. Wells, C. →Zuckmayer, F. →Werfel, H. →Bahr, A. →Toscanini und viele andere. Während seiner Salzburger Zeit wurde Z. vor allem durch seine in viele Sprachen übersetzten Biographien (z. B. »Joseph Fouché«, 1929, »Marie Antoinette«, 1932) und biographischen Essays (»Drei Meister« [Balzac, Dickens, Dostojewski], 1920; »Der Kampf mit dem Dämon« [Hölderlin, Kleist, Nietzsche], 1925) weltberühmt. Das Kapitel »Z. und die Festspiele« ist zwiespältig. Z. hatte Salzburg als Wohnort gewählt, weil er sich in dieser damals ruhigen Provinzstadt mit guten Reiseverbindungen ungestörte Arbeitszeiten versprach. Die sommerlichen →Festspiele veränderten aber diese erwartete Atmosphäre. Durch die vielen Besucher fühlte sich Z. in seiner Arbeit oft gestört und behindert. Trotzdem hätte er gerne bei den Festspielen mitgewirkt. Wie wir heute wissen, hat dies H. v. Hofmannsthal, den aber Z. stets verehrte, verhindert: »Daß Hofmannsthal Zweig nicht leiden konnte, ist durch Benno

Stefan Zweig (Foto Ellinger)

Geiger und M. →Reinhardt bezeugt« (Prater, S. 235). Hofmannsthal sah Z. mehr als Journalist denn als Dichter. Er verschwieg seine jüdische Herkunft, Z. betonte sie stets. Nicht zuletzt dürfte er Z. um seinen gewaltigen literarischen und finanziellen Erfolg beneidet haben. Paradox dabei ist, daß man Z. 1929 einlud, im Burgtheater die Gedenkrede auf Hofmannsthal zu halten; die Witwe war aber nicht anwesend. Paradox auch, daß sich R. →Strauss wegen eines Librettos 1932 gerade an Z. wandte. 1928 besuchte Z. als Vertreter des Österreichischen Schriftsteller-Verbandes die 100-Jahr-Feier für Leo Tolstoj in der Sowjetunion, Begegnung mit Maxim Gorki, den Z. später in Italien nochmals traf.

In Österreich beunruhigten Z. zunehmend politische Veränderungen: Bundeskanzler Engelbert Dollfuß etablierte im März 1933 ein wachsend autoritäres System. Im Februar 1934 sollte der »Republikanische Schutzbund« entwaffnet werden. Vermutlich am 18. 2. 1934 fand eine Hausdurchsuchung nach Waffen auch in Z.s Haus am Kapuzinerberg statt. Z. war so getroffen von diesem Affront, daß er in den Zug stieg und nach London fuhr. LH. F. →Rehrl versuchte 1935, auf Anregung von Baronin Madeleine Baillou und B. →Paumgartner, Z. zum Verbleib in Salzburg zu bewegen. Obwohl Z. noch mehrmals in Wien und Salzburg war, trafen Z. und LH. Rehrl einander nicht. Z. hatte fast 15 Jahre im geliebten Salzburg seinen Wohnsitz gehabt. Manchen Sommer wich er nach Thumersbach bei Zell am See aus, wo er den Nachlaß-Roman »Rausch der Verwandlung« schrieb. Am 18. 5. 1937 verkaufte seine Frau Friderike Z. das Haus am Kapuzinerberg. Z. lebte schon in London, führte aber noch immer seine Geschäftskorrespondenz gemeinsam mit Friderike und seiner langjährigen Sekretärin Anna Meingast in Salzburg. Diese besaß nämlich sein sogenanntes »Hauptbuch«, in dem Z. genaue Aufzeichnungen über seine Publikationen, Übersetzungen, Honorarabrechnungen etc. führte. 1938 ließ sich Z. von Friderike Z. scheiden und heiratete im Jahr darauf seine Sekretärin Lotte Altmann. 1939 übersiedelte er von London nach Bath, 1941 nach Petropolis bei Rio de Janeiro. Am 22. 2. 1942 wählte er gemeinsam mit seiner Frau den Freitod durch Gift. Seine berühmte Autobiographie »Die Welt von Gestern. Erinnerungen eines Europäers« erschien 1944. Z. hatte Angst, daß der Faschismus die Welt des alten Europa gänzlich vernichten werde: »Mein Haus in Salzburg liegt so nahe an der Grenze, daß ich mit freiem Auge den Berchtesgadener Berg sehen konnte, auf dem Adolf Hitlers Haus stand, eine wenig erfreuliche und sehr beunruhigende Nachbarschaft« (»Die Welt von Gestern«). Der Stefan-Zweig-Weg in Salzburg führt zum ehemaligen Wohnsitz Z.s auf den Kapuzinerberg hinauf. Salzburg hat Z. in drei Ausstellungen gewürdigt, 1961 in der Residenz (Gestaltung E. Fitzbauer), 1981 in der →Max-Reinhardt-Forschungs- und Gedenkstätte im Schloß Arenberg (Gestaltung A. Haslinger, H. Holl, K. Zelewitz, I. Vincze) und 1992 im »Schüttkasten« (Gestaltung K. Renoldner, H. Holl, P. Karlhuber). Die aus der Ausstellung von 1992 entwickelte »Stefan-Zweig-Wanderausstellung« ist seit 1995 in Europa und Übersee ein vielbeachteter »Kulturbotschafter« Salzburgs, rund 100.000 Besucher in über 15 Städten sahen sie (Stand 2001). Zwei »Intern. S. Z.-Kongresse« (Schloß →Leopoldskron, 1992, und Hotel Stein, 1998) vertieften die Rolle Salzburgs als Z.-Stadt. 1998 gründete sich in Salzburg die »Intern. S.-Z.-Gesellschaft« mit Sitz in Salzburg. Das Salzburger →Literaturarchiv verwahrt wertvolle Ms. und Archivalien Z.s, darunter die Forschungssammlung des S. Z.-Biographen Donald Prater. 1981 nahmen A. Haslinger und H. Holl mit dem Sohn von S. Z.s Privatsekretärin Anna Meingast Kontakt auf und fanden bei ihm u. a. das »Hauptbuch«. Dr. Wilhelm Meingast schenkte seine kostbare S. Z.-Sammlung am 11. 12. 2000 dem Salzburger Literaturarchiv.

Lit.: E. Pichler: Forscherglück. In: Salzburger UNI-Nachrichten (SN, 16./17. 6. 2001). – I. Schwamborn (Hg.): Die letzte Partie. S. Z.s Leben und Werk in Brasilien (1932-1942), Bielefeld 1999. – S. Schmid-Bortenschlager (Hg.): S. Z. lebt. Akten d. 2. Intern. S. Z.-Kongresses Salzburg 1998, Stuttgart 2000. – K. Renoldner, H. Holl, P. Karlhuber (Hg.): S. Z. Bilder, Texte, Dokumente. Salzburg [2]1997. – M. Gelber (Hg.): S. Z. Exil und Suche nach dem Weltfrieden. Akten d. 1. Intern. S. Z.-Kongresses Salzburg 1992, Riverside/Calif. 1995. – K. Renoldner, H. Holl, P. Karlhuber (Hg.): S. Z. Für ein Europa des Geistes. Ausstellung Salzburg 1992, Wien 1992. – K. Zelewitz: S. Z. Schriftsteller. Habil.-Schrift, Salzburg 1984. – D. A. Prater: S. Z. Das Leben eines Ungeduldigen. München-Wien 1981. – S. Z. 1881/1981. Aufsätze und Dokumente (Zirkular Sondernummer 2), Wien, Okt. 1981. *A.Has.*

Zwickle, Hubert von, * Salzburg 11. 2. 1875, † Golling 15. 3. 1950, Maler, Graphiker und Kunstgewerbler. Besuchte ab 1892 die Wiener Kunstgewerbeschule unter Franz Matsch, arbeitete dann im Atelier des Architekten Hans Prutscher, lebte als Fachlehrer in Wien und später in Oberscheffau bei Golling. Im dekorativen Bereich vielseitig tätig (Glasmosaiken, Schmuck, Buchillustrationen), entwarf u. a. für die Wiener Werkstätte Postkarten zum Kaiser-Jubiläumsfestzug 1908. Sein humoristischer Zeichenstil fand in zahlreichen Salzburger Ansichtskarten Verbreitung, als Militär-, Tier- und Porträtmaler blieb er konventionell.

Lit.: Ausstellungskat. Salzburg 1905. Salzburg 1995. – W. J. Schweiger: Die Wiener Werkstätte. Wien 1982. – H. Fuchs: Die österr. Maler des 19. Jh.s, Bd. 4, Wien 1974. – Thieme-Becker.

N.Sch.

Anhang

Die Salzburger Bischöfe und Erzbischöfe

1. Hl. Rupert, Bischof und Abt von St. Peter ..... um 696-716/18
2. Vitalis, Bischof und Abt ..... nach 716/18-vor 739
3. Flobrigis, Bischof und Abt ..... † 739
4. Johannes Bischof und Abt 739-746/47
5. Hl. Virgil, Bischof und Abt 746/47-784
6. Hl. Arn(o), Bischof und Abt ..... 785-821 (seit 798 Eb.)
7. Adalram, Eb. und Abt 821-836
8. Liupramm, Eb. und Abt 836-859
9. Adalwin, Eb. und Abt 859-873
10. Theotmar I. (Dietmar I.), Eb. und Abt 873-907
11. Pilgrim I., Eb. und Abt 907-923
12. Odalbert (Adalbert I.), Eb. und Abt 923-935
13. Egilolf, Eb. und Abt 935-939
14. Herold, Eb. und Abt 939/40-958
15. Friedrich I., Eb. und Abt (bis 987) 958-991
16. Hartwig, Eb. 991-1023
17. Gunther 1023-1025
18. Thietmar II. (Dietmar II.) 1025-1041
19. Balduin 1041-1060
20. Gebhard 1060-1088
21. Berthold von Moosburg, kais. Gegen-Eb. 1085-1106
22. Thiemo 1090-1098
23. Konrad I. von Abensberg 1106-1147
24. Eberhard I. von Biburg 1147-1164
25. Konrad II. von Babenberg 1164-1168
26. Adalbert II. von Böhmen ..... 1168-1177 und 1183-1200
27. Konrad III. von Wittelsbach, Kardinal 1177-1183
28. Eberhard II. von Regensburg 1200-1246
29. Burkhard I. von Ziegenhain 1247
30. Philipp von Spanheim, Erwählter und Administrator 1247-1256
31. Ulrich I. 1256/57-1265
32. Wlodizlaus 1265-1270
33. Friedrich II. von Walchen 1270-1284
34. Rudolf I. von Hohenegg 1284-1290
35. Konrad IV. von Fohnsdorf 1291-1312
36. Weichhart von Polheim 1312-1315
37. Friedrich III. von Leibnitz 1315-1338
38. Heinrich von Pirnbrunn 1338-1343
39. Ortolf von Weißeneck 1343-1365
40. Pilgrim II. von Puchheim 1365-1396
41. Gregor Schenk von Osterwitz 1396-1403
42. Eberhard III. von Neuhaus 1403-1427
43. Eberhard IV. von Starhemberg 1427-1429
44. Johann II. von Reisberg 1429-1441
45. Friedrich IV. von Emmerberg 1441-1452
46. Sigmund I. von Volkersdorf 1452-1461
47. Burkhard II. von Weißpriach, Kardinal 1461-1466
48. Bernhard von Rohr 1466-1481/1487
49. Johann III. Beckenschlager 1487-1489
    Koadjutor und Administrator 1481/84-1487

50. Friedrich V. von Schaunberg 1489-1494
51. Sigmund II. von Hollenegg 1494-1495
52. Leonhard von Keutschach 1495-1519
53. Matthäus Lang von Wellenburg, Kardinal 1519-1540
    Koadjutor 1512-1519
54. Ernst, Herzog von Bayern,
    Erwählter und Administrator 1540-1554 († 1560)
55. Michael von Kuenburg 1554-1560
56. Johann Jakob von Kuen-Belasy 1560-1586
57. Georg von Kuenburg 1586-1587
    Koadjutor 1580-1587
58. Wolf Dietrich von Raitenau 1587-1612 (†1617)
59. Markus Sittikus von Hohenems 1612-1619
60. Paris Graf Lodron 1619-1653
61. Guidobald Graf Thun, Kardinal 1654-1668
62. Max Gandolf Graf Kuenburg, Kardinal 1668-1687
63. Johann Ernst Graf Thun 1687-1709
64. Franz Anton Graf Harrach 1709-1727
    Koadjutor 1705-1709
65. Leopold Anton Freiherr von Firmian 1727-1744
66. Jakob Ernst Graf Liechtenstein 1745-1747
67. Andreas I. Jakob Graf Dietrichstein 1747-1753
68. Sigismund III. Graf Schrattenbach 1753-1771
69. Hieronymus Graf Colloredo 1772-1812
    Landesfürst 1772-1803
70. Sigmund Christof Graf Zeil, Administrator 1812-1814
71. Leopold Maximilian Graf Firmian,
    Administrator „in spiritualibus" 1816 (1818)-1822 (†1831)
72. Augustin Gruber 1823 (1824)-1835
73. Friedrich IV. Fürst Schwarzenberg, Kardinal 1836-1850 (†1885)
74. Maximilian Josef von Tarnóczy, Kardinal 1851-1876
75. Franz de Paula Albert Eder OSB 1876-1890
76. Johann IV. Ev. Haller, Kardinal 1890-1900
77. Johann V. Baptist Katschthaler, Kardinal 1900-1914
78. Balthasar Kaltner 1914-1918
79. Ignaz Rieder 1918-1934
80. Sigismund IV. Waitz 1934-1941
81. Johannes Filzer, Weihbischof,
    Kapitelvikar in der Sedisvakanz 1941-1943
82. Andreas II. Rohracher 1943-1969 (†1976)
83. Eduard Macheiner 1969-1972
84. Karl Berg 1973-1988
85. Georg Eder seit 1989

Das Wappen des Landes Salzburg

„Das Wappen des Landes Salzburg ist das historische Wappen. Es besteht aus einem gekrönten gespaltenen Schild: rechts* in Gold ein aufrechter, nach rechts gewendeter schwarzer Löwe, links in Rot ein silberner Balken.
Die Farben des Landes Salzburg sind rot-weiß. Das Landessiegel weist das Landeswappen mit der Umschrift ›Land Salzburg‹ auf."

(Aritkel 10 Landes-Verfassungsgesetz)

Historische Erklärung

Das spätere Erzstifts- und heutige **Landeswappen** begegnet zum ersten Male auf einem Pfennig von Erzbischof Rudolf v. Hohenegg (1284-90) und in der „Züricher Wappenrolle" aus dem 14. Jh. Die Festsetzung des Wappens dürfte unter dem Erwählten Philipp von Spanheim (1247-56) vorgenommen worden sein, und zwar wegen der Gleichheit der Pantherwappen von Steiermark, Kärnten und Salzburg. Herzog Ulrich von Kärnten führte als Kärntner Wappen den gespaltenen Schild mit rechts drei Löwen, links weißem Balken in Rot, während Ulrichs Bruder, Philipp, das Salzburger Wappen durch Verminderung der Löwen unterschied.
Historische Erklärung der **Landesfarben**: Unter Erzbischof Michael von Kuenburg (1554-60) wurden Urkunden „mit seidenen, geflochtenen, schwarz-gelb-rot-weißen Schnüren, den wirklichen Salzburger Landesfarben, geheftet", an deren Ende wurde das rote Wachssiegel befestigt. Diese Farbenkombination blieb bis zur ersten österreichischen Regierung 1806-09 in Gebrauch. Außer den angegebenen Farben verwendeten die Erzbischöfe Markus Sittikus und Sigismund von Schrattenbach noch blau-gelb, während im 18. Jh. rot-weiß-schwarz-rot sehr häufig ist. Die Landtags-Rezesse wurden 1623-68 mit schwarz-gelb-rot-weiß geheftet, von 1668-1802 mit schwarz-gelb-weiß, Kurfürst Ferdinand (1803-05) verwendete schwarz-gelb-rot.
Gelb bedeutet in heraldischen Beschreibungen gold und weiß silber. Die jetzt gültigen Landesfarben wurden im Landesverfassungsgesetz vom 16. Februar 1921, in der Fassung des Landesgesetzblattes Nr. 11 aus 1931 festgelegt.

* Hier ist zu beachten, daß Heraldiker Wappen spiegelverkehrt beschreiben, so als stünde man hinter dem Wappen(schild).

Gemeindespiegel des Landes Salzburg

Abtenau: Urk. 977 erstmals erwähnt, 1507 durch Eb. Leonhard von Keutschach zum Markt erhoben.

Adnet: Ortsname ist keltischen Ursprungs, erstmals um 745 als »ad Adanate« erwähnt, seit etwa 800 Jahren Abbau des roten Adneter Marmors (besonders für Grabsteinplastik).

Altenmarkt im Pongau: Wahrscheinlich an der Stelle einer römischen Straßenstation, ehem. Bezeichnung Rastat (Radestat), urk. um 1074 erwähnt. Nach Gründung der nahen Stadt Radstadt 1270-1289 als Altenradstadt bezeichnet, urk. 1334. Bezeichnung Altenmarkt urk. erstmals 1393, wird erst ab Mitte des 16. Jh.s gebräuchlich. Während der Bauernkriege am 24. 6. 1526 niedergebrannt.

Anif: Geht als »villa Anava« wahrscheinlich in die Römerzeit zurück, erstmals im 8. Jh. genannt (790). Schloß Anif als Sommersitz der Bischöfe von Chiemsee, im 19. Jh. zur neugotischen Burg umgebaut. Hier entband am 13. 11. 1918 König Ludwig III. von Bayern seine Offiziere und Beamten des Treueeides.

Annaberg im Lammertal: 1750 wurde mit dem Bau der Vikariatskirche St. Anna am Berg begonnen, die zwei Jahre später dem Stift St. Peter inkorporiert wurde.

Anthering: Ort und Kirche 788 in den »Breves Notitiae« genannt, Landgericht seit 1336 nachweisbar.

Badgastein: Edelmetallbergbau als ältester Wirtschaftszweig mit der Blütezeit von 1460 bis 1560, urk. Nennung des Heilbadbetriebs seit der Mitte des 14. Jh.s, 1333 urk. Nennung der Kirche hll. Primus und Felician. Höhepunkte des Heilbadbetriebes in der 2. H. des 15. und im 16. Jh., seit dem Ende des 18. Jh.s und seit dem ausgehenden 19. Jh. (Bau der Tauernautobahn). Ort war Schauplatz historischer Ereignisse, z. B. der Gasteiner Konvention vom 14. 8. 1865, die Bismarck während eines Kuraufenthaltes abschloß (Verwaltung Schleswigs an Preußen, Holsteins an Österreich).

Bad Hofgastein: Urk. Erwähnung im »Codex Hartwici« (991-1023), im 15. Jh. Bezeichnung Hof in der Gastein. Schon im MA. Marktrechte, urk. Markterhebung von 1371, von Eb. Wolf Dietrich mit einem Marktprivileg ausgestattet. Entwicklung von Edelmetallbergbau und Heilbadbetrieb wie bei Badgastein.

Bergheim: Urk. 927 erstmals erwähnt, Gräberfeld aus dem 7. Jh.

Berndorf bei Salzburg: Urk. erstmals im 8. Jh. erwähnt.

Bischofshofen: Zentrum des Kupfererzbergbaues seit prähistorischer Zeit, ehemalige Ortsbezeichnung »Hove«, »Cella Maximiliana« und »Pongo«, seit dem 15. Jh. Bischofshofen. Von 1216 bis 1897 waren Kirche, Kloster und Hofmark im Besitz des Bistums Chiemsee. Erhebung zur Stadt 2000.

Bramberg am Wildkogel: Im MA. waren im Gemeindegebiet die Herren von Wenns ansässig.

Bruck an der Großglocknerstraße: Um 1110 wird ein Friedrich von Prukperc als Zeuge genannt, der Ort Bruck ist erstmals 1272 in den Urk. nachweisbar. Die Brücke über die Salzach wurde von Bedeutung, heute Großglockner-Hochalpenstraße für den modernen Tourismus.

Bürmoos: Ortsname erst 1877 für die neue Industriesiedlung nachweisbar, wirtschaftlicher Aufschwung in den Jahrzehnten vor dem 1. Weltkrieg durch die Glashütte und den Torfabstich.

Dienten am Hochkönig: Urk. erstmals im 10. Jh. erwähnt, seit dem 12. Jh. Eisenbergbau nachgewiesen, der erst 1864 eingestellt wurde.

Dorfbeuern: Umfaßt die Klostersiedlung Michaelbeuern (urk. 817 bzw. 977 erwähnt) und die durch Ansiedlung von Stiftangehörigen entstandenen Ortschaften Dorfbeuern und Vorau.

Dorfgastein: Erste urk. Erwähnung 1342.

Eben im Pongau: im MA. hatte das Stift Admont die Grundherrschaft über die Gegend inne.

Ebenau: Urk. erstmals 1182 erwähnt, 1585 wurden eine Messinghütte und ein Hammerwerk durch die Handelsfamilie Stainhauser errichtet, wurde 1622 eb., ungeahnte Blüte und wichtigste Einnahmequelle nach dem Halleiner Salz zwischen 1650 und 1740. 1844 Auflassung der Messinghütte, 1875 Ende des Kupfer- und Eisenhammerwerkes.

Elixhausen: Um die Jahrtausendwende erstmals als »Ebidehsunhusa« (Haus der Äbtissin) genannt, war bereits vor 1177 im Besitz des Benediktinerinnenstiftes Nonnberg. Nach dem 2. Weltkrieg Ansiedlung von Siebenbürger Sachsen im Ortsteil Sachsenheim.

Elsbethen-Glasenbach: 930 erste urk. Erwähnung von Elsbethen, das von Schloß Goldenstein beherrscht wird.

Eugendorf: Erste urk. Erwähnung um 730.

Faistenau: Erste urk. Erwähnung 1182.

Filzmoos: Erste urk. Erwähnung 1273, Wallfahrtsort (»Filzmooser Kindl«).

Flachau: 1074 erste urk. Erwähnung, vom MA. bis 1866 Eisenabbau und -verarbeitung, zu den Gewerken zählten die Weitmoser und Stainhauser, ab 1647 eb. Betrieb.

Forstau: 1299 erste urk. Erwähnung.

Fusch an der Großglocknerstraße: 923 erste Nennung der Fuscher Ache. Bedeutender Saumhandelsweg des 12. Jh.s, seit dem 19. Jh. einsetzender Fremdenverkehr, der durch den 1930-35 erfolgten Bau der Großglockner-Hochalpenstraße enormen Aufschwung nahm.

Fuschl am See: Urk. Erwähnung um 790, Siedlungsraum verdankt sein Entstehen der ma. Rodung.

Göming: 1090 erste urk. Nennung.

Göriach: 1135 erstmals genannt, Name geht auf eine slawische Wurzel zurück, nach 1200 Sitz eines der fünf Ämter des Domkapitels im Lungau.

Goldegg, Pongau: Altes Siedlungsgebiet der Kelten- und Römerzeit, Schloß und Siedlung wurde im 13. und 14. Jh. »hofa« genannt, erst seit dem 16. Jh. wurde die heutige Bezeichnung üblich, 1463/64 Zentrum der Bauernunruhen.

Golling an der Salzach: Burg und Markt sind Neugründungen von etwa 1240, Markt urk. 1390 erwähnt. Strategische Bedeutung vor allem in den Bauernkriegen von 1462 und 1526.

Grödig: Altes Siedlungsgebiet, als Kirchenort wird »Crethica« bereits 790 erwähnt, in den schon in keltischer und römischer Zeit bestehenden Steinbrüchen von Fürstenbrunn wird bis heute der »echte« Untersberger Marmor gewonnen.

Großarl: Erstmals 930 genannt, bis 1800 Blüte des Kupferbergbaus mit starken Einbußen durch die Protestantenemigration von 1731/32, seit 1399 Markt, seit 1672 Sitz eines Landgerichts.

Großgmain: Anfang 8. Jh. erste urk. Erwähnung, heutige Bezeichnung aus dem 19. Jh., vom 15. bis 17. Jh. bedeutender Marienwallfahrtsort. Überragt von der Ruine Plain, nach der sich seit 1108 ein Grafengeschlecht bezeichnete, das als Haupt der kais. Partei in den Kämpfen zwischen Friedrich Barbarossa und den Eb. eine Rolle spielte.

Hallein: Schon in prähistorischer Zeit bedeutender Salzabbau am Dürrnberg, der seit dem MA. die wirtschaftliche Potenz der Stadt für das Erzstift bestimmte. Salzhandel und Salztransport auf der Salzach. 1198 erste urk. Erwähnung, Erhebung zur Stadt zwischen 1218 und 1232, Stadtwappen seit der 2. H. des 13. Jh.s, großer Stadtbrand von 1323, Stadtmauer vor 1300 mit spätmittelalterlichen Erweiterungen. Industriestadt.

Hallwang: Um 1000 erste urk. Nennung als »Haldinwanc«, seit 1433 wird der Ansitz Söllheim genannt. Besiedlung bereits in prähistorischer Zeit.

Henndorf am Wallersee: Urk. um 730 genannt, bildete im MA. ein eigenes Gericht im Besitz der Herren von Tann, um 1600 wurde ein Bräuhaus errichtet. Als Sohn eines Bierbrauers wurde hier 1877 der berühmte Sänger Richard

Mayr († 1935) geboren, 1881 der Schriftsteller Johannes Freumbichler († 1949). 1868-74 lebte der Mundartdichter Franz Stelzhamer († in H.) und 1926-38 Carl Zuckmayer in H.

Hintersee bei Faistenau: Frühe Erwähnung in einem Steuerbuch aus dem Jahre 1336.

Hof bei Salzburg: Name nach einem Gutshof aus dem 15. Jh., frühmittelalterliche Siedlungsfunde im Randbereich des Fuschlsees.

Hollersbach im Pinzgau: Im MA. blühendes Geschlecht derer von H.

Hüttau: Erste urk. Erwähnung 1325, Hüttengewerbe und Bergbau im MA. und in der frühen Neuzeit, seit 1622 eb. Besitz. Rupert Stulebner, der Schmied von H., war einer der markantesten Vertreter des Pongauer Protestantismus, der 1731 die ersten Zusammenschlüsse organisierte.

Hüttschlag: Seit dem MA. Kupfer- und Schwefelkiesbergbau mit Blütezeit im 17. und 18. Jh., in Etappen um 1865 aufgelassen.

Kaprun: Erste Erwähnung 931 als »Chataprun«, Schloß und Hofmark seit 1480 in eb. Besitz, 1526 wurde die Burg im Bauernkrieg zerstört, aber wieder aufgebaut. 1938-55 Bau des Kraftwerks.

Kleinarl: Die Kleine Arl ist als Nebenfluß der Salzach bereit 930 urk. genannt, das Ortsgebiet der heutigen Gemeinde wurde erst im 12. Jh. durch Anlage von Schwaigen urbar gemacht.

Köstendorf bei Salzburg: Erste urk. Erwähnung im 8. Jh. als »Chessindorf«, bis ins 14. Jh. Grundherrschaft der Herren von Tann.20

Koppl: 1313-1803 unterstand das Gebiet von K. als Hofmark dem Bistum Chiemsee.

Krimml: Besiedlung im MA., urk Erwähnung von 1224, Geburtsort (1768) Anton Wallners, des Hauptmanns der Pinzgauer Schützen im Krieg von 1809.

Krispl: Urk. 1393 erstmals erwähnt.

Kuchl: Seit prähistorischer Zeit besiedelt, um 700 unter den ersten Schenkungen Herzog Theodos an die Salzburger Kirche genannt, in der 2. H. des 14. Jh.s von Eb. Pilgrim von Puchheim zum Markt erhoben.

Lamprechtshausen: Erste Nennung 768 in den »Breves Notitiae«, aber schon altbairisches Siedlungsgebiet.

Lend: Von der 1. H. des 16. Jh.s bis 1862 Schmelzofen für Gold und Silber aus Gastein und Rauris, einer der bedeutendsten Industrieorte des Landes, 1898/99 Errichtung der ersten Aluminiumfabrik der österr.-ungar. Monarchie.

Leogang: Urk. um 930 erwähnt, Bergbaugebiet vom frühen 15. bis zum 19. Jh.

Lessach: Im 13. Jh. im Besitz der Kärntner Familie Ortenburg, 1242 an Eb. Eberhard II. verkauft.

Lofer: Marktrecht seit dem 15. Jh., bedeutender Widerstand gegen die Franzosen im Dezember 1800.

Maishofen: Älteste urk. Nennung 1336 als »Mainshouen«.

Maria Alm am Steinernen Meer: Erstmals für das Jahr 1280 urk. nachweisbar, seit dem MA. Marienwallfahrtsort.

Mariapfarr: Urk. erstmals 923 genannt.

Mattsee: Spuren prähistorischer Besiedlung, Bedeutung durch das 783/84 erstmals belegte, wahrscheinlich vom Bayernherzog Tassilo gegründete Kollegiatstift.

Mauterndorf: Urk. erstmals 1144 erwähnt, Verwaltungsmittelpunkt der lungauischen Besitzungen des Salzburger Domkapitels und älteste bekannte Zollstätte innerhalb der Ostalpen. 1217 Einwilligung zur Errichtung eines Marktes durch König Friedrich II., 1253 päpstliche Erlaubnis zum Burgenbau, im 16. und 17. Jh. Sitz mehrerer Gewerken.

Mittersill: Angeblich schon 1357 zum Markt erhoben, Marktprivilegien seit 1403 vorhanden. Die Burg wurde 1526 von den aufständischen Bauern zerstört, auf ihre Kosten aber in der heutigen Form wieder aufgebaut. Seit dem MA. Bedeutung als Schnittpunkt wichtiger Verkehrswege, Felbertauernstraße.

Mühlbach am Hochkönig: Mitte 14. Jh. urk erwähnt, Zentrum des Kupfererzbergbaues seit prähistorischer Zeit, 1829 wurde der Bergbau wieder aufgenommen, 1976 eingestellt.

Muhr: Sitz von urk. 1354 erwähnten Bergbau- und Verhüttungsanlagen, mit deren Hilfe vor allem Arsenik gewonnen werden konnte.

Neukirchen am Großvenediger: 1190 erstmals erwähnt, seit 1929 Markt.

Neumarkt am Wallersee: Im 13. Jh. von den Erzbischöfen angelegter Markt mit Verkehrs- und Handelsbedeutung, 1284 als Novum forum erwähnt. Erhebung zur Stadt 2000.

Niedernsill: Urk. seit dem 12. Jh. erwähnt.

Nußdorf am Haunsberg: Urk. im 8. Jh. in den »Breves Notitiae« erwähnt, durch die Jh.e Sitz der Ministerialenfamilie gleichen Namens.

Oberalm: Schrannenort des Gerichts Glanegg, urk. Erwähnungen im 8. Jh. und 1192, im MA. Marktrecht erwähnt, Markterhebung 1931 bzw. 1953.

Oberndorf bei Salzburg: Bis 1816 mit dem heute bayerischen Laufen vereinigt, urk. in der 1. H. des 12. Jh.s erwähnt, bedeutend für den Salzhandel. In der alten Kirche erklang 1818 erstmals das Lied »Stille Nacht, heilige Nacht« von Franz Gruber und Josef Mohr. Erhebung zur Stadt 2001.

Obertrum am See: Urgeschichtliches und römerzeitliches Siedlungsgebiet, urk. 1143 erwähnt, Bedeutung durch 1601 gegründete Brauerei.

Pfarrwerfen: Urk. 1074 erwähnt, Ortsname St. Cyriak bis Mitte des 19. Jh.s.

Piesendorf: Urk. erstmals für das Jahr 1147 nachweisbar, Turm der Herren von Walchen, ein Geschlecht, dem Eb. Friedrich II. (1270-84) entstammte.

Plainfeld: 1348 urk. erstmals erwähnt.

Puch bei Hallein: 930 erstmals genannt, bei Schloß Urstein, bronzezeitliche Siedlungsspuren, 1633-1867 war es im Besitz der Familie Dückher von Hasslau, Franz, der erste Besitzer, war der Verfasser der »Saltzburgischen Chronica« (1666).

Radstadt: Planmäßige Stadtgründung aus dem 4. V. des 13. Jh.s, Übernahme der urspr. Ortsbezeichnung von Altenmarkt, am 27. 7. 1289 verlieh Eb. Rudolf I. von Hohenegg das Stadtrecht. Bedeutend für den Schutz des Salzburger Ennstales und die Bewachung des Verkehrsweges über die Radstädter Tauern, Handel mit Wein, Eisen und Salz, von 14. 4. bis 2. 7. 1526 von den aufständischen Bauern vergeblich belagert.

Ramingstein: 1443-1791 vor allem im südlichen Gemeindegebiet Silber- und Eisenbergbau. Burg Ramingstein (heute Finstergrün) bereits im 12. Jh. urk. nachweisbar.

Rauris: Urspr. Bezeichnung Gaisbach, 1478 erstmals als Markt genannt. Verwaltungszentrum des Goldbergbaues im Spät-MA. (1460-1560) und im 18. Jh. 1866 wurde auf dem Gipfel des Rauriser Sonnblicks in 3105 m Seehöhe eine Meteorologische Station durch Ignaz Rojacher errichtet. »Rauriser Literaturtage« seit 1971.

Rußbach am Paß Gschütt: Grundherrschaft des Stiftes St. Peter.

Saalbach: Urk. 1417 erwähnt, Ausgangspunkt des Winterfremdenverkehrs im Land Salzburg (1898 durch den Knecht Josef Wallner).

Saalfelden am Steinernen Meer: Prähistorisches Siedlungsgebiet, urk. vor 788 genannt. Mittelpunkt der Grafschaft Unterpinzgau, mit der S. 1228 an das Erzstift kam, urk. um 1350 als Markt erwähnt. Erhebung zur Stadt 2000.

Salzburg: Prähistorische Besiedlung (Stadtberge); römische Gründung

(Juvavum), um 45 n. Chr. Munizipalrecht. Um 696 an Bischof Rupert geschenkt, 739 Bischofs-, 798 Metropolitansitz. 996 Markt-, 1287 Stadtrecht. Bis 17. Jh. Blüte des Handels. Seit ca. 1600 barocke Residenzstadt, Universität (1622-1810 und seit 1962). 1861 Sitz einer Landesregierung, Stadterweiterung. Seit 1920 Festspiele. Im 20. Jh. Eingemeindungen, enormer Bevölkerungsanstieg und intensive Bautätigkeit.

St. Andrä im Lungau: Früher Abtsdorf genannt, urk. um 1200 erwähnt, bis 1808 im Besitz des Stiftes Ossiach.

St. Georgen bei Salzburg: Kirche wird schon 790 genannt, ab dem 13. Jh. ungewöhnlich reiche Dotierung sowie Herrschafts- und Gerichtsrechte.

St. Gilgen: Kirche und Ort St. Ägidius werden 1376 erstmals genannt, seit 1720 Sitz des Pflegers von Hüttenstein (1716-27 Wolfgang Nikolaus Pertl, der Großvater W. A. Mozarts, 1769-1801 Johann Baptist Berchthold von Sonnenburg, der Schwager Mozarts).

St. Johann im Pongau: Erstmals 930 urk. genannt, seit 1290 Markt, gehörte im 11. und 12. Jh. zum Ministerialenbereich der Herren von Pongau, im 13. Jh. zum Pfleggericht Werfen. Erhebung zur Stadt 2000.

St. Koloman: Kirche urk. 1506 erwähnt.

St. Margarethen im Lungau: Heute verschwundener Turm war bis 1612 im Besitz der Herren von Moosheim, denen auch die 1231 erwähnte Kirche als Eigenkirche gehörte.

St. Martin am Tennengebirge: Kirche urk. 1171 erwähnt, urspr. Ortsname St. Martin im Wald.

St. Martin bei Lofer: Um 1190 entstand die Pfarre, eigene Gemeinde seit 1850.

St. Michael im Lungau: Kirchsiedlung urk. Mitte des 12. Jh.s erwähnt, wirtschaftlicher Aufschwung seit dem 14. Jh. durch die Tauernstraße und den Bergbau, 1416 Marktfreiheit, seit 1790 Sitz eines Pfleggerichts.

St. Veit im Pongau: Um 1180 als eb. Meierhof genannt, Marktprivilegien seit 1425.

Scheffau am Tennengebirge: Die Gegend wurde 1130 anläßlich einer Waldschenkung an das Domkapitel genannt, der Ortsname läßt sich erst um 1250 als »Scheffawe« nachweisen.

Schleedorf: 874 erstmals genannt, damals im Besitz des Bistums Passau.

Schwarzach im Pongau: Aufschwung erst nach Errichtung einer Missionsstation im Jahre 1741 und als Eisenbahnknotenpunkt der Tauernbahn, Markterhebung 1908, bedeutsam als Schauplatz des sogen. »Salzleckens« der Pongauer Protestanten 1731.

Seeham: Schon bald nach der Einwanderung der Baiern besiedelter Ort, urk. im 14. Jh. genannt.

Seekirchen am Wallersee: Der hl. Rupert ließ sich hier um 700 zuerst nieder und erbaute dem hl. Petrus eine Kirche, der Name tauchte erst im 12. Jh. auf, 1424 zum Markt, 2000 zur Stadt erhoben.

Straßwalchen: Begünstigt durch die Lage an der alten Römerstraße von Salzburg nach Wels, urk. 799 erstmals erwähnt, Markt seit 1462.

Strobl: Ortsname seit dem 18. Jh. als Übernahme eines Familiennamens, der seit dem Spät-MA. nachweisbar ist.

Stuhlfelden: Prähistorischer Bergbau, 963 als »Stuolueldum« genannt, bis ins 13. Jh. alleinige Pfarre des Oberpinzgaus, im Hoch-MA. Sitz des Urbaramtes der Grafen von Matrei-Lechsgemünd.

Tamsweg: Um 1160 erste urk. Erwähnung, seit 1246 bzw. 1252 im Besitz des Domkapitels, planmäßige Marktgründung in der Mitte des 13. Jh.s, 1416 Wochenmarktprivileg, seit 1790 Sitz eines Pfleggerichts, Leonhardswallfahrt.

Taxenbach: Urk. 963 erwähnt, seit dem 12. Jh. Sitz eines Landgerichts, 1323 als Markt bezeichnet, seit 1558 Marktprivilegien.

Thalgau: Urk. Anfang 8. Jh. erwähnt, seit dem 16. Jh. Sitz eines Pfleggerichts, Marktgemeinde seit 1976.

Thomatal: Bedeutend für den Eisenbergbau seit dem Beginn des 16. Jh.s.

Tweng: Geprägt von der Lage an der Radstädter Tauernstraße, Bedeutend als Jagdgebiet.

Unken: Prähistorischer Salzabbau; schon im 16. Jh. Poststation der Linie Innsbruck-Wien.

Unternberg bei Tamsweg: Von 1003 bis zur Grundablösung 1848 Kern der Grundherrschaft des Stiftes Nonnberg im Lungau.

Untertauern: Bedeutung als Poststation an der wichtigen, schon von den Römern geführten Straße über den Radstädter Tauern, 1224 urk. erwähnt.

Uttendorf, Pinzgau: Im Früh-MA. wahrscheinlich slawische Siedlungsinsel, 1160 erstmals urk. erwähnt.

Viehhofen im Pinzgau: Seit prähistorischer Zeit Kupferbergbau, 1333 erste urk. Erwähnung, heute Fremdenverkehrsgemeinde.

Vigaun: Urk. 748 erwähnt, mehr als 1000 Jahre war das Stift Nonnberg der

bedeutendste Grundherr. Thermalbad.
Wagrain: Urk. im 14. Jh. genannt, ab 1556 als Markt zu den Landtagen zugelassen. Bekannt durch Josef Mohr und Karl Heinrich Waggerl.

Wald im Pinzgau: 1160 erste urk. Erwähnung.

Wals-Siezenheim: Ort Wals ist sei der 2. H. des 8. Jh.s erwähnt.

Weißbach bei Lofer: Erste urk. Erwähnung 1160, Gemeinde seit 1946.

Weißpriach: Die Gegend gehörte zu den großen Landschaftsschenkungen König Heinrichs II. an das Domkapitel, seit 1272 ritterliches Geschlecht der Herren von Weißpriach erwähnt, dem Eb. Burkhard (1461-66) entstammte.

Werfen: Einer der ältesten Märkte des Landes, Gründung zwischen 1190 und 1242, 1242 als »Oppidum« bezeichnet, 1425 Marktprivileg, Burg Hohenwerfen 1077 von Eb. Gebhard gegründet.

Werfenweng: Urk. 1090 erwähnt, seit dem 14. Jh. Zentrum des eb. Urbaramtes, ab dem 16. Jh. Wallfahrtsort, Ortsname im 19. Jh. eingebürgert.

Zederhaus: Urk. erstmals 1356 genannt.

Zell am See: Seit dem Früh-MA. Markt, urk 1357 neue Marktrechte, 1928 Erhebung zur Stadt, 1927 Schmittenhöhenbahn.

Abkürzungen

Abb.	Abbildung
ahd.	althochdeutsch
Akad., akad.	Akademie, akademisch
allg.	allgemein
anon.	anonym
ASF	Archiv der Salzburger Festspiele
B. c.	Basso continuo
Bd.	Band
bes.	besonders
Bibl.	Bibliothek
bild.	bildend(e)
bgl.	bürgerlich
cm	Zentimeter
D.	Drittel, Darsteller
dat.	datiert
Diss.	Dissertation
dt.	deutsch
Eb., eb.	Erzbischof, erzbischöflich
ehem.	ehemalig
engl.	englisch
erb.	erbaut
Erg.	Ergänzung
Erz.	Erzählung(en)
europ.	europäisch
evang.	evangelisch
Fe., fe.	Fürsterzbischof, fürsterzbischöflich
fl.	Gulden
frz.	französisch
FS.	Festschrift
Ged.	Gedicht(e)
Gem.	Gemeinde
gegr.	gegründet
get.	getauft
GMD	Generalmusikdirektor
H.	Hälfte, Höhe, Heft
hf.	hochfürstlich
Hg., hg.	Herausgeber, herausgegeben
hl., Hl.	heilig, Heilige(r)
Hs., hs.	Handschrift, handschriftlich
Inst.	Institut
intern.	international
ISM	Internationale Stiftung Mozarteum
ital.	italienisch
Jb.	Jahrbuch
Jh.	Jahrhundert
Jt.	Jahrtausend
kais.	kaiserlich
Kat.	Katalog
kath.	katholisch
kgl.	königlich
km	Kilometer

KV	Köchel-Verzeichnis
lat.	lateinisch
Lfg.	Lieferung
LH.	Landeshauptmann
Lit.	Literaturangaben
m.	Meter
MA., ma.	Mittelalter, mittelalterlich
mhd.	mittelhochdeutsch
Mio.	Million(en)
Ms.	Manuskript
Nekr.	Nekrolog
NF	Neue Folge
niederl.	niederländisch
NÖ., nö.	Niederösterreich, niederösterreichisch
o. J., o. O.	ohne Jahr, ohne Ort
OMV	Otto Müller Verlag
ÖNB	Österreichische Nationalbibliothek
OÖ., oö.	Oberösterreich, oberösterreichisch
oriental.	orientalisch
österr.	österreichisch
poln.	polnisch
Prof.	Professor
Pseud.	Pseudonym
qkm	Quadratkilometer
qm	Quadratmeter
RV	Residenz Verlag
s. S.	siehe Seite
S.	Seite
Sbg., sbg.	Salzburg, salzburgisch
sign.	signiert
SLIVK	Salzburger Landesinstitut für Volkskunde
SMCA	Salzburger Museum Carolino Augusteum
sog.	sogenannt
Stm.	Steiermark
UA	Uraufführung
u. a.	unter anderem
ungar.	ungarisch
Univ.	Universität
urk.	urkundlich
urspr.	ursprünglich
V.	Viertel
v. a.	vor allem
vermutl.	vermutlich
vgl.	vergleiche
viell.	vielleicht
z. B.	zum Beispiel
*	geboren
†	gestorben

Die Verweispfeile (→) kennzeichnen Stichwörter, unter denen an entsprechender Stelle eigene Artikel zu finden sind.

Abgekürzt zitierte Literatur

Achleitner 1980: F. Achleitner: Österreichische Architektur im 20. Jahrhundert. Bd. 1, Vorarlberg, Tirol, Salzburg, Oberösterreich. Salzburg 1980

ABD: Allgemeine Deutsche Biographie. Redigiert v. R. v. Liliencron u. F. X. v. Wegele. Bd. 1-56. Leipzig 1875-1912

AfMW: Archiv für Musikwissenschaft

AMK: Alte und moderne Kunst. Wien, 1. Jg. 1956, 30. Jg. 1985

ArchA: Archaelogia Austriaca. Hg. v. Inst. für Ur- und Frühgeschichte der Univ. Wien, 1. Bd. 1948 ff.

Brümmer: F. Brümmer: Lexikon der deutschen Dichter und Prosaisten des 19. Jahrhunderts. 5. Ausg. Leipzig o. J. (um 1900)

DBE: Deutsche Biographische Enzyklopädie. Hg. v. W. Killy. München 1998

Dopsch/Spatzenegger: s. Geschichte

Fuhrmann-Land: F. Fuhrmann: Salzburg in alten Ansichten. Das Land. Salzburg 1980

Fuhrmann-Stadt: F. Fuhrmann: Salzburg in alten Ansichten. Die Stadt. 1963

Geschichte: Geschichte Salzburgs, Stadt und Land. Hg. von H. Dopsch u. H. Spatzenegger. Salzburg 1981 ff.

G. Trakl, HKA: G. Trakl: Dichtungen und Briefe. Hist.-krit. Ausgabe. Hg. v. W. Killy u. H. Sklenar. 2 Bde., Salzburg 1969, [2]1987

Gugg: A. Gugg: Die Moderne in Salzburg. Kunst nach 1945. Ausstellungskat. SMCA, hg. v. Kulturamt der Stadt Salzburg. Salzburg 1988

Hanisch/Fleischer. E. Hanisch/U. Fleischer: Im Schatten berühmter Zeiten. Salzburg in den Jahren Georg Trakls (1887-1914). Salzburg 1986

Heger/JahrSMCA: N. Heger: Salzburg in römischer Zeit. In: Jahresschrift des SMCA 19, 1973

In Salzburg geboren: In Salzburg geboren. Lebensbilder aus sieben Jahrhunderten. Hg. v. A. Stockklausner. Salzburg 1973

JahrSMCA: Jahresschrift des SMCA

Katalog-Lexikon: Katalog-Lexikon der österr. Literatur des 20. Jh.s. Wien 1995

Killy: s. DBE

KLG: Kritisches Lexikon zur deutschsprachigen Gegenwartsliteratur. Hg. v. H. L. Arnold. München 1982 ff.

Kosch: Deutsches Literatur-Lexikon. Biographisch-bibliographisches Handbuch. Begr. v. W. Kosch. Bern [3]1968 ff.

Kürschner: Kürschners Deutscher Literaturkalender. 1879 ff.

Lit. Krit.: Zeitschrift »Literatur und Kritik«. Salzburg 1966 ff.

Lit. Leben: G. Ruiss u. A. Vyoral: Literarisches Leben in Österreich. Ein Handbuch. Wien 1997

LThK: Lexikon für Kirche und Theologie. Freiburg 1958

Martin: F. Martin: Kunstgeschichte von Salzburg. Wien 1925

Meisterwerke: A. Rohrmoser (Hg.): Meisterwerke aus dem SMCA. Salzburg 1984

MGSLK: Mitteilungen der Gesellschaft für Salzburger Landeskunde

MIÖG: Mitteilungen des Instituts für österreichische Geschichtsforschung

Mf.: Die Musikforschung. Hg. im Auftrag der Ges. für Musikforschung. Kassel-Basel 1948 ff.

Mus.bl.: Salzburger Museumsblätter. Hg. vom Salzburger Museumsverein. 1922

NDB: Neue deutsche Biographie. Hg, v. der Hist. Kommission bei der Bayerischen Akad. d. Wissenschaften. Berlin 1953 ff.

NZC: Nagl-Zeidler-Castle: Deutsch-Österreichische Literaturgeschichte. 4 Bde., Wien 1898-1937

ÖBL: Österreichisches Biographisches Lexikon 1815-1950. Hg. v. d. Österr. Akad. d. Wissenschaften. Graz-Köln, 1. Bd. 1957, ab Bd. 6 Wien 1975, Bd. 11 Wien 1999

ÖGL: Zeitschrift »Österreich in Geschichte und Literatur«, Wien 1957 ff.

ÖKT: Österreichische Kunsttopographie (Stadt und Land Salzburg): Bd. 7: Nonnberg (bearb. v. H. Tietze), Wien 1911; Bd. 9: Die kirchlichen Denkmale der Stadt Salzburg (bearb. v. H. Tietze), 1912; Bd. 10: Politischer Bezirk Salzburg, Flachgau, Teil 1 und 2 (bearb. v. P. Buberl), 1913; Bd. 11: wie vorher, Teil 3, 1916; Bd. 12: St. Peter (bearb. v. H. Tietze), 1913; Bd. 13: Die profanen Denkmale der Stadt Salzburg (bearb. v. H. Tietze), 1919; Bd. 17: Urgeschichte des Kronlandes Salzburg (bearb. v. G. Kyrle), 1918; Bd. 20: Politischer Bezirk Hallein, Tennengau (bearb. v. P. Buberl), 1927; Bd. 22: Politischer Bezirk Tamsweg, Lungau (bearb. v. F. Martin), 1929; Bd. 25: Politischer Bezirk Zell am See, Pinzgau (bearb. v. F. Martin), 1934; Bd. 28: Landkreis Bischofshofen, Pongau (bearb. v. F. Martin), 1940

ÖMZ: Österreichische Musikzeitschrift

ÖVA: Österreichischer Volkskundeatlas, Linz 1959 bzw. Wien 1965-79

ÖZKD: Österreichische Zeitschrift für Kunst und Denkmalpflege. Hg. v. Österr. Bundesdenkmalamt. Wien 1947 ff.

ÖZV: Österreichische Zeitschrift für Volkskunde

Pillwein: B. Pillwein: Biographische Schilderungen oder Lexikon Salzburgischer theils verstorbener theils lebender Künstler, auch solcher, welche Kunstwerke für Salzburg lieferten. Salzburg 1821

Pretzell: L. Pretzell: Salzburger Barockplastik. Berlin 1935

Saur: Allgemeines Künstlerlexikon. München - Leipzig 1992 ff.

SBzVK: Salzburger Beiträge zur Volkskunde. Hg. vom Salzburger Landesinstitut für Volkskunde. Salzburg 1996 ff.

Schmidt: Österreichisches Künstlerlexikon von den Anfängen bis zur Gegenwart. Verf. v. R. Schmidt. O. O., o. J.

Schmidt 1964: A. Schmidt: Dichtung und Dichter aus Österreich im 19. und 20. Jahrhundert. 2 Bde., Salzburg 1964

SH: Salzburger Heimatpflege. Berichte, Mitteilungen, Brauchtumskalender

SMusBl.: Salzburger Museumsblätter

SN: Salzburger Nachrichten

Spiel: Die zeitgenössische Literatur Österreichs. Hg. v. H. Spiel (Kindler Literaturgeschichte der Gegenwart, 3 Bde.), Zürich-München 1976

StMw: Studien zur Musikwissenschaft

SV: Salzburger Volksblatt

Thieme-Becker: Allgemeines Lexikon der bildenden Künstler von der Antike bis zur Gegenwart. Hg. v. U. Thieme u. F. Becker (später v. H. Vollmer). Leipzig 1. Bd. 1907 bis 37. Bd. 1950

Vierthaler: F. M. Vierthaler: Meine Wanderungen durch Salzburg, Berchtesgaden und Österreich. 3. Bde., Salzburg 1983

Vollmer: H. Vollmer (Hg.): Allgemeines Lexikon der bildenden Künstler des 20. Jh.s. Leipzig 1953 ff.

Wagner: K. O. Wagner: Salzburgs Literatur im Rahmen der deutschen Literaturgeschichte. Wien 1925

B. Wally: B. Wally (Hg.): Künstlerinnen in Salzburg. Ausstellungskat. SMCA. Salzburg 1991

WJbfKG: Wiener Jahrbuch für Kunstgeschichte

Wurzbach: C. v. Wurzbach: Biographisches Lexikon des Kaiserthumes Österreich, enthaltend die Lebensskizzen, der denkwürdigen Personen, welche 1750-1850 im Kaiserstaate und in seinen Kronländern gelebt haben. 60 Teile. Wien 1856-91

Mitarbeiterverzeichnis

Herausgeber:
Adolf Haslinger, Peter Mittermayr

Sachbereichsleiter:
Adolf Haslinger (Literatur),
Reinhard R. Heinisch (Wissenschaft),
Ulrike Kammerhofer-Aggermann (Volkskultur),
Fritz Moosleitner (Archäologie),
Monika Oberhammer (Architektur, bildende Kunst),
Gerhard Walterskirchen (Musik, Musiktheater)

Autoren:
Rotraut Acker-Sutter (R.A.)
Heidrun Aitenbichler (H.A.)
Ingrid Bauer (I.B.)
Silvia Bengesser (S.B.)
Kurt Conrad (K.C.) †
Gerhard Croll (G.C.)
Sibylle Dahms (S.D.)
Barbara Dobretsberger (B.D.)
Stefan Engels (St.E.)
Johanna Fürstauer (J.F.)
Hubert Giesinger (H.G.)
Wolfgang Gratzer (W.G.)
Adolf Hahnl (A.H.)
Adolf Haslinger (A.Has.)
Reinhard R. Heinisch (R.R.H.)
Ernst Hintermaier (E.H.)
Thomas Hochradner (Th.H.)
Hildemar Holl (H.H.)
Ulrike Kammerhofer-Aggermann (U.K.)
Erhard Koppensteiner (E.K.)
Peter F. Kramml (P.F.K.)
Barbara Leisch (B.L.)
Erich Marx (E.M.)
Norbert Mayr (N.M.)
Peter Mittermayr (P.M.)
Fritz Moosleitner (F.M.)
Ulrich Müller (U.M.)
Ulrich Nefzger (U.N.)
Monika Oberhammer (M.O.)
Hans Ostermann (H.O.)
Clemens Panagl (C.P.)
Roswitha Preiß (R.P.)
Nikolaus Schaffer (N.Sch.)
Franz V. Spechtler (F.V.Sp.)
Christian Strasser (Ch.St.)
Ernst Strobl (E.St.)
Christa Svoboda (Ch.S.)
Lore Telsnig (L.T.)
Barbara Wally (B.W.)
Gerhard Walterskirchen (G.W.)
Thomas Weidenholzer (Th.W.)
Monika Woitas (M.W.)
Friederike Zaisberger (F.Z.)

Redaktion:
Adolf Haslinger,
Peter Mittermayr

Redaktionelle Mitarbeit:
Hildemar Holl
Johann Kolmbauer

Redaktionsschluß: Ende 2000

John Rosselli
MOZARTS LEBEN
Aus dem Englischen von Johanna Fürstauer
232 Seiten, Gb, ISBN 3-7017-1190-9
S 248,- / DM 34,- / SFr 31,50 / € 17,90

»Eine erfrischend konzise Musikbiographie.«

The New Yorker Review of Books

John Rosselli entmythisiert Mozarts Leben und Musik, die »nur die vollkommenste Variation über das von der Welt begrenzte, uns überlassene Thema« ist, wie es in Ingeborg Bachmanns *Blatt für Mozart* heißt.

Monika Mertl
VOM DENKEN DES HERZENS
Alice und Nikolaus Harnoncourt. Eine Biographie
304 Seiten, 42 SW-Fotos, Gb, 6 x 22, CD, Diskographie, ISBN 3-7017-1051-1
S 398,- / DM 54,80 / SFr 49,50 / € 29,-

»Dieses Buch war überfällig. Es beschreibt nämlich nicht nur detailreich Nikolaus Harnoncourts Karriere vom Orchestermusiker zum Dirigenten von Weltformat. Diese erste Biographie wagt auch den Blick auf die Quellen, aus denen sich das Kraftwerk Harnoncourt speist. Daß dabei auch seiner Frau Alice großer Platz eingeräumt wird, ist nur allzu berechtigt.«

Der Standard

»Monika Mertl hat ein gründlich recherchiertes, sehr sympathisches Buch verfaßt – aus respektvoller Nähe, ohne je die nötige Distanz zu verlieren.«

Frankfurter Allgemeine Zeitung

Dieses Projekt wurde realisiert mit Unterstützung des
-Kulturfonds
ERSTE SPARKASSE

KULTUR
STADT : SALZBURG